U0906659

中國企業管理年鑑

1991

企业管理出版社

中国企业管理年鉴

1991

中国企业管理年鉴编委会　编

企业管理出版社出版

（社址：北京海淀区紫竹院南路 17 号）

*

新华书店北京发行所发行

文物印刷厂印刷

*

787×1092 毫米　16 开　53 印张　1872 千字　彩图 4.5 印张

1991 年 12 月第 1 版　　1991 年 12 月第 1 次印刷

定价：60.00 元

ISBN7-80001-169-0/F·170

1991《中国企业管理年鉴》编辑委员会

1991《中国企业管理年鉴》编辑部

目　录

第一部分　重要文献

第二部分 有关法律、法规、政策文件

第三部分　专文特载

第四部分　综合论述

第五部分　部分地区、部门企业管理发展概况

深化企业改革

加强企业管理

推动企业技术进步

促进企业升级

开展"管理年"活动

第六部分 统计资料

第七部分 企业升级

第八部分 企业管理现代化

第九部分 优秀企业、优秀人物、优质产品

第十部分 企业管理研究

企业管理理论文章选刊

第十一部分　大事记

第十二部分　附　　录

第十三部分　先进企业彩色图片

1990年全国企业管理优秀奖（金马奖）获奖企业彩色图片

抓住机遇　深化改革
增强国营大中型企业活力

（代　序）

袁　宝　华

党中央、国务院一贯重视增强企业特别是国营大中型企业的活力，对解决企业活力问题作出过许多规定。十三届七中全会又一次突出地提出这个问题，认为具有紧迫的现实意义和重要的长远意义，是改革中必须解决好的一个重大课题。这些年来，企业特别是国营大中型企业“责任大、权利小、负担重”的状况有所改变，两年多的治理整顿取得了很大成绩，但是由于过去长期积累的一些深层次原因和治理整顿中出现的新问题，企业所面临的形势，所处的境遇，还是相当困难的。当前企业面临的困境，主要是：(1) 市场疲软，需求不旺；(2) 产品积压，资金紧张；(3) 技术改造无力；(4) 结构调整缓慢；(5) 有些工厂开工不足；(6) 经济效益下滑。现在的问题是，面对这样一个严峻情况，企业处于这样的困境，如何把企业搞活？对有些企业来说，还不是“搞活”的问题，是“救活”的问题。对此，李鹏同志在对中央关于制定十年规划和“八五”计划的《建议》的说明里有句话，讲得很明确，就是要“从外部环境和内部管理两个方面都采取坚决有力的措施，增强企业特别是国营大中型企业自我发展、自我改造、自我约束的能力”。根据李鹏同志的这句话，归纳最近几次座谈会上大家反映的情况和意见，从改善企业外部环境和加强企业内部管理、深化企业内部改革两个方面，提出以下十六条意见，其中有关外部环境的有八条，有关内部管理的也是八条。

改善企业外部环境，指导思想要明确，就是为了使企业真正成为自主经营、自负盈亏、自我积累的社会主义商品生产者和经营者，就必须增强企业自我发展、自我改造和自我约束的能力。这就是企业的同志常说的，现在需要给企业输血，更重要的是希望国家采取措施，增强企业的造血机能。

第一，最重要、最关键的一条，是政企职责分开，两权适当分离。只有政企职责分开，两权适当分离，才能够真正落实企业的自主权。对企业的自主权问题，中央、国务院多次作出规定，但实际上放下去收上来，不落实，企业意见比较大。政企职责分开和所有权、经营权适当分离的核心，是保障企业自主权问题，也就是说，要彻底改善和改变企业的地位，把企业从政府附属物的状况下解放出来。过去我们曾经提出把乡镇企业的经营机制引入国营大中型企业，就是因为从本质上来看，乡镇企业的经营机制是一个有充分经营自主权的机制，是一个竞争的机制，是一个自主经营、自负盈亏的机制，就是政企职责分开，两权适当分离，政府不去干预企业的正常经营管理活动，企业有充分的自主权。而我们的国营企业，大小决策权都在上头，办企业越办越像是搞外交，都有一条“授权有限”。我们要真正想把国营大中型企业搞活，就必须走政企职责分开、两权适当分离的路。

第二，轻赋薄敛，减轻企业负担，培养国家财源。过去讲“放水养鱼”，现在说要把“蛋糕”做大一点。蛋糕做大了，大家都可以多得，首钢就是一个例子。解决财政困难，只有开源节流，“将欲取之，必先予之”。不要给别的，给了自主权，就可以增加财源。财政确实困难，首先必须考虑当年的财政平衡，不能搞那么多赤字。但是，为了增强大中型企业的活力，必须采取坚决的措施，宁可冒点风险。与此同时，要坚决堵塞利润流失的漏洞，坚决与乱罚款、乱收费、乱摊派作斗争。

第三，稳定政策，坚持和完善承包制，正确处理国家与企业的关系。最近北京市提出，要学习首钢的经验，把大中型企业搞活。在这次治理整顿中，要治理通货膨胀、经济过热和调整经济结构，紧缩了银根，市场疲软了一下，有些企业就在困难中趴下，而以首钢为代表的一批企业却在困境中发展。首钢实行承包制以来，实现利润平均每年递增20%，1991年计划仍然是增长20%。而且在分配上向发展生产、增加积累倾斜，对个人分配也注意留有余地，不把奖励基金都分配掉。首钢创造了高速度、高效益的成绩，为国家作出了很大贡献，最重要的原因是国家给了政策，让它承包。这个政策使首钢增强了自我发展、自我改造、自我约束的能力。稳定政策，还包括坚持和完善厂长负责制，认真贯彻《全民所有制工业企业法》。

第四，大力调整经济结构，这是治本之道。在增量的投入上，实行重点倾斜政策，加强基础产业和基础设施的建设。在存量的调整上，实行生产要素优化配置的方针，实行转产、兼并、联合，发展企业集团，组织专业化协作，不搞小而全、大而全。企业的产品结构，要按产业政策办事。

第五，整顿流通秩序，打破各种各样的封锁，认真搞活流通。现在，不光是地区封锁，行业也有封锁，保护主义越来越严重，很不利于保持全国正常的经济联系。11亿人口的大市场是我们的优势，把市场都分割了，就没有什么优势了。在这方面，国务院已经采取了一些措施，需要进一步抓紧落实，包括解决三角债问题。

第六，大力支持企业的技术改造，增强企业的发展后劲。国家要抓紧当前这个好的时机，采取坚决的措施，搞一批重大技术改造工程，再不动手就会失掉时机。企业要搞技术改造，就需要投入，需要资金。现在看起来，一是提高企业固定资产折旧率，而且折旧基金不应该有任何税赋。当然，财政上有困难，但无论如何，再也不能吃老本了，老本再吃下去，最后企业就要垮了。二是要提高企业留利水平，保证生产发展基金。三是降低技术改造贷款利率，原则上，要让企业还得起，有利可图。如果企业无利可图，还不起，都不愿意干，最后是国家经济萎缩。四是发行债券，经过批准，还可以发行股票，这件事可以试行。

第七，要进一步配套改革，包括企业改革，计划、财政、税收、金融、劳动、工

资、外贸、商业、物资、物价改革等等。价格并轨，能不能在三、五年之内做到？每年社会零售物价指数增长两位数以内就可以，用三、五年时间解决这个问题。同时，还要进一步开放。许多企业反映，现在卖一台机器出去容易，但要出国上门维修服务就困难了，三、五个月不一定办完批准手续。我们真正要打到世界市场上去，没有相应的进一步开放的外事改革措施是不行的，否则只能自己封闭自己，自己捆绑自己。总之，在配套改革、进一步开放的过程中，制定政策、方案、措施，必须要有利于增强企业特别是国营大中型企业的活力。

第八，强化宏观调控能力。在治理整顿以前那段时间里，国民经济在运行中出现了一些问题，毛病不是出在微观搞活上，主要是出在宏观调控软弱无力。在这个问题上，要坚持社会主义方向，坚持有计划的商品经济，坚持全国一盘棋，不能各行其事。国务院曾经提出"大的管住，小的放开"。这本来是指一些大的建设项目、大的政策要管住，后来被误解为把大中型企业管住，使得大中型企业失去应有的活力。现在看来，大的当然要管，而且要把它管好、搞活；小的也得管，而且要会管、严管，但不能把它管死。要掌握好这个力度、火候，就要立法，依法办事，就要提高我们宏观管理、宏观监督干部队伍的素质，建立一个既具有很强的宏观调控能力，又使企业充满活力的国民经济宏观调控体系。

除了上述八条以外，还有社会风气，廉政建设，勤俭节约，自力更生，思想教育，职业道德等等，都属于为企业创造一个良好的外部环境的范围。

另一方面，企业要眼睛向内，进一步加强内部管理，深化内部改革，努力创造一个良好的小环境、小气候。

第一，企业要有一个良好的精神状态。也就是说，企业在面临困难时，要勇于接受挑战，积极主动去拼搏进取，正如群众所说的，"困难困难，困在家里更难；出路出路，出去就有销路"，"只有精神不滑坡，办法总比困难多"。好多从困境里拼搏出来的企业的经验，都证明了这一点。这就要求企业要有一个团结战斗的领导班子，要有一个经得起摔打的，有理想、有道德、有文化、有纪律的职工队伍。这就需要两个文明一起抓，加强精神文明建设，加强思想政治工作，提高企业领导班子的素质，提高职工队伍的素质。

第二，要有一个正确的经营思想。要正确处理规模、速度与质量、效益的关系，坚决走质量效益型发展经济的道路，也就是说，要从粗放经营向集约经营转变。同时，我们要走自力更生、艰苦创业的道路，利用外资要立足于增强我们自力更生的能力这个基础上。

第三，要眼睛向内，节约挖潜。我们企业浪费比较大，这个大家都承认。浪费大，潜力也大。《企业管理》杂志1990年第11期刊登了统计局的一篇文章，对企业的经济效益作了个分析，说效益最佳的企业，不要和效益最差的企业比较，就和所在行业平均水平比较，都相差很远。比如，仪器仪表等行业的最佳企业比全行业平均水平高11%—56%，煤炭、冶金、纺织等行业，最佳企业比全行业平均水平高60%—141%，烟草、食品等行业的最佳企业要比全行业平均水平高155%—374%。这一点是有说服力的，企业内部潜力很大，应该眼睛向内，节约挖潜。

第四，要重视产品结构的调整。看准了的就赶快调整，早调早主动，晚调晚主动，不调就被动。要眼睛盯住市场，产品围着市场转，工厂围着产品转，这样才有出路。围着市场转，包括不断地开拓新的市场。

第五，要重视技术进步。企业进行技术改造，必须重视“技术”两个字，着眼于提高企业的技术水平、设备水平、工艺水平、产品水平。

第六，严格管理与民主管理相结合。首先是要增强管理意识，也就是说，要重视管理，转变管理观念。像有的企业那样“外抓市场，内抓现场”，加强现场管理。要建立严格的计划管理体制，集中、统一、高效的生产管理体制，全员、全面、全过程的质量管理体系。民主管理，关键是职工的主人翁地位。严格管理必须建立在职工自觉性的基础上，这就需要提高职工的觉悟，真正把职工摆在企业主人翁的位置上。

第七，继续坚持和完善承包制和厂长负责制。承包制一要坚持，二要完善，一方面要纠正承包制的某些缺点，另一方面要把承包的责权利层层分解落实下去，不光是解决国家和企业的关系，还要进一步解决企业和职工的关系，“千斤重担众人挑，人人肩上有指标”。同时，要注意研究税利分流问题。在这个问题上我们要客观，对关系我们国家进一步深化企业经营机制改革的重大问题，我们必须认真对待，一定要牢记，改革需要不断发展，不断完善，不断深化。坚持厂长负责制，很重要的一条就是各方面都要支持厂长的中心地位，这一点不能动摇。同时，厂长要坚决地依靠党，依靠群众，这是两条根本的原理，我们无论如何不能忘记。

第八，深化企业内部改革。现在看起来，深化企业内部改革的关键是优化劳动组合，严格考核，按劳分配。也就是说，关键的问题是打破大锅饭、铁饭碗，不解决这个问题，社会主义优越性就不可能发挥出来，在世界市场的竞争中我们就不能立于不败之地。企业只有精简机构，裁汰冗员，才能真正进行经济核算，进行严格管理，才会有效率，有效益，才能真正把激励机制、约束机制建立起来。许多企业的实践证明，在深化内部改革上经过一番努力，完全可以形成一个企业内部的小气候，良好的小环境，有助于克服外部环境影响所造成的一些困难。

总之，国家要集中力量解决外部环境的改善问题，企业要集中力量解决企业内部管理和改革深化问题，这样我们的治理整顿就有希望，达到第二步战略目标就有希望，社会主义优越性就可以真正发挥出来。

（本文是袁宝华同志于1991年1月11日在中国企业管理协会、中国企业家协会执行理事会议上的讲话摘要，本年鉴作为代序刊登时，遵照他的意见，作了一些修改。——编者）

编 辑 说 明

本年鉴自创刊卷（1990）问世以来，得到了广大读者的关心和支持，普遍认为出版这样一部全国性企业管理专门年鉴，为研究促进我国企业社会主义现代化建设事业的发展，提供了丰富而翔实的资料、信息以至新的知识，是很有价值的，希望把它办得更好。为了不辜负大家的期望，我们在编写1991年卷时，听取了各方面的意见，总结了经验，决定进一步丰富内容，提高质量，力求做到：按照创刊卷《发刊词》中阐明的宗旨和方针，使本年鉴具有史实性、科学性和可借鉴性等特点；多方位地反映我国企业的经济活动，包括生产及发展情况；从宏观与微观的结合上，历史地记载我国企业和企业管理的新特点、新趋势；为突出企业管理专门年鉴的特色，在内容上尽可能避免同其它年鉴重复，以更好地满足广大企业读者的需要。为此，1991年卷作了一些改进。基本性的栏目不变，在内容上适当加以扩展；增辟了几个新的栏目，以集中反映1990年某些方面的工作特点。

一、《重要文献》部分，收集的范围有所扩大。从党中央、国务院到有关各综合部门的领导以及有关社会团体负责人的报告、讲话、重要文章，凡是能够公开发表的、与企业管理有关的、具有重要价值的均尽量编入。

二、《有关法律、法规、政策文件》部分，凡是与企业有关的，并在本年度公开颁发了的，都已编入。属于过去年份颁发的，因1990年卷已刊载，本卷不再编入。

三、《专文特载》是新增栏目，我们特约了一些领导同志为本年鉴撰写了专文，在一些重大问题上发表见解，供读者思考。

四、《综合论述》一栏，比过去增加了内容，在深度和广度上均有所扩展。从经济调整、改革、管理、生产、技术以至思想政治工作等方面，都概括地论述了1990年度的实际情况和特点，并且对我国生产资料市场、消费资料市场、技术市场、劳务市场、金融市场的形成与发展作了系统的介绍。这些，都是约请有关业务主管部门为本年鉴撰写的。

五、《部分地区、部门企业管理发展概况》一栏，是为了系统反映地区、部门（行业）企业管理的进展情况的不同特点而设置的，但是从前一卷的情况看，来稿的内容很难避免雷同。因此，本卷改为自选专题撰写，分专题进行编纂。

六、《统计资料》一栏，是在国家统计局的大力支持下编写的。历年数据部分因创刊卷已作了刊载，本卷尽量简略，着重刊登1990年数字。并且按企业管理专门年鉴的编写要求，增加了反映企业经济技术发展的内容。

七、《企业升级》一栏，是根据这方面工作发展的需要，把原来分散在几个栏目的材料集中在一起而形成专栏的，目的是为了便于读者查阅。本卷较为详细地介绍了企业升级工作的进展情况，刊载了有关文件规定和1990年审定公布的国家级企业名单，并特录了几个行业的国家级企业标准，因全国行业很多，标准浩繁，限于篇幅，不可能全部刊登。

八、《企业管理现代化》是根据我国企业管理现代化的工作进程和实际需要而增设的栏目。1990年这方面的工作有新的内容。在全国范围内，从上而下地进行优秀成果的评审表彰活动，举办了首届国家级企业管理现代化创新成果奖，有关这方面的资料包括文件规定和获奖成果内容简介等都集中地予以刊载。同时，请有关方面撰文，对我国企业管理现代化的进展情况作了系统的概述，并介绍了几个地区、部门（行业）的典型经验。

九、《企业管理研究》一栏中，除了广泛收入了全国性的专题研讨活动成果以外，为了有利于读者查索、参考，还刊登了几个有关企业管理重大经济政策问题的观点综述和几篇带有代表性的论文。

本年鉴刊登的稿件，可能在个别问题上存在观点上的差异，我们本着尊重作者意见、文责自负的原则，未作修改。

中国企业管理年鉴编辑部

第一部分

重　要　文　献

中共中央关于制定国民经济和社会发展十年规划和“八五”计划的建议

（1990年12月30日中国共产党第十三届中央委员会第七次全体会议通过）

中国共产党第十三届中央委员会第七次全体会议，讨论了今后十年和第八个五年计划时期我国国民经济和社会发展的基本任务和方针政策，通过了如下建议。

一、主要奋斗目标和基本指导方针

(1)**在我国社会主义现代化建设的历史进程中，本世纪最后十年是非常关键的时期**。这是当前的国内和国际形势所决定的。从国内看，我们在八十年代开创了社会主义现代化建设的新局面，经受了严重的政治考验，同时在经济和社会发展中仍然存在着许多矛盾和问题，整个国家在安定团结的总局面下也还存在着一些不安定因素。从国际看，我们在今后十年仍然可以争取到一个有利于我国现代化建设的外部环境，同时世界政治风云变幻多端，经济竞争更加剧烈。我们能不能在九十年代巩固和发展八十年代取得的成就，进一步促进经济振兴和社会进步，使我国以更加昂扬的姿态跨入二十一世纪，直接关系到我国社会主义的兴衰成败，关系到中华民族的前途命运。中央希望，全党同志和全国各族人民提高历史的责任感和时代的紧迫感，巩固和发展安定团结的政治局面，集中力量搞好经济建设和改革开放，使我们伟大祖国更加生气勃勃，巍然屹立在世界东方。

(2) **从1991年到2000年，我们要实现现代化建设的第二步战略目标，把国民经济的整体素质提高到一个新水平**。党的十一届三中全会以后，中央确定的我国现代化建设分三步走的战略部署是正确的。第一步战略目标，即国民生产总值比1980年翻一番，解决人民温饱问题，已经基本实现。今后十年实现第二步战略目标的基本要求是：

——在大力提高经济效益和优化经济结构的基础上，使国民生产总值按不变价格计算，到本世纪末比1980年翻两番。实现上述目标，要求今后十年国民生产总值平均每年增长6%左右，这在世界范围内将是比较高的增长速度；

——人民生活从温饱达到小康，生活资料更加丰裕，消费结构趋于合理，居住条件明显改善，文化生活进一步丰富，健康水平继续提高，社会服务设施不断完善；

——发展教育事业，推动科技进步，改善经济管理，调整经济结构，加强重点建设，为二十一世纪初叶我国经济和社会的持续发展奠定物质技术基础；

——初步建立适应以公有制为基础的社会主义有计划商品经济发展的、计划经济和市场调节相结合的经济体制和运行机制；

——社会主义精神文明建设达到新的水平，社会主义民主和法制建设进一步健全。

(3) **我们在八十年代改革开放和现代化建设中取得的巨大成就，为九十年代的经济和社会发展奠定了比较坚实的基础**。

——经济体制改革全面展开，改变了束缚生产力发展的体制格局。农村家庭联产承包责任制的普遍推行，对农业生产和整个国民经济的发展起了重要的促进作用。在城市，围绕着搞活企业这个中心环节，在计划、财政、税收、金融、物资、商业、外贸、价格、劳动工资等方面，进行了不同程度的改革，扩大了地方和企业的权力，促进了商品经济的发展、科技、教育体制和政治体制也相应进行了改革。十年改革调动了各个方面的积极性，使经济活力明显增强，也为今后的深化改革提供了宝贵经验。

——对外开放迈出重大步伐，对外经济技术交流与合作迅速扩大。我国经济摆脱了原来的封闭半封闭状态，大踏步走上世界舞台。1980年到1990年，全国进出口总额将由380亿美元增加到1130亿美元，增长近两倍。对外开放的规模和领域不断扩大，形成了“经济特区——沿海开放城市——沿海经济开放区——内地”逐步推进的对外开放格局。

——生产建设取得重大进展，主要工农业产品产量和生产能力有了较大增长。1980年到1990年，粮食产量由3.2亿吨增加到4.2亿吨以上，增长31%；棉花由271万吨增加到425万吨，增长56.8%；原煤由6.2亿吨增加到10.9亿吨，增长75.8%；发电量由3006亿千瓦小时增加到6150亿千瓦小时，增长104.6%；钢由3712万吨增加到6580万吨，增长77.3%。十年间，建成投产大中型项目1000多个，社会生产的技术水平不断提高，为国民经济的进一步发展增添了后续力量。

——智力开发不断加强，科技教育事业得到较快发展。过去十年间全国共取得重大科技成果11万多项，国家奖励的发明1700多项，其中有些项目达到了国际先进水平。全国有71%的县普及了小学教育，多数城市普及了初中教育。中等职业技术教育迅速扩大，高等教育初步形成多层次、多形式、学科门类比较齐全的体系，成人教育和技术培训得到前所未有的发展。

——居民消费水平明显提高，生活条件有较大改善。八十年代是全国人民生活水平提高最快的十年。全国绝大多数地区基本解决温饱问题，部分地区开始向小康水平过渡。1990年全国城乡居民平均消费水平预计达到720元左右，扣除价格因素，比1980年增长80%左右，平均每年增长6/。城乡居民消费内容日趋多样化，消费质量有了较大的提高，贫困地区的人民生活也有了不同程度的改善。

总之，在八十年代，我国从农村到城市，从沿海到内地，经济生活和社会生活出现了前所未有的蓬勃生机。国家经济实力显著增强，社会面貌发生了深刻变化。社会主义制度在改革中逐步完善，安定团结的政治局面不断巩固和发展。八十年代的伟大成就，进一步坚定了中国共产党和中国人民一心一意进行社会主义现代化建设的信心，增强了克服困难的勇气和毅力。

(4) **坚持走建设有中国特色的社会主义道路，是实现第二步战略目标的根本保证**。在邓小平同志倡导下，我们党从十一届三中全会开始，经过十二大和十三大，根据马克思主义普遍真理同中国具体实际相结合的原则，在深刻总结历史的和当前的实践经验的基础上，作出了我国处于社会主义初级阶段的科学论断，形成了以经济建设为中心、坚持四项基本原则、坚持改革开放的基本路线，以及一系列行之有效的方针政策，全党对建设有中国特色社会主义的基本理论和基本实践取得了共同认识。概括起来主要是：

——坚持工人阶级领导的以工农联盟为基础的人民民主专政，不断完善人民代表大会制度，不断完善共产党领导的多党合作和政治协商制度，不断巩固和发展最广泛的爱国统一战线，努力加强社会主义民主和社会主义法制建设；

——坚持把发展社会生产力作为社会主义的根本任务，专心致志地搞好现代化建设，不断提高人民的物质文化生活水平；

——通过改革不断完善社会主义的经济、政治体制和其他领域的管理体制，充分调动中央、地方、企业和广大劳动人民的主动性、积极性和创造性；

——采取发展对外经济贸易关系、利用外资和引进先进技术等多种形式，通过举办经济特区、经济开放区和实行必要的特殊政策与灵活措施，不断扩大对外开放；

——坚持以社会主义公有制为主体的多种经济成分并存的所有制结构，发挥个体经济、私营经济和其他经济成分对公有制经济的有益的补充作用，并对它们加强正确的管理和引导；

——积极发展社会主义的有计划商品经济，实行计划经济和市场调节相结合，努力促进国民经济持续、稳定、协调发展；

——实行以按劳分配为主体、其他分配方式为补充的分配制度，允许和支持一部分人、一部分地区通过诚实劳动和合法经营先富起来，鼓励先富起来的帮助未富起来的，以利于全体人民和各个地区逐步实现共同富裕；

——坚持以马克思列宁主义、毛泽东思想为指导，继承和发扬祖国优秀文化遗产、借鉴和吸收世界上一切优秀文化成果，不断提高全民族的思想道德和科学文化素质，建设社会主义精神文明；

——建立和发展平等互助、团结合作、共同繁荣的社会主义民族关系，坚持和完善民族区域自治制度，反对民族歧视、民族压迫和民族分裂；

——按照“一个国家、两种制度”的构想和实践，促进祖国统一大业的逐步实现；

——坚持独立自主的和平外交政策，在和平共处五项原则的基础上发展同一切国家的友好关系，反对霸权主义和强权政治，支持被压迫民族和被压迫人民的正义斗争，维护世界和平和促进人类进步；

——坚持共产党的领导，不断改善党的领导制度、领导作风和领导方法，加强党的政治、思想、理论和组织建设，使党始终成为社会主义事业的坚强领导核心。

党的十一届三中全会以来，我们就是按照这条道路走过来的，因而在实践中取得了举世瞩目的成就。在实际工作中，在某些时候和某种情况下也发生过偏离上述原则的现象，造成了严重的后果。党的十三届四中全会以来，在以江泽民同志为核心的党中央领导下，认真总结经验教训，正确的加以坚持，不足的加以完善，失误的加以纠正，正在努力使上述原则在实践中得到进一步的具体落实和丰富发展。只要我们坚持这样做，我国经济和社会发展的第二步战略目标就一定能够实现。

(5) **全面落实党的建设有中国特色社会主义的各项方针政策，关键在于继续坚定不移地实行改革开放。**四项基本原则是立国之本，改革开放是强国之路。这是我国过去十年实践经验的结晶，是全国各族人民得出的最基本的共同结论。在当今世界，科学技术迅猛发展，经济文化交流日益扩大，如果我们不改革现行体制中的弊端，不实行对外开放政策，就不可能把社会主义制度的优越性充分发挥出来，也就不可能在剧烈的国际政治风云变幻和经济竞争中立于不败之地。我们的改革开放是社会主义的改革开放，目的是为了促进生产力的发展和社会的全面进步，不断巩固和完善社会主义制度，不断增强社会主义的生机与活力。总之，不改革开放不行，改革开放不坚持正确的方向也不行。在今后的十年中，我们必须按照这样的认识，把改革开放事业更加健康地推向前进，使之成为我国经济和社会发展的更加强大的推动力。

(6) **必须坚持国民经济持续、稳定、协调发展，始终把提高经济效益作为全部经济工作的中心。**持续、稳定、协调发展的方针是我国四十一年来经济建设正反两方面经验的深刻总结，是客观经济规律的正确体现，全党同志务必时刻牢记，任何时候也不能偏离，努力避免经济生活中再次发生大的波折。为此，必须坚持社会总需求与总供给的基本平衡，在经济建设和人民生活的安排上认真执行量力而行的原则，稳扎稳打，注意防止和克服急于求成的倾向。合理确定和安排国民经济发展的重大比例关系，保持全国财政、信贷、物资、外汇各自的和相互间的基本平衡。既要充分发挥各种资源的潜力，促进经济增长，又要防止国民收入超分配，重新诱发通货膨胀。必须坚持速度与效益的统一，注重产业结构的调整，把科学技术进步和加强管理放在突出位置，不断提高经济增长的质量。

(7) **必须坚持独立自主、自力更生、艰苦奋斗、勤俭建国。**我国是发展中的社会主义大国，经济建设的立足点必须坚定不移地放在依靠自己力量的基础上。必须把利用国外的资金、技术同发展我国经济、增强自力更生能力有机地结合起来，以利于社会经济发展战略目标的实现。中国的现代化，需要经过几代人的艰苦奋斗。必须长期坚持勤俭建国的方针，全面厉行节约，努力克服各个领域严重存在的铺张浪费现象，勤俭办一切事业。

(8) **必须坚持物质文明建设和精神文明建设一起抓的方针。**建设高度的社会主义精神文明是建设有中国特色的社会主义的一项根本任务。没有社会主义的精神文明，社会主义现代化的方向和动力就没有保证，物质文明建设也搞不好。面对九十年代复杂的国际形势和艰巨的国内改革和建设任务，更要大力加强社会主义精神文明建设，加强思想政治工作，坚持不懈地反对资产阶级自由化，广泛深入地进行爱国主义、集体主义和社会主义教育，振奋民族精神，改善社会风气，克服在两个文明建设上“一手硬，一手软”的现象，保证改革开放和经济建设健康发展。中央和地方都要把精神文明建设纳入发展规划，逐渐增加必要的投入，使之与国家在物质文明建设方面投入的增长保持适当比例。

(9) **必须处理好集中与分散的关系。**十一届三中全会以后，改革过分集中的体制格局，调动了各方面的积极性，促进了社会生产力的发展。对此必须充分予以肯定。但由于权力下放过程中有些措施不那么适当，宏观管理又没有跟上，以及其他一些原因，当前经济生活中的某些方面存在着不容忽视的过于分散的现象。国家掌握的财力物力过少，宏观调控能力减弱。这既妨碍产业结构的调整和经济效益的提高，也不利于社会主义统一市场的形成和发展。解决这样的矛盾和问题，必须从实际出发，采取适当的政策、措施、步骤和方法，并且着重通过深化改革来实现。适当集中必要的财力物力来办好一些必须由中央办的关系全局利益的大事，这不仅是克服当前经济困难的需要，也是长远经济发展的需要，不仅有利于全国经济的发展，也有利于生产力和地区经济的合理布局。在我们这样一个十一亿人口的大国，过分集中不行，过分分散也不行，必须把必要的集中和适当的分散恰当地结合起来，充分发挥各个方面的积极性，才能更好地体现社会主义制度的优越性和推进现代化建设。

(10) **必须处理好治理整顿与经济发展的关系。**十三届三中全会、五中全会确定的关于治理整顿、深化改革的方针是正确的。经过两年多来的艰苦努力，治理整顿已经取得明显成效，社会供求总量趋于平衡。通货膨胀得到控制，农业连续两年丰收，工业生产逐步回升，经济秩序得到初步整顿。治理整顿和深化改革是统一的，相互促进的，改革在治理整顿中不仅没有停滞，而且在继续进行和深化。但是，经济生活中结构不合理、经济效益差、体制关系不顺等多年积累的矛盾和深层次问题还没有得到根本解决。“八五”头一年或更长一点时间，要继续进行治理整顿和深化改革，在治理整顿中求发展。此后，要在发展中继续进行治理整顿，在调整产业结构和深化经济体制改革方面取得更大进展。今后十年特别是“八五”期间要立足于现有基础，少搞新建，多搞挖潜，加强技术改造，强化经济管理，为长远的经济发展创造更为良好的条件。随着结构的调整和改革的深化，经济发展的环境将得到进一步改善，经济增长的速度可以适当快一点，但任何时候都必须坚持以提高经济效益为中心。

二、经济发展的产业重点和地区布局

(11) **今后十年和“八五”计划期间，经济建设要在三个方面取得明显进展。**(一) 大力调整产业结构，加强农业、基础工业和基础设施的建设，改组改造加工工业，不断促进产业结构合理化，并逐步走向现代化，以适应经济增长和消费结构变化的需要；(二) 用先进技术装备改造传统产业和现有企业，以内涵方式为主扩大再生产，推进工业化和现代化的进程；(三) 根据资源优化配置和有效利用的原则，正确布局生产力，积极促进地区经济的合理分工和协调发展，促进全国统一市场的形成和发展。为此，需要对经济发展的重点和布局提出正确的要求和对策。

(12) **大力加强和发展农业。**解决十一亿人口的吃饭问题是头等大事，是经济发展、社会安定、国家自立的基础。今后十年，继续以保证粮棉稳定增长为重点，促进农业生产全面发展。粮食生产要先后登上4.5亿吨和5亿吨两个台阶，同时增加棉花、油料、糖料以及其他经济作物的生产；大力加强林业建设；进一步发展畜牧业、水产业，努力增产肉、禽、蛋、奶、鱼、茶、果等产品；继续引导农村乡镇企业健康发展，全面振兴农村经济。

(13) **实现农业发展目标必须采取的若干重大措施：**

——继续深化农村改革。实行以家庭联产承包为主的责任制，建立统分结合的双层经营体制，是农村改革的重大成果，适应现阶段我国农村生产力水平，必须作为一项基本制度长期稳定下来，并不断加以完善。深化农村改革的重点，是积极发展社会化服务体系，健全和完善统分结合的双层经营体制，把集体经营的优越性和农民家庭经营的积极性结合起来，逐步壮大集体经济实力。在有条件的地区，根据农民自愿，可以因地制宜，采取不同形式实行适度规模经营。

——增加投入，在农业基础建设方面办成一些大事。水利是农业的命脉。长江、黄河的水灾仍是中华民族的心腹之患。今后十年要加强大江大河大湖的治理，有计划地建设一批防洪、蓄水、引水的大中型项目，提高抗御自然灾害的能力。抓紧进行南水北调工程的建设，缓解北方水资源紧缺的矛盾。巩固和完善现有灌溉工程，努力扩大灌溉面积，积极建设旱涝保收、稳产高产农田。加强农业区域综合开发，建设一批国家级的重要农产品商品生产基地。分批改造中低产田，有步骤地开垦宜农荒地，改造和建设草原。林业是农业稳产高产的生态屏障。加强速生丰产用材林、防护林、经济林和薪炭林体系的建设，改善生态环境。中央和各级地方政府都要提高农业投资的比重，同时建立和健全集体经济的积累制度。农民是农业投入的主体，要鼓励和引导农民增加对农业的资金投入，特别要增加劳动投入，以充分发挥农村劳动力资源丰富的优势，不断改善农业生产条件。进一步发展农用工业，努力增加化肥、农药、农膜、农业机械的供应，并提高它们的使用效益。大力提倡施用农家肥。

——继续抓好科技、教育兴农。我国人多地少，今后的农业发展，主要依靠提高单位面积产量。这在很大程度上取决于广大农民科学文化素质的提高和先进农业科技成果的推广应用，进一步提高资源利用的广度和深度。进一步壮大农业科技队伍，加强新技术的研究，建立健全农业科技成果推广体系，积极培育优良品种，扩大良种播种面积，推广各种优良的耕作制度、耕作方法和栽培技术。继续推行“星火计划”、“丰收计划”和“燎原计划”。今后十年，农业增产中要力争比八十年代有更大部分依靠科技成果的推广应用。

——积极改革农产品流通体制，大力发展农产品流通。要像重视农业生产那样重视农产品流通。动员各方面的力量，努力增加仓储、运输、加工等设施的建设。逐步建立和完善国家和省、自治区、直辖市两级粮食储备制度，并有计划地发展粮食批发市场和期货市场。实行鼓励发展粮食生产的购销体制和价格政策，以调动商品粮主产区和粮农种粮的积极性。

——扶持贫困地区人民脱贫致富，是党在农村一项长期的经济和政治任务。从1991年开始，贫困地区要在解决大多数群众温饱的基础上，转入以脱贫致富为主要目标的扶贫开发阶段，争取到本世纪末稳定地解决温饱问题，多数户过上比较宽裕的生活。

——切实加强土地管理，珍惜和合理利用土地，逐步稳定现有耕地面积，为农业和整个国民经济的发展提供土地保障。大力保护森林资源，严格执行采伐限额，严禁乱砍滥伐。

(14) **坚持“积极扶持，合理规划，正确引导，加强管理”的方针，促进乡镇企业继续健康发展。**乡镇企业是农村经济的重要支柱和国民经济的重要组成部分，对于发展农村商品经济、增加农民收入和促进农村繁荣具有重要意义。应当引导乡镇企业进一步调整结构，提高产品质量，提高经济效益，保持适当速度，与整个国民经济协调发展。对不同地区的乡镇企业，在发展方向和速度等方面，要区别对待，分类指导。对经济比较落后地区的乡镇企业，要给予更多的扶持；对经济比较发达地区的乡镇企业，要进一步强调提高质量和效益。农业和乡镇企业要互为依托，因地制宜，采取亦工亦农、离土不离乡等多种形式，吸纳农村富余劳动力。乡镇企业要因地制宜，积极发展利用当地原材料的农副产品加工和建筑材料等工业，在合理规划和开发资源的前提下发展采矿业，并发挥劳动密集和传统工艺的优势，努力发展为大工业配套服务的产品和出口创汇产品。

（15）**加强基础工业和基础设施的建设**。这是今后十年和“八五”计划期间经济建设的一个重点。我国基础工业和基础设施的发展滞后，严重制约着国民经济的发展。应该采取适当的投资倾斜政策，少搞一些一般加工工业，严格控制楼堂馆所建设，筹集必要的资金，加强能源、交通、通信、重要原材料以及水利等基础工业与基础设施的建设。在搞好现有企业填平补齐、挖潜改造的同时，有计划地新建、改建和扩建一批大中型电站、煤矿、油田、铁路和公路干线、港口、机场、通信干线等骨干工程，以及冶金、化工等大中型项目，增强经济发展的后劲。水利是基础设施的重要组成部分，不仅关系到农业，而且关系到工业建设和人民生活，中央和地方都要充分重视和认真抓好。

（16）**大力发展能源工业**。煤炭工业，要加快统配矿的建设，特别是加强山西、陕西、内蒙古西部和宁夏能源基地的建设，同时促进地方矿和乡镇矿的整顿、改造和提高。到1995年和2000年，原煤产量要由1990年的10.9亿吨分别增加到12.3亿吨左右和14亿吨左右。电力工业，实行因地制宜、水火并举和适当发展核电的方针，充分发挥我国水电优势，积极发展坑口电厂和热电联产，加强电网建设。到1995年和2000年，全国发电量要由1990年的6150亿千瓦小时分别增加到8100亿千瓦小时左右和11000亿千瓦小时左右。石油工业，采取“稳定东部，发展西部”的战略方针，保证东部老油田稳产增产，适当集中力量加强西部新油区主要是塔里木、吐鲁番地区的勘探和开发，同时积极进行海洋油田的勘探和开发。到1995年原油产量要由1990年的1.38亿吨增加到1.45亿吨左右。争取到2000年有较大的增长。为了加快能源工业的发展，必须理顺能源价格，筹集能源建设资金，并争取利用一些国外资金，以稳定地增加资金投入。

（17）**优先发展交通运输和邮电通信，适应国民经济发展和对外开放的需要**。交通运输，要着眼于搞好综合运输体系的建设，以增加铁路运力为重点，同时积极发挥公路、水运、空运等多种运输方式的优势。铁路建设，要采用先进适用技术对旧线进行改造，在一些重要线路，逐步实现电气化，同时加快煤炭运输干线，特别是山西、陕西、内蒙古西部能源基地运输通道和新的南北干线以及西北、西南地区干线的建设。到1995年和2000年，铁路货运量要由1990年的14.6亿吨分别增加到16.5亿吨左右和19亿吨左右。公路建设，重点是建设国道主干线，相应建设省市和县乡公路。港口，要加快能源、外贸运输和客运枢纽港的建设，努力扩大沿海港口的吞吐能力。水运建设，重点是发展远洋运输，建设沿海南北大通道和长江干线。民航建设，重点是扩建、改建和新建主要城市和边远城市机场，扩大吞吐能力，进一步增加干线和支线的空运能力。邮电通信，要加快发展长途电话自动化，提高电话普及率，逐步形成方便迅速的通信网络。发展交通运输、邮电通信，要发挥各方面的积极性。国家要加强重大骨干工程的建设，各级地方政府要因地制宜，采取多种办法筹集必要的资金，兴建地方铁路、公路、桥梁、港口和邮电通信设施。

（18）**原材料工业要重点抓好结构调整，全面提高产品质量**。钢铁工业要通过对现有企业的改造和扩建，提高技术水平，降低能源和原材料消耗，增产短缺和高档产品。加强矿山原料生产能力的建设，扭转行业内部结构失衡的状况。到1995年和2000年，钢产量要由1990年的6580万吨分别增加到7200万吨左右和8000万吨以上。有色金属工业，要把发展铝特别是氧化铝放在优先地位，适当发展其他有色金属。化学工业，重点发展化肥、农药等农用产品，积极发展化工原料和精细化工产品。到1995年和2000年，全国化肥产量（标准肥）要由1990年的9000多万吨分别增加到1亿吨左右和1.2亿吨左右。石油化工，以乙烯为主体，搞好原油的深度加工和综合利用，增加合成纤维原料、合成树脂、合成橡胶、各种有机化工原料和农用产品的产量。到1995年和2000年，全国乙烯产量要由1990年150万吨分别增加到230万吨左右和300万吨左右。建材工业，要大力发展高档次的产品和新型材料，加快墙体材料的革新。森林工业，要积极扶植重点企业增强活力，继续发挥木材生产基地的作用。

（19）**坚持开发与节约并重的方针，千方百计节约能源、原材料、水资源和运力**。我国一方面资源相对不足，能源、原材料、水资源和运力紧张，制约经济发展，另一方面单位产品所消耗的煤、电、重要原材料，比国际先进水平高得多，节约的潜力很大。各部门、各地区都要制定出今后十年和“八五”期间的节约计划，采取有力的政策包括某些带强制性的措施，以及增加必要的投入，把节约和企业技术改造、加强管理紧密结合起来，注意资源的综合利用和再生资源的利用，使能源、原材料、水资源和运力的节约取得明显成效，力争九十年代国民生产总值增长中有更大的部分靠节约挖潜、降低消耗来实现。

（20）**切实加强地质勘查工作，使它同能源原材料等基础工业和基础设施的建设协调发展**。地质勘查是基础工业和基础设施建设不可缺少的前期工作，目前这方面又比较薄弱，必须切实予以加强。要加快地质勘查的步伐，为实现第二步战略目标和下世纪初经济的持续发展准备矿产资源和地质资料。继续加强基础地质工作，增强地质工作的发展后劲。开辟多种资金渠道，增加地质勘查的投入。

(21) **把发展电子工业放到突出位置**。电子工业是促进我国产业结构现代化的带头产业，未来十年要从投资分配、技术开发、设备更新、产业政策和组织管理等各个方面，为电子工业的迅速发展和推广应用创造条件。集中力量开发以大规模集成电路为中心、计算机为主体的投资类电子产品，大力加强微电子技术、计算机与软件、传感器的开发和在国民经济中的普遍应用，积极利用电子技术改造传统产业，促进新兴产业的成长。努力发展光纤、卫星、微波等通信产品和消费类电子产品，以满足生产发展和人民生活提高的需要。

(22) **大力改组改造加工工业**。目前加工工业战线较长，布局分散，技术水平和专业化程度低，潜力远远没有发挥出来。今后十年和"八五"期间，加工工业发展的重点是立足现有基础进行改组改造。要及时调整产品结构，压缩某些长线产品，增加名、优、新、特产品生产，以适应国内、国际市场的需要。要积极采用新技术、新工艺，加快更新老旧设备，降低能耗和各种材料的消耗，提高产品质量和经济效益。要继续推进横向联合，促进专业化协作，把整个加工工业提高到一个新的水平。

(23) **机械制造工业的发展重点是提高产品质量和技术水平**。通过改组改造，优化结构，组织力量对重大技术课题进行攻关，使机械工业的发展达到一个新的水平，更好地满足国民经济各部门对先进技术装备的需要。积极发展能源、交通、通信、重要原材料和农用工业所需要的成套设备和产品，发展进口替代产品，提高引进设备的国产化程度，扩大机械产品出口。加强基础机械、基础件、基础工艺等薄弱环节，提高基础零部件专业化生产程度。围绕节能、节材、节油、节水，开发推广新产品，淘汰老产品，提高整个国民经济的装备水平和经济效益。汽车制造工业在整个经济发展中占有重要地位，应当在全国范围内统筹规划，合理布局，促使其健康发展。

(24) **轻纺工业的发展重点是加快技术进步，提高产品质量，开发新品种**。

——大力发展轻工纺织原料的生产，特别是增加合成纤维、合成洗涤剂、造纸等原料的产量，有计划地建设一批原料生产基地。

——积极推广新技术，抓住一批基础产品和出口拳头产品，进行开发和改造。要使一批骨干企业和重点出口企业的设备尽快得到更新，一批先进的生产工艺和技术尽快得到推广，一批引进的新技术新设备尽快得到普及，以促使我国轻纺产品在质量和档次上达到新的水平，提高在国际市场上的竞争能力。

——有步骤地进行轻纺工业生产能力和布局的调整。东部沿海地区和大城市一般不再增加初加工能力，集中力量发展深加工产品、技术密集型产品和出口制成品。初加工和内销的劳动密集型产品要有步骤地转向内地和原料产地，以形成新的生产力合理布局。

到 1995 年和 2000 年，纱产量要由 1990 年的 2450 万件分别增加到 2700 万件左右和 3100 万件左右；化学纤维产量要由 1990 年的 155 万吨分别增加到 200 万吨左右和 260 万吨左右。到 1995 年，糖要由 1990 年的 520 万吨增加到 670 万吨左右。

(25) **积极发展建筑业，努力推进城市建设和乡村建设**。加强城乡建设的统筹规划，稳步发展住宅和公用设施建设。城镇住宅建设要保持合理规模和增长速度，并通过住房制度的改革，适当加快房地产综合开发和住宅商品化的进程。根据城镇住宅发展的需要，配套发展商业网点、教育和医疗设施、文化和体育场所，提高公用设施的普及水平。乡村住宅建设要合理规划，节约用地，因地制宜地建设公用设施。严格控制大城市的规模，合理发展中等城市和小城市，以乡镇企业为依托建设一批布局合理、交通方便、具有地方特色的新型乡镇。

(26) **重视第三产业的发展**。发展第三产业是缓解就业压力，增加资金积累，活跃城乡经济的重要途径，也是适应消费结构变化，促进产业结构现代化，提高国民经济整体效益和人民生活质量的重要环节。我国第三产业比较落后，行业不全，服务程度低，目前在国民生产总值中的比重不仅大大低于发达国家，也低于发展中国家的平均水平。今后十年，第三产业要重点发展为生产和生活服务的行业，充分调动各种经济成分和各个方面的积极性，完善市场环境和规则。努力调整第三产业的内部结构，加快发展那些目前比较落后而又急需发展的行业。第三产业的发展速度要快于第一、第二产业。到 2000 年，第三产业在国民生产总值中的比重要由现在的 1/4 左右提高到 1/3 左右。

(27) **促进地区经济的合理分工和协调发展**。改革开放以来，地区经济得到空前发展，经济实力显著增强。这方面存在的主要问题是重复建设项目过多，产业结构趋同，资源配置不合理，地区分割与封锁严重，难以发挥比较优势，影响全国统一市场的形成。今后十年的地区经济发展和生产力布局，要认真贯彻执行以下原则：

——统筹规划，合理分工。根据全国一盘棋和全国是一个统一市场的精神，从提高国民经济的整体效益出发，以省、自治区、直辖市为基础。以跨省、区、市的横向联合为补充，加强地区经济的合理分工，形成有利于发挥地区特色和区域协作的经济体系，把全国经济的统一性和地区经济的特色结合起来，逐步实现全国范围内的资源合理利用和优化配置。各省、区、市的经济发展和跨省、区、市的经济联合，都应当发挥自己的优势，不需要也不可能建立各自完整的经济体系。

——优势互补，协调发展。由于地区经济发展不平衡，各地区的不同产业在投入产出效益上有较大差异。要根据国家产业政策，把产业倾斜与地区倾斜结合起来。地区倾斜的依据，是该地区的资源和产业优势以及对宏观经济的专业化贡献。实行倾斜政策要适度，以避免地区之间收入分配差距过大而引起新的经济和社会问题。要正确处理和协调资源地区和加工地区的关系。沿海地区要根据经济技术水平较高而资源缺乏的特点，致力于发展高、精、尖、新等层次较高的产业和出口创汇产品，将耗能高、运量大的工业逐步转移到能源充裕、资源富集的内地。加工地区和资源地区可以采取横向联合、利益兼顾的办法，把各自的优势结合起来，共同发展。

——经济比较发达的沿海省、市，应当分别同内地一两个经济比较落后的省、区签订协议或合同，采取经验介绍、技术转让、人才交流、资金和物资支持等方式，负责帮助它们加快经济的发展。

——加强宏观调控，健全调控机制。进一步明确各级政府的财权和事权，使发展地区经济的政策建立在规范化和制度化的基础上。根据不同地区和不同产业的发展特点，进行分类管理和指导。采取有效措施，打破地区分割和封锁，促进全国统一市场的形成与发展。

(28) **积极扶持民族地区经济发展**。我国是统一的多民族国家，民族自治地区土地辽阔，资源丰富，发展潜力很大。加快民族地区经济文化事业的发展，对于巩固边防，增强民族团结，维护社会安定和国家统一，促进全国经济发展，都有重大意义。充分发挥民族地区的优势，把民族地区的资源开发和社会经济发展妥善结合起来，逐步改变民族地区经济相对落后的状况，使之同全国的经济发展相适应。继续贯彻落实帮助少数民族地区以及老根据地、边疆地区和其他贫困地区发展的各项政策，扶持这些地区的贫困群众脱贫致富。国家和经济比较发达地区要对这些地区给予财力、物力和技术力量的支持，并采取有效措施，增强这些地区发展经济的内在活力。

(29) **加强国防现代化建设，保障整个国家和经济发展有一个安全稳定的环境**。今后十年，在复杂多变的国际形势下，为了应付可能发生的不测事件，保卫国家安全和经济建设，必须进一步推进国防现代化建设。随着经济的发展和国力的增强，适当增加国防费用，有重点地加强新武器装备的研制，提高军队武器装备的现代化水平。继续调整国防工业结构，实行“军民结合、平战结合、军品优先、以民养军”方针，加强军工企业转产民品的统一规划和协调工作，增强平战转换能力。

三、发展科技教育文化事业的任务和政策

(30) **科学技术的发展要继续贯彻“经济建设必须依靠科学技术，科学技术工作必须面向经济建设”的基本方针**。在经济建设主战场、高技术研究及高新技术产业发展、基础性研究三个层次上的科技工作，要加强统一规划，合理配置力量，形成纵深格局，推动我国科学技术事业全面发展。加快科技成果向现实生产力的转化，充分发挥科学技术作为第一生产力的作用，为经济和社会发展作出更大的贡献。今后十年，根据我国的实际需要和《国家中长期科学技术发展纲领》的要求，力争在某些领域接近或者达到国际先进水平，为二十一世纪我国的经济和科技振兴打下基础。

(31) **今后十年科学技术发展的主要任务是**：

——紧紧围绕解决工农业生产技术和装备现代化问题，特别是为解决农业、水利、能源、交通、通信、原材料、资源综合利用，以及人口控制、生态环境保护和国防建设等方面的重大课题，组织实施科技攻关计划并提供科技保证。

——加强应用研究，大面积推广投入少、效益好、见效快的科技成果，推动企业技术改造和设备更新，促进产业结构的调整和技术水平的提高。

——积极跟踪世界新技术革命的进程，努力在生物工程、电子信息技术、自动化技术、新型材料、新能源、航空航天、海洋工程、激光、超导、通信等高技术领域取得新的科技成果。继续推进“火炬”计划的实施，办好高新技术开发区，促进高新技术成果的商品化和产业化，并加快向传统产业的扩散和渗透，大幅度提高劳动生产率。

——继续加强基础研究，增强科技发展后劲。努力加强重点实验室和专业实验室的建设，提高它们的利用效率。进一步加强和改进专业科学研究机构、高等院校和大型企业的科研工作，密切它们之间的联系和合作，加强自然科学与社会科学的密切结合，注意新学科和边缘学科的发展。

(32) **继续深化科技体制改革**。通过改革，建立有活力、有效率的科研、引进、创新、推广和应用相互结合、相互促进的新机制，使之同经济发展相适应。稳定和完善促进科技进步的政策，抓紧制定有关的法律

和法规。中央、地方和企业都要采取切实有效的措施，增加对科技的投入，发挥重点科研院所的作用，加强科研单位和科技队伍的建设。

（33）**加强社会科学研究**。坚持以马克思主义为指导，重点加强对建设有中国特色的社会主义重大理论问题和实际问题的研究，特别要加强对九十年代我国经济和社会发展以及改革开放中重大问题的研究，为社会主义物质文明和精神文明建设服务。加强对马克思主义基本理论的研究和宣传，继续消除资产阶级自由化思潮的不良影响，澄清思想和理论是非。坚持“百花齐放，百家争鸣”的方针，提倡不同学术观点的讨论，促进社会科学各个领域的繁荣和发展。加强和制定社会科学的研究规划，切实注意社会科学研究队伍的培养和提高。社会科学工作者要发扬理论联系实际的优良学风，不断提高思想水平和业务素质。

（34）**发展教育事业，提高全民族素质，是建设社会主义的根本大计**。国家强盛和民族振兴靠人才，人才培养靠教育。继续贯彻教育必须为社会主义现代化服务，必须同生产劳动相结合，培养德、智、体全面发展的建设者和接班人的方针，进一步端正办学指导思想，把坚定正确的政治方向放在首位，全面提高教育者和被教育者的思想政治水平和业务素质。中央和地方各级政府要逐步增加对教育的投入，并逐步完善多渠道筹措教育资金的体制。继续深化教育改革，调整和优化教育结构，提高教育质量和办学效益，加强师资队伍建设，建立具有中国特色的面向二十一世纪的社会主义教育体系。

（35）**加强基础教育**。“八五”期间，在占全国人口80%左右的地区普及初等义务教育，占全国人口30%以上的地区普及初中阶段义务教育。力争到本世纪末，在全国基本普及初等义务教育，在城镇以及经济比较发达的农村地区基本普及初中阶段义务教育，在大城市试行普及高中阶段教育。重视发展少数民族地区的教育事业，重点抓好小学教育。在边远山区和牧区，采取扶持政策，扎扎实实抓好初小义务教育。继续重视发展幼儿教育和残疾、弱智儿童少年的特殊教育。

（36）**大力发展职业教育**。今后十年，要使多种形式的职业教育得到较快发展。要统筹规划普通高中、中等专业学校、职业高中、技工学校等，调整科类结构，提高教学质量。1995年各类中等职业技术学校在校生人数占高中阶段在校生的比重，要由现在的45%提高到50%以上，同时广泛开展灵活多样的短期技术培训。到本世纪末，使农村绝大多数新增劳动力接受程度不同的职业技术教育或培训，企业新增职工接受必需的职前教育和岗位培训。加强思想政治和职业道德教育，提高全体劳动者的社会主义觉悟和道德水准。

（37）**高等教育要根据社会实际需要，合理调整结构，大力提高质量**。“八五”期间研究生教育和本科教育基本上稳定现有规模，进行充实和加强。根据需要和可能，适当发展专科教育。重点抓好普通高等院校的调整，优化高等教育的布局和专业结构，努力提高教学质量和办学效益。建设高等学校的一批重点学科。博士生的培养基本上立足于国内。继续改革招生和毕业生分配制度，改进教育拨款制度，加强教育法规建设。继续完善出国留学生政策，促进国际教育交流与合作的进一步发展。

（38）**积极发展成人教育**。要坚持多种形式、多种途径的办学路子，大力开展岗位培训，不断提高企业职工队伍的技术和专业水平，提高广大农民运用农业新技术的能力。在继续整顿成人高等学历教育的基础上，办好成人高等教育，切实提高教育质量。必须十分重视扫盲工作，争取到2000年全国基本上扫除青壮年文盲。

（39）**坚持贯彻为人民服务、为社会主义服务的方针，进一步繁荣文化事业**。新闻出版、广播电视、文学艺术等各项文化事业在社会主义现代化建设中具有重要作用。新闻单位要积极宣传党的路线、方针和政策，把握正确的舆论导向。出版部门要坚定地把社会效益放在首位，努力多出版一些优秀读物。弘扬民族优秀文化，进一步发展文学、电视、电影、音乐、舞蹈、美术、戏剧、曲艺等文学艺术领域的创作活动，加强文化设施的建设，满足人民群众文化生活的需要。进一步办好图书馆、文化馆、艺术馆、博物馆、科技馆、文化站等各类文化活动场所，加强对书籍报刊和音像等文化市场的引导和管理。继续深入开展“扫黄”工作。加强档案馆和纪念馆的利用和管理。积极开展对外学术文化交流，同时注意防止腐朽思想文化的渗透。积极提高全国广播、电视覆盖率，丰富节目内容，提高节目质量。大力开展群众性体育活动，增强人民体质，提高竞技运动水平。进一步加强文物特别是重点文物的保护和管理工作，严厉打击盗窃和走私文物的犯罪活动。认真研究和制定促进文化事业发展的经济政策，对繁荣社会主义文化给予必要的物质支持。

（40）**进一步发挥广大知识分子的积极性，在全社会发扬尊重知识、尊重人才的良好风尚**。逐步完善有利于人才脱颖而出和保护知识产权的政策与制度，努力做到人尽其才，才尽其用，发挥知识分子在社会主义现代化建设事业中的重要作用。今后十年，必须随着经济的发展，在改善知识分子工作条件和生活待遇方面多办一些实事。各级党政领导干部要同知识分子广交朋友，注意倾听他们的意见。提倡和鼓励知识分子特别是青年知识分子深入实际，接触工农，了解国情，为社会主义现代化建设作出更大的贡献。

四、改善人民生活和健全社会保障

(41) **人民生活逐步达到小康水平，是九十年代经济发展的重要目标。**所谓小康水平，是指在温饱的基础上，生活质量进一步提高，达到丰衣足食。这个要求既包括物质生活的改善，也包括精神生活的充实；既包括居民个人消费水平的提高，也包括社会福利和劳动环境的改善。解决温饱问题是我国经济发展的一个重要阶段，由温饱达到小康是又一个重要发展阶段。由于我国经济发展很不平衡，全国小康水平的实现，从地区和时间上，将是逐渐推进的。到2000年，目前已经实现小康的少数地区，将进一步提高生活水平；温饱问题基本解决的多数地区，将普遍实现小康；现在尚未摆脱贫困的少数地区，将在温饱的基础上向小康前进。"八五"期间，不同地区要提出不同的要求。

(42) **认真实行以按劳分配为主体的多种分配形式。**继续执行允许和支持一部分人、一部分地区通过诚实劳动和合法经营先富起来的政策。既要克服工资分配上的平均主义，又要消除工资外收入差距悬殊的现象。对合法收入要予以保护；对过高收入要通过税收，包括个人收入调节税、遗产税和赠与税等，进行必要的调节；对非法收入要依法取缔。正确处理积累和消费的关系，使实际工资总额的增长不高于国民收入的增长，实际平均工资的提高不超过劳动生产率的提高。农民收入的增加主要依靠农村经济的发展。继续发扬勤俭节约的美德，积极倡导居民储蓄。

(43) **调整消费结构，合理引导消费。**根据生产力的发展水平和人民消费的要求，逐步改善食物的质量和结构，逐步增加肉、蛋、奶、水产品、水果的消费量。进一步发展商业服务业，扩大生活服务领域，提高城乡居民非商品性支出在生活费支出中所占的比重。加强供水、排水、供电、供热、煤气、道路、交通和电话等公用设施的建设，方便人民生活。动员各方面的力量加快住宅建设，发展室内装饰行业，进一步改善城乡居民的居住条件。有计划有步骤地改善农村居住环境，农村住宅建设要合理布点，尽量不占耕地。

(44) **环境保护是一项基本国策，也是提高人民生活质量的一个重要方面。**加强对大气、水域、土壤污染、固体废物和噪音等公害的监测和防治，特别要保护江河、湖泊、水库和地下水的水质，保护森林，抑制自然生态环境恶化的趋势，改善环境质量。积极植树造林，提高绿化水平，为人民创造清洁、优美的生活环境。积极治理环境污染，明确环境保护的责任范围，实行经济建设、城乡建设、环境建设同步规划、同步实施、同步发展的方针，使环境保护与国民经济和社会发展相协调。

(45) **积极解决城乡劳动就业问题。**合理开发利用我国丰富的人力资源，是发展国民经济和保障社会安定的必要条件。努力开拓城乡就业门路，增加劳动岗位，充分发挥城镇集体经济和其他各种经济成分在安排就业方面的作用。大力开展职业培训，改革就业制度。积极引导农村剩余劳动力向生产的深度和广度进军，开展精耕细作，实行多种经营，努力植树造林，加强农业基本建设，发展乡镇企业。农村劳动力向城镇逐步转移的规模和速度，应当与经济发展和城镇的承受能力相适应。

(46) **建立健全养老保险和待业保险制度，逐步完善社会保障体系。**这是现代化社会的一个重要标志，也是推动企业改革、适应人口老龄化和促进计划生育的一项重要措施。按照国家、集体和个人共同合理负担的原则，在城镇各类职工中逐步建立社会养老保险制度，扩大待业保险的范围，实行多层次的社会保险。在农村采取积极引导的方针，逐步建立不同形式的老年保障制度。同时，要改革医疗保障和工伤保险制度。进一步完善社会福利制度，认真做好优抚工作和社会救济工作。广泛动员社会力量，积极开展扶贫工作。继续开展生产自救，以工代赈。

(47) **实行计划生育，严格控制人口增长。**人口问题是关系经济和社会发展全局的重要问题。坚决控制人口的过快增长，对于社会主义现代化建设，对于提高人民生活水平和整个中华民族的素质，具有极其重要的意义。必须坚定不移地实行计划生育这项基本国策，增强全党、全国人民的人口意识。切实加强领导，依法管理，加快县、乡、村计划生育网络的建设，提倡晚婚晚育、少生优生，使现行的计划生育政策和措施落实到基层。今后十年，争取年平均人口自然增长率控制在12.5‰以内。

(48) **发展卫生保健事业，提高人民健康水平。**卫生工作要贯彻预防为主、依靠科技进步、动员全社会参与、中西医协调发展、为人民健康服务的方针。多渠道增加卫生投入，有计划有重点地改善医疗条件，提高医疗服务质量，整顿医疗秩序。切实加强农村卫生组织建设，巩固和发展三级医疗卫生网。有步骤地推动预防保健事业的发展，加强妇幼保健工作。加强卫生监督工作和对传染病、地方病、职业病等严重危害健康疾病的防治工作。

五、深化经济体制改革的方向、任务和措施

(49) **今后十年要初步建立新的经济体制**。改革是社会主义制度的自我完善和发展。从一般意义上说，社会主义制度从其诞生到比较成熟，必然要适应生产力的发展而经常对生产关系和上层建筑进行调整和改革。特别是在社会主义初级阶段，更是如此。目前我们正在进行的经济体制改革，是要消除过去在一定历史条件下形成的经济体制中的弊端，初步建立社会主义有计划商品经济的新体制，这是需要在今后十年中继续完成的现实任务。十年规划和"八五"计划能否顺利实现，在很大程度上取决于经济体制改革能否取得预期的成功。

(50) **按照发展社会主义有计划商品经济的要求，建立计划经济与市场调节相结合的经济运行机制，是深化经济体制改革的基本方向**。实行计划经济与市场调节相结合，需要进一步明确和把握以下几点：(一)计划经济可以从总体上保持国民经济按比例发展和资源合理配置，市场调节可以发挥优胜劣汰机制的作用和增强经济发展的活力，实行两者的结合就是要把它们的优点和长处都能发挥出来，以促进国民经济的持续、稳定、协调发展。(二)计划经济不限于指令性计划，指令性计划和指导性计划都是实行计划经济的具体形式。随着经济体制改革的深化、经济结构的改善和市场的不断发育，进一步适当缩小指令性计划的范围，适当扩大指导性计划的范围，更多地发挥市场机制的作用。计划管理必须自觉遵循经济按比例发展规律和价值规律，考虑市场供求关系，市场调节要在国家总体计划和法规约束下发挥作用。(三)大体说来，属于总量控制、经济结构和经济布局的调整以及关系全局的重大经济活动，主要发挥计划的作用；企业日常的生产经营、一般性技术改造和小型建设等经济活动，主要由市场调节。(四)国家经济管理的主要任务，是合理确定国民经济发展的计划、规划和宏观调控目标，制定正确的产业政策、地区政策和其他经济政策，做好综合平衡，协调重大比例关系，综合配套地运用经济、法律和行政手段引导和调控经济的运行。

(51) **深化经济体制改革的主要任务是**：

——继续坚持以公有制为主体，适当发展其他经济成分，形成适合我国现阶段生产力水平的所有制结构。

——建立富有活力的国营企业管理体制、经营机制和自我约束机制，探索公有制经济多种有效的实现形式。

——加强市场体系和市场组织的建设，逐步建立在国家指导和管理下的全国统一的市场体系。

——逐步理顺国家、集体和个人之间的分配关系，理顺中央和地方之间的关系，形成合理的利益分配格局。

——建立和健全直接调控与间接调控相结合的、中央与省、自治区、直辖市两级经济调控体系。

围绕以上几个方面，协调配套地搞好企业、流通、价格、财政、税收、金融、计划、投资和劳动工资等方面的体制改革，并加强宏观调控体系的建设。

(52) **继续增强企业特别是国营大中型企业的活力，是深化经济体制改革的中心环节**。大中型企业是我国现代化建设的重要支柱，是国家财政收入的主要来源。努力改善企业的外部环境，在企业内部进一步发挥党组织的政治核心作用，坚持和完善厂长负责制，全心全意依靠工人阶级，搞活大中型企业，充分发挥它们的骨干作用，对我国经济的发展和社会主义制度的巩固，都具有特别重要的意义。必须进一步贯彻落实已经颁布的搞活企业的法律、法规和政策，继续从多方面采取有力措施，兼顾国家利益和企业利益，增强企业活力和健全企业约束机制。

——完善和发展企业承包经营责任制。"八五"期间，继续稳定和改进现行承包办法，在进入新一轮承包时，合理调整承包基数和上交比例，实行比较规范的综合指标承包制，确保国有资产的完整和增值，并逐步发挥竞争机制、风险机制的作用。继续进行"利税分流、税后还贷、税后承包"的试点，积累经验，并根据现实条件和不同企业的情况，逐步过渡，分期实行。

——坚持实行政企职责分开、所有权与经营权适当分离。逐步使绝大多数国营企业真正成为自主经营、自负盈亏的社会主义商品生产者和经营者。

——逐步完善企业折旧制度和留利制度，有步骤地对固定资产价值进行重估，适当提高折旧率，以加快企业技术改造和新产品开发。

——切实减轻企业负担，禁止在法定的税费以外随意向企业收取费用。

——积极发展企业集团。制定具体政策和措施，推动企业的改组、联合和兼并，促进企业组织结构的合理化，有计划地组建一批跨地区、跨部门的竞争性企业集团。

——深化企业领导体制和经营机制改革，加强企业管理。改进企业内部的人事制度、劳动工资制度、留利分配制度、财务会计制度和审计制度，改变吃大锅饭和纪律松弛的现象。

——继续进行租赁制、股份制等改革的试点。

——加强国有资产的管理。在全国范围内有计划

地开展清产核资，解决国有资产状况不清、管理混乱、资产闲置浪费和被侵占流失问题。在此基础上，逐步建立与社会主义有计划商品经济相适应的国有资产管理体制和管理方法。

——“八五”期间，对石油、石化、煤炭、钢铁、有色金属、铁道等部门继续实行并完善行业包干体制。

(53) **建立和健全全国统一的市场体系**。进一步完善消费资料市场，扩大生产资料市场，发展资金市场、技术市场、信息市场、房地产市场和劳务市场。各地区之间、城乡之间都要相互开放，扫除各种形式的关卡壁垒，改变地区封锁、市场分割的状况。提倡和推行互惠互利、风险共担、扬长避短的经济联合和协作。以建立高效、畅通、可调控的商品流通体系为目标，进一步深化商业、物资体制改革，积极发展多种交易形式，特别是跨地区的综合性或专业性市场组织和商业集团。充分发挥国营物资、国营商业企业、供销社的主渠道与蓄水池作用，进一步发挥集体商业和个体商业的作用。扩大市场网络，改善流通设施，健全商品储备制度。加强市场的组织管理和制度建设，建立市场竞争规则，反对不正当竞争，健全市场秩序。

(54) **积极稳妥地推进价格改革**。目标是建立和健全合理的价格形成机制和价格管理体制，逐步做到关系国计民生的少数重要商品和劳务价格由国家管理，其他一般商品和劳务价格由市场调节的价格管理制度。“八五”期间，要进一步适当减少国家定价的范围，扩大市场调节的部分。价格改革的重点是，调整重要生产资料的价格；适当提高粮食定购价格，逐步解决粮食购销价格倒挂问题；对供求大体平衡的一般加工产品、供求弹性比较大的商品和耐用消费品，以及非生活必需品，逐步放开价格，由市场调节。区别不同产品的具体情况，逐步取消生产资料价格双轨制，有些商品的价格要逐步同国际市场价格相适应。进行价格改革要坚持以下原则：一是态度要积极，步骤要慎重，时机选择要适当，并且把物价上涨的幅度控制在居民、企业和国家财政所能承受的范围以内；二是严格控制社会总需求，保持社会总供求基本平衡，为价格改革创造良好的经济社会环境；三是在调整基础产品价格的同时，采取措施促使企业消化一部分涨价因素，防止各类商品价格等幅上涨，造成不合理的比价复归；四是解决农副产品购销价格倒挂和调整消费品价格，要保证广大城乡居民实际收入不降低；五是价格调整和改革，要逐步减少国家的物价补贴。

(55) **改革财政税收体制，建立稳定的和规范化的财政税收制度**。现行的财政包干体制调动了各地方当家理财的积极性，但也存在一些弊端，改革的方向是在划清中央和地方事权范围的前提下实行分税制。“八五”期间，继续稳定和完善包干体制，同时进行分税制的试点。为了兴办一些地方难以办而必须由国家办的关系国民经济全局利益的大事，需要适当集中财力。适当提高财政收入占国民收入的比重和中央财政收入占整个财政收入的比重。国家预算实行复式预算制，把经常性预算与建设性预算分开，经常性预算，坚持不打赤字，并略有结余，强化财政预算约束。建设性预算的差额，可以通过举借内债和外债来弥补，但要保持合理的债务规模和结构。逐步理顺税制结构，强化税收管理，严格以法治税，充分发挥税收在增加财政收入和宏观经济调控中的职能作用。

(56) **正确发挥银行作用，深化金融体制改革**。进一步强化中央银行的宏观调控职能，控制货币发行和信贷总规模，按照国家的产业政策把握信贷资金投向，并有效地运用利率、准备金、再贷款、汇率等金融手段，促进国民经济的总量平衡和结构调整，防止通货膨胀。健全中央银行的垂直领导体制，加强中央银行对专业银行的领导与管理。专业银行主要是执行国家产业政策，承担经济调控职能，同时进行企业化管理，实行自担风险、自负盈亏。继续鼓励居民储蓄，开办住房储蓄和住房信贷。逐步扩大债券和股票的发行，并严格加强管理。发展金融市场，鼓励资金融通，在有条件的大城市建立和完善证券交易所，并形成规范的交易制度。

(57) **按照发展有计划商品经济的要求，继续改革计划体制和投资体制**。计划工作的重点要放在对全社会经济活动的预测、规划、指导和调控，保持经济总量平衡以及主要比例关系和结构的协调。根据计划经济与市场调节相结合的原则和不同时期经济发展的客观情况，改进计划管理的形式和方法，坚持并改进国民经济综合平衡制度。合理调整指令性计划、指导性计划和市场调节的范围，自觉运用价值规律和供求规律，逐步做到主要运用经济政策和经济杠杆对经济活动进行管理和调节，增强计划决策和管理的科学性和有效性。

改革按生产能力和投资限额划分项目审批权的办法。严格控制投资总规模，加强产业政策的导向作用，关系全局的重大建设项目继续实行相对集中管理；一般建设和技术改造项目，在国家规定的投资总规模范围内，可由投资主体自行决策。为了保证重点建设有相对稳定的资金来源，建立煤、油、电、运专项开发基金，并努力开辟运用经济办法吸引和筹集社会资金的新途径；继续采取有效措施，调动地方、部门、企业办能源、办交通的积极性。进一步推行建设项目的招标投标制度，发挥市场竞争机制的作用。

(58) **改革工资制度**。重点要解决五个问题：一是建立健全工资总量调控机制和工资的正常增长机制，使工资在国民经济持续、稳定、协调发展的基础上，有计划按比例增长，二是根据按劳分配原则，建立起全面反映职工劳动质量和数量的工资制度。在企业，继续完善工资总额与经济效益挂钩的办法，逐步实行以岗位技能工资制为主要形式的内部分配制度。党政机关、事业单位，逐步建立符合各自特点的工资制度。三是调整工资收入结构，限制和减少实物分配。结合价格、住房和医疗保险制度的改革，把一部分福利性补贴逐步纳入工资。四是改变奖金、津贴发放和工资外收入的混乱现象，加强工资管理，逐步实行国家宏观调控、分级分类管理、企业自主分配的体制。五是通过推行个人收入申报制度，严格征收个人收入调节税等措施，缓解社会分配不公。

(59) **加强宏观经济调控体系的建设**。

——逐步建立以国家计划为主要依据的经济、行政、法律手段综合配套的宏观调控体系和制度，特别要健全间接调控机制，更好地运用价格、税率、利率、汇率等手段调节经济的运行。为此，必须进一步理顺计划、财政、银行以及其他经济部门的关系，发挥计划部门进行综合平衡、执行国家产业政策和综合协调经济杠杆的作用，使计划、财政、银行之间合理分工、紧密配合、协调动作。加强和改进审计、统计、物价、税务、信息、计量、工商行政管理等部门的工作，特别要适应改革开放以后的新情况，建立健全国民经济的核算体系，建立健全科学的统计、监测方法和制度，更好地为调控经济运行服务。

——正确处理集中与分散、中央与地方的关系。按照保持全国经济的统一性和灵活性、发挥中央和地方两个积极性的原则，对事权、财权和经济调控 权进行必要的调整和明确划分。切实增强中央宏观调控的能力，提高宏观调控的有效性和权威性，并适当扩大地方政府运用经济杠杆的权限。

——建立科学的经济决策体系和制度。对重大的政策措施和建设项目，都要广泛征求社会各界，包括有关方面专家、学者和企业的意见，认真进行可行性研究和科学论证，有的需要提出不同的方案，择优选用。国民经济和社会发展中的重要指标、基本建设和技术改造项目，都必须按照国家规定的审批权限和审批程序确定。加强经济决策和经济管理的责任制，杜绝领导者个人批条子、决定项目和变更国家计划指标的现象。今后如再发生此类现象，任何有关单位和人员都有权加以抵制。

——加快经济法制建设，促进经济调控的规范化、制度化。“八五”期间，要逐步建立比较完备的经济法规体系，使各方面的经济关系和经济活动有法可依。抓紧制定《计划法》、《预算法》、《银行法》、《投资法》、《公司法》、《价格法》、《市场法》、《劳动法》、《工资法》和《审计法》等基本经济法律法规，并切实加强经济监督和经济司法工作。

六、进一步扩大对外开放

(60) **继续坚持对外开放的基本国策**。今后十年和“八五”期间，应当按照平等互利的原则，进一步扩大对外经济技术交流与合作，在对外贸易、利用外资、引进技术和人才等方面取得更大的进展，以利于我国到本世纪末经济和社会发展目标的实现。

(61) **努力扩大出口和增加外汇收入**。这是进一步扩大对外经济技术交流与合作的基础。在保证出口贸易持续稳步发展的前提下，把工作的重点放在改善出口商品结构和提高出口商品质量上。逐步实现由粗加工制成品出口为主向精加工制成品出口为主的转变，努力增加机电产品、轻纺产品和高技术商品的出口，重点扶持一批在国际市场有发展前景、竞争力强的拳头产品出口，做到主要依靠提高出口商品的质量和信誉来增加外汇收入。在更新花色品种、改进产品包装、改善推销服务等方面下大功夫，加强经营管理，努力降低出口成本，提高经济效益。努力巩固已有的市场，积极开拓新的市场。在扩大商品出口的同时，继续发展劳务输出、对外承包工程、国际空运和海上运输业。大力发展国际旅游业，这不仅可以增加外汇收入，而且可以使世界更多地了解中国，加强中国人民和世界各国人民的友谊。

(62) **实行有利于扩大出口的政策和措施**。大力加强出口商品的生产体系建设，充分发挥沿海地区、边境地区和其他有条件地区的优势，建立各种不同类型的工贸、农贸结合的出口商品生产基地。在发挥国营大型企业出口潜力的同时，进一步发挥中小型企业特别是乡镇企业在出口贸易中的重要作用，积极发展创汇农业。国家在资金、物资和运力安排上，实行支持出口的政策，特别要更好地运用信贷、税收、价格和汇率等经济杠杆，鼓励出口商品的生产。努力加强出口商品的推销，扩大在国外的经销系统和售后服务网络。

(63) **合理安排进口和调整进口结构**。按照有利于技术进步、有利于增强出口创汇能力和有利于节约使用外汇的原则，合理安排进口，把有限的外汇集中用于引进先进技术和关键设备，进口国家重点生产建设所需物资。国内能够生产供应的原材料和机电设备，要积极组织生产，保证质量，争取少进口或不进口。必须采取更加坚决有力的措施，严格限制奢侈品、高档消费品和烟、酒、水果等商品的进口。积极发展替代进口产品的生产，加快国产化进程，保护和促进民族工业的振兴和发展。必须十分重视对引进技术的吸收、消化和创新。制定全国引进技术及其消化吸收的规划和政策，防止盲目引进和不必要的重复引进。

(64) **积极有效地利用外资**。要继续争取利用国际金融机构和双边政府贷款，特别是条件比较优惠的贷款。保持合理的贷款规模和结构，选好投向，重点用于加强农业、水利、能源、交通、通信、重要原材料等项目上。继续采取多种形式，吸收外商投资。进一步改善投资环境，按照产业政策正确引导外商投资，多办一些出口创汇型、技术先进型项目，注意把吸收外商投资与加快企业技术改造结合起来。严格执行国家统一颁布的鼓励外商投资的法律法规和政策措施，制止违反国家规定竞相公布优惠措施的做法。对外商投资企业，既要保护其合法经营和权益，又要依法加强必要的监督管理。改进和加强对利用外资的规划和指导，重视利用外资项目的效益。借用外债要有严格的责任制度，中央和地方都要建立外债偿还基金，确保按期还债。

(65) **进一步贯彻沿海地区经济发展战略，积极发展外向型经济**。充分发挥沿海地区在对外开放中的优势和有利条件，对于加快这些地区的经济发展，促进和带动全国经济的振兴与繁荣，具有重大的战略意义。有关举办经济特区的基本政策不变。应当继续贯彻行之有效的政策和灵活措施，把经济特区办得更好，巩固和发展已开辟的经济技术开发区、沿海开放城市和开放地带，使它们更好地承担在发展进出口贸易、利用外资和引进技术方面的重要任务，发挥它们在对外开放中的窗口、桥梁和基地作用。经济特区、开放城市和地区要从国民经济全局出发，合理确定开发与建设规划，更好地面向国际市场，同时积极开展同内地的横向联系与协作。认真搞好上海浦东新区的开发和开放，是今后十年的一项重要任务。与此同时，积极发展同内陆周边国家的经济贸易关系。

(66) **改革外贸和外汇管理体制**。现行的外贸承包制，对促进对外贸易起了积极作用，但也存在一些不完善的方面和问题，必须进一步加以完善和改革。要实行自主经营、自负盈亏、工贸结合、联合统一对外的外贸经营体制。完善和健全外贸收购制、有外贸经营权的生产企业直接出口制和代理制。适当扩大大型骨干企业特别是企业集团的外贸经营自主权，发挥它们出口创汇的积极性。加强对出口收汇的管理，实行跟踪结汇，改革外汇留成和用汇制度。改进汇率形成机制，建立健全国家管理的灵活合理的汇率调节制度，健全外汇调剂市场。

七、全党全国人民团结起来，为实现十年规划和“八五”计划而奋斗

(67) **十年规划和“八五”计划的实施，将促进我国的进一步繁荣富强，也将对世界的和平和发展作出贡献**。我国一贯奉行独立自主的和平外交政策，主张按照和平共处五项原则处理国家之间的关系。中国的发展需要和平的国际环境，需要不断扩大与世界各国的友好往来和真诚合作。我们相信，在实施十年规划和“八五”计划的过程中，我国与世界各个国家和地区之间在平等互利基础上的经济技术交流将会更加活跃，业已形成的各种友好合作关系将会进一步巩固和发展。

(68) **继续推进祖国统一大业**。九十年代，我国将按照“一国两制”的原则，在实现香港、澳门回归祖国的同时，积极推动海峡两岸实现“三通”，加强交流，增进了解，欢迎台商来大陆投资，促进祖国和平统一。这是历史赋予我们的神圣使命。中国共产党中央委员会希望全国各族人民，包括香港、澳门、台湾同胞和海外侨胞，积极投身于二十世纪九十年代振兴中华和促进祖国统一的伟大事业。

(69) **国家和社会的稳定，是顺利实施十年规划和“八五”计划的必要前提和基本保证**。坚持党的一个中心、两个基本点的基本路线，坚持反对资产阶级自由化，进一步巩固和发展安定团结的政治局面，维护全国各族人民的大团结。一切热爱祖国、希望国家繁荣富强的人们，都要像爱护自己的眼睛一样，珍惜和维护国家的统一和社会的安定。

(70) **积极稳妥地推进政治体制改革**。政治体制改革是经济体制改革成功的保证，也是我国整个改革开放和社会主义现代化建设事业的重要组成部分。应当坚持和完善人民代表大会制度以及共产党领导的多党合作和政治协商制度，建立健全民主决策、民主监督的程序和制度，建立有利于提高办事效率和调动各方面积极性的领导体制，努力建设有中国特色的社会主义民主政治。进一步改革行政管理体制，理顺各级政府职能部门之间的关系；继续改革干部人事制度。采取坚决有力的措施，继续加强廉政建设，纠正不正之风，精简机构，减少层次，裁减冗员，转变作风，提高办事效率。特别要长期不懈地同各种腐败现象进行坚决的斗争。

(71) **加强人民武装力量的建设**。中国人民解放军、武装警察部队和公安干警是人民民主专政的坚强柱

石。人民武装力量必须继续加强革命化、现代化、正规化建设，提高政治素质和军事素质，增强战斗力。切实加强民兵和预备役部队的建设。大力开展国防教育，增强全民国防意识。坚决捍卫国家的神圣主权和领土完整，坚决维护社会安定和保护人民利益，保卫社会主义现代化建设的顺利进行。

(72) **加强和改善中国共产党的领导**。中国共产党是领导我国各族人民进行社会主义现代化建设和改革开放事业的核心力量。十年规划和“八五”计划的顺利实现，要求进一步加强和改善党的领导。全体共产党员特别是党的领导干部，都要认真学习马列主义、毛泽东思想，全心全意为人民服务。要继承和发扬理论联系实际、密切联系群众、批评和自我批评的优良传统，坚持民主集中制的原则，坚持“从群众中来、到群众中去”的工作方法，保持同人民群众的血肉联系，增强党的凝聚力和战斗力。继续按照革命化、年轻化、知识化、专业化的要求，大力加强党的干部队伍建设，选拔和培养优秀的接班人，保证党的各级组织的领导权掌握在忠于马克思主义的人手里。切实加强和改进基层组织的建设。全党同志都要本着实事求是的原则，站在社会主义现代化建设和改革开放的前列，开拓前进。

中国共产党中央委员会号召：全体共产党员和共青团员，全国各族工人、农民、知识分子，广大干部和人民武装力量，各民主党派、各人民团体和无党派爱国人士，一切热爱祖国的人们，更加紧密地团结起来，万众一心，埋头苦干，为胜利完成十年规划和“八五”计划而努力奋斗，用自己的聪明才智和勤劳的双手开创更加美好的未来！

为我国政治经济和社会的进一步稳定发展而奋斗

——1990年3月20日国务院总理李鹏在第七届全国人民代表大会第三次会议上的政府工作报告

各位代表：

现在，我代表国务院，向大会作政府工作报告，请予审议。

一、一九八九年的回顾

在中华人民共和国的史册上，1989年是很不寻常的一年。在这一年里，我国各族人民经历了惊心动魄的斗争和严峻的考验，战胜了重重困难，在拥有11亿人口的中国巩固和发展了社会主义阵地，取得了历史性的伟大胜利。

我们在去年取得的胜利和成绩，集中表现在三个方面：一是，制止了动乱和平息了反革命暴乱；二是，治理整顿和深化改革取得了比较明显的成效；三是，政治思想战线出现了新的转机。这些胜利和成绩，对于提高人们的认识，振奋民族精神，保证我们的国家沿着社会主义道路继续前进，无疑具有极为重要的意义和极为深远的影响。

去年春夏之交，极少数人利用学潮，掀起了一场有组织、有计划、有预谋的政治动乱，进而在首都北京发展成为反革命暴乱。这场风波的实质，是资产阶级自由化和四项基本原则的尖锐对立，是渗透与反渗透、颠覆与反颠覆、和平演变与反和平演变的激烈斗争。国内外敌对势力制造这场风波的目的，就是要推翻中国共产党的领导，颠覆社会主义制度，使中国变成资产阶级共和国，变成资本主义发达国家的附庸。在国家和民族面临生死存亡的紧要关头，以邓小平同志为代表的老一辈无产阶级革命家力挽狂澜，发挥了中流砥柱的重要作用。英雄的中国人民解放军、武警部队和公安干警，在全国各族人民支持下，为平息动乱暴乱作出了巨大贡献。在这里，让我们再一次向他们表示崇高的敬意！

中国平息动乱暴乱的胜利，粉碎了国际反共反华势力妄想颠覆中国合法政府和社会主义制度的图谋，保卫了一百多年来无数革命先烈和志士仁人为中华民族的生存和解放进行斗争的成果，保卫了半个多世纪以来新民主主义革命、社会主义革命的成果，保卫了四十年来社会主义建设和十年来改革开放的成果，避免了我国一次政治、经济的大破坏和历史的大倒退。社会主义的中华人民共和国，经过血与火的考验，依然以独立自主、自力更生、改革开放、蓬勃向上的姿态，展现在世界人民的面前。这场斗争胜利的伟大意义，无论在国内还是在国际上，都必将随着历史的推移而越来越清楚地展现出来。

平息暴乱之后，由于社会秩序迅速恢复正常，首都部分地区戒严在两个多月前已经解除。现在，全国政治稳定，经济稳定，社会稳定。事实证明，中国共产党和中国政府为平息动乱暴乱所采取的决策和措施是正确的，是符合全国各族人民的共同意愿和根本利益的，是经得起历史检验的。

去年那场风波，对于治理整顿和深化改革是很大的干扰，给我国经济造成了相当大的损失。但是，经过全国工人、农民、知识分子和社会各界人士的艰苦奋斗，共同努力，治理整顿在很困难的条件下仍然取得了比较好的成绩，国民经济正在向好的方向发展，充分表明了我国人民团结奋战的坚强意志和社会主义制度的强大生命力。

——严重影响经济稳定发展的通货膨胀得到控制，社会总需求大于总供给的矛盾趋于缓和。去年全年零售物价总水平比上年上升17.8%，上涨幅度低于上年，虽然没有实现明显低于上年的要求，但是涨势逐月减弱，从去年10月开始上涨幅度已持续五个月降到一位数以内。现在商品供应情况比较好，市场物价基本稳定，这同1988年发生的抢购风潮形成了明显的对比。去年全社会固定资产投资共完成4000亿元，比上年减少近500亿元。扣除物价上涨因素，实际压缩规模更大一些。消费基金增长过快的势头得到抑制。城乡储蓄增加1334亿元，比上年增长35%，这既是人民对国家经济建设的有力支持，也是对政府经济政策信任的表现。货币投放大幅度减少，贷款规模得到控制，金融状况有了好转。

——经济结构调整开始起步。在加强总量控制的同时，通过调整投资结构和贷款结构，压缩了一批楼堂馆所，压缩了一批高消耗、低水平、重复生产的一般加工工业，以及助长高消费和超前消费产品的生产和建设，加强了农业、能源、重要原材料、交通、通讯等基础产业的生产和建设。不少地方和企业根据市场需求变化情况，主动调整产品结构，努力增加适销对路产品的生产，取得了一定的效果。

——流通领域的混乱现象得到初步治理，清理整顿公司有了进展。截至今年二月底，全国已撤并公司7万多个，占公司总数的24.5%，党政机关办的各种公司绝大多数已经撤销或者同机关脱钩，机关干部在公司兼职或任职的问题已基本解决。在清理整顿公司中，查处违法违纪案件9万多件，收缴罚款和没收款共2.8亿元。流通领域公司盲目发展的状况得到控制。在整顿经济秩序中，共查处各类经济违法违章案件85万件，上缴国家财政的罚款和没收款共11亿元。经过全国税收、审计、财务、物价检查，共查出各类违纪金额一百几十亿元。各地区和有关部门对市场秩序进行整顿，逐步健全市场法规，加强了市场管理。

——国民经济保持了一定的增长速度，有效供给继续增加。1989年国民生产总值15677亿元，比上年增长3.9%。国民收入13000亿元，比上年增长3.7%。农业总产值6550亿元，比上年增长3.3%。粮食总产量40745万吨，达到历史最高水平。工业总产值21880亿元，比上年增长8.3%。一些关系国计民生的重要产品，保持了良好的发展势头。钢产量突破6000万吨，达到6124万吨。化肥（折纯）产量1855万吨，比上年增长6.6%。煤炭产量突破10亿吨大关，达到10.4亿吨。民电量5820亿千瓦小时，比上年增长6.7%。多年来能源工业增长和整个工业发展很不适应的矛盾有所缓解。

——重点建设取得了新的成绩。去年共建成投产大中型基本建设项目57个，限额以上重点技术改造项目25个。新增加的重要生产能力有：发电装机容量902万千瓦，原煤开采2495万吨，洗煤1870万吨，原油开采1705万吨，铁路复线318公里，公路3002公里，港口吞吐能力4885万吨，新增市内电话105万门。

——对外贸易和经济技术交流继续发展。去年进出口总额达到1116亿美元，比上年增长8.6%。其中，出口为525亿美元，增长10.5%。全国实际利用外资100.6亿美元，批准外商直接投资项目5779个。经济特区和沿海开放地区，在发展外向型经济方面取得了新的进展。去年，我国国际旅游业遇到很大困难，但经过努力，正在逐步恢复中，全年仍创汇18亿美元。国家外汇储备有所增加，国际收支情况有了改善。

——在治理整顿和深化改革中，我国科技、教育、文化、卫生、体育和国防建设等项事业获得了新的发展。去年，经国家批准的自然科学奖60项，科学技术进步奖504项，发明奖150项，星火奖123项。一些领域的科技成果接近或达到国际先进水平。教育事业在稳定发展中注意提高质量，调整结构，加强了思想品德教育。各项文化事业继续发展，城乡医疗卫生条件有所改善。体育事业取得了比较好的成绩。人民解放军进一步加强革命化、现代化、正规化建设，在保卫祖国安全、维护社会安定和支援国家建设等方面作出了新的贡献。

特别令人高兴的是，经过对动乱暴乱经验教训的总结，政治思想战线出现了新的转机。前几年资产阶级自由化思潮泛滥，不仅没有得到应有的批驳和抵制，甚至还受到纵容和支持。去年下半年以来，这种状况已经得到扭转。前几年思想政治工作受到削弱，现在重新得到重视，一些行之有效的思想教育制度和方法得到恢复和改进。前几年由于放松廉政建设，用公款请客送礼、大吃大喝、奢侈浪费和以权谋私等不正之风滋长蔓延，有些甚至违法乱纪、行贿受贿、贪赃枉法，严重损害了国家和人民的利益，败坏了共产党和人民政府的声誉。去年下半年以来，中共中央和国务院下决心惩治腐败，努力保持为政清廉，为此采取了许多切实措施，特别是抓了广大群众普遍关心的七件事，使廉政建设有了一个好的开端。前几年重视物质文明建设是对的，但忽视了精神文明建设，出现了一手硬、一手软的情况，社会上各种歪风邪气上升，建国以来已经绝迹的一些丑恶现象重新出现。去年下半年以来，加强了爱国主义、集体主义和社会主义的思想教育，大力表彰劳动模范和先进工作者的事迹，开展学雷锋学赖宁的活动，发扬了社会主义正气。与此同时，认真开展“扫黄”和除“六害”，初步遏制了社会丑恶现象的蔓延。在打击刑事犯罪和经济犯罪方面也做了大量工作。去年共破获各类刑事犯罪案件110万多起，其中重大案件27万多起。到各级检察、司法和监察机关投案自首的经济犯罪分子53771名，涉及犯罪金额5.11亿元。现在，一批大案要案有的已经公布，有的正在积极查处之中。

当前，我们的国家在前进中还存在着许多的问题和困难。在经济方面，多年积累下来的产业结构失调、经济体制和运行机制不合理、经济效益差等深层次问题还远远没有解决，在治理整顿中又出现了市场销售疲软、工业增长速度回落过猛、停产半停产企业增加等新的矛盾和问题。旧矛盾和新矛盾相互交织，更增加了问题和困难的严重程度，增加了解决问题和克服困难的艰巨性、复杂性。廉政建设虽然取得了一些进展,但在某些单位和部分干部中仍然存在着官僚主义、形式主义、命令主义、极端个人主义、以权谋私等消极腐败现象,至今还是引起群众强烈不满的严重问题。一些地方对严重刑事犯罪活动打击不力,社会治安状况尚未明显好转。资产阶级自由化思潮的影响还有待于进一步消除,种种社会丑恶现象尚未肃清,整个社会还存在一些不安定因素,对当前存在的问题和困难,必须充分估计,高度重视,绝不能掉以轻心,这样,才能下更大的决心,去克服困难,解决问题,进一步巩固安定团结的政治局面,顺利推进我国的建设和改革开放事业。

回顾1989年,我国各族人民在复杂多变的国际风云中坚守住了社会主义阵地,在实践中积累了对今后我国政治、经济和社会稳定发展都具有重要意义的宝贵经验。

第一,必须坚决维护国家和社会的稳定。我们要进行社会主义现代化建设,实现三步走的战略目标,在国际上需要有一个和平的环境,在国内需要有一个安定团结的政治局面。去年的风波再一次告诉我们,国家发生动乱,社会陷入严重的无政府状态,不仅经济建设、改革开放无法进行,人民的正常生活和生命财产也无法得到保障。中国人民吃够了动乱的苦头,决不允许有人再制造动乱,把本来充满希望、前途光明的社会主义中国,变成一个乱糟糟的动荡不安的中国。维护国家的稳定,维护各民族的大团结,是全国人民的根本利益所在,是人心所向,大势所趋。当前在外有压力、内有困难的情况下,维护国家的稳定更是压倒一切的头等大事。每一个中华人民共和国公民,都应当象爱护自己的生命一样,自觉爱护来之不易的安定团结的政治局面。

第二,必须坚持社会主义道路,坚持共产党的领导。中国人民选择社会主义道路,是历史发展的必然。中华民族一百多年来为民族解放、国家独立、人民幸福进行斗争的全部历史都证明了一条真理:只有社会主义才能救中国,只有社会主义才能发展中国。在我们的国家里,如果不坚持社会主义,而是象有人主张的那样,退回去走资本主义道路,就必然出现贫富悬殊,两极分化,绝大多数人陷于贫困状态,社会长期动荡不安。剥削阶级社会固有的欺诈、堕落、犯罪就会泛滥成灾。在这种情况下,经济就发展不起来,国家也不可能真正独立,而只能沦为资本主义发达国家的附庸。坚持社会主义才能实现共同富裕,才能使全体人民在根本利益一致的基础上为共同的理想和目标而团结奋斗,才能维护国家的独立和民族的尊严,才能实现现代化,中国才有希望。坚持社会主义和坚持共产党的领导是不可分割的。中国共产党的领导地位是在长期斗争中形成的,是人民自觉作出的选择。在中国,不坚持社会主义,不坚持共产党的领导,就没有国家的稳定和人民的团结,就不可能有中华民族的振兴。

第三,必须把坚持四项基本原则和坚持改革开放更加紧密地结合起来。去年国内和国际上出现的政治风波,深刻地告诉我们,建设社会主义,不改革开放不行,改革开放不坚持社会主义方向也不行。改革开放是发展社会生产力,实现国家繁荣富强的必由之路。在改革开放问题上,实际上存在着两种截然不同的主张:一种是社会主义制度自我完善和发展的改革开放,另一种是目的在于引向资本主义的改革开放。改革开放只有在坚持四项基本原则的前提下进行,才能保持正确的方向。必须认真吸取前几年的教训,一手抓好物质文明建设,一手抓好精神文明建设,坚定不移地推进改革开放,坚持不懈地反对资产阶级自由化。我们讲的反对资产阶级自由化,绝不是反对我国宪法所赋予公民的民主和自由的权利,而是有特定的含意的。我们所反对的,是那些口头上打着自由、民主、人权的旗号,实际上妄图在中国否定社会主义制度、否定中国共产党的领导、违反宪法的政治主张。反对资产阶级自由化的斗争将是长期的,我们必须有充分的思想准备。

第四,必须始终坚持国民经济持续、稳定、协调发展的方针。不断发展社会生产力,逐步改善广大人民的物质文化生活,是保持国家和社会稳定的基本条件,是社会主义的根本任务。只要不发生大规模的外敌入侵,我们在任何情况下都必须坚持以经济建设为中心,集中力量把国民经济搞上去。为了达到这个目的,积建国四十年来经济建设的经验教训,最重要的一条就是必须坚决贯彻国民经济持续、稳定、协调发展的方针。在过去的实际经济工作中,往往脱离国情,超越国力,片面追求发展速度。最近几年,我国经济建设在取得巨大成绩的同时,也出现了经济过热,建设摊子过大,导致总量失衡,结构恶化,通货膨胀加剧,迫使我们不得不再次对经济进行调整。建设不能急于求成,改革不能急于求成,治理整顿也不能急于求成。我们要实现到本世纪末国民生产总值翻两番的战略目标,今后大体需要保持每年递增5.4%的经济增长速度,关键在于提高经济效益,保持总量平衡和结构协调,使经济发展走上良性循环的轨道。现在进行治理整顿,正是为了消除前几年经济过热遗留下来的不稳定因素,为整个九十年代国民经济的持续、稳定、协调发展创造有利的环境和条件。在治理整顿期间,经济发展速度低一点是正常的,决不能因此而动摇治理整顿和深化改革的决心。

第五,必须保持基本方针政策的稳定性和连续性。

中国共产党十一届三中全会以来，我们已经制定和形成了一整套建设有中国特色社会主义的基本方针政策，实践证明它们是符合中国实际的，是正确的，是得到广大群众拥护的。去年那场风波之后，我们反复重申，改革开放的总方针不变，各个方面的基本政策不变。这对于稳定人心，稳定大局，起到了重大作用。今后我们仍然要努力保持基本方针政策的稳定性和连续性。凡是重大决策和改革措施的出台或变动，都要从实际出发，走群众路线，经过民主讨论，科学论证，慎重考虑，决不仓促行事。要在保持基本方针政策连续不变的前提下，认真总结实践经验，兴利除弊，对某些具体政策和改革措施进行必要的调整，使之更加充实和完善，更加有利于我国政治、经济和社会的稳定发展。

第六，必须紧紧依靠和密切联系人民群众，坚决消除腐败现象，切实改进工作作风。人民群众是我们的力量源泉和胜利之本。在去年那场风波中，广大人民坚决反对动乱暴乱，紧密团结在中国共产党和人民政府周围，表现了很高的政治觉悟和历史责任感。没有广大人民的支持，是不可能取得那场斗争的胜利的。制止动乱和平息暴乱之后，在面临许多困难的情况下，广大工人、农民、知识分子急国家所急，为夺回动乱暴乱造成经济损失付出了艰苦努力，为政治稳定、社会稳定作出了积极贡献。中国人民是具有光荣革命传统和高昂民族气节，从来不屈服于任何外来压力的伟大人民。有这么好的人民，我们的国家是大有希望的。只要共产党和人民政府自觉地、坚持不懈地反对腐败，切实改进作风，不断加强同人民群众的血肉联系，与广大群众一道，自力更生，艰苦奋斗，就能永远立于不败之地，再大的困难也能克服，再大的风浪也可以安全渡过。

二、一九九〇年的国内工作

今年是九十年代的第一年。在今后十年里，我们要实现国民生产总值再翻一番、人民生活达到小康水平的第二步战略目标，任务更加宏伟和艰巨。今年又是治理整顿和深化改革极为重要的一年。多年积累的问题和新出现的矛盾交织在一起，各方面的困难比较集中。做好今年的工作，不仅直接关系到能否顺利实现治理整顿任务，而且对于整个九十年代的建设和改革都具有重大意义。

根据中国共产党十三届四中、五中、六中全会精神，结合当前实际情况，一九九0年政府工作总的指导思想是：坚定不移地贯彻执行党在社会主义初级阶段的基本路线，坚持以经济建设为中心，坚持四项基本原则，坚持改革开放，调动一切积极因素，团结全国各族人民，振奋精神，克服困难，为治理整顿、深化改革的顺利推进，为实现国家政治、经济和社会的进一步稳定发展而奋斗。政治稳定和社会稳定是前提，经济稳定发展是基础，归根到底，必须集中精力把国民经济搞上去。国家计划要求今年的国民生产总值比上年增长5%，工业总产值增长6%，农业总产值增长4%，粮食产量达到41250万吨，比上年增加505万吨。今年进入了治理整顿和深化改革的攻坚阶段，要在继续坚持和改进总量控制的同时，把重点放到调整结构和提高效益上来，把改革和发展更紧密地结合起来，使整个经济能够进一步沿着良性循环的方向发展。为此，国务院认为，今年各级政府要努力做好以下十项工作。

第一，集中力量办好农业，争取粮食、棉花等主要农产品有一个好的收成，促进农林牧副渔全面发展。

实现农业的稳定发展，是全国政治、经济和社会稳定的基础。各级政府都必须把农业放在经济工作的首位，动员全国上下、各行各业支援农业，齐心合力地把农业搞上去。

今年国家要增加对农业的投入，各级银行要增加对农业的贷款。中央掌握的基本建设投资中，用于农业的投资比上年增加近30%，是近十年来增加最多的一年。地方各级政府也要拿出一定的财力增加对农业的投入。农村集体经济和农民群众是农业投入的主体，要引导和组织他们把更多的资金投入农业生产和开发，并从多方面增加劳动积累。要加强大江大河的治理，在继续抓紧粮食生产的同时注重多种经营，促进农村经济全面稳定发展。去冬今春以来，全国各地掀起了规模宏大的农田水利基本建设热潮，要一年又一年坚持不懈地抓下去，扎扎实实地讲究实效，避免形式主义。

各级政府必须认真贯彻执行依靠科技进步振兴农业的方针，切实加强和组织领导好农业科技成果的推广工作。针对农业发展的薄弱环节，围绕粮棉油等农作物的稳产高产，重点推广农作物优良品种、模式化栽培、塑料薄膜覆盖、耕作制度改革、病虫害综合防治、合理施肥、节水型农业和北方旱作农业等多项技术措施。进一步动员和组织更多的农业科技人员到生产第一线，加强对农民的科技培训，并健全以乡为重点的农业科技推广服务组织。各级政府要在财力、物力上给予支持，采取必要措施，改善农业科技人员的工作条件和生活待遇。努力增加化肥、农药、农膜和农业机械等农业生产资料的生产和供应。对农用工业所需的物资、资金、能源和运力，优先予以保证。坚持和改进重要农业生产资料的专营工作，保持价格的基本稳定。

从根本上说，把我国农业搞上去，关键是充分发挥广大农民的生产积极性。必须保持农村基本经济政策的稳定性和连续性，继续深化农村改革。要坚持和完善家庭联产承包责任制，努力完善和发展统分结合的农村双层经营体制，积极建立健全产前、产中、产后的生产、科技、供销等社会化服务体系，把发挥集体经济的优越性同调动农民个人的生产积极性结合起来。在有条件的地区，根据农民自愿的原则，稳妥地发展适度规模经营和新的集体经济，以提高农业劳动生产率和农产品的商品率。为了鼓励农民增加棉花、油料等生产，协调农村经济中的比较利益，国务院已经决定，今年将提高棉花、油料、糖料的合同收购价格。为了保证农民增产增收，各级政府要采取措施，坚决制止对农民的乱摊派、乱收费，切实减轻农民负担。帮助贫困地区脱贫致富是具有深远意义的重要工作，一定要有计划、有步骤地继续努力做好。

乡镇企业在发展农村经济，增加就业，提高农民生活水平等方面，都发挥了和必将发挥更加重要的作用。乡镇企业目前困难比较多，各级政府要加以扶植和引导。乡镇企业本身也要本着“调整、整顿、改造、提高”的方针，认真进行治理整顿。各地区要根据生产力的不同发展水平和国家产业政策的要求，因地制宜地发展多种形式的乡镇企业。乡、村集体企业的发展，对于增加农民收入，提供农村社会保障，发展农村教育事业，巩固基层政权，加强精神文明建设，都将提供必要的物质基础。

第二，努力改变市场销售疲软状况，重点抓好调整结构和提高效益，保持工业生产适度增长。

当前国民经济中，特别是工业生产中出现的产成品库存严重积压、企业资金紧缺、生产低速增长、停产半停产企业增多等问题，引起了全社会的普遍关注。最近，国务院多次召开会议分析研究，认为产生这些问题的主要原因在于市场销售疲软。而市场销售之所以疲软，又是多种因素的反映。一是，前些年经济过热，加工工业盲目发展，现在实行治理整顿，压缩投资规模，控制消费需求，再加上清理整顿公司，加强廉政建设，部分企业的产品特别是质次价高、不适销对路的产品，市场销路就发生了严重的困难。二是，经过治理整顿，市场物价涨势趋缓，相对稳定，又实行了保值储蓄，广大居民存款待购，出现了“买涨不买落”的消费心理。三是，现行的经济体制和运行机制还有缺陷，促使地方、部门和企业往往考虑局部利益比较多，影响到产业结构和产品结构的调整进展迟缓。四是，国务院在宏观疏导方面采取的措施不够及时有力，缺乏有效的办法。总起来看，上述现象是治理整顿中实行紧缩方针难以完全避免的，是前进中的问题和暂时困难。但是，对这些问题和困难，我们必须高度重视，认真对待，采取有效措施，不失时机地加以解决。

国务院已经决定，在坚持财政金融“双紧”方针的前提下，从多方面采取缓解当前矛盾的措施，其中包括：适度放松金融，增加一些贷款，主要用于增加企业流动资金，增加商业、物资和外贸收购资金；适当调整存贷款利率，在贷款上实行差别利率；成立专门小组负责尽快清理“三角债”，全面恢复银行托收承付制度，以减少企业间的相互拖欠；适当增加一些投资，主要用于计划内重点建设项目和企业的技术改造，用于在城市建设一些中低档职工住宅，在农村用以工代赈的形式搞一些水利建设和公路建设，同时严禁恢复和新建楼堂馆所；大力搞活流通，积极开拓市场特别是农村市场，通过多条渠道促进城乡物资交流；对部分商品价格实行有升有降的适当调整；等等。这些措施正在陆续下达，各部门、各地区要抓紧落实，使它们在经济生活中发挥积极作用。

为了改变市场销售疲软的状况，保证工业生产和整个经济的适度稳定增长，根本的出路还在于合理调整经济结构，大力提高经济效益。

结构不合理是前几年经济过热在全国工业生产中造成的一个突出矛盾。必须抓紧当前治理整顿的有利时机，把市场销售疲软的压力变为调整结构的动力，努力开发新产品、新品种，增产名牌优质产品和市场紧缺产品，尤其要增产适应农村需要的日用消费品。积极增加出口产品和能够替代进口产品的生产。各部门、各地区都要根据国家的产业政策和市场需求，列出限制生产、淘汰生产和保证生产的产品目录，并从资金、能源、原材料供应和运力方面，实行有保有压、区别对待的措施。在调整产品结构的同时，认真抓好工业内部产业结构的调整，继续保持能源、重要原材料生产和交通运输的稳定增长。

调整企业组织结构是改善工业生产结构的重要方面，核心的问题是充分发挥国营大中型企业和企业集团的骨干作用。国家今年将在资金、物资和运力的分配上，实行重点倾斜措施，优先保证那些产品质量高、适销对路、物质消耗低、经济效益好的大中型企业的需要。同时，国家对那些符合产业政策、经济效益和社会效益好的中小企业也要实行保护政策。对城镇集体企业要加以引导和扶植，促进它们健康发展。

工业企业效益差是当前许多矛盾的症结所在。所有工业部门和工业企业，都要真正把工作重点转到提高素质和效益上来。大力加强企业技术改造和改进企业经营管理，争取在这方面有较大的进步。国家要增加对企业的技术改造贷款，企业本身也要把更多的自有资金用于技术改造，重点是改进产品质量，降低物质消耗，增加出口创汇和进口替代产品的生产能力。加强企业经营管理，对于挖掘现有生产潜力，提高经济效益，具有重要的作用和现实的意义。必须坚持从严治厂，健全和完善定员定额管理、资金管理、成本管理、质量管理、经济核算等基础工作和规章制度。工人阶级是生产和建设的主力军。必须全心全意依靠工人阶级，推行干部、技术人员、工人“三结合”的制度，充分发挥群体的智慧和力量，把增产节约、增收节支运动更加广泛深入地开展起来，把企业经营管理水平提高一步。

第三，在治理整顿和深化改革中推动科学技术进步，保证教育事业稳步发展。

无论是克服当前经济困难还是实现国民经济的长期稳定发展，都必须高度重视和认真促进科学技术的进步。农村科技工作的重点，是引进、示范和推广先进适用的科技成果；继续抓紧抓好“星火”、“丰收”计划的组织实施，加强重大科技项目的研究开发，确保农业和农村经济的发展后劲。在工业生产建设中，重点推广一批对能源、交通、原材料基础工业和基础设施发展有较为显著的效益，对企业调整产品结构、降低物质消耗、提高经济效益有重要作用的科技成果。大中型企业和企业集团都要建立和完善厂长领导下的总工程师负责的技术开发和技术管理体系，增强技术开发能力。小企业和乡镇企业也要以多种方式形成自己的技术依托。继续抓好“火炬”计划以及其他高、新技术开发计划的实施。鼓励科研机构、高等院校、军工企业等有条件的单位兴办科技开发型企业，生产高、新技术产品。继续抓好“七五”科技攻关计划和高技术研究发展计划的实施，加强软科学研究，办好一批重点高、新技术开发区，重视和支持基础性科研工作，保证中长期探索性科学研究的稳定发展。健全自然科学科研基金制度，充分发挥专利制度的作用，发展和完善技术市场，深化和完善科技体制改革。国务院今年将组织有关方面的力量，制定我国中长期科技发展纲领，以便更好地指导和促进我国科学技术事业的发展。

发展教育事业的根本目的在于提高民族素质，为社会主义建设培养各类人才。这对于促进经济发展和巩固与完善社会主义制度，都具有深远的意义。因此，各级各类学校必须切实纠正忽视德育的倾向，贯彻教育为社会主义建设服务，教育与生产劳动相结合，德智体全面发展的方针，始终把坚定正确的政治方向放在首位。高等学校要对学生重点进行马列主义、毛泽东思想教育，进行社会主义道路和向人民群众学习、为人民服务的教育，认真整顿校园秩序，加强校纪校风建设，制定和实施大学生参加生产实习、社会实践、军事训练、劳动锻炼的具体措施。各级政府和各有关部门、企业事业单位，应该以积极的态度支持和欢迎学生参加各种形式的社会实践，为他们创造条件，做好安排。中小学校要根据学生的年龄特点，由浅入深，有步骤地进行爱国主义、集体主义、社会主义和共产主义的思想教育，加强国情教育和劳动教育，继续开展行为规范教育，广泛开展学习赖宁的活动。今年，要围绕纪念鸦片战争一百五十周年，在学生中开展揭露帝国主义侵华罪行和中国人民反帝爱国斗争历史传统的教育，提高对帝国主义和平演变战略的警惕性。要认真加强教师队伍的建设，帮助广大教师提高思想政治水平和业务水平。各级政府要加强对学校贯彻教育方针情况的督导工作。继续抓好基础教育，稳步推进九年义务教育，并采取积极措施，制止中小学生辍学。继续实施“燎原计划”，推动农村教育综合改革；加快职业技术教育管理体制的改革，促进职业技术教育健康发展。以整顿成人高等学历教育为重点，努力提高成人教育的水平。高等教育要在办好现有院校的基础上，加快结构调整，深化教育改革。广大教育工作者和各级各类学校，都要重视对社会主义教育思想的研究，不断改进教学方法，利用现代技术，开发新的教学手段，努力提高教育质量。各级人民政府和各有关部门要加强领导，妥善做好毕业生分配工作。本着充实基层、加强第一线的原则，合理安排使用人才。派遣留学生出国学习，是执行对外开放政策的组成部分。今后要在总结经验的基础上，根据德才兼备、按需派遣、保证质量、学用一致的原则，改进和完善派遣工作，并努力为留学生学成回国工作创造必要的条件。今年是国际扫盲年，要加强领导，把全国扫盲工作推进一步。

在今年财政相当困难的情况下，国家继续增加了用于教育的资金。同时，要充分调动各方面的积极性，鼓励社会力量办学，开辟多种渠道筹措教育资金，继续改善办学条件。

无论是发展科学技术和教育事业，还是在整个社会主义现代化建设中，都必须充分发挥知识分子的重要作用。我们已经有了一支坚持社会主义道路的很好的知识分子队伍。各级政府要认真贯彻“尊重知识、尊重人才”的方针，努力为知识分子创造和改善必要的工作条件和生活条件，使他们能够充分发挥出应有的作用。同时，我们也希望广大知识分子特别是青年知识分子加强马列主义、毛泽东思想的学习，坚持同社会实践相结合，同工农群众相结合，努力做到又红又专，在社会主义物质文明和精神文明建设中更好地发挥自己的聪明才智。

第四，继续控制社会总需求，努力做好财政金融工作。

今年必须继续控制社会需求的增长，坚持从紧的财政信贷方针。全社会固定资产投资的总规模，就全国范围来说大体控制在去年实际工作量的水平，由国家计委根据产业政策和地区之间的不同情况制定具体的投资计划。要在控制投资总规模的前提下，合理调整投资结构，增加对农业、能源、交通等基础产业的投资，继续压缩一般性加工工业建设，不搞新的楼堂馆所。中央下放给省、自治区、直辖市的基建项目审批权限不变，但省区市下放的项目审批权限要适当集中到省一级，克服审批权多头分散现象，并坚决执行国家的产业政策。国务院已决定开征投资方向调节税，实行差别税率，引导非重点建设资金转到重点建设上来。

生产的目的是为了满足人民的物质和文化需求，但生活水平的提高和消费的增长，只能建立在生产发展的基础上。今年要继续采取措施，改变前几年消费需求增长超过国民收入和劳动生产率增长的现象。对社会集团消费，要继续进行控制。对职工工资、奖金以及其他个人收入，都要采取适当办法加以管理和监督。健全工资基金的审批制度和银行监控支付制度。进一步完善企业工资总额与经济效益挂钩的办法，加强企业自有资金使用的管理，建立企业工资基金储备制度。

在控制消费需求过快增长的同时，进一步缓解社会分配不公的矛盾。既要继续克服平均主义，又要防止和纠正收入过分悬殊。去年以来，通过清理整顿公司，推进廉政建设，加强对个体工商户、私营企业主和高收入者的税收征管，以及惩罚和没收非法收入，社会分配不公的状况有所改进，但是问题还远没有解决。今年，各级政府要把缓解社会分配不公作为一项重要工作来抓，切实保护合法收入，取缔非法收入，限制过高收入。要进一步健全并严格执行各类人员收入管理制度，继续改进和加强税收征管工作，积极推行个人应税收入申报制度。

实行允许一部分人和地区先富裕起来的政策，对于打破平均主义，促进经济发展，起了很大的作用。实践证明这个政策是正确的，应当继续坚持。现在要强调两点：一是坚持社会主义方向，坚持勤劳致富、合法致富；一是提倡先富裕起来的人和地区，要帮助还没有富裕起来的人和地区，最终达到共同富裕。这样做有利于缓解社会分配不公。要宣传这两个方面好的事例和经验，使之成为一种社会风气。

今年内债将进入还债高峰，外债还本付息额也有所增加，财政上还会有一些其它增支减收因素，中央和地方财政都将比去年更困难。解决财政困难的出路，一是千方百计地增加收入，严格各项税种的征收和管理，清理不合理的减免税和税款拖欠，堵塞偷漏税，整顿各种补贴；二是把前些年经济过热时抬高起来的各项支出缩减下来。关键是精简政府机构，整顿各类团体和组织。各项财政支出都必须严格按预算执行。通过增产节约、增收节支，把财政赤字控制在计划规定的额度内。行政事业单位要勤俭节约，企业也要勤俭节约。各地方、各部门、各行各业都要反对铺张浪费，厉行节约，勤俭办一切事业。

银行要按照国家的产业政策和信贷政策，继续控制贷款规模和货币投放，调整贷款结构，并且认真总结去年的经验，根据经济形势的变化，做好适时适度调节，加强分类指导，把贷款的发放和管理工作做好。要继续对农业生产、农副产品收购和外贸收购、国家重点建设和重点生产实行倾斜政策。对经济效益好的大中型骨干企业的贷款，优先予以支持。认真清理各项贷款，挖掘资金潜力，加速资金周转。继续开办保值储蓄，积极组织和吸收城乡居民储蓄存款。

第五，加强物价管理，稳定国内市场，安排好人民生活。

稳定物价、稳定市场，是安定人民生活的一件大事。今年必须在继续控制社会需求的同时，努力增加有效供给。继续认真抓好“菜篮子”，加强副食品基地建设，尤其要抓好大中城市肉、蛋、菜的生产和供应。进一步抓好与人民生活密切相关的日用工业品和小商品的生产，丰富与活跃城乡市场。国营商业和供销社要发挥主渠道和蓄水池作用，努力做好农副产品的收购工作，做好主要商品的购销和地区间的调剂工作，特别要采取多种形式，开拓广大的农村市场，大力组织工业品下乡。商业和供销部门要进一步改进经营作风，提高服务质量，正确和积极地引导消费，打开产品销路，促进生产发展。允许一部分集体、个体商业经营某些小商品的批发业务，以活跃市场，促进城乡物资交流。

继续采取有力措施，切实加强市场物价管理。在不放松城市物价管理的同时，逐步加强农村市场物价的管理。对已经放开价格的少数重要商品继续实行限价或提价申报制度。对群众基本的生活必需品价格和劳务收费，采取基本稳定的政策。认真执行商品明码标价制度。清理整顿各种收费，坚持制止各种乱涨价和乱收费。强化物价的监督检查，充分发挥群众监督和舆论监督的作用。对各级政府要继续实行控制物价的目标责任制。

尽量减少待业人员，妥善做好停产半停产企业人员的工作，是安排好人民生活的一个重要方面。各地区、各部门，要积极开拓生产经营和服务领域，增加就业门路。要组织企业富余人员进行技术培训、检修设备、清仓利库等多种活动，不要把他们推到社会上去。对停工待工人员，要区别不同情况，给予必要的生活保障。在农村要组织兴修水利、植树造林和修路筑桥，从事各项开发性农业建设。按照国家政策，提倡和支持发展城镇集体经济和合作经济，鼓励和引导个体经济和私营经济健康发展，发挥它们在发展生产、搞活流通、增加就业方面的积极作用。为了减轻社会就业的压力，严格控制农业人口转为非农业人口。

第六，深化和完善经济体制改革，重点是深化企业改革和健全宏观调控体系。

治理整顿和深化改革是相辅相成的，目的都是为了国民经济的长期稳定发展，必须把两者很好地结合起来。为了更好地把改革推向前进，需要重申以下几个基本观点：四项基本原则是立国之本，改革开放是强国之路，这两个基本点缺一不可；改革是社会主义制度的自我完善和发展，是为了进一步发挥社会主义制度的优越性；经济体制改革的主要目标，是适应社会主义有计划商品经济的发展，逐步建立计划经济与市场调节相结合的管理体制和经济运行机制；当前的改革要为治理整顿服务，对已经出台的改革措施要坚持稳定、充实、调整和完善的方针，同时积极稳妥地进行有关方面的改革试点。

正确认识和贯彻计划经济与市场调节相结合的原则，是深化和完善改革的关键问题。根据多年来的实践经验和当前实际情况，现在有必要对这个问题进一步阐明以下的观点：(一) 我国社会主义经济是以公有制为基础的有计划商品经济，实行计划经济同发展商品经济不是彼此排斥而是相互统一的，应当并且可能既发挥计划经济的优越性，又发挥市场调节的积极作用。(二) 计划经济与市场调节应当有机结合，结合的形式大体上有三种：一是指令性计划，这种计划带有强制性，但其制定和实施也必须考虑市场供求关系和自觉运用价值规律；二是指导性计划，这种计划有一定的约束力，为经济活动指明方向和目标，主要依靠经济政策和经济杠杆促其实现；三是市场调节，这种调节是在国家总体计划指导和法规约束下，通过市场供求关系和价格变动来进行的。(三) 上述三种结合形式的具体运用和比例关系，应当根据不同所有制性质和不同企业、不同社会生产环节和领域、不同产业和产品而有所不同，并且应当根据不同时期的实际情况经常进行必要的调整和完善。(四) 在宏观上自觉注意综合平衡，协调重大比例关系，并综合运用经济、法律、行政手段调控经济运行，加强经济信息的分析和经济预测。(五) 检验计划经济与市场调节结合得好不好的根本标准，在于能否促进社会经济效益的提高，能否促进国民经济长期持续、稳定、协调发展，而不是抽象的原则和模式。根据上述从实践中得出的基本认识，在当前和今后一个时期内，我们必须对关系国计民生的重要产品的生产和流通，主要实行指令性计划，对其他大量的产品主要实行指导性计划和市场调节；对固定资产投资规模、结构和重要建设项目，实行中央、地方政策决策和计划管理，同时在投资使用、项目设计和施工管理上注意运用市场竞争机制；对全民所有制大中型企业的重要经济活动实行指令性计划或指导性计划管理为主，对城乡集体经济主要实行指导性计划或市场调节，对个体经济、私营经济和外资企业实行市场调节。这样做，就可以基本上改变原有的统得过多、管得过死的体制，初步体现计划性和灵活性的统一。当然，计划经济如何与市场调节相结合，是一个十分复杂的问题，我们在这方面还经验不足，还有待于继续探索和不断改进。

今年的经济体制改革，着重点放在继续深化企业改革上。坚持完善和发展企业承包经营责任制，总结经验，兴利除弊，使承包制在继续发挥鼓励机制的同时，加强约束机制，正确处理国家、企业和职工三者的利益，以及长远和当前的关系，克服短期行为。分别不同地区、不同行业、不同企业的情况，合理确定承包期限和基数，完善承包考核内容和内部分配办法，确保国有资产的完整和增值。企业要从全局利益出发，主动为国家多做贡献。进行“税利分流，税后还贷，税后承包”的试点。深化企业内部改革，认真贯彻《企业法》，坚持和完善厂长（经理）负责制，同时充分发挥企业党组织的政治思想领导作用，发挥企业职代会和工会的作用。

利用当前治理整顿的有利时机，进一步扩大企业间的经济联合，发展企业集团。发展企业集团的主要目的是提高企业素质和经济效益，增加开发能力。要通过多种形式推动生产要素的优化组合，促进企业组织结构的调整。

在深化企业改革的同时，积极改进和加强宏观调控体系与制度的建设。按照治理整顿期间的要求，改进和完善计划、流通、财政、税收、金融等管理体制。在计划体制方面，加强综合平衡，适当调整指令性计划的范围，改进指令性计划的管理，完善指导性计划的实施办法，加强对市场调节的生产和流通的宏观引导。在物资体制方面，适当提高重要物资由国家统一分配的比重，对企业自销的某些重要产品要划出一块由国家导向销售，进一步搞活物资流通，发展计划指导下的生产资料市场。在金融体制方面，进一步强化中央银行的宏观调控职能，加强对专业银行的归口领导和管理。专业银行要严格执行国家的产业政策和信贷计划。合理设置金融机构，纠正各类金融机构之间不合理的业务交叉，发挥利率杠杆对资金需求和资金流向的调节作用。进一步改进和加强资金市场的管理。在财政体制方面，按照适当集中财力的原则，在继续实行财政包干体制的情况下，区别不同地区和不同情况，适当提高地方上交国家财政的数额，适当减少中央对地方的补贴。在有条件的地方、积极进行分税制的试点。按照集中税权、统一税法、分级管理的原则，改进税收管理体制。进一步加强审计、统计、物价、工商管理和经济信息系统的建设，发挥它们在宏观调控中的作用。逐步探索和建立以国家计划为主要依据的经济、行政、法律手段综合配套的宏观调控体系，抓紧制定《计划法》、《投资法》、《预算法》、《银行法》、《价格法》等基本经济法律法规草案，提请全国人民代表大会审议。

今年要继续整顿经济秩序，特别是流通秩序。要把清理整顿公司作为一项重要工作继续抓紧抓好。严格按照国家规定的标准，落实公司的撤、并、留方案，妥善处理好撤、并公司的善后事宜，保护国有财产不受损失。抓紧《公司法》草案的制定，加强公司制度建设，规范公司行为。继续严肃查处违法违纪案件。今年要重点克服煤炭市场的混乱现象，务必使这方面的整顿工作取得显著成效。从今年开始，所有统配矿生产的煤炭、地方上交国家的部分煤炭以及经铁路运输的计划外出省煤炭，实行统一分配，统一订货，统一运输，统一调度。对计划外重要生产资料实行公开销售制度，并颁布具体实施办法。要坚决反对和制止地区封锁、分割统一市场的行为。

今年还要推进一些重大改革的试点，包括深化计划单列城市和其他一些城市的综合改革试点，完善广东、福建、海南三省改革开放的综合试验，继续开展县级综合改革试点和办好农村改革试验区。积极稳妥地推进住房制度和社会保障制度的改革。

第七，坚持对外开放，积极扩展对外贸易和经济技术交流。

我国政府多次重申，不论国际上发生什么变化，我们都不会把已经打开的国门再关上。当前，要掌握国际上一切对我有利的条件，克服暂时困难，在立足于自力更生的基础上，把对外开放工作做得更加扎实、更加富有成效。积极扩大出口，是保持对外贸易持续发展的基础。除继续发展传统产品出口外，进一步调整出口商品结构，努力扩大轻纺产品、机电产品等工业制成品以及深度加工和高技术产品的出口，积极增加创汇农产品的出口。坚持和改进鼓励出口的政策措施，在资金、贷款、能源、原材料、运力和配额等方面，对重点行业和企业给予积极支持。生产出口产品的企业和外贸部门，必须适应国际市场的变化，更新花色品种，提高产品质量，改善产品包装，改进推销服务，并严格信守合同。商检部门要加强对进出口商品的检验工作。

在努力扩大外贸出口的同时，合理安排进口，把有限的外汇集中用于保证国家重点生产建设的重要设备和物资的进口。凡是国内能够生产供应的原材料和机电设备，都要积极采取措施组织生产，争取少进口或不进口。严格限制奢侈品、高档消费品的进口，控制一般机电产品和物资的进口。各地区、各部门都要积极发展进口替代，加快国产化进程，增强自力更生的能力。

在稳定外贸承包体制的前提下，根据治理整顿的要求，加以适当调整和完善。继续搞好外贸领域的整顿工作。同时，采取适当措施，改变外汇使用过于分散的现象。

继续积极利用外资和引进先进技术。进一步改善投资环境，认真执行有关的涉外经济法律、法规，集中力量办好已建成的中外合资、合作企业，发挥示范作用。吸收外商直接投资是今后利用外资的重点。对新的外商投资，要按照国家的产业政策予以引导，把握好外资投向。鼓励多办一些利用现有企业进行技术改造的中外合资、合作经营企业，推动我国传统产业的技术进步和产品升级换代。继续开展对外承包工程和劳务合作。我国外债余额已达到400多亿美元。虽然我国具有充分的偿债能力，但必须切实加强对外债借、用、还三个环节的管理，防止借债失控，并努力把资金运用到国家建设最需要的地方去。

继续稳定和完善经济特区和沿海开放地区的基本政策和措施，进一步办好经济特区以及开放城市的经济技术开发区，提倡和鼓励发展外向型经济。进一步发挥经济特区在对外开放方面的窗口和基地作用。

第八，继续加强社会主义民主和法制建设，巩固和发展安定团结的政治局面。

随着经济的稳定发展和改革的深入，必须加强社会主义民主和法制建设，有领导有步骤地推进政治体制改革，巩固和发展安定团结的政治局面。各级政府要主动支持，努力配合，积极做好自己职权范围内的工作，坚持和完善我国的人民代表大会制度和共产党领导的多党合作与政治协商制度，建立和健全民主决策、民主监督的程序和制度。这是我国政治体制改革的主要内容。各级政府要自觉接受人民代表大会及其常委会的监督和检查，主动加强同人民政协、各民主党派、无党派爱国人士和群众团体的联系，为他们参政议政、发挥民主监督提供必要的条件，高度重视他们的各种意见和建议，逐步使协商办事和民主决策经常化、规范化、制度化。在推进社会主义民主政治建设的过程中，必须划清社会主义民主与资本主义民主的界限。在中国，坚持资产阶级自由化的极少数人，鼓吹政治多元化和多党制，其实质是要把广大人民群众排除在民主之外，否定中国共产党的领导地位，用资产阶级共和国取代社会主义的人民共和国。我们务必高度警惕和坚决抵制这种思潮的侵袭和泛滥。

社会主义民主需要社会主义法制加以保障。目前，我国以宪法为基础的社会主义法律体系初步形成，国家政治生活、经济生活和社会生活各个方面无法可依的局面已经有了很大的改变。今年，各级政府要围绕治理整顿和深化改革，抓紧制定一些法律草案、法规和规章制度。继续大力普及法律常识，提高全民族的法制观念。进一步加强和健全执法监督检查体系，坚决纠正目前还比较普遍存在的有法不依、执法不严的现象。《中华人民共和国行政诉讼法》将于今年十月一日起实施，这既是我国社会主义法制建设的一件大事，也是社会主义民主政治建设的一个重要步骤。国务院各部门和地方各级政府要认真学习行政诉讼法，做好实施前的各项准备，并积极主动地配合人民法院开展工作。

阶级斗争虽然已不是我国社会的主要矛盾，但仍在一定范围内长期存在，而且在某种条件下还可能激化。必须在大力发展社会主义民主和法制的同时，加强社会主义国家机器的专政职能。政法机关要充分发挥各自的职责，高度警惕和及时粉碎国外境外敌对势力的渗透和颠覆，打击国内敌对分子的破坏活动。坚决打击和依法从重从快惩处严重危害社会治安的犯罪分子，严惩破坏经济的犯罪分子。在大中城市、铁路干线和沿海开放地区，有针对性地开展打击刑事犯罪，整顿社会治安的斗争。各级政府要加强对治安工作的领导，搞好武装警察和公安干警队伍的建设。同时，要动员和组织广大群众，实行综合治理，强化社会治安。司法行政机关要进一步作好劳改、劳教工作，并为稳定政局和稳定经济提供法律服务。各级政府要利用当前有利条件，采取切实措施，加强城乡基层政权的建设。

整个国家的安定团结，离不开民族关系的和谐，离不开民族自治地区的稳定。各级政府要继续坚定不移地执行中国共产党的民族政策，坚持民族平等、民族团结，尊重各民族的宗教信仰自由和风俗习惯，积极发展各民族自治地区的经济和文化事业，促进各民族共同繁荣。认真贯彻《中华人民共和国民族区域自治法》，抓紧制定实施细则。结合少数民族地区的实际，大力培养少数民族干部和各种专门人才。坚定地维护祖国统一和各民族大团结，坚决反对任何分裂国家、分裂中华民族的行为。

中国人民解放军是我国人民民主专政的坚强柱石。各级政府要进一步关心和支持军队的各项建设和改革，积极主动地帮助他们解决各种实际问题。根据新时期的特点，不断丰富和发展拥军优属、拥政爱民活动的内容和形式，增强军民团结和军政团结。学习解放军的优良品德和光荣传统，在全社会深入进行国防教育，树立“居安思危”的思想，增强全民的国防观念。同时，要进一步加强国防建设，增强国防实力，推动国防现代化事业稳步前进。

第九，切实加强社会主义精神文明建设，促进我国社会全面进步。

我们必须认真吸取前几年忽视社会主义精神文明建设的深刻教训，结合经济建设和改革开放的实际，大力加强和改进思想政治工作。要在全国人民中特别是青少年中，深入地进行坚持四项基本原则、反对资产阶级自由化的教育，广泛开展爱国主义、集体主义、社会主义、共产主义和自力更生、艰苦奋斗的教育，以及革命传统和职业道德教育。大力提倡顾全大局、勇于奉献的精神，努力提高全民族的素质，培养有理想、有道德、有文化、有纪律的社会主义新人。

雷锋精神是中华民族传统美德与共产主义光辉思想相结合的典范。最近一个时期以来，全国各地重新掀起了学习雷锋的热潮，初步取得了良好的社会效果。我们要认真总结和大力表彰各条战线学习雷锋的先进集体和个人，宣传和推广他们的先进事迹，把作为社会主义精神文明建设重要组成部分的学习雷锋活动，更加广泛、更加扎实、更加深入持久地开展下去。

必须用马列主义、毛泽东思想占领意识形态阵地。理论、文艺、新闻、出版、电影、电视等部门，一定要坚持为社会主义、为人民服务的方向，贯彻百花齐放、百家争鸣的方针，大力弘扬中华民族的优秀文化，积极借鉴一切对我有用的外来文化。意识形态领域要一手抓整顿，一手抓繁荣。对于近年来广为流传的资产阶级自由化观点和西方资产阶级的哲学观、政治观、新闻观、文艺观等，以及民族虚无主义、历史虚无主义思潮，要进行抵制和批判。继续深入持久地开展“扫黄”和除“六害”斗争，净化社会环境。充分发挥广大理论宣传工作者、文化艺术工作者的积极性，深入生活，深入群众，努力创造出更多更好的精神食粮，丰富和活跃人民群众的思想文化生活，不断满足社会多方面、多层次、多样化的需求，为稳定大局创造良好的舆论和文化环境。

积极发展体育和卫生事业。今年将在我国举办第十一届亚洲运动会。全国都要关心和支持亚运会，努力使本届亚运会达到先进水平。广大运动员、教练员要发扬团结拼搏精神，刻苦训练，努力创造优异成绩，为国争光。卫生战线要进一步深化改革，加强医风医德建设，发扬白求恩对工作极端负责、对技术精益求精、对人民极端热忱的精神。要重点加强预防保健和农村卫生工作，切实抓好对重点疾病的防治，进一步改善城乡卫生状况。

第十，坚持抓好计划生育，严格控制占用耕地，节约使用矿产资源，继续加强环境保护。

控制人口增长，保护耕地、矿产资源和生态环境，是关系我国经济和社会发展全局的重要问题，也是关系子孙后代的大事。去年，在控制人口增长方面取得了一定成绩，广大计划生育工作者付出了辛勤劳动。但是，必须看到当前我国的人口问题十分严峻，九十年代前期我国将处在建国以来第三次人口出生高峰的顶峰。必须坚决稳定现行的计划生育政策，并使这些政策在基层真正得到落实。积极推行计划生育指标管理。计划生育工作的重点在农村。要进一步建立健全县、乡、村计划生育服务网络，加强计划生育的宣传教育，做好优生优育、妇幼保健、养老保险等工作。要重视对流动人口的计划生育管理。各级政府必须加强对计划生育工作的领导，抓紧计划生育的法制建设。今年要进行第四次全国人口普查，各级政府和有关部门要加强领导，密切配合，高质量地完成这次普查工作。

坚决纠正盲目占用耕地和浪费土地的现象。各地区要严格执行国家下达的建设用地计划，严格审批建设用地，尽量不占或少占耕地。管好用好土地开发基金，千方百计开发新的农业用地。今后，各地方凡因建设占用农用土地的，原则上应承担土地开发的义务，做到使用和开发并举。各地既要抓好大片荒地、滩涂的开发利用，也要重视零星闲散土地和工矿建设废弃地的复垦。

要依法整顿矿业秩序，严禁乱采滥挖等破坏行为，节约与保护矿产资源。

在治理整顿中努力推进环境保护工作。今年重点抓好城市环境的综合整治，继续抓紧企业污染的防治和“三废”综合利用。动员社会各方面的力量，广泛开展植树造林活动，绿化祖国，保护和改善自然生态环境。各级政府必须坚决贯彻有关环境保护的法律和法规，努力完成环境保护的目标和任务。

各位代表！

为了实现上述各项工作任务，各级政府必须下更大的决心、花更大的力量继续加强廉政建设，密切联系群众，切实改进机关作风。这是关系到国家兴亡的一件大事，必须年复一年地长期抓下去。廉政才能稳定，勤政才有希望。今年的廉政建设，主要应抓好以下几件事：(一) 对去年中共中央、国务院以及各地各部门采取的各项廉政规定和措施，要组织专门力量，认真进行全面检查，并将落实情况逐项公布于众，接受群众评议和监督。没有做到的，要限期落实；继续违反的，要严肃查处。(二) 制定和实施各级领导干部和工作人员的个人收入监督制度，以及在国内外交往中收受礼品的规定，进一步深入开展反贪污、反受贿的斗争。(三) 对各级领导干部和工作人员的住房、建房标准进一步作出具体规定，切实纠正和防止多占住房、用公款超标准装修住房和违法违纪营建私房。(四) 大力整顿和坚决纠正部门和行业的不正之风，特别是加紧整肃执法部门和监督机构的违法违纪行为。

为了推进廉政建设，必须继续集中力量查处大案要案，特别是查处清理整顿公司中的案件，深入开展反腐败斗争。已经查清的大案要案，要依法严惩，并及时公布处理结果。今年要着重查处三个方面的案件：一是领导机关、领导干部、执法监督部门及其工作人员利用职权搞权钱交易，采取各种手段获取非法利益的案件，如贪污受贿、投机倒把、以权谋私、弄权勒索等。二是社会反映强烈、群众关心的热点问题，如用公款超标准装修住房，利用职权违法违纪营建私人住宅，公费旅游和大吃大喝、奢侈浪费等。三是严肃查处官僚主义、失职渎职案件，以及有令不行、有禁不止、各行其是的违纪违法行为。

各级政府机关工作人员特别是领导干部，必须坚持全心全意为人民服务的宗旨，坚持群众路线，切实改进思想作风和工作作风。这几个月来，中央和地方党政机关已经派出大批干部深入基层，受到基层干部和群众的欢迎。从今年起，县以上的政府机关，必须把组织干部下基层作为一项制度长期坚持下去。当前机关干部下基层的主要任务是：倾听群众的意见、建议和批评，实事求是地回答群众关心的问题和疑难问题；宣传党和政府的方针政策，进行国内国际形势教育；同基层干部和群众一起商量，出主意想办法，解决生产、工作和生活中的实际困难。所有下基层的机关干部都必须严格遵守党政纪律，放下架子，打掉官气，真正同工人、农民、知识分子、学生交朋友。要轻车简从，讲究实效，不给地方和基层单位增加负担，并参加一些劳动。

国务院和地方各级政府，必须树立勤俭、务实、高效、谦虚的工作风尚，带头艰苦奋斗，增强责任感和事业心。进一步精简机构，克服人浮于事的现象。尽力压缩会议，少发文件，从“文山会海”中解脱出来。自觉克服和坚决反对分散主义的行为和倾向，加强集中统一，加强组织纪律性。在当前复杂的形势和艰巨的任务面前，各级领导干部和所有政府工作人员，都必须加强理论学习。要把学习马列主义、毛泽东思想和邓小平同志的著作，放到重要议事日程上来。建立学习制度，理论联系实际，努力运用马克思主义的立场、观点和方法，去认识和分析形势，解决实际工作中的问题。

各位代表！

在八十年代，我们祖国的统一大业取得了重大进展。经过中英、中葡谈判，先后签署了中英关于香港问题的联合声明和中葡关于澳门问题的联合声明，确认我国将对香港和澳门恢复行使主权。在未来的十年里，我国将最终完成收回香港和澳门这一具有重大意义的历史使命。

香港、澳门分别进入过渡时期以来，我国政府同英国、葡萄牙政府在贯彻执行中英、中葡两个联合声明上进行了卓有成效的合作。中国政府对待中英、中葡联合声明的态度是积极的、认真的，将始终不渝地信守这两个联合声明，并履行我们的义务。中国政府根据“一国两制”的方针所制定的对香港、澳门地区的一系列政策都不会改变。我们高兴地看到，香港基本法(草案)这部历史性的法律文件已经起草完毕，并将提交本次大会审议，它的诞生必定会对今后香港的长期稳定繁荣提供重要保证。

内地与港澳地区所有中国人都应该相互尊重，和睦相处，彼此尊重对方的社会制度和生活方式。港澳同胞作为中国公民的一部分，依法享有参与管理国家事务的权利，但这种参与要尊重内地的社会主义制度，遵守国家的宪法和法律。广大港澳同胞都是爱国的，我们要警惕极少数别有用心的人利用港澳作为颠覆中央政府和社会主义制度的基地。为了保持港澳的稳定繁荣，顺利实现政权交接，希望英国、葡萄牙政府继续同我国政府进行合作。

在过去的十年中，台湾海峡的局势也出现了一些重大的变化，两岸关系由紧张对峙到逐步缓和，由长期隔绝到相互交往，正在朝着有利于国家统一的方向发展。这是顺应时代潮流，符合中华民族根本利益的，也是长期以来两岸人民的共同意愿。

但是，我们也应该看到，目前两岸关系中许多人为的隔阂还没有从根本上打破，妨害实现祖国统一的障碍仍然没有排除，台湾当局的大陆政策虽有一些松动，但其所作所为同两岸人民的愿望和要求还有很大的差距。台湾当局仍然坚持“不接触、不谈判、不妥协”的“三不政策”，坚守反共拒和的顽固立场，并且在国际上极力推行“弹性外交”、“双重承认”，进行“一中一台”和“两个中国”的活动。尤其值得注意的是，最近一个时期，一些别有用心的人在岛内掀起一股鼓吹“台独”的逆流，公然主张把台湾从祖国分裂出去。这必然遭到全体中国人民的坚决反对，中国政府也是决不会坐视不理的。

九十年代是推进祖国和平统一大业，振兴中华民族的重要历史时期。我们将坚定不移地贯彻执行“和平统一、一国两制”的方针，进一步充实完善有关对台政策。完成祖国统一大业，我们寄希望于台湾当局，更寄希望于台湾人民。我们对当前动荡中的台湾政局表示关切。我们愿意同台湾各个党派、团体和各界有识之士加强联系，交换意见，共商国家统一大事，促进两岸经济、文化、科技、体育等各个领域的联系和交流。我们鼓励台湾实业界人士到大陆来投资，举办独资企业、合资企业、合作企业，或者以建设项目带成片开发，共同发展外向型经济。台湾当局应该进一步改变对到大陆投资实行限制的政策。我们愿意为台湾投资者提供良好的投资环境和优惠条件。

我们将继续贯彻执行既定的侨务政策，并且衷心希望广大归侨、侨眷和海外侨胞，在促进祖国现代化建设和实现和平统一大业中继续发挥重要作用。

三、关于国际形势和外交工作

当前，国际形势正在发生着重大变化。美苏关系，东西方两大集团之间的关系，以及两大集团内部各国之间的关系，都在变化之中。德国统一问题已经提上日程。欧洲正在经历着大的变动。世界各种力量在错综复杂的利害矛盾中正在重新分化和组合。世界更加动荡不安。

世界多极化趋势的发展，使美国和苏联影响国际事务的能力下降，但是美苏两国相互之间的关系仍然是影响国际局势的重要因素。美苏之间的军事对抗进一步有所减弱，裁军谈判继续进行。一年来，有关各方为谋求政治解决地区冲突而继续努力，在西南部非洲取得的成果尤为显著。

我们认为，在各国人民的共同努力下，世界和平是可以维护的，争取一个较长时期的国际和平环境是可能的。但是，也必须看到，对世界和平的威胁依然存在。两个超级大国的军备竞赛仍在继续。许多地区冲突尚未停止。某些大国违背国际关系准则，肆意干涉别国内政。发达国家与发展中国家之间的经济差距继续扩大，南北矛盾进一步加深，这无疑也不利于国际局势的稳定。

当前特别值得注意的是，某些国家推行强权政治的趋向日益明显。只要霸权主义、强权政治还没有退出国际舞台，世界就不得安宁。

面对当前这样的国际形势，如何推动它继续朝着有利于和平与发展的方向前进，是世界人民面临的一个重大课题。

我国政府一贯坚持在互相尊重主权和领土完整、互不侵犯、互不干涉内政、平等互利、和平共处五项原则的基础上，同世界各国保持和发展正常关系。在当前风云变幻的国际形势下，我们将始终不渝地坚持这一原则立场。

一年来，我国同许多国家，特别是同周围邻国的关系，有了进一步的改善和加强。我国同朝鲜民主主义人民共和国的友谊更加巩固。我们支持朝鲜民主主义人民共和国政府为促进自主和平统一而提出的建议，并且希望有关各方为保持朝鲜半岛局势的缓和与稳定而努力。我们同巴基斯坦、孟加拉国、尼泊尔、斯里兰卡等南亚国家的友好合作关系是令人满意的。我们同印度的关系也在改善。我们同蒙古人民共和国和老挝实现了关系正常化。我国同东盟各国之间业已存在的良好关系对东南亚地区的和平与稳定起着重要的积极作用。我们同印度尼西亚进行的富有成果的会谈，使两国关系的正常化日益临近。我们同阿拉伯国家、非洲国家以及拉丁美洲国家的团结和合作也有新的发展。事实充分表明，我国同广大第三世界国家之间的友谊，是经得起风浪考验的。

中苏两国自去年五月实现关系正常化以来，双方根据高级会晤商定的发展两国关系的原则和各项协议，扩大了各个领域的交往，边界谈判在继续进行，外交和军事专家小组的谈判也取得了进展。中苏两国在和平共处五项原则的基础上发展睦邻关系，符合两国人民的利益，也有利于亚洲和世界的和平。

中国人民同东欧各国人民有着传统的友谊。作为社会主义国家，我们对东欧政治局势发生的剧烈变化，自然十分关心。但是，我们在处理国家之间的关系时，从不干涉别国的内政。我们愿意在和平共处五项原则的基础上同东欧各国保持正常的友好关系。

我们理解德意志人民要求实现德国统一的愿望，并且主张这个问题的解决不仅应当有利于两个德意志国家及其人民，而且应当有利于欧洲和世界的和平与稳定。

我们同美国和其他一些西方国家的关系，从去年六月以来程度不同地出现了困难和曲折。其原因在于一些西方国家对我国进行制裁，多方施加压力，干涉中国的内政。几个月来的事实使全世界再次看到，中华人民共和国是决不会在外来压力面前屈服的，孤立中国也是办不到的。国家间的正常关系是平等互利的。现在一些西方国家已认识到同我国恢复和保持正常关系的重要性，它们同我国之间的关系已经开始有所好转。我们希望这种趋势继续发展下去，并愿为此作出自己的努力。

中美建交后的十年里，两国关系在中美三个公报的基础上得到了发展。今后，也只有严格遵守这三个公报所确定的各项原则，特别是遵守互不干涉内政和不谋求霸权的原则，中美关系才能得到恢复和发展。

中日两国是近邻，两国人民有着悠久的友好交往历史。中国政府一向重视发展同日本的友好合作关系。我们希望日本政府同中国政府一道，继续遵循中日联合声明和中日和平友好条约的各项原则，努力使两国友好合作关系尽快恢复正常并获得进一步发展。

中国政府一贯主张公正合理地政治解决地区冲突问题。在柬埔寨问题上，我们认为，越南在有效的国际监督下全部撤军，建立以西哈努克亲王为首的柬埔寨四方临时联合政府，是柬埔寨实现和平的保证。我们赞赏并支持联合国在柬埔寨问题的解决中发挥积极作用。我们欢迎一切有利于柬埔寨问题全面、公正、合理解决的建议。我们认为，任何解决柬埔寨问题的方案，都应该征求并尊重西哈努克亲王的意见，并取得柬埔寨各方的同意，这样才能确保制定的方案得到全面实施。

我们一贯同情和支持非洲国家和人民争取民族独立和反对种族主义的正义斗争。纳米比亚的独立，标志着非洲大陆非殖民化历史使命的胜利完成，我们对此表示热烈祝贺。南非当局应该顺应历史潮流，采取进一步措施，彻底废除种族隔离制度。我们关心中美洲的和平进程，并且希望美国尊重中美洲地区国家的主权。我们强烈谴责美国入侵巴拿马，并且不愿看到再发生类似事件。我们要求以色列停止对巴勒斯坦居民的镇压，撤出阿拉伯被占领土，并且希望中东问题通过政治途径得到公正、合理的解决，使长期动乱的中东成为和平的中东。我们还衷心希望伊朗和伊拉克能在共同接受联合国安理会 598 号决议的基础上，通过直接接触和谈判，把它们之间的停火发展为持久和平。

裁军问题直接关系着世界和平。制止军备竞赛，实现有效裁军，仍然是一项艰巨的任务。我们希望美苏两国停止一切形式的军备竞赛，履行他们对裁军的责任，率先大幅度削减他们的核武库和常规军备。我们希望美苏作为最大的化学武器拥有国，停止生产并销毁他们现有的化学武器。我们希望日内瓦裁军谈判会议就缔结一项全面禁止化学武器的国际公约问题取得进展。我国在裁军问题上的合理主张，在国际上得到广泛的赞同。我们愿意同世界各国一道，推动国际裁军沿着正确的道路继续前进。

近几年来，联合国在促进地区冲突的政治解决、维护世界和平、推动经济社会发展等方面，做了许多有益的工作，取得了值得称赞的成就。中国愿意同其他会员国一道，为加强联合国在世界事务中的作用而继续努力。

急剧变化的国际形势，把建立国际政治新秩序的问题进一步提到全世界面前。中国政府一贯认为，世界所有的国家，不分大小强弱，也不论社会制度异同，都应该相互尊重，平等相待，求同存异，开展友好合作，促进共同繁荣。企图用政治、经济、文化等手段把自己的意识形态、价值观念乃至社会制度强加于人，归根到底是行不通的。中国政府认为，建立国际政治新秩序的合理基础，是已经得到国际社会普遍赞同的和平共处五项原则。国际实践反复证明，只要切实遵循这五项原则，各国之间不论国情有多么大的差别，都能够建立和发展正常的和友好的关系；国际争端不论情况多么复杂，都能找到合理的解决办法。我们相信，在和平共处五项原则基础上建立国际政治新秩序，符合一切国家的利益，也符合全世界人民的愿望。

不合理的国际经济关系和不等价的交换，使发展中国家遭受残酷的剥削和掠夺。沉重的债务负担，束缚了发展中国家的经济发展。在当今的世界上，富国愈富、穷国愈穷的趋势日益严重，许多人至今还在死亡线上挣扎。这是一个迫切需要全世界加以注意和解决的重大问题。中国支持发展中国家和不结盟运动为建立国际经济新秩序而进行的努力，并且希望发达国家采取积极态度，承担起自己应负的责任。

一年来，我国的外交实践进一步证明，我们一贯奉行的独立自主的和平外交政策是正确的。我国政府将继续贯彻执行这一政策，坚持反对霸权主义，维护世界和平。我们将加强同第三世界国家的团结与合作，在国际事务中发挥建设性的作用，为谋求解决世界面临的各项重大问题作出不懈的努力。我们将继续坚持在和平共处五项原则的基础上同一切国家建立和发展友好关系。我们不干涉别国的内政，也不允许任何国家干涉我国的内政。国际敌对势力对我国进行颠覆活动是决不能得逞的。不管国际上出现什么风浪，社会主义中国都将巍然屹立在世界的东方。

各位代表！

历史的道路是曲折的，世界的前途是光明的。我们的国家充满希望，人类进步的潮流不可阻挡。伟大的中国人民奋发图强，艰苦奋斗，正以昂扬的姿态跨进九十年代，满怀信心地沿着社会主义道路奋勇前进！

改革开放要沿着健康的轨道前进

——1990年1月8日国务院总理李鹏在全国经济体制改革工作会议上的讲话

国务院召开的这次全国经济体制改革工作会议，是继全国计划会议和财政会议之后，在经济方面又一次带全局性的重要会议。这次会议的召开，再一资向全国、全世界说明：中国改革开放的政策不会改变。改革开放不仅要继续进行下去，而且要搞得更好，沿着更健康的轨道前进。

治理整顿和深化改革的关系

虽然这是个老题目，但再讲一讲也有好处。首先，我们应该非常明确地肯定，十年来的改革开放，取得了巨大的成绩，这是有目共睹的。改革开放使生产发展了，国力增强了，人民生活不同程度地得到了改善，并在探索发展中的社会主义国家改革的道路方面，取得了可喜的成就，积累了比较丰富的经验。这些经验对我们来说是十分宝贵的。那种认为我们现在搞治理整顿是"倒退了"，或者是"不搞改革了"的说法是不正确的，至少是对这个问题缺乏深刻理解。治理整顿与深化改革不是互相对立的，而是相辅相成的。治理整顿的目的，是为改革开放创造更有利的条件。在治理整顿期间，我们的一些改革措施要围绕治理整顿来进行。五中全会决定讲，对治理整顿不积极，就是对改革开放不积极。这是因为我国经济出现了一些过热的现象，治理整顿是整个改革开放不可逾越的阶段。对我国改革开放政策，我们应当有如下几个基本观点：

一是四项基本原则是立国之本，改革开放是强国之路。这两个基本点缺一不可。对此，我们要坚定不移，决不动摇。

二是我们讲的改革开放是社会主义制度的自我完善，是为了进一步发挥社会主义制度的优越性，而不是从根本上改变社会主义制度。

三是经济体制改革的基本原则或者叫基本模式，是计划经济与市场调节相结合。实践证明，在我们国家如果搞完全的计划经济，高度集中，就会把经济搞得很死，不利于调动地方、企业和广大职工的积极性，经济也不可能得到比较快的发展。但是，如果在中国搞单纯的市场经济，有可能造成经济混乱和社会不稳定，也不符合国情。比较适合我国国情的是计划经济与市场调节相结合。当然，这是一件很困难的事情。现在我们就是要探索怎样把两者很好地结合起来。

四是对十年来已经出台的改革开放政策要保持其连续性和稳定性，不要有大起大落，以保护生产力的稳定发展。人心要稳定，社会要稳定，首先政策要稳定。当然稳定也不是踏步不前，要在稳定的基础上对已实行的政策不断深化、补充、完善、提高。

五是当前要利用治理整顿的机会，对新的改革措施进行试点。五中全会总结出我国经济工作的基本经验，就是我国的建设不能急于求成，改革不能急于求成，治理整顿也不能急于求成。我国经济体制改革要经历一个相当长的时期，可能要伴随社会主义现代化建设的全过程，才能建立起一整套计划经济与市场调节相结合的经济运行体系。经济体制改革本身是生产关系的变革，使生产关系符合生产力的发展水平。同时，生产关系的变革又反过来推动生产力的发展。试图在很短时间内使生产力有一个大的突破，或者单靠某一项改革措施就能使生产力有一个大发展，是不可能的。我们要坚持实践是检验真理的唯一标准。今后，对于改革的措施，我们的方针是：经过试点，总结经验，通过实践来检验是否正确，是否能够促进生产力的发展，然后再决定是否进行推广。

十多年来，在体改战线长期从事改革工作的同志，兢兢业业，为改革出了力，对改革起了推动作用，成绩是主要的，这一点必须充分加以肯定。当然，体改战线也出了几个搞资产阶级自由化的人和阴谋家，但他们不能代表整个体改战线。我们体改战线绝大多数同志是搞社会主义的，是想要国家繁荣富强的，和他们那些人有根本的区别。前一个时期社会上曾经有一些传言，说要取消体改委。我可以负责地告诉大家，国家经济体制改革委员会将继续保留，作为国务院统筹协调经济体制改革的一个综合职能机构，其主要任务是制定城市和农村经济体制改革的方案，供领导决策，对一些改革措施进行试点和推广。过去的经济体制改革偏重在城市，主要是工业和商业方面，农村有另外一摊。实践证明，这种把城乡改革割裂开来的体制不好。城市经济和农村经济都是国民经济的有机组成部分，因此，这两部分的改革都应该由国家经济体制改革委员会承担起来，进行调查研究，提出改革方案。在体改方面，只要不违背四项基本原则，允许存在不同的观点，对不同意见允许争论，因为改革的方法和步骤都需要进行探索。

当然，在肯定体改工作成绩的同时，也要清醒地看到我们的体改工作不是没有缺点和失误，不是没有值得改进的地方，应该实事求是地对待这个问题。那么，我们的体改工作有什么弱点呢？一是在体改队伍的组成方面有弱点，做理论工作的同志相对多了一些，有实践经验的同志少一些。这两方面的同志都需要，而且要把彼此的长处结合起来，要深入实际，虚心学习，更好地把理论与实践紧密地结合起来。这样，我们的工作就能取得更大成绩。二是过去有的同志提出的一些改革设想或方案，没有很好地同中国的实际情况相结合。诚然，我们需要学习和借鉴外国经济管理的经验，但是必须注意两条：一要符合社会主义的原则，二要符合中国的实际情况。离开了这两条，就会出现脱离国情、脱离实际的毛病。因此，我们希望搞体改工作的同志尤其要深入基层，多做调查研究，向群众学习，向工人、农民和各级领导干部学习。这样，我们提出来的改革方案才会真正符合国情和实际，在实践中切实可行。三是有一段时间，我们在研究经济体制改革时与国家社会经济发展的计划有点脱节。本来，改革的目的是为了发展社会生产力，制定国家社会经济发展计划也是为了促进社会生产的发展，按比例开发与配置国家资源，两者的目标是一致的，工作不能截然分开。因此，今后在制定城乡经济体制改革规划时，要与制定国家社会经济发展计划结合起来进行。也就是说，在今后制定的五年计划中，要有一块改革的内容；改革本身也要有一个中期规划，并要纳入到国家社会经济发展计划中去。

总之，我们的改革成绩很大，工作也有值得改进的地方。当克服了缺点以后，就可以把我们的改革工作更好地向前推进。

怎样看待当前的经济形势

我国当前经济形势总的是好的，是朝着我们预定的方向发展的，治理整顿已经取得了明显的效果。在去年人代会政府工作报告中，我们提出了治理整顿的三个目标：一是控制物价总水平，二是争取农业有一个好收成，三是使社会总需求与总供给的矛盾得到一定的缓解。现在看来，这三个目标，或者说三项任务，都不同程度地实现了，有的任务完成得比预期的还要好一些。我们之所以能做到这一点，除了政治上稳定以外，经济上逐步走上稳定，也是一个重要的原因。

但是，我们不能不清醒地看到，旧的矛盾解决了，新的矛盾又出现了，产生了一些新的困难。这也是事物发展的必然规律。当前的问题主要表现在市场疲软，生产增长速度下降，部分产品积压，停产、半停产的企业增多，待业人员增多，给社会带来了一些新的不稳定因素。但是，这些困难是前进中暂时的困难，是可以克服的。我们整个国民经济是朝着好的方向、健康的轨道发展的。党中央和国务院认为，三年治理整顿今年是关键，而在今年里，上半年又是关键。只要我们振奋精神，齐心协力，就能克服暂时的困难；只要上半年能安全通过，全年就可以安全通过；只要今年通过了，整个治理整顿最困难的时期就可以通过。困难过去了，曙光就在前头。

我们怎样克服这些困难？在全国计划会议上我讲了三条措施：一是企业要自觉利用和发挥市场调节的作用，变压力为动力，由速度型转向经济效益型，提高产品质量，增加花色品种，降低消耗，生产适销对路的产品。企业要很好地利用这个机会，动员全体职工来提高企业的经济效益，使企业由速度型转向经济效益型。不这样，就不能摆脱企业的困难。二是国家要为企业创造比较好的生产条件。如要适当放宽银行贷款，清理“三角债”，在煤、电、运和原材料供应等方面，提供必要的条件。三是商业、外贸要发挥蓄水池的作用，多收购一些适销对路的产品，为企业排忧解难。但是，我们不能回到包销包购的老路上去。如果这样做，我们就会失去改造企业的机会。企业不能一听说国家要收购，就提高价格，给收购增加困难。企业要薄利多销，打开市场，占领市场。在市场问题上，企业应当把眼光放远一点。对有困难的企业，国家有责任帮助它们渡过难关。现在，有的省、市已成立了扶持困难企业的领导小组，帮助这些企业进行技术改造，提高产品质量，妥善安排待业人员的生活。对停产、半停产企业的待业人员，不能放长假，把矛盾推向社会。现在可以组织他们维修厂房，清仓查库，修旧利废，还可以组织他们学习或培训。总之，可以做很多事情。今年国家计划的经济发展速度不是太高，速度太高不行，太低也不行。各地可以按照总的要求因地制宜地安排。

完善企业承包经营责任制

党中央和国务院都肯定在企业要继续实行承包经营责任制。这是因为，企业承包经营责任制无论是对发展生产，还是对克服当前暂时的经济困难，都有积极作用。承包经营责任制已经为广大企业所习惯。但是，目前承包经营责任制也存在一些弊端、缺点，需要不断完善、补充、提高、深化。下面讲几条具体意见：

——关于新一轮企业承包的合同期限。有的同志认为，可以再搞两年或三年，也有的同志认为可以长一点，与“八五”计划同步。我认为这两种意见各有各的优点，各地可以因地制宜。关键要看企业的五年发展计划是不是确定了，企业的发展计划与国家计划有没有矛盾。如果企业的计划没有确定，可能会产生矛盾。但是，有条件的企业，如果五年发展计划和技术改造规划已经确定，可以承包到“八五”计划期末。如果没有这个条件，可以搞滚动承包，先滚动一年或两年，待企业的计划定了以后，再搞较长期的承包。我们希望在承包时，要正确处理好国家、企业、职工三者之间的关系，这主要体现在承包基数上。目前国家有困难，企业也有困难，但从总体上说，还是国家的困难大。因此，希望企业要服从大局，不能再靠国家减税让利来求得自己的发展。今后企业的发展，主要靠提高企业的经济效益。在进行新一轮承包或滚动承包时，基数要稳定。中央对省、自治区、直辖市和计划单列市的财政包干办法不变，财政包干的基数不能减少。对企业的承包基数极不合理的，省、市可以做一些调整，但不能减少对中央的财政上缴。治理整顿期间是困难时期，要尽量减少社会震动，保持社会稳定。我们没有更多的精力重新进行一对一的谈判来确定新的承包基数，同时现在也有很多因素不确定。例如，物价、市场的发展情况和趋势都有很多未知数。所以在治理整顿这一两年提倡滚动承包，但不排除对一些有条件的企业实行五年或比较长时期的新一轮承包。

——承包条件要进一步完善。现在许多企业实行“两包一挂”。实践证明，这样的承包条件是好的，但还不够完善。企业承包要更好地体现计划经济与市场调节相结合的原则。在产品的生产和分配上，有的企业计划部分多一些，有的企业市场调节多一些。因此，要增加一些承包条件，例如完成国家指令性产品上交计划、确保企业流动资金随生产增长而增长，以及其他一些条件。现在不少企业提出，企业包完成国家的指令性产品上交计划，国家是否也给企业保能源、交通、原材料的供应。我想，提出这样的问题是可以理解的，也是公平合理的。所以我支持“双向包保”。“双向包保”的基本原则是对的，但做起来很困难。国家只能给企业提供一些基本的条件，不能保证每一个方面。可以先试点，对一部分关系国计民生的大中型企业，先实行包保。现在，我们计划先将100个企业和企业集团，列入包保重点。各省、市也可根据自己的情况选一些企业，实行包保结合。

——承包人的选择问题。现在企业的承包人有个人承包、领导班子集体承包和全员承包三种情况。我倾向于实行社会主义公有制条件下的全员承包，至少是集体承包。办企业要全心全意依靠工人阶级。只有企业领导人的积极性，不调动广大工人的积极性，就办不好社会主义企业。调动企业领导人的积极性和工人的积极性，两者不能对立起来。既要发挥管理者的作用，也要发挥工人的作用。实行领导干部、技术人员、工人三结合，这种提法没有过时。

——关于厂长（经理）与党组织的关系。厂长（经理）负责生产经营领域的指挥工作，也要抓思想政治工作，单纯靠行政命令是搞不好企业的。现代化的企业，没有厂长（经理）的统一指挥是不行的。企业党组织要在政治思想领域发挥领导作用，不要把两者对立起来。《企业法》是立了法的，要贯彻执行。四中全会和五中全会强调要发挥工人阶级的作用，加强党的建设，这是正确的。我们要求厂长（经理）和党委书记加强团结，因为大家都是为了党的事业。当然，作为制度应当加以明确，但这要有一个过程。希望大家按照五中全会决议，正确处理好这方面的关系。关于企业干部问题，党管干部的原则不能丢，厂长（经理）可以提名，党的组织部门可以推荐，经过党、政领导集体讨论，由厂长（经理）任免。这样，企业领导班子可以配合协调，也可以防止任人唯亲，搞小圈子。

这些年来，厂长（经理）对发展生产、推动改革作了很多工作，绝大多数厂长（经理）工作积极，表现是好的，厂长（经理）很辛苦，不但要管生产，而且要管生活。工厂要有严格的纪律，必然会得罪人。分配要拉开档次，也会得罪人。厂里出了事故，厂长（经理）至少要负领导责任。市场疲软，产品卖不出去，工资、奖金发不出来，厂长（经理）更是难受。我们应该体谅他们的困难。对厂长（经理）要爱护，他们工作出现缺点或失误，要帮助。前一段，有的工厂请客送礼，吃吃喝喝，这是不对的。企业也要勤俭办事。对前一段的事，只要不违犯党纪国法，不出格，对一般的事情不予追究，但今后不能再搞了。我们不赞成不正当的经营方式，如请客送礼、吃吃喝喝、个人拿回扣等，此风决不可长。个人拿回扣无论在任何情况下都是一种贪污行为。非正当经营，即使个人不拿回扣，吃吃喝喝，请客送礼，也会败坏社会风气。

——关于承包单位的选择。承包到底到哪一级好？原则上，要承包到能独立进行经济核算的实体，承包到企业或企业集团。今后对车间、班组不要搞利税承包，而要实行指标考核。现代化企业是一个系统工程。如果把完整的生产线割裂开来进行分段承包就会助长短期行为，如只顾个人利益，不顾安全拼设备，不顾质量追速度等。因此，要提倡由经济实体、法人一级承包，对下搞比较完整的指标考核。

——关于企业内部分配。调动广大职工的积极性，不能光靠奖金，还要靠思想觉悟，靠精神。人总是要有一点精神的，一个企业也要有一点精神，没有一点精神，企业不可能持续发展。在当今世界上，连资本主义企业也提倡企业精神、职业道德，更何况我们是社会主义企业。企业的内部分配，根本原则是按劳分配，这对于调动广大企业职工的积极性有不可替代的作用。总的原则是要按劳分配，拉开档次，奖勤罚懒，对于有贡献的人要给予物质鼓励。奖金不能没有，但占工资总收入的比重不能太大；差距不能没有，但差距也不能太大。厂长和企业领导干部要树立为人民服务的思想。厂长（经理）的工资收入高于职工平均工资的一倍或者再多一点，职工是可以接受的，太高了就会脱离群众。奖金不要成为新的“大锅饭”。奖金发得多，工资高，企业不一定就有凝聚力。企业有了钱要搞一些集体福利事业，搞生活设施、医疗服务、娱乐场所、职工学习、子女就业，使职工有一个好的学习和生活的条件。在中国现在的条件下，特别是大企业，不搞“小社会”是不可能的，不能把所有的事情都推到社会上去。搞好了企业的“小社会”，不仅可以减轻社会的负担，还可以增加企业的凝聚力。企业的分配要注意以丰补歉，不要吃光用尽，要建立职工保险体系。今后社会保险也不能光靠国家和企业，要建立国家、企业、个人共同负担的社会保险体系。

结束语

当前，国际形势发生了一些新的重大变化。总的来讲，和平与发展仍然是当今世界的两大主题，整个世界形势对我国坚持改革开放和进行社会主义建设十分有利。无论世界上发生什么事情，我们中国将一如既往地坚持和平共处五项原则，不干涉别国的内政，不干涉别党的内部事务，尊重各国人民自己的选择，继续发展同世界各国人民的友好关系。我们中国共产党是用马克思主义武装起来的、久经考验的党；我们国家是党领导全国人民经过长期浴血奋战，自己打出来的社会主义江山；我们的军队是忠于党、忠于人民、忠于社会主义事业的人民子弟兵；我国各族人民是以勤劳勇敢著称于世、非常可敬可爱的人民。目前，我国政局稳定，经济稳定，社会安定，而且正在朝着更加稳定的方向发展，这是我国各项社会主义事业必定要取得成功的基本保证。

现在，世界科学技术进步一日千里，关起门来是搞不成社会主义现代化的。我国将继续坚持改革开放不变，广泛地进行国际交往，我们绝不会回到闭关锁国的老路上去。有的人妄图用经济制裁的办法向我们施加压力，事实证明这是徒劳无益的。中国人民从来不会屈服于任何外来压力。只要我们坚持原则，多做工作，就一定能够打破制裁，争取一个比较好的国际环境。世界上没有任何力量能够阻挡中国人民前进的步伐。中国将高举改革开放的旗帜，沿着社会主义道路奋勇前进。

努力启动市场　促进生产适度发展

——1990年8月2日国务院总理李鹏在全国生产工作会议上的讲话

这次全国工业生产工作会议开得很好，也很及时。我想就大家发言中提到的几个问题，讲点意见。

第一个问题，关于当前经济形势问题

对于当前的经济形势，大家进行了多方面的分析，说法不尽相同。我看，还是两点论比较好，不能只强调一个方面。从全国经济形势看，首先，应当肯定治理整顿、深化改革取得了明显成效，国民经济在向好的方面发展。今年夏粮总产量创造了历史最高水平，秋粮长势也好。工业生产增长速度逐步回升，1—7月全国工业总产值比去年同期增长2.3%，8月份增长4.6%。固定资产投资增加，市场销售逐步回升，出口稳步增长，国家现汇结存增加。我国市场上的东西是丰富的，人民生活是安定的。但同时也要看到，在前进的道路上还有很多困难和问题，有的甚至是严重的。产业结构、经济效益等深层次的问题还远没有解决。全国经济发展也不平衡，有的地区还处在相当困难的时期。我们国家大，各地经济发展在任何时候都不会是平衡的。新疆同志讲，他们还比较困难。相对地讲，新疆的经济不像内地反映得那么快。去年11月，我去新疆的时候，全国的生产速度已经减慢，而新疆仍以百分之十几的速度向前发展。新疆经济下降滞后，现在回升也滞后，对于全国消费水平下降问题也要做具体分析。可以问问普通老百姓，他们是不是感到自己的生活水平下降了?老百姓大都觉得日子过得还不错，物价稳定，市场商品丰富。在穿、用方面，可能有一些消费推迟了，家用电器买得少了，去年抢购的一些东西还有存货。但是，在食品方面，消费是增加的，副食品供应情况是好的。所以，不能简单地说城乡居民生活消费比过去差了。我们还是讲两句话，经济形势向好的方面发展了，以树立信心；同时，对存在的困难与问题，估计得充分一些，把工作做得更深入、更细致一些，避免盲目乐观。这样就比较全面了。

第二个问题，关于加强对生产工作的领导问题

大家要求党和政府要进一步加强对生产工作的领导，采取更得力的措施来促进生产回升。这些建议，我很赞成。我们的各级政府，都应该加强对生产工作的领导，加强协调与调度，进一步把生产促上去。国务院在3月份已经采取了一些微调措施。在7月份召开的国务院第九次全体会议上，又研究提出了一些微调措施，共有五条，其中主要的有两条：一是适当下调银行存贷款利率；二是银行再增加一些贷款指标，用来支持农产品的收购，支持企业的流动资金。这些措施正在逐步落实，国家还要增加一些基本建设资金。增加的资金投向很重要，不能盲目投放，主要应当投向四个方面：一是重点建设项目，资金本来没有给足的，要补上去。二是停缓建项目。一些项目由于压缩基本建设规模停下来了，该付的钱没有给，造成拖欠，要拿出一部分钱来解决。三是用在技术改造方面，不是所有的改造项目，而是有重点和定向地进行技术改造。我们提高企业的效益，进行产品结构的调整，要靠挖掘企业内部的潜力，加强企业管理，但是没有一定的技术改造也是不行的。因此，要有重点地增加一部分技改资金。四是城市住宅建设。一般城市职工住宅仍然困难，而且全国不平衡，有的城市更困难一些。今年和整个“八五”期间，要花一点钱，多盖一些大众化的职工住宅。关于基建规模，基本上还是维持今年上半年的决定，即今年基本建设规模大体相当于去年基本建设的实物工作量。不过年初时，预计物价指数是上升14%，但上半年物价指数上涨的不多。现在看，全年物价指数控制在7%左右是可以做到的。这样一来，按实物工作量计算增加的基建投资就有限了。所以，请国家计委认真研究一下，仍按原定数额用于增加基建指标，也就是适当增加最终消费。大家讲，措施有了，但没有到位。没有到位的原因很多，其中原因之一，就是财政上拿不出钱来拨款；银行利率高，企

业不愿借，有时还借不到；企业现有的自有资金不多，资金来源还有问题。所以我们要适当地降低一点贷款利率，各级政府、各级财政也要再挤点钱，搞点贴息，这样才能把基本建设搞得更好一些。

我们搞经济工作，不能简单地满足于定性分析，说大体趋势如何如何。比如讲市场疲软，光说需求总量不足是不够的，还必须有定量的分析，要弄清楚需求具体差多少？是哪一方面、哪些产品需求不足，而哪些产品又需求过多？我们做经济工作的同志，包括省市一级的，中央、国务院、国家计委的同志，都要学会作定量分析。今年年初，国家统计局通过定量分析提出，如果把今年固定资产投资与社会商品零售总额的计划按去年的实物量测算，今年生产速度就可以达到5%左右，接近计划目标。有的同志分析，基本建设投资每增加1万元，其中3000元是用于建材，3000元是用于购买机电设备，另外40%转化为消费基金。这个分析大体符合实际。当然还要看是什么基本建设，如搞基础设施，土建比重大一些；搞电站，设备比重大一些；盖房子，建材比重就大一些。总之增加一些基本建设投资，是增加需求的一个出路，但也有一个度的问题，不能搞大了，掌握上要从严。

为什么提倡搞企业集团？因为企业集团有许多优势，如技术、生产要素的组合比较合理；可以利用现有人力、物力，减少基本建设投资；可以提高产品的档次；还可以实行专业分工，形成批量生产，因而能增强在国际国内市场上的竞争力。企业集团还可以把更新改造资金集中起来使用。我国的企业，规模一般比较小，固定资产比较少，即使提高了折旧率，仅靠企业本身的钱，要想搞一点象样的技术改造也很难。组成企业集团，发挥群体优势，把资金相对地集中起来，就可以用于重点技术改造，逐步地提高整个企业集团的生产水平和素质。

大家提出，有些调整措施要尽快到位。这个意见是正确的。为什么不能尽快到位？有两方面的原因，一方面是中国这么大，经济措施见效有一定的滞后性。1988年9月十三届三中全会后开始紧缩，但紧缩了半年，效果并不明显。9个月以后，企业手上的自有资金用得差不多了，潜力不大了，生产增长和基本建设速度才逐渐降下来。紧缩有一个滞后期，恢复也有一个滞后期，措施到位也有一个滞后期。另一方面，有工作上的问题。各级政府部门和经济组织工作作风不扎实，办事效率低，官僚主义严重，也是一个原因。因此，各级财政、银行和计划部门都要围绕国务院调整紧缩力度的措施，抓紧落实工作，使各项措施尽快到位并发挥作用。

在这次会议的讨论中，有的同志提出在维持总量控制的前提下，在紧缩的力度上作适当的调整，为生产发展创造较为宽松的环境。这个意见我赞成。但是否把紧缩力度比现在放得再大一点，再出台一些价格改革的措施，那就要十分慎重了。国务院就紧缩力度调多少合适这个问题，研究过几次，权衡利弊，觉得调整幅度还是不能太大，因为有许多难以预测的因素。例如，物价上涨幅度问题。因为上半年物价上涨幅度很低，低于3%，如果全年达到7%的幅度，下半年调整的幅度就很不小了。这样转到明年，物价指数的尾巴就翘得高了，明年就没有调整的余地。所以把这些情况综合起来考虑，还是微调比较稳妥。还是五中全会总结的：建设不能急于求成，改革不能急于求成，治理整顿也不能急于求成。治理整顿还没有到位，明年还要继续治理整顿，但是主要任务可以有变化，要在压缩投资规模的基础上，把重点逐步地切切实实地转到提高经济效益、调整结构上来。

第三个问题，关于启动市场问题

当前工业生产的出路在于启动市场，这个观点是对的。国内市场，国际市场，城市市场，农村市场，都要千方百计去开拓。市场开拓了，就可以把产品卖出去，企业就会活起来。在这方面，还有很大的潜力。如果我们采取更有效的措施，市场组织得更好一些，市场容量一定会更大一些。举办各种不同形式的商品展销会，不但可以促使产销见面，有利于商品的推销，而且有利于了解消费者心理，掌握市场信息，促进产品更新换代和产品结构的调整。对于长期滞销的商品，可以在一定范围、一定的幅度内削价推销，以避免造成产成品长期积压。

在强调启动市场的同时，还应该认识到，促进经济发展的根本出路在于调整结构。必须把调整结构、提高产品质量、增加适销对路的产品、提高经济效益放在企业工作的重要位置。现在市场部分商品疲软，当然有基本建设资金不足的问题。但如果机械产品的质量不提高，就是再增加一些基建投资，新的建设项目还是低水平的重复，我们仍然会处在“一放就乱，一乱就紧，一紧就死，一死就放”的恶性循环之中，而不是螺旋式上升，这显然是不行的。我们必须抓住这次调整结构的机会，使我们的经济走出这个圈圈而有所提高，达到一个新的起点。现有市场疲软，并不是全面疲软，好货还是抢手的。大家不是参观了北京松下彩色显像管这个合营企业吗？他们生产的显像管就畅销。许多别的产品也是这样，包括服装，款式比较新颖一点、质量比较好点的，也可以卖出去。

下半年组织工业生产的工作，一要狠抓市场；二在指导生产上，必须切实把调整结构，提高产品质量，降低企业消耗放在重要地位。要总结这方面的好经验，作出成效。我国相当部分企业，素质不高，经济效益低。必须下最大的力气，解决好这一问题，使我国经济逐步实现由速度型向效益型的转变。在“七五”期间，我们进行了大量投入，建设了大批项目，这些投资尚未完全发挥作用。“八五”期间，我国经济建设的一个重要方针，就是少搞新项目，多搞技术改造，充分发挥现有企业和已建项目的潜力，做到投入少，产出多，效益好。希望各级政府把注意力引导到这方面来，而不要再离开效益，单纯追求速度，追求项目，单纯依靠外部条件的改善。当然，应当努力改善生产环境，为企业创造更好的外部条件，但是更重要的是发挥企业内部的潜力。企业的潜力是很大的，只要把积极性调动起来，就会见到效果。现在各地反映流动资金不足，这个问题要解决好，该补充的要补充。但是，单纯地依靠增加流动资金不是办法。如果没有市场，光增加流动资金，就会造成产成品新的积压。

清理“三角债”工作，要继续进行下去。有的同志说前清后欠。实际上这项工作是有效果的。前一段主要是在一个行业、一个省（区、市）的范围内搞，今后要逐步扩大到全国，进行全国性的清欠。清欠工作要和银行实行托收承付制度结合起来。不能造成拖欠有理、拖欠占便宜这样一种不良的经济秩序。在清欠的同时，要制定出规矩，防止新的拖欠。就银行来说，要为企业创造一个宽松的条件，对粮食、出口商品采取不加息、不罚息、降低利率、实行差别利率的措施。但是，对于企业有意造成的拖欠，必须采取经济处罚手段，不能让拖欠者占便宜。

最近，经贸部发言人有个谈话，分析我国进出口形势，向世界重申我们不搞贸易保护主义，下半年根据需要我们的进口要有所增加。这个话讲得是对的。今年中国顺差有所增加，已经引起国际上重视。但是，我们没有盲目扩大进口的意思，而是按照经济发展的需要进口。钢材已经积压，再进口钢材就没有道理，当然有的短缺品种要进口，但也要根据需要进口。成品油开始出现“憋罐”，铅、铝、生铁等产品也有积压。在当前西方还没有放弃，今后也不会彻底放弃对我们“制裁”的形势下，我们适当增加一些外汇储备是必要的。这对抵制“制裁”，增强我国自力更生的能力，是有好处的。最近，我们在外交战线上取得了一些成果，大家都很高兴。国内政治形势稳定，经济形势稳定，是外交工作的基础。外国企业界纷纷来找我们，有投资环境不断改善方面的原因，而我们外汇储备增加，也是一个重要的原因。今后我们借外债，能够争取到优惠贷款一定要争取。中国是一个发展中国家，我们有理由去争取，但也不能抱很大的希望。如果我们有更多的外汇储备，就可以应付还债高峰。有了充分的偿还能力，就可以保持我国的信誉。如果我们有了较多的外汇储备，还可以用自己的外汇建设一些项目。我们手里结存的外汇，要花在刀刃上。中国的需要大得很，有很多项目要建设。在对外贸易方面，我们的方针还是鼓励出口，按照需要进口。

第四个问题，关于制定“八五”计划的指导思想问题

国务院最近多次讨论了制定“八五”计划和十年规划的指导思想问题。准备广泛征求各省市和各部委的意见以后，把“八五”计划和十年规划的要点写得更好一些，再提交中央讨论。制定“八五”计划要和十年规划结合起来，这是因为，一些有关国计民生的大项目，建设年限往往要超过五年，而且经济发展是一个连续过程，“八五”计划不能仅仅考虑五年的经济问题，还必须考虑“九五”期间乃至下个世纪的经济发展问题。

我们已经多次宣布过的中国经济发展的第二步战略目标是符合我国国情的，是实事求是的，不需要改动。我们的基本奋斗目标仍然是：到本世纪末实现国民生产总值再翻一番，人民群众的生活达到小康水平。所谓小康水平，可以解释为较好的生活水平，或相当于发展中国家中等偏上的水平。实现这个目标大体上要求今后十年经济的增长率保持在百分之五点五到六。我们不要追求过高的速度，关键是不断改善经济结构和提高经济效益。

“八五”计划的制定，关系到今后十年以至更长时间里我国经济能否健康、顺利地发展，意义重大。各部门、各地方都要下很大力量，深入调查研究，把这项工作做好。

为了把“八五”计划和十年规划制定好，在指导思想上，首先必须坚持国民经济长期持续、稳定、协调发展的方针，防止再次出现大的波动。几十年的经验表明，经济建设必须量力而行，防止急于求成。“八五”前期，还要坚持治理整顿、深化改革的方针。现在有的地方和部门，又出现争项目，要投资，大干快上的倾向。如此下去，势必造成建设战线过长，摊子铺得过大，经济效益差，产品档次低，重犯急于求成的老毛病。我们一定要认真汲取过去的教训，在“八五”期间和今后十年，坚持稳步前进。所有国家级的重点建设项目，都要纳入计划，不能盲目发展。必须在坚持总量平衡的前提下，认真地严格地贯彻国家的产业政策，使各个产业协调发展。协调就是要有一个适当的比例关系。特别是在前五年，我们要搞一些能

源、交通、通信建设，搞一些农业的基础设施，如化肥和农药。石油化工是建设的重点，特别是化纤产品要多搞一些，以弥补棉花的不足。一般加工工业基本上不搞新项目，只搞技术改造，利用现有的厂房、人力、物力开发新产品，发展高档次的品种，把现有的生产能力充分地利用起来。要在农业上下功夫，发展粮、棉、油生产。下个十年，假如粮食平均每年能增产50亿公斤，就很不简单了，如能增产80亿公斤，那就更好了。增产粮食没有投入是不行的，要增加投入，增加化肥，兴修水利和改良品种。这个问题一定要成为国家和各省（区、市）工作的重点。工业以技术改造为主，农业以提高单产为重点，这是发展经济的指导思想。

在这里讲两个大家关心的问题：一是由于现在经济有所好转，加上我们宣布了上海的浦东开发区，中央正在编制“八五”计划，所以有些地方有一种急躁的情绪，怕赶不上这一班车，各省纷纷要求派人到北京来，向国务院、国家计委汇报。我请你们回去带个话，中央和国务院准备召开一个经济工作座谈会。在会议之前，请大家先不要来，让国家计委集中精力编制“八五”计划和十年规划纲要。绝不会因为来早了就把项目列上，不来就列不上。

另一个问题是浦东开发区宣布后，有的省、市坐不住了，纷纷想多吸收一点港台和外国资金。有的认为现有开发区不够了，想搞新开发区；有的以同浦东开发区相配合为由，要搞自己的开发区。我建议，在这个问题上大家要保持清醒的头脑。党中央决定开发和开放浦东，这是一项重要的战略部署，它不仅关系到上海的发展，也关系到长江流域和全国的经济发展，需要集中力量把它办好。如果这个地方搞开发区，其他地方也纷纷搞开发区，形成一哄而上的局面，最后的结果可能是一事无成，哪个也搞不好。世界上有许多经济学家赞成搞浦东开放和开发，纷纷给我们打招呼、提建议。他们说，你们可别都热起来，不要搞开发区热。他们的意见值得重视。道理很简单，无论搞什么项目，都得花钱；利用外资也决定于有多少内资配合。以独资企业为例，也必须准备好投资环境；企业办起来以后，还有一个提供流动资金的问题。而且，投入产出是有时间性的，搞大项目，时间比较长，税收又是三年免，两年减，开始国家和地方拿不到多少收入。搞地产业，建房子、办旅馆是比较快的，但现在好多地方旅馆已经饱和，没有多少吸引力了。所以从根本上说，搞开发区不可能不花钱。钱从哪里来？地方财政能挤点，恐怕主要还是靠银行。这样一搞，又会再度造成经济过热。因此，在这个问题上一定要头脑冷静。各地不允许越权搞对外新闻发布会，随便提优惠条件。在今后十年内，大家还是集中力量把现有的开发区搞好。如果哪个地方、哪个项目能吸引外资，只要符合产业政策，可以在国家有关规定的范围内给予优惠，但不一定搞什么“区”。

吸引外资必须有政策导向，最近国家计委制定了产业政策，规定哪些是应该发展的，哪些是限制发展或根本不应发展的。比如纺织，我们已经有3000多万纱锭生产能力，由于棉花供应不足，相当一部分工厂开工不足。出口又有配额的限制，不管是台商、港澳商，还是外商办的企业，只要厂在中国大陆，出口的产品就要受到国外配额的限制。像这样的项目，我们就不能欢迎。台湾有人要把“夕阳工业”搬到大陆来，我们公开表明，“夕阳工业”我们不欢迎，我们欢迎高技术，欢迎能出口的外向型项目，应该告诉外商，哪些项目是我们欢迎的，哪些项目是我们不欢迎的，说真实话，这也是对他们负责。

在吸引外资中，必须十分珍惜我们的土地资源，不能把土地价格压得很低、圈子划得很大来吸引外资。中国经济稳定，根本问题是农业。我国人口多，人均耕地少，土地资源十分宝贵。因此，任何时候都必须十分珍惜土地。我们对外商讲，在大陆做地产生意是没有前途的。到大陆来，必须把企业带来，大陆的投资环境好，社会稳定，劳动力便宜，来这里能赚钱。我们决不能以土地，特别是耕地、良田作为吸引外资的条件。否则，我们就要犯历史性的错误，无法向人民交代，向子孙后代交代。

第五个问题，关于逐步理顺国家与企业、中央与地方的关系问题

我们要处理好国家与企业的关系。“八五”期间乃到今后十年，仍然要把企业改革作为经济体制改革的重点。不仅要增强企业的活力和自我发展的能力，而且要完善企业自我约束机制，克服企业的短期行为。要稳定和完善企业承包责任制，并通过试点，逐步向利税分流、税后还贷、税后承包过渡。过渡时间的长短和过渡的步骤，是制定“八五”计划需要研究的重点课题。要大力推动企业间的联合，鼓励发展企业集团。

现在国家财政补贴数量很大，几乎占整个财政收入的三分之一。为了保持政策的稳定，保持经济的持续发展和社会的稳定，补贴还要继续执行，但补贴占这样大的比例，财政上是难以为继的，必须逐步减少。财政体制改革要有利于协调中央与地方的关系，调动中央和地方两个积极性。既要适当集中财力，也要照顾地方利益，保护地方和企业的积极性。有的同志建议可以在保持地方财政包干制的基础上，创造条件逐步向分税制过渡。这个建议，应该深入加以研究和讨

论。

搞地区封锁、保护主义，是不好的。社会主义生产是社会化大生产，全国是一个统一的市场。全国各地在国家计划的指导下，分工协作，发挥各自的优势，才能充分发挥社会主义制度的优越性，发挥社会化大生产的优越性。地区封锁恰恰相反，它保护落后，破坏全国统一市场，阻碍技术进步。这样做，国家吃亏，搞封锁的地区最终自己也要吃亏。违犯客观规律的事不应该干。当然这里有一个利益分配问题。要研究采取什么措施和宏观调控手段，使各地的利益，即原材料产地和加工地区的利益都有所照顾，而不采取保护主义。也许采取联营的办法或原料产地进行粗加工的办法，是解决兼顾双方利益的一个办法，各地可以进行试验。全国各地、各企业的产品在国内外都要建立自己的信誉。要欢迎其他地区的名牌、优质产品进来，拿自己的名牌、拳头产品出去，这样才能在竞争中立于不败之地。自己把信誉破坏了，在市场紧俏时占点便宜，从长远来说，是要吃大亏的。

第六个问题，关于企业管理体制问题

企业管理体制问题，在政策上是明确的。厂长负责制要按照《企业法》继续贯彻执行，这一点没有争论，党委在政治思想工作中具有核心作用也是对的。至于“中心”和“核心”问题，还有些不顺，要把它理顺。我看，当前有什么问题就解决什么问题。企业管理协会写了一个报告，认为企业当前存在的主要问题是干部任命的问题。就是说，按照党管干部的原则，企业的干部应由党委任命。如果党委不管干部，就看厂长的素质如何了。素质好的厂长，任人唯贤，工厂就管得好；素质不好的，厂长手中有权，任人唯亲，企业就越办越坏。从我们党的优良传统和企业、社会的现状看，党管干部有利于企业的发展，这和实行厂长负责制是一致的。厂长要组织生产，对生产负责，如果工厂的行政领导班子，使厂长感到不顺手，工作起来就很困难。所以对企业的行政干部采取厂长提名，党委考察，然后集体通过的做法是比较合适的。目前一个企业一个规矩，需要搞一个统一的规范，从制度上解决这个问题。建议各省（区、市）按照中央已定的原则，在省（区、市）的范围内先搞企业干部任命程序。然后在总结各地区经验的基础上，国家再搞一个条例。这样做会更切合实际一些。

第七个问题，关于企业负担问题

现在农民负担、企业负担都很重。有些是应该负担的，有些确实是不应该负担的。这个问题已经引起了党中央和国务院的重视，正在调查研究，起草一个制止乱收费、乱摊派、乱罚款的文件。企业负担重的原因，需要具体分析，有些是来自中央部门的，也有不少是来自地方的，有些事是非办不可的，所以要兼顾。在征求意见以后，形成文件，再下发进行整顿。

要下决心逐步改变职工住房、养老、待业、医疗等完全由国家、企业包下来的做法，提倡由国家、集体、个人合理负担的办法，逐步建立健全社会保险制度，继续进行住房制度的改革。要继续严格控制楼堂馆所的建设，适当增加职工和居民住房以及城市公用设施的建设，要挤出一些资金用到这个方面来。

第八个问题，农业问题

今天到会的都是搞工业的，但是大家时刻不能忘记中国是有八亿农业人口的大国，农业是经济的命脉，是国民经济的基础。这两年，我们之所以能够在外有压力、内有困难的情况下，治理整顿还进行得比较顺利，取得比较明显的效果，两个丰收起了决定性的作用。去年全年农业基本丰收，今年夏粮丰收。我们还要努力夺取今年秋粮丰收。现在还没有发生大的灾害，只有局部性的灾害。在今后一段时间里，防旱、防汛要一起抓，在必要时，工业让路，支援农业，是责无旁贷的。大家是搞工业、管生产的，但都要全力以赴支援农业，争取今年农业获得又一个丰收。如果今年秋粮丰收了，粮食进口就可以适当减少，就给经济发展创造了条件，也有利于工业的发展。粮食丰收了，要搞好收购，实行保护价，保护农民的利益。农民有了钱，提高了购买力，用以购置更多的生产资料和生活资料，市场的疲软也可以好转一些，城市副食品供应也会更好，国家的回旋余地也就大了。所以，抓好农业，争取秋粮丰收，不仅是农业战线的任务，也是工业战线、经济战线和全党的任务。

希望大家回去后认真贯彻这次会议精神，把下半年的工业生产搞好，不仅要有速度，而且要有效益，结构调整也要有所进展。

大力调整经济结构　努力提高企业效益

——1990年12月1日国务院总理李鹏在全国计划会议结束时的讲话

全国计划会议今天就要结束了。现在，我就1991年的计划安排和经济工作讲一些意见，一共讲十个问题。

一、如何看待当前的经济形势

正确分析当前的经济形势，首先要充分肯定十年多来改革开放取得的巨大成就。党的十一届三中全会以来的80年代，我国全面开创了建设有中国特色的社会主义的新局面。社会生产大幅度增长，综合国力显著增强，科技、教育、文化等各项事业迅速发展，人民生活明显改善。这是十年来我国社会经济发展的主流。在前进过程中，也出现了一些问题，主要是一度发生经济过热，投资和消费增长超过国力的可能，导致严重的通货膨胀，影响了经济的稳定发展。这是今后工作中要认真记取的经验教训。

两年多来，治理整顿已经取得了明显成效，整个经济形势正在向着好的方向发展。主要表现在：通货膨胀得到控制，物价上涨指数大幅度回落，农业生产连续两年丰收，工业生产逐步回升（今年11月份工业增长速度与去年同期相比已达到15%，其中一度下降较多的全民所有制工业也增长9.5%），出口持续增长，国家现汇结存增加，经济秩序混乱的状况初步得到整顿。事实证明，中央确定的治理整顿和深化改革的方针是完全正确的；今年以来国务院采取的坚持控制总量、调整紧缩力度和调整结构等一系列政策措施，是及时的，也是成功的。从世界范围看，治理通货膨胀，收紧银根，压缩需求，导致生产发展迟缓乃至某些萎缩，这是任何国家都难以完全避免的。我国这次治理通货膨胀，工业生产增长速度过低的时间不算太长，从去年第四季度到今年第一季度，大体只有半年时间。在两年时间里，既有效地控制了急速加剧的通货膨胀，又保持了经济有所增长，这是很不容易的，是各地区、各部门和全国各族人民共同努力的结果。

同时，我们也应当看到，治理整顿工作并没有完成，任务还相当繁重。党的十三届五中全会确定了治理整顿要达到的六项目标，这就是：逐步降低通货膨胀率；扭转货币超经济发行的状况；努力实现财政收支平衡；在提高经济效益的基础上保持经济适度增长；改善产业结构不合理的状况；逐步建立宏观调控体系。全会要求用三年或者更长一些时间基本完成治理整顿的任务。从现在的情况看，这六项目标，有些方面已经取得了显著进展，有些方面进展还不大，有些方面则刚开了个头。因此，治理整顿不能松懈，必须再接再厉，继续抓紧抓好。

当前经济生活中存在的主要问题是：(一)市场销售和工业生产的回升不平衡。就全国来说，有些地区回升较快，有的仍是低速增长，有的甚至尚未走出谷底。行业之间也不平衡。造成这种状况的原因是多方面的。从客观上说，这与各地区的工业结构、经济基础和经济实力有关系。但是不能不看到，这同干部的精神状态和工作方法也有关系。在困难面前，是怨天尤人，无所作为，还是振作精神，带领群众积极克服困难；是坐等外部条件改善，还是眼睛向内，开拓进取，两种精神状态、两种工作方法，结果就会大不一样。

(二)结构调整取得了一定成绩，但进展比较迟缓。就产业结构来说，这两年由于加强农业和基础工业，控制一般加工工业，使前几年农业与工业之间、基础工业与加工工业之间比例严重失调的状况有所改善。但是调整产业结构的任务还是很艰巨的，需要做长期的努力。产品结构调整比较容易见效，也需要继续下功夫。现在有不少产品不适销对路，积压严重，但企业还照样生产。这种状况必须改变。在企业组织结构方面，一些消耗高、质量差、产品无销路的企业，应该通过关停并转加以改组。地区经济结构趋同化，重复生产、重复建设的现象，也还没有发生根本性的改变。

(三)企业经济效益普遍下降，亏损增加，财政困难。今年1—10月份，预算内国营工业企业可比产品成本上升6%，实现利税下降20%，亏损额增加，亏损面上升。在这种情况下，财政比计划短收，而支出又增加较多，财政困难加剧。对企业效益下降的原因，需要做具体的深入的分析。有一些是由于压缩基建规模，产品销售困难，如机电、建材行业；有一些是结构不合理，产品不适销对路，质次价高，因而销售不畅，造成积压；有的是由于消化了上游产品的涨价因素，以及受企业调整工资等增支减收因素的影响。当前，企业特别是大中型企业确实面临许多困难。但是我们也应当看到，在同样的困难面前，由于企业本身工作抓得不一样，情况有很大的不同。有相当多的企业，把经济调整当成机遇，积极进行技术改造，加强企业经营管理，开发新产品，降低能源、原材料消耗，因而它们的产品物美价廉，在市场上畅销，并且为以后的发展增加了后劲。可见，事在人为，在困难面前知难而进，变压力为动力，情况就大不一样。

总的看来，前一阶段治理整顿的主要任务是压缩过大的社会需求，消除经济过热，抑制通货膨胀。在这个方面，基本上达到了预期的要求，当然成效还有待于进一步巩固。下一阶段，要在继续坚持和改进总量控制的前提下，把工作的重点放在调整结构和提高经济效益方面，特别是放在提高企业经济效益上，努力促进国民经济逐步走上持续、稳定、协调发展的轨道。

二、1991年经济工作的主要方针

今年以来，党中央和国务院用很大力量组织研究和制定十年规划和“八五”计划。十年规划和“八五”计划的基本思路还要提交即将召开的中央全会讨论。这里，着重讲一下同1991年的计划安排和经济工作有着密切关系的三个方面的要求。

第一，今后十年要实现社会主义现代化建设第二步的战略目标。总的要求是，在提高经济素质和经济效益、依靠科技进步的前提下，使国民生产总值平均每年的增长速度保持在6%左右。当然，有的年份可以高一些，有的年份可以低一些；有的地区可以高一些，有的地区可以低一些。必须保持国民经济持续、稳定、协调地发展，避免经济再次发生大起大落。

第二，继续执行改革开放的方针政策，而且使之更加完善，更有成效。主要方向是，按照发展社会主义有计划商品经济的要求，把计划经济与市场调节有效地结合起来，充分发挥二者的优点和长处。实行计划经济，可以使资源配置比较合理，避免重复建设，防止发生严重的社会分配不公。发挥市场调节的作用，便于开展竞争，调动各个方面的积极性，促进技术进步。现在的问题，不是要不要结合，而是要研究和探索采取什么方式，如何把它们结合好的问题。要按照平等互利的原则，进一步扩大对外经济技术交流与合作，积极利用国外资金，引进先进技术和管理经验，以促进国内经济的发展。

第三，坚持把科技和教育放在突出位置，把加强农业，加强能源、交通通信和重要原材料等基础工业和基础设施的建设放在重要地位，使国民经济的发展建立在更加扎实的基础上，保持今后十年乃至进入下个世纪经济发展的后劲。

以上三点，也是安排明年经济计划的重要原则。1991年的经济工作，要处理好治理整顿与执行“八五”计划的关系。在工作安排上，以治理整顿为主，并开始执行“八五”的发展计划。可以说，1991年是在治理整顿中求发展。将来治理整顿基本完成，将转入以发展为主，同时继续完成治理整顿留下来的某些需要较长时间努力才能完成的任务。可以说，到那时是在发展中继续治理整顿。明年的经济发展有不少有利条件，今年农业丰收和工业生产回升，特别是能源、原材料生产稳定增长，提供了较好的物质基础；今年出台的调整紧缩力度和结构的政策措施，将逐步到位，继续发挥积极作用。当然，也有一些不利的制约因素，主要是市场销售在某些方面仍然疲软，经济循环仍然不够畅通；农业在很大程度上还是靠天吃饭，已经连续两年丰收，明年只能按平年打算。综合考虑各种有利条件和不利因素，明年计划安排国民生产总值比今年增长4.5%，农业增长3.5%，工业增长6%。这样安排是积极稳妥的，留有余地的。各个地区要根据自己的实际情况，加以适当安排，有的可以高于这个指标，有的可以低于这个指标。

根据当前经济中存在的问题和继续推进治理整顿的要求，明年既要保持经济的适度增长，更要把主要精力放在调整经济结构和提高经济效益上。这两年各地在结构调整中创造了不少好的经验。除了调整产业结构、产品结构和企业组织结构外，还有技术结构和地区结构的调整。明年要争取在调整结构方面取得扎扎实实的进展，尤其要在提高企业经济效益上下大功夫、硬功夫。无论是从克服当前经济困难还是从今后长期发展看，我们都必须抓住这个关键环节。国务院决定，明年在全国范围内开展一个“质量、品种、效益年”的活动。各地区、各部门都要提出明确的目标和要求，制定出切实可行的措施，把这项工作既轰轰烈烈、又扎扎实实地开展起来，务求取得比较明显的成效。

三、关于固定资产投资规模和加强重点建设

1991年计划安排全社会固定资产投资规模有一定幅度的增长。对这个安排，在会议讨论中，多数是同意的，也有些不同意见，有的认为规模大了，有的认为还不够。从明年既要进一步启动和开拓市场，又

要控制经济总量来看，这个安排大体是适当的。

现在安排的投资规模，比今年增长10%以上。从增长幅度看不算小，超过国民生产总值的增长速度。但是，这个总规模扣除物价上涨因素所能形成的实际工作量，还没有达到1988年的水平。同时，对这个总规模的构成要加以具体分析，其中全民所有制单位基本建设投资比今年的增长小于10%，集体所有制、个体经济和其他方面的投资增加大于10%，但这部分最终能够实现的投资规模要取决于有多少自有资金，不能靠银行多发票子来支持这部分建设。目前，普通钢材、水泥、平板玻璃等建筑材料库存较多，建筑能力也没有充分发挥，多增加一点投资，有利于更好地启动生产资料市场。同时，我们可以通过强化国家产业政策导向，严格控制新开工项目等措施，防止建设规模失控和重复建设的发生。当然，经济生活是复杂的，如果执行中发现投资规模确实大了，国家要及时采取措施进行微调，以控制总量的基本平衡。现在看来，微调的震动比较小，也是有效的。

必须指出，明年计划安排的投资规模增长的幅度已经不小，不能再加了。我们务必要防止再出现基本建设过热，把建设规模搞大了，超过国力的可能。现在各方面要求上的项目太多，不可能都满足。这次给各地区、各部门的投资规模，如果没有资金就少干一些，不能突破国家信贷投资指标，不能强迫银行增加贷款，也不允许用变相办法超计划搞各种集资或者挪用其他资金搞基本建设。

1991年在控制投资总规模的前提下，要继续合理调整投资结构，切实加强重点建设和重点技术改造，投资要向农业、能源、交通通信等方面的建设项目适度倾斜。农业方面，国家的投资主要用于长江、黄河、淮河等重点堤防加固工程和重点蓄洪区建设，以及国家商品粮棉基地的建设。煤炭，要利用暂时供大于求的时机，统配矿争取多打开拓进尺，改变部分矿井采掘比例失调的现象；中小煤矿也要利用这个机会，加强技术改造，提高机械化和安全生产的水平。电力，要保证计划安排的新增发电装机能力的完成。原油，要千方百计稳定东部原油产量，增加后备储量，提高收采率；开发西部油田是发展的方向，目前主要是加强勘探，多拿储量。铁路，加强山西、内蒙古煤炭基地煤炭外运铁路的建设，以及运输繁忙干线的续建项目和收尾工程，加强铁路限制口的技术改造，提高通过能力。通信，在发展微波通信的同时，加强开发光缆通信和卫星通信。石油化工，以开发乙烯为主体，搞好原油的深度加工和综合利用。从国民经济发展的需要看，乙烯是要加快发展的，但现在出现的问题是各地都想搞一套，形成了一股乙烯热。如果任其盲目发展，后果是严重的。国家应当根据原油和资金的可能进行综合规划，统一布点，实行全国一盘棋，以求达到较好的经济效果和较为合理的资源配置。钢铁和有色金属，明年主要抓好品种和质量，安排好续建项目和矿山建设。明年的重点建设，要首先安排对国民经济有重大影响、经济效益好、近期能投产的在建项目及其配套工程，严格控制新开工项目。所有建设项目，都要把价格、利率、汇率等变动因素考虑进去，还要考虑投产后需要的流动资金，打足投资，不留缺口。宁可少干一些，也要按合理工期安排建设进度，讲求投资效益。这是一条很重要的指导思想。过去，安排项目时，投资就留下缺口，“先上马、后加鞭”，搞“钓鱼工程”，结果“胡子工程”、半拉子工程很多，建设周期长，是投资效益下降的重要原因。今后要下决心彻底扭转这种状况。明年基建规模要扩大一些，不少单位要求将已经停缓建的楼堂馆所恢复建设。这里再强调一下，明年还要继续控制楼堂馆所的建设，这方面不能松动。但在有条件的地方，可以结合城市住房改革，实行国家、企业和个人共同负担一点的办法，增加一些住宅和配套设施的建设。

四、继续加强和发展农业

今年农村的经济形势很好。粮食喜获丰收，棉花、油料等其它主要农副产品都有较大增产。这对于促进农村稳定和全国形势的稳定起到了重大作用。这两年农业丰收，首先是由于从中央到地方都采取措施加强农业，进一步调动了农民的积极性。同时在很大程度上也是因为气候比较好，风调雨顺。应当看到，我国农业基础还是相当脆弱的，抗灾能力比较低，农业综合生产能力提高不快，如果发生比较严重的自然灾害，产量就会掉下来。因此，我们必须继续加强对农业的领导，吸取以前丰收以后就放松农业的教训，始终坚持把发展农业放在经济工作的首位。

要进一步调动农民的生产积极性，特别是保护粮食调出地区和粮农的种粮积极性。今年粮食大丰收，不少地方出现了卖粮难的问题。国务院已做出决定，建立国家和省、自治区、直辖市两级粮食专项储备制度，按保护价格收购农民的余粮。这项工作意义很重大，一是可以保护农民的利益；二是国家增加了物资储备；三是可以增加农民收入，活跃市场；四是可以适当减少粮食进口，把外汇用到更急需的方面。有些地区反映，由于粮价下跌，农民增产不增收。据有关方面调查，大多数地区的农民是既增产又增收的，主要是因为单位面积产量提高了，因而单位成本是下降的，加上经济作物增产以及乡镇企业的收入，从全国来看今年农民收入还是增加的。当然，各地区情况不同，有的地方可能增加得多一点，有的增加比较少，有的地方可能是减收的。有的同志提出，要进一步改革粮食的购销体制和价格体系，特别要抓紧解决粮食主产区增产越多、调出越多越吃亏的问题。这个意见是对的，但这是个关系到全局的大问题，需要仔细研究，慎重决策，稳步进行。

发展农业，总的来说还是一靠政策，二靠科技，三靠投入。农村家庭联产承包责任制，适合现阶段绝大多数地区农村生产力发展的水平，受到广大农民的拥护，应当长期保持稳定。对这一点，大家认识是一致的。今后深化农村改革的重点是，积极发展社会化服务体系，健全和完善双层经营体制。要注意增强集体经济的实力，这不仅有重要的经济意义，而且对农村政权的巩固有重大的作用。但是，发展集体经济不能搞“一平二调”，不能“归大堆”。国家和银行都要给予支持和帮助。

从中央到地方都要继续增加对农业的投入，进一步改善农业生产条件。明年国家在财政相当困难的情况下，将增加对农业的投资，银行将增加对农业的贷款，地方各级政府也要尽量增加对农业的投入。当然，农业投入的主体还是农民，要鼓励和引导农民增加对农业的投入和劳动积累。水利是农业的命脉，要加强对大江大河的治理和农田水利建设。我国是一个自然灾害频繁的国家，每年都有不同程度的自然灾害。在水旱风雹灾中，危害最大的是旱灾。兴修水利，主要是增加水浇地和半水浇地，建设梯田和进行小流域治理，这是提高单产的主要途径。在缺乏水源的地方，要发展节水型农业，推广高产旱作经验。

要继续抓好科技兴农。我国人均耕地面积比较少，发展农业必须主要依靠提高单位面积产量。要努力提高复种指数，积极推广优良品种，推广先进的耕作方法和栽培技术。要注意科学施肥，使氮、磷、钾肥保持合理比例，并提倡多施农家肥。

发展农业和帮助贫困地区脱贫致富有密切关系。我国贫困地区集中在老少边穷的农村，十年来扶贫工作取得了很大成绩，许多贫困地区已经解决了温饱。但是，解决温饱不等于脱贫，更不等于致富，必须坚持不懈地把扶贫工作抓下去。一条重要的经验是，要把救济型扶贫转变为开发型扶贫。根据各地资源的条件，选好脱贫致富的主导型产业，使之有较大的发展，这是一条重要的经验。要提倡经济发达地区从财力物力和技术力量上支持贫困地区的经济发展，现在是提出这个问题的时候了。

五、关于深化企业改革和提高企业经济效益

企业，是国民经济的细胞。抓好企业改革，增强企业活力，健全企业自我发展、自我改造、自我约束机制，关系到整个改革的深化，也关系到经济全局的稳定和发展。特别是国营大中型企业，是社会主义现代化建设的重要支柱，是国家财政收入的主要来源，而目前它们负担比较重，困难比较多，如何增强它们的活力，是深化经济体制改革的一项中心任务。从明年一开始，我们就要集中主要力量，认真调查研究，从改善外部环境和加强内部管理两个方面采取坚决有力的措施，力争在进一步搞活大中型企业方面尽快取得实质性的进展。

1991 年企业改革，主要是坚持和完善经营承包责任制。就目前情况看，承包制是符合绝大多数企业情况的，因此要保持政策的稳定性，并适当加以完善。重要的是，要处理好国家、集体、个人三者利益的关系，处理好积累和消费的关系，要把更多的企业自有资金用于技术改造，用于推进企业的发展。实行“利税分流、税后还贷、税后承包”，目的在于规范国家与企业的关系，创造平等的竞争条件，有利于统一市场的形成，这是深化改革的需要，而不是倒退。搞统收统支才是倒退，利税分流不但不是倒退，而且是前进。鉴于当前正在进行治理整顿，企业困难比较多，利税分流的改革不能急于求成，要选择一些城市、行业和企业继续进行试点。“八五”期间，大多数企业还要采取现行的承包办法，但要进行一些必要的改进和完善。在有条件的地方和企业，要继续推行优化劳动组合的试点，并建立相应的社会保障制度，这是深化改革的正确方向。

目前，一些地方在产品购销和原材料供应等方面，搞地区封锁，对企业正常的生产经营活动进行不必要的行政干预，必须加以纠正。要认真贯彻党中央、国务院关于整顿乱摊派、乱收费、乱罚款的决定，切实减轻企业负担，并改变检查过多、评比过滥的状况。要正确认识和处理厂长和书记的关系，既要发挥企业党组织思想政治工作的核心作用，又要有利于厂长统一指挥企业的生产经营活动，真正做到“两心”变“一心”。特别是在当前外有压力、内有困难的情况下，尤其要强调企业党政领导讲党性、讲大局、讲风格，相互支持，团结合作。最近，我到一些地方考察，接触到许多企业，同一些企业领导人座谈，发现凡是办得比较好的企业，党委书记和厂长的关系都是好的，是通力合作的。

组建和发展企业集团，有利于推动生产要素合理流动，形成规模效益和开展专业化协作，有利于促进企业组织结构和产品结构调整，有利于适当集中财力、物力和人力，进行重点技术开发，提高企业对市场的应变能力和技术创新能力，还有利于企业参与国际交往，提高在国际市场上的竞争能力。要支持和提倡发

展企业集团，但是这项工作要在各级政府和有关部门统一领导下有计划地进行。企业集团，可以是紧密型的，也可以是松散型的。要在发展各种形式企业集团的同时，提倡组建紧密型企业集团，对人财物、产供销有调控权，这样才能充分发挥企业集团应有的作用。参加集团的企业要有明确的分工，并照顾到参加各方的经济利益。怎样才能比较合理地协调各方的经济利益呢，搞公有制基础上的股份制可能是协调各方利益的一个好办法，可以进行试点。在改革开放中，对国有企业的产权处理是一个重大的政策问题。如何吸引外资，搞好国营大中型企业的技术改造，国务院已责成有关部门正在制定具体规定。

为了搞活企业特别是国营大中型企业，国家应当给予必要的支持和帮助，努力为它们改善外部环境，但同时也要强调，搞活企业应当围绕提高企业经济效益这个目的，不能只要求国家放权让利，而必须眼睛向内。所有企业，都必须集中力量抓产品的质量、品种和效益。提高效益的关键是要一手抓管理，一手抓技术革新。1991年，各行各业要用很大精力，强化各项基础工作，严格管理，努力提高企业的管理水平。要切实抓好扭亏增盈工作。现在有些企业搞虚盈实亏，多发奖金，多搞福利，这种现象必须自觉地加以纠正。所有企业都要着眼于长远发展，克服短期行为，大力推进企业技术进步。这次会议上，许多同志反映，企业技术改造资金不足，要求免交发展能源基金，提高折旧率。由于国家目前财政困难，这两点明年都难以做到，但可以增加一些贷款，支持急需的重点技术改造项目。这样做，针对性强，效果可能更好一些。企业的技术改造资金必须真正用于提高产品质量，增加品种规格，节约物资消耗和促进产品更新换代方面。要积极推广成熟的科技成果。大型企业都要有自己的技术后方，加强科技设计力量，努力研制开发新产品。小企业也要依托大企业、科研单位和大专院校的技术力量，提高自己的生产技术水平。所有企业，都要有产品开发规划，根据市场变化，开发新产品。

1990年清理“三角债”的工作取得了很大成绩，但确有前清后欠的情况，企业相互拖欠货款的现象仍然是严重的。现在有一种“拖欠有理”论，随意拖欠货款，必须采取经济的、行政的和法律的手段，制止这种不合理行为。

六、关于物价水平和价格改革问题

1991年零售物价总指数的上升幅度，计划安排是比较低的。对这个指标，会议讨论中大多数同志是赞成的，但也有些同志认为可以再高一些，理由是今年物价上涨幅度很低，现在市场供求关系缓和，是价格改革的好时机，明年的步子应当迈得再大一点。还有些同志要求安排再低一点，他们认为同今年的物价实际上涨率相比还是比较高的，企业和居民可能在承受上还有一定的困难。

总结这几年的经验，在价格改革上要坚持三条原则：一是对物价总水平的控制要从严，不能放松，既要考虑到把价格改革向前推进一步，又要考虑到国家、企业和群众的承受能力。二是调价项目的出台，在时间上应拉开距离，不要过于集中。三是在出台前还要根据经济形势的变化，审时度势，灵活掌握。用于地方调价的指标，有的同志反映少了一些。这只能在明年计划执行中视情况作些调整。地方调价项目往往与人民生活直接相关，必须从严掌握。

从长远说，价格改革的方向是，少数重点商品和劳务价格由国家管理，其他大量商品和劳务价格由市场调节。今后要进一步适当减少国家定价的比重，逐步扩大市场调节的比重。国家定价的部分，也应当符合价值规律的要求，并考虑供求关系的变化。从原则上讲，价格的确定要以平均利润率为基础，为企业在同等条件下展开竞争创造条件，不致因为价格不合理，造成企业亏损或盈利，或者使国家为此而付出补贴。有些商品的价格，还应逐步向国际市场价格靠拢，如石油、钢材等。有了这个目标以后，在实际工作上必须稳步进行。否则，欲速则不达。如果每年都能前进一点，积五年、十年的努力，价格改革的成果会是相当可观的。价格改革是整个经济体制改革的重要组成部分，改革的目的是推动生产发展。每项改革的措施、步骤是否成功，要以能否促进社会稳定和经济发展来衡量，而不是以达到某一种脱离实际的经济模式为检验标准。

七、关于财政问题

财政收支平衡不下来，是1991年计划安排中的突出矛盾。据财政部测算，明年财政收支有较多的赤字。中央财政有赤字，地方财政也有赤字，中央的赤字大于地方的赤字，解决这个矛盾，只能靠开源节流。首先是千方百计发展经济，提高效益，增产增收，这是根本的出路。原来提出过改变地方财政包干体制，实行分税制，以适当提高财政收入占国民收入的比重和中央财政占整个财政收入的比重的建议。但考虑到现在地方和企业都比较困难，明年和“八五”期间仍维持现行的包干体制，分税制继续进行试点。但中央财政有些项目的支出非增加不可，如农业、国防、教育等，因此，财政收入较高的地区要对国家多做些贡献。

1991年财政收支差额要力争压缩到较低的数额

之内。为此，必须采取若干增收节支的重大措施。例如，提高商业零售环节的营业税税率，这项措施今年人代会已经通过，但由于市场疲软等原因没有出台，明年要在适当的时候出台。要进一步加强对个人收入调节税的征管工作，以调节收入分配，缓解分配不公的矛盾。个体经济、私营经济是公有制经济必要的补充，对搞活流通，增加就业，方便人民生活和增加国家税收，都有积极作用。对个体经济和私营经济的政策，要保持稳定不变，但要加强管理，对目前比较普遍存在的偷税漏税的现象，要采取有力措施加以制止。财政困难的一个重要原因是，行政管理费用增加，人头费比重越来越大。要缩小财政赤字，必须下决心精简机构，裁减冗员，进一步控制集团消费。这个问题不解决，中央财政和地方财政的困难就难以得到缓解。明年财政仍然是困难的。解决财政困难，仍然是整个经济工作的重要环节，各个方面都要继续坚持过紧日子。

八、关于金融问题

当前金融形势总的看是好的。1990 年货币发行量增加不多，可以控制在计划的指标范围之内。贷款规模则比去年有较多增加，原因主要有两个，一是支持工业生产，增加流动资金贷款。由于市场疲软，工业产成品大量积压，资金周转延缓，多占用了银行的资金；二是国家储备增加较多，也多占用了银行资金。今年国家增加了粮食、棉花、油料的库存，同时还增加了钢材、铝材、铜材等战略物资储备的库存，这些都多占用了资金。这些是为保持经济的发展和稳定所必需的，是值得的。当然也有一部分贷款的增加是不正常的。今年，城乡居民储蓄大幅度增加，所以虽然贷款增加较多，货币发行并不多。总起来看，金融形势是稳定的，这是物价基本稳定的重要保证。人民银行和各专业银行做了大量工作，应当加以肯定。现在各地对银行有些意见，主要是说银行对贷款，特别是固定资产投资贷款卡得太死，发放资金不够及时。在治理整顿中，银行执行中央紧缩信贷的方针，对资金管得紧一点是必要的。今年以来，已经调整了紧缩力度，追加了贷款规模，银行已经尽了很大努力。对银行工作的困难，大家应当理解。银行也应当继续改进工作，坚持为生产和建设服务的方针，提高工作质量和服务水平。

金融是国家宏观调控的重要手段，只能加强，不能削弱，但是应当运用得更灵活，更符合经济规律。要支持银行搞现代化，实行电子计算机控制，使资金灵活调度，加快资金流转，减少在途资金。专业银行也是政策性银行，必须执行国家的产业政策和信贷政策，同时按企业的原则进行管理。银行实行集中统一的体制，各级政府对银行工作可以进行监督，加强对他们思想政治工作的领导，但不能干预银行的具体业务。我国是统一的国家，应当建立统一的经济、统一的市场。搞地区封锁是保护落后，不仅阻碍正常的商品流通，就是对搞封锁的地区的经济发展也是不利的。现在有些省份主动拆除自己设置的关卡，这是有眼光的，是做得对的。商品流通应当是全国统一的，资金流通也应当是全国统一的。我们不能再回到封闭的状态，把资金也分割开来，那样做才是真正的倒退。世界上发达国家资金流通不仅打破了国内的地区界限，而且打破了国界。这次会议上，有些地方提出，能否把贷款规模切块给省人民银行分行，由省统一调度。考虑再三，觉得这样做会妨碍专业银行在全国范围内调度资金，不利于宏观调控，从总体上看不能采纳这种意见，但可以考虑给省级人民银行一点调控权。今年已经这样做了，这对于调剂余缺，加速资金周转，起到了一定的作用，准备在总结经验的基础上再加以完善。有的同志提出新增贷款规模安排小了，应当增加一些。考虑到明年市场销售回升，经济循环逐步恢复正常，储备物资不可能再大量增加，三角债会松动等因素，资金周转会加快，新增贷款比今年少一些是可以的，也是应该的。明年货币发行量原则上保持今年的水平，同经济发展规模相适应，是可行的。保持城乡储蓄的增长势头，这对于支援国家建设、稳定金融都有重要作用，我们要继续大力提倡和鼓励储蓄。

现在有些地方想通过发股票、债券多筹集一些建设资金，把群众手中的闲散资金集中起来用于搞建设，把短期资金用于长期建设。这样做，必须在一定的条件下和限制在一定的规模内。否则，搞存款搬家，从银行挖一块资金，那就会影响资金的总量平衡，甚至导致通货膨胀的再度发生。所以各种形式的集资，必须由国家统一安排。

九、关于扩大对外开放和外贸体制改革

我们必须继续执行对外开放的基本国策，积极利用国际上一切可以利用的有利条件，为发展我国经济服务。首先要千方百计保证出口稳定增长，努力完成明年出口任务。应当把工作重点放在改善出口商品结构和提高出口商品质量上，争取做到主要依靠提高商品质量来增加外汇收入，努力降低出口商品成本，提高合同履约率，改善外贸经营管理，提高效益。同时，要保持适度的进口，并调整进口结构。现在进口原材料用汇的比重还偏大，随着原材料生产的发展，要逐步把原材料进口的比重降下来，把更多的外汇用在引进先进技术上。继续积极稳妥地利用国外资金，对于

国外金融机构和双边政府贷款，特别是条件比较优惠的贷款，要继续争取利用。要继续多形式、多层次地吸收外商直接投资，并把外商投资引导到符合我国产业政策的方向上来。要注意把吸引外商投资与加快企业技术改造结合起来。既可以在一个工厂搞合资经营或合作生产，也可以在一个车间或一个项目上采取合资、合作生产方式，以便于更好地引进先进技术和管理经验，促进技术进步。

要继续贯彻沿海地区经济发展战略，努力发展外向型经济。实践证明，我国开辟经济特区和经济技术开发区，开放一些沿海城市和地带，这个方针政策是正确的，已经取得了显著成效。这些地区在我国发展对外贸易，引进国外资金和技术，扩大对外合作与交流中，发挥了重要的窗口和基地作用。当然，这些地区的开放和发展也是与全国各地的支持分不开的。要继续执行和完善行之有效的政策和灵活措施，把经济特区办得更好，巩固和发展已经开辟的技术开发区、开放城市和开放地带，使它们更好地发挥在对外开放中的重要作用。经济特区今后的任务是努力提高技术水平，引进和开发更多的先进技术乃至高新技术，进一步发展技术密集型产业，扩大外向型经济。经济特区也实行社会主义经济制度，实行计划经济与市场调节相结合的原则，但是它们市场调节的比重可以大一些，合资企业的比重可以大一些，外向型经济的比重可以大一些，以利于充分发挥它们“技术的窗口、管理的窗口、知识的窗口和对外开放政策的窗口”的作用。今年，党中央、国务院从我国经济发展的长期战略着眼，又做出了开发与开放上海浦东新区的决策。这对于充分发挥上海和长江沿岸腹地的经济资源优势和科学技术优势，推进和带动这些地区的经济发展，具有重大意义。近几年，我们应集中力量办好上海浦东开发区；同时，浦东开发也是比较长期的事情，要纳入中长期发展计划。

1988 年实行的以补贴包干为主要内容的外贸体制改革，对促进对外贸易的发展起了一定作用。但是也有一些经验教训，主要是外贸企业一下子增加了很多，助长了对外贸易经营秩序的混乱，抬价抢购，削价竞销，出口成本不断增加，对外履约率也有所降低。深化外贸体制改革势在必行。最近外贸部召开了会议，提出按照有利于调动中央、地方、企业三个积极性，更有成效地扩大对外开放的原则，把外贸企业的补贴机制转为自负盈亏的机制。在汇价进一步下调的基础上取消补贴，促使各类外贸企业实行自负盈亏的管理体制。这次改革，是对现行外贸体制的重大突破，涉及到的面相当广，希望各地区、各部门加强领导，精心组织，共同做好工作。

十、进一步加强科技和教育

在社会主义现代化建设中，要以教育为本，依靠科技振兴经济，这是我们坚定不移的方针。

教育中的根本问题是培养什么人的问题。要进一步端正办学的指导思想，把德育放在首位，对学生进行爱国主义、集体主义和社会主义的教育，培养德、智、体全面发展的、为社会主义建设服务的人才。要进一步加强基础教育，大力发展职业技术教育，提高职工素质和全民族的素质。高等教育发展的重点是调整结构和提高教学质量。要继续通过各种途径、各种形式发展成人教育，使更多的在职职工接受中等和高等教育。这是一条成功的经验。

科学技术是第一生产力。为了使科学技术迅速转化为生产力，要重视科技成果的推广应用。科技工作必须面向经济建设，这是科学技术发展的主战场。要抓好国民经济和社会发展中重大科技课题的攻关。同时，要继续加强基础研究，这不仅是培养人才的需要，也是增强科技发展后劲，推动应用科技发展的需要。兴办高技术开发区和科技开发区，有利于科研与生产的结合，要继续从政策上给予支持，引导他们发扬成绩，克服弊端，开发自己的科研产品。明年在计划和财政上都要适当增加对教育和科技的投入。

1991 年是继续推进治理整顿、深化改革的重要一年，也是“八五”计划的第一年。尽管我们面前还有许多困难，但是可以越来越清楚地看到，中国经济发展的前景是光明的。以江泽民同志为核心的党中央新的领导集体建立以来，坚持贯彻以经济建设为中心、坚持四项基本原则、坚持改革开放的基本路线，在国际风云变幻的环境中，在内有困难、外有压力的情况下，领导全国各族人民经受了考验，保持了国家的政治稳定、社会稳定和经济稳定。在外交战线上也取得了重要成果。西方国家对我国的制裁正在逐步松动；我们和一些国家恢复和建立了外交关系，和许多国家加强了友谊与合作。我们的朋友越来越多，为国内经济建设创造了良好的环境和条件。现在，世界格局正在发生深刻的变化，旧的格局已经打破，新的格局尚未形成。我们要做好应付出现最坏情况的准备。只要我们继续坚持党的基本路线，坚持独立自主的外交政策，坚持治理整顿、深化改革的方针，提高克服困难的信心，看到光明的前景，增强凝聚力，努力开拓进取，兢兢业业地工作，我们就一定能够使国民经济走上持续、稳定、协调发展的轨道，在新的一年内取得更好的成绩。

关于职工思想政治工作的若干问题

——1990年5月18日中共中央政治局常委李瑞环在中国职工思想政治工作研究会第六次年会上的讲话（摘要）

这次中国职工思想政治工作研究会的年会，是一次研究职工思想政治工作的盛会，实际上也是一次全国性的企业思想政治工作会议。如何加强和改进企业的思想政治工作，是一个大问题、老问题，也是一个新课题。

一、科学认识思想政治工作的地位和作用

历史经验告诉我们：对于思想政治工作这个重大问题的认识，不能停留在朴素的感性阶段上，而必须从理论上加以研究和探讨，使我们能够获得一个科学的、稳定的认识，从根本上，从建设有中国特色的社会主义的客观必然上，认识做好这项工作的重要性，提高做好这项工作的自觉性。这样才能防止“左”的或右的干扰，避免和减少在今后的工作实践中重犯过去的错误。

思想政治工作是坚持唯物史观的应有之义。马克思主义唯物史观认为，人类社会的历史是人的历史，而不是神的历史；是人民群众创造历史，而不是少数英雄豪杰创造历史。人民群众在创造历史的过程中，表现出强烈的历史主动性和主观能动性。这种主观能动性的发挥是否正确以及程度如何，首先取决于人们对客观世界的科学认识。思想政治工作就是用人类历史上最先进、最科学的世界观、方法论去教育人、启发人，解决人的立场和思想问题，使人从各种谬误和偏见中解放出来，不断提高认识和改造世界的能力。实践表明，随着现代科学技术的进步，提高劳动者的科学文化素质和思想道德素质，对于促进生产力的发展，具有越来越重要的意义。在社会主义条件下，思想政治工作在这方面大有作为，有着纵横驰骋的广阔天地。由此可见，重视思想政治工作，就是重视人民群众在创造历史过程中的巨大主观能动作用，就是重视人的因素在发展生产力中的决定性作用。

思想政治工作是实现远大理想的必需条件。我们的远大理想是实现共产主义。共产主义社会既要求物质财富的极大丰富，也要求思想觉悟的极大提高。我们必须从社会主义初级阶段起，就要在大力搞好经济建设、创造越来越丰富的物质财富的同时，高度重视加强社会主义精神文明建设，培养一代又一代有理想、有道德、有文化、有纪律的社会主义新人。而离开思想政治工作，精神文明建设的任务要落空，物质文明建设也搞不上去，实现远大理想就会成为一句空话。实现共产主义远大理想，决不是一蹴而就的事情，必须经过一个很长的社会主义历史阶段。这个历史阶段是不可逾越的。在社会主义阶段，特别是社会主义初级阶段，旧社会遗留下来的痕迹不可能马上消除，旧思想、旧观念、旧习俗会经常纠缠人们的头脑；经济、文化的落后在很大程度上制约着人们思想道德水准的普遍提高，原始、愚昧、落后的东西会顽固地表现出来；改革所带来的利益调整，会在思想道德方面引起种种新的矛盾、困惑和追求；风云变幻、错综复杂的国际环境和国内一定范围的阶段斗争，对人们的思想会不断地产生种种打击。克服旧思想、旧习俗，抵御内外侵袭和腐蚀，战胜各种冲击和挑战，消释困惑和疑问，所有这一切，都离不开强有力的思想政治工作。只有通过卓有成效的思想政治工作，处于社会主义历史阶段的人们才会在创造物质文明的同时，不断地向思想道德的新境界迈进。实现共产主义远大目标，需要许多代人长期不懈地艰苦奋斗，奋力开拓，无私奉献，必要时不惜牺牲自己的生命。在整个过程中，我们不可避免地会遇到许多曲折、挫折和困难，人们也不可避免地会产生这样或那样的思想问题，这就决定了思想政治工作必须伴随并贯穿于为共产主义理想奋斗的全过程。由此可见，忽视、否定思想政治工作，就谈不上实现共产主义理想的伟大历史使命。

思想政治工作是贯彻基本路线的可靠保证。党的十三大确定的社会主义初级阶段的基本路线，是十一届三中全会以来全党和全国人民进行改革和建设伟大

实践的科学总结，是对邓小平同志关于建设有中国特色社会主义理论的高度概括。今后，要使以经济建设为中心这个事关大局的指导思想始终如一地坚持下去，不再出现反复和折腾，需要进行多方面的努力，诸如改革党和国家的领导制度，健全党的民主集中制等，而相应的、强有力的思想政治工作也是必不可少的重要条件。四项基本原则是我们的立国之本。一个时期以来，同四项基本原则根本对立的资产阶级自由化思潮之所以能够严重泛滥，一个重要原因就是放松、削弱甚至取消了思想政治工作。现在我们要深入地开展四项基本原则的教育，消除资产阶级自由化思潮给人们带来的不良影响，澄清混乱思想，增强识别能力，有效地抵制各种错误思潮的侵蚀，就必须加强思想政治工作。改革开放是强国之路，是一场极其广泛、极其深刻的社会变革。离开了相应的、强有力的思想政治工作，改革开放的方案既不可能正确地提出，也不可能有效地组织实施，甚至会走上歧途。能否坚定正确地坚持党的基本路线，关键在于正确地理解四项基本原则和改革开放这两个基本点的相互关系，在于自觉地把两个基本点有机地结合起来，贯彻到各项工作中去。而要做到这一点，不能没有相应的、强有力的思想政治工作。由此可见，离开了思想政治工作，就不能正确地认识党的基本路线，也不能坚定地执行党的基本路线。

思想政治工作是协调人际关系的基本方法。在社会主义社会中，也仍然存在着矛盾和差别。由于人们生活在社会群体之中，其社会地位、实践经验、知识水平和认识能力等各不相同，对利益的追求，对事物的认识，包括兴趣、性格、习惯等在内的个性，都存在着许多差异，因此，在群体与群体、个人与群体以及人与人之间的关系中经常地、普遍地存在着大量矛盾。要及时地解决这些矛盾，以保持社会的稳定和发展。就需要有组织地进行经常性的协调。还应当看到，在现阶段，由于社会经济的不够发达，由于文化落后的限制，由于存在不同的经济成份、地区和民族经济、政治、文化发展不平衡，以及其他种种原因带来的个人物质利益方面的差别，再加上人们对整体和他人情况了解的局限性，都会造成在人际关系方面出现这样那样的不协调现象。协调人际关系，简单地用行政命令的方法不行，用强制压服的方法不行，只能用民主的、说服的、互相沟通以达到互相理解的，以及批评与自我批评的方法，也就是我们讲的思想政治工作的方法，没有相应的、强有力的思想政治工作，人与人之间就容易疙疙瘩瘩，整个社会就难以协调，我们的雄图大略就无法实现。

思想政治工作是凝聚全民族力量的重要途径。缺乏凝聚力的民族只会四分五裂，没有凝聚力的国家必然是一盘散沙。我们现在是建设社会主义的中国，在新的历史条件下，我们强调思想政治工作的重要性，其主要原因之一就在于培育和激励人们对伟大祖国执着、深厚的爱国主义情感，提高人们的民族自尊心和自信心，就在于对人们进行马克思主义的教育、中国历史和国情的教育、以及远大理想和目标的教育，把中华民族的爱国热情和建设有中国特色的社会主义的共同理想，“融化”和“渗透”到人民群众中去，使之成为全国人民的共同行为准则和道德规范，成为团结和激励人们奋发图强、开拓进取的精神支柱。

思想政治工作是社会主义企业的内在要求。我国的社会主义企业，首先是一个经济组织，发展生产力是它的根本任务。企业必须坚持以经济工作为中心，把职工组织起来。保证完成生产、经营任务。同时，社会主义企业又是建立在生产资料公有制基础上的企业，这是它同资本主义企业的根本区别，在社会主义企业里，只有切实加强思想政治工作，才能保证企业坚决贯彻执行党的各项方针政策和国家的法律、法令，保证企业坚持社会主义的性质和方向，保证工人阶级在企业中的主人翁地位，为企业的不断发展提供强大的动力。我们的社会主义企业要在生产和社会实践中培育有理想、有道德、有文化、有纪律的职工队伍，担负着建设物质文明和精神文明的双重任务，也就是我们常讲的两个文明一起抓，两个任务一起上，两副担子一起挑，两个成果一起要。企业要完成这双重任务，加强思想政治工作是一项必不可少的措施。我国工人阶级是我们党的阶级基础，是国家的领导阶级，是社会主义现代化建设和全面改革的最根本动力，也是维护社会稳定的中坚力量。工人阶级要真正担负起对国家前途和社会主义命运的重大责任，就必须在改造客观世界的同时，不断提高当家作主的自觉程度，提高参与管理企业和社会事务的能力。在这方面，思想政治工作有着不可替代的作用。

二、努力完成当前企业思想政治工作的主要任务

企业思想政治工作怎样加强，当前企业思想政治工作的主要任务是什么？我认为，当前企业思想政治工作的主要任务，就是充分调动职工的积极性。

只有充分调动职工积极性，才能实现经济的持续、稳定、协调发展。解决当前经济问题的办法，可以摆出许多条，但最根本、最核心的还是人的问题，群众的问题，群众的情绪和群众的积极性、创造性的问题。有了群众的积极性，党的方针政策，治理整顿和深化改革的各项任务，领导者的主意、办法，就能化为群

众的自觉行动，取得实际的成果。各级党委、政府及有关主管部门，所有企业的领导者和政工干部、行政干部，在分析经济形势、解决经济问题时，都要从政治上看问题，从人的积极性上看问题，而不能就经济谈经济，见物不见人。只有做好思想政治工作，把协调关系、理顺情绪的工作放在应有的位置上，把职工的积极性充分地调动起来，并合理地发挥出去，我们才能较好地解决面临的问题和困难，实现我国经济持续、稳定、协调的发展。

只有充分调动职工积极性，才能把企业的巨大潜力进一步发掘出来。最近全国许多企业开展了合理化建议活动，时间虽然不长，但收到了很好效果，提高了职工的参与意识和民主意识，活跃了基层民主生活，提出一大批建议，实现以后可以产生相当可观的经济效益。职工积极性是生产者外部环境条件以及自身素质条件等各种因素作用于生产者的综合反映。当前，影响职工积极性的因素是多方面的，调动职工积极性也需要从多方面进行努力，包括解决好体制、政策、管理等一系列问题，但其中加强和改进思想政治工作是极为重要的一环。这种加强、改进，必须以调动职工积极性为出发点，这是企业职工队伍现状对思想政治工作提出的不可回避的重大课题。

只有充分调动职工积极性，才能使社会的稳定具有牢固的基础。现在我国的形势总的是稳定的，但也存在一些不稳定的因素。在这种情况下，做好思想政治工作，协调好各方面关系，理顺人民的情绪，团结一切可以团结的力量，调动一切积极因素，维护全国局势的稳定，是压倒一切的政治任务。在稳定大局中，企业和职工队伍的稳定是一个关键。通过富有成效的思想政治工作，把职工团结起来，把他们的积极性调动起来，实际上就稳定了城市，对全国的稳定也有重大意义。

我们把调动职工积极性作为当前企业思想政治工作的主要任务，这与进行远大理想的教育，与改造世界观的任务，与培养“四有”新人的要求，是完全一致的。调动职工积极性不仅是当前的主要任务，而且是社会主义企业思想政治工作长远的任务。因为，生气勃勃的社会主义是千百万群众自己创造的。职工是社会主义企业的主人，尊重职工的主人翁地位，调动职工的积极性和创造性，是办好社会主义企业的必要条件。历史和现实生活中，有许多情况证明，思想政治工作离开了调动积极性这个基点，往往效果不好，或流于空谈、说教，或成了形式主义、花架子，甚至引起群众的反感，挫伤群众积极性，玷污党的思想政治工作的声誉。因此，企业的思想政治工作只有把调动职工的积极性作为主要任务，才能谈得上是真正的加强，真正的改进，也才能真正确立思想政治工作自身的地位。

团结一切可以团结的力量，调动一切积极因素，是全党和各行各业必须重视和研究解决的重大课题。去年平息反革命暴乱之后，小平同志指出，“要聚精会神地做几件使人民满意、高兴的事情。”小平同志如此重视人民的“满意”和“高兴”，很值得我们深思。党的十三届四中全会以来，中央采取的许多重大措施，都是着眼于这一点的。十三届六中全会正确分析了国内国际形势，总结了历史经验，针对当前存在的问题，重申了党的一切为了人民群众、一切依靠人民群众和从群众中来、到群众中去的群众路线，作出了关于加强党同人民群众联系的决定，这就抓住了党的建设的根本问题。我们把调动群众的积极性作为思想政治工作的主要任务，是与六中全会精神完全一致的，也是贯彻落实六中全会决定的重要措施。

三、认真总结职工思想政治工作的成功经验

我们党的思想政治工作有几十年的优良传统和丰富的宝贵经验。尽管近几年由于个别领导人忽视、削弱思想政治工作，造成了不少困难和消极影响，但许多地方、部门的党政组织和广大政工干部循着在继承的基础上创新、在加强的前提下改进这样一个路子，在实践中逐步摸索到若干反映客观实际和思想政治工作规律的重要原则和具体方法。这些被实践证明行之有效的成功经验，我们应该很好地运用，并继续探索，不断完善。

第一，坚持以经济建设为中心，密切结合经济工作一道去做。多年来正反两方面的经验证明，企业思想政治工作只有结合经济工作一道去做，才会取得成效和富有生命力。在企业中，职工的主要实践活动是生产和经营。职工的喜怒忧乐、情绪起伏，不少是发生在生产、经营过程中的。国家、企业、个人三者利益协调与冲突，计划定额、工资奖金、住房福利等方面的问题与矛盾，干部与群众之间、职工之间的纷争与摩擦，大都直接或间接地与生产、经营有联系。我们的思想政治工作只有渗透到生产、经营、管理、服务、分配等各个环节，才能及时地把握职工的思想脉搏，找到解开“扣子”、化解矛盾的办法，才能使思想政治工作具有针对性和有效性。

第二，坚持先进性与广泛性的统一，正确处理提倡先进道德同执行现行政策的关系。道德规范与经济政策二者不能混同或互相替代。经济政策是规定性的，道德规范是倡导性的；经济政策是处理最广大人们经济利益关系的现实的规定，而道德规范还应当包括一

部分先进分子的理想要求，既不能都按道德要求来制定经济政策，也不能用经济政策来限制道德要求。如果把二者混同起来，就会给思想政治工作和实际工作带来极大的损害。较长一段时间内，人们用共产主义的道德去“剪裁”、评判现阶段的经济政策，结果把一些有利于生产力发展的东西视为非道德的异端加以谴责和否定，导致平均主义盛行。近几年来，我们的经济政策总的是对头的，但又出现了放松道德教育，有时把现行政策界限等同于道德规范的现象，忽视了对于先进道德的提倡和鼓励，使得损人利己的个人主义和“一切向钱看”的拜金主义思潮泛滥。这是我们必须汲取的教训。加强道德建设与执行现行经济政策，应当是互相促进的。努力寻求道德建设与经济政策的具体的历史的统一，是思想政治工作的一个重要课题。在进行关于道德的教育和宣传时，要处理好三个关系，即现实与未来的关系，多数与少数的关系，广泛性与先进性的关系。在实际工作中，我们应根据不同对象的情况、不同时期的实际，讲究道德的层次性，注意工作的渐进性，明确区分应当提倡的、必须做到的、允许存在的和坚决反对的，既照顾多数，又鼓励先进，连结和引导不同觉悟程度的人们一起向上。在广大职工中，要大力倡导社会公德和职业道德，大力倡导国家利益、集体利益、个人利益相结合的集体主义精神，大力倡导勤奋劳动、诚实守信、互助友爱的精神。对于职工中的共产党员、先进分子，尤其是党员领导干部，要提出更高的要求，引导他们树立远大理想，发扬奉献精神，身体力行共产主义道德。

第三，坚持自我教育，重视和开发群众在教育过程中的主动精神。人民群众是实践和认识的主体。人民群众实践的过程、改造客观世界的过程，同时也是改造自己主观世界的过程，实际上也就是自我教育的过程。思想政治工作的责任，就是在马克思主义和党的路线方针指导下，不断发掘人民群众在实践中涌现的代表历史发展趋势的先进思想、先进经验，帮助他们加以总结、概括，使之系统化、科学化，同时利用各种形式进行宣传、推广。用群众创造的先进思想、先进经验来教育群众的方法，也就是从群众中来、到群众中去的马克思主义的工作方法。人民群众自己教育自己，不仅决定了教育内容以及教育者与教育对象之间的平等关系，而且决定了必须采取启发式的教育方法。对人民群众的各种教育，都必须采取耐心说理、平等讨论、互教互学等民主的方式方法。

第四，坚持正面教育为主，善于用积极因素克服消极因素。坚持以正面教育为主的方针，实际上是一个相信真理的力量、相信人民群众基本觉悟的问题。坚持正面教育为主，首先是要重视和抓好马克思主义理论、党的路线方针政策和革命传统的学习与教育，包括现在正在进行的基本国情和基本路线的教育。坚持正面教育为主，最基本、最生动、最有效的方法是开展树先进、学先进的活动，强调以正面教育为主，绝不意味着放弃必要的思想斗争。提倡和支持正面的东西，本身就是克服消极因素的一种巨大力量。在人民内部，思想上的斗争也是存在的。认真开展批评和自我批评，过去、现在和今后都是克服思想上的偏差和片面性、克服资产阶级自由化的影响和其他各种错误倾向的影响，做好思想政治工作的重要方法。但是人民内部的批评，必须从团结的愿望出发，必须是积极的、说理的和讲分寸的，必须把批评的严肃性同科学性结合起来。

第五，坚持为群众办实事，把热情服务和耐心教育结合起来。坚持为群众办实事，把解决思想问题同解决实际问题结合起来，应当作为思想政治工作的原则、内容和方法。为群众办实事，要求思想政治工作者有一副热心肠。想群众所想，急群众所急，扎扎实实为群众办实事，把党的温暖送到群众心上，正是为了让群众从切身利益的小事中领悟某些大道理，增进对集体、对社会主义的亲近感，从而在生产和工作中迸发出积极性、创造性。把为群众办实事作为思想政治工作的内容，这就要求政工部门主动和行政服务部门加强联系，取得他们的支持，和他们共同做好思想政治工作。

第六，坚持寓教于文、寓教于乐，让群众在丰富多彩的精神文化生活中受到感染、熏陶。把思想政治教育的内容寓于文化娱乐活动之中，也是文化娱乐活动健康发展的需要。只有当我们能够提供出越来越多的健康、美好、有益的精神产品，组织起丰富多彩的文化、娱乐、体育活动，把我们提倡的东西渗透、融化进去，把人们的精神空间和业余时间充实起来，把那些有害的、丑恶的东西排挤出去，用社会主义的和各种健康有益的思想文化占领阵地才能真正成为现实。为了使寓教于文、寓教于乐的活动更加丰富、更加广泛、更加深入地开展起来，还要从经济、法律、行政等方面采取适当的措施，提供必要的条件。电视、电影、新闻、出版、广播等大众传播工具在这方面有着十分重大的作用，在这些部门工作的同志，都要深刻认识自己所肩负的社会责任，研究如何更好地使群众在多种活动中受到潜移默化的教育，努力为广大群众提供更多健康有益、喜闻乐见的文化产品。

第七，坚持尊重人、理解人、关心人的原则，增强思想政治工作的吸引力、说服力。尊重人、理解人、关心人，是社会主义制度的必然要求，是社会主义制度优越于资本主义制度、比资本主义制度更有吸引力的一个重要方面。尊重人、理解人、关心人，是社会主义新型人际关系的一个重要表现，也是建设社会主义新型人际关系的一个基本方法。建设这种新型关系是社会主义的一个目标，同时又是一个过程。尊重人、理解人、关心人，绝不是不讲原则、放松管理、取消批评，绝不是迁就不合理的要求或容忍不守纪律的行为。但是要注意把人们的缺点和特点区别开来，不要把人们的特点误认为是缺点加以抹煞。在批评人的错误时，一定要从团结的愿望出发，与人为善，好心帮助。只有这样，才能把原则性的严肃批评同尊重人、理解人、关心人很好地统一起来。

第八，坚持言教与身教结合，发扬以身作则，率先垂范的优良作风。思想政治工作要真正说服人，一靠真理的力量，二靠人格的力量。所谓真理的力量，就是宣传者、教育者讲的东西必须合乎实际，反映事物的本质和社会进步的趋势；所谓人格的力量，就是宣传者、教育者必须言行一致，带头实践自己提倡的道德标准和价值观念。以身作则，吃苦在先，享受在后，是共产党人的本色，是我们思想政治工作者的本色，也是我们党同剥削阶级政党相区别的最显著标志。现在，我们已经进入了社会主义现代化建设的新的历史时期，思想政治工作的环境、任务、对象，虽然不同于战争年代，但是思想政治工作者的这个优良传统，必须继承和发扬。可以这样说，要开创思想政治工作的新局面，充分发挥思想政治工作的功能，实现思想政治工作的目标，各级领导和政工干部以身作则是个关键。我们的困难在这里，我们的希望也在这里。

四、加强领导，振奋精神，把企业思想政治工作提高到新水平

当前，思想政治工作的宏观环境有了很大改善，企业思想政治工作的任务、原则和基本方法都已明确。现在的问题是，要进一步振奋起来，行动起来，加强党的统一领导，充分调动各方面的积极性，努力开创思想政治工作的新局面。这方面需要做的工作很多，在这里，我强调一下当前要着重抓好的几项工作。

第一，企业党委要在加强思想政治工作方面切实负起责来。

第二，做好企业思想政治工作人员专业职务的评定工作。

第三，加强对职工思想政治工作的科学研究。

第四，振奋精神，努力开创思想政治工作的新局面。

我相信，在振奋精神，战胜困难，开拓前进中，必将有更多的思想政治工作者显示出杰出的才能，创造出可贵的经验，必将有更多的思想政治工作优秀企业、优秀思想政治工作者涌现出来，必将在全国范围内开创一个思想政治工作的新局面！

为确保今年财政任务的完成而努力

——1990年7月15日国务委员兼财政部部长王丙乾在全国财政工作会议上的讲话（摘要）

今年以来，国民经济正向着好的方向发展。但是，同经济形势相比，国家预算的执行情况不够理想。据统计，1至6月份，全国国内财政收入完成1219.4亿元，为年度预算的39.7%，比去年同期增长10.5%；如果扣除不可比因素，则比去年同期增长5.8%，低于年度预算要求增长10.3%的幅度。国内财政支出完成1230.38亿元，为年度预算的38.9%，比去年同期增长12.2%，高于年度预算支出增长9.7%的幅度。

当前国家预算执行情况之所以不够理想，原因很多，从大的方面来看，主要是受到以下几个因素的制约。

（一）工业生产回升缓慢，市场结构性疲软还没有明显好转，制约了财政收入的增长。上半年全国工业生产虽然逐月回升，但增幅较小，市场销售偏淡，社会商品零售额和全国物资系统销售额都是下降的。由于生产和销售情况不好，直接影响了各项税收的增长。

（二）企业经济效益继续下降，亏损补贴大幅度增加，上交财政收入锐减。1至6月份与去年同期比较：预算内国营工业企业产值持平，销售收入下降0.5%，实现利润下降55.5%，上缴财政的利润由60.72亿元减少到13.48亿元；亏损面由19%上升到33%，亏损数额由67.13亿元猛增到126.83亿元。

（三）企业拖欠税利的数额不断增加，该收的收入收不进来，财政资金被大量占用。今年以来，国家陆续投放了一批生产启动资金，清理“三角债”的工作取得了一定进展，但是由于宏观措施配套不够，企业拖欠税利严重的状况没有好转。截止6月底，企业欠交工商税收和所得税153.8亿元，比去年底增加66.1亿元；欠交关税22.55亿元，比去年底增加6.15亿元。企业拖欠税利，不仅大量占用了财政收入，而且严重影响到国家财政资金的调度和使用。但是，在国家财政如此困难的情况下，有的地方竟不顾国家利益，片面强调局部需要，超越权限，错误地作出一些减免税的规定，把不该减免的税款也减免了。

（四）财政支出控制不严，增长较猛，超过了财政的承受能力。支出增加较多的项目，主要是新产品试制费、地质勘探费、国防费、行政管理费和国外借款还本付息支出等。支援农业支出和文教、科学、卫生支出，分别增长12.8%和9.3%，高于年度预算安排的增长幅度。

从目前的形势和发展趋势看，全国工业生产完成增长6%的年度计划指标是有可能的，农业如无重大自然灾害，全年可增长4%左右。但是，应当清醒地看到，治理整顿取得的效果只是初步的、阶段性的，经济工作中一些深层次的矛盾远未缓解，我们切不可盲目乐观。因为上半年国家预算执行情况不够理想，今后几个月，即使工业生产速度回升较快，反映到财政上还有一个“滞后期”，财政收入的相应增长也要拖后一段时间，而且，在目前的分配格局下，如果不采取新的措施，财政收入难以有较大幅度的增长。特别值得注意的是，如果在宏观安排上考虑稍不周密，那么进一步影响财政职能作用的发挥、弱化财政调控能力，进而加重财政平衡困难的可能性是存在的。同时，困扰当今财政的“两个包袱”（企业亏损补贴和价格补贴支出）、“两个难题”（企业经济效益差和资金过于分散）和“两个包干”的弊端（企业承包制和财政包干中的弊端）等深层次的问题还有待进一步研究解决。实践证明，经济与财政息息相关，经济改革与财政改革必须同步配套，决不能顾此失彼。我们一定要在贯彻治理整顿和深化改革的方针中，立足当前，放眼今后，做到紧中求活，稳中求进，长短结合，互相促进，为财政走出困境做出艰苦不懈的努力。

今年以来，我们整个财政战线的广大干部职工，紧紧依靠各级党政领导的支持，在十分困难的条件下，积极开展工作，一方面，针对生产增长缓慢、产品销售不畅等问题，认真贯彻中央和国务院制定的各项政策措施，努力促进增产节约，开拓流通渠道，参与清理企业“三角债”；另一方面，从加强管理中的薄弱环节入手，大力组织收入，从紧控制支出，加强财政监督，积极清理拖欠。成绩是应当充分肯定的。

今年是治理整顿关键的一年，也是“七五”计划的最后一年。完成全年财政预算任务，是关系到治理整顿目标实现的一件大事，也是关系到正确制定“八五”计划和深化经济体制改革的一件大事。形势要求我们财政战线的广大干部职工必须迅速动员起来，进一步贯彻已确定的各项治理整顿和深化改革措施，振奋精神，知难而进，广泛深入地开展增产节约、增收节支运动，抓紧落实各项增加收入、控制支出的措施，扎扎实实做好下半年的工作，为确保今年财政预算任务的完成而努力。

（一）促进生产，扩大流通，提高经济效益

当前经济面临的直接困难是生产回升缓慢，市场结构性疲软，而产品销售不畅是矛盾的主要方面，它直接妨碍了生产的发展，影响了财政收入的增长。最近，国务院领导同志指出，随着治理整顿、深化改革的进行，今后要着重调整经济结构，提高经济效益，活跃城乡市场，促进技术改造，并要特别注意防止盲目乐观、片面追求产值和争上基建项目的倾向。各级财政、税务、财务部门要继承过去的好传统，从促进经济发展入手，培养、开辟财源，充分发挥支、帮、促的作用，配合生产和流通部门，积极解决这方面的问题。要开拓市场，疏导商品流通，引导消费需求，减少产品积压，从而促进生产的适度有效增长。要促进企业面向城乡市场，调整产品结构，革新技术设备，改善经营管理，努力生产适销对路的产品。要继续清理“三角债”，帮助企业搞活资金，缓解资金紧张的矛盾，使大中型企业生产经营正常运转。要帮助企业牢固树立效益观念，努力降低物质消耗和各项费用，提高盈利水平。经营性亏损企业，要自立自强，挖掘潜力，创造条件，在限期内扭亏为盈；政策性亏损企业，也要通过努力，把亏损控制在国家核定的数额之内。各级财政、税务部门在促产促销、提高企业经济效益的工作中，要切实把握住4条原则：第一，所扶持的企业，必须符合国家的产业政策，企业生产出的产品必须是适销对路和受市场欢迎的；第二，为帮助企业解决眼前困难而采取的暂时措施，不得与国家税法和有关财政法规相抵触，并应在企业生产和销售情况好转以后停止执行；第三，所采取的措施，必须限制在本级财力许可的范围之内，不能挖中央的收入，或要求中央增加补助；第四，促产促销，提高效益工作的着眼点，既要有利于增加当年的财政收入，也要有利于今后经济结构的合理化和经济效益的逐步提高。

（二）下大力量，抓紧组织各项收入

今年上半年收入进度慢，加重了下半年组织收入的任务。为了确保全年收入任务的完成，各级财政部门从现在起一定要把组织收入工作放在突出的位置上来抓。上半年收入好的地区和部门，要再接再厉，力争超收一些；收入情况不理想的地区和部门，要作出更大努力，迎头赶上。税务部门要认真贯彻落实5月份全国税务工作会议的精神，按照会议提出的9条措施，加强征收管理，严格依法治税，确保今年工商税收计划的完满实现。能源交通基金和国家预算调节基金这两项收入数额很大，对平衡预算关系密切，各地必须严格征收管理，保证收入计划的完成；这两项基金的减免权限属于中央，各地不得自作主张，开减免的口子。各级地方财政部门掌握的预算外资金应当交纳的两项基金，也要严格按规定交纳。要努力做好农林特产农业税和耕地占用税的征收工作，严格控制减免，确保完成任务。今年的国库券条例已经颁布，国库券利率高于同期储蓄利率，条件比较优惠，各级财政部门要做好国库券的推销和入库工作，认真解决“兑付难”、“变现难”的问题，力争超收一些。今年特种国债的推销工作和今年到期的单位债券的转换工作也要切实做好。各地在抓紧重点收入的同时，也要抓好各项零散收入，做到应收尽收。要继续抓紧清理企业拖欠税利的工作，会同银行和企业主管部门，把清理企业“三角债”的工作同清理企业拖欠税款和利润的工作结合起来。企业收回的销售货款，应坚持先交纳国税，并采取措施严防新的拖欠发生。各级政府都要把清理拖欠税利作为一项重要工作来抓，抓住当前生产、销售回升的有利时机，积极开展工作，采取有效措施，力争在今后几个月，把企业拖欠的税利全部或大部收回。今年还要继续开展税收、财务、物价大检查，各地区、各部门要在认真总结经验的基础上，早做准备，及时部署，做好工作，力争将跑漏的财政收入查补入库。此外，各地还要继续抓好县级财政和乡镇财政的建设。对县级财政要坚持“两手抓”，一手抓亿元县，帮助他们发展经济，开辟财源，使更多的县跨入亿元县的行列；一手抓补贴县，帮助他们尽快脱贫致富，摘掉补贴县的帽子。乡镇财政现在已由试点组建阶段，转为巩固和完善阶段，需要在现有基础上再前进一步，各级领导要予以充分重视，把它提到议事日程上来，使乡镇财政工作得以健康发展。

（三）严格预算管理，从紧控制支出

今年上半年出现支大于收的问题，给全年预算平衡带来了很大压力，必须引起高度重视。各地区都要坚持量入为出，自求平衡的原则，在认真分析预测本地区全年收入状况的基础上，相应调整支出的安排和进度，以防收不抵支，发生赤字；并且要树立全局观念，力争全年收支相抵后，略有结余，以减少全国财政赤字和货币投放。各部门一定要严格按照预算办事，坚决把支出控制在预算之内，并注重提高资金使用效益，年终如果发生超支，财政一律不予弥补。各级财政、税务、财务部门要模范遵守财经法纪，带头执行各项有关制度，对于预算执行和决算编制中的一些不正确做法，如擅自减免税收、将应列支出的项目冲减收入、将预算内收入转到预算外等等，都应进行自查，迅速予以纠正。要根据李鹏总理指示精神，抓紧治理“三乱”，以整顿经济秩序，减轻企业和群众负担。最近，不少群众来信反映，在一些行政、企事业单位，个人长期拖欠公款的现象比较严重，各级财务部门对此要高度重视，认真进行清查，对于那些拖欠公款时间长、数额大的，除追回公款外，还应给予必要的行政处分，以儆效尤。目前由于市场结构性疲软，要求放松控制社会集团购买力的呼声很高，事实上，在社会集团购买力中，属于国家控制的部分只占少数，即使放松控制，也解决不了市场疲软的问题，反而会增加国家的开支，助长铺张浪费，使多年取得的控购成果毁于一旦，帮了倒忙。因此，各级控办应继续严格按规定办事，除了国家规定适当放宽的品目以外，不得另开口子。总之，各地区、各部门一定要从紧控制财政支出、真正过起紧日子来。

（四）继续深化财政改革，缓解财政困难

为使国家财政逐步走出困境，必须在继续搞好治理整顿工作的同时，进一步深化财政改革，逐步理顺国家与企业、中央与地方的分配关系。从国家与企业的分配关系上看，目前要稳定、完善和改进企业承包经营责任制，对今年承包到期的企业，承包基数和递增比例过低的，必须做适当调整，并对超承包目标的利润实行分档分成的办法，以保证财政收入的增长，并制定有效措施保证国有资产的完整和增值；下一轮企业承包的期限不宜长，应与治理整顿的时间衔接起来，承包基数要确定得科学合理，体现为国家多作贡献的精神，并抓紧进行“税利分流、税后还贷、税后承包”的试点工作。现行的财政包干体制，在治理整顿期间，仍继续执行，并加以完善，以调动地方组织收入的积极性。但在继续执行的同时，要加速分税制的财政包干体制的试点工作。要根据财政资金的筹集和使用以无偿为主、有偿为辅的原则，继续搞好财政信用，更好地支持经济发展，帮助企业克服困难。至于财政信用中存在的一些问题，应当通过总结经验，加以改进。在治理整顿期间，各地还应利用物价比较平稳，群众心理承受能力增强的有利时机，从本地实际情况出发，采取一些旨在扭转企业亏损，减少价格补贴，提高经济效益，减轻财政负担的改革措施，同时也要尽量做到稳妥慎重，避免造成震动。

（五）加强思想政治工作和财政队伍建设

加强思想政治工作，是做好一切工作的基础，我们要按照中央的部署，在财政战线大兴读书之风，抓好马列主义基本理论的学习，重点要学好马列主义哲学。通过学习，使广大财政干部，特别是领导干部掌握马列主义的立场、观点和方法，树立正确的人生观和世界观，树立全心全意为人民服务、为社会主义事业无私奉献的精神，提高分析问题和解决问题的能力。只有这样，我们才能以高昂斗志、充沛精力一以贯之地去克服困难，迎接挑战，出色地完成党中央和国务院交给我们的任务。

发展高新技术产业是历史赋予我们的重任

——1990年5月9日国务委员兼国家科委主任宋健在第二次全国火炬计划工作会议开幕式上的讲话

十年改革开放，虽然在科学技术应用方面我们已取得了很大的成绩，但是在高技术、新技术领域里，产品的开发能力、批量生产能力，特别是市场开发能力还相当弱。这一条是我们当前致命的弱点。有很多东西我们都会做，但上不了市场，当然，也有一些东西我们还不会做，按照党的十三大决定，国务院的安排，我们正在制定中国中长期科技发展纲领。很多同志提出，对我国具有实力的高科技项目，要下大决心组织攻关。例如，大型原子能反应堆、干线飞机等。中国这么大一个国家，不能生产自己的干线飞机不行。周总理、陈毅元帅讲，什么时候我们能够坐上自己的飞机出国访问就好了。但是我们至今还没有做到。所以，很多同志呼吁要在本世纪的最后十年干这些事。

在民用方面，即与经济建设有关的科学技术应用方面，我们的科技力量很强，但是商品生产能力较差，这个问题十多年来并未完全解决，是今后十年中摆在我们面前的一项相当重要的战略任务。

现在我国市场敞开了，欧美一些国家和日本的厂商都来到中国推销产品。但是，我们自己能制做的产品却没能推到市场上去。党的十一届三中全会以后确立了以经济建设为中心任务，这就要求科技界用智慧和成果推动我国的经济发展，特别是高技术产业的发展，这是新时期科技界的一项光荣任务。

50年代和60年代，在老一辈革命家领导下，我们研制了许多产品，为中华民族立下了丰功伟绩，大大提高了国家的实力和威望。过去十年，我们进口了几万项装备、技术和生产线。但消化吸收和自己的开发还很不够，就连电冰箱的自动生产线，我们过去也不会做。

继续执行一个中心两个基本点的基本路线，今后的任务将更加艰巨、更加伟大。对科技工作来讲，五、六十年代我们在老一辈革命家的直接指挥下，在老一代科学家的亲自带领下，科技工作做出了伟大的成就，载入了中华民族的史册。但从长远来看，这只是中华民族振兴和科技事业发展的第一步，是长剧中的一个序幕，也还不是高潮。在当前这个历史时期内，全面地用现代科学技术武装我们国民经济各个部门，提高工农业和社会生活的各个方面的科学技术水平，大幅度提高劳动生产率，进一步增强包括国防在内的国家实力，这个任务比过去更加艰巨，意义更加伟大。

中国人勤劳、勇敢，比外国人辛苦，但是我们的人均劳动生产率只有人家的十分之一，二十分之一，甚至几十分之一，出大力却干不出活来。今天，开火炬会议，我们宣传火炬计划的宗旨，就是要推动我国高新技术产业的发展。这两年我在各地看到：手工业和传统的自然经济的生产，平均每人每年的产值不超过1000元；传统工业，包括机械，大概在一万到几万元左右，比手工业生产高出10倍；但是高新技术产业的人均年产值在10万元以上，中科院的一些公司，及北京新技术开发区的一些公司，人均年产值至少在20万元以上，还有厦华电子公司，人均年产值在20—30万元。福建采用上海产的饵料养殖鳗鱼，人均年产值28万元。这是几十万元对几千元的差别。因此，如果不能达到用高新技术产业大幅度提高劳动生产率这一目标的话，中国永远富不起来。各个不同的历史时期，各代人面临着不同的历史任务，每一代人都应在自己的历史时期内做出与时代相匹配的贡献。因而，党中央决定的，我国到本世纪末国民生产总产值还要翻一番，到下世纪中叶，要赶上中等发达国家水平的战略目标，这对科技界来讲，责任更大，更加艰巨，意义更加伟大。这与五、六十年代的工作相比较，毫无逊色，同样的光荣，同样的艰巨，同样的具有伟大的历史意义。低估了这件事情的意义是不对的。所以，火炬计划的宗旨就是要根据党中央的战略部署。根据中华民族当前面临的历史性任务，想尽各种办法，以有限的资金来引导我国高新技术产业的发展。

发展高技术产业，我们的人才不少，潜力很大。据去年上海的统计，还有1/3的技术人员未能充分发挥作用，在研究院所、大学，甚至在有的工厂里，还有1/2的人任务不饱满。因此，人才潜力很大。现在，好多外国人到中国来聘我们的人才，新加坡聘了一批，现在泰国也要到中国来聘人。

资金问题也正在解决，这也是发展高新技术产业必须投入的能量，银行信贷要注意向科技投入，向科技倾斜，争取逐年有较大的增长。还有，大中企业要大力增加对科技的投入。大中企业在相当长的时间内应是向高新技术投入的主要力量。现在我国的400多亿美元出口额中，按国际的规范统计，高新技术占4%左右，主要是大中企业的出口。所以大中企业能否加强向高新技术方面投入，这对我国高新技术产业的发展具有重要意义。据对大中企业的统计，每年投入约70亿元用于新技术开发，这个数值太小，远小于产值的百分之一。

要采取各种办法，鼓励那些事情不多、任务不饱满的人才从科研机构、高等院校走出来，参与我国高新技术产业的发展，走上世界舞台，去学本领、去拼搏。

要加强国内外市场的开拓，高新技术产业光靠国内市场不够，必须是大市场，没有国际市场的开拓，高新技术产业是发展不起来的。当代世界科技、经济发展的历史经验都表明，高新技术产业必须走国际化的发展道路。我们必须培养出大批能进入国内外两个市场的人才。这方面的工作目前还相当薄弱。例如，5年前，我们发射了通讯卫星，带动了地面电视接收站技术。过了不到两年，几十个研究所、大学都会造了，价格由3万降为2万，现在只需要7000元可买到一个卫星电视接收机，还有相当的利润。可是五年前，加拿大、美国到我们这里推销的时候，要10万美元一套，因为你不会做，人家就要赚你的大钱，现在我们会做了，国内市场卖不动了，就应该向国际市场上推出。在东南亚，很多发展中国家还不会做，他们缺乏这方面的人才。最近，“亚星”一号上去了，有24个转发器，正好是我们正在使用的频带。我国的高新技术产业，如果说过去的十年是起步的十年，今后的十年应该是进一步发展并走向商品化、国际化的十年。

在治理整顿期间，科技活动在继续稳步地增长，社会对科学技术的需求在增加，对科学技术的期望在增长。所以，治理整顿有利于促进经济建设转向依靠科技进步提高经济效益的轨道，为科技工作的进一步发展创造了新的有利条件。

关于科技工作的部署，大体上分三个层次：第一个层次是面向经济建设主战场，继续贯彻经济建设依靠科学技术，科学技术工作面向经济建设的方针，这个方针是不会动摇的；第二个层次是高新技术研究开发及其产业化；第三个层次就是要进一步认真、切实地加强基础性研究工作，逐步增加投资，保持一支精干的、有作为的力量，持续稳定地在世界科学前沿拼搏。

让我们高举“火炬”，在90年代完成历史所赋予我们的重任，在“八五”到“九五”期间能够把我国的高新技术产业发展起来，为中华民族的振兴、中国科学技术事业的发展，做出新的更重要的贡献。

以提高经济效益为中心
促进工交生产持续 稳定 协调发展

——1990年7月29日国务委员兼国家计委主任邹家华在全国生产工作会议上的讲话（摘要）

上半年，在继续贯彻执行治理整顿方针的情况下，针对市场疲软和资金紧张等突出矛盾，国务院及时调整了紧缩力度，制定了启动市场、促进生产的7条政策，各地区、各部门做了大量工作，有的为稳定，及时制定了有关政策；有的利用当前有利时机，认真调整产品结构；有的发挥地区优势，大力开拓国际市场，扩大出口；有的采取多种措施，启动市场，扩大销售，特别是在生产调度和企业管理方面下功夫，产生了明显效果。工业生产逐步好转，上半年完成工业（不包括村办工业）总产值6536.9亿元，比去年同期增长2.2%。其中，轻工业3308.1亿元，增长2.2%，重工业3228.8亿元，增长2.2%，全民工业4012亿元，增长0.5%，集体工业2158.6亿元，增长0.8%，其它类型工业366.3亿元，增长39.7%。

上半年工交生产主要特点是：

1. 增长速度逐月回升。按逐月环比算，除1、2月份有元旦、春节假日不可比因素外，4月比3月增长3.4%，5月比4月增长3.1%，6月比5月增长5.4%，是回升趋势。随着经济形势好转，停工待工逐月减少。6月末，停工待工职工约284万人，比去年同期下降3.3%。

2. 能源、原材料等基础工业生产稳步增长。上半年，比去年同期增长6.1%。原油比去年同期增长1.3%。发电量增长6.3%。冶金、化工、有色、医药工业等产品产量都稳步增长。

3. 轻工业生产由降转升，机电工业生产降幅缩小。轻工业产值由一季度比去年同期下降0.2%逐步上升到上半年增长2.2%。机电工业上半年完成产值917.18亿元，比去年同期下降3.76%，下降幅度逐月缩小。其中6月份完成工业产值182.19亿元，比5月份增长8.57%，比去年同期增长2.2%，扭转了连续8个月生产下滑的局面。

4. 重点物资运输、邮电通讯超额完成计算。上半年，铁路货运量比去年同期增长2.4%。交通部直属水运货运量，比去年同期增长3.6%。民航总周转量比去年上半年下降4.1%。邮电业务总量增长19.9%。

经过近两年的治理整顿，在宏观总量调控方面已取得明显成效。但必须清醒地看到，当前市场疲软，流通不畅，互相拖欠严重，产成品资金大量占用，企业流动资金紧张等导致生产下降的主要困难并没有得到根本缓解。主要问题和困难是：(1)国内市场仍趋平淡，产品销售十分艰难，产成品积压严重。(2)资金投放和占压并存，流动资金仍很紧张。(3)产品结构调整进展缓慢。(4)企业外部环境困难，内部经营管理亟待加强。(5)企业经济效益仍未好转。

今年是“七五”计划的最后一年，也是治理整顿和深化改革极为关键的一年。历年积累的问题和新出现的矛盾交织在一起，各方面的困难比较集中。努力完成全年工交生产任务，对稳定经济、稳定大局极为重要，做好今年的工作，不仅关系到能否顺利实现治理整顿的任务，而且对于“八五”乃至整个九十年代的建设和改革都具有重大的意义。

目前，国务院关于促进生产适度增长的各项措施正在落实，4、5、6月工业生产有所回升。据各地预测，今年下半年工业生产将在比较平稳中缓慢增长，经过努力，全年工业可以完成增长6%的计划要求。当前工业生产的重点不是追求产值的增长速度，而是要努力推进技术进步和进行深层次的结构调整，提高企业素质，改善企业外部环境，增强企业的应变能力，使工业生产逐步由依靠速度转移到注重质量，加速经济循环，提高效益为中心的轨道。

为此，下半年工交生产工作，要围绕提高经济效益，着重抓好以下方面。

（一）继续启动市场，搞活流通，增加商品性货币回笼。

为了进一步启动市场，搞活经济，国务院最近研究了当前经济工作，确定了一些新的措施。一是提高计划内煤炭价格。二是适当下调银行存贷款利率，三是增加技术改造资金贷款。四是人民银行安排贷款解决重点工程拖欠，同时财政部安排资金用于解决压缩基建规模造成重点工程损失问题。此外，还确定国家计委组织并逐步落实以工代赈问题。国务院确定的这些新措施，对工交生产会有很大的推动。

同时，我们还要做好以下工作：

1. 国务院已确定的按不超过去年实物工作量增加的基建投资要赶快到位，这样有利于建材和机电工业等启动，有利于今年和明年的生产。

2. 进一步发挥国营商业和物资部门的主要渠道和“蓄水池”作用。在商业、物资部门收购工业品实行差别利率后，商业、物资部门要积极收购，扩大城乡市场销售。把库存逐步补充到合理水平，对部分暂时滞销的适销对路产品，如化肥、农药、农膜、彩电、有色金属、羊毛等，商业、物资部门应予收购，积极推销。要在贷款上给予支持，在利率上给予照顾。

3. 开拓新市场，特别是农村市场，鼓励工业品下乡。要强化销售，充分发挥农村供销社主渠道作用。要进一步扶持集体、个体商业在流通中的积极作用。应明确支持工业品下乡的资金需要。对那些没有转机的企业、没有销路的产品必须下决心整顿，宜早不宜迟。对一些长期积压的产品，应允许经批准降价销售，以减少产品积压。

4. 在坚持“双紧”方针前提下，对一些产品控购适当松动。但对国家机关要从严把握。

5. 企业要根据国家产业政策要求和市场变化，千方百计调整产品结构，增加适销对路产品的生产，增加有效供给。要瞄准国际标准，提高产品质量，积极开拓国际市场，增强出口创汇能力。

6. 坚决克服地区封锁，加强经济协作。我们对地区封锁的危害和消极作用必须有个清醒的认识。地区封锁直接损害消费者利益，影响国营商业和供销系统主渠道作用的发挥和经营活力，其实质在于保护落后，十分不利于产业、产品结构的调整，不利于建立正常的商品流通秩序，与我们治理整顿和深化改革的整个目标和方针背道而驰。从当前看，治标与治本相结合，要采取一些措施，加以克服。

（二）进一步搞好清理拖欠，搞活信贷资金。

资金紧张仍然是当前工业生产发展的制约因素。国务院清欠领导小组已经和各地商议拟定了实施方案。要求各地按照“企业主动收款、银行协助清理、多方筹集资金、结合商业票据”的原则，保证按期完成清理全国范围企业拖欠货款的任务。银行对清理拖欠所需的启动资金和信贷规模要统盘考虑，合理安排，竭力避免“前清后欠”。同时要把清理500个重点基本建设项目的拖欠款抓好，并积极准备好对重点技术改造项目拖欠的清理。各方面要齐心协力，分别轻重缓急进行。为了落实国务院110亿元启动资金，目前要抓紧摸清重点项目夺重点行业、重点企业拖欠货款的底数，制定方案，确保全国清欠工作顺利进行。

（三）抓紧产品结构的调整。

各地区、各部门要按产业政策的要求，制定产品结构的调整规划，统筹安排，排出产品目录，给企业提出调整的目标，防止出现新的重复生产。要保农业生产资料，保优质名牌耐用消费品、日用工业必需品和小商品，保能源、交通、主要原材料等基础工业产品，保深加工和高附加值的出口产品，特别是大宗出口产品。对这些行业和产品，要在能源、原材料、资金、运力等方面实行真正的倾斜。同时，对消耗高、质量次、污染严重的产品和产业，要实行整顿、限产、转产和停产。要多并转、少关停。宁可发最低工资，把人养起来，也不可再去生产那些无人问津的产品，浪费能源、原材料。

（四）加强企业管理，扎扎实实地开展“双增双节”运动。

动员广大职工深入、广泛地开展“双增双节”运动，是搞好治理整顿，克服当前困难，提高经济效益的一项带根本性措施，必须长期坚持下去。

（五）进一步坚持和完善企业承包制。

李鹏总理最近指出，深化改革的重点，仍然是深化企业改革。当前企业改革突出的问题，是继续保持企业改革政策的稳定性和连续性，在稳定中完善和发展。企业承包制在调动广大企业经营者和职工的积极性，改善企业经营机制，促进生产发展和提高经济效益等方面，发挥了积极作用。坚持和完善承包制，是稳定企业进而稳定经济的一个重要因素。今年将有90%的企业承包到期，各地区、各部门要认真按照国务院国发〔1990〕33号文件的精神，将这项工作摆到重要的议事日程上来，统一认识，积极稳妥地抓好两期承包衔接工作。

要继续坚持厂长负责制，这是落实新一轮承包任务的前提。对他们取得的成绩要充分肯定。越是在困难的情况下，越要注意支持厂长的工作，保护厂长的积极性，发挥厂长的作用。厂长本身也要注意不断提高思想政治素质和业务素质，增强战胜困难的勇气和信心，以适应新形势的要求。厂长要和党委书记密切配合、互相支持，带领全厂职工沿着社会主义道路为国民经济的发展作出贡献，不但生产出一流的产品，而且有一流的经济效益，还要培养出一支有社会主义觉悟的素质高的职工队伍。

要继续完善企业内部经济责任制。企业承包的任务，要通过内部经济责任制，层层分解落实到车间、科室、班组和个人，体现全员承包、共担风险精神。坚持和完善企业工资总额同经济效益挂钩的办法。从企业改革的实践以及企业所承担的任务来看，承包的内容不能仅仅是一个利润指标，而应该考虑产量、品种质量、成本、技术进步、安全、资金周转以及利润等综合指标的要求，因此是不是应该考虑综合性的承包。

（六）抓好安全生产，加强设备管理。

各级领导要增强安全意识，管生产同时要管安全，切实加强对安全生产的领导。当前稳定是大局，稳定压倒一切。安全搞不好，事故频繁，不仅生产不能稳定，人心不能稳定，而且还将影响到社会稳定。要提高到这样的高度来认识问题。安全生产管理一定要突出一个“严”字。各地区、各部门要自觉增强搞好安全工作的政治责任感，结合今年以来发生的重大事故，认真总结经验教训，抓紧事故的结案和处理工作。

（七）按照调整、整顿、改造、提高的方针，采取相应措施，给乡镇企业以必要的扶持，帮助它们解决困难，引导乡镇企业健康发展。

乡镇企业近十年来平均每年增长29.4%，已经成为国民经济重要组成部分。乡镇工业总产值占全国工业总产值比重达27.7%，相当于1980年全国工业总产值，占全国出口产品收购总额19.1%，给国家缴税360多亿元。在治理整顿中，一定要把乡镇企业发展纳入国家计划的宏观调控中，积极发展为大中型企业配套生产零件、配件的产品，发展一些充分利用当地自然资源的农副产品加工、服装、建材业，充分利用农村廉价劳动力的优势，发展一些劳动密集型行业和其它为农村、城市服务的行业。要制定一些积极鼓励乡镇企业出口创汇的政策，为国家增加外汇收入。要根据目前产业政策，挤出一些资金和原辅材料给乡镇企业以必要扶持，既要克服乡镇企业不足方面，又要发挥其积极作用。

（八）加强对工交生产的领导。

各地区，各部门要认真贯彻落实国务院国发〔1989〕89号文件精神，切实加强对工交生产的组织领导，继续健全并加强生产指挥和调度体系，深入调查研究，及时研究解决生产中的重大问题，努力提高经济效益。

充分发挥现有企业的作用

——1990年8月5日中国工业经济协会会长吕东在中国工业经济协会常务理事会第五次会议上的讲话

加强宏观经济调控与增强微观经济的活力，是对立统一的关系。今后五至十年，保持经济稳定，实现经济发展战略目标，顺利推进经济体制改革，就要靠充分发挥现有企业的潜力，靠宏观调节、控制、引导下的、具有旺盛的生机与活力的企业。

我国乡以上的工业企业已有50万个，工业固定资产已达12000亿元，基础相当可观。十一届三中全会以来，我们一直坚持把增强现有工业企业的活力，特别是增强全民所有制大中型企业的活力，作为整个经济体制改革的中心环节。要通过改革，使企业成为相对独立的社会主义商品生产者和经营者，逐步增强企业的自主经营、自负盈亏、自我发展、自我约束的能力。几年来，我国企业的发展与改革基本上是循着这个方向前进的。当然，也不是没有问题。

由于多年积累的矛盾和新出现的问题交织在一起，当前企业成为经济生活中各种矛盾的集中点，生产经营处于非常困难的境地。

研究“八五”计划和今后十年规划设想，要把充分发挥现有企业的作用摆在重要战略地位。要放眼长远，也要立足当前；要研究宏观发展战略，也要分析微观运行中的问题。

实事求是，一切从实际出发，是我们党的思想路线。企业的现状，以及它们当前面临的种种问题，就是我国经济发展中最大的实际。企业的问题，应当引起足够的重视。这是我们考虑发展与改革问题的出发点和立足点。根据近几个月的调查，充分发挥现有企业的作用，从长远的观点看，要重点解决以下三个问题：

（一）大力推进企业技术进步

现有企业是最现实的生产力，是社会有效供给和国家财政收入的主要源泉，是推进社会主义现代化建设事业的“根据地”。从过去十年的实践看，现有企业的技术进步、技术改造，投入少、产出快、效益高，每投入一元技术改造资金，大约可产出1.5～2元产值、0.4～0.5元税利，从改造到投产、达产大约3至5年。在历年新增产值和税利中，约有60%左右来自现有企业的技术进步、技术改造。今后5至10年，我们要努力实现我国工业从粗放经营为主向集约经营为主的战略性转变，就必须依靠现有工业企业的挖潜改造，按照国家产业政策和调整结构的要求，重新规划、调整、组织本行业、本地区的经济优势；依靠“科技兴工”，从总体上逐步缩短同发达国家的差距，努力接近和赶上世界先进水平。为此，必须确立主要依靠现有企业实现经济发展战略目标的指导思想，制定明确的技术装备政策，把利用高新技术改造传统产业、改造现有企业放在重要战略地位。

根据我们的调查，当前企业技术进步面临的主要问题：一是企业技术改造从过去依靠国家拨款改为主要依靠银行贷款以来，投资主体逐步由国家转到企业，但由于近年来企业负担过于沉重，缺乏自主经营、自我发展的经济实力，许多企业处于“欲干不成，欲罢不能”的境地。二是现行的固定资产折旧政策，实际上是一种吃老本、使现有生产能力日渐萎缩的政策。由于折旧率低，折旧年限过长，资产原值与重置价格严重背离，企业现有固定资产得不到补偿和更新。据测算，国营企业固定资产重置价值相当于原值的1.6～2倍，按此计算，一年约少提折旧几百亿元。按现行政策，企业提取的折旧基金还要上交15%能源交通基金、10%预算调节基金，更加剧了企业维持简单再生产的困难。三是近十年企业用贷款和自筹资金投入技术改造，部分缓解了由于折旧率低、折旧年限过长造成的固定资产补偿严重不足的矛盾。但就大中型骨干企业技术状况而言，关键设备、关键工艺经过全面改造的约占15～20%，局部改造的约占40～50%，尚未改造的约占30～40%，小型企业技术改造的程度还要更低，工艺落后、设备陈旧的状况相当普遍。四是由于种种原因，一些行之有效的推进技术开发、技术改造、技术引进的制度、政策和办法未能坚持下来，从宏观到微观还没有完全形成有利于促进企业技术进步的运行机制。

要推进企业技术进步，当务之急是解决好资金来源问题。现在看来，企业技术改造的投入，可供选择的办法有两个：一是继续完善承包经营责任制，并继续实行税前还贷的政策（目前企业负担过重，无力全部税后还贷），二是如果试行税后还贷，就需要减轻税负，对固定资产重估，提高折旧率，提高的幅度应当能够保证固定资产有形损耗与无形损耗的补偿，同时不再从折旧中提取能交基金与预算调节基金，以解决企业后劲的投入问题。我们赞成在“八五”期间，现行的企业承包制和税前还贷政策继续坚持，至于部分企业在税前还贷中出现的问题，如片面追求扩大生产规模、重复建设、重复引进、缺乏约束机制等，应采取措施加以改进和完善；与此同时，可进行降低税率、税后还贷的试点。我们建议，还可选择一两个行业和部分需要重点扶植的企业进行固定资产重估和提高折旧率的试点，进行新的探索。关于技术引进的投入问题，建议国家每年拨出一定的外汇用于引进技术，各地的留成外汇也应规定一定的比例（例如20%）用于这个方面。为了加速产品结构的调整，加速产品的更新换代，建议根据不同行业的情况，允许企业按销售收入的一定比例，提取技术开发基金，在成本中列支。这个问题至关重要。科学技术是第一生产力，就应当在生产费用中得到补偿，在产品成本中占有一定份额，保证企业具有不断开发创新的能力。要从根本上解决我国工业企业技术开发工作基础薄弱的问题，还应当考虑调整我国科技开发工作的格局，从体制、管理、政策等方面采取措施，使企业成为科技开发工作的主导力量，科研设计单位、高等院校要面向生产企业，为企业服务。

要推进企业技术进步，还必须大力提高职工队伍的素质。职工队伍的政治觉悟、思想素质、文化结构、技术等级如何，对企业技术进步关系极大。提高素质的关键在于抓好教育。要坚持思想政治教育、文化知识教育、专业知识教育同步进行，采取多种形式，做好职工培训工作，使他们具有奋发向上的进取精神和强烈的技术进步意识。提高职工素质还必须深化劳动工资制度的改革，进一步克服学与不学一个样、干多干少一个样的平均主义现象。要使企业的劳动工资制度具有鼓励职工学技术、学业务的机制，使他们的工资等级与技术等级相一致，发明创造、技术革新成果与劳动报酬相联系，技术业务水平与所从事的岗位工作要求相适应，要把企业技术进步与职工的切身利益联系起来。

（二）发展企业集团，促进企业组织结构的合理化

经过40年的建设，我国工业已经拥有各种经济类型的工业企业单位近800万个，但由于种种原因，大部分企业处于“小而全”、“大而全”的状态，生产效率很低。十一届三中全会以来，随着社会主义有计划商品经济的发展，在扩大企业自主权和发展横向经济联合的基础上，我国的企业集团从无到有、从小到大地发展起来，显示了强大的生命力。实践证明，要发挥社会主义制度的优越性，创造出高于资本主义的劳动生产率和高度发达的社会生产力，必须以一批大型骨干企业为依托，把数量众多的中小企业组织起来，走企业集团化道路，形成现代化大生产所需要的企业组织结构，要解决我国产业结构不合理的问题，提高资源配置的宏观效益，特别是实现资产存量结构的合理调整，也必须通过企业之间的联合、兼并和承包，发展企业集团，重组和优化现有资产的配置，挖掘现有资产的潜能，提高企业的素质、效益和效率；要加快工业技术进步的步伐，解决科研与生产相脱节的问题，也要求通过发展企业集团，把工业企业、科研单位和高等院校连为一体，共同致力于研究开发，把科研成果迅速地转化为现实生产力；要提高我国工业产品的国际竞争力，在国际市场上稳定地占有一定份额，也要求组织若干大型企业集团，使他们成为能够与国际强手相竞争的“国家队”。

经过近几年的努力，各地在组建企业集团方面都有一些初步经验，当然也存在许多需要解决的问题。比如，由于受旧的思想观念的束缚，一些企业把兼并联合看成是“大鱼吃小鱼”，对发展企业集团持消极态度；也有的地方和企业在条件尚不具备的情况下，组建了一些名不副实的企业集团；发展企业集团所需要的外部环境条件还不完善，特别是在物资、投资、税收、融资等方面，某些现行政策还不适应发展企业集团的要求；许多企业集团还没有实现资产经营一体化，因而凝聚力不强，内部组织管理也不健全；等等。

根据当前的情况，促进企业集团的发展，加快企业组织结构调整的步伐，必须明确以下几个基本观点：

一是企业集团的核心层必须成为资产经营一体化的经济实体。作为企业集团要有多层次的组织结构，即：资产经营一体化的核心层，通过相互参股、控股形成的紧密层、半紧密层，通过契约关系联结起来的松散层。这里的关键，是如何突破“三不变”（即隶属关系不变、所有制不变、财政上缴体制不变）的束缚，解决核心层企业资产经营一体化的问题。建议有关部

门在总结经验的基础上，调整现行政策，以利于这个问题的解决。同时，作为过渡措施，可以采取在计划、技术、质量统一于集团领导的前提下，实行“四分”的办法，即产值、利润、产品、外汇按一定比例分成，照顾各方面利益。在跨地区“三不变”实在难于突破的情况下，各省区市应当加强组织协调，根据需要，把本地区的企业组织起来，形成若干地区性的企业集团。

二是企业集团必须成为科研生产紧密结合的科技先导型企业。企业集团要树立技术领先的意识，不仅要有几个名优产品，而且要靠在某一方面、某个领域的技术优势，多出科研成果，提高向生产能力的转化率，做到生产一代、试制一代、预研一代，缩短产品更新换代的周期。为此，企业集团必须有自己强大的研究开发机构，成为发展我国工业技术的骨干力量。

三是企业集团要率先成为外向型企业。经过国家批准，给予某些大型企业集团更多的对外经济活动自主权，做到工贸结合，自主开拓国际市场，独立承担经营风险。要有效地参与国际交换和竞争，有条件的企业集团还应逐步建立起自己的销售网络和售后服务网络，提高国际市场的占有率。

四是企业集团需要逐步建立起自己的金融机构。按照国际经验，企业集团都有相关联的财团作为支柱，才能增强实力，强化集团核心层投资中心的功能。有条件的企业集团，经过批准，可以成立财务公司，并逐步拓宽业务范围，为建立企业集团的金融机构创造条件。

五是企业集团要能有效地解决成员企业的技术改造问题。企业集团的发展要建立在技术不断进步的基础上，就必须大力加强技术改造。企业集团要充分利用在资金、技术、物质手段等方面的相对优势，按照专业化协作和集约化经营的要求，搞好填平补齐，有重点、有步骤地搞好集团内各个企业的技术改造。

以上既是当前发展企业集团所要解决的主要问题，也是作为企业集团应当具备的基本条件。我们要把发展企业集团作为一项重大战略来对待，把企业组织结构的调整作为产业结构、产品结构调整的一项重大措施，以实现经济结构的合理化。

（三）减轻企业负担，增强企业活力

要充分发挥现有企业的作用，减轻企业负担已经成为一个十分突出的问题。据分布在14个省区市的193户国营工业企业典型调查材料，1989年国营工业企业实际留利比1986年下降四分之一。人均留利1000元以上的占33.7%；人均留利600～1000元的占15.5%；人均留利不足600元的占50.8%。从调查的情况看，企业负担呈现出多环节、多层次的特点，通过多种渠道使企业效益大量向税金、费用、利息和社会各种摊派转移。首先是从成本中列支。近两年，全国预算内工业企业可比产品成本连续大幅度上升，1988年上升15.5%，1989年上升22.4%。这里，除主观原因外，原材料价格上涨、职工工资增长是两个重要的因素，另外两个重要原因就是利息和成本中列支的税费增加。被调查的这些工业企业，1989年利息支出比1986年增加近两倍。接着，是从销售收入中征收的流转税。1989年上交的销售税金占实现利税的比重比1986年增长了7.3个百分点。近两年企业实现利润下降，上交销售税金增加，利转税是其中的重要原因之一。然后，是从实现利润中征收的承包利润（或所得税、调节税），归还专项贷款。剩下的应该是企业的留利，但还要征收能交基金和预算调节基金，支付各种补贴、认购各种债券、交纳建筑税和奖金税等。这几项合计，占企业税后留利的一半。

通过以上几个环节，企业纯收入的大部分转化成为上交各级政府的税、利、费、券和付给银行的利息，如果再扣除来自四面八方的乱摊派、乱收费、乱集资、乱罚款，企业实际留利所剩无几。现在，相当多的企业实际上只能保两头：一头是保上交，一头是保职工的奖金福利，企业留利中能够用于生产发展的微乎其微，谈不上自我积累、自我发展的能力。

我们认为，要象减轻农民负担那样，明确地提出减轻企业负担的问题。这是关系到巩固社会主义经济基础、保护社会生产力、促进安定团结的大问题，应当作为治理整顿、深化改革和推进廉政建设的一项重要内容，认真对待。至少在近几年内不宜再出台新的征收税费的措施。“八五”期间，配合价格改革，对现行的税种、税率、费种、费率也应进行清理。随着能源、运输、邮电价格进行合理调整，应当逐步取消从企业征收的能源交通基金和预算调节基金。还应当调低银行贷款利率，下大决心解决乱摊派一类的问题。

如何使企业摆脱困境求得发展

——1990年12月4日中国企业管理协会会长袁宝华在首钢等16个单位联合发起召开的深化企业内部改革研讨会上的讲话（摘要）

一

当前企业面临重重困难。我们要采取有效措施，为企业克服困难、走出困境创造良好的外部条件。我们所说的深化改革，关键是增强企业的活力，核心是落实企业的自主权。

（一）稳定经济，稳定政策

首先，从上到下都要重视稳定经济和政策的重要性，从指导思想到实际操作上都要努力使国民经济保持一个适度的增长幅度，这就是五中全会提出的持续、稳定、协调地发展国民经济。建国以来，我国经济发展中一个最突出的问题，是经济增长过热和调整的交替出现，在大起大落中曲折前进。波动的原因很多，其中最重要的原因，是宏观决策指导思想上的急于求成。当经济形势比较好的时候，总想发展得快一些，于是不顾财力、物力可能的高指标、高速度就出现了，这就是陈云同志所说的，超过了我们国力的可能；当由于经济过热导致经济生活中矛盾重重而不得不进行整顿的时候，调整的力度往往又过大，有时达到了难以承受的程度，这既是痛苦的教训，也是十分宝贵的经验，应当好好总结。通过总结经验，深刻认识客观经济规律，自觉地按经济规律办事，提高决策的水平。

其次，对重大经济政策的调整要慎之又慎。从1987年开始，我国企业普遍实行了承包制，三年来，承包制取得了显著效果，但也存在一些问题。因此，在探讨进一步深化企业改革时，形成了几种不同意见，主要的是两种意见：一是继续推行和完善承包制，二是实行税利分流。有不同意见进行讨论是好事，今后还可以继续进行讨论。不过对重大经济政策的调整，一定要慎重，并应在实践中进行探索和检验。实行承包制，或者实行税利分流，都是企业改革中的大动作，关系到国民经济发展的全局。弄得不好，会影响企业经济效益和发展后劲，从而波及整个工业，乃至整个国民经济。从现在的情况看，实行税利分流要进行认真的试点，取得有说服力的效果和经验，否则是难以推广的。现在，要像李鹏同志在全国计划会议上讲的那样，主要是坚持和完善承包制。

（二）花大力气调整经济结构，这是个治本之道

国民经济的运行是很复杂的系统工程，既有总量控制的问题，也有结构调整的问题。两年前，我们面临的经济困难，突出地表现在经济过热，通货膨胀，总量不平衡，结构不合理等方面。经过两年的治理整顿，通过控制总量，且在控制总量中适当调整紧缩的力度，使过热的经济得到了控制，通货膨胀得到遏止，经济也有所增长，取得了明显成效。现在的问题是要在继续坚持和改进总量平衡的同时，要花大力气调整经济结构，也就是要花大力气调整产业结构、产品结构和企业组织结构。大力调整经济结构是克服市场疲软、经济效益下降的重要途径和重要措施，也是关系到巩固和发展治理整顿成果、促进经济发展全局的大事。

调整经济结构，在增量的投入上，要按照产业政策实行重点倾斜，在控制投资总规模的前提下，尽可能多投一点钱，加强农业、能源、交通、通讯和重要原材料工业的建设；在存量的调整上，要运用市场优胜劣汰的竞争机制，下决心对那些市场无需求、产品长期积压滞销的企业实行"关、停、并、转"；要支持和鼓励企业之间开展兼并、联合，发展企业集团，促进生产要素合理流动，优化组合。"关"、"停"不那么简单，直接和社会稳定发生矛盾。现在好多地方采取各式各样的"并"、"转"方法，有些企业虽没有"并"、"停"，实际上已停工停产，尤其是一些小企业、集体企业，连工资都发不出，只好靠社会救济，靠银行贷款发工资。这个问题不解决，不利于经济结构的调整，不利于深化改革，治理整顿难以达到预期效果。

（三）保障企业的自主权，使企业有能力增加投入

多年以前，企业就总结了四句话：责任大，权利小，婆婆多，负担重。现在看来，这种局面并无大的改观。对维护企业生产经营的自主权，中央曾三令五申。企业要求自主权，无非是想弄点"自主钱"，以保证企业应有的自我积累、自我发展的后劲。要使经济有稳定的适度增长，必须有投入，像目前这样不少企业财力拮据，没有余力增加投入，根本谈不上自我积累、自我改造、自我发展。为了保证企业有一定的投入，必须解决“三转两低一高”问题，即利转税、利转息、利转费和留利低、折旧低、利息高。

不久前，棉纺行业作了一次调查，发现利润都流失了。例如，金州纺织厂1988年产值3亿元，利润3400万元，是历史最高水平。去年，销售额还增加了10%，产量、产值、上缴税金、工资总额都与1989年持平，但是利润整整流失了7000万元。流失到哪里了？他们作了一下分析：80%流在原材料价格上，棉花价格提高使它损失了5600万元。自有流动资金不足向银行贷款，支付利息达2000万元，其中比1989年多支付500多万元；用电由平价改议价多花了200万元；再加上税费增加又多花了700万元。虽然纱、布的价格上调可多收入4400万元，但算总帐仍亏2500万元。一个万人大厂，一年留利只有30～40万元，日子根本没法过。北京市也作了调查，300多个厂成本上升1.7亿元，其中大概3/4都是原材料、电力、运价提高造成的。这种状况必须引起足够的重视并尽快改变。当然，现在企业比较困难，“输血救急”是必要的，最根本的还是要改变这种不合理现状，增强企业的“造血功能”。同时，国家在安排固定资产投资时，要重视现有企业，特别是大中型骨干企业的技术进步的要求，使之增加发展后劲。

（四）宏观改革要配套进行

十年来，我国经济体制改革有很大进展，取得了举世瞩目的成绩。但是，改革仅仅是迈出了可喜的一步，还要继续深入，任务还相当艰巨。如财政、税收、金融、劳动工资、价格等方面的改革，都要配套进行，都要以增强企业活力为中心，特别是要增强国营大中型骨干企业的活力，才能最终达到提高企业经济效益的目的。

（五）继续落实启动市场的措施

要促进经济适度发展，启动市场是关键所在。为了启动市场，中央已经采取了一些措施，并且开始收到成效，但还不很明显。其原因在于：市场疲软不是一时形成的，而是长期以来不合理的运行机制造成的，包括企业内部和外部的原因。所以我们要继续根据实际需要和生产适度增长的要求，采取必要的启动措施，并切实落实这些措施。

从根本上解决市场疲软问题，把市场这盘棋走活，还是要把前面已经说过的调整产品结构、企业组织结构和产业结构抓好。现在市场疲软，不是因为商品太多了、市场没有发展余地了，而是缺少品种齐全、式样新颖、质量精良的适销对路的产品。要挖掘市场潜力，开拓新市场，必须在结构调整上下功夫。结构调整，尤其是产品结构的调整，不能等，不能靠。产品结构调整的主动权完全在企业手里，谁产品结构调整抓得早、抓得好、抓得卓有成效，谁的日子就好过。

再一方面，固定资产投资大幅度压缩，也是市场疲软的一个重要原因，要在财力允许的范围内，适当放宽固定资产投资规模，但放宽不等于松开口子。这一点如果把握得不适度，又有可能出现新的过热。增加固定资产投资要搞国家急需的、能产生好效益的项目，要适度发展；对于不急需的、在低水平上重复的、效益不好的项目，应从严把关，该压的就压。

地区之间的市场封锁，货不能畅其流，也是市场疲软的原因之一。前年11月10日，国务院发出了《关于打破地区之间市场封锁，进一步搞活商品流通的通知》。这一通知精神的贯彻落实，对促进经济发展、深化改革有重要意义。地区间市场封锁，割裂了全国的统一大市场，破坏了市场正常运行秩序。我们要摆脱市场疲软的困境，要抓住打破地区间市场封锁这个突破口。地区、部门都要按通知精神办事。不光是地区，部门也有重重设防、保护落后的问题。各部门搞行业管理也要超脱一些。

（六）在全社会大力提倡自力更生、艰苦奋斗的精神

自力更生、艰苦奋斗，是我们的传家宝。我们党领导中国革命和建设70年来，靠提倡、发扬这种精神，战胜了一个又一个困难，渡过了一道又一道难关。我们当前遇到的困难，同过去许多困难比是大不相同了，它是发展中、前进中的困难，并且有了克服这种困难的雄厚物质基础，同时也有了几十年经济建设的宝贵经验。我们应当有克服困难、摆脱困境的信心。有的同志讲利用外资，用了人家的钱就要买人家的设备，最后限制了我们的生产能力，这确实是个问题。一方面，我们要坚持开放的方针，还要进一步开放；另一方面，要尽可能利用适合于、有利于我们经济发展的外资。要有利于我们贯彻产业政策，推进技术进步，有利于我们取得国际经济及科技信息。再一个，外商投资后，不派人参加经营不如让外商派人参加经营，因为后者可以给我们及时提供国际市场信息。总之，利用外资要有利于我们自己的发展。

二

在继续完成治理整顿任务，调整结构，提高效益，加强宏观配套改革的同时，必须进一步深化企业内部改革。改革十年来，我们在企业改革方面取得了许多有益的经验，在总结经验的同时，“八五”期间要进一步发展。

（一）每一个企业，每一个干部和职工都要有一个

良好的精神状态，以便正确认识当前的经济形势，正确对待当前的困难，齐心协力地战胜困难

最近看到一个材料，说大连造船厂1985年在世界造船业极度萧条的情况下，几种压力一下子使该厂陷入困境，最后经过奋斗绝处逢生。从1986年以来，经济效益连续递增30%，前年也保持了30%左右。这个材料提出：走出困境最根本的是靠人，靠企业精神。用他们的话说，就是“大连造船厂的职工用自己的血汗浇铸了一条不沉的大船”。应该看到，现在是机遇与困难并存。订货不足，销售不畅，把企业逼到无情的市场竞争中去了。“短兵相接勇者胜”，竞争为勇者提供了胜利的机遇，这正是企业家施展才华、广大职工献身企业的新天地。为什么在同样的外部环境下，许多企业生机勃勃，而有的企业一筹莫展？同样是电冰箱厂，有的就畅销，有的就严重积压卖不出去。有的企业国内市场疲软，千方百计打开国际市场，企业生产继续增长。当然，这里可能有一些具体因素，但企业的主观努力起着关键作用。最近，我参加了一个企业厂长（经理）座谈会，到会者中有的报喜，有的报忧。报喜的企业分析原因时说：“只要精神不滑坡，办法总比困难多”。唐山建筑陶瓷厂在建材行业不景气的情况下，很快改变经营战略，开发新产品，开拓新市场。目前该厂生产的生活用陶瓷供不应求。北京日化三厂在化妆品市场竞争十分激烈的情况下，生产适合农村的系列化妆品，并适当下调价格，打开了广阔的农村市场，产品供不应求。这样的企业还有不少。这些企业就是抓住了机遇，战胜了困难的勇者。

（二）眼睛向内，努力挖潜

江西棉纺织厂在原棉供给严重短缺的情况下，生产、效益仍有增长，关键就在于这个厂眼睛向内，千方百计挖掘潜力。用他们的话说，就是“鼓内劲、挖内潜、练内功”。应当说，我们企业的潜力是很大的，可是我们有的企业往往就看不到企业潜力之所在，认为企业内部没有潜力可挖。我建议大家看一看前年《企业管理》杂志第11期刊登的国家统计局工交司写的一篇文章，题目是“企业效益高低引出的思考”。这篇文章分析了主要经济效益指标最佳企业、平均水平和最差企业的情况，充分说明了企业潜力所在。以资金利税率为例，在效益普遍较好的石化、缝纫、皮革、化纤、仪器、仪表等行业中，最佳企业比该行业全国平均水平高11～56个百分点，比最差企业高28～74个百分点；而在煤炭、饮料、纺织、造纸、石油加工、化学橡胶制品、交通运输设备、电气、电子行业中，最佳企业比该行业全国平均水平高60～141个百分点，比最差企业高101～195个百分点；某些受价格因素影响较大的行业，如食品、烟草、医药、建材、机械等行业，最佳企业比该行业全国平均水平高155～374个百分点，比最差企业竟高出207～536个百分点。这种对比，当然可能有一些不可比因素，但效益水平相差如此之大，也确实反映出企业提高效益的潜力还是很大的。

（三）要继续坚持和完善承包经营责任制和厂长负责制

我国企业所走的承包经营的路子，实践证明是正确的。承包经营责任制是坚持改革开放、坚持四项基本原则，群众实践的产物；是符合我国国情和生产力发展水平，适合计划经济与市场调节相结合条件下的企业经营机制。围绕着是坚持和完善承包经营制还是实行“税利分流”，已经争论了一年，实践是检验真理的唯一标准。我看“八五”期间仍将沿着这条路子继续前进。

现在，大多数企业第一轮承包已经到期，要按照国务院文件和李鹏总理讲话的精神，认真做好两期承包的衔接工作。要利用这个机会，认真总结第一轮承包的经验，又要针对存在的问题，把承包制进一步完善起来。承包经营责任制，是一个责、权、利紧密结合，正确处理国家、企业、职工之间关系的一个比较完善的经营机制，不单纯是一个利润分配问题，还有企业发展后劲和职工生活改善的问题。这三个方面要兼顾，不仅要研究怎样分配，更要在如何把“蛋糕”做大上作文章。

要继续坚持和完善企业厂长负责制。厂长的中心地位是由他对国民经济发展计划中企业应当承担的责任所决定的。要把这个责任分解、落实到每一个职工，形成企业责任体系，共同担当起企业对国家应当承担的责任与义务。所以，厂长负责制问题，是一个企业的责任制体系问题。如果厂长责任制动摇了，必然会波及整个责任制体系。所以，企业的党、政、工各方，一定要团结一致，同心协力，深化企业内部改革，理顺企业内部各个方面的责任关系，形成责任制体系，这是现代企业社会化大生产的必然要求。另外还有个“中心”、“核心”问题。最近《经济日报》报道河南周口地区味精厂党政关系处理得就很好。厂长和党委书记两人合写了幅对联：“志在企业应不论权大权小，名扬天下何必争中心核心”。

（四）把严格管理和民主管理结合起来

北京松下彩管有限公司严格管理的经验值得我们学习。他们实行目标管理，严格按计划办事。我和许多同志都到那里去看过。有一次盘点，仓库里发现帐物不符，少了一个荫罩，管理人员一直查到深夜3点，硬是搞清楚了才走。

实行民主管理，关键是加强职工的主人翁责任感，企业的重大问题都要广泛听取职工意见，有的还要职代会审议，有的由职代会做出决定，而且只要决定了就坚决执行。要认真贯彻执行中央关于加强党同人民群众联系的决定，密切干群关系，领导干部要自觉接受群众的监督。对于领导干部的任免，职代会也有权提出建议。这些都是《企业法》中规定的。

民主管理和严格管理是统一的，只有认真依靠群众进行管理，充分发动群众参与管理，严格管理才有群众基础和可靠保证。首钢的经验表明，搞好企业内部的经济责任制，把责、权、利、包、保、核六个字紧密结合起来，形成责任制体系，才能把严格管理与民主管理有机地结合起来。凡是这两方面结合得好的企业，就作到了“以包促管”，职工就有了良好的精神状态，企业的现场就秩序井然，从而保证企业生产、工作的高效率。

（五）要重点进行技术改造，大力开发新产品

企业的技术改造，重点在“技术”，核心是“三新”，即新技术、新工艺、新材料。为了企业的生存与发展，勒紧腰带也要开发新产品，进行技术改造。一汽搞产品更新换代时，一年没有发奖金，职工加班加点，毫无怨言。要想使企业有发展，就得有这种精神。开发新产品需要投入，要把有限的资金用在刀刃上，抓住关键环节，有计划地进行技术改造。

（六）要继续深化企业内部的配套改革，建立起不同企业各具特点的企业运行机制和激励机制，调动起广大职工的积极性，充分发挥每个职工的聪明才智

企业进行内部配套改革的目的，就是要解决企业机构臃肿、人浮于事、责任不清、赏罚不明、效率低下的问题。十年来，我们在企业内部配套改革方面，取得了一定的进展，积累了一些经验。现在，在一些企业里，平均主义，吃“大锅饭”的现象又有“回生”。我们要认真总结经验，对那些已被实践证明行之有效的经验，要坚持并在实践中不断完善。

内部配套改革，可以形成企业内部的“小气候”，克服外部环境的困难。不久以前，在济南的一个会上，博山水泥厂的同志说：不管外部“大气候”如何，在企业内部先造成一个“小气候”。在内部分配方面，还是要拉开分配档次。如果搞普调，人人长一级工资，原来积极性高的就要下来，原来积极性低的人也不会有进步。这个厂坚持进行劳动、分配制度改革，取得明显效果。天津有的企业搞一厂“两制”的办法，不愿吃“大锅饭”的在一条新的生产线一起干，其余的基本上还是吃“大锅饭”。一对比，效果还是不吃“大锅饭”的好。我认为，还要继续进行优化劳动组合，增强职工的竞争意识，逐步形成“岗位靠竞争、收入凭贡献”的局面。对待下来的富余人员要给予妥善安置和培训，同时要尽快建立相应的社会保障制度。

（七）加强企业领导班子建设和队伍建设

当前，企业领导班子建设的核心问题是思想建设。我们要求职工有一个勇往直前、克服困难的精神状态，首先要求企业领导班子有这种精神状态。在领导班子中，厂长和党委书记的团结合作，又是企业兴衰的关键。这就要求我们企业的领导干部，特别是厂长和党委书记必须在思想上同中央保持一致，以党和国家的利益为重，坚决贯彻党的方针政策，做到团结一致，亲密无间，紧紧依靠广大干部和群众，共同渡过难关。

职工队伍建设非常重要。企业的素质说到底是人的素质问题。从当前来说，人的素质主要是思想政治素质问题。企业党组织和政工干部全力以赴抓好职工思想政治工作。厂长和行政干部也要在抓生产经营和管理工作的同时，抓好思想政治工作，要注意防止“一手硬”、“一手软”的倾向。

振奋精神　加强管理
促进工交生产持续　稳定　协调发展

——1990年4月18日国家计委副主任、国务院生产委员会主任叶青在全国企业管理工作座谈会上的讲话

全国企业管理工作座谈会就要闭幕了。会议开始时，彦宁同志做了企业管理的报告，维臣同志做了生产形势的报告，他们的报告很好，我都赞成。14个单位做了大会发言，介绍了他们在治理整顿、深化改革中加强企业管理的经验和做法。在分组讨论中，大家提出了许多很好的建议和意见。今天下午，又向首批国家一级企业颁发证书。这次会议开得很好，很成功，是一次鼓劲的，务实的会，一次认真贯彻落实十三届六中全会和七届人大三次会议精神的会议。希望大家回去以后，认真贯彻落实会议精神，进一步振奋精神，加强管理，促进工交生产持续、稳定、协调发展。下面，我就工交生产和企业管理的一些问题介绍些情况，讲几点意见。

一、三月份和一季度生产完成情况

今年以来，各地区、各部门坚决贯彻治理整顿、深化改革的方针，加强对工交生产的领导，组织干部深入基层，采取措施强化产品销售和解决资金紧张的困难，动员广大职工深入开展双增双节运动，为政治经济和社会的进一步稳定发展而努力奋斗，使工交生产在克服重重困难中取得了一定成绩。三月份按不变价格完成工业总产值1120.1亿元，比去年同月增长1.4%。其中，轻工业增长2%，重工业增长0.8%；全民所有制工业持平，集体所有制工业增长0.4%，其他类型工业增长32.3%。一季度，全国工业总产值按不变价累计完成2921.2亿元，和去年同期持平。其中，轻工业产值1429.1亿元，比去年同期下降0.2%，重工业产值1429.1亿元，增长0.2%；全民所有制工业产值1850亿元，下降1.1%。集体所有制工业产值920.9亿元，下降1.7%，其他类型工业产值150.3亿元，增长30.4%。工业生产继去年九月份以来持续下降六个月以后开始出现回升迹象。

二、一季度工交生产的特点

1. **能源生产稳定，煤、电供应趋于缓和。**头三个月，全国原煤累计完成2.34亿吨，比去年同期增长8.0%。其中，统配煤累计完成11.8亿吨，增长6.6%；地方煤累计完成1.16亿吨，增长9.4%。一季度，统配矿普遍超产，开拓进尺安全情况也较好。煤炭供应紧张状况有所缓和。原油生产基本稳定，全国累计生产3403万吨，比去年同期增长1.9%。其中大庆油田产量比去年同期增长0.1%，胜利油田产量增长2%。原油加工量完成2831万吨，增长10.5%。全国发电量1，438亿度，比去年同期增长7.9%。其中，火电发1，212亿度，增长7.3%，水电发226亿度，增长11.4%。全国四大主电网的电量，华北增长3.9%，东北增长8.1%，华东增长8%，华中增长7.6%。目前水库存水较好，17个重点水库的可调水量为259亿立米，比去年同期增加144亿立米。由于煤炭产、运情况较好，煤炭库存有大幅度上升。截止3月28日，能源部直属电网，电煤库存达791万吨，比去年同期增加417万吨。2月底，市场用煤库存3，320万吨，比去年同期增加1，750万吨。

2. **冶金、有色、化工产品产量增幅较大，建材工业生产下降。**一季度原材料工业稳定增长，主要产品产量除生铁、铁矿石、焦炭、化学农药、硫酸、纯碱、烧碱、水泥、平板玻璃外，其它均超额完成计划。全国累计产钢1，567万吨，比去年同期增长12.6%。钢材1238万吨，增长11.1%。板、管、带等短线品种产量，有较大幅度的增长。十种有色金属完成51.77万吨，比去年同期增长11.1%。纯碱、乙烯等分别增长20.0%和1.7%。化肥累计生产452万吨，农药5.8万吨，分别增长7.2%和15.5%。大中型企业水泥和黑、吉、蒙木材生产，受压缩基建的影响和控制采伐，产

量分别比去年同期下降 5.2%和 14.4%。一季度，多数原材料产品产量增幅较大，一是今年煤、电、运等外部条件较好；二是去年基数较低。

3. 轻纺工业开始走出低谷，机电工业生产仍未回升。1、2 月份由于市场需求不见好转，产品积压有增无减，资金紧张和棉花缺口较大，轻纺、机电工业生产持续下降。

1 至 2 月，轻工业产值比去年同期下降 2%，3 月份增长 2%。国家统计局快报所列的 42 种轻纺电子产品，1 至 2 月，有 18 种下降，1 种持平，23 种增长。其中，自行车、罐头、照相机、彩色电视机、凸版纸、家用洗衣机、家用电冰箱等 7 种分别下降 29.7—51%。合成洗涤剂、丝织品、原盐、糖、纯棉布、纱、合成纤维等 7 种仅增长 1.2—3.2%。3 月份，轻工生产开始回升，天津、江苏、福建、山东、广东、广西、海南等省市轻工产值有较大幅度的增长。

今年机电工业因生产任务严重不足，一季度，机电部系统完成工业总产值比去年同期下降 9.6%。17 种主要机电产品除渔轮外，其它 16 种都比去年同期下降。其中，工业锅炉、金属切削机床、高精度机床、大型机床、汽车、载重汽车、小型拖拉机、微型电子计算机等 10 种分别下降 23.7—54.6%。2 月末，机械、电子产品库存总额达 275 亿元，比去年同期增长 58.5%。

4. 外贸出口情况较好。据海关统计，1 至 2 月，外贸出口完成 60.95 亿美元，比去年同期增长 6.4%。其中二月份增长 11.5%。进口完成 60.9 亿美元，下降 7.2%。机电产品出口持续增长。1 至 2 月，机电部系统外贸公司实际出口 3.4 亿美元，比去年同期增长 34.2%。其中，黑白电视机出口 23.7 万部，增长 16.8%。

5. 铁路货运超计划，客运下降幅度较大，沿海港口货源不足。一季度，铁路货运量累计完成 3.58 亿吨，比去年同期增长 2.3%。其中，煤炭运量完成 1.55 亿吨，增长 7.5%。晋煤外运 4，291 万吨，比去年同期增运 270 万吨。重点物资运输，冶炼、石油、矿建、磷矿石、盐、粮食超计划，木材、水泥、化肥欠运。铁路客运量下降幅度较大，累计运送旅客 2.43 亿人次，比去年同期下降 22.1%。铁路安全状况不好，一季度发生重大、大事故 14 起，比去年同期增加一倍。交通部直属水运货运量累计完成 0.56 亿吨，增长 0.3%。沿海港口吞吐量累计完成 1.04 亿吨，下降 5.7%。一季度，民航总周转量，比去年同期下降 10.9%。邮电业务总量，增长 16.0%。沿海主要港口货源不足，一季度日均在港外贸船舶 208 艘，比去年同期减少 137 艘，港口普遍出现待工待时情况。

三、当前生产中存在的主要问题

1. 市场疲软未见好转，产成品积压有增无减。春节过后，市场依然疲软，主要工业品销量继续下降。2 月份社会商品零售总额完成 636.3 亿元，比去年同期下降 5.6%，比 1 月份下降 9.5%，1 至 2 月下降 2.1%。商业部统计的 25 种主要轻工产品，1、2 两月销售下降的有 19 种，占 76%。其中铝锅、手表、铅笔、机制纸、自行车、电风扇、洗衣机、农膜等下降幅度在 20%左右。消费品滞销波及到冶金、有色、建材、木材和部分化工产品销售下降，库存增加，出现积压势头。1 至 2 月，全国物资系统销售额只完成 256 亿元，比上年同期减少 37 亿元，下降 12.6%。2 月末，全国预算内工业企业产成品资金占用额高达 966 亿元，比去年同期增长 67.4%，比年初增加 87 亿元。

2. 资金投放和占压并存，流动资金仍很紧张。去年银行增加各种贷款 1，850 亿元，其中 244 亿元作为工业启动资金贷给大中型企业。由于各种贷款有三分之二集中在第四季度，实际转移到今年才发挥作用，加上今年新增加的贷款，致使 2 月末的工业流动资金贷款余额达到 3，932.7 亿元，比去年同期增长 26.3%。比去年末增加 51.84 亿元，投放较多。但由于市场继续疲软，工业企业产成品资金大量增加，投放的资金沉淀，“三角债”变成前清后欠，加上去年四季度的银行贷款正陆续收回，工业企业流动资金仍很紧张，不仅影响一季度生产，并将是工业生产能否走出低谷的制约因素。

3. 产品结构调整难度大，进展缓慢。面对产品销售平淡的困难局面，一部分企业，特别是轻工、纺织企业根据市场形势，开发新品种，增加花色，注意加强了产品结构的适应性调整。但就多数企业来说，由于内外部条件制约，产品结构调整进展缓慢，市场应变能力差。企业内部比较普遍存在技术力量薄弱、设备陈旧、资金短缺等问题，企业外部主要是受产品价格限制、信贷资金紧缩，加之商业部门减少收购、工商之间产销不协调，都影响了企业调整产品结构的积极性。

4. 工业经济效益下降，企业亏损增加。到 2 月末，全国预算内工业企业完成工业总产值 936.3 亿元，比去年同期下降 1.5%，销售收入 1，142 亿元，下降 6%，扣除价格因素下降幅度更大。实现利税 161.7 亿元，下降 22.8%，其中税金增长 4%，利润下降 72.4%。可比产品成本上升 7.1%。亏损企业亏损面高达 34%，亏损额增长 65.3%。企业上交利润，去年 1、2 月份上交 6.44 亿元，今年需财政退库补亏 4.84 亿元。1、2 两月全国财政收入比去年同期下降1.1%，收支相抵，支大于收9.9亿元，是多年来少有的。

此外，棉花、铁矿石、油品等缺口大，有相当一部分棉纺企业处于停产、半停产之中。据纺织部最近对天津、青岛、辽宁、武汉、重庆、黑龙江、广东等七省市了解，由于棉花供应不上，3月份纺锭已停134万锭，减产棉纱2.85万吨，停产、半停产企业263家、职工21万人。目前这些省市企业库存棉花已基本用完，如果棉花调不进、进口棉到不了，停机停台面将进一步扩大，直接影响生产和出口创汇。

四、国务院确定几项重大政策措施的落实情况

为了尽快使工业生产有一个适度的增长，今年以来国务院采取了一系列政策措施。我们抓紧了这些政策措施的落实和到位。

1. **清理"三角债"的落实情况**。国务院责成生产委员会牵头后，3月8日我们召开生产委员会第二次全体委员会，专门研究了清理"三角债"问题，提出具体工作部署。3月26日，国务院发出关于在全国范围内开展清理"三角债"工作的通知。为了尽快落实国务院决定精神，4月2日召开了国务院清理"三角债"领导小组第一次会议，对近期工作作了安排。4月4日晚召开全国电话会议，家华、贵鲜同志讲话，动员进一步清欠。

造成企业流动资金紧张的原因错综复杂，不可能一下子全部解决。这次清欠要抓住重点，先易后难，先急后缓，搞好四个结合，即清欠与启动、促进当前生产相结合，与贯彻国家产业政策、调整产业和产品结构相结合，与加强资金管理制度建设相结合，与推动、搞活市场相结合。采取条块结合，自下而上的办法进行。分为地区、部门自清、区域性清理和全国范围清理三个步骤，争取在今年7月底以前基本结束。基本建设部门要清理项目、清理资金、清理合同、清理欠款。对于已经决定停建缓建的项目，有关单位要落实还债措施，不能占压供货单位的流动资金。外贸、商业、物资部门要组织清理所拖欠的生产企业的货款。从地方政府来说，先省（市）内、后省（市）外，一片一片清。国务院清理"三角债"领导小组决定，在全国六个大区，每个大区指定一个省（市）牵头，分别由吉林省、天津市、上海市、湖北省、四川省、甘肃省组织大区内的清欠工作。要求各地区、各部门要加强领导。各级政府、各主管部门、各专业银行和企业，要认真挖掘潜力，积极筹措清欠资金。在资金使用上，从拖欠的最终环节入手，一层一层清理，一环一环解扣，使资金最终流入生产企业。清欠资金的投入要体现国家产业政策，同时执行好信贷政策，防止资金的流失。在资金紧张的情况下，既要保证重点骨干企业的生产需要，又要支持适销对路商品的生产；既要启动市场，又要促进生产。对企业通过清欠回流的资金，各级财政、金融部门不要急于以上交利税、偿还贷款和利息等各种形式收回。通过清欠，疏通从生产到销售的各个环节，减少产成品积压，加速资金周转，提高资金利用率，真正达到发展生产的目的。要求各地区、各部门要树立全局观念，局部利益服从全局利益，严禁资金运行中截留、挤占，阻碍资金正常合理流动的现象，要在清欠中进一步加强银行监督，健全信用制度，大力推行票据业务，并进一步严肃经济合同法，依法办事，促使各企业、各单位严格信守合同，强化财务结算纪律。按照国务院的决定，从4月1日起，凡无理拖欠货款的单位，要从自有资金中给收款单位支付日息万分之三的滞纳金，以防止前清后欠。同时，要督促企业补充自有流动资金。要引导适度消费，商业部门要积极开拓市场，提高服务质量，薄利多销，增加商品性货币回笼，以加速全社会的资金周转，推动生产良性循环。总之，清欠工作要全国行动起来，推动经济的发展。

2. **关于大中型骨干企业83亿资金贷款落实情况**。遵照国务院领导同志指示，中国人民银行于2月27日下达了83亿贷款资金，重点用于全国234户"双保"企业。到3月26日，我们先后收到全国29个省、区、市和10个计划单列市的报告，共有215个"双保"企业落实了资金贷款，占全部"双保"企业的97.2%，共落实资金45.1亿元，占下达数的55.9%。资金落实比例在70%以上的有广州、哈尔滨、江苏、南京、上海、山东、吉林、新疆、山西、甘肃、黑龙江和安徽等12个省、区、市和计划单列市。落实比例在30%以下的有西安、四川、辽宁、浙江、海南、陕西、广东和江西等8个省和计划单列市。据了解落实比例较低的地区大体分两种情况：一是省内"双保"企业比较少，只需安排较少资金就能满足需要；二是有些省将资金切块给地、市掌握，没有直接给"双保"企业。我们将进一步与人民银行密切配合，不断总结经验，继续研究如何将有限的资金发挥更大的作用。

3. **关于启动市场的情况**。三月上旬，根据国务院对流通部门发放贷款，使之起到"蓄水池"作用的决定，工商银行已给物资部门发放10亿元贷款，要求他们收购钢材28万吨、有色金属3000吨、汽车5990辆，以及部分机电、农机产品和新闻纸。截止三月底，物资部门已收购钢材18万吨、汽车3950辆，合计付款5.8亿元，剩下的任务将于4月上旬收购完毕。商业贷款20亿元，工商银行已向天津、广州、沈阳、上海等

13个省市下达贷款13.5亿元。各省、市已据此提出需要收购工业产品的名称、数量，正在具体落实。这些措施落实后，部分企业产成品积压状况可以缓解一些。

3月10日，国务院生产委员会会同国家计委、经贸部、有色金属总公司、石化总公司等单位，研究了放松部分原材料出口限制的措施，决定近期拟增加出口或以产顶进部分有色金属和低压聚乙烯。

3月28日至29日，国务院生产委员会召开现场办公会议，研究解决当前机电行业生产急需解决的问题。由于机电行业总产值约占全国工业总产值26%，因此，机电工业生产能否稳住，对全国有很大影响。会议研究决定，发电设备要按照李鹏总理提出的“计划单列、带帽下达、专项定货、专项核销”的方针贯彻落实，计划单列企业集团所需材料按规定。由机电部提出审查意见，国家计委根据有关部门意见确定。今年发电设备指令性计划为960万千瓦，安排80万吨钢材，其中企业集团需用钢材机电部计算为25.8万吨，物资部计算为30万吨。由于物资部、机电部双方意见不一致，先按机电部意见下分25.8万吨，剩余4.2万吨待进一步审查后，再作分配。其他企业48万吨，待分配2万吨。考虑到机电部安排上的困难，其他企业由48万吨增加到49万吨，待分配由2万吨调减为1万吨。机械工业材料供应计划，要尊重机电部意见，物资部和机电部相互协商。关于计划单列企业集团，应按姚依林同志指示的精神，“集团在上报生产、物资、固定资产投资、技术引进、产品销售、劳动工资等计划时，要报机电部，机电部审查提出意见，报计委审定”办理。在执行过程中体现产业部门作用不够的，今后要重视。机电部要求为了保证出口，按1988年基数增拨10万吨材料。会议商定，在物资部已确定的3万吨基础上，按今年机电产品出口所需由物资部保证供应。重型行业为完成国家重点任务上半年需增加2万吨钢材由物资部负责解决。为解决机电工业资金紧张问题，要求机电部首先抓紧清理重型机械、发电设备行业“三角债”，提出清理单子，三天后由生产委负责清理。对于重型机械、发电设备行业所需资金，由机电部提出企业名单和款项，并由国家计委、中国人民银行、机电部联合下文，要求各地银行保证重点，给予解决。重型机械行业19个骨干企业二季度急需2.81亿元资金，由中国人民银行会同专业银行解决。要加强机电产品进口审查的宏观管理，审批权限要适当集中，国内外招标面要逐步扩大，分类指导的办法要不断完善。4月份召开的进口审查会议进一步研究完善这方面的办法，并且研究如何把合资、外资企业中所需机电设备尽可能转化为国内制造。要大力支持机电产品出口创汇，在财政、信贷、税收、汇价、原材料供应等方面继续采取优惠政策，鼓励扩大机电产品出口，使国内因压缩基建过剩的机电设备加工能力，尽快转向国际市场。会议认为，关于提高10万千瓦以上火电机组出厂价格是合理的，但只能分步实施，做到既能使企业过得去，又能使国家解决基本建设规模问题。关于1990年发电设备超储设备款9亿元问题，会议确定，属于国家投资的由国家承担，生产委负责办；地方投资的由地方承担，能源投资公司负责办；华能投资的由华能承担，国家计委工业一司负责办。会议要求重视“八五”发电设备预安排工作，在今年7月份召开预安排会议，为“八五”和1991年电力建设和发电设备生产计划的制定打下基础。机电工业日常生产调度，所需煤、电、油，部门之间协调有困难的由国家计委生产调度局会同有关部门和地方积极予以支持。会议要求尽快把机电工业生产搞上去，争取1990年机电工业产值增长2%。

3月30日至31日，国务院生产委员会召开现场办公会，研究解决当前汽车工业生产急需解决的问题。会议强调，解决汽车工业存在的问题，促进汽车工业生产发展，当前要立足于以下四个基点：一是为节约能源，搞好环境保护，积极报废更新一部分老旧杂汽车。二是要贯彻生产与销售、控购相一致的精神，计划安排多少，就要想办法销售多少。三是汽车行业要充分利用当前市场疲软时机，做好产业、产品结构调整工作，有保有压。四是一方面国家在政策上予以扶植，另一方面企业要变压力为动力，眼睛向内，提高素质增加效益，企业要通过增加生产、增加积累，来弥补甚至超过国家所给予的政策优惠，以增加财政收入，为国民经济发展做出自己的贡献。会议决定，物资部要加强对指令性计划汽车的收购。工商银行要优先给物资部门贷款，按年度已签订的今年10.7万辆指令性计划合同按期收购。必须在合理范围内对老旧杂汽车强行报废更新。要在原国家经委等十个部委、公司联合下文强行更新汽车规定的基础上，结合当前实际情况，进行修改，尽快出台。由生产委牵头，会同有关部门，提出实施办法，上报国务院批准。要清理汽车价格，原则上降低销售价，出厂价尽可能不动，重点压缩中间环节不合理收价，由中汽总公司提出各类汽车销售和出厂价之间差额构成类别，进行合理调整，确定后物资部门有权对中间环节收价进行检查，对不合理收价要制止。会议决定适当扩大汽车销售网点，在控制汽车销售价和统一中间费用管理基础上，由物资部提出扩大汽车销售网点方案，以利于资金的分散和汽车市场的好转。关于增加汽车行业流动资金，要从清理“三角债”入手，要求中汽总公司首先抓紧内部清理，提出债权、债务清理单子，生产委负责在地方清理中优先帮助解决。对于汽车行业所需资金，由中汽总公司提出企业名单和所需款项，并由国家计委、机电部、中国人民银行、中汽总公司联合下文，要求各地银行保证重点，给予解决。个别企业确实资金紧张，影响正常生产的，银行负责进行个别点贷。会议要求，物资部要负责保证指令计划物资的供应。汽车维修配件所需原材料，实行中长期合同办法，定点定量不定价，由生产委负责协调。汽车工业生产中日常调度，所需煤、电等问题，中汽总公司应加强生产调度，遇有困难，国家计委生产调度局帮助协调安排。会议决定，对一些特殊车种必须解决的具体问题，如夏利轿车价格问题要尽快解决。中汽总公司应采取措施，积极扩大出口，开拓国际市场，有关部门要积极支持，把汽车生产尽快搞上去。

五、国务院生产委员会下一步要抓的几项工作

抓好二季度的工交生产，是完成今年国民经济计划的关键。我们将按照李鹏总理在七届人大三次会议上的政府工作报告的要求，紧紧围绕尽快摆脱工交生产低速增长和提高工业经济效益为中心，抓好以下工作：

1. **继续抓紧国务院最近出台的政策措施的贯彻落实**。一是要狠抓清理"三角债"工作，总结推广经验，解决存在的问题，指导全国清欠工作。检查督促各地区，各部门清欠工作的情况，为在区域性清理的基础上进行全国范围的清理做好各方面准备，并及时将清欠工作进展情况向国务院报告，争取如期完成国务院下达的清理"三角债"的任务。二是要对最近发放的83亿元资金贷款的到位使用情况进一步检查督促，跟踪资金使用情况，使资金的发放能取得更好的效果。三是抓紧机电、汽车行业所议定采取措施的实施和落实，尽快扭转这些行业生产下降的局面。四是召开轻工、家电的生产办公会议，帮助他们解决生产中急需解决的问题。要采取措施，争取上半年促使以上四个加工行业生产走出低谷，尽快把生产搞上去。

2. **在搞好几个重点行业生产衔接的基础上，对全国主要工业省市，分别用生产委员会现场办公会议形式，帮助他们解决生产中的问题**。二季度在辽宁、江苏、广东、浙江分别召开会议，从而促使工业生产争取二季度回升，为三季度生产增长打下基础。

3. **扎扎实实地把双增双节运动抓出成效来**。这次，国务院生产委员会同国务院企指委在山东召开全国企业管理工作座谈会，研究了如何加强企业管理问题。通过对企业现状的了解，为5月份和财政部一起召开全国增产节约、增收节支会议做好准备，总结、交流、检查、动员运动的深入开展。要使双增双节运动有其真实的内容，有明确的目标。除我们提出全国双增双节目标外，要求各地区、各部结合实际，制定本地区、本部门的双增双节目标，层层落实到企业、车间、班组和个人，并逐级制定实施措施。要把双增双节的重点放在节约能源、原材料消耗，提高产品质量和档次，促进产品更新换代上。要把双增双节运动作为党、政、工、团、妇一项共同工作，抓紧抓好，充分发动群众，依靠群众，开展群众性的合理化建议和技术改进活动，使双增双节活动既轰轰烈烈、又扎扎实实地开展下去。

4. **继续做好煤炭"四统一"和234户"双保"企业工作**。二季度初，组织联合调查组，赴主要产煤省、区，检查煤炭"四统一"执行情况及存在问题。抓紧研究制定"四统一"实施细则，二季度拿出讨论稿，送各地区、各部门征求意见，力争在三季度修改报国务院批准后，公布实施。拟从有关部门、有关省市借调部分人员组成煤炭"四统一"监督员，进驻煤矿、主要煤炭转运站、铁路主要装煤车站以及煤炭转运港口，随时检查煤炭调运计划、煤价、运价以及其它有关事项的执行情况。加强煤炭调运管理工作，努力提高煤炭计划兑现率，逐步降低计划外煤炭价格，为明年煤炭价格并轨创造条件。同时，还要做好其他大宗物资，如钢材、油品等中间环节的整顿工作。今年以来，我们已经分片召开了"双保"企业工作会议，对234户"双保"企业的能源、原材料、运输等主要生产条件做了平衡和落实，下一步工作是组织跟踪服务，加强对"双保"企业生产任务、主要生产条件和完成任务的情况及供货合同执行情况的督促检查，帮助协调解决执行中的有关问题，使"双保"企业真正在国民经济中发挥骨干作用。

5. **加强经济形势分析和生产调度工作**。要加强调查研究，及时掌握生产动态，向国务院汇报。于4月份召开一次部分省、区、市参加的生产形势分析会，检查国务院确定的政策措施落实情况，协调解决生产中的一些重大问题。促进工交生产持续、稳定、协调地发展。

六、对于加强企业管理工作强调几点意见

1. **加强企业管理，全面提高企业素质是治理整顿、深化改革，保证企业经济和政治的稳定发展的一项重要而紧迫的任务，必须予以高度重视，抓紧抓好**。目前，企业面临着市场疲软、资金紧张等困难，国务院采取了一系列政策措施，改善企业生产的市场环境和金融环境。这对企业来说既是挑战，又是机遇。所有企业必须抓紧时机，眼睛向内挖掘潜力，提高经营管

理水平，全面提高企业素质，把生产搞上去。关键的是各级领导要有好的精神状态，要迎接挑战，增强战胜困难的信心。我们既要看到不利条件的一面，也要看到有利条件的一面。有利条件是：党的十三届六中全会和七届人大三次会议精神正在深入贯彻，治理整顿初见成效，国务院最近采取了一系列方针政策，有利于生产健康发展；去年农业收成较好，农村市场潜力较大；经过四十年建设、十年改革我们已经有了强大的工业基础；加上前几年技改投产项目效益发挥进入高峰，以及当前煤炭、电力供应紧张状况有所好转等，为生产提供了有利条件。广大干部职工要振奋起精神，争取全面完成今年工交生产的各项任务。特别应当指出的是，我国现有不少企业已拥有比较先进的技术装备，但是由于管理落后，没有发挥其应有作用。要改变目前我国技术落后、管理更落后的状况，要适应国内外市场的激烈变化和竞争，就必须在积极推进技术进步的同时，狠下功夫，加强企业管理，提高经营管理水平，这样才能使企业立于不败之地。各级经委（计经委）、计委要把加强企业管理做为一项重要任务列入议事日程，并提出具体的目标和措施。

2. **调整结构，提高效益，促进工交生产回升和发展**。当前市场销售疲软的一个重要原因，是有些产品不够适销对路和质量性能较差，那些款式新颖、价廉物美的产品还是供不应求。企业应当学会运用和适应市场调节规律，加强市场调查和市场预测，按照国内和国际市场需求的变化，积极调整产品结构，增加花色品种，改进产品质量，提高产品性能。轻工、纺织和机电行业，要利用调整的有利时机，积极开发新产品，增加出口产品和替代进口产品的生产，为国家多创外汇和节约外汇。要利用当前时机，把产业结构和产品结构调整好，使工交生产处于良性循环中。要继续搞活流通，加强产品销售工作。工业品要更多面向农村，开拓农村市场。过去行之有效的展销会、订货会、大篷车送货下乡等销售办法，都要积极推行。要坚持“质量第一”，搞好全面质量管理，把生产优质产品作为企业持续追求的目标，健全和完善各项管理制度，严格考核、奖惩制度，逐步形成质量保证体系。要加快采用国际标准，抓好现有企业的技术改造，不断推进技术进步，加快产品的更新换代，做好节能降耗工作。必须加强资金管理，加速资金周转，提高资金利用率。狠抓扭亏增盈，是提高经济效益、增加国家财政收入的一项重要工作，必须抓紧抓好。各地区、各部门一方面要抓紧抓好利税大户、盈利企业、盈利产品的增收工作，另一方面要抓好亏损企业和亏损产品的扭亏工作，落实扭亏包干责任制。对经营管理不善、长期亏损的企业，应限期扭亏。确实扭亏不了的，要采取坚决的措施来解决。对经营性亏损企业继续实行“亏损包干，超亏不补，减亏分成或全部留用”的办法，通过各种措施，力争在年内使亏损户和亏损额有明显降低。

3. **围绕双增双节，加强企业管理基础工作**。目前，仍有相当一部分企业的基础工作很不扎实，规章制度不健全，纪律松弛，标准定额不全，水平低。即使一些比较先进的企业，随着改革的深入，管理基础工作本身也需改进、提高。大庆油田多年来有着坚持“三老四严”作风、加强“三基”工作的好传统。在新形势下，他们又运用新技术，进一步提高了管理基础工作的水平。大量事实证明，加强企业管理基础工作，对于增强企业活力，全面提高企业素质，具有极为重要的现实和深远意义。要围绕双增双节，切实加强企业现场管理，特别要做好设备管理工作，整治生产、工作秩序和环境，制定现场管理标准，落实现场管理责任，做到安全、文明生产。建立和完善从定额管理、成本管理、资金管理、质量管理、设备管理到经济核算的各项基础工作，逐步建立起以技术标准为主体，包括工作标准、管理标准在内的企业标准化体系。要做到计量、检测手段先进齐全，定期校测，保证计量检测的真实、准确。建立管理信息系统（包括科技、经济档案），并注重信息的分析和运用。要加强基础教育，特别是岗位培训和职业道德教育，认真抓好班组建设。总之，要通过加强基础工作，使双增双节有制度和组织的保证，落到实处。

4. **加强思想政治工作，提高队伍素质，保证企业经济政治进一步稳定发展**。当前，摆在工交战线广大干部职工面前的各项任务十分繁重，企业生产的外部条件相当严峻。越是在这个时候，各级领导就越要注意密切联系群众，依靠群众，加强企业思想政治工作。当前，要抓好十三届六中全会文件和李鹏总理在七届人大三次会议上的政府工作报告的学习，以此统一认识，统一行动，振奋精神，同心同德地为全面完成国民经济计划，为企业政治经济的进一步稳定而奋斗。加强思想政治工作，首先要坚持正确的方向，即坚持党的十三大确定的“一个中心，两个基本点”的基本路线，教育广大职工牢牢记住四项基本原则是立国之本，改革开放是强国之路。认真开展爱国主义、社会主义、独立自主、艰苦奋斗的教育，提高职工的觉悟，振奋职工的精神。企业的思想政治工作，必须同企业、职工群众的实际相结合。企业领导应当致力于“小环境”的建设，增强企业的活力和凝聚力，抵制和克服不正之风，加强廉政建设，使职工亲身感受到社会主义制度的优越性。企业的思想政治工作必须围绕和服务于生产经营这个中心，把继承优良传统和开拓创新精神结合起来。许多企业结合本单位的实际，特别是青年职工的特点，通过创建企业文化，倡导企业精神，把企业思想政治工作开展得有声有色，生动活泼，这些有益的探索要坚持下去。特别要强调一点，各级领导都要十分关心职工生活，依靠企业自身的力量，帮助职工群众解决伙食、供电、子女上学就业、医疗卫生等问题，做好职工家属工作。要为第一线职工的休息创造必要的条件，解决他们超劳过度的问题。要十分关心停产待工职工的生活问题，使他们感受到集体的温暖，组织的温暖。

同志们，今年工交生产任务重，矛盾多，难度大。各地区、各部门一定要坚决贯彻治理整顿、深化改革的方针，狠抓薄弱环节，加强生产调度，加强企业管理，充分挖掘潜力，在党中央、国务院领导下，克服前进道路的一切困难，振奋精神，艰苦奋斗，同心同德地为保证国民经济持续、稳定、协调发展，为我国政治经济和社会的进一步稳定发展而奋斗。

从工交生产的需求谈企业的技术改造

——1990年10月27日国家计委副主任、国务院生产委员会主任叶青在全国技术改造工作会议闭幕式上的讲话（摘要）

今年以来，国务院采取一系列调整紧缩力度、启动市场和促进生产的措施，工交生产形势逐步向好的方向发展。但市场疲软、产品积压、资金紧张、经济效益低下的状况尚未得到根本的缓解，企业处境相当困难。对于怎么搞活企业，我们提出过一些建议。首先要在外部创造一个良好环境：(1) 应该有计划地对固定资产进行重估，或提高折旧率，使企业自身有更新的能力；(2) 要在适当时期重新确定企业流动资金总额使之能在合理的资金范围内开展活动；(3) 要合理企业的税赋、减轻不合理负担；(4) 在一些企业，特别是一些骨干老企业有计划地实行技术改造，实现产品更新。另外，对企业内部来讲，依然有一个强化内部管理，健全自我约束机制的工作。不能强调安定而忽略了合理的劳动组织和教育，要很好地研究合理的分配制度。同时，在目前企业里还有一个很重要的问题，是如何提高职工素质，保证产品质量。只有通过内部条件的同时改善，才能促使企业更健康的发展，而关键是不断改善企业状况，通过技术改造来提高企业素质和产品质量。

企业技术改造的目的是服务于生产，是通过技术改造对国家有更多的积累。因此，企业的技术改造不单纯是一时一事的工作，而是一个长期的具有战略意义的工作。

从生产的需求角度看，我认为技术改造要与这么几个方面结合：

第一，技术改造要与产业结构的调整相结合。我们治理整顿一个很重要的目标是实现产业结构和产品结构的调整。因此，企业技术改造不能单纯就一个企业、一个地方自身的需要来改造，而是要从全国产业结构、产品结构的需求来衡量和确定技术改造方案。大家担心资金、规模不够，但核心的问题是能不能很好地实现所设想的技术改造方案，很重要的关键还在于所在地方的工作。国务院每个月要讨论一次经济情况，国务院的主要领导都把加强企业的技术改造和产品结构的调整作为我们当前的一个主要内容，要求在资金、材料、政策上给以一定的优惠。谁能先搞，怎么搞好，很大程度上取决于我们在这个问题上的实施方案是否符合我们国家的产业政策和结构调整，是否能够把你这个技术改造方案和国家的需求情况以及企业的情况真正一致起来。比如说，纺织行业又面临一个新问题，由于棉花不够，为了鼓励种棉，棉花提价，势必要提高纺织品价格，但提价后，市场销售不动。在这种情况下，纺织工业出路只有从技术改造和产品调整来解决。在经济工作座谈会结束前后，我曾经请几位纺织工业多的省市同志座谈，他们认为纺织企业要有一定范围内的自主权，通过产品结构的调整、档次的变化，特别是外贸通过订货，多搞一些小批量、多品种、短时间能提高价格的产品，适应市场的发展，在竞争中求生存。只有这样才能使技术改造达到比较好的效益。

第二，技术改造必须与国内外市场的需求相结合。技术改造不能盲目追求最先进的或者说最高、最好的技术，而是要充分考虑改造与国际国内需求的关系。任何一个企业的技术改造，特别是随市场变化而变化的行业，必须对市场有相当充分的估计，特别是一些轻工、电子行业产品更新的速度很快，周期很短，在这方面更要突出进行研究。这样才能使我们的技术改造和整个市场的需求一致起来，才能使我们的产品一代比一代好，而且是逐渐繁荣。

第三，技术改造要充分和地区的优势结合在一起，要从地区优势、特点来发展。有些地方原料、棉花都很缺，而一定要去搞纺织，不是绝对不可以，恐怕难度就很大，困难就很多。每个地区都有它的不同的优势，应该围绕它的优势扶植它发展。最近我到江苏，看到常州的一些做法值得一些中心城市考虑。他们把专业性很强、自己又很难形成主体的行业积极地卖给、或投入到人家那里合股去。如把从西德引进技术的无缝钢管厂入股到宝钢，产品安排等一切服从于宝钢。但税收是一样的收，同时按投入的比例分成，它背靠着大型钢铁集团，大型集团又利用它的专长去发展生产，无疑地能够适应。常州有十三个不同的企业，投靠了不同的大的集团。我认为随着今后的发展，我们组织工业，什么东西都想以我为主，以我配套的局面肯定是不可能的。这就是说，我们搞技术改造，要结合你的地区优势来发挥，是你形成拳头，还是你这个专业依附于相关的系统企业，这样发展方向会更加明确，生命力可能也会更强。地区不同，优势不同，也可能都有这种优势，就要斟酌一下你往哪方面发展比较可能。所以我觉得技术改造要和产业结构调整相结合，要和国内外市场需要相结合，要在改造当中与地区优势相结合，要确定你是拳头，还是依附于其他集团。

第四，技术改造要紧密依靠科学技术进步，应该通过技术进步，采用新的技术、工艺、装备和管理，来实现企业的更新和素质的提高。这方面有很多实例，常州通过一项新技术的选用和推广，使一个企业得到更新，各地区都在这么做，我在这里提一下。

第五，技术改造的档次、水平、设施必须和企业人员素质的提高相结合，就是说，人员素质的水平和技术改造最终水平必须趋于一致，否则会一个制约另一个。

以上讲的是，技术改造必须是长期的而不是短期的任务，从生产发展来看，技术改造要有这么五个结合，供同志们参考。

企业技术改造，目前存在许多难点。我们归纳起来：一个是资金不足。技术改造的规模、资金和我们的需要有很大的距离。一个是由于外部条件的影响，自筹能力很低。再一个，对技术改造来说，由于产业的调整没有一个明确的规划，或者说和我们的技术改造不能实现同步，给改造的规划和实施上带来一些困难。

怎样在这样一个困难的情况下又能够搞好技术改造，这里我想提几点意见供同志们参考：

第一，我们应该根据产业结构调整的需要和市场的需求，采取一次规划，分期实施，先急后缓的办法。对一些投入少、产出多的先搞一些，然后一批一批地实现。面不宜铺得很宽。这是客观有需要，但资金又不足的条件下，不排斥有一个总的安排。

第二，如何先搞一个，通过这一个的效益，又再搞一个？我认为应该适当地在一定范围内集中一下资金。这样能够做到我们先改造一些，发挥一下作用，再改造一些。因为很可能按现在的这种情况靠自己的资金不能实施，可以一个市，一个行业适当集中。

第三，在资金的筹集上，既要争取国家对技术改造的支持，特别是对一些骨干企业、老企业技术改造的支持，又要和我们自己千方百计的筹集相结合。我国目前一些骨干企业，是过去对国家有过重大贡献的企业，建议国家在政策上予以一定的扶植，我们认为这是必须的。但是，又不能完全和过份依赖国家。国家对这部分重点企业的更新必须适当扶植，但是一定要与我们自身的筹集资金相结合。对待这个困难，我们既要积极争取国家和行业的支持，又要考虑实施的可能性，量力而行，不要把摊子铺得太大，而要贯彻有多少钱干多少事，而首先要集中干一些急需的事的原则。

总的说，我从工交生产这个工作出发，感觉到当前经济工作，特别是工交生产工作，很重要的一个问题就是如何使我们的产品结构得到迅速的调整，如何使产品的质量能满足消费者的需要。很重要的一条是如何提高企业生命力，而企业的生命力，有相当一部分又依赖企业的不断改造。技术改造无论如何不要把以我为主自力更生的方针丢掉，这样使我们在一个比较困难的环境中，能够逐步实施，并从这个困难的环境中走出来，逐步走向良性循环。

在治理整顿中深化企业改革强化企业管理

——1990年1月4日国家体改委副主任张彦宁在全国经济体制改革工作会议上的讲话

在治理整顿中如何深化企业改革，是各级经济主管部门、广大企业和职工共同关心的问题。党的十三届五中全会提出了在治理整顿中要继续坚持和完善企业承包经营责任制，继续实行和完善厂长负责制，进一步加强企业管理，深化企业内部改革的方针。这是党中央作出的重大决策，我们要深刻领会，认真贯彻。

党的十一届三中全会以来，企业改革围绕转变企业经营机制，增强企业活力，特别是增强全民所有制大中型企业活力这个目标，经过了扩大企业经营自主权、推行经济责任制，以及在国家同企业的分配关系上实行利润留成和利改税等项改革，逐步形成了坚持社会主义公有制的前提下，以责任制为核心、责权利紧密结合为特征的企业承包经营责任制。全国广泛推行企业承包制两年多来，承包企业克服经营环境变化，资金、能源、原材料短缺等种种困难，深化企业内部配套改革，加强企业管理，调动了广大职工的积极性，企业经济效益明显提高。1989年，承包企业经受住了外部环境变化以及动乱和在北京发生的反革命暴乱的严峻考验，对稳定和发展经济起到了重要作用。党的十三届五中全会充分肯定了承包制取得的成效，提出在治理整顿中要继续坚持企业承包经营责任制。同时要认真总结实践经验，兴利除弊，不断加以完善。这不仅是党中央对承包制在调动企业和职工发展生产的积极性，提高经济效益，扭转当前的财政困难等方面寄予的希望，也是对承包制在正确处理国家与企业的关系，转变企业经营机制方面提出的更高要求。

目前，我国国民经济面临着许多困难。由于前几年在经济工作指导思想上的急于求成，社会总需求超过总供给，国民收入超分配，出现了基建投资的消费基金失控、经济过热、结构失衡、流通秩序混乱、通货膨胀加剧的严重后果。必须采取坚决果断措施加以整顿和治理才能巩固改革开放取得的成果。党的十三届五中全会作出的全党全国人民用三年或更长一些时间集中全部精力搞好治理整顿的决策是完全正确的。经过治理整顿，缩小总需要和总供给之间的差距，使经济结构趋于合理，整个国民经济逐步走上持续、稳定、协调发展的轨道。治理整顿目标的实现，将为企业的改革和发展创造良好的经济环境。同时，实现治理整顿目标，也需要改革的配合。坚持和完善企业承包制等各项行之有效的改革措施，进一步调动广大企业和职工的积极性，再加上强化企业管理和技术进步的工作，才能够挖掘企业潜力，增加有效供给，以较少的投入，创造较多的产出。企业改革与治理整顿在目标上是一致的。当前，企业改革要服从治理整顿这个大局，深化企业改革的各项政策措施，必须有利于治理整顿方针在企业的落实；有利于搞好作为社会主义经济骨干和国家财政收入主要支柱的大中型企业；有利于企业结构、产品结构和企业组织结构的调整；有利于企业沿着社会主义方向继续坚持改革开放。通过企业改革的深化和企业承包制的进一步完善，建立起激励机制与约束机制相结合的企业经营机制，更好地发挥社会主义公有制的优越性。

深化企业改革，转变企业经营机制，关键在于正确处理国家、企业、职工之间的责权利关系。企业改革的实践说明，企业实行承包经营责任制是一条比较有效的途径。承包制与其他方面的改革一样，从产生到发展有一个不断完善的过程。几年来推行承包制的成效是显著的，但由于大面积推行的时间还不长，经验还不足，配套法规和制度也还不够健全，承包制在实行过程中确实存在一些迫切需要解决的问题。主要是：有的企业承包基数定的不够合理，基数偏低或者上交利润递增率低，超基数利润上交国家少，企业留的多；有些企业特别是承包期比较短，经营者素质较差的中小企业，存在不重视企业发展后劲的短期行为；少数企业没有严格按照《承包条例》和《租赁条例》的规定执行，经营者收入偏高；有些企业存在“以包代管”现象，忽视了内部管理工作。这些问题，许多是工作中的问题，并不完全是承包制本身的问题，是需要在完善承包制的过程中，认真加以解决的。

在治理整顿期间，深化企业改革要坚定不移地贯彻十三届五中全会确定的继续坚持和完善企业承包制的方针，从稳定经济的大局出发，保持政策的连续和稳定，统一认识，总结经验，使承包制在继续发挥激励机制作用的同时，强化约束机制，在更高的水平上不断完善。我们认为可以考虑采取以下主要措施：

1. 按《承包条例》规范承包办法，认真抓好两个承包期的衔接。对第一轮承包到期的企业，按照《承包条例》的要求和承包合同规定进行全面审计，对企业和经营者作出实事求是的评价，认真兑现承包合同，维护承包合同的严肃性。在全面审计的基础上尽快制定、落实新的承包方案，对其中承包效果好、符合产业政策的企业，可根据企业具体情况分别实行滚动承包、延长承包期或进行新一轮承包，并抓紧签定承包合同，稳定企业、稳定人心，要区别不同情况，确定企业的承包形式和期限。在治理整顿时期，对符合国家产业政策，需要扶持发展的大中型企业，主要采取“两包一挂”的承包形式。上交利润采取递增包干或基数包干、超收分成的办法。承包期与企业技术改造任务相衔接。其它盈利企业根据实际情况确定具体承包形式，微利、亏损企业继续实行上交利润定额包干、减亏或定额补贴包干办法。

2. 合理确定承包基数。鉴于当前国家财政困难，下一期企业承包基数应本着大稳定、小调整和为国家多作贡献的原则，按照国家产业政策的要求，参照本地区同行业的平均资金利润率、企业上一期承包完成情况，以及技术改造任务的轻重和预期效益因素，重新合理确定。对于前一期承包基数、递增率或上交比例明显偏低的，或技术改造项目已经发挥效益的，应适当调高基数和上交比例。对于需要重点扶持发展、还贷负担较重的企业，在核定承包基数、上交利润递增率或上交比例时应予调低。不符合国家产业政策、需要限制发展的企业，应适当调高基数和上交比例。

3. 健全承包合同考核指标。下期承包合同的指标，必须符合《承包条例》的要求，既认真考核实现利润、上交利润，又要考核技术改造任务完成情况、国家指令性计划完成情况、产品质量、物资消耗、安全生产等。同时，要明确发包方的责任和义务。参与发包的有关部门应按各自的职权范围审查承包合同的条款，明确各自承担的责任和义务，积极为企业完成承包合同创造条件。

4. 完善工效挂钩办法，控制消费基金过快增长。凡实行承包制的企业，原则上都要同时实行工资总额同经济效益挂钩办法，未实行工效挂钩的要实行工资总额包干。与工资总额挂钩的考核指标，除主要效益指标外，还必须同时考核质量、消耗、安全、劳动生产率等经济技术指标，其中质量指标为否定指标。挂钩企业都要建立工资储备金制度，以丰补欠，并严格执行国家工资基金管理有关规定，照章缴纳工资调节税或奖金税。

5. 加强对经营者收入的管理。经营者收入必须严格执行《承包条例》的规定，根据其经营成绩和贡献大小确定。在治理整顿期间，经营者年收入可分别高于本企业职工全年平均收入的一至二倍。少数成效特别突出的企业最多不超过三倍，各地要制定具体细则，根据企业的规模、经营特点和贡献大小，采取不同档次或系数，将条件具体化。兑现经营者收入，必须坚持先审计、后兑现。对经营者和企业其他领导成员的收入分配方案，必须经过职工代表大会审议，报上级主管部门批准，经营者个人无权自行确定。

6. 继续实行和完善厂长负责制。实行厂长负责制是《企业法》的主要内容，各地区、各部门要认真贯彻《企业法》，依法保护厂长的合法权益，保证他们正常行使职权。企业党组织要抓好党的思想、组织、作风建设，充分发挥政治思想领导作用，保证和监督党和国家方针政策的贯彻执行，坚持企业的社会主义方向。企业党委要支持厂长依法行使职权，对企业重大问题参与讨论，并提出意见和建议。企业中层行政干部，由厂长提名或党委推荐，经党、政领导集体讨论后，由厂长任免。要进一步确立职工在企业中的主人翁地位，建立和健全民主管理制度。

7. 继续坚持和深化企业内部劳动、人事、分配制度等方面的配套改革，完善企业内部经济责任制。继续实行并完善企业在干部选聘、优化劳动组合、按劳分配、精简机构等方面的配套改革措施，将企业对国家所承担的经济责任和强化企业管理的各项任务层层分解落实到车间、科室、班组和个人，建立起责权利相统一，职工劳动所得与劳动成果和贡献大小相联系的经济责任制网络体系，使职工同企业成为命运共同体，增强主人翁责任感。

8. 加强企业管理，提高企业素质。一是强化企业管理基础工作。重点是健全和完善从定额管理、成本管理、资金管理、质量管理到经济核算的各项基本工作和规章制度，严格按标准组织生产，建立以技术标准为主体，包括工作标准和管理标准在内的企业标准化系统。严格做好统计信息工作，确保基础数据完整、准确、配套。二是加强生产现场管理。加强班组建设，坚持从严治厂，建立良好的生产环境和秩序，克服生产现场纪律松弛、混乱的状况，严格劳动纪律和岗位责任，做到安全、文明生产。三是继续抓好以提高质量、降低消耗、增加效益和保证安全生产为主要内容的企业升级工作。要在已经取得初步成绩的基础上，进一步提高和完善企业升级标准，完善考核办法和工作程序，不断促进企业提高经营管理水平。四是有条件的大中型企业要积极采用计算机辅助企业各项管理工作。

9. 积极推进企业兼并，实行企业间的生产要素优化组合。企业兼并是调整经济结构的一项重要措施，在治理整顿期间要积极支持和推进符合产业政策的兼并，对同是全民所有制、同一管理部门的企业兼并，可以采取资产行政划转的办法处理。对不同所有制或不同主管部门的企业，应当实行有偿兼并，以协调好各方面的利益关系。提倡承担债务式兼并和吸收入股式兼并。兼并条件不成熟的，可以先通过企业承包企业、企业租赁企业达到生产要素的优化组合。

10．进一步发展企业集团。按照“完善提高、发育成型”的要求，提高现有企业集团的素质，壮大企业集团的核心，强化成员企业之间的联结纽带，真正发挥企业集团的国民经济骨干作用。按照国家产业政策要求，在需要发展的产业部门要适当发展新的企业集团，同时要扩大企业集团的经营自主权，推动它们走向国际市场。

在治理整顿和深化改革中加强企业管理提高经济效益

——1990年4月14日国家体改委副主任张彦宁在全国企业管理工作座谈会上的讲话

我们这次会议是经国务院批准，由国务院企业管理指导委员会和国务院生产委员会共同召开的第一次全国性的企业管理工作会议，也是继1988年全国第六次管理现代化座谈会以后，全面研究加强企业管理工作的一次重要会议。会议的主题是，贯彻党的十三届五中全会、六中全会和七届人大三次会议精神，研究在治理整顿中如何强化企业管理，挖掘企业内部潜力，提高经济效益的问题。同时研究“八五”期间如何进一步强化企业管理，提高企业素质的意见。围绕这个主题，讲几点意见，供大家讨论。

一、对企业管理现状的基本估计

党的十一届三中全会以来，我国经济体制改革和经济建设取得很大成绩，经济工作逐步向以提高经济效益为中心的方向发展。为了迅速改变我国工业企业管理落后、经济效益低的状况，中共中央、国务院于“六五”和“七五”期间相继作出了对企业进行整顿和开展抓管理、上等级、全面提高企业素质的决定。各地区、各部门和广大工业企业按照党中央、国务院的部署，在加强企业管理方面做了大量的工作，取得了很大成绩。恢复性整顿，结束了“文革”十年造成的混乱局面，恢复了正常生产秩序；从1982年开始的建设性整顿、对企业内部管理工作普遍进行了综合治理，建立了内部经济责任制，健全了各项管理制度，为深化企业改革、推进企业管理现代化打下了基础；从1986年开始的企业升级工作，进一步推动了技术进步和管理现代化工作，提高了企业素质。可以说，经过十年的努力，我国企业管理工作正在逐步适应着社会主义有计划商品经济的要求。企业经营机制发生深刻变化，管理水平有了较大提高，促进了生产的发展。主要表现在：

（一）企业管理意识不断增强

改革开放前，我国一直是实行高度集中的经济体制，企业基本上是单纯生产型的。随着经济体制改革的不断深化，有计划商品经济的发展，企业由单纯生产型向生产经营型转变，由封闭半封闭型向开放型转变。企业的管理意识也随着企业经营机制的转变，发生了深刻变化。一是增强了市场观念。随着国家指令性计划的减少，市场调节作用的发挥，企业开始面向市场，研究市场，开拓市场，根据国家计划和市场需求，制订经营战略，调整产品结构，努力做到按需生产，满足社会需要；二是增强了竞争观念。社会主义市场的形成，使企业产生紧迫感，企业只有生产适销对路、质优价廉、有竞争力的产品，才能生存和发展，从而增强了质量观念、成本意识、时间观念和服务观念；三是增强了效益观念。越来越多的企业由重视产值、产量的增长，转变为重视经济效益的提高，眼睛向内，进行技术改造，调整产品结构，走以内涵为主的发展道路；四是增强了人才观念。许多企业认识到，产品的竞争归根到底是人才的竞争，企业的优势根本上是人才的优势，从而把人才的培训，人才的使用和人才的开发作为企业管理的重要内容，尊重知识、尊重人才的意识大大增强；五是增强了法制观念。随着法制建设的发展，这几年公布了一系列有关企业的经济法规，使企业逐步走上依法治厂的轨道。不仅依法从严治厂，而且依法维护企业的合法权益，法制观念不断增强。据不完全统计，全国已有3万多家企业设立了法律顾问，在宣传贯彻经济法规，开展经济诉讼，为企业经营决策服务等方面发挥了积极的作用。

（二）企业经营机制不断完善

通过深化改革、贯彻《企业法》，企业领导体制、经营方式、劳动人事和分配制度都在发生与社会主义有计划商品经济相适应的变化，使企业的经营机制进一步完善。厂长负责制的全面实行，适应了社会化大生产的要求，加强了厂长对生产经营的统一指挥、党委的政治思想领导和保证监督、职工的民主管理，明确了企业党、政、工三者的关系；承包经营责任制和企业内部经济责任制的普遍实行，明确了国家、企业和职工三者的责、权、利关系，企业的经济利益和职工的收入与经济效益挂起钩来，开始改变了企业吃国家大锅饭、职工吃企业大锅饭的状况，调动了企业和广大职工的积极性；在企业内部劳动、人事、分配制度等方面的配套改革，收到了明显的效果，"上岗靠竞争，收入靠贡献"的机制正在许多企业中形成。这一系列企业经营机制上的改革措施，已成为《企业法》的重要内容，纳入法制轨道，这是十年来企业改革的重大进展。企业经营机制的不断完善和发展，对增强企业活力，提高企业自主经营、自负盈亏、自我发展和自我约束的能力，发挥了很大的作用。

（三）企业管理基础工作不断加强

"六五"期间的企业整顿，重点整顿了企业管理基础工作，并在大庆"三基"（基层建设，基础工作，基本功）经验的基础上，逐步形成了企业管理基础工作七项内容（即标准化、计量、定额、信息、规章制度、基础教育、班组建设）。经过整顿，企业各项管理基础工作得到恢复和加强。深化企业改革，推行管理现代化和开展企业升级，进一步强化了企业管理基础工作。目前工业企业普遍建立和健全了产品技术标准，不少大中型企业还制订了管理标准和工作标准。据国家技术监督局提供的资料，到1989年底，全国已制订国家标准1.6万多个，其中70%达到国际七十年代末、八十年代初的水平，部分已达到当代先进水平；还制定了专业标准1.7万多个，地方标准13万多个。计量工作有了很大发展，目前全国已有734个企业达到一级计量合格标准，1200个企业达到二级计量合格标准，44000多个企业达到三级计量合格标准。这批企业的计量器具配备率、计量检测率都达到90%以上，其中一级计量合格企业达到95%以上。全国大中型企业普遍建立健全了劳动、物资、资金、费用等项定额。据机电、冶金、化工、纺织等11个部门的不完全统计，到目前为止，制订劳动定额20多万项，定额覆盖面占全部生产工人的50%以上。多层次、多渠道、多种形式的职工岗位培训工作广泛开展，加强了基础教育工作，纺织、石油化工等一些行业实行了"先培训，后上岗"的制度，使上岗职工的基本素质有了保证。

（四）企业管理现代化取得了新的进展

1986年颁布的《企业管理现代化纲要（草案）》明确了企业管理现代化的指导原则和奋斗方向，推动了企业管理现代化工作。一批管理基础好的大中型企业，结合技术进步，用现代化管理技术来改进传统管理，初步形成具有自身特点的管理方式，管理水平在全国处于领先地位。一批成套引进国外装置、技术的企业，结合我国实际，借鉴和采用了国外先进的管理技术，他们的管理水平较高，基本是现代化的。一些企业从本企业实际情况出发，不断总结自己的经验，创造了一些各具特色的新的管理方法。这些方法概括起来，大体可以分为三类，即企业整体优化管理法，专业性的系统控制法，生产现场规范管理法。有些管理方法，如全面质量管理、价值工程等正在大面积推行，取得较好效果。计算机的应用越来越广泛。目前工业企业拥有的计算机达十几万台。全国大中型企业普遍应用了计算机辅助管理，北京、上海、江苏、辽宁等省市大中型企业计算机普及率已达90%以上，应用开发的效果也日益明显。不少企业已用于生产控制、产品开发、企业管理等方面。这些都逐步地改变着我国企业管理的面貌。

（五）企业管理干部和职工培训工作取得很大成效

在全国企业厂长（经理）统考工作基本完成后，各级各类企业管理干部岗位培训工作进一步展开，各种短训班已成为企业干部培训的重要形式，仅1989年参加培训的就达69万人次。许多地区和部门先后同发达国家合作培训了一批管理人才。据17个省、区、市统计，去年参加合作培训的有1.4万多人次。一些省市把岗位培训与考核、使用、承包、晋升、奖惩结合起来，制定了有关政策和具体措施，进一步提高了培训效果。

与此同时，各级主管部门和企业组织的工人岗位培训和技术业务培训（包括班组长业务培训，高级工、中级工、初级工、学徒工的技术业务培训）也广泛展开。据国家教委和劳动部统计，1989年共培训1830万人，占工人总数的24.5%。其中岗位培训490万人，技术业务培训1340万人。参加高级技术业务培训的有41.5万人，参加中级技术业务培训的有410万人。截至1989年底，共考核和聘任工人技师14万人。

以上这些培训，有效地促进了企业管理干部和广大职工素质的提高。

（六）开展企业升级促进了企业素质的提高

从1986年开始的以"抓管理、上等级，全面提高素质"为主要内容，以质量、消耗、效益和安全四项综合指标为考核标准的企业升级工作逐步受到企业的普遍欢迎，引起了国内外的积极反响。实践证明，企业升级是一种激励机制。它是我国从多年实践中找到的一种定量考核评价企业管理水平的有效形式，是在公有制条件下，促进企业全面提高素质的好办法。同时也便于加强行业管理，实行分类指导。企业升级的开展，促使各行业建立起客观评价企业技术、管理水平的统一等级标准，企业围绕产品质量、物质消耗、经济效益、安全生产和思想政治工作建立保证体系，自觉地向国际、国内先进水平努力攀登，从而推动技术和管理两个轮子同步运转。截至目前，国务院35个部门和解放军总后勤部已正式颁发国家级企业升级标准

704个。本着企业自愿申请，省（市）、部门推荐，主管部门严格考核的原则，已审定国家一级企业45个，国家二级企业2864个，其中有98个企业已进行了国家一级企业预考核。各省还有上万个省级先进企业。国家二级企业的主要产品质量和性能、物耗、效益、安全以及管理水平，基本上代表了国内同行业的先进水平；国家一级企业的主要产品质量和性能全部达到国际七十年代末、八十年代初的先进水平，其中约有三分之一的产品达到国际当代水平。这45个国家一级企业，与升级前的1985年相比，60%的产品质量上了一个等级；物质消耗明显低于同行业的平均水平。如机械行业国家一级企业1988年的万元净产值综合能耗比当年同行业企业的平均值低14.6%；钢材利用率高15%；经济效益指标大大高于全国预算内工业企业的平均水平，其中资金利税率为3.28倍，人均实现利税为6.8倍，全员劳动生产率为4.96倍。

截至1989年，中国企业管理协会、中国企业家协会还先后评选出80个全国优秀管理企业（获金马奖）和60名全国优秀企业家（获金球奖）。这些企业绝大部分是国家二级企业，有的是国家一级企业或已达到国家一级企业的水平。

国家一级企业和全国企业管理优秀企业成功之点就在于：党政领导班子团结一致，领导干部、专业管理和技术人员、广大工人"三结合"好，发挥了职工群众的主人翁作用，把从严治厂和民主管理紧密地结合起来；有一个以赶超国际先进水平为主要内容的经营战略目标，企业技术进步和管理进步较快；各项管理工作健全，"七基"工作扎实，重视现场管理；新产品开发快，应变能力强，企业有活力；两个文明一起抓，思想政治工作抓得紧，注意以人为中心的管理，在实践中形成具有本企业特色的企业精神，企业的凝聚力强。这批企业是我国企业先进水平的代表，也是推进企业管理现代化的排头兵。大庆、鞍钢、武钢、吉化、长岭炼油厂、哈尔滨锅炉厂、常州柴油机厂、新华制药厂、中山洗衣机厂等企业已被有关部门、省市正式决定为本行业或全省市企业学习的榜样。

经过十年的努力，从总体上看，我国企业的管理观念逐步转变，管理方法有所创新，管理手段不断完善，管理基础工作不断加强，相当数量的企业管理水平有不同程度的提高，确有一批企业达到或接近国际先进水平。但是，我们应当清醒地看到，就全国企业来说，管理落后的状况仍然没有从根本上得到改变，相当多的企业存在产品质量差，物质消耗高，经济效益低的情况；管理意识不强的问题还没有完全解决；有的企业承包以后，放松了管理，甚至以包代管；有的企业思想政治工作薄弱，存在着基础工作混乱，治厂不严，纪律松驰的现象。特别是在当前市场疲软、资金紧缺的情况下，一些企业缺乏应变能力。这些问题都要在治理整顿中，通过深化改革、加强企业管理逐步解决。

二、1990年加强企业管理工作的几点意见

今年是九十年代的第一年，也是进行治理整顿的关键一年。在治理整顿中，国家为了抑制通货膨胀，控制社会需求，采取了"双紧"方针，使过大的固定资产投资规模得到有效的控制，过高的工业发展速度降了下来，保持了一定的增长速度。在治理整顿取得初步成效的同时，也出现了新的问题，企业面临市场销售疲软、产品积压、资金短缺等困难，严重影响着企业的生产和经济效益。这对企业适应能力是一个严峻考验，对提高企业素质提出了更高要求。我们要正确看待当前形势，增强信心，战胜困难，抓好深化企业改革和加强企业管理的各项工作，把生产搞上去。党的十三届五中全会提出，要"坚定不移地把经济工作转到以提高经济效益为中心的轨道上来"，"真正下功夫改进经营管理，提高科技水平，讲求经济效益，走投入少，产出多，效益高的经济发展路子。"李鹏总理在七届人大三次会议上的政府工作报告中指出，"工业企业经济效益差是当前许多矛盾的症结所在。所有工业部门和企业都要真正把工作重点转移到提高素质和效益上来，大力加强技术改造和改进企业管理，争取在这方面有较大的进步。"我们要认真把党中央、国务院提出的要求落到实处，在继续深化企业改革的同时，切实强化企业管理，充分挖掘企业内部潜力，在提高企业管理水平，提高企业素质上下功夫，向管理要效益。

（一）提高经营决策能力，搞好经营战略

提高经营决策能力，提高经营战略是关系企业生存发展的重要问题，根据治理整顿的要求，企业应把经营决策的重点放在搞好产品结构调整上。搞好经营决策，一是要认真分析企业的外部环境和内部条件，弄清外部环境的有利因素和不利因素，发现潜在需求；明确企业内部的优势和劣势，扬长避短，充分发挥本企业的优势，制订本企业的经营战略目标和实现措施；二是要认真研究市场需求，调整产品结构，增产优势产品，压缩长线产品，开发新产品，开拓国际国内两个市场。对于市场滞销或质次价高以及消耗能源原材料高的产品，要下决心停止生产或转产；三是要根据市场发展的需要，制订长远发展目标，围绕产品结构调整，进行技术改造和技术开发，加速产品更新换代，使企业有一定的技术储备，增强对市场变化的适应能力；

四是要研究制订销售策略，扩大销售视野，不仅要重视城市，而且要重视广阔的农村市场，积极组织工业品下乡，这是克服当前市场疲软的一项重要措施。同时要研究消费心理，转变经营作风，搞好售后服务，提高企业信誉。

（二）加强各项专业管理和基础工作

抓好专业管理和基础工作，是挖掘企业内部潜力的关键环节，要进一步结合完善企业内部经济责任制，建立健全各项专业管理保证体系，加强各项基础工作。在加强专业管理方面，要针对当前市场疲软、资金紧张、经济效益低的情况，抓好三个重点：

一是继续大力推行全面质量管理，提高产品质量。近两年，有些企业对全面质量管理工作有所放松，要切实恢复和加强起来。所有企业都应象武钢那样，树立牢固的质量观念，以质量求生存，求发展，由产值效益型向质量效益型转变。

二是加强物资管理，努力节能降耗。我国企业一方面原材料能源紧缺，另一方面又存在着消耗高、浪费大的问题。据有关部门分析，工业企业每年的废品损失就要占到工业产值的1.5%左右，如按1989年工业总产值计算，相当损失300多亿元。我国工业企业的能源有效利用率仅达到30%左右，而美、日等发达国家都在50%以上。1987—1988年度，创造一美元的产值，我国的综合能耗是日本的4倍多，巴西的3.8倍，印度的1.6倍。这说明我国企业节能降耗的潜力是很大的。从工业产品的成本构成看，全国预算内工业企业的物耗占生产成本的73.3%，抓好了节能降耗，就抓住了降低成本的大头。因此，企业必须制订先进的消耗定额，特别是已经进入国家级的企业，要瞄准国内和国际先进水平，修订自己的消耗定额标准。大力采用新工艺、新技术，提高原材料、能源有效利用率。

三是加强资金管理，加速资金周转。资金短缺是当前一个突出问题。一方面国家采取“双紧”方针，信贷紧张；另一方面，企业资金占用大量增加。据财政部快报数，1989年全国预算内工业企业，定额流动资金占用额比上年增长近26.9%，其中产成品资金占用额增长了80%。定额流动资金周转天数由97天延长到108天。要解决资金短缺问题，除了国家在宏观上采取措施以外，企业也必须眼睛向内，千方百计加强销售，加强资金管理，节约资金、加速周转。另外根据财政部统计资料，1988年全国预算内工业企业的费用开支占生产成本的18.2%，这也是节约资金的一个重点。要继续推行全面经济核算，严格控制和压缩费用开支，积极推行ABC分类经济批量采购，定量库存控制等办法，减少资金占用；开展清仓利库活动，处理超储积压物资，把死钱变活钱；继续推行厂内银行，建立企业内部新的结算机制，减少占用，加速周转，堵塞漏洞。国务院已采取措施，解决“三角债”问题，各地区要认真落实。

在加强管理基础工作方面，各地区、部门要根据当前企业之间管理基础工作水平参差不齐、差异很大的实际情况，提出不同层次的要求。企业要从自己的实际出发，突出重点，抓住薄弱环节，把基础工作搞扎实。从总的要求来讲，今年要在以下几个方面下功夫。一是加速标准的制订。主要产品要积极采取国际标准。除了制定国家标准、部颁标准和地方标准以外，企业也要制订自己的内控标准，并严格按标准组织生产；同时要不断建立和完善工作标准和管理标准，向标准化管理迈进。二是加强计量工作，提高计量器具配备率和计量检测率，充分发挥计量工作在保证质量、降低消耗方面的作用。三是建立健全信息系统，特别是要加强对市场信息的研究分析，为企业经营决策提供可靠的依据。四是加强定额管理，不断提高定额水平。特别要围绕成本管理、资金管理、设备管理和经济核算等工作，把劳动定额、物资定额、消耗定额、资金定额、费用定额、设备定额等建立健全起来，纳入经济责任制，落实到科室、车间、班组，严格考核。

（三）加强生产现场管理

生产现场管理是用科学的管理制度、工艺、流程、标准和方法，对生产现场的各个生产要素进行合理有效的计划、组织、协调、控制，使其处于良好状态，以求达到优质、高效、低耗、均衡、安全地进行生产。现场管理也是企业各项管理的落脚点，现场管理直接反映企业管理水平的高低和精神文明建设的状况。目前相当一部分企业现场管理薄弱，有的管理混乱，存在脏乱差现象，这就是企业素质不高的一个表现。因此，今年要把加强现场管理，作为强化企业管理的一项重要工作来抓，重点要抓好定置管理、物流管理和班组建设。严格工艺纪律、劳动纪律和岗位责任制度，建立文明的生产环境和良好的生产秩序，使人流、物流、信息流合理、高效地运转，达到生产现场管理的科学化、规范化、程序化，并通过加强现场管理，促进管理基础工作的完善和专业管理水平的提高。抓好现场管理不是一劳永逸的，必须常抓不懈。现在一些部门、地区及企业比较重视抓好生产现场管理，有的还召开现场会，抓典型，树样板。这次会议以后，我们也准备组织几个小组，深入基层，重点了解一下国家二级企业现场管理的实际情况，好的要表扬，差的要整顿。并考虑在下半年召开现场管理的经验交流会，推动这项工作。

（四）继续推进企业管理现代化

推进企业管理现代化，要以提高产品质量、降低物质消耗和提高经济效益为重点，注重提高综合管理水平，发挥管理的整体效能。首先要认真总结推广我国企业自己创造的行之有效的先进管理经验，同时要研究借鉴国外先进管理方法。几年来，结合我国企业实际情况推行全面质量管理、价值工程、工业工程、方针目标管理等方法，收到明显效果，要继续坚持下去。同时要在实践中运用和创造一些管理新方法。

推进企业管理现代化，是一个循序渐进的过程，不能急于求成，要扎扎实实，讲求实效，持之以恒。要进行分类指导，对不同等级的企业提出不同要求。推进管理现代化起步早、基础好的大中型企业应向企业管理整体优化方向发展，发挥带头作用。国家一级企业应系统地推行管理现代化，逐步形成适合本企业特点的现代化管理体系；国家二级企业要在现有基础上，积极创造条件，逐步把各项管理工作纳入管理现代化的轨道；省级先进企业应在完善基础工作的同时，提高各项专业管理的水平，有步骤地推进管理现代化；其它企业重点是打好基础，逐步实现管理规范化，为推进企业管理现代化创造必要的条件。

电子计算机是现代化管理的重要手段，也是管理现代化的重要标志。国家级企业必须有计划、有步骤地应用电子计算机进行管理，并讲求实际使用效果。要以建立健全企业管理信息系统为目标，搞好总体规划，进行系统设计和系统开发，逐步向计算机综合应用方向发展。今年要研究提出对国家级企业在运用计算机方面的具体要求。

（五）深入开展合理化建议活动

自从1950年中央人民政府政务院作出《关于奖励有关生产的发明、技术改进及合理化建议的决定》以后，群众性的合理化建议活动曾经在全国蓬勃开展，取得了很好效果。但六十年代后期和七十年代中断了。十一届三中全会以来，许多企业把这项活动重新又开展起来。1982年国务院重新颁布了《合理化建议和技术改进奖励条例》。据全国总工会统计，10年来，全国已有26万个企业，6700多万职工参加了这项活动，提出了合理化建议6400万件，被采纳的有3000万件，节约和创造价值400多亿元。开展群众性的合理化建议活动，是贯彻党的群众路线、密切联系群众和全心全意依靠工人阶级的具体体现，是开展民主管理、发挥职工主人翁作用的有效形式，也是贯彻落实党的十三届六中全会精神的一个实际行动，特别是在当前面临经济困难的形势下，开展这项活动更具有现实的意义。今年，各部门、地区和企业要把组织开展群众性合理化建议活动当作加强管理的一项重要工作来抓，形成制度，抓出成效。

（六）进一步搞好企业升级工作

开展企业升级工作，是加强企业管理，全面提高企业素质的重要措施。今年要对企业升级工作进行一次总结。为“八五”期间进一步搞好企业升级工作做好准备。关于今年企业升级工作的安排意见，国务院企业管理指导委员会〔1990〕1号文件已做了具体部署，现在强调讲以下几点：

1. 进一步提高对企业升级工作的认识。要把功夫切实放在抓管理上，防止和克服单纯“套标升级”的倾向。企业应该着眼于提高素质，以赶超国内国际先进水平为目标，强化管理，推进技术进步，提高水平。企业主管部门要着眼于提高全行业的管理水平，严格升级标准，制定切实有效的措施，引导企业走“治本达标”的路子。对管理工作达不到部颁要求的企业，即使质量、消耗、效益、安全达到规定的标准，也不能升级。

2. 继续完善企业升级标准，坚持标准的先进性和严肃性。考虑到“八五”期间企业升级标准将进一步修订和调整，今年各部门不要再颁发新的企业升级标准，但应注意收集数据资料，为制订和完善“八五”期间升级标准做准备。有国家一级企业的工业部门，可选择一两个有条件的重点行业研究制订国家特级企业标准。

已经制定的国家级企业升级标准中，凡不符合国家产业政策的，应停止实施；对于这类企业，暂不审定国家级企业。

3. 企业升级的考核、审定必须坚持高标准、严要求，确保企业升级的质量。要防止追求数量、导致全行业水平不高的现象发生。鉴于目前进入国家级的工业企业在全民所有制企业中已占有相当的比例，尤其是八个试点工业部门，国家级企业已占预算内工业企业的6.2%，其中大中型国家级企业已占大中型企业数的24.2%。为了确保国家二级企业在同行业中的先进性，今年国家二级企业的考核审定总数仍要严格控制，要明显少于去年。今年国家一级企业的正式考核，要坚持按标准进行，特别是对管理要严格要求。今年国家一级企业的预考核只在工业部门的主要行业中选择少数工业企业进行，预考核的数量要从严控制。凡已试点审定过的行业暂不再进行预考核。

4. 抓好升级企业的复查工作。目前各部门、各地区正在进行对升级企业的复查工作。为了既保证复查质量，又减轻企业负担，必须强调：(1) 复查范围原则上限定在1987、1988两年审定的国家级企业和省级企业；(2) 坚持以企业自查为主，主管部门可进行重点抽查，一般不要派工作组对企业进行全面复查；(3) 国家级企业的复查工作由企业主管部门统一组织进行，其他有关部门不要单独对企业进行单项复查；(4) 对达不到标准的企业，应严格按企指委〔1990〕1号文件规定执行，不能护短，降低水平。每一个升入国家级的企业，都要十分珍惜企业的形象和信誉。

（七）加强思想政治工作，全心全意依靠工人阶级办好企业

提高企业素质，必须物质文明建设、精神文明建设一起抓，全心全意依靠工人阶级。企业要把思想政治工作摆在重要位置，充分发挥企业党组织的政治思想领导作用，充分发挥企业职代会和工会的作用。要把对职工进行马列主义教育、党的基本路线教育和形势教育紧密结合起来。要结合每个时期的中心工作开展有针对性的思想教育，特别要把当前形势和面临的困难向广大职工讲清楚。认清形势，坚定信心，群策群力，克服困难。只有这样才能经得住企业面临的严峻考验，渡过暂时困难，开创新的局面。近十年来，职工队伍发生很大变化，青年职工一般占70%左右，是企业的生力军。要在广大职工特别是青年职工中开展学雷锋活动，学习他一心为公、无私奉献的精神；发扬大庆艰苦奋斗的优良传统和三老四严作风，开展树标兵、学先进的活动，培育企业精神，增强企业的凝聚力。

国家的稳定，经济的发展，企业的兴旺，最根本的是充分发挥广大职工的智慧和力量。要认真推行干部、技术人员、工人“三结合”的制度，加强职工民主管理。要动员全体职工努力掌握先进的生产技术和现代化管理方法。要继续抓好职工培训工作，提高职工素质。关于加强干部培训工作的意见和安排，我在厦门全国企业管理干部培训工作会议上已经讲了，就不再重复了。当前，有些企业开工不足，要利用空闲时间抓紧进行职工培训。各级经济部门和企业领导要把职工培训作为一项战略任务，持久地抓下去，造就一支有理想、有道德、有文化、有纪律、高素质的职工队伍。

企业管理是一项复杂的系统工程，既有科学合理地组织生产力要素的一面，也有正确妥善处理生产关系的一面；既受宏观环境的影响，又取决于企业自身条件；既包含各项专业管理工作，又有综合管理的要求，必须统筹协调，兼容并蓄，不能孤立地强调某一方面，而忽视另一方面。要正确处理好各种关系，善于把企业改革、企业管理和企业技术进步有机地结合起来。企业改革是完善企业经营机制，改变和丰富了企业管理的内容，对管理提出了更高的要求，改革成果最终要成为新的管理内容。深化企业改革和强化企业管理是一个不可分割的整体，都是为了调动广大职工的积极性，充分发挥他们的智慧和创造力。要克服和防止“以包代管”的现象。技术和管理是发展生产的两个重要方面，两者相互促进、相辅相成。先进的技术只有通过科学管理才能发挥应有的作用，变为现实的生产力；而科学的管理必须建立在先进技术的基础上。开展技术革新、合理化建议活动和“双增双节”活动，是发动群众加强管理的一种有效形式。要注意处理好以上各种关系，工作中要做到统一规划，合理安排，使企业各项工作协调发展。

三、“八五”期间加强企业管理的初步设想

“八五”期间，特别是“八五”初期，我国经济仍然处于治理整顿阶段，即使治理整顿任务完成后，经济发展速度也不会高，企业的外部环境也只能逐步改善。因此，要认真贯彻党的十三届五中全会和七届人大三次会议精神，坚定地走投入少、产出多、效益高，以内涵为主发展经济的路子。根据这一指导方针，“八五”期间企业管理工作必须有一个战略性转变，由粗放经营转到集约化经营。坚持以提高经济效益为中心，围绕调整产品结构、提高产品质量、降低物质消耗，推进技术进步和管理现代化，使我国企业管理落后的局面有一个较大改观。本着这一要求，我们考虑，有必要制订一个“八五”期间加强企业管理的工作规划。下面谈几点意见，请大家讨论。

（一）“八五”期间加强企业管理的指导思想

这就是围绕治理整顿的六项主要目标和国民经济“八五”规划总的要求，以提高经济效益为中心，继续开展企业升级工作，进一步推进企业管理现代化，全面提高企业素质，使企业管理水平再上一个新台阶，促进国民经济持续、稳定、协调发展。

（二）制订“八五”期间加强企业管理规划的原则

——同“八五”国民经济计划紧密结合，把加强企业管理、提高企业素质作为完成治理整顿任务和实现“八五”计划目标的重要手段；

——同深化企业改革、改善企业经营机制紧密结合，以改革促进管理；

——同技术进步紧密结合，使管理和技术进步同步发展；

——坚持实事求是、循序渐进，针对薄弱环节，突出重点，制定规划，分步实现；

——区别情况，进行分类指导，根据地区、行业、企业的特点和差异，分层次确定不同的规划目标和加强企业管理的要求。

（三）规划的目标

“八五”期间企业管理总的要求是进一步完善企业经营机制，增强企业自我发展的能力和对市场变化的适应能力。各项经济技术指标都有不同程度的提高，涌现一批具有当代国际先进水平的企业。

1. 在主要行业中，要有50%以上的产品按国际或国外先进标准组织生产，要有50%以上的主导产品在

产品性能和质量方面达到国际七十年代末、八十年代初先进水平。

2.主要工业产品的原材料消耗和万元产值综合能耗指标要在1990年的基础上降低3～5%。

3. 安全生产要达到或超过同行业历史最好水平。

4. 所有工业企业都要实现按行业规划进行管理。

5.国家特级和国家一级企业要基本实现管理现代化（包括普遍应用计算机）。

（四）规划的主要内容和措施

1. 继续开展工业企业升级工作。“七五”的实践证明，企业升级是引导企业加强管理，推进技术进步，全面提高企业素质的有效办法。要在总结经验的基础上，制订“八五”企业升级规划，不间断地继续抓好这项工作。

（1）进一步调整、修订和完善企业升级标准。这是搞好“八五”期间企业升级的关键环节。目前的企业升级标准是根据1985年的实际水平制订的，不少行业的升级标准已不能代表行业先进水平，需要提高一步。国家一级企业的标准要进一步补充完善，国家二级企业的标准要达到1990年国内同行业先进水平。根据国家产业政策和产品技术性能水平的要求，对生产规模小，产品结构简单和量大面广的小商品、零部件，以及国家严格限制发展的小行业，不再制订国家级企业升级标准，同时根据不同行业的具体情况，确定行业划分原则和对企业升级标准进行等级限定，以确保国家级企业的先进性。为了做好这项工作，国务院企业管理指导委员会和生产委员会拟会同有关部门成立企业升级标准审定组织，专门负责企业升级标准审定工作。

（2）充实企业升级标准的考核内容。“八五”期间对企业管理工作要提出等级要求，并列入企业升级考核内容。国家级企业管理工作标准，由国务院企业管理指导委员会、国务院生产委员会提出统一要求，具体标准由国务院有关部门制订；省级先进企业标准，由省、自治区、直辖市制订。

（3）非工业企业加强管理的形式与工业企业应该有所区别。“七五”期间一些非工业部门参照工业企业的升级办法，开展了企业升级的试点，取得了较好的效果。但是，非工业企业不生产实物产品，与工业企业相比，在等级的设置、考核指标的选择和标准水平的确定上很难对应。同时，非工业部门很多，所包含的大行业更多，情况各异，彼此之间也很难于横向比较，同国际上更难对比。因此，“八五”期间，非工业企业在升级等级设置、考核指标、标准水平、命名和考核办法等方面应与工业企业升级有所区别，非工业企业升级不宜再列入工业企业升级同一系列。非工业部门也可以根据自己的情况，采取不同形式和办法加强企业管理。

2. 要制订行业的企业管理工作规范，加强对企业的分类指导。目前企业管理的水平参差不齐，即使是同一行业，管理水平高低也相差悬殊，为了使所有企业都能根据本行业的特点加强管理，有必要制订行业的企业管理工作规范。国务院各工业部门要在摸清情况的基础上，分行业提出企业管理工作规范，促进企业按照行业的特点和要求，逐步实现管理工作规范化。

3. 研究国内外先进的企业管理经验，不断推进企业管理现代化。“七五”期间制订的《企业管理现代化纲要（草案）》，发挥了很好的作用，要根据“八五”期间和九十年代企业管理现代化的要求重新修订。“八五”期间推进企业管理现代化，要在认真总结推广国内许多企业在实践中创造的各种行之有效的管理方法和经验的同时，借鉴国外先进管理经验，并要不断创新发展。推进企业管理现代化要分层次地进行。按照企业的性质、规模和管理水平高低，技术和劳动的密集程度，提出不同的要求，实行分类指导。

4. 开展群众性的技术革新和合理化建议活动。在“八五”期间，要把开展这项活动作为强化企业管理，推进技术进步的重要内容来抓。要在国务院颁发的《合理化建议和技术改进奖励条例》的基础上，提出进一步完善措施，推动合理化建议活动深入持久地开展。

5. 加强培训工作，提高职工素质。“八五”期间，企业干部、职工培训工作的基本指导思想是：以党的基本路线为指针，从企业改革和生产发展需要出发，全面提高干部、职工的政治、业务素质。按需施教，学用结合，讲求实效。采取多种形式、多种渠道，举办各种研究班、培训班、专题班，进行直接有效的培训。“八五”期间的职工培训工作以岗位培训为主，逐步实行“执证上岗”的制度，把取得岗位培训证书，作为任职、上岗、转岗、晋升的重要依据之一，调动干部、职工参加培训的积极性，保证培训的质量。同时研究解决企业岗位培训工作的有关政策和规范化、制度化问题。初步规划1992年以前，把大中型企业现职领导基本培训一遍。对小型企业着重抓好企业领导干部、车间主任等关键岗位的培训。加强和改进与国外合作培训的管理工作，以及师资队伍、培训教材的建设。

6. 研究建立科学的综合评价企业活力的标准。增强企业活力是促使国民经济持续、稳定、协调发展的必要条件。但是过去我们衡量企业活力时，往往局限于企业的财务指标，而对企业经营中诸多因素变化的影响，缺乏综合定量分析，因而对一个企业是否具有活力，难以做出科学的评价。“八五”期间，我们要按照我国计划经济与市场调节相结合的经济体制，根据不同行业和企业的特点，积极研究企业活力综合测定体系，建立衡量企业活力的标准，重点对大中型工业企业活力进行定量分析。要在国家一级企业中选择一些有代表性的企业进行企业活力的测评。

实现“八五”规划目标，任务非常艰巨，各级经济管理部门必须采取多种措施，加强对企业的宏观指导。要保持政策的稳定性和连续性，维护国家法律、法规的严肃性，国家已经颁布的有关深化企业改革的一系列政策、法规要继续贯彻落实，并在实践中不断加以完善。各地区、各部门要多倾听企业和广大职工的呼声，理解企业的困难，多为企业着想，为企业服务，帮助企业排忧解难。同时要进一步完善工商法规，更好地维护企业的合法权益，为企业发展创造一个稳定的环境。稳定政策以稳定企业、稳定人心，使企业集中精力为完成和超额完成“八五”计划而努力。

同志们：当前我国企业面临治理整顿和深化改革的新形势，所有企业既要努力完成治理整顿任务，又要为“八五”期间做好各项准备工作，任务十分繁重。我们要认真贯彻党的十三届五中全会、六中全会和七届人大三次会议《政府工作报告》精神，努力把管理工作搞上去。希望全国企业主管部门和企业的广大干部职工，振奋精神，勤奋工作，克服困难，为促进国民经济持续、稳定、协调的发展做出新的贡献。

国务院企业管理指导委员会主任张彦宁
在企业两期承包衔接和内部经济责任制座谈会上的讲话

（1990 年 12 月 17 日）

这次召开的企业两期承包衔接和内部经济责任制座谈会，是贯彻落实全国计划会议精神、促进企业两期承包顺利衔接的一次重要会议。这次会议对于稳定企业，稳定经济，克服当前经济上的一些困难，都将产生较好的影响。几天来，通过大会发言，小组讨论，沟通了情况，交流了经验，统一了思想，明确了方向和任务。会议达到了预期目的。下面，根据大家提出的问题，讲几点意见，供同志们参考。

一、关于搞好两期承包的衔接工作

（一）统一认识，坚定信心

同志们反映，要想顺利地推动两期承包的衔接工作，统一思想认识非常关键。这个观点我很赞同。较长时期以来，人们对承包制一直争论不休，不仅理论界有各种不同的主张，就是从事实际工作的同志看法也不尽相同。

为什么会出现这些不同认识呢？一是因为人们所处的部门不同，看问题的角度不同，或者对企业实际情况了解的深度不同，由此带来认识上的差异；二是由于承包制同任何事物的发展一样，有一个不断完善和发展地过程，旧的问题解决了，新的问题又会产生，这就决定了人们对它的认识也有个过程，需要逐步深化。因此，对承包制存在不同认识是正常的，不奇怪的，不仅现在有，将来也还会有，这是符合马克思主义认识论的。三是由于承包制推行的时间还比较短，在推行中的确存在着一些问题急待改进和完善。

既然产生不同认识是不可避免的，那么关键就看我们如何对待这些不同认识了。我认为，首先，我们应抱有积极的态度，热忱欢迎来自各方面的批评意见。应当看到，批评是对我们工作的爱护，听不到或听不进不同意见，我们就会止步不前。其次，我们要高度重视承包制存在的问题，坚持实事求是的原则，把各方面的意见集中起来，加速改进和完善企业承包工作；第三，要提高对不同认识的承包能力，不要一听某种议论就摇摆不定，丧失信心。重要的是要脚踏实地做好自己的工作。只要把工作做好了，我们就能得到社会的承认，各方面的认识也就会逐渐趋于一致。第四，要进一步加强与有关部门的联系，经常沟通情况，向新闻单位提供好的典型经验，加以广泛宣传。任何事物都是以比较中前进的，相信承包制也会在实践中、在比较中进一步完善和发展。

如何正确地评价和认识承包制？我认为，评价的标准有两个，一是党的十一届三中全会确定的实践是检验真理的标准；二是党的十三大通过的生产力标准。改革的实践说明，我国企业走承包经营责任制这条路子是正确的。承包制推行四年来，有效地调动了各方面的积极性；保证了国家财政收入的稳步增长；促进了企业经营机制的转变。这几年企业改革异常活跃，都是在承包这个大前提下进行的。从某种意义上看，承包机制的运行，促进了政府主管部门的职能转变，带动了金融、物资、外贸等体制改革，推动企业由生产型向生产经营型的转变，激发出社会主义企业潜在活力，并由此造就了我国工业经济的活跃局面。按实践的标准和生产力标准判断，承包制的积极意义是不言而喻的。

当然，我们也不能把话说得太满，承包制不是万能的。现实中确实存在一些问题急待改进，有些是没有按照《承包条例》的规定、在执行过程中产生的，有的是承包机制自身的问题。但是尽管承包制存在不够完善的方面，在“八五”期间继续坚持承包制已是不以人的意志为转移的。这是因为：（1）我们已经有了比较扎实的实践基础，实践证明承包制是适应我国国情，适应我国当前绝大多数企业特别是国营大中型企业生产力发展水平和经营管理水平的一种较好的经营形式。（2）我们也有了比较广泛的群众基础，承包制不仅为广大企业所接受，也已为广大企业所习惯。（3）在目前情况下，承包制既体现了国家对企业的宏观调控，又满足了在宏观管理指导下搞活微观的要求，是计划经济与市场调节相结合的必然产物。

党中央、国务院领导同志曾多次指出，推行承包制的政策不变。李鹏同志视察陕西时充分肯定承包制是符合中国绝大多数企业生产力发展水平的经营形式。江泽民总书记在经济工作座谈会上说，我们大家都要想办法研究如何把蛋糕做大，而不是立足于现有基础，研究如何分。我想承包制是符合党中央、国务院关于发挥各方面积极性，努力发展生产，提高效益，把蛋糕做大这样一个精神的。现在看来，承包制不是搞不搞的问题，而是如何搞好，如何完善、发展的问题。因此，大家要认清形势，增强信心，坚定不移做好两期承包的衔接工作。

（二）提高新一期承包的工作水平

企业两期承包的衔接工作，动手是比较早的，在今年初的全国体改工作会上就提出了这个问题。在调查研究、反复协商的基础上，国务院于90年5月份下发的33号文件，明确搞好第二轮承包的政策措施。为了及时地进行指导，我们在6、7月间相继召开了南、北两片企业两期承包衔接工作座谈会，提出了贯彻33号文件的具体部署。8月份，国家体改委在哈尔滨召开的企业经济效益分析会，生产委召开的全国生产工作会议，都对搞好这项工作进行了深入的研究。

与此同时，各地区普遍重视这项工作，主要负责同志亲自动手，许多省市成立了企业承包工作领导班子，统一协调各部门的工作，使新一轮承包同上期比较，组织领导明显加强。各地区根据自己的实际情况，陆续制定了第二轮承包的具体政策和完善措施，在实施操作的各个环节做了大量的细致的工作，使新一轮承包工作得以有章法地进行。经过大家近一年的辛勤努力，已经取得了很大成绩。据全国28个省、区、市和7个计划单列市的不完全统计，上期承包到期的全国预算内国营工业企业为33312户，约占承包企业总数的90%。除已实行税利分流试点的企业外，应转入新一期承包的企业为32511户，占到期企业的98%。截止90年11月底，已签订新一期承包合同的企业为16703户，占应承包企业的51.4%（其中吉林、河南两省已搞完，河北90%、北京88%、山西83%、山东78%、浙江72%）；已落实承包方案、正在签订合同的企业3722户，占11.5%；正在研究落实的企业为8602户，占26.5%，尚未落实方案的企业3484户，占10.7%。现在已有62.9%的企业基本落实，预计到90年底，签订新一期承包方案的企业面可达85%左右，91年一季度这项工作可基本结束。此外，各地在两期承包衔接中，还创造了许多新经验，使承包制的内容进一步充实和完善。这些成绩的取得是来之不易的，是企业工作战线上同志们艰苦奋斗的结晶。

新一轮企业承包工作虽已取得了很大成绩，但是工作远未结束，任务仍然相当艰巨。总的看来，这项工作的进展是不平衡的，有些地区由于困难多、下手晚，还处于起步阶段；大多数省市把好包的都包下去了，留下的都是困难较大不好包的，今后面临的任务更加繁重艰巨。

落实新一轮承包是一项涉及国民经济发展及企业发展战略的一项重要工作。从当前来看，搞好新一轮承包，就可直接为明年的经济工作提前作好准备；从长远看，企业一包至少3年，长的包到5年，这就意味着企业在“八五”期间的奋斗目标以及相关的政策条件、责权利关系基本确定。这项工作关系到当前与长远发展目标，涉及到各方面复杂的经济关系，意义重大，我们必须以高度的政治责任感，下大力气把工作做好。

至于如何做好下一阶段的承包工作，刚才在小组交流中已经作了很好的归纳。我想在这个基础上再提醒大家注意以下几点：

第一，要加快进度，提高两期承包衔接工作的水平。这次会议以后，大家要把各地的好经验集中起来，互相借鉴，拓宽思路，使第二期企业承包的内容更加丰富。对于抓得早、高得快的地区，可以开展检查验收，认真总结，查找漏洞，进一步充实完善，继续努力，善始善终地完成任务。对于新一期承包已经落后的地区，要汲取各地的经验，抓紧落实，迎头赶上来。希望这项工作最好在91年2、3月全部结束。

第二，要合理地确定承包基数。首先，要攻破承包基数难以落实的难关。这个问题不解决，新一轮承包就难以迅速展开。各地的经验说明，坚持从实际出发，把基数尽量订得科学合理是可以做到的。现在企业的外部环境比较严峻，组织生产的难度很大，不少企业受市场疲软的影响，生产滑坡，效益下降，面对难以预测的形势，厂长不愿包或不敢包是可以理解的。我们要充分体谅厂长的难处，一方面做好厂长的思想工作，动员厂长勇挑重担，为国分忧。但要注意切忌急于求成，进行“压包”。我们实行承包的目的在于调动企业的积极性，发展生产力，如果企业不情愿，硬压企业承包，不但压不出积极性，反而容易使承包制流于形式，削弱承包机制的作用。另一方面，要实事求是地确定基数，只要承包基数接近实际，科学合理，厂长们是愿意接受的。吉林、广东、山东等地实行分档分级确定承包基数、承包形式由企业自选的办法，上下都能接受，进展比较顺利。山东淄博市实行这个办法，仅用40天就在162个市直工交企业中，完成了139户合同签订工作。云南、内蒙古也都有符合自己特点的办法。这说明只要我们坚持从实际出发，总可以找到解决问题的办法。其次，我们要妥善处理好保证财政收入增长与企业留有发展后劲的关系。企业是国家财政收入的源泉，如果牺牲企业发展后劲来保上交，从当前来看对国家渡过目前经济困难是有利的，但从长远看，势必造成企业萎缩，不但保不了国民经济持续稳定增长，而且会由此挫伤企业的积极性，给当前政治经济稳定带来影响。由此看来，必须妥善处理好当前和长远的关系，既要提倡企业为国家分忧解难，多做贡献，又要兼顾企业的长远发展，力争给企业创造自我发展的条件，把增加收入的着眼点放到涵养财源上，特别要注意按国家产业政策的要求，搞活全民大中型企业。

第三，在承包指标方面，要正确处理好重点和一般的关系。第一轮承包由于处在企业经济效益滑坡的时期，要求很快把承包落实下去，所以主要采用了承包经济效益的指标。经过这几年实践大家有了经验，进一步认识到承包指标既有对企业的激动作用，也有对企业行为的约束作用、引导作用。指标过多，必然造成企业精力过于分散，影响主要目标的完成，但是太简单了也不好。因此，根据这几年的经验，要重点建立效益、后劲和管理的指标体系，切忌面面俱到，无关指标乱搭车。

第四，在经营者选拔方面，要处理好稳定与择优的关系。稳定企业就要稳定承包，稳定承包必须稳定企业经营者，这是我们在新一轮承包中提出的一条正确原则，对推动两期承包衔接工作起了重要的作用。据统计，已签订承包合同的企业，由原经营者继续承包的占90%左右。但是，单纯强调稳定也不行，山西等一些省市的情况说明，过分强调稳定会造成经营者的压力减轻，变“我要包”为“要我包”，破坏了竞争机制，增加了确定基数的难度。我们认为，通过竞争，优选承包经营者的路子是对的，对于打破“大锅饭”、“铁饭碗”起到了重要的突破性的作用，有效地发展了承包制，避免了“一对一”讨价还价的弊端。所以，我们应当坚持委任、聘任、竞争优选三种方法并重的原则，在今后工作难度加大的情况下，适度采用竞争机制把那些具备承包条件的企业尽快包下去。同时，注重组织考查，充分吸取职工的意见，合理确定经营者的奖罚办法。

第五，要正确地处理好承包与调整产业结构的关系。在新一轮承包临近尾声的地区，都留下一些包不下去的企业，需要下大力气研究这些企业的出路。有一批企业可以考虑采用降低基数续包一年的办法；实在不能包的也可以考虑实行目标责任制，待条件成熟后再搞较长期的承包。但也有一批企业长期亏损、没有适销对路的主导产品，管理差、素质低，这些企业的出路是什么？人员怎么办？如何继续让他们在特殊优惠条件下承包，不正常地生存下去，势必不利于产业结构的调整，也会增加整个国民经济的困难。如何解决这个问题？我们已经有了一些比较好的办法，就是进行企业承包企业、企业集团承包企业、企业兼并企业。这样做，一方面可以在企业尚不具备破产的条件下，有效地进行企业组织结构调整；另一方面，在社会就业压力大，社会保障体系没有建立的条件下，妥善解决被承包企业职工的安置问题。承包接近尾声的省市、都要及时地把工作重点转到这方面来，按国务院颁布的《三十条》的具体规定组织实施。

第六，要把签订承包合同时的严格要求与签订合同后的严格管理结合起来。完善承包制有两个重要环节，一是在签订合同时；二是在执行合同过程中。这就要求我们注意把握每一个环节，实行承包的全过程管理。就前者来说，我们已经有了教训，第一期承包由于承包工作在前、《承包条例》颁布在后，许多企业的承包没有按规定去办，第一期承包中出现的大部分问题多是由此引起的。新一期承包开始时我们注意了这个问题，在已有《承包条例》的基础上又发布了《三十条》，使新一轮承包有了政策依据，各地要严格地按有关规定办事，在完善承包制方面打下一个好的基础。就后者而言，就是要在实践中去完善。承包合同签订了并非万事大吉，完善承包制应当体现在承包的全过程管理，客观上需要我们花很大精力做好承包企业的监督管理，外部条件的变化更需要我们帮助企业排忧解难。

第七，正确处理承包制和其它改革试点的关系。我国企业千差万别，分别处在不同地区、不同经济发展水平之中，企业本身又是在不同年代建起来的，设备状况、技术水平大不相同，客观上很难用一种模式覆盖所有企业，百分之百的企业都搞承包是不现实的。深化企业改革的客观现实，要求我们不断推出新的更深层次的改革试点，并集各种试点所长，探索更加科学，更符合我国企业实际情况的经营模式，这是深化企业改革的重要课题。因此，我们要坚持发展的观点看问题，在继续坚持完善承包制的同时，积极支持其它改革试点。关于税利分流试点，其积极意义在于平等税赋，鼓励公平竞争，但是也需要进一步完善。关于股份制试点问题，目前认识差别很大，同时股份制对企业管理、经济秩序以及经济水平的要求也是不同的。对于在横向联合、企业集团发展过程中产生的股份制，要积极支持，对公开上市的股份制，向企业职工发行股票的股份制，要严格控制，已经试点的要继续完善，其它的暂时不再扩大。

第八，关于搞好第一轮承包总结的问题。承包制在全国大规模地推行是中国企业史上的一件大事，可以讲是一次伟大的社会实践。需要认真加以总结。这次会可以说是一个初步的总结，开得很好，但还不够，要作系统的总结。九一年上半年要开一些专题会，论证会，把承包中的各项工作逐一系统总结。比如，确定承包基数的方法已有十几种了，要比较一下，论证论证，那一种办法更科学，更适应实际需要，或者某一种办法适应哪些行业。又如承包制的理论问题，是否符合计划经济与市场调节相结合的需要。如果我们通过总结把这个题目做得好一些，说得更清楚一些，拿出真凭实据，有点理论分析，就不仅会促进二期承包的健康发展，而且对整个经济建设都会产生积极影响。建议各地同志回去后要进一步做好调查研究，了解情况，把好的典型、经验集中起来，91年6、7月份召开一次全国范围的第一期承包总结表彰大会。总结推广经验，表彰一批先进企业和一批优秀经营者。要象评选国家一级、二级企业那样来评选过硬的典型。这次我到云南机床厂调研，他们承包了11年，资产、上交利润都翻了一番，国家增收，企业后劲增强，职工收入增加，还贷能力很强。这个厂的“八五”承包方案也定下来了，“八五”承包方案实现了，生产又会再翻一番。象这样一些企业，我认为很有必要请些专家来客观地论证一下，认真总结他们的经验。各省市要有意识地在这方面做些工作，用事实来说明，通过十年的改革，几年的承包，确有一批企业搞活了走上良性循环的路子，他们在承包中并没有产生短期行为，不是一两年，而是十几年良性循环。从总体上看，全部企业走向良性循环比较困难，但确有一批企业做到了，这就是改革开放的巨大成果。

二、关于内部经济责任制的几个问题

(一)充分认识在当前形势下坚持和完善内部经济责任制的重要意义

第一，充分发挥承包制的作用，需要坚持和完善内部经济责任制。从实践经验看，内部经济责任制搞得好，承包制的激励作用就发挥得好。承包经营责任制和内部的经济责任制是不可分割的，相互依托的。承包制是实行内部经济责任制的前提，内部经济责任制是落实承包制的基础。所以，我们把两期承包衔接座谈会和内部经济责任制座谈会合在一起开，就是要使我们的工作一步接一步，一环扣一环，扎扎实实地开展起来。据会上统计，年底将有85%左右的企业签订二期承包合同。这些企业马上面临的是：如何把工作重点由对外的经营承包转到内部的责任制承包上；如何把责、权、利相结合，劳动报酬与劳动成果相结合，尽快形成个人保班组，班组保车间，车间保企业的命运共同体；承包定下来以后，要认真地抓内部经济责任制，完善它，发展它，以充分体现出承包制的激励作用，提高企业经济效益。

第二，开展“质量、品种、效益年”活动，需要坚持和完善内部经济责任制。国务院决定明年为“质量、品种、效益年”，如何广泛深入地开展这项活动，一项根本性的工作就是要强调管理，向管理要质量，要品种，要效益。内部经济责任制通过这些年的发展，已经成为企业的一项基本的综合管理制度，正如会上有的同志讲，离开内部经济责任制，企业正常的生产秩序都将无法维持。责、仪、利相结合的原则已经渗到企业的各项管理工作中，劳动报酬与劳动成果相挂钩的作法已被广大职工所接受。湖南醴陵国光瓷厂，上棉28厂介绍了这方面的经验。不论是加强基础管理，还是加强专业管理，都需要通过完善发展内部经济责任制来加强。明年的内部经济责任制要突出重点，对提高产品质量，增加花色品种，提高经济效益的关键部门、关键岗位和重点项目，要重点考核，重奖重惩，围绕着“质量、品种、效益年”的活动，强化经济责任制的激励作用和约束作用。

第三，引导企业眼睛向内，克服困难，需要坚持和完善内部经济责任制。回顾八十年代初，我们进行经济调整，企业的环境十分困难。1981、1982两年，我们连续提出建立和实行经济责任制的要求，总结和推广了首钢实行经济责任制的经验，随着经济责任制的普遍推行和发展，企业渡过了那个困难时期。八十年代中期，又出现一次连续22个月的经济滑坡，企业再次陷入困境，1986、1987两年，我们连续召开了兰溪会议和泉州会议，又一次提出坚持和完善经济责任制的要求和措施，搞活企业内部分配，调动了企业和职工的积极性，扭转了经济形势。大连金州纺织厂的同志讲的好，经济责任制在正常的外部环境下，能够起到推动企业发展的作用，在困难的情况下，还可以起到阻止经济效益滑坡的作用。当前，我们坚持和完善内部经济责任制，就是要引导企业眼睛向内，挖潜力，渡过困难，提高效益。

第四，克服平均主义，打破大锅饭，需要坚持和完善内部经济责任制。建立经济责任制是从改革分配制度，打破平均主义、大锅饭入手的。有的同志讲，经济责任制是打破平均主义的有力武器。近两年由于内、外部的种种原因，经济责任制受到不同程度的冲击，削弱了激励和约束作用，如有的企业生产任务不饱满，有的停工停产，放松或停止了对经济责任制的考核；有的担心政策变化，不敢按考核成绩兑现奖惩；还有的企业责任制体系中，指标越来越多，面面俱到，过于繁杂；再加上这次企业调资，不少企业是人人一级，平均晋级等等。致使企业中大锅饭抬头、平均主义重新回潮，并成为企业分配中的主要倾向。这种状况需要我们认真总结经济责任制的经验教训，提出完善的对策和意见。

总之，要充分认识当前形势下坚持和完善内部经济责任制的重要意义。搞承包制有不同的看法，有争议，但不论搞什么制，都要搞内部经济责任制，搞经济责任制是没有争议的，搞不好也是没有理由的，只能说我们下的功夫不够，认识不够。要提高对内部经济责任制的认识，认真搞好。

（二）如何坚持和完善内部经济责任制

1. 进一步明确搞好内部经济责任制的基本原则，内容和主要环节

（1）要把以提高经济效益为中心，兼顾国家、企业和职工三者利益，责、权、利相结合，劳动报酬与劳动成果挂钩作为搞好内部经济责任制的基本原则。

（2）要以企业经营承包目标为依据，通过对质量、消耗、效益等经济技术指标和管理指标层层分解，建立“包、保、核”的责任制体系作为内部经济责任制的重要内容。

（3）要把制定科学、合理的指标体系；严格进行定期考核；认真按考核实绩兑现奖罚；作为抓好内部经济责任制的三个重要环节。

2. 逐步加大改革的份量，深化企业配套改革

内部经济责任制是企业改革的重要成果，坚持和完善内部经济责任制就必须坚持改革，加大改革的份量。首先，对已经颁布的搞活企业的法律、法规和政策，如《企业法》，厂长负责制，承包制等要坚定不移地认真贯彻落实。其次，继续探索那些方向正确的改革，如优化劳动组合、建议社会保障制度等。第三，是注意各项改革的配套和协调。这几年的实践证明，任何单项独进的改革都很难坚持和深化。只有进行配套改革，才能形成内部改革的小气候，为坚持和完善内部经济责任制创造条件。

3. 建立健全内部经济责任制的科学体系

一是完善包括效益指标、后劲指标和管理指标的指标体系；二是完善包括组织建设、检查制度、安全制度、审计制度及思想政治工作的保证体系；三是完善考核、奖罚兑现的考核体系。要注意体系的完整性、科学性，纵向上层层分解、层层落实，横向上相互配套、相互协调。同时，要优化经济责任制的各类指标，简化企业对分厂、车间的指标，重点突出，细化分厂、车间对班组、个人的考核指标，全面考核。、

4. 在建立健全内部经济责任制的约束机制上下功夫

一是严肃厂规厂法，严肃劳动纪律，严肃企业财经纪律，强化经济责任制的纪律约束，要把领导干部是否敢抓敢管作为考核政绩的内容之一。二是强化分配领域的约束，将“三不”原则纳入经济责任制，即工资总额不超过企业效益的增长，人均收入不超过劳动生产率增长，实际收入不低于物价的增长。企业必须建立工资储备基金，不许分光吃净。三是继续推行“厂内银行”，运用“等价交换”原则，使责任制的考核和核算更科学准确。四是建立企业内部审计制度，强化审计监察约束。

5. 继续强化内部经济责任制的激励作用

在强化约束机制的同时，要继续强化经济责任制的激励机制作用，坚持物质利益第一原则。目前，企业外部环境比较困难，部分企业效益下降，奖金水平相应降低，再加上普调工资，能够用于内部经济责任制考核兑现的奖金和工资减少，在这种情况下，搞活内部分配，加大浮动工资奖金比例仍然是搞好内部经济责任制的重要环节。要把职工标准工资的一部分拿出来，与奖金捆在一起，按考核成绩浮动。同时注意向重点部门，关键岗位和一线工人倾斜，拉开分配档次。当然也要协调好各类人员的分配关系，防止差距拉得过大。

6. 把内部经济责任制与加强企业管理工作结合起来

内部经济责任制是企业的基本管理制度，要与企业升级紧密结合，纳入企业升级的管理考核内容中，把经济责任制的考核指标与企业内部达标升级的考核指标结合在一起，既避免指标的繁杂、重复考核的和问题，又使升级工作落到实处。内部经济责任制覆盖面广，涉及职工切身利益，要依靠群众完善内部经济责任制，在加强对职工管理的同时，也要增强职工参与管理的意识，强化民主管理。内部经济责任制的实施方案（特别是对企业领导干部的考核和奖罚办法），要通过职代会讨论后才可实施。考核应采取厂部与基层双向考核，或逆向考核的办法，考核及奖罚兑现要增加透明度。

7. 坚持抓好企业的思想政治工作

在实行内部经济责任制，坚持物质利益第一原则的同时，不能忽视企业的思想政治工作，避免和纠正“一手软”、“一手硬”的问题。思想政治工作是社会主义企业特有的政治优势，要充分发挥这一优势的作用，有针对性地开展思想政治工作。实行劳动报酬与劳动成果相挂钩，改革分配制度，必须要影响一部分职工的利益，要通过思想政治工作，引导职工坚定改革的信念，正确认识改革中各种利益的重新调整，处理好国家、企业、个人三者关系。要充分发挥企业党组织的政治核心作用，正确处理好“中心”与“核心”的关系。党政一心，形成合力，把企业的精神文明建设抓好，抓出成效。

8. 加强对内部经济责任制工作的领导

当前，企业面临的困难很多，要把落实内部经济责任制作为推动企业生产经营，克服当前困难的重要措施来抓。各地各部门应结合年终总结及1991年工作部署，对内部经济责任制的实施情况进行一次比较全面的调查，在调查分析的基础上，实行分类指导，区

别不同情况，制定工作规划和完善措施。也要组织交流活动，宣传表彰先进，督促后进，使内部经济责任制的内容更加丰富，办法更加科学，措施更加完善，在企业生产经营中发挥更大的作用。

附：

全国企业两期承包衔接及内部经济责任制座谈会纪要

1990年12月13日至17日，国务院生产委员会和国务院企业管理指导委员会，在昆明召开了全国企业两期承包衔接及内部经济责任制座谈会。28个省、自治区、直辖市（西藏、海南除外），7个计划单列市和盐城、常州、荆州、襄樊4个地市经委及部分省、自治区体改委有关主管同志，以及一些企业的代表共70人参加了会议。国务院企指委主任张彦宁到会并讲了话。

会议总结交流了两期承包衔接和企业内部经济责任制的情况和经验，围绕如何完善承包经营责任制和落实内部经济责任制进行了深入的讨论。与会代表一致认为，在两期承包衔接工作全面展开的关键时刻召开这次会议，对于贯彻落实全国计划会议精神，指导各地进一步完善承包制和内部经济责任制具有重要意义。

一

1990年初全国经济体制改革工作会议以后，特别是5月份国务院〔1990〕33号文件下发以后，两期承包衔接工作提到重要日程上来，经过近一年的艰苦努力，已经取得了初步的成果。从会议反映的情况看，新一期企业承包工作进展是顺利的，发展是健康的。

据全国28个省、区、市和7个计划单列市的不完全统计，上一期承包到期的全国预算内国营工业企业为33312户，约占承包企业总数的90%。除已经进行税利分流试点的企业外，应转入新一期承包的企业为32511户，占到期企业的98%。截至1990年11月底，已签订新一期承包合同的企业为16703户，占应承包企业的51.4%（其中吉林、河南两省已全部搞完，河北省为90%，北京88%、山西83%、山东省78%、浙江省72%）；已经落实承包方案，正待签订合同的企业有3722户，占应承包企业总数的11.5%；也就是说，有62.9%的企业基本落实。正在研究落实的企业为8602户，占应承包企业总数的26.5%；尚未落实承包方案的企业为3484户，占应承包企业的10.71%。预计到今年底，签订新一期承包合同的企业面可达85%左右，91年一季度，新一期企业承包工作可基本结束。

新一期企业承包工作是在治理整顿的关键时刻进行的，企业外部环境变化很大，增加了工作的难度。同时要求利用两期承包的契机，解决上期承包工作中存在的问题，任务非常艰巨。但是经过各地区、各部门和企业的共同努力，已经使新一期企业承包工作较上一期承包有了很大的进步。

（一）承包基数的总水平有了新的提高。从会上反映的情况看，除个别地区的少数企业外，绝大多数地区承包基数的总水平都比上一期有不同程度的提高。北京、湖南、湖北、云南等省市提高幅度为10%以上；襄樊、荆州、宜昌、黄岗、玉溪等地市提高的幅度在20%以上；有些企业承包基数提高30～40%。预计全国新一期企业承包基数的总水平增长将不会低于5%左右，基本上可与“八五”计划预算内国营工业企业增长速度同步。

（二）承包工作进一步科学化、规范化。一是承包基数的确定方法有新发展。各地在确定基数时都注意把纵向比较与横向比较、当前利益与长远利益有机地结合起来，在定量分析上下功夫，采用了十多种新方法，如内蒙古的“动态跟踪测定法”，云南的“椭圆曲线分析法”，山东、广东、辽宁等省的“基数分档、企业自选确定法”，吉林的“差额利润法”，黑龙江的“因素修正法”等等。有了这些方法，避免了主观随意性，增强了科学性，使承包基数比较接近企业实际；二是承包指标更加完善。新一期承包改变了过去只重视上交利润指标，忽视企业发展后劲和企业管理的现象。各地普遍建立了以利润指标为主的经济效益指标，以技术改造为主的发展后劲指标，以提高企业素质为主的管理指标，形成了三项指标互相配套的承包综合指标体系；三是承包程序和承包合同趋于规范化。按照《承包条例》和国务院33号文件规定和要求，各地普遍做到了从审计兑现到签订合同全过程管理。从统一发包方到统一承包合同文本，实现了承包基本要素的规范化；四是强化了企业约束机制。新一期承包中，各地特别重视建立健全企业约束机制。承包工作开始前，各地都制订了完善新一轮承包的措施，并在操作实施中严格把关，把指标约束、制度约束、风险约束、法律约束、收入分配约束和民主监督约束纳入承包制，丰富了承包制的内容。

（三）加强对承包工作的组织领导。在年初召开的全国体改会议以后，各地即着手研究两期承包衔接工作，主要领导亲自动手，进行了大量摸底、测算工作，认真进行思想发动和政策落实，及时为新一轮承包工作排忧解难。各地普遍成立了从上到下的承包工作领导小组，设置了各综合部门参加的办事机构，明确了各自的职责，建立了目标责任制。北京、广东、云南、河南、安徽、山东等15个省市还制订了专门的例会制度和调度会议制度，及时掌握和研究承包工作的进展情况。各部门相互配合、各负其责，使新一期承包工作比上期更加细致扎实，经验更加丰富成熟。

（四）对承包制的认识趋向统一。会议代表认为，按照党的十一届三中全会确定的实践是检验真理的唯一标准和党的十三大确定的生产力标准评价承包制，它在促进企业经营机制的转变，带动经济体制改革深入进行，促进生产力发展方面所起的作用是不可低估的。随着改革的深入以及经济形势的变化，承包制经历了一次又一次的考验，使人们对承包制历史地位及作用的认识更加深刻。特别是在当前企业外部环境非常困难的情况下，承包机制充分显示出它的威力。在“八五”期间继续坚持和完善承包制，并以此调动各方面的积极性，发展我国经济已成为绝大多数同志的共识。江泽民同志关于“把蛋糕做大”的指示和李鹏同志关于“承包制是适应我国绝大多数企业生产力发展水平的经营方式”的论述，使大家坚定了信心，鼓舞了斗志。这也是两期承包衔接工作顺利进行的重要条件。

目前，两期承包衔接工作虽然取得很大成绩，但是工作中还存在一些问题和困难，各地工作进展也不平衡。有的地区由于前一段各方面认识不尽一致，动手晚，现在仍然处于起步阶段；有的由于困难较大，虽竭尽全力，但新一期承包进展缓慢；各地还都有一些难以承包的企业；极个别地区工作不细，出现“压包”现象。

会议认为，动手较早，工作进展较快的地区，要进一步开展检查、验收工作，拾遗补漏，充实完善。起步较迟，进展缓慢的地区，既要加快步伐，又要把工作做细。要特别注意坚持实事求是的原则，正确处理好保财政收入与保企业发展后劲的关系，通过深入细致的工作把承包基数落实下去，不能急于求成。要把增加财政收入的着眼点放到涵养财源上，在落实新一期承包中，把重点放到搞好搞活大中型企业上来，为国民经济持续发展积蓄后劲。对于困难较大，难以承包的企业，要妥善处理，可实行目标责任制的办法延续一年，待条件成熟后再搞较长期承包。对那些长期亏损、产品质量差、物质消耗高、管理水平低的企业，应采用经济的、行政的手段实施企业承包企业、企业集团承包企业和企业兼并企业，把新一期承包与产业结构调整结合起来，促进企业组织结构的优化。

会上张彦宁同志就如何进一步完善承包制，提出了明确要求。一要统一认识，增强信心，正确对待各方面的意见，高度重视承包制存在的问题，通过脚踏实地的努力，使承包制更加完善。二要加强领导，确保按期完成两期承包衔接工作。三要严格执行国务院发布的《承包条例》和1990年33号文件。不仅重视承包合同的签订工作，更要重视承包后的管理，实行第二期承包的全过程管理，在执行中不断完善承包制。四是在继续坚持完善承包制的同时，要积极支持“税利分流”等其它改革试点。五是在第二期承包落实以后，要从调查研究入手，对第一轮承包进行系统地总结，经过充分论证树立一批好的典型，在适当的会议上进行表彰，引导第二期承包健康发展。

与会代表认为，为了稳定企业，稳定人心，使新一期承包在“八五”期间对国民经济发展发挥更大的作用，必须稳定政策，稳定企业的外部环境。特别要解决好以下两个问题：一是国务院有关部门要统一对承包制的认识，避免政出多门，造成下面思想混乱。二是要理顺上下工作关系，便于国务院加强对深化企业改革（包括企业承包）工作的指导。

二

与会代表们认为，在明确了国家与企业的关系的基础上，要下大力落实内部经济责任制。特别是对已经签订新一轮承包合同的企业，要不失时机地把工作重点引向企业内部，通过指标层层分解，逐级建立健全企业内部包、保、核的经济责任制体系，把企业对国家承包的任务落实到车间、班组和个人，为全面完成承包任务创造条件。

企业内部经济责任制是广大职工群众在改革实践中的创造，经过十多年的发展，逐步成熟起来，在调动职工生产积极性，促进企业强化经营管理等方面起到了不可替代的作用，已经成为企业普遍实行的一项综合管理制度。但是，由于近几年来企业生产经营遇到了较大困难，相当一部分企业生产任务不足，效益下降，内部各项配套改革基本停滞下来，致使内部经济责任制受到很大冲击，在部分企业中已流于形式，平均主义吃“大锅饭”的倾向重新抬头。这种状况对企业强化管理，提高经济效益极为不利，必须尽快扭转。

如何进一步完善内部经济责任制，代表们提出了一些意见：

（一）把明年开展“质量、品种、效益年”活动的内容纳入内部经济责任制。围绕“质量、品种、效益年”的目标，指导企业结合自己的实际情况，把内部经济责任制考核的重点放在提高产品质量、增加适销对路产品和提高经济效益上来，突出关键岗位和重点项目的考核，实行重奖重罚。

（二）结合国家“八五”计划和十年规划的要求，制订完善内部经济责任制的总体要求，促进企业走内涵发展、集约经营的道路。为了把向管理要效益的口号转变为可以操作、可以考核的具体要求，各地和企业要制订出强化各项管理、提高效益的定量考核标准，通过内部经济责任制贯彻实施。

（三）治理整顿期间，要把完善内部经济责任制作为企业的一项重要工作来抓。凡是不利于经济责任制落实的各项管理制度都要进行必要的调整和改革。当前，要突出抓好分配制度的改革，鼓励企业充分运用国家赋予的内部分配自主权，坚持按劳分配原则，在工效挂钩的工资总额范围内，适当拉开职工分配的差距。大力推行计件工资、定额工资、结构工资等分配形式。试行优化劳动组合的企业，要坚定信心，摸索经验，积极稳妥做好试点工作。

（四）认真抓好各项管理基础工作，搞好定员定额，为合理制订经济责任制的各项考核指标提供科学依据。

（五）不断总结和交流经验，使内部经济责任制持之以恒。代表们建议，今后仍应每年召开一次座谈会，专门总结、交流各地完善经济责任制的经验和做法，推动这项工作健康发展，在促进深化企业内部配套改革，强化经营管理，提高经济效益方面发挥更大的作用。

国家计委副主任盛树仁在全国技术改造工作会议上的讲话（摘要）

（1990年10月23日）

这次会议，是在"七五"即将过去，"八五"即将到来的时候召开的。在"八五"计划尚未定下来的情况下，"八五"的技术改造明年如何起步，当前工作如何抓，这是大家都十分关心的问题。我们这次会议的中心议题，就是分析技术改造面临的形势，讨论"八五"国家重点技术改造专项规划的初步安排，部署1991年技术改造计划的编制工作。

一、技术改造面临的形势

在中央改革开放方针的指引下，技术改造有了很大发展，取得了很大成绩，从上到下逐步形成了一支技术改造的管理队伍，积累了很多好的经验，为今后技术改造的进一步发展打下了良好基础。"七五"计划技术改造投资总规模为2760亿元，前四年实际完成3147亿元，预计"七五"能完成4000亿元左右。"七五"前四年的计划执行情况，从总体来看，在各地区、各部门的共同努力下，经过技术改造，各行各业都有一大批企业改变了技术落后的面貌，采用了具有国外七、八十年代水平的先进工艺技术装备，技术上取得了明显的进步，新产品的开发能力和生产能力有了很大增强。总的看，"七五"技术改造的经济效益是好的。根据多数省市对国家重点技术改造项目的统计分析，一般投入1元可产出1.5—2元，实现利税0.4—0.5元，为我国国民经济的发展和财政收入的增长作出了重要贡献。

"七五"期间，我国发生了经济过热，出现了通货膨胀。这些问题，当然也反映在技术改造方面，同时也不能不影响到技术改造工作的开展。经过按照产业政策清理在建项目，投资结构正向好的方向发展。但是，也出现了一些新的问题，集中表现为技术改造投资完成情况下降幅度过大：1989年比1988年下降19.5%，1990年上半年又比1989年同期下降3.4%；今年6月份开始，当月完成的投资才比去年同期有所增长，1—9月累计已比去年同期增长2.3%，出现了从去年3月以来没有过的正增长的可喜现象。但为了完成今年的计划，任务仍然是相当艰巨的。如果今后技术改造还不能转入持续、稳定、协调发展的正常状态，那就不仅将对现有企业的技术进步，而且还将对国民经济的持续、稳定、协调的发展，以至对治理整顿、深化改革任务的顺利实现，都会带来不利的影响。

总之，我们将在上述情况下渡过"七五"进入"八五"。为了理顺"八五"技术改造的基本思路和编制好"八五"技术改造计划，同时也为了妥善安排"八五"第一年技术改造的起步工作，我们必须切实弄清有利条件和不利条件，力求把握工作的主动权。

讲有利条件，首先要看到党中央、国务院十分重视对现有企业，特别是对全民所有制大中型企业的技术改造。党中央、国务院的领导同志在一些重要会议上多次强调指出技术改造的重要意义，并明确指出"八五"期间要少搞新项目，多搞技术改造。为了解决技术改造所面临的困难，国务院还制定了一些有力措施。从地方看，省、区、市的党和政府对技术改造也十分重视。其次，在现有企业，特别是全民所有制大中型骨干企业中，确实存在着进行改造的需求，在当前市场疲软、急待调整产品结构的情况下，一些企业的这种需求更加迫切了。同时也要看到，目前还确实存在着一些企业对技术改造的积极性有所下降的现象。这当然值得我们高度重视，但它只是暂时的，是由于目前遇到许多困难造成的，只要我们切切实实地为企业解决问题，并对企业进行正确的启发和引导，随着经济形势和企业状况的进一步好转，这种状况必将有很大的改变。再次，改革开放以来，我们不仅在技术改造工作上积累了丰富的经验，而且通过技术引进、技术攻关和技术开发，为今后的技术改造储备了丰富的技术资源。这就是说，今后的技术改造，在同样的物质条件下，我们有可能比过去搞得更好，搞得更有成效。还需强调的是，经过改革开放以来大规模技术改造的实践，从各级机关到各类企业，我们已经锻炼成长起了一支能够胜任技术改造工作的社会主义的专业干部队伍，这支队伍为过去的技术改造作出了重大贡献，在今后的技术改造中，必能竭智尽力，千方百计地排除各种困难，作出更大的贡献。

在看到有利条件的同时，我们还必须认真看待技术改造所面临的困难。概括起来说，一是欠帐多。固定资产存量日趋老化，加重了改造任务。据东北、华东十二个省市的同志对5730个大中型骨干企业的改造状况进行调查，作过较全面改造的只有1001个，占17.5%，作过局部改造的3123个，占54.5%，基本未改造的1606个，占28%。二是“七五”技改项目扫尾量大。压缩投资规模减弱投资强度后，建设周期拉长。据初步估计，国家安排的限上项目、专项贷款项目结转工作量，明年一年还扫不完，这就制约着很多“八五”规划项目的开工。三是资金不足，这是当前突出的矛盾。资金困难的原因是多方面的，市场疲软，企业经济效益下降后，企业自筹资金困难，使得技改投资结构发生很大变化，原来改造方案中很大一部分用企业自筹资金和横向集资的，现在都寄托于银行贷款，过去贷款部分占30—50%的现在要求提高到70、80、90，甚至100%，要银行贷款才能搞项目。企业技术改造主要应依靠企业自己的力量，如果主要依靠银行贷款搞技术改造，这种状况是难以为继的。还有摊派多，利率高，企业负担重，流动资金、基本建设挤占企业折旧基金，使技术改造资金没有真正用于技术改造，这都是造成技术改造资金匮乏的原因。四是思想上管理上都还不能适应集中力量办成几件大事的要求。回顾“七五”技术改造的执行情况，分析面临的形势，当前最要紧的是振奋精神，坚定信心。在困难的时候要看到有利条件，更要看到我们肩负的历史责任。要看到，国民经济正在好转，技术改造面临的形势也一定会好转。当前摆在我们面前的任务，就是要千方百计克服困难，迎着困难上，去争取技术改造的新的局面。

二、关于“八五”国家重点技术改造规划的初步安排

“八五”技术改造规划的基本思路，在去年广东顺德召开的全国技术改造座谈会和今年二月召开的技术进步工作会议上，都已作过研究。根据这两次会议研究的意见，“八五”技术改造的任务，是围绕调整结构、提高经济效益，重点适应以下三个方面的需要：①节约能源、降低原材料消耗；②提高产品质量档次，发展名、优、新产品和短线产品的生产，增加有效供给；③增加出口创汇，并通过消化吸收国产化，实行进口替代以节约外汇。现在的问题，是如何围绕以上三个方面的重点任务作出具体安排，抓好一批重点项目，使规划落到实处。

“六五”、“七五”期间，技术改造有一条重要经验，就是组织技改专项，安排专项贷款。机电工业550项、轻纺“三为主”、军转民、消化吸收“十二条龙”等都是通过专项安排，取得了显著效果。但是，“七五”期间仅仅是少数行业有专项，多数行业只是在年度中切一块专项贷款来安排项目。“八五”期间，为了突出重点和有利于调整结构，我们打算基本上改变这种没有专项规划而使用专项贷款的状况。当然，各行业总有形不成专项但又很重要的项目，如民用工业为军工任务配套等，这些项目也应在有关部门的规模内作必要的安排。但专项贷款的大部分应该集中用于专项，以形成“拳头”。

考虑到“八五”国民经济发展规划目前还在研究思路，还没有条件拿出“八五”技术改造的全面规划。但是“七五”在建技改项目今明两年大部分要搞完，急待安排一批新的后续项目。在这种情况下，国家技术改造重点专项规划拟分两步走。第一步在国家总盘子未确定以前，先参照目前的水平作初步安排，待国家总盘子定下来后，再作进一步的安排。这样考虑是为了“八五”第一年能先起步。如果一定要等先有一个总盘子，那也就无法起步了。按照这个部署，我们在各部门规划的基础上，初步确定了61个改造专项，其中以节能降耗为主的专题有12个，以增加有效供给为主的专题29个，以出口创汇、消化吸收、替代进口节汇为主的专题20个。在这次会议上，有关部门根据国家计委下达的贷款规模，将对这些专项提出初步安排意见请大家审议。

编制好国家重点技术改造专项规划，我们强调要把好五关：

1. 产业政策关。国家产业政策对鼓励、控制、禁止发展的产品都已有明确的规定。我们一定要认真贯彻执行，严格按产业政策办事。对于产业政策鼓励改造的产品，行业主管部门要加强规划和定点工作，发挥各地区的特点和优势，使地方各得其所。要严格防止一哄而起，盲目发展。对符合产业政策的项目，还要很好研究国内外市场需求情况，切实做到使产品适销对路。

2. 技术关。技术改造就要讲技术，要大力推广应用国内外成熟的先进技术，包括新技术、新工艺、新材料、新设备，做到充分利用国内国外两种技术资源，推动企业技术进步。因此，规划的改造项目一定要有明确的技术进步目标，没有技术进步因素的“复制古董”的项目，不能列进技改规划。抓技术，首先要抓行业的当家技术。如冶金工业的连铸技术，既节能又节材，每生产1吨连铸钢，可综合节约100公斤标准煤，提高成材率6—10%。由于连铸对钢水的质量要求高，要发展连铸，就必须从前的炼铁、炼钢抓起，使钢水的成份、温度、数量、出钢时间都严格符合连铸

的要求。为了满足连铸的需要，耐火材料等辅助原材料质量也要相应提高，后面的轧机也要相应搞好配套。因此，通过抓连铸，可带动整个冶金工业的技术进步和生产组织管理水平的提高。连铸坯的质量一般比模具坯质量好，也为钢材品种质量的进一步发展创造了条件。象这样的当家技术，每个行业都要抓几个，下大力量进行推广。讲技术进步，还应抓 住战略技术措施，这就是要把行业技术与电子技术结合起来，大力推广应用电子技术，特别是在计算机的推广应用上要下大功夫，应用电子技术改造传统产业。希望各部门、各地区对报来的技改项目，要把是否贯彻了这一战略技术措施作为一个审查内容，看看那些应该采用的电子技术在改造方案里是否考虑了。对既有需要又有条件应用现代电子技术而未纳入技改方案的，应不予批准。

3. 内涵挖潜改造关。技术改造一定要充分利用现有企业的固定资产，力求做到增量投资和存量投资的优化组合，做到通过改造能够大幅度提高经济效益。在技术改造中要严格控制外延。要打破行业和企业的界限，统筹进行规划和安排。尤其要充分利用军工企业的技术优势，发展缺门、短线民用产品，支持国防工业实现战略调整。对军转民的项目，要本着同等优先的原则予以支持。现在，加工工业的摊子已经很大，很多生产能力已经过剩。李鹏同志在全国生产工作会议上提出："一般加工工业基本上不搞新项目，只搞技术改造，利用现有厂房、人力、物力开发新产品，发展高档次的品种，把现有生产能力充分地利用起来。"按照这个精神，加工工业一定要坚持调整、改组、改造的方针，要认真压缩长线产品，淘汰落后产品，腾出厂房、场地和设备来发展新产品。要防止继续搞大而全、小而全，特别是机械工业的铸造、热处理、电镀等方面的生产能力，现在已是长线，不能再去搞大而全、小而全。要坚持打破行业界线，按照专业化协作的原则办事。要提倡发展企业集团，以利把企业的生产要素联合起来，围绕主导产品，走集团改造的路子。

4. 重点关。首先需要明确的是，专项规划不是包揽各行各业所有要解决的问题。各行业需要解决的问题很多，但国家的资金有限，计划安排不可能面面俱到，什么都去搞。专项有其特定的范围。要集中力量办几件大事。从国家来说，"八五"技术改造专项就是要集中解决上面提到的三个方面的问题。具体到各行业还应有所侧重，三个方面不能平均使用力量，有的主要侧重在一至两个方面。就是这三个方面的需要，面也是很宽的，具体到各行业，也只能结合行业的特点，选择作用最大、效益最好的一两个或几个专题，瞄准有限目标进行改造。就每个专题来说，它所包含的具体项目也要认真进行精选，特别要注意发挥全民所有制大中型企业的作用。精选项目、突出重点，关键是要有一点狠心。只有下决心真正甩掉一批不重要或可缓办的项目，才能真正保证重点。总之，要有所舍，才能有所取。

5. 资金关。要集中办成几件大事，就必须集中使用资金，防止分散力量，拉长战线。邹家华同志多次提出，项目的资金必须打足，不得留缺口，要限期拿出成果。在总结"七五"专项贷款技改项目的工作时，各地经委（计经委）和银行都普遍反映，不区别企业的自筹能力，一律按照一个比例（如 30%）去安排国家专项贷款或分配各方面投资负担的做法，是不可取的。这在当前企业自筹能力普遍较弱的情况下，更应加以注意。对自筹 部分必须认真审查，以期能够真正落实，不能在规划时就留下资金缺口。我们主张，在目前国家和地方两级管理的计划体制下，在贷款安排上，国家安排的项目，基本上要以国家安排为主；地方安排的项目，基本上要以地方为主。这样分工的目的不是反对国家和地方在资金上搞拼盘，而是避免相互"钓鱼"，使项目的资金安排真正落到实处。如果有些项目，地方和企业有能力自筹大部分资金，少配些国家专项贷款，当然也是可以的。总之，要针对不同情况区别对待。在资金不足的情况下，少安排些项目，可以真正做到集中力量打歼灭战，有利于搞一个成功一个。

三、关于编制 1991 年技术改造计划

李鹏同志在全国生产工作会议上指出："治理整顿还没有到位，明年还要继续治理整顿，但是主要任务可以有变化，要在压缩投资规模的基础上，把重点逐步地切切实实地转到提高经济效益、调整结构上来。"李鹏同志这一指示，为明年深入进行治理整顿指明了方向，我们要认真贯彻这一指示。要根据国家产业政策和市场变化，在调整产品结构、提高经济效益上狠下功夫，努力增加国内外市场需要的适销对路产品的生产。

1991 年技改计划如何安排，初步有以下考虑：

1. 安排好明年技改计划的关键是落实资金。从目前情况看，市场疲软，企业经济效益不好，对技术改造的影响还有可能持续一段时间。因此，明年的技改资金，仍会遇到以下问题：一是由于企业自筹能力差，技改将更多地依赖于银行贷款；二是由于企业还贷能力差，增加回收再贷仍会困难；三是治理整顿期间，对银行新增贷款仍需要控制。在这种情况下，安排 1991 年技改计划总的指导原则，必须十分强调量力而行。各地方、各部门要充分作好技术改造资金的调查和分析

测算工作，为确定明年的投资规模计划提供较为可靠的依据。

2. 尽量做到在1991年将“七五”在建结转项目扫尾，为“八五”规划项目的实施创造条件。1991年计划，首先安排必须结转在建项目，使之建成投产发挥效益。在建项目中，特别要注意那些遗留内容不多，但完工后能很快发挥效益的项目，使那些有利于经济形势好转，有利于市场好转的项目，尽快优先投入。这既有利于当前国民经济的治理整顿，也有利于“八五”计划的衔接和起步。“七五”结转项目的工作量有多大，要把情况进一步弄清楚。要抓紧在建项目的清理，由于在建项目不少是二、三年前确定的，在当时看来是合理的，有的现在看来就不一定急需，因此有一个分类排队问题。要把那些产品销路好，建设条件落实，能很快建成投产发挥作用的项目，集中力量优先安排；对那些产品无销路或者竣工投产之时产品就可能疲软的项目，要区别情况，实行停建、缓建或缩小规模等方式进行处置。安排在建项目时，不允许再增加新的改造内容。对那些超概算很多的项目，要认真进行审查，合理的要调整概算，并落实资金来源。

3. 根据可能，安排一批“八五”期间急需项目的起步。应用电子技术改造传统产业，要结合行业项目，在1991年计划中展开一批。要抓好一批新开项目的前期准备工作。现在规划的项目，很多还是意向性的，真正做好前期准备工作的不多，具备开工建设条件的就更少，如不认真抓一下前期准备工作，一旦资金有可能，想上也上不去。凡属明年要开工的项目，前期准备工作要力争在今年内搞完。明年新开项目的计划安排，一定要集中力量打歼灭战，一旦安排开工，就要确保能按合理工期建成。

4. 争取有一些政策措施能在1991年起步。看来，要加强技术改造，清产核资和提高折旧率，是势在必行的一项重要政策措施。但是，没有区别就没有政策。这件事必须有计划有重点有步骤地进行。为了使这项措施能够得到批准并付诸实施，我们必须抓紧对不同类别的企业进行分析研究，按照需要和可能排个队，提出优先提高折旧率企业的建议，如经过改造效益能大幅度提高，对国民经济确实起骨干作用的大中型企业是否可以先行一步。除了国家统一研究采取措施以外，各地也可以在权力范围内采取适当的措施，群策群力，推进技术改造的发展。

四、几点工作要求

为了推进技术改造，有很多工作要做。当前，要着重抓好以下几项工作：

1. 认真总结“七五”技改工作。我们要通过总结，研究技术改造带有规律性的东西，使得技术改造能够持续、稳定、协调地发展。

2. 抓好技术改造贯彻国家产业政策的具体实施工作。从目前来看，有两个问题需要进一步研究解决好。一是产业政策如何体现地区特点，对不同地区提出不同的要求，否则全国都一样，你发展什么我也发展什么，这样各地经济发展趋同化的老问题又产生了。再一个是产业政策如何体现技术进步的要求，如决定要发展的产品，达到什么技术水平才能搞，什么技术水平不让搞，还有企业搞这种产品的各种经济、技术参数，如物耗、成本等等，应有明确规定，否则不管技术先进与落后，只要是鼓励的产品都上，就有可能产生鼓励落后的问题。前一个问题主要靠各地计、经委来研究，要根据地区特点和分工，尽快搞出本地区技术改造贯彻国家产业政策的实施办法。各部门的同志要认真总结本行业十年来技术引进和技术进步工作的经验，制订和完善行业技术进步政策和技术进步的标准，对达到什么样的标准才让上，什么样的不让上，作出明确的规定。

3. 抓投产、达产，实现投资效益。“七五”已建成的项目目前还有不少未达到预期的效益。使这些未达产的项目尽快达产，对国民经济的发展将发挥重要作用，是最现实的生产力。在抓投产、达产方面，不少地方是抓得很好的。希望各地认真总结这方面的好经验、好办法，及时交流推广，进一步把投产达产工作抓好。

4. 严格管理。一是要加强决策管理，重点要抓好项目建议书、可行性研究、初步设计的编制、论证和审批。为此，要制订明确的管理办法，严格审批程序和审批权限，进一步提高前期工作质量。今后国家直接安排的技改项目，国家计委和各部门要认真审查项目建议书和可行性研究报告。二是要加强项目的实施管理。目前，忙于争项目、争投资，只管计划、不管实施的情况也不少，要下决心改变这种状况。要逐步加强各级技术改造的调度力量，部门、地方要选择一批合理工期项目，会同有关方面加强调度和管理。国家计委技改司也准备加强技术改造的执行和检查工作。三是加强技术改造项目的效益跟踪，包括项目的后评估工作。

5. 加强折旧基金的管理和使用。目前，在提取和使用上都存在不少问题。一是一些企业为保上交利润和发奖金，少提甚至不提折旧基金。二是不少折旧基金被挪用于流动资金和基本建设。这种状况，已严重影响一些企业的技术改造。一定要严格折旧基金的管理，重申企业提取的折旧基金专户存储，不得挪作它用。对不按规定提足折旧基金或挪用折旧基金的企业，要有制约措施，以保证折旧基金能按规定提足并真正用于技术改造。

6. 加强干部培训，提高人员素质。明年，拟请培训中心会同技改司办一期技术改造管理干部培训班。希望各地方、各部门都来抓一抓干部的培训工作，进一步提高技术改造管理干部队伍的素质。

国务院批转国家体改委关于在治理整顿中深化企业改革强化企业管理意见的通知

（1990 年 5 月 23 日）

国务院同意国家体改委《在治理整顿中深化企业改革强化企业管理的意见》，现转发给你们，请结合实际情况，认真研究执行。

今年是治理整顿关键的一年，企业面临的任务很重。各地区、各部门要切实加强领导，把《中共中央关于进一步治理整顿和深化改革的决定》中关于深化企业改革、发挥大中型企业的骨干作用、强化企业管理、提高经济效益的要求落到实处。要认真研究新情况，解决新问题。

1989 年底，已经有一批企业的承包到期，其余大部分企业的承包也将于今年底到期。国务院多次强调，企业承包经营责任制的政策不变。各地区要按照《全民所有制工业企业承包经营责任制暂行条例》和国家体改委《在治理整顿中深化企业改革强化企业管理的意见》的要求，认真搞好下一步企业承包的衔接工作，抓住有利时机，把承包经营责任制加以完善，进一步调动企业和广大职工的积极性，使企业承包经营责任制在治理整顿中发挥更大的作用。

要把深化企业改革和强化企业管理结合起来。各个企业，特别是大中型企业，要进一步完善内部经济责任制和各项配套改革措施，加强各项管理基础工作，推进管理现代化。要动员广大职工艰苦奋斗、增产节约，提高产品质量，降低物质消耗，调整产品结构，充分挖掘潜力，提高经济效益，为国家多做贡献。

附：

在治理整顿中深化企业改革强化企业管理的意见

根据《中共中央关于进一步治理整顿和深化改革的决定》和《中华人民共和国全民所有制工业企业法》（以下简称《企业法》）、《全民所有制工业企业承包经营责任制暂行条例》（以下简称《承包条例》）的规定，按照“稳定、充实、调整、改善”的方针，对于在治理整顿期间继续深化企业改革，强化企业管理，提高经济效益，提出以下意见。

一、继续坚持和完善企业承包经营责任制

（一）统一认识，稳定政策。企业承包经营责任制是改革中形成的企业主要经营形式，对于调动企业和广大职工的积极性，促进国民经济稳定发展，克服当前困难，有着重要作用。各地区、各部门要按照党的十三届五中全会提出的继续坚持和完善企业承包经营责任制的要求，进一步增强企业活力，特别是增强全民所有制大中型企业的活力。这是以城市为重点的整个经济体制改革的中心环节，也是稳定经济大局，实现治理整顿目标的基本条件。在治理整顿期间，要注意保持政策的稳定性和连续性，统一认识，总结经验，兴利除弊，不断完善企业承包经营责任制。

（二）切实抓好两个承包期的衔接。对承包已经到期和今年底到期的企业，要依据《承包条例》和承包合同的规定进行审计，对企业和经营者作出实事求是的评价，为新一轮承包提供依据。在审计的基础上，根据企业具体情况分类排队，可分别实行滚动承包、延

长承包期或新的一轮承包。新的一轮承包，不是前一轮承包的简单延续，必须在前一轮承包的基础上进行充实、完善。同时抓紧签定承包合同，以稳定企业、稳定人心，避免影响生产。

(三)认真兑现承包合同，维护承包合同的严肃性。经全面审计认定，对企业靠自身努力挖潜，超额完成承包指标的，要坚决按照承包合同规定兑现。确因外部条件严重影响企业正常生产，利润下降，而完不成承包合同的，要实事求是地酌情处理。对因经营管理不善完不成承包合同的，也要按照承包合同规定严格兑现，做到欠收自补。由于产品价格提高获得较多利润的，要提高生产发展基金的比例，不能用于扩大消费。对在本承包期内搞弄虚作假，虚盈实亏的，要如数追回承包期内经营者已享受的全部奖励，并给予经济处罚。

(四)区别不同情况，确定企业的承包形式和期限。符合国家产业政策，需要扶持发展的企业，特别是对国民经济长期稳定发展有战略意义的大中型骨干企业，主要采取"两包一挂"(即一包上交利润，二包技术改造任务，实行工资总额同经济效益挂钩)的承包形式。上交利润采取递增包干或基数包干、超收分成的办法。对于五年发展计划和技术改造规划已经确定的企业，可以承包到"八五"计划期末；对其他企业，各地可根据实际情况，因地制宜，确定具体承包形式和期限。承包方案应经过职工代表大会讨论，体现全员参与承包的精神。

(五)合理确定承包基数。实行延长承包或新一轮承包的企业，应兼顾国家、企业、职工三者利益，本着大稳定、小调整和为国家多作贡献的原则，按照国家产业政策的要求，参照本地区同行业的平均资金利润率，根据企业上一期承包完成情况，以及技术改造任务的轻重和预期效益等因素，合理核定承包基数。对于上期承包基数比较合理的，可根据企业不同情况，适当提高上交利润递增率或超收分成比例。对于前一期承包基数、上交利润递增率或分成比例明显偏低的、或技术改造项目已经发挥效益的，应适当调高基数和上交比例。对于需要重点扶持发展、技术改造投入多的企业，在核定承包基数、上交利润递增率或分成比例时应予考虑。对不符合国家产业政策要求，需要限制发展的企业，适当调高基数和上交比例。

(六)选好企业承包经营者。要按照"多数稳定，个别调整"的原则，确定新一轮承包企业经营者。原承包经营者只要完成了承包合同，经审计认定无违法乱纪行为，领导班子比较团结，受到职工拥护的，可以继续承包。需要更换经营者的企业，可以继续采取上级主管部门委任、竞争招标、民主选举的方式重新确定。要对经营者进行全面考核，除考核业务能力外，还要注意考核经营者的政治素质。实行竞争招标、民主选举的，必须经组织人事部门进行政审，充分征求职代会和广大职工的意见。

(七)健全考核指标。要按照《承包条例》的要求，主要考核企业实现利润、上交利润和技术改造任务完成情况，以及国家指令性计划完成情况、产品质量、物质消耗、设备完好率、安全生产等重点指标。其他指标不能"乱搭车"。

(八)明确发包方的责任和义务。要严格按照《承包条例》规范承包合同。在目前情况下，发包方仍应由政府指定的部门为代表。参与发包的其他各有关部门，应按各自的职权范围审查承包合同的有关条款，明确各自承担的责任和义务，积极为企业完成承包任务创造条件。对承担指令性计划任务为主的企业，有关部门要千方百计提供必需的物资、能源、运力和销售安排，尽可能实行供产销"包保"结合的承包。企业主管部门有责任保护企业的合法权益，支持经营者依法行使职权，抵制各种摊派。

(九)逐步提高企业负亏能力。有条件的地区，可以试行承包企业互助基金制度，本着"自愿参加，有偿使用，互助互利，共担风险"的原则，由参加的承包企业从留利中提取一定比例的资金，由当地财政部门集中管理。企业完不成承包任务时，先用自有资金补交，不足部分可有偿借用企业承包互助基金补足。各地区都要按照《承包条例》的规定，选择一两个承包搞得好的城市或少数基础工作扎实、财务力量较强的企业，在不改变企业资金的全民所有制性质，不改变承包经营合同，不改变现行财务会计制度的原则下，试行企业资金分帐制，探索企业自我积累、自负盈亏的途径。有关部门要协同配合，加强领导，共同抓好这项工作。已经进行试点的地区和企业，要认真总结经验，不断完善。

(十)完善现有的总公司或部门承包。重点是落实所属企业的承包经营责任制，处理好同所属企业的责、权、利关系，扩大所属企业生产经营自主权，调动基层企业和广大职工的积极性，努力完成本企业和全行业承包的目标。

二、强化企业约束机制

(十一)加强对承包企业的经济监督。逐步建立由国家、主管部门、企业内部和社会审计组织相结合，分层次的企业承包审计体系，强化工商管理和审计部门对承包合同签定前的参与和签定后的监督。企业要严格执行国家物价政策，遵守财经纪律，不得随意提高产品价格，不得乱摊成本，不得随意增加营业外支出，不得截留、转移利润，搞虚盈实亏。发现违法乱纪现象要严肃处理，非法所得要全部上缴，并按国家有关规定进行处罚。

（十二）合理使用企业留利。企业留利的使用应保证技术改造、生产发展和补充流动资金的需要。由于各企业留利水平相差较大，各地区、各部门可以按企业的不同情况和人均留利水平，采取不同档次具体核定每个企业生产发展基金的比例，纳入承民合同，不得挤占。

（十三）完善工效挂钩办法，控制消费基金过快增长。凡实行承包制的企业，原则上都要实行工资总额同经济效益挂钩浮动，未实行工效挂钩的要实行工资总额包干。根据企业具体情况确定挂钩的内容，合理核定挂钩的效益指标、工资总额和浮动比例。对挂钩的企业除考核主要挂钩指标外，还必须考核产品质量、物质消耗、安全生产、劳动生产率等指标。挂钩企业要建立工资储备金制度，以丰补歉。要按国家有关规定，加强工资基金管理，照章缴纳工资调节税和奖金税。坚决制止以各种名义滥发奖金、补贴和实物。

（十四）加强对承包经营者收入的管理。经营者收入应严格按其经营成绩和贡献大小确定。在治理整顿期间，经营者全年收入（包括各种津贴、单项奖等在内的所有收入），一般控制在不高于本企业职工全年平均收入的一至二倍的范围内，成效特别突出的少数企业，最多不得超过三倍。各地区要根据实际情况，将一至三倍的条件具体化。经营者和领导班子其他成员的收入分配方案，要做到收入公开，并报上级主管部门批准。兑现承包合同和经营者收入，要坚持先审计、后兑现；完不成承包合同时，经营者和领导班子成员的收入也要相应扣减。凡对经营者收入实行超基数留成或分成的，要坚决取消。现有承包企业，由于规定不合理，使经营者收入超过《承包条例》规定限额的，其超过规定部分一律纳入企业生产发展基金或后备基金。经营者本人的工资晋级，必须由企业主管部门审定。经营者要自觉接受监督，依法缴纳个人收入调节税。

（十五）完善企业风险抵押承包，逐步建立起风险机制。实行风险抵押承包的企业，都要经主管部门批准，在试点方案中严格规定亏损抵补的措施。不能把风险抵押承包当作分红，搞变相扩大消费的手段。风险抵押金是承包企业完不成承包合同时进行有限抵偿的保证，可以用于企业流动资金周转，不能用于固定资产投资。企业完成承包合同规定指标时，可按银行同期储蓄利率计提抵押金的利息，完不成承包合同规定指标时，必须按规定进行抵补。

（十六）加强对租赁企业的管理。小型工商企业租赁经营期满后，要认真总结经验，适合租赁经营的可继续实行，但要按照《全民所有制小型工业企业租赁经营暂行条例》（以下简称《租赁条例》）的规定进行完善。完善的重点是合理确定租金。对承租者的收入要严加控制，在治理整顿期间，承租经营者的收入一般控制在不高于本企业职工平均收入的3倍以内，个别有突出贡献的可适当高一些，但最高不得超过5倍。其他承租成员的收入应适当低于承租者。现有承租者收入超过《租赁条例》规定限额的部分，一律纳入企业生产发展基金或后备基金。要充分发挥职工代表大会的监督作用，维护职工的合法权益。出租方不能以租代管，要采取有效措施监督租赁企业依法经营，照章纳税，确保企业设备的完好，不断提高企业技术水平。

三、千方百计增强大中型企业的活力

（十七）为增强大中型企业活力创造条件。各地区、各部门要按照国家产业政策的要求，根据能源、原材料、运力和资金的可能，确定必保的大中型企业名单，并通过制订包、保计划加以落实。企业在生产活动中遇到困难时，有关部门要及时调度解决，切实帮助它们排忧解难。分配给大中型骨干企业的资金、能源、原材料和运力，任何部门不得截留，违者要追究经济责任。

（十八）按国家产业政策要求，确保一批大中型企业的技术改造任务。从技改任务的立项、资金筹措到建设实施的各个环节，有关方面都要与企业签订按质、按期完成的“包保”合同，承担相应的责任，提供必要的条件。

（十九）依法落实大中型企业的生产经营自主权。国家下达给大中型企业的指令性计划，不得层层加码。完成指令性计划以后，企业有权按国家规定的自销比例和价格政策，自行销售超产的产品。可以选择少数经济实力较强、产品在国际市场有销路的大中型企业和企业集团，给予外贸自主权，使其能够拓展国外市场，扩大产品出口、技术输出和劳务输出，逐步发展成为外向型企业，为国家换取更多的外汇。大中型企业要主动调整产品结构，开发新技术、新产品，开拓国内国际市场，增加有效供给，不断改善经营管理，在提高产品质量、降低物质消耗方面赶超国际先进水平。

四、深化企业内部配套改革

（二十）认真贯彻《企业法》，继续坚持和完善厂长（经理）负责制。各地区、各部门要统一认识，采取有效措施，保护厂长（经理）的合法权益，保证他们依法正常行使职权。要充分发挥党组织的思想政治领导作用，搞好思想、组织、作风建设，保证、监督党和国家方针政策在企业的贯彻执行，坚持企业的社会主义方向。企业党组织对企业生产经营的重大问题要参与讨论，并提出意见和建议。企业中层行政干部，由厂长提名或党委推荐，经党、政领导集体讨论后，由厂长任免。厂长和党委书记要互相支持，紧密配合，齐心协力办好企业。要全心全意依靠工人阶级，确立职工在企业中的主人翁地位，发挥职代会的民主管理作用，建立和健全民主管理制度。加强企业法制建设，充分发挥企业法律顾问的作用，促进企业依法经营，使各项经济活动符合国家法律、法规的要求。大力加强思想政治工作，把精神文明建设和物质文明建设结合起来，精心培育企业精神，建设“四有”（有理想、有道德、有文化、有纪律）职工队伍。

（二十一）坚持和完善企业人事、劳动、分配制度和机构设置等内部配套改革。《企业法》赋予企业的经营自主权，要认真落实。企业必须在内部建立责、权、利相统一，职工劳动所得与劳动成果和贡献大小相联系的经济责任制网络体系，将强化企业管理的各项任务纳入企业内部经济责任制，把提高产品质量、降低物质消耗、提高经济效益的指标层层分解落实到车间、科室、班组和个人，严格考核。企业内部的承包主要是责任承包，不单纯搞利润承包，要避免企业财力分散和产生离心现象。在内部分配上，要着力克服平均主义，切实体现奖勤罚懒，奖优罚劣。要继续按照生产经营的实际需要精简机构，充实生产一线力量，建立起层次少，效率高，人员精干，运转灵活的企业内部管理机构。继续试行各级管理人员竞争选聘，择优录用。继续稳妥地试行优化劳动组合，从企业实际情况出发，对富余人员主要靠企业内部消化，采取多种渠道妥善安置。

五、加强企业管理，提高企业素质

（二十二）坚持开展企业升级工作。搞好企业升级工作，是加强企业管理的重要措施，要在总结已有经验的基础上，进一步充实、完善，注重实效。一是要坚持升级标准的先进性和严肃性。1990年各部门不再颁发新的企业升级标准，主要是对现有升级标准进行修订和调整。进一步对现有的国家级企业标准进行等级限定，并研究适合非工业部门企业加强管理和企业升级的办法。二是要把企业升级的重点放在大中型工业企业上。三是要下大力气抓好已升级企业的复查工作，巩固企业升级成果。对于确属经营管理不善造成管理滑坡、经济效益下降，各项指标已不能达标，以及有严重违反财经纪律和发生重大安全事故的，要根据具体情况，给予限期整改、警告或撤销荣誉称号等处理。四是完善企业升级考评办法。坚持高标准、严要求，简化程序，严肃纪律，严禁搞请客送礼等不正之风。各项专业管理要加强，但专业管理升级，不作为企业升级的先决条件。咨询诊断要在企业自愿的基础上进行，不作为企业升级的必经程序。

（二十三）强化管理基础工作。企业要下大力量健全和完善定额管理、成本管理、资金管理、质量管理、设备管理、经济核算等各项基础工作和有关规章制度。切实抓好标准化工作，严格按照标准组织生产。大中型企业的主导产品要积极采用国际标准。要完善计量手段，以适应产品质量监控和经济核算的需要。做好统计信息工作，确保基础数据齐全、准确、完整、配套。各地区、各部门要根据行业和地区的特点，对企业进行分类指导，提出强化管理基础工作的具体要求，并搞好组织落实。

（二十四）抓好生产现场管理。重点是搞好班组建设，坚持从严治厂，建立良好的生产环境和生产秩序，克服生产现场的纪律松驰和混乱现象。根据行业特点，有步骤地推行定置管理、工业工程等先进管理方法。认真贯彻国务院颁发的职工奖惩条例，建立健全岗位守则，严格劳动纪律、工艺纪律和岗位责任，严肃厂纪厂规，提高工作质量和劳动效率，做到安全、文明生产。

（二十五）进一步推进企业管理现代化。推进管理现代化要突出重点，紧紧围绕提高产品质量、降低物质消耗、提高经济效益的目标来进行。继续推广全面质量管理、价值工程、厂内银行、方针目标管理，以及许多企业在实践中创造的各种行之有效的管理方法。当前要特别注意用好用活资金，加速资金周转，扩大销售，缓解资金紧张状况。推进管理现代化要实行分类指导，围绕企业经营发展战略，进一步探索企业管理整体优化模式，实现生产要素的优化配置。在应用电子计算机管理方面，要以建立健全企业管理信息系统为目标，在搞好总体规划的基础上，有步骤地组织实施，并创造条件逐步向开发计算机综合应用方向发展。

（二十六）加强干部、职工培训工作。要把培训工作纳入厂长（经理）任期目标责任制。从企业实际出发，多层次、多渠道地对企业干部、职工进行培训。特别要抓好车间主任、工段长、班组长的培训，争取在两年内轮训一遍，提高他们的政治、业务水平和组织管理能力。要把岗位培训合格证书作为上岗、转岗任职的资格证明之一，逐步实行持证上岗制度。

六、采取有效措施，促进企业组织结构调整

（二十七）推进企业兼并，实行生产要素优化组合。企业之间的兼并，是调整企业组织结构的一项重要措施，各级政府都要引导推动符合产业政策的企业兼并，搞好组织协调，既不要限制所属企业被兼并，也不要搞硬性捏合，让优势企业背包袱。对应被兼并的企业，要停止实行减税、让利、补贴或其他优惠政策。在当前企业资金紧缺的情况下，要从实际出发，创造条件，激励优势企业兼并劣势企业的积极性。一是同一地区的全民所有制企业，可采取资产划转的办法。二是对分属不同地区的全民所有制企业，必须实行有偿兼并时，可采用承担债务的方式，并允许企业分期偿还债务，适当延长偿还期限。三是积极推行吸收股份式和控股式兼并。四是对有偿转让的资产作价，应以双方都同意接受的价格为准，同时应按照一定标准扣除职工的安置费用。五是要保持优势企业的资信等级，在一定期限内双方可暂不合帐，实行内部单独考核。六是要把企业兼并和企业承包、企业租赁结合起来，可以先实行企业承包企业、企业租赁企业，待条件成熟后再向企业兼并平稳过渡。

（二十八）进一步发展企业集团。要按照"完善提高、发育成型"的要求，提高现有企业集团的素质，主要是做好三个方面的工作：一是壮大集团核心，其中包括壮大核心企业的经济实力，加强核心企业的投资功能，增强"龙头产品"的辐射能力等；二是形成紧密层，其中包括发展集团核心企业控股的子公司，以法人身份承包、租赁其他企业等；三是强化联结纽带，主要是通过兼并、参股、控股等形式发展资产的联结纽带，使企业集团成为风雨同舟的利益共同体，真正发挥企业集团应有的作用。按照国家产业政策的要求，注意在需要发展的产业部门中发育新的企业集团。扩大企业集团的经营自主权，使之与它们承担的义务相适应。要选择少数重点企业集团，赋予其外贸自主权，推动它们走向国际市场。继续选择一批企业集团实行计划单列。

七、继续进行股份制和税利分流试点

（二十九）继续搞好股份制试点。要分三种情况，区别对待。一是企业间相互参股、持股的股份制，要积极试行；二是企业内部职工持股的股份制，不再扩大试点，凡是已经搞了的，要完善提高，逐步规范化，特别要注意不得变相扩大消费；三是向社会公开发行股票的股份制，主要是完善已有的试点，不再铺新点。

（三十）有计划、有步骤地进行税利分流试点。有条件的地区，可以选择一两个城市进行税利分流试点，不断总结经验，逐步完善。试点方案既要有利于国家财政增收，也要有利于进一步调动企业、经营者和广大职工的积极性，增强企业发展的后劲。

第二部分

有关法律、法规、政策文件

关于工资总额组成的规定

（1989 年 9 月 30 日国务院批准
1990 年 1 月 1 日国家统计局发布）

第一章　总　　则

第一条　为了统一工资总额的计算范围，保证国家对工资进行统一的统计核算和会计核算，有利于编制、检查计划和进行工资管理以及正确地反映职工的工资收入，制定本规定。

第二条　全民所有制和集体所有制企业、事业单位，各种合营单位，各级国家机关、政党机关和社会团体，在计划、统计、会计上有关工资总额范围的计算，均应遵守本规定。

第三条　工资总额是指各单位在一定时期内直接支付给本单位全部职工的劳动报酬总额。

工资总额的计算应以直接支付给职工的全部劳动报酬为根据。

第二章　工资总额的组成

第四条　工资总额由下列六个部分组成：

（一）计时工资；

（二）计件工资；

（三）奖金；

（四）津贴和补贴；

（五）加班加点工资；

（六）特殊情况下支付的工资。

第五条　计时工资是指按计时工资标准（包括地区生活费补贴）和工作时间支付给个人的劳动报酬。包括：

（一）对已做工作按计时工资标准支付的工资；

（二）实行结构工资制的单位支付给职工的基础工资和职务（岗位）工资；

（三）新参加工作职工的见习工资（学徒的生活费）；

（四）运动员体育津贴。

第六条　计件工资是指对已做工作按计件单价支付的劳动报酬。包括：

（一）实行超额累进计件、直接无限计件、限额计件、超定额计件等工资制，按劳动部门或主管部门批准的定额和计件单价支付给个人的工资；

（二）按工作任务包干方法支付给个人的工资；

（三）按营业额提成或利润提成办法支付给个人的工资。

第七条　奖金是指支付给职工的超额劳动报酬和增收节支的劳动报酬。包括：

（一）生产奖；

（二）节约奖；

（三）劳动竞赛奖；

（四）机关、事业单位的奖励工资；

（五）其他奖金。

第八条　津贴和补贴是指为了补偿职工特殊或额外的劳动消耗和因其他特殊原因支付给职工的津贴，以及为了保证职工工资水平不受物价影响支付给职工的物价补贴。

（一）津贴。包括：补偿职工特殊或额外劳动消耗的津贴，保健性津贴，技术性津贴，年功性津贴及其他津贴。

（二）物价补贴。包括：为保证职工工资水平不受物价上涨或变动影响而支付的各种补贴。

第九条　加班加点工资是指按规定支付的加班工资和加点工资。

第十条　特殊情况下支付的工资。包括：

（一）根据国家法律、法规和政策规定，因病、工伤、产假、计划生育假、婚丧假、事假、探亲假、定期休假、停工学习、执行国家或社会义务等原因按计时工资标准或计时工资标准的一定比例支付的工资；

（二）附加工资、保留工资。

第三章　工资总额不包括的项目

第十一条　下列各项不列入工资总额的范围：

（一）根据国务院发布的有关规定颁发的创造发明

奖、自然科学奖、科学技术进步奖和支付的合理化建议和技术改进奖以及支付给运动员、教练员的奖金；

（二）有关劳动保险和职工福利方面的各项费用；

（三）有关离休、退休、退职人员待遇的各项支出；

（四）劳动保护的各项支出；

（五）稿费、讲课费及其他专门工作报酬；

（六）出差伙食补助费、误餐补助、调动工作的旅费和安家费；

（七）对自带工具、牲畜来企业工作职工所支付的工具、牲畜等的补偿费用；

（八）实行租赁经营单位的承租人的风险性补偿收入；

（九）对购买本企业股票和债券的职工所支付的股息（包括股金分红）和利息；

（十）劳动合同制职工解除劳动合同时由企业支付的医疗补助费、生活补助费等；

（十一）因录用临时工而在工资以外向提供劳动力单位支付的手续费或管理费；

（十二）支付给家庭工人的加工费和按加工订货办法支付给承包单位的发包费用；

（十三）支付给参加企业劳动的在校学生的补贴；

（十四）计划生育独生子女补贴。

第十二条 前条所列各项按照国家规定另行统计。

第四章 附 则

第十三条 中华人民共和国境内的私营单位、华侨及港、澳、台工商业者经营单位和外商经营单位有关工资总额范围的计算，参照本规定执行。

第十四条 本规定由国家统计局负责解释。

第十五条 各地区、各部门可依据本规定制定有关工资总额组成的具体范围的规定。

第十六条 本规定自发布之日起施行。国务院一九五五年五月二十一日批准颁发的《关于工资总额组成的暂行规定》同时废止。

国家秘密技术出口审查暂行规定

（1989 年 12 月 6 日国家科学技术委员会、国家保密局令第 6 号发布）

第一条 为了保守国家科学技术秘密，健全国家秘密技术出口审查制度，维护我国技术优势，保障对外科技、经济合作与交流的顺利进行，特制定本规定。

第二条 本规定所称的“国家秘密技术”，是指关系到国家的安全和利益，依照有关保密的法律、法规的规定，划定为秘密级、机密级和绝密级的发明、科技成果和关键性技术。

前款所称的“关键性技术”包括：阶段性科技成果、技术诀窍、传统工艺。

第三条 一切国家机关、企事业单位、社会团体和个人，通过技术转让、技术交流、技术合作、技术援助、技术咨询服务以及其它方式向国外提供国家秘密技术，或者出口产品、设备中含有国家秘密技术的，必须按照本规定办理审批手续。

全民所有制单位、集体所有制单位、其他经济组织或者个人向中外合资经营企业、中外合作经营企业、外资企业以及外国的驻华机构提供国家秘密技术的，参照前款规定办理。

第四条 国家秘密技术出口的审查原则是：

（一）保障国家安全，维护国家技术优势和经济利益；

（二）贯彻我国外交路线、方针和政策；

（三）有利于提高我国国际威望和扩大我国科技影响。

第五条 国家秘密技术的出口，根据密级的不同由下列机关审批：

（一）秘密级技术，由申请单位或者个人按行政隶属关系报国务院主管部门或者省、自治区、直辖市、计划单列市科委审批，报国家科委备案。

（二）机密级技术，由申请单位或者个人按行政隶属关系报国务院主管部门或者省、自治区、直辖市、计划单列市科委审查后，报国家科委审批。

（三）绝密级技术禁止出口，特殊情况下需要出口的，由国务院主管部门或者省、自治区、直辖市、计划单列市科委提出申请，经国家科委审查后，报国务院批准。

第六条 军队系统的民用或者军民两用技术，秘密级技术的出口，由国防主管部门审批，报国家科委备案；机密级技术的出口，由国防主管部门审查后，报国家科委审批；绝密级技术的出口，按照本规定第五条第（三）项的规定办理。

第七条 申请国家秘密技术出口，应当按照规定填写《国家秘密技术出口审查申请书》，并附有关技术资料。审批机关应自接到申请书之日起三十日内作出审查结论和批复。不能及时批复的，应当说明原因。

第八条 经审查批准出口的国家秘密技术，由审批机关核发《国家秘密技术出口批准书》。携带有关国家秘密技术文件、资料或者其他物品出境的，应当按照有关规定办理出境手续。

出口国家秘密技术的单位或者个人，必须严格按照批准的范围和内容执行，不得擅自扩大范围或者变更内容。

第九条 《国家秘密技术出口批准书》和《国家秘密技术出口审查申请书》的格式，由国家科委统一制定。

第十条 违反本规定，未经批准擅自出口国家秘密技术，超越批准的范围出口国家秘密技术的，或者在申请国家秘密技术出口时，隐瞒事实、弄虚作假，致使泄露国家秘密技术的，应当追究责任人的行政责任；情节严重，构成犯罪的，应当依法追究责任人的刑事责任。

第十一条 从事国家秘密技术出口审查、审批的工作人员，必须忠于职守，严格执法，对知悉的国家秘密技术承担保密义务，玩忽职守、徇私舞弊，致使泄露国家秘密技术的，应当追究其行政责任；情节严重，构成犯罪的，应当依法追究其刑事责任。

第十二条 《国家秘密技术出口控制目录》，由国家科委统一编制，定期公布执行。

第十三条 执行本规定的监督工作，由有关科委、保密局和中央国家机关主管部门的科技及保密工作机构负责。

第十四条 本规定自一九九〇年一月一日起施行。

国务院关于完善化肥、农药、农膜专营办法的通知

（1989 年 12 月 28 日）

《国务院关于化肥、农药、农膜实行专营的决定》，是治理经济环境、整顿经济秩序的一项重大措施。这一决定实施以来，取得了明显效果，对制止多头插手倒买倒卖，取缔黑市交易，加强价格管理，打击制造和销售假劣化肥、农药的违法活动，维护农民利益，促进农业增产，起到了积极作用。实践证明，专营是十分必要的。应进一步统一认识，不断总结经验，完善专营办法，兴利除弊。为了更好地把专营工作坚定不移地搞下去，特通知如下：

一、必须明确，中国农业生产资料公司和各级供销社的农资经营单位是农资专营的主渠道。同时，作如下规定：

（一）农业直属直供垦区（含建设兵团、农垦总局、管理局等），继续执行中央和省、自治区直供体制，按农业部、商业部（1989）农（垦）字第 102 号、商（农）字第 9 号文件的规定，由垦区组织供应。

（二）县和县以下的植保站、土肥站、农技推广站（中心）开展技术推广和有偿技术服务所需配套的化肥、农药、农膜（含地膜，下同），属中央和地方指令性计划管理的，由专营部门按计划实行批发价供应，由农技推广部门按当地零售价有偿转让给农民；属中央和地方指令性计划以外的化肥、农药，在与农资部门计划衔接后，可与生产厂家直接订货，按当地零售价有偿转让给当地农民。农技推广部门有偿转让的化肥、农药、农膜，应用于技术服务。

（三）中央和地方统配以外的化肥、农药、农膜，生产企业可与专营单位合同订购或联销、代销或直接销给农民自用。在有条件的地方，对非统配的化肥，可逐步推广专营直供（生产企业直供基层供销社）的方式；可实行农民预订、淡旺季差价的办法。具体采取哪种方式，由当地政府确定。

除上述规定的单位外，任何单位和个人都不得经营化肥、农药、农膜。各地工商行政管理机关要会同商业业务主管部门等加强市场管理，坚决取缔非法经营。农资经营单位要切实改进服务，加强经营管理，降低经营费用，严禁以权谋私，认真负责地做好专营工作。

二、凡列入中央和省（区、市）、计划单列市年度计划，作为工业原料用的化肥，仍按原渠道经营，不得倒卖。国家批准承担统配化肥生产任务的企业，利用外资进行建设和技术改造以及进口备品配件、调剂解决主要原材料所需少量化肥，按国家计委的有关规定办理。为挖掘企业生产能力，化肥、农药生产厂在保证完成国家年度计划的基础上，报县以上计划部门（承担中央统配任务的化肥企业，报国务院农业生产资料协调小组）审定后，可组织来料加工。其产品可给

来料加工单位，用于农业生产；非直接用于农业的，应通过专营单位经营、调拨。企业自己组织原料生产的产品，属非指令性计划的部分，生产企业可销给任何专营单位。

三、切实安排好化肥、农药、农膜生产所需主要原材料、燃料和电力供应。所需原材料，属中央指令性计划统配的品种，由国家计委安排计划，由物资部负责供应，其中化肥用天然气、石油分别由石油天然气总公司、石化总公司负责优先供应；不属中央指令性计划统配的品种，由化工、轻工部和石化总公司及其它有关部门、总公司下达指令性计划，安排供应。所需燃料、电力指标，由有关部门按产量、消耗定额核报，由国家计委戴帽下达给承担中央统配任务的化肥、农药、农膜生产企业。中央安排进口的原材料，首先满足中央下达的指令性计划的需要，多余部分可补助地方（化肥包装料除外）。其他一般原材料，由企业自行组织购进，有关部门积极协助。地方统配的化肥、农药、农膜，可参照上述国家计划、供应管理办法，由各级计委下达指令性计划，并负责安排主要原材料、燃料、电力供应。

中央和地方指令性计划，由生产厂与中国农资公司和省（区、市）农资公司，分别按计划签订产销合同。要切实加强原料基地的建设。对国务院已批准的山西晋东南化肥原料煤基地，化工部要尽快建设好，逐步扩大平价化肥原料煤的供应。

四、为了保证突发性病虫害和其它灾情急用，要分级储备一部分农药。中央储备的救灾农药暂定为二万五千吨（成药），所需储备资金，由人民银行商有关专业银行解决，利息由中央财政负担。省（区、市）的储备量及资金、利息，由各省（区、市）政府参照中央储备办法安排落实。此项储备任务，中央部分由中国农资公司承担，省（区、市）储备的部分由省农资公司承担。具体分配方案，分别由中央、省级农业部门与农资公司协商提出，报同级农业生产资料协调领导小组审定后，由农资公司执行。中央救灾和省间调拨的农药，调出地区必须保证按计划完成，不得封锁，不得行令禁运。

五、专营周转资金要配套。对生产和经营所需流动资金，要专项安排，优先保证。具体办法，由人民银行与有关专业银行制定。有关专业银行对生产企业、经营单位（包括农垦系统、农技推广部门）所需周转资金核定定额，实行专项管理，专款专用。进口所需配套人民币资金，银行要保证供应。

六、安排生产计划要切实搞好工商衔接。凡中央和地方统配的化肥、农药、农膜（不含试验、示范和新研制膜），全部由中国农资公司和省（区、市）农资公司负责按月度计划，及时收购、储备、调运，生产企业必须按时按量交货。逾期不能收购或交货的，由各级农业生产资料协调领导小组协调解决。非指令性计划的，按工厂隶属关系，由农业生产资料协调领导小组负责及时协调工厂与专营单位的产销关系及相关政策，及时解决存在的问题。

七、要加强进口管理。进口化肥、农药（包括原料及中间体）、农膜原料及化肥包装原料，必须按国家安排的进口计划或凭进口配额批件，按经贸部有关规定由经贸部中国化工进出口总公司或由经贸部批准的单位对外订货。进口计划的编报（含配额）、货单审批程序及许可证发放等手续，要严格按国家计委和经贸部的有关规定办理。中央、地方安排的化肥、农药、农膜原料进口货单的提报，仍按现行渠道不变。侨眷捐赠的化肥、农药、农膜（料），按国务院国发〔1989〕16号文件规定办理。

中央计划进口的化肥、农药（包括原料及中间体）、农膜原料及化肥包装原料，继续减免关税、产品税，不收保证金。中央进口的化肥、农药原料及中间体，1990年暂不实行代理价。农垦、农技系统供应和有偿转让的化肥、农药、农膜，同基层供销社一样免征营业税。

八、化肥、农药、农膜及生产所需主要原材料、燃料，全部列为国家指令性运输计划，交通、铁道部门要根据各级农资公司和农垦系统、农技部门及生产企业申报的计划优先安排，及时组织卸运，保证不误农时。为了支持生产企业正常运转，确保中央统配化肥计划和政策的兑现，其运输与交接，按国务院规定的原则，由工商企业双方协商办理。货款要按银行有关规定及时结算。

九、切实稳定化肥、农药、农膜价格。

（一）各级物价主管部门在确定化肥、农药、农膜及相配套的原材料价格时，要协调好农业、工业和商业的利益关系。各级政府和有关部门要切实采取措施，支持化肥、农药、农膜企业生产。对所需主要原材料、电力、燃料和外汇，要尽力安排平价供应，或由财政部门继续给予补贴，以保证农用工业生产的稳步增长和农业生产资料价格的相对稳定。

（二）中央、地方统配的化肥，要保证兑现国家粮肥挂钩、棉花奖售和救灾等以及国务院批准的其它专项用肥。这部分化肥实行综合价还是平价，由各省（区、市）政府决定。其余部分化肥，按国家物价局（1988）价重字733号文件的有关规定执行。

（三）为了支持农药生产，各地物价部门要按照产品合理的成本利润率核定出厂价。农资部门的零售价，在减少销售环节、改进经营管理的基础上，指令性计划按三级，其余按二级批发、一级零售或直供发生的费用，保持经营企业合理的销售利润率，由物价部门核定零售价。

十、切实把农资专营工作组织、协调好。各级政府要进一步加强对农业生产资料专营工作的领导，组织有关部门把专营工作做细做好。要充实加强农业生产资料协调机构，及时协调解决生产、销售、进口和运输中的问题。国务院有关部门和省（区、市）间在执行中需要协调的问题，由国务院农业生产资料协调领导小组负责协调。省（区、市）内需要协调的问题，由省（区、市）农业生产资料协调领导小组或省政府指定的办事机构负责协调。各有关部门要大力支持农业，牢固树立为农民服务的思想，密切配合，齐心合力地把农业生产资料生产和供应工作做好。

对认真执行中央、省（区、市）计划有显著成绩的单位和个人，要给予表彰和奖励，具体办法由国务院农业生产资料协调小组制定。对违反专营政策、规定者以及积压农资延误农时造成损失的，各级政府要从严查处。平价或综合价化肥、农药、农膜及其原料转为议价销售的，除没收全部非法收入外，还要追究单位领导者和经办人的责任。倒卖进口化肥、农药、农膜原料和进口许可证及无证进口者，除没收其产品交农资专营部门处理外，由有关部门依法从重惩处。产销双方都要严格履行合同，任何一方违约，按经济合同法处理。

本通知从1990年1月1日起，由各级政府组织实施。各地可根据实际情况，制定贯彻执行本通知的具体实施办法。国务院及有关部门以前发出的有关规定，凡与本通知不一致的，按本通知执行。

进出口商品复验办法（试行）

（1990年1月11日国家进出口商品检验局令第1号发布）

第一条 根据《中华人民共和国进出口商品检验法》第二十四条的规定，制定本办法。

第二条 进出口商品的报验人（以下简称报验人）对商检机构出具的检验结果有异议的，可以向原商检机构或者其上级商检机构以至国家商检部门申请复验。

第三条 报验人申请复验，应在收到商检机构的检验结果后十五天内提出，填写复验申请表并附有关单证，通过信函申请复验的时间以寄出信函的时间为准。

商检机构或者国家商检部门审核报验人提出的复验申请后，对符合条件的应接受复验。

第四条 报验人对申请复验的商品须保持原报验商品的包装、铅封、质量、数量、标志，不得动用、更换。

第五条 受理复验的商检机构或者国家商检部门在受理复验后三十天内完成复验并出具复验结论证书，因复验内容和程序复杂或者有其他特殊情况，可适当延长复验时间，但不得超过七十天，并需向报验人说明。

第六条 受理复验的商检机构或者国家商检部门应组织专家复验组进行复验工作。

第七条 专家复验组应遵守纪律，秉公办事，按规定独立地进行工作。

第八条 复验应按以下规定的程序进行：

（一）审查报验人的复验申请表及其他必要的资料；

（二）审查原检验的检验依据（包括标准、方法）；

（三）调查审查原检验的程序及检测操作过程；

（四）核对商品的批次、标志或标记、编号、质量、重量、数量、包装等外观状况；

（五）确定复验标准及检测操作规程，并确定复验的取样方案；

（六）对样品进行测试；

（七）审议、判定复验结果；

（八）作出复验结论并出具复验结论证书。

第九条 报验人对商检机构作出的复验结论仍有异议，可在收到复验结论后五日内申请国家商检部门复验。国家商检部门的复验结论为最终结论。

第十条 报验人应按规定交纳复验费用。

第十一条 复验结果与原检验结果不一致时，受理复验的商检机构或者国家商检部门应对原检验工作予以评价。如属原商检机构责任的，其复验的费用由原商检机构负担。

第十二条 本办法自1990年1月11日起执行。

进出口商品免验办法（试行）

（1990年1月11日国家进出口商品检验局令第2号发布）

第一条　根据《中华人民共和国进出口商品检验法》第五条的规定，制定本办法。

第二条　凡列入《商检机构实施检验的进出口商品种类表》和其他法律、行政法规规定须经商检机构检验的进出口商品，经收货人、发货人（以下简称申请人）申请，国家商检部门审查批准，可以免予检验。

第三条　凡具备下列情况之一者，申请人可以申请免验：

（一）在国际上获质量奖（未超过三年时间）的商品；

（二）经国家商检部门认可的国际有关组织实施质量认证，并经商检机构检验质量长期稳定的商品；

（三）连续三年出厂合格率及商检机构检验合格率百分之百，并且没有质量异议的出口商品；

（四）连续三年商检机构检验合格率及用户验收合格率百分之百，并且获得用户和消费者良好评价的进口商品。

第四条　进出口一定数量限额内的非贸易性物品，申请人可凭省、自治区、直辖市人民政府有关主管部门或者国务院有关主管部门的批件、证明及有关材料，直接向国家商检部门申请核发免验批件，并按本办法有关规定到商检机构办理放行手续。

对进出口展品、礼品及样品，由所在地商检机构凭申请人提供的有关证明批准免验，并办理放行手续。

第五条　涉及安全、卫生及有特殊要求的商品不能申请免验。

第六条　凡要求免验进出口商品的申请人须向国家商检部门提出书面申请，填写免验申请表，并提供有关证件（包括：获奖证书、认证证书、合格率证明、用户反映、生产工艺、内控质量标准、检测方法及对产品最终质量有影响的有关文件资料）。

要求免验出口商品的申请人还须提供所在地及产地商检机构的初审意见。

第七条　国家商检部门组织专家审查组对申请免验的商品以及制造工厂的生产条件和有关资料进行审查，并对产品进行抽样测试。

第八条　专家审查组在审查及检测的基础上提出书面审查报告，经国家商检部门批准，发给申请人免验证书并予以公布。

免验证书有效期由批准机关决定，一般不超过二年。

第九条　获准免验进出口商品的申请人，凭有效的免验证书、合同、信用证及该批产品的厂检合格单和原始检验记录等到商检机构办理放行手续，并交纳放行手续费。对需要出具商检证书的免验商品，商检机构可以凭申请人的检验结果核发商检证书。

第十条　获准免验进出口商品的申请人及免验商品，应接受商检机构和国家商检部门的监督管理。商检机构可对免验的商品进行抽验，对发现有质量问题的不予办理免验放行手续并及时向国家商检部门报告，必要时可建议国家商检部门撤销其免验资格。

第十一条　国家商检部门接到商检机构的报告或国内外用户的反映，应及时组织专家审查组对免验商品抽查考核，对不符合免验条件的撤销其免验资格并予以公布。

第十二条　获准免验出口商品的申请人，必须每半年一次向国家商检部门报告免验商品的生产质量情况，并抄报所在地及产地的商检机构。

第十三条　免验期内，申请人不得改变免验商品的性能结构及制造工艺等。如有改变，须重新办理免验审批手续。

第十四条　申请人可在免验期满前四个月内申请续延免验期，经国家商检部门复审批准后，可继续给予一定期限的免验。

第十五条　申请人弄虚作假、隐瞒欺骗国家商检部门和商检机构，致使免验商品不符合免验条件的，按《中华人民共和国进出口商品检验法》及有关法律、行政法规的规定予以处罚。

第十六条　伪造、买卖、冒用免验证书的，按《中华人民共和国进出口商品检验法》及有关法律姓法律、行政法规的规定予以处罚。

第十七条　商检人员在审查、批准和日常抽查免验商品过程中滥用职权、玩忽职守，徇私舞弊、伪造检验结果的，根据情节轻重，给予行政处分，或依法追究法律责任。

第十八条　申请人应按照规定交纳免验费用。

第十九条 国家商检部门及商检机构对申请免验商品的生产企业进行审查、考核、抽查时，申请人应提供工作上的方便。

第二十条 本办法自1990年4月1日起执行。

商品和收费实行明码标价制度的规定

（1990年2月1日国家物价局令第1号发布）

第一条 为了加强价格管理，维护市场价格正常秩序，鼓励正当竞争，便于监督检查，保护消费者合法利益，根据《中华人民共和国价格管理条例》和有关规定，制定本规定。

第二条 凡中华人民共和国境内的所有企业、有收费的国家机关、事业单位、其他组织、个体工商户，在市场收购、销售商品或收取服务费用的，都必须实行明码标价制度。

第三条 商品的明码标价，应按国家定价、国家指导价、市场调节价三种价格形式分别采用红、兰、绿三色价格标签。尚不具备条件的地区，经省、自治区、直辖市物价部门同意，可暂用一色标签。服务收费项目应设收费项目价目表。价格标签、价目表一律使用阿拉伯数码标明人民币金额。经批准收取外汇券的企业、事业单位，其价格标签和价目表用外汇券标价。

第四条 实行明码标价制度的单位和个体工商户，必须做到价签价目齐全、标价准确、字迹清晰、一货一签，摆放醒目。价格变动，应及时更换。

商品标价签统一由当地物价检查机构监制。

第五条 产地批发企业（含批发销售产品的生产企业）销售商品的销货发票或调拨单，除填写实际批发价格外，必须注明该商品当地的出厂价格或收购价格。销地批发企业销售商品的销货发票或调拨单，除填写实际批发价格外，必须注明该商品进货地的批发价格或出厂价格。

第六条 零售商业（含信托商店和展销会）和个体工商户的商品价格标签，应包括品名、货号、规格、等级、计量单位、零售价格等主要内容；有条件的地区还可标明批发（进货）价格或批零（进销）差率。企业的价格标签由物价员签章。削价处理商品，必须以公开方式表示，以区别于正常商品价格。

由于行业特点需要增减价格标签内容或实行不同的标价方式，以及某些特殊商品（如艺术珍品、古董等）不宜标价的，均须经当地物价部门核准。

第七条 旅店（含宾馆、饭店、招待所等）、饮食店、理发店、浴室、交通运输单位（含出租汽车及非机动车）、邮电营业单位、医疗单位、影剧院及其他娱乐场所、旅游点、公园、体育比赛场所、修理及服务单位、印刷厂、存车场点，以及其他有偿服务单位或场所，均需在其经营场所的醒目位置公布其收费项目明细价目表。价目表应包括收费项目名称、等级或规格、服务项目、计量单位、收费标准等主要内容。物价部门应根据各行业特点核定价目表内容和标价方式。

第八条 进入生产资料交易市场的商品，除应标明其品名、规格、计量单位和销售价格以外，对国家规定有最高限价的商品，交易市场应在醒目位置公布最高限价。

第九条 收购农副产品和废旧物资的单位和个体工商户，必须在收购点公布收购价目表，标明产品名称、规格、等级、计量单位和收购价格。

第十条 农副产品批发市场的产品，应实行明码标价。必要时市场管理部门可在市场醒目位置公布主要产品的批发价目表。

第十一条 农贸市场按规定允许上市的农副产品由买卖双方议价成交；有固定摊位的，也应实行明码标价。市场管理部门应及时公布国家对某些产品规定的临时最高销售限价；必要时可在市场醒目位置公布主要产品的参考价目表。

第十二条 有下列行为之一的，属于价格违法行为：

（一）不按规定执行明码标价的；

（二）不如实标明国家规定的价格或收费标准（含国家定价、国家指导价、最高销售限价和最低收购限价）的；

（三）生产企业、批发企业违反第五条规定不在销货发票或调拨单上注明出厂价格，收购价格或批发价格的。

第十三条 对有第十二条所列行为之一的单位和个体工商户，由物价检查机构依据《国家物价局关于价格违法行为的处罚规定》给予处罚：

（一）对部分商品或收费项目未实行明码标价的，按应标价商品品种或收费项目计算，每缺一种或一项，处以三元以下的罚款；对其中商品单价在二十元及其以上的，以及应标价的经营品种或收费项目在十种及其以下的，每缺一种或一项，处以二十元以下的罚款。但每次罚款总额不超过三百元；

（二）对明码标价内容不符合规定要求的，每错一种或一项，处以一元以下的罚款；对其中商品单价在二十元及其以上的，以及应标价的经营品种或收费项目在十种及其以下的，每错一种或一项，处以五元以下的罚款。但每次罚款不得超过一百元；

（三）对全部商品或收费项目未实行明码标价的，处以五百元以下的罚款；对生产资料交易市场不公布最高限价的，处以一千元以下的罚款；

（四）对生产企业、批发企业违反第五条规定不在销货发票或调拨单上注明出厂价格，收购价格或批发价格的，按销货发票或调拨单计算，每缺一张处以一百元以下罚款，但每次罚款总额不超过一千元；

（五）对不实行明码标价的单位，还可分别对直接责任人和主管人员处以五十元以下的罚款。

对上述行为中确属初犯、情节轻微、且经检查后主动改正的，可减免罚款。

上述各项所称“以下的罚款”均含本数。

第十四条　对由于标价高于国家规定的销售价格、收费标准和标价高于或低于国家规定的收购价格而获取的非法所得，由物价检查机构予以核实没收，除应退还消费者或农民外，余额收缴财政，并按《国家物价局关于价格违法行为的处罚规定》另处以罚款。

第十五条　对在执行明码标价制度中成绩突出的单位和个体工商户，物价检查机构应予表扬或奖励。

第十六条　本规定由国家物价局负责解释。

第十七条　本规定自一九九〇年三月一日起施行。

各省、自治区、直辖市物价部门可根据本规定制定具体实施办法报本级人民政府批准发布。

节约能源监测管理暂行规定

（1990年2月2日国家计划委员会发布）

第一章　总　　则

第一条　为加强国家对节约能源的宏观管理，促进节能降耗，提高经济效益，保证国民经济的发展，根据国务院颁发的《节约能源管理暂行条例》的有关规定，特制定本规定。

第二条　本规定所称节能监测是指由政府授权的节能监测机构，依据国家有关节约能源的法规（或行业、地方的规定）和技术标准，对能源利用状况进行监督、检测以及对浪费能源的行为提出处理意见等执法活动的总称。

第三条　城乡一切企业、事业单位以及机关、团体和个人，均应遵守本规定。

第二章　机构与职责

第四条　全国节能监测工作由国家计委节能主管部门负责统一组织管理。省、自治区、直辖市及计划单列市人民政府节能主管部门负责管理本地区的节能监测工作。国务院有关部、局、总公司节能主管部门负责管理直属单位和协助当地政府节能主管部门指导本行业的能源利用监测工作。

第五条　国家设全国节能监测管理中心。

各省、自治区、直辖市及计划单列市设省（区、市）节能监测中心。

省辖地、市是否建立节能监测站，由各省、自治区、直辖市自行决定。

国务院有关部、局、总公司是否设置行业节能监测机构，由各部、局、总公司自行决定。

各级节能监测中心（站）为事业单位，其经费由各地事业费解决，并受同级政府节能主管部门的业务指导。

第六条 全国节能监测管理中心的主要职责：

1. 组织编制全国节能监测计划要点，对各地区、各行业能源利用监测机构进行技术和业务指导；

2. 搜集、整理全国节能监测资料，组织开展节能监测技术研究、开发、交流和培训；

3. 组织各省（区、市）和行业节能监测中心监测人员的业务考核工作；

4. 承担省（区、市）、行业节能监测中心纠纷的技术仲裁；

5. 负责向国家计委节能主管部门定期汇报全国节能监测工作情况并提出有关建议；

6. 参与制定有关节能监测的法规、标准和技术规范等；

7. 承担国家计委节能主管部门委托的其它有关节能监测的工作。

第七条 各省、自治区、直辖市和计划单列市的节能监测中心的主要职责：

1. 组织开展本地区的节能监测工作，对本地区所属节能监测站进行技术指导和业务管理；

2. 协助节能主管部门编制本地区节能监测计划，参与制定节能监测法规、标准和技术规范；

3. 承担本地区所辖地（市）、节能监测站人员的技术、业务考核；

4. 承担本地区所辖地（市）节能监测纠纷的技术仲裁；

5. 开展节能监测技术研究、情报交流、技术培训和协调技术合作，搜集、整理本地区能源利用监测的数据和资料，定期向节能主管部门和全国节能监测管理中心汇报节能监测情况并提出有关建议；

6. 计划单列市节能监测中心接受所在省、自治区节能监测中心的业务指导，节能监测法规、标准和技术规范要与省、区协调一致，并报送节能监测计划。

第八条 地、市节能监测站的主要职责：

1. 协助本地区节能主管部门制定节能监测计划；

2. 实施本地区的节能监测工作；

3. 负责搜集、整理、储存本地区节能监测的数据和资料；

4. 对企业中的节能自检工作进行技术指导和监督；

5. 定期向本地区节能主管部门和上级节能监测中心报告节能监测情况并提出有关建议。

第九条 国务院有关部、局、总公司节能监测中心主要职责：

1. 参与制定本行业节能监测技术规范、标准；

2. 负责本系统直属单位的节能监测，对监测不合格单位提出处理意见报本系统节能监测主管部门审定。所属企业的节能监测计划报送所在地区监测中心汇总；

3. 协同各地区节能监测中心（站），对本行业技术复杂、专业性强、配备有特殊设备的企业实施节能监测；

4. 开展本行业节能监测技术研究、情报交流、技术培训和咨询工作；

5. 向本系统节能主管部门及全国节能监测管理中心汇报监测情况并提出有关建议。

第三章 监测内容及程序

第十条 节能监测的主要内容包括：

1. 检测、评价合理用热状况；

2. 检测、评价合理用电状况；

3. 检测、评价合理用油状况；

4. 协助技术监督部门对供能质量的监督、检测；

5. 节能产品的能耗指标抽查、验证；

6. 对用能产品的能耗及与产品能耗有关的工艺、设备、网络等技术性能的检测、评价；

7. 对国家已公布的淘汰机电产品，监督其更新改造。

第十一条 节能监测机构对被监测单位进行监测时，要严格执行监测技术规程和有关技术标准。

第十二条 节能监测分定期监测和不定期监测。定期监测须在执行监测十天前通知被监测单位。节能监测中心（站）对用能单位的能源利用情况也可以随时进行监测。

第十三条 被监测单位应向节能监测中心（站）提供与监测有关的技术文件和资料，并根据监测中心（站）的具体要求做好准备，提供必要的工作条件。

第十四条 监测中心（站）在监测工作结束后，应向被监测单位及其主管部门提出监测报告和处理意见，同时抄报同级节能主管部门。

第十五条 对初次监测不合格者，监测中心（站）要及时通知被监测单位，并限期整改；整改后进行复测，如复测仍不合格者，经同级节能主管部门核准，对其征收能耗超标加价费，作为地区（行业）节能改造基金。第二次复测不合格者，报请当地经委（计经委）批准给予减供或停供能源，直至查封设备的处罚。

能耗超标加价费不得列入成本和营业外支出。

能耗超标受处罚的企业不得参加当年的节能先进企业的升级（定级），已获得的节能等级应降级或取消称号。

第十六条 被监测单位对监测处理意见有异议时，在接到处理通知书后半月内向上级节能主管部门申诉，上级节能主管部门委托上级节能监测机构进行仲裁，并在一个月内作出处理结论。

第十七条　企业在用的机械设备如果属于国家已公布淘汰的机电产品，经监测不符合国家节能标准要求时，地区（行业）节能监测机构有责任协助本地区（行业）节能主管部门订出规划，监督尽快更新或改造。

第四章　节能监测机构的管理

第十八条　节能监测机构须按《节能监测机构认证审定办法》要求，经认证审定考核合格后，由政府部门批准，发给证书，才能施行其节能监测职能。

第十九条　节能监测中心（站）实行主任（站长）负责制。节能监测专业人员实行技术职务聘任制，待遇与其它部门技术人员相同。

第二十条　节能监测有关的技术规范、标准、方法和报告，其优秀者可参与科研成果评比。节能监测资料和文件，凡属涉及机密者，应严格按照有关保密制度处理。

第二十一条　节能监测专业人员须经省部级节能监测中心考试，合格后方可聘任，并由当地政府或有关部门授予《节能监测员》证书和证章。日常凭《节能监测员》证书和节能监测证章从事节能监测工作。

第二十二条　节能监测人员在执行任务时应严守纪律，秉公守法。对滥用职权、徇私舞弊者视情节轻重给予行政处分。触犯刑律者，由司法部门追究其刑事责任。

第二十三条　节能监测机构从事监测时，可按收费标准收取测试仪器设备折旧费、材料费和劳务费。

收费标准须经省、部级政府节能主管部门会同物价部门批准实行。

第五章　附　　则

第二十四条　各地区、各行业可根据本规定，结合实际情况制定实施细则。

第二十五条　关于合理用电的监测，各地监测中心（站）与三电办公室的具体分工协作，由当地经委（计经委）统筹协调。

第二十六条　军队系统可参照本规定制定本系统的节能监测细则。

第二十七条　本规定由国家计委节能主管部门负责解释。

第二十八条　本规定自1990年6月1日起施行。

农民股份合作企业暂行规定

（1990年2月12日农业部令第14号发布）

第一条　为了鼓励和引导农民股份合作企业健康发展，保护其合法权益，加强规范化管理，进一步繁荣农村经济，根据宪法和国家有关法规、政策，特制定本暂行规定。

第二条　本暂行规定所称农民股份合作企业是指，由三户以上劳动农民，按照协议，以资金、实物、技术、劳力等作为股份，自愿组织起来从事生产经营活动，接受国家计划指导，实行民主管理，以按劳分配为主，又有一定比例的股金分红，有公共积累，能独立承担民事责任，经依法批准建立的经济组织。

第三条　农民股份合作企业（以下简称企业）是劳动农民的合作经济，是社会主义劳动群众集体所有制经济，是乡镇企业的重要组成部分和农村经济的重要力量。

第四条　企业的主要任务是：发展农村社会主义商品经济，安排农村剩余劳动力，支援农业生产，增加农民和国家财政收入，发展出口创汇生产，为大工业配套和服务，促进社会生产力的发展，满足人民日益增长的物质和文化生活的需要。

第五条　企业在国家法律允许范围内，可以兴办工业、交通运输业、建筑业、商业、饮食服务业以及其他开发性事业。

第六条　开办企业须持有村民委员会证明，并提交合股者的协议书和企业股份合作章程（见附件：《农民股份合作企业示范章程》）等文件报乡级以上乡镇企业主管部门批准，依法办理工商、企业法人和税务登记。

第七条　企业股份资产属举办该企业的全体成员集体所有，由股东大会（股东代表大会）选举产生的董事会代表全体股东行使企业财产的所有权。

企业在税后利润中，必须提取一部分作为不可分割的公共积累。

第八条 企业实行独立核算、自主经营、自负盈亏。依法享有自行确定企业的组织管理机构、经营方式、生产计划、产品销售、资金使用，计酬形式、收益分配、职工招聘或辞退等权利。

第九条 企业招聘职工应根据国家有关劳动法规，双方签订书面的劳务合同，明确双方的权利和义务，包括期限、报酬和劳保福利待遇等。

有条件的企业应逐步建立职工退休劳动保险制度。

严禁企业招用童工。

第十条 企业实行按劳分配和按股分红相结合以按劳分配为主的分配方式。

经营者的报酬可以从优，但一般最高不得超过职工平均工资和奖金收入的五倍。个人收入超过国家规定征税标准的，应依法交纳个人收入调节税。

第十一条 企业领取营业执照后，应在三十日内向当地税务机关办理税务登记手续，接受税务机关的管理和监督。

企业应按国家对集体企业征税的有关规定，依法纳税。企业减免税款必须转入生产发展基金，全部用于发展生产，不得作为盈利用于分配。

第十二条 企业应注重自身积累。根据生产发展需要，可以扩股或增股，也可以向银行（信用社）申请贷款。

第十三条 生产列入国家计划产品、名优新特产品、出口产品和市场紧缺商品的企业，在税收、信贷、能源、原材料和运输等方面，享受乡镇集体企业同等待遇。

第十四条 企业应执行国家制定的乡村集体企业财会制度，加强财务管理。

企业各项专用基金、经营费用和补农建农基金，可按乡村集体企业的标准提取和列支。

股金分红中相当于储蓄利息部分，企业可按有关规定列入生产经营成本。

企业应按农业部、财政部〔1988〕农（企）字10号文件规定，及时、足额向乡镇企业主管部门交纳管理费。

第十五条 企业税后利润分配，应有60%以上用于扩大再生产（其中50%作为不可分割的公共积累），其余40%用于股金分红（股金分红一般不得超过税后利润的20%）、集体福利基金、职工奖励基金等，具体比例由各地确定。

第十六条 企业应实行股东大会（股东代表大会）制度。股东大会（股东代表大会）是企业的最高权力机构，可选举产生董事会作为常设机构。

董事会向股东大会（股东代表大会）负责，决定企业生产经营中的重大问题。

第十七条 企业的厂长（经理）由董事会在董事中选举或对外招标聘任。厂长（经理）对企业董事会负责，是企业的法定代表人。

第十八条 企业实行承包经营责任制和厂长（经理）负责制。

第十九条 股份是投资入股者在企业财产中所占的份额。

为保证企业稳定发展，企业必须加强股份管理。入股者一般不得退股。个别因特殊情况要求退股的，在注册资本不减少的前提下，经股东大会（股东代表大会）或董事会批准可以退股。

股权可依法继承、转让、馈赠，但须向企业股东大会（股东代表大会）或董事会申报，并办理有关手续。

第二十条 企业改变名称、合并、分立、迁移、歇业、终止或其他登记事项，须向原批准和发证机关申请办理手续。

第二十一条 企业分立、合并或终止时，必须保护其财产，依法清理债权债务。公共积累或其剩余部分的处理，可以用于发展新企业，可以作为股份对外入股，可以用于支农建农，也可以用于建立职工保险、福利基金等，但不得分给职工个人。具体由职工大会或职工代表大会决定。

企业破产，应组建清产组织，依法进行清算，以企业财产承担有限责任。

第二十二条 企业的合法权益受国家法律保护，任何单位和个人不得以任何方式或借口，平调、侵占和无偿使用企业的资金、设备、产品和劳力。企业按县以上人民政府的明文规定交纳费用后，有权抵制和拒付其他各种摊派。

第二十三条 企业必须遵照国家法律、法规和政策，维护社会经济秩序和消费者的利益，开展合法的生产经营活动。违者，由有关行政主管机关视其情节，依法给予处罚，并对负有直接责任的人追究行政责任；触犯法律的，由司法机关依法追究法律责任。

第二十四条 各级人民政府的乡镇企业管理部门是企业的主管部门，负责对企业进行指导、管理、监督、协调和服务。

第二十五条 本规定由农业部乡镇企业司负责解释。各省、自治区、直辖市乡镇企业主管部门可根据本规定制定实施办法。

第二十六条 本规定自颁发之日起施行。

附件：

农民股份合作企业示范章程

第一章　总　　则

第一条　为发展社会主义商品经济，办好农民股份合作企业，根据国家有关法律、法规和政策，制定本章程。

第二条　本企业是农民股份合作企业。接受国家计划指导，实行入股自愿，民主管理，以按劳分配为主，有一定比例的股金分红，留有公共积累的原则，是社会主义劳动群众集体经济组织。

第三条　本企业可以资金、实物、技术、劳力等作为股份。股份可以等额或不等额，由本企业发给记名股份证书作为股东的股权凭证，股东以其股份享受权益，分担风险。

第四条　本企业遵守党的方针、政策和国家法律、法规，接受政府有关主管部门的指导、管理和监督。

第五条　本企业独立核算，自主经营，自负盈亏，独立承担民事责任，具有企业法人资格。

第六条　本企业名称：××××××××；
企业地址：××××××××；
注册资金：××××××××元；
企业经营范围：××××××××。

第二章　股　　东

第七条　投入股份，承认并遵守本章程者，为本企业股东。

第八条　股东享有以下权利：

一、对自己投入企业的股份拥有所有权；

二、参加股东大会，审议、决定企业经营范围、发展方向、收益分配及关停并转等重大问题；

三、选举和被选举为企业股东代表大会代表或董事会董事；

四、在同等条件下，有被聘任为厂长（经理）的优先权；

五、对董事会的工作及企业的生产经营有监督权；

六、有认购新股的优先权；

七、有按股分红的权利。

第九条　股东承担下列义务：

一、遵守本企业的章程；

二、按股份分担企业经营风险责任；

三、执行股东大会（股东代表大会）的决议；

四、关心企业的生产、经营和管理。

第三章　股东大会（股东代表大会）

第十条　股东大会（股东代表大会）是本企业的最高权力机构，至少每年召开一次。遇到特殊情况，股东或董事也可提议，经股东大会（股东代表大会）半数以上的股东（股东代表大会代表）同意，也可临时召开股东大会（股东代表大会）。

股东大会（股东代表大会）的权利是：

一、制定修改本企业章程；

二、选举产生董事会，改选、罢免董事；

三、审议董事会、厂长（经理）的年度工作报告；

四、决定企业的经营范围、发展方向、收益分配及关停并转等问题。

不设董事会的，直接选举、罢免或聘任、解聘厂长（经理）。

第四章　董　事　会

第十一条　董事会是企业股东大会（股东代表大会）选举产生的常设机构。在股东大会（股东代表大会）闭会期间行使以下权利：

一、执行股东大会（股东代表大会）的决议；

二、推选董事长；

三、聘任、解聘企业的厂长（经理）并规定厂长（经理）的报酬和待遇；

四、代表企业所有者与厂长（经理）签订承包经营责任制合同；

五、审议批准本企业年度计划、财务预算、决定企业的利润分配；

六、监督企业经营者正确行使职权；

第五章　厂长（经理）

第十二条　厂长（经理）是本企业的法定代表人，

是企业生产、经营、管理的指挥者；企业的厂长（经理）有以下权利：

一、设置企业的管理机构；

二、聘任、解聘企业副厂长以下的管理人员；

三、制订企业的计酬方式和奖罚办法；

四、招聘或辞退企业的职工。

第十三条 企业厂长（经理）必须履行以下义务：

一、执行党和国家的法律、法规和政策；

二、执行股东大会（股东代表大会）或董事会决议；

三、向上级主管部门负责报送统计报表及有关情况；

四、定期向股东大会（股东代表大会）或董事会报告工作，接受股东大会（股东代表大会）或董事会的检查监督；

五、加强民主管理，接受职工监督；

六、加强职工思想政治工作、搞好社会主义精神文明建设。

第六章 职 工

第十四条 本企业实行劳动合同制，择优招聘职工，签订劳动合同；

第十五条 企业职工有如下权利：

一、在同等条件下，本企业职工有优先入股权；

二、规模较大的企业可建立职工代表大会，评议厂长（经理）工作，维护职工合法权益；

三、对企业的生产、经营、管理有建议权；

四、享有劳动合同规定的其他权利。

第十六条 企业职工必须履行以下义务：

一、服从厂长（经理）的指挥；

二、履行劳动合同规定的各项义务；

三、遵守企业的各项规章制度；

四、遵守社会主义职业道德。

第七章 对股份的管理

第十七条 本企业股份一般不得退股，因特殊情况要求退股的，在注册资本不减少的前提下，经股东大会（股东代表大会）或董事会批准方可退股。

股份可依法继承、转让、馈赠，但须向股东大会（股东代表大会）或董事会申报，并办理有关手续。

第十八条 企业视生产发展需要，可以扩股或增股。

第八章 收益分配

第十九条 本企业执行农业部、财政部制定的乡村集体企业财会制度。正确处理国家、集体、个人三者利益关系。企业税后利润60%用于企业扩大再生产（其中50%作为企业不可分割的公共积累），40%用于股金分红（股金分红不超过税后利润的20%）、集体福利基金、职工奖励基金，具体比例根据县乡镇企业局规定另定。

第二十条 本企业的公共积累不得分割。如遇企业分立、合并或终止时，依法清理债权债务，公共积累或其剩余部分的处理，可以用于发展新企业，可以作为股份对外入股，可以用于支农建农，也可以用于建立职工保险、福利基金等，但不分给职工个人，具体由职工大会或职工代表大会讨论决定。

第九章 附 则

第二十一条 本章程同国家的法律、法规有关规定相抵触时，必须进行修改。

第二十二条 本章程由企业董事会负责解释。

第二十三条 本章程自股东大会（股东代表大会）通过之日起生效。

严禁以车谋私的规定

（1990年2月12日铁道部发布）

第一条 为严格管理，加强监督，堵塞漏洞，杜绝以车谋私现象，推动路风建设，充分体现“人民铁路为人民”宗旨，制定本规定。

第二条 本规定所称“以车谋私”，主要指铁路单位或个人，凭借职权或通过其他关系和手段，以车皮营私牟利的行为。

第三条 铁路单位和职工都要以大局为重，把国家利益、社会效益摆在第一位，不得以任何方式以车皮营私牟利：

(一)严禁审批要车计划工作人员凭借职权营私牟利，直接或间接索要和接受货主钱物；

(二)不许铁路职工(包括离退休职工)倒卖或代他人办理要车计划，不许各级干部(包括退离休干部)利用权力和影响，干扰要车计划审批工作；

(三)严禁将通过限制口的计划内外车皮计划违反有关规定分配给铁路多种经营和集体经济企业开办的公司。

第四条　铁路运输部门要严格执行政策，严格遵守纪律，认真履行审批要车计划的职责：

(一)认真贯彻党和国家有关方针政策，严格按照“保证重点，兼顾一般”，“先中央，后地方；先计划内，后计划外”的原则审批要车计划；

(二)坚持分级管理，逐级负责，层层把关，落实责任制，严禁擅自越权审批计划外要车；

(三)坚持集体审批领导负责制度，由主管运输领导同志主持，有关人员参加，严格按照审批程序、手续和有关规定集中办理计划外要车；

(四)增加要车计划审批透明度，按时把有关规定和审批制度在必要范围内公布，接受路内外监督；

(五)选派政治思想好、政策观念强、作风正派、有责任心、熟悉业务的人员担任运输计划审批工作，并对他们提出严格要求。不符合条件的人员要坚决调离。对计划外车皮计划审批人员实行定期轮换制度。

第五条　车站和车站职工不得利用组织进货、报请求车、安排装车、配车调车、调整货位、变更装卸地点、变更到站等职权，刁难货主，索要和接受钱物。

第六条　铁路任何单位和个人，必须视完成运输任务为应尽职责，不得接受和私分地方部门、厂矿企业及其他货主或路内单位赠送的钱物。

第七条　铁路不论运输主业单位还是多种经营和集体经济企业，从事运输延伸服务业务，必须严守法规，做到利国便民：

(一)延伸服务的经营项目和收费标准必须经地方工商、物价部门审查批准，并公布于众，接受监督，不得乱涨价、滥收费；

(二)铁路多种经营和集体经济企业从事延伸服务的经营范围，不得包括代办车皮计划。开展承运前交付后全过程服务的，可以替货主代递要车计划表，但不列为经营项目，不计收费用。

第八条　不准铁路任何单位以提供车皮为条件与路外企业搞联营。尚未脱钩的要坚决脱钩；订有协议的要立即中止。

第九条　严格执行铁道部《铁路自备车问题的若干规定》，不许铁路单位经营加价收费的自备车。

第十条　铁路职工或单位违反本规定，除追缴或没收营私牟利所得外，要对当事人或直接责任者追究行政责任，酌情给予警告、记过、撤职，直至开除路籍等行政处分。问题重大的，上级主管部门还要追究单位领导人的行政责任。违反本规定，情节严重，构成犯罪的，由司法机关依法追究刑事责任。

国务院办公厅关于
进一步清理检查“小金库”的通知

(1990年2月22日)

各省、自治区、直辖市、计划单列市人民政府，国务院各部委、各直属机构：

《国务院关于清理检查“小金库”的通知》(国发〔1989〕77号)发出以后，各地区、各部门做了不少工作，到去年十二月底，全国共查出各种“小金库”资金10.01亿元，清查工作取得了初步成绩。但从全国看，这项工作还未深入开展起来，许多部门、企业和单位还存有侥幸心理，没有认真清理和检查。为此，国务院决定，在今年一季度，各地区、各部门要继续深入开展清查“小金库”的工作，现通知如下：

一、清理检查“小金库”是贯彻落实党的十三届四中全会和五中全会精神，搞好治理整顿、加强廉政建设，端正党风、政风和社会风气的一项重要措施。各省、自治区、直辖市、计划单列市人民政府和各部门要把这项工作作为二、三月份的重要工作，并指定一位负责同志挂帅，再次进行部署，切实抓出成效。要进一步统一思想，提高对清查工作重要性和迫切性的认识。继续发动企业、单位和部门进行自查自报，广泛开展群众性的举报活动，并组织力量选择一批企业、事业和行政单位进行抽查复查，排除干扰，把清理“小金库”工作不断推向深入。

二、对查出的“小金库”资金，要严格按照《国务院关于清理检查"小金库"的通知》和财政部、国务院税收财务物价大检查办公室的具体规定处理。再次重申以下纪律：(一)自国务院《通知》发出之日起，凡继续动用"小金库"资金的，都要用单位自有资金归垫，私自转移的要如数追回；(二)私自将未动用的"小金库"资金全部转作单位收入，不按规定比例上交财政的，要如数补交；(三)对拒不清理、检查和继续私设"小金库"的，一经查出，要加重处罚，并追究单位领导和当事人的责任；(四)经过这次清查后，任何单位都不得私设"小金库"。

凡今年三月底以前，单位自查自报出来的"小金库"资金，仍按自查政策处理。清查"小金库"资金的汇总报表继续按月报送。

三、各新闻单位要积极配合清查工作，搞好宣传报道，充分发挥社会舆论的监督作用。

四、各省、自治区、直辖市、计划单列市人民政府和各部门，在今年四月底以前，要向国务院报送清查"小金库"工作的总结，同时抄送国务院税收财务物价大检查办公室。

国务院关于修改《全民所有制工业企业承包经营责任制暂行条例》第二十一条的决定

(1990年2月24日中华人民共和国国务院令第49号发布)

国务院决定对《全民所有制工业企业承包经营责任制暂行条例》第二十一条作如下修改：

《全民所有制工业企业承包经营责任制暂行条例》第二十一条增加三款，作为第二、三、四款：

承包经营合同未规定纠纷处理办法，但当事人在合同订立后或发生纠纷时达成申请工商行政管理机关仲裁的书面协议的，由工商行政管理机关依法受理该仲裁案件。

承包经营合同的任何一方当事人对仲裁机关的裁决不服，均可在接到裁决书之日起十日内向上一级仲裁机关申请复议。上一级仲裁机关作出的复议裁决，或逾期未申请复议发生法律效力的仲裁决定，均为终局裁决。

当事人一方在规定期限内不执行已经发生法律效力的调解书、裁决书的，另一方可以申请人民法院强制执行。

本决定自发布之日起施行。

附：《全民所有制工业企业承包经营责任制暂行条例》第二十一条修改前的条文

第二十一条　合同双方发生纠纷，应当协商解决。协商不成的，合同双方可以根据承包经营合同规定向国家工商行政管理机关申请仲裁；也可以根据承包经营合同规定直接向人民法院起诉。

国务院关于修改《全民所有制小型工业企业租赁经营暂行条例》第二十二条的决定

（1990年2月24日中华人民共和国国务院令第50号发布）

国务院决定对《全民所有制小型工业企业租赁经营暂行条例》第二十二条作如下修改：

《全民所有制小型工业企业租凭经营暂行条例》第二十二条增加两款，作为第三、四款：

租赁经营合同未规定纠纷处理办法，但当事人在合同订立后或发生纠纷时达成申请工商行政管理机关仲裁的书面协议的，由工商行政管理机关依法受理该仲裁案件。

当事人一方在规定期限内不执行已经发生法律效力的调解书、裁决书的，另一方可以申请人民法院强制执行。

本决定自发布之日起施行。

附：《全民所有制小型工业企业租赁经营暂行条例》第二十二条修改前的条文

第二十二条　租赁经营合同双方发生纠纷，应当协商解决。协商不成的，可以根据合同规定向工商行政管理机关申请调解或者仲裁。租赁经营合同任何一方对仲裁机关的仲裁决定不服的，可以在收到仲裁决定书之日起十日内向上一级仲裁机关申请复议。上一级仲裁机关作出的决定，即为终局裁决。逾期未申请复议，发生法律效力的仲裁决定，即为终局裁决。

租赁经营合同任何一方可以根据租赁经营合同规定直接向人民法院起诉。

人事部门廉政建设暂行规定

（1990年2月26日人事部发布）

人事部门是政府综合管理人事和机构编制的职能部门，人事干部行使着重要的职权。能否清正廉洁，秉公办事，直接关系到党和政府的威信和形象。为保证人事部门廉政建设卓有成效，特作如下规定：

一、考试录用（聘用）干部要认真贯彻公开、平等、竞争的原则，做到政策、报考条件公开，考试办法、成绩公开和录用（聘用）结果公开，在全面考核的基础上，按德才兼备的原则，择优录用（聘用）干部。不得泄露考试内容或擅改分数；不得以权谋私，录用（聘用）不合条件的人员。

二、考核干部应按规定程序进行，重视群众意见，根据民主集中制原则，经集体讨论作出结论，做到客观公正，并将结论与本人见面。不得借机徇私舞弊或挟嫌报复。实施奖惩，要依据政策规定和考核结论，不得搞个人恩赐或借故惩罚。

三、任用干部必须坚持德才兼备的标准，严格按规定程序办理。严禁违反规定，不经考核，突击办理；严禁突破职数限额。不得利用职务拉关系，搞交易。有关推荐人才的信函、电话记录等必须公开，秉公办理，并保存备查。

四、工资晋级要做到政策规定和办理结果公开，严格按照国家规定的工资标准和方案办理；不得违反规定擅自开口子；不得为讨好领导或照顾亲友而降低条件或改变调资方案；不得弄虚作假，为自己和他人晋级。

五、机构编制数额、年度增干指标、增资指标、机关补充干部指标的确定和分配，要严格按照有关规定和审批程序办理。不得个人说了算，不得事先许愿；严禁利用指标捞取好处。

六、干部调配工作要做到政策、指标、程序、结果四公开。不得通过调动工作安插亲友；调动工作、办理农转非不得违反规定，不得突破指标限额。

七、评聘专业技术职务，要严格坚持有关条例规定的任职条件。任职资格应通过考试与评审相结合的办法取得；招聘专业技术职务的岗位和数额要向全体专业技术人员公布，平等竞争，择优聘任。不得利用职权，降低标准或通过其他方式为自己和亲友评定职称、聘任职务；严禁在发放证书时滥收费。

八、军官转业安置工作，要通过部队移交部门和新闻媒介，向社会公开有关政策规定、办事程序、年度分配计划和分配结果，接受群众监督，公开办理。安置工作必须通过正常的组织渠道进行；不得接受馈赠；不得借工作之便安置不合条件的亲友或谋取其他私利。

九、人事干部必须带头实行有关干部回避的规定。在办理上述公务时，凡涉及到本人及配偶、子女和其他近亲属的，要自觉回避，不得参与，也不得以其它方式施加影响。

十、对直接办理上述一至八项公务的人事干部，实行岗位轮换制度，在同一岗位工作不得超过四年，各单位要认真检查落实。

十一、要加强各级人事部门以及各级干部之间的相互监督；严禁打击举报监督者或包庇被举报监督的干部。对违反本暂行规定的行为，要从严查处；触犯刑律的，要交由司法机关追究责任。

各级政府人事部门要充分重视廉政建设，加强廉政思想和职业道德教育，严格执行以上规定，以确保本单位本部门形成廉洁奉公、艰苦奋斗、全心全意为人民服务的良好风尚。

本规定适用于国家行政机关和事业单位人事部门，企业单位人事部门可根据本规定的精神，制定适合本单位特点的廉政规定。

计划外煤炭最高限价办法

（1990年2月26日国家物价局、
国家计划委员会、能源部、物资部发布）

为了进一步贯彻“治理整顿和深化改革”的方针，遵照国务院关于加强煤炭价格管理、制定计划外煤炭最高限价的批示，现决定对统配煤矿和地方国营煤矿（含地方非煤炭系统的国营煤矿）的计划外煤炭出厂价格，以及各地煤炭市场销售价格规定最高限价。办法如下：

一、计划外煤炭出厂价格实行最高出厂限价。最高限价以国家规定的同品种的计划内煤炭出厂价格（不含增、超产加价）为基础，根据各地区煤炭供求和运输的不同情况，加价幅度规定如下：山西省和内蒙古西部地区160%（如大同灰分14～15%、水分8～9%、硫分1.5%的弱粘混煤，现行国家计划内出厂价每吨二十九元一角八分，加价160%，最高出厂限价为七十五元八角七分），西北地区100%，广西和西南地区120%（云南省加价幅度由省政府确定），湖南省150%，河北、河南、北京、吉林、黑龙江和内蒙古东部地区180%，山东、辽宁、江西、湖北、福建200%，上海、江苏、安徽、浙江、广东、海南250%。上述加价幅度为最高加价幅度。在此之前，议价煤加价幅度低于本办法限价水平的，不得提高。各地均不得突破规定的限价，违者按违法查处。统配煤矿应用户要求加工的特种煤（计划外，如高炉喷吹粉煤）不限价，继续由供需双方协商定价。

二、列入计划分配或收购的乡镇小煤矿生产的煤炭，继续执行当地物价部门规定的价格。放开经营的煤炭，也实行最高限价，有的亦可实行提价申报制度，由省、自治区、直辖市规定。各地规定的乡镇小煤矿最高限价不得超过当地国营煤矿的限价水平。统配矿所属集体小井煤，凡未纳入计划分配的，执行所在地乡镇小煤矿价格规定。乡镇小煤矿没有实行市场调节价的省、自治区、直辖市，可以依照当地情况继续执行现行办法。

三、计划外煤炭市场销售价格，实行最高销售限价。各地最高销售限价以煤矿最高出厂限价为基础，加煤炭进货运杂费（进货运杂费定额标准，由各地物价部门规定）、定额经营管理费（含2～3%利润）和税金核定。煤炭销售限价由煤炭经销部门会同物价部门根据同一销区、同一品种实行同一销售限价的原则，核定进货成本，采取加权平均的方法，并制定提出综合平均最高销售限价的方案，经省、自治区、直辖市人民政府批准后公布实行，并抄报国家物价局、能源部和物资部备案。所有煤炭经营单位（不论是主营、兼营、国营或集体企业），不论经过多少环节，都不准突破最高销售限价。超过限价销售的，属违法行为，由物价检查部门查处。提倡煤矿直接供货到用户。凡煤矿销售计划外煤炭负责运送到用户交货的，可按用户所在地政府批准的最高销售限价结算，一切运杂费用及途耗由煤矿负担。

四、为确保煤炭最高限价的执行，必须强调计划的严肃性，加强物价检查，同时要抓紧进行煤炭流通环节的清理整顿。煤矿必须按指令性计划或指导性计划规定的数量、品种接受订货，严格按照合同保量保质供货，不得拖欠。对由于煤矿原因没有完成合同，或将指令性计划改为指导性计划，或将计划内转计划外卖议价，要追究企业领导人责任，其卖煤多得收入由物价检查部门予以没收，并对企业处以罚款，上缴国家财政。各地要认真清理整顿煤炭流通环节，取缔各种形式非法倒买倒卖煤炭、进行中间盘剥的公司。

五、煤炭最高出厂和销售限价，应随产销情况和进货条件变化情况由国家物价局和地方人民政府适时进行调整，但要避免频繁变动。

六、本办法自1990年3月7日起实施。

中共中央宣传部　国家计委　全国总工会
关于在企业职工中进行
基本国情与基本路线教育的通知

（1990年2月28日）

各省、自治区、直辖市及计划单列市党委宣传部、计经委、总工会，中直机关和国家机关工委宣传部、总政宣传部，中央宣传系统各单位党委党组：

一、中共中央关于加强宣传、思想工作的通知要求，“要始终一贯地把坚持‘一个中心、两个基本点’作为基本思想来教育人民，特别是教育学生、教育全体干部和共产党员。”为认真纠正过去几年思想政治教育薄弱的失误，深刻吸取国内、国际严重政治风波的经验教训，必须坚持以党的基本路线为指导，在广大企业职工中深入开展爱国主义、社会主义、集体主义、独立自主、艰苦奋斗的教育。在集中抓好当前政治、经济形势和国际形势宣传的同时，要根据社会主义现代化建设发展的要求，联系历史和国情的实际，下功夫切实加强系统的思想政治教育和马列主义、毛泽东思想基本理论的正面灌输。这是深入贯彻党的十三届四中全会和五中全会精神、促进社会稳定、企业稳定和加强“四有”职工队伍建设的一项紧迫任务和基础工作。

二、今后两三年对职工系统的思想政治教育，应以“基本国情与基本路线”为主题，结合形势、任务和职工思想实际认真组织进行。内容可突出以下重点：

（一）“历史与国情”。主要讲中国近现代史和人民共和国四十年的发展，使职工了解中国在共产党领导下走社会主义道路，这是历史作出的不可改变的选择，是中国最根本的国情。要用历史与国情充分说明，在中国建立资本主义制度完全行不通，这不但只能给中国带来混乱和灾难，而且国际环境和帝国主义也不允许中国建成一个独立的资本主义强国。历史的结论就是一个：“只有社会主义才能救中国，只有社会主义才能发展中国。”同时，要科学地阐明我国社会主义条件下主要矛盾的变化，发展社会生产力已成为党和国家的根本任务，但阶级斗争仍在一定范围内长期存在，并具体表现为四个坚持同资产阶级自由化的对立，提高职工同国内“全盘西化”的思潮、同国外“和平演变”的图谋作长期斗争的自觉性。

（二）“建设与改革”。主要讲我国社会主义经济建设的道路、成就和经验教训，讲改革的社会主义性质和改革、开放给社会主义带来的巨大活力。要着重阐明两种改革观，使职工理解改革开放是社会主义制度发展、完善和使我国走向现代化的必由之路，一定要毫不动摇地坚持走下去，同时要把握好改革的社会主义方向，坚决反对借口“改革”搞资本主义化。要帮助职工系统了解我国经济、政治、社会、文化、人口、资源等的历史与现状，深刻理解建设、改革都要从国情、国力出发，必须坚持长期持续、稳定、协调发展经济的基本方针，必须坚持和发扬艰苦奋斗的创业精神。

（三）“传统与使命”。主要讲工人阶级是国家的领导阶级，是历史上最先进的阶级，讲党的全心全意依靠工人阶级的方针及工人阶级每个成员应有的觉悟与修养。要帮助广大青年工人了解我国工人阶级产生、发展的历史和光荣传统，认清工人阶级在社会主义现代化建设中的地位和责任，增强主人翁意识和历史使命感。要着重说明，工人阶级是同现代生产相联结的、具有政治远见、大公无私精神和严格组织纪律性的阶级，必须按照这个阶级的面貌来改造自己。特别要用马克思主义基本理论来武装自己，树立工人阶级革命的科学的世界观和正确的人生观，努力把自己锻炼成为有理想、有道德、有文化、有纪律的社会主义新人。

根据上述内容、要求，中宣部将编发基本国情与基本路线教育提要。各省、自治区、直辖市可以参照这个提要，本着四中全会、五中全会文件和邓小平同志几次重要谈话、江泽民同志在国庆四十周年大会上讲话的精神，组织编写供基层使用的教材。有条件的大中城市和大企业，也可以自编一些参考资料。

三、基本国情与基本路线教育应面向全体职工，着重抓好对企业干部、党员和青年职工的教育。各地区、部门和企业要从职工队伍不同的实际出发，作出分批、分层施教的规划。首先要抓好党员特别是党员领导干部的学习和自我教育，这是保证这项教育顺利展开和取得成效的关键。在企业中安排干部教育和党员教育，都应注意同全员性的基本国情与基本路线教育结合起来，充分发挥党员和党员干部的模范带头作用。

在我国一亿三千多万职工中，三十五岁以下的青年职工占百分之七十。进行基本国情、党的基本路线及马克思主义基本理论的教育，应从职工队伍构成的这种变化与现状出发，把这部分青年职工作为教育的重点。通过系统的教育，进一步提高青年工人的政治觉悟和思想素质，使之成为工人阶级中合格的、优秀的成员。

四、采取脱产轮训为主的方式进行教育。根据《国营企业职工思想政治工作纲要（试行）》的规定和前几年的经验，这次基本国情与基本路线教育应主要采取脱产轮训的办法，同时兼用其他行之有效的形式。在企业普遍实行承包制的新条件下，脱产轮训需要妥为安排，解决工学矛盾。目前一些企业开工不足甚至停工，这是很大的困难，但也为加强职工政治、技术培训提供了条件。应该抓住当前时机，从企业不同的实际出发，认真组织好脱产轮训，使这次系统教育善始善终，收到实效，防止形式主义和“走过场”。

在进行脱产轮训的同时，各地各企业还要运用以往的成功经验，组织开展读书演讲、专题讨论、知识竞赛、社会调查、算帐对比等多种活动。要特别注意用形象、直观的材料说明问题，有计划地组织观看一些反映我国近代历史与国情的电影、展览和文艺作品。有条件的地方，可以逐步建立工人理论小组，在学习中发挥骨干作用。要大力改进教育方法，多做细致工作，力求达到鲜明的思想内容与生动多样的形式的统一，实现正面灌输与广泛的群众自我教育的有效结合，增强教育的说服力和渗透力。

这次系统教育、脱产轮训，从一九九〇年下半年开始，用两到三年的时间基本完成。每个职工脱产学习时间，应保证不少于十五天。职工参加脱产培训的成绩和表现，要认真考核，并作为晋级、奖惩的重要依据之一。

五、加强对基本国情与基本路线教育的组织领导。进行基本国情与基本路线教育，是企业思想政治工作的一项根本性的建设任务，由企业党委具体领导和组织实施。厂长（经理）和企业生产、行政部门要积极支持、配合，从时间、人员安排方面给予切实的保障。系统教育、脱产轮训所需经费，在企业职工教育经费中列支。企业的工会、共青团和思想政治工作研究会，要从各自的角度和特点出发，积极参与组织这项工作。企业政治学校应予健全或恢复，企业党校、职工大学也应做好工作，承担这次脱产轮训任务。

请各级党委和政府加强对这次职工系统教育、脱产轮训工作的领导。党委宣传部门、经济主管部门和各级工会，要精心研究、规划、指导各类企业中的基本国情与基本路线教育。要深入进行调查研究，摸清职工中深层的思想动态和“热点”、“难点”问题，在科学分析的基础上提出对不同人员实施教育的重点和方法，使系统教育更有针对性。同时，要经常检查这项教育落实和进展的情况，提供信息，推广经验，做好服务工作。各地在接到通知后，可首先抓好试点工作。各地、各系统也应把这次系统教育的成效，作为各地评选思想政治工作优秀企业和文明单位的重要条件之一。

中国人民建设银行外汇流动资金贷款暂行办法

（1990年2月28日中国人民建设银行发布）

为了有效地运用本行筹集的外汇资金，合理使用外汇，促进经济发展和出口创汇，特制定本办法。

第一章　贷款对象

第一条　凡实行独立经济核算，具有法人资格的国营、集体企事业单位以及外商投资企业（包括侨资、外资和中外合资经营企业等，下同），由于生产建设和贸易等原因发生外汇流动资金短缺时，均可申请本贷款。

第二章　贷款使用范围

第二条　外汇流动资金贷款的使用范围包括：

1. 国营建筑安装企业、对外承包工程公司、房地产开发公司等为承包海外工程进行劳务输出以及国内外房地产开发等所需的外汇流动资金；

2. 建筑企业、工程承包公司承建的外资工程，在施工中需要的外汇周转资金；

3. 建筑材料供销企业在进出口业务中所需的外汇流动资金；

4. 进出口贸易公司所需进出口贸易外汇周转资金、打包放款、出口押汇、活期外汇存款透支（核定额度贷款），票据贴现等资金；

5. 外商投资企业在生产、贸易中所需外汇周转资金；

6. 工业企业进口原材料和办理来料加工、装配等业务时所需的外汇流动资金；

7. 其他经本行同意的外汇流动资金贷款。

第三章　贷款期限和利率

第三条　贷款期限，从借款合同生效之日起到《外汇借款合同》规定还清全部贷款本息日止，一般不超过半年，最长不超过一年。

第四条　贷款利率，根据中国人民银行的有关规定和本行资金筹集成本及同业水平确定。

贷款利息一般采用浮动利率按季计收。

第四章　贷款条件和申请

第五条　借款单位必须具备以下条件：

1. 实行独立经济核算，具有法人资格；

2. 持有上级有权部门批准使用外汇的文件；

3. 使用外汇符合国家外汇管理的有关规定，还款能力可靠；

4. 能够提供：(1) 有权部门签发的进口许可证、批件；

(2) 进口物资清单及合同副本；

(3) 境外工程承包项目中标书；

5. 由资信可靠、有外汇偿付能力的担保单位提供担保。担保人应按照本行的要求出具担保书并承担在借款单位无力清偿贷款本息时代为偿还贷款本息和有关费用的责任；对风险较大的贷款，还应同时办理财产抵押（具体做法参照（87）建总办字第32号《建设银行借款合同担保办法（试行）》）。

第六条　借款单位申请外汇贷款应办理以下手续并提供有关资料：

1. 向本行提出《外汇借款申请书》（附参考格式）；

2. 提供本办法第五条所规定的有关证明材料和文件；

3. 用出口创汇还款的，须提供当地外汇管理局的批准文件及外贸合同、银行议付通知书（或托收委托书）副本等文件；

4. 提供借款单位的财务报表和其他本行认为需要的有关文件和资料。

第七条　以上文件由经办建设银行审核同意后，由借、贷双方签订《外汇借款合同》（附参考格式），据以明确有关权利义务。

第五章　贷款的使用和偿还

第八条　借款单位应按照《外汇借款合同》规定的期限，在本行开立贷款帐户，并按照有关规定办理进口订货手续。借款单位应将订货合同抄送开户建设银行，据以作为支用贷款的依据。

在不违反当地外汇管理有关规定的前提下，借款单位在开立贷款帐户的同时，还应在开户建设银行开立外汇存款帐户和结算帐户。有关贷款项下的国际结算业务均应通过开户建设银行办理。

第九条　借款单位应在《外汇借款合同》确定的贷款额度内，向开户建设银行提出分季、分月、分日用款计划，并按批准的用款计划用款，借款单位若不按用款计划用款，其未用或超用部分必须根据《外汇借款合同》的规定按实际占用天数向开户建设银行支付2—5‰的承担费。

第十条　实需用款金额将超过《外汇借款合同》确定的贷款额度时，借款单位应就此向经办行申请新贷款。

第十一条　开户建设银行认为有必要时，可要求借款单位按照有关规定向保险公司办理贷款项下的外汇财产保险。

第十二条　借款单位应保证按《外汇借款合同》规定的用途使用贷款。如果发生挪用，除应限期纠正外，对被挪用部分应加收百分之百的罚息；情节严重的，开户建设银行有权停止发放贷款并限期收回被挪用的贷款。

第十三条 开户建设银行应及时了解借款单位的生产经营情况和财务状况以及贷款项下的业务进展情况。

第十四条 借款单位应按《外汇借款合同》规定的还款期限，按时归还贷款本息。

第十五条 借款单位由于不可抗力事件等原因，到期不能归还贷款的，应在规定还款到期日十五天前向开户建设银行提出贷款展期申请，经严格审查并同意后，可给予展期，展期一般不得超过原合同期限的一倍，未经同意而逾期的贷款，其逾期部分应加收百分之三十的逾期利息。

第十六条 如借款单位确实无力还款，开户建设银行应及时通知担保单位并由担保单位负责偿还全部贷款本息；或按财产抵押协议的规定，由开户建设银行拍卖其抵押品清偿贷款本息。

第六章 附 则

第十七条 本办法由中国人民建设银行总行制定，报国家外汇管理局同意，于1990年4月1日起正式施行。建设银行总行颁发的（88）建总外字第29号文所附《中国人民建设银行短期外汇贷款办法》同时废止。

第十八条 本办法的实施细则由已获准开办外汇业务的建设银行省级分行制订，报总行核备。

附件一：

外汇借款申请书（参考格式）

致：中国人民建设银行

我单位因外汇资金短缺，谨向你行申请外汇流动资金贷款。

申请单位：　　　　（公章）　　　　编号：

基本情况	企业性质		固定资产原值		固定资产净值		自有流动资金		职工人数	

现有主要产品名称	现有生产能力	上年实际完成情况							
		产量	产值	利润	税金	出口量	出口值	出口创汇	折旧

申请贷款金额和用途	申请贷款外币种类和金额	贷款期限	配套人民币落实情况

进口物资名称	单位	数量	金额	国内配套设备物资购量	单位	数量	金额

出口创汇落实情况	出口商品名称	贷款期内计划出口创汇	出口代销、包销协议单位	已签外销合同		拟签外销合同	
				数量	金额	数量	金额

国内有关方面落实情况	偿还贷款资金来源	有权部门批准情况	担保单位名称

审批情况（由建设银行填写）	经办处（科）意见		国际业务部领导意见
	经办人	处（科）领导	

附件二：

外汇借款合同（参考格式）

编号：

借款单位： （以下简称甲方）

贷款银行：中国人民建设银行 （以下简称乙方）

甲方用于
所需外汇资金，于19 年 月 日向乙方申请外汇贷款。乙方根据甲方填报的《外汇借款申请书》（编号： ）和其它有关资料，经审查同意向甲方发放外汇流动资金贷款。为明确责任，恪守信用，特签订本合同并共同遵守。

第一条 甲方向乙方借 （外币名称） 万元（大写金额）。

第二条 借款期限自第一笔用汇日起到还清全部本息日止，即从19 年 月 日至19 年 月 日，共 月。

第三条 在合同规定的借款期限内，贷款基准利率为按月浮动，利息每季计收一次。

第四条 甲方愿遵守《中国人民建设银行外汇流动资金贷款暂行办法》和其它有关规定，按乙方的要求提供使用贷款的有关情况、财务资料及进行信贷管理工作的便利。

第五条 甲方在乙方开立外汇和人民币帐户，遵照国家外汇管理的有关规定用款。

第六条 本合同所附《用款计划表》和《还本付息计划表》是本合同的组成部分，与本合同具有同等法律效力。

乙方保证按《用款计划表》及时供应资金。如因乙方责任未按期提供货款，则乙方须向甲方支付 ‰的违约金。

甲方因故不能按用款计划用款，必须提前一个月向乙方提出调整用款计划。否则，乙方对未用或超用部分按实际占用天数收取 ‰的承担费。

第七条 甲方保证按《还本付息计划表》以所借同种外币还本付息(若以其它可自由兑换的外汇偿还，按还款时的外汇牌价折算成所借外币偿还)。如因不可抗力事件，甲方不能在贷款期限终止日全部还清本息，应在到期日十五天前向乙方提出展期申请，经乙方同意，双方共同修改合同的原借款期限，并重新确定相应的贷款利率。未经乙方同意展期的贷款，乙方对逾期部分加收百分之三十的逾期利息。

第八条 甲方保证按本合同规定的用途使用贷款，如发生挪用，乙方除限期纠正外，对被挪用部分加收百分之百的罚息，并有权停止或收回全部或部分贷款。

第九条 本合同项下的借款本息由 作为甲方的担保人，并由担保人按乙方的要求向乙方出具担保书。一旦甲方无力清偿贷款本息，应由担保人履行偿还贷款本息的责任。

第十条 本合同以外的其它事项，由甲、乙双方共同按照《中华人民共和国经济合同法》和国务院《借款合同条例》的有关规定办理。

第十一条 本合同经甲、乙双方签章生效，至全部贷款本息收回后失效。本合同正本一式二份，甲、乙双方各执一份。

甲方
单位名称： （公章）
签约人： （签章）

乙方
单位名称： （公章）
签约人： （签章）

19 年 月 日签订于（地点）

（外汇借款合同附件 1）

用款计划表

借款合同编号：

借款单位：（公章） 币种： 金额单位：

		19 年	19 年
一季度	一 月 日		
	二 月 日		
	三 月 日		
	合 计		
二季度	四 月 日		
	五 月 日		
	六 月 日		
	合 计		

三季度	七 月 日		
	八 月 日		
	九 月 日		
	合 计		
四季度	十 月 日		
	十一月 日		
	十二月 日		
	合 计		
	合 计		

（外汇借款合同附件2）

还本付息计划表

借款合同编号：

借款单位：（公章） 币种： 金额单位：

		19 年	19 年
一季度	本 金		
	利 息		
月 日	合 计		
二季度	本 金		
	利 息		
月 日	合 计		
三季度	本 金		
	利 息		
月 日	合 计		
四季度	本 金		
	利 息		
月 日	合 计		
	合 计		
还 汇 来 源			
1、出口产品创汇			
2、企业留成外汇			
3、主管部门留成外汇			
4、地方留成外汇			
5、其它			

（外汇借款合同附件3）

不可撤销现汇担保书

中国人民建设银行：

根据　　　　　　公司　　　　号文的申请，贵行同意向其提供外汇贷款（大写）　　　美元，本保证人愿意为该项贷款担保。特此开立本保证书，向贵行担保下列各项：

一、本保证书为无条件不可撤销的保证书，担保金为　　元整（大写），以及贷款项下所发生的借款利息和费用。

二、本保证书保证归还借款方在　　　字第　　号借款合同项下不按期偿还的全部或部分到期借款本息，并同意在接到贵行书面通知后十四天内代为偿还借款方所欠借款本息和费用。如我单位不能履行上述担保责任时，接受你行委托我单位开户行从我单位帐户中扣收全部借款本息和费用。

三、本保证书在贵行同意借款方延期还款时继续有效。

四、本保证书是一种连续担保和赔偿的保证，不受借款方接受上级单位任何指令和借款方与任何单位签订的任何协议、文件的影响，也不因借款方是否破产、无力清偿借款、丧失企业资格、更改组织章程以及关、停、并、转等各种变化而有任何改变。

五、本保证人是经上级主管部门批准成立、工商行政管理部门发给营业执照的法人，并有足够偿还借款的财产作保证，保证履行本保证书规定的义务。

六、本保证书自签发之日起生效，至还清借款方所欠的全部借款本息和费用时自动失效。

保证人：（公章）　　　　法定代表人：（签章）

保证人地址：

保证人开户银行及帐号：

年　月　日

（外汇借款合同附件4）

不可撤销外汇额度担保书

中国人民建设银行：

根据　　　　　　　公司　　　　　号文的申请，贵行同意向其提供外汇贷款（大写）　　　　美元，本保证人愿意为该项贷款的外汇额度担保。特此开立本保证书，向贵行担保下列各项：

一、本保证书为无条件不可撤销的保证书，担保金为履行担保时与　　　　　万美元贷款本金以及利息和费用等量的外汇额度。

二、本保证书保证归还借款方在　　　　字第　　号借款合同项下不按期偿还的全部或部分到期借款本息，并同意在接到贵行书面通知后十四天内代为偿还借款方所欠借款本息和费用额度。如我单位不能履行上述担保责任时，接受你行委托外汇管理局从我单位帐户中扣收全部贷款本息和费用的外汇额度。

三、本保证书在贵行同意借款方延期还款时继续有效。

四、本保证书是一种连续担保和赔偿的保证，不受借款方接受上级单位任何指令和借款方与任何单位签订的任何协议、文件的影响，也不因借款方是否破产、无力清偿借款、丧失企业资格、更改组织章程以及关、停、并、转等各种变化而有任何改变。

五、本保证人是经上级主管部门批准成立、工商行政管理部门发给营业执照的法人，并有足够偿还借款的财产作保证，保证履行本保证书规定的义务。

六、本保证书自签发之日起生效，至还清借款方所欠的全部借款本息和费用时自动失效。

保证人：（公章）　　　　法定代表人：（签章）

保证人地址：

保证人外汇额度开户局名及帐号：

年　月　日

（外汇借款合同附件5）

不可撤销人民币担保书

中国人民建设银行：

根据　　　　　　　公司　　　　　号文的申请，贵行同意向其提供外汇贷款（大写）　　　万美元，本保证人愿意为该项贷款担保。特此开立本保证书，向贵行担保下列各项：

一、本保证书为无条件不可撤销的保证书，担保金为履行担保时与　　　　　万美元贷款本金以及利息和费用等值的人民币。

二、本保证书保证归还借款方在　　　　字第　　号借款合同项下不按期偿还的全部或部分到期借款本息和费用，并同意在接到贵行书面通知后十四天内代为偿还借款方所欠借款本息。如我单位不能履行上述担保责任时，接受你行委托我单位开户行从我单位帐户中扣收全部贷款本息和费用。

三、本保证书在贵行同意借款方延期还款时继续有效。

四、本保证书是一种连续担保和赔偿的保证，不受借款方接受上级单位任何指令和借款方与任何单位签订的任何协议、文件的影响，也不因借款方是否破产、无力清偿借款、丧失企业资格、更改组织章程以及关、停、并转等各种变化而有任何改变。

五、本保证人是由上级主管部门批准成立、工商行政管理部门发给营业执照的法人，并有足够偿还借款的财产作保证，保证履行本保证书规定的义务。

六、本保证书自签发之日起生效，至还清借款方所欠的全部借款本息和费用时自动失效。

保证人：（公章）　　　　法定代表人：（签章）

保证人地址：

保证人开户银行及帐号：

年　月　日

盐业管理条例

（1990 年 2 月 9 日国务院第五十四次常务会议通过，
1990 年 3 月 2 日中华人民共和国国务院令第 51 号发布）

第一章　总　　则

第一条　为加强盐资源的保护和开发、加强盐业管理，促进盐业生产发展，保证盐的正常运销，适应社会主义建设和人民生活的需要，制定本条例。

第二条　在中华人民共和国境内从事盐资源开发、盐业生产和运销活动，均须遵守本条例。

第三条　盐资源属于国家所有，国家对盐资源实行保护，并有计划地开发利用。国家鼓励发展盐业生产，对盐的生产经营实行计划管理。具体管理办法，按照国家有关规定执行。

第四条　轻工业部是国务院盐业行政主管部门，主管全国盐业工作。

省及省级以下人民政府盐业行政主管部门，由省、自治区、直辖市人民政府确定，主管本行政区域内的盐业工作。

第五条　国家鼓励盐业的科学研究和先进技术的推广；对于在盐业科学技术研究和运用方面作出显著成绩的单位和个人，应当给予表彰和奖励。

第二章　资源开发

第六条　开发盐资源（包括利用海水制盐、开发岩盐、湖盐和天然卤水制盐），必须遵守国家有关矿产资源开发、土地管理、环境保护、固定资产投资及其他有关的法律、法规。

第七条　国家对开发盐资源实行统筹规划，合理布局，有计划地开发。

国家鼓励开发盐资源，发展盐业生产，鼓励化工企业和其他有关全民所有制企业、集体所有制企业自筹资金投资办盐场或者与现有制盐企业联合经营，地方人民政府予以扶持。

第八条　开发盐资源，开办制盐企业（含非制盐企业开发盐资源，下同），必须经省级盐业行政主管部门审查同意，报省、自治区、直辖市人民政府批准，并按规定向企业所在地工商行政管理机关申请，领取营业执照。

开采矿盐，必须按照《中华人民共和国矿产资源法》的有关规定，领取采矿许可证。矿盐的具体范围，由地质矿产部会同轻工业部确定。

制盐企业的固定资产投资项目，应当按照国家关于固定资产投资的有关规定办理。

私营企业和个人不得开发盐资源。

第九条　盐业企业与其他单位和个人之间在资源使用权和土地所有权、使用权上的争议，由当事人协商解决；协商不成的，应当分别按照《中华人民共和国矿产资源法》、《中华人民共和国土地管理法》的规定，由有关人民政府处理。

第三章　盐场（厂、矿）保护

第十条　为了保证国家对盐资源的开发利用，维护制盐企业的正常生产，划定合理的海盐场保护区和湖盐场（厂）保护区。

海盐场防护堤临海面的一定区域和纳潮排淡沟道两侧的一定区域划为海盐场保护区。保护区具体界限的划定，由海盐场所在地省级盐业行政主管部门提出方案，报省级人民政府批准。

湖盐场（厂）开发的盐湖边缘向外一定区域划为湖盐场（厂）保护区。保护区具体界限的划定，由湖盐场（厂）所在地省级盐业行政主管部门会同省级地质矿产行政主管部门提出方案，报省级人民政府批准。

第十一条　任何单位和个人不得在海盐场保护区内兴建小虾池、小盐田以及非法进行其他有损海盐场的活动。本条例发布前已有的小虾池、小盐田等的处理，由当地盐业行政主管部门和农业行政主管部门协商解决；协商不成的，由省级人民政府处理。

任何单位和个人不得破坏湖盐场（厂）保护区内的防护林带、植被和其他防护设施。本条例发布前有关保护区问题的纠纷，由当事人协商解决；协商不成的，由省级人民政府处理。

第十二条　制盐企业的下列财产和设施受国家法律保护，任何单位和个人不得破坏、侵占、盗窃、哄抢：

(一) 制盐企业依法使用的土地、滩涂和盐矿资源；

(二) 海盐场防护堤和纳潮排淡沟道；

(三) 制盐企业的生产工具、设备和产品；

(四) 制盐企业已开采的盐矿石（包括共生、伴生矿石）和卤水，已纳入盐田的海水、各级卤水，盐田中的卤虫、鱼虾、微藻等盐田生物。

第十三条 制盐企业所在地的公安机关应当加强盐区治安保卫工作，以维护盐区正常的生产秩序。

盐区治安管理的具体问题，由县级以上（含县级，下同）盐业行政主管部门与同级公安机关共同协商解决。

第四章 生产管理

第十四条 制盐企业必须按照国家计划组织生产，加强企业管理，提高技术水平，降低消耗，增加效益。

第十五条 制盐企业必须严格按照国家有关规定，加强质量监督检测工作，不符合质量和卫生标准的产品不准出企业。

第十六条 在食盐中添加任何营养强化剂或药物，须经省级卫生行政主管部门和同级盐业行政主管部门批准。

第十七条 禁止利用盐土、硝土和工业废渣、废液加工制盐。但以盐为原料的碱厂综合利用资源加工制盐不在此限。

第十八条 国家鼓励制盐企业综合利用盐资源，发展盐化工和水产养殖等多品种生产。

第五章 运销管理

第十九条 食用盐、国家储备盐和国家指令性计划的纯碱、烧碱用盐，由国家实行统一分配调拨。

其他用盐，制盐企业在完成国家分配调拨计划和按规定确保合理库存的基础上，可在盐业行政主管部门的指导下进行自销。

盐的具体分配和调拨，由轻工业部按照国家计划进行管理。

第二十条 盐的批发业务，由各级盐业公司统一经营。未设盐业公司的地方，由县级以上人民政府授权的单位统一组织经营。

第二十一条 食盐的零售业务，由商业行政主管部门指定的商业企业、粮食企业和供销合作社零售单位负责。需要委托个体工商户、代购代销店代销食盐的，由县级商业（含粮食、供销）行政主管部门批准。

各零售单位必须把食盐列为必备商品，保持合理库存，不得脱销。

第二十二条 禁止在食用盐市场上销售下列盐制品：

(一) 不符合食用盐卫生标准的原盐和加工盐；

(二) 土盐、硝盐；

(三) 工业废渣、废液制盐。

经化工部批准的以盐为原料的少数碱厂综合利用资源加工制盐，符合国家规定的食用盐卫生标准的，可以作为食用盐销售，但必须纳入盐业行政主管部门的产销计划，并依法缴纳盐税。

第二十三条 对碘缺乏病地区必须供应加碘食用盐。未经加碘的食用盐，不得进入碘缺乏病地区食用盐市场。

第二十四条 运输部门应当将盐列为重要运输物资，对食用盐和指令性计划的纯碱、烧碱用盐的运输应当重点保证。

第二十五条 海盐产区应当按照国家规定建立以丰补欠的平衡盐储备制度，盐的销区应当按照国家规定建立食用盐国家储备制度。

第六章 法律责任

第二十六条 违反本条例第八条规定，擅自开发盐资源、开办制盐企业的，由地方人民政府或地方有关行政主管部门按照国家有关规定处理。

第二十七条 非法侵占制盐企业依法使用的土地、滩涂，擅自进入国家划定的盐业企业的矿区采矿的，按照国家有关土地管理、矿产资源管理的法律、法规处理。

第二十八条 违反本条例第十一条、第十二条(二)、(三)、(四)项规定的，盐业行政主管部门有权制止，责令其赔偿损失，没收其非法所得，并可处以不超过非法所得额五倍的罚款。情节严重、构成犯罪的，由司法机关依法追究刑事责任。

第二十九条 违反本条例第十五条、第十六条、第十七条、第二十二条、第二十三条规定的，盐业行政主管部门、工商行政管理机关和食品卫生监督机构按照他们的职责分工，有权予以制止，责令其停止销售，没收其非法所得，并可处以不超过非法所得额五倍的罚款；情节严重的，工商行政管理机关有权吊销其营业执照。造成严重食物中毒、构成犯罪的，对直接责任人员依法追究刑事责任。

第三十条 当事人对盐业行政主管部门作出的行政处罚决定不服的，可以在接到处罚决定之日起十五日内向上一级盐业行政主管部门申请复议。上一级盐业行政主管部门应当在收到复议申请之日起两个月内作出复议决定。申请人对复议决定不服的，可以在接到复议决定之日起十五日内向人民法院起诉。期满不起诉又不履行的，由作出处罚决定的机关申请人民法院强制执行。

第七章 附 则

第三十一条 本条例由轻工业部负责解释。

第三十二条 省、自治区、直辖市人民政府可以根据本条例制定实施办法。

第三十三条 本条例自发布之日起施行。

城镇集体商业企业财务管理试行办法

（1990年3月2日国家税务局发布）

第一章 总 则

第一条 为了加强城镇集体商业企业的财务管理，提高经济效益，特制定本办法。

第二条 本办法适用于城镇集体商业企业（以下简称企业）。

第三条 企业财务管理是企业管理的主要组成部分。它的主要任务是：按照党和国家有关的方针、政策、法令和制度的规定，认真编制财务计划，组织和管好、用好资金，搞好经济核算，降低成本费用，提高经济效益；实行财务监督，反对铺张浪费，防止贪污盗窃，保障资产安全；正确分配盈利，依法纳税，妥善处理各方面的经济关系；进行财务分析，参与经营决策，提高管理水平，促进企业发展。

第四条 企业应根据财务管理的需要，配备专职财会人员，设置财务管理机构。企业财会人员要按照会计法行使职权。

第五条 企业的财务管理工作，应接受税务机关的管理、监督和检查。

第六条 企业应编制财务计划。企业财务计划一般包括销售和利润计划、流动资金计划、财务收支计划、费用计划、专用基金计划。

企业财务计划的编制，可根据企业规模大小提出不同要求。有关编报时间、表式、具体内容和审核程序，由企业主管部门商同级税务机关确定。经批准执行的财务计划，及其修改和执行情况，应抄送当地税务机关备案。

第七条 企业的资产受国家法律保护，任何部门、单位和个人都不得非法摊派、抽调或私分。对侵犯企业合法权益的行为，企业有权拒绝、抵制和向司法部门控告。

第二章 资金筹集的管理

第八条 企业根据生产经营的需要，按照国家有关规定，可以通过向银行、主管部门和其他单位借款，或吸收外单位联营投资和吸收职工个人入股等形式筹集生产经营资金。企业以其它形式获得的生产经营资金，也应作为企业筹集的资金进行管理。

第九条 企业各种形式的借款和集资应遵守以下原则：

一、企业向银行、信用社和其他单位的借款，应信守合同，专款专用，到期偿还。

二、企业开展横向联合吸收的联营资金，要签订协议，明确权利和责任。企业要按规定承担盈亏责任。

三、企业吸收职工个人股金，年度支付的股息和红利不得超过股金总额的15%，一律在分红基金中列支。股金应当承担企业的盈亏责任。

四、合作商店职工个人借给企业使用的款项，仍按原规定办理，即一律按人民银行当年一年定期存款利率支付利息，在费用中列支，不得再从盈余中分取红利。

第十条 企业对减免的税款，应单独核算，按规定的用途使用。企业清产时，不得分给职工个人。

第十一条 对企业主管部门交付使用的资金，要明确产权关系和使用这部分资金应承担的义务等，并加强对这部分资金的管理。

第三章 固定资产管理

第十二条 企业的固定资产是指可以较长期使用而不改变其实物形态，其价值逐步发生转移或耗费的劳动资料。如房屋、建筑物、机器设备、运输工具等。

企业的劳动资料同时具备以下两个条件的为固定

资产：

一、使用年限在一年以上；

二、单位价值在五百元或八百元以上。

不同时具备以上两个条件，或者虽然同时具备以上两个条件，但规定不作为固定资产管理的，均作为低值易耗品。

企业固定资产单位价值执行标准，由企业主管部门和同级税务机关商定。

第十三条 企业的固定资产按下列项目进行分类：

一、经营用固定资产。指用于经营过程和管理：服务于经营过程的各种固定资产，包括：经营用房屋、建筑物、仓库、各种机器、设备、工具、仪器等。

二、非经营用固定资产。指不直接参加经营管理过程或不直接为经营管理服务的固定资产，包括职工宿舍、幼儿园、托儿所、俱乐部、食堂、浴室、理发室等使用的房屋、设备等固定资产。

三、租出固定资产。指出租给外单位使用的固定资产。

四、未使用固定资产。指尚未使用的新增固定资产，调入尚待安装的固定资产，进行改建、扩建的固定资产。

由于季节性经营活动和大修理等原因而停止使用的固定资产和替换使用的机器设备，应作为在用的固定资产。

五、不需用固定资产。指本企业不需用准备处理的固定资产。

六、土地。指过去已经估价单独入帐的土地。

第十四条 企业新增固定资产的入帐价值，按下列规定确定：

一、建设单位交付完工的固定资产，应根据建设单位交付使用财产清册中所确定的价值入帐。已动用但尚未办理移交手续的固定资产，可先按估计价值入帐，待建设单位确定实际价值后，再行调整。

二、自建自制的固定资产，在竣工使用时按实际发生的全部成本入帐。

三、购入的固定资产，按购入价加上发生的包装费、运杂费、安装费后的价值入帐；需要改装后才能安装使用的固定资产，还应加上改装费。

四、在原有基础上进行改建、扩建的固定资产，按原固定资产的价值，减去改建、扩建过程中发生的变价收入，加上改建、扩建过程中增加的价值入帐。

五、以融资租赁方式租入的固定资产，所有权归承租方时，应以构成固定资产价值的设备价款，加上运输费、途中保险费、安装调试费等后的价值入帐。

六、租赁（租入）固定资产，应另设备查簿登记。在租入固定资产上进行的改良工程，按实际发生的工程支出作为企业固定资产价值入帐。

七、盘盈固定资产和接受馈赠固定资产，按重置完全价值入帐。

八、因征用土地而支付的补偿费，应计入与土地有关的房屋、建筑物的价值内，不单独作为土地价值入帐。

九、企业已经入帐的固定资产价值，除发生下列情况外，不得随意变动：

（一）根据国家规定，对固定资产重新估价；

（二）增加补充设备或改良装置；

（三）将固定资产的一部分拆除；

（四）发现原记固定资产价值有错误。

第十五条 企业固定资产折旧，按下列规定提取：

一、提取折旧的范围

（一）下列固定资产应当提取折旧：

1、房屋、建筑物、仓库；

2、在用的机器设备、仪器仪表、运输车辆；

3、季节性停用和大修理停用的设备；

4、租出固定资产；

5、经批准淘汰的落后设备，其未提足的折旧，可以补提。

（二）下列固定资产，不得提取折旧：

1、土地；

2、未使用和不需用的设备；

3、租（借）入的固定资产；

4、帐面已经提足折旧的固定资产；

5、联营投出的固定资产；

6、属于经营管理不善造成提前报废的固定资产，以及因遭受风、火、水、震等灾害非常损失的固定资产，未提足折旧的不再补提。

二、计提折旧的依据和方法

（一）企业的固定资产折旧，以固定资产的帐面原值为计算依据。根据月初可提取折旧的固定资产帐面原值，每月计算当月应提折旧，计入成本费用。当月增加的固定资产，当月不提折旧；当月减少的固定资产，当月照提折旧。

（二）各类固定资产的净残值比例，在原值3%至5%的范围内，由企业主管部门确定，报同级税务机关备案。由于情况特殊，需要调整残值比例的，应报省级税务机关审批。

（三）企业的固定资产折旧应采取单项折旧或分类折旧的方法计提。各类固定资产的折旧年限，由各省、自治区、直辖市税务机关根据实际情况，参照《国营企业固定资产折旧试行条例》规定的年限确定，并报国家税务局备案。

第十六条 企业要加强固定资产的日常管理，设立明细帐卡，正确、全面、及时地记录固定资产的增减变动情况，要建立健全专人负责制度和日常维护保养制度，及时处理不需用的固定资产，保持固定资产的完好率，充分发挥固定资产的效益。

一、企业新增固定资产，应进行可行性研究，作出经济效益预测，防止盲目投资或重建。对应经有关部门审批的项目，要按规定及时办理报批手续。对新增的固定资产，要认真做好验收工作，及时入帐。

二、对闲置不用的固定资产，可按新旧程度，依质论价，及时出售或有偿转让，也可出租给其他单位使用。

三、对报废的固定资产，经技术部门鉴定后应认真进行清理，做好残值估价和残料入库工作。残值收入增加公积金，清理费用减少公积金。

四、企业的固定资产要定期清查盘点，做到帐实相符。对盘盈盘亏和毁损的固定资产，要在当年的财务决算期内查明原因，及时处理。属于乱挤成本而增加的固定资产，应在公积金中开支，并相应调减成本；对盘亏和损毁的固定资产，经批准后冲减公积金；参加财产保险的企业，应将保险公司支付的损失赔偿金，作增加企业公积金处理。处理固定资产损失的审批权限，由各省、自治区、直辖市企业主管部门和税务机关确定。

第四章 流动资金管理

第十七条 流动资金是指企业直接用于经营活动并不断循环周转的资金。

企业的流动资金包括商品资金、非商品资金、结算资金和货币资金。

第十八条 企业要加强流动资金的管理，根据生产经营计划对流动资金的要求，参照本企业历史最好水平和同行业的先进水平，合理地制定各项资金的定额。企业应建立流动资金的分级管理制度，将各项资金的定额落实到各有关门（店）、柜（组）等基层单位，使资金“管”、“用”结合，统筹调度，加速周转，充分发挥流动资金效益。

第十九条 企业对流动资金中的货币资金、结算资金的管理，要严格执行银行的结算制度、信贷制度和现金管理制度。

第二十条 企业要加强流动资产的实物管理。建立健全各项管理制度，做到商品采购有计划，各种商品有严格的计量、验收、领退、限额、保管和清查盘点及结算制度，做到帐帐相符，帐证相符，帐实相符。对各种商品物资的盘盈、盘亏，应当在结算期内迅速查明原因，根据各省、自治区、直辖市企业主管部门和税务机关规定的权限，报经批准后及时处理。

第二十一条 企业流动资产中的低值易耗品，是指达不到固定资产标准的劳动资料，包括家具用具等物品。

下列物品不论单位价值大小，使用年限长短，均为低值易耗品：

苫布（包括篷布、油布、塑布）、熏蒸布、枕木（包括垫木、垛架）、水泥条（墩）、风车、跳板、生猪车架和劳动用畜、各种非机动车（包括大车、手推车、三轮车、板车等）、磅秤（不包括地磅秤）、土油榨、小钢（片）磨、小型轧面条机、简易售粮机、简易售油机、小型土油池（罐）、五立方米以下的酒罐、腌制池、灭火机、七千瓦以下的电动机、消防泵，以及经国家税务局同意列作低值易耗品的其它物品。

第二十二条 低值易耗品可在领用时一次摊入商品流通费，也可采用“五·五”摊销法。企业应建立低值易耗品的领用、报销和定额管理制度，对使用中的低值易耗品，应建立实物明细帐，加强管理。

第五章 工资基金管理

第二十三条 企业职工的工资，是根据按劳分配原则支付给职工的劳动报酬。工资基金的管理必须坚持兼顾国家、企业、个人三者利益的分配原则，正确贯彻执行国家的工资政策。

第二十四条 企业可以根据经营的需要，以有利于调动劳动者的积极性为原则，选择工资形式。

企业支付给职工的标准工资、加班工资及津贴，应按照各省、自治区、直辖市劳动部门和企业主管部门批准，并征得同级税务机关同意的标准执行；劳动部门没有制定标准的，由各省、自治区、直辖市税务机关参照当地同行业国营企业标准确定执行。

第二十五条 企业支付的劳动报酬，按下列办法处理：

一、工资、津贴。企业按规定标准支付给生产经营人员、管理部门职工（含炊事人员）的标准工资、加班工资、工资性津贴以及按规定提取的提成工资列入费用，超过标准支付的工资、工资性津贴和自费改革支付的工资，在企业奖励基金或分红基金中列支。

二、奖金。按国家规定支付的各种专项奖金；在标准工资、加班工资以外支付给职工的奖金（包括浮动工资、分成工资等工资形式超过标准工资的部分），按职工标准工资的10－12％列入成本。超过规定标准的部分及企业支付给职工的劳动竞赛奖，在企业的奖励基金或分红基金中列支。

三、企业专职工会干部的工资、奖金、津贴，在工会经费中列支；幼儿园、托儿所工作人员和医务人员的工资、奖金、津贴，在公益金中列支；清理报废固定资产人员工资、奖金、津贴，在公积金中列支；专项工程负担的人员的工资、奖金、津贴，在专项资金中列支；六个月以上长期病假人员的工资津贴，在营业外支出中列支。未实行统筹预提“劳动保险基金”的企业，其退职、退休、离休人员的退职退休金，在营业外支出中列支；实行统筹预提“劳动保险基金”的企业退职、退休、离休人员的退职退休金，应在“劳动保险基金”中列支。

第二十六条 企业要建立工资管理制度和考勤记录等原始资料档案。实行浮动工资、提成工资的，要确定合理的分配比例。

第六章 成本费用管理

第二十七条 商业企业成本包括商品进价成本和商品流通费。

第二十八条 商品进价成本指企业购进商品（包括原材料）的原始进价。

第二十九条 商品流通费是企业在组织商品流通和提供劳务过程中所发生的费用支出，其开支范围如下：

一、运杂费。指购进商品和饮食、服务业购进原材料在运输过程中支付的运费、装卸搬运费、转运站码头的保管费、养路费。

二、保管费。指商品在储存过程中所支付的保管费用，包括倒库、晾晒、冷藏、保暖、消防、护仓、照明、保管用品、仓房租赁、委托保管费等费用，以及商品畜禽的饲料费。

三、挑选整理费。指商品在挑选、整修、分类、分等过程中所支付的费用，包括商品检验、化验、修理等材料、工具消耗费用等。

四、包括费。指包装或改变包装所支付的费用，包括包装材料费、运杂费、修补费和租用费等。

五、商品损耗。指商品在运输、保管、销售过程中所发生的定额内的商品损失和经批准核销的非自然灾害、非责任事故造成的超定额损耗。因挑选整理发生的损耗，直接变更商品数量和单价，不作损耗处理。

企业商品损耗定额和审批超定额损耗损失的权限，由各省、自治区、直辖市企业主管部门商同级税务机关制定。

六、手续费。指委托其他单位代购、代销所支付的手续费。

七、广告费。指为扩大商品购销业务而支付的广告费。

八、利息。指支付给银行和信用社的流动资金借款利息和按本办法第二章第九条第四款支付的利息。流动资金存款的利息收入，应冲抵借款的利息支出。

九、保险费。指企业向保险公司投保所支付的保险费。保险公司给企业的优待，应冲减保险费支出。

十、工资、津贴、奖金。指按本办法第五章的规定，列入商品流通费的工资、津贴、奖金。

十一、职工福利费。按列入商品流通费的职工工资总额扣除副食品价格补贴及列入流通费的奖金后余额的11%提取。

十二、工会经费。成立工会的企业按列入商品流通费的职工工资总额扣除副食品价格补贴后余额的2%提取。没有工会组织的企业，可按每人每月一元的标准列支文化娱乐费。

十三、职工教育经费。在列入商品流通费的职工工资总额扣除副食品价格补贴后余额的1.5%以内按实列支。

十四、折旧费。指按本办法第三章的规定提取的固定资产折旧费。

十五、修理费。指固定资产和低值易耗品等财产的修理费用。数额较大的，可作待摊费用分期摊销，摊销期限一般不超过一年。

十六、租赁费。指按国家有关财务处理规定，应在费用中列支的各项租赁费用。

十七、低值易耗品摊销。指按本办法第四章第二十二条规定摊销的低值易耗品的价值。

十八、劳动保护用品费。指按照劳保用品使用规定发给职工的劳保用品费、公共设施的烤火费。

十九、商品三包费用。指应由商业企业承担的商品包修、包退、包换的费用；应由工业企业承担的，按规定包给商业企业的三包费用如有结余，应冲减商品流通费，不足部分在商品流通费中列支。

二十、燃料费。指生产经营耗用的各种燃料费，包括购进 燃料的运杂费。

二十一、物料消耗。指饮食服务业经营过程中耗用的各种物料。

二十二、允许列入成本的税金。指按规定缴纳的房产税、土地使用税、车船使用税、印花税。

二十三、差旅费。指因业务工作需要在规定标准以内支付的差旅费。

二十四、其他费用。指不属于上述各项的费用。包括：印刷费、书报资料费、邮电费、水电费、办公费、聘请律师费、诉讼费、鉴证费、契约费、合同公证费等。

第三十条 下列各项支出，不得列入商品流通费：

一、应在基本建设基金、各项专用基金和专项经费中开支的费用；

二、基本建设借款和专项借款的利息；

三、银行的加息、罚息，加收的排污费及偿还金、占用费，各种赔偿金、违约金、滞纳金和罚款等；

四、缴纳的所得税、奖金税、建筑税、耕地占用税、筵席税、能源交通重点建设基金、预算调节基金，以及购买国库券、债券和股票等支出；

五、各种公益事业和社会活动的赞助资金；

六、各种摊派款；

七、与本企业生产经营无关的其它费用；

八、国家税务局规定不得在商品流通费中列支的其它费用。

第三十一条 企业成本核算以月为计算期。同一个计算期内的收入与成本费用的起讫日期必须一致。成本核算要划清本期成本与下期成本的界限、商品进价成本与商品流通费的界限、主营业务成本与附营业务成本的界限、营业成本与营业外支出的界限，不得互相混淆，影响成本核算的真实性。

第三十二条 企业成本核算实行权责发生制的原则。成本核算的程序和方法确定后，在一个会计年度内不得变动。

第三十三条 企业成本核算的原始凭证、记录、帐册、费用汇总表和分配表、统计资料等，应正确、齐全、真实，记载和编制及时，在规定的保管年限内，不得丢失、损坏或销毁。

第三十四条 企业应加强成本管理，建立严格的成本管理制度和核算制度，全面真实地反映企业的经营成果，努力挖掘潜力，降低成本。

第七章 收入和利润的管理

第三十五条 企业的收入包括营业收入、附营业务收入、财产溢余、营业外收入和补贴收入等。各项收入的具体内容如下：

一、营业收入。指企业销售商品、产品、提供劳务以及其他主营业务的收入。

二、附营业务收入。指未独立核算的附营业务的收入，包括企业附属未独立核算的加工、修理、出租、代理等业务的收入。

三、营业外收入。指不属于业务经营范围的各种收入，包括：出售材料、包装物、物料用品等收益和帐外废旧包装物、器材、用品、下脚料等出售的收入，固定资产、包装物和低值易耗品的出租收入，逾期未退包装物的押金收入，无法支付的款项，各项赔偿金、违约金、罚金收入以及以前年度收入。

四、财产溢余。指企业各项流动资产通过盘点或其他方法查明，实际金额大于帐面金额，经批准转作收益的部分。

五、补贴收入。指企业执行国家有关政策，经营有关商品或业务时，取得的财政性补贴。

第三十六条 企业应加强对各项收入的管理，严格执行国家的物价政策和其他有关政策。企业对发生的销售收入或其他业务收入，要及时办理结算，收回贷款。企业的各项收入都要及时全额记帐，不得以任何方式隐瞒或抵扣收入。企业在基本建设、专项工程及职工福利等方面使用本企业的商品、产品，均应作为营业收入处理。

第三十七条 企业应按规定正确计算并及时缴纳税金和教育费附加。

第三十八条 企业经税务机关批准，按规定比例向主管部门上交的行政管理费可以列支。

第三十九条 财产损失。是指经企业主管部门批准和当地税务机关核实的各项流动资产的损失。包括风、水、火、地震、冰雹等自然灾害的损失。商品、产品、材料的残损霉变、短缺损失以及其它损失。财产已向保险公司投保的企业，由保险公司补偿后不足的部分，按规定权限报经批准后列财产损失。凡属责任事故造成的损失，必须责令责任人赔偿，赔偿后的净损失，经批准后，列作财产损失。

第四十条 企业的营业外支出是指与企业生产经营无直接关系的各项支出，其范围如下：

一、劳动保险费。包括退休职工的退休金和医药费，退休、退职职工异地安家补助费，六个月以上的病假人员的工资及其提取的职工福利基金，职工退职金，职工死亡丧葬费、抚恤费等劳保支出，以及企业按规定支付离休干部的各项费用。实行退休统筹的企业经批准提取的退休统筹费，可以列支，其支付的退休费等在退休统筹基金中列支。

二、企业搬迁费。指企业在搬迁过程中的停工费用，搬迁设备、物资的拆卸、包装和运输费用，以及搬迁职工和随迁职工家属的差旅费，行李费。

企业搬迁到新地址后的房屋、建筑物、设备购置和安装费，投产经营前的人员工资以及对原有建筑物的改建、扩建等所用资金在基本建设基金中列支。

三、职工子弟学校经费。指按照国家规定企业自办和几个单位合办的职工子弟学校支出大于收入的差额（其开支标准和学杂费的收费标准应当按照教育部门的规定执行）。职工子弟学校新建校舍的资金，由基建基金解决。

四、技工学校经费。指企业按国家统一规定发生的自办技工学校的经费支出。

五、其他支出。指不属于以上各项，但国家已有规定的其它支出。

对于上列项目，如国家有新的规定，应按新规定办理。企业不得在上述范围以外，任意增列营业外支出。

第四十一条 利润是企业一定时期内的经营成果。企业应按规定正确计算利润，合理分配和使用利润。

第四十二条 企业实现的利润总额按国家规定缴纳所得税、能源交通重点建设基金、预算调节基金后，加、减税后分进、分出联营企业利润，即为企业分配利润。

企业分配利润，要按大部分用于发展生产，小部分用于职工福利和奖励的原则进行分配。在保证公积金的部分不小于50%，奖励基金和分红基金之和不超过25%的前提下，各项基金的具体比例，由企业主管部门确定，并报同级税务机关备案。

第八章 专用基金管理

第四十三条 企业的专用基金是指具有特定用途，可供企业按规定支配使用的各种资金。企业对各项专用基金必须坚持先提后用，量入为出的原则，按规定的标准和渠道提取，在规定的范围内合理使用。

第四十四条 企业的专用基金包括：公积金、公益金、职工奖励基金和分红基金。其资金来源和使用范围如下：

一、公积金

（一）来源：包括企业创办时自有资金的投入和历年的公共积累、企业分配利润转入的、国家给予减免税款按规定转入的部分、国家政策允许的所得税前提留的利润、固定资产变价收入、国库券利息收入等。

（二）使用范围：

1. 补充流动资金；

2. 购置固定资产；

3. 缴纳建筑税、耕地占用税等；

4. 劳动安全保护措施支出；

5. 其他。

二、公益金

（一）来源：按规定比例提取的和企业分配利润中转入的部分。

（二）使用范围：

1. 职工及其供养的直系亲属医药费，医务人员工资及医务经费。职工因公负伤就医路费；

2. 职工困难补助费；

3. 职工浴室、理发室、托儿所、幼儿园人员工资等各项支出同各项收入相抵后的差额，食堂炊事用具的购置和修理费用；

4. 修建或购置职工住宅和其他福利设施支出；

5. 职工计划生育有关费用支出；

6. 按照国家规定由公益金开支的其他支出。

三、职工奖励基金

（一）来源：按规定比例提取的和从企业分配利润中转入的部分。

（二）使用范围：

1. 支付职工奖金；

2. 企业自费调整职工工资的支出；

3. 超过规定标准支付的工资、津贴；

4. 缴纳奖金税。

四、分红基金

（一）来源：按规定比例从企业分配利润中转入的部分。

（二）使用范围：主要用于企业职工分红。分红办法由主管部门或企业根据有关规定确定。分红基金按规定发放后如有结余的，可转入公益金使用。

第九章 附 则

第四十五条 本办法由国家税务局负责解释。

第四十六条 各省、自治区、直辖市税务机关可以按照本办法的规定，制定具体的管理办法，并报国家税务局备案。

国际船舶代理管理规定

（1990 年 3 月 2 日交通部令第 10 号发布）

第一条　为加强对国际船舶代理业务的管理，适应国家发展对外经济关系和国际航运事业的需要，制定本规定。

第二条　本规定适用于国际航行船舶的代理业务。

第三条　中华人民共和国交通部（以下简称交通部）为国家管理船舶代理业务的主管机关。

第四条　船舶代理业务只准由经交通部批准成立的船舶代理公司经营。船舶代理公司必须是中华人民共和国的国营企业法人。每一港口设置船舶代理公司的数量，由交通部根据港口的实际业务需要决定。

第五条　设立船舶代理公司应当具备下列条件。

（一）自主经营，能独立承担民事责任；

（二）法定代表人具有国际海运船舶代理的专业知识和经验；

（三）配备有必需的业务、报关、财务、外语等专业专职人员；

（四）熟悉我国对国际航行船舶的有关法律、规章和要求，并有能力督促和帮助所代理的船舶认真遵守和执行；

（五）有公司章程、固定的组织机构、办公场所和必要的交通、通讯条件；

（六）有经办业务所需要的资金。

第六条　设立船舶代理公司，应当向公司所在地的交通主管机关提出书面申请。

申请书应包括下列内容：

（一）公司的名称（包括英文名称）、详细地址（中英两种文字）、电话、电挂、电传号码、邮政编码；

（二）准备经营的项目；

（三）注册资金和实际拥有资金的证明或资金担保；

（四）法定代表人的姓名、年龄、专业、详细经历、住址；

（五）公司业务章程、组织机构和专业人员配置情况。

第七条　设立船舶代理公司的申请经公司所在地和省（直辖市、自治区）交通主管机关审核后，报交通部审批。交通部根据实际需要和本规定的要求，对申请进行审查，决定批准或不批准。经批准后，由申请人持交通部的批准文件，到公司所在地工商行政管理机关注册登记、领取执照后，才能开业。开业后应在十五天内将执照影印件报交通部和公司所在地及省级交通主管机关备案。

第八条　交通部可以根据船舶代理公司的规模、资金、能力、条件和有关规定核定其经营范围。

船舶代理公司在交通部核定的经营范围内，受船公司委托，可经营下列部分或全部代理业务：

（一）联系安排船舶进出港口、靠泊和装卸；

（二）办理船舶、货物、集装箱的报关；

（三）办理货物、集装箱的托运、转运和多式联运；

（四）受船东或船长的委托代签提单、运输合同，代签船舶速遣、滞期协议；

（五）办理国际水上旅客运输；

（六）组织货载，为货主洽订舱位；

（七）联系水上救助，洽办海商海事处理；

（八）代收代付款项，代办结算；

（九）办理其它的船舶代理、服务事项。

第九条　船舶代理公司开业后，需扩大或改变经营范围的，应按本规定第六条、条七条和条八条的规定办理审批手续。

第十条　船舶代理公司应当依据下列原则，开展经营活动：

（一）遵守国家的方针政策、法律、行政法规和行政规章，维护国家权益，保守国家机密；

（二）按照委托，克尽职责，维护委托人的正当权益，履行承担的义务；

（三）指导被代理的船公司、船只和船员遵守中国有关的法令规章，并协助主管当局处理船公司、船舶和船员的违法、违章事宜；

（四）不得以任何方式进行欺诈活动和使用不正当手段或以损害国家利益为代价进行非法竞争。

第十一条　船公司享有选择船舶代理公司的完全自主权，任何单位和个人不得以任何方式进行干预。当事各方不得在有关合同条款中限制船公司自由选择船舶代理公司。

第十二条　船舶代理公司必须执行交通部统一规

定的费收标准，不得以任何形式给予回扣或变相给予回扣。

第十三条 下列船舶，由交通部指定的船舶代理公司办理代理业务：

（一）外国的军事舰船；

（二）实习船、科学考察船；

（三）旅客运输船（含旅游船）、私人游艇；

（四）工程船及其辅助船；

（五）其它应该指定代理的船舶。

第十四条 船舶代理公司的上半年和年度经营情况，应分别于当年七月底前和次年二月底前向交通部报告，同时抄报该所在地交通主管机关和省（直辖市、自治区）交通主管机关。报告的内容应包括：

（一）财务收支损益；

（二）分国别代理的船公司、船舶名单和船舶的艘次数；

（三）被代理船舶装运的进口、出口货物流向统计，并分别列出我方派船和对方派船承运货物的数量；

（四）交通主管机关要求报告的其它事项。

第十五条 交通部和交通部授权的地方交通主管机关有权对船舶代理公司的经营情况进行检查。被检查的公司必须如实地报告情况和提供有关资料。

第十六条 船舶代理公司违反本规定的，交通部或交通部授权的地方交通主管机关可视情况给予下列处罚：

（一）警告；

（二）通报批评；

（三）罚款；

（四）责令停业整顿；

（五）撤销批准的经营资格。

第十七条 本规定发布前已经准许经营船舶代理业务的公司，须在本规定生效后三个月内，按照本规定第五条和第六条的要求，向交通部补办批准手续，逾期不办手续的，取消其船舶代理公司资格。

第十八条 本规定由交通部负责解释。

第十九条 本规定自1990年4月1日起生效。

中华人民共和国海上交通事故调查处理条例

（1990年1月11日国务院批准 1990年3月3日交通部令第14号发布）

第一章 总 则

第一条 为了加强海上交通安全管理，及时调查处理海上交通事故，根据《中华人民共和国海上交通安全法》的有关规定，制定本条例。

第二条 中华人民共和国港务监督机构是本条例的实施机关。

第三条 本条例适用于船舶、设施在中华人民共和国沿海水域内发生的海上交通事故。

以渔业为主的渔港水域内发生的海上交通事故和沿海水域内渔业船舶之间、军用船舶之间发生的海上交通事故的调查处理，国家法律、行政法规另有专门规定的，从其规定。

第四条 本条例所称海上交通事故是指船舶、设施发生的下列事故：

（一）碰撞、触碰或浪损；

（二）触礁或搁浅；

（三）火灾或爆炸；

（四）沉没；

（五）在航行中发生影响适航性能的机件或重要属具的损坏或灭失；

（六）其他引起财产损失和人身伤亡的海上交通事故。

第二章 报 告

第五条 船舶、设施发生海上交通事故，必须立即用甚高频电话、无线电报或其他有效手段向就近港口的港务监督报告。报告的内容应当包括：船舶或设施的名称、呼号、国籍、起迄港，船舶或设施的所有人或经营人名称，事故发生的时间、地点、海况以及船舶、设施的损害程度、救助要求等。

第六条 船舶、设施发生海上交通事故，除应按第五条规定立即提出扼要报告外，还必须按下列规定向港务监督提交《海上交通事故报告书》和必要的文书资料：

(一)船舶、设施在港区水域内发生海上交通事故，必须在事故发生后二十四小时内向当地港务监督提交。

(二)船舶、设施在港区水域以外的沿海水域发生海上交通事故，船舶必须在到达中华人民共和国的第一个港口后四十八小时内向港务监督提交；设施必须在事故发生后四十八小时内用电报向就近港口的港务监督报告《海上交通事故报告书》要求的内容。

(三)引航员在引领船舶的过程中发生海上交通事故，应当在返港后二十四小时内向当地港务监督提交《海上交通事故报告书》。

前款（一)、(二）项因特殊情况不能按规定时间提交《海上交通事故报告书》的，在征得港务监督同意后可予以适当延迟。

第七条　《海上交通事故报告书》应当如实写明下列情况：

（一）船舶、设施概况和主要性能数据；

（二）船舶、设施所有人或经营人的名称、地址；

（三）事故发生的时间和地点；

（四）事故发生时的气象和海况；

（五）事故发生的详细经过（碰撞事故应附相对运动示意图）；

（六）损害情况（附船舶、设施受损部位简图。难以在规定时间内查清的，应于检验后补报）；

（七）船舶、设施沉没的，其沉没概位；

（八）与事故有关的其他情况。

第八条　海上交通事故报告必须真实，不得隐瞒或捏造。

第九条　因海上交通事故致使船舶、设施发生损害，船长、设施负责人应申请中国当地或船舶第一到达港地的检验部门进行检验或鉴定，并应将检验报告副本送交港务监督备案。

前款检验、鉴定事项，港务监督可委托有关单位或部门进行，其费用由船舶、设施所有人或经营人承担。

船舶、设施发生火灾、爆炸等事故，船长、设施负责人必须早请公安消防监督机关鉴定，并将鉴定书副本送交港务监督备案。

第三章　调　　查

第十条　在港区水域内发生的海上交通事故，由港区地的港务监督进行调查。

在港区水域外发生的海上交通事故，由就近港口的港务监督或船舶到达的中华人民共和国的第一个港口的港务监督进行调查。必要时，由中华人民共和国港务监督局指定的港务监督进行调查。

港务监督认为必要时，可以通知有关机关和社会组织参加事故调查。

第十一条　港务监督在接到事故报告后，应及时进行调查。调查应客观、全面，不受事故当事人提供材料的限制。根据调查工作的需要，港务监督有权：

（一）询问有关人员；

（二）要求被调查人员提供书面材料和证明；

（三）要求有关当事人提供航海日志、轮机日志、车钟记录、报务日志、航向记录、海图、船舶资料、航行设备仪器的性能以及其他必要的原始文书资料；

（四）检查船舶、设施及有关设备的证书、人员证书和核实事故发生前船舶的适航状态、设施的技术状态；

（五）检查船舶、设施及其货物的损害情况和人员伤亡情况；

（六）勘查事故现场，搜集有关物证。

港务监督在调查中，可以使用录音、照相、录相等设备，并可采取法律允许的其他调查手段。

第十二条　被调查人必须接受调查，如实陈述事故的有关情节，并提供真实的文书资料。

港务监督人员在执行调查任务时，应当向被调查人员出示证件。

第十三条　港务监督因调查海上交通事故的需要，可以令当事船舶驶抵指定地点接受调查。当事船舶在不危及自身安全的情况下，未经港务监督同意，不得离开指定地点。

第十四条　港务监督的海上交通事故调查材料，公安机关、国家安全机关、监察机关、检察机关、审判机关和海事仲裁委员会及法律规定的其他机关和人员因办案需要可以查阅、摘录或复制，审判机关确因开庭需要可以借用。

第四章　处　　理

第十五条　港务监督应当根据对海上交通事故的调查，作出《海上交通事故调查报告书》，查明事故发生的原因，判明当事人的责任；构成重大事故的，通报当地检察机关。

第十六条　《海上交通事故调查报告书》应包括以下内容：

（一）船舶、设施的概况和主要数据；

（二）船舶、设施所有人或经营人的名称和地址；

（三）事故发生的时间、地点、过程、气象海况、损害情况等；

（四）事故发生的原因及依据；

（五）当事人各方的责任及依据；

（六）其他有关情况。

第十七条 对海上交通事故的发生负有责任的人员，港务监督可以根据其责任的性质和程度依法给予下列处罚：

(一)对中国籍船员、引航员或设施上的工作人员，可以给予警告、罚款或扣留、吊销职务证书；

(二)对外国籍船员或设施上的工作人员，可以给予警告、罚款或将其过失通报其所属国家的主管机关。

第十八条 对海上交通事故的发生负有责任的人员及船舶、设施的所有人或经营人，需要追究其行政责任的，由港务监督提交其主管机关或行政监察机关处理；构成犯罪的，由司法机关依法追究刑事责任。

第十九条 根据海上交通事故发生的原因，港务监督可责令有关船舶、设施的所有人、经营人限期加强对所属船舶、设施的安全管理。对拒不加强安全管理或在限期内达不到安全要求的，港务监督有权责令其停航、改航、停止作业，并可采取其他必要的强制性处置措施。

第五章 调 解

第二十条 对船舶、设施发生海上交通事故引起的民事侵权赔偿纠纷，当事人可以申请港务监督调解。

调解必须遵循自愿、公平的原则，不得强迫。

第二十一条 前条民事纠纷，凡已向海事法院起诉或申请海事仲裁机构仲裁的，当事人不得再申请港务监督调解。

第二十二条 调解由当事人各方在事故发生之日起三十日内向负责该事故调查的港务监督提交书面申请。港务监督要求提供担保的，当事人应附经济赔偿担保证明文件。

第二十三条 经调解达成协议的，港务监督应制作调解书。调解书应当写明当事人的姓名或名称、住所、法定代表人或代理人的姓名及职务、纠纷的主要事实、当事人的责任、协议的内容、调解费的承担、调解协议履行的期限。调解书由当事人各方共同签字，并经港务监督盖印确认。调解书应交当事方各持一份，港务监督留存一份。

第二十四条 调解达成协议的，当事人各方应当自动履行。达成协议后当事人翻悔的或逾期不履行协议的，视为调解不成。

第二十五条 凡向港务监督申请调解的民事纠纷，当事人中途不愿调解的，应当向港务监督递交撤销调解的书面申请，并通知对方当事人。

第二十六条 港务监督自收到调解申请书之日起三个月内未能使当事人各方达成调解协议的，可以宣布调解不成。

第二十七条 不愿意调解或调解不成的，当事人可以向海事法院起诉或申请海事仲裁机构仲裁。

第二十八条 凡申请港务监督调解的，应向港务监督缴纳调解费。调解的收费标准，由交通部会同国家物价局、财政部制定。

经调解达成协议的，调解费用按当事人过失比例或约定的数额分摊；调解不成的，由当事人各方平均分摊。

第六章 罚 则

第二十九条 违反本条例规定，有下列行为之一的，港务监督可视情节对有关当事人（自然人）处以警告或者二百元以下罚款；对船舶所有人、经营人处以警告或者五千元以下罚款：

(一)未按规定的时间向港务监督报告事故或提交《海上交通事故报告书》或本条例第三十二条要求的判决书、裁决书、调解书的副本的；

(二)未按港务监督要求驶往指定地点，或在未出现危及船舶安全的情况下未经港务监督同意擅自驶离指定地点的；

(三)事故报告或《海上交通事故报告书》的内容不符合规定要求或不真实，影响调查工作进行或给有关部门造成损失的；

(四)违反第九条规定，影响事故调查的；

(五)拒绝接受调查或无理阻挠、干扰港务监督进行调查的；

(六)在受调查时故意隐瞒事实或提供虚假证明的。

前款第（五）、（六）项行为构成犯罪的，由司法机关依法追究刑事责任。

第三十条 对违反本条例规定，玩忽职守、滥用职权、营私舞弊、索贿受贿的港务监督人员，由行政监察机关或其所在单位给予行政处分；构成犯罪的，由司法机关依法追究刑事责任。

第三十一条 当事人对港务监督依据本条例给予的处罚不服的，可以依法向人民法院提起行政诉讼。

第七章 特别规定

第三十二条 中国籍船舶在中华人民共和国沿海水域以外发生的海上交通事故，其所有人或经营人应当向船籍港的港务监督报告，并于事故发生之日起六十日内提交《海上交通事故报告书》。如果事故在国外诉讼、仲裁或调解，船舶所有人或经营人应在诉讼、仲裁或调解结束后六十日内将判决书、裁决书或调解书的副本或影印件报船籍港的港务监督备案。

第三十三条 派往外国籍船舶任职的持有中华人

民共和国船员职务证书的中国籍船员对海上交通事故的发生负有责任的，其派出单位应当在事故发生之日起六十日内向签发该职务证书的港务监督提交《海上交通事故报告书》。

本条第一款和第三十二条的海上交通事故的调查处理，按本条例的有关规定办理。

第八章　附　　则

第三十四条　对违反海上交通安全管理法规进行违章操作，虽未造成直接的交通事故，但构成重大潜在事故隐患的，港务监督可以依据本条例进行调查和处罚。

第三十五条　因海上交通事故产生的海洋环境污染，按照我国海洋环境保护的有关法律、法规处理。

第三十六条　本条例由交通部负责解释。

第三十七条　本条例自发布之日起施行。

公路渡口管理规定

（1990年3月7日交通部令第11号发布）

第一条　为加强公路渡口管理，确保安全畅通，依据《中华人民共和国公路管理条例》及其实施细则和《中华人民共和国内河交通安全管理条例》，制定本规定。

第二条　本规定所称公路渡口，是指由公路主管部门管理、连通水域两岸的公路，专门供运送机动车辆（包括同时搭载人员）的渡船停靠的人工构造物及相应设施，包括渡口的引道、码头、安全设施及其附属设施。

第三条　公路渡口管理工作实行统一领导，分级管理的原则。

国道、省道上的公路渡口，由省、自治区、直辖市公路主管部门负责修建、养护和管理。

县道上的公路渡口，由县（市）公路主管部门负责修建、养护和管理。

乡道上的公路渡口，由乡（镇）人民政府负责修建、养护和管理。

公路主管部门可授权公路管理机构管理公路渡口。

第四条　新建、改建国道、省道，在一般情况下不宜设置渡口；县道、乡道上设置或迁移渡口，应征求省级公路管理机构、水上安全监督机构和航道部门的意见后，报县以上人民政府批准。

跨省、自治区、直辖市渡口的设置或迁移，由所跨省、自治区、直辖市公路主管部门共同商定。

第五条　公路渡口应根据其规模、形式和渡运量，设置相应的管理单位，配备必要的管理人员，并可根据管理需要，报请当地人民政府批准，设立渡口公安派出所。

第六条　公路渡口应根据其形式、渡运量、水域情况和车辆过渡要求，合理设置码头、引道和配备渡船，设置必要的标志、助航导航设施、通信设施、安全消防设施、救生等设施。

渡口引道的宽度，纵坡和码头的设置，应符合《公路工程技术标准》以及其它有关的标准。

第七条　公路渡口受国家法律保护，任何单位和个人均不得侵占和破坏。

第八条　公路渡口应设立明显的“渡口管理区”标志，并设置由省级公路主管部门制造的《渡口守则》或《过渡须知》标牌。渡口管理人员应当向过往人员宣传安全渡运知识。

第九条　公路渡口的渡船，必须经港航监督部门登记和经船舶检验部门检验，持有合格证书或文件的，才能投入渡运。未经登记或检验不合格的，不准渡运。

第十条　公路渡口应建立健全船舶维修、航前检查、定期检查、安全航行、交接班和奖惩等各项规章制度，并认真贯彻执行，保证渡船处于适航状态。

第十一条　公路渡口渡船的驾驶、轮机人员，须经港航监督部门考试，取得相应等级的适任证书后，才能上船工作。

第十二条　公路渡口的安全管理工作，应接受港航监督部门的监督和指导。

渡船及船上人员应接受港航监督部门的监督管理。

第十三条　公路渡口管理人员应加强对渡口的养护。冬季应及时清除引道、码头和渡船上的冰雪；汛期或潮汛退水后应及时清除淤积泥砂、杂物和其它碍航物。

第十四条　公路渡口管理人员应科学地组织渡运，合理安排运力，提高渡运效率，尽量缩短车辆和人员待渡时间。

第十五条　车辆和人员过渡，必须服从渡口管理人员的指挥。车辆在渡口管理区域内应低速行驶，根据渡口管理人员的安排在指定地点候渡。执行紧急任务的消防车、救护车、警备车、工程抢险车、救助指挥车、运钞车等特种车辆以及客运班车，可在渡口管理人员的指挥下优先过渡，其它车辆按抵达的先后次序过渡。任何车辆均不得争道抢渡。

机动车驾驶员不得将制动、转向系统不良和有其它故障影响安全行车的车辆驶上渡船。

第十六条　装载物超长、超宽、超高的车辆或重型车辆过渡，须事先征得渡口管理单位和当地公路管理机构的同意，采取有效技术保护措施后，才准过渡。

第十七条　当载有易燃、易爆、易腐、易挥发、易污染及其它危险品的车辆过渡时，应尽量远离其它车辆停放。车辆驾驶人员须向渡口管理人员出示主管部门签发的“危险品运输许可证”，渡口管理人员应视情况在采取必要的安全措施后安排渡运。装载危险品的车辆不得与客车同时过渡；严禁任何人隐瞒、伪装、偷运各种危险品过渡。

第十八条　公路渡口的渡船应严格按照船舶检验部门核定的载重装载，并配备足够的救生设备。严禁船舶吃水超过核定载重水线。渡口管理人员应严格控制荷载分布，保持装载平衡，确保渡运安全。

第十九条　车辆通讨公路渡口，随车人员应下车过渡。人员下车后，车辆才能驶上渡船。车辆驶离渡船后，人员才能上车。上船时先车辆后人员，下船时先人员后车辆。每轮次客、货车辆应保持合理比例，并使船舶甲板留有足够的位置供人员安全站立。车辆驶上渡船后，驾驶人员不得擅离岗位，待渡船到达对面码头并安全停靠后，再依次驶离渡口区域。

第二十条　公路渡口一经开渡，不得随意停渡。但遇浓雾、大风、暴雨、洪水、急流以及河床变迁等情况，危及渡运安全时，公路渡口管理单位有权发布公告焦渡。任何单位或个人不得强迫渡运或徇情渡运。

第二十一条　在通航河流上，公路渡口的渡船和其它航经渡口的船舶均应加强瞭望，谨慎操作，严格遵守避碰规则，防止碰撞事故的发生。未经允许，其它船舶不得随意在渡口码头停靠。

第二十二条　当渡口发生交通事故时，渡口管理单位应立即组织抢救。在引道、码头上发生的事故，须报请公安交通管理机关处理。在渡船及其跳板上发生的事故，须报请港航监督部门处理。

第二十三条　公路渡口渡政管理是公路路政管理的一部分。公路管理机构和渡口管理人员有权依法检查，制止、处理各种破坏公路渡口设施和危害渡运安全的行为。

第二十四条　公路渡口的管理实行以渡养渡的管理制度。经省级人民政府批准，公路管理机构可对过往渡口的车辆征收过渡费。过渡费视同公路养路费进行使用和管理。过渡费票证由省级公路主管部门商税务部门后统一印制、核发。征费人员应严格按核定标准收费，不得索取额外报酬。

第二十五条　在公路渡口码头、引道两侧修建永久性设施，其建筑物边缘与码头、引道边沟外缘的间距规定为：国道不少于二十米；省道不少于十五米；县道不少于十米；乡道不少于五米。

第二十六条　公路渡口上下游各二百米范围内不得采挖砂石、修筑导流坝、倾倒垃圾和随意压缩或扩宽河床，也不得进行爆破作业。在流口管理区域内埋设水下电缆、管道、从事其它有碍渡口设施和渡运安全的活动，须经公路管理机构批准。

第二十七条　禁止在公路渡口的码头、引道上摆摊设点、装卸货物、设置障碍。禁止随船叫卖和在渡船上摆摊。

第二十八条　对不服从管理和调度指挥，造成渡口管理区严重交通阻塞的人员和车辆，公路管理机构和渡口管理人员应暂停其过渡。

第二十九条　公路管理机构依据公路主管部门的授权，对违反本规定的单位和个人，可依法分别情况给予批评教育、罚款、责令恢复原状、责令赔偿损失、没收非法所得等处罚。

第三十条　公路管理机构的人员和渡口管理人员违反本规定，由公路管理机构给予行政处分或经济处罚。

第三十一条　违反本规定应受治安管理处罚的，由公安机关处理；构成犯罪的，由司法机关依法追究刑事责任。

第三十二条　各省、自治区、直辖市公路主管部门可根据本规定制定实施办法，并报交通部备案。

第三十三条　本规定由交通部负责解释。

第三十四条　本规定自1990年4月1日起施行。1962年1月交通部发布的《公路渡口管理暂行办法》同时废止。

国家科委、国家工商行政管理局关于加强科技开发企业登记管理的暂行规定

（1990年3月14日发布）

一、为了明确各类科技开发企业的经济性质，保护其合法权益，加强登记管理，促进以公有制为主体的多种经济成份的科技开发企业和其他经营单位的健康发展，制定本规定。

二、科技开发企业和其他经营单位（包括所称“民办科技机构”）是根据我国科技体制改革的重要决策和科技发展的战略要求产生的科研生产经营实体。在当前的治理整顿中，应当积极鼓励、扶植和发展以公有制为主体的科技开发企业、允许其他经济性质的科技开发经营单位在法律、法规和政策规定的范围内合法经营，依法保护其从事技术开发、技术转让、技术咨询、技术服务和科研、生产、销售一体化经营的合法权益，在治理经济环境、整顿经济秩序中，应保障其稳定发展。

三、对科技开发企业和其他经营单位应当根据财产所有权、资金来源、分配形式、民事责任，核定经济性质，经所在地区科学技术委员会审批，向工商行政管理机关申请登记，经核准登记注册后，依法经营。

科技开发企业和其他经营单位的经济性质可以分别核定为全民所有制企业、集体所有制企业、私营企业、个人合伙和个体工商户。联营和股份制企业应注明联营和参股各方的经济性质。

四、国家投资和企事业单位、科技性社会团体用国有资产投资开办的全民所有制科技开发企业，不得登记或改为集体企业、私营企业、个人合伙和个体工商户。全民所有制科技开发企业要明确国家授予其经营管理的财产数额，以利于企业依法经营，独立承担民事责任。

用国有资产投资开办的科技机构，已经登记为集体所有制企业的，其经济性质可维持不变，国有资产的投资部分可以收回或改为借款，有偿使用，按国家有关规定办理。

五、个人没有投资，依靠国家贷款、企事业单位和科技性社会团体借款、承担科技课题的经费、承包科技项目的收入、职工共同劳动收益或者依靠国家各项优惠政策所形成的集体所有财产开办的科技开发企业，已经登记注册为集体所有制企业的，不得改为私营企业、个人合伙或个体工商户。

六、对于资产构成复杂，资金来源多样，管理制度尚不健全，经济性质有待于明确的科技开发企业，应当按以下原则妥善处理。

1. 集体所有的资产（包括集体的积累），在企业资产中所占比例超过50%，实行集体所有制企业管理制度，按集体企业纳税的科技开发企业，已登记注册为集体所有制企业的，应当维持集体企业性质。其中，个人投资部分可以偿还或作为股金，根据协议按股分红。

2. 集体所有资产（包括集体的积累），在企业资产中所占比例超过50%，但没有实行集体所有制企业管理制度，或者集体所有的资产（包括集体的积累），在企业资产中所占比例不足50%，而实行集体所有制企业管理制度的科技开发企业，可以维持集体所有制企业性质，但必须完善集体所有制的条件。个人投资部分可以偿还或作为股金，根据协议按股分红。

3. 个人投资在企业资产中所占比例超过50%，集体所有资产（包括集体的积累），在企业资产中所占比例不足50%，没有实行集体所有制企业管理制度的科技开发企业，但已登记注册为集体所有制企业的，如果投资人自愿改为私营企业、个人合伙或个体工商户，可以清理资产改为私营企业、个人合伙或个体工商户。如果投资人自愿集资继续开办集体所有制企业，应签订书面协议，履行公证或鉴证手续，凡达到集体所有制企业条件的，经过所在地区科学技术委员会审批，向工商行政管理机关申请登记，经核准登记注册后，继续按集体所有制企业从事经营活动。

七、凡全部个人投资，按照私营企业经营或者实行个人合伙、个体工商户经营，领有集体所有制企业营业执照的科技开发企业，应通过重新审核登记，清理资产后改办为私营企业、个人合伙或个体工商户，不得再以集体所有制企业名义从事经营活动。

私营企业、个人合伙和个体工商户经营的科技开发经营单位的合法权益受国家法律保护，参与社会竞争，享有平等的权利。

八、对科技开发企业和其他经营单位进行审核登记要认真地、正确地执行国家有关法规、政策，既不要把集体财产划归个人所有，也不要违背个人意愿，将属于个人所有的合法财产并入集体，务必做到公私分明。

九、各级科学技术委员会和各级工商行政管理机关应积极配合搞好对各类科技开发企业和其他经营单位的登记管理。关于审批登记的程序，可以参照《科技开发企业审批登记暂行办法》〔87〕国科发综字0810号文件〕执行。

十、集体所有制的科技开发企业，没有行政主管单位的，可以经所在地区科学技术委员会审批后，直接向当地工商行政管理机关申请办理登记。

十一、本规定自发布之日起施行。

严禁以票谋私的规定

（1990年3月17日铁道部发布）

第一条 为堵塞管理漏洞，杜绝客运工作中以票谋私和其他凭借职权营私牟利现象，提高旅客运输服务质量，维护铁路形象和声誉，制定本规定。

第二条 铁路客运部门及有关部门和职工要牢固树立“人民铁路为人民”宗旨，坚持旅客至上，礼貌待客，优质服务，自觉抵制以票谋私和其他凭借职权营私牟利行为。

第三条 加强站车售票、补票管理，堵塞以票谋私漏洞。

（一）车站售票窗口的固定票额要向旅客公布，并严格按公布的票额售票；

（二）车站售票人员和客运人员，都不得借职务之便，利用客车座卧号捞取好处，更不得进行或参与倒卖车票活动；

（三）列车上剩余卧铺和其他席别客票的补票业务，由值班列车长或指定人员在列车办公席，本着既照顾重点，又考虑登记顺序的原则，集中办理。办理补票业务，不得索要和接受旅客钱物；

（四）旅客列车客运乘务员、公安乘警和车辆检车员均不得在值乘中为旅客代购卧铺票，遇有需要重点照顾的旅客，可向列车长提出，由列车长统筹考虑和安排；

（五）严禁旅客列车客运乘务员、公安乘警、车辆检车员和机车乘务员和机车乘务员私带无票旅客。

第四条 对待铁路多种经营和集体经济企业开办的旅馆、饭店办理的代购客票业务，要与地方同类行业一视同仁。

第五条 严禁铁路单位和个人利用旅客列车进行或参与贩运倒卖卷烟活动。

第六条 旅客列车客运乘务员、公安乘警、车辆检车员等出乘退乘实行背包化，所带物品以自用为原则，严禁以经营为目的的捎买带。

第七条 严禁旅客列车客运乘务员、公安乘警、车辆检车员等与走私分子、小商贩和围车叫卖人员相勾结或为其提供方便。

第八条 旅客列车餐营服务，必须遵守法规，便利旅客。

（一）餐车供应饭菜，必须严格执行有关规定，做到质价相当，不得乱涨价；

（二）不准偷拿和私分餐料；

（三）不准在餐营中对任何人搞特殊照顾。

第九条 站车开设客运服务项目，必须以便利旅客为目的，严禁断水售饮料以及搭售商品等营私牟利行为。

第十条 铁路职工或单位违反本规定，除追缴或没收营私牟利所得外，要对当事人或直接责任者追究行政责任，酌情给予警告、记过、撤职，直至开除路籍等行政处分。问题重大的，上级主管部门还要追究单位领导人的行政责任。违反本规定，情节严重，构成犯罪的，由司法机关依法追究刑事责任。

《特别重大事故调查程序暂行规定》有关条文解释

(1990年3月20日6劳动部发布)

为了正确理解和贯彻执行《特别重大事故调查程序暂行规定》(以下简称《规定》,1989年3月29日国务院令第三十四号发布施行),现就《规定》的有关条文解释如下:

一、对《规定》第二条的“本规定所称特别重大事故,是指造成特别重大人身伤亡或巨大经济损失以及性质特别严重,产生重大影响的事故。”应如何理解?

解释:凡符合下列情况之一者即为《规定》所称特别重大事故:

1. 民航客机发生的机毁人亡(死亡四十人及其以上)事故。

2. 专机和外国民航客机在中国境内发生的机毁人亡事故。

3. 铁路、水运、矿山、水利、电力事故造成一次死亡五十人及其以上,或者一次造成直接经济损失一千万元及其以上的。

4. 公路和其它发生一次死亡三十人及其以上或直接经济损失在五百万元及其以上的事故(航空、航天器科研过程中发生的事故除外)。

5. 一次造成职工和居民一百人及其以上的急性中毒事故。

6. 其他性质特别严重产生重大影响的事故。

二、对《规定》第三条中“国家法律、法规已有规定的除外”应如何理解?

解释:国家法律、法规已有规定的除外,是指全国人大或国务院发布的有关法律、法规已有明确规定的,应按已有规定条款执行。如:企业职工伤亡事故报告就须继续按国务院1956年发布的《工人职员伤亡事故报告规程》执行。

三、《规定》第十六条“特大事故发生后,按照事故发生单位隶属关系,由省、自治区、直辖市人民政府或者国务院归口管理部门组织成立特大事故调查组,负责事故的调查工作。涉及军民两方面的特大事故,组织事故调查的单位应当邀请军队派员参加事故的调查工作。”应如何理解?

解释:特大事故发生单位直属于国务院归口管理部门的,一般应由国务院归口管理部门组织事故调查组;特大事故发生单位直属于地方的,一般应由省、自治区、直辖市人民政府负责组织事故调查组。

铁路、公路、水运、民航等涉及多部门、多地区和军民两方面的特别重大事故,国务院认为有必要时,由全国安全生产委员会负责组织事故调查组。

四、对《规定》第六条“特大事故发生后,事故发生地的有关单位必须严格保护事故现场”应如何理解?

解释:本条文中“事故发生地的有关单位”系指当地人民政府及公安等单位,也包括参加抢险救护的军队、武警、民兵组织和事故发生单位。

特大事故发生后,当地人民政府在迅速组织上述力量积极进行抢险救护工作的同时,要对特大事故现场实行严格的保护,防止与特大事故有关的残骸、物品、文件等被随意挪动或丢失;因抢救人员、防止事故扩大以及疏通交通等需要移动现场物件的,应按《规定》第十四条办理。

矿山企业因工伤亡事故统计报告办法

（1990年3月23日劳动部发布）

第一条 为了及时、准确地掌握矿山企业职工因工伤亡事故（以下简称伤亡事故），以便采取预防事故的对策，根据《工人职员伤亡事故报告规程》的有关规定，结合矿山企业的特点制定本办法。

第二条 本办法适用于我国境内开办的一切矿山企业及其所属工厂。

第三条 企业发生下列伤亡事故必须按本办法统计报告：

（一）职工（包括固定工、合同工、协议工、农民轮换工、临时工、计划外用工等，下同）在生产区域从事生产（工作）时所发生的人身伤亡事故和急性中毒、窒息事故；

（二）在工作时间、生产区域，职工虽不是正在从事生产或工作，但由于企业的设备、设施、劳动条件、工作环境不良所造成的伤亡事故；

（三）职工从入井至升井期间因误入盲巷而发生的中毒、窒息事故；

（四）矿山企业的尾矿坝（库）由于质量和管理原因发生溃决，致使职工和其他人员伤亡的事故；

（五）在矿山企业实习或勤工俭学的学生，在生产区域从事生产或工作时发生的伤亡事故；

（六）到矿山企业的生产区域参观、检查工作、进行科研和其他公务活动的非矿山企业人员，由于企业的设备、设施、工作环境不良所发生的伤亡事故；

（七）矿山企业的炸药库发生爆炸，致使职工和企业以外人员伤亡的事故；

（八）矿山企业发生灾害或险情时，本企业职工（救护队）和外来救护队在抢险救灾时发生的伤亡事故；

（九）其他与矿山采掘生产有直接关系的伤亡事故。

第四条 下列事故不列入矿山事故统计范围：

（一）工厂企业附属的非独立核算的矿山发生的伤亡事故；

（二）矿山企业以外人员非法入矿偷采矿石或盗窃物资时发生的伤亡事故；

（三）农民在矿山排土场、矸石山和废旧坑道内自行捡矿发生的伤亡事故。

第五条 矿山伤亡事故按企业职工伤亡和非企业职工伤亡分表内表外统计。企业职工伤亡作为表内统计；本办法第三条第五、六款所指事故和第四、七、八款所指事故中伤亡的企业以外人员作为表外统计。

第六条 矿山伤亡事故按全民所有制企业、集体所有制企业、个体企业和其他所有制企业进行分类统计。

第七条 全民和集体合资经营的矿山企业、军队和乡镇联营的矿山企业发生伤亡事故，按企业登记性质进行分类统计。

第八条 全民所有制企业的劳动服务公司开办的矿井，凡是经济上实行独立核算的，其发生的伤亡事故按集体所有制企业统计；没有实行独立核算的，或虽实行独立核算，但产量、产值计入全民所有制企业的，按全民所有制企业统计。

第九条 机关、团体、学校、科研机构等单位的劳动服务公司开办的矿山发生伤亡事故，按集体企业统计。

第十条 多方入股开办的矿山企业发生伤亡事故，由矿山企业所在地劳动部门负责统计报告。

第十一条 跨地区承包新矿井（露天）建设的单位发生伤亡事故，由承建单位所在地劳动部门负责统计报告。

第十二条 在生产矿中承包部分采掘生产任务或单项工程的单位发生事故，由发包矿山企业所在地劳动部门负责统计报告。伤亡数字列入发包矿山企业统计。

第十三条 地质勘探单位把坑探任务包给农民开挖的，发生伤亡事故应列入发包地质勘探单位统计。

第十四条 矿山企业伤亡事故经济损失按《企业职工伤亡事故经济损失统计标准》（GB6721－86）统计。

第十五条 各级劳动部门必须有专人或兼职人员负责矿山伤亡事故统计报告工作，建立健全矿山伤亡事故统计报告制度。各级劳动部门的负责人应对本地区矿山伤亡事故统计报告的准确性和及时性负责。

第十六条 地（市）、县劳动部门接到矿山伤亡事故报告后，必须立即报告同级人民政府和其他有关部门，并在24小时内将事故概况（发生事故企业的名称、企业所有制性质、隶属关系、事故发生的时间、地点、原因、伤亡人数和抢救情况）用电话、电传、电报或其他手段快速报告上级劳动部门。

第十七条 省级劳动部门接到一次死亡3人以上的事故报告后，应及时将事故概况报告劳动部矿山安全卫生监察局。

第十八条 各级劳动部门每月（年）应将本地区矿山伤亡事故情况进行认真统计分析，并按下列时间要求填报《矿山企业因工伤亡事故统计表》：

县级劳动部门必须在每月终了后5日内报地（市）级劳动部门；地（市）级劳动部门必须在每月终了10日内报省级劳动部门；省级劳动部门必须在每月终了15日内（年报可在一月底前）报劳动部矿山安全卫生监察局。

第十九条 违反本办法对矿山伤亡事故隐瞒不报、虚报和无故延误报告期限的，除责成补报外，对责任者要按有关规定给予严肃处理。

第二十条 本办法由劳动部负责解释。

第二十一条 本办法自发布之日起施行。

国务院关于在全国范围内开展清理“三角债”工作的通知

（1990年3月26日）

当前，由于市场疲软，产成品积压，工交生产中流动资金不足的矛盾很尖锐，企业、单位之间互相拖欠货款和前清后欠的情况十分严重，已成为影响当前生产正常进行的突出问题，也损害了社会信用。为了缓解这一矛盾，国务院决定在全国范围内开展清理“三角债”工作。各地区、各部门的领导同志要高度重视这项工作，把它作为治理整顿、深化改革的一项重要任务抓紧进行。现将有关事项通知如下：

一、清欠工作的原则。清欠工作要与启动、促进当前工交生产相结合，与贯彻国家产业政策、调整产业和产品结构相结合，与加强资金管理制度建设相结合，与推动搞活市场相结合。

二、方法和步骤。清欠工作采取条块结合、自下而上的办法进行。第一步，先在各省、自治区、直辖市范围内和基建、外贸、商业、物资等系统进行，由各地区、各部门自行组织清欠工作。结合最近发放各项贷款的情况，凡是建设资金和外贸、商业、物资系统收购资金已经到位的企业和单位，应立即付清拖欠生产企业的设备或原材料货款。国家重点建设资金尚未到位的，财政、信贷等有关部门要及时如数拨付，不再增加新的拖欠。第二步，以被拖欠货款较多的省、自治区、直辖市为中心，组织跨省（区、市）的区域性清理。第三步，在区域性清理的基础上进行全国范围的清理。清欠工作争取在今年七月底以前基本结束。

三、为清理“三角债”，银行要投入一批启动资金。

四、为解决前清后欠问题，各企业、各单位必须信守合同，严格执行财务结算纪律。从今年4月1日起，凡无理拖欠货款的单位，要给收款单位支付日息3‰的滞纳金。

五、要加强对清欠工作的领导。国务院决定成立国务院清理“三角债”领导小组（组成人员名单附后），负责组织领导全国清理“三角债”的工作。领导小组下设临时办公室，设在国务院生产委员会，由有关部门选调人员组成，不另外增加机构和编制。各省、自治区、直辖市要由政府主要领导同志负责，吸收有关部门参加，组成清理“三角债”领导小组。国务院的有关管理部门也要由主要领导同志负责，成立清理“三角债”领导小组。

各地区、各部门要切实按照以上要求，做好清理“三角债”的工作，搞活企业特别是大中型企业的生产，以保证国民经济持续、稳定、协调地发展。

中华人民共和国中外合资经营企业法

（1979 年 7 月 1 日第五届全国人民代表大会第二次会议通过
根据 1990 年 4 月 4 日第七届全国人民代表大会第三次
会议《关于修改〈中华人民共和国中外合资经营企业法〉的决定》修正）

第一条 中华人民共和国为了扩大国际经济合作和技术交流，允许外国公司、企业和其它经济组织或个人（以下简称外国合营者），按照平等互利的原则，经中国政府批准，在中华人民共和国境内，同中国的公司、企业或其它经济组织（以下简称中国合营者）共同举办合营企业。

第二条 中国政府依法保护外国合营者按照经中国政府批准的协议、合同、章程在合营企业的投资、应分得的利润和其他合法权益。

合营企业的一切活动应遵守中华人民共和国法律、法令和有关条例规定。

国家对合营企业不实行国有化和征收；在特殊情况下，根据社会公共利益的需要，对合营企业可以依照法律程序实行征收，并给予相应的补偿。

第三条 合营各方签订的合营协议、合同、章程，应报国家对外经济贸易主管部门（以下称审查批准机关）审查批准。审查批准机关应在 3 个月内决定批准或不批准。合营企业经批准后，向国家工商行政管理主管部门登记，领取营业执照，开始营业。

第四条 合营企业的形式为有限责任公司。

在合营企业的注册资本中，外国合营者的投资比例一般不低于 25%

合营各方按注册资本比例分享利润和分担风险及亏损。

合营者的注册资本如果转让必须经合营各方同意。

第五条 合营企业各方可以现金、实物、工业产权等进行投资。

外国合营者作为投资的技术和设备，必须确实是适合我国需要的先进技术和设备。如果有意以落后的技术和设备进行欺骗，造成损失的，应赔偿损失。

中国合营者的投资可包括为合营企业经营期间提供的场地使用权。如果场地使用权未作为中国合营者投资的一部分，合营企业应向中国政府缴纳使用费。

上述各项投资应在合营企业的合同和章程中加以规定，其价格（场地除外）由合营各方评议商定。

第六条 合营企业设董事会，其人数组成由合营各方协商，在合同、章程中确定，并由合营各方委派和撤换。董事长和副董事长由合营各方协商确定或由董事会选举产生。中外合营者的一方担任董事长的，由他方担任副董事长。董事会根据平等互利的原则，决定合营企业的重大问题。

董事会的职权是按合营企业章程规定，讨论决定合营企业的一切重大问题：企业发展规划、生产经营活动方案、收支预算、利润分配、劳动工资计划、停业，以及总经理、副总经理、总工程师、总会计师、审计师的任命或聘请及其职权和待遇等。

正副总经理（或正副厂长）由合营各方分别担任。

合营企业职工的雇用、解雇，依法由合营各方的协议、合同规定。

第七条 合营企业获得的毛利润，按中华人民共和国税法规定缴纳合营企业所得税后，扣除合营企业章程规定的储备基金、职工奖励及福利基金、企业发展基金，净利润根据合营各方注册资本的比例进行分配。

合营企业依照国家有关税收的法律和行政法规的规定，可以享受减税、免税的优惠待遇。

外国合营者将分得的净利润用于在中国境内再投资时，可申请退还已缴纳的部分所得税。

第八条 合营企业应凭营业执照在国家外汇管理机关允许经营外汇业务的银行或其他金融机构开立外汇帐户。

合营企业的有关外汇事宜，应遵照中华人民共和国外汇管理条例办理。

合营企业在其经营活动中，可直接向外国银行筹措资金。

合营企业的各项保险应向中国的保险公司投保。

第九条 合营企业生产经营计划，应报主管部门备案，并通过经济合同方式执行。

合营企业所需原材料、燃料、配套件等，应尽先在中国购买，也可由合营企业自筹外汇，直接在国际市场上购买。

鼓励合营企业向中国境外销售产品。出口产品可由合营企业直接或与其有关的委托机构向国外市场出售，也可通过中国的外贸机构出售。合营企业产品也可在中国市场销售。

合营企业需要时可在中国境外设立分支机构。

第十条 外国合营者在履行法律和协议、合同规定的义务后分得的净利润，在合营企业期满或者中止时所分得的资金以及其它资金，可按合营企业合同规定的货币，按外汇管理条例汇往国外。

鼓励外国合营者将可汇出的外汇存入中国银行。

第十一条 合营企业的外籍职工的工资收入和其它正当收入，按中华人民共和国税法缴纳个人所得税后，可按外汇管理条例汇往国外。

第十二条 合营企业的合营期限，按不同行业、不同情况，作不同的约定。有的行业的合营企业，应当约定合营期限；有的行业的合营企业，可以约定合营期限，也可以不约定合营期限。约定合营期限的合营企业，合营各方同意延长合营期限的，应在距合营期满6个月前向审查机关批准机关提出申请。审查批准机关应自接到申请之日起1个月内决定批准或不批准。

第十三条 合营企业如发生严重亏损、一方不履行合同和章程规定的义务、不可抗力等，经合营各方协商同意，报请审查机关批准，并向国家工商行政管理主管部门登记，可终止合同。如果因违反合同而造成损失的，应由违反合同的一方承担经济责任。

第十四条 合营各方发生纠纷，董事会不能协商解决时，由中国仲裁机构进行调解或仲裁，也可由合营各方协议在其它仲裁机构仲裁。

第十五条 本法自公布之日起生效。本法修改权属于全国人民代表大会。

国防计量监督管理条例

（1990年4月5日国务院、中央军委令第54号发布）

第一章 总 则

第一条 为了加强国防计量工作的监督管理，保证军工产品（含航天产品，下同）的量值准确一致，根据《中华人民共和国计量法》第三十三条的规定，制定本条例。

第二条 中国人民解放军和国防科技工业系统的军工产品研制、试验、生产、使用部门和单位（以下简称军工产品研制、试验、生产、使用部门和单位）必须执行本条例。

第三条 国防计量是指军工产品研制、试验、生产、使用全过程中的计量工作。国防计量工作是国家计量工作的组成部分，在业务上接受国务院计量行政部门的指导。

第四条 国防计量实行国家法定计量单位。对军工产品特殊需要保留的非法定计量单位，由主管部门提出，经国防科学技术工业委员会（以下简称国防科工委）批准，报国务院计量行政部门备案。

第二章 计量机构

第五条 国防科工委计量管理机构，对中国人民解放军和国防科技工业系统国防计量工作实施统一监督管理，其职责是：

一、贯彻执行国家计量法律、法规，制定国防计量工作方针、政策及规章制度；

二、编制与组织实施国防计量规划、计划；

三、负责国防计量考核认可工作，组织建立、调整国防计量管理与量值传递系统；

四、组织与检查国防计量工作；

五、组织研讨国内外国防计量新技术发展动态。

第六条 军工产品研制、试验、生产、使用部门计量管理机构，对本部门（行业）的国防计量工作实施监督管理，其职责是：

（一）贯彻执行国家计量法律、法规和国防计量工作方针、政策及规章制度，制定本部门（行业）计量工作规章制度；

（二）编制与组织实施本部门（行业）国防计量规划、计划；

（三）根据国防科工委计量管理机构授权，负责本部门（行业）国防课题考核认可工作；

（四）监督检查本部门（行业）的国防计量工作；

（五）承办国防科工委计量管理机构交办的其他计量工作。

第七条 省、自治区、直辖市主管军工任务的部门的计量管理机构，对本地区的国防计量工作实施监督管理，其职责是：

(一)贯彻执行国家计量法律、法规和国防计量工作方针、政策及规章制度；

(二)根据国防科工委计量管理机构授权，负责本地区国防计量考核认可工作；

(三）监督检查和协调本地区的国防计量工作；

(四)承办国防科工委计量管理机构交办的其他计量工作。

第八条 国防计量技术机构分为三级：

(一)经国防科工委批准设置的国防计量测试研究中心、计量一级站为一级，负责建立国防特殊需要的最高计量标准器具，负责国防计量量值传递和技术业务工作；

(二)经国防科工委批准设置的国防计量区域计量站、专业计量站和军工产品研制、试验、生产、使用部门批准设置的计量站为二级，接受一级计量技术机构的业务指导，负责建立本地区、本部门的最高计量标准器具，负责本地区、本部门国防计量量值传递和技术业务工作；

(三)经国防科工委计量管理机构考核认可的军工产品研制、试验、生产、使用单位计量技术机构为三级，接受一、二级计量技术机构的业务指导，负责建立本单位最高计量标准器具，负责本单位计量技术业务工作。

第九条 中国人民解放军和国防科技工业系统所属的国防计量技术机构，执行本系统内的强制检定和其他检定测试任务。

军工产品研制、试验、生产、使用部门和单位生产民品的，其各项最高计量标准器具和列入国家强制检定目录的工作计量器具，根据有利生产、方便管理的原则，可由国防计量技术机构执行强制检定，也可按经济合理，就地就近的原则送当地人民政府计量行政部门执行强制检定。

国防计量技术机构承担本系统以外的强制检定和其他检定测试任务，由国防科工委和国务院计量行政部门统筹规划，根据实际需要，按规定分级授权，并接受同级政府计量行政部门的监督。

第三章 计量标准

第十条 一级国防计量技术机构的各项最高计量标准器具，由国务院计量行政部门组织考核合格后使用。

一级国防计量技术机构的最高计量标准器具，接受国家计量基准器具的量值传递。

第十一条 二级国防计量技术机构的各项最高计量标准器具，由国防科工委计量管理机构组织考核合格后使用，并向国务院计量行政部门备案。

第十二条 三级国防计量技术机构的各项最高计量标准器具，由省、自治区、直辖市主管军工任务的部门的计量管理机构组织考核合格后使用，并向所在省、自治区、直辖市计量行政部门备案。

第四章 计量检定

第十三条 军工产品研制、试验、生产、使用部门和单位的计量标准器具以及用于军工产品质量管理、性能评定、定型鉴定和保证武器使用安全的工作计量器具，必须按规定实行计量检定，检定不合格的，不得使用。

第十四条 国防计量技术机构的计量检定人员，必须经国防科工委计量管理机构或其指定的计量管理机构按技术干部和国家关于计量检定人员的要求组织考核合格。

第十五条 计量检定必须按照国家计量检定系统表和计量检定规程进行。国家未制定计量检定规程的，由国防科工委制定国防计量检定规程，并向国务院计量行政部门备案。

第五章 计量保证与监督

第十六条 军工产品研制、试验、生产、使用部门和单位的计量技术机构的计量标准器具、计量检定人员、环境条件和规章制度，经国防科工委计量管理机构或其指定的机构组织国防计量考核认可并发给证书后，方可承担军工产品研制、试验、生产、使用任务。

第十七条 军工产品研制阶段的计量保证与监督：

(一)大型型号总体应由1名副总设计师兼任型号总计量师；

(二)型号计量师根据型号总体或分系统的技术指标，对型号研制单位计量技术机构提出计量测试的技术指标要求；

(三)型号计量师应提出型号总体或分系统研制过程中需要研制的计量标准器具和专用测试设备的预研课题，并组织落实承担单位及有关条件；

(四)型号研制单位的计量技术机构，根据型号计量师的计量测试技术指标提出可行性论证方案，并组织实施；

（五）军工产品设计定型，应当对定型委员会批准的专用测试设备和计量技术文件（包括计量检定规程）进行验收。

第十八条 军工产品试验阶段的计量保证与监督：

（一）在军工产品试验阶段中，型号计量师应提出型号总体和分系统对计量工作的要求，由相应的国防计量管理机构和技术机构组织实施。

军工产品的计量工作应列入型号的试验大纲或试验计划；

（二）计量器具和专用测试设备进入试验基地（靶场），必须进行计量复查。

第十九条 军工产品生产阶段的计量保证与监督：

（一）生产单位必须按照产品的技术标准、工艺规范的要求，配备相应的计量器具和检测手段；

（二）生产单位计量机构配备的和向使用单位验收代表提供的计量器具和检测手段，生产和使用单位应对其计量性能进行验收。

第二十条 军工产品使用阶段的计量保证与监督：

（一）军工产品研制单位应当向使用单位提出需要配备的计量测试手段和相应的计量技术文件。使用单位在接收军工产品时，必须对配套的专用测试设备及技术文件进行验收。

（二）超过存储期需要延寿或进行技术改进的大型武器系统，必须有计量人员参与技术性能计量保证方案的论证工作。

第二十一条 军工产品的设计定型和生产定型，凡涉及产品技术指标量值的准确度，必须经国防计量技术机构签署意见后，方为有效。

第二十二条 军工产品的质量评定、成果鉴定，必须经相应的国防计量技术机构进行计量审查，在确认测量方法正确、数据准确可靠并签署意见后，其结论方为有效。

用于军工产品质量评定、成果鉴定的计量器具，必须经国防计量技术机构或其认可的其他计量技术机构检定合格，并在检定证书注明的有效期内使用。

第二十三条 引进军事技术和进口武器装备以及重大仪器设备，应同时引进必要的计量测试手段和技术资料。

第六章 附 则

第二十四条 军工产品因计量器具准确度引起的纠纷，由国防计量管理机构组织仲裁检定，并负责处理。

第二十五条 违反本条例的，由国防计量管理机构依照《中华人民共和国计量法》的有关规定进行处理；构成犯罪的，由司法机关依法追究刑事责任。

第二十六条 国防科工委可以根据本条例制定具体实施办法。

第二十七条 本条例由国防科工委负责解释。

第二十八条 本条例自发布之日起施行。1984年9月10日国务院、中央军委发布的《国防计量工作管理条例》即行废止。

中华人民共和国标准化法实施条例

（1990年4月6日中华人民共和国国务院令第53号发布）

第一章 总 则

第一条 根据《中华人民共和国标准化法》（以下简称《标准化法》）的规定，制定本条例。

第二条 对下列需要统一的技术要求，应当制定标准：

（一）工业产品的品种、规格、质量、等级或者安全、卫生要求；

（二）工业产品的设计、生产、试验、检验、包装、储存、运输、使用的方法或者生产、储存、运输过程中的安全、卫生要求；

（三）有关环境保护的各项技术要求和检验方法；

（四）建设工程的勘察、设计、施工、验收的技术要求和方法；

（五）有关工业生产、工程建设和环境保护的技术术语、符号、代号、制图方法、互换配合要求；

（六）农业（含林业、牧业、渔业，下同）产品（含种子、种苗、种畜、种禽，下同）的品种、规格、质量、等级、检验、包装、储存、运输以及生产技术、管理技术的要求；

（七）信息、能源、资源、交通运输的技术要求。

第三条 国家有计划地发展标准化事业。标准化工作应当纳入各级国民经济和社会发展计划。

第四条 国家鼓励采用国际标准和国外先进标准，积极参与制定国际标准。

第二章 标准化工作的管理

第五条 标准化工作的任务是制定标准、组织实施标准和对标准的实施进行监督。

第六条 国务院标准化行政主管部门统一管理全国标准化工作，履行下列职责：

（一）组织贯彻国家有关标准化工作的法律、法规、方针、政策；

（二）组织制定全国标准化工作规划、计划；

（三）组织制定国家标准；

（四）指导国务院有关行政主管部门和省、自治区、直辖市人民政府标准化行政主管部门的标准化工作，协调和处理有关标准化工作问题；

（五）组织实施标准；

（六）对标准的实施情况进行监督检查；

（七）统一管理全国的产品质量认证工作；

（八）统一负责对有关国际标准化组织的业务联系。

第七条 国务院有关行政主管部门分工管理本部门、本行业的标准化工作，履行下列职责：

（一）贯彻国家标准化工作的法律、法规、方针、政策、并制定在本部门、本行业实施的具体办法；

（二）制定本部门、本行业的标准化工作规划、计划；

（三）承担国家下达的草拟国家标准的任务，组织制定行业标准；

（四）指导省、自治区、直辖市有关行政主管部门的标准化工作；

（五）组织本部门、本行业实施标准；

（六）对标准实施情况进行监督检查；

（七）经国务院标准化行政主管部门授权，分工管理本行业的产品质量认证工作。

第八条 省、自治区、直辖市人民政府标准化行政主管部门统一管理本行政区域的标准化工作，履行下列职责：

（一）贯彻国家标准化工作的法律、法规、方针、政策，并制定 在本行政区域实施的具体办法；

（二）制定地方标准化工作规划、计划；

（三）组织制定地方标准；

（四）指导本行政区域有关行政主管部门的标准化工作，协调和处理有关标准化工作问题；

（五）在本行政区域组织实施标准；

（六）对标准实施情况进行监督检查。

第九条 省、自治区、直辖市有关行政主管部门分工管理本行政区域内本部门、本行业的标准化工作，履行下列职责：

（一）贯彻国家和本部门、本行业、本行政区域标准化工作的法律、法规、方针、政策，并制定实施的具体办法；

（二）制定本行政区域内本部门、本行业的标准化工作规划、计划；

（三）承担省、自治区、直辖市人民政府下达的草拟地方标准的任务；

（四）在本行政区域内组织本部门、本行业实施标准；

（五）对标准实施情况进行监督检查。

第十条 市、县标准化行政主管部门和有关行政主管部门的职责分工，由省、自治区、直辖市人民政府规定。

第三章 标准的制定

第十一条 对需要在全国范围内统一的下列技术要求，应当制定国家标准（含标准样品的制作）：

（一）互换配合、通用技术语言要求；

（二）保障人体健康和人身、财产安全的技术要求；

（三）基本原料、燃料、材料的技术要求；

（四）通用基础件的技术要求；

（五）通用的试验、检验方法；

（六）通用的管理技术要求；

（七）工程建设的重要技术要求；

（八）国家需要控制的其他重要产品的技术要求。

第十二条 国家标准由国务院标准化行政主管部门编制计划，组织草拟，统一审批、编号、发布。

工程建设、药品、食品卫生、兽药、环境保护的国家标准，分别由国务院工程建设主管部门、卫生主管部门、农业主管部门、环境保护主管部门组织草拟、审批；其编号、发布办法由国务院标准化行政主管部门会同国务院有关行政主管部门制定。

法律对国家标准的制定另有规定的，依照法律的规定执行。

第十三条 对没有国家标准而又需要在全国某个行业范围内统一的技术要求，可以制定行业标准（含标准样品的制作)。制定行业标准的项目由国务院有关行政主管部门确定。

第十四条 行业标准由国务院有关行政主管部门编制计划，组织草拟，统一审批、编号、发布，并报国务院标准化行政主管部门备案。

行业标准在相应的国家标准实施后，自行废止。

第十五条 对没有国家标准和行业标准而又需要在省、自治区、直辖市范围内统一的工业产品的安全、卫生要求，可以制定地方标准。制定地方标准的项目，由省、自治区、直辖市人民政府标准化行政主管部门确定。

第十六条 地方标准由省、自治区、直辖市人民政府标准化行政主管部门编制计划，组织草拟，统一审批、编号、发布，并报国务院标准化行政主管部门和国务院有关行政主管部门备案。

法律对地方标准的制定另有规定的，依照法律的规定执行。

地方标准在相应的国家标准或行业标准实施后，自行废止。

第十七条 企业生产的产品没有国家标准、行业标准和地方标准的，应当制定相应的企业标准，作为组织生产的依据。企业标准由企业组织制定（农业企业标准制定办法另定)，并按省、自治区、直辖市人民政府的规定备案。

对已有国家标准、行业标准或者地方标准的，鼓励企业制定严于国家标准、行业标准或者地方标准要求的企业标准，在企业内部适用。

第十八条 国家标准、行业标准分为强制性标准和推荐性标准。下列标准属于强制性标准：

（一）药品标准，食品卫生标准，兽药标准；

（二）产品及产品生产、储运和使用中的安全、卫生标准，劳动安全、卫生标准，运输安全标准；

（三）工程建设的质量、安全、卫生标准及国家需要控制的其他工程建设标准；

（四）环境保护的污染物排放标准和环境质量标准；

（五）重要的通用技术术语、符号、代号和制图方法；

（六）通用的试验、检验方法标准；

（七）互换配合标准；

（八）国家需要控制的重要产品质量标准。

国家需要控制的重要产品目录由国务院标准化行政主管部门会同国务院有关行政主管部门确定。

强制性标准以外的标准是推荐性标准。

省、自治区、直辖市人民政府标准化行政主管部门制定的工业产品的安全、卫生要求的地方标准，在本行政区域内是强制性标准。

第十九条 制定标准应当发挥行业协会、科学技术研究机构和学术团体的作用。

制定国家标准、行业标准和地方标准的部门应当组织由用户、生产单位、行业协会、科学技术研究机构、学术团体及有关部门的专家组成标准化技术委员会，负责标准草拟和参加标准草案的技术审查工作。未组成标准化技术委员会的，可以由标准化技术归口单位负责标准草拟和参加标准草案的技术审查工作。

制定企业标准应当充分听取使用单位、科学技术研究机构的意见。

第二十条 标准实施后，制定标准的部门应当根据科学技术的发展和经济建设的需要适时进行复审。标准复审周期一般不超过5年。

第二十一条 国家标准、行业标准和地方标准的代号、编号办法，由国务院标准化行政主管部门统一规定。

企业标准的代号、编号办法，由国务院标准化行政主管部门会同国务院有关行政主管部门规定。

第二十二条 标准的出版、发行办法，由制定标准的部门规定。

第四章 标准的实施与监督

第二十三条 从事科研、生产、经营的单位和个人，必须严格执行强制性标准。不符合强制性标准的产品，禁止生产、销售和进口。

第二十四条 企业生产执行国家标准、行业标准、地方标准或企业标准，应当在产品或其说明书、包装物上标注所执行标准的代号、编号、名称。

第二十五条 出口产品的技术要求由合同双方约定。

出口产品在国内销售时，属于我国强制性标准管理范围的，必须符合强制性标准的要求。

第二十六条 企业研制新产品、改进产品、进行技术改造，应当符合标准化要求。

第二十七条 国务院标准化行政主管部门组织或授权国务院有关行政主管部门建立行业认证机构，进行产品质量认证工作。

第二十八条 国务院标准化行政主管部门统一负责全国标准实施的监督。国务院有关行政主管部门分工负责本部门、本行业的标准实施的监督。

省、自治区、直辖市人民政府有关行政主管部门分工负责本行政区域内本部门、本行业的标准实施的监督。省、自治区、直辖市标准化行政主管部门统一负责本行政区域内的标准实施的监督。

市、县标准化行政主管部门和有关行政主管部门，按照省、自治区、直辖市人民政府规定的各自的职责，负责本行政区域内的标准实施的监督。

第二十九条 县级以上人民政府标准化行政主管部门，可以根据需要设置检验机构，或者授权其他单位的检验机构，对产品是否符合标准进行检验和承担其他标准实施的监督检验任务。检验机构的设置应当合理布局，充分利用现有力量。

国家检验机构由国务院标准化行政主管部门会同国务院有关行政主管部门规划、审查。地方检验机构由省、自治区、直辖市人民政府标准化行政主管部门会同省级有关行政主管部门规划、审查。

处理有关产品是否符合标准的争议，以本条规定的检验机构的检验数据为准。

第三十条 国务院有关行政主管部门可以根据需要和国家有关规定设立检验机构，负责本行业、本部门的检验工作。

第三十一条 国家机关、社会团体、企业事业单位及全体公民均有权检举、揭发违反强制性标准的行为。

第五章 法律责任

第三十二条 违反《标准化法》和本条例有关规定，有下列情形之一的，由标准化行政主管部门或有关行政主管部门在各自的职权范围内责令限期改进，并可通报批评或给予责任者行政处分：

（一）企业未按规定制定标准作为组织生产依据的；

（二）企业未按规定要求将产品标准上报备案的；

（三）企业的产品未按规定附有标识或与其标识不符的；

（四）企业研制新产品、改进产品、进行技术改造，不符合标准化要求的；

（五）科研、设计、生产中违反有关强制性标准规定的。

第三十三条 生产不符合强制性标准的产品的，应当责令其停止生产，并没收产品，监督销毁或作必要技术处理；处以该批产品货值金额20％至50％的罚款；对有关责任者处以五千元以下罚款。

销售不符合强制性标准的商品的，应当责令其停止销售，并限期追回已售出的商品，监督销毁或作必要技术处理；没收违法所得；处以该批商品货值金额10％至20％的罚款；对有关责任者处以五千元以下罚款。

进口不符合强制性标准的产品的，应当封存并没收该产品，监督销毁或作必要技术处理；处以进口产品货值金额20％至50％的罚款；对有关责任者给予行政处分，并可处以五千元以下罚款。

本条规定的责令停止生产、行政处分，由有关行政主管部门决定；其他行政处罚由标准化行政主管部门和工商行政管理部门依据职权决定。

第三十四条 生产、销售、进口不符合强制性标准的产品，造成严重后果，构成犯罪的，由司法机关依法追究直接责任人员的刑事责任。

第三十五条 获得认证证书的产品不符合认证标准而使用认证标志出厂销售的，由标准化行政主管部门责令其停止销售，并处以违法所得2倍以下的罚款；情节严重的，由认证部门撤销其认证证书。

第三十六条 产品未经认证或者认证不合格而擅自使用认证标志出厂销售的，由标准化行政主管部门责令其停止销售，处以违法所得3倍以下的罚款，并对单位负责人处以五千元以下罚款。

第三十七条 当事人对没收产品、没收违法所得和罚款的处罚不服的，可以在接到处罚通知之日起15日内，向作出处罚决定的机关的上一级机关申请复议；对复议决定不服的，可以在接到复议决定之日起15日内，向人民法院起诉。当事人也可以在接到处罚通知之日起15日内，直接向人民法院起诉。当事人逾期不申请复议或者不向人民法院起诉又不履行处罚决定的，由作出处罚决定的机关申请人民法院强制执行。

第三十八条 本条例第三十二条至第三十六条规定的处罚不免除由此产生的对他人的损害赔偿责任。受到损害的有权要求责任人赔偿损失。赔偿责任和赔偿金额纠纷可以由有关行政主管部门处理，当事人也可以直接向人民法院起诉。

第三十九条 标准化工作的监督、检验、管理人员有下列行为之一的，由有关主管部门给予行政处分，构成犯罪的，由司法机关依法追究刑事责任：

（一）违反本条例规定，工作失误，造成损失的；

（二）伪造、篡改检验数据的；

（三）徇私舞弊、滥用职权、索贿受贿的。

第四十条 罚没收入全部上缴财政。对单位的罚款，一律从其自有资金中支付，不得列入成本。对责任人的罚款，不得从公款中核销。

第六章 附　　则

第四十一条 军用标准化管理条例，由国务院、中央军委另行制定。

第四十二条 工程建设标准化管理规定，由国务院工程建设主管部门依据《标准化法》和本条例的有关规定另行制定，报国务院批准后实施。

第四十三条　本条例由国家技术监督局负责解释。

第四十四条　本条例自发布之日起施行。

仓库防火安全管理规则

（1990年4月10日公安部令第6号发布）

第一章　总　则

第一条　为了加强仓库消防安全管理，保护仓库免受火灾危害，根据《中华人民共和国消防条例》及其实施细则的有关规定，制定本规则。

第二条　仓库消防安全必须贯彻“预防为主，防消结合”的方针，实行谁主管谁负责的原则。仓库消防安全由本单位及其上级主管部门负责。

第三条　本规则由县级以上公安机关消防监督机构负责监督。

第四条　本规则适用于由国家、集体和个体经营的储存物品的各类仓库、堆栈、货场。

储存火药、炸药、火工品和军工物资的仓库，按照国家有关规定执行。

第二章　组织管理

第五条　新建、扩建和改建的仓库建筑设计，要符合国家建筑设计防火规范的有关规定，并经公安消防监督机构审核。仓库峻工时，其主管部门应当会同公安消防监督等有关部门进行验收；验收不合格的，不得交付使用。

第六条　仓库应当确定一名主要领导人为防火负责人，全面负责仓库的消防安全管理工作。

第七条　仓库防火负责人负有下列职责：

一、组织学习贯彻消防法规，完成上级部署的消防工作；

二、组织制定电源、火源、易燃易爆物品的安全管理和值班巡逻等制度，落实逐级防火责任制和岗位防火责任制；

三、组织对职工进行消防宣传、业务培训和考核，提高职工的安全素质；

四、组织开展防火检查，消除火险隐患；

五、领导专职、义务消防队组织和专职、兼职消防人员，制定灭火应急方案，组织扑救火灾；

六、定期总结消防安全工作，实施奖惩。

第八条　国家储备库、专业仓库应当配备专职消防干部；其他仓库可以根据需要配备专职或兼职消防人员。

第九条　国家储备库、专业仓库和火灾危险性大、距公安消防队较远的其他大型仓库，应当按照有关规定建立专职消防队。

第十条　各类仓库都应当建立义务消防组织，定期进行业务培训，开展自防自救工作。

第十一条　仓库防火负责人的确定和变动，应当向当地公安消防监督机构备案；专职消防干部、人员和专职消防队长的配备与更换，应当征求当地公安消防监督机构的意见。

第十二条　仓库保管员应当熟悉储存物品的分类、性质、保管业务知识和防火安全制度，掌握消防器材的操作使用和维护保养方法，做好本岗位的防火工作。

第十三条　对仓库新职工应当进行仓储业务和消防知识的培训，经考试合格，方可上岗作业。

第十四条　仓库严格执行夜间值班、巡逻制度，带班人员应当认真检查，督促落实。

第三章　储存管理

第十五条　依据国家《建筑设计防火规范》的规定，按照仓库储存物品的火灾危险程度分为甲、乙、丙、丁、戊五类（详见附表）。

第十六条　露天存放物品应当分类、分堆、分组和分垛，并留出必要的防火间距。堆场的总储量以及与建筑物等之间的防火距离，必须符合建筑设计防火规范的规定。

第十七条　甲、乙类桶装液体，不宜露天存放，必须露天存放时，在炎热季节必须采取降温措施。

第十八条　库存物品应当分类、分垛储存，每垛占地面积不宜大于100平方米，垛与垛间距不小于1

米，垛与墙间距不小于0.5米，垛与梁、柱的间距不小于0.3米，主要通道的宽度不小于2米。

第十九条 甲、乙类物品和一般物品以及容易相互发生化学反应或者灭火方法不同的物品，必须分间、分库储存，并在醒目处标明储存物品的名称、性质和灭火方法。

第二十条 易自燃或者遇水分解的物品，必须在温度较低、通风良好和空气干燥的场所储存，并安装专用仪器定时检测，严格控制湿度与温度。

第二十一条 物品入库前应当有专人负责检查，确定无火种等隐患后，方准入库。

第二十二条 甲、乙类物品的包装容器应当牢固、密封，发现破损、残缺、变形和物品变质、分解等情况时，应当及时进行安全处理，严防跑、冒、滴、漏。

第二十三条 使用过的油棉纱、油手套等沾油纤维物品以及可燃包装，应当存放在安全地点，定期处理。

第二十四条 库房内因物品防冻必须采暖时，应当采用水暖，其散热器、供暖管道与储存物品的距离不小于0.3米。

第二十五条 甲、乙类物品库房内不准设办公室、休息室。其他库房必需设办公室时，可以贴邻库房一角设置无孔洞的一、二级耐火等级的建筑，其门窗直通库外，具体实施应当征得当地公安消防监督机构的同意。

第二十六条 储存甲、乙、丙类物品的库房布局、储存类别不得擅自改变，如确需改变的，应当报经当地公安消防监督机构同意。

第四章 装卸管理

第二十七条 进入库区的所有机动车辆，必须安装防火罩。

第二十八条 蒸气机车驶入库区时，应当关闭灰箱和送风器，并不得在库区清炉。仓库应当派专人负责监护。

第二十九条 汽车、拖拉机不准进入甲、乙、丙类物品库房。

第三十条 进入甲、乙类物品库房的电瓶车、铲车必须是防爆型的；进入丙类物品库房的电瓶车、铲车，必须装有防止火花溅出的安全装置。

第三十一条 各种机动车辆装卸物品后，不准在库区、库房、货场内停放和修理。

第三十二条 库区内不得搭建临时建筑和构筑物，因装卸作业确需搭建时，必须经单位防火负责人批准，装卸作业结束后立即拆除。

第三十三条 装卸甲、乙类物品时，操作人员不得穿戴易产生静电的工作服、帽和使用易产生火花的工具，严防震动、撞击、重压、摩擦和倒置。对易产生静电的装卸设备要采取消除静电的措施。

第三十四条 库房内固定的吊装设备需要维修时，应当采取防火安全措施，经防火负责人批准后，方可进行。

第三十五条 装卸作业结束后，应当对库区、库房进行检查，确认安全后，方可离人。

第五章 电器管理

第三十六条 仓库的电气装置必须符合国家现行的有关电气设计和施工安装验收标准规范的规定。

第三十七条 甲、乙类物品库房和丙类液体库房的电气装置，必须符合国家现行的有关爆炸危险场所的电气安全规定。

第三十八条 储存丙类固体物品的库房，不准使用碘钨灯和超过60瓦以上的白炽灯等高温照明灯具。当使用日光灯等低温照明灯具和其他防燃型照明灯具时，应当对镇流器采取隔热、散热等防火保护措施，确保安全。

第三十九条 库房内不准设置移动式照明灯具。照明灯具下方不准堆放物品，其垂直下方与储存物品水平间距不得小于0.5米。

第四十条 库房内敷设的配电线路，需穿金属管或用非燃硬塑料管保护。

第四十一条 库区的每个库房应当在库房外单独安装开关箱，保管人员离库时，必须拉闸断电。

禁止使用不合规格的保险装置。

第四十二条 库房内不准使用电炉、电烙铁、电熨斗等电热器具和电视机、电冰箱等家用电器。

第四十三条 仓库电器设备的周围和架空线路的下方严禁堆放物品。对提升、码垛等机械设备易产生火花的部位，要设置防护罩。

第四十四条 仓库必须按照国家有关防雷设计安装规范的规定，设置防雷装置，并定期检测，保证有效。

第四十五条 仓库的电器设备，必须由持合格证的电工进行安装、检查和维修保养。电工应当严格遵守各项电器操作规程。

第六章 火源管理

第四十六条 仓库应当设置醒目的防火标志。进入甲、乙类物品库区的人员，必须登记，并交出携带的火种。

第四十七条 库房内严禁使用明火。库房外动用明火作业时，必须办理动火证，经仓库或单位防火负责人批准，并采取严格的安全措施。动火证应当注明动火地点、时间、动火人、现场监护人、批准人和防火措施等内容。

第四十八条 库房内不准使用火炉取暖。在库区使用时，应当经防火负责人批准。

第四十九条 防火负责人在审批火炉的使用地点时，必须根据储存物品的分类，按照有关防火间距的规定审批，并制定防火安全管理制度，落实到人。

第五十条 库区以及周围50米内，严禁燃放烟花爆竹。

第七章 消防设施和器材管理

第五十一条 仓库应当按照国家有关消防技术规范，设置、配备消防设施和器材。

第五十二条 消防器材应当设置在明显和便于取用的地点，周围不准堆放物品和杂物。

第五十三条 仓库的消防设施、器材，应当由专人管理，负责检查、维修、保养、更换和添置，保证完好有效，严禁圈占、埋压和挪用。

第五十四条 甲、乙、丙类物品国家储备库、专业性仓库以及其他大型物资仓库，应当按照国家有关技术规范的规定，安装相应的报警装置，附近有公安消防队的宜设置与其直通的报警电话。

第五十五条 对消防水池、消火栓、灭火器等消防设施、器材，应当经常进行检查，保持》完整好用。地处寒区的仓库，寒冷季节要采取防冻措施：

第五十六条 库区的消防车道和仓库的安全出口、疏散楼梯等消防通道，严禁堆放物品。

第八章 奖 惩

第五十七条 仓库消防工作成绩显著的单位和个人，由公安机关、上级主管部门或者本单位给予表彰、奖励。

第五十八条 对违反本规则的单位和人员，国家法规有规定的，应当按照国家法规予以处罚；国家法规没有规定的，可以按照地方有关法规、规章进行处罚；触犯刑律的，由司法机关追究刑事责任。

第九章 附 则

第五十九条 储存丁、戊类物品的库房或露天堆栈、货场，执行本规则时，在确保安全并征得当地公安消防监督机构同意的情况下，可以适当放宽。

第六十条 铁路车站、交通港口码头等昼夜作业的中转性仓库，可以按照本规则的原则要求，由铁路、交通等部门自行制定管理办法。

第六十一条 各省、自治区、直辖市和国务院有关部、委根据本规则制订的具体管理办法，应当送公安部备案。

第六十二条 本规则自发布之日起施行。1980年8月1日经国务院批准、同年8月15日公安部公布施行的《仓库防火安全管理规则》即行废止。

附表：

仓库储存物品分类表

类别	火灾危险性的特征	储存物品示例
甲类	1. 闪点＜28℃的液体 2. 爆炸下限＜10%的气体，以及受到水或空气中水蒸汽的作用，能产生爆炸下限＜10%气体的固体物质 3. 常温下能自行分解或在空气中氧化即能导致迅速自燃或爆炸的物质 4. 常温下受到水或空气中水蒸汽的作用能产生可燃气体并引起燃烧或爆炸的物质 5. 遇酸、受热、撞击、摩擦以及遇有机物或硫磺等易燃的无机物，极易引起燃烧或爆炸的强氧化剂 6. 受撞击、摩擦或与氧化剂、有机物接触时能引起燃烧或爆炸的物质	1. 己烷，戊烷，石脑油，环戊烷，二硫化碳，苯，甲苯，甲醇，乙醇，乙醚，蚁酸甲脂，醋酸甲脂，硝酸乙脂，汽油，丙酮，丙烯，乙醛，60度以上的白酒 2. 乙炔，氢，甲烷，乙烯，丙烯，丁二烯，环氧乙烷，水煤气，硫化氢，氯乙烯，液化石油气，电石，碳化铝 3. 硝化棉，硝化纤维胶片，喷漆棉，火胶棉，赛璐珞棉，黄磷 4. 金属钾，钠，锂，钙，锶，氢化锂，四氢化锂铝，氢化钠 5. 氯酸钾，氯酸钠，过氧化钾，过氧化钠，硝酸胺 6. 赤磷，五硫化磷，三硫化磷
乙类	1. 闪点≥28℃至＜60℃的液体 2. 爆炸下限≥10%的气体 3. 不属于甲类的氧化剂 4. 不属于甲类的化学易燃危险固体 5. 助燃气体 6. 常温下与空气接触能缓慢氧化，积热不散引起自燃的物品	1. 煤油，松节油，丁烯醇，异戊醇，丁醚，醋酸丁脂，硝酸戊脂，乙酰丙酮，环已胺，溶剂油，冰醋酸，樟脑油，蚁酸 2. 氨气，液氯 3. 硝酸铜，铬酸，亚硝酸钾，重铬酸钠，铬酸钾，硝酸，硝酸汞，硝酸钴，发烟硫酸，漂白粉 4. 硫磺，镁粉，铝粉，赛璐珞板（片），樟脑，萘，生松香，硝化纤维漆布，硝化纤维色片 5. 氧气，氟气 6. 漆布及其制品，油布及其制品，油纸及其制品，油绸及其制品
丙类	1. 闪点≥60℃液体 2. 可燃固体	1. 动物油，植物油，沥青，蜡，润滑油，机油，重油，闪点≥60℃的柴油、糠醛，＞50度至＜60度的白酒 2. 化学、人造纤维及其织物，纸张，棉、毛、丝、麻及其织物，谷物，面粉，天然橡胶及其制品，竹、木及其制品，中药材，电视机，收录机等电子产品，计算机房已录数据的磁盘，冷库中的鱼、肉
丁类	难燃烧物品	自熄性塑料及其制品，酚醛泡沫塑料及其制品，水泥刨花板

戊类	非燃烧物品	钢材，铝材，玻璃及其制品，陶瓷制品，搪瓷制品，不燃气体，玻璃棉，硅酸铝纤维，矿棉，岩棉，陶磁棉，石膏及其无纸制品，水泥，石，膨胀珍珠岩

注：1. 根据国家《建筑设计防火规范》的规定分类。
2. 仓库含堆栈、货场。

境外金融机构管理办法

（1990 年 3 月 12 日国务院批准　1990 年 4 月 13 日中国人民银行令第 1 号发布）

第一条　为了加强境外金融机构的管理，保障金融事业的健康发展，制定本办法。

第二条　中国境内银行、非银行金融机构（以下统称境内金融机构），非金融性公司、企业及其他组织（以下统称境内非金融机构），境外中资银行、非银行金融机构（以下统称境外中资金融机构）和境外非金融性中资公司、企业及其他组织（以下统称境外中资非金融机构），投资设立或者收购境外金融机构，必须遵守本办法的规定。

前款所称境外金融机构是指境内金融机构、非金融机构及境外中资金融机构和非金融机构在境外设立或者收购的从事存款、贷款、票据贴现、结算、信托投资、金融租赁、担保、保险、证券经营等项金融业务的机构。

第三条　设立或者收购境外金融机构的审批管理机关为中国人民银行。

第四条　境内金融机构申请设立或者收购境外金融机构，应当具备下列条件：

（一）经国务院或者中国人民银行批准，依法登记注册，并持有中国人民银行颁发的《经营金融业务许可证》；

（二）经国家外汇管理局批准经营外汇业务，持有国家外汇管理局颁发的《经营外汇业务许可证》，并有 3 年以上经营外汇业务经验和与其经营业务相适应的专业人员；

（三）有合法的外汇资金来源；

（四）有不低于八千万元人民币等值外汇的自有资金。

第五条　境内非金融机构申请设立或者收购境外金融机构，应当具备下列条件：

（一）经有关部门批准成立，依法登记注册的大型公司、企业；

（二）在境外设有集团性公司、企业或者其他大型企业，并有较好的基础和盈利前景；

（三）经主管部门同意在境外设立金融机构，并有不低于一亿元人民币等值外汇的自有资金；

（四）有与其经营金融业务及外汇业务相适应的专业人员。

第六条　境外中资金融机构和非金融机构申请设立或者收购境外金融机构，应当具备下列条件：

（一）经主管部门批准，依法在境外设立，有正式批准文件和在当地合法营业的证明材料；

（二）拟设机构地区中资金融机构力量较弱，有必要设立金融机构；

（三）所提申请符合有关国家或者地区的法律。

第七条　设立或者收购境外金融机构依照下列规定申报批准：

（一）境内金融机构在境外设立代表机构、分支机构，设立中资、中外合资金融机构或者收购境外金融机构，则中国人民银行批准；

（二）境内非金融机构在境外设立中资、中外合资金融机构或者收购境外金融机构，由主管部门征求经贸部意见并审核同意后，报中国人民银行批准；

（三）境外中资金融机构和非金融机构，设立或者收购境外金融机构，由其境内投资单位征求经贸部意见后报中国人民银行批准。

第八条　在境外设立或者收购金融机构，应当由其境内投资单位向中国人民银行提出申请，申请书需载明拟设立或者收购金融机构的名称、营业范围、条件和必要性等，经中国人民银行审核立项后，依照本办法的规定提交申请文件。

中国人民银行对申请单位提交的申请文件进行审

查，并在接到申请文件之日起3个月内决定批准或者不批准。

第九条 经批准设立或者收购的境外金融机构，应当由其境内投资单位持中国人民银行批准文件，依照有关规定到国家外汇管理局办理外汇汇出手续。

第十条 境内金融机构申请在境外设立代表机构，应当提交下列文件：

（一）申请单位的主要负责人签署的申请报告，其内容包括：拟设代表机构的名称，住所，首席代表、代表简历；

（二）设立代表机构的费用预算和外汇来源证明。

第十一条 境内金融机构申请在境外设立分支机构，应当提交下列文件：

（一）申请单位主要负责人签署的申请报告，其内容包括：拟设分支机构的名称，住所，营业资金数额，经营业务种类，主要负责人简历等；

（二）申请单位前3年的资产负债表、损益表和业务状况报告；

（三）可行性研究报告；

（四）中国人民银行要求提交的其他有关文件。

第十二条 境内金融机构、非金融机构及境外中资金融机构、非金融机构申请在境外设立中资金融机构，应当提交下列文件：

（一）申请单位主要负责人签署的申请报告，其内容包括：拟设中资金融机构名称，住所，注册资本和实有资本，资金来源，经营业务种类，主要负责人简历等；

（二）申请单位前三年的资产负债表、损益表和业务状况报告；

（三）可行性研究报告；

（四）中国人民银行要求提交的其他有关文件。

第十三条 境内金融机构、非金融机构及境外中资金融机构、非金融机构申请在境外设立中外合资金融机构，应当提交下列文件：

（一）申请单位的主要负责人签署的申请报告，其内容包括：拟设中外合资金融机构的名称，住所，注册资本和实有资本，经营业务种类，合资各方的名称和出资比例，中方资金来源、主要负责人简历等；

（二）申请单位前3年的资产负债表、损益表和业务状况报告；

（三）合资各方草签的合资协议、合同和章程；

（四）可行性研究报告；

（五）中国人民银行要求提交的其他有关文件。

第十四条 境内金融机构、非金融机构及境外中资金融机构、非金融机构申请收购境外金融机构，应当提交下列文件：

（一）申请单位主要负责人签署的申请报告，其内容包括：拟收购的金融机构的名称，住所，章程，总资本和总资产数额，机构及人员状况，财务状况，收购原因，收购目的，收购资金数额，资金来源；

（二）申请单位前3年的资产负债表、损益表和业务状况报告；

（三）可行性研究报告；

（四）中国人民银行要求提交的其他有关文件。

第十五条 境外金融机构有下列变更之一的，其境内投资单位应当于事前向中国人民银行提出申请，由中国人民银行审批：

（一）代表机构升为分支机构；

（二）撤销代表机构、分支机构、中资或者中外合资金融机构；

（三）调整中外合资金融机构的股份比例或者增资。

第十六条 境外金融机构的境内投资单位应当于每年7月31日前向所在地中国人民银行省级分行报送境外金融机构上半年工作报告，其内容包括：机构人员变化情况，存款放款分析，汇出汇入款项分析，进出口结算分析，投资项目分析和外汇、证券、黄金买卖分析。上述报告由中国人民银行省级分行转报中国人民银行。

第十七条 境外金融机构的境内投资单位应当于每年3月31日前向所在地中国人民银行省级分行报送境外金融机构上一年度的资产负债表、损益表和年度工作报告，并由中国人民银行省级分行转报中国人民银行。

第十八条 中国人民银行及其各省级分行有权对境外金融机构的工作进行监督。

第十九条 违反本办法第七条的规定，未经中国人民银行批准，在境外设立或者收购金融机构的，中国人民银行有权冻结境内投资单位相应数额的外汇或者人民币存款，责令其撤销境外金融机构或者限期补办审批手续，并追究主要负责人和直接责任人员的责任。

违反本办法第十五条规定的，中国人民银行有权冻结境内投资单位相应数额的外汇或者人民币存款，并责令其对境外金融机构进行停业整顿。

违反本办法第十六条、第十七条规定，情节严重的，中国人民银行对境内投资单位可处以人民币十万元以下罚款。

违反外汇管理的，依照国家有关规定予以处罚。

第二十条 本办法施行前未经中国人民银行批准，已在境外设立或者收购金融机构的，应当在中国人民银行规定的期限内，依照本办法的规定补办审批手续。

第二十一条 本办法不适用于在中国境内设立的

外商投资企业。

第二十二条　本办法由中国人民银行负责解释。

第二十三条　本办法自发布之日起施行。

乡镇企业承包经营责任制规定

（1990年4月13日农业部令第16号发布）

第一章　总　则

第一条　为发展和完善乡镇集体企业（以下简称企业）承包经营责任制，保护企业发承包双方和企业职工的合法权益，增强企业活力，促进企业健康发展，根据国家有关法规、政策，制定本规定。

第二条　本规定适用于乡（区、镇）村集体企业、农民股份合作企业、农民在城镇举办的集体企业和乡镇企业主管部门管理的其他集体企业。

第三条　承包经营责任制，是在坚持社会主义劳动群众集体所有制的前提下，按照所有权与经营权分离的原则，以承包经营合同形式，确定劳动群众集体经济组织与企业的责权利关系；是企业自主经营、自负盈亏、自我约束的经营管理制度。

第四条　企业实行承包经营责任制，其社会主义劳动群众集体所有制性质不变。企业的全部财产（包括承包后新增的资产）仍属举办该企业的全体劳动群众集体所有。

第五条　实行承包经营责任制必须兼顾国家、集体、个人三者利益关系，保障投资者权益；调动企业经营者和生产者的积极性；挖掘企业内部潜力。要确保国家的税收，增加企业的积累，兑现投资者分利，保证按合同规定上交发包方的利润，逐步增加职工的收入。

第六条　实行承包经营责任制，应坚持责权利相结合的原则，切实落实企业的经营管理自主权。

第七条　实行承包经营责任制，发承包双方必须遵守国家法律、法规和政策，坚持企业的社会主义经营方向、经营作风和职业道德，依法接受乡镇企业主管部门及其他有关部门的指导、监督。

第八条　实行承包经营责任制，必须全面提高企业素质，推进科技进步，不断开发新技术和新产品，提高产品质量和经济效益。

第二章　承包经营责任制的内容和形式

第九条　承包经营责任制的主要内容是：包生产经营任务；包税收和利润上缴；包企业提留；包产品质量、技术改造、安全生产；包固定资产流动资金的增值；实行工资总额与经济效益挂钩；加强社会主义精神文明建设。

企业可按实际情况确定其他必须承包的内容。

第十条　承包内容应有相应的指标。指标根据企业生产能力、前三年特别是上年的实绩、企业发展潜力、市场预测、资金条件等，参照当地同行业的平均水平，科学测算确定。

第十一条　企业实行承包经营责任制，应以集体承包为主，小型、微利、亏损企业也可以实行利润定额、超额分成；可以实行全额利润按比例分成；也可以采取联利计酬；小型微利、亏损企业还可以实行利润包干、全奖全赔等形式

第十二条　承包企业的利润分配形式应根据企业的不同情况，由承包合同双方确定。可以实行利润定额、超额分成；可以实行全额利润按比例分成；也可以采取联利计酬；小型微利、亏损企业还可以实行利润包干、全奖全赔等形式。

第三章　企业经营者

第十三条　实行承包经营责任制，企业所有者应当采取公开招标方式确定经营者，不具备条件的，也可以采取招聘、推荐等方式选用经营者。

招标可以在企业内部或者企业外部进行。投标者可以是经营集团或个人。经营集团中标后，必须确定承包经营企业的经营者。

第十四条　各级乡镇企业主管部门应当积极创造条件，逐步建立承包市场，为企业承包经营提供招标、投标信息，为企业经营人才提供平等竞争机会。

第十五条　企业所有者应当对投标者全面评审，

择优选定。

企业经营者应当具备下列条件：

（一）必要的文化知识专业技术知识；

（二）必要的企业经营管理能力；

（三）提供必要的财产担保或者保证人；

（四）企业所有者提出的其他合法条件。

第十六条 企业经营者是企业的厂长（经理）。企业实行厂长（经理）负责制。厂长（经理）是企业的法定代表人，对企业全面负责，代表企业行使职权。

第十七条 企业经营者可以根据需要，按规定权限聘任一定数量的人员，组成企业领导班子。承包期满后，原企业领导班子即告解散。

第十八条 企业经营者必须履行承包经营合同规定的有关义务；在承包期内，按年度向发包方和企业职工大会（职工代表大会）提交承包经营合同执行情况的报告。

第十九条 企业经营者的年收入，视完成承包经营合同情况，可高于职工年平均收入的1至3倍，贡献特别大、成绩显著的还可适当高一些，但最高不得超过职工年平均收入的5倍。也可以采取其他奖励办法。企业领导班子其他成员的收入要低于企业经营者。

企业经营者不能完成承包经营合同的，应当扣减其收入，直至保留基本工资的一半。企业领导班子其他成员也要承担相应的经济责任。

第四章 承包经营合同

第二十条 实行承包经营责任制，必须由企业经营者代表承包方同发包方订立承包合同。

发包方是指企业的所有者，它的代表是企业所属的集体经济组织或企业的董事会；承包方为实行承包经营的企业，它的代表是企业的经营者。

第二十一条 签订承包经营合同，发承包双方必须坚持平等、自愿、协商的原则。

第二十二条 签订承包经营合同，必须采取书面形式。当事人协商同意的修改合同的文书、图表，也是合同的组成部分。

第二十三条 承包经营合同一般应当包括下列主要条款：

（一）承包形式；

（二）承包期限；

（三）固定资产和流动资产的数额；

（四）各项承包指标；

（五）厂房、设备、运输工具和其他的附属设施的维修办法及承包期满后的完好程度；

（六）企业留利、各项提留和基金的使用，债权债务的处理；

（七）承包期满后库存物资、产成品、在产品的处理方法；

（八）合同双方的权利和义务；

（九）违约责任；

（十）工资总额与经济效益挂钩办法及奖惩原则和办法；

（十一）变更或解除合同的条件；

（十二）合同双方约定的其他事项。

第二十四条 承包期限，一般为3到5年。承包经营完成好的，在双方自愿的基础上，可以连续承包。

第二十五条 承包合同依法成立，即具有法律的约束力，任何一方不得擅自变更或解除。

第二十六条 下列承包经营合同为无效：

（一）违反国家法律、法规和政策的合同；

（二）损害集体利益或社会公共利益的合同；

（三）采取欺诈、胁迫或利用职权强制签订的合同；

（四）未经发包方同意，承包方擅自转包或分包的合同；

无效承包经营合同从订立时起，就无法律的约束力。经承包合同管理机关或人民法院确认后，予以废除。

第二十七条 凡发生下列情况之一者，允许变更或解除承包经营合同：

（一）国家对税种、税率和价格等政策进行重大调整，合同双方可以协商变更或解除承包经营合同；

（二）由于不可抗力或由于一方无过失但无法防止的外因，致使承包经营合同无法履行的，承包双方可以协商变更或解除承包经营合同；

（三）由于承包方经营管理不善而不能完成承包经营合同任务的，发包方有权提出解除承包经营合同；

（四）承包方对承包企业进行掠夺式经营，发包方提出要其限期改正而不改正的，发包方可以变更或解除合同；

（五）由于发包方违约使承包方无法履行承包经营合同，承包方有权提出解除承包经营合同；

承包合同当事人一方要求变更或解除承包经营合同时，应及时通知对方。因变更或解除承包经营合同使一方遭受损失的，除依法可以免除责任的外，应由责任方负责赔偿。

第二十八条 承包经营合同双方当事人发生纠纷时，应当协商解决。协决不成时，任何一方当事人均可以向承包合同管理机关申请仲裁；也可向人民法院直接起诉。

第二十九条 承包经营合同的任何一方当事人对仲裁机关的裁决不服，均可在接到裁决书之日起剩10日内向上一级仲裁机关申请复议；上一级仲裁机关作出的复议裁决或逾期未申请复议发生法律效力的仲裁决定，均为终局裁决。

第三十条 承包经营合同的一方当事人在规定期限内执行已经发生法律效力的调解书、裁决书的，另一方可以申请人民法院强制执行。

第五章 发承包双方的权利和义务

第三十一条 发包方依法享有下列权利：

（一）对企业资产拥有所有权；

（二）决定企业的经营方向和经营方式；

（三）决定厂长（经理）人选或选聘方式；

（四）按规定与承包方商定企业税后利润的分配比例；

（五）对承包方在贯彻执行国家法律、法规、政策和企业财产的使用、保护等方面进行监督检查；

（六）对企业招聘、辞退职工进行指导、监督；

（七）企业内部审计监督；

（八）作出关于企业分立、合并、迁移、停业、终止、破产等决议。

第三十二条 发包方应当履行下列义务：

（一）发包前，对企业的资产及债权债务进行清理，登记造册；

（二）发包时，做好企业财产及债权债务的确认；

（三）发包后，为企业提供经济技术信息，协助疏通供销渠道和其他协作关系，协助解决承包方生产经营中的困难，必要时为企业提供经济担保；

（四）按承包经营合同规定维护承包方的合法权益。

第三十三条 承包方在生产经营范围内享有以下权利：

（一）占有和使用企业资产，按国家和承包经营合同的规定接收投资、入股，并进行其他方式的集资；

（二）在国家法律、法规、政策和承包合同的范围内，自主安排生产经营活动；

（三）确定企业内部机构的设置和人员配备，依法招聘、辞退职工，并确定工资形式和奖惩办法；

（四）依法自销产品并确定企业产品的价格或者服务收费标准；

（五）依法自愿参加行业协会、产品评比和各种招标、投标活动；

（六）依法对外开展经济技术合作，自主订立经济合同；

（七）依法开发和利用自然资源；

（八）拒绝和抵制摊派和非法罚款。

第三十四条 承包方应当履行下列义务：

（一）贯彻执行国家法律、法规和政策；

（二）全面履行承包经营合同规定各项任务；

（三）建立健全企业规章制度，加强企业管理；

（四）依法纳税，按规定上交利润并提足各项提留，按时清偿银行借款和其他债务，及时收回应收款；

（五）搞好安全生产，做好劳动保护和资源、环境保护，防止和治理污染；

（六）管好用好企业财产，不搞掠夺式经营；

（七）推进技术进步，搞好职工培训，提高职工政治、文化、技术素质；

（八）关心职工生活，保障职工合法权益，接受职工监督；

（九）如实向发包者和有关部门提供企业情况，按期编报财务、统计报表。

第三十五条 发包方没有履行承包合同，影响合同完成的，应当承担违约责任，并视情节轻重，由上级乡镇企业主管部门或会同有关部门追究发包方直接责任者的行政责任和经济责任。

第三十六条 承包方不能全面完成承包经营合同任务的，应当承担违约责任，并视情节轻重，由上级乡镇企业主管部门或会同有关部门追究企业经营者的行政责任和经济责任。

第六章 管理与监督

第三十七条 承包经营企业应当建立健全职工代表大会制度，切实保障职工民主管理的权利，保护职工的合法权益。

第三十八条 承包经营企业应当建立健全内部经济责任制，加强内部经营管理：

（一）实行风险抵押，建立交纳风险抵押金制度；

（二）建立健全岗位责任制，以岗定人，以岗定责；

（三）搞好内部承包，层层分解承包指标，健全内部承包考核体系；

（四）贯彻按劳分配原则，确定合理的劳动报酬形式，积极推行联质、联耗、联效的浮动工资制度；

（五）贯彻精简高效原则，优化组合行政管理人员和生产者；

（六）严格执行农财两部颁发的财会制度，实行统一的账簿、科目和报表；

（七）结合企业实际，运用现代管理方法，提高企业管理水平。

第三十九条 企业应依照国家规定，提足各项基金和提留。

企业的利润净额留给企业部分一般不少于60%，其中大部分用于企业的生产发展资金，少部分用于福利基金和奖励基金。

第四十条 发包方应当加强对企业内部审计监督，进行年终决算分配和经营者任期届满离任审计。

企业主管会计凭县级乡镇企业主管部门颁发的“会计人员合格证”上岗，由企业上级主管部门任免和调动，经营者不得随意调换。

第四十一条 实行承包经营的企业必须严格遵守国家物价政策，在国家政策允许的范围内，根据市场变化合理确定本企业产品的价格或服务收费标准。

第四十二条 各级乡镇企业主管部门是承包经营企业的主管部门，根据国家的法律、法规和政策，负责对企业进行指导、管理、监督、协调和服务。

第七章 附 则

第四十三条 本规定由农业部负责解释。

第四十四条 各省、自治区、直辖市乡镇企业主管部门可根据本规定制定实施办法。

第四十五条 本规定自颁发之日起施行。

关于动员全国职工广泛开展合理化建议和发明创造活动的决议

（1990年4月15日中华全国总工会十一届六次主席团会议审议通过）

当前，全国人民正在深入贯彻党的十三届六中全会和全国人大七届三次会议精神，为完成治理整顿和深化改革的任务，促进国民经济的持续、稳定、协调发展，进而为实现今后十年国民经济发展的战略目标而努力奋斗。中国工人阶级是我们国家的领导阶级，肩负着实践和推动社会主义现代化建设的历史重任。为了贯彻全心全意依靠工人阶级的指导思想，进一步发扬党的群众路线的优良传统，集中精力把国民经济搞上去，全国总工会号召全国广大职工，以国家主人翁的姿态，发扬工人阶级的创造精神，在各行各业广泛、深入地开展合理化建议和发明创造活动。

在建设社会主义新中国的历史进程中，群众性的合理化建议和发明创造活动，对改善经营管理、促进技术进步和提高经济效益做出了重要贡献。实践证明，这个活动充分体现了职工当家做主的主人翁精神，是依靠职工群众办好社会主义企事业的有效形式。

在当前形势下，开展群众性的合理化建议和发明创造活动，要紧紧围绕“双增双节”的目标和任务，促进技术进步，提高技术素质和管理水平，提高经济效益和社会效益，努力在以下几方面做出成效：开发、研制和生产适销对路的产品，加速产业结构、产品结构的合理调整，提高产品质量，克服浪费现象，增加能源、原材料的有效供给，挖掘企业内部潜力，开展技术革新、技术改造、技术协作和技术扶贫活动，促进企业生产向技术和管理效益型转变；提高引进技术、设备的消化、吸收和创新水平，增强出口产品的创汇能力；总结先进操作经验、科学工作方法，运用现代的管理方法和管理手段，增强管理效能和提高管理水平，提高教学质量和科研水平，推广和应用科研成果；改进各行各业的服务工作，提高服务质量。全国职工要发扬自力更生、艰苦奋斗、顽强拼搏和奋发进取的光荣传统，团结协作，无私奉献，用自己的智慧和力量，为厂出力，为国争光，为民造福。

各级工会要协助政府和行政加强对群众性合理化建议和发明创造活动的领导。要广泛深入地做好宣传发动工作，树典型，长志气，鼓实劲。要充分发挥劳动模范、革新能手、技协积极分子等骨干队伍的作用，继续实行工人、技术人员和领导干部，以及工厂、科研单位和大专院校的两个“三结合”，促进职工间、企事业间的团结协作，使这项活动更有成效。要努力加强对职工基础技术、基本技能和业务素质的培训，提高职工群众的技术素质和业务能力。协同有关部门切实落实国务院颁发的《合理化建议和技术改进奖励条例》，鼓励并保护广大职工的积极性和创造精神。

全国广大职工和工会干部，让我们在党的领导下，同心同德，战胜困难，广泛、深入、持久地开展群众性的合理化建议和发明创造活动，有效地推动“双增双节”运动，为实现我国政治经济和社会的进一步稳定发展做出更大贡献！

国务院办公厅转发商业部关于集体商业经营批发和个体商业从事长途贩运、批量销售业务有关问题意见的通知

（1990 年 4 月 17 日）

商业部《关于集体商业经营批发和个体商业从事长途贩运、批量销售业务有关问题的意见》已经国务院批准，现转发给你们，请贯彻执行。

关于集体商业经营批发和个体商业从事长途贩运、批量销售业务有关问题的意见

为了进一步搞活商品流通，开拓农村市场，促进城乡物资交流，支持工农业生产，现对集体商业从事批发和个体商业从事长途贩运、批量销售业务的有关问题提出如下意见：

一、集体商业经营批发业务的范围，是指除国家计划管理商品、国家专营专卖商品、某些特殊性商品之外的日用工业品和部分完成国家合同订购任务以外的非原料性农副土特产品。具备经营条件的较大型集体商业批发企业，按照计划商品管理权限，经过批准，允许经营某些计划商品和特殊性商品的批发业务。

二、生产企业在完成国家收购任务的前提下，其所开办的集体商业批发企业，允许经营该生产企业自产产品的批发业务。

三、个体商业可从事鲜活商品（如蔬菜、瓜果、水产品等）、土特产品的长途贩运和已放开经营的某些日用小商品（如小百货、小文化用品、小针织等）以及服装、鞋帽的批量销售业务。具体商品品种和实施办法，由各省、自治区、直辖市人民政府根据当地情况自定。

四、国营商业和供销社批发企业要积极为集体、个体商业提供货源，适当降低批发起点，努力做好供货工作。银行对集体商业从事批发业务所需资金，要按照规定给予支持。

五、各级商业主管部门要在当地政府领导下，搞好网点规划布局，加强行业管理。要因地制宜，积极建立农产品和日用小商品批发市场，引导个体工商户进场依法交易。工商、税务、物价、公安、卫生等部门要依法加强监督、检查，确保交易行为的合法、公开和公正。

国务院关于做好劳动就业工作的通知

（1990 年 4 月 27 日）

党的十一届三中全会以来，我国的劳动就业工作取得很大成绩。经过各地区、各部门共同努力，历史上积累的城镇就业问题已经基本解决，近十年来陆续成长起来的劳动力也大部分得到安排。这对帮助人民群众克服困难，维护安定团结的政治局面，促进国民经济发展，起到了重要作用。但是必须看到，我国人

口多，劳动力供大于求，解决就业问题是一项长期艰巨的任务。特别在当前治理整顿期间，劳动力需求减少，待业队伍正在不断扩大，就业问题再次突出，不少地区已经压力很大。因此，必须继续努力做好就业工作，从各方面采取有效措施妥善安置待业人员，保证大局稳定和进一步治理整顿，深化改革的顺利进行。现就有关问题通知如下：

一、广开就业门路，积极拓宽就业渠道。解决城镇就业问题，仍然贯彻实行在国家统筹规划和指导下，劳动部门介绍就业、自愿组织起来就业与自谋职业相结合的方针。除全民所有制单位按照国家计划安排就业外，更多的要靠发展集体经济和发挥个体经济、私营经济的作用，广开就业门路、拓宽就业渠道。

要继续提倡全民所有制单位积极举办独立核算、自负盈亏、以安置待业人员为主的集体企业，并加以扶持和指导；提倡更多地集聚社会闲散资金和个人消费资金，创办集体企业和其它经济实体；引导现有的集体企业创造条件，开辟新的门路，扩大经营规模，吸收更多的人员就业；鼓励城镇待业人员就近到农村乡镇企业中就业。对个体经济和私营经济，要在加强组织管理和指导帮助的同时，鼓励它们在国家允许的范围内继续发展，发挥其积极作用，增加从业人员。

要积极研究探索并努力创造条件，因地制宜地发展人民群众需要的社会服务性事业，动员和组织更多的待业人员从事这方面的工作。还要积极开拓渠道，搞好组织管理，充分发挥我国劳动力资源的优势，扩大对外劳务输出。

二、继续办好劳动服务公司，扩大就业安置。劳动服务公司是从我国实际情况出发创办起来的，以安置待业人员为主要目的，进行生产自救的集体所有制社会经济组织，是城镇扩大就业安置的一条重要渠道。要鼓励它们坚持为劳动就业服务的方向，通过进一步搞好多种经营，吸收安置更多的待业人员。同时通过清理整顿，加强教育管理和指导帮助，使其自觉遵守国家法纪，完善规章制度，提高管理水平和人员素质，更好地发挥作用。

根据1989年8月17日《中共中央、国务院关于进一步清理整顿公司的决定》精神，县以上劳动部门设置的劳动服务公司，因是承担政府行政职能的就业管理机构，不宜再称公司，各地区根据实际情况确定其机构设置和名称。该机构要继续履行好自己的职责，在劳动行政部门领导下并受其委托，管理社会劳动力，组织集体经济扩大劳动就业，进行职业介绍，开展就业训练，管理职工待业保险和归口管理劳动服务公司。

三、实行扶持政策，采取有效措施。目前，扩大就业安置面临的困难很多，需要从实际出发，实行适当照顾的政策加以扶持，采取各种有效措施帮助解决。过去行之有效的扩大就业的政策和措施要继续实行，并要根据变化了的情况加以改进、完善和作必要的补充，以利于切实做好就业工作。

对积极安置待业人员的城镇集体企业，特别是其中安置待业人员任务较重，确有困难又符合国家产业政策的，作出规定，给予支持和照顾。各级财政部门要根据就业任务安排好就业经费，任务重、压力大的地区还应增拨一些。对就业经费，各级劳动、财政部门要加强管理，保证专款专用，提高使用效益。同时，银行应提供一定数量的专项贷款，扩大就业所需资金。有条件的地区，还可试行建立就业基金制度。

四、扩大就业训练规模，提高待业人员素质。为帮助待业人员适应社会各方面的需要，应积极开展有计划、有组织的培训。动员社会有关方面的力量，通过技工学校、职业中学、就业训练中心，以及厂矿企业、社会团体等单位和私人办的职业训练班，扩大就业前培训的规模，并适当增加培训内容和延长培训时间。应指导各类职业学校，安排教学时结合就业工作统筹规划，专业设置服从社会生产、工作的需要，积极开展定向培训和委托培训。

五、加强待业人员管理，搞好劳动就业服务。要改进和健全待业人员登记制度，准确掌握他们的基本状况和动态；充分发挥劳务市场机制的作用，利用多种形式促进劳动力供求信息的交流与传播，通过职业介绍所等服务机构开展职业介绍、进行就业咨询等。对组织起来就业和自谋职业的待业人员，应给予更多的支持。对生活处境艰难的待业人员和有劳动能力的残疾人，以及劳改、劳教释放人员等有特殊困难的，要根据条件和可能尽量帮助解决就业问题。同时进一步完善待业保险制度，为符合条件的待业职工及时提供待业救济。

要针对待业人员思想状况，按照培养“有理想、有道德、有文化、有纪律”的社会主义新人的目标，开展多种形式的宣传教育活动，提高他们的思想政治觉悟。对于一部分人员存在的单纯依赖国家安排就业的传统观念，重国营、轻集体、不愿干个体的就业意识，以及期望过高的择业倾向，也要进行教育和引导。另一方面，应结合深化改革积极研究摸索，通过采取有力的政策、措施，合理调节社会劳动力流向，逐步扭转目前就业难与某些行业、工种招工难并存的局面。

六、合理控制农村劳动力的转移，减轻城镇就业压力。解决农村劳动力过剩问题，根本办法是切实做好农村计划生育工作，不得自行突破国家有关政策规定，各级领导必须认真抓好这项基本国策的贯彻落实。对于已经成长起来的劳动力，应当看到农业劳动力向非农产业转移，要同农业本身及整个国民经济的发展相适应；农村劳动力向城镇转移，要同建设事业的发展和城镇的承受能力相适应，对此必须加以合理控制和积极疏导。要首先保证农业有足够数量和必要素质的劳动力，使农业生产能够持续稳定的发展。对农村富余劳动力，要引导他们"离土不离乡"，因地制宜地发展林牧副渔业，沿着正确方向办好乡镇企业，开展多种服务业，搞好农村建设，使农村富余劳动力就地消化和转移。防止出现大量农村劳动力盲目进城找活干的局面。

对农村劳动力进城务工，要运用法律、行政、经济的手段和搞好宣传教育，实行有效控制，严格管理。确定一个时期内城市使用农村劳动力的规划，由劳动部门本着从严的精神负责统一审批，并建立临时务工许可证和就业登记制度，加强对单位用工的监督检查。对现有计划外用工，要按照国家政策做好清退工作，重点清退来自农村的计划外用工，使他们尽早返回农村劳动。

要严格控制"农转非"过快增长，把"农转非"纳入国民经济与社会发展规划，实行计划指标管理，认真按照国家有关政策规定审批。对自行规定政策或放宽条件、扩大"农转非"范围的，要抓紧进行清理整顿。

七、挖掘企业潜力，妥善安置富余人员。企业的富余人员主要由企业内部消化，不能推向社会。要从本单位实际出发，通过改善经营管理，提高科技水平，搞好内部劳动组织，以及开展多种经营，扩大生产服务领域等，千方百计加以妥善安置。生产经营很困难的企业，要适应产业结构、产品结构和企业组织结构调整的需要，积极进行企业间的联合或并转，尽量减少关停。对关停企业及撤销公司的人员，应采取由其主管部门统筹安排工作和自谋职业相结合的办法，对一时难以安置的，发给适当的工资或生活费保障基本生活。各有关主管部门和劳动部门要密切配合，帮助企业做好这方面的工作。要注意合理组织劳动力调配，及时搞好行业、企业之间的劳动力余缺调剂，并指导企业积极开展职工培训包括转业训练的工作。

八、加强领导，动员社会各方面力量共同做好劳动就业工作。劳动就业不是单纯的经济问题，必须从大局着眼妥善处理，决不可掉以轻心。各级人民政府和各有关部门要把就业工作纳入国民经济和社会发展规划，在努力发展生产的基础上安置更多的待业人员，把控制待业率作为一件大事，切实办好；要按照党中央、国务院的要求，深入调查研究，制定具体的政策、措施，搞好实施方案，做到统筹安排、精心指导、抓紧落实，并注意加强思想政治工作和总结交流经验；要充分发挥社会各方面的积极性，齐心协力为扩大就业创造条件，解决好就业安置中的问题。各级劳动部门应及时反映有关情况，劳动部要定期将全国劳动就业工作情况及存在的问题进行汇总分析，报告国务院。

国务院批转国家医药管理局关于进一步治理整顿医药市场意见的通知

（1990年5月5日）

国务院同意国家医药管理局《关于进一步治理整顿医药市场的意见》，现转发给你们，请认真贯彻执行。

关于进一步治理整顿医药市场的意见

党的十一届三中全会以来，我国医药事业发展较快，对防病治病、保障人民群众的生命安全和社会安定。为了保障人民群众的生命安全和社会安定。为了保障人民群众的身体健康做出了贡献。但是，由于对药品的特殊性认识不足，视同一般商品对待，管理不力，近年来一些地方违反《中华人民共和国药品管理法》（以下简称《药品管理法》）的现象相当严重，医药市场十分混乱，严重危害了人民群众的身体健康和生命安全，维护社会的安定，必须把药品作为特殊商品加以严格管理，并依据《药品管理法》及其《实施办法》和国家有关规定对全国医药市场进行治理整顿。现对有关问题提出以下意见：

一、加强对治理整顿医药市场工作的组织领导。

请各地人民政府负责，由医药、卫生、工商、公安、物价、税务等有关部门参加，组成强有力的治理整顿医药市场领导班子，共同做好医药市场的治理整顿工作。

二、加强对药品生产、经营企业的审查。

（一）国家医药管理局是国务院管理医药（不含中药）的职能部门，负责医药生产、经营的行业管理，组织对开办药品生产、经营企业的审查。各省、自治区、直辖市医药管理部门是各省、自治区、直辖市人民政府管理医药的职能部门。县、市尚未设立医药管理部门的，由当地人民政府指定的部门行使医药管理职能。各级医药管理部门要认真做好药品生产、经营的行业管理工作。

（二）凡生产、经营药品的企业，都必须严格按照《药品管理法》及其《实施办法》规定的条件、程序进行审批。

开办药品生产、批发企业，必须具备《药品管理法》及其《实施办法》规定的条件，符合国家医药行业管理的有关规定，经所在省、自治区、直辖市医药管理部门审查并取得表示同意开办的《药品生产企业合格证》、《药品经营企业许可证》后，经同级卫生行政管理部门审核批准，取得《药品生产企业许可证》、《药品经营企业许可证》，再由当地工商行政管理部门发给《企业法人营业执照》或《营业执照》，方可生产、批发药品。

从事药品零售的集体、私营企业和个体工商户也必须符合上述有关条件、规定，并按程序申请，经审查、审核批准，领取有关证、照后方可经营，并由各级医药管理部门统一管理。

私营企业和个体工商户不得生产药品。

（三）凡不按规定程序审批，无证无照从事药品生产、经营活动的企业和从事药品零售的个体工商户，一律不得生产、经营药品。否则，依法查处。

在治理整顿中，对已生产、经营药品的企业和零售药品的个体工商户都要进行复查、验收，凡达不到要求的或虽符合要求但手续不全的，视情况可取消其生产、经营资格或限期整顿；对限期整顿后仍达不到要求的，按《药品管理法》规定取消其资格。这项工作要结合清理整顿公司工作和审核、换发药品生产、经营企业许可证的工作一并进行。

三、进一步整顿经营秩序。

（一）药品批发业务必须由国营医药商业专业批发企业统一经营。国营医药商业暂时延伸不到的边远地区，经省、自治区、直辖市医药管理部门批准，县、市医药管理部门可以委托当地具备条件的单位代理批发业务。未经委托的任何单位不得从事药品批发业务。

（二）集体、私营企业和个体工商户不得经营药品批发业务；不得经营血液制品、生物制品、麻醉药品、精神药品、毒性药品和放射性药品。否则，由有关部门按有关规定取消其经营资格，并依法查处。

（三）严禁兽药经营单位经营人用药品。

（四）药品生产企业只准销售本企业生产的药品，不准转手倒卖或批发其他企业生产的药品。药品生产企业的销售对象主要是国营商业批发企业。医疗单位不得转手批发经营药品，自行配制的制剂不得在市场销售。否则，由有关部门按有关规定查处。

（五）医药工商企业和医疗单位都要严格遵守国家的物价政策，不得随意提价、定价。否则，由物价部门按有关规定查处。

四、整顿经营作风，严厉打击违法行为。

（一）各级医药管理部门在加强医药市场管理的同时，要加强医药商业网点的建设，做到合理布局，方便群众，保证供应。药品经营单位要端正经营思想，改善经营作风，树立良好的职业道德，全心全意为人民服务。

（二）坚决制止药品购销活动中的一切不正之风，严厉打击制售假劣药品的不法行为。根据《药品管理法》和《工业产品生产许可证试行条例》的有关规定，经营单位只准经营国务院及省、自治区、直辖市卫生行政部门批准生产并发给批准文号的药品；对已实施生产许可证的药品必须是获证企业生产的这种药品。否则，要依法查处。

以上意见如无不妥，请批转各地区、各有关部门执行。

中华人民共和国城镇国有土地使用权出让和转让暂行条例

（1990年5月19日中华人民共和国国务院令第55号发布）

第一章　总　　则

第一条　为了改革城镇国有土地使用制度，合理开发、利用、经营土地，加强土地管理，促进城市建设和经济发展，制定本条例。

第二条　国家按照所有权与使用权分离的原则，实行城镇国有土地使用权出让、转让制度，但地下资源、埋藏物和市政公用设施除外。

前款所称城镇国有土地是指市、县城、建制镇、工矿区范围内属于全民所有的土地（以下简称土地）。

第三条　中华人民共和国境内外的公司、企业、其他组织和个人，除法律另有规定者外，均可依照本条例的规定取得土地使用权，进行土地开发、利用、经营。

第四条　依照本条例的规定取得土地使用权的土地使用者，其使用权在使用年限内可以转让、出租、抵押或者用于其他经济活动，合法权益受国家法律保护。

第五条　土地使用者开发、利用、经营土地的活动，应当遵守国家法律、法规的规定，并不得损害社会公共利益。

第六条　县级以上人民政府土地管理部门依法对土地使用权的出让、转让、出租、抵押、终止进行监督检查。

第七条　土地使用权出让、转让、出租、抵押、终止及有关的地上建筑物、其他附着物的登记，由政府土地管理部门、房产管理部门依照法律和国务院的有关规定办理。

登记文件可以公开查阅。

第二章　土地使用权出让

第八条　土地使用权出让是指国家以土地所有者的身份将土地使用权在一定年限内让与土地使用者，并由土地使用者向国家支付土地使用权出让金的行为。

土地使用权出让应当签订出让合同。

第九条　土地使用权的出让，由市、县人民政府负责，有计划、有步骤地进行。

第十条　土地使用权出让的地块、用途、年限和其他条件，由市、县人民政府土地管理部门会同城市规划和建设管理部门、房产管理部门共同拟定方案，按照国务院规定的批准权限报经批准后，由土地管理部门实施。

第十一条　土地使用权出让合同应当按照平等、自愿、有偿的原则，由市、县人民政府土地管理部门（以下简称出让方）与土地使用者签订。

第十二条　土地使用权出让最高年限按下列用途确定：

（一）居住用地70年；

（二）工业用地50年；

（三）教育、科技、文化、卫生、体育用地50年；

（四）商业、旅游、娱乐用地40年；

（五）综合或者其他用地50年。

第十三条　土地使用权出让可以采取下列方式：

（一）协议；

（二）招标；

（三）拍卖。

依照前款规定方式出让土地使用权的具体程序和步骤，由省、自治区、直辖市人民政府规定。

第十四条　土地使用者应当在签订土地使用权出让合同后60日内，支付全部土地使用权出让金。逾期未全部支付的，出让方有权解除合同，并可请求违约赔偿。

第十五条　出让方应当按照合同规定，提供出让的土地使用权。未按合同规定提供土地使用权的，土地使用者有权解除合同，并可请求违约赔偿。

第十六条　土地使用者在支付全部土地使用权出让金后，应当依照规定办理登记，领取土地使用证，取得土地使用权。

第十七条　土地使用者应当按照土地使用权出让合同的规定和城市规划的要求，开发、利用、经营土地。

未按合同规定的期限和条件开发、利用土地的，市、县人民政府土地管理部门应当予以纠正，并根据情节可以给予警告、罚款直至无偿收回土地使用权的处罚。

第十八条 土地使用者需要改变土地使用权出让合同规定的土地用途的，应当征得出让方同意并经土地管理部门和城市规划部门批准，依照本章的有关规定重新签订土地使用权出让合同，调整土地使用权出让金，并办理登记。

第三章 土地使用权转让

第十九条 土地使用权转让是指土地使用者将土地使用权再转移的行为，包括出售、交换和赠与。

未按土地使用权出让合同规定的期限和条件投资开发、利用土地的，土地使用权不得转让。

第二十条 土地使用权转让应当签订转让合同。

第二十一条 土地使用权转让时，土地使用权出让合同和登记文件中所载明的权利、义务随之转移。

第二十二条 土地使用者通过转让方式取得的土地使用权，其使用年限为土地使用权出让合同规定的使用年限减去原土地使用者已使用年限后的剩余年限。

第二十三条 土地使用权转让时，其地上建筑物、其他附着物所有权随之转让。

第二十四条 地上建筑物、其他附着物的所有人或者共有人，享有该建筑物、附着物使用范围内的土地使用权。

土地使用者转让地上建筑物、其他附着物所有权时，其使用范围内的土地使用权随之转让，但地上建筑物、其他附着物作为动产转让的除外。

第二十五条 土地使用权和地上建筑物、其他附着物所有权转让，应当依照规定办理过户登记。

土地使用权和地上建筑物、其他附着物所有权分割转让的，应当经市、县人民政府土地管理部门 房产管理部门比准，并依照规定办理过户登记。

第二十六条 土地使用权转让价格明显低于市场价格的，市、县人民政府有优先购买权。

土地使用权转让的市场价格不合理上涨时，市、县人民政会可以采取必要的措施。

第二十七条 土地使用权转让后，需要改变土地使用权出让合同规定的土地用途的，依照本条例第十八条的规定办理。

第四章 土地使用权出租

第二十八条 土地使用权出租是指土地使用者作为出租人将土地使用权随同地上建筑物、其他附着物租赁给承租人使用，由承租人向出租人支付租金的行为。

未按土地使用权出让合同规定的期限和条件投资开发、利用土地的，土地使用权不得出租。

第二十九条 土地使用权出租，出租人与承租人应当签订租赁合同。租赁合同不得违背国家法律、法规和土地使用权出让合同的规定。

第三十条 土地使用权出租后，出租人必须继续履行土地使用权出让合同。

第三十一条 土地使用权和地上建筑物、其他附着物出租，出租人应当依照规定办理登记。

第五章 土地使用权抵押

第三十二条 土地使用权可以抵押。

第三十三条 土地使用权抵押时，其地上建筑物、其他附着物随之抵押。

地上建筑物、其他附着物抵押时，其使用范围内的土地使用权随之抵押。

第三十四条 土地使用权抵押，抵押人与抵押权人应当签订抵押合同。抵押合同不得违背国家法律、法规和土地使用权出让合同的规定。

第三十五条 土地使用权和地上建筑物、其他附着物抵押，应当依照规定办理抵押登记。

第三十六条 抵押人到期未能履行债务或者在抵押合同期间宣告解散、破产的，抵押权人有权依照国家法律、法规和抵押合同的规定处分抵押财产。

因处分抵押财产而取得土地使用权和地上建筑物、其他附着物所有权的，应当依照规定办理过户登记。

第三十七条 处分抵押财产所得，抵押权人有优先受偿权。

第三十八条 抵押权因债务清偿或者其他原因而消灭的，应当依照规定办理注销抵押登记。

第六章 土地使用权终止

第三十九条 土地使用权因土地使用权出让合同规定的使用年限届满、提前收回及土地灭失等原因而终止。

第四十条 土地使用权期满，土地使用权及其地上建筑物、其他附着物所有权由国家无偿取得。土地使用者应当交还土地使用证，并依照规定办理注销登记。

第四十一条 土地使用权期满，土地使用者可以申请续期。需要续期的，应当依照本条例第二章的规定重新签订合同，支付土地使用权出让金，并办理登记。

第四十二条 国家对土地使用者依法取得的土地使用权不提前收回。在特殊情况下，根据社会公共利益的需要,国家可以依照法律程序提前收回,并根据土地使用者已使用的年限和开发、利用土地的实际情况给予相应的补偿。

第七章　划拨土地使用权

第四十三条　划拨土地使用权是指土地使用者通过各种方式依法无偿取得的土地使用权。

前款土地使用者应当依照《中华人民共和国城镇土地使用税暂行条例》的规定缴纳土地使用税。

第四十四条　划拨土地使用权,除本条例第四十五条规定的情况外,不得转让、出租、抵押。

第四十五条　符合下列条件的,经市、县人民政府土地管理部门和房产管理部门批准,其划拨土地使用权和地上建筑物、其他附着物所有权可以转让、出租、抵押:

(一)土地使用者为公司、企业、其他经济组织和个人;

(二)领有国有土地使用证;

(三)具有地上建筑物、其他附着物合法的产权证明;

(四)依照本条例第二章的规定签订土地使用权出让合同,向当地市、县人民政府补交土地使用权出让金或者以转让、出租、抵押所获收益抵交土地使用权出让金。

转让、出租、抵押前款划拨土地使用权的,分别依照本条例第三章、第四章和第五章的规定办理。

第四十六条　对未经批准擅自转让、出租、抵押划拨土地使用权的单位和个人,市、县人民政府土地管理部门应当没收其非法收入,并根据情节处以罚款。

第四十七条　无偿取得划拨土地使用权的土地使用者,因迁移、解散、撤销、破产或者其他原因而停止使用土地的、市、县人民政府应当无偿收回其划拨土地使用权,并可依照本条例的规定予以出让。

对划拨土地使用权,市、县人民政府根据城市建设发展需要和城市规划的要求,可以无偿收回,并可依照本条例的规定予以出让。

无偿收回划拨土地使用权时,对其地上建筑物、其他附着物,市、县人民政府应当根据实际情况给予适当补偿。

第八章　附　　则

第四十八条　依照本条例的规定取得土地使用权的个人,其土地使用权可以继承。

第四十九条　土地使用者应当依照国家税收法规的规定纳税。

第五十条　依照本条例收取的土地使用权出让金列入财政预算,作为专项基金管理,主要用于城市建设和土地开发。具体使用管理办法,由财政部另行制定。

第五十一条　各省、自治区、直辖市人民政府应当根据本条例的规定和当地的实际情况选择部分条件比较成熟的城镇先行试点。

第五十二条　外商投资从事开发经营成片土地的,其土地使用权的管理依照国务院的有关规定执行。

第五十三条　本条例由国家土地管理局负责解释;实施办法由省、自治区、直辖市人民政府制定。

第五十四条　本条例自发布之日起施行。

外商投资开发经营
成片土地暂行管理办法

(1990 年 5 月 19 日中华人民共和国国务院令第 56 号发布)

第一条　为了吸收外商投资从事开发经营成片土地(以下简称成片开发)。以加强公用设施建设,改善投资环境,引进外商投资先进技术企业和产品出口企业,发展外向型经济,制定本办法。

第二条　本办法所称成片开发是指:在取得国有土地使用权后,依照规划对土地进行综合性的开发建设,平整场地、建设供排水、供电、道路交通、通信等公用设施,形成工业用地和其他建设用地条件,然后进行转让土地使用权、经营公用事业;或者进而建设通用工业厂房以及相配套的生产和生活服务设施等地面建筑物,并对这些地面建筑物从事转让或出租的经营活动。

成片开发应确定明确的开发目标,应有明确意向的利用开发后土地的建设项目。

第三条　吸收外商投资进行成片开发的项目,应由市、县人民政府组织编制成片开发项目建议书(或初步可行性研究报告,下同)。

使用耕地一千亩以下,其他土地二千亩以下,综合开发投资额在省、自治区、直辖市人民政府(包括经济特区人民政府或者管理委员会，下同）审批权限内的成片开发项目，其项目建议书应报省、自治区、直辖市人民政府审批。

使用耕地超过一千亩、其他土地超过二千亩，或者综合开发投资额超过省、自治区、直辖市人民政府审批权限的成片开发项目，其项目建议书应经省、自治区、直辖市人民政府报国家计划委员会审核和综合平衡后，由国务院审批。

第四条 外商投资成片开发，应分别依照《中华人民共和国中外合资经营企业法》、《中华人民共和国中外合作经营企业法》、《中华人民共和国外资企业法》的规定，成立从事开发经营的中外合资经营企业，或者中外合作经营企业，或者外资企业（以下简称开发企业）。

开发企业受中国法律的管辖和保护，其一切活动应遵守中华人民共和国的法律、法规。

开发企业依法自主经营管理，但在其开发区域内没有行政管理权。开发企业与其他企业的关系是商务关系。

国家鼓励国营企业以国有土地使用权作为投资或合作条件，与外商组成开发企业。

第五条 开发企业应依法取得开发区域的国有土地使用权。

开发区域所在的市、县人民政府向开发企业出让国有土地使用权，应依照国家土地管理的法律和行政法规，合理确定地块范围、用途、年限、出让金和其他条件，签订国有土地使用权出让合同，并按出让国有土地使用权的审批权限报经批准。

第六条 国有土地使用权出让后，其地下资源和埋藏物仍属于国家所有。如需开发利用，应依照国家有关法律和行政法规管理。

第七条 开发企业应编制成片开发规划或者可行性研究报告，明确规定开发建设的总目标和分期目标，实施开发的具体内容和要求，以及开发后土地利用方案等。

成片开发规划或者可行性研究报告，经市、县人民政府审核后，报省、自治区、直辖市人民政府审批。审批机关应就有关公用设施建设和经营，组织有关主管部门协调。

第八条 开发区域在城市规划区范围内的，各项开发建设必须符合城市规划要求，服从规划管理。

开发区域的各项建设，必须符合国家环境保护的法律、行政法规和标准。

第九条 开发企业必须在实施成片开发规划，并达到出让国有土地使用权合同规定的条件后，方可转让国有土地使用权。开发企业未按照出让国有土地使用权合同规定的条件和成片开发规划的要求投资开发土地的，不得转让国有土地使用权。

开发企业和其他企业转让国有土地使用权，或者抵押国有土地使用权，以及国有土地使用权终止，应依照国家土地管理的法律和行政法规办理。

第十条 开发企业可以吸引投资者到开发区域投资，受让国有土地使用权，举办企业。外商投资企业应分别依照《中华人民共和国中外合资经营企业法》、《中华人民共和国中外合作经营企业法》、《中华人民共和国外资企业法》的规定成立。

在开发区域举办企业，应符合国家有关投资产业政策的要求。国家鼓励举办先进技术企业和产品出口企业。

第十一条 开发区域的邮电通信事业，由邮电部门统一规划、建设与经营。也可以经省、自治区、直辖市邮电主管部门批准，由开发企业投资建设，或者开发企业与邮电部门合资建设通信设施，建成后移交邮电部门经营，并根据双方答订的合同，对开发企业给予经济补偿。

第十二条 开发企业投资建设区域内自备电站、热力站、水厂等生产性公用设施的，可以经营开发区域内的供电、供水、供热等业务，也可以交地方公用事业企业经营。公用设施能力有富余，需要供应区域外，或者需要与区域外设施联网运行的，开发企业应与地方公用事业企业按国家有关规定签订合同，按合同规定的条件经营。

开发区域接引区域外水、电等资源的，应由地方公用事业企业经营。

第十三条 开发区域地块范围涉及海岸港湾或者江河建港区段的，岸线由国家统一规划和管理。开发企业可以按照国家交通主管部门的统一规划建设和经营专用港区和码头。

第十四条 开发区域内不得从事国家法律和行政法规禁止的经营活动和社会活动。

第十五条 以举办出口加工企业为主的开发区域，需要在进出口管理、海关管理等方面采取特殊管理措施的，应报经国务院批准，由国家有关主管部门制定具体管理办法。

第十六条 开发区域的行政管理、司法管理、口岸管理、海关管理等，分别由国家有关主管部门、所在的地方人民政府和有管辖权的司法机关组织实施。

第十七条 香港、澳门、台湾地区的公司、企业和其他经济组织或者个人投资从事成片开发，参照本办法执行。

第十八条 本办法自发布之日起在经济特区、沿海开放城市和沿海经济开放区范围内施行。

中华人民共和国
保守国家秘密法实施办法

（1990 年 4 月 25 日国务院批准　1990 年 5 月 25 日国家保密局令第 1 号发布）

第一章　总　　则

第一条　根据《中华人民共和国保守国家秘密法》（以下简称《保密法》）的规定，制定本办法。

第二条　国家保密工作部门是国务院的职能机构，根据《保密法》和本办法主管全国的保密工作。

县以上地方各级政府的保密工作部门，在上级保密工作部门的指导下，依照保密法律、法规和规章管理本行政区域的保密工作。

第三条　中央国家机关在其职权范围内主管或者指导本系统的保密工作，组织和监督下级业务部门执行保密法律、法规和规章，可以根据实际情况单独或者会同有关部门制定主管业务方面的保密规章。

第四条　某一事项泄露后会造成下列后果之一的，应当列入国家秘密及其密级的具体范围（以下简称保密范围）：

（一）危害国家政权的巩固和防御能力；

（二）影响国家统一、民族团结和社会安定；

（三）损害国家在对外活动中的政治、经济利益；

（四）影响国家领导人、外国要员的安全；

（五）妨害国家重要的安全保卫工作；

（六）使保护国家秘密的措施可靠性降低或者失效；

（七）削弱国家的经济、科技实力；

（八）使国家机关依法行使职权失去保障。

第五条　保密范围应当根据情况变化适时修订，修订的程序依照《保密法》第十条的规定办理。

第六条　涉及国家秘密的机关、单位，应当进行经常性的保密教育和检查，落实各项保密措施，使所属人员知悉与其工作有关的保密范围和各项保密制度。

第二章　确定密级、变更密级和解密

第七条　各机关、单位依照规定确定密级、变更密级和解密，应当接受其上级机关和有关保密工作部门的指导和监督。

第八条　各机关、单位对所产生的国家秘密事项，应当依照保密范围的规定及时确定密级，最迟不得超过 10 日。

第九条　密级确定以后，确定密级的机关、单位发现不符合保密范围规定的，应当及时纠正；上级机关或者有关保密工作部门发现不符合保密范围规定的，应当及时通知确定密级的机关、单位纠正。

第十条　对是否属于国家秘密和属于何种密级不明确的事项，依照下列规定确定：

（一）绝密级由国家保密工作部门确定；

（二）机密级由省、自治区、直辖市的或者其上级的保密工作部门确定；

（三）秘密级由省、自治区政府所在地的市和国务院批准的较大的市的或者其上级的保密工作部门确定。

其他机关经国家保密工作部门审定，可以在其主管业务方面行使前款规定的确定密级权。

第十一条　对是否属于国家秘密和属于何种密级不明确的事项，产生该事项的机关、单位无相应确定密级权的，应当及时拟定密级，并在拟定密级后的 10 日内依照下列规定申请确定密级：

（一）属于主管业务方面的事项，逐级报至国家保密工作部门审定的有权确定该事项密级的上级机关；

（二）其他方面 事项，逐级报至有权确定该事项密级的保密工作部门。

接到申请的机关或者保密工作部门，应当在 30 日内作出批复。

第十二条　依照本办法第十条、第十一条的规定行使确定密级权的保密工作部门和其他机关，应当将其行使确定密级权的情况报至规定保密范围的部门。

第十三条　属于国家秘密的文件、资料和其他物品，由确定密级的机关、单位标明密级；依照本办法第十条、第十一条的规定确定密级的，由提出申请的机关、单位标明密级。

属于国家秘密的事项不能标明密级的，由产生该事项的机关、单位负责通知接触范围内的人员。

第十四条　国家秘密事项的密级，应当根据下列情形之一，由确定密级的机关、单位及时变更：

(一)该事项泄露后对国家的安全和利益的损害程序已发生明显变化的；

(二)因为工作需要，原接触范围需作很大改变的。

情况紧急时，可以由上级机关直接变更密级。

第十五条 对保密期限内的国家秘密事项，根据情况变化，有下列情形之一，由确定密级的机关、单位及时解密：

(一)该事项公开后无损于国家的安全和利益的；

(二)从全局衡量公开后对国家更为有利的。

情况紧急时，可以由上级机关直接解密。

第十六条 对于上级机关或者有关保密工作部门要求继续保密的事项，在所要求的期限内不得解密。

第十七条 各机关、单位确定密级、变更密级或者决定解密，应当由承办人员提出具体意见交本机关、单位的主管领导人审核批准；工作量较大的机关、单位可以由主管领导人授权本机关、单位的保密工作机构或者指定负责人员办理批准前的审核工作。

前款规定的执行情况应当有文字记载。

第十八条 国家秘密事项变更密级或者解密后，应当及时通知有关的机关、单位；因保密期限届满而解密的事项除外。

国家秘密事项变更密级或者解密后，应当及时在有关文件、资料和其他物品上标明；不能标明的，应当及时将变更密级或者解密的决定通知接触范围内的人员。

第十九条 确定密级的机关、单位被撤销或者合并，有关变更密级和解密的工作由承担其原职能的机关、单位负责；无相应的承担机关、单位的，由有关的上级机关或者保密工作部门指定的机关负责。

第三章 保密制度

第二十条 接触国家秘密事项的人员或者机关、单位的范围，由确定密级的机关、单位限定。接触范围内的机关、单位，由其主管领导人限定本机关、单位内的具体接触范围。

工作需要时，上级机关、单位可以改变下级机关、单位限定的国家秘密的接触范围。

第二十一条 复制属于国家秘密的文件、资料和其他物品，或者摘录、引用、汇编其属于国家秘密的内容，不得擅自改变原件的密级。

第二十二条 在对外交往与合作中，对方以正当理由和途径要求提供国家秘密时，应当根据平等互利的原则，按照国家主管部门的规定呈报有相应权限的机关批准，并通过一定形式要求对方承担保密义务。

对外提供国家秘密涉及多部门的，可以由有关的保密工作部门进行组织、协调工作。

对外提供涉及经济、科技和社会发展方面的国家秘密，批准机关应当向同级政府的保密工作部门通报有关情况。

第二十三条 具有属于国家秘密内容的会议，主办单位应当采取下列保密措施：

(一)选择具备保密条件的会议场所；

(二)根据工作需要，限定参加会议人员的范围，对参加涉及绝密级事项会议的人员予以指定；

(三)依照保密规定使用会议设备和管理会议文件、资料；

(四)确定会议内容是否传达及传达范围。

第二十四条 涉及国家秘密的重要活动，主办单位可以制定专项保密方案并组织实施；必要时，有关保密工作部门应当会同主办单位工作。

第二十五条 属于国家秘密不对外开放的场所、部位的保密措施，由有关机关、单位制定或者与保密工作部门的共同商定。

第二十六条 发生泄密事件的机关、单位，应当迅速查明被泄露的国家秘密的内容和密级、造成或者可能造成危害的范围和严重程度、事件的主要情节和有关责任者，及时采取补救措施，并报告有关保密工作部门和上级机关。

第四章 奖 惩

第二十七条 凡有下列表现之一的个人或者集体，由其所在机关、单位、上级机关或者当地政府依照规定给予奖励；

(一)在危急情况下，保护国家秘密安全的；

(二)对泄露或者非法获取国家秘密的行为及时检举的；

(三)发现他人泄露或者可能泄露国家秘密，立即采取补救措施，避免或者减轻损害后果的；

(四)在涉及国家秘密的专项活动中，严守国家秘密，对维护国家的安全和利益作出重要贡献的；

(五)在国家保密技术的开发、研究中取得重大成果或者显著成绩的；

(六)一贯严守国家秘密或者长期从事保密工作的管理事迹突出的；

(七)长期经管国家秘密的专职人员，一贯忠于职守，确保国家秘密安全的。

第二十八条 对于为保守国家秘密作出突出贡献的个人或者集体，各级保密工作部门和其他有关的保密工作机构，应当向有关机关、单位或者政府提出奖励的建议；需要时，也可以直接给予奖励。

第二十九条 凡泄露国家秘密尚不够刑事处罚

的，有关机关、单位应当依照规定并根据被泄露事项的密级和行为的具体情节，给予行政处分。

第三十条　对泄露国家秘密尚不够刑事处罚，有下列情节之一的，应当从重给予行政处分：

（一）泄露国家秘密已造成损害后果的；

（二）以谋取私利为目的泄露国家秘密的；

（三）泄露国家秘密危害不大但次数较多或者数量较大的；

（四）利用职权强制他人违反保密规定的。

第三十一条　泄露国家秘密已经人民法院判处刑罚的以及被依法免予起诉或者免予刑事处罚的，应当从重给予行政处分。

第三十二条　泄露秘密级国家秘密，情节轻微的，可以酌情免予或者从轻给予行政处分；泄露机密级国家秘密，情节轻微的，可以酌情从轻给予行政处分，也可以免予行政处分；泄露绝密级国家秘密，情节特别轻微的，可以酌情从轻给予行政处分。

第三十三条　各级保密工作部门和其他有关的保密工作机构，可以要求有关机关、单位对泄密责任者给予行政处分或者处罚；对行政处分或者处罚决定持有异议时，可以要求对作出的行政处分或者处罚进行复议。

第三十四条　因泄露国家秘密所获取的非法收入，应当予以没收并上交国库。

第五章　附　　则

第三十五条　《保密法》和本办法规定中的“泄露国家秘密”是指违反保密法律、法规和规章的下列行为之一：

（一）使国家秘密被不应知悉者知悉的；

（二）使国家秘密超出了限定的接触范围，而不能证明未被不应知悉者知悉的。

第三十六条　《保密法》和本办法规定中的“是否属于国家秘密和属于何种密级不明确的事项”，是指在有关的保密范围中未作明确规定，而符合本办法第四条规定的事项。

第三十七条　不属于国家秘密的其他秘密或者机关、单位的内部事项，不适用《保密法》和本办法。

第三十八条　《保密法》施行前所确定的各项国家秘密文件、资料和其他物品，应当依照《保密法》和本办法进行清理，重新确定密级和保密期限或者解密。

尚未进行清理的，仍应当按照原定密级管理；发生、发现泄露行为时，应当依照《保密法》和本办法的有关规定，对所涉及的事项是否属于国家秘密和属于何种密级重新加以确认。

第三十九条　中央国家机关和各省、自治区、直辖市政府，可以根据本系统、本地区的实际情况，根据《保密法》和本办法制定实施细则。

第四十条　本办法由国家保密工作部门负责解释。

第四十一条　本办法自发布之日起施行。

中华人民共和国一九九〇年国库券条例

（1990年5月30日中华人民共和国国务院令第57号发布）

第一条　为了集中社会资金，进行社会主义现代化建设，决定发行1990年中华人民共和国国库券。

第二条　国库券的发行对象是：公民个人和个体工商户。

第三条　国库券发行的数额为五十五亿元。

第四条　国库券本金的偿还期为3年，从1993年7月1日起一次偿还。

第五条　国库券的利率为年息14%。

国库券从当年7月1日起计息。国库券利息在偿还本金时一次付给，不计复利。

第六条　国库券以人民币为计算单位。票面额分为5元、10元、20元、50元和100元5种。

第七条　国库券从当年6月10日开始发行，11月30日结束。

第八条　国库券发行实行认购的办法。公民个人和个体工商户按收入的一定比例认购，并应当按期完成认购任务。

第九条　国库券发行和还本付息事宜，由各级人民政府统一领导，银行、财政、邮政部门多渠道办理。

第十条 国库券可以转让，但不得作为货币流通。国库券转让的具体事宜，根据国家有关规定办理。

第十一条 发行国库券筹集的资金，由国务院统一安排使用。

第十二条 对伪造国库券或者破坏国库券信誉者，依法惩处。

第十三条 购买国库券的利息收入享受免税待遇。

第十四条 本条例由财政部负责解释，施行办法由财政部制定。

第十五条 本条例自发布之日起施行。

中华人民共和国一九九〇年特种国债条例

（1990 年 5 月 30 日中华人民共和国国务院令第 58 号发布）

第一条 为了筹集资金，支援国家建设，促进经济协调发展，决定发行 1990 年特种国债。

第二条 特种国债的发行对象是：经济条件较好的全民所有制企业、集体所有制企业、私营企业、金融机构、企业主管部门、事业单位、部队、机关和社会团体；全民所有制企业职工退休养老基金管理机构、待业保险基金管理机构。

第三条 特种国债发行的数额为 45 亿元。

第四条 特种国债本金的偿还期为 5 年，从交款之日起满 5 年后一次偿还。

特种国债的利率为年息 15%，从交款之日开始计息。利息在偿还本金时一次付给，不计复利。

第五条 中央单位、部队和各省、自治区、直辖市及计划单列市的认购任务，由财政部分配。

地方单位的认购任务，由各省、自治区、直辖市及计划单列市人民政府分配。

对分配的认购任务，各单位必须按期完成。

第六条 特种国债从当年 6 月 10 日开始发行，11 月 30 日结束。

第七条 特种国债统一采取收款单形式发行，其发行和还本付息事宜由各地财政部门组织办理。

特种国债收款单，可以记名、挂失，不得作为货币流通。

第八条 特种国债，除向全民所有制企业职工退休养老基金管理机构、待业保险基金管理机构发行的以外，可以向银行抵押贷款。

第九条 购买特种国债的利息收入免征所得税。

第十条 本条例由财政部负责解释，施行办法由财政部制定。

第十一条 本条例自发布之日起施行。

国务院批转能源部、国家计委关于改进现行电力分配办法请示的通知

（1990 年 5 月 31 日）

国务院同意能源部、国家计委《关于改进现行电力分配办法的请示》，现转发给你们，从 1990 年 7 月 1 日起执行。

关于改进现行电力分配办法的请示

现行的电力分配办法是根据《国务院关于电力统一分配确保重点企业用电的暂行规定》（国发〔1984〕13

号)制订的。从执行情况来看,这个分配办法对于加强计划用电管理,保障国家重点企业用电起到了积极作用。为了缓解全国电力供需矛盾,从1985年以来,国务院先后批准了集资办电、卖用电权、发行电力债券以及征收电力建设资金等项政策和措施,缓解了国家电力建设资金的不足,有力地加快了电力建设。与此同时,电力投资从单一的中央投资逐步转变成为中央、地方、企业多元化投资;新建机组的电力分配也随之形成多元化定向分配的局面。由于仅靠中央投资建设的新增电力资源,难以满足国家重点企业用电增长需要,特别是关系国民经济发展的煤炭、石油、电气化铁路、原材料等耗电集中的地区或部门,用电短缺问题尤为突出。解决这个问题,要靠调整产业结构和投资结构,逐步使国家对电力的投入与国家重点企业用电需求相匹配。考虑到当前一时难以大幅度增加中央对电力的投资,为了贯彻党的十三届五中全会关于充分发挥大中型骨干企业作用,稳定国民经济全局的精神,拟在电力分配中提高国家分配电量的比例,增加有效供给,以加强国家调控能力。在继续执行国务院有关规定的基础上,对电力分配办法提出如下完善、补充意见:

一、电力是国家的重要能源,按照计划发电和供电是保障国民经济持续、稳定、协调发展的重要物质基础。因此,对于指令性发电量计划的燃料供应和运输计划安排,要做到不留缺口。在计划执行中,任何地方、部门、企业均不得随意调减。

二、电力分配计划要坚持“确保重点,兼顾一般,统筹安排,择优供电”的原则。各级人民政府、各部门、各企业都要认真执行计划,并严格按计划用电,不得超分、超用。

三、对以下电力资源也要纳入国家统一分配:

(一)华能集团公司以及所属公司建设的电厂(不含以煤代油电厂),即现已建成投产的电厂及机组的电力资源,可根据电厂所在省(区、市)的国家重点企业用电需要,通过协商提取华能集团公司投资所得容量的30%,分配给电厂所在省(区、市)内的国家重点企业;正在建设尚未投产的电厂及机组的电力资源,提取华能集团公司投资所得容量的50%,分配给电厂所在省(区、市)内的国家重点企业;对今后华能集团公司新建的电厂,在立项时要明确华能集团公司投资的电力资源全部纳入国家统一分配,分配给集资建设省(区、市)内的国家重点企业。

以上所增加的电力分配,不影响有关省(区、市)在跨省电网中原有的电力统配基数。

(二)采用地方电力建设资金(“两分钱”)建设的电厂及机组的电力资源,应按照国家重点企业所在省(区、市)被征收资金的比例提取相应的资源,用来保障这些企业用电量的自然增长。

(三)凡有国家投资的新投产机组在试运期间的电力资源,若燃料是国家供应的,国家投资部分的电量全部用于所在省(区、市)的国家重点企业;若燃料是地方筹集,国家投资部分提取50%安排给予该省(区、市)内的国家重点企业。

在年度计划执行中,当燃料不足而电网设备又有能力时,从地方所组织的带料加工电量中提取30%,在月度计划中补助给本地区的国家重点企业。

为保障电力生产的正常运营,以上纳入国家统一分配的各类电力资源的电价,仍执行国家批准的有关规定的相应电价。

四、按照国务院批准的有关规定,由中央投资的新机电量给予地方的留成比例不得超过10%。水电机组的相应留成电量,仍按原水电部(88)水电讯字第26号文件执行。由地方投资及集资部分的新机电量,连同上述给地方的留成电量,各地在分配上应按照国务院产业、产品结构调整的扶贫等政策要求,首先确保农业排灌、化肥、农药、重要市政和人民生活用电、并适当补助老、少、边、穷地区、以及水库库区的用电和国家重点工程施工方面的用电。

五、各电管局、省电力局卖用电权的电力资源,应由国家重点企业优先购买。

六、要调整投资结构,努力增加重点电网的中央办电投资,以适应国家重点企业和新增大中型骨干企业的用电需要。

对于新的用电建设项目,在立项阶段(即审批项目建议书或设计任务书时)就要落实电力的供应途径。凡供电资源和供电方案不落实的建设项目,一律不予立项。

七、重点企业年度用电指标,由国家根据企业承担的指令性生产任务量核定,各地区和各电力部门要保证供应。电网因特殊原因(燃料、水情、重大事故等)不能按计划供电时,重点企业与地方用电原则上按照等比例方式调减。当重点企业需要缩小调减用电计划时,由所在地区电管局提出调整方案报能源部批准后执行。

国务院批转国家计委和清理固定资产投资项目领导小组关于一九九〇年继续搞好清理固定资产投资项目工作报告的通知

(1990 年 5 月 31 日)

国务院原则同意国家计委、国务院清理固定资产投资项目领导小组《关于 1990 年清理固定资产投资项目工作的报告》,现转发给你们,请认真贯彻执行。

一年多来,清理固定资产投资项目工作取得了一定成绩,各地区、各部门做出了很大努力,这对稳定物价,抑制通货膨胀,缓解社会总需求和总供给的矛盾起到了重要作用。但也应该看到,投资结构不合理、建设秩序混乱的问题并未根本解决,如果放松总量控制,投资规模还可能再度膨胀。党的十三届五中全会提出的"控制总量、调整结构、整顿秩序、提高效益"的方针,不仅是三年治理整顿期间,也是整个"八五"期间的指导方针。因此,控制固定资产投资规模,调整投资结构,整顿建设秩序,仍然是 1990 年的一项重要任务,各地区、各部门主要领导同志对此项工作必须予以高度重视,要采取措施继续抓紧抓好,不能放松。

关于一九九〇年继续搞好清理固定资产投资项目工作的报告

一年多来,清理固定资产投资项目工作,在国务院的直接领导和各地区、各部门的共同努力下,取得了一定成绩,主要表现在:一是扭转了多年来投资规模连续膨胀的局面。1982 年至 1988 年,全社会固定资产投资规模年均增长 24.7%,而 1989 年全社会固定资产投资规模比上年减少近 500 亿元,压缩 11.1%。二是停缓建了一批项目,刹住了大上楼堂馆所之风。1989 年全国共停缓建一万八千多个项目,特别是压缩、停缓建了一大批楼堂馆所以及小棉纺、小毛纺、小硅铁等效益差、高消耗的项目,使投资结构开始得到了调整。三是新开工项目大幅度减少,为今后控制投资规模和调整投资结构奠定了良好的基础。这些成绩的取得,对稳定物价,抑制通货膨胀,缓解社会总需求与总供给的矛盾起到了重要作用。

但是,目前投资结构不合理、建设秩序混乱的问题并未根本解决,如果放松总量控制,投资规模还可能再度膨胀。党的十三届五中全会提出的"控制总量、调整结构、整顿秩序、提高效益"的方针,不仅是 3 年治理整顿期间,也是整个"八五"期间的指导方针。因此,控制总需求,控制固定资产投资规模,调整投资结构,整顿建设秩序,仍然是 1990 的一项重要工作,必须抓紧抓好,不能放松。

今年以来,一些地方和部门要求上项目、扩大建设规模的劲头又开始抬头,主要表现为:

一、纷纷要求恢复停缓建项目的建设。最近,我们就接到 26 个部门和地区的报告,要求批准 200 多个停缓建项目恢复建设,并不断来人来电催办;少数地方和部门还自行批准了一批停缓建项目复工。

二、要求新开工建设一些楼堂馆所。有的以业务需要为由,有的提出中外合资建设,有的强调是新开发地区或新辟旅游景点等等,要求批准建设宾馆、饭店、营业办公楼等。

三、普遍增加新开工项目。据国家统计局统计,今年一季度新开工项目多而乱。全民所有制单位新开工项目达 1316 个,比去年同期增加 28.6%(基本建设增长近 50%,技术改造略有增加),其中不少项目不符合国家产业政策。一至三月份全民所有制固定资产投资完成 204 亿元,与去年同期持平,但在建项目投资总规模比去年同期扩大了20%以上。

我们认为,去年所取得的成绩是来之不易的,国务院下了很大决心,各地方、各部门也付出了很大努力。当前,在适当扩大投资规模的同时,还不能放松对总量的控制,今年清理固定资产投资项目工作还不能削弱。

1990年清理固定资产投资项目工作,应以总量控制为中心,以国家产业政策为指导,在继续控制投资规模的基础上,大力做好投资结构的调整工作。要把今年增加的投资规模(包括保持去年实际工作量而增加的投资规模),主要用于农业、能源、交通、通信和重要原材料项目的建设,坚决控制楼堂馆所和高消耗、低水平、效益差、重复建设的一般加工工业项目的建设。为此我们建议:

一、各级领导必须对控制投资规模、调整投资结构的工作高度重视,决不可有松一口气的思想。

二、抓好停缓建项目的处理工作,对已经复工的项目进行全面核查。对已停缓建的项目,要继续进行跟踪审计,原则上不得恢复建设。少数符合国家产业政策,只因资金不落实而停缓建,又急需的生产性建设项目,在资金落实的情况下,由审计部门审计后,经批准可以复工;大中型和限额以上项目,必须报国务院清理固定资产投资项目领导小组办公室和国家计委核批;小型和限额以下项目,由省、部级清理固定资产投资项目领导小组和人民政府审批,并报国务院清理固定资产投资项目领导小组办公室备案。

对已经复工的项目要进行全面核查,检查其是否符合国家产业政策,资金、能源、原材料、运输等建设条件是否落实,有无越权批准的情况。凡违反规定的项目要立即停工,并追究责任。

对已经批准项目建议书和设计任务书但尚未开工的项目,各级清理固定资产投资项目领导小组办公室要协助各级计委(计经委)进行全面清理。

三、继续严格控制楼堂馆所和非生产性项目的建设。在治理整顿期间,一律不准以各种名义建设新的楼堂馆所,已经停缓建的,原则上不得恢复建设。情况特殊必须建设的,需经国务院清理固定资产投资项目领导小组办公室审核后,报国务院批准。

四、继续控制新开工项目。在去年规定的基础上,今年将适当扩大新开工项目的范围。新开工项目必须纳入国家下达的投资计划规模。凡不符合国家产业政策或资金、能源、原材料供应和运输等其他配套条件不落实的,一律不准开工建设。新开工项目的审批权,仍按国务院清理固定资产投资项目领导小组、国家计委《关于严格控制1989年新开工项目的通知》(国清字〔1989〕1号、计投资〔1989〕67号)执行。

五、加强对集体和个体投资的引导和控制。对集体投资项目中,不符合国家产业政策、消耗能源、原材料过多或污染严重的项目,一律不得批准建设。要加强土地使用管理和乡村建设规划管理工作,有效地控制乡村建房,把农村集体和个体投资引导到发展农业生产方面来。

六、加强商品房建设的清理工作。从1990年开始,商品房建设规模在国家固定资产投资计划中单列,中央和地方的项目在建设前就要纳入国家计划,要认真清理过去以商品房名义建设的楼堂馆所和计划外工程,凡未列入计划的一律停建,严禁以商品房名义建设楼堂馆所。

七、整顿建设秩序。各级清理固定资产投资项目领导小组办公室,要参与各地区、各部门对建设项目收费的清理、检查工作,并提出整顿意见;要协助审计部门、计委(计经委)做好今年审计、检查82个按合理工期组织建设的国家重点项目和地方大中型项目的工作。

为做好以上工作,建议继续保留各级清理固定资产投资项目领导小组办公室,原来机构不健全的,要适当加强。国务院派赴各地的10个检查组也要保留,人员不宜变动;根据实际情况,今年还准备下去检查两次,必要时也可请地方的同志来京汇报。

资产评估机构管理暂行办法

(1990年5月31日国家国有资产管理局发布)

第一条 为了加强资产评估机构管理,搞好国有资产评估工作,维护资产所有者和经营者的权益,特制定本办法。

第二条 国家国有资产管理局下设国有资产管理局评估中心,负责组织、领导和监督中央管辖的国有资产评估,并指导全国国有资产的评估工作。地方各级国有资产管理部门、或由其授权的部门负责组织、领导和监督本级政府管辖的国有资产评估工作，并指导下级国有资产评估工作。国家和省、自治区、直辖市、计划单列市国有资产管理部门负责国有资产评估机构的资格审查，并颁发资产评估资格证书。

第三条 凡持有国家或省、自治区、直辖市、计划单列市国有资产管理部门颁发的资产评估资格证书的资产评估公司、会计师事务所、财务咨询公司、审计事务所等机构(以下简称资产评估机构)，或者经国有资产管理部门认可的临时评估机构，均具有承担国有资产评估工作的资格，并接受国有资产管理部门的监督和管理。资产评估机构进行资产评估实行有偿服务。

第四条 资产评估机构必须具备下列条件，才有资格申请资产评估资格证书：

(一)经政府主管部门批准并经工商行政管理部门核准注册登记的具有法人资格的单位；

(二)具有一定的评估工作经验；

(三)配备一定数量能胜任工作的各类评估专业人员，其中建筑工程技术人员、机器设备工程技术人员、会计经济管理人员，视不同情况，分别不少于2至5人。在以上评估人员中，具有高、中级以上专业技术职称的，应占有一定的比例(工程技术人员、物价经济管理人员可外聘一部分兼职)。

第五条 凡具备本办法第四条要求，欲从事国有资产评估工作的机构，在征得行政主管部门和同级国有资产管理部门同意后，可向国家或省、自治区、直辖市、计划单列市国有资产管理部门申请领取资产评估资格证书。申请时需提交如下文件资料：

(一)申明承办资产评估工作的理由报告书，并附送“国有资产评估机构资格审定申请表”(格式见附表)；

(二)评估人员名单，并注明在评估人员中有关专职和外聘兼职的情况。同时，附送评估人员专业技术职称证书的复印件；

(三)资产评估机构的组织章程方案；

(四)经工商行政管理部门核发的营业执照副本或经原发照机关批准的复印件。

第六条 国有资产管理部门收到要求承办资产评估工作的单位的报告书等资料后，应于两个月内决定批准或不批准。查合格批准同意的，可由国有资产管理部门颁发资产评估资格证书。

资产评估资格证书，由国家国有资产管理局统一印制、统一编号，供发证机关申领。

第七条 已成立并经登记的资产评估机构，须在本办法下达后3个月内向国有资产管理部门申请领取资产评估资格证书，并从领取证书之日起1个月内，向原登记的工商行政管理机关办理相应的变更登记手续。

凡持有资产评估资格证书，并在营业执照经营范围中注明“资产评估”的，即可对国有资产和非国有资产进行评估。凡未领到资产评估资格证书，而又确实具备评估能力的，其经营范围中应注明“资产评估(不含国有资产)”字样。对国有资产与非国有资产进行联营、合资的企业，其资产评估，应由按本办法第四、第五条规定，领取资产评估资格证书的机构进行评估。

第八条 各资产评估机构在开展资产评估业务时，应自觉遵守以下工作规则：

(一)严格遵守国家法律、法规、条例和制度；

(二)坚持公正、客观、实事求是的原则。对所出具的资产评估报告书有关内容的真实性和合法性负责；

(三)应在委托单位的委托书中商定的期限内完成有关评估工作。资产评估报告的报送范围，应明确保密限制，不允许因失密造成对委托单位的损害，原则上控制在委托单位、同级国有资产管理部门和财政部门；

(四)在资产评估中，对委托者提供的所有有关资料、情况，也应当严格保守秘密，并承担法律责任；

(五)接受任务的经办人，如与委托人或者其他当事人有利害关系的，应当向评估机构申明情况，实行回避。委托人或者其他当事人有权要求回避；

(六)在资产评估中，发现委托者有弄虚作假、营私舞弊等违反国家法律、行政法规行为的，应当及时向国有资产管理部门反映；

(七)各类资产评估人员应定期参加专业培训。

第九条 资产评估机构在结束评估工作后，应及时向委托者提交资产评估报告。资产评估报告书应由具备资格并直接从事该项资产评估工作的各类专业评估人员亲笔签署，资产评估机构加盖公章方可生效。

在资产评估报告书中应明确以下内容：

(一)资产评估的原因，评估工作的依据，以及作价的原则方法；

(二)明确评估的时间、地点及被评估资产的范围；

(三)资产评估的结果及评估后的企业资产负债情况；

(四)其他需要说明的问题；

(五)附件。包括：(1)各类资产评估明细表(主要内容有：资产名称、规格、数量、购进时间、原值、净值、重置完全价值、新旧程度、重置折余价值等)；(2)资产评估后的资产增减值情况说明。

第十条 资产评估机构玩忽职守，致使资产评估结果严重失实的，国有资产管理部门有权责令其重新评估或由委托者另选评估机构评估。原评估费用由该评估机构负担。由于时间延误所造成的委托者经济损失，委托者有权依照行政仲裁或法律程序要求赔偿。资产评估机构违反本办法，情节严重的，由国有资产管理部门给予吊销资产评估资格证书的处理，并提请司法机关追究法律责任。

附：

国有资产评估机构资格审定申请表（格式）

<table>
<tr><td colspan="3">单位名称</td><td></td><td>负责人姓名</td><td></td></tr>
<tr><td colspan="3">地址</td><td></td><td>电话</td><td></td></tr>
<tr><td colspan="3">所有制性质</td><td></td><td>主管部门批准设立文号</td><td></td></tr>
<tr><td colspan="3">营业执照字号</td><td></td><td>注册资金总额</td><td></td></tr>
<tr><td rowspan="8">评估人员人数（人）</td><td colspan="2">分类</td><td>房屋建筑类</td><td>机械设备类</td><td>会计经济类</td></tr>
<tr><td rowspan="3">专职</td><td>高级职称</td><td></td><td></td><td></td></tr>
<tr><td>中级职称</td><td></td><td></td><td></td></tr>
<tr><td>初级职称</td><td></td><td></td><td></td></tr>
<tr><td rowspan="3">兼职</td><td>高级职称</td><td></td><td></td><td></td></tr>
<tr><td>中级职称</td><td></td><td></td><td></td></tr>
<tr><td>初级职称</td><td></td><td></td><td></td></tr>
<tr><td colspan="2">合计</td><td></td><td></td><td></td></tr>
<tr><td colspan="3">业务发展状况
（包括参加评估或
验资工作的简况）</td><td colspan="3"></td></tr>
<tr><td colspan="3">主管部门意见</td><td colspan="3">年　月　日</td></tr>
<tr><td colspan="3">国有资产管理
部门意见</td><td colspan="3">年　月　日</td></tr>
</table>

中华人民共和国
乡村集体所有制企业条例

（1990年6月3日中华人民共和国国务院令第59号发布）

第一章　总　　则

第一条　为了保障乡村集体所有制企业的合法权益，引导其健康发展，制定本条例。

第二条　本条例适用于由乡（含镇，下同）村（含村民小组，下同）农民集体举办的企业。

农业生产合作社、农村供销合作社、农村信用社不适用本条例。

第三条　乡村集体所有制企业是我国社会主义公有制经济的组成部分。

国家对乡村集体所有制企业实行积极扶持，合理规划，正确引导，加强管理的方针。

第四条 乡村集体所有制企业的主要任务是：发展商品生产和服务业，满足社会日益增长的物质和文化生活的需要；调整农村产业结构，合理利用农村劳动力；支援农业生产和农村建设，增加国家财政和农民的收入；积极发展出口创汇生产；为大工业配套和服务。

第五条 国家保护乡村集体所有制企业的合法权益，禁止任何组织和个人侵犯其财产。

第六条 乡村集体所有制企业实行自主经营，独立核算，自负盈亏。

乡村集体所有制企业实行多种形式的经营责任制。

乡村集体所有制企业可以在不改变集体所有制性质的前提下，吸收投资入股。

第七条 国家鼓励和扶持乡村集体所有制企业采用先进适用的科学技术和经营管理方法，加速企业现代化。

第八条 国家鼓励和保护乡村集体所有制企业依照平等互利、自愿协商、等价有偿的原则，进行多种形式的经济技术合作。

第九条 国家鼓励和支持乡村集体所有制企业依法利用自然资源，因地制宜发展符合国家产业政策和市场需要的产业和产品，增加社会有效供给。

第十条 乡村集体所有制企业经依法审查，具备法人条件的，登记后取得法人资格，厂长(经理)为企业的法定代表人。

第十一条 乡村集体所有制企业职工有返回其所属的农民集体经济组织从事农业生产的权利。

第十二条 国务院乡镇企业行政主管部门主管全国乡村集体所有制企业。地方人民政镇企业行政主管部门主管本行政区域内的乡村集体所有制企业(以下简称企业)。

第二章 企业的设立、变更和终止

第十三条 设立企业应当具备下列条件：

(一)产品和提供的服务为社会所需要，并符合国家法律、法规和政策规定；

(二)有自己的名称、组织机构和生产经营场所；

(三)有确定的经营范围；

(四)有与生产经营和服务规模相适应的资金、设备、从业人员和必要的原材料条件；

(五)有必要的劳动卫生、安全生产条件和环境保护措施；

(六)符合当地乡村建设规划，合理利用土地。

第十四条 设立企业必须依照法律、法规，经乡级人民政府审核后，报请县级人民政府乡镇企业主管部门以及法律、法规规定的有关部门批准，持有关批准文件向企业所在地工商行政管理机关办理登记，经核准领取《企业法人营业执照》或者《营业执照》后始得营业，并向税务机关办理税务登记。

企业应当在核准登记的经营范围内从事生产经营活动。

第十五条 企业分立、合并、迁移、停业、终止以及改变名称、经营范围等，须经原批准企业设立的机关核准，向当地工商行政管理机关和税务机关办理变更或者注销登记，并通知开户银行。

第十六条 企业分立、合并、停业或者终止时，必须保护其财产，依法清理债权、债务。

第十七条 企业破产应当进行破产清算，法人以企业的财产对企业债权人清偿债务。

第三章 企业的所有者和经营者

第十八条 企业财产属于举办该企业的乡或者村范围内的全体农民集体所有，由乡或者村的农民大会(农民代表会议)或者代表全体农民的集体经济组织行使企业财产的所有权。

企业实行承包、租赁制或者与其他所有制企业联营的，企业财产的所有权不变。

第十九条 企业所有者依法决定企业的经营方向、经营形式、厂长(经理)人选或者选聘方式，依法决定企业税后利润在其与企业之间的具体分配比例，有权作出关于企业分立、合并、迁移、停业、终止、申请破产等决议。

企业所有者应当为企业的生产、供应、销售提供服务，并尊重企业的自主权。

第二十条 实行承包或者租赁制的企业，企业所有者应当采取公开招标方式确定经营者，不具备条件的，也可以采取招聘、推荐等方式选用经营者。

招标可以在企业内部或者企业外部进行。投标者可以是经营集团或者个人。经营集团中标后，必须确定企业经营者。

企业所有者应当对投标者全面评审，择优选定。

第二十一条 实行承包或者租赁制的企业，企业经营者应当具备下列条件：

(一)坚持四项基本原则和改革开放，遵纪守法；

(二)必要的文化知识和专业技术知识；

(三)必要的企业经营管理能力；

(四)提供必要的财产担保或者保证人；

(五)企业所有者提出的其他合法条件。

第二十二条 企业经营者是企业的厂长(经理)。企业实行厂长(经理)负责制。厂长(经理)对企业全面负责,代表企业行使职权。

第二十三条 实行承包或者租赁制的企业,订立承包或者租赁合同时,应当坚持平等、自愿、协商的原则,兼顾国家、集体和个人的利益。

第四章 企业的权利和义务

第二十四条 企业在生产经营活动中享有下列权利:

(一)占有和使用企业资产,依照国家规定筹集资金;

(二)在核准登记的范围内自主安排生产经营活动;

(三)确定企业内部机构设置和人员配备;依法招聘、辞退职工,并确定工资形式和奖惩办法;

(四)有权自行销售本企业的产品,但国务院另有规定的除外;

(五)有权自行确定本企业的产品价格、劳务价格,但国务院规定由物价部门和有关主管部门控制价格的除外;

(六)自愿参加行业协会和产品评比;

(七)依照国家规定自愿参加各种招标、投标活动,申请产品定点生产,取得生产许可证;

(八)自主订立经济合同,开展经济技术合作;

(九)依法开发和利用自然资源;

(十)依法利用外资、引进先进技术和设备,开展进出口贸易等涉外经济活动,并依照国家规定提留企业的外汇收入;

(十一)拒绝摊派和非法罚款,但法律、法规规定应当提供财力、物力、人力的除外。

第二十五条 企业在生产经营活动中应当履行下列义务:

(一)依法缴纳税金;

(二)依照国家以及省、自治区、直辖市人民政府的规定,上交支农资金和管理费;

(三)依法建立健全财务会计、审计、统计等制度,按期编报财务、统计报表;

(四)保护自然资源和环境,防止和治理污染;

(五)努力降低原材料和能源消耗,发展符合国家产业政策的产品;

(六)做好劳动保护工作,实行安全生产;

(七)保证产品质量和服务质量;

(八)依法履行合同;

(九)对职工进行政治思想、科学文化、技术业务和职业道德等方面的教育;

(十)遵守法律、法规和政策的其他规定。

第五章 企业的管理

第二十六条 企业职工有参加企业民主管理,对厂长(经理)和其他管理人员提出批评和控告的权利。

企业职工大会或者职工代表大会有权对企业经营管理中的问题提出意见和建议,评议、监督厂长(经理)和其他管理人员,维护职工的合法权益。

第二十七条 企业应当兼顾国家、集体和个人的利益,合理安排积累与消费的比例,对职工实行各尽所能、按劳分配的原则。

男工与女工应当同工同酬。

第二十八条 企业招用职工应当依法签订劳动合同,实行灵活的用工形式和办法。对技术要求高的企业,应当逐步形成专业化的技术职工队伍。

第二十九条 企业不得招用未满16周岁的童工。

第三十条 企业对从事高度危险作业的职工,必须依照国家规定向保险公司投保。有条件的企业,应当参照国家有关规定实行职工社会保险。

第三十一条 企业发生劳动争议,可以参照《国营企业劳动争议处理暂行规定》处理。

第三十二条 企业税后利润,留给企业的部分不应低于60%,由企业自主安排,主要用作增加生产发展基金,进行技术改造和扩大再生产,适当增加福利基金和奖励基金。

企业税后利润交给企业所有者的部分,主要用于扶持农业基本建设、农业技术服务、农村公益事业、企业更新改造或者发展新企业。

第三十三条 企业应当根据国家有关规定,加强本企业的各项基础管理和合同管理。

第六章 企业与政府有关部门的关系

第三十四条 各级人民政府乡镇企业行政主管部门根据国家的法律、法规和政策,加强对企业的指导、管理、监督、协调和服务:

(一)监督检查企业执行国家法律、法规和政策;

(二)制订企发展规划,协同有关部门制定农村剩余劳动力就业规划;

(三)会同有关部门指导企业的计划、统计、财务、审计、价格、物资、质量、设备、技术、劳动、安全生产、环境保护等管理工作;

(四)组织和指导企业的技术进步、职工教育和培训;

(五)向企业提供经济、技术咨询和信息服务;

(六)协调企业与有关方面的关系,帮助企业开展经济技术合作；

(七)总结推广企业发展的经验；

(八)组织和指导企业的思想政治工作，促进企业的社会主义精神文明建设。

第三十五条 各级人民政府有关行业管理部门应当根据国家的产业政策和行业发展规划，对企业的发展方向进行指导和监督；对企业开展技术指导、人才培训和经济、技术信息服务；指导、帮助和监督企业开展劳动保护、环境保护等工作。

第三十六条 政府有关部门应当为符合国家产业政策，经济和社会效益好的企业创造发展条件：

(一)对企业所需的能源、原材料、资金等，计划、物资、金融等部门应当积极帮助解决；生产纳入国家指令性计划的产品所需的能源、原材料等，由安排生产任务的部门和单位组织供应；

(二)根据国家有关规定，对生产名、优产品和出口创汇产品的企业，应当在信贷、能源、原材料和运输等方面给予扶持；

(三)为企业培训、招用专业技术人才和引进先进技术创造条件。

第七章 奖励与处罚

第三十七条 对在企业经营管理、科技进步、劳动保护、环境保护和思想政治工作等方面作出显著成绩的企业和个人，由人民政府给予奖励。

第三十八条 企业产品质量达不到国家规定标准的，企业所有者和企业主管部门应当责令其限期整顿，经整顿无效者，应当责令其停产或者转产，直至建议有关机关撤销生产许可证，吊销营业执照。

企业因生产、销售前款所指的产品，给用户和消费者造成财产损失、人身损害的，应当承担赔偿责任；构成犯罪的，依法追究刑事责任。

第三十九条 企业厂长(经理)侵犯职工合法权益，情节严重的，由企业所有者给予行政处分；构成犯罪的，依法追究刑事责任。

第四十条 对向企业摊派的单位所有个人，企业可以向审计机关或者其他有关部门控告、检举、经审计机关确认是摊派行为的，由审计机关通知摊派单位停止摊派行为，限期退回摊派财物；对摊派单位的负责人和直接责任人员，监察机关或者有关主管部门可以根据情节轻重，给予行政处分。

第四十一条 政府部门的工作人员玩忽职守、滥用职权，使企业合法权益遭受损害的，由其所在单位或者上级主管机关给予行政处分；构成犯罪的，依法追究刑事责任。

第四十二条 企业违反财政、税收、劳动、工商行政、价格、资源、环境保护等法律、法规的，依照有关法律、法规处理。

第八章 附 则

第四十三条 本条例由国务院乡镇企业行政主管部门负责解释，并组织实施。

第四十四条 省、自治区、直辖市人民政府可以根据本条例制定实施办法。

第四十五条 本条例自1990年7月1日起施行。

企业法人登记档案管理办法

(1990年6月6日国家工商行政管理局、国家档案局发布)

第一章 总 则

第一条 为了加强企业法人登记档案的管理，掌握企业法人登记管理有关的基础信息，为发展有计划的商品经济服务，根据《中华人民共和国档案法》和《中华人民共和国企业法人登记管理条例》，制定本办法。

第二条 企业法人登记档案是工商行政管理机关依法对企业法人登记注册、监督管理过程中形成的具有保存价值的文字、图表、声像等形式的历史记录，是国家全部档案的重要组成部分，受国家法律保护。

第三条 企业法人登记档案管理的任务是接收、整理、保管企业法人登记管理档案材料，维护档案资料的完整与安全，积极开展档案资料的合理利用，为企业法人登记、监督管理提供基本依据，为国民经济发展提供有关的基础信息。

第二章 企业法人登记档案的建立

第四条 企业法人登记档案包括依法核准登记注册的全民所有制企业登记档案，集体所有制企业登记档案，联营企业登记档案，在中华人民共和国境内设立的中外合资经营企业登记档案，中外合作经营企业登记档案，外资企业登记档案，私营企业登记档案和其他企业登记档案。

第五条 企业法人登记档案文件主要有：企业法人申请筹建登记、开业登记、变更登记、注销登记以及登记公告、年度检验的文件和工商行政管理机关依法对企业法人进行监督管理形成的文件。工商行政管理机关建立的企业法人登记档案文件具有法律效力。

第六条 企业法人登记档案，由核准该企业登记注册的工商行政管理机关按一照一卷或数卷的原则立卷。外商投资企业登记档案由国家工商行政管理局负责管理。

第三章 企业法人登记档案的管理

第七条 承办企业法人登记注册、年度检验和进行监督管理的人员应将归档文件及时向档案管理人员送交，送交时须确保文件齐全，图文字迹清晰，格式标准统一。档案管理人员须做好归档文件的接收、整理、保管、利用、统计等项工作。

第八条 企业法人登记档案案卷可按行业分类，也可按经济性质或隶属部门等分类。

第九条 企业法人登记档案的保管应有专门库房和装具，并应有防盗、防火、防腐蚀、防蛀等设施。档案资料发生破损或变质现象，档案管理人员要及时采取补救措施。

第十条 在企业法人经营活动期间，其登记档案须妥善保管。企业法人迁移时应由所在地工商行政管理机关负责将有关档案文件移交迁入地的工商行政管理机关管理。档案迁出、迁入应记录备案。企业法人注销后，其档案在按规定移交本地区档案馆之前应在本机关妥善保存，并定期进行安全检查，严禁个人擅自销毁。

第十一条 各级工商行政管理机关应设立档案管理机构并配备与档案管理业务相适应的工作人员。

第十二条 各地工商行政管理机关逐步采用计算机进行企业法人登记档案管理，努力提高企业法人登记档案信息的综合利用效能。

第十三条 企业法人登记档案工作人员应保持相对稳定。档案工作人员变更或调动时，应将所保管的企业法人登记档案向接替人移交清楚。

第十四条 档案工作人员要熟悉企业法人登记管理有关规定，学习《档案法》和档案管理知识，提高档案管理技能。档案工作人员应定期向有关领导和上级机关汇报企业法人登记档案的管理及利用情况。

第十五条 各级工商行政管理机关要重视企业法人登记档案管理工作，对在档案管理工作中做出显著成绩的单位和个人，应给予表彰和奖励。

第十六条 工商行政管理机关企业法人登记档案应按规定向本机关档案管理部门移交。

第四章 企业法人登记档案的开发、利用

第十七条 各级工商行政管理机关应努力开发、利用企业法人登记档案的信息，适应企业法人登记管理的需要。有计划地做到面向社会、面向公众、为领导决策和国民经济宏观管理服务，为社会主义商品经济发展和国家对外开放政策需要服务。

第十八条 外单位咨询企业法人登记档案中有关企业申请筹建登记、开业登记、变更登记、注销登记等方面的情况时，须经本机关有关领导批准后，档案人员方可提供。

第十九条 查阅企业法人登记档案文件要持有关的证件和信件，并按有关规定的审批程序办理。任何单位和个人不得在案卷上修改、涂抹、拆取和标注，更不得损毁、擅自抄录。使用保密档案时，还应履行相应的批准手续后，方可查阅。未经工商行政管理机关批准，利用者不得公布企业法人登记档案材料。

第二十条 有关单位、公众查询企业法人登记档案时，应交付查询成本费(公、检、法机关除外)。

第二十一条 各级工商行政管理机关要建立企业法人登记档案利用效果的反馈渠道，做好档案利用效果的分析研究工作，适时开展档案利用效果的宣传，总结企业法人登记档案管理经验。

第五章 附 则

第二十二条 依法经核准登记注册的不具备企业法人条件的经营单位登记档案、外国银行分行登记档案、承包工程登记档案、常驻代表机构登记档案、外国企业名称登记档案和合作开采资源的外国企业登记档案的管理，参照本办法执行。

第二十三条 各省、自治区、直辖市工商行政管理机关可根据本办法制定与本地相适宜的具体规定。

第二十四条 本办法自发布之日起施行。1983年10月17日国家工商行政管理局制定的《工商企业登记档案管理办法》同时废止。

国家工商行政管理局关于公司撤并后有关事项的通告

(1990年6月8日)

根据《中华人民共和国民法通则》和《中共中央、国务院关于进一步清理整顿公司的决定》的规定,受全国清理整顿公司领导小组的委托,现对这次清理整顿公司工作中公司被撤销、合并后的有关事项通告如下:

一、各地区、各部门撤销、合并所属公司的具体方案,经各级政府清理整顿公司领导机构审查批准后,由各级政府清理整顿公司领导机构或授权单位发布决定撤销或合并的公司和公告,以便于办理撤并手续。同时,也有利于接受社会各界和人民群众的监督。

二、被撤销的公司,从接到决定撤销的通知之日起,应即停止清算范围外的活动。需成立清算组织的,由其主管部门在十日内组织关单位和人员成立清算组织;不成立清算组织的,由其主管部门负责清算的各项工作;无主管部门的公司,由各级政府清理整顿公司领导机构指定有关部门负责组建清算组织。

三、清算组织成立后,应立即接管被撤销公司的证照、公章、帐户、帐册、文书和资料等,并按照国家有关规定,负责对被撤销公司的财产进行保管、清理、估价、处理和清偿。清算工作时间,一般不超过三个月。清算组织可以依法进行必要的民事活动。

四、被撤销的公司原已签订的合同,凡符合国家法律、法规和政策规定的,依然有效,由其清算组织决定继续履行、转让或依法解除,其中属涉外合同的,应继续履行或由其他经外方同意的中方公司代理执行,并注意保障外方的合法权益。

五、除清算组织(含不成立清算组织的公司主管部门)外的任何单位和个人不得擅自处理公司的财产。任何单位和个人不得抽逃资金,严禁隐匿、非法转移、侵占、损坏和私分公司财产。

六、被撤销的公司,应依照《中华人民共和国企业法人登记管理条例》的规定,持公司清算组织或不成立清算组织的公司主管部门出具的负现清理债权债务的文件(含 财产清单和处理方案)或清理债务完结的证明及有关同意办理公司撤销手续的文件,向原登记主管机关申请办理注销登记。登记主管机关核准后,收缴公司营业执照正、副本和公章,并通知开户银行撤销公司帐户。办理注销登记后,由登记主管机关发布注销登记公告。

七、被撤销的公司在办理注销登记时,必须持有公司主管部门出具的公司有无违法违纪问题和案件情况的证明。如有违法违纪问题和案件,公司主管部门必须在查处完毕后方可开具证明。

八、经批准合并的公司,须依照《中华人民共和国企业法人登记管理条例》的有关规定,分别不同情况,办理开业、变更、注销登记手续。

乡镇企业系统内部审计暂行规定

(1990年6月18日农业部发布施行)

第一条 为了加强乡镇企业系统内部管理和监督,维护财经法规,提高经济效益,根据《中华人民共和国审计条例》、《中华人民共和国乡村集体所有制企业条例》、《审计署关于内部审计工作的规定》,制定本暂行规定。

第二条 乡镇企业系统内部审计是指依法在乡镇企业系统设立内部审计机构或者审计工作人员,在本部门、本单位主要负责人的直接领导下,依照国家法律、法规和政策，对本单位及主管的企事业单位的财务收支及其经济效益进行内部监督、评价，独立行使内部监督职权，对本部门、本单位领导人负责并报告工作。

第三条 本暂行规定适用于乡镇企业、各级乡镇企业主管部门及其所属企事业单位。

第四条 乡镇企业系统内部审计是乡镇企业系统内部管理工作的一项重要内容，是国家审计体系的组成部分。乡镇企业系统应建立健全内部审计制度。

第五条 各级乡镇企业主管部门要设立内部审计机构，配备审计人员。企事业单位可根据实际情况设立专职或兼职内部审计人员。

第六条 乡镇企业系统内部审计机构或审计工作人员应当接受同级国家审计机关和上级内部审计机构的业务指导。

第七条 内部审计机构对审计范围内的下列事项进行内部审计监督：

(一)财务计划或者单位预算的执行和决算；

(二)与财务收支有关的经济活动及其经济效益；

(三)国家和单位的资产的管理情况；

(四)专项资金的提取和使用；

(五)国家财经法纪的执行情况；

(六)企业实现的利税等经济指标情况；

(七)企业财务决算及利润分配情况；

(八)社会各方面的摊派、收费和罚没款项；

(九)承包、租赁经营的有关审计事项；

(十)厂长(经理)离任经济责任审计；

(十一)对与境内、外经济组织兴办合资、合作经营企业以及合作项目所投入资金、财产的使用及其效益，进行内部审计监督；

(十二)部门领导人交办或国家审计机关、上级内审机构委托的其它审计事项。

第八条 内部审计机构根据所在单位的规定，可以对有关经济活动实行审签制度。

第九条 被审计单位应当根据内部审计的需要，按时向其主管的内部审计机构报送有关的计划、预算、决算、报表和文件、资料等。

第十条 内部审计机构的主要职权是：

(一)检查凭证、帐表、决算、资金和财产，查阅有关的文件和资料；

(二)参加有关的会议；

(三)对审计中的有关事项，进行调查并索取证明材料；

(四)对正在进行的严重违反财经法纪、严重损失浪费行为，作出临时的制止决定；

(五)对阻挠、破坏审计工作以及拒绝提供有关资料的，经单位领导人批准，可以采取必要的临时措施，并提出追究有关人员的责任的建议；

(六)提出改进管理、提高效益的建议以及纠正、处理违反财经纪律行为的意见；

(七)对严重违反财经纪律和造成严重损失浪费的人员，提出追究责任的建议；

(八)对审计工作中的重大事项，向对其进行指导的上级内部审计机构和国家审计机关反映；

(九)部门和单位领导可以在管理权限范围内，授予内部审计机构经济处理、处罚的权限；

(十)对遵守和维护财经法纪、经济效益显著的单位和个人，提出通报表扬和奖励。

第十一条 内部审计工作的主要程序是：

(一)根据上级部署和本系统、本单位的具体情况，拟定审计项目计划，经本部门、本单位领导人批准后实施；

(二)实施审计时，应当事前通知被审计单位；

(三)对审计中发现的问题，可随时向有关单位和人员提出改进意见。审计终结，提出审计报告，征求被审计单位意见后，报送本部门、本单位领导人。经批准的审计结论和决定，被审计单位必须执行；

(四)被审计单位对审计结论和决定如有异议，可以向内部审计机构所在单位领导人提出申诉。该领导人应该及时处理。

第十二条 乡镇企业系统内部审计机构应依照国家法律、法规和政策进行审计，其审计依据是：

(一)《中华人民共和国审计条例》、《中华人民共和国乡村集体所有制企业条例》、《审计署关于内部审计工作的规定》；

(二)《乡镇企业财务制度》、《乡镇企业会计制度》、《关于乡镇企业成本开支范围的规定》、《乡镇企业承包经营责任制规定》及地方补充规定；

(三)省、自治区、直辖市、计划单列市人民政府制定的发展乡镇企业的各项政策、规定；

(四)地方依法制定的地方性法规和行政措施；

(五)国家其他的法律、法规和政策。

第十三条 内部审计机构对办理的审计事项，必须建立审计档案，按照规定管理。

第十四条 各级乡镇企业系统内部审计机构应保持合理的人员结构，提高审计人员的素质。凡有条件的部门和单位，应配备一定数量的审计师、会计师、经济师、工程师和高级职称的专业人员。

第十五条 各级内部审计机构的负责人员，按照干部管理权限的规定任免，并应事前征求对其进行指导的上一级主管部门的意见。

第十六条 乡镇企业系统各部门、各单位可按国家的有关规定，评定内部审计人员的专业技术任职资格，聘任内部审计人员。

第十七条 内部审计人员应坚持四项基本原则和

改革开放,认真贯彻党和国家的方针、政策,全心全意为人民服务,积极钻研业务和有关专业知识。

第十八条 内部审计人员要依法审计、忠于职守、客观公正、廉洁奉公、保守秘密。不得滥用职权、徇私舞弊、泄漏机密、玩忽职守。

内部审计人员依法行使职权受国家法律的保护,任何单位和个人不得打击报复。

第十九条 对违反本暂行规定的单位和个人,由其主管部门根据情节轻重,给予行政处分、经济处罚或者提请有关部门处理。

第二十条 各省、自治区、直辖市及计划单列市乡镇企业主管部门可根据本暂行规定制定实施细则。

第二十一条 本规定由农业部负责解释。

第二十二条 本规定自发布之日起施行。

中华人民共和国防治陆源污染物污染损害海洋环境管理条例

(1990年6月22日中华人民共和国国务院令第61号发布)

第一条 为加强对陆地污染源的监督管理,防治陆源污染物污染损害海洋环境,根据《中华人民共和国海洋环境保护法》,制定本条例。

第二条 本条例所称陆地污染源(简称陆源),是指从陆地向海域排放污染物,造成或者可能造成海洋环境污染损害的场所、设施等。

本条例所称陆源污染物是指由前款陆源排放的污染物。

第三条 本条例适用于在中华人民共和国境内向海域排放陆源污染物的一切单位和个人。

防止拆船污染损害海洋环境,依照《防止拆船污染环境管理条例》执行。

第四条 国务院环境保护行政主管部门,主管全国防治陆源污染物污染损害海洋环境工作。

沿海县级以上地方人民政府环境保护行政主管部门,主管本行政区域内防治陆源污染物污染损害海洋环境工作。

第五条 任何单位 个人向海域排放陆源污染物,必须执行国家和地主发布的污染物排放标准和有关规定。

第六条 任何单位和个人向海域排放陆源污染物,必须向其所在地环境保护行政主管部门申报登记拥有的污染物排放设施、处理设施和在正常作业条件下排放污染物的种类、数量和浓度,提供防治陆源污染物污染损害海洋环境的资料,并将上述事项和资料抄送海洋行政主管部门。

排放污染物的种类、数量浓度有重大改变或者拆除、闲置污染物处理设施的,应当征得所在地环境保护行政主管部门同意并经原审批部门批准。

第七条 任何单位和个人向海域排放和陆源污染物,超过国家和地方污染物排放标准的,必须缴纳超标准排污费,并负责治理。

第八条 任何单位和个人,不得在海洋特别保护区、海上自然保护区、海滨风景游览区、盐场保护区、海水浴场、重要渔业水域和其他需要特殊保护的区域内兴建排污口。

对在前款区域内已建的排污口,排放污染物超过国家和地方排放标准的,限期治理。

第九条 对向海域排放陆源污染物造成海洋环境严重污染损害的企业事业单位的限期治理。

第十条 国务院各部门或者省、自治区、直辖市人民政府直接管辖的企业事业单位的限期治理,由省、自治区、直辖市人民政府的环境保护行政主管部门提出意见;报同级人民政府决定。市、县或者市、县以下人民政府管辖的企业事业单位的限期治理,由市、县人民政府环境保护行政主管部门提出意见,报同级人民政府决定,被限期治理的企业事业单位必须如期完成治理任务。

第十一条 禁止在岸滩擅自堆放、弃置和处理固体废弃物。确需临时堆放、处理固体废弃物的,必须按照沿海省、自治区、直辖市人民政府环境保护行政主管部门规定的审批程序,提出书面申请。其主要内容包括:

(一)申请单位的名称、地址;

(二)堆放、处理的地点和占地面积;

(三)固体废弃物的种类、成分,年堆放量、处理量,积存堆放、处理的总量和堆放高度;

(四)固体废弃物堆放、处理的期限,最终处置方式；

（五）堆放、处理固体废弃物可能对海洋环境造成的污染损害；

（六）防止堆放、处理固体废弃物污染损害海洋环境的技术和措施；

（七）审批机关认为需要说明的其他事项。

现有的固体废弃物临时堆放、处理场地，未经县级以上地方人民政府环境保护行政主管部门批准的，由县级以上地方人民政府环境保护行政主管部门责令限期补办审批手续。

第十二条　被批准设置废弃物堆放场、处理场的单位和个人，必须建造防护堤和防渗漏、防扬尘等设施，经批准设置废弃物堆放场、处理场的环境保护行政主管部门验收合格后方可使用。

在批准使用的废弃物堆放场、处理场内，不得擅自堆放、弃置未经批准的其他种类的废弃物。不得露天堆放含剧毒、放射性、易溶解和易挥发性物质的废弃物；非露天堆放上述废弃物，不得作为最终处置方式。

第十三条　禁止在岸滩采用不正当的稀释、渗透方式排放有毒、有害废水。

第十四条　禁止向海域排放含高、中放射性物质的废水。

向海域排放含低放射性物质的废水，必须执行国家有关放射防护的规定和标准。

第十五条　禁止向海域排放油类、酸液、碱液和毒液。

向海域排放含油废水、含有害重金属废水和其他工业废水，必须经过处理，符合国家和地方规定的排放标准和有关规定。处理后的残渣不得弃置入海。

第十六条　向海域排放含病原体的废水，必须经过处理，符合国家和地方规定的排放标准和有关规定。

第十七条　向海域排放含热废水的水温应当符合国家有关规定。

第十八条　向自净能力较差的海域排放含有机物和营养物质的工业废水和生活废水，应当控制排放量；排污口应当设置在海水交换良好处，并采用合理的排放方式，防止海水富营养化。

第十九条　禁止将失效或者禁用的药物及药具弃置岸滩。

第二十条　入海河口处发生陆源污染物污染损害海洋环境事故，确有证据证明是由河流携带污染物造成的，由入海河口处所在地的省、自治区、直辖市人民政府环境保护行政主管部门调查处理；河流跨越省、自治区、直辖市的，由入海河口处所在省、自治区、直辖市人民政府环境保护行政主管部门和水利部门会同有关省、自治区、直辖市人民政府环境保护行政主管部门、水利部门和流域管理机构调查处理。

第二十一条　沿海相邻或者相向地区向同一海域排放陆源污染物的，由有关地方人民政府协商制定共同防治陆源污染物污染损害海洋环境的措施。

第二十二条　一切单位和个人造成陆源污染物污染损害海洋环境事故时，必须立即采取措施处理，并在事故发生后四十八小时内，向当地人民政府环境保护行政主管部门作出事故发生的时间、地点、类型和排放污染物的数量、经济损失、人员受害等情况的初步报告，并抄送有关部门。事故查清后，应当向当地人民政府环境保护行政主管部门作出书面报告，并附有关证明文件。

各级人民政府环境保护行政主管部门接到陆源污染物污染损害海洋环境事故的初步报告后，应当立即会同有关部门采取措施，消除或者减轻污染，并由县级以上人民政府环境保护行政主管部门会同有关部门或者由县级以上人民政府环境保护行政主管部门授权的部门对事故进行调查处理。

第二十三条　县级以上人民政府环境保护行政主管部门，按照项目管理权限，可以会同项目主管部门对排放陆源污染物的单位和个人进行现场检查，被检查者必须如实反映情况、提供资料。检查者有责任为被检查者保守技术秘密和业务秘密。法律法规另有规定的除外。

第二十四条　违反本条例规定，具有下列情形之一的，由县级以上人民政府环境保护行政主管部门责令改正，并可处以三百元以上三千元以下的罚款：

（一）拒报或者谎报排污申报登记事项的；

（二）拒绝、阻挠环境保护行政主管部门现场检查，或者在被检查中弄虚作假的。

第二十五条　废弃物堆放场、处理场的防污染设施未经环境保护行政主管部门验收或者验收不合格而强行使用的，由环境保护行政主管部门责令改正，并可处以五千元以上二万元以下的罚款。

第二十六条　违反本条例规定，具有下列情形之一的，由县级以上人民政府环境保护行政主管部门责令改正，并可处以五千元以上十万元以下的罚款：

（一）未经所在地环境保护行政主管部门同意和原批准部门批准，擅自改变污染物排放的种类、增加污染物排放的数量、浓度或者拆除、闲置污染物处理设施的；

（二）在本条例第八条第一款规定的区域内兴建排污口的。

第二十七条　违反本条例规定，具有下列情形之一的，由县级以上人民政府环境保护行政主管部门责令改正，并可处以一千元以上二万元以下的罚款；情节严重的，可处以二万元以上十万元以下的罚款：

（一）在岸滩采用不正当的稀释、渗透方式排放有毒、有害废水的；

（二）向海域排放含高、中放射性物质的废水的；

（三）向海域排放油类、酸液、碱液和毒液的；

（四）向岸滩弃置失效或者禁用的药物和药具的；

（五）向海域排放含油废水、含病原体废水、含热废水、含低放射性物质废水、含有害重金属废水和其他工业废水超过国家和地方规定的排放标准和有关规定或者将处理后的残渣弃置入海的；

（六）未经县级以上地方人民政府环境保护行政主管部门批准，擅自在岸滩堆放、弃置和处理废弃物或者在废弃物堆放场、处理场内，擅自堆放、处理未经批准的其他种类的废弃物或者露天堆放含剧毒、放射性、易溶解和易挥发性物质的废弃物的。

第二十八条 对逾期未完成限期治理任务的企业事业单位，征收两倍的超标准排污费，并可根据危害和损失后果，处以一万元以上十万元以下的罚款，或者责令停业、关闭。

罚款由环境保护行政主管部门决定。责令停业、关闭，由作出限期治理决定的人民政府决定；责令国务院各部门直接管辖的企业事业单位停业、关闭，须报国务院批准。

第二十九条 不按规定缴纳超标准排污费的，除追缴超标准排污费及滞纳金上，并可由县级以上人民政府环境保护行政主管部门处以一千元以上一万元以下的罚款。

第三十条 对造成陆源污染物污染损害海洋环境事故，导致重大经济损失的，由县级以上人民政府环境保护行政主管部门按照直接损失百分这三十计算罚款，但最高不得超过二十万元。

第三十一条 县级人民政府环境保护行政主管部门可处以一万元以下的罚款，超过一万元的罚款，报上级环境保护行政主管部门批准。

省辖市级人民政府环境保护行政主管部门可处以五万元以下的罚款，超过五万元的罚款，报上级环境保护行政主管部门批准。

省、自治区、直辖市人民政府环境保护行政主管部门可处以二十万元以下的罚款。

罚款全部上交国库，任何单位和个人不得截留、分成。

第三十二条 缴纳超标准排污费或者被处以罚款的单位、个人，并不免除消除污染、排除危害和赔偿损失的责任。

第三十三条 当事人对行政处罚决定不服的，可以在接到处罚通知之日起十五日内，依法申请复议；对复议决定不服的，可以在接到复议决定之日起十五日内，向人民法院起诉。当事人也可以在接到处罚通知之日起十五日内，直接向人民法院起诉。当事人逾期不申请复议、也不向人民法院起诉、又不履行处罚决定的，由作出处罚决定的机关申请人民法院强制执行。

第三十四条 环境保护行政主管部门工作人员滥用职权、玩忽职守、徇私舞弊的，由其所在单位或者上级主管机关给予行政处分；构成犯罪的，依法追究刑事责任。

第三十五条 沿海省、自治区、直辖市人民政府，可以根据本条例制定实施办法。

第三十六条 本条例由国务院环境保护行政主管部门负责解释。

第三十七条 本条例自一九九〇年八月一日起施行。

放射环境管理办法

（1990 年 6 月 22 日国家环境保护局发布施行）

第一条 为了加强对核设施、放射性同位素应用和伴生放射性矿物资源利用项目（以下简称为伴有辐射项目）的监督管理，保护环境，保障公众健康，依据《中华人民共和国环境保护法》、《放射性同位素与射线装置放射防护条例》等有关法规，制定本办法。

第二条 本办法适用于在中华人民共和国领域及其管辖区域内一切伴有辐射项目的建设单位、营运单位和个人。

第三条 放射环境管理实行国家和省、自治区、直辖市（下称省级）两级管理。

国家环境保护局对全国的放射环境保护工作实施统一监督管理。

省级人民政府环境保护行政主管部门对本辖区的放射环境保护工作实施统一监督管理，并根据本地区的实际情况加强放射环境管理队伍建设和组织落实。

第四条 国家环境保护局负责拟定放射环境管理的政策和法规，制定放射环境标准并监督实施；负责核设施环境影响报告书的审批和指导省级环境保护行政主管部门的放射环境管理工作。

放射环境管理的具体任务由省级环境保护行政主管部门负责实施，主要是：

(一)对伴有辐射项目的环境影响报告书(表)(核设施除外)进行审批；

(二)对伴有辐射项目的防治污染设施进行监督和检查验收；审查发放排污许可证；

(三)对伴有辐射项目运行时的环境影响实行监测与监督；

(四)核事故的应急响应工作；

(五)对放射性污染物的排放实行收费；

(六)对城市放射性废物实行集中管理；

(七)调解因放射性污染引起的民事纠纷；

(八)会同宣传教育部门负责组织放射环境管理的宣传、专业培训和考核。

第五条 新建、改建、扩建和退役的伴有辐射项目必须执行环境影响报告书(表)审批制度。

第六条 核设施的环境影响报告书，由国家环境保护局审批，环境影响报告书送审时应同时抄送核设施所在地的省级环境保护行政主管部门。

第七条 放射性同位素应用和伴生放射性矿物资源利用项目的环境影响报告书(表)，由省级环境保护行政主管部门审批，环境影响报告书(表)送审时应同时抄送所在地的市、县环境保护行政主管部门。

第八条 在本办法公布之前，已经营运但未经环境影响报告书(表)审批的伴有辐射项目(包括已转产、退役的)，必须在规定的期限内补报环境影响现状报告书(表)。

第九条 环境影响报告书(表)的审批按国家有关规定收费。

第十条 一切伴有辐射项目的环境保护设施，必须与主体工程同时设计，同时施工，同时投产使用。放射性废物处置设施可以迟后建设，但应当实行预留款制度。

第十一条 伴有辐射项目的环境保护设施的竣工验收，必须有放射环境管理的专业人员参加，经验收合格后，由原审批环境影响报告书(表)的环境保护行政主管部门发给合格证。

第十二条 省级环境保护行政主管部门必须对辖区内一切伴有辐射项目的环境影响状况进行监督性监测和常规管理。

第十三条 一切伴有辐射项目的营运单位必须加强对放射性气体、液体和固体污染物的防治，减少产生量，向环境排放放射性气体和液体必须严格遵守国家有关排放规定。

第十四条 核设施产生的中、低水平放射性废物，其最终处置必须送永久处置场处置，在设施内暂存期间必须加强管理，确保暂存的废物可以安全回取。

第十五条 放射性同位素应用中产生的固体废物和废弹，必须定期送所在地省级环境保护行政主管部门指定的城市放射性废物库贮存。城市放射性废物库的运行须经国家环境保护局批准，并接受其监督。

第十六条 伴生放射性矿物资源利用项目产生的废渣及副产品的使用，必须符合《建筑材料用工业废渣放射性物质限制标准(GB6763－86)》，超过标准的，不得批准用作建筑材料。大量的放射性废渣应建坝贮存或送至核工业部门的尾矿坝贮存，小量的放射性废渣应送所在省的城市放射性废物库贮存。

第十七条 放射性污染物件、材料的回收利用，必须经严格的去污处理，达到防护要求并须经所在地及接受地省级环境保护行政主管部门批准。

第十八条 省级环境保护行政主管部门必须做好辖区内大型核设施的事故应急准备，制定切实可行的应急响应方案。

第十九条 在发生放射性污染事故的紧急情况下，省级环境保护行政主管部门应及时组织环境监测，确定污染范围和污染程度，提出应急行动建议，会同有关部门对污染事故进行处理，并对污染清除工作进行监督。

第二十条 发生放射性污染事故的营运单位必须采取紧急救治措施，并按国务院有关规定向省级环境保护行政主管部门和所在地的环境保护行政主管部门报告。

发生重大放射性污染事故，必须立即向国家环境保护局报告。

第二十一条 对伴有辐射项目向环境排放放射性物质实行排污收费。收费工作由省级环境保护行政主管部门负责实施。排污费的征收、管理和使用按国家有关规定执行。

第二十二条 对在放射环境管理中做出显著成绩的单位和个人，环境保护行政主管部门应给予表扬和奖励。

第二十三条 对违反本办法的单位和个人，环境保护行政主管部门可以依法给予处罚。

第二十四条 本办法下列用语的含义是：

(一)放射环境管理是指为防治核设施、放射性同位素应用以及伴生放射性矿物资源利用项目污染环境所进行的环境管理。

(二)核设施是指核电厂、核供气供热厂、生产堆、动力堆、研究堆等有裂变反应堆的设施，临界装置，核聚变试验装置，从核燃料开采到后处理的核燃料循环设施，核武器生产及试验设备，放射性废物的处理和处置设施，高能加速器等。

(三)放射性同位素应用是指利用放射性物质或放射源进行生产、科研、教学和医疗等的活动。

(四)伴生放射性矿物资源是指某种矿石或矿砂资源中，除了含所需的矿用成分外，同时伴生有高于规定水平的天然放射性物质。

第二十五条 本办法由国家环境保护局负责解释。

第二十六条 本办法自发布之日起施行。

中华人民共和国防治海岸工程建设项目污染损害海洋环境管理条例

(1990年5月25日国务院第六十一次常务会议通过 1990年6月25日中华人民共和国国务院令第62号发布)

第一条 为加强海岸工程建设项目的环境保护管理，严格控制新的污染，保护和改善海洋环境，根据《中华人民共和国海洋环境保护法》，制定本条例。

第二条 本条例所称海岸工程建设项目，是指位于海岸或者与海岸连接，为控制海水或者利用海洋完成部分或者全部功能，并对海洋环境有影响的基本建设项目、技术改造项目和区域开发工程建设项目。主要包括：港口、码头，造船厂、修船厂，滨海火电站、核电站，岸边油库，滨海矿山、化工、造纸和钢铁企业，固体废弃物处理处置工程，城市废水排海工程和其他向海域排放污染物的建设工程项目，入海河口处的水利、航道工程、潮汐发电工程，围海工程，渔业工程，跨海桥梁及隧道工程，海堤工程，海岸保护工程以及其他一切改变海岸、滩涂自然性状的开发工程建设项目。

第三条 本条例适用于在中华人民共和国境内兴建海岸工程建设项目的一切单位和个人。

拆船厂建设项目的环境保护管理，依照《防止拆船污染环境管理条例》执行。

第四条 建设海岸工程建设项目，必须符合所在经济区的区域环境保护规划的要求。

第五条 国务院环境保护行政主管部门，主管全国海岸工程建设项目的环境保护工作。

沿海县级以上地方人民政府环境保护行政主管部门，主管本行政区域内的海岸工程建设项目的环境保护工作。

第六条 新建、扩建、改建海岸工程建设项目，必须遵守国家有关建设项目环境保护管理的规定。

第七条 兴建海岸工程建设项目的建设单位，必须在可行性研究阶段，编制环境影响报告书(表)，按照规定的程序，经项目主管部门和有关部门预审后，报环境保护行政主管部门审批。

围海造地或者其他围海工程建设项目，面积在5万亩以上的或者基建投资在国家对大型项目规定的投资限额以上的，环境影响报告书经项目主管部门和有关部门预审后，由国务院环境保护行政主管部门审批。

禁止在天然港湾有航运价值的区域、重要苗种基地和养殖场所及水面、滩涂中的鱼、虾、蟹、贝、藻类的自然产卵场、繁殖场、索饵场及重要的洄游通道围海造地。

在海湾、半封闭海的非冲积型海岸地区不得围海造地。确需围海造地的，环境影响报告书(表)必须报省、自治区、直辖市人民政府环境保护行政主管部门审批。

建设砂、石场的，环境影响报告书(表)，由省、自治区、直辖市人民政府环境保护行政主管部门审批。

第八条 海岸工程建设项目环境影响报告书的内容，除按有关规定编制外，还应当包括：

(一)所在地及其附近海域的环境状况；

(二)建设过程中和建成可能对海洋环境造成的影响；

(三)海洋环境保护措施及其技术、经济可行性论证结论；

(四)建设项目海洋环境影响评价结论。

海岸工程建设项目环境影响报告表，应当参照前款规定填报。

第九条 禁止兴建向中华人民共和国海域及海岸转嫁污染的中外合资经营企业、中外合作经营企业和外资企业；海岸工程建设项目引进技术和设备，必须有相应的防治污染措施，防止转嫁污染。

第十条 在海洋特别保护区、海上自然保护区、海滨风景游览区、盐场保护区、海水浴场、重要渔业水域和其他需要特殊保护的区域内不得建设污染环境、破坏景观的海岸工程建设项目；在其界区外建设海岸工程建设项目，不得损害上述区域环境质量。法律法规另有规定的除外。

第十一条 承担海岸工程建设项目环境影响评价的单位，必须持《建设项目环境影响评价资格证书》，按照证书中规定的范围承担评价任务。

第十二条 海岸工程建设项目竣工验收时，建设项目的环境保护设施，须经环境保护行政主管部门验收合格后，该建设项目方可正式投入生产或者使用。

第十三条 县级以上人民政府环境保护行政主管部门，按照项目管理权限，可以会同项目主管部门对海岸工程建设项目进行现场检查，被检查者必须如实反映情况、提供资料。检查者有责任为被检查者保守技术秘密和业务秘密。法律法规另有规定的除外。

第十四条 设置向海域排放废水设施的，应当合理利用海水自净能力，选择好排污口的位置，采用暗沟或者管道方式排放，出水管口位置应当在低潮线以下。

第十五条 建设港口、码头，应当设置与其吞吐能力和货物种类相适应的防污设施。

港口、油码头、化学危险品码头，应当配备海上重大污染损害事故应急设备和器材。

现有港口、码头未达到前两款规定要求的，由环境保护行政主管部门会同港口、码头主管部门责令其限期设置或者配备。

第十六条 建设岸边造船厂、修船厂，应当设置与其性质、规模相适应的残油、废油接收处理设施，含油废水接收处理设施，拦油、收油、消油设施，工业废水接收处理设施，工业和船舶垃圾接收处理设施等。

第十七条 建设滨海核电站和其他核设施，必须严格遵守国家有关核环境保护和放射防护的规定及标准。

第十八条 建设岸边油库，应当设置含油废水接收处理设施，库场地面冲刷废水的集接、处理设施和事故应急设施；输油管线和储油设施必须符合国家关于防渗漏、防腐蚀的规定。

第十九条 建设滨海矿山，在开采、选矿、运输、贮存、冶炼和尾矿处理等过程中，必须按照有关规定采取防止污染损害海洋环境的措施。

第二十条 建设滨海垃圾场或者工业废渣填埋场，应当建造防护堤坝和场底封闭层，设置渗液收集、导出、处理系统和可燃性气体防爆装置。

第二十一条 修筑海堤，在入海河口处兴建水利、航道、潮汐发电或者综合整治工程，必须采取措施，不得损害生态环境及水产资源。

第二十二条 兴建海岸工程建设项目，不得改变、破坏国家和地方重点保护的野生动植物的生存环境。不得兴建可能导致重点保护的野生动植物生存环境污染和破坏的海岸工程建设项目；确需兴建的，应当征得野生动植物行政主管部门同意，并由建设单位负责组织采取易地繁育等措施，保证物种延续。

在鱼、虾、蟹、贝类的洄游通道建闸、筑坝，对渔业资源有严重影响的，建设单位应当建造过鱼设施或者采取其他补救措施。

第二十三条 集体所有制单位或者个人在全民所有的水域、海涂，建设构不成基本建设项目的围海养殖工程的，必须在县级以上地方人民政府规划的区域内进行。

集体所有制单位或者个人零星经营性采挖砂石，必须在县级以上地方人民政府指定的区域内采挖。

第二十四条 禁止在红树林和珊瑚礁生长的地区，建设毁坏红树林和珊瑚礁生态系统的海岸工程建设项目。

第二十五条 兴建海岸工程建设项目，应当防止导致海岸非正常侵蚀。

禁止在海岸保护设施管理部门规定的海岸保护设施的保护范围内从事爆破、采挖砂石、取土等危害海岸保护设施安全的活动。非经国务院授权的有关行政主管部门批准，不得占用或者拆除海岸保护设施。

第二十六条 未持有经批准的环境影响报告书（表），擅自兴建海岸工程建设项目的，由县级以上人民政府环境保护行政主管部门责仅其停止违法行为、采取补救措施或者按照管理权限，由县级以上人民政府责令其限期拆除或者没收。并可由环境保护行政主管部门处以一万元以上十万元以下的罚款。

第二十七条 拒绝或者阻挠环境保护行政主管部门进行现场检查，或者在被检查中弄虚作假的，由县级以上人民政府环境保护行政主管部门责令其限期纠正，并可处以三百元以上三千元以下的罚款。

第二十八条 没有按照批准的环境影响报告书（表）的要求建设，或者没有建成环境保护设施而投入生产或者使用的海岸工程建设项目，由环境保护行政主管部门责令停止生产或者使用，并可处以一万元以上五万元以下的罚款。环境保护设施未经环境保护行政主管部门验收，或者验收不合格而投入生产或者使用的海岸工程建设项目，由环境保护行政主管部门责令停止生产或者使用，并可处以五千元以上二万元以下的罚款。

第二十九条 县级人民政府环境保护行政主管部门可处以一万元以下的罚款，超过一万元的罚款，报上级环境保护行政主管部门批准。

省辖市级人民政府环境保护行政主管部门可处以五万元以下的罚款，超过五万元的罚款，报上级环境保护行政主管部门批准。

省、自治区、直辖市人民政府环境保护行政主管部门可处以二十万元以下的罚款。

罚款全部上交国库，任何单位和个人不得截留、分成。

第三十条 当事人对行政处罚决定不服的，可以在接到处罚通知之日起十五日内，依法申请复议；对复议决定不服的，可以在接到复议决定之日起十五日内，向人民法院起诉。当事人也可以在接到处罚通知之日起十五日内，直接向人民法院起诉。当事人逾期不申请复议、也不向人民法院起诉、又不履行处罚决定的，由作出处罚决定的机关申请人民法院强制执行。

第三十一条 环境保护行政主管部门工作人员滥用职权、玩忽职守、徇私舞弊的，由其所在单位或者上级主管机关给予行政处分；构成犯罪的，依法追究刑事责任。

第三十二条 沿海省、自治区、直辖市人民政府，可以根据本条例制定实施办法。

第三十三条 本条例由国务院环境保护行政主管部门负责解释。

第三十四条 本条例自一九九〇年八月一日起施行。

境外投资外汇管理办法实施细则

（1990 年 6 月 26 日国家外汇管理局发布）

一、为贯彻执行国务院批准的《境外投资外汇管理办法》，特制定本细则。

二、国家外汇管理局及其各省、自治区、直辖市、计划单列市和经济特区分局（以下简称外汇管理部门）是境外投资有关外汇事宜的管理机关，负责境外投资的投资外汇风险审查和外汇资金来源审查，以及对投资资金的汇出和回收、投资利润和其它外汇收益汇回的监督、管理。

三、《境外投资外汇管理办法》所称境外投资是指境内投资者把外汇资金或者设备、原材料、工业产权等输出到境外，在境外设立各类企业或者购股、参股，从事生产、经营的活动。

四、境外投资项目由两个或两个以上的境内投资者（以下简称多个投资者）共同举办的，按下列规定向外汇管理部门办理有关手续：

1. 同一辖区内的多个投资者，由出资较多的一方向所在地外汇管理部门办理有关手续。

2. 不同辖区内的多个投资者，由投资者协商的一方向所在地外汇管理部门办理投资外汇风险审查，该外汇管理部门应将审查结论抄送其它投资者所在地的外汇管理部门；外汇资金来源审查及资金汇出等事项由各投资者到其所在地外汇管理部门办理。

五、拟以外汇资金在境外投资的境内投资者，在向经贸部及经贸部授权的部门办理境外投资审批事项前，应提供以下资料和证明，由外汇管理部门进行投资外汇风险审查和外汇资金来源审查：

1. 投资所在国（地区）现行的有关外国投资的法令、法规，如：投资法、公司法、税法等；

2. 投资所在国（地区）现行的外汇管制法规，以及有关对境外投资者投资股本、利润及其它合法收益的管制规定；

3. 经投资所在国（地区）注册会计师事务所验证的该投资项目的经济可行性分析报告；

4. 经投资所在国（地区）律师事务所证明的合资、合作伙伴的资信情况和该投资项目符合投资所在国（地区）法律或享受行业优惠的证明书；

5. 由境内投资者主管部门出具的投资外汇资金来源证明；

6. 投资回收计划；

7. 我驻外使领馆对项目的审查意见或对有关资料的确认意见；

8. 外汇管理部门要求提交的其它文件。

在境外购买公司或企业的，除提供以上材料外，还应提供该公司或企业近三年的经营情况及有关财务报表。

六、拟以设备、原材料、工业产权等形式在境外进行投资的境内投资者，在向经贸部及经贸部授权的部门办理境外投资审批事项前，除应提交第五条规定的有关资料外，还应提交投资所用的设备、原材料、工业产权等的外汇价格的资料。

七、外汇管理部门对境外投资项目的投资外汇风险审查和外汇资金来源审查，应在境内投资者提供符合上述要求的资料和证明后三十天之内作出书面审查结论。

1. 投资外汇风险审查：

(1)投资所在国(地区)的信誉、投资风险等级；

(2)投资所在国(地区)有关投资项目方面的法律、法规；

(3)投资所在国(地区)外汇管制状况；

(4)投资回收计划的期限是否合理。

2. 外汇资金来源审查：

用于境外投资的外汇资金限于境内投资者的自有外汇；未经国家外汇管理局批准，不得使用其它外汇资金。

八、境外投资项目经正式批准后，其境内投资者应持《境外投资外汇管理办法》第四条规定的材料到外汇管理部门办理登记和投资外汇资金汇出手续。外汇管理部门对境外投资企业建立档案，实行有效的监督管理。

九、境外投资外汇资金的汇出，应在缴存汇回利润保证金之后办理。汇回利润保证金存入外汇管理部门指定银行的专用帐户。

境内投资者缴存保证金确有实际困难的，经国家外汇管理局批准，可以作出书面承诺，保证境外投资企业按期汇回利润或其它外汇收益。

十、以设备、原材料和工业产权等形式进行境外投资的，按下列要求办理有关手续：

1. 境外投资以设备、原材料和工业产权等形式进行的，外汇管理部门可根据具体情况决定其境内投资者缴存汇回利润保证金的数额或向外汇管理部门作出书面承诺；

2. 以设备、原材料和工业产权以及一部分外汇资金进行投资的，其境内投资者按所汇出外汇资金数额的 5%缴存汇回利润保证金，设备、原材料和工业产权部分按前款规定办理。

十一、境外投资企业的中方外汇资金，不得以个人名义存放境外。如属特殊需要，必须以个人名义开户的，应报经国家外汇管理局批准。

除当地法律规定外，原则上不准以个人名义持有价证券，如必须以个人名义持有的，则应通过当地律师事务所办妥所持有价证券实际受益人的有关公证，并报送外汇管理部门备案。

十二、境外投资企业在当地注册和开户后，应在三十天之内将当地注册证明及企业开户银行、银行帐号等有关材料，由其境内投资者报送外汇管理部门备案。

十三、境外投资企业依法宣告停业或解散后，其境内投资者应将清算后的资产负债表、财产目录、财产估价等资料报送外汇管理部门备案，并将中方应得的外汇资产在清算结束后三十天内调回境内，未经外汇管理部门批准不得擅自挪作他用或存放境外。

十四、境外投资企业中方所得利润及其它外汇收益，如需用作补充其原缴资不足部分，必须报经外汇管理部门批准。如批准同意，其境内投资者应按补充资金数额的 5%缴存汇回利润保证金。

境外投资企业的中方如需增资，在报经原国内批准部门批准前，须报经外汇管理部门进行外汇风险审查和资金来源审查，并说明增资的原因和提供该企业历年的经营情况等材料。如批准同意，其境内投资者应按增资数额的 5%缴存汇回利润保证金。

十五、境内投资者以外汇资金进行境外投资所分得的利润或者其它外汇收益，必须按期调回并办理结汇手续。结汇后的外汇额度，自该企业在当地注册之日起，五年之内全部留给境内投资者；五年后，20%上缴国家，80%留给境内投资者；未经外汇管理部门批准，不得擅自挪作他用或者存放境外。

以设备、原材料和工业产权等方式进行境外投资所分得的利润或者其它外汇收益，按上述规定办理留成。经外汇管理部门批准也可留存一定比例的现汇。

十六、境内投资者向外汇管理部门报送的境外投资企业的财务报表，应经当地注册的会计师事务所验证。

十七、外汇管理部门有权对境外投资项目的外汇收支状况进行监督、检查，其境内投资者应提供有关材料，不得拒绝或隐瞒。

十八、凡境内投资者委托他人进行境外投资的，须报经外汇管理部门和其主管部门批准同意，并向外汇管理部门报送委托书，受托者所在地律师事务所出具的受托人资信证书。资金汇出按《境外投资外汇管理办法》及本细则有关规定办理。委托者按期报送受托人使用资金情况、经营情况、利润回收状况、财务状况等材料。

十九、未经外汇管理部门进行投资外汇风险审查和外汇资金来源审查的项目，其境内投资者不得汇出外汇资金，银行应监督执行。

二十、未按规定向外汇管理部门办理登记手续及缴存汇回利润保证金的，外汇管理部门可处以境内投资者人民币十万元以下的罚款。

二十一、境内投资者有下列行为之一的，外汇管理部门依照《境外投资外汇管理办法》及《违反外汇管理处罚施行细则》的有关规定进行处罚：

1. 未按规定报经外汇管理部门作投资外汇风险审查和外汇资金来源审查的；

2. 未经外汇管理部门批准，私自汇出外汇资金的；

3. 境内投资者不按期汇回来源于境外投资的利润或其它外汇收益，或未经外汇管理部门批准擅自挪作他用，存放境外的；

4.不按期向外汇管理部门报送年度会计报表的；

5.未经国内主管部门批准，私自变更境外投资企业资本的；

6.未经批准，境外投资企业以个人名义将外汇资金存放境外的；

7.境内投资者转让境外投资企业股份，或者境外投资企业破产按当地法律清算后，不按期将外汇收益调回境内的。

二十二、境外投资企业未按期完成投资回收计划的，如无正当理由(政治风险、自然灾害)，外汇管理部门按《境外投资外汇管理办法》第十三条的有关规定进行处理。

二十三、国内有关金融机构在未经外汇管理部门批准的情况下，将境内投资者的投资外汇资金汇出境外的，外汇管理部门可对其处以人民币十万元以下的罚款。

二十四、本细则适用于境外投资企业的再投资活动。

二十五、本细则由国家外汇管理局负责解释。

二十六、本细则自公布之日起施行。

国务院关于加强国有资产管理工作的通知

(1990年7月2日)

各省、自治区、直辖市人民政府，国务院各部委、各直属机构：

新中国成立以来，我国各族人民坚持自力更生、艰苦奋斗的精神，经过四十多年的建设，已积累了数额很大的国有资产。这些资产是社会主义公有制经济的物质基础，是国家取得财政收入的主要源泉，也是推进社会主义建设和改革，不断改善全国人民物质文化生活的重要保证。加强国有资产的管理，保卫国有资产及其权益不受损害，并合理配置和有效经营国有资产，提高经济和社会效益，对于克服当前经济困难，实现国民经济持续稳定协调发展，充分发挥社会主义制度的优越性，都具有重大意义。因此，国务院要求各省、自治区、直辖市人民政府和国务院各部门，把国有资产的管理作为治理整顿和深化改革的一项重要工作，统一思想，加强领导，采取有效措施，切实抓出成效。现就加强国有资产管理的有关问题通知如下：

一、在全国范围内有计划地开展清查资产、核实国家资金、摸清国有资产"家底"(简称清产核资)的工作。要通过清产核资，核实各部门、各单位占用的国有资产价值总量，将一切应归国家所有的资产，都纳入国有资产管理轨道，认真解决"家底"不清、管理混乱、损失浪费严重等问题。有关清产核资工作的政策、目标、内容、步骤及组织方法，由财政部和国家国有资产管理局会同有关部门提出方案，报国务院审批后实施。这项清产核资工作计划在"八五"期间进行。从现在起，各级财政和国有资产管理部门，要对国有资产的存量、管理、效益等情况抓紧进行调查摸底，解剖"麻雀"，研究提出国有资产所有权界定等有关政策，并选择少数地区和企业进行清产核资试点，为全面开展清产核资作好准备。

二、坚决防止和纠正损害国有资产产权的行为。各级政府要组织国有资产管理机构和其他有关部门对股份经营、租赁经营、中外合资经营的中方资产和在境外经营的国有资产，以及企业兼并和出售小企业、国营企业办集体企业、行政事业单位搞"创收"等经济活动中的国有资产管理状况，有计划、有步骤地进行检查。针对各种损害国有资产产权问题，建立健全相应的规章制度，予以防止或纠正。对那些借"改革"之名瓜分国有资产、公开或变相侵占国有资产产权的行为，必须坚决制止，严肃处理。对"撤、并、转"的各类公司占用的国有资产，必须做好清理、评估、划转、收缴工作，以防止资产流失；对继续开办的公司所占用的国有资产，必须进行产权登记，建立健全管理制度。用国有资产参股经营、合资经营，以及进行企业兼并、向非全民所有制法人或自然人出售境内外国有资产等活动，必须报同级或上级国有资产管理机构批准，并按规定由国有资产管理机构核准的资产评估机构对资产价值进行评估，办理产权转移手续。

三、完善企业的国有资产产权管理机制，继续深化企业改革。对于承包经营企业，要总结经验，兴利除弊，使承包制在继续发挥鼓励机制的同时，加强约束机制。在新的一轮承包中，财政部门和国有资产管理机构共同参加发包，完善承包考核内容和内部分配办法，在正确处理国家、企业和个人利益关系的原则指导下，确定承包合同中的资产、财务指标，严格考核，确保国有资产的完整和增值。国有资产管理机构要协同财政部门，监督企业认真执行国家关于企业生产发展基金、固定资产折旧基金和大修理基金的提取和使用规定。对于违反国家规定，将生产发展基金挪作奖励、福利基金的，少提、不提折旧基金和将折旧基金不用于生产用途的，以及对设备不进行正常维修造成国有资产损失的，要采取措施，坚决纠正。同时，要会同有关部门通过组建企业集团、联合经营、兼并和其他各种有效方式，推进国有资产存量合理流动，优化配置，克服资产的闲置浪费，提高经济效益。

四、改进、完善企业经济效益考核内容。为了增强企业的投入产出观念，改善国有资产的经营使用状况，提高国有资产的经营效益，财政部和国家国有资产管理局要会同各地区、各部门，在调查研究的基础上制定分行业、分地区的资金利润率考核办法，逐步推行。

五、切实加强对国家固定资产投资的管理。为了加强对投资效益的监督检查，防止和克服投资建设过程中的损失浪费，各级国有资产管理机构要和有关部门密切配合，对投资效益进行监督，跟踪监测投资的宏观效益和微观效益，并严格按有关规定审批国家基金的报损、冲减和核销。国营企业利用其它各种资金进行固定资产投资的，国有资产管理机构和有关部门也必须加强监督检查，并向各级计委和有关部门进行投资效益的信息反馈，促使建设单位提高投资效益。

六、在深化经济体制改革中，逐步建立与社会主义有计划商品经济相适应的新型的国有资产管理体制。随着改革、开放的推进和社会主义商品经济的发展，现行的国有资产管理体制已不适应变化了的新情况、新要求。国务院责成财政部和国家国有资产管理局积极组织分类试点，探索社会主义国有资产管理的新体制、新方法，并尽快制定国有资产管理的暂行条例和有关配套的规章制度，将国有资产逐步纳入规范化管理的轨道。

七、按照统一领导、分级管理的原则，逐步建立和健全国有资产管理机构。国务院确定，由财政部和国家国有资产管理局行使国有资产所有者的管理职能，国家国有资产管理局专职进行相应工作，并由财政部归口管理。各地可结合实际情况，由必要的机构把这项工作管起来。单独设置机构的，要按规定程序报批。各部门也要暂时指定必要的机构和人员管理本部门及所属单位占用的国有资产。所需人员，由各地区、各部门调剂解决。

军队国有资产管理机构的设置及工作，由中央军委决定。军队国有资产管理机构，在业务上受国家国有资产管理局指导。

八、按照经济发展和改革的要求，建立国有资产管理体系，加强国有资产管理，是一项意义很大、探索性很强的工作，各级人民政府要支持国有资产管理机构的工作，建立健全管理责任制，使其在治理整顿、深化改革和巩固发展社会主义经济中发挥应有的作用。各省、自治区、直辖市人民政府和国务院各部门应按本通知要求，对本地区、本部门如何加强国有资产管理工作进行研究，提出贯彻落实措施，于一九九〇年十月底前报国务院，同时抄送财政部和国家国有资产管理局。

技术合同认定登记管理办法

（1990年7月6日国家科委令第7号发布）

第一章 总 则

第一条 为了加强技术合同认定登记管理，保障技术市场的健康发展，根据《中华人民共和国技术合同法》以及有关技术市场的法规和政策，制定本办法。

第二条 当事人就依照技术合同法订立的技术开发合同、技术转让合同、技术咨询合同和技术服务合同申请认定登记，技术合同登记机构进行技术合同认定登记工作，应当遵守本办法。

第三条 技术合同认定登记工作遵循统一政策、归口管理、服务基层的原则，实行按地域一次登记制度。

第四条 国家科学技术委员会管理全国技术合同认定登记工作。

各省、自治区、直辖市和计划单列城市科学技术委员会，管理本行政区划的技术合同认定登记工作，决定在本行政区划内，设立技术合同登记机构，受理技术合同的认定登记申请。

各省、自治区、直辖市和计划单列城市人民政府设立技术市场管理机构的，技术合同认定登记的日常工作可以由该机构负责管理和指导。

第五条 经认定登记的技术合同，有关部门应当按照国家及本地区的有关规定，在信贷、税收和奖励等方面给予优惠。

未申请认定登记和未予登记的合同，不得适用前款规定。

第二章 认定登记程序

第六条 申请技术合同认定登记，合同的研究开发方、转让方、顾问方和服务方，应当自技术合同成立之日起三十日内向所在地区的技术合同登记机构申请。

第七条 申请认定登记的当事人应当向技术合同登记机构提交完整的书面合同文本和有关附件。合同文本可以采用国家科学技术委员会监制的技术合同示范文本；采用其他格式文本的，一般应当符合技术合同法实施条例第三十七条、第五十六条、第五十七条、第六十六条、第七十四条、第八十一条、第九十二条、第一百零一条或者第一百零八条规定的条款。

以当事人之间往来电报、电传、信件作为合同文本申请认定登记的，登记机构不予受理，并通知当事人制作完整的合同文本后重新申请。有关电报、电传、信件可以作为合同附件。

第八条 当事人就属于技术合同法实施条例第十三条所列情况之一的合同申请认定登记，应当提交有关机关批准的文件和必要的证照。

第九条 个人就非专利技术转让订立的合同，应当向技术合同登记机构申请认定登记，并提交所在单位或者有关单位确认非职务技术成果的证明。

第十条 委托代理人订立的合同申请认定登记，应当提交委托书复印件。

第十一条 通过中介方订立的合同申请认定登记，中介方应当是根据国家科学技术委员会及省、自治区、直辖市、计划单列城市科学技术委员会的有关规定批准的中介机构，不符合上述要求的，不予登记。

第十二条 申请认定登记的合同，应当使用"技术合同"、"技术开发合同"、"技术转让合同"、"技术咨询合同"、"技术服务合同"等名称，采用技术合同法及其实施条例的规范表述；使用其他名称或者所表述内容，在认定合同性质上引起混乱的，技术合同登记机构应当退回当事人补正。

第十三条 技术合同的认定登记，以当事人提交的合同文本和有关材料为依据，以技术合同法及其实施条例和国家有关政策为准绳。当事人应当在合同中明确相互权利与义务关系，如实反映技术交易的实际情况。当事人在合同文本中作虚假表示的，应当对其后果承担责任。

第十四条 技术合同登记机构依照《技术合同认定规则》，对当事人所提交的合同文本和有关材料进行审查和认定，其主要事项是：

(一)法律和技术认定；

(二)分类登记；

(三)核定技术性收入。

第十五条 技术合同登记机构对认定符合登记条件的合同，应当分类登记和存档，向当事人发给技术合同登记证明，并在合同文本上加盖技术合同登记专用章。

对主要条款或者有关材料不完备的合同，登记机构应当以书面形式通知当事人补正。当事人应当自接到通知书之日起三十日内补正完备，再行申请认定登记。

对认定为非技术合同或者不符合登记条件的合同，登记机构不予登记，并在合同文本上注明"未予登记"字样。

第十六条 申请认定登记的合同，涉及国家安全或者重大利益需要保密的，技术合同登记机构应当采取措施保守国家秘密。

当事人在合同中约定了保密义务的，登记机构应当保守有关技术秘密，维护当事人的合法权益。

第十七条 当事人约定鉴证或者公证的技术合同，应当在办理鉴证、公证后，申请认定登记。

技术合同登记机构可以根据当事人双方的申请，在进行技术合同认定登记前办理鉴证手续。

第十八条 当事人对技术合同登记机构的认定结论有异议的，可以在收到认定结论之日起十五日内按行政复议程序请求复议一次。

第十九条 经技术合同登记机构认定登记的合同，当事人协商一致变更、解除，或者被有关机关撤销、宣布无效时，应当向原登记机构办理变更登记或者注销登记手续。

第二十条 当事人履行技术合同，取得技术性收入后，凭技术合同登记证明和项目成本核算单，向原登记机构办理奖酬金审批手续。

第二十一条 技术合同登记机构发现已认定登记的技术合同确有错误时，应当及时纠正，撤销登记，并以书面形式通知当事人；当事人已提取奖酬金或者已办理减免税手续的，应当通知有关单位予以纠正。

第二十二条 技术合同登记机构对申请认定登记的技术合同可以收取登记费。收费标准由省、自治区、直辖市和计划单列城市科学技术委员会会同同级物价局核定。

第三章 登记人员

第二十三条 技术合同登记机构应当设登记员办理技术合同认定登记。

登记员的基本职责是：

(一)受理技术合同的认定登记申请；

(二)依法认定技术合同；

（三）办理技术合同登记手续，核定技术性收入和奖酬金额；

（四）进行技术合同的统计和分析工作；

（五）指导当事人订立和履行技术合同。

第二十四条 技术合同登记员实行岗位责任制。登记员应当忠于职守、廉洁公正、文明服务，正确执行法律、法规和政策，严格遵守各项制度，全面履行岗位职责，提高工作质量和效率。

第二十五条 技术合同登记员一般应当具有大、中专及相当学历或者初、中级以上技术职称，掌握较广泛的专业技术知识和有关法律知识，具有相应的政策水平和良好的职业道德。

登记员必须经过培训、考核，成绩合格，取得技术合同登记员证后，方能从事技术合同认定登记工作。无证人员不得从事技术合同认定登记工作。

第二十六条 各省、自治区、直辖市和计划单列城市科学技术委员会负责本地区登记员的培训和考核工作，对合格者颁发技术合同登记员证。

登记员的培训考核工作，按照国家科学技术委员会制定的培训考核大纲进行。

第二十七条 各省、自治区、直辖市和计划单列城市科学技术委员会应当加强对本地区技术合同登记员的监督、管理和指导，建立、健全登记员的工作业绩考核制度，对做出突出成绩的，应当给予表彰和奖励。

第四章 监督管理

第二十八条 对于订立假技术合同或者弄虚作假，采取欺骗手段取得技术合同登记证明的，由所在地区科学技术委员会予以通报批评，并配合有关部门追回违法取得的科技贷款、减免的税收和发放的奖酬金，依法追究当事人或者直接责任人员的行政责任；情节严重，构成犯罪的，应当移交司法机关，追究刑事责任。

第二十九条 各省、自治区、直辖市和计划单列城市科学技术委员会发现技术合同登记机构工作秩序混乱、管理与经营不分、擅自提高登记费或者不依法进行认定登记工作的，可以通报批评、令其限期整顿，直至取消其登记权，并追究其负责人和直接责任人员的行政责任。

第三十条 技术合同登记机构违反本办法第十六条规定，泄露国家秘密的，按照国家有关规定追究其负责人和直接责任人员的法律责任；泄露技术合同约定的技术秘密，给当事人造成损失的，应当承担相应的责任。

第三十一条 技术合同登记员玩忽职守、严重失职或者徇私舞弊的，由所在地区科学技术委员会视情节轻重给予批评教育，直至取消其登记员资格，并给予行政处分。

第五章 附 则

第三十二条 各省、自治区、直辖市和计划单列城市可以根据本办法，结合本地区的实际情况制定实施细则。

第三十三条 本办法自一九九〇年八月一日起施行。

工人考核条例

（1990年6月23日国务院批准
1990年7月12日劳动部令第1号发布）

第一章 总 则

第一条 为了考察工人的思想政治表现和生产工作成绩，鉴定实际技术业务水平，调动工人生产劳动和学习政治、技术业务的积极性，全面提高工人队伍素质，适应我国社会主义现代化建设的需要，制定本条例。

第二条 本条例适用于全民所有制企业、事业单位和国家机关。

第三条 国家实行工人考核制度。对工人的考核应当与使用相结合，并按照国家有关规定确定其工资待遇。

第四条 工人考核工作应从实际出发，统筹安排，严格标准，保证质量。

第二章 考核种类

第五条 工人考核分为录用考核、转正定级考核、上岗转岗考核、本等级考核、升级考核,以及技师、高级技师(以下统称技师)任职资格的考评。

第六条 企业、事业单位和国家机关从社会招收录用新工人,包括录用技工学校、职业学校、职业高中的毕业生,以及就业训练中心和其他各种就业训练班结业的学生,须经工人考核组织的录用考核,方能择优录用。

第七条 学徒(培训生)学习期满和工人见习、试用期满时,须经转正定级考核。经考核合格发给相应的《技术等级证书》或者《岗位合格证书》或者《特种作业人员操作证》之后,方能上生产工作岗位独立操作,并根据其思想政治表现、生产工作成绩和实际技能按照国家有关规定确定工资等级。考核不合格者准予延期补考。补考仍不合格者应当解除劳动合同或者调换其他工作。学徒、见习、试用期各方面表现优秀的,可以提前进行转正定级考核。

第八条 工人改变工种,调换新的岗位,或者操作新的先进设备时,应经过技术业务培训和上岗转岗考核合格后方能上岗。在精密稀有设备上工作和从事特种作业的工人,离开生产工作岗位一年以上,重新回到原岗位,应有一定的熟悉期,期满经技术业务考核合格后方能上岗,并按考核成绩,重新确定技术等级。

第九条 企业、事业单位和国家机关根据生产经营活动或者工作需要,对本单位的工人定期进行本等级的技术业务考核。考核不合格者允许补考。补考仍不合格者,应降低其技术等级或者调换工作岗位,重新确定技术等级和工资待遇。

第十条 工人经本等级考核合格的,可以申请参加升级考核。升级考核一般二至三年进行一次。有特殊贡献者经班组推荐和工人考核组织批准,可以提前参加升级考核或者越级考核。考核合格者发给相应的《技术等级证书》,作为使用和调整工资的依据。

第十一条 优秀的高级技术工人,可以按照国家有关规定申请参加技师任职资格的考评。有突出贡献的技师,可以按照国家有关规定参加高级技师任职资格的考评。考评合格,分别发给相应的《技师合格证书》,作为应聘职务的凭证。

第三章 考核内容

第十二条 工人考核的内容包括思想政治表现、生产工作成绩和技术业务水平。

第十三条 工人思想政治表现的考核,主要包括遵守宪法、法律和国家政策以及本单位的规章制度、树立良好的职业道德、劳动态度等方面。

第十四条 工人生产工作成绩的考核,主要包括完成生产任务的数量和质量,解决生产工作中技术业务问题的成果,传授技术、经验的成绩以及安全生产的情况等方面。

第十五条 工人技术业务水平的考核,主要是按照现行《工人技术等级标准》或者《岗位规范》进行技术业务理论和实际操作技能的考核。

工人技师任职资格的考评,应当按照国家有关规定进行。

第四章 考核方法

第十六条 工人思想政治表现的考核,在加强班组日常管理的基础上,定期进行。

工人生产工作成绩的考核,在加强班组日常管理的基础上,可以采用定量为主、定性为辅的方法,明确评分标准,定期进行。

第十七条 工人技术业务理论考核以笔试为主,操作技能考核可以结合生产或者作业项目分期分批进行,也可以选择典型工件或作业项目专门组织进行。技术业务水平考核评定采用百分制,六十分为合格。

第十八条 工人思想政治表现、生产工作成绩和技术业务水平三项考核成绩均合格的,即为考核合格。

第五章 考核组织和管理

第十九条 全国工人考核工作由劳动部综合管理,并负责制定有关规定,指导协调工人考核工作。

第二十条 各省、自治区、直辖市及计划单列市劳动行政部门和国务院有关部门的劳动工资机构,制定实施办法,分别负责综合管理本地区、本部门的工人考核工作。

第二十一条 各省、自治区、直辖市及计划单列市劳动行政部门会同本地区有关行业主管部门,国务院有关部门的劳动工资机构会同本部门的有关业务机构,分别成立工人考核委员会,负责组织本地区、本部门的工人考核工作。

第二十二条 企业、事业单位或者企业主管部门应当根据实际情况组成不同专业(工种)的考核组织,负责具体考核工作。各专业工种的考核组织成员中,应当有三分之二以上的专业技术人员、技师、高级技术工人。

第二十三条 《技师合格证书》,地方所属单位由省、自治区、直辖市及计划单列市劳动行政部门核发;国务院各部门所属单位由其主管部门的劳动工资机构核发。

《技术等级证书》的核发办法,地方所属单位由省、自治区、直辖市及计划单列市劳动行政部门规定;国务院各部门所属单位由其主管部门的劳动工资机构规定。

企业内部的《岗位合格证书》的核发办法，由企业自行规定，但企业主管部门有统一规定的，应当按照统一规定办理。

第二十四条　《技师合格证书》由劳动部统一印制。

《技术等级证书》由劳动部统一规定式样。

《岗位合格证书》的式样，企业主管部门有规定的，按规定办；企业主管部门无规定的，由企业自行规定。

《特种作业人员操作证》的式样、印制和核发办法，按照国家有关规定办理。

第六章　罚　　则

第二十五条　企业、事业单位和国家机关违反本条例第六条规定招收录用新工人的，当地劳动部门不予办理招收录用手续。

第二十六条　各级工人考核组织成员，企业、事业单位和国家机关的工作人员在工人考核、评审过程中弄虚作假、徇私舞弊的，应当视情节轻重，由其所在单位或者上级主管部门根据人事管理权限对直接责任人员给予行政处分。

第二十七条　违反《技师合格证书》、《技术等级证书》、《特种作业人员操作证》的核发办法和规定，滥发上述证书的，除应当宣布其所发证书无效外，还应视情节轻重，由其上级主管部门或者监察机关对有关责任人员给予行政处分；对其中通过滥发证书获取非法收入的，应当没收其非法所得，并可处以非法所得五倍以下的罚款；构成犯罪的，应当依法追究其刑事责任。

第七章　附　　则

第二十八条　集体所有制和私营企业、事业单位的工人考核工作参照本条例执行。

第二十九条　工人考核工作所需经费由财政部会同劳动部另行规定。

第三十条　本条例由劳动部负责解释。

第三十一条　劳动部可以根据本条例制定实施细则。

第三十二条　本条例自发布之日起施行。原劳动人事部 1983 年发布的《工人技术考核暂行条例》(试行)同时废止。

技术监督行政案件办理程序的规定

(1990 年 7 月 16 日国家技术监督局令第 6 号发布)

第一章　总　　则

第一条　为使技术监督行政案件办理程序规范化，保证办案质量，提高办案效率，制定本规定。

第二条　本规定所称技术监督行政案件(以下简称案件)是指由县级以上地方人民政府技术监督(标准计量、标准、计量、下同)行政部门，对公民、法人或者其他组织违反计量、标准化、质量等法律、法规和规章的行为依法追究行政、法律责任的案件。

第三条　办理案件，必须做到事实清楚，证据确凿，适用法律、法规、规章正确，符合规定的程序。

第四条　上级技术监督行政部门要加强对下级技术监督行政部门办理案件的监督检查。

第二章　管　　辖

第五条　县级技术监督行政部门管辖本行政区域内发生的案件，但是依照本规定由上级技术监督行政部门管辖的除外。

第六条　市(州、盟)级技术监督行政部门管辖本行政区域内发生的有较大影响的案件。

第七条　省、自治区、直辖市技术监督行政部门管辖本行政区域内发生的有重大影响的案件。

第八条　市(州、盟)级技术监督行政部门管辖本行政区域内发生的一般涉外案件。

省、自治区、直辖市技术监督行政部门管辖本行政区域内发生的有重大影响的涉外案件。

第九条 技术监督行政部门对不属于自己管辖的案件,应当移送到对该案有管辖权的其他技术监督行政部门或者其他执法部门。

第十条 有管辖权的技术监督行政部门由于特殊原因不能行使管辖权的,由上级技术监督行政部门直接管辖。

对管辖权发生争议,由争议双方协商解决或者报共同的上级技术监督行政部门指定管辖。

第三章 受 理

第十一条 县级以上技术监督行政部门在监督管理中,对违反计量、标准化、质量法律、法规和规章的行为,事实清楚、情节简单的,执法人员根据有关法规和执法机关授予的职权,在现场有权对违法行为施行处罚。

执行现场处罚时应当有两人以上参加,并出示执法人员证件。进行罚没处理时,必须出具财政机关统一制发的或者经财政机关认可的罚没财物凭证,并使用《现场检查笔录》。

第十二条 现场处罚终了的案件,应当填写《结案审查表》。

第十三条 有下列情形之一的,应当予以立案:

(一)在监督管理中发现认为需要追究行政法律责任的(现场处罚的案件除外);

(二)公民、法人或者其他组织举报,经初叔核查,认为需要追究行政法律责任的;

(三)有关部门移送并认为需要追究行政法律责任的;

(四)同级政府或者上级部门交办的;

(五)其他需要立案的。

第十四条 需要立案办理的案件,承办人员应当填写《立案审批表》,经批准后立案。

第十五条 技术监督行政部门办理案件实行回避制度,案件承办人员、审理人员和主管领导与案件有直接利害关系的应当回避。

第四章 调查取证

第十六条 案件调查取证应当有两个以上的承办人员参加。

承办人员应当对案件进行全面调查。下列证据经查证属实作为认定事实的依据:书证、物证、视听资料、证人证言、行政相对人陈述、调查笔录、现场勘验检查笔录、检验、检定或者鉴定结果。

第十七条 对行政相对人作询问调查时,可以根据需要下达《通知书》。

承办人员进行询问调查时,应当允许行政相对人作辩解陈述,并将情况记入《调查笔录》,经行政相对人校阅后,签名或者押印。

第十八条 现场勘验检查,由承办人员、法定检验(检定)机构的人员进行,也可以邀请有关技术人员参加;应当通知行政相对人到场,无正当理由拒不到场的,承办人员在笔录中记明情况,不影响勘验检查的进行。

勘验检查的情况记入(现场检查笔录),行政相对人应当签署意见,签名或者押印。

第十九条 在证据可能灭失或者以后难以取得的情况下,应当采取必要的保全措施,对实物证据进行封存。

封存物证应当填写《封存通知书》,开列清单,由行政相对人签名或者押印,并作封存标记。

第五章 审 理

第二十条 案件调查结束后,承办人员应当将调查结果和有关证据材料,提交技术监督行政部门审理。

第二十一条 各级技术监督行政部门应当实行集体审议制度,设立相应的案件审理组织。

第二十二条 案件审理组织经集体审议后,提出案件处理意见。

案件审理组织可以将处理意见,告之行政相对人,听取其陈述意见。

第二十三条 技术监督行政部门根据审理组织的处理意见,分别作出如下决定:

(一)对违法事实清楚,证据确凿的,依法给予行政处罚;

(二)对违法事实清楚,情节显著轻微的,免于行政处罚;

(三)对查无实据的,不予处罚;

(四)对需要由其他行政主管部门进一步处理的,向有关部门提出建议;

(五)对无管辖权的案件,应当移送到有关部门处理。

第二十四条 承办人根据技术监督行政部门的决定,制作(行政处罚决定书)送达行政相对人,明确告之不服本处罚决定,可以在法定期限内,向上一级技术监督行政部门申请行政复议或者向人民法院提起诉讼。

第二十五条 送达技术监督执法文书,一般采用直接送达的方式,直接送达有困难的,也可以采用邮寄送达。

第六章　执　　行

第二十六条　(行政处罚决定书)一经送达即具有法律效力。行政相对人在申请行政复议或提起诉讼期间,行政处罚决定不得自行停止执行。

执行情况应当记入(行政处罚决定执行笔录)。

第二十七条　对行政相对人不履行行政处罚决定的下列情况,由作出该行政处罚决定的技术监督行政部门申请人民法院强制执行:

(一)行政相对人收到(行政处罚决定书)后在规定期限内未申请行政复议或者未向人民法院起诉的;

(二)行政相对人收到(行政复议决定书)后在规定期限内未向人民法院起诉的;

(三)行政相对人向人民法院起诉,人民法院作出维持行政处罚决定的判决或者裁定生效的。

第七章　结　　案

第二十八条　属下列情形之一的,应当予以结案:

(一)行政处罚决定执行完毕的;

(二)经人民法院判决或者裁定执行完毕的;

(三)免于行政处罚或者不予行政处罚的。

第二十九条　县级以上技术监督行政部门对下列案件应当写出结案报告,向上一级技术监督行政部门报告、备案:

(一)上级技术监督行政部门交办的案件;

(二)跨行政区域移送的案件;

(三)有重大影响以及涉外的案件;

(四)经人民法院审理判决的案件;

(五)向司法机关移送的案件。

本条所列(三)、(四)、(五)项案件的结案报告以及案卷材料,应当向国家技术监督局备案。

第三十条　有重大影响的案件,结案后应当写出结案报告,向当地政府报告。

第三十一条　办案过程中形成的材料,应当按照档案管理法规的规定立卷归档。

第三十二条　技术监督行政部门办理案件,一般应当在三个月内结案;因特殊情况不能按期结案的,需报上一级技术监督行政部门批准,适当延长办理期限。

由人民法院受理的案件不在此限。

第三十三条　依法需要报上级部门决定的案件,应当在本部门审理结束后五日内上报,上级部门在接到报告后,应当在十五日内批复。

第八章　附　　则

第三十四条　技术监督行政部门办理案件,必须使用统一的技术监督执法文书。

第三十五条　本规定由国家技术监督局负责解释。

第三十六条　本规定自1990年9月1日起施行。

商标印制管理办法

(1990年8月8日国家工商行政管理局令第2号发布)

第一条　为了加强商标印制管理,保护注册商标专用权维护社会经济秩序,根据《商标法》、《商标法实施细则》及《企业法人登记管理条例》等有关法律,法规的规定,制定本办法。

第二条　凡是依法登记的从事印刷、印染、制版、刻字、织字、晒蚀、印铁、铸模、冲压、烫印、贴花等项业务的企业和个体工商户,需要承接印制商标的,应向所在地县级以上工商行政管理机关申请"指定印制商标单位"资格。

第三条　"指定印制商标单位"应具备下列条件:

(一)有与其承印商标业务相适应的技术、设备及仓储保管设施等条件;

(二)有健全的印制商标业务的各项规章制度;

(三)有专门的印制商标管理机构或管理人员;

(四)业务及管理人员熟悉商标法规,遵守法纪。

第四条　经审本符合条件的,确定为"指定印制商标单位",发给(指定印制商标单位证书),并在营业执照中载明"印制商标"经营项目。

第五条　(指定印制商标单位证书)由国家工商行政管理局统一印制,省、自治区、直辖市及计划单列市工商行政管理局或其授权的工商行政管理机关核发。

第六条 商标印制委托人应向印制单位出示以下证明：

(一)企业和个体工商户应出示营业执照副本；

(二)事业单位出示本单位证明；

(三)外国人或外国企业在我国印制商标的，应出示其所属国或地区的合法营业证明或身份证明，港澳台企业和个人适用此款。

第七条 商标印制委托人委托印制单位印制注册商标的，应出示(商标注册证)或注册人所在地工商行政管理局签章的(商标注册证)复印件；通过签订商标使用许可合同使用他人注册商标，被许可人需印制商标的，应出示商标使用许可合同文本。

第八条 外国人或外国企业，需印制其未在中国注册的商标，印制单位与商标印制委托人需在合同中明确若所印制商标侵犯他人注册商标专用权时双方应当承担的法律责任，港澳台企业或个人适用此条。

第九条 印制单位承印商标时，应当严格核查以下内容，符合要求的，予以印制，不符合要求的，应拒绝印制：

(一)商标印制委托人提供的有关证明文件齐全；

(二)印制注册商标的商标样稿应与(商标注册证)上核准的商标相同，并标明“注册商标”字样或㊟或®标记；

(三)印制未注册商标的，不得违反《商标法》第八条和《商标法实施细则》第六条的规定；不得标“注册商标”字样或㊟或®标记；

(四)凭商标使用许可合同印制商标的，应按合同中的有关规定印制。

第十条 商标印制委托人委托同一印制单位印制同一商标已经提交过证明文件的，可不再重复提交相同的证件。印制单位应查对以前的证件，并将每次印制的情况记录存档。

第十一条 商标印制单位应建立健全商标印制管理制度，包括：

(一)登记建档制度。承接商标印制业务时，应登记造册，记载商标印制委托人所提供证明文件的项目，连同商标注册证复印件、商标样稿和印制后的商标标识一起建档存查。

(二)商标标识出入库制度。印制后的商标标识进出库时，应认真清点数量，登记台帐。

(三)废次商标标识销毁制度。印制中产生的废次商标标识，应按实际数量登记造册，由印制单位统一销毁。

(四)其他有关制度。

以上商标印制档案存放不得少于两年，以备工商行政管理机关检查。

第十二条 商标印制委托人违反本办法第六条、第七条规定的，工商行政管理机关应视其情节轻重，予以通报、封存或收缴商标标识。

第十三条 商标印制单位违反本办法第九条、第十条规定的，工商行政管理机关应视情节予以通报、封存或收缴商标标识及印版模具，情节严重的，并可收缴其(指定印制商标单位证书)。

违反本办法第十一条规定的，应责令限期改正，经教育不改的，应收缴其(指定印制商标单位证书)。

第十四条 对构成侵犯他人注册商标专用权的，工商行政管理机关应依据《商标法》、《商标法实施细则》的规定，对商标印制委托人和印制单位予以处理，并可收缴印制单位的《指定印制商标单位证书》。情节严重，构成犯罪的，将直接责任人员移送司法机关依法追究其刑事责任。

第十五条 工商行政管理机关对因违反本办法规定而收缴(指定印制商标单位证书)的，应同时强制变更其经营范围，在营业执照中取消“印制商标”经营项目。

第十六条 没有取得“指定印制商标单位”资格的，不得承接印制商标业务。

违反本条规定的，由工商行政管理机关收缴商标标识和印版模具，并依照《企业法人登记管理条例施行细则》、《城乡个体工商户管理暂行条例实施细则》、《私营企业暂行条例施行办法》中有关超越经营范围的规定，予以警告、罚款、没收非法所得、责令停止整顿或吊销营业执照等处罚。

第十七条 本办法中所述的“商标印制委托人”系指要求印制商标的商标注册人，未注册商标使用人，商标被许可人以及符合《商标法》规定的其它商标使用人。

“商标印制单位”系指取得“指定印制商标单位”资格的企业和个体工商户。

第十八条 本办法自 1990 年 10 月 1 日起施行。国家工商行政管理局 1985 年 12 月 21 日发布的《商标印制管理暂行办法》同时废止。

国务院关于开展一九九〇年税收财务物价大检查的通知

(1990年8月16日)

一九八五年以来，在全国已经连续进行的五次税收、财务、物价大检查，对严肃财经纪律，平衡财政收支，稳定物价，惩治腐败，促进改革开放都起了积极作用。但是，目前各种违反财经法纪屡禁不止的现象仍很突出，这不仅严重影响国家财政收入，而且干扰治理整顿，败坏党风和社会风气，是我国政治、经济和社会生活中的一个不稳定因素，必须坚决予以制止。为此，国务院决定，一九九〇年继续在全国范围内开展税收、财务、物价大检查。现通知如下：

一、大检查的指导思想。一九九〇年的税收、财务、物价大检查，是推动治理整顿、深化改革，促进国家政治、经济和社会进一步稳定发展的一项重要措施。在检查中，一定要坚持违法必究、执法必严的原则，认真查处各种违反财经法纪的问题。特别是性质严重、情节恶劣的案件，不仅要作经济上的处理，而且要给予政纪和法纪的处理，切实纠正执法不严、处理偏宽的现象，以维护国家法律、法规的权威。要严格掌握政策，区分自查与被查、初犯与重犯、无意与有意的界限，做到实事求是，宽严适度，坚决保护企业和单位的合法所得，取缔非法收入。要结合大检查，广泛开展遵纪守法的宣传教育，增强群众特别是各级领导干部的全局观念、法制观念和纪律观念，正确处理国家、集体和个人三者的利益关系；坚决惩治各种腐败行为，端正党风和社会风气，加强廉政建设。通过大检查，积极推进财经制度的改革和建设，兴利除弊，堵塞漏洞，加强管理，牢固树立艰苦奋斗、勤俭节约、过几年紧日子的思想。

二、大检查的范围和内容。今年的税收、财务、物价大检查，从九月份开始，到年底前基本结束。检查的范围包括：国营、集体、私营企业和行政事业单位以及个体工商户在一九九〇年发生的违反财经法纪的问题和一九八九年发生而未检查、纠正的违反财经法纪的问题，以及一九八八年以来的各种“小金库”资金。

检查的主要内容是：(一)违反国家税法规定，偷税、漏税、抗税，以及超越权限擅自减税、免税；(二)违反国家财政财务制度规定，乱挤成本，虚报亏损，侵占、截留应交财政的利润、能源交能重点建设基金、预算调节基金和其他收入，以及违反规定开支各项财政资金；(三)违反国家物价法规和政策，随意涨价加价，乱收费，牟取非法收入；(四)私设“小金库”，侵占、私分应交国家和单位收入；(五)滥发奖金、实物、补贴，擅自购买控购、禁购商品，用公款请客送礼、游山玩水、营建私房和超标准装修住房，搞奢侈浪费。对私人借支的公款，也要进行认真清理、收回。在检查中发现有贪污盗窃、行贿受贿等触犯刑律行为的，要移交司法机关依法制裁。

三、大检查中的几个政策问题。这次大检查，要继续执行“自查从宽，被查从严，实事求是，宽严适度”的原则。根据治理整顿的要求和当前的实际情况，要着重处理好以下几个问题：

(一)所有企业、事业和行政单位以及个体工商户都要认真进行自查，如实自报违纪金额，不得隐匿不报或避重就轻。在规定期限内，主动自查出来的违反财经法纪问题，可依法从宽处理。在自查基础上，地方各级政府和中央各部门都要派出检查组对问题较多的单位，进行重点检查。在重点检查中查出的违反财经法纪问题，要依法从严处理。检查时，要注意点面结合，突出重点，兼顾一般，重点检查面由各省、自治区、直辖市、计划单列市和中央各部门确定，但最低不少于30%。

(二)委托地方检查中央企业、事业单位的工作，要有计划、有重点、有组织地进行，尽量避免重复。检查要严格按照国务院大检查办公室开列的委托名单，由各省、自治区、直辖市和计划单列市大检查办公室统一组织力量进行，不得层层下放。地方受托检查中央单位所得分成收入，要列入地方财政预算，主要用于发展农业。

(三)各种形式的“小金库”是诱发和滋生腐败现象的温床，必须坚决取缔。去冬今春进行的清查“小金库”工作，虽已取得一定成效，但仍有不少企业和单位存有侥幸心理，隐匿不报，清查工作还很不彻底。在这次大检查中，仍要作为一项重要内容继续进行检查。发现继续保留和私设“小金库”的，在处理上要严于去年国务院有关清理检查“小金库”的规定。具体办法，由国务院税收、财务、物价大检查办公室另行制定。

(四)各项应交违纪款项要保证优先入库，不得截留挪用，拖延不交。如有拒不交库的，请银行协助划拨。少数停工待工企业确因资金困难，补交后会严重影响生产经营或发不出工资的，报经批准，可以允许他们订出交款计划，分期分批交清。

（五）对有意弄虚作假，明知故犯，严重违法违纪的企业和单位，不能上等级、评先进，有关责任人员不能评定先进称号和专业技术职称。

（六）大力加强检查人员的纪律教育，继续保持和发扬坚持原则、依法办事、廉洁奉公、遵守纪律的优良作风。对于极少数检查组和工作组成员违反纪律的行为，要及时检查纠正，严肃处理。

（七）税收、财务、物价大检查，在治理整顿期间甚至更长的时期内还要继续进行下去。各级税收、财务、物价大检查办公室的任务十分繁重，必须进一步充实力量，保持稳定。地方各级政府要支持他们的工作，关心他们的生活。

（八）各级领导机关、领导干部和执法监督部门，要以身作则，严于律己，带头检查、纠正各种违反财经法纪行为。通过检查，认真吸取教训，做遵纪守法、清正廉洁的模范。在检查中，严禁说情护短、徇私包庇，一旦发现这类情况，要公开揭露，从严查处。

国务院授权国务院税收、财务、物价大检查办公室负责制定有关大检查的具体实施办法和规定。

四、大检查工作的组织领导。各省、自治区、直辖市和计划单列市人民政府及中央各部门，都要指定一名领导干部负责这项工作，建立、健全大检查领导小组，派出强有力的工作组和检查组进行督促、检查。国务院仍将从中央部门抽调一指得力干部，组成工作组下去帮助和推动工作。各级财政、税务、审计、物价部门，在大检查期间，除了搞好日常工作外，要集中力量投入大检查。各级计经委、银行、工商行政管理、监察、公安部门和新闻单位，也要积极支持和参与大检查工作，并请检察、法院和纪检部门大力支持和协助。

要采取多种形式，更加广泛地邀请和吸收人大、政协和民主党派成员参加大检查工作，充分发挥他们参政议政和民主监督的作用。在工作中，要真心诚意地同他们合作共事，高度重视他们的意见和建议。各地区、各部门都要认真做好这方面的组织安排工作。

各级领导干部要重视税收、财务、物价大检查工作，及时解决工作中存在的问题。所有参加大检查工作的同志，都要进一步发扬艰苦奋斗、无私奉献的精神，齐心协力，积极工作，为圆满完成今年税收、财务、物价大检查的各项任务，作出新的贡献。

全国税收、财务、物价大检查的日常工作，由国务院大检查办公室负责。大检查结束后，各地区、各部门都要向国务院写出总结报告，同时抄送国务院大检查办公室。

国务院关于鼓励华侨和香港澳门同胞投资的规定

（1990 年 8 月 19 日中华人民共和国国务院令第 64 号发布）

第一条　为促进我国经济发展，鼓励华侨和香港澳门同胞（以下统称华侨、港澳投资者）在境内投资，制定本规定。

第二条　华侨、港澳投资者可以在境内各省、自治区、直辖市、经济特区投资。鼓励华侨、港澳投资者依照国家有关规定从事土地开发经营。

第三条　华侨、港澳投资者在境内可以下列形式进行投资：

（一）举办华侨、港澳投资者拥有全部资本的企业；

（二）举办合资经营企业、合作经营企业；

（三）开展补偿贸易、来料加工装配、合作生产；

（四）购买企业的股票和债券；

（五）购置房产；

（六）依法取得土地使用权，开发经营；

（七）法律、法规允许的其他投资形式。

第四条　华侨、港澳投资者可以在境内的工业、农业、服务业以及其他符合社会和经济发展方向的行业投资。华侨、港澳投资者可以从各地方人民政府有关部门公布的项目中选择投资项目，也可以自行提出投资项目意向，向拟投资地区对外经济贸易部门或者地方人民政府指定的审批机关申请。

国家鼓励华侨、港澳投资者投资举办产品出口企业和先进技术企业，并给予相应的优惠待遇。

第五条　华侨、港澳投资者在境内投资举办拥有全部资本的企业、合资经营企业和合作经营企业（以下统称华侨、港澳同胞投资企业），除适用本规定外，参照执行国家有关涉外经济法律、法规的规定，享受相应的外商投资企业待遇。

华侨、港澳投资者在境内进行其他形式的投资，以及在境内没有设立营业机构而有来源于境内的股息、利息、租金、特许权使用费和其他所得，除适用本规定外，也可以参照执行国家有关涉外经济法律、法规的规定。

第六条　华侨、港澳投资者可以用可自由兑换货币、机器设备或者其他实物、工业产权、专有技术等作为投资。

第七条　华侨、港澳投资者在境内的投资、购置的资产、工业产权、投资所得利润和其他合法权益受国家法律保护，并可以依法转让和继承。

华侨、港澳投资者在境内的活动应当遵守国家的法律、法规。

第八条　国家对华侨、港澳投资者的投资和其他资产不实行国有化。

第九条　国家根据社会公共利益的需要，对华侨、港澳同胞投资企业实行征收时，依照法律程序进行并给予相应的补偿。

第十条　华侨、港澳投资者投资获得的合法利润，其他合法收入和清算后的资金，可以依法汇往境外。

第十一条　华侨、港澳同胞投资企业在其投资总额内进口本企业所需的机器设备、生产用车辆和办公设备，以及华侨、港澳同胞个人在企业工作期间运进自用的、合理数量的生活用品和交通工具，免缴进口关税、工商统一税，免领进口许可证。

华侨、港澳同胞股资企业进口用于生产出口产品的原材料、燃料、散件、零部件、元器件、配套件，免缴进口关税、工商统一税，免领进口许可证，由海关实行监管。上述进口料件，如用于在境内销售的产品，应当按照国家规定补办进口手续，并照章补税。

华侨、港澳同胞投资企业生产的出口产品，除国家限制出口的外，免缴出口关税和工商统一税。

第十二条　华侨、港澳同胞投资企业可以向境内的金融机构借款，也可以向境外的金融机构借款，并可以本企业资产和权益抵押、担保。

第十三条　华侨、港澳投资者拥有全部资本的企业，经营期限由投资者自行确定；合资经营企业和合作经营企业，经营期限由合资或者合作各方协商确定，也可以不规定经营期限。

第十四条　合资经营企业董事会的组成和董事长的委派、合作经营企业董事会或者联合管理机构的组成和董事长或者联合管理机构主任的委派，可以参照出资比例或者合作条件，由合资或者合作各方协商决定。

第十五条　华侨、港澳同胞投资企业依照经批准的合同、章程进行经营管理活动。企业的经营管理自主权不受干涉。

第十六条　在境内投资的华侨、港澳同胞个人以及华侨、港澳同胞投资企业从境外聘请的技术和管理人员，可以申请办理多次入出境的证件。

第十七条　华侨、港澳投资者在境内投资可以委托境内的亲友为其代理人。代理人应当持有具有法律效力的委托书。

第十八条　在华侨、港澳同胞投资企业集中的地区，华侨、港澳投资者可以向当地人民政府申请成立华侨、港澳投资者协会。

第十九条　华侨、港澳投资者在境内投资举办合资经营企业、合作经营企业，由境内的合资、合作方负责申请；举办华侨、港澳投资者拥有全部资本的企业，由华侨、港澳投资者直接申请或者委托在境内的亲友、咨询服务机构等代为申请。华侨、港澳投资者投资举办企业的申请，由当地对外经济贸易部门或者地方人民政府指定的审批机关统一受理。

华侨、港澳同胞投资企业的审批，按照国务院规定的权限办理。各级对外经济贸易部门或者地方人民政府指定的审批机关应当在收到全部申请文件之日起四十五天内决定批准或者不批准。

申请人应当在收到批准证书之日起三十天内，按照有关登记管理办法，向工商行政管理机关申请登记，领取营业执照。

第二十条　华侨、港澳投资者在境内投资因履行合同发生的或者与合同有关的争议，当事人应当尽可能通过协商或者调解解决。

当事人不愿协商、调解的，或者协商、调解不成的，可以依据合同中的仲裁条款或者事后达成的书面仲裁协议，提交境内或者其他仲裁机构仲裁。

当事人没有在合同中订立仲裁条款，事后又没有达成书面仲裁协议的，可以向人民法院起诉。

第二十一条　本规定由对外经济贸易部负责解释。

第二十二条　本规定自发布之日起施行。

国家标准管理办法

（1990年8月24日国家技术监督局令第10号发布）

第一章 总 则

第一条 为了加强国家标准的管理，根据《中华人民共和国标准化法》和《中华人民共和国标准化法实施条例》的有关规定，制定本办法。

第二条 对需要在全国范围内统一的下列技术要求，应当制定国家标准（含标准样品的制作）：

（一）通用的技术术语、符号、代号（含代码）、文件格式、制图方法等通用技术语言要求和互换配合要求；

（二）保障人体健康和人身、财产安全的技术要求，包括产品的安全、卫生要求，生产、储存、运输和使用中的安全、卫生要求，工程建设的安全、卫生要求、环境保护的技术要求；

（三）基本原料、材料、燃料的技术要求；

（四）通用基础件的技术要求；

（五）通用的试验、检验方法；

（六）工农业生产、工程建设、信息、能源、资源和交通运输等通用的管理技术要求；

（七）工程建设的勘察、规划、设计、施工及验收的重要技术要求；

（八）国家需要控制的其他重要产品和工程建设的通用技术要求。

第三条 国家标准分为强制性国家标准和推荐性国家标准。

下列国家标准属于强制性国家标准：

（一）药品国家标准、食品卫生国家标准、兽药国家标准、农药国家标准；

（二）产品及产品生产、储运和使用中的安全、卫生国家标准、劳动安全、卫生国家标准，运输安全国家标准；

（三）工程建设的质量、安全、卫生国家标准及国家需要控制的其他工程建设国家标准；

（四）环境保护的污染物排放国家标准和环境质量国家标准；

（五）重要的涉及技术衔接的通用技术术语、符号、代号（含代码）、文件格式和制图方法国家标准；

（六）国家需要控制的通用的试验、检验方法国家标准；

（七）互换配合国家标准；

（八）国家需要控制的其他重要产品国家标准。

其他的国家标准是推荐性国家标准。

第四条 国家标准的代号由大写汉语拼音字母构成。

强制性国家标准的代号为“GB”，推荐性国家标准的代号为“GB/T”。

国家标准的编号由国家标准的代号、国家标准发布的顺序号和国家标准发布的年号（即发布年份的后两位数字）构成。示例：

GB×××××——××

GB/T×××××——××

第五条 制定国家标准应当贯彻国家的有关方针、政策、法律、法规；有利于合理开发和利用国家资源，推广科学技术成果；积极采用国际标准和国外先进标准，促进对外经济技术合作与对外贸易的发展；保障安全和人民的身体健康，保护环境；充分考虑使用要求，维护消费者的利益；做到技术先进、经济合理、安全可靠、协调配套。

第六条 产品质量标准，凡需要而又可能分等分级的，应作出合理的分等分级规定。

第七条 国家标准由国务院标准化行政主管部门编制计划、协调项目分工，组织制订（含修订，下同），统一审批、编号、发布。

法律对国家标准的制定另有规定的，依照法律的规定执行。

第二章 国家标准的计划

第八条 编制国家标准的计划项目应以国民经济和社会发展计划、国家科技发展计划、标准化发展计划等作为依据。

第九条 国务院标准化行政主管部门在每年六月提出编制下年度国家标准计划项目的原则要求，下达给国务院有关行政主管部门和国务院标准化行政主管部门领导与管理的全国专业标准化技术委员会；国务院有关行政主管部门将编制国家标准计划项目的原则、要求，转发给由其负责领导和管理的全国专业标准化技术委员会或专业标准化技术归口单位（简称技术委员会或技术归口单位，下同）。

第十条 各技术委员会或技术归口单位根据编制国家标准计划项目的原则、要求，提出国家标准计划项目的建议，报其主管部门；国务院有关行政主管部门审查、协调后，于九月底提出国家标准计划项目草案和项目任务书，报国务院标准化行政主管部门。

国务院各有关行政主管部门在协调国家标准计划项目过程中有困难时，可由国务院标准化行政主管部门协调解决。

第十一条 国务院标准化行政主管部门对上报的国家标准计划项目草案，统一汇总、审查、协调，于十二月底前将批准后的下年度国家标准计划项目下达。

第十二条 执行国家标准计划过程中，必要时可以对计划项目进行调整，调整的原则和内容是：

（一）确属急需制定国家标准的项目，可以增补；

（二）确属特殊情况，可以对计划项目的内容进行调整；

（三）确属不宜制定国家标准的项目，应予撤销。

第十三条 国家标准计划项目进行调整的程序如下：

（一）凡符合上述调整原则的项目，必须由负责起草单位填写《国家标准计划项目调整申请表》，经项目主管部门审查同意，报国务院标准化行政主管部门批准；

（二）经国务院标准化行政主管部门批准后通知项目主管部门；

（三）当调整国家标准计划项目的申请未被批准时，必须依照原定计划进行工作。

第十四条 药品、兽药、食品卫生、环境保护和工程建设的国家标准计划，由国务院有关行政主管部门报国务院标准化行政主管部门审查后下达。

第三章 国家标准的制订

第十五条 国务院有关行政主管部门和国务院标准化行政主管部门领导与管理的技术委员会，按下达的国家标准计划项目组织实施，应经常检查国家标准计划项目的进展情况，督促并创造条件，保证负责起草单位按计划完成任务。每年一月底前，将上年度计划执行情况报国务院标准化行政主管部门。

第十六条 负责起草单位应对所订国家标准的质量及其技术内容全面负责。应按GB1《标准化工作导则》的要求起草国家标准征求意见稿，同时编写《编制说明》及有关附件，其内容一般包括：

（一）工作简况，包括任务来源，协作单位、主要工作过程、国家标准主要起草人及其所做的工作等；

（二）国家标准编制原则和确定国家标准主要内容（如技术指标、参数、公式、性能要求、试验方法、检验规则等）的论据（包括试验、统计数据），修订国家标准时，应增列新旧国家标准水平的对比；

（三）主要试验（或验证）的分析、综述报告，技术经济论证，预期的经济效果；

（四）采用国际标准和国外先进标准的程序，以及与国际、国外同类标准水平的对比情况，或与测试的国外样品、样机的有关数据对比情况；

（五）与有关的现行法律、法规和强制性国家标准的关系；

（六）重大分歧意见的处理经过和依据；

（七）国家标准作为强制性国家标准或推荐性国家标准的建议；

（八）贯彻国家标准的要求和措施建议（包括组织措施、技术措施、过渡办法等内容）；

（九）废止现行有关标准的建议；

（十）其他应予说明的事项。

对需要有标准样品对照的国家标准，一般应在审查国家标准前制备相应的标准样品。

第十七条 国家标准征求意见稿和《编制说明》及有关附件，经负责起草单位的技术负责人审查后，印发各有关部门的主要生产、经销、使用、科研、检验等单位及大专院校征求意见。

国家标准征求意见稿征求意见时，应明确征求意见的期限。一般为两个月。可列出征求意见的表格，以利对意见的综合、整理。

被征求意见的单位应在规定期限内回复意见，如没有意见也应复函说明，逾期不复函，按无异议处理，对比较重大的意见，应说明论据或提出技术经济论证。

第十八条 负责起草单位应对征集的意见进行归纳整理，分析研究和处理后提出国家标准送审稿、《编制说明》及有关附件、《意见汇总处理表》，送负责该项目的技术委员会秘书处或技术归口单位审阅，并确定能否提交审查，必要时可重新征求意见。

第十九条 国家标准送审稿的审查，凡已成立技术委员会的，由技术委员会按《全国专业标准化技术委员会章程》组织进行。

第二十条 国家标准送审稿的审查，未成立技术委员会的，由项目主管部门或其委托的技术归口单位组织进行。参加审查的，应有各有关部门的主要生产、经销、使用、科研、检验等单位及大专院校的代表，其中，使用方面的代表不应少于四分之一。审查可采用会议审查或函审。对技术、经济意义重大，涉及面广，分歧意见较多的国家标准送审稿可会议审查；其余的可函审。会议审查或函审由组织者决定。

会议审查时，组织者至少应在会议前一个月将会议通知、国家标准送审稿、《编制说明》及有关附件、《意见汇总处理表》等提交给参加国家标准审查会议的部门、单位和人员。函审时，组织者应在函审表决前两个月将函审通知和上述文件及《函审单》提交给参加函审的部门、单位和人员。

第二十一条 会议审查，原则上应协商一致。如需表决，必须有不少于出席会议代表人数的四分之三同意为通过；国家标准的起草人不能参加表决，其所在单位的代表不能超过参加表决者的四分之一。函审时，必须有四分之三回函同意为通过。会议代表出席率及函审回函率不足三分之二时，应重新组织审查。

会议审查，应写出《会议纪要》，并附参加审查会议的单位和人员名单及未参加审查会议的有关部门和单位名单：函审，应写出《函审结论》，并附《函审单》。

《会议纪要》应如实反映审查情况，内容包括对本办法第十六条中第(二)至(十)项内容的审查结论。

负责起草单位，应根据审查意见提出国家标准报批稿。

国家标准报批稿和《会议纪要》应经与会代表通过。

第二十二条 国家标准报批稿由国务院有关行政主管部门或国务院标准化行政主管部门领导与管理的技术委员会，报国家标准审批部门审批。国家标准报批稿内容应与国家标准审查时审定的内容一致，如对技术内容有改动，应附有说明，报送的文件应有：

(一)报批国家标准的公文一份；

(二)国家标准报批稿四份，另附应符合制版要求的插图一份；

(三)《国家标准申报单》、《编制说明》及有关附件、《意见汇总处理表》、国家标准审查《会议纪要》或《函审结论》各两份；

(四)如系采用国际标准或国外先进标准制订的国家标准，应有该国际标准或国外先进标准原文(复制件)和译文各一份。

第四章 国家标准的审批、发布

第二十三条 国家标准由国务院标准化行政主管部门统一审批、编号、发布，并将批准的国家标准一份退报批部门。其中，药品、兽药国家标准，分别由国务院卫生主管部门、农业主管部门审批、编号、发布；食品卫生、环境保护国家标准，分别由国务院卫生主管部门、环境保护主管部门审批，国务院标准化行政主管部门编号、发布；工程建设国家标准由国务院工程建设主管部门审批，国务院标准化行政主管部门统一编号，国务院标准化行政主管部门和工程建设主管部门联合发布。

第二十四条 制定国家标准过程中形成的有关资料，按标准档案管理规定的要求，进行归档。

第二十五条 国家标准由中国标准出版社出版。药品、兽药和工程建设国家标准的出版，由国家标准的审批部门另行安排。

在国家标准出版过程中，发现内容有疑点或错误时，由标准出版单位及时与负责起草单位联系。如国家标准技术内容需更改时，须经国家标准的审批部门批准。

需要翻译为外文出版的国家标准，其译文由该国家标准的主管部门组织有关单位翻译和审定，并由国家标准的出版单位出版。

第二十六条 国家标准出版后，发现个别技术内容有问题，必须作少量修改或补充时，由负责起草单位提出《国家标准修改通知单》，经技术委员会或技术归口单位审核。报该国家标准的主管部门审查同意。备文并附《国家标准修改通知单》一式四份，报国家标准的审批部门批准，按第二十三条的规定发布。

第五章 国家标准的复审

第二十七条 国家标准实施后，应当根据科学技术的发展和经济建设的需要，由该国家标准的主管部门组织有关单位适时进行复审，复审周期一般不超过五年。

国家标准的复审可采用会议审查或函审。会议审查或函审，一般要有参加过该国家标准审查工作的单位或人员参加。

第二十八条 国家标准复审结果，按下列情况分别处理：

(一)不需要修改的国家标准确认继续有效；确认继续有效的国家标准，不改顺序号和年号。当国家标准重版时，在国家标准封面上、国家标准编号下写明“××××年确认有效”字样。

(二)需作修改的国家标准作为修订项目，列入计划，修订的国家标准顺序号不变，把年号改为修订的年号。

(三)已无存在必要的国家标准，予以废止。

第二十九条 负责国家标准复审的单位，在复审结束后，应写出复审报告，内容包括：复审简况，处理意见，复审结论。经该国家标准的主管部门审查同意，一式四份，报国家标准的审批部门批准，按第二十三条的规定发布。

第三十条　国家标准属科技成果，对技术水平高，取得显著效益的国家标准，应当纳入国家或部门科技进步奖励范围，予以奖励。

第六章　附　　则

第三十一条　本办法由国家技术监督局负责解释。

第三十二条　本办法自发布之日起实施。原国家标准总局1982年2月4日颁发的《关于国家标准的计划编制、制订和复审工作程序的暂行规定》和《关于国家标准修改、补充的暂行办法》、原国家标准局1983年4月2日颁发的《关于报批国家标准工作若干补充要求的通知》和1986年10月15日颁发的《制订工农业产品国家标准工作程序的补充规定（试行）》即行废止。

（附件略）

行业标准管理办法

（1990年8月24日国家技术监督局令第11号发布）

第一条　为加强行业标准的管理，确保行业标准的协调、统一，根据《中华人民共和国标准化法》和《中华人民共和国标准化法实施条例》的规定，制定本办法。

第二条　行业标准是对没有国家标准而又需要在全国某个行业范围内统一的技术要求所制定的标准。行业标准不得与有关国家标准相抵触。有关行业标准之间应保持协调、统一，不得重复。

行业标准在相应的国家标准实施后，即行废止。

第三条　需要在行业范围内统一的下列技术要求，可以制定行业标准（含标准样品的制作）：

（一）技术术语、符号、代号（含代码）、文件格式、制图方法等通用技术语言；

（二）工、农业产品的品种、规格、性能参数、质量指标、试验方法以及安全、卫生要求；

（三）工、农业产品的设计、生产、检验、包装、储存、运输、使用、维修方法以及生产、储存、运输过程中的安全、卫生要求；

（四）通用零部件的技术要求；

（五）产品结构要素和互换配合要求；

（六）工程建设的勘察、规划、设计、施工及验收的技术要求和方法；

（七）信息、能源、资源、交通运输的技术要求及其管理技术等要求。

第四条　行业标准分为强制性标准和推荐性标准。

下列标准属于强制性行业标准：

（一）药品行业标准、兽药行业标准、农药行业标准、食品卫生行业标准；

（二）工农业产品及产品生产、储运和使用中的安全、卫生行业标准；

（三）工程建设的质量、安全、卫生行业标准；

（四）重要的涉及技术衔接的技术术语、符号、代号（含代码）、文件格式和制图方法行业标准；

（五）互换配合行业标准；

（六）行业范围内需要控制的产品通用试验方法检验方法和重要的工农业产品行业标准。

其他行业标准是推荐性行业标准。

第五条　产品质量行业标准，凡需要而又可能分等分级的，应作出合理的分等分级规定。

第六条　行业标准由行业标准归口部门统一管理。行业标准的归口部门及其所管理的行业标准范围，由国务院有关行政主管部门提出申请报告，国务院标准化行政主管部门审查确定，并公布该行业的行业标准代号。

第七条　行业标准归口部门在制定行业标准计划时，必须与有关行政主管部门进行协调，以建立科学、合理的标准体系。

第八条　在制定行业标准工作中，行业标准归口部门履行下列职责：

（一）制定本行业的行业标准计划；

（二）负责协调有关行政主管部门行业标准项目的分工；

（三）组织制定本行业的行业标准；

（四）统一审批、编号、发布本行业的行业标准；

（五）办理行业标准的备案；

（六）组织本行业行业标准的复审工作。

第九条　全国专业标准化技术委员会或专业标准化技术归口单位负责提出本行业标准计划的建议，组织本行业标准的起草及审查等工作。

全国专业标准化技术委员会或专业标准化技术归口单位提出的行业标准计划建议，经行业标准归口部门与有关行政主管部门进行协调、分工后，由各有关行政主管部门分别下达实施。

第十条　制定行业标准应当发挥行业协会、科学研究机构和学术团体的作用，制定标准的部门应当吸收其参加标准起草和审查工作。

第十一条　行业标准的计划，应当由行业标准归口部门抄报国务院标准化行政主管部门，一式二份。

第十二条　按行业标准计划的安排，行业标准负责起草单位提出行业标准征求意见稿，经征求各有关方面意见后修改为送审稿，送全国专业标准化技术委员会或专业标准化技术归口单位。

第十三条　行业标准送审稿，由全国专业标准化技术委员会或由行业标准归口部门委托的专业标准化技术归口单位组织审查。

由全国专业标准化技术委员会组织审查时，按《全国专业标准化技术委员会章程》的规定进行。

由专业标准化技术归口单位组织审查时，参加审查的人员，应有生产、使用、经销、科研和高等院校等单位的有关专家。其中，使用方面的人员不应少于四分之一。

行业标准审查可采用会议审查或函审。会议审查时应进行充分讨论，尽量取得一致意见，需要表决时，必须有不少于出席会议代表人数的四分之三同意为通过。函审时，必须有四分之三的回函同意为通过。会议审查结果应写出会议纪要，会议纪要应如实反映各方面的意见，函审时应写出“函审结论”并附有“函审单”，会议代表的出席率和函审单的回函率应不低于三分之二。

行业标准送审时，应附有“标准送审稿”、“标准编制说明”、“意见汇总处理表”及其他有关附件。

第十四条　行业标准由行业标准归口部门审批、编号、发布。

行业标准报批时，应有“标准报批稿”、“标准编制说明”、“标准审查会议纪要”或“函审结论”及其“函审单”、“意见汇总处理表”和其他有关附件。采用国际标准或国外先进标准时，应附有该标准的原文或译文。

行业标准的审批必须尊重“审查会议纪要”或“函审结论”，对报批稿进行修改应有充分科学论据，并征求全国专业标准化技术委员会或专业标准化技术归口单位的意见。对报批稿有重大修改时，应进行重新审查。

确定行业标准的强制性或推荐性，应由全国专业标准化技术委员会或专业标准化技术归口单位提出意见，由行业标准归口部门审定。

第十五条　行业标准实施后，应根据科学技术的发展和经济建设的需要适时进行复审；复审周期一般不超过五年，确定其继续有效、修订或废止。

行业标准的复审工作由行业标准归口部门组织全国专业标准化技术委员会或专业标准化技术归口单位进行。

行业标准的复审也可采用会议审查或函审。复审时一般要有参加过该标准审查工作的单位和人员参加。

标准复审后，应提出“复审报告”，报送行业标准归口部门审批。

第十六条　行业标准代号由国务院标准化行政主管部门规定。

行业标准的编号由行业标准代号、标准顺序号及年号组成。

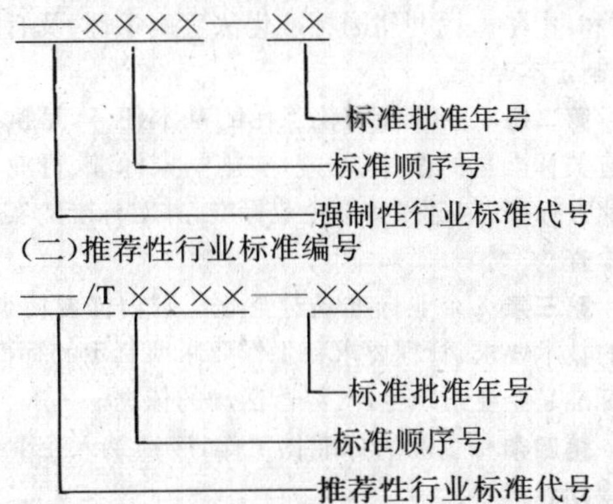

第十七条　行业标准归口部门应在行业标准发布后三十日内，将已发布的行业标准及编制说明连同发布文件各一份，送国务院标准化行政主管部门备案。

备案的行业标准如违反国家有关法律、法规和强制性国家标准、国务院标准化行政主管部门责成行业标准归口部门限期改正或停止实施。

第十八条　编写行业标准应符合国家标准GBI《标准化工作导则》的规定。行业标准的出版，由行业标准归口部门确定。

行业标准出版后的正式文本，应送国务院标准化行政主管部门一式五份。

第十九条　行业标准属科技成果，对技术水平高，取得显著效益的行业标准，应纳入国家或国务院有关行政主管部门科技进步奖励范围，予以奖励。

第二十条　本办法由国家技术监督局负责解释。

第二十一条　本办法自发布之日起实施。1984年3月21日原国家标准局颁发的《专业标准管理办法(试行)》即行废止。

(附件略)

企业标准管理办法

（1990年8月24日国家技术监督局令第13号发布）

第一章　总　　则

第一条　企业标准化是企业科学管理的基础。为了加强企业标准化工作，根据《中华人民共和国标准化法》和《中华人民共和国标准化法实施条例》及有关规定，制定本办法。

第二条　企业标准化工作的基本任务，是执行国家有关标准化的法律、法规，实施国家标准、行业标准和地方标准，制定和实施企业标准，并对标准的实施进行检查。

第三条　企业标准是对企业范围内需要协调、统一的技术要求、管理要求和工作要求所制定的标准。企业标准是企业组织生产、经营活动的依据。

第四条　企业的标准化工作，应当纳入企业的发展规划和计划。

第二章　企业标准的制定

第五条　企业标准由企业制定，由企业法人代表或法人代表授权的主管领导批准、发布，由企业法人代表授权的部门统一管理。

第六条　企业标准有以下几种：

（一）企业生产的产品，没有国家标准、行业标准和地方标准的，制定的企业产品标准；

（二）为提高产品质量和技术进步，制定的严于国家标准、行业标准或地方标准的企业产品标准；

（三）对国家标准、行业标准的选择或补充的标准；

（四）工艺、工装、半成品和方法标准；

（五）生产、经营活动中的管理标准和工作标准。

第七条　制定企业标准的原则：

（一）贯彻国家和地方有关的方针、政策、法律、法规，严格执行强制性国家标准、行业标准和地方标准；

（二）保证安全、卫生，充分考虑使用要求，保护消费者利益，保护环境；

（三）有利于企业技术进步，保证和提高产品质量，改善经营管理和增加社会经济效益；

（四）积极采用国际标准和国外先进标准；

（五）有利于合理利用国家资源、能源，推广科学技术成果，有利于产品的通用互换，符合使用要求，技术先进、经济合理；

（六）有利于对外经济技术合作和对外贸易；

（七）本企业内的企业标准之间应协调一致。

第八条　制定企业标准的一般程序是：编制计划、调查研究、起草标准草案、征求意见，对标准草案进行必要的验证，审查、批准、编号、发布。

第九条　审查企业标准时，根据需要，可邀请企业外有关人员参加。

第十条　审批企业标准时，一般需备有以下材料：

（一）企业标准草案（报批稿）；

（二）企业标准草案编制说明（包括对不同意见的处理情况等）；

（三）必要的验证报告。

第十一条　企业标准的编写和印刷，参照国家标准GB1《标准化工作导则》的规定执行。

第十二条　企业产品标准的代号、编号方法如下：

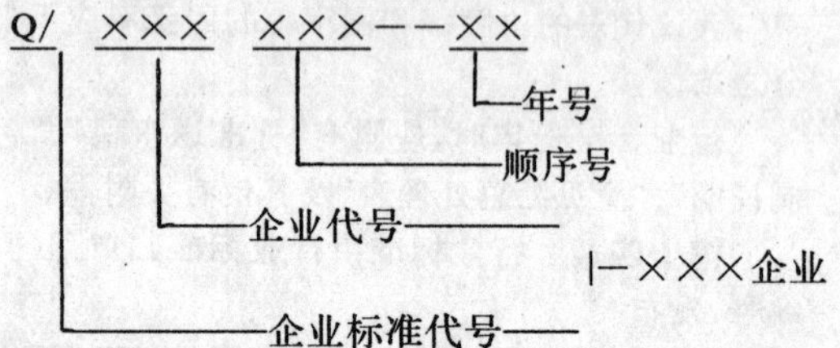

企业代号可用汉语拼音字母或阿拉伯数字或两者兼用组成。

企业代号，按中央所属企业和地方企业分别由国务院有关行政主管部门和省、自治区、直辖市政府标准化行政主管部门会同同级有关行政主管部门规定。

第十三条　企业标准应定期复审。复审周期一般不超过三年，当有相应国家标准，行业标准和地方标准发布实施后，应及时复审，并确定其继续有效、修订或废止。

第三章 企业产品标准的备案

第十四条 企业产品标准，应在发布后三十日内办理备案。一般按企业的隶属关系报当地政府标准化行政主管部门和有关行政主管部门备案。国务院有关行政主管部门所属企业的企业产品标准，报国务院有关行政主管部门和企业所在省、自治区、直辖市标准化行政主管部门备案。国务院有关行政主管部门和省、自治区、直辖市双重领导的企业，企业产品标准还要报省、自治区、直辖市有关行政主管部门备案。

第十五条 受理备案的部门收到备案材料后即予登记，当发现备案的企业产品标准，违反有关法律、法规和强制性标准规定时，标准化行政主管部门会同有关行政主管部门责令申报备案的企业限期改正或停止实施。

企业产品标准复审后，应及时向受理备案部门报告复审结果，修订的企业产品标准，重新备案。

第十六条 报送企业产品标准备案的材料有：备案申报文、标准文本的编制说明等。

具体备案办法，按省、自治区、直辖市人民政府的规定办理。

第四章 标准的实施

第十七条 国家标准、行业标准和地方标准中的强制性标准，企业必须严格执行，不符合强制性标准的产品，禁止出厂和销售。

推荐性标准，企业一经采用，应严格执行；企业已备案的企业产品标准，也应严格执行。

第十八条 企业生产的产品，必须按标准组织生产，按标准进行检验。经检验符合标准的产品，由企业质量检验部门签发合格证书。

企业生产执行国家标准、行业标准、地方标准或企业产品标准，应当在产品或其说明书、包装物上标注所执行标准的代号、编号、名称。

第十九条 企业研制新产品、改造产品、进行技术改造和技术引进，都必须进行标准化审查。

第二十条 企业应当接受标准化行政主管部门和有关行政主管部门，依据有关法律、法规，对企业实施标准情况进行的监督检查。

第五章 企业的标准化管理

第二十一条 企业根据生产、经营需要设置的标准化工作机构，配备的专、兼职标准化人员，负责管理企业标准化工作。其任务是：

（一）贯彻国家的标准化工作方针、政策、法律、法规，编制本企业标准化工作计划；

（二）组织制定，修订企业标准；

（三）组织实施国家标准、行业标准、地方标准和企业标准；

（四）对本企业实施标准的情况，负责监督检查；

（五）参与研制新产品、改进产品，技术改造和技术引进中的标准化工作，提出标准化要求，做好标准化审查；

（六）做好标准化效果的评价与计算，总结标准化工作经验；

（七）统一归口管理各类标准，建立档案，搜集国内外标准化情报资料；

（八）对本企业有关人员进行标准化宣传教育，对本企业有关部门的标准化工作进行指导；

（九）承担上级标准化行政主管部门和有关行政主管部门委托的标准化工作任务。

第二十二条 企业标准化人员对违反标准化法规定的行为，有权制止，并向企业负责人提出处理意见，或向上级部门报告。对不符合有关标准化法要求的技术文件，有权不予签字。

第二十三条 企业标准属科技成果，企业或上级主管部门，对取得显著经济效果的企业标准，以及对企业标准化工作做出突出成绩的单位和人员，应给予表扬或奖励，对贯彻标准不力，造成不良后果的，应给予批评教育；对违反标准规定，造成严重后果的，按有关法律、法规的规定，追究法律责任。

第六章 附 则

第二十四条 本办法由国家技术监督局负责解释。

第二十五条 本办法自发布之日起实施。原国家标准总局以国标发（1981）356 号文颁发的《工业企业标准化工作管理办法（试行）》即行废止。

计量违法行为处罚细则

（1990 年 8 月 25 日国家技术监督局令第 14 号发布）

第一章　总　　则

第一条　根据《中华人民共和国计量法》、《中华人民共和国计量法实施细则》及有关法律、法规的规定，制定本细则。

第二条　在中华人民共和国境内，对违反计量法律、法规行为的处罚，适用本细则。

第三条　县级以上地方人民政府计量行政部门负责对违反计量法律、法规的行为执行行政处罚。

法律、法规另有规定的，按法律、法规规定的执行。

第四条　处理违反计量法律、法规的行为，必须坚持以事实为依据，以法律为准绳，做到事实清楚，证据确凿，适用法律、法规正确，符合规定程序。

第二章　违反计量法律、法规的行为及处理

第五条　对违反计量法律、法规行为的行政处罚包括：

（一）责令改正；

（二）责令停止生产、营业、制造、出厂、修理、销售、使用、检定、测试、检验、进口；

（三）责令赔偿损失；

（四）吊销证书；

（五）没收违法所得、计量器具、残次计量器具零配件及非法检定印、证；

（六）罚款。

第六条　违反计量法律、法规使用非法定计量单位的，按以下规定处罚：

（一）非出版物使用非法定计量单位的，责令其改正；

（二）出版物使用非法定计量单位的，责令其停止销售，可并处一千元以下罚款。

第七条　损坏计量基准，或未经国务院计量行政部门批准，随意拆、改装计量基准，或自行中断、擅自终止检定工作的，对直接责任人员进行批评教育，给予行政处分；构成犯罪的，依法追究刑事责任。

第八条　社会公用计量标准，经检查达不到原考核条件的，责令其停止使用，限期整改，经整改仍达不到原考核条件的，由原发证机关吊销其证书。

第九条　部门和企业、事业单位使用的各项最高计量标准，违反计量法律、法规的，按以下规定处罚：

（一）未取得有关人民政府计量行政部门颁发的计量标准考核证书而开展检定的，责令其停止使用，可并处一千元以下罚款；

（二）计量标准考核证书有效期满，未经原发证机关复查合格而继续开展检定的，责令其停止使用，限期申请复查；逾期不申请复查的，由原发证机关吊销其证书；

（三）考核合格投入使用的计量标准，经检查达不到原考核条件的，责令其停止使用，限期整改；经整改仍达不到原考核条件的，由原发证机关吊销其证书。

第十条　被授权单位违反计量法律、法规的，按以下规定处罚；

（一）被授权项目经检查达不到原考核条件的，责令其停止检定、测试，限期整改；经整改仍达不到原考核条件的，由授权机关撤销其计量授权；

（二）超出授权项目擅自对外进行检定、测试的，责令其改正，没收全部违法所得，情节严重的，吊销计量授权证书；

（三）未经授权机关批准，擅自终止所承担的授权工作，给有关单位造成损失的，责令其赔偿损失。

第十一条　未经有关人民政府计量行政部门授权，擅自对外进行检定、测试的，没收全部违法所得。给有关单位造成损失的，责令其赔偿损失。

第十二条　使用计量器具违反计量法律、法规的，按以下规定处罚；

（一）社会公用计量标准和部门、企业、事业单位各项最高计量标准，未按照规定申请检定的或超过检定周期而继续使用的，责令其停止使用，可并处五百元以下罚款；经检定不合格而继续使用的，责令其停止使用，可并处一千元以下罚款；

（二）属于强制检定的工作计量器具，未按照规定

申请检定或超过检定周期而继续使用的,责令其停止使用,可并处五百元以下罚款;经检定不合格而继续使用的,责令其停止使用,可并处一千元以下罚款;

(三)属于非强制检定的计量器具,未按照规定自行定期检定或者送其他有权对社会开展检定工作的计量检定机构定期检定的,责令其停止使用,可并处二百元以下罚款;经检定不合格而继续使用的,责令其停止使用,可并处五百元以下罚款;

(四)在经销活动中,使用非法定计量单位计量器具的,没收该计量器具;

(五)使用不合格的计量器具给国家或消费者造成损失的,责令赔偿损失,没收计量器具和全部违法所行,可并处二千元以下罚款;

(六)使用以欺骗消费者为目的的计量器具或者破款计量器具准确度、伪造数据,给国家或消费者造成损失的,责令赔偿损失,没收计量器具和全部违法所得,可并处二千元以下罚款;构成犯罪的,依法追究刑事责任。

第十三条 进口计量器具,以及外商(含外国制造商、经销商)或其代理人在中国销售计量器具,违反计量法律、法规的,按以下规定处罚:

(一)未经国务院计量行政部门批准,进口、销售国务院规定废除的非法定计量单位的计量器具或国务院禁止使用的其他计量器具的,责令其停止进口、销售,没收计量器具和全部违法所得,可并处相当其违法所得10%至50%的罚款;

(二)进口计量器具,未经省级以上人民政府计量行政部门指定的计量检定机构检定合格而销售的,责令其停止销售,封存计量器具,没收全部违法所得,可并处其销售额10%到50%的罚款;

(三)进口、销售列入《中华人民共和国进口计量器具型式审查目录》内的计量器具,未经国务院计量行政部门型式批准的,封存计量器具,责令其补办型式批准手续,没收全部违法所得,可并处相当其进口额或销售额30%以下的罚款。

第十四条 制造、修理计量器具,违反计量法律、法规的,按以下规定处罚:

(一)未经批准制造国务院规定废除的非法定计量单位的计量器具和国务院禁止使用的其他计量器具的责令其停止制造、销售,没收计量器具和全部违法所得,可并处相当其违法所得10%至50%的罚款;

(二)未取得制造、修理计量器具许可证、制造、修理计量器具的,责令其停止生产、停止营业,封存制造、修理的计量器具,没收全部违法所得,可并处相当其违法所得10%至50%的罚款;

(三)未取得制造计量器具许可证而擅自使用许可证标志和编号制造、销售计量器具的,责令其停止制造、销售、没收计量器具和全部违法所得,可并处相当其违法所得20%至50%的罚款;

(四)取得制造、修理计量器具许可证后,其制造、修理条件已达不到原考核条件的,限期整改;经整改仍达不到原考核要求的,由原发证机关吊销其制造、修理计量器具许可证;

(五)制造、销售未经型式批准或样机试验合格的计量器具新产品的,责令其停止制造、销售、封存该种新产品,没收全部违法所得,可并处三千元以下罚款;

(六)企业、事业单位制造、修理的计量器具未经出厂检定或经检定不合格而出厂的,责令其停止出厂,没收全部违法所得;情节严重的可并处三千元以下罚款;

个体工商户制造、修理计量器具未经检定或经检定不合格而销售或交付用户使用的,责令其停止制造、修理或者重修、重检,没收全部违法所得;情节严重的,可并处五百元以下的罚款;

(七)个体工商户制造、修理国家规定范围以外的计量器具或者不按规定场所从事经营活动的,责令其停止制造、修理,没收全部违法所得,可并处五百元以下的罚款。

第十五条 制造、修理、销售以欺骗消费者为目的的计量器具的,没收计量器具和全部违法所得,可并处二千元以下罚款;构成犯罪的,对个人或单位直接责任人员,依法追究刑事责任。

第十六条 已取得制造许可证的计量器具,在销售时,没有产品合格印、证或没有使用制造许可证标志的,责令其停止销售;销售超过有效期的标准物质的,没收该种标准物质和全部违法所得。

第十七条 经营销售残次计量器具零配件的,使用残次计量器具零配件组装、修理计量器具的,责令其停止经营销售,没收残次计量器具零配件及组装的计量器具和全部违法所得,可并处二千元以下的罚款;情节严重的,由工商行政管理部门吊销其营业执照。

第十八条 为社会提供公证数据的产品质量检验机构,违反计量法律、法规的,按以下规定处罚;

(一)未取得计量认证合格证书或已经取得计量认证合格证书、新增检验项目,未申请单项计量认证,为社会提供公证数据的,责令其停止检验,没收全部违法所得,可并处一千元以下罚款;

(二)已取得计量认证合格证书,经检查不符合原考核条件的,限期整改;经整改仍达不到原考核条件的,由原发证机关吊销其计量认证合格证书,停止其使用计量认证标志;

(三)经计量认证合格的产品质量检验机构,失去公正地位的,由原发证机关,吊销其计量认证合格证书,停止其使用计量认证标志。

第十九条 伪造、盗用、倒卖检定印、证的,没收其非法检定印、证和全部违法所得，可并处二千元以下罚款；构成犯罪的，依法追究刑事责任。

第二十条 计量监督管理人员违法失职，情节轻微的，给予行政处分，或由有关人民政府计量行政部门撤销其计量监督员取务；利用职权收受贿赂、徇私舞弊，构成犯罪的，依法追究刑事责任。

第二十一条 负责计量器具新产品定型鉴定、样机试验的单位，泄漏申请单位提供的样机和技术文件、资料秘密的，按国家有关规定，赔偿申请单位的损失，并给予直接责任人员行政处分；构成犯罪的，依法追究刑事责任。

第二十二条 计量检定人员有下列行为之一的，给予行政处分；构成犯罪的，依法追究刑事责任：

（一）违反检定规程进行计量检定的；

（二）使用未经考核合格的计量标准开展检定的；

（三）未取得计量检定证件进行计量检定的；

（四）伪造检定数据的，

第二十三条 计量检定人员出具错误数据，给送检一方造成损失的，由其所在的技术机构赔偿损失；情节轻微的，给予计量检定人员行政处分；构成犯罪的，依法追究其刑事责任。

第二十四条 执行强制检定的工作计量器具任务的机构无故拖延检定期限的，送检单位可免交检定费：给送检单位造成损失的，应赔偿损失；情节严重的，给予直接责任人员行政处分。

第二十五条 同一单位或个人，有两种以上违法行为的，分别处罚，合并执行。

同一案件涉及两个以上单位或个人的，根据情节轻重，分别处罚。

第二十六条 有下列情况之一的，可以从轻或免予处罚：

（一）情节特别轻微的；

（二）初次违法，情节较轻的；

（三）认错态度好，能积极有效地配合查处工作的；

（四）主动改正的。

第二十七条 有下列情况之一的，按规定处罚幅度上限从重处罚：

（一）屡教不改的；

（二）明知故犯的；

（三）借故刁难监督检查或检定的；

（四）后果严重、危害性大的；

（五）转移、毁灭证据或擅自改变与案件有关的计量器具原始技术状态的；

（六）作假证、伪证或威胁利诱他人作假证、伪证的。

第二十八条 围攻、报复计量执法人员、检定人员，或以暴力威胁手段阻碍计量执法人员、检定人员执行公务的，提请公安机关或司法部门追究法律责任。

第二十九条 当事人对行政处罚决定不服的，可在接到处罚通知之日起十五日内向作出处罚决定机关的上级机关申请复议；对复议结果不服的，可向人民法院起诉。

对处罚决定逾期不申请复议或不起诉，又不履行的，由作出处罚决定的机关申请人民法院强制执行。

第三章　附　　则

第三十条 本细则下列用语的含义是：

（一）伪造数据是指单位或个人使用合格的计量器具，进行不诚实的测量，出具虚假数据或者定量包装商品实际量与标注量不符的违法行为。

（二）出版物是指公开或内部发行的，除古籍和文学书籍以外的图书、报纸、期刊，以及除文艺作品外的音像制品。

（三）非出版物是指公文、统计报表、商品包装物、产品铭牌、说明书、标签标价、票据收据等。

第三十一条 本细则由国家技术监督局负责解释。

第三十二条 本细则自发布之日起施行。

中华人民共和国铁路法

（1990年9月7日第七届全国人民代表大会）
常务委员会第十五次会议通过

第一章 总 则

第一条 为了保障铁路运输和铁路建设的顺利进行，适应社会主义现代化建设和人民生活的需要，制定本法。

第二条 本法所称铁路、包括国家铁路、地方铁路、专用铁路和铁路专用线。

国家铁路是指由国务院铁路主管部门管理的铁路。

地方铁路是指由地方人民政府管理的铁路。

专用铁路是指由企业或者其他单位管理，专为本企业或者本单位内部提供运输服务的铁路。

铁路专用线是指由企业或者其他单位管理的与国家铁路或者其他铁路线路接轨的岔线。

第三条 国务院铁路主管部门主管全国铁路工作，对国家铁路实行高度集中、统一指挥的运输管理体制，对地方铁路、专用铁路和铁路专用线进行指导、协调、监督和帮助。

国家铁路运输企业行使法律、行政法规授予的行政管理职能。

第四条 国家重点发展国家铁路，大力扶持地方铁路的发展。

第五条 铁路运输企业必须坚持社会主义经营方向和为人民服务的宗旨，改善经营管理，切实改进路风，提高运输服务质量。

第六条 公民有爱护铁路设施的义务。禁止任何人破坏铁路设施，扰乱铁路运输的正常秩序。

第七条 铁路沿线各级地方人民政府应当协助铁路动输企业保证铁路运输安全畅通，车站、列车秩序良好，铁路设施完好和铁路建设顺利进行。

第八条 国家铁路的技术管理规程，由国务院铁路主管部门制定，地方铁路、专用铁路的技术管理办法，参照国家铁路的技术管理规程制定。

第九条 国家鼓励铁路科学技术研究，提高铁路科学技术水平。对在铁路科学技术研究中有显著成绩的单位和个人给予奖励。

第二章 铁路运输营业

第十条 铁路运输企业应当保证旅客和货物运输的安全，做到列车正点到达。

第十一条 铁路运输合同是明确铁路运输企业与旅客、托运人之间权利义务关系的协议。

旅客车票、行李票、包裹票和货物运单是合同或者合同的组成部分

第十二条 铁路运输企业应当保证旅客按车票载明的日期、车次乘车，并到达目的站。因铁路运输企业和责任造成旅客不能按车票载明的日期、车次乘车，铁路运输企业应当按照旅客的要求，退还全部票款或者安排改乘到达相同目的站的其他列车。

第十三条 铁路运输企业应当采取有效措施做好旅客运输服务工作，做到文明礼貌、热情周到，保持车站和车厢内的清洁卫生，提供饮用开水，做好列车上的饮食供应工作。

铁路铁路运输企业应当采取措施，防止对铁路沿线环境的污染。

第十四条 旅客乘车应当持有效车票。对无票乘车或者持失效车票乘车的，应补收票款，并按照规定加收票款；拒不交付的，铁路运输企业可以责令下车。

第十五条 国家铁路和地方铁路根据发展生产、搞活流通的原则，安排货物运输计划。

对抢险救灾物资和国家规定需要优先动输的其他物资，应予优先运输。

地方铁路运输的物资需要经由国家铁路运输的，其运输计划应当纳入国家铁路的运输计划。

第十六条 铁路运输企业应当按照合同约定的期限或者国务院铁路主管部门规定的期限，将货物、包裹、行李运到目的站；逾期运到的，铁路运输企业应当支付违约金。

铁路运输企业逾期30日仍未将货物、包裹、行李交付收货人或者旅客的，托运人、收货人或者旅客有权按货物、包裹、行李灭失向铁路运输企业要求赔偿。

第十七条 铁路运输企业应当承运的货物、包裹、行李自接受承运时起到交付时止发生的灭失、短少、变

质、污染或者损坏承担赔偿责任：

(一)托运人或者旅客根据自愿申请办理保价运输的，按照实际损失赔偿，但最高不超过保价额。

(二)未按保价运输承运的按照实际损失赔偿，但最高不超过国 务院铁路主管部门规定的赔偿限额；如果损失是由于铁路运输企业的故意或者重大过失造成的，不适用赔偿限额的规定，按照实际损失赔偿。

托运人或者旅客根据自愿可以向保险公司办理货物运输保险，保险公按照保险合同的约定承担赔偿责任。

托运人或者旅客根据自愿，可以办理保价运输，也可以办理货物运输保险，还可以既不办理保价运输，也不办理货物运输保险，不得以任保方式强迫办理保价运输或者货物运输保险。

第十八条　由于下列原因造成的货物、包裹、行李损失的，铁路运输企业不承担赔偿责任：

(一)不可抗力。

(二)货物或者包裹、行李中的物品本身的自然属性，或者合理损耗。

(三)托运人、收货人或者旅客的过错。

第十九条　托运人应当如实填报托运单，铁路运输企业有权对填 报的货物和包裹的品名、重量、数量进行检查。经检查，申报与实际不符的，检查费用由托运人承担；申报现实际相符的，检查费用由铁路运输企业承担，因检查对货物和包裹中的物品造成的损坏由铁路运输事企业赔偿。

托运人因申报不实而少交的运费和其他费用应当补交，铁路运输企业按照国务院铁路主管部门规定加收运费和其他费用。

第二十条　托运货物需要包装的，托运人应当按照国家包装标准或者行业包装标准包装；没有国家包装标准或者行业包装标准的，应当妥善包装，使货物在运输途中不因包装原因而受损坏。

铁路运输企业对承运的容易腐烂变质的货物和活动物，应按照国务院铁路主管部门的规定和合同的约定，采取有效的保护措施。

第二十一条　货物、包裹、行李到站后，收货人或者旅客应当按照国务院铁路主管部门规定的期限及时领取，并支付托运人未付或者少付的运费和其他费用；逾期领取的，收货人或者旅客应按照规定交付保管费。

第二十二条　自铁路运输企业发出领取货物通知之日起满 30 日仍无人领取的货物。或者收货人书面通知铁路运输企业拒绝领取的货物，铁路运输企业应当通知托运人，托运人自接到通知之日 起满 30 日未作答复的，由铁路运输企业变卖；所得价款在扣除保管费用后尚有余款的，应当退还托运人，无法退还、自变卖之日起 180 日内托运人又未领回的，上缴国库。

自铁路运输企业发出领取通知之日起满降 10 日仍无人领取的包裹或者到站后满 90 日仍无人领取的行李，铁路运输企业应当公告，公告满九十日仍无人领取的，可以变卖；所得价款在扣除保管等费用后尚有余款的，托运人，收货人或者旅客可以自变卖之日起 180 日内领回，逾期不领回的，上缴国库。

对危险物品和规定限制运输的物品，应当移交公安机关或者有关部门处理，不得自行变卖。

对不宜长期保存的物品，可以按照国务院铁路主管部门的规定缩短处理期限。

第二十三条　因旅客、托运人或者收货人的责任给铁路运输企业造成财产损失的，由旅客、托运人或者收货人承担赔偿责任。

第二十四条　国家鼓励专用铁路兼办公共旅客、货物的运输营业；提倡铁路专用线与有关单位按照协议共用。

专用铁路兼办公共旅客、货物运输营业的，应当报经省、自治区、直辖市人民政府批准。

专用铁路兼办公共旅客、货物运输营业的，适用本法关于铁路运输企业的规定。

第二十五条　国家的铁路旅客票价率和货物、包裹、行李的运价率由国务院铁路主管部门拟订，报国务院批准。国家铁路的旅客、货物的运输杂费的收费项目和收费标准由国务院铁路主管部门规定。国家铁路的特定运营线的运价率、特定货物的运价率和临时运营线的运价率，由国务院铁路主管部门商得国务院物价主管部门同意后规定。

地方铁路的旅客票价率货物运价率和旅客、货物运价率和旅客、货物运输杂费的收费项目和收费标准，由省治区、直辖市人民政府物价主管部门会同国务院铁路主管部门授权的机构规定。

兼办公共旅客，货物运输业的专用铁路的旅客票价率、货物运价率和旅客、货物运输杂费的收费项目和收费标准，以及铁路专用线共用的收费标准，由省、自治区、直辖市人民政府物价主管部门规定。

第二十六条　铁路的旅客价、货物、包裹、行李的运价，旅客和货物运输杂费的收费项目和收费标准，必须公告，未公告的不得实施。

第二十七条　国家铁路、地方铁路和专用铁路印制使用的旅客、货物运输票证，禁止伪造和变造。

禁止倒卖旅客车票和其他铁路 运输票证。

第二十八条　托运、承运货物、包裹、行李，必须遵守国家关于禁止或者限制运输物品的规定。

第二十九条　铁路运输企业与公路、航空或者水上运输企业相互间实行国内旅客、货物联运，依照国家有关规定办理；国家没有规定的，依照有关各方的协议办理。

第三十条 国家铁路、地方铁路参加国际联运，必须经国务院批准。

第三十一条 铁路军事运输依照国家有关规定办理。

第三十二条 发生铁路运输合同争议的，铁路运输企业和托运人、收货人或者旅客可以通过调解解决；不愿意调解解决或者调解不成的，可以依据合同中的仲裁条款或者事后达成的书面仲裁协议，向国家规定的仲裁机构申请仲裁。

当事人一方在规定的期限内不履行仲裁机构的仲裁决定的，另一方可以申请人民法院强制执行。

当事人没有在合同中订立仲裁条款，事后又没有达成书面仲裁协议的，可以向人民法院起诉。

第三章 铁路建设

第三十三条 铁路发展规划应当依据国民经济和社会发展以及国防建设的需要制定，并与其他方式的交通运输发展规划相协调。

第三十四条 地方铁路、专用铁路、铁路专用线的建设计划必须符合全国铁路发展规划，并征得国务院铁路主管部门或者国务院铁路主管部门授权的机构的同意。

第三十五条 在城市规划区范围内，铁路的线路、车站、枢纽以及其他有关设施的规划，应当纳入所在城市的总体规划。

铁路建设用地规划，应当纳入土地利用总体规划。为远期扩建、新建铁路需要的土地，由县级以上人民政府在土地利用总体规划中安排。

第三十六条 铁路建设用地，依照有关法律、行政法规的规定办理。

有关地方人民政府应当支持铁路建设，协助铁路运输企业做好铁路建设征用土地工作和拆迁安置工作。

第三十七条 已经取得使用权的铁路建设用地，应当依照批准的用途使用，不得擅自改作他用，其他单位或者个人不得侵占。

侵占铁路建设用地的，由县级以上地方人民政府土地管理部门责令停止侵占、赔偿损失。

第三十八条 铁路的标准轨距为1435毫米。新建国家铁路必须采用标准轨距。

窄轨铁路的轨距为762毫米或者1000毫米。

新建和改建铁路的其他技术要求应当符合国家标准或者行业标准。

第三十九条 铁路建成后，必须依照国家基本建设程序的规定，经验收合格，方能交付正式运行。

第四十条 铁路与道路交叉处，应当优先考虑设置立体交叉；未设立体交叉的，可以根据国家有关规定设置平交道口或者人行过道。在城市规划区内设置平交道口或者人行过道，由铁路运输企业或者建有专用铁路、铁路专用线的企业或者其他单位和城市规划主管部门共同决定。

拆除已经设置的平交道口或者人行过道，由铁路运输企业或者建有专用铁路、铁路专用线的企业或者其他单位和当地人民政府商定。

第四十一条 修建跨越河流的铁路桥梁，应当符合国家规定的防洪、通航和水流的要求。

第四章 铁路安全与保护

第四十二条 铁路运输行业必须加强对铁路的管理和保护，定期检查、维修铁路运输设施，保证铁路运输设施完好，保障旅客和货物运输安全。

第四十三条 铁路公安机关和地方公安机关分工负责共同维护铁路治 安秩序。车站和列车内的治安秩序，由铁路公安机关负责维护；铁路沿线的治安秩序，由地方公安机关和铁路公安机关共同负责维护，以地方公安机关为主。

第四十四条 电力主管部门应当保证铁路牵引用电以及铁路运营用电中重要负荷 的电力供应。铁路运营用电中重要负荷 的供应范围由国务院铁路主管部门和国务院电力主管部门商定。

第四十五条 铁路线路两侧地界以外的山坡地由当地人民政府作为水土保持的重点进行整治。铁路隧道顶上的山坡地由铁路运输企业协助当地人民政府进行整治。铁路地界以内的山坡地由铁路运输企业进行整治。

第四十六条 在铁路线路和铁路桥梁、涵洞两侧一定距离内，修建山塘、水库、堤坝，开挖河道、干渠、采石挖砂，打井取水，影响铁路路基稳定或者危害铁路桥梁、涵洞安全的，由县级以上地方人民政府责令停止建设或者采挖、打井等活动，限期恢复原状或者责令采取必要的安全防护措施。

在铁路线路上架设电力、通讯线路，埋置电缆、管道设施，穿凿通过铁路路基的地下坑道，必须经铁路运输企业同意，并采取安全防护措施。

在铁路弯道内侧，平交道口和人行过道附近，不得修建妨碍行车瞭望的建筑物和种植妨碍行车瞭望的树木。修建妨碍行车瞭望的建筑物的，由县级以上地方人民政府责令限期拆除。种植妨碍行车瞭望的树木的，由县级以上地方人民政责令有关单位或者个人限期迁移或者修剪、砍伐。

违反前三款的规定，给铁路运输企业造成损失的单位或者个人，应当赔偿损失。

第四十七条 禁止擅自在铁路线路上铺设平交道口和人行过道。

平交道口和人行过道必须按照规定设置必要的标志和防护设施。

行人和车辆通过铁路平交道口和人行过道时，必须遵守有关通行的规定。

第四十八条 运输危险品必须按照国务院铁路主管部门的规定办理，禁止以非危险品品名托运危险品。

禁止旅客携带危险品进站上车。铁路公安人员和国务院铁路主管部门规定的铁路职工，有权对旅客携带的物品进行运输安全检查。实施运输安全检查的职工应当佩戴执勤标志。

危险品的品名由国务院铁路主管部门规定并公布。

第四十九条 对损毁、移动铁路信号装置及其他行车设施或者在铁路线路上放置障碍物的，铁路职工有权制止，可以扭送公安机关处理。

第五十条 禁止偷乘货本、攀附行进中和列车或者击打列车。对偷乘货车、攀附行进中的列车或者击打列车的，铁路职工有权制止。

第五十一条 禁止在铁路线路上行走，坐卧。对在铁路线路上行走、坐卧的，铁路职工有权制止。

第五十二条 禁止在铁路线路两侧二十米以内或者铁路防护林地内放牧。对在铁路 线路两侧二十米以内或者铁路防护林地内放牧的，铁路职工有权制止。

第五十三条 对聚众拦截列车或者聚众冲击铁路行车调度机构的，铁路职工有权制止；不听制止的，公安人员现场负责人有权命令解散；拒不解散的，公安人中现场负责人有权依照国家有关规定决定采取必要手段强行驱散，并对拒不服从的人员强行带离现场 或者予以拘留。

第五十四条 对哄抢铁路运输物资的，铁路职工有权制止，可以扭送公安机关处理；现场公安人员可以予以拘留。

第五十五条 在列车内，寻衅滋事，扰乱公共秩序，危害旅客人身、财产安全的，铁路职工有权制止，铁路公安人员可以予以拘留。

第五十六条 在车站和旅客列车内，发生法律规定需要检疫的传染病时，由铁路卫生检疫机构进行检疫；根据铁路卫生检疫机构的请求，地方卫生检疫机构应予协助。

货物运输的检疫，依照国家规定办理。

第五十七条 发生铁路交通事故，铁路运输企业应当依照国务院和国务院有关主管部门关于事故调查处理的规定办理，并及时恢复正常行车，任保单位和个人不得阻碍铁路线路开通和列车运行。

第五十八条 因铁路行车事故及其他铁路运营事故造成人身伤亡的，铁路运输企业应当承担赔偿责任；如果人身伤亡是因不抗力或者由于受害人自身的原因造成的，铁路运输企业不承担赔偿责任。

违章通过平交道口或者人行过道，或者在铁路线路上行走、坐卧造成的人身伤亡，属于受害人自身的原因造成的人身伤亡。

第五十九条 国家铁路的重要桥梁和隧道，由中国人民武装警察部队负责守卫。

第五章　法律责任

第六十条 违反本法规定，携带危险品进站上车或者以非危险品品名托运危险品，导致发生重大事故的，依照刑法第一百一十五条的规定追究刑事责任。企业事业单位、国家机关、社会团体犯本款罪的，处以罚金，对其主管人员和直接责任人员依法追究刑事责任。

携带炸药、雷管或者非法携带枪支子弹、管制刀具进站上车的，比照刑法第一百六十三条的规定追究刑事责任。

第六十一条 故意损毁、移动铁路行车信号装置或者在铁路线路上放置足以使列车倾覆的障碍物，尚未造成严重后果的，依照刑法第一百零八条的规定追究刑事责任；造成严重后果的，依照刑法第一百一十条的规定追究刑事责任。

第六十二条 盗窃铁路线路上行车设施的零件、部件或者铁路上的器材，危及行车安全、尚未造成严重后果的，依照刑法第一百零八条破坏交通设施罪的规定追究刑事责任；造成严重后果的，依照刑法第一百一十条破坏交通设施罪的规定追究刑事责任。

第六十三条 聚众拦截列车不听制止的，对首要分子和骨干分子依照刑法第一百五十九条的规定追究刑事责任。

聚众冲击铁路行车调度机构不听制止的，对首要分子和骨干分子依照刑法第一百五十八条的规定追究刑事责任。

第六十四条 聚从哄抢铁路运输物资的，对首要分子和骨干分子依照刑法第一百五十一条或者第一百五十二条的规定追究刑事责任。

铁路职工与其他人员勾结犯前款罪的，从重处罚。

第六十五条 在列车内，抢劫旅客财物，伤害旅客的，依照刑法有关规定从重处罚。在列车内，寻衅滋事，侮辱妇女，情节恶劣的，依照刑法第一百六十条的规定追究刑事责任；敲诈勒索旅客财物的，依照刑法第一百五十四条的规定追究刑事责任 。

第六十六条 倒卖旅客车票数额较大的，依照刑法第一百一十七条的规定追究刑事责任，以倒卖旅客车票为常业的，倒卖数额巨大的或者倒卖集团的首要分子，依照刑法第一百一十八条的规定追究刑事责任。铁路职工倒卖旅客车票或者与其他人员勾结倒卖旅客车票的，依照刑法第一百一十九条的规定追究刑事责任。

第六十七条 违反本法规定，尚不够刑事处罚，应当给予治安管理处罚的，依照治安管理处罚条例的规定处罚。

第六十八条 擅自在铁路线路上铺设平交道口、人行过道的，由铁路公安机关或者地方公安机关责令限期拆除，可以并处罚款。

第六十九条 铁路运输企业违反本法规定，多收运费、票款或者旅客、货物运输杂费的，必须将多收的费用退还付款人，无法退还的上缴国库。将多收的费用据为已有或者侵吞私分的，依照关于惩治贪污罪贿赂罪的补充规定第一条、第二条的规定追究刑事责任。

第七十条 铁路职工利用职务之便走私、投机倒把的，或者与其他人员勾结走私、投机倒把的，依照刑法第一百一十九条的规定追究刑事责任。

第七十一条 铁路职工玩忽职守、违反规章制度造成铁路运营事故的，滥用职权、利用办理运输业务之便谋取私利的，给予行政处分，情节严重、构犯罪的，依照刑法有关规定追究刑事责任。

第六章 附 则

第七十二条 本法所称国家铁路运输企业是指铁路局和铁路分局。

第七十三条 国务院根据本法制定实施条例。

第七十四条 本法自1991年5月1日起施行。

附：

刑法有关条款

第一百一十五条 违反爆炸性、易燃性、放射性、毒害性、腐蚀性物品的管理规定，在生产、储存、运输、使用中发生重大事故，造成严重后果的，处三年以下有期徒刑或者拘役；后果特别严重的，处三年以上七年以下有期徒刑。

第一百六十三条 违反枪支管理规定，私藏枪支、弹药，拒不交出的，处二年以下有期徒刑或者拘役。

第一百零八条 破坏轨道、桥梁、隧道、公路、机场、航道、灯塔、标志或者进行其他破坏活动，足以使火车、汽车、电车、船只、飞机发生倾覆、毁坏危险，尚未造成严重后果的，处三处以上十年以下有期徒刑。

第一百一十条 破坏交通工具、交通设备、电力煤气设备、易燃易爆设备造成严重后果的，处十年以上有期徒刑、无期徒刑或者死刑。过失犯前款罪的。处七年以下有期徒刑或者拘役。

第一百五十九条 聚众扰乱车站、码头、民用航空站、商场、公园、影剧院、展览会、运动场或者其他公共场所秩序，聚众堵塞交通或者破坏交通秩序，抗拒、阻碍国家治安管理工作人员依法执行职务，情节严重的，对首要分子处五年以下有期徒刑、拘役、管制或者剥夺政治权利。

第一百五十八条 禁止任何人利用任何手段扰乱社会秩序。扰乱社会秩序情节严重，致使工作、生产、营业和教学、科研无法进行，国家和社会遭受严重损失的，对首要分子处五年以下有期徒刑、拘役、管制或者剥夺政治权利。

第一百五十一条 盗窃、诈骗、抢夺公私财物数额较大的，处五年以下有期徒刑、拘役或者管制。

第一百五十二条 惯窃、惯骗或者盗窃、诈骗，抢夺公私财物数额巨大的，处五年以上十年以下有期徒刑；情节特别严重的，处十年以上有期徒刑或者无期徒型，可以并处没收财产。

第一百六十条 聚众斗殴，寻衅滋事，侮辱妇女或者进行其他流氓活动，破坏公共秩序，情节恶劣的，处七年以下有期徒刑、拘役或者管制。

流氓集团的首要分子，处七年以上有期徒刑。

第一百五十四条 敲诈勒索公私财物的，处三年以下有期徒刑或者拘役；情节严重的，处三年以上七年以下有期徒刑。

第一百一十七条 违反金融、外汇、金银、工商管理法规，投机倒把，情节严重的，处三年以下有期徒刑或者拘役，可以并处、单处罚金或者没收财产。

第一百一十八条 以走私、投机倒把为常业的，走私、投机倒把数额巨大的或者走私、投机倒把集团的首要分子，处三年以上十年以下有期徒刑，可以并处没收财产。

第一百一十九条 国家工作人员利用职务上的便利，犯走私、投机倒把罪的，从重处罚。

中共中央 国务院关于坚决制止乱收费乱罚款和各种摊派的决定

（1990 年 9 月 16 日）

近几年来，党中央、国务院针对一些地区和部门出现的乱收费、罚款和各种摊派（以下简称“三乱”）的情况，曾多次发布文件严加制止。各地区、各部门虽进行了一些清理整顿，但总的来说，效果不明显，问题仍相当严重，不少地区和单位继续违反国家规定，任意增加收费项目，提高收费标准，名目繁多，标准过高，有的随意对企事业单位和群众罚款，甚至乱设关卡，敲诈勒索，有的搞建设、办事业不量力而行，强制集资摊派；有的财务管理混乱，监督检查不严，违法违纪现象经常发生。“三乱”屡禁不止，日趋严重，已成为一个尖锐的社会问题，群众对此反映十分强烈。在当前纠正行业不正之风的同时，必须下大决心对“三乱”进行综合治理，坚决加以制止。为此，特作如下决定：

一、统一思想，提高认识，增强制止“三乱”的紧迫感。“三乱”的出现，有体制改革不配套，经济过热、、法制不健全的原因，也有部分执法人员素质不高的原因，但更主要的还在于有些地区和部门的领导缺乏全局观念、群众观念和法制观念，对“三乱”的危害性认识不足管理不严，清理整顿态度不坚决，措施不得力，致使问题长期得不到解决。坚决制止“三乱”关键在于各级党政领导要统一思想，充分认识“三乱”的严重性和危害性。必须看到，“三乱”不仅加重了企事业单位和群众的负担，造成国家财政收入的大量流失和浪费，而且背离了为人民服务的宗旨，助长了不正之风，严重损害了党和政府同人民群众的关系，挫伤了企事业单位和群众的积极性，影响了经济发展和社会稳定。各级党政机关和有关部门，一定要把制止“三乱”提到端正党风、加强廉政建设、密切党群干群关系的高度来认识，把制止“三乱”与纠正行业不正之风、清除腐败现象结合起来，作为治理经济环境、整顿经济秩序的一项重要内容，认真加以解决。一定要牢固树立全局观念，坚持量力而行和勤俭节约的原则，不能超越社会承受能力乱铺摊子，不能只顾本地区、本部门的局部利益随意开收费的口子和乱罚款，自觉防止和抵制“三乱”的滋生和发展。

二、对现有的收费、罚款、集资项目和各种摊派进行全面的清理整顿。各地区、各有关部门要在全面检查现有收费、罚款和集资需目的依据、标准、范围、奖金用途和执收执罚单位管理的基础上，认真整顿收费、罚款、集资项目和执收罚机构、现行规章、票据、执法纪律。在清理整顿时，要条块结合，以块为主，密切配合，协调进行。国务院有关部门和各省、自治区、直辖市人民政府要倾听群众呼声和意见，带头清理整顿。在地方的中央有关部门的直属单位的清理整顿工作，由地方政府统一布置。各部门、各单位要先进行自查，并按规定报上级主管部门和当地政府处理。国务院和地方政府要组织力量，对群众和企事业单位反应强烈的部门和单位进行重点检查。通过清理整顿，解决“滥、散、乱”的问题，取缔非法行为，维护合法的收费、罚款和集资。

三、严格审核收费、罚款、集资项目和标准。对现有的收费、罚款、集资项目，要重新进行审核，区别不同情况加以处理，凡符合国家审批规定又合理的予保留，继续执行，但对其中标准过高的要降下来。不合理的要取消，重复收取的要合并。不符合审批规定的收费项目，应立即停止执行。对其中确有正当理由需要保留的，必须按规定权限重新申报批准后才能执行，未经批准的一律取消。国家行政机关应在其职责范围内办理公务，除国家法律、法规有专门规定者外，不准收费。罚款幅度过大的，要划清档次，时确标准。用集资建设的计划外项目和不符合产业政策的项目要停建。在清理整顿期间，除国家法律、法规、规定和国务院特批的外，不审批新的收费、罚款项目。

四、坚决禁止各种形式的摊派。国务院一九八八年四月发布的《禁止向企业摊派暂行条例》和一九九〇年二月发出的《关于切实减轻农民负担的通知》，各地区、各部门都要认真执行。党中央、国务院重申：在国家法律、法规和有关规定之外，要求有关单位或个人无偿地、非自愿地提供财力、物力和人力的行为都是摊派，一律予以禁止。任何地方、部门和单位都不准收取上述文件所禁止的费用，不得以赞助、捐赠等为名变相向行政事业单位、企业和个人摊派。企业自愿赞助、捐赠的,只准从企业留利中开支,不得计入成本。刊登广告和订阅报刊杂志,必须坚持自愿的原则,不得用行政手段强行摊派。

五、明确部门职责和管理权限,加强项目审批管理。行政事业性收费项目,审批权限集中在中央和省(不含计划单列市)两级。根据收费项目情况,分别由国家物价局、财政部和省物价、财政部门审批,重要项目须国务院或省政府批准。设立各种基金的审批权集中到财政部,由财政部会同有关部门审批,重要的报国务院批准。各种证照的发放和收费要严格控制。罚款项目,要严格按国家法律、法规和规章的有关规定执行。新确定罚款项目,必须严格按法定程序报批。集资必须在法律、法规和国务院有关政策允许的范围内进行,坚持自愿、受益、适度、资金定向使用的原则。集资项目,应由同级计委、财政部门会审,经当地人民政府报上一级人民政府审批。集资规模必须纳入国家计委下达给当地的投资计划,进不了计划的不准批准集资(乡镇企业和资金筹集管理,仍按财政部〔86〕财农字第306号文件执行)。

六、建设健全收费、罚款和集资的财务、票证管理制度。对行政事业性收费,要按照资金性质分别纳入财政预算外的管理。罚款收入上交财政,取消各种形式的罚没收入提留分成办法;执法部门所需办案和业务经费,列入财政支出预算,对集资的资金,实行收支两条线管理,用于本建设的,要统一存入当地财政在建设银行开设的预算外资金专户,由财政部门和建设银行监督使用。上述各项收支都要入帐,纳入单位财务管理,并按规定及时上缴国库或存入财政专户,严禁坐收坐支,挪用私分或私设"小金库"。有关单位在收费时必须持收费许可证"。各种收费和罚款,都必须使用财政部门统一制定的票据,否则单位和个人有权拒付。

七、精简机构,压缩人员,努力减少各种收费。对以收费为主要经费来源的单位,经过清理要撤并一批。确实需要保留的单位,经批准可继续准予适当收费或增加财政拨款。对各类检查站(点),要减少数量,尽可能实行部门联合检查。目前,各种学会、协会、研究会、基金会等社会团体和群众组织过多过滥,民政部和有关部门要结合这次清理整顿重新审核。对不符合社会需要、不具备基本活动条件的,应予撤销。对行业、学科分工过细或重复成立的,要进行合并。社会团体和群众组织不得向社会收取费用。会费的收取标准,由民政部会同财政部制定,各地区、各部门要严格执行。今后除特殊情况外,新增加的工作必须由原职能部门承担,不准另设机构也不准以自行收费不要财政负担为由,搞编外机构和人员。

八、切实加强监督检查。今后,各级政府要把对收费、罚款、集资、摊派的检查列为税收、财务、物价大检查的一项重要内容,使之制度化、经常化。财政、物价、审计、监察部门都要切实加强对收费、罚款、集资、摊派的监督检查。各级人大常委会可结合执法检查,组织人大代表开展这方面的检查,可邀请政协委员参与检查,进行监督。对人大代表和政协委员反映的问题,各级政府要及时处理。要通过各种新闻舆论工具,广泛宣传有关法规和政策,公布收费、罚款项目和标准,对严重违反规定的要公开处理。有关单位要亮证执收执罚。各级财政、物价、计委(经委)、农业和有关主管部门要对"三乱"建立举报制度,负责查处违法乱纪行为。要抓紧制定和完善有关法规,依法制止"三乱"。要发动企事业单位和群众,运用法律、法规、制度维护自身的合法权益,积极参与对执收执罚人员的监督,形成一种抵制"三乱"的社会监督机制.对目无法纪,继续乱收费、乱罚款和摊派的单位,其非法收入除按规定退还被收、被罚、被摊派的单位和个人外,其余全部没收上交财政,并由纪检、监察机关或主管部门给予这些单位和审批部门领导人相应的党纪、政纪处分。对私分财物、贪赃枉法或打击报复举报人者,要依法从重处理,决不姑息。

九、大力加强执法队伍的建设,努力提高执法人员素质。应该肯定,我们的执法队伍总体上是好的,多数执法人员在工作中做出了一定成绩,但确有少数执法人员严重违法违纪,在群众中造成了恶劣影响。要大力加强对执法人员的思想政治工作,广泛深入地开展法制教育、廉政教育和职业道德教育,不断提高他们的思想觉悟和政策水平。要使每个执法人员懂得,他们是代表国家执法的,一举一动直接关系着党和国家的声誉,应更加自觉地秉公执法。对执法严明的,要加以表彰,对不适合执法工作的,要坚决调离;对少数贪赃枉法的,要坚决清除;对触犯法律的要依法惩处。对新上岗的招收执罚人员,要分期分批地进行培训,提高政治、业务素质。对执法机关中已招收的合同工,必须重新全面审核,进行岗前培训,经考试合格、报同级政府批准后才可从事执法工作。今后,有关部门不得招收合同工、临时工行使执法权。

十、切实加强对治理"三乱"工作的领导。制止"三乱"是一项十分艰巨的工作,涉及面广,政策性强,情况复杂,难度很大,各级党委、政府及有关部门必须加强领导。党中央、国务院决定成立治理"三乱"领导小组,有关部门参加,统一领导,部署和协调清理整顿工作。领导小组下设办公室负责治理"三乱"的日常工作。各省、自治区、直辖市党委、人民政府和国务院有关部门也要建立相应的领导机构,确定一位主要领导同志负责这项工作。在治理"三乱"工作中,要充分发挥有关职能部门的监督管理作用。清理整顿乱收费的工作,由物价、财政部门负责;清理整顿各种摊派的工作,由计委(经委)负责;清理整顿乱罚款的工作,由财政部门负责。以上各项涉及农民负担的,要与农业主管部门共同研究。各地区、各部门要按本决定提出的要求,抓紧研究制定实施方案,进行部署,用一年左右的时间基本搞完。已经开展清理整顿的地区和部门,要在总结经验的基础上,把这项工作抓深抓细,不能走过场。清理整顿结束后,要认真进行总结,并将情况报告党中央、国务院。

国务院办公厅转发国务院联合清理拖欠税款领导小组关于抓紧清理欠税几点意见的通知

(1990年10月12日)

国务院联合清理拖欠税款领导小组《关于抓紧清理欠税的几点意见》,已经国务院批准,现转发给你们,请认真贯彻执行。

当前企业欠税日益严重,严重威胁到今年预算收入任务的完成和预算内资金的拨付。必须迅速采取措施,大力清理欠税,确保国家预算的完成。地方各级政府、国务院有关部门都要从全局利益出发,把这项关系全局的工作列入议事日程,切实加强领导。有关部门要密切配合,把清理欠税和清理"三角债"结合起来,把工作做细做好,真正抓出成效。

关于抓紧清理欠税的几点意见

今年以来欠税数额逐月上升,已经严重威胁到今年预算收入任务的完成和预算内资金的拨付,并将导致财政赤字的进一步扩大。必须迅速采取措施,大力清理欠税,确保国家预算的完成。今年七月国务院领导同志在接见全国财政工作会议代表时指出:目前欠税很严重,对此一定要高度重视,采取措施把欠税清回来,不能让欠税的企业占便宜,也不能使企业认为欠税有理。为贯彻国务院领导同志的指示精神,切实抓好当前清理欠税工作,把清理欠税与清理"三角债"结合起来,把绝大部分欠税清理回来,确保今年预算任务的完成,提出如下意见:

一、各级政府必须高度重视清理欠税工作,切实加强领导。欠税问题不仅是个财政问题,而且直接关系到社会和经济的稳定,要把清理欠税作为当前经济工作中的一件大事来抓。各级政府要有一位主要负责同志分工抓这项工作,列入重要议事日程,切实加强领导。要克服等待观望和畏难情绪,统一认识,坚定信心,积极行动起来。要健全清税机构,增强清税力量,充分发挥联合清理欠税的作用,有关部门要密切配合,支持清理欠税工作,把该收的税都收上来。同时,各地区、各部门要努力促产增收,帮助企业搞活资金,疏导流通,合理调整产品结构,增产适销对路的产品,从根本上解决欠税问题。

二、各地区、各部门要根据实际情况,抓紧制定节实可行的清理欠税计划,层层落实清理欠税指标。今年初,全国财政工作会议提出今年欠税要在年初欠税额的基础上压缩二十亿元,这个指标已打入预算,必须完成。各地要想方设法完成这个指标,今年年底欠税余额要低于年初的20%以上。

三、把清理欠税与清理"三角债"结合起来,在清理拖欠货款的同时,抓紧清理企业欠税。企业清理债务收回的货款,必须首先缴纳所欠税款。对一些欠税多的重点企业,要建立"税款过渡专户",将收回的货款按税法规定的比例划入此专户,以保证税款及时入库。

四、要抓紧重点欠税大户的清理工作,建立清理欠税责任制。要层层抓大户,督促企业制定清理欠税计划,限期缴纳欠税。各级领导要深入重点大户,通过现场办公等有效方式,从帮助企业解决实际问题入手,把清理欠税工作落到实处。

五、计划内应拨款项,各级财政和企业主管部门要及时拨付。对既有财政欠拨、欠补,又有欠税的企业和部门,要采取转帐方式交税、拨款,即在办理拨款手续的同时办理税款入库手续。对既有出口退税又有欠税的企业和部门，在有条件的地方，也可采取上述办法清缴欠税。

六、基建项目拨款不足的，各级计划部门和有关主管部门要及时弥补资金缺口。对因基建下马而形成欠税的基建项目，要抓住当前为解决基建项目拖欠货款问题，国家增加基建资金的时机，抓紧清缴欠税。欠税单位在收到基建单位支付的货款后，要首先交纳所欠税款。税款征收部门要及时了解资金拨付情况，监督欠税单位及时清缴拖欠税款。资金拨付部门也要主动向税款征收部门通报资金拨付情况。

七、各专业银行要严格执行“税、贷、货、利”的扣款原则，主动为税款征收机关提供企业资金情况，积极协助征收机关清理拖欠税款。地方各级金融部门要严格结算纪律，及进划拨经算资金，防止压票、压证和拒收税票。对采取托收承付方式结算的，银行不得擅自拒付。对一些效益好、流动资金缺口大的税利大户，银行、财政和企业主管部门要在资金上给予支持。

八、各级财政、税务部门和海关要严格把关，依法治税，强化征管工作。对拖欠税款不交的单位，要依据税法和海关有关规定加收滞纳金，必要时可按规定通知银行扣款。对有特殊情况的欠税单位，在经税款征收部门核准缓交后，缓交期间的滞纳金，可适当核减，但至少要收取相当于银行贷款利息的滞纳金，不能让欠税企业占便宜。

九、所有企业都要增强纳税意识，树立全局观念，自觉依法纳税。有拖欠税款的企业，必须抓紧制定有效的清理欠税方案，积极缴纳拖欠税款。对未按规定清理欠税的企业和部门，不得批准购买控购商品；对实行承包的企业，未完成清理欠税目标的，一律用企业自有资金补交；实行“工效挂钩”的企业，不得提取新增效益工资。

以上意见如无不妥，请批转各地区、各部门贯彻执行。

关于颁发《国家级重点新产品试制鉴定计划管理规定》的通知

（1990年10月17日）

各省、自治区、直辖市、计划单列市人民政府，国务院各有关部委、直属局，国防科工委，中国人民解放军总后勤部：

现将《国家级重点新产品试制鉴定计划管理规定》发给你们，请认真执行。

附件：《国家级重点新产品试制鉴定计划管理规定》

国家科学技术委员会　人事部　劳动部
物资部　国务院引进智力办　国家税务局
国家物价局　国家技术监督局　中国工商银行

国家级重点新产品试制鉴定计划管理规定

第一章　总　　则

第一条　为了加强新产品的计划管理，发挥计划调控和市场调节作用，促进产业结构、产品结构的调整，加速产品的更新换代，使国家级重点新产品试制、鉴定计划（以下简称国家级试制计划）的管理工作规范化、条理化，特制定本规定。

第二条　国家级试制计划是国家引导、鼓励企、事业单位积极开发新产品，进行政策性调控的计划，是实施税收、价格、信贷、替代进口、出口创汇、物资、关税等政策优惠的依据，也是评定国家优秀新产品的基础。

第三条　国家级试制计划，是在企、事业单位开发新产品的基础上，有重点地筛选其中符合国家级新产品条件的项目所形成的计划。每年由国家科委会同国家税务局、国家物价局、中国工商银行、物资部、国务院引进智力办等部门组织编制。

第四条　本规定所称的新产品是指采用新技术原理、新设计构思研制生产的科研型（全新型）产品或在结构、材质、工艺等某一方面比老产品有明显改进，从而显著提高了产品性能或扩大了使用功能的改进型产品。

用进口散件、零部件组装的国内尚未生产的产品，单纯为军工配套的产品，传统手工艺品，以及单纯改变花色、外观、包装的产品，均不适用本规定。

第五条　新产品按地域划分为国家级新产品和地区级新产品。在全国范围内第一次研制生产的新产品为国家级新产品。在省、自治区、直辖市范围内第一次研制生产的新产品为地区级新产品。

第六条　本规定主要适用于企、事业单位的国家级民用工业新产品。

第二章　试制、鉴定

第七条　新产品试制过程一般包括以下三个阶段：一、调研、确定试制目标和实施方案；二、设计和样机（样品）研制及鉴定；三、投产前的试产及生产定型鉴定（投产鉴定）或验收。

第八条　新产品鉴定包括样机（样品）鉴定和试产后的生产定型鉴定（投产鉴定）或验收。样机（样品）鉴定按《中华人民共和国国家科学技术委员会科学技术成果鉴定办法》执行；生产定型鉴定（投产鉴定）或验收办法另定。

第九条　列入国家级试制计划中的项目，一般应是已进行了样机（样品）鉴定（或当年要组织鉴定）并有一定批量生产的新产品。国家级试制计划中的鉴定，主要是指试产后的生产定型鉴定（投产鉴定）或验收，由各地方科委、各部门会同有关主管部门或委托有关单位组织鉴定或验收。

第三章　立项原则

第十条　国家级试制计划的项目，应符合国家产业政策、技术政策、技术装备政策、产品结构调整和发展方向，并有显著的经济效益、社会效益。在组织编制计划时，应选择在国内首次试制并达到国内先进水平（在国内同行业或同类产品中居于领先地位）、国际水平（产品的技术指标达到现行国际标准或同年代国外同类产品的先进性能指标）或国际先进水平（在国际同行业或同类产品中居于领先地位）之一的新产品。

第十一条　凡符合以下条件之一的新产品，优先纳入国家级试制计划：

一、支援农业的新产品；

二、在节约能源、原材料，充分利用资源提高交通运输能力，改善生态环境等方面效益显著的新产品；

三、具有替代进口，出口创汇及增加国内市场有效供给的新产品；

四、在中国（外国）专利和获得国家（国际）发明成果基础上开发的、充分发挥我国技术、资源优势的新产品；

五、通过引进国外智力的方式，引进消化吸收和应用国外先进技术开发的新产品；

六、国内高技术领域研究成果商品化和附加价值高的新产品。

第四章　项目申报

第十二条　申报范围

一、列入国家科委各类计划的新产品项目；

二、列入国务院有关部门试制计划和其他科技计划中的新产品项目；

三、列入各省、自治区、直辖市、计划单列市科委及各级科委各类计划中的新产品项目；

四、列入中国人民解放军各总部计划及军队系统各企、事业单位自行开发的民用新产品项目；

五、企业根据事业单位和专利技术、技术转让和科技成果开发的新产品项目，及企、事业单位联合开发的新产品项目；

六、事业单位自行开发的新产品项目；

七、申报地区和部门认为有必要列入国家级试制计划的其他新产品项目。

第十三条　为充分发挥优惠政策的调控作用，根据各优惠政策和特点和作用，允许各单位在新产品试制的不同阶段申报。对于以享受减免税为主要政策优惠的项目，可在样机（样品）鉴定后（含已确定在当年鉴定的）并在当年有产品销售时申报；对于以享受贷款、关税、物资等为主要政策优惠的项目，在试制开始时即可申报，但必须附可行性论证报告。

第十四条　申报程序

一、地区所属的企、事业单位的项目，或由地区下达计划开发的项目，由项目试制单位通过所在地、市科委或主管厅、局向本省、自治区、直辖市、计划单列市（以下简称各地方）科委申报，经地方科委初审后报国家科委。

二、国务院有关部门（以下简称各部门）直属的企、事业单位的项目，或由各部门下达计划开发的项目，由项目试制单位向有关部门申报并抄报所在地方科委，经部门初审后报国家科委，或向所在地区科委申报。

三、中国人民解放军所属企、事业单位的民品项目，可向中国人民解放军各总部主管部门或所在地区科委申报，经初审后报国家科委。

四、在发明专利基础上开发的新产品，除按上述渠道报送外，利用专利技术开发的新产品，经各地方、各部门专利机关审查后加报中国专利局一份，由中国专利局协助审核。

第十五条 申报时间

各企、事业单位于每年一月底前报各地方科委或各部门科技司。各地方、各部门于每年二月底前报国家科委。

第十六条 申报注意事项

一、凡已经列入国家级试制计划的项目，不得以任何形式重复申报。同一内容的项目，不得同时申报国家级试制计划和试产计划。如发现重复，取消资格。

二、所有申报项目，必须材料齐全，严格按申报格式要求，一式二份报国家科委。材料包括：由试制单位填写的《××年度国家级重点新产品试制计划申报表》，对已鉴定的项目附成果鉴定证书，没有经过鉴定的项目加附可行性论证报告，已获专利的项目须加附专利证书，已获得发明奖励的项目须加附发明奖励证书。

三、由企、事业单位联合研制开发的项目应联合申报，并注明产品销售地点。

四、对于医药、食品、农药、计量器具、压力容器等方面有特殊要求的新产品，申报时必须另附特殊许可证或主管部门正式批文，否则，不予受理。

第十七条 各地方、各部门应积极创造条件，对新产品的申报、评审和跟踪实施计算机管理。在条件成熟时，建立新产品数据库，按年度报送《申报表》软盘（具体办法另定）。

第五章 审定下达

第十八条 审查分为地区（部门）初审、专家评审和综合评审三个阶段。

一、地区（部门）初审。由各地方科委或各部门负责，主要是对申报项目是否符合申报条件、材料是否齐全、有效，是否符合产业政策、产品结构调整和发展方向等方面提出初审意见。

二、专家评审。聘请以行业归口部门为主的各专业领域中的专家若干名，以新产品的行业分类组成若干个专家评审组进行评审。

评审时，以体现国家级新产品条件和评审原则的“新产品评价指标体系”为主要内容和依据，按新产品的技术水平（创新、先进和可靠程度）及经济社会效益等方面的具体指标量化评分，评出符合国家政策、具备国家级条件的新产品，并排出先后顺序。

三、综合评审。由国家科委、国家税务局、国家物价局、中国工商银行、物资部、国务院引进智力办、国家技术监督局等部门组成评审领导小组，负责评审的组织和协调工作，确定评审原则，进行政策审查，并进行综合平衡。

第十九条 国家级试制计划由国家科委、国家税务局、国家物价局、中国工商银行、物资部、国务院引进智力办编制完毕，国家科委组织下达。各地方科委、人事局、劳动局、物资局、引进智力办、税务局、物价局、工商银行分行和国务院有关部门组织实施。

第六章 优惠政策

第二十条 国家税务局根据国家级试制计划，按照新产品减免税的有关规定，选择项目编制下达国家级新产品减免税名单，同时作出减免产品税或增值税的具体规定。

第二十一条 列入国家级试制计划、属于国家定价的生产资料类新产品试销期为三年；民用消费类新产品试销期为二年。对于技术难度大，试制期较长的重大新产品，由国务院主管部门提出申请，报国家科委综合平衡并经国家物价局批准后，可适当延长试销期。在试销期内，除特定品种须报物价部门定价外，企、事业单位可以根据试制成本，参照同类产品价格制定试销价格，报同级物价部门和主管部门备案。试销期满后，依据价格管理权限，由主管部门根据规定的作价原则提出建议，报物价部门核定正式价格。

第二十二条 中国工商银行将国家级试制计划作为发放科技开发贷款的指南，各地工商银行在选择科技贷款项目时优先考虑，按照科技开发贷款的有关政策规定择优支持。对企业、开发型科研院所科研生产联合体和实行独立核算的事业单位的重点新产品试制中所需的流动资金，在银行信贷资金供应能力允许的条件下，给予积极支持。

第二十三条 在国家级试制计划中可以替代进口的新产品，在性能、质量上与同类进口产品相当，国产化率达70%以上，并达到批量生产，能够基本满足国内需要的，将优先按国家有关规定限制同类产品进口。

第二十四条 承担国家级试制计划中能出口创汇的新产品试制的企、事业单位，在完成各承包上缴中央外汇基数任务的前提下增加的出口创汇，可参照国家规定的超基数出口外汇留成办法分成。

第二十五条 在国家级试制计划中为国家重点计

划配套的项目，各部门和各地方物资部门对所需物资，按现行物资体制的规定给予积极支持。

第二十六条　列入国家级试制计划的项目，所需进口的料件、加工成品复出口的，按进料加工的有关规定办理手续，并尽量给予方便。

第二十七条　国家科委每年从列入国家级试制计划的项目中推荐若干需要派人出国培训进修和引进国外人才的项目，经国务院引进智力办或人事部等有关主管部门审定，列入全国重点派出培训进修计划和引进国外人才计划。

第二十八条　对在承担国家级试制计划项目中做出突出贡献的直接设计、试制、管理者，优先奖励晋升工资，具体办法按人事部、国家科委有关规定执行。属企业的按企业职工奖惩条例办理。

在实施上述各项扶持政策时，将优先考虑给予科研型新产品较大优惠。

第七章　组织实施

第二十九条　国家级试制计划下达后，分别由各地方、各部门组织实施。

一、由各地方科委会同人事、劳动、物资、引进智力办、税务、物价、技术监督、工商银行等部门负责各项优惠政策的组织落实。部门申报的项目，由有关部门（或地方的有关厅、局）协助项目所在地方科委落实。

二、由申报地方或部门，定期检查项目的试制进度，并督促其达到预期目标。

三、组织已完成试产项目的生产定型鉴定（投产鉴定）或验收，并对试制项目是否具备批量生产（或正式投产）条件作出评价。

四、各地方、各部门要将项目实施情况，于第二年第一季度内作出书面总结，并填写《项目执行情况调查表》，分别报送国家科委、人事部、劳动部、物资部、国务院引进智力办、国家税务局、国家物价局、国家技术监督局，中国工商银行，连报三年。实施情况总结的主要内容是：

（一）优惠政策的落实情况及作用；

（二）试制项目的进展和效益；

（三）在产业结构和产品结构调整、行业发展、地区支柱性产业和地区经济发展、市场、效益等方面所起的重大作用；

（四）主要问题及建议。

第三十条　对组织实施国家级试制计划过程中遇到的问题，各地方、各部门应及时分别向有关部门反映。

第八章　附　　则

第三十一条　本规定自发布之日起施行。

第三十二条　各省、自治区、直辖市、计划单列市人民政府，可根据本地区的具体情况，参照本规定的原则，由科委会同人事、劳动、物资、引进智力办、税务、物价、技术监督、工商银行等部门制订相应的地区的重点新产品试制计划（或其他类似计划）的管理办法。

第三十三条　本规定由国家科委商人事部、劳动部、物资部、国务院引进智力办、国家税务局、国家物价局、国家技术监督局、中国工商银行等部门负责解释。

关于加强承包经营责任制企业国有资产管理的试行办法

（1990 年 10 月 19 日国家国有资产管理局、财政部、国家体改委、国务院生产委员会发布）

为贯彻落实国务院《关于加强国有资产管理工作的通知》（以下简称《通知》）精神，在新一轮承包中确保企业国有资产的完整和增值，现就加强承包企业国有资产管理问题，作如下规定：

一、国务院《通知》明确规定："在新的一轮承包中，财政部门和国有资产管理部门共同参加发包，完善承包考核内容和内部分配办法，在正确处理国家、企业和个人利益关系的原则指导下，确定承包合同中的资产、财务指标，严格考核，确保国有资产的完整和增值"。因此，各级国有资产管理部门必须参加各级发包工作，负责新一轮承包中的国有资产管理工作。没有成立国有资产管理机构的地方，暂由财政部门行使国有资产管理职责。

二、防止国有资产流失。在承包经营活动中，企业不得使国有资产及其权益遭受损失。企业国有资产发生产权变动时，应进行资产评估，评估结果由国有资产管理部门确认；国家基金的报损、冲减和核销，必须报国有资产管理部门和财政部门审批。

三、严格按规定提取和使用各项基金。国有资产管理部门协同财政部门监督承包企业认真执行国家关于企业各项基金的提取和使用规定。

四、提高国有资产的经营使用效益。在承包经营中，企业要依据行业发展规划，通过合理调整产品结构，促进资产合理流动，实现资产优化配置，尽量减少资产占用，努力提高国有资产的利用率和经营使用效益。

五、核准国有资产基数，考核国有资产保值增值指标。在新的承包合同签订之前，由国有资产管理部门组织对企业上年的国有资产帐面价值量进行一次核准，并以核准的国有资产基数作为制定和考核企业承包期内国有资产保值增值指标的依据。国有资产保值增值指标由国有资产管理部门商财政部门核定和考核，并纳入企业承包合同，与企业、职工和经营者的利益挂钩。具体办法见附件。

六、建立国有资产报告制度。每年年终和承包期末，承包企业要向同级国有资产管理部门报送会计决算报表和国有资产保值增值情况分析报告。

七、国有资产管理部门要加强对承包企业国有资产使用管理情况的检查、监督。对损害国有资产及其权益行为，根据情节轻重，对责任人提请或会同有关部门作出经济、行政的处罚，直至追究其法律责任。

八、本办法适用于工业、交通、建筑、农业、商业、文教等实行承包经营责任制的全民所有企业。实行其他经营形式的全民所有制企业，也要参照本办法加强国有资产管理。

九、本办法由国家国有资产管理局负责解释。

十、本办法从发布之日起施行。

附件：

承包企业国有资产保值增值指标计算考核暂行办法

为了做好国有资产保值增值指标的计算考核工作，使企业在新一轮承包中做到国有资产保值增值，根据《关于加强承包经营责任制企业国有资产管理的试行办法》，特制定本办法。

一、本办法所称的国有资产，是指承包企业中按照现行会计科目分别反映的国家固定基金、企业固定基金、国家流动基金、企业流动基金、国拨特准储备资金、专用基金和专用拨款等的总和。

二、国有资产保值增值的考核内容

根据目前我国国有资产管理工作现状和分步实施逐步到位的要求，当前国有资产保值增值主要考核以下内容：

(一)考核企业承包期内国有资产的增、减变化情况。承包企业每年年终(或承包期末)按本办法第一条规定计算的国有资产总值比年初(或承包期末)国有资产基数增加的(考虑国有资产管理部门商财政部门核准的增、减因素，下同)即为增值；相等的，即为保值。

(二)考核承包企业每年固定资产折旧基金，大修理基金的提取情况。

(三)考核承包企业所占用国有资产的完整情况。

(四)考核承包企业国有资产经营效益状况。

三、国有资产保值增值指标的设置和核定

(一)国有资产保值增值指标主要考核：国有资产增长率，折旧基金、大修理基金提足率，国有资产流失率和国有资产利润率。

国有资产增长率=(考核期末国有资产总值－考核期初国有资产基数)/考核期初国有资产基数×100%

折旧基金提足率=考核期折旧基金实提额/考核期折旧基金应提额×100%

大修理基金提足率=考核期大修理基金实提额/考核期大修理基金应提额×100%

国有资产流失率=考核期内因经营管理不善造成的固定资产、流动资产和专项资产的非正常损失/考核期初国有资产基数×100%

国有资产利润率=实现利润/考核期末全部资产总值×100%

(二)国有资产保值增值指标由国有资产管理部门商财政部门依据有关资料进行核定。

(三)折旧基金、大修理基金提足率一般应核定为

100%;国有资产流失率应核定为零。

(四)国有资产利润率参照本地区或本行业的平均水平进行核定。

(五)国有资产增长率不作统一要求,按照国家产业政策视企业具体情况核定。

四、国有资产保值增值指标的考核方法

国有资产保值增值指标采取年度考核和承包期末考核相结合的办法,由国有资产管理部门组织或委托主管部门进行。

年度考核主要检查企业是否按承包合同要求做到了国有资产保值和增值,为承包合同兑现提供正确的奖罚依据。

承包期末考核,不仅要检查期末当年度国有资产保值增值指标完成情况,还要检查整个承包期国有资产保值增值指标累计完成情况。承包期累计未完成的保值增值指标,要在承包期满时,分清责任,一次处理解决,不遗留问题。

五、国有资产保值增值指标完成情况的奖罚

承包企业国有资产保值增值指标要与企业、职工和经营者的利益挂钩。具体奖罚办法、奖罚内容由各级国有资产管理部门商同级有关部门在承包合同中予以确定。

跨地区证券交易管理暂行办法

(1990年10月19日中国人民银行发布)

第一条 为加强对跨地区证券交易的管理,根据《中华人民共和国银行管理暂行条例》,特制定本办法。

第二条 本办法所称证券,指政府债券、企业债券、金融债券、股票等有价证券;所称跨地区证券交易,指证券交易机构(即证券公司、金融机构设立的证券交易营业部)之间跨省、自治区、直辖市进行的证券交易行为。

第三条 跨地区证券交易应以证券公司为中心,在中国人民银行的领导和监督下,遵照本办法的规定,有组织地进行。

第四条 进行跨地区证券交易的证券交易机构,应根据市场的供求情况,确定其跨地区证券交易价格。

第五条 证券公司之间、证券公司与证券交易营业部之间可以直接进行跨地区证券交易。证券交易营业部之间的跨地区交易,原则上应委托证券公司办理。

未经批准,任何证券交易机构不得在异地直接与非证券交易机构和个人进行证券交易。

第六条 证券公司接受委托进行跨地区交易,必须与委托人签订载有下列内容的书面(包括传真形式)委托交易合同:交易券种、买或卖意向、交易数额、价格、交割方式、委托生效日期和有效期限、手续费的计算和支付等,如指定交易对象,必须注明。

接受委托的证券公司应依照时间优先、价格优先的原则,按合同的要求,及时为委托人办理跨地区证券交易。当委托交易不能实现时,应及时通知委托人,并以书面形式向委托人陈述未成交的理由。

第七条 进行跨地区证券交易的交易双方,必须签订载有下列内容的书面(包括传真形式)交易合同:交易券种、数额、价格、交割方式、违约责任等。

第八条 委托跨地区交易合同和跨地区证券交易合同一经签订,合同双方应全面履行合同规定的义务,任何一方未征得另一方的同意,不得单方面修改或取消合同。

第九条 办理跨地区委托交易的证券公司可设立证券代保管库,办理跨地区证券交易代保管业务。

第十条 中国人民银行有权对违反本办法第四条、第五条、第六条、第七条、第八条、第九条的证券交易机构以及其他单位和个人给予下列处罚:

(一)通报批评;

(二)责令停止跨地区证券交易活动;

(三)没收非法所得;

(四)处以涉及金额百分之五以下的罚款。

以上处罚,可以并处。

第十一条 本办法由中国人民银行负责解释。

第十二条 本办法自发布之日起施行。

附件：

关于印发《跨地区证券交易管理暂行办法》的通知

（1990年10月19日）

为加强对证券交易机构跨地区证券交易的管理，根据《中华人民共和国银行管理暂行条例》，总行制定了《跨地区证券交易管理暂行办法》，现发给你们，请遵照执行。现就有关问题通知如下：

一、各地人民银行应根据《跨地区证券交易管理暂行办法》，加强对本地区证券交易机构跨地区交易的组织、领导和管理，促进转让市场业务的进一步发展。

二、为了缩小地区间证券交易价差，总行将根据各地的证券交易价格，制定证券交易参考价格。该参考价格将于每月月初和中旬，在总行金融管理司印发的《国债交易价格表》上公布。各级分行可对照总行公布的证券交易参考价格，对本地区的证券交易价格进行检查和适当干预。

三、各地人民银行要与公安、工商行政管理、财政等有关部门配合，根据财政部、中国人民银行、国家工商行政管理局、公安部〔90〕财国债字第29号文《关于打击国债券非法交易活动的通知》以及其他有关规定，严厉打击"票贩子"的非法交易活动。

中外合资经营企业合营期限暂行规定

（1990年9月30日国务院批准
1990年10月22日对外经济贸易部发布）

第一条 根据《中华人民共和国中外合资经营企业法》（一九九〇年四月四日第七届全国人民代表大会第三次会议修正）第十二条的规定，制定本规定。

第二条 举办中外合资经营企业（以下简称合营企业），属于国家规定鼓励和允许投资项目的，除本规定第三条另有规定外，合营各方可以在合同中约定合营期限，也可以不约定合营期限。

第三条 举办合营企业，属于下列行业或者情况的，合营各方应当依照国家有关法律、法规的规定，在合营合同中约定合营期限：

（一）服务性行业的，如饭店、公寓、写字楼、娱乐、饮食、出租汽车、彩扩洗像、维修、咨询等；

（二）从事土地开发及经营房地产的；

（三）从事资源勘查开发的；

（四）国家规定限制投资项目的；

（五）国家其他法律、法规规定需要约定合营期限的。

第四条 合营各方在合营合同中不约定合营期限的合营企业，按照国家规定的审批权限和程序审批。除对外经济贸易部直接审批的外，其他审批机关应当在批准后三十天内报对外经济贸易部备案。

第五条 合营各方在合营合同中不约定合营企业，经税务机关批准，可以按照国家有关税收的规定享受减税、免税优惠待遇。如实际经营期未达到国家有关税收优惠规定的年限，应当依法补缴已经减免的税款。

第六条 在本规定施行之前已经批准设立的合营企业，按照批准的合营合同约定的期限执行，但属本规定第三条规定以外的合营企业，合营各方一致同意将合营合同中合营期限条款修改为不约定合营期限的，合营各方应当申报理由，签订修改合营合同的协议，并提出申请，报原审批机关审查。

原审批机关应当自接到上述申请文件之日起九十天内决定批准或者不批准。批准后，按照本规定第四条的规定办理备案手续。

第七条 本规定自发布之日起施行。

国务院批转劳动部等部门关于加强城镇集体所有制企业职工工资收入管理意见的通知

（1990年10月22日）

国务院同意劳动部、国家计委、财政部、国家税务局《关于加强城镇集体所有制企业职工工资收入管理意见》，现转发给你们，请认真贯彻执行。

加强城镇集体所有制企业职工工资收入管理，是当前进行治理整顿、深化改革采取的一项重要措施。做好这项工作，有利于全国消费基金的宏观调控，有利于调动集体企业职工和领导的积极性并促进集体经济健康发展。各地区、各有关部门要切实加强领导，根据本通知精神，结合实际情况，抓紧研究制订具体政策规定和实施办法，并注意及时研究解决贯彻执行中出现的问题。各有关部门要共同努力，密切配合，积极稳妥地推动这项工作的开展。

劳动部、国家计委、财政部、国家税务局关于加强城镇集体所有制企业职工工资收入管理的意见

改革开放以来，我国城镇集体所有制企业（以下简称集体企业）发展很快，在创造社会物质财富、满足人民生活需要、吸纳劳动力就业、保障社会安定等方面发挥了积极作用。目前，集体企业约有五十万户，职工三千多万人，年工资总额约五百亿元，大体占全国城镇企业职工工资总额的四分之一。管理好集体企业职工工资收入，对于加强全国工资基金的宏观调控，调动广大职工积极性，促进集体企业健康发展，具有重要的意义。现在各地区、各部门和各类集体企业，已经摸索、创造了一些较好的工资收放管理办法，但也不同程度地存在一些问题需要妥善解决。当前治理整顿期间，有必要通过总结经验和深入调查研究，制定适合集体经济发展特点的有利于加强工资收入管理的制度和办法。为此，现就有关问 题提出如下意见：

一、集体企业职工的基本工资、奖金、津贴、补贴和劳动分红等全部工资收入，不论其资金来源及支付形式如何，均应加强管理。

集体企业职工工资收入总水平与本企业生产经营成果相联系。其工资收入的分配应兼顾国家、企业、职工三者利益，在完成国家税收和企业多留的前提下，职工可以多得。

二、集体企业职工的工资，经劳动部门和税务部门批准，一般可以采用下列办法，根据国家有关财务制度的规定主要从企业成本（费用）中取得：

（一）执行劳动部门批准的工资标准、工资性津贴、加班工资，以及照国家规定提取奖金。

（二）实行人均成本工资。企业人均成本工资额，由地方劳动部门会同税务部门商企业主管部门，依据本地区经济发展状况，参考其它集体企业在成本（费用）中列支工资的水平，按照行业生产经营和劳动特点，特别是本企业经济效益情况予以确定和调整，并按确定的人均成本工资额和本企业实有人数核定职工工资总额。

（三）实行企业工资与经济效益挂钩。挂钩指标要符合国民经济和社会发展对本企业的要求，并适合其所有制性质的生产经营特点。挂钩的形式、基数和浮动比例，由当地劳动、税务部门商企业主管部门按照国家规定进行核定和调整。

三、集体企业在税后分配利润中，按照国家财务制度规定的比例，分别提取生产发展基金（公积金）、职工集体福利基金（公益金）、奖励基金和分红基金。其中奖励基金、分红基金可用于职工个人的工资收入分配。实

行了入股集资办法的集体企业，可以按照国家有关规定，将分红基金一部分用于劳动分红，另一部分用于股金分红。

四、集体企业按照规定提取的工资基金，在使用时应注意留有余地，以丰补歉。有关管理部门应对此作出必要的规定，指导集体企业建立工资储备金制度。

集体企业对于按照规定提取的工资基金，在国家政策指导下，有下列内部分配自主权：

（一）根据本企业生产经营和职工劳动的特点，制定企业内部分配的各项规章制度。

（二）实行等级工资、岗位工资、职务工资、结构工资等不同的企业内部基本工资制度。

（三）采用计时工资、计件工资、浮动工资、提成工资、津贴、补贴、奖金、劳动分红等各种分配形式。

（四）建立正常的考核增资制度，合理确定和调整企业内部各类人员的工资收入关系。

（五）根据职工劳动表现给予奖励或惩处。

（六）使用以丰补歉的工资储备金。

各级劳动、税务、银行等部门和企业主管部门应对集体企业工资基金加强管理。有条件的地区，可以对集体企业实行统一的工资基金管理办法，在银行设立工资基金专户，建立工资基金管理手册。

五、集体企业职工工资收入的分配，基本原则是按劳分配，也可以根据国家规定，从企业所有制性质和生产经营、劳动特点的实际情况出发，辅以其它适当的分配方式。集体企业要按照国家规定，保护职工在工资收入方面的合法权益。

集体企业贯彻按劳分配原则，对职工个人的工资收入分配应以其劳动贡献为依据，多劳多得，少劳少得，不要搞平均主义，也要避免收入差距悬殊。在确定和调整企业内部各类人员工资收入关系时，应注意使从事杂劳动的职工工资收入水平适当高于从事简单劳动的职工；艰苦、繁重、危险等特殊岗位上的职工适当高于一般岗位上职工；对本企业发展贡献较大的职工适当高于其他一般职工。

六、集体企业在内部分配方面应建立健全行政管理与职工民主管理相结合制度。职工工资收入分配中的下列重大事项，须经职工大会或职工代表大会审议决定：

（一）基本工资制度、分配形式和增加工资的办法；

（二）确定或调整各类人员工资收入关系的重要措施；

（三）奖惩制度和奖金、劳动分红分配方案；

（四）劳动定额和计件单价制度；

（五）厂长（经理）的工资收入；

（六）其它有关本企业职工工资收入分配的重要方案和措施。

七、集体企业厂长（经理）工资收入水平的确定，应以企业规模大小、本人在生产经营中承担责任及风险的程度、企业经效益状况和一般职工工资收入水平为主要依据；在完成经营管理目标任务的前提下，其全年收入（不包括股金分红和物价补贴）可适当高于其他职工，高出部分一般可相当本企业职工同口径计算的年平均收入的一至三倍，对少数成效特别突出的企业中个别有突出贡献的，还可以适当高一些，具体政策由省、自治区、直辖市人民政府确定；完不成经营管理目标任务的，要相应扣减其工资收入。厂长（经理）的全年收入应报经集体企业主管部门批准。厂长（经理）按承包、承租协议等取得的超过集体企业主管部门批准倍数的收入、应转入本企业的工资储备金。

八、国家对集体企业职工工资收入，实行由劳动部门归口管理、分级调控分类指导的管理体制。

（一）劳动部负责制订、拟定集体企业职工工资收入管理的基本政策和法规；审核行业性职工工资收入管理的政策规定；会同国家计委制定集体企业职工工资总额和平均工资增长的指导性计划；会同国家税务局制订集体企业工资与经济效益挂钩办法；监督检查各地区、各部门执行国家有关政策规定的情况。

（二）省、自治区、直辖市劳动部门负责根据国家的基本政策和法规，会同有关部门制订、拟定本地区集体企业职工工资收入管理的具体政策规定；会同税务部门和企业主管部门确定和调整集体企业人均成本工资水平；制订、调整本地区集体企业工资标准；制订集体企业工资基金管理办法；监督检查本地区执行国家有关政策规定的情况。

（三）地、市及其以下劳动部门负责贯彻国家的政策规定；审核本地区各行业职工工资收入管理的具体实施办法；会同税务部门商企业主管部门，审批集体企业标准工资、人均成本工资、工资基金使用计划，审核集体企业工资与经济效益挂钩方案；参与审核集体企业奖励基金、劳动分红基金提取比例。

（四）各级企业主管部门按照国家的政策规定，负责制订所属集体企业职工工资收入管理的具体实施办法；监督检查所属集体企业执行国家有关政策规定的情况。

（五）各级计划、财政、税务、统计、审计、银行等部门协助劳动部门进行集体企业职工工资收入管理。

以上各有关部门，应密切协作配合，共同搞好对集体企业职工工资收入的分级调控、分类指导；应在各自的职责范围内加强对集体企业职工工资收入的管理，做好有关服务工作。任何部门、单位不得超越权限自行规定工资政策。各级劳动部门制订和实施较重大的工资收入分配政策，须报经同级人民政府批准，并报上一级劳动部门备案。

九、由国营企业、机关团体、事业单位、部队扶持举办的各类集体企业和民办集体企业的职工工资收入，统一由集体企业所在地区的劳动部门归口管理。

十、集体企业必须严格执行国家关于缴纳奖金税的规定，依法按时纳税。各地区各部门不得自行减免奖金税。

集体企业职工要按照国家规定如实申报个人收入情况，依法缴纳个人收入调节税。集体企业有义务负责代扣代缴本企业职工的个人收入调节税。

十一、集体企业以各种形式支付给全部职工的工资收入，应根据国家制定财务制度进行核算，各级税务部门要加强对集体企业财务工作的管理和监督。集体企业应按照国家统计局的规定，填报劳动工资统计报表。统计、劳动、银行、税务部门和企业主管部门应当加强指导和监督，防止和纠正可能出现的虚报、瞒报、漏报、错报等问题。

十二、各地区、各有关部门应根据以上意见，结合本地区、本部门的实际情况，从有利加强管理和增强企业活力的原则出发，抓紧研究制订集体企业职工工资收入管理的具体政策规定和实施办法，并协同配合搞好组织指导，积极稳妥地推动这项工作开展；应注意不断总结交流经验，搞好调查研究，依靠各类集体企业和广大职工群众，在实践中继续摸索、创造比较好的加强集体企业职工工资收入管理的办法，在按规定程序经审查批准后实行。

国务院关于认真抓好增收节支工作确保完成今年国家预算的通知

（1990 年 10 月 28 日）

今年以来，各地区、各部门认真贯彻治理整顿、深化改革的方针，国民经济正朝着好的方向发展。但是，由于生产和市场的影响，企业经济效益下降。财政状况不够理想。经常性收入增长缓慢，各项支出增长很快，国家财政收支差额逐月扩大。同时。在一些地区和部门，又出现了随意减免税收，乱摊成本费用，挤占国家收入等违反财政法规的问题。这种情况如发展下去，不仅威胁今年国家预算的完成，也势必牵动全局，影响国民经济的协调、稳定发展。对此，各地区、各部门一定要高度重视，努力工作，切实抓好第四季度的增收节支，确保完成今年的国家预算任务。为此，特作如下通知：

一、坚定信心，克服困难，抓好第四季度的增产节约工作。要充分利用当前生产和市场销售逐月回升的有利时机，狠抓产品结构调整和提经济效益的工作。要大力增产适销对路的产品，努力提高产品质量，降低原材料和燃料消耗，千方百计开拓市场。对那些市场需要的名、优、特产品要在资金、能源和原材料方面充分保证供应，支持他们开足马力生产：对那些长期积压、滞销产品，要下决心妥善处理一批，搞活企业资金。在抓好农副产品收购的同时，要大力组织工业品下乡，开拓农村市场。各级政府的领导同志，要把抓好第四季度增产节约和市场销售作为一项重要任务，深入企业，具体指导，精心组织，带动广大干部职工，努力促产增收，确保完成今年的生产和销售计划。

二、加强领导，严格征收管理，抓紧组织各项收入，各地区、各部门要振奋精神，克服畏难情绪，切实抓紧各项收入，收入完成好的地区，要力争多超收。为平衡国家预算做贡献：收入完成不好的地区，要认真分析原因采取有力措施，尽快补上去。一切有收入上交任务的部门和单位，都要顾全大局。克服困难，确保完成收入上交任务，对末完成上交收任务的企业，实行承包经营的，应用企业自有资金补交；实行“工效挂钩”的，不得提取新增效益工资，要抓好各项税收入的征管工作。堵塞漏洞，挖掘潜力，努力完成收入计划。对企业拖欠的各项税款、要下力量清理催收：企业收回的货款，应首先交纳税款，不得以任何理由拒收和占压，保证税款及时、足额地收入库。各部门要密切配合，协同动作，支持企业依法交税 。对拖欠不交的，银行应按照“税、贷、货、利”的顺序予以扣交。对减免税退库，财政、税务部门和国库要严格审查，认真把关，凡不符合规定的。不得办理，对能源交通重点建设基金和预算调节基金，要严格按照规定交纳。不能以任何理由拖欠，更不能越权减免。要认真抓好企业扭亏增盈工作，严格控制企业亏损补贴，对超过计划和定额的，一律不予弥补。一切有征收任务的部门，都要把组织收入放在工作首位，不论是中央收入，还是地方收入，都要切实抓紧，确保完成任务。

三、坚决制止乱开减收增支的口子。国家税收的加征与减免税率的提高与降低，财政开支的范围与标准，都必须按国家统一规定执行。凡这方面的有关规定。应由国务院批准下达，或授权财政部、国家税务局下达。各部门均不得自行制定与国家规定相抵触的减收增支文件。已经下达的，要认真清理。立即纠正，拒不纠正的，财税部门有权拒绝执行。

四、厉行节约，紧缩开支，努力做到收支平衡。从现在起，各地区各部门都要停止在预算之外追加新的支出。收入完成较好，有可能超收的地区，超收部分不得再安排支出，留到下年使用；收入情况不好，有可能短收的地区，要及时调整支出预算削减一切可以压缩的支出。做到自求平衡，不得出现赤字。对社会集团购买力要继续严格控制，特别是对行政事业单位更要从严审批，不能放松。各部门、各单位都要严格执行国家财经纪律和财政制度，不得乱发奖金，补贴和实物：严禁化公为私。用公款请客送礼挥霍浪费：严禁年终突击花钱，或用公费过节过年。财政、监察、审计部门要加强监督检查，一经发现。要认真追究有关负责人的责任。

五、加强财政管理，深入开展税收、财务、物价大检查。今年的检查工作。国务院已经作了部署、各地区、各部门要克服畏难情绪。切实抓好这项工作，认真查处那些随意减免税收、乱摊成本费用、截留财政收入、浪费国家资财等违法行为。对查出的违纪资金，要及时收缴入库，不得出现新的拖欠。对严重违反财经纪律的直接责任者，要给予必要的纪律处分。同时，要认真贯彻执行党中央和国务院的决定，做好治理“三乱”的工作。

六、从严审查今年财政和财务决算。年度终了后。各地区、各部门要组织力量，对各项决算收支进行严格审查。凡截留、挤占收入，虚报冒领支出。以及转移财政资金的，都必须坚决纠正；拖延不改的，要通知银行扣交；对违反财政管理体制和国务院有关规定、挤占中央收入的，年终结算时一律清理收回；情节严重的，要给予纪律处分。通过审查，把一切应补交收入全部补交入库，把违反制度的开支清理收回，平衡财政收支。

国务院认为圆满实现今年国家预算，对克服当前财政困难，保证治理整顿、深化改革的顺利进行。促进国民经济的稳定发展，是非常必要的。各地区、各部门要增强全局观念，提高对完成今年国家预算重大意义的认识，严守财经纪律。抓好增收节支工作。各地区、各部门的主要领导要亲自抓，一抓到底。要加强对财政、税收工作的领导，支持他们大胆工作，帮助他们解决增收节支工作中遇到的困难。要按照本通知的要求，立即研究，抓紧部署，迅速下达执行，为完成今年的国家预算任务做出贡献。

进口药品管理办法

（1990 年 11 月 2 日卫生部发布）

第一章 总 则

第一条 为加强对进口药品的监督管理，保证进口药品的质量和安全有效，根据《中华人民共和国药品管理法》及其它有关法律、法规的规定，特定本办法。

第二条 国务院卫生行政部门主管全国进口药品的监督管理工作。各省、自治区、直辖市卫生厅（局）负责其管辖区内的进口药品的监督管理工作。

第三条 进口药品必须经口岸药品检验所法定检验。卫生部授权的口岸药品检验所（以下简称口岸药检所）代表国家对进口药品实施法定检验。

中国药品生物制品检定所负责对口岸药检所进行技术指导和有争议的检验结果的裁决。

第四条 进口药品必须是国内医疗需要的安全有效的品种。

第二章 进口药品的注册

第五条 国家对进口药品实行注册制度。凡进口的药品，必须具有卫生部核发的《进口药品注册证》对该证载明的品名和生产国家、厂商有效。

医疗特需或国内生产不能满足医疗需要，但又尚未取得《进口药品注册证》的品种，进口单位需报经卫生部审查批准，发给《一次性进口药品批件》。《一次性进口药品批件》只对该批件载明的品名、生产厂商、数量、期限和口岸药检所有效 。

第六条 申请《进口药品注册证》的国外生产厂商或经营代理商须提出申请，并填写“进口药品注册证申请表”一式两份，连同要求的资料，报送卫生部药政局。特殊需要一次性进口的，由国内进口单位提出申请，连同要求的资料报送所在省、自治区、直辖市卫生厅(局)初审后，转报卫生部药政局批准。

第七条　申请《进口药品注册证》需报送以下资料：

1. 药品生产国卫生当局签发的批准该药品生产、销售、出口及符合药品生产质量管理规范(GMP)的证明文件，且附中文译本。

2. 专利品证明文件。

3. 药品说明书及中文译本。

4. 技术资料：

(1)药品处方，包括活性成份、辅料的名称(包括非专利名、商品名和化学名)和用量等；

(2)药品生产方法；

(3)药品质量标准及检验方法，并附中文译本；

(4)药品的药理、毒理实验摘要及文献资料；

(5)药品的临床资料，包括适应症、剂量、给药途径、与其它药物的配伍作用、毒副反应、禁忌症和注意项等；

(6)药品的稳定性实验资料。

5. 药品实样。

6. 包装材料和包装样本。

第八条　申请《进口药品册证》所附质量标准若为药典或生物制品规程未收载的企业标准，生产厂商应提供三批样品，送卫生部药政局指定的口岸药检所进行药品及其质量标准的复核，符合要求，方可进行审查。

第九条　首次进口的药品需在中国境内进行临床试验或验证。

第十条　《进口药品注册证》自签发之日起有效期三年。到期时，国外生产厂商或经营代理商可申请换证，但必须在注册证失效前六个月向原发证机构提出。并附生产国批准该药品生产和销售的文本、说明书和质量标准等资料，经审核同意方可换证。

进口药品质量标准、生产工艺、适应症、说明书等资料若有修改的，生产厂商应及时向卫生部药政局补报有关资料，以备审核。

第三章　进口药品的合同和质量标准

第十一条　进口药品的外贸单位，必须具有卫生行政部门核发的《药品经营企业许可证》，并按本《办法》对外签订合同。进口单位应在合同签订后十五日内，将合同副本和《进口药品注册证》复印件或《一次性进口药品批件》报送到货口岸药检所。

第十二条　进口药品合同中必须载明质量标准，进口药品的质量标准应为现行版《中华人民共和国药典》，卫生部药品标准或国际上通用的药典。上述药典或标准未收载的应采用卫生部核发《进口药品注册证》时核准的质量标准。进口单位应在到货以前及时将该标准报送到货口岸药检所。

第十三条　凡进口药品检验需要的特殊试剂、标准品或对照品，均应在合同中订明由卖方提供。

第四章　进口药品检验

第十四条　药品到达口岸后，进口单位或代理接运单位应及时向口岸药检所报验，填写“进口药品报验单”，并附发标、装箱单、运单及生产厂家出具的品质证书等，海关凭口岸药检所在进口货物报关单上加盖的已接受报验的印章放行。入仓暂存待验。

第十五条　报验单位应在海关放行后七日内与口岸药检所约定抽样日期，共同到存货现场抽样。抽样分别按《进口药品抽样规定》、《进口药材抽样规定》办理。报验单位在未收到口岸药检所检验合格的报告书前，不得调拨、销售和使用。

第十六条　未取得《进口药品注册证》或《一次性进药品批件》、及未标明药品名、批号、生产国家厂牌的药品，口岸药检所不得检验。

第十七条　口岸药检所抽样后要及时进行检验，并在抽样后二十五内出具检验报告书。遇有特殊情况不能按时出具时，须向报验单位说明情况，必要时由进口单位延长索赔期。

第十八条　口岸药检所出具的“进口药品检验报告书”应明确标有“符合规定，准予进口”或“不符合规定，不准进口”的检验结果和结论。遇有特殊情况可与当地卫生行政部门研究处理。

药品生产企业、药品经营企业和医疗单位采购进口药品时应向进口单位索取口岸药检所的“进口药品检验报告”复印件。

在市场销售的进口药品必须附有中文说明书。

第十九条　进口单位对检验结果有异议时，应在口岸药检所出具检验报告书之日起九日内提出充分理由和依据，向原口岸药检所申请复验，如对复验结果仍有异议，可向中国药品生物制品检定所申请复验裁决，有关复验裁决的检验费用，由败诉一方承担。

第二十条　医疗急救、科研用(不包括新药临床)或国外赠送的少量进口药品，由收货单位向所属卫生厅(局)申请免验，海关凭卫生厅(局)出具的免验证明放行。免验的进口药品在使用中如发生问题，由收货单位负责。个人自用少量的进口药品，按照海关的规定办理。

本条所指的进口药品均不得在市场销售。

第五章 进口药品的索赔

第二十一条 口岸药检所应将检验不符合规定、不准进口药品的检验报告书，及时报送卫生部、中国药品生物制品检定所、所在地卫生厅(局)，并抄送各口岸药检所；同时出具中、英文"进口药品检验报告书"，进口单位据此向外索赔。索赔结案前经检不准进口的药品，由报验单位妥善保管，不得擅自动用。索赔结果应及时书面告知口岸药检所。

第六章 处 罚

第二十二条 对进口药品经检验不合格超过两次的生产厂商，由卫生部给予警告、通报、吊销《进口药品注册证》的处罚。

对伪造、假冒、掺假的进口药品，除口岸药检所留样备查外，由卫生行政部门予以没收，并由卫生部吊销该厂商所有《进口药品注册证》。

第二十三条 对无《药品经营企业许可证》而擅自经营进口药品的；未经口岸药检所检查合格而擅自销售或使用的；伪造、变造检查报告书、检验证书或报验证明的；以及其它违反本办法规定的，由当地卫生行政部门依照《药品管理法》的有关规定处罚。

伪造、变造《进口药品注册证》的，除吊销和收缴《进口药品注册证》外，依据《药口管理法》有关规定予以处罚。

第二十四条 卫生部门的工作人员和口岸药检所的检验人员，滥用职权、徇私舞弊、玩忽职守给国家造成不良影响或经济损失的，根据情节轻重，给予行政处分或者依法追究刑事责任。

第七章 附 则

第二十五条 依据本办法，卫生部核发《进口药品注册证》，口岸药检所实施检验和对外出证，按照有关规定收费。

第二十六条 麻醉药品、精神药品、放射性药品的进口，按国务院颁发的《麻醉药品管理办法》、《精神药品管理办法》和《放射性药品管理办法》办理。

第二十七条 进口人血清白蛋白及卫生部特许进口的血液制品，必须按有关规定报经卫生部审核批准后，方可组织进口。

第二十八条 本办法所指的国际通用药典是《美国药典》、《英国药典》《日本药局方》和《欧洲药典》。

第二十九条 本办法由卫生部负责解释。

第三十条 本办法自 1991 年 1 月 1 日起执行。

国务院办公厅转发国务院环境保护委员会关于积极发展环境保护产业若干意见的通知

(1990 年 11 月 5 日)

国务院环境保护委员会《关于积极发展环境保护产业的若干意见》已经国务院同意，现转发给你们，请贯彻执行。

关于积极发展环境保护产业的若干意见

环境保护产业是国民经济结构中以防治环境污染、改善生态环境、保护自然资源为目的所进行的技术开发、产品生产、商业流通、资源利用、信息服务、工程承包等活动的总称，主要包括环保机械设备制造、自然保护开发经营、环境工程建设、环境保护服务等方面。环境保护产业是保护和改善环境、防治污染和其他公害的物质和技术基础。经过十几年的发展，我国的环境保护产业已初具规模，为环境保护事业提供了许多产品和服务，作出了积极的贡献。为了充分发挥环境保护投资效益，保证实现环境保护目标，保护和振兴民族经济，必须积极发展我国环境保护产业，特提出以下意见：

一、各级人民政府和有关部门，要充分认识发展环境保护产业对于防治环境污染、保护生态环境的重要意义，按照《国务院关于当前产业政策要点的决定》精神，在产业结构调整中把环境保护产业列入优先发展领域，切实加强领导，在各方面创造条件，积极支持、引导环境保护产业的发展。

二、发展环境保护产业的指导方针是：在治理整顿和深化改革中，提高环保产品和环境工程质量，为保护和改善环境、防治污染和其他公害提供物质和技术保障。

三、当前亟需发展的环保产业和产品主要是性能先进、可靠、经济、高效的大气污染控制设备、水污染控制设备、固体废物处理处置设备、废物资源综合利用设备、噪声振动控制设备；节水节能设备；电子、生物工程和高技术产业环保技术装备；氯氟烃类替代品及其回收利用技术装备；污染事故应急处理装备；各种环境保护专用材料；环境工程；农业生态工程；环境绿化工程；野生珍稀、濒危、观赏和经济动植物繁殖技术等。

四、发展环境保护产业，必须依靠科学技术进步。环境保护新技术、新工艺、新设备、新材料的研究和推广工作，应纳入科技攻关计划、"星火计划"、"火炬计划"、加强科研部门、高等院校和企业的环保技术开发力量，加强科研与生产的联合、协作；开拓环境技术市场，组织产品科研项目的招标，促使研究成果尽快转化为生产力。

五、发挥专业经营效益和规模经济效益，推广成套承包服务模式，运用市场机制扶持那些产品质量优良、效益好。符合发展方向的骨干企业及大中型通用环境工程设计、施工和设备安装单位。

六、认真整顿环境保护产业的生产、流通秩序。对现有从事环境保护产业的企事业单位，由主管部门进行普查、登记审核、实行分类管理。

建立环境保护产业的质量标准体系和价格标准体系，加强对环保产品装备的监督管理，逐步形成若干个环保产品质量测试检验中心，定期公布产品抽查和鉴定结果，开展优质产品评选实行优胜劣汰。制定环境工程设计规范和施工验收规范，加强质量监督和验收工作。各种咨询、评价、预测、培训、监测等技术性服务活动和自然保护经营活动，均需纳入规范化管理轨道。

七、坚持对外开放的方针，开展多层次、多形式的国际经济技术合作交流，引进和消化国外先进的污染防治技术和高效低耗的治理装备；积极参加国外环境治理工程和生态保护工程招标，努力开拓国际市场；承接国外、境外各类技术咨询、工程设计和施工任务，大力扩展环境保护装备出口和劳务输出。

八、广开门路，大力培养、吸收环保专业的大、中专毕业生和环保技术人员及其他专业人才，不断提高环境保护产业队伍的专业技术水平。

九、充分发挥各部门、各系统的积极作用。现行的隶属关系和管理范围不变。各有关部门或系统应制定本部门或系统内环保产业的发展规划和管理措施，并予以落实。

各级人民政府的环境保护行政主管部门作为执法监督管理部门，一律不得成立直属的环境保护公司，不得参与环保产品的经营活动。

十、国务院环境保护委员会下设环境保护产业发展协调组，负责制定环境保护产业总体发展规划和方针政策，并委托国家计委定期发布环保产业产品优先发展目录，协调指导各有关部门的工作。

"八五"国家应用电子技术改造传统产业规划要点

（1990年11月6日国家计划委员会发布）

为了贯彻第六次全国企业技术进步工作会议提出的"要集中力量抓好电子技术的应用开发"，特编制本规划要点。

一、指导思想与遵循的原则

指导思想：

从国民经济的发展需要与我国的国力和实际出发，坚持自力更生为主，争取国际合作为辅的方针，积极推进电子技术改造传统产业，抓好电子技术和行业技术的结合，抓好机电一体化技术和产品的开发，抓好企业的计算机辅助管理，以企业为主体，以提高经济效益为中心，以节能降耗、提高产品质量为重点，实行单项技术的推广应用与多项技术综合应用并举，关键工艺、关键设备的改造与企业的综合改造并举，引导企业有重点、分层次地开发和推广应用电子技术，使之迅速转化为实际生产能力。

遵循的原则：

1. 根据需要和可能，分层次地开发和应用。

企业的经济实力、技术水平、装备水平和技术队伍的实际情况千差万别，因此要根据实际可能，特别是根据生产的需要，选择不同层次的电子技术加以应用，企业要以市场为导向，大力开发机电一体化的新产品以及各种应用电子技术新产品。无论是开发和应用，都要放开手，下大力量干，但都要根据实际需要。

2. 行业技术要与电子技术密切结合。

应用电子技术改造传统产业，就技术而言，是指把行业技术和电子技术结合起来，使电子技术渗透到各行业中去，从而对行业来说形成一种新技术。

3. 要高度重视可靠性。

各生产企业必须把产品的可靠性放在第一位，作为头等大事来抓，要制订可靠性技术标准，进行严格的可靠性试验；对有关人员进行可靠性的培训。

4. 各级规划要纳入到各级技术改造计划之中。

制订实施应用电子技术改造传统产业规划，不一定都有单独的一块资金支持(有的地区部门能单独一块资金更好)，而是要把规划纳入到技术改造计划中去实现，充分应用电子技术改造传统产业。

二、六个重点方面

1. 继续抓紧应用电子技术改造现有设备。

应用电子技术改造现有设备，要与企业的生产线的合理调整，作业合理流程的调整结合起来，对企业现有设备进行有计划的单台改造或成线的改造。要对现有设备进行分析和分类，对需要改造和值得改造的性能尚好的设备，根据生产需要，应用不同档次的电子技术加以改造，对大型、重型机床的改造采用数显、数控为主，一般机床以采用经济型数控为主；必须淘汰的设备要尽快淘汰，更新设备时，要首先考虑购置带有计算机控制的设备，提高企业设备的整体水平。

2. 大力开发机电一体化新产品以及各种应用电子技术的新产品。

首先要以企业当前生产的产品为主要对象，修改设计，加装电子装置成为机电一体化产品；另一方面要十分重视开发全新设计的机电一体化产品。重点开发生产数控机床、带有计算机控制的工业锅炉和炉窑、带有电子调速装置的风机水泵、带有计算机控制的轻纺机械、智能仪表、计算机自动控制系统、工业机器人和专用自动机、智能化家用电器、电子节能灯、电子玩具等十大类产品。

3. 生产过程的计算机监测和控制。

企业可根据自己的产际情况，规划并分步实现单机自控、单元自控和生产过程的自动控制，采用相应的电子装置，如单板机、可编程控制器、模块总线系统或16位微机构成的集散型控制系统等。从低级到高级逐步实现。

4. 切实推广计算机辅助设计(CAD)。

“八五”期间，要切实在有条件的企业中推广CAD技术。大中型骨干企业要切合自己的实际，带头做好这件事。各行主管部门，要集中适当力量搞好通用软件、专用数据库等基础性工作，指导、推动CAD技术的健康发展，并在各行业中逐步普及。

5. 电力电子技术的应用。

“八五”期间要切实抓电力电子的基础器件、传感器件的生产和开发，在应用方面着重抓好交流伺服和传动、风机水泵的电子调速驱动以及电子节能灯的应用；努力取得重大节能效果。

6. 企业计算机辅助管理。

企业可从采用国产微机进行单项业务管理做起，进而扩展到企业主要业务方面。有条件的企业，根据各自的特点，逐步建立完整的管理信息系统和决策支持系统。并创造条件逐步向控制、管理、决策的一体化过渡。

另外，从现在开始就要抓计算机技术在农业的增产增收中的应用。要与农业的区域综合治理和粮、棉、油上台阶密切结合起来，把农业生产技术推进到一个新阶段。

三、目标和主要任务

(一)目标：

在全国范围内，着重抓好12000个大中型企业的电子技术开发和推广应用；争取使大中型企业生产设备中采用计算机控制的设备资产总值所占比重达到10%以上；实现节能2000万吨标煤。重点开发生产十大类机电一体化的产品；大型骨干企业应用计算机辅助管理使生产成本降低1%；培训企业计算机应用人员100万人。

“八五”末期工业企业达到：

国家抓的300个大中型重点企业，现有生产设备中，需要和值得用电子技术加以改造的，改造完成80%；主要生产过程（包括连续型和离散型生产）实现确保产品质量、节能降耗、安全生产、保护环境的计算机自动监测和控制；企业在产品设计中，CAD达到设计工作量的30%以上；对生产机电类产品的企业，凡需要机械电子结合的，其机电一体化产品要成为企业的主流产品，产值机电一体化率达到40%以上，品种机电一体化率达到30%以上；实现企业计算机信息管理系统；普及计算机应用基本知识的人员培训率达到20%。

全国12000个大中型企业和部分骨干小型企业，应用电子技术对现有设备（指需要和值得改造的）改造率达到40%左右；生产线的关键部位实现单机、单元自动化控制50%以上企业的主要生产过程实现部分或全线自动化控制CAD达到设计工作量的15%；对于生产机电类产品的企业，产值机电一体化率达到20%以上，品种机电一体化率达到15%，逐步建立企业计算机信息管理系统；普及计算机应用基本知识的人员培训率达到10%。

其它大量的小型企业，电子技术的推广应用，一般立中于成熟的单项技术，为保证产品质量，降低消耗，对生产的关键部位实行自动监测或控制。

（二）主要任务（略）

四、政策和措施

1. 国家计委与有关部门将大力推动、规划、组织、协调全国电子技术改造 产业的工作。各地由经委（计经委）牵头负责，联合有关厅（局），按已经形成的工作体系，专人负责，组织、协调这项工作。

2. 在“八五”国民经济与社会发展计划的指导下，各部门和各地区要根据实际情况，制订“八五”电子技术改造传统产业规划和相应的政策措施。

3. 企业要制订应用电子技术的技改计划。积极采用已经研制成功的先进实用的电子技术。同时要大力开发生产机电一体化产品和应用电子技术的各类产品。、

4. 电子技术改造传统产业“八五”要纳入技术改造计划和科技计划，主管部门在审查企业的技术改造项目时，凡是应该而且需要采用电子技术而没有采用的，不予立项。

5. 各行业主管部门要及时制订法规，把先进的、重点的、适合本行业应用的电子技术纳入设计规范、工艺规程、产品技术标准。对于性能落后需要淘汰的设备和产品，国家计委会将同有关部分批公布限期改造的设备和淘汰的产品目录，制订相应法规，促进企业设备和产品的更新换代。

6. 国家、部门、地方都抓好一批综合应用电子技术的典型企业，在新技术新产品开发、技术改造和基本建设资金上要配套支持，并总结经验进行推广。

7. 各部门、各地区、各企业要采取有力措施，培训各类和各个层次的具有电子技术知识的人材。

8. 完善服务体系，要为电子技术改造传统产业提供有效的服务。

9. 电子监测和控制系统的优选工作要逐步制度化，国家计委将会同有关部门制订“优选工作管理办法”，定期发布“优选”系统和产品，颁发“优选”标志。“优选”系统要纳入各级推广计划，技术改造要优先列项，形成批量生产能力。“优选”产品视同新产品对待，享受减免税。

10. 国家设立“电子技术改造传统产业奖”。

国务院关于打破地区间市场封锁进一步搞活商品流通的通知

（1990年11月10日）

最近一个时期，地区之间市场封锁的现象有所发展，引起商品流通不畅，加剧了当前的市场疲软，对贯彻治理整顿、深化改革和保持国民经济持续、协调发展的方针带来了严重影响。为了打破地区间的市场封锁，

进一步搞活商品流通，特作如下通知：

一、要维护企业的生产、经营自主权。对承担国家指令性计划的企业，要加强计划管理和行政监督，确保完成国家指令性计划产品调拨任务和购销合同。生产企业在完成国家指令性计划产品调拨任务和购销合同后，根据国家有关政策规定，有权在全国范围内销售其产品。工业、商业、物资等部门的企业，在国家计划指导下，根据经济合理的原则和生产经营的实际需要有权在全国范围内自行选购所需要的商品，任何地区和部门不得设置障碍，加以干涉，特别是不得在承包经营责任制中硬性规定只准购销或硬性搭配本地产品；不得将质次价高、用户不欢迎的产品，强行压给流通企业。

二、要确保商品流通畅通无阻。各地区、各部门不得擅自在道路、车站、码头、省区边界设关卡。阻碍商品的正常运输。对现有的检查站(所、卡、岗)要认真进行一次清理整顿，撤销妨碍商品正常流通的各种关卡。必须设置的检查站，需报经省、自治区、直辖市人民政府批准，并严格规定其职责范围，凭县以上公安机关颁发的证件执行检查任务。检查人员应佩带专用标志严格按照规定的工作范围履行职责，不得任意扣留过往运输车辆，随意收取各种费用或罚款。工商行政管理、质量监督检查和卫生检查等部门不得以打击假冒、伪劣商品为名，抬高外地产品的检验标准，变相阻止外地产品进入本地区销售。

为缓解运输紧张状况、减少物资不合理对流，对地处边远的少数民族自治地区能够生产自给、适销对路、质量合格的少数产品，在报经国家计划委员会批准后，短期内可适当控制外购，但必须允许一定比例同类优质产品进入本地销售，以利于提高本地产品质量和生产技术水平。

三、严格执行国家财政、税收管理制度。各地区、各部门不得对外地产品或经销、使用外地产品的企业擅自增加税费、变动税率；不得制定封锁市场的惩罚性规定，收缴企业的合法收入；也不得超越权限擅自对经销本地产品的企业减免税收。

四、各地银行在资金上要支持经营企业择优选购产品，在信贷上要对经销外地产品与经销本地产品的企业一视同仁，不得对经销外地产品的企业限制贷款利率。按照合同规定到货或需要购进的外地产品，银行应按照结算办法和有关规定，及时办理结算。

五、物价部门要加强物价管理，支持企业在商品购销活动中平等竞争。要监督企业严格执行物价管理规定，禁止有意压低或擅自提高外地同类商品的进销价格差率和批零价格差率，变相限制外地产品的销售。在销售国家指定价格外地产品时，不得搭配销售本地产品。

六、各地区、各部门应自觉制止和纠正地区封锁的错误做法，集中力量抓好经济结构的调整。要根据平等互利的原则，积极促进地区之间的经济、技术协作，加强横向联系，进一步搞活商品流通。物资、商业和供销部门要相互协作，积极开拓农村市场，保证商品在城乡之间畅通无阻。各地区、各部门制定的凡与本通知精神不符的有关规定要一律废止，立即撤销所有限制外购商品的审批机构和封锁外地商品流通的关卡。同时，要坚决反对流通领域的不正之风，严禁用不正当的手段推销商品。在本通知发布后仍继续搞地区封锁的，要追究有关领导者的责任。

各省、自治区、直辖市人民政府和国务院有关部门接到本通知后，要立即传达到基层；在贯彻执行中要组织一次全面检查，并将贯彻执行情况于今年十二月二十五日前报国务院。

本通知自下发之日起实行，由监察部和各省、自治区、直辖市人民政府监察部门监督执行。

企事业单位评聘专业技术职务若干问题暂行规定

（1990年11月10日人事部发布）

目前，全国企事业单位首次专业技术职务评聘工作已结束。为适应治理整顿、深化改革的需要，完善专业技术职务聘任制度，使评聘专业技术职务转入经常性工作，遵照1990年5月22日第100次国务院总理办公会议精神，对当前专业技术职务评聘工作的若干问题，作如下规定：

一、专业技术职务评聘工作是各级人事管理工作的一部分。各企事业单位可以根据专业技术工作的实际需要，按照中发〔1986〕3号、国发〔1986〕27号文件和各专业技术职务试行条例，开展经常性的专业技术职务评聘工作。

二、按照中共中央办公厅厅字〔1988〕8号文件规定，全国的改革职称制度、实行专业技术职务聘任制的工作，在国务院领导下，由人事部负责指导、组织和协调。各省、自治区、直辖市和国务院各部门都要坚决执行统一制定的政策和评聘的标准，不得自行其是。如果需要根据本地区、本部门的实际情况，另行制定具体政策和特殊规定，须报经人事部审核批准。

三、开展经常性的专业技术职务评聘工作，必须在科学合理地设置专业技术岗位的基础上进行。各地区、各部门要认真总结首次评聘工作中设置专业技术岗位的经验，检查、督促、指导所属企事业单位在国家批准的人员编制、首次评聘下达的高、中级职务数额和工资总额内，按照职位分类原理，根据工作需要设置和调整专业技术岗位，明确岗位职责。各地区、各部门根据企业、事业以及不同类别单位的实际情况，审定各级专业技术岗位设置，如认为有必要，可提出专业技术职务结构比例和专业技术职务设置最高档次的指导性意见。

四、企事业单位因自然减员、调动、解聘等原因出现岗位人员空缺时，可根据工作需要进行补缺。由于事业发展以及破格评聘优秀中青年拔尖人才等原因，需要增设专业技术岗位，须在规定的增资指标范围内，经省、部级人事（职改）部门批准。

五、1987年以来新建企事业单位，应在批准的人员编制和工资总额内，科学合理地设置专业技术岗位，经上级主管部门和人事（职改）部门审定批准后，按照规定的程序，逐步开展专业技术职务评聘工作。

六、评聘专业技术职务必须严格坚持专业技术职务试行条例所规定的能力、业绩、资历、本专业（或相近专业）学历和相应的外语水平等基本任职条件。各地区、各部门要清理检查首次评聘工作中制定下发的文件，对于不符合专业技术职务试行条例的规定和扩大范围、放宽条件、降低标准的有关文件（含实施意见或细则），一律停止执行。今后申报评聘专业技术职务应具备国家教委承认的本专业（或相近专业）的学历，各种培训班颁发的结业证书或专业证书不再作为评聘专业技术职务的学历依据。

七、各地区、各部门要切实按照试行条例的有关规定，严格控制评聘范围，不得自行设置和任意靠用专业技术职务系列。

八、评聘专业技术职务要结合实际情况，坚持正确的政策导向，引导专业技术人员努力做好本职工作，注重工作实绩，积极为优秀中青年人才脱颖而出创造条件，不搞论资排辈，不拘一格选拔人才。对不具备专业技术职务试行条例规定的学历、资历条件，但确有真才实学、成绩显著、贡献突出的，可根据具体情况和工作需要破格评聘专业技术职务。具体破格条件由各地区、各部门提出，报人事部审核。

九、企事业单位行政领导原则上不兼任专业技术职务。确需技术行政领导兼任的，必须符合相应的任职条件，履行相应的职责，占用本单位的专业技术职务数额。兼任高级专业技术职务的报省、部级人事（职改）部门批准，兼任中级专业技术职务的报地、市级人事（职改）部门批准，并按规定的程序评聘。

十、今后各地区、各部门对达到离退休年龄的专业技术人员，除个别确因工作需要，按有关文件规定，延缓办理离退休手续的以外，不再评定专业技术职务。

十一、各地区、各部门应重新组建评审委员会，评委会应由包括中、青年专家在内的具有本专业较高专业技术水平的专家组成。中、初级评审委员会应由上级人事（职改）部门批准。高级评审委员会由省、部级人事（职改）部门批准组建，报人事部备案。一些国务院部门设在地方的直属单位不具备组建某些系列评委会条件的，不能自行组建，可以委托当地的有关评委会统一组织评审。评委会的评审工作每年举行一次，评委会成员应遵守职业道德，办事公道。在评审评委本人或其亲属专业技术职务时，实行回避制度。要改进评审方法，实行考试（含答辩）、考核、评审相结合，对不同系列、不同层次各有侧重的办法，客观公正地测定申报人的任职条件和履行职责的能力、水平，具体内容和方式由各地区、各部门确定。评审结果应报相应的人事（职改）部门审批备案。

十二、聘任专业技术职务，要严格掌握思想政治标准，坚持德才兼备的原则，实行择优聘任和竞争聘任，不搞论资排辈。要有明确的聘任期限。聘期一般为一至三年，也可与一个重大项目（一项课题）的周期相同。在聘期内或聘任期满，经严格考核不能履行岗位职责、不能完成岗位任期目标的人员，应解除聘约，按本人条件和工作需要另行聘任适当职务，享受新任职务的工资待遇。对解聘、低聘的人员，可按其晋升专业技术职务所增加的工资至少降低一级的办法处理。

十三、各单位应加强对国家教委承认的正规大、中专院校毕业生（含研究生）见习期的考核工作。根据拟聘专业技术岗位的职责要求，对其政治表现从事该岗位专业技术工作的能力、水平、工作成绩等，进行全面的考核。见习期满并考核合格，可按试行条例的规定聘任相应的专业技术职务。

十四、评聘的专业技术职务，经批准在哪个范围内评聘职务的，则在哪个范围内有效。专业技术人员调动工作或变更工作专业，应按拟新聘职务的管理办法和任职条件要求，重新考核、评审或确认任职资格，经过试用考察，按工作岗位需要聘任适当的职务，并按新聘职务享受相应的工资待遇。

十五、企事业单位受聘担任专业技术职务人员的职务工资，一律从聘任之下月起，分别按有关工资的规定和标准计发。目前经济效益很差的企业，如何兑现职务工资，由企业主管部门研究确定。

十六、各地区、各部门要指导企事业单位结合各自的特点，建立健全专业技术人员考核制度和考绩档案。考核应按干部管理权限进行，注重政治标准，以履行岗位职责的工作实绩为主要内容，实行定性考核与定量考核相结合，平时考核与任期期满考核相结合。考核要广泛听取领导、专家和群众的意见。考核结果要记入考绩档案，作为续聘、低聘、解聘、或晋升、奖惩的依据。

十七、各级人事(职改)部门要按照人事部关于计算机应用软件人员、统计员等资格考试的有关规定，组织做好专业技术资格全国统一考试的试点工作。考试合格者，发给由人事部统一印制的《专业技术资格证书》，全国有效。今后，凡全国统一组织资格考试的，不再进行专业技术资格的评审工作。

十八、对于特大型、大型企业和重点事业单位中主体系列的高层次人员，在核定岗位设置和实行考评结合的基础上，由本单位提出申请，经省、部级人事(职改)部门批准，可有计划、有步骤、稳妥地进行评聘分开的试点。任职资格不与工资待遇挂钩。

十九、各级人事(职改)部门要加强对专业技术职务评聘和资格考试工作的组织领导和监督检查，严肃纪律。对评聘、资格考试工作中出现的不正之风、弄虚作假等行为除给予当事人必要的行政处分外，还要追究单位领导人的责任；对有评审权的单位，可令其暂停评审直至收回评审权。

二十、本规定自发布之日起实行。由人事部负责解释。过去未经中共中央、国务院批准的有关职称改革文件，凡与本规定不一致的，按本规定执行。

全民所有制公司职工管理规定

(1990年11月10日劳动部发布)

第一条 为了加强全民所有制公司(以下简称公司)职工管理工作，特制定本规定。

第二条 本规定所称公司，是指从事生产、经营、服务活动的公司和以经营为主兼有部分政府或行政职能的全民所有制公司。

第三条 公司应根据已定的生产、经营规模及职能，本着精简的原则，制定机构编制定员方案，经公司主管单位审核，按劳动工资管理隶属关系，报同级劳动行政部门批准后实施；国家实行计划单列的公司的机构编制定员方案，经劳动部审批后实施。

第四条 公司必须根据批准的编制定员、国家有关政策规定和要求编制劳动计划，按照劳动计划管理程序上报劳动行政部门，经批准后严格执行，不得超计划增加人员。

第五条 公司在劳动计划内招收和聘用职工，应面向社会、公开招收、全面考核、择优录用。对新招收的工人，除国家另有规定者外，必须按照《国营企业实行劳动合同制暂行规定》签订劳动合同，实行劳动合同制。

第六条 公司在核定的编制定员范围内，根据工作需要有权对原有机构设置和人员配备进行调整，并报送有关劳动行政部门备案。有关部门对公司提出机构设置和人员配备的要求，必须征得劳动行政部门的同意。

第七条 公司职工必须遵守国家的劳动政策、法律、法令，遵守劳动纪律，遵守公司的各项规章制度，学习和掌握本职工作需要的文化技术业务知识和技能，努力完成工作任务。

第八条 公司应根据生产和经营特点，制定劳动定额和工作规则，建立职工培训和职工考勤、考绩等劳动管理制度。

第九条 对做出显著成绩或违反劳动纪律的职工，公司应根据《企业职工奖惩条例》和《国营企业辞退违纪职工暂行规定》办理。对公司经理以及主管部门任命的副经理级人员奖励和处分，应根据《企业职工奖惩条例》由公司党组织和工会组织提出建议，按任免权限报主管部门决定。

第十条 公司职工与公司行政发生的劳动争议，可按照《国营企业劳动争议处理暂行规定》处理。

第十一条 公司跨地区和跨部门调入或调出职工，需经劳动行政部门按有关规定办理调动手续。由组织、人事部门任免的公司工作人员，需要调动时，按组织、人事部门的有关规定办理。

第十二条 各省、自治区、直辖市和国务院有关部门可根据本规定制定实施办法。

第十三条 本规定由劳动部负责解释。

第十四条 本规定自发布之日起施行。

中华人民共和国邮政法实施细则

（1990年11月12日中华人民共和国国务院令第65号发布）

第一章 总 则

第一条 根据《中华人民共和国邮政法》（以下简称《邮政法》）的规定，制定本实施细则。

第二条 中华人民共和国邮电部（以下简称邮电部）是国务院邮政主管部门，管理全国邮政工作。

各省、自治区、直辖市邮电管理局（以下简称邮电管理局）是地区邮政管理机构，管理该地区的邮政工作。

第三条 市、县邮电局（含邮政局，下同）是全民所有制的经营邮政业务的公用企业（以下简称邮政企业），经邮电管理局授权，管理该地区的邮政工作。

邮电支局、邮电所、邮政支局、邮政所是办理邮政业务的分支机构（以下简称分支机构）；邮亭、邮政报刊亭等是邮政企业的服务点。

邮电代办所视同邮政企业所属的分支机构。

第四条 未经邮政企业委托，任何单位或者个人不得经营信函、明信片或者其他具有信件性质的物品的寄递业务，但国务院另有规定的除外。

信函是指以套封形式传递的缄封的信息的载体。其他具有信件性质的物品是指以符号、图象、音响等方式传递的信息的载体。具体内容由邮电部规定。

第五条 邮政企业委托其他单位或者个人代办邮政业务时，应当协商一致，并签订代办合同。

第六条 凡使用我国邮政业务的一切单位或者个人统称邮政用户（以下简称用户）。

第七条 邮政企业应当为用户提供迅速、准确、安全、方便的邮政服务，保障用户使用邮政的合法权益。

任何单位或者个人均负有保护通信自由、通信秘密和邮件安全的责任；任何单位或者个人不得利用邮政业务进行法律、法规和政策所禁止的活动。

除因国家安全或者追查刑事犯罪需要，由公安机关、国家安全机关或者检察机关依法对通信进行检查外，邮件在运输、传递过程中，任何单位或者个人不得以任何理由检查、扣留。

第八条 因国家安全或者追查刑事犯罪需要，公安机关、国家安全机关、检察机关检查、扣留邮件，冻结汇款、储蓄存款时，必须依法向相关县或者县级以上的邮政企业、邮电管理局出具相应的检查、扣留、冻结通知书，并开列邮件、汇款、储蓄存款的具体节目，办理检查、扣留、冻结手续后，由邮政企业指派专人负责拣出，逐件登记后办理交接手续，对于不需要继续检查、扣留、冻结或者查明与案件无关的邮件、汇款、储蓄存款，应当及时退还邮政企业。邮件、汇款、储蓄存款在检查、扣留、冻结期间造成丢失、损毁的，由相关的公安机关、国家安全机关、检察机关负责赔偿。

第九条 人民法院、检察机关依法没收国内邮件、汇款、储蓄存款时，必须出具法律文书，向相关县或者县级以上邮政企业、邮电管理局办理手续。没收进出口国际邮递物品应当由海关作出决定，并办理手续。

第十条 有关单位依照法律规定需要收集、调取证据、查阅邮政业务档案时，必须凭相关邮政企业所在地的公安机关、国家安全机关、检察机关、人民法院出具的书面证明，并开列邮件具体节目，向相关县或者县级以上的邮政企业、邮电管理局办理手续。

第十一条 任何单位或者个人不得从事下列行为妨害邮政工作的正常进行：

（一）损坏邮政设施；

（二）在邮政企业及分支机构门前或者出入通道设摊、堆物，妨害用户用邮或者影响运邮车辆通行；

（三）在办理邮政业务的场所无理取闹或者扰乱正常秩序；

（四）阻碍邮政工作人员依法执行公务或者寻衅滋事；

（五）拦截邮政运输工具、非法阻碍邮件运递或者强行登乘邮政运输工具；

（六）非法检查或者截留邮件；

（七）其他妨害邮政企业及分支机构或者邮政工作人员正常工作的行为。

第二章 邮政企业的设置和邮政设施

第十二条 邮政企业及分支机构的设置标准，由邮电部规定；邮政企业的设置或者撤销，由邮电部批准；分支机构的设置或者撤销，由邮电管理局批准，报邮电部备案。

第十三条 地方各级人民政府应当将邮政企业及

分支机构的设置和邮政设施的建设纳入城乡建设规划。

第十四条 建设城市新区、独立工矿区、住宅区或者旧城区成片改造，应当同时规划和设置与之配套的邮政企业及分支机构和邮政设施。

第十五条 邮政企业依法设置邮亭、邮政报刊亭、邮筒、信箱或者流动服务时，有关单位或者个人应当提供方便。

第十六条 接收邮件的信报箱是居民楼房的配套设施，设计单位应当将其纳入民用住宅建筑设计标准。

居民楼房每一单位的地面层应当安装与住户房号相适应的信报箱或者在楼房集中处设置信报箱间(群)，供住户接收邮件使用。

信报箱由居民楼房的产权所有者或者管理单位负责维修、更换，也可以委托当地邮政企业或者其分支机构维修、更换，所需工料费由委托单位支付。

第十七条 较大的车站、机场、港口、饭店，应当在方便旅客的地方提供办理邮政业务的场所；邮政企业应当提供邮政业务服务。

第十八条 任何单位因建设需要，征用、拆迁邮政企业及分支机构或者邮政设施时，应当与当地邮政企业协商，在保证邮政通信正常进行的情况下，应当将邮政企业及分支机构、邮政设施迁到适宜的地方或者另建，所需费用由征用、拆迁单位承担。

第三章 邮政业务的种类

第十九条 邮政企业经营国内、国际邮件寄递业务和邮件的特快专递业务。

国内邮件是指在中华人民共和国领域内互寄的邮件，其中寄自或者寄往香港、澳门、台湾地区的邮件称港澳台地区邮件；国际邮件是指中华人民共和国与其他国家、地区之间互寄的邮件和其他国家、地区通过中国境内经转的邮件。

第二十条 国内报刊发行业务是指报刊社委托邮政企业发行报纸、杂志的业务。

第二十一条 报刊社委托邮政企业发行报刊时，应当根据报刊发行的范围向指定的邮政企业或者邮政报刊发行局，出具有关主管部门批准出版和领有报纸、期刊登记证的证明。邮政企业有接办发行能力的，应当与报刊社遵循平等互利、协商一致、等价有偿的原则，按照国家有关规定签订报刊发行合同。

第二十二条 邮政储蓄、邮政汇兑业务是邮政企业为国家积聚资金、沟通经济往来所经办的金融业务，由邮电部统一管理，并按照国家有关规定，在金融业务上接受中国人民银行的指导。各相关银行应当为邮政企业办理的储蓄、汇兑业务提供便利。

第二十三条 各项邮政业务的具体种类和邮件分类，由邮电部规定。

第四章 邮政业务资费和邮资凭证

第二十四条 邮政业务的基本资费是指邮政专营的国内平常信函、明信片的资费；非基本资费是指基本资费以外的邮政业务资费。

邮政业务的基本资费由国务院物价主管部门制定，报国务院批准；非基本资费由邮电部规定。

第二十五条 制定和调整邮政业务资费的依据是：

(一)以保证邮政通信企业的成本费用和自我发展能力为原则，适应社会需要；

(二)国内邮政业务资费，依据支出费用的变动相应调整；

(三)国际邮政业务资费，依据“万国邮政联盟”的规定和国际、国内成本费用以及人民币汇率比价的变化作相应调整。

第二十六条 邮资凭证是邮电部发行的，作为邮件纳费标志的有价证券，包括邮票，印在邮资信封、邮资明信片、邮资邮简上的邮票图案，邮资机打印的邮资符志。

第二十七条 “万国邮政联盟”发行的国际回信券，可以根据国际统一规定，兑换成等于特定重量级别的特定类别资费的邮票，但是不得兑换现金。

第二十八条 因工作需要，仿印邮票图案的，必须按照仿印邮票图案的有关规定，报经邮电部邮票主管部门或者有关邮电管理局审核、批准。

印刷单位不得承印未经批准的仿印邮票图案和与邮票相似的印件。

第二十九条 印制通信使用的信封必须符合国家标准，并由当地邮电管理局监制。

第三十条 印制明信片必须符合邮电部规定的规格标准。

县以上邮政企业，经邮电管理局批准，可以印制、发行带有“中国人国邮政”字样的明信片；其他单位印制明信片，由当地邮电管理局监制，但不得带有“中国人民邮政”字样。

第五章 邮件的寄递和损失赔偿

第三十一条 义务兵从部队发出的平常信函，免费寄递，其他军人不得免费寄递信函。义务兵寄递平常信函的监督管理办法由邮电部会同中国人民解放军有关部门制定。

第三十二条 用户交寄邮件应当符合邮电部规定

的准寄内容、封装规格、书写格式，并正确书写邮政编码，其中，用户交寄信函使用的信封，必须符合国家标准；邮件封面和邮政业务单式上不得印（写）有或者粘贴与邮件无关的文字或者其他物品；邮资凭证正面不得涂抹、覆盖其他物品；不得使用伪造、仿印、剪割拼补、加工去污的邮资凭证。

第三十三条 禁止寄递或者在邮件内夹带下列物品：

（一）法律规定禁止流通或者寄递的物品；

（二）反动报刊书籍、宣传品或者淫秽物品；

（三）爆炸性、易燃性、腐蚀性、放射性、毒性等危险物品；

（四）妨害公共卫生的物品；

（五）容易腐烂的物品；

（六）各种活的动物；

（七）各种货币；

（八）不适合邮寄条件的物品；

（九）包装不妥，可能危害人身安全、污染或者损毁其他邮件、设备的物品。

前款物品，符合邮电部特准交寄规定并确保安全的，可以收寄。

第三十四条 国内限量寄递物品由邮电部会同国务院有关部门规定。

第三十五条 对于违反禁寄、限寄规定寄递的物品，邮政企业或者分支机构应当根据其种类、性质、数量等分别作出下列处理：

（一）不予寄递；

（二）通知寄件人限期领回，逾期不领的就地处理；

（三）移送相关部门依法处理；

（四）造成危害人身安全或者污染、损毁其他邮件、设备的，由寄件人承担赔偿责任。

按照前款（二）项、（三）项处理所需的费用，由寄件人承担。

第三十六条 新建的企业、事业、居民住宅，应当由单位或者居民住宅的主管部门到当地邮政企业或者分支机构办理邮件投递登记手续；单位更改名称、收件人变更地址，应当事先通知当地邮政企业或者分支机构，也可以办理邮件改寄新址手续。邮政企业应当公布登记地点和电话号码。

具备下列条件者，有关邮政企业或者分支机构应当予以登记，并自登记之日起九十日内安排投递：

（一）具备邮政车辆和邮政工作人员执行公务的通行条件；

（二）有公安机关统一编制的门牌号数；

（三）已安装接收邮件的信报箱或者已设立收发室；

（四）按规定需要办理中外文名称登记的，应当办妥手续。

第三十七条 邮件的投递方式，除邮电部另有规定外，按下列方式投递：

（一）按址投递

城镇居民的邮件，按收件人地址投递到平房院落门口或者楼房地面层的信报箱或者收发室。单位、单位内附设的机构和个人以及单位院内宿舍用户的邮件，投递到单位收发室。收发室应当设在楼房的地面层，两个以上单位同在一处的，应当商定统一接收邮件的地点。需要上楼投递邮件、报刊的，用户应当与相关邮政企业或者分支机构协商，并按照规定由用户支付特殊服务费。

农村、牧区的邮件，根据交通条件和邮件量的具体情况，一般投递到乡或者行政村的固定地点；乡或者行政村以下的邮件，由乡人民政府或者村民委员会与邮政企业或者分支机构协商妥交收件人的方式。

寄交船舶的邮件，投递到船舶隶属单位的收发室。

（二）用户领取

必须凭通知单到邮政企业或者分支机构办理手续才能领取的邮件，以邮政信箱（用户专用信箱）号码为收件人地址的邮件，存局候领的邮件，超出按址投递规定重量的邮件以及大宗出件，采用用户领取的方式。

第三十八条 收件人领取给据邮件，收款人兑领汇款，应当向相关邮政企业或者分支机构交验本人有效证件，并在相关单式上盖章或者签名。

代收人受收件（款）人委托，代收给据邮件（汇款）时，应当交验收件（款）人和代收人的有效证件，经邮政企业或者分支机构确认后，由代收人盖章或者签名接收。

有效证件包括居民身份证、户口簿、工作证。

第三十九条 收件人接收给据邮件时发现封皮破损，应当场声明，并核对内件。确属邮政企业或者分支机构的责任而造成内件短少、损毁的，或者由于邮政企业、分支机构的责任造成给据邮件丢失、损毁的，邮政企业或者分支机构应当按照规定予以赔偿。由于收件人所在单位收发人员的过失造成给据邮件丢失、损毁、内件短少者，相关收发人员应当承担规定的赔偿责任。

邮件运递的具体要求由邮电部规定，并予以公告。邮件运递违反邮电部规定的，邮政企业或者分支机构应当向用户补偿，具体补偿办法由邮电部规定。

第四十条 用户误收的邮件，应当及时退还邮政企业或者分支机构；用户误拆的邮件应当重封签章后退还邮政企业或者分支机构，并对误拆邮件内容保守秘密。

第四十一条 单位收发人员接收给据邮件时，应当认真点核无误后，在相关清单年盖章签收。

收发人员对于各种邮件负有保护和及时传送的责

任,不得私拆、隐匿、毁弃邮件或者撕揭邮票。

第六章 邮件的运输、验关和检疫

第四十二条 邮电部、邮电管理局应当把邮件运输流向流量变化情况及时通告相关运输部门。各运输部门应当根据邮政通信需要,优先提供有效的车次、航班、舱容。

相关运输部门应当在车站、机场、港口、码头妥善安排装卸、储存邮件和作业所需的场地、出入通道、房屋,以及通报行车或者航行情况的信息设施。

新建、改建、扩建车站、机场、港口、码头,应当统一规划邮件存放、转运所需的场地和通道,其有关基建费用由邮政企业承担。

第四十三条 邮政企业委托运输单位运送邮件,应当签订运邮协议。

第四十四条 运输单位承运的邮件应当先于货物发运。因故临时停运或者改变运行时间、停靠位置时,运输单位应当及时通知邮政企业或者分支机构。

第四十五条 载有邮件的船舶应当悬挂邮旗,各有关港口对于悬挂邮旗的船舶应当优先放行。

第四十六条 运输单位承运邮件,除邮政企业或者分支机构派员押运者外,应当与邮政企业或者分支机构办理交接签收手续。

除不可抗力原因外,邮件在运输单位保管期间或者在运输途中发生丢失、短少、损毁等,相关运输单位应当按照运邮协议的规定予以赔偿。

运邮船舶发生海难必须抛弃所载货物时,非至最后,不得抛弃所运邮件。

第四十七条 执行邮件运输和投递任务的车、船、邮政工作人员通过桥梁、渡口、隧道、检查站时,有关方面应当优先放行。带有邮政专用标志的邮政车辆在运输邮件时,凭公安机关核发的通行证,可以不受禁行路线、禁停地段的限制。运邮车辆或者邮政工作人员在运递邮件途中违章,有关主管部门应当记录后放行,待其完成运递任务后,再行处理。

第四十八条 邮政企业依据运输工具到站(港)、离站(港)时间和运递时限制订的作业时间表应当在变更前三日通知海关。海关应当按照邮政企业通知的作业时间表派员到场监管国际邮袋、查验进出口国际邮递物品;逾时不到场,延误运递时限造成的相关责任,由海关承担。

海关依法查验国际邮包时,在设关地应当与用户当面查验。收、寄件人不能到场的,由海关开拆查验,邮政工作人员在场配合。被开拆查验的邮包,由海关和邮政企业共同封装,双方加具封签或者戳记。海关依法开拆查验的印刷品,应当重封并加具海关封签或者戳记。

第四十九条 用户交寄应当施行卫生检疫或者动植物检疫的邮件,必须附有检疫证书。检疫部门应当及时对邮件进行验放,以保证邮件的运递时限。

第五十条 海关、检疫部门依法查验国际邮递物品或者检疫邮件,应当注意爱护;需要封存时,除向寄件人或者收件人发出通知外,应当同邮政企业或者分支机构履行交接手续,并负责保管,封存期不得超过四十五日。特殊情况需要延长封存期的,应当征得邮政企业或者分支机构及寄件人或者收件人的同意,并以不致造成被封存国际邮递物品或者邮件的损失为前提。被封存国际邮递物品或者邮件退还邮政企业或者分支机构时,邮政工作人员应当核对无误后予以签收。

依法没收国际邮递物品或者经卫生、动植物检疫必须依法销毁的邮件,海关或者检疫部门应当出具没收或者检疫处理通知单,并及时通知寄件人或者收件人和邮政企业或者分支机构。

国际邮递物品在依法查验、封存期间,发生丢失、短少、损毁等,由海关或者检疫部门负责赔偿或处理。

第五十一条 依法检验邮递物品或者对邮件实施检疫需要使用邮政企业或者分支机构的场地和房屋时,由邮政企业与有关部门根据工作需要和实际可能协商解决。

第五十二条 由海关依法处理的无着进口国际邮包,海关应当支付相关邮政费用。

第五十三条 出口国际邮件的海关关单的传递方式由海关总署与邮电部商定。

第七章 罚 则

第五十四条 违反本细则第十一条规定的,由有关部门按照国家有关规定根据情节轻重,予以处罚;违反治安管理有关规定的,由公安机关依照《中华人民共和国治安管理处罚条例》处罚。

第五十五条 违反本细则第三十三条第三项规定,尚未造成严重后果的,由公安机关依照《中华人民共和国治安管理处罚条例》处理。

第五十六条 伪造或者冒用邮政专用标志、邮政标志服或者邮政日戳、邮政夹钳、邮袋邮政专用品的,由邮电管理局或其授权单位处以一千五百元以下罚款,并没收有关物品。

第五十七条 以营利为目的,伪造邮资凭证,未经许可仿印邮票图案或者印制带有“中国人民邮政”字样明信片的,由邮电管理局或其授权单位处以五千元以下罚款,并没收非法所得和非法物品。

由于用户的故意,交寄的邮件使用不符合规定的邮资凭证的,邮政企业或者分支机构不予发寄,通知寄件人限期撤回,并处以应付邮资十倍的罚款;无法通知寄件人或者逾期不办理撤回手续的，作为无着邮件处理。

第五十八条 邮政工作人员隐匿、毁弃、私拆、盗窃邮件，贪污、冒领用户款项的，邮政企业应当追回赃款赃物，可以并处罚款，还可以根据情节轻重，给予行政处分。具体办法由邮电部规定。

第五十九条 违反本细则第四十一条第二款规定的，依照《邮政法》第三十六条规定追究责任。

第六十条 违反本细则规定，构成犯罪的，由司法机关依法追究刑事责任。

第六十一条 误收、误拆他人信件不予退还或者已退还但泄露信件内容，侵犯他人通信自由权利的，依照《邮政法》第三十六条规定追究责任。

第八章 附 则

第六十二条 本细则所称公安机关、国家安全机关、检察机关是指县以上（含县级）公安机关、国家安全机关、检察机关。

第六十三条 邮电部可以根据本细则制定有关规章。

第六十四条 本细则由邮电部负责解释。

第六十五条 本细则自发布之日起施行。

节约原材料管理暂行规定

（1990年11月16日国家计划委员会发布）

第一章 总 则

第一条 为提高我国生产经营型企业（包括从事生产、建设等经济活动的企业，下同）的原材料管理水平，不断降低原材料消耗，提高经济效益，为实现国民经济持续、稳定、协调发展，特制定本规定。

第二条 节约原材料是指通过加强科学管理和推进技术进步的各种途径，直接或间接地降低单位产品的原材料消耗，以最小的原材料消耗取得最大的经济效益。

第三条 本规定所称原材料是指生产经营型企业在生产、建设过程中所消耗的钢材、有色金属、木材、化工、纺织原料等。

第四条 凡生产经营型企业都应当遵守本规定。

第二章 节约原材料管理体系

第五条 国务院节能办公会议，不定期地研究和审查有关节约原材料（以下简称“节材”）工作的方针、政策、法规、计划和改革措施，部署和协调节材工作任务。协调工作由国家计委负责。

第六条 省、自治区、直辖市、计划单列市和国务院有关部门，应当指定主要负责人并明确相应的管理机构主管节材工作，可在已有的节能办公会议中把节材列入议事日程，或建立节材工作办公会议制度。

省、自治区、直辖市、计划单列市的重点耗材厅（局、总公司）和地市，应有主要负责人主管节材工作，并明确相应管理机构和专职工作人员。

地方和部门的节材管理机构，主要负责贯彻执行国家有关节材的方针、政策、法规和标准，制订本地区、本行业的节材技术政策和规划，组织指导节材的技术开发、技术推广、技术改造，检查督促本地区、本行业的企业和其他单位改进节材管理，统筹协调完成节材工作任务。

第七条 各企业要有主要负责人主管节材工作，明确相应的管理机构和工作制度。企业的节材管理机构，主要负责本企业贯彻执行国家、地方、行业有关节材的方针、政策、法规、标准和上级下达的节材计划，制订并组织实施本企业的节材规划、计划、技术措施，完善原材料科学管理，降低产品单耗以及提高原材料利用率等工作。

第八条 地方、部门、企业的节材工作，都应实行责任制。各级节材管理机构，应配备有业务能力和热心节材工作的干部和技术人员，并要保持相对稳定。

第三章 节材管理工作

第九条 国家计委会同国家统计局建立健全全国节约原材料统计指标体系。各级节材管理机构和企业主管部门应当会同当地统计部门做好原材料节约的统计工作，并及时汇总上报上级主管单位。

国务院各有关行业主管部门、要根据国家节材统计的需要和实际情况，建立行业节材统计指标，做好本行业原材料消耗统计以及合理利用程度和节材量的统计分析工作。

各企业要根据生产实际，制订本企业原材料节约管理办法，建立原材料消耗统计原始记录和节材统计台账。按照《统计法》和有关规定定期向统计部门、上级主管单位和节材管理机构报送有关原材料消耗统计报表。直属直供企业的有关统计，应同时报给归口行业主管部门和地方节材管理机构。

第十条 企业主管部门应定期对主要产品制订先进、合理的原材料消耗定额，并认直进行考核。各地要根据自己的实际情况及消耗的主要原材料品种，确定节约原材料的考核范围和产品种类。

第十一条 各企业和各级节约原材料管理机构都要加强节材计划和原材料消耗定额的管理工作。企业应根据上级主管部门下达的原材料节约计划及经审批的消耗定额编制节约计划，并进行目标分解，落实到车间、班组和个人，要把原材料消耗作为一项主要的经济指标，纳入企业各级承包和考评的内容。

第十二条 各企业对主要产品都要实行定额管理。要加强对原材料消耗全过程的投入产出管理，做到进料要验收，发料有限额，余料要回收，帐卡物相符。

第十三条 工程建设、设计、施工单位，要积极采用新技术，不断改进设计和施工工艺，加强对原材料使用的管理，严格执行按工程项目核算材料消耗的制度，减少和杜绝浪费，降低原材料消耗。

第十四条 各级原材料供应部门应坚持努力为用户服务的原则，帮助使用单位创造合理使用原材料的条件，协调地区、行业、企业的合理用材工作，提倡产销见面，对路供应，要努力按要求的品种、规格、数量、质量和时间供应原材料。

第十五条 各级原材料供应部门对国家计划内供应的原材料，必须按国家计划供应给使用单位；计划外组织的货源应按照国家产业政策，根据不同企业的原材料管理水平，产品单耗和综合经济效益的高低，实行择优供应。特别对市场紧缺的原材料，要首先供应给产品质量好，原材料消耗低，经济效益高或出口创汇的企业。

第十六条 各级原材料供应部门，要支持各地为集中下料和科学套裁所组建的横向联合体，优先向这些单位供应市场紧缺的原材料，使其在合理使用原材料和节材降耗中充分发挥作用。

第十七条 各种原材料加工的余料，要积极组织回收利用。对不能利用的废旧材料，要按有关规定，销售给合法经营的物资回收再生部门。

第十八条 各级节材管理机构应积极配合计划部门，在保证社会需要的前提下，根据国务院颁布的《关于当前产业政策要点的决定》，按照合理利用原材料的原则，做好调整产业结构、行业结构、企业结构和产品结构的工作。

第十九条 各级节材管理机构应配合新闻宣传单位，积极宣传节材的方针、政策和科学知识，以提高全民的节材降耗意识和科技知识水平。同时，要充分利用各种宣传工具，对在节材降耗中取得突出成绩的单位和个人及时予以宣传、表彰。

第四章　节材技术进步

第二十条 各地区、各部门和所有企业，都要依靠技术进步，采用先进技术，提高加工深度，降低原材料消耗。要根据实际情况，制定降低原材料消耗的技术进步规划，有计划地建成一些技术先进、经济合理、原材料消耗低的样板企业和示范项目，并积极组织推广。各企业要广泛开展群众性的技术革新和合理化建议活动。

第二十一条 凡新建、改建和扩建工程项目，必须采用节材的新技术、新工艺、新材料、新设备，加强原材料的综合利用和合理代用，以降低工程建设中或投产后的原材料消耗。工程项目的可行性研究和初步设计，要有合理使用原材料的论证内容，单耗指标应达到国内平均先进水平，否则不予立项。各级工程咨询公司在项目评估时，要把原材料消耗的水平作为评估内容。

第二十二条 各行业、各地区都要把节材降耗作为技术改造、技术进步的重点之一。国家为推进节材技术进步，支持地方、行业、企业开展节材降耗工作，扶持一些节材效益显著的示范项目。各省（自治区）市应根据各自的实际情况，创造条件建立节材专项基金。

企业就把降低原材料消耗的技术改造，作为重点之一进行安排。

第二十三条 各行业主管部门要主动为企业提供节材技术进步的信息，应明确本行业节材技术进步的方向，制定重点推广的技术进步措施，积极开展节材技术的交流，及时淘汰高物耗的产品和工艺等。

第二十四条 各级科技主管部门和科研设计单位应围绕提高原材料成材率（成品率）和利用率，降低废品率，提高产品质量，增加材料的品种、规格，改进工艺，优化产品与工程设计，组织开展好节材应用技术的科研开发工作。

第二十五条 各行业主管部门要随着新材料、新技术的不断开展和应用情况，及时修订本行业的设计和生产技术规程、规范、规定等技术标准，组织好新材料、新技术在本行业的推广应用工作。

第五章 奖 惩

第二十六条 各级主管部门和企业对在节约原材料、降低成本、提高经济效益方面，起了积极作用的单位和个人，应按国务院颁发的《合理化建议和技术改进奖励条例》及其它有关规定给予奖励。

第二十七条 对在节材降耗中取得显著成效的企业，各级节材管理机构可会同物资管理部门在分配原材料计划时，适当奖励计划指标。

对于产品质量差、原材料消耗高、浪费严重的企业，应由企业主管部门会同节材管理机构和物资供应部门做出决定，限期进行整顿，直至缓供、少供、停供其计划内原材料。

第二十八条 各企业主管部门在对企业进行考核时，要把原材料消耗定额作为重要的考核内容。凡达不到标准的企业不准晋等升级；达不到标准的产品不能评为优质产品；达不到标准的工程不得评为优质工程。

第六章 附 则

第二十九条 省、自治区、直辖市、计划单列市和国务院有关部门、直属机构以及部队，可根据本规定并结合具体情况，制定实施细则。

第三十条 本规定由国家计委负责解释和修改。

劳动就业服务企业管理规定

（1990年11月22日中华人民共和国国务院令第66号发布）

第一章 总 则

第一条 为巩固和发展劳动就业服务企业，保障其合法权益，加强管理，促进城镇劳动就业工作的开展，制定本规定。

第二条 劳动就业服务企业是承担安置城镇待业人员任务、由国家和社会扶持、进行生产经营自救的集体所有制经济组织。

前款所称承担安置城镇待业人员任务，是指：

（一）劳动就业服务企业开办时，从业人员中百分之六十以上（含百分之六十）为城镇待业人员。

（二）劳动就业服务企业存续期间，根据当地就业安置任务和企业常年生产经营情况按一定比例安置城镇待业人员。

本规定所称城镇待业人员，是指城镇居民中持有待业证明的未就过业的人员和曾就过业又失业的人员。

第三条 国家对劳动就业服务企业实行扶持政策，鼓励社会各方面依法扶持兴办各种形式的劳动就业服务企业。

各级人民政府及其行业主管部门应当重视和加强对劳动就业服务企业的领导，把巩固和发展劳动就业服务企业作为解决城镇就业问题和重要途径，将其纳入国民经济和社会发展计划，促进城镇劳动就业工作的开展。

第四条 国家对劳动就业服务企业给予下列税收优惠：

（一）新开办的劳动就业服务企业免征所得税二至三年；

（二）免税期满后，继续承担安置城镇待业人员任务并达到一定比例的，享受相应的减免税优惠。

（三）适当调低劳动就业服务企业所得税的税率。

上述税收优惠的具体实施办法，由国家税务局商劳动部等有关部门制定。

第五条 国家在开办条件、物资供应、固定资产和流动资金贷款等方面对劳动就业服务企业予以支持和照顾。

第六条 国家保护劳动就业服务企业的合法权益。禁止任何机关和单位非法改变劳动就业服务企业的集体所有制性质、干预企业自主权和向企业平调或者摊派人力、物力和财力。

第七条 劳动就业服务企业必须贯彻执行国家的方针、政策和法律、法规，坚持社会主义方向，坚持以安置待业人员为主、安置效益和经济效益相结合的原则。

第二章 政府对劳动就业服务企业的管理

第八条 开办劳动就业服务企业，须经审批机关批准，并经同级工商行政管理机关核准登记，领取《企业法人营业执照》或者《营业执照》后始得经营。

前款所称审批机关批准是指：

（一）有主办或者扶持单位的劳动就业服务企业，经主办或者扶持单位的主管部门审查同意，由同级劳动部门认定其劳动就业服务企业的性质；

（二）待业人员自筹资金开办的劳动就业服务企业，由当地县（区）以上劳动部门批准。

劳动就业服务企业应当在核准登记的经营范围内从事生产经营活动。

第九条 各级人民政府的劳动部门对本地区劳动就业服务企业的职责是：

（一）指导和监督劳动就业服务企业贯彻执行国家有关方针、政策和法律、法规；

（二）制定劳动就业服务企业的地区发展规划；

（三）根据国家有关规定，运用就业经费和生产扶持基金，推动劳动就业服务企业的发展，扩大其安置待业人员的能力；

（四）开展技术培训，开辟物资渠道，组织技术咨询和信息交流，为劳动就业服务企业提供服务；

（五）指导劳动部门所属的劳动就业服务企业的管理活动及其干部的管理和培养工作，开展评选先进集体和个人的活动；

（六）省、自治区、直辖市（含计划单列市，下同）人民政府的劳动部门组织本地区的劳动就业服务企业开展产品评优、企业升级的工作。

各级劳动部门的就业服务机构，按照国务院和省、自治区、直辖市人民政府的规定，可以承担上款各项的有关具体工作。

第十条 各行业主管部门对本部门劳动就业服务企业的职责是：

（一）指导和监督劳动就业服务企业贯彻执行国家有关方针、政策和法律、法规；

（二）制定劳动就业服务企业的部门发展规划，协助企业筹措发展资金；

（三）协调劳动就业服务企业与部门内各有关方面的关系；

（四）开展技术培训，为劳动就业服务企业提供咨询，组织物资、生产、技术等信息交流；

（五）帮助劳动就业服务企业进行新产品鉴定和科研成果鉴定；

（六）指导本部门所属的劳动就业服务企业的干部管理和培养工作，开展评选先进集体和个人的活动。

第三章 主办或者扶持单位与劳动就业服务企业的关系

第十一条 企业、事业单位、机关、团体、部队等主办或者扶持单位（简称主办或者扶持单位，下同）对所主办或者扶持开办的劳动就业服务企业的职责是：

（一）劳动就业服务企业开办时，为企业筹措开办资金，帮助企业办理审批和工商登记手续；

（二）为劳动就业服务企业安置待业人员提供一定的生产经营条件；

（三）协调劳动就业服务企业与各方面的关系；

（四）在劳动就业服务企业兴办初期，指导企业制定管理制度，任用、招聘或者组织民主选举企业的厂长（经理）；

（五）尊重并维护劳动就业服务企业在人财物、产供销等方面的管理自主权；

（六）在平等互利、等价交换的原则基础上，同劳动就业服务企业开展生产经营和服务等方面的合作活动。

第十二条 主办或者扶持单位应当按照国家有关规定积极支持本单位职工到劳动就业服务企业担任生产经营和技术等方面的管理职务。

主办或者扶持单位的职工到劳动就业服务企业任职，应当逐步实行聘任制，由主办或者扶持单位、任职人员和劳动就业服务企业三方签订聘用合同。聘用合同应当以书面形式订立，其主要内容应当包括：

（一）聘用人员的职责；

（二）聘用人员的待遇；

（三）聘用期限；

（四）违约责任及其处理办法；

（五）三方认为应当规定的其他内容。

聘用合同一经依法订立即具法律约束力，三方均应当认真履行，不得擅自改变。

聘任期满后可以续聘。

聘用合同书应当报劳动就业服务企业主管部门和劳动部门备案。

第十三条 全民所有制的主办或者扶持单位的职工被劳动就业服务企业聘用后，仍保留其在原单位的全民所有制职工的身份和待遇。

聘用人员退休后回原单位领取退休金并享受退休人员的一切待遇。

第十四条 主办或者扶持单位对支持劳动就业服务企业的资金、设备等，应当坚持有偿使用原则：

（一）扶持资金（限于主办或者扶持单位的自有资金）可以作为借用款由劳动就业服务企业按双方约定分期归还，也可以依法作为投资参与劳动就业服务企业的利润分配；

（二）设备、工具等生产资料和厂房可以在合理作价的基础上由劳动就业服务企业一次或分期付清；主办或者扶持单位也可以采用出租形式，收取相当于折旧费的租金。

第四章 劳动就业服务企业的内部管理

第十五条 劳动就业服务企业实行民主管理。除下列情况外，劳动就业服务企业的内部管理按国家有关城镇集体所有制企业的法律、法规的规定执行：

（一）本规定第十一条（四）所规定的情况；

（二）以全民所有制企业为主办单位的劳动就业服务企业，其厂长（经理）人选可以由主办单位提出，由主办单位和劳动就业服务企业共同确定。厂长（经理）实行任期制。在厂长（经理）任期内，无法定理由，主办单位和劳动就业服务企业均不得擅自对厂长（经理）予以罢免或调动。

第十六条 劳动就业服务企业可以实行多种形式的生产经营责任制，但任何一种生产经营责任制均应当以安置待业人员作为责任制的一项重要内容。

第十七条 劳动就业服务企业应当按照灵活方便、合同管理、骨干稳定、合理流动的原则，自主选择用工形式。

从业人员在劳动就业服务企业工作期间应当计算工龄。

第十八条 劳动就业服务企业根据自身情况可以有条件地适当安排全民所有制主办单位的富余人员在本企业就业。安置富余人员应当由劳动就业服务企业同全民所有制主办单位双方签订安置合同，合同内容由双方商定。

第十九条 劳动就业服务企业可以根据国家有关规定和企业经济效益，自主地确定适合本企业具体情况的工资和奖金的分配形式和办法。

第二十条 劳动就业服务企业对职工个人出资可以实行付息或者分红的办法。企业盈利，按一定比例付息或者分红；企业亏损，在弥补亏损之前，不得付息或者分红。付息或者分红的比例不得超过国家规定的最高限额。

第二十一条 由待业人员自筹资金开办的劳动就业服务企业，在企业具备偿还能力时，可以逐步偿还个人出资。

第二十二条 劳动就业服务企业应当建立养老保险制度并逐步建立待业保险制度。保险基金提取办法和保险项目按国家有关规定执行。

第二十三条 劳动就业服务企业应当执行国家有关财务制度和财经纪律，健全财务管理，接受国家有关主管部门的指导和监督。

第五章 法律责任

第二十四条 违反本规定第八条的规定，以劳动就业服务企业名义进行活动的，由工商行政管理机关根据国家有关规定给予行政处罚。

第二十五条 任何机关和单位违反本规定第六条的规定，非法改变劳动就业服务企业的集体所有制性质，干预企业自主权的，其上级主管部门应当予以纠正；向劳动就业服务企业平调或者摊派人力、物力、财力的，必须予以赔偿。对负有直接责任的主管人员和其他直接责任人员，由其主管部门根据情节轻重，给予行政处分；构成犯罪的，依法追究刑事责任。

第二十六条 劳动就业服务企业违反本规定有关企业领导人员的产生、罢免程序规定的，其主管部门应当予以纠正，并追究直接责任人员的行政责任。

劳动就业服务企业的主管部门或者主办、扶持单位违反本规定有关劳动就业服务企业领导人员产生、罢免程序规定的，其上一级主管部门或者主办、扶持单位的主管部门应当予以纠正，并追究直接责任人员的行政责任。

第六章 附 则

第二十七条 除本规定有明文规定者外，劳动就业服务企业均应当执行国家有关城镇集体所有制企业的政策和法规。

第二十八条 省、自治区、直辖市人民政府和国务院各行业主管部门可以根据本规定并结合本地区、本部门的具体情况制定实施办法。

第二十九条 本规定由劳动部负责解释。

第三十条 本规定从发布之日起施行。

国务院关于修改《全民所有制矿山企业采矿登记管理暂行办法》的决定

（1990年11月22日中华人民共和国国务院令第67号发布）

国务院决定对《全民所有制矿山企业采矿登记管理暂行办法》作如下修改：

一、第八条修改为：

正在建设和正在生产的矿山企业应当补办采矿登记手续。矿山企业在补办登记手续前，应当按照下列规定核定或者划定其矿区范围：

国务院和国务院有关部门批准开办并由国务院有关部门或其授权单位主管的矿山企业，由国务院有关部门提出核定或者划定矿区范围意见书，送矿山企业所在地的省、自治区、直辖市人民政府签署意见；矿区范围意见书涉及两个或者两个以上省、自治区、直辖市的，送有关省、自治区、直辖市人民政府签署意见；其他矿山企业，由矿山企业主管部门抽出核定或者划定矿区范围意见书，按照矿区范围涉及的行政区划报所在地方县级以上（含县级）人民政府签署意见。

有关地方人民政府自收到矿山企业主管部门报送的矿区范围意见书之日起，应当于三十日内签署意见，对矿区范围发生争议的，应当于三十日内报送上一级人民政府裁决。逾期不签署意见又不上报的，视作同意该意见书，并由矿山企业主管部门报送上一级人民政府予以认可。国务院有关主管部门与省、自治区、直辖市人民政府对矿区范围的争议，省、自治区、直辖市人民政府之间对矿区范围的争议，由国务院地质矿产主管部门提出处理意见，报国务院批准。

核定或者划定矿区范围不涉及土地、森林、草原等权属问题。上述权属问题，应当按照国家有关规定另行处理。

在有全民所有制矿山企业和其他所有制采矿者共同采矿的地区，全民所有制矿山企业矿区范围核定或者划定之前，不得先行划定集体所有制矿山企业和个体采矿的开采范围；同是全民所有制矿山企业，应当首先核定或者划定国务院、国务院有关部门批准开办的矿山企业的矿区范围。

二、第十一条修改为：

在核定或者划定矿区范围时，对其他进入全民所有制矿山企业的矿区范围内采矿，并具有下列情况之一的，由当地人民政府责令其限期关闭或者搬迁：

（一）不具备办矿的资格、条件的；

（二）未经该全民所有制矿山企业主管部门批准的；

（三）影响全民所有制矿山企业正常生产和建设发展的；

（四）对全民所有制矿山企业安全构成威胁的；

（五）《矿产资源法》公布之后擅自进入的。

对应当关闭或者搬迁的矿山，按照下列规定处理：

（一）先于全民所有制矿山企业建设开办的，由该全民所有制矿山建设单位参照其投资、固定资产净值、收益（按照其上缴所得税额计算的前三年平均利润补偿一至二年；开办不足两年的，酌情核减。）给予补偿，并妥善安置群众生活，也可以统筹安排，实行联合经营；有条件的，也可以划出矿区范围内的边缘零星资源，安排易地开采。

（二）《矿产资源法》公布之后进入全民所有制矿山企业矿区范围内开采的，由地方人民政府和批准其进入的有关部门与该全民所有制矿山企业的主管部门共同协商，妥善安置。

（三）《矿产资源法》公布之后，擅自进入在人民政权机关接收时或者国家批准的总体设计、初步设计或者改建、扩建的设计中已规定的及已经核定或者划定的全民所有制矿山企业矿区范围内开采的，一律无条件关闭，不予补偿。

三、第十二条修改为：

正在建设和正在生产的矿山企业，在补办采矿登记手续时，应当向登记管理机关报送下列资料：

（一）按照本办法第八条规定核定或者划定的矿区范围意见书；

（二）以坐标标定的含崩落区的矿区范围图；

（三）矿产资源开发利用的有关资料。

四、第十六条修改为：

申请在国家规划矿区和对国民经济具有重要价值的矿区采矿，或者申请开采国家规定实行保护性开采的特定矿种，必须经国务院有关主管部门批准。登记管理机关凭国务院有关主管部门的批准文件，颁发采矿许可证。

实行保护性开采的特定矿种由国务院具体规定、并明令公布。

本决定自发布之日起施行。

附:《全民所有制矿山企业采矿登记管理暂行办法》原第八条、第十一条、第十二条、第十六条原文:

第八条　正在建设和正在生产的矿山企业应当补办采矿登记手续。矿山企业在补办登记手续前,由有关主管部门会同地方人民政府核定或者划定其矿区范围。

第十一条　在核定或者划定矿区范围时,对《中华人民共和国矿产资源法》公布之前已在矿山企业矿区范围内采矿的单位,按照以下规定处理:

(一)影响矿山企业正常生产和安全的,应当关闭或者搬迁,由当地人民政府会同有关部门妥善处理。

(二)经协商可以采矿的,由矿山企业主管部门批准后,在矿山企业的统筹安排下,实行联合经营,或者开采矿山企业矿区范围内的边缘零星矿产,并划定开采界限。

第十二条　正在建设和正在生产的矿山企业,在补办采矿登记手续时,应当向登记管理机关报送下列资料:

(一)有关主管部门会同地方人民政府签署的核定或者划定后的矿区范围意见书;

(二)以坐标标定的含崩落区的矿区范围图;

(三)矿产资源开发利用的有关资料。

第十六条　申请在国家规划矿区和对国民经济具有重要价值的矿区采矿,或者申请开采国家规定实行保护性开采的特定矿种,必须经国务院有关主管部门批准。

关于经济违法违章企业终止后的行政处罚办法

(1990年11月30日国家工商行政管理局发布)

一、为了查处经济违法违章行为,维护社会主义经济秩序,依照国家有关法律法规,制定本办法。

二、违法违章企业终止,是指企业有经济违法违章行为、在工商行政管理机关依法对其进行查处之前,企业自行歇业、解体、撤销,或以其它形式停止经营或转移经营权。

三、违法违章企业终止后,应依法对其进行查处,其非法所得尚未追缴的,按以下原则处理:

(一)按违法违章企业终止后非法所得的流向追缴:

(1)对以集体所有制形式登记,实为个人的或私营的违法违章企业,从事违法违章经营活动后解体并分赃的,应向原合伙人或私营企业主追缴非法所得和对其进行处罚,原合伙人承担连带责任。

(2)对紧密型、半紧密型联营的违法违章企业,应按联营份额向参加联营的企业追缴非法所得。

(3)对承包或租赁的违法违章企业,应追缴原承包经营者、承租经营者所获得的非法所得;承包经营者、承租经营者缴纳不足或隐匿,应由原发包方或原出租方缴纳不超过承包租赁费总数额的非法所得。

承包、租赁合同明确法律责任的,按合同管理法规办理。

(4)违法违章企业终止前,定期向主管部门、主办单位缴纳利润、管理费的,按上述条款追缴非法所得不足时,可向其主管部门、主办单位追缴不超过上缴额的非法所得。

(5)对企业违法违章行为情节严重的,可并处罚款。

(二)按违法违章企业终止后财产转移的去向追缴:

(1)违法违章企业终止后,其财产交给主管部门、主办单位的,向主管部门、主办单位追缴不超过上缴额的非法所得。

(2)违法违章企业终止后由其它单位承担其权利义务的,向承担权利义务的单位追缴原违法违章企业的非法所得。

四、违法违章企业终止后,其主管部门、主办单位依照法律的规定或者协议的约定负连带责任的,承担连带责任。

五、违法违章企业在终止前的主要责任人员和直接责任人员的违法行为构成犯罪的,应移送司法机关处理。

六、违法违章企业终止后,其非法所得用于下列情况之一,可以免予追缴:

(一)违法违章企业终止前,将非法所得捐助社会公共福利事业的部分;

(二)将非法所得上缴国家财政、国有资产管理部门或缴纳税金的部分。

七、对有经济违法违章行为的经济联合组织、社会团体及事业单位终止后的行政处罚,参照本规定执行。

国务院关于进一步加强环境保护工作的决定

(1990年12月5日)

保护和改善生产环境与生态环境、防治污染和其他公害,是我国的一项基本国策。经过长期努力,我国的环境保护工作取得了一定进展。但是,随着人口增长和现代工业的发展,向环境中排放的有害物质大量增加,还有局部地区人为造成的对自然生态环境的损害,致使环境质量逐步恶化,当前,防治环境污染和生态破坏已成为十分紧迫的任务。为促使经济持续、稳定、协调发展,深入贯彻执行《中华人民共和国环境保护法》,在改革开放中进一步搞好环境保护工作,特作如下规定:

一、严格执行环境保护法律法规

各级人民政府、各部门、各企事业单位,必须严格执行《中华人民共和国环境保护法》和其他环境保护的法律、法规,采取有效措施切实改变有法不依、有章不循、执法不严、违法不究和以权代法的状况。环境保护监督管理部门应当会同政府法制部门进行经常性的环境保护执法检查,及时处理和纠正违反环境保护法律规定的行为。各级人民政府、环境保护部门和有关部门应当根据职责权限,制定和完善环境保护规定和实施办法,健全环境保护法制。

二、依法采取有效措施防治工业污染

各级人民政府和有关部门对经济效益差、严重污染环境、影响附近居民正常生活的企业,必须停产治理;对浪费资源和能源、严重污染环境的企业,特别是小造纸、小化工、小印染、小土焦、土硫磺等乡镇企业,根据管理权限,必须责令其限期治理或分别采取关、停、并、转等措施;对直接危害城镇饮用水源的企业,必须一律关停;禁止在饮用水源保护区和环境敏感地区及自然保护区新建污染环境的建设项目。

凡产生环境污染和其他公害的企事业单位,必须把消除污染、改善环境、节约资源和综合利用作为技术改造和经营管理的重要内容,建立环境保护责任制度和考核制度。有关部门应将保护环境作为考核企业升级和评选先进文明单位的必备条件之一。具体考核办法由国家环保局会同有关部门组织制定。企业治理污染、开展综合利用的资金,有关部门应优先给予保证。

新建、扩建、改建项目和技术改造项目,以及一切可能对环境造成污染和破坏的工程建设和自然资源开发项目,必须严格执行国家有关建设项目环境保护管理的规定。已建成的防治污染设施,必须正常运转,不得擅自拆除或闲置。对违反有关规定的,环境保护部门应当依法给予处罚。

从国外、境外引进技术和设备的单位,必须遵守我国环境保护法律、法规和政策,不得损害我国的环境权益和放宽环境保护规定。禁止将国外、境外列入危险特性清单中的有毒、有害废物和垃圾转移到国内处置,严格防止转移污染。

三、积极开展城市环境综合整治工作

城市人民政府应当组织各方面的力量继续开展环境综合整治工作,积极推进污染的集中控制,提高治理投资效益和污染防治能力;按照城市性质、环境条件和功能分区,合理调整工业结构和建设布局,对严重污染扰民又缺乏有效治理措施的工厂,视其情况予以关闭或有计划地搬迁;在新城建设和老城改造时,应充分考虑环境保护和综合整治的要求,实行配套开发建设;在环境保护方面,坚持每年为人民群众办好一些实事,有重点地解决群众意见较大的环境问题。

省、自治区、直辖市人民政府环境保护部门负责对本辖区的城市环境综合整治工作进行定量考核,每年公布结果。直辖市、省会城市和重点风景游览城市的环境综合整治考核结果,由国家环境保护局核定后公布。

四、在资源开发利用中重视生态环境的保护

各级人民政府和有关部门必须执行国家有关资源和环境保护的法律、法规,按照“谁开发谁保护,谁破坏谁恢复,谁利用谁补偿”和“开发利用与保护增殖并重”的方针,认真保护和合理利用自然资源,积极开展跨部门的协作,加强资源管理和生态建设,做好自然保护工作。

林业部门应加强森林植被的保护和管理,制止乱砍滥伐森林,提高森林覆盖率、造林质量和绿化工作管理水平，做好大型防护林工程建设的组织工作。

水利部门应加强对水资源的统一规划和管理，在开发利用水资源时，应充分注意对自然生态的影响，会同有关部门做好环境影响评价、节约用水、保护饮用水源地、防治水土流失等项工作。

农业部门必须加强对农业环境的保护和管理，控制农药、化肥、农膜对环境的污染，推广植物病虫害的综合防治；根据当地资源和环境保护要求，合理调整农业结构，积极发展农业生产。

各主管部门要进一步加强对野生动植物的管理，做好物种资源保护工作。对破坏野生动植物的违法犯罪活动，执法部门必须给予严厉打击。

各主管部门必须加强所属自然保护区的建设和管理，积极开展自然保护的区划、规划工作。凡有保护价值的地区，应尽快建议自然保护区。环境保护部门应加强对自然保护工作的统一监督管理，统筹全国自然保护区的区划、规划工作，提出建设自然保护区的方针、政策和法规、制度，负责向国务院提出国家级自然保护区的审批意见；对开发利用自然资源影响自然环境的建设项目，实行环境影响报告书制度，并会同有关部门制定生态环境考核指标和考核办法。

五、利用多种形式开展环境保护宣传教育

宣传教育部门应当把环境保护的宣传教育列入计划，利用多种形式大力开展“保护环境是一项基本国策”和《中华人民共和国环境保护法》以及有关资源保护的宣传教育活动，普及环境科学和环境法律知识，提高全民族特别是各级领导干部的环境意识和环境法制观念，树立保护环境人人有责的社会风尚。高等院校应有计划地设置有关环境保护的专业或课程，中、小学及幼儿教育应结合有关教学内容普及环境保护知识；各地区、各部门在培训干部时，应当把环境保护教育作为一项重要内容。

六、积极研究开发环境保护科学技术

环境保护科学技术的研究和开发应当列入国家、地方和有关部门的各项中、长期科技发展规划和年度计划，国家计委、国家科委在综合平衡时，对重要的环境保护课题应优先安排。各地区、各部门应积极研究和采用无污染或少污染的先进工艺、技术和装备，限期改造、淘汰严重污染环境的落后生产工艺和设备，积极推广、使用环境保护科技新成果。

七、积极参与解决全球环境问题的国际合作

我国坚持独立自主的外交政策，广泛开展环境保护的国际合作与交流。在签订有关国际公约时，应做好调查研究和各项准备工作，采取既积极又慎重的态度。

各部门、各单位在参加有关国际活动时，应认真贯彻和积极宣传我国政府关于全球性环境问题的原则立场，注意维护我国和发展中国家的利益。外交部和国家环保局应会同有关部门做好环境保护重要国际活动的国内外协调工作。

八、实行环境保护目标责任制

地方各级人民政府必须加强对环境保护工作的统一领导，充分发挥各部门、各单位的力量，有计划、有步骤、有重点地解决环境问题。要依照《中华人民共和国环境保护法》的规定，切实对本辖区的环境质量负起责任。根据国家制定的环境保护目标和当地的实际情况，制定本地区的环境保护目标和实施措施，并在年度计划中予以落实。环境保护中目标的完成情况应作为评定政府工作成绩的依据之一，并向同级人民代表大会和上一级政府报告。

国务院各有关部门要做好国民经济和社会发展计划中环境保护方面的综合平衡工作，制定有利于环境保护的经济、技术政策及能源政策；加强宏观指导，根据经济发展水平，逐步增加环境保护投入，使环境保护工作同经济建设和社会发展相协调。原有环境保护资金渠道应根据新情况予以落实，并应抓好重点污染项目的治理和重点环境保护示范工程的建设。

国家环境保护局对全国环境保护工作实施统一监督管理；县级以上政府环境保护部门对所辖地区的环境保护工作实施统一监督管理。各级环境保护部门要根据职责权限，采取具体措施完善环境保护法规、标准体系，逐步推行污染物排放总量控制和排污许可证制度，建立环境状况报告制度，会同有关部门对重点污染治理项目进行检查。省级以上政府环境保护部门必须定期发布环境状况公报。

各级人民政府应根据环境保护的职责和任务，健全环境保护机构，加强基层环境监督执法队伍建设，增强执法力量，积极支持环境保护部门独立行使监督管理职权。

国务院关于设立全民所有制公司审批权限的通知

（1990 年 12 月 12 日）

为使公司审批工作逐步规范化，现对今后设立全民所有制公司的审批权限问题通知如下：

一、各级对外经济贸易专业公司，由对外经济贸易部负责审批。各级金融性公司，由中国人民银行负责审批。除对外经济贸易专业公司和金融性公司以外的全国性专业公司（集团），授权由国务院生产委员会组织审批。

二、大型综合性的和对国民经济发展有重大影响的全国性公司（集团），由国务院生产委员会组织审核后，报国务院批准。

三、新成立的公司不得具（兼）有政府行政管理职能，个别确有特殊需要，须报经国务院批准。

四、负责审批设立公司的部门，应根据国家的有关法律、政策，商有关部门制定审批设立公司的实施办法，并报国务院备案。

五、除对外经济贸易专业公司和金融性公司以外的地方性公司，由各省、自治区、直辖市人民政府参照上述原则，确定审批机关。

中华人民共和国外资企业法实施细则

（1990 年 10 月 28 日国务院批准　1990 年 12 月 12 日对外经济贸易部令第 1 号发布）

目　录

第一章　总　则

第一条　根据《中华人民共和国外资企业法》第二十三条规定，制定本实施细则。

第二条　外资企业受中国法律的管辖和保护。

外资企业在中国境内从事经营活动，必须遵守中国的法律、法规，不得损害中国的社会公共利益。

第三条　设立外资企业，必须有利于中国国民经济的发展，能够取得显著的经济效益，并应当至少符合下列一项条件：

（一）采用先进技术和设备，从事新产品开发，节约能源和原材料，实现产品升级换代，可以替代进口的；

（二）年出口产品的产值达到当年全部产品产值50%以上，实现外汇收支平衡或者有余的。

第四条　下列行业，禁止设立外资企业：

（一）新闻、出版、广播、电视、电影；

（二）国内商业、对外贸易、保险；

（三）邮电通信；

（四）中国政府规定禁止设立外资企业的其他行业。

第五条　下列行业，限制设立外资企业：

（一）公用事业；

（二）交通运输；

（三）房地产；

（四）信托投资；

(五)租赁。

申请在前款规定的行业中设立外资企业，除中国法律、法规另有规定外，须经中华人民共和国对外经济贸易部(以下简称对外经济贸易部)批准。

第六条 申请设立外资企业，有下列情况之一的，不予批准：

(一)有损中国主权或者社会公共利益的；

(二)危及中国国家安全的；

(三)违反中国法律、法规的；

(四)不符合中国国民经济发展要求的；

(五)可能造成环境污染的。

第七条 外资企业在批准的经营范围内，自主经营管理，不受干涉。

第二章 设立程序

第八条 设立外资企业的申请，由对外经济贸易部审查批准后，发给批准证书。

设立外资企业的申请属于下列情形的，国务院授权省、自治区、直辖市和计划单列市、经济特区人民政府审查批准后，发给批准证书：

(一)投资总额在国务院规定的投资审批权限以内的；

(二)不需要国家调拨原材料，不影响能源、交通运输、外贸出口配额等全国综合平衡的。

省、自治区、直辖市和计划单列市、经济特区人民政府在国务院授权范围内批准设立外资企业，应当在批准后十五天内报经济贸易部备案(对外经济贸易部和省、自治区、直辖市和计划单列市、经济特区人民政府，以下统称审批机关)。

第九条 申请设立的外资企业，其产品涉及出口许可证、出口配额、进口许可证或者属于国家限制进口的，应当依照有关管理权限事先征得对外经济贸易部门的同意。

第十条 外国投资在提出外资企业的申请前，应当就下列事项向拟设立外资企业所在地的县级或者县级以上地方人民政府提交报告。报告内容包括：设立外资企业的宗旨；经营范围、规模；生产产品；使用的技术设备；产品在中国和国外市场的销售比例；用地面积及要求；需要用水、电、煤、煤气或者其他能源的条件及数量；对公共设施的要求等。

县级或者县级以上人民政府应当在收到外国投资者提交的报告之日起三十天内以书面形式答复外国投资者。

第十一条 外国投资者设立外资企业，应当通过拟设立外资企业所在地的县级或者县级以上地方人民政府向审批机关提出申请，并报送下列文件：

(一)设立外资企业申请书；

(二)可行性研究报告；

(三)外资企业章程；

(四)外资企业法定代表人(或者董事会人选)名单；

(五)外国投资者的法律证明文件和资信证明文件；

(六)拟设立外资企业所在地的县级或者县级以上地方人民政府的书面答复；

(七)需要进口的物资清单；

(八)其他需要报送的文件。

前款(一)、(三)项文件必须用中文书写；(二)、(四)、(五)项文件可以用外文书写，但应当附中文译文。

两个或者两个以上外国投资者共同申请设立外资企业，应当将其签订的合同副本报送审批机关备案。

第十二条 审批机关应当在收到申请设立外资企业的全部文件之日起九十天内决定批准或者不批准。审批机关如果发现上述文件不齐备或者有不当之处，可以要求限期补报或者修改。

第十三条 设立外资企业的申请经审批机关批准后，外国投资者应当在收到批准证书之日起三十天内向工商行政管理机关申请登记，领取营业执照。外资企业的营业执照签发日期，为该企业成立日期。

外国投资者在收到批准证书之日起满三十天未向工商行政管理机关申请登记的，外资企业批准证书自动失效。

外资企业应当在企业成立之日起三十天内向税务机关办理税务登记。

第十四条 外国投资者可以委托中国的外商投资企业服务机构或者其他经济组织代为办理第九条、第十条第一款和第十一条规定事宜，但须签订委托合同。

第十五条 设立外资企业的申请书应当包括下列内容：

(一)外国投资者的姓名或者名称、住所、注册地和法定代表人的姓名、国籍、职务；

(二)拟设立外资企业的名称、住所；

(三)经营范围、产品品种和生产规模；

(四)拟设立外资企业的投资总额、注册资本、资金来源、出资方式和期限；

(五)拟设立外资企业的组织形式和机构、法定代表人；

(六)采用的主要生产设备及其新旧程度、生产技术、工艺水平及其来源；

(七)产品的销售方向、地区和销售渠道、方式以及在中国和国外市场的销售比例；

(八)外汇资金的收支安排；

(九)有关机构设置和人员编制,职工的招用、培训、工资、福利、保险、劳动保护等事项的安排;

(十)可能造成环境污染的程度和解决措施;

(十一)场地选择和用地面积;

(十二)基本律设和生产经营所需资金、能源、原材料及其解决办法;

(十三)项目实施的进度计划;

(十四)拟设立外资企业的经营期限。

第十六条 外资企业的章程应当包括下列内容:

(一)名称及住所;

(二)宗旨、经营范围;

(三)投资总额、注册资本、出资期限;

(四)组织形式;

(五)内部组织机构及其职权和议事规则,法定代表人以及总经理、总工程师、总会计师等人员的职责、权限;

(六)财务、会计及审计的原则和制度;

(七)劳动管理;

(八)经营期限、终止及清算;

(九)章程的修改程序。

第十七条 外资企业的章程经审批机关批准后生效,修改时同。

第十八条 外资企业的分立、合并或者由于其他原因导致资本发生重大变动,须经审批机关批准,并应当聘请中国的注册会计师验证和出具验资报告;经审批机关批准后,向工商行政管理机关办理变更登记手续。

第三章 组织形式与注册资本

第十九条 外资企业的组织形式为有限责任公司。经批准也可以为其他责任形式。

外资企业为有限责任公司的,外国投资者对企业的责任以其认缴的出资额为限。

外资企业为其他责任形式的,外国投资者对企业的责任适用中国法律、法规的规定。

第二十条 外资企业的投资总额,是指开办外资企业所需资金总额,即按其生产规模需要投入的基本建设资金和生产流动资金的总和。

第二十一条 外资企业的注册资本,是指为设立外资企业在工商行政管理机关登记的资本总额,即外国投资者认缴的全部出资额。

外资企业的注册资本要与其经营规模相适应,注册资本与投资总额的比例应当符合中国有关规定。

第二十二条 外资企业在经营期内不得减少其注册资本。

第二十三条 外资企业注册资本的增加、转让,须经审批机关批准,并向工商行政管理机关办理变更登记手续。

第二十四条 外资企业将其财产或者权益对外抵押、转让,须经审批机关批准并向工商行政管理机关备案。

第二十五条 外资企业的法定代表人是依照其章程规定,代表外资企业行使职权的负责人。

法定代表人无法履行其职权时,应当以书面形式委托代理人,代其行使职权。

第四章 出资方式与期限

第二十六条 外国投资者可以用可自由兑换的外币出资,也可以用机器设备、工业产权、专有技术等作价出资。

经审批机关批准,外国投资者也可以用其从中国境内举办的其他外商投资企业获得的人民币利润出资。

第二十七条 外国投资者以机器设备作价出资的,该机器设备必须符合下列要求:

(一)外资企业生产所必需的;

(二)中国不能生产,或者虽能生产,但在技术性能或者供应时间上不能保证需要的。

该机器设备的作价不得高于同类机器设备当时的国际市场正常价格。

对作价出资的机器设备,应当列出详细的作价出资清单,包括名称、种类、数量、作价等,作为设立外资企业申请书的附件一并报送审批机关。

第二十八条 外国投资者以工业产权、专有技术作价出资时,该工业产权、专有技术必须符合下列要求:

(一)外国投资者自己所有的;

(二)能生产中国急需的新产品或者出口适销产品的。

该工业产权、专有技术的作价应当与国际上通常的作价原则相一致,其作价金额不得超过外资企业注册资本的20%。

对作价出资的工业产权、专有技术,应当备有详细资料,包括所有权证书的复制件,有效状况及其技术性能、实用价值,作价的计算根据和标准等,作为设立外资企业申请书的附件一并报送审批机关。

第二十九条 作价出资的机器设备运抵中国口岸时,外资企业应当报请中国的商检机构进行检验,由该商检机构出具检验报告。

作价出资的机器设备的品种、质量和数量与外国投资者报送审批机关的作价出资清单列出的机器设备的品种、质量和数量不符的,审批机关有权要求外国投资者限期改正。

第三十条　作价出资的工业产权、专有技术实施后，审批机关有权进行检查。该工业产权、专有技术与外国投资者原提供的资料不符的，审批机关有权要求外国投资者限期改正。

第三十一条　外国投资者缴付出资的期限应当在设立外资企业申请书和外资企业章程中载明。外国投资者可以分期缴付出资，但最后一期出资应当在营业执照签发之日起三年内缴清。其中第一期出资不得少于外国投资者认缴出资额的15%，并应当在外资企业营业执照签发之日起九十天内缴清。

外国投资者未能在前款规定的期限内缴付第一期出资的，外资企业批准证书即自动失效。外资企业应当向工商行政管理机关办理注销登记手续，缴销营业执照；不办理注销登记手续和缴销营业执照的，由工商行政管理机关吊销其营业执照，并予以公告。

第三十二条　第一期出资后的其他各期的出资，外国投资者应当如期缴付。无正当理由逾期三十天不出资的，依照本实施细则第三十一条第二款的规定处理。

外国投资者有正当理由要求延期出资的，应当经审批机关同意，并报工商行政管理机关备案。

第三十三条　外国投资者缴付每期出资后，外资企业应当聘请中国的注册会计师验证，并出具验资报告，报审批机关和工商行政管理机关备案。

第五章　用地及其费用

第三十四条　外资企业的用地，由外资企业所在地的县级或者县级以上地方人民政府根据本地区的情况审核后，予以安排。

第三十五条　外资企业应当在营业执照签发之日起三十天内，持批准证书和营业执照到外资企业所在地县级或者县级以上地方人民政府的土地管理部门办理土地使用手续，领取土地证书。

第三十六条　土地证书为外资企业使用土地的法律凭证。外资企业在经营期限内未经批准，其土地使用权不得转让。

第三十七条　外资企业在领取土地证书时，应当向其所在地土地管理部门缴纳土地使用费。

第三十八条　外资企业使用经过开发的土地，应当缴付土地开发费。

前款所指土地开发费包括征地拆迁安置费用和为外资企业配套的基础设施建设费用。土地开发费可由土地开发单位一次性计收或者分年计收。

第三十九条　外资企业使用未经开发的土地，可以自行开发或者委托中国有关单位开发。基础设施的建设，应当由外资企业所在地县级或者县级以上地方人民政府统一安排。

第四十条　外资企业的土地使用费和土地开发费的计收标准，依照中国有关规定办理。

第四十一条　外资企业的土地使用年限，与经批准的该外资企业的经营期限相同。

第四十二条　外资企业除依照本章规定取得土地使用权外，还可以依照中国其他法规的规定取得土地使用权。

第六章　购买与销售

第四十三条　外资企业自行制定和执行生产经营计划，该生产经营计划应当报其所在地行业主管部门备案。

第四十四条　外资企业有权自行决定购买本企业自用的机器设备、原材料、燃料、零部件、配套件、元器件、运输工具和办公用品等（以下统称“物资”）。

外资企业在中国购买物资，在同等条件下，享受与中国企业同等的待遇。

第四十五条　外资企业在中国市场销售其产品，应当依照经批准的销售比例进行。

外资企业超过批准的销售比例在中国市场销售其产品，须经审批机关批准。

第四十六条　外资企业有权自行出口本企业生产的产品，也可委托中国的外贸公司代销或者委托中国境外的公司代销。

外资企业有权依照批准的销售比例自行在中国销售本企业生产的产品，也可以委托中国的商业机构代销。

第四十七条　外国投资者作为出资的机器设备，依照中国规定需要领取进口许可证的，外资企业凭批准的该企业进口设备和物资清单直接或者委托代理机构向发证机关申领进口许可证。

外资企业在批准的经营范围内，进口本企业自用并为生产所需的物资，依照中国规定需要领取进口许可证的，应当编制年度进口计划，每半年向发证机关申领一次。

外资企业出口产品，依照中国规定需要领取出口许可证的，应当编制年度出口计划，每半年向发证机关申领一次。

第四十八条　外资企业进口的物资以及技术劳务的价格不得高于当时的国际市场同类物资以及技术劳务的正常价格。外资企业的出口产品价格，由外资企业参照当时的国际市场价格自行确定，但不得低于合理的出口价格。用高价进口、低价出口等方式逃避税收的，税务机关有权根据税法规定，追究其法律责任。

外资企业依照批准的销售比例在中国市场销售产品的价格，应当执行中国有关价格管理的规定。

前述价格应当报物价管理机关和税务机关备案，并接受其监督。

第四十九条 外资企业应当依照《中华人民共和国统计法》及中国利用外资统计制度的规定，提供统计资料，报送统计报表。

第七章 税 务

第五十条 外资企业应当依照中国法律、法规的规定，缴纳税款。

第五十一条 外资企业的职工应当依照中国法律、法规的规定，缴纳个人所得税。

第五十二条 外资企业进口下列物资，免征关税和工商统一税：

（一）外国投资者作为出资的机器设备、零部件、建设用建筑材料以及安装、加固机器所需材料；

（二）外资企业以投资总额内的资金进口本企业生产所需的自用机器设备、零部件、生产用交通运输工具以及生产管理设备；

（三）外资企业为生产出口产品而进口的原材料、辅料、元器件、零部件和包装物料。

前款所述的进口物资，经批准在中国境内转卖或者转用于生产在中国境内销售的产品，应当依照中国税法纳税或者补税。

第五十三条 外资企业生产的出口产品，除中国限制出口的以外，依照中国税法免征关税和工商统一税。

第八章 外汇管理

第五十四条 外资企业的外汇事宜，应当依照中国有关外汇管理的法规办理。

第五十五条 外资企业凭工商行政管理机关发给的营业执照，在中国境内可以经营外汇业务的银行开立帐户，由开户银行监督收付。

外资企业的外汇收入，应当存入其开户银行的外汇帐户；外汇支出，应当从其外汇帐户中支付。

第五十六条 外资企业应当自行解决外汇收支平衡。

外资企业无法自行解决外汇收支平衡的，外国投资者应当在设立外资企业申请书中载明并提出如何解决的具体方案；审批机关商有关部门后作出答复。

设立外资企业申请书中已载明自行解决外汇收支平衡的，任何政府部门不负责解决其外汇收支平衡问题。

外资企业生产的产品为中国急需并且可以替代进口，经批准在中国销售的，经中国外汇管理机关批准后，可以收取外汇。

第五十七条 外资企业因生产和经营需要在中国境外的银行开立外汇帐户，须经中国外汇管理机关批准，并依照中国外汇管理机关的规定定期报告外汇收付情况和提供银行对帐单。

第五十八条 外资企业中的外籍职工和港澳台职工的工资和其他正当的外汇收益，依照中国税法纳税后，可以自由汇出。

第九章 财务会计

第五十九条 外资企业应当依照中国法律、法规和财政机关的规定，建立财务会计制度并报其所在地财政、税务机关备案。

第六十条 外资企业的会计年度自公历年的一月一日起至十二月三十一日止。

第六十一条 外资企业依照中国税法规定缴纳所得税后的利润，应当提取储备基金和职工奖励及福利基金。储备基金的提取比例不得低于税后利润的10%，当累计提取金额达到注册资本的50%时，可以不再提取。职工奖励及福利基金的提取比例由外资企业自行确定。

外资企业以往会计年度的亏损未弥补前，不得分配利润；以往会计年度未分配的利润，可与本会计年度可供分配的利润一并分配。

第六十二条 外资企业的自制会计凭证、会计帐簿和会计报表，应当用中文书写；用外文书写的，应当加注中文。

第六十三条 外资企业应当独立核算。

外资企业的年度会计报表和清算会计报表，应当依照中国财政、税务机关的规定编制。以外币编报会计报表的，应当同时编报外币折合为人民币的会计报表。

外资企业的年度会计报表和清算会计报表，应当聘请中国的注册会计师进行验证并出具报告。

第二款和第三款规定的外资企业的年度会计报表和清算会计报表，连同中国的注册会计师出具的报告，应当在规定的时间内报送财政、税务机关，并报审批机关和工商行政管理机关备案。

第六十四条 外国投资者可以聘请中国或者外国的会计人员查阅外资企业帐簿，费用由外国投资者承担。

第六十五条 外资企业应当向财政、税务机关报送年度资产负债表和损益表，并报审批机关和工商行政管理机关备案。

第六十六条 外资企业应当在企业所在地设置会

计帐簿，并接受财政、税务机关的监督。

违反前款规定的，财政、税务机关可以处以罚款，工商行政管理机关可以责令停止营业或者吊销营业执照。

第十章 职 工

第六十七条 外资企业在中国境内雇用职工，企业和职工双方应当依照中国的法律、法规签订劳动合同。合同中应当订明雇用、辞退、报酬、福利、劳动保护、劳动保险等事项。

外资企业不得雇用童工。

第六十八条 外资企业应当负责职工的业务、技术培训，建立考核制度，使职工在生产、管理技能方面能够适应企业的生产与发展需要。

第十一章 工 会

第六十九条 外资企业的职工有权依照《中华人民共和国工会法》的规定，建立基层工会组织，开展工会活动。

第七十条 外资企业工会是职工利益的代表，有权代表职工同本企业签订劳动合同，并监督劳动合同的执行。

第七十一条 外资企业工会的基本任务是：依照中国法律、法规的规定维护职工的合法权益，协助企业合理安排和使用职工福利、奖励基金；组织职工学习政治、科学技术和业务知识，开展文艺、体育活动；教育职工遵守劳动纪律，努力完成企业的各项经济任务。

外资企业研究决定有关职工奖惩、工资制度、生活福利、劳动保护和保险问题时，工会代表有权列席会议。外资企业应当听取工会的意见，取得工会的合作。

第七十二条 外资企业应当积极支持本企业工会的工作，依照《中华人民共和国工会法》的规定，为工会组织提供必要的房屋和设备，用于办公、会议、举办职工集体福利、文化、体育事业。外资企业每月按照企业职工实发工资额的2%拨交工会经费，由本企业工会依照中华全国总工会制定的有关工会经费管理办法使用。

第十二章 期限、终止与清算

第七十三条 外资企业的经营期限，根据不同行业和企业的具体情况，由外国投资者在设立外资企业的申请书中拟订，经审批机关批准。

第七十四条 外资企业的经营期限，从其营业执照签发之日起计算。

外资企业经营期满需要延长经营期限的，应当在距经营期满一百八十天前向审批机关报送延长经营期限的申请书。审批机关应当在收到申请书之日起三十天内决定批准或者不批准。

外资企业经批准延长经营期限的，应当自收到批准延长期限文件之日起三十天内，向工商行政管理机关办理变更登记手续。

第七十五条 外资企业有下列情形之一的，应予终止：

（一）经营期限届满；

（二）经营不善，严重亏损，外国投资者决定解散；

（三）因自然灾害、战争等不可抗力而遭受严重损失，无法继续经营；

（四）破产；

（五）违反中国法律、法规，危害社会公共利益被依法撤销；

（六）外资企业章程规定的其他解散事由已经出现。

外资企业如存在前款第（二）、（三）、（四）项所列情形，应当自行提交终止申请书，报审批机关核准。审批机关作出核准的日期为企业的终止日期。

第七十六条 外资企业依照第七十五条第（一）、（二）、（三）（六）项的规定终止的，应当在终止之日起十五天内对外公告并通知债权人，并在终止公告发出之日起十五天内，提出清算程序、原则和清算委员会人选，报审批机关审核后进行清算。

第七十七条 清算委员会应当由外资企业的法定代表人、债权人代表以及有关主管机关的代表组成，并聘请中国的注册会计师、律师等参加。

清算费用从外资企业现存财产中优先支付。

第七十八条 清算委员会行使下列职权：

（一）召集债权人会议；

（二）接管并清理企业财产，编制资产负债表和财产目录；

（三）提出财产作价和计算依据；

（四）制定清算方案；

（五）收回债权和清偿债务；

（六）追回股东应缴而未缴的款项；

（七）分配剩余财产；

（八）代表外资企业起诉和应诉。

第七十九条 外资企业在清算结束之前，外国投资者不得将该企业的资金汇出或者携出中国境外，不得自行处理企业的财产。

外资企业清算结束，其资产净额和剩余财产超过注册资本的部分视同利润，应当依照中国税法缴纳所得税。

第八十条 外资企业清算结束，应当向工商行政管理机关办理注销登记手续，缴销营业执照。

第八十一条 外资企业清算处理财产时，在同等条件下，中国的企业或者其他经济组织有优先购买权。

第八十二条 外资企业依照第七十五条第(四)项的规定终止的，参照中国有关法律、法规进行清算。

外资企业依照第七十五条第(五)项的规定终止的，依照中国有关规定进行清算。

第十三章 附 则

第八十三条 外资企业的各项保险，应当向中国境内的保险公司投保。

第八十四条 外资企业与中国的其他企业或者经济组织签订经济合同，适用《中华人民共和国经济合同法》。

外资企业与外国的公司、企业或者个人签订经济合同，适用《中华人民共和国涉外经济合同法》。

第八十五条 香港、澳门、台湾地区的公司、企业和其他经济组织或者个人以及在国外居住的中国公民在大陆设立全部资本为其所有的企业，参照本实施细则办理。

第八十六条 外资企业中的外籍职工和港澳台职工可带进合理自用的交通工具和生活物品，并依照中国规定办理进口手续。

第八十七条 本细则由对外经济贸易部负责解释。

第八十八条 本细则自发布之日起施行。

国务院关于在清理整顿公司中被撤并公司债权债务清理问题的通知

(1990年12月12日)

为了确保清理整顿公司工作的顺利进行，妥善解决被撤并公司债权、债务的清理问题，根据《民法通则》和中共中央、国务院有关规定，特作如下通知：

一、清理债权、债务，必须依照《民法通则》和这次中共中央、国务院关于清理整顿公司的有关规定进行。凡在实际上具备了《民法通则》第三十七条、第四十一条规定的法人条件，并且与开办公司的党政机关脱钩的，一律以公司经营管理或所有的财产承担债务清偿责任。

脱钩以前所欠的债务，依照本通知第三条处理。

二、被撤公司的主管部门或清算组织，须负责清理被撤并公司的债权、债务，并对公司财产进行清点、保管和处理。对公司的债权要主动追偿；对公司的债务要在清查的基础上，分别不同情况予以偿还。

三、各级党政机关及所属编制序列的事业单位，凡是向其开办的公司收取资金或实物，用于本机关的财务开支或职工福利、奖励、补贴等开支的，应在收取资金和实物的限度内，对公司所欠债务承担责任。

四、公司虽经工商行政管理机关登记注册，但实际上没有自有资金，或者实有资金与注册资金不符的(国家另有规定的除外)，由直接批准开办公司的主管部门或者开办公司的申报单位、投资单位在注册资金范围内，对公司债务承担清偿责任。

对注册资金提供担保的，在担保资金范围内承担连带责任。

五、注册资金是国家授予企业法人经营管理的财产或者企业法人自有财产的货币体现。各级机关和单位已向公司投入的资金一律不得抽回。公司的主管部门或开办单位如有抽逃、转移资金，隐匿财产逃避债务的，应将抽逃、转移的资金和隐匿的财产全部退回，偿还公司所欠债务。如有剩余的，凡是党政机关投资的，一律作为国有资产，由直接投资单位收回；属于集体企业投资的，应退回原投资单位。

六、被撤销的公司资不抵债的，按下列顺序清偿：

(一)合理的工资、生活费；

(二)依法应缴纳的各项税款；

(三)国家银行、信用合作社和其他金融机构贷款；

(四)其他债务。

公司财产不足清偿同一顺序的清偿请求的，按照比例分配。

七、党政机关及其所属编制序列的事业单位，对所属被撤销公司的债务，按本通知要求必须承担责任的，只能用预算外资金承担责任。

八、合并的公司，由合并后的单位享有原公司的债权，承担原公司的债务。

九、本通知同时适用于工会、妇联、共青团、文联和各种协会、学会、基金会等群众组织、社会团体开办的公司。

十、以前有关规定与本通知不一致的，以本通知为准。

十一、这次清理整顿公司中被撤并公司的债权债务清理工作完成后，本通知自行废止。

出口收汇核销管理办法

（1990年12月9日国务院批准，1990年12月18日中国人民银行、国家外汇管理局、对外经济贸易部、海关总署、中国银行发布）

第一条 为加强出口收汇管理，根据《中华人民共和国外汇管理暂行条例》和国务院关于加强和健全出口收汇核销制度的要求，特制定本办法。

第二条 定义

1.“外汇管理部门”，系指国家外汇管理局及其分支局；

2.“受托行”，系指经国家外汇管理局批准有权接受出口单位委托对外单索汇的银行（包括中国境内的外资金融机构、中外合资金融机构）或非银行金融机构；

3.“解付行”，系指经国家外汇管理局批准有权接受出口单位委托对外交单索汇并能以人民币或外汇将出口贷款解付给出口单位的银行（包括中国境内的外资金融机构、中外合资金融机构）或非银行金融机构；

4.“出口单位”，系指经对外经济贸易部及其授权单位批准的经营出口业务的公司，有对外贸易经营权的企业和外商投资企业；

5.“出口收汇核销单（简称核销单）”，系指由国家外汇管理局制发、出口单位和受托行及解付行填写，海关凭以受理报关，外汇管理部门凭以核销收汇的有顺序编号的凭证（核销单附有存根）；

6.“最迟收款日期”，系指本办法第九条规定的出口贷款必须最迟结汇或收帐的日期；

7.“逾期未收汇”，系指超过最迟收款日期而未结汇或收帐的贷款。

第三条 本办法适用于一切出口贸易方式项下的收汇。

第四条 出口单位应到当地外汇管理部门申位经外汇管理部门加盖“监督收汇”章的核销单。在货物报关时，出口单位必须向海关出示有关核销单，凭有核销单编号的报关单办理报关手续，否则海关不予受理报关。货物报关后，海关在核销单和有核销单编号的报关单上加盖“放行”章。

第五条 出口单位填写核销单位因故未能出口的的，出口单位须向外汇管理部门办理核销单注销手续。

第六条 出口单位报关后，必须及时将有关报关单、汇票付本、发票和核销单存根送当地外汇管理部门以备核销。

第七条 出口单位在向受托行交单时，受托行必须凭盖有“放行”章的核销单受理有关出口单据。凡没有附核销单的出口单据，受托行不得受理。出口单位无论自营出口或委托代理出口，在报关时都必须使用自己的核销单。代理报关单位在为出口单位办完报关手续后，必须及时将核销单和有关报关单退还委托人。

第八条 出口单位用完核销单后，可向当地外汇管理部门续领新的核销单。

第九条 出口单位一切出口贷款，必须在下列最迟收款日期内结汇或收帐：

1.即期信用证和即期托收项下的贷款，必须从寄单之日起港澳和近洋地区二十天内、远洋地区三十天内结汇或收帐。

2.远期信用证和远期托收项下的贷款，必须从汇票规定的付款日起港澳地区三十天内、远洋地区四十天内结汇或收帐。

3.寄售项下的贷款，出口单位必须在核销单存根上填写最迟收款日期，最迟收款日期不得超过自报关之日起三百六十天。

4.寄售以外的自寄单据（指不通过银行交单索汇）项下的出口贷款，出口单位必须在自报送之日起五十个工作日内结汇或收帐。

第十条 出口单位不论采用何种方式收汇，必须在最迟收款日期后的三十个工作日内，凭解付行签章的核销单、结汇水单或收帐通知以及有关证明文件到当地外汇管理部门办理出口收汇核销手续。

第十一条 逾期未收汇的，出口单位必须及时向外汇管理部门以书面形式申报原因，由外汇管理部门视情况处理。

第十二条 受托行、解付行要加强对出口单位逾期未收汇情况的监督，并及时向国外银行办理催收。受托行、解付行必须于每季初十天内，将上季逾期未收汇情况报当地外汇管理部门。

第十三条 对违反办法规定者，外汇管理部门有权视情节给予警告、通报、罚款或暂停有关外汇帐户的使用等处罚。对上述处罚决定不服的，可按照一九八五年三月二十五日国务院批准、一九八五年四月五日国家外汇管理局公布的《违反外汇管理处罚施行细则》办理。

第十四条 本办法发布以前，各地区、各部门制定的监督收汇管理办法停止执行。

第十五条 本办法由国家外汇管理局负责解释；实施细则由国家外汇管理局会同有关部门制定。

第十六条 本办法自一九九一年一月一日起施行。

总会计师条例

（1990 年 12 月 14 日国务院第七十四次常务会议通过
1990 年 12 月 31 日中华人民共和国国务院令第 72 号发布）

第一章 总 则

第一条 为了确定总会计师的职权和地位，发挥总会计师在加强经济管理、提高经济效益中的作用，制定本条例。

第二条 全民所有制大、中型企业设置总会计师；事业单位和业务主管部门根据需要，经批准可以设置总会计师。

总会计师的设置、职权、任免和奖惩，依照本条例的规定执行。

第三条 总会计师是单位行政领导成员，协助单位主要行政领导人工作，直接对单位主要行政领导人负责。

第四条 凡设置总会计师的单位，在单位行政领导成员中，不设与总会计师职权重叠的副职。

第五条 总会计师组织领导本单位的财务管理、成本管理、预算管理、会计核算和会计监督等方面的工作，参与本单位重要经济问题的分析和决策。

第六条 总会计师具体组织本单位执行国家有关财经法律、法规、方针、政策和制度，保护国家财产。

总会计师的职权受国家法律保护。单位主要行政领导人应当支持保障总会计师依法行使职权。

第二章 总会计师的职责

第七条 总会计师负责组织本单位的下列工作：

（一）编制和执行预算、财务收支计划、信贷计划，拟订资金筹措和使用方案，开辟财源，有效地使用资金；

（二）进行成本费用预测、计划、控制、核算、分析和考核，督促本单位有关部门降低消耗、节约费用、提高经济效益；

（三）建立、健全经济核算制度，利用财务会计资料进行经济活动分析；

（四）承办单位主要行政领导人交办的其他工作。

第八条 总会计师负责对本单位财会机构的设置和会计人员的配备、会计专业职务的设置和聘任提出方案；组织会计人员的业务培训和考核；支持会计人员依法行使职权。

第九条 总会计师协助单位主要行政领导人对企业的生产经营、行政事业单位的业务发展以及基本建设投资等问题作出决策。

总会计师参与新产品开发、技术改造、科技研究、商品（劳务）价格和工资奖金等方案的制定；参与重大经济合同和经济协议的研究、审查。

第三章 总会计师的权限

第十条 总会计师对违反国家财经法律、法规、方针、政策、制度和有可能在经济上造成损失、浪费的行为，有权制止或者纠正。制止或者纠正无效时，提请单位主要行政领导人处理。

单位主要行政领导人不同意总会计师对前款行为的处理意见的，总会计师应当依照《中华人民共和国会计法》第十九条的规定执行。

第十一条 总会计师有权组织本单位各职能部门、直属基层组织的经济核算、财务会计和成本管理方面的工作。

第十二条 总会计师主管审批财务收支工作。除一般的财务收支可以由总会计师授权的财会机构负责人或者其他指定人员审批外，重大的财务收支，须经总会计师审批或者由总会计师报单位主要行政领导人批准。

第十三条　预算、财务收支计划、成本和费用计划、信贷计划、财务专题报告、会计决算报表，须经总会计师签署。

涉及财务收支的重大业务计划、经济合同、经济协议等，在单位内部须经总会计师会签。

第十四条　会计人员的任用、晋升、调动、奖惩，应当事先征求总会计师的意见。财会机构负责人或者会计主管人员的人选，应当由总会计师进行业务考核，依照有关规定审批。

第四章　任免与奖惩

第十五条　企业的总会计师由本单位主要行政领导人提名，政府主管部门任命或者聘任；免职或者解聘程序与任命或者聘任程序相同。

事业单位和业务主管部门的总会计师依照干部管理权限任命或者聘任；免职或者解聘程序与任命或者聘任程序相同。

第十六条　总会计师必须具备下列条件：

（一）坚持社会主义方向，积极为社会主义建设和改革开放服务；

（二）坚持原则，廉洁奉公；

（三）取得会计师任职资格后，主管一个单位或者单位内一个重要方面的财务会计工作时间不少于三年；

（四）有较高的理论政策水平，熟悉国家财经法律、法规、方针、政策和制度，掌握现代化管理的有关知识；

（五）具备本行业的基本业务知识，熟悉行业情况，有较强的组织领导能力；

（六）身体健康，能胜任本职工作。

第十七条　总会计师在工作中成绩显著，有下列情形之一的，依照国家有关企业职工或者国家行政机关工作人员奖惩的规定给予奖励：

（一）在加强财务会计管理，应用现代化会计方法和技术手段，提高财务管理水平和经济效益方面，取得显著成绩的；

（二）在组织经济核算，挖掘增产节约、增收支节潜力，加速资金周转，提高资金使用效果方面，取得显著成绩的；

（三）在维护国家财经纪律，抵制违法行为，保护国家财产，防止或者避免国家财产遭受重大损失方面，有突出贡献的；

（四）在廉政建设方面，事迹突出的；

（五）有其他突出成就或者模范事迹的。

第十八条　总会计师在工作中有下列情形之一的，应当区别情节轻重，依照国家有关企业职工或者国家行政机关工作人员奖惩的规定给予处分：

（一）违反法律、法规、方针、政策和财经制度，造成财会工作严重混乱的；

（二）对偷税漏税，截留应当上交国家的收入，滥发奖金、补贴，挥霍浪费国家资财，损害国家利益的行为，不抵制、不制止、不报告，致使国家利益遭受损失的；

（三）在其主管的工作范围内发生严重失误，或者由于玩忽职守，致使国家利益遭受损失的；

（四）以权谋私，弄虚作假，徇私舞弊，致使国家利益遭受损失，或者造成恶劣影响的；

（五）有其他渎职行为和严重错误的。

总会计师有前款所列行为，情节严重，构成犯罪的，由司法机关依法追究刑事责任。

第十九条　单位主要行政领导人阻碍总会计师行使职权的，以及对其打击报复或者变相打击报复的，上级主管单位应当根据情节给予行政处分。情节严重，构成犯罪的，由司法机关依法追究刑事责任。

第五章　附　　则

第二十条　城乡集体所有制企业事业单位需要设置总会计师的，参照本条例执行。

第二十一条　各省、自治区、直辖市，国务院各部门可以根据本条例的规定，结合本地区、本部门的实际情况制定实施办法。

第二十二条　本条例由财政部负责解释。

第二十三条　本条例自发布之日起施行。一九六三年十月十八日国务院批转国家经济委员会、财政部《关于国营工业、交通企业设置总会计师的几项规定（草案）》、一九七八年九月十二日国务院发布的《会计人员职权条例》中有关总会计师的规定同时废止。

第三部分

专 文 特 载

实现计划经济与市场调节有机结合 促进资源的优化配置

高 尚 全

一、计划经济与市场凋节相结合的现实基础

1978年12月党的十一届三中全会以来，经过十二年的改革开放，我国的经济体制和运行机制发生了很大的变化。

——在坚持公有制的前提下，发展了多种经济成分，改变了原来那种与现实生产力水平不相适应的单一所有制结构。据统计，1990年全国工业总产值中，国有经济占56%，集体经济占35．4%，个体、私营和“三资”等非公有经济占8．6%，这就是说公有制经济占91．4%，占了绝对优势；在商业零售总额中，国有经济占39．3%，集体经济占31．9%，个体、私营和“三资”等非公有制经济占28．8%，公有制经济也占了主导地位。

——改革了公有制经济单位的组织形式和经营形式，初步改变了统收统支的国营企业经营方式，使企业的生产经营自主权有所扩大，企业之间的商品生产和商品交换为纽带的横向经济有了很大发展。计划与市场共同作用于企业的生产经营活动。企业的生产任务60%由市场订货而确定；企业生产的产品70%通过市场销售，其中轻工行业产品90%通过市场销售，企业所需原材料70%通过市场采购。

——初步建立了消费品市场、生产资料市场、资金市场、技术市场、房地产市场和劳务市场，促进了社会主义市场体系的发展。目前全国日用品贸易中心有800多个，工业小商品批发市场3000多个，农副产品批发市场1300多个，集市贸易市场达3．3万多个，生产资料市场400多个，短期资金市场相互拆借融资最多时达5000多亿元，长期资金市场发放股票、债券等有价证券已达1000多亿元，1990年证券交易总额已达100多亿元，外汇调剂市场40多个，外汇调剂额达131亿元，技术市场和交易机构达2万多个，劳务市场服务机构发展到8000多个。改革了价格体制和价格形成机制，我国商品价格由市场决定的比例已由1979年不足10%，扩大到目前的50%左右，其中农产品价格市场调节比例已由8%扩大到65%，工业消费品已由5%扩大到55%，生产资料已由1%左右扩大到40%。

——改革了宏观经济管理体制，减少了直接计划的范围。国家指令性计划管理的工业产品的产值在全国工业总产值中的比重已由改革前的80%，下降为16．2%，国家计委管理的工业指令性计划产品已由120种减少到60种；国家统配物资由256种减少到27种；国家商业部计划管理的商品已由188种减少到24种，指导性计划和市场调节的商品品种已达70%，其价值量占全国工农业总产值的50%左右。

以上情况说明，我国经济已经开始走上社会主义商品经济发展的轨道。这是我们研究计划经济与市场调节相结合的现实基础。

二、商品经济与资源配置方式

早在一百多年前，马克思就曾精辟地指出：劳动时间的按比例分配是人类社会经济生活中最根本的规律。“这种按一定比例分配社会劳动的必要性，决不可能被社会生产的一定形式所取消，而可能改变的只是它的表现形式，这是不言而喻的。自然规律是根本不能取消的。在不同的历史条件下能够发生变化的，只是这些规律借以实现的形式。”①在人类社会经济发展不同阶段，即自然经济、商品经济，以及产品经济中，配置资源的具体形式又是由哪些因素决定的呢？用历史唯物主义的观点看问题，在经济发展的不同时期，按比例配置资源规律借以实现的形式是由人们劳动的社会联系决定的。在人们的劳动还具有个别性和局部性，它们还不可能成为直接的社会劳动的情况下，人们必须以商品、货币为中介，通过市场交换，实现个别的、局部的劳动向社会劳动的转化。可以说，在商品经济条件下，按比例分配社会资源的规律是通过价值规律反映

其自身的要求的，市场调节是配置资源的基本形式。

价值规律要求商品的价格和价值相一致，这种一致的前提是供给和需求的平衡。尽管从最直接意义上看，这里只涉及某一种商品的供求状况，但事实上要使一种商品按照它的市场价值来出售，那么，耗费在这种商品总量上的社会劳动总量，就必须同这类商品的总社会需要量相适应，即同有支付能力的总社会需要量相适应。这表明，价值规律在价格与价值趋于一致或价值实现的过程中，将伴随着社会总劳动时间在各个特殊生产部门之间的合理的分配。

在现实经济生活中，价格往往背离价值，价值规律的作用是在价格围绕价值波动并趋向一致的过程中实现的。价格与价值的一致，生产量和需要量的一致，是在价格的波动，从而引起生产要素的流动和生产活动不断变动的长期趋势中实现的。尽管市场调节是商品经济的基本配置资源方式，它具有直接性和灵活性等特点，从某种意义上说，它具有不可替代性，但是，由于市场自身的局限性，市场调节在配置资源过程中不能不带有以下几方面的局限性。

(1)市场对经济的调节不是事前的、自觉的、有意识的，而是事后的、自发的，市场带有盲目性、自发性。

(2)价格信号虽然直接可靠，但它只反映过去的市场供求状况及需求结构，它并不可能预示今后或未来的市场需求及供求状况；

(3) 市场无法直接体现并按照全社会的利益和要求影响经济活动，以进行社会调节。

由此可见，市场从来都是不完善的。市场作用不是万能的。在私有制为基础的早期商品经济发展时期，由于市场的盲目性、自发性作用，隐藏在经济活动背后的“看不见的手”，通过价格的涨落，驱使资本盲目的流动和转移，造成社会资源的浪费和生产力的破坏。尽管在“看不见的手”的作用下，通过资本在各部门之间流出、流入，最终形成社会平均利润率，促使资源最终得到有效配置，但资源的合理配置只能作为事后的结果，它要付出一定的社会代价，即由于资源盲目转移造成的浪费，同时，又必然伴随着经济的周期性波动和经济危机。

本世纪以来，西方发达国家在本国经济发展过程中，越来越多地重视国家对经济活动的干预和调节。他们通过制定国民经济发展中、长期计划，以及利用经济、法律和行政手段加强对市场的管理，制定产业政策，发挥政府对经济发展的调节作用等，对克服市场的自发性和盲目性起了一定的作用，从而促进了资源的优化配置。国家干预和计划调节在西方发达国家经济运行中，已成为一种调节经济的普遍使用的工具。

三、社会主义有计划商品经济中的资源配置方式

党的十二届三中全会以来，社会主义经济是有计划的商品经济已经在理论和实践中深入人心。既然社会主义经济是有计划的商品经济，那么，不言而喻，市场调节在资源配置中具有同等重要的作用。但是，长期以来由于“左”的思想的影响，使我们一些同志至今对市场和市场调节有着这样或那样的疑虑。同时，由于人们多年来已习惯于靠直接的指令性计划集中配置资源，因此，对计划配置资源或多或少还存在一些主观的偏好。社会主义建设的历史经验和教训已经表明，单凭高度集中的指令性计划并不能保证资源有效而合理的配置。在计划工作中，由于脱离实际，违背价值规律，它给我国经济带来诸如资源浪费、经济结构不合理、经济运行缺乏生机和活力等经验教训，是值得我们注意的。即使在改革开放的近十几年中，也还存在一些计划不周、宏观失控、重复生产等问题。例如报上曾报道过这样一个材料，沈阳冶炼厂和沈阳电缆厂，是两个毗邻的厂。沈阳冶炼厂生产的铜要调到外地，而外地生产的铜要调到沈阳电缆厂。由于两个厂的物资没有商品交换关系，只能按上面下达的计划分配调拨，这使几千公里外的铜运到沈阳，而沈阳冶炼厂则把铜运往其它地方。诸如此类的事情还很多，造成大量资源和运力的浪费。事实表明：靠这种拍脑袋、想当然的计划配置资源，所造成的浪费是十分严重的。正如一位经济学家所指出的：“假定有一个上级机关发出命令，以保证‘合适’的产品，以‘合适’的数量生产出来，并在‘合适’的地方供应。这固然是把很多人的活动协调起来的一种方法——军队的方法。但是，命令的方法只有在一个规模很小的单位中，才能成为唯一的方法。即使是最专制的家长也无法用命令控制其成员的每一个行动。”对于我们这样一个幅员辽阔、情况复杂的大国，在发展商品经济的过程中，企业的生产如果不通过市场传递供求信息，不通过市场交换，要做到生产要素的合理组合、资源优化配置，以及满足和适应社会的多方面、多层次、并经常发生变化的需求是很难的。如今，随着商品经济的发展，财产和利益主体已经多元化，以及供求关系、需求结构的复杂化，人为地排斥和限制市场调节的作用，都将影响资源的合理配置和商品经济的发展。

历史和现实的经验告诉我们，发展社会主义有计划的商品经济，必须充分发挥市场调节在配置资源方面的作用。肯定这一点，并不意味着可以放弃计划。相反，商品经济越发展，市场调节作用发挥的越充分，计划调节的重要性和意义就显得更为重要。在配置资源的过程中，市场调节作用发挥的越充分，越是要求加强

计划调节，以弥补市场不足和克服其局限性，越是要求加强宏观调控和加强计划调节的灵敏度和力度。

社会主义经济作为有计划的商品经济，计划性是它的一个基本特征。肯定这一点并不排斥商品经济发展的一般规律——价值规律，而是以此为前提的。因此，市场调节在整个经济运行机制中，它起着基础性的作用。而计划调节的地位和作用又是怎样的呢？

首先，计划调节的主要任务在于确定国民经济发展的方向、规划和宏观调控目标，制定正确的产业政策、地区政策，搞好综合平衡，协调重大比例关系，从总体上保持国民经济按比例发展和资源的合理分配。

其次，计划调节必须以市场需求状况和对未来发展预测为依据，并在市场活动中加以检验和校正，以保证计划的科学性和发挥计划调节的导向和协调作用。

再次，计划调节影响和规定市场运行方向，克服市场在利益关系上的局限性，纠正市场运行的偏差。

最后，计划调节承担市场调节功能难以达到或者作用力微弱的社会经济活动的调节任务。

由于以上功能和作用，决定了计划调节在资源配置过程中的地位，以及与市场调节的相互关系。计划调节必须以市场调节为基础，并且将市场机制作为经济运行的基础性机制，因此，计划调节在资源配置过程中是一种比市场调节更高层次的调节机制。在整个经济运行中，它起着对市场调节的协调和导向作用。

与市场调节相比，计划调节的对象主要是市场，而市场调节的主要对象则是经济主体，即企业。计划调节与市场调节作为不同层次的调节机制在配置资源的过程中，通过相互影响、制约和相互补充而紧密地结合在一起，最终实现国民经济的持续、稳定、协调发展。

四、在资源配置中与计划和市场有机结合的几个相关的问题

1. 计划调节和市场调节有机结合与宏观调控体系

作为更高层次的经济运行机制——计划调节，必须有与之相适应的宏观调控体系。因为国民经济的各项重大比例关系以及国家的产业政策和中长期经济发展计划是通过有效的宏观调控体系加以贯彻和实施的。同时，计划对市场的导向和调节也必须通过宏观调控体系，利用各种经济手段，以及必要的行政和法律手段进行。因此，从一定意义上说，有效的宏观调控体系是计划与市场有机结合的中介，是二者能否有机结合的关键。

改革开放十二年来，尽管我们的宏观调控体制已有很大的变化，政府宏观调控的能力有所增强，但迄今为止，我们尚未形成和建立比较完善和有效的宏观调控体系，这使我国经济运行出现了两种结果：一种是计划难以得到贯彻，计划失去了有效性；二是计划调控市场的作用甚微，虽然市场已有一定的发育，但市场自发性和盲目性却难以克服。由于市场秩序混乱，市场规则不健全，倒买倒卖，制造出售伪劣商品，以及由于竞争不充分和盲目生产、重复建设等问题，影响了市场调节配置资源的基础作用的发挥，同时也影响了整个社会资源的优化配置，事实表明，没有有效的宏观调控体系，要实现计划与市场的有机结合是很困难的。因此，当前和今后一个时期，建立完善和有效的宏观调控体系，提高政府宏观调控能力仍然是改革的一项重要的任务。

2. 计划调节和市场调节有机结合与价格体制改革

价值规律是商品经济的最基本的规律，价格信号是企业生产和经营直接的也是重要的指示器。价格信号是否真实，计划价格能否反映实际的供求状况，这是合理配置资源的前提，也是计划调节与市场调节有机结合的中心环节。然而，目前我国的价格体制仍然实行“双轨制”，这在很大程度上制约和影响市场配置资源作用的发挥。一般来说，一种产品在同一市场上存在多种价格，那么，无论是市场，还是计划都很难发挥合理配置资源的作用，更谈不上计划调节与市场调节的有机结合。同时，只要某种产品是短缺的，而计划又直接控制着那一块生产这类产品的资源，那么计划价格就容易与市场价格相背离。由于传统的计划价格是死的，这使价格与价值的背离难以矫正。在这种情况下，资源的低效配置和不合理使用的情况将持续发生。因此要使市场和计划按照它们内在的联系，协同配置和优化配置资源，那么，一方面需要用市场调节替代那些不适应由计划调节的领域和方面的计划调节机制，实现双轨制的并轨；另一方面，必须提高计划价格的科学性，并使其具有可调性。

在价格体制实行单轨之后，除了少数产品应当实行计划价格外，计划调节主要应通过经济参数调节市场，引导、协调资源的合理配置。在这里，价格、汇率、利率等市场信号都是在市场供求关系变动的制约下形成的，国家并不直接规定它们。国家根据计划要求和市场情况，通过掌握的经济参数灵活地调节经济活动。通过调整和变换经济参数，使之在市场活动中发生机制性变换，最终输出符合计划目标要求的市场信号，以此影响企业的生产经营活动，通过这种形式发挥对市场的导向和协调作用。

我国目前总供给与总需求已基本平衡，双轨价差已大大缩小，这为我们逐步改变价格双轨制提供了时机和有利条件。我们应抓住这种时机，逐步把那些供求已基本平衡的产品的价格放开，扩大市场调节的领域和范围，使计划调节真正在最能发挥其作用的领域充

分施展其功能，从而使市场能充分地发挥配置资源的作用，并在此基础上实现计划与市场的有机结合。

3. 计划调节和市场调节相结合与优化企业组织结构

计划调节和市场调节有机结合要求企业组织结构的优化。从市场调节来看，调节众多而分散的小企业显然要比调控大企业难度要大。众多而分散的小企业往往难以形成规模经营，造成过度竞争，导致资源的浪费，市场秩序混乱。企业组织的优化和改组，有利于企业形成规模经营，同时，企业组织的优化，以及内部分工协作关系的扩大，可促使一部分市场交易活动内部化，减少市场价格波动，保证生产、经营的连续性和稳定性。这将有利于增加生产和需求之间的透明度，克服市场的盲目性和自发性，为计划有效地调控市场创造必要的前提和条件。为此，为了合理配置资源，提高政府宏观调控能力和效果，必须重视企业组织的改组和优化工作，这对于提高宏观调控，优化资源配置，促使市场有序化来说是一个不可缺少的组织基础。为此，在今后的改革和发展过程中，必须重视企业组织的改组和优化问题，特别要重视企业集团的工作，努力创造条件，推动企业改组、联合和兼并，促进企业组织结构的优化。

4. 计划调节和市场调节的有机结合与企业制度改革

在资源配置过程中，要使计划和市场有机的结合起来，必须形成实现结合的微观基础，这就是使企业成为真正独立的商品生产者和经营者。缺少这个微观基础，市场调节就失去了调节的对象，就无法发挥其配置资源的作用，以间接调控和经济手段为主的计划调节，事实上也失去了调节的对象，而无法施展自身的功能。可以说，离开了这个微观基础，计划与市场调节的有机结合，以及整个社会资源的优化配置就无从谈起。

从资源配置的角度看，资源的优化配置不仅仅是一个宏观问题。事实上，资源的优化配置在一定程度上直接取决于微观经济活动中的生产要素能否得到合理组合。试想，一个国家在大部分企业生产要素未能做到合理组合和充分利用的情况下，其社会资源的配置就不可能优化。社会资源的合理配置不仅体现为大的比例关系的协调，而且体现为企业生产要素的合理组合。十二年改革后的今天，我国国有企业生产要素组合效率低的问题并未得到根本的改变。由于生产要素流动机制尚未建立起来，国有资产存量无法得到全面的调整，致使企业大量机器、设备闲置，生产要素难以合理组合。同时，由于企业还未成为真正独立的商品生产者和经营者，还未承担起对资产增值的经济的和法律的责任关系，以及资金的软预算约束，企业很难象真正独立的资产经营者那样，精打细算，最大限度地利用现有生产要素，并使其得到优化组合。相反，在现实中，许多地方、部门和企业，重复引进，重复生产的情况相当严重，不仅造成企业设备闲置，开工不足，而且造成能源、交通、原材料全面紧张，导致社会资源的低效配置和不合理使用。因此，无论是计划与市场调节的有机结合，还是社会资源优化配置的要求，都提出了进一步深化并加快企业改革、尤其是国营大中型企业改革的任务。目前和今后一个时期，实行所有权、经营权的分离，界定公有制内部的产权关系，使企业真正成为独立的商品生产者和经营者，这是我国企业改革需要解决的根本问题。要使企业能够对其直接使用的国有资产价值增值负责，成为自主经营、自负盈亏的经营主体，象拥有自己的资产那样关心并力求使生产要素合理优化组合。同时，改革国有资产实物管理方式和手段，实行国有资产的价值管理，允许生产要素合理流动，最终促使为整个社会资源的优化配置。

①《马克思恩格斯选集》第四卷第368页。

（作者：国家体改委副主任）

中国产业结构调整问题

孙 尚 清

产业结构的不断合理化和逐步高级化，是提高社会经济效益的基础，也是国民经济实现良性循环的前提条件。80年代，中国产业结构发生了很大的变化，同时也暴露一些问题。逐步缓解、乃至最终消除中国经济发展中的结构障碍，是90年代中国产业结构调整的中心任务。

一、80年代中国产业结构的演变及存在的主要问题

1. 产业结构演变的体制环境的变化

在中国，实行改革开放政策的前三十年产业结构演变的体制环境是相对稳定的，80年代产业结构演变的环境却发生了很大的变动，对产业结构产生了很大影响。与资源的配置机制相联系的经济体制改革引起的新变化，主要表现在以下几个方面：

(1)所有制的多元化趋势带来了资源的分散化，并使按照市场信号进行配置的资源比重增加。80年代的经济体制改革，出现了以公有制为主体的多种经济成分，非国家所有制（主要是乡镇企业和城市个体经济）的迅速发展，使国家以所有者的身份控制的资源比重开始下降。由于影响和引导非国有经济资源配置的信号，主要是价格，所以，所有制的多元化使市场配置资源的功能增强。

(2)国有企业的改革，使国有企业的行为具有了追求利润或收益最大化的特征，即企业在它所能掌握的范围内，按照收益最大原则来配置它所能支配的资源。在改革前，企业几乎没有独立的经济利益，也没有相应的权力，生产什么、生产多少和为谁生为皆与企业的自身利益没有直接关系。80年代的改革使企业逐渐具有了独立的利益。80年代初的“利润留成”改革把企业收益与企业经营状况初步联系起来。80年代后期的承包制把职工收入、企业收益与企业状况更紧密地联系在一起。这样，资源的配置过程中，企业从自身利益出发所进行的调整就成为一个不可忽视的因素。

(3) 价格成为资源配置的重要信号

资源的配置、从而引起产业结构的变动和调整，总是在一定的信号指导下进行的。在传统体制下，这一信号是计划。随着经济体制的改革，一方面，企业有了独立的利益和实现自己利益的权力，另一方面，价格也从过去的核算工具转变为既是核算工具又反映供求关系变动，并直接影响企业的收益。于是，价格成为企业配置资源的主要信号。

2. 中国产业结构的积极变化

(1) 供给结构与需求结构的偏差逐渐缩小。80年代的改革，使市场成为资源的重要配置形式，市场导向或居民的消费偏好相对于政府计划而言所起的作用不断增大。于是供给开始反映需求，生产成为消费的函数，供给结构与需求结构的偏差不断减少。到1987年，供应票证大部取消，并不断开拓、投放了许多名、优、新、特商品。随着人民群众生活水平的提高，居民对耐用消费品的需求迅猛增加，耐用消费品生产发展迅速。

(2)农村非农产业的迅速发展，农村产业结构也发生了重大变化。

一是农村社会总产值中，农村工业、农村建筑业、农村运输业和农村商业等非农产业所占比重提高。1980年农村总产值中非农产业占31.1%，1988年为53.2%，1989年为54.9%，十年间提高了20多个百分点。80年代初，全国农村非农业劳动者人数约为4000万，占农村劳动力总数的12.5%左右，1988年已达8611万，占农村全部劳动力的比重为21.5%。1989年仅从事工业生产活动的乡村劳动力就有3256万人。农村劳动力从农业生产中的转移和由此引致的农村非农产业的发展，对产业结构的影响不仅局限于农村产业结构，它还通过产品的供给和收入的大幅度提高牵动需求结构，对整个产业结构也产生了不可低估的影响。这种影响特别表现在以农产品为原料的轻纺工业和以农村为巨大市场的消费品工业、农业生产资料工业的迅速发展。

二是农业总产值中种植业所占比重不断下降，林业、牧业、渔业和副业所占比重不断上升。农业内部结构出现多元化，农村产业结构渐趋合理。

3. 产业结构存在的主要问题

80年代的经济体制改革和对外开放使产业结构

的体制环境发生了重大的变化，从而对产业结构产生了重大的影响。这一影响既表现在上述产业结构的积极变化,也表现在产业结构失衡的继续。应该说产业结构的不合理是制约中国经济发展的一个痼疾，产业结构的严重失衡也历来是中国采取严厉的调整政策的基本原因。体制改革打破了传统的产业结构调控机制,但还没有建立起有效的新的调控机制。这样，在整个80年代,特别是在80年代的中后期(1984～1988),中国的结构失衡十分突出，这里既有老问题的继续存在和加剧,如基础工业与加工工业的失衡;也有一度缓解的结构矛盾的复发,如农轻重结构问题;也有新矛盾的出现，如地区产业结构的趋同和城乡工业结构的相似。

(1) 农业生产在1984年达到高峰后进入徘徊。

由于农业、特别是种值业的徘徊,使种值业占农业总产值的比重由1980～1984年的70%左右，降到1988年的55.7%，四年间下降了14个百分点。农业总产值在工农业总产值中的比重，由1984年的29.7%降到1988年的24.7%和1989年的22.9%，五年下降了近5个百分点。

(2)轻重工业和基础工业与加工工业的结构失衡。

就工业结构而言，80年代存在的问题莫过于轻重工业结构演进的反常态和基础工业与加工工业的失衡这两个相互联系的问题。进入80年代以来,轻工业、消费品工业发展迅速，而石油工业、冶金工业、采掘工业及重型设备制造业发展相对不足。这种情况表现在轻重工业结构上就是轻重工业产值结构在80年代一反过去重工业比重不断上升的趋势，而表现出超稳定状态，甚至重工业所占份额在80年代反而比70年代下降了约5个百分点。从1971年到1979年的九年间,重工业产值份额平均为56.4%,1980～1989年十年间重工业产值份额平均为51.5%。这10年间重工业产值份额基本稳定在50%左右，高点年(1980年)和低点年(1981)与平均数的偏离只有1.3和3个百分点。这固然与70年代矫正50、60年代重工业过度倾斜直接相关，重工业经历了70年代的超稳定状态后，又表现为80年代的下降,则意味着中国产业结构隐含着基础工业发展不足的问题。

80年代加工工业(尤其是耐用消费品制造业)一直是地方和企业的投资热点，从而使加工工业保持着很高的增长势头，而采掘工业、原材料工业、能源工业、重型设备制造业和交通运输业的发展却严重不足，原材料、能源严重短缺，交通、邮电高度紧张，使早已存在的基础产业与加工工业的不协调状态更加严重。

(3) 地区产业结构的趋同。

80年代，实行“划分收支、分级包干”的财政体制,各地财政利益的独立性大大增强。过去那种统一布局、东西分工的格局借以维系的利益基础变化了。地方为了自身的利益,往往不顾本地的资源赋存、生产力水平和在全国统一产业格局中的位置，争上价高利大的产品。具体说来,有资源的地区不再愿意把资源交给别的地区去加工，而是大上加工项目,获取加工收益;加工地区在上加工项目的同时，为了保护自己加工能力的充分利用，又不得不上一些规模小、不经济、开采费用高的资源项目。于是,地区优势无法正常发挥,地区间专业化和分工程度下降，而地区产业结构的相似程度提高。

地区产业结构趋同带来的损失是严重的，一是分工效益的下降;二是分散生产、规模效益低;三是重复投资，资源浪费，无效竞争。

二、90年代的结构调整

90年代是实现中国经济发展战略的关键十年。为了实现90年代国民经济持续、稳定、协调的发展，为了国民经济效益的提高，必须缓解以至消除国民经济在80年代存在着的结构失衡。

1. 深化改革，建立、健全新的结构调整机制

(1) 深化价格改革，力争在“八五”期间理顺价格关系，首先是基础工业产品与加工工业产品的比价关系，以及工农产品的比价关系，争取早日取消商品的“双轨”价格，从而为结构调整提供正确信号。

(2) 推进全民所有制内部资产存量的调整和劳动就业体制的改革。

80年代产业结构失衡和目前这次调整在结构优化方面进展缓慢的原因之一，主要是国有企业的资产存量调整难以进行。

产业结构的调整包括增量调整和存量调整。与增量调整相比,存量调整是一种更为有力,也更应经常进行的结构调整形式。综观中国几十年的产业结构变动史,可以得出这样一个结论,存量结构具有较强的刚性特征,部门间要素转移的障碍较多,企业现有生产要素利用方向难以改变，更缺少企业的兼并与破产。所以，90年代的结构调整，首先应把主要着眼点放到存量结构上来，通过深化改革，促进存量结构的优化。

改革劳动力就业体制,促进劳动力的流动。这方面的改革可能要碰到两方面的困难。第一个困难是“老、少、边、穷”地区的人才外流。第二个困难是“双向选择”可能会引起一般劳动力待业率的上升。为了缓解这一压力，要在福利、保险、救济、再培训方面建立起相应的缓冲和吸纳机制，建立、健全社会保障体系。

2. 按照产业政策，加强中央政府的调控能力

90年代充分发挥国家调节产业结构的积极作用，主要应把握好两个环节：一是有一个明确的主导产业和重点产业的发展计划。这点从“七五”后期已逐步明朗，并在国家的“八五”计划中有很好的体现；二是国家要有实现这一产业计划的调控手段。中央在“七五”后期已经注意到优先发展农业、能源工业、原材料工业和交通、信息业的重要性，但是由于手中掌握的资源有限，除去经常的必不可少的日常支出外，已没有足够的能力，靠中央投资去校正失衡的产业结构。所以，在90年代必须对国民收入分配结构进行适当的调整，改变80年代中央所控制的资源不断下降的状况，提高中央所支配的收入比重。

三、促进90年代产业结构的合理化

1. 大力发展农业，为我国现代化建立坚实的农业基础

农村发展乡镇企业有重要意义。但是，这一非农产业化过程必须建立在坚实的农业生产不断发展的基础上。

2. 加快能源、原材料和交通、邮电业的发展，缓解基础产业与加工工业的矛盾

80年代基础工业与加工工业失衡的直接原因，一是加工工业的发展失控，二是基础工业发展相对不足，所以，要解决这一结构矛盾也需要“双管齐下”，对症下药。

要制定严格的行业政策，应制订“鼓励进入的行业”，“限制进入的行业”和“不许进入的行业”的目录，相应规定行业的进入资格，实行许可证制度，凡不符合进入条件（包括技术条件规模水平等）的项目，一律不予批准。这项权力原则上应上收中央有关部门。

要对热门的加工行业加征投资税。集中起来的收入由中央统一使用于基础产业。同时，采取相应措施，加快基础工业的发展。

基础工业一般具有所需投资大、建设期限长、技术要求较高、并且资金回收慢、利润低的特点。这些特点决定了，在我国目前的条件下，基础行业主要由企业投资是不现实的，也是不经济的。这些项目只能主要靠国家投资。所以，要加快基础产业的发展，关键是资金适当集中问题。

3. 转换分工形式，促进地区结构合理化

地区产业结构趋同导致的总体资源配置效益的低下，以及由此加剧的分散生产和重复投资，严重影响我国经济的长期发展。此种态势必须加以改变。然而又不能通过恢复高度集中的财政体制来重建全国统一分工格局。从另一个角度看，中西部仅仅充当东部资源供应者的分工格局，也会带来两方面的问题：一是不利于中西部的综合发展；二是不利于降低运输成本。

中西部面积占全国2/3，人口约占全国总人口的1/2，所以我国经济的发展不可能、也不应该建立在中、西部仅提供原料、初级产品这种格局上。换句话说，中国经济真正起飞也依赖于广大中、西部地区的起飞。中国今后的发展应使中、西部在保持资源优势的基础上，按照东部和西部、沿海和内地分工的形式或分工的层次，建立起相应的加工行业，真正做到统筹规划、合理分工、优势互补、协调发展、利益兼顾、共同富裕。

4. 调整第三产业内部结构，使之合理化

中国第三产业结构面临的问题虽然从总体上说是发展不足，但生产性第三产业发展不足的主要原因是投资不足；中介性第三产业发展不足的主要原因是体制不顺；发展性第三产业发展不足的原因是二者兼而有之。生活性第三产业这几年由于政策放宽，发展得较快。所以要加快第三产业的发展，主要是增加投资和调整体制，以使发展严重不足的生产性第三产业和中介性第三产业得到较快的发展。当然，流通领域的经营单位这几年迅速膨胀，必须加以整顿。

总之，我们希望通过十年规划和“八五”计划的实施，使中国90年代的产业结构逐步走上合理化，并且使结构的弹性增强，从而促进国民经济走上持续、稳定、协调发展的道路。各行业和各企业则应按照90年代产业结构调整的总要求，及时地不断地调整企业组织结构和产品结构。只有各个企业都能主动适应产业结构合理化对自身的要求，才能随着企业改革的深化而走上健康发展的道路。

（作者：国务院发展研究中心副总干事）

职工民主管理的回顾与展望

陈　秉　权

十年来，我国企业民主管理制度逐步恢复和发展，已成为具有中国特色的企业管理和企业领导制度改革的重要内容，在社会主义企业建设中发挥越来越大的作用。回顾这一段企业民主管理发展的历程，总结历史经验，对于坚持企业改革的社会主义方向，调动广大职工的主人翁积极性，为实现国民经济和社会发展十年规划和“八五”计划而努力奋斗，具有十分重要的意义。

党的十一届三中全会是我党历史上具有深远意义的伟大转折，也是企业民主管理进入一个新的发展时期的重要里程碑。1978年，邓小平同志在中国工会第九次全国代表大会的致词中指出：“为了实现四个现代化，我们所有的企业必须毫无例外地实行民主管理”。各级工会根据工会九大的精神，开始恢复和建立以职工代表大会为基本形式的企业民主管理制度。

1981年，全国总工会、国家经委、中央组织部联合召开了全国企业民主管理座谈会，总结交流了搞好企业民主管理的经验。中央领导同志在会上强调指出：发扬社会主义民主，基层很重要，基础在基层。企业民主管理要解决的中心问题，就是要真正让职工群众当家作主，使职工群众不仅从理论上，而且从实际生活中切实感到自己确实是企业的主人。会后，中共中央、国务院相继颁布了《国营工业企业职工代表大会暂行条例》、《国营工厂厂长工作暂行条例》和《中国共产党工业企业基层组织工作暂行条例》。这三个暂行条例互相配套，共同形成了当时我国企业中“党委集体领导，职工民主管理，厂长行政指挥”的领导结构。条例的实施，对于职工代表大会制的恢复和建立起了积极的推动作用。到1985年，全国建立职工代表大会的企业单位达到221092个，占总数的77.5%，比条例颁布前的1980年增长了62.7个百分点。但是，贯彻实施条例的阻力也是不小的，相当一些单位的职代会走过场，流于形式。

1984年，党中央、国务院决定进行企业领导制度改革试点，对加强企业民主管理提出了新的要求。党的十二届三中全会作出的《中共中央关于经济体制改革的决定》指出：“在实行厂长负责制的同时，必须健全职工代表大会制度和各项民主管理制度，充分发挥工会组织和职工代表在审议企业重大决策、监督行政领导和维护职工合法权益等方面的权力和作用，体现工人阶级的主人翁地位。”《决定》强调：在社会主义条件下，企业领导者的权威同劳动者的主人翁地位是统一的。为适应企业中推行厂长负责制的新情况，全总十届六次主席团扩大会议提出了推动企业领导制度改革，把民主管理引向新阶段的意见，要求各级工会抓住机遇，把民主管理作为自己的工作重点，使职工代表大会制度与厂长负责制的试点同步推进，真正做到党政工三加强。1986年，修订并颁布了三个《条例》，保证了试点工作的顺利进展。1988年，《中华人民共和国全民所有制工业企业法》颁布实施，第一次通过国家立法，对以职工代表大会为基本形式的职工民主管理的性质、内容、职权作出了明确的规定，使企业民主管理向着法制化、规范化和经常化的方向发展。

随着企业改革的逐步深入，特别是扩大企业自主权，实行厂长负责制和推行承包经营责任制以后，理顺了国家与企业的责权利关系，为企业中职工参加民主管理提出了客观要求，也提供了新的发展机遇。但是，由于在一个时期内，受淡化党的领导、淡化工人阶级的错误思潮的影响，片面地强调经营者的作用，忽视了职工群众的主人翁地位和民主权利，以及把企业承包误解为经营者个人承包，使企业民主管理在一些地区、一些企业中，特别是在许多中小型企业得不到落实。1988、1989年两年有6万多家已建职代会的单位，不召开职代会，没有民主管理活动。

党的十三届四中全会以来，以江泽民同志为核心的党中央重申了全心全意依靠工人阶级的指导方针。六中全会决议重申了企业党组织要同行政领导一起，把全心全意依靠工人阶级的方针落到实处，支持职代会依法行使各项职权。各级党政领导机关和工会组织，加强了对民主管理工作的组织和指导，民主管理工作再次呈现了好的发展势头。职工民主管理作为我国社会主义企业领导制度的重要组成部分，随着企业改革的深化而逐步发展。尽管也有过一些曲折，但是可以说，近十年是建国以来民主管理发展比较快的时期。

十年来，民主管理蓬勃发展，对推动企业改革，促进经济发展和基层民主制度建设等方面，发挥了积极的作用。主要表现在：

1. 我国工业企业已经普遍建立起职工代表大会制度，并逐步得到健全和完善，民主管理初步走上了法制化的轨道。1990年，全国有37.4万个基层企事业单位建立了职工代表大会制度，占应建职代会单位总数的85%。各企业事业单位的职工代表总数已达1172万人，其中，工人代表占50.1%，科技人员代表占27.2%，管理干部代表占22.7%，人员组成的比例趋向合理，素质不断提高。民主管理的组织制度不断完善，一般都建立健全了各种专门委员会或工作小组，及代表团组长联席会议制度，已有17.1万个单位建立了厂、车间、班组三级民主管理制度。职工代表检查工作制度，民主咨询，自主管理，民主审计等其他民主管理形式也不断发展起来。

《企业法》颁布后，民主管理的法律体系初步形成，规章制度逐步健全。一些地方政府也制定了贯彻《企业法》的有关规定，承包企业民主管理的规定，推行集体合同的规定，工会和职代会参与企业内部分配的规定等许多地方性法规。许多企业制定了职工代表大会实施细则，审议重大决策的程序，民主评议干部的办法，民主选举厂长的办法，职代会提案征集和处理办法等各项民主管理制度。

2. 职工代表大会职权逐步落实，调动了职工群众的主人翁积极性，推动了企业改革和建设的发展。1990年各企业提交职代会审议的各种重大决策方案有262.7万件，经职代会审查同意或决定的方案有193.5万件，被职代会审查否决或建议撤销的方案有41.8万件。职工代表大会集中了群众的智慧，促进了企业重大决策的科学化民主化，对搞活企业、提高效益起了重要作用。湖北沙市第三棉纺织厂通过职代会认真审议，作出的三项重大决策：一是“上棉下麻”使企业当年由亏损260万元，变成盈利400多万元；二是“上气流纺”，增加了企业后劲和竞争能力；三是与外商“合资办厂”，扩大了企业经营范围，拓宽了产品销售渠道。职工代表审议重大决策，起到了动员职工的作用，保证了企业决策的顺利执行。兰州炼油化工总厂1987年以来，坚持把生产经营中的困难和减利不减贡献的决策意向，诚心诚意地提交职代会审议，依靠职工克服困难，挖潜增产，在年减利因素近两亿元的情况下，连续两年上缴利税创历史最好水平。职代会参与企业重大决策，增强了职工的主人翁责任感，使职工更加关心企业，积极向企业提建议，促进经济效益的提高。1990年全国企业共收到职工代表大会提案423.8万件，其中生产经营方面的有210.9万件，占49.8%；全年实现提案有242.7万件，占57.1%。职工代表和职工群众提合理化建议2066.3万件，已被采纳的建议中可计算价值达200多亿元。

3. 企业民主管理促进了企业改革的深化，推动了基层民主制度建设。工会坚持在支持实行厂长负责制的同时，建立健全各项民主管理制度；支持推行承包经营责任制同时，积极参与承包的全过程，并通过签订集体合同，理顺企业内部经营者与职工的关系，建立企业利益共同体。1990年，全国有7.3万个基层单位，由厂长代表行政、工会代表职工签定了集体合同(双保合同或共保合同)，明确了双方在完成承包任务中的责、权、利关系，有效地调动了两方面的积极性，促进了企业生产，改善了职工生活。工会和职代会还积极参与了企业内部劳动人事和工资福利制度的改革。职工的民主参与，在一定程度上缓解了有些企业内部的紧张关系，维护了职工的合法权益，增强了职工对企业的凝聚力和对改革的承受能力，保证了改革的顺利进行。

民主管理的广泛开展，推动了基层民主制度的建设。职代会民主评议干部，对端正党风，密切党群关系和干群关系，发挥了重要作用。1990年全国有3.9万个基层单位民主选举了领导人；有18.2万个单位开展了民主评议活动，共评议干部176万人。经评议受到奖励的16万人，被免去领导职务的有1.2万人。吉林省在承包企业中普遍实行对经营者进行民主测评制度。一些省、市把搞好企业民主管理作为社会主义民主制度建设的一项重要内容来抓。福建省去年开展了以建立三级民主管理制度，经营决策程序，内部分配公开制度，党员干部廉洁制度，民主评议干部制度和干部联系群众制度等为主要内容的千家企业民主制度建设试点工作，已取得比较好的效果。

4. 基层民主管理的加强，推动了各级工会参政议政，在国家和社会生活中更好地发挥作用。为适应民主管理深入发展的要求，县以上各级工会加强了民主参与和社会监督工作。各级工会参与了有关民主管理和企业领导制度的法律法规的起草；参与了许多与职工利益密切相关的政策和改革方案的制定，以及贯彻和监督检查工作。1985年，中央、国务院下发了关于工会参加党和政府有关会议和工作机构的文件以来，各级地方工会和产业工会与同级政府、行政建立联席会议的1452个，与同级党政建立座谈会制度的1550个。1990年，地方工会与地方政府的联席会议上提出各种议题、提案、专题报告11421件，已解决或已办理的8252件，占70%；在同级党政召开的座谈会上提出的议题、提案10909件，共同解决的有8073件，占75%。各级工会民主参与工作，为企业民主管理工作的开展，创造了良好的条件，起了很大的促进作用。

我国企业民主管理十年来发展的形势是好的，但发展是不平衡的，也是有曲折的。主要是有些从事经济管理工作的同志，全心全意依靠工人阶级的思想不够明确，不够一贯，往往把实行厂长负责制和严格管理，同依靠职工群众办好企业割裂开来，甚至对立起来，形成有法不依的现象。有的地区、有的企业，特别一些中小型企业，民主管理制度不落实，仍有相当一些单位的职代会流于形式。对侵犯职工代表大会职权的行为，也还缺乏有效的法律约束。

为了推动企业民主管理深入发展，下一步要注意做好以下工作。

1. **认真贯彻全心全意依靠工人阶级的指导方针**。进一步发挥党组织的政治核心作用，坚持和完善厂长负责制，全心全意依靠工人阶级，是我国企业领导制度的基本原则，也是办好社会主义企业的必由之路。只有坚持全心全意依靠工人阶级的方针，保障职工群众的主人翁地位和权力，民主管理才能顺利发展。

2. **坚持以经济建设为中心，全面落实职工代表大会职权**。围绕生产经营这个中心，开展民主管理工作，是民主管理取得成功的基本经验之一。参与审议企业重大决策，促进企业生产发展，提高经济效益，是维护企业利益和职工根本利益的要求，必须认真做好这项工作。

3. **认真贯彻各项法律法规，依法推进民主管理工作**。要依照已颁布的有关法律法规，开好职工代表大会，健全各项民主管理制度和工作制度，加强厂、车间、班组三级民主管理，大力推广集体合同制度。加强社会监督，依法维护职代会的民主管理权利。开展民主管理达标活动，推动民主管理上新的水平。

4. **继续做好职工代表的培训工作，提高职工代表素质**。各级工会要按照全国职工代表培训工作会议要求，加强领导，按照统一教材，保质保量地完成职工代表民主管理基本知识的培训任务。

5. **进一步发挥各级工会对民主管理的组织作用**。各级工会要继续把民主管理作为自己工作的重点，争取党的领导和行政的支持，做到党政工齐抓共管。

民主管理的产生和发展不是偶然的。它是社会生产力发展的客观要求，是我国社会主义生产关系自我完善的重要体现。民主管理的发展也不是孤立的，依据我国经济发展和民主建设的进展而不断完善。今后十年，是我国现代化建设的一个重要发展阶段。我们要实现第二步战略目标，必须坚持以经济建设为中心，坚持改革开放的方针，充分发挥工人阶级的主力军作用。这就要求我们大力加强企业民主管理，把职工中蕴藏的巨大的社会主义积极性变为现实生产力，在搞活企业、发展经济中发挥更大的作用。可以预言，今后十年间，民主管理必将随着改革的深入、社会主义民主制度的完善，有更大的发展。

（作者：中华全国总工会副主席）

加强企业的社会主义精神文明建设

赵 荫 华

大力加强社会主义精神文明建设，是我们党的一贯方针，是建设有中国特色的社会主义的一项重要内容。

邓小平同志曾经指出：“过去我们党无论怎样弱小，无论遇到什么困难，一直有强大的战斗力，因为我们有马克思主义和共产主义的信念。有了共同理想，也就有了铁的纪律。无论过去、现在和将来，这都是我们的真正优势。这个真理，有些同志，已经不那么清楚了。这样，也就很难重视精神文明的建设。”综观中国共产党领导下的中国革命和建设的历程，可以清楚地看出，对革命精神的高度重视，始终是我们党的最优良的革命传统之一，也是我们党领导和团结全国人民克敌致胜的最重要的武器之一。

党的十一届三中全会以来，党中央在设计中国社会主义建设蓝图时，坚持从中国的实际出发，在马克思主义和共产主义的理想与信念的指引和激励下，提出了在大力进行社会主义物质文明建设的同时，要大力加强社会主义精神文明建设，提出了两个文明一起抓的战略方针，并在改革开放十多年来的实践中，充分显示出这一决策的正确性，取得了显著的实际效果。

但是，在有一段时间里，由于中央个别领导人的失误，社会主义精神文明建设曾遇到严重忽视，资产阶级自由化思潮一度泛滥起来，党领导全国人民为纠正这一失误和克服其所造成的严重后果，付出了巨大的代价，并从中吸取了深刻的教训。党的十三届四中全会以来，以江泽民同志为核心的党中央领导集体，再一次明确和强调了两个文明一起抓的战略方针，并在当前世界社会主义事业遇到严重挫折和中国的社会主义事业面临严峻挑战的形势下，将我国的社会主义精神文明建设，摆到一个更为重要的位置上来，有针对性地采取了一系列战略措施，近两年来我国社会主义精神文明建设出现了新的转机，物质文明建设和精神文明建设一手硬、一手软的状况正在扭转。

企业特别是国营大中型企业，是我国社会主义经济的强大支柱。它肩负着既创造优质产品又培育“四有”人才的双重任务，它直接维系着我国的经济发展、政治稳定和社会的文明进步。因此，充分发挥我党的政治优势，进一步在搞活大中型企业中加强企业的精神文明建设，是当前摆在我们面前的一项迫切而重要的任务。

一、明确社会主义精神文明建设是建设有中国特色的社会主义的重要标志

以马克思主义为指导的社会主义精神文明，是社会主义社会必须具备的一个重要特征。党的十二大对此曾作出过精辟论断，明确指出：“社会主义精神文明是社会主义的重要特征，是社会主义制度优越性的重要表现。”“没有这种精神文明，就不可能建设社会主义。”把精神文明作为社会主义所不可缺少的一个重要特征，这是我们党对社会主义特征作出的更加完整的概括，也是对社会主义精神文明的战略地位的确认。

自从产生科学社会主义思想体系以来，就有了对社会主义特征的理解和概括。科学社会主义的创始人马克思、恩格斯，着重分析研究了经济和政治方面的社会主义特征，在社会主义的精神方面，他们也作过一些论述，提出过一些设想。诸如，共产主义革命在自己的发展过程中必然要与传统观念实行彻底决裂，在共产主义社会中，教育、科学、文化、艺术将得到充分的发展；人们的精神生活将得到极大的丰富；等等。

列宁在论述社会主义的特征时，除了反复阐明并确认上述内容外，特别强调了发达的生产力和比资本主义更高的劳动生产率，为此，他十分重视思想文化建设对于社会主义建设的重大意义和巨大作用，在许多方面提出了有关精神文明建设的任务。例如，反复强调共产主义教育、共产主义道德、共产主义纪律、共产主义劳动态度的重要性；社会主义的政治变革和社会变革之后，要实现文化变革，普遍提高科学文化知识，发展物质生产；必须取得全部科学、技术、文化和艺术，用来建设社会主义；等等。

斯大林也有过不少有关精神文明方面的论述，例如，他在1906年12月发表的《无政府主义还是社会主

义》一文中谈到“无产阶级的社会主义”时曾指出：“社会主义社会的必要条件是足够发达的生产力和人们的社会主义意识以及人们的社会主义教育。”

毛泽东同志在领导中国革命和建设的长期实践中，提出过许多关于加强思想政治工作和发扬革命精神在社会主义建设中的重要作用的精辟论述，并在发展教育、科学、文化方面作出过很大的努力。这是我们所熟知的。

党的十一届三中全会以后，我们党继承了革命导师们上述方面的思想财富，并且总结了建国以来正反两方面的经验教训，研究了党的工作重点转移后出现的新情况、新问题，在建设有中国特色的社会主义的实践中，深化了对社会主义的认识，明确指出社会主义精神文明是社会主义的重要特征，形成了全面概括社会主义特征的理论。

社会主义精神文明建设是建设有中国特色的社会主义理论与实践的重要组成部分。实践告诉我们，是否坚持加强社会主义精神文明建设这一战略方针，将关系到社会主义的兴衰和成败。在建设有中国特色的社会主义历史进程中，发展以公有制为基础的有计划商品经济，建设社会主义的民主与法制，同建设社会主义精神文明，是相互配合、相互促进的。如果削弱、放弃精神文明建设，就不可能成功地建设有中国特色的社会主义。所以，我们要继续克服两个文明“一手硬、一手软”的状况，就必须从理论上、思想上解决好精神文明建设是建设有中国特色的社会主义的重要特征这样一个认识问题。

二、要深刻领会社会主义精神文明建设在改革开放条件下具有特殊重要意义

为了实现现代化建设的宏伟目标，我们必须进行经济体制、政治体制和其他方面体制的全面改革。坚持四项基本原则前提下的改革开放是建设有中国特色社会主义的根本出路，不改革开放就不可能前进。随着改革的深入发展，随着社会主义商品经济的日益发展，随着社会主义民主与法制的不断完善，一方面全体社会成员建设四个现代化的积极性和创造性越来越充分地发挥出来；另一方面，建设、改革和开放，不仅会引起人们经济生活、政治态度的重大变化，而且必然会引起人们的思想观念、精神状态和生活方式的深刻变化，同时也对精神文明建设提出了新的更高的要求。精神文明建设必须适应改革开放的要求，形成有利于社会主义现代化建设和改革开放的舆论力量、价值观念、文化条件和社会环境，才能有力地抵制资本主义和封建主义的腐朽思想，防止迷失方向。

现代化建设和改革、开放，都是在社会主义基础上进行的，必须坚持社会主义方向。社会主义社会是中国人民长期英勇奋斗、流血牺牲争取来的，只有社会主义才能救中国，只有社会主义才能发展中国，这是中国人民从五四运动到现在半个多世纪的切身体验中得出的不可动摇的历史结论。历史已经无可怀疑地证明，在中国搞资本主义是行不通的，必须坚持走社会主义道路。社会主义社会制度是比资本主义制度更先进的社会制度，是人类社会发展的一个新阶段，它终将替代资本主义，这是不以人的意志为转移的客观发展规律。改革开放和发展经济给社会主义现代化建设事业增加了新的生机和活力，同时也必须清醒地认识到，资本主义腐朽思想和生活方式不可避免地要乘隙而入，侵蚀党的肌体。我们必须旗帜鲜明地反对和抵制。坚定地走社会主义道路，把中国建设成为社会主义强国，能否做到这一点，对我们党来说是一个严峻的考验，而切实加强精神文明建设，正是我们党能够经受住这种考验的一个必不可少的极其重要条件。

多年来的实践使我们认识到，加强精神文明建设在改革开放过程中是有其特殊作用的。首先，它是保持政治稳定和坚持正确的政治方向不可缺少的前提。1989年春夏之交的政治风波之得以平息以及这几年全国形势之所以能够保持稳定，并不断向好的方向发展，其重要原因之一，正是加强精神文明建设所产生的力量。因此，在改革开放和发展商品经济的形势下，精神文明建设显得尤为重要。其次，它能够为经济建设和改革开放的发展提供良好的“软环境”。我国社会主义建设各项事业的发展，除了靠经济工作的正确决策和经济运行机制本身的作用之外，思想道德建设在积极配合经济秩序的整顿和各种利益关系的调整中，显示了十分重要的精神激励、心理调节和道德约束作用。特别在开放地带和经济特区的建设中，对社会风气和环境面貌的改善，劳动者素质的提高，对良好的投资环境和生产环境的形成，具有特殊的意义。第三，它可以为人们的生活、工作、学习、交往和发展，创造一种健康向上、生动活泼的局面。各种精神文明活动的开展，增强了人们的自我规范、自我约束、自我控制的能力，既满足群众的精神文化需求，又使人们的聪明才智有机会得以施展和发挥。

商品经济的发展从来不会自发地带来高度的精神文明，也不会自发地形成民族振兴的强大社会精神支柱。只有在社会主义现代化建设和改革开放中把精神文明建设纳入国民经济与社会发展的总体规划，进一步用革命的思想、科学的理论、先进的道德把亿万人民群众凝聚起来、振奋起来，才能产生出建设社会主义的强大精神力量并且转化为巨大的物质力量。因此，坚持

马列主义、毛泽东思想的基本理论的学习，坚定社会主义信念，继续深入批判资产阶级自由化、巩固和发展社会主义的思想文化阵地，认真抓好思想道德建设，大力弘扬爱国主义精神，培养集体主义思想、普遍倡导“五爱”风尚、培育“四有”职工队伍，这是我国建设社会主义物质文明的重要保证。

三、正确理解和处理好物质文明与精神文明两者的关系

正确认识和处理物质文明建设和精神文明建设的相互关系，是关系着我国社会主义现代化建设总体布局的一件大事。党的十二大报告中就明确指出：“精神文明和物质文明在社会主义建设中的关系是十分密切的。”“物质文明的建设是社会主义精神文明建设不可缺少和基础。社会主义精神文明对物质文明的建设不但起着巨大的推动作用，而且保证它的正确的发展方向。两种文明的建设互为条件，又互为目的。”这一论断明确告诉我们，正确认识和处理两个文明的辩证关系，具有重要的理论意义和实际意义。

但是，在这个问题上，有的人片面认为只要物质文明建设上去了，精神文明就自然地上去了，这种“自发论”是非常错误的，没有认识到精神文明建设不搞好，物质文明建设也是搞不好的。同时没有把社会主义的物质文明建设与资本主义的经济发展的目的区别开来，资产阶级以“唯利是图”为目的去剥削压迫他人，攫取高额利润，而发展自己；社会主义的物质文明建设其目的在于最大限度地满足日益增长的人民的物质生活与文化生的需要，它要求在平等竞争中发展社会主义经济，它不能采用剥削和掠夺他人的方式发展自己。有的人则持“先后论”观点，认为只有把物质文明建设搞好了，才能进行精神文明建设，他们没有弄通弄懂社会主义精神文明建设的根本任务，是适应社会主义现代化建设的需要，培养有理想、有道德、有文化、有纪律的社会主义公民，提高整个中华民族的思想道德素质和科学文化素质，从而使社会劳动生产率不断提高，使人和人之间在公有制基础上的新型关系不断发展，使整个社会的面貌发生深刻的变化。他们只是片面地认为只有等物质文明建设搞上去了才能搞精神文明建设，而没有看到两者互为条件密不可分的辩证关系。还有的人则把物质文明建设与精神文明建设对立起来，以为搞物质文明建设，发展国民经济，就没有精力顾上抓社会主义精神文明建设，错误地认为在发展商品经济过程中，产生腐败现象和消极因素在所“难免”。上述“自发论”、“先后论”、“难免论”都是十分有害的，都是同两个文明一起抓的战略方针相违背的。归根到底还是对两个文明建设之间的相互关系缺乏正确的理解。

陈云同志曾指出：“社会主义建设，包含物质文明建设和精神文明建设，两者是不能分离的。社会主义事业不可能是单纯的物质文明建设，又不可能是单纯的精神文明建设。社会主义事业也不可能先进行物质文明建设，然后再来进行精神文明建设。”这就是说，社会主义精神文明也象社会主义物质文明一样，在社会主义的革命与建设的总过程中，具有不容动摇的战略地位。说到底，没有社会主义物质文明固然没有社会主义的精神文明，没有社会主义的精神文明同样也没有社会主义的物质文明，二者是互为条件，互相促进的。那种以为只要物质文明上去了，精神文明就自然而然地上去了的所谓“自发论”，那种认为物质文明建设必然要以牺牲精神文明建设为代价的所谓“难免论”，那种幻想让物质文明建设先走一步，再来顾及精神文明建设的所谓“先后论”，都是违背社会主义发展规律的，其后果，只能是在淡化甚至取消社会主义精神文明建设的过程中，毁掉社会主义事业本身。

四、紧紧抓住企业精神文明建设的主要内容

社会主义精神文明建设，包含着思想道德和教育、科学、文化两大方面的丰富内容。对企业来说，应当紧紧围绕经济建设这个中心，把上述内容，加以具体化，制定出长远规划，进行深入的、长期的、坚持不懈的努力。要着重在以下几个方面下功夫。

一是致力提高企业领导班子的马列主义理论素质。企业两个文明建设的步子快不快，关键在于领导班子强不强。而提高领导班子的战斗力，首先要提高其马列主义的理论素质。科学理论是人们思想的指导和行动的指南。恩格斯曾经说过：“一个民族要站在科学的最高峰，就一刻也不能没有理论思维。”对于马克思主义没有认真的学习和基本的了解，就谈不上决策的科学性。因此，企业领导班子成员带头认真学习马克思主义基本理论，既是促进两个文明建设，保证企业的社会主义方向、办好企业的需要，又是增长领导才能端正领导作风，改进领导方法的条件和基础。十一届三中全会以来，我们党在解放思想、拨乱反正、改革开放、建设有中国特色的社会主义的进程中，反复强调从中央做起，各级党委一定要把马克思主义的理论学习、理论教育、理论研究、理论宣传放在重要地位上来。邓小平同志于1985年9月在党的全国代表会议上，再次要求全党特别是领导干部努力学习马克思主义理论，他说：“我们现在要建设有中国特色的社会主义，时代和任务

不同了，要学习的新知识确实很多。这就更要求我们努力针对新的实际，掌握马克思主义基本理论。因为只有这样，才能提高我们运用它的基本原则基本方法，来积极探索解决新的政治经济社会文化基本问题的本领，既把我们的事业和马克思主义理论本身推向前进，也防止一些同志，特别是一些新上来的中青年同志在日益复杂的斗争中迷失方向。”这一富有远见卓识的论述，是我们企业精神文明建设必须始终坚持的方向。

二是致力建设“四有”队伍，提高职工政治思想、科学文化素质。在企业的精神文明建设中，应该把建设“四有”队伍作为一个基本目标和任务。就“四有”所包含的四个方面都有各自特定的内涵。树立现阶段我国各族人民的共同理想，并且把它同共产主义远大理想结合起来，把实现奋斗目标同各人的本职工作结合起来，立志改革振兴企业，并为之艰苦奋斗，这是“有理想”的基本内涵。发扬爱祖国、爱人民、爱劳动、爱科学、爱社会主义的精神，发扬社会主义集体主义的精神，信守职业道德和社会公德，这是“有道德”的基本内涵。好学上进，刻苦钻研，切实掌握为社会主义现代化建设所必需的科学文化知识和职业技能，并且不断更新，精益求精，这是“有文化”的基本内涵。增强工人阶级主人翁意识，发扬民主精神，树立法制观念，自觉地遵守纪律和制度，这是“有纪律”的基本内涵。有理想、有道德、有纪律，是对职工的思想道德素质方面的要求；有文化，则是对职工的科学文化素质方面的要求。思想道德素质和科学文化素质两方面的统一，就是对企业职工乃至全体公民的综合要求。但这两方面又是多层次的，要针对实际情况，在不同层次上提出不同的具体要求，逐步地由低层次向高层次发展。

三是致力加强廉政建设和行业作风建设。近年来，党中央和国务院在反对腐败提倡廉政、纠正行业不正之风等方面采取了一系列有力措施，从思想教育、监督、纪律、法制等方面多管齐下，取得了初步成效，应坚持不懈、持之以恒地抓下去。决不能把改革开放、搞活经济同反腐倡廉割裂开来，对立起来。越是深入改革扩大对外开放，越要加强廉政建设。随着商品经济的发展，经济活动的制约条件越来越多。企业与税务、供销、信贷、用电、用水、物资、公安等许多单位以及窗口服务行业的关系也日益密切。这些部门的职工是否按党的政策办事、公正无私，还是以权谋私，也直接影响到企业的精神文明建设，因此，企业在加强本身廉政建设的同时，还应协助地方党政机关，做好或推动这些部门的廉政建设，树立好的党风、纠正行业不正之风，从而带动社会风气的好转。

五、企业精神文明建设的主要途径

（一）两个文明一起抓，党政工团齐抓共管。坚持物质文明建设和精神文明建设一起抓，是我们党的一贯方针，党的十三届七中全会通过的关于制订国民经济与社会发展十年规划和“八五”计划的建议，对这一方针作了进一步阐述。我们要进一步克服“一手硬，一手软”的状况，在集中力量抓经济建设的同时，自觉地抓好精神文明建设，把思想道德建设和教育科学文化建设，渗透在整个物质文明建设之中，体现在经济、政治、文化、社会生活的各个方面。为此，还要继续加强党组织对企业精神文明建设的领导，党政工团要齐抓共管，利用各自的有利条件形成整体优势，从而极大程度地发动职工群众，组织职工群众，共建企业两个文明。

（二）建立“双文明”目标管理制，开展创建“双文明”单位活动。这几年加强企业精神文明建设的一条重要经验就是建立“双文明”目标管理制。开展创建“双文明”单位活动。过去不少企业“一手硬，一手软”的状况之所以得不到很好解决，除了指导思想问题以外，就因为缺乏一套具体实在、可供考核的管理方法和责任目标。实行“双文明”目标管理责任制，开展创双文明单位的活动，可以使两个文明建设紧密结合、互相促进、协调发展，把“两个文明一起抓”的方针落到实处。

（三）开展军民共建、工农共建、军警民共建的活动。加强社会主义精神文明建设，是一个庞大的系统工程，需要各部门共同努力。近年来，各地在企业社会主义文明建设过程中，广泛开展了军民共建、工农共建、军警民共建社会主义文明的活动，收到良好的效果。通过共建活动，密切了军政军民、工农关系，加强了军政军民、工农团结，促进了军队、地方和社会的稳定，推动了军队地方、企业两个文明建设的发展。如何进一步开展共建活动？关键是抓实。一是思想要落实。开展共建活动，必须打牢、打实政治基础和思想基础，做到军政军民之间、工农之间在巩固无产阶级专政、建设四化、振兴中华的统一目标中同呼吸、共命运、心连心。二是规划要实在。共建规划须从实际出发，突出重点，以便在实际工作中，解决主要矛盾，取得实际效果。三是工作要抓实，力戒空谈。

（四）建设文明城市，创造大气候。城市作为政治、经济、文化的中心，产业工人的集中地，对稳定大局有着至关重要的作用。城市文明建设搞好了，企业的文明建设才有一个良好的大环境。文明城市建设是一项群众性的事业，需要建立一个能吸引群众广泛参与的运行机制。文明城市建设系列活动是一个综合性系统工程，涉及到各部门和单位，各种活动的相关性也很强。企业的文明建设，本身就是城市文明建设的重要组成部分，因此，企业必须首先搞好内部小环境的建设，以促进大气候的好转。与此同时，企业作为工人集中、素质较高和技术经济实力雄厚的单位，应该同心协力把城市文明建设搞好。

（五）狠抓扫黄除害斗争，一抓到底。企业精神文明建设一方面要花大气力进行正面灌输教育，培养四有职工，另一方面，还要抓住反面典型开展教育。其中一项不容忽视的工作，就是要教育和发动群众经常地深入地开展扫黄除害的斗争。企业都要认真执行政府颁发的文化市场管理条例，把住书刊、音像的入口，同时开展健康有益的文化活动，丰富群众的精神生活。

六、加强对企业精神文明建设的领导

精神文明建设活动的主体是群众，它的生命力在于人民群众的广泛参与。但是，群众的参与需要组织，群众中蕴藏的巨大热情和创造精神需要各级领导去激发和引导。只有切实加强党的领导，企业的精神文明建设才能得到确实的保障。

加强领导，首先是坚持物质文明建设和精神文明建设一起抓的方针，企业党政领导应在大力抓好经济工作的同时，把精神文明建设提上议事日程，采取切实措施，提供必要条件，从思想、组织、财力、物力等方面给予支持保障。

加强领导，要抓好规划，搞好宏观指导。要克服过去那种忽视制定自身发展规划的倾向，抓住时机，制定规划，并把它纳入到企业发展总体规划中去，认真组织实施。

加强领导，还要把有关制度、法规建立起来并坚持下去。提高人的文明素养，改变不文明的习惯，主要靠教育和引导、靠道德的规范与约束。在努力提高职工自律能力的同时，也要把那些人人必须遵行的规范用制度和法规的形式确定下来，通过适当的强制性手段，强化管理。

加强领导，还要健全权威的指导、协调机构和必要的工作机构，稳定、充实精神文明建设活动工作队伍。及时推广精神文明建设先进经验，宣传先进典型。

加强领导，最根本的是要充分发挥党组织的核心作用，发挥我党的政治优势，强化思想政治工作。有了强有力的思想政治工作才能保证企业的双文明建设循着正确的方向发展，并充分发挥精神文明建设对物质文明建设的促进作用。

（作者：中国职工思想政治工作研究会副会长）

第四部分

综　合　论　述

经济调整取得显著成效
结构矛盾须进一步解决

国家计委产业政策司

1990年是第七个五年计划的最后一年。这一年，我们在贯彻治理整顿方针进行经济调整方面，取得了显著成效，胜利完成了第七个五年计划，同时，经济生活中的矛盾，特别是产业结构的矛盾也表现得更加突出。经济调整的迅速见效，展示了计划经济的优越性，而结构矛盾的深化，又进一步表明集中计划经济体制的不足。深刻分析总结1990年的经济发展状况，必将为在我国建立起适应社会主义有计划商品经济发展的、计划经济与市场调节相结合的新的经济体制，提供有益的依据。

一、两年多来的经济调整进程

我国的经济需要调整，是由于经济生活中的总量失调，结构失衡和流通秩序混乱，以至经济过热，建设和改造规模过大，生产超速发展，产业结构失调，产品质量下降，货币超量发行，财政赤字扩大，外汇储备减少，投入产出关系恶化，市场全面紧张，通货膨胀，人心不稳。在这样严峻的情况下，党中央、国务院制定和贯彻了治理整顿的方针，采取了一系列调整经济的措施，只用了两年多一点时间，还经历了1989年春夏之交的政治风波这样大的波折，竟在1990年见到了显著的成效。

1990年，我国经济已经由过热逐步走向正常，国民生产总值增长速度由1988年的11%降到1989年的3. 9%，1990年回升到5%。银行贷款由高度放松到紧缩到适度放宽。固定资产投资由连年猛增到1988年增长23. 5%，1989年下降8%，1990年回升至增长7. 6%。农业大丰收，粮食总产量43500万吨，再创历史新水平，棉花、油料、糖料大幅度增长，蔬菜水果生产又获丰收，农业总产值增长7. 6%。工业保持增长势头，工业总产值增长7.6%，其中轻工业增长9.1%，重工业增长6%。货物周转量增长11. 7%，运输和生产的关系有所改善，外贸出口增长18. 2%、进口下降9. 8%，进出口商品结构进一步改善，机电产品出口比重增加，进口商品中严格控制了高档耐用消费品，国内市场稳定，储蓄存款持续上升，社会商品零售总额与上年持平，物价稳定，通货膨胀率已降到2. 1%，人心安定。

短短的两年时间，把那样过热的经济，调整到比正常略低的水平，把恶性通货膨胀，调整到基本正常的水平，这充分显示了社会主义计划经济的优越性，党中央、国务院为治理整顿采取了一系列的政策措施，相辅相成地收到了实效。在众多的政策措施中，我们认为最重要的有四条，即：重振自力更生、力争外援、艰苦奋斗、勤俭建国的精神；实行信贷、财政双紧政策；大力压缩固定资产投资规模；制订和贯彻实施产业政策。

自力更生、力争外援、艰苦奋斗、勤俭建国是我国的老传统，也符合我们当前的国情。但是，有一段时间不提了，而代之以高消费，高速度，高积累的政策，以致崇洋迷外，摆阔气、讲排场，大兴楼堂馆所之风盛行了起来，助长了消费的膨胀。我们重新强调自力更生，力争外援，艰苦奋斗，勤俭建国的方针，对于刹住攀比消费之风，激励奋发向上的民族精神，按照我国的国情来建设社会主义有着重大的意义。

实行从紧的银根政策。这次经济过热，与1984年末的贷款投放过大过松有密切关系，因此，要调整必须从紧缩银行信贷着手。银行按照国家产业政策，规定了“十不贷”，限期把应收的贷款收回来；又实行了保值储蓄，适当提高利率，增加了人们储蓄的积极性，既扩大了储蓄，又控制了贷款。再加上大力压缩社会集团购买力。这样就把社会商品购买力压了下来，大大缓和了社会商品购买力与商品供应量之间的矛盾，使膨胀了的消费得到控制。

压缩固定资产投资规模，按照国家产业政策来规定投向，调整投资结构。国务院下了很大的决心，连续组织工作组到全国各地同地方一起压缩固定资产投资规模，重新安排建设项目，坚决砍掉了一批楼堂馆所和经济效益差的项目，1990年全社会固定资产投资4451亿元，还低于1988年4496亿元的水平，加上涨价因素，实际工作量就更少了。固定资产投资规模的大幅度压缩，缓解了积累需求与生产资料供应之间的紧张关系，也部分缓解了对消费资料的需求。投资结构也有了较大改善。在全民所有制投资中，能源投资比重达到

32%，比上年增长 3. 2%，运输邮电投资比重达到 15. 9%，比上年增长 5. 2%，都是 80 年代以来的最高水平。机电轻纺投资比重为 8. 3%，比上年减少 1. 2%。这对长远产业结构的调整作用将是大的。

实行产业政策管理，强调各行各业都要按照产业政策办事，迅速地调整了当年的生产结构，使经济大局稳定了下来。在总需求得到有效控制下，产业结构的正确调整就成了国民经济能否顺利发展的关键，这里首先是把当前的生产结构调整好，然后才是深层结构的调整。市场紧缩的作用和产业政策的导向，使得 1990 年的生产结构得到了很大的调整。首先是工农关系的调整。由于全党全国上下一致重视和气候条件较好，1990 年农业获得丰收，农业发展速度与工业发展速度之比由 1988 年的 1∶6 调整到 1∶1，大大缓和了农业与工业之间的关系。农业稳了，大局就稳了。基础工业与加工工业之间的关系有所改善，基础工业的比重达到 21. 5%，比上年提高 0. 3%，相应地加工工业比重下降了 0. 3%。运输的紧张状况也有所缓和。第一、二、三产业的关系得到调整，国民生产总值中第一产业的比重为 27. 5%，比上年增加 0. 9%，比 1988 年增加 0. 1%，第二产业为 45. 3%，比上年减少 0. 4%，比 1988 年减少 1. 8%，第三产业为 27. 2%，比上年减少 0. 5%，比 1988 年增加 1. 7%。在全社会劳动者人数中，第一产业比重为 60%，与上年持平，比 1988 年增加 0. 7%，第二产业为 21. 4%，比上年减少 0. 3%，与 1988 年持平，第三产业为 18. 6%，比上年和 1986 年都是增加 0. 3%。可见一、二、三产业结构的调整特别是劳动者结构的调整量是很难的，但是方向正确的调整，即使幅度不大，也会起良好的作用。

综上所述，1990 年经济调整的成效确实是显著的。

二、产业结构矛盾的深刻暴露

两年多的治理整顿，使得我国的经济环境有了显著改善，我们盼望已久的买方市场出现了，经济秩序也有新的好转，这是一个十分难得的机会，应当有利于开展竞争，扶优限劣，调整产业结构和企业组织结构，重新分配资源，使经济逐步走上良性循环的道路。但是，在实际经济生活中，却出现有许多问题，例如市场疲软，产成品资金积压，企业特别是大中型企业资金周转困难，三角债前清后欠，已经过热的行业调整困难，新的过热行业又在冒头，经济效益下滑势头未能止住，财政赤字还在扩大，等等。这些问题反映了我国经济中存在着深刻的矛盾。这些矛盾主要是：

1. 生产不能随着市场需求变化和国家产业政策要求灵活地进行调整。随着物价稳定和人民生活水平提高，人们对于商品的选择性增强是必然的，市场需求的变化也就会很快。这就要求企业按照市场动向及时调整产品结构，停止生产不适销的产品，以便把资金和物资集中于发展新产品。在这两个方面我们的动作都很慢，许多产品，明明市场没有销路，或由于税收原因，或由于政治原因仍进行生产，当然也有由于信息不灵、预测不准而盲目生产的。生产出的产品积压在库里，占用了大量资金。1990 年底全国预算内国营工业企业产成品资金占用达 1140 亿元，比 1989 年末增长 27. 8%，定额流动资金周转天数比上年减缓了 20 天，相当于多占用了 500 亿元资金，这是三角债前清后欠的一个重要原因。资金被积压产品占用了，投入到发展新产品上的资金自然也就少了。

在贯彻执行国家产业政策上，情况也不是很好。许多虽有市场销路，但不符合我国国情，耗能高，需要大量进口原材料，浪费国家资源或是污染环境严重的国家限制生产的产品，由于地方利益驱动，国家政策又不配套，往往是禁而不止。

2. 过大的生产能力不能及时淘汰，市场紧俏产品的生产能力不能迅速扩大。

加工产业生产能力过大，基础产业生产能力不足，是这次经济失调的一大特征。基础产业生产能力的增长需要较长的时间。在总需求得到控制后，压缩过大的加工能力就成了突出的任务。在机电工业中除高级精密的机加工能力外，一般加工能力是过大的；在轻纺工业中，除轻纺原料和一些新型机械的加工能力外，普遍是过大的，但是两年来这些方面的调整情况很不好。

一是应该调减下来的生产能力下不来，需要上的能力上不去。以大能力保小产量，分散了资源，增加了消耗，保护了老旧产品。电冰箱是一个典型的例子，经过几年发展，仅国家定点的电冰箱厂就有 45 个，能力 1500 万台，而现在市场的需要量只不过 400～500 万台。显然电冰箱能力应当大大压缩，电冰箱厂应当关停一批，但是，迄今为止，定点内的电冰箱厂还没有关停的，不少企业靠地方保护、补贴过日子。只有少数几个厂产品畅销，而这些畅销的企业由于总能力过大和资金的限制又不能较快的扩大生产能力。这样，差的企业淘汰不了，好的企业发展不了，成了我国经济上的一个大包袱。

二是已经过大的生产能力，还在继续扩大，既威胁老生产基地的生存，又使全行业的效益严重下降。棉纺行业在 1988 年纺锭能力已经超过棉花供应的可能和市场的需求，当时国家就提出要严厉控制棉纺锭的增长。但两年过去了，棉纺锭不仅未得到控制，反以每年 300 多万锭速度增加，到 1990 年达到了 3882 万锭，使得已经很紧张的棉花、纺锭、市场之间的关系进一步加剧。由于棉纺锭主要增加在产棉区，影响了棉花的调出，使一些老棉纺基地的大城市的纺织工业受到很大影响，已有17个城市的棉纺织行业出现全行业亏损。

三是盲目扩大生产能力的现象还在继续。生产能力的分布总是不平衡的，在全国看来已是多余的生产能力，从某地区来看还要从外地进货，这就成了这些地区扩大某种生产能力的依据。例如摩托车、燃气热水器、一般塑料制品、电子琴、烟、酒等能力的扩大就是这样。企业的技术改造也存在一定盲目性。现在，一般来说企业技术改造的积极性还是高的。但由于资金的限制还较困难，而能改造的企业出于自身扩大的愿望和偿还贷款的需要，往往在进行设备更新和技术改造时，较多地扩大生产能力。这在改造初期单个企业往往看不到问题的严重性，等到千百个企业改造完成，在市场上一碰头问题就显露出来了。

四是对一些新的热门产品，还缺乏有力的控制，盲目扩大生产能力的办法。现在一些新的热门产品正在兴起，例如汽车、录象机、乙烯聚酯、空调器等，市场需求量较大，利润率高，大家的注意力逐渐转到这些产品，争上生产能力，现在主要是对限额以上项目加强审批控制，但各地争上的劲头很大，控制是比较难的。

3. 产业组织结构调整困难，难于形成专业化协作的先进组织形式。专业化协作是现代化大生产的先进组织形式，我们喊了三十多年，一直没能实现。现在，我国的经济组织形式，仍是地方、部门极力自成体系，不少企业也还在搞大而全、小而全。对这个问题不能等闲视之，它是我国产品和服务水平不高，地区产业结构趋同，优势不能很好发挥的重要原因。我国的产品和服务水平低与装备差有很大关系，而装备差又是由于制造机械的装备差，我国机械工业水平不高首先是基础机械、机械基础件、电子元器件、基础工艺、基础材料一直未能过关。我国机床的数控化率还不到5%，而联邦德国为65%，南朝鲜为42%。这些都与我国工业的专业化协作水平不高有很大关系。我国的零部件长期批量小、品种少，质量低、成本高，我们不能在先进的零部件基础上迅速组合成适合市场需要的新产品，其结果是大量进口设备，能出口的一点设备又是我们出大力、外国赚大钱。例如某塑料机厂出口一台注塑机主机售价8万元，在国外装上液压件，电器等再卖回国内，售价却是20万美元。意大利一个48个人的小机床厂可以牵着我国几千人的大机床厂的鼻子走，就是由于它能根据市场信息采购各种零部件装在我国工厂生产的机床身上而形成它自己的产品。

我国产业结构的地区趋同是专业化协作水平低在地区产业分布上的表现。地区产业结构趋同突出地表现在加工工业上。我国的电视、冰箱、电风扇、洗衣机、录音机、汽车、机床轴承、工业锅炉、一般橡胶制品、一般塑料制品几乎遍布全国各省区市，不少地区在发展产业时，对自身的优势在哪里，应当如何发挥研究不够，对那些不是自身优势的产业却硬要去发展，只要是别人有的好象自己都应该有。花了大量财力、物力、人力，辛辛苦苦建起了企业，结果是有的赔本生产，有的干脆停在那里不起作用。

公共服务社会化，也是专业化协作的一项重要内容，我们一个企业就是一个小社会，车队、托儿所、医院等一套后勤服务设施一应俱全，而这些设施往往利用率不高，企业又搞得很臃肿，影响专心致志地搞好生产。

4. 经济规模形成困难，进一步恶化了投入产出关系，削弱了竞争能力。现在的问题一是，小型企业发展很快，缺乏有力的引导，往往与国家重点企业争原料，结果是任务都不饱满，单位消耗高，环境污染严重，恶化了整体的投入产出关系。国家产业政策规定停止或严格限制发展的小棉纺、小炼油厂、小有色金属冶炼厂、小炼焦、小发电机组、小烟厂、小酒厂等，还未能有效禁止。二是不能进行有效的兼并形成经济规模。全国有汽车厂125家，年产5万辆以上的只有两家，年产量小于1000辆的上百家，而轻型汽车的经济规模是10～20万辆，小轿车的经济规模至少是30万辆。全国有300多家电梯厂，有200多家年产量只10～20台，最多的一年也只生产650台。全国的家电企业遍布各地，绝大多数生产能力不能发挥，大家在那里拼消耗，就是不能通过兼并形成经济规模。三是一些新建的热门企业，仍不能按经济规模建设，最典型的是乙烯，本来大家一致同意年产30万吨规模无论从产品品种，单位投资和经营成本来比较，都大大优于年产11万吨规模，但是，为了照顾地方利益又同意了新建相当数量的11万吨级的乙烯企业。经济规模是社会化大生产优越性的重要方面，没有它，我们在竞争中就会处于劣势。

这些矛盾过去就存在，只是在经济总量得到控制，经济环境得到改善的情况下，暴露得更加明显了，更加深刻了。对于这些问题存在的原因，改革开放以来有过很多研究分析，总的讲仍是大锅饭、铁饭碗的体制造成的，在经济体制改革尚不深化、完善的情况下，财政包干、企业承包又从某些方面加深了这些矛盾，形成包干利益与调整需要的对立，这些问题都必须抓紧解决。

三、抓住时机，深化改革

这次经济调整过程表明，在形成计划经济与市场调节相结合的体制过程中，我们对贯彻计划经济，实施总量调控方面是有办法的，而在产业结构调整提高经济素质方面则还有许多问题需要探索，我们要抓住当前得来不易的大好时机，一面巩固已有的成果，一面加快改革步伐，针对大锅饭、铁饭碗，企业承包，财政包于这些难点问题着手解决。

1. 继续搞好宏观调控，巩固调整经济的成果，当前要稳住“双紧”的力度，不要继续放松银根和社会集团购买力，要继续对固定资产投资规模加以控制，完善对消费基金的控制办法，以保持一个有利于经济适度发展和经营素质提高的宏观环境。

2. 强化产业政策管理。产业政策管理是计划经济与市场调节相结合的纽带，是使企业活动符合国家需要的重要方式。要抓紧修定《国务院关于当前产业政策要点的决定》以适应“八五”需要。制定重点产业政策和地区产业政策以引导企业活动。尽快研究制定对产业实行分类管理的办法，把该管的认真管起来，该放的真正放开。

3. 完善企业承包责任制，进一步打破大锅饭，继续深化所有权与经营权分开的制度，对委任和招聘的经营者赋予更大的自主权。规定经营者在承接任务后，要对企业经营（建设）的可行性进行确认，如认为不可行，可以提出退任，如认为可行而接受任务，就要全权负责不得推诿。企业的上级主管部门要尊重和维护企业在法律范围内的充分自主权，包括兼并、联合，在经营不善时申请破产保护等，而不得横加干预。

4. 加速改财政承包为分税制。

5. 尽快出台社会保障制度。

总之，我们要抓紧时机，形成一个好的得到发展，差的得到改造以至淘汰，淘汰后又有社会保障和出路的机制，达到既不是好坏一个样，又能共同富裕的理想境地。

（撰稿人：周才裕）

搞活大中型企业

国家计委企业管理司

《中共中央关于经济体制改革的决定》指出，增强企业的活力，特别是增强全民所有制的大中型企业的活力，是整个经济体制改革的中心环节。几年来，按照这一方针，不断深化改革，企业开始有了一定的活力。在不断实践、总结、实践的基础上，于1988年4月13日全国人大七届一次会议通过了《中华人民共和国全民所有制工业企业法》，从而把搞活企业的必要条件，企业的领导体制，企业的责任、权利和义务等纳入了法制的轨道。但是，改革毕竟还在不断发展，新旧体制的转换需要一个长期的过程，各种改革措施还不配套，发展很不平衡，特别是经济环境的变化，这就增加了《企业法》贯彻的难度，使搞活企业的措施难以落实，全民所有制大中型企业中蕴藏着的巨大潜力没有发挥出来。这是国民经济发展中的一个主要矛盾。

党的十三届七中全会指出，“继续增强企业特别是国营大中型企业的活力，对我国经济发展和社会主义制度的巩固，具有特别重要的意义。”这里，中央是把搞活国营大中型企业，作为巩固社会主义制度的重要方面提出来的。这就需要我们各部门、各地区以及所有企业，特别是全民所有制大中型企业，加深对中央精神的理解，统一认识，统一思想，按照七中全会的部署，落实各项措施，深化改革，为增强大中型企业的活力作出不懈的努力。

一、全民所有制大中型企业的重要地位

全民所有制大中型工业企业，在国民经济中占有举足轻重的地位，是社会主义经济的主体，是实现到本世纪末国民生产总值翻两番宏伟目标的主要力量。

据1989年统计，我国现有全民大中型工业企业10707户，占全民工业企业总数的14.6%。但其拥有的固定资产近8000亿元，占78.5%；职工人数占61.3%；工业总产值占72.3%；实现的税金和利润占79.39%，上交税利占81.3%。从这些数字不仅看出大中型企业的重要地位，而且也充分说明，大中型工业企业是国家财政收入的主要承担者，只有搞活大中型企业，财政收入的不断增长才有坚实的基础。

应当指出的是，在某些方面，对全民所有制大中型企业的重要地位，对搞活大中型企业的重要性的认识是不够的。没有真正把增强大中型企业的活力作为经济体制改革的中心环节；没有很好地围绕这个中心环节，去改革那些不适应搞活企业要求的作法，给企业制造一个比较宽松、相对稳定的外部环境。改革已经经过了十多年的历程，《企业法》颁布实施已近三个年头，但是，中央和国家有关法规，特别是《企业法》规定给企业特别是大中型企业的经营管理自主权还很不落实，甚至很难落实。也就是说，大中型企业肩负的责任与其

应当享有的经营自主权比较尚有很大差距；大中型企业目前的活力状况与其具有的重要地位很不相称。或者说，目前大中型企业的经营自主权和活力，与其所处的重要地位很不适应。因而，在一定程度上制约着大中型企业活力的充分发挥。这是需要认真解决的重要课题。

二、大中型企业活力的现状

什么是企业的活力?目前各方面的看法不尽相同，但有两点基本上是一致的：一是企业是否享有充分的经营自主权。对于全民大中型企业来讲，就是在国家统一计划和宏观指导下的经营自主权。二是企业是否有发展后劲。即有不断进行自我积累、自我改造的能力。这两个方面是相辅相成的。

从这两个方面来衡量，我们的大中型企业普遍缺乏应有的活力。真正具有活力的企业是少数。目前全国已经确认的133个国家一级企业和4000多个国家二级企业就是其中的代表。拿国家一级企业来讲，它们的主要产品质量全部达到国际七十年代末、八十年代初的先进水平，其中有1/4的产品达到国际当代先进水平。这批企业的资金利税率平均为56. 6%，是全国大中型工业企业平均水平的2. 9倍。4000个国家二级企业，产品质量、物质消耗和经济效益都是国内各行业的先进水平。这批国家级企业，绝大多数经受住了近两年外部环境变化的严峻考验。其中一些企业的产品在国际市场上也有较强的竞争力。

经济活动是非常复杂的，企业的情况是千差万别的。目前还没有一个科学评价企业活力的标准。因此很难准确地估计到底有多少企业是搞活了，走上了良性循环的轨道。目前已有的国家一级企业、国家二级企业4200多个，以及基本上达到国家一级、二级企业水平的企业可以说是具有活力的，但这只是少数。

从《企业法》赋予企业的13条权利来看，目前比较落实的有5条；在部分 企业、部分能够落实的有5条；最不落实的有3条，即企业对原材料供应没有保证的指令性计划指标，有要求调整之权，固定资产的处置权，择优录用和辞退职工之权。经营自主权不落实，又同外部环境的制约和内部管理不善相关联。这是大中型企业不活的根本原因。

指令性计划任务太重。国营大中型企业是指令性计划的承担者。作为全民所有制企业，这是义不容辞的责任。问题在于指令性计划比例太高，无异于统收统支。如鞍钢、武钢的指令性计划比例高达98%，其他如石化、机械、纺织等行业都有一批企业承担着的指令性计划任务占总任务量的90%以上。而另一方面，完成指令性计划所必需的能源和原材料约有一半得不到相应的保证。产品自销权只有2%。这样企业怎么能适应有计划的商品经济、计划经济与市场调节相结合的运行机制。首钢、鞍钢、武钢都是管理十分出色的企业，首钢之所以活，鞍钢、武钢之所以不活，关键原因之一，就是首钢在计划内有15%的自销权，体现了计划经济与市场调节相结合，而鞍钢、武钢等企业市场调节的余地就很小，因而缺乏应有的灵活性，在价格双轨制的情况下影响很大一块利润。

价格严重扭曲。煤炭、石油全行业亏损，主要是价格的原因。一方面开采难度不断加大，成本上升，销价低于成本；另一方面产品价格极不合理。据统计部门资料分析，煤炭工业亏损由1988年的17. 7亿元扩大到1990年的73. 8亿元；石油天然气开采业由1988年盈利11. 2亿元变成1990年亏损47. 4亿元。仅这两个行业的亏损就影响利润121. 2亿元，相当1990年全民独立核算工业企业实现税利的8. 1%。此外，哈尔滨电机、锅炉、汽轮机三大动力厂和大连机车车辆厂等一批先进的企业，也由于价格的“双重”影响(即原材料价格大幅度上升，产出品价格限死，甚至压价)，也陷入了严重的困境。

税、利、费负担太重。以全国预算内国营工业企业为例，从1988年至1990年，销售收入逐年增加，上交的各种税、费不断增加，而成本不断上升，利润不断下降，企业留利不断下降。利润严重转移和流失，是导致企业缺乏资金，后劲不足的一个重要原因。销售、税金、利润、企业净留利的关系变化如表1。

表1：

(单位：亿元)

年	销售收入	流转税金	实现利润	企业留利(净)	留利占销售收入%	留利占税利%	留利占利润%
1988	8096	814. 7	777. 7	285. 8	3. 5	17. 9	36. 7
1989	9150	970. 5	658. 6	237. 4	2. 6	14. 6	36. 0
1990	9445	1024. 7	246. 0	117. 6	1. 24	. 9. 25	47. 8

注：①1990年数据为快报数；②企业净留利占税利的比重，如按调整后的税利总额计算，则三年分别为18. 8%，15. 4%，10%左右。

从表1可以看出，企业的税、利、费负担是很重的。1990年企业的全部留利只占销售收入1.24%，占税利总额的10%左右。这样低的留利水平，绝大多数企业是难以有活力和发展后劲的。

这十年，企业税金和利润的比例关系发生了很大变化。随着税种的不断增加和税率的调高，大部分利润转变为税金。所以，单纯从利润一个指标来看企业的效益，带有很大的片面性。十年来税金和利润的比例关系变化如表2。

表2：

（单位：%）

年	流转税金：实现利润	流转税金：利润总额
1979	—　—	36.6：63.4
1988	51.2：48.8	53.7：46.3
1989	59.6：40.4	62.9：37.1
1990	80.6：19.4	—　—

注：①1990年为快报数；②实现利润与利润总额之间有个调整数，一般实现利润大于利润总额，例如1988年实现利润为777.7亿元，利润总额为702亿元，1989年实现利润为658.56亿元，利润总额为573.1亿元。

从表2可以看出，十年间税金和利润的比例关系从四六开（税小利大）逐渐变成了倒二八（税大利小）。这说明，企业的纯收入（销售收入一成本，即实现的税利总额）是逐年增长，效益是增长的。只是由于利润大量转移为税金，使税利关系发生变化，利润所占的比重大幅度下降，导致利润下降，企业留利也随之下降。

利息负担太重。随着企业利润的转移，实现利润下降，企业留利也大幅度下降，企业自我发展、自我改造的能力进一步削弱。1990年，国营预算内工业企业的留利比1989年降低了40%，实际留利仅占实现税利的9.25%，已经退到1982年以前的水平。另外折旧率低。还要上交能源交通建设基金和预算调节基金，再加上固定资产折旧是按原值提取，以现价更新，当中有一个很大的价差，折旧显得更低。1989年，全民大中型工业企业实际提取折旧基金340亿元，上交"两金"85亿元，还剩下255亿元，相当折旧率只有3%，再七折八扣，实际能派上用场的还要少。按照销售收入提取的技术开发费只有0.5%。此外，企业的定额流动资金多年没有核定、及时补充。1989年大中型工业企业的流动资金占全部资金的29.8%，其中自有流动资金更少，（国营预算内工业企业为21.13%）。企业的留利少、折旧率少、开发费少、自有流动资金少，使企业只有依赖银行贷款举债经营，背上沉重的包袱。1989年，预算内国营工业企业欠贷款已达4450亿元（其中流动资金贷款2313亿元，技改专项贷款2137亿元），按1990年实现利润的水平，把全部利润用于还贷，也要18年才能还清。由于利率的提高，企业的利润向银行利息转移。1989年银行利率高达11.34%，1990年两次下调，平均利率仍高达10.09%，比1988年的8.28%还高1.81个百分点，据测算，全民独立核算工业企业就要多支付利息79亿元，相当于1990年实现利润的21%。

企业的社会负担沉重。企业办社会的问题越来越严重，各种摊派有增无减。据统计，全民企业离退休职工有1168万人，相当于在职职工的六分之一，平均6名职工负担一名离退休职工，老企业更为严重。据辽宁省对519户大中型工业企业统计，1989年支付的退休统筹金、技校和子弟学校的经费达5.5亿元，相当于当年实现利润的一半。东北制药总厂1990年被"三乱"摊派走的费用多达200万元，占当年实现利润的18%。

以上这"五重"（远不只这五重），严重地制约着大中型工业企业的活力。相比之下，乡镇企业和"三资"企业的活力要大得多。其原因一是有较为充分的经营自主权；二是税负轻；三是社会负担少。1989年，全民大中型企业百元产值实现的税利为27.2元，上交的税利为22.7元，而乡镇企业和"三资"企业百元产值实现的税利分别为9.9元和12.8元，上交的税利分别为6.2元和8.4元。折旧率，大中型企业只有4.26%，而乡镇企业和"三资"企业分别为6.8%和6.4%。很明显，我国大中型企业作出了巨大的贡献。

三、继续深化改革，增强大中型企业的活力

当前全民所有制大中型企业缺乏活力、后劲不足，说到底是改革不配套，经营自主权不落实，企业的领导体制和经营机制都有待进一步完善。针对当前大中型企业存在的问题，党的十三届七中全会提出了一系列重要措施。为了落实这些措施，国务院采取了搞活大中型企业的11条具体政策，即：增加企业技术改造的投

入；适当减少指令性计划比重，扩大企业产品自销权；完善折旧制度，适当增加企业折旧基金，新增加的折旧部分免征“两金”；适当增加新产品开发基金，在按规定提足销售收入1%的基础上，有消化能力的企业还可适当增提一些；补充企业自有流动资金；适当降低贷款利率；扩大企业外贸自主权，让一批有条件的大中型企业到国际市场竞争；进一步做好“双保”工作；进一步清理“三角债”；组建100个大型企业集团，实行国家计划单列；切实减轻企业负担。

搞活大中型企业要“三管”齐下。一要深化企业改革。最重要的是认真贯彻落实《企业法》。有关主管部门，要按照《企业法》的规定，自觉主动地改革那些过了时的、不利于搞活企业的规定，按照“两权分离”的原则，继续简政放权，为企业创造良好的外部环境，而不是从本部门狭隘利益出发，截留企业的权利，干涉企业的自主经营，增加企业的各种负担。从企业本身来讲，也要认真贯彻《企业法》，自觉地依法经营，依法保护企业的权益，积极主动地按照《企业法》的规定，深化企业的内部配套改革，建立起完善的企业经营机制，完善内部经济责任制，调动广大职工的积极性，提高效率和效益。

二要加快技术进步。大中型企业不活的一个重要原因是设备陈旧，技术进步不快，产品质量差，档次低，物质消耗高。据1989年统计，全民大中型工业企业虽然经过几年来的技术改造，但固定资产净值只占原值的68%。另据对134个大中型企业抽样调查，设备的役龄平均为15年，超过15年以上的占45.2%。设备技术水平能够达到国际七十年代末、八十年代初水平的仅占12.9%，属于国内先进水平的，只占21.8%。这是产品质量差、品种少、档次低、物质消耗高，竞争能力差的重要原因。据调查，大中型企业出口的产品具有竞争能力的只有25%左右。这种情况与大中型企业的地位和肩负的重任，是很不适应的，是急待改变的。但当前国家财政有困难，企业资金紧张。在这两难的情况下，企业要千方百计挖掘内部潜力，尽可能多挤出一点资金搞技术改造和新产品开发。否则企业就没有后劲，就没有出路。

三要强化内部管理，全面提高企业素质。

（一）要转变传统观念，树立新的经营管理思想。

要有市场竞争意识和强烈的效益观念。在新的经济运行机制下，经营管理领域应大大拓宽，包括从市场预测、产品开发、生产制造到售后服务的全过程。尤其是长期受统收统支、统供统销桎梏的大中型企业，更应该重视开拓市场，特别是开拓国际市场。以自己的经营实践，为建立计划经济与市场调节相结合的经济运行机制作出贡献。

（二）要提高全体劳动者的素质，造就一支社会主义企业家队伍和“四有”（有理想、有文化、有道德、有纪律）的职工队伍，这是企业不断发展，具有旺盛的生命力的根本所在。

大中型企业都要建立自己的培训基地和科研开发中心，大力开展不同层次的、多种多样的思想政治、技术业务和岗位培训，提高全体职工的政治素质、业务素质、管理能力和操作技能。

（三）提高管理素质，走投入少、产出多的以内涵为主的发展道路。

管理也是生产力。各种生产要素只有通过管理进行科学、有效地计划、组织、协调、控制、监督，才能变为现实的生产力。先进的科技成果只有同与之相适应的管理相配合，才能释放出巨大的能量。现代管理的基本要求就是严字当头、一丝不苟。增强管理意识，就是要在提高管理的有效性，增强管理功能和提高管理效率上下功夫。要抓住现场管理这个重要环节，推动企业管理整体素质的提高。要用科学的管理制度、工艺、流程、标准、方法对生产现场进行组织与管理，使生产现场达到环境整洁、纪律严明、设备完好、物流有序、信息准确、生产均衡的基本要求，使人源、物源、信息源合理高效运转，实现生产现场管理的科学化、规范化、程序化。要以企业整体优化为目标，推进企业管理现代化。大中型企业都要在技术进步的同时，努力推进管理现代化，使二者同步发展。要发挥行业部门对企业管理工作的指导作用，要继续充分发挥企业升级激励机制的作用，全面提高企业的素质。“七五”的实践证明，企业升级的基本内涵是激励企业瞄准国内、国际同行业企业的先进水平，努力赶超，是大规模的目标管理。关键是标准要高，考核要严，不搞“终身制”。“八五”期间，要进一步提高标准，完善考核办法，促进企业向更高的水平攀登。

（撰稿人：张用刚）

承包制与两期承包的衔接

国家计委企业管理司

一、“七五”承包简要回顾

企业承包经营责任制，是“七五”期间我国普遍实行的企业经营方式。全国独立核算工业企业的80%以上、预算内国营工业企业的90%以上，大中型企业的95%，都实行了承包经营。

“七五”期间的企业承包，是在改革的高潮中发展起来的。1984年，中共中央在十二届三中全会上，作出了关于经济体制改革的决定，明确提出要“建立以承包为主的多种形式的经济责任制。”此后，各地纷纷进行了多种企业经营机制的探索，承包经营责任制、资产经营责任制、企业经营责任制以及租赁制和股份制在各类不同的企业中进行了试点。同时，在企业与国家的分配形式上，也进行了企业基金制、利润留成制、利润包干制和第一、第二步利改税。推行第二步利改税后，企业普遍缺乏动力和发展后劲，经济效益连续22个月出现滑坡，使国家财政收入受到极大影响。在这种情况下，国务院根据各地和企业实行承包制后明显地增强了活力、保证了财政上缴的成功经验，于1987年3月，提出了“要把经济体制改革的重点放在完善企业经营机制上，认真实行多种形式的承包经营责任制。”。1987年7月，承包经营责任制在全国推广开来。经过实践的比较和检验，承包制得到企业界和广大职工的普遍欢迎。据统计，全面推行承包制前的8年（1979年～1986年），全民预算内工业企业实现利润年增长2.73%，实现税金年增长11.1%。而推行承包制当年，就扭转了生产下降、效益滑坡的被动局面，增加财政收入60多亿元；第二年（1987～1988年），全民预算内工业企业实现利润年增长11.3%，税金年增长17.2%。1988年国家统计局公报：全民所有制大中型企业由于承包，实现利税增长20.8%。全国推行承包制20个月增创利税300多亿元，相当于承包前5年（1982年～1986年）企业增创利税的总和；承包后两年，企业实现利润比承包前8年的总和还多26亿元。1989年～1990年，由于企业的外部环境发生了很大变化，减利因素增加，企业利润的很大一部分转移为税、费、基金、利息；治理整顿的“双紧”政策造成企业普遍资金短缺，生产经营条件艰难，出现了产品积压、效益下降、部分企业亏损的状况。尽管如此，承包制仍首先保证了财政收入的稳定增长。据统计，预算内国营工业企业，1989年～1990年，上交国家利税（含“两金”）占企业实现利税的比例分别为76.78%和89.47%。承包后四年（1987年～1990年）同承包前四年（1983年～1986年）相比，累计实现利税由4335.9亿元，增加到5542.5亿元，净增1206.6亿元，增长27.8%；上交利税（含能、交基金）由3410.5亿元，增加到4307.9亿元，净增897.4亿元，增长26.3%。

承包制在保证了财政收入稳定增长的同时，企业发展后劲也逐渐增强。承包后四年与承包前四年相比，国营预算内工业企业净留利累计由717.7亿元，增加到916.1亿元，增长27.6%；归还基建和专项贷款及贷款余额，承包前四年为1288.7亿元，承包后四年增加到4207.6亿元，增长了2.26倍；1990年固定资产原值达到9793.3亿元，比承包前1986年5871.7亿元净增长了3921.6亿元，净增了66.8%平均每年递增由9.6%提高到13.6%；固定资产净值达到6709.6亿元，比承包前1986年的3925.2亿元净增了2784.4亿元，增长了70.9%。这些数字从某种程度上说明，承包制使企业逐步走上了不完全依赖国家投资而进行自我积累、自我改造的道路，并积聚了一定的自我发展后劲。

从完成承包合同的情况看，1987年和1988年完成承包合同率分别为90%和90.6%，即使是1989年～1990年企业外部环境发生很大变化，完成承包合同仍达到82%和70%；四年累计完成率在80%左右。

更为重要的是，通过“七五”承包，促进了企业经营机制的转变。承包制首先是明确界定了国家与企业的责权利关系，并以此为契机逐渐建立起企业的动力运行机制，自我积累、自我改造、自我发展机制，竞争、风险和自我约束机制，使企业向着“四自”（自主经营、自负盈亏、自我积累、自我发展）的目标前进了一大步。

一是承包制促进了经营权同所有权的适当分离和政企职责的分开，使企业在一定程度上摆脱了行政附属物的地位，有了一定的经营自主权，初步成为相对独立的社会主义商品生产者和经营者。

二是承包制与厂长负责制紧密结合，企业的自主权得到初步落实，并与内部经济责任制相联系，形成了

“三制一体”，把承包目标与任期目标一致起来，并层层分解，构造了责权利结合的经营管理体系。

三是承包制推动了企业内部的组织、人事、劳动、分配等配套改革，冲击了旧的劳动、分配和人事制度上的“铁饭碗、铁工资、铁交椅”的弊端，利益、风险和竞争机制开始注入了企业管理，使企业产生了生机和活力。

四是承包制促进了产品结构和企业组织结构的调整，承包的责任和风险，促使企业在开发适销对路的产品种上下功夫；企业承包企业、企业兼并企业和企业集团的形成也因承包制的利益机制驱动，逐渐向企业组织结构优化和生产要素配置合理化的方向发展。

五是承包制带动和促进了金融、物资、外贸等其他方面体制的改革，促进了政府主管部门的职能转变。

六是通过“七五”承包，还锻炼了一支经营者队伍，培养、造就出一大批经营管理人才和优秀企业家，也锻炼了职工队伍。正是由于广大职工和经营者的共同努力，才使承包制经受住了考验，对经济的稳定和发展发挥出积极的作用。

总之，“七五”期间，承包制的功效是显著的。主要原因有以下几点：

一是承包制的责权利关系比较明确，坚持了“包死一头，放活一头”的原则，既给压力又给动力，鼓励企业超收多留，调动了企业和职工的积极性，激励机制的作用发挥得比较好。

二是承包制较好地兼顾了国家、企业和职工三者利益，在当时特定的条件下，通过“放水养鱼”，保证了国家财政收入的稳定增长，为承包制大面积推广提供了现实可行性。

三是承包制的适应性强，符合现阶段经济发展不平衡、企业情况千差万别以及相应管理水平较低的国情，也符合我国计划经济与市场调节相结合体制的客观要求。

四是承包制在实践中及时得到党中央、国务院的充分肯定，写进了十三大报告和《企业法》中，奠定了政策和法律基础。

可见，承包制是中国企业发展史上一件大事，是改革的产物，也是现实和历史的选择。

诚然，同所有事物一样，“七五”期间，承包制还存在很多问题。一是承包基数的确定上仍然存在“死基数”与大环境变化的矛盾，在发包的内容上存在着合理性与随意性的矛盾。二是存在着两个方面的“以包代管”现象，即企业主管部门放松了必要的监督和服务，以及在部分小企业中由于经营者素质不高，出现的“以包代管”问题。三是企业的留利被逐渐转移，发展后劲受到影响。四是有相当一部分企业由于种种原因存在着潜亏或挂帐。五是受大的经济环境的影响和制约，承包机制的作用被部分地削弱了，等等。但有一点是得到企业界和经济主管部门公认的，即如果没有承包制，企业的处境会更困难，国家财政收入也难以保证。

二、两期承包衔接情况

“七五”末期，全国有90%以上的承包企业陆续到期。到期后怎么办？是继续坚持承包、还是改弦易辙，实行“税利分流”，或是实行其他办法？从1989年下半年开始，社会有关各界展开了争论。许多地方、部门和广大企业，根据实行承包后的实际情况，针对承包中出现的一些问题，进行了调查分析，权衡利弊，得出了这样的结论：要稳定经济，必须保持政策的连续性和稳定性。政策稳定，人心才能稳定；承包制稳定了，企业才能稳定。承包中的问题，是工作和发展中的问题，只有坚持承包，才能完善承包。1989年11月9日，中央作出了《关于进一步治理整顿和深化改革的决定》，明确重申“企业承包经营责任制有利于调动企业和职工发展生产的积极性，应当继续坚持。”同时，又强调“要认真总结实践经验，兴利除弊，不断加以完善。”为了贯彻中央精神，1990年1月初，国家体改委在北京召开了全国经济体制改革工作会议。会议就承包制在调动企业和职工积极性，保证国家财政收入，克服经济困难，在激烈波动的外部环境下，稳定了企业和职工队伍等方面的作用给予了充分肯定，提出了继续坚持和完善承包制的意见。同时指出，要注意搞好承包前后两期的衔接工作。1990年5月23日，国务院批转国家体改委《关于在治理整顿中深化企业改革、强化企业管理的意见》，这些意见和措施，统一了各方面的认识，坚定了信心，稳定了企业，对经济的稳定起到了重要作用。

为了切实抓好两个承包期的衔接工作，国务院生产委员会和国务院企业管理指导委员会于1990年6月和7月，先后在湖北荆州和青海西宁市分别召开了南、北两片的企业两期承包衔接工作座谈会。总结了“七五”承包的经验，并针对存在的问题及治理整顿中出现的新情况，提出了做好两期承包衔接工作的具体意见。同年8月，国务院生产委员会在北京召开的全国生产工作会议上，具体部署了新一期承包工作，随后又印发了《关于认真做好工业企业新一期承包工作的几点意见》，推动了全国两期承包衔接工作的全面展开。

由于新一期企业承包工作是在治理整顿的关键时刻进行的，企业的外部环境变化很大，市场疲软，产品积压，资金紧张，“三角债”增加，企业负担加重，相当一部分企业的厂长不敢包、不愿包，造成两期承包衔接工作进展缓慢，工作难度加大。1990年12月中旬，国务院生产委员会和国务院企业管理指导委员会在昆明召开了全国企业两期承包衔接及内部经济责任制座谈会。会议总结交流了各地两期承包衔接和企业内部经济责任制的情况和经验，提出了要统一认识，加强领导，把搞好新一期承包的重点放到搞活大中型企业上，使新一期承包健康、顺利地发展。据统计，到1990年12月底，全国预算内工业企业已有80%签订了新一期承包合同；到1991年3月底，有90%承包到期的企业签订了新一期承包合同。到1991年上半年，全国两期承包衔接工作基本结束。

各地在两期承包衔接工作中有以下主要作法。

一是统一认识，坚定信心。新一期企业承包工作，是在治理整顿期间企业生产经营外部环境偏紧的情况下进行的，实施操作难度大，再加上承包到期的企业比较集中，任务十分繁重。为了做好这项工作，重新鼓起企业战胜困难的信心，各地通过电台、电视台和报纸举办专栏，广泛宣传。用实践是检验真理的标准和十三大确定的生产力标准评价承包制，统一了各方面对承包制的认识，坚定了搞好新一期承包工作的信心。

二是加强领导，同心协力。在1990年初，全国体改工作会议之后，各地就开始了两期承包的衔接工作。省市主要领导亲自带队，组织调查组，进行了大量摸底、测算工作。各地普遍成立了承包工作领导小组，设置了各综合部门参加的办事机构。北京、广东、云南、河南、安徽、山东等15个省市还制订了专门的例会制度或调度会议制度，及时掌握和研究承包工作的进展情况。各部门相互配合、各负其责，采取讲求质量，先易后难、先重点后一般，分期、分批地落实新一期承包方案，使新一期承包工作更加细致扎实，有条不紊地顺利进行。

三是加强审计，严格兑现。为了抓紧抓好两期承包衔接工作，各地抓住审计、兑现、测算三个环节，做到先审计后兑现，先测算后承包。山东省对所有企业进行了期终审计，并对75%以上的企业进行了清产核资。各地在合同兑现上，严格把关。对因管理不善完不成承包任务的，采取欠收自补的办法；对弄虚作假、虚盈实亏的，如数返回承包期内经营者已享受的全部奖励；对确认有潜在亏损的，将潜亏额纳入新一期承包合同，与其他指标一并考核；对确因外部条件变化严重影响承包任务完成的，可按照《承包条例》的规定，经过协商，酌情调整。

四是稳定经营者队伍。各地在两期承包衔接工作中，把坚持厂长负责制、稳定经营者队伍当作稳定承包制的中心工作，坚持了“多数稳定、个别调整”的原则，深入细致地做好厂长的思想工作，保护了厂长们的积极性和创造性，使厂长们坚定了依法行使职权、专心致志搞好生产的信心。同时，还采取了以民主测评与组织考核相结合的优选经营者方式。新一期承包以原厂长为主的领导班子继续承包的比例占80%左右，从组织上保证了承包工作的连续性。

五是把推行新一期承包同调整产品结构和企业组织结构结合起来。对一些长期亏损、产品质量差、物质消耗高、管理水平低的企业，采取企业承包企业、企业集团承包企业和企业兼并企业的办法，促进了企业组织结构的优化。一些省市还采取了以全行业企业集团为主体的整体承包，促进了企业集团的发展。

六是针对问题，注重完善。在承包期数的确定上，加强了纵向和横向比较，考虑到企业外部环境变化较大，企业自我发展能力减弱的情况，本着“大稳定、小调整”和“整体上要有提高”的原则，体现“放水养鱼”的指导思想，各地采取了许多新方法。突出的有内蒙古的“动态跟踪测定法”，云南的“椭圆曲线分析法”，山东、广东、辽宁等省的“基数分档、企业自选确定法”，吉林的“差额利润法”，黑龙江的“因素修正法”等等。如山东省淄博市采取“基数分档分级，企业自选进档”方法，鼓励企业主动攀高峰，仅用40天市属工交企业就全部签订了新一期承包合同。在承包基数的总水平上，一般都比上期提高10%以上。在承包指标上，国家计委与国务院生产委联合下发了计科技〔1990〕1258号文件，确定新一期承包合同，必须有企业技术进步的考核指标，在承包合同纠纷的处理上，国务院还适时修改了《承包条例》第二十一条，细化了处理办法和程序。在完善新一期承包办法的同时，政府有关部门、理论界和企业界对承包制的理论进行了多次深入的探讨，丰富了承包制的理论体系。

回顾两期承包，新一期承包与前一期承包相比，有以下主要特点：

一是新一期承包是在经济环境恶化、企业经营十分艰难与急于搞活大中型企业这两方面因素相互交织的情况下开始的。有关各部门通过调查研究，比较分析，交换意见和反复测算，提前做了大量的准备工作，统一认识，共同制定政策，避免政出多门，坚定了搞好新一期承包的信心。

二是严格按照《承包条例》和其它有关的规定，规范新一期承包，使承包制进一步完善起来。在承包内容上，由过去偏重利润承包转向资产、经营的全面承包，健全了企业资产、发展后劲、经济效益和经营管理的综合指标考核体系。在承包期限的确定上，因厂制定，鼓励长包，一般都不少于三年，以便同“八五”和企业技术改造同期相衔接。在承包基数上，既保国家财政收入，又保证企业资产增值、有发展后劲，各地在实践中创造出许多新办法，重点放在做“大蛋糕”上。在承包合同和承包程序上，进一步明确了承、发包双方的职责和义务，加强了从审计兑现到签定合同的全过程管理。

三是强化了企业约束机制。新一期承包中，各地都制订了完善新一期承包的措施，并在操作实施上严格把关，把指标约束、制度约束、风险约束、法律约束、收入分配约束（重点是经营者收入和企业留利分配方面）以及民主监督约束纳入承包制，丰富了承包制的内容，使承包工作进一步科学化、规范化。

四是注重坚持实事求是的原则，注意正确处理各种关系，主要是保财政收入与保企业发展后劲的关系，厂长负责制与党委监督、保证及“核心”作用的关系，等等。在具体工作上普遍采取“区别情况，分类指导，个别处理，不搞一刀切”。

新一期承包是在治理整顿中进行的，由于企业外部环境变化较大，也遇到一些问题，主要是：一些企业资金紧张、亏损严重，历史挂帐多，一时难以走出困境，造成基数难定，企业难包，两期承包衔接工作进展不平衡；保财政与保“财源”的矛盾比较突出；在一部分企业，内部党政关系尚未理顺；承包的激励机制、竞争机制的作用受到一定程度的制约；承包制的负亏机制仍未发育成型。这些问题都有待于在改革实践中不断探索加以解决。

承包制是改革中的产物，也只有在坚持改革、深化改革中，才能更好地得到完善和发展。

（撰稿人：贾小梁）

股份制试点进展情况

国家体改委生产体制司

一、股份制产生与发展的历史背景

在我国，随着经济体制改革的深入，商品经济蓬勃发展，孕育了一种新的企业组织形式——股份制。

（一）股份制首先在城乡集体经济中萌发

党的十一届三中全会确立了我国改革开放的正确方针，改革的脚步首先在农村迈开。通过实行多种形式的生产责任制，极大地解放了农村的生产力，农民发展商品生产、商品交换的积极性空前高涨。一部分农民从土地中开始解脱出来，兴办各种乡村企业。办企业不同于一家一户搞农业生产，需要集中投入一批资金。他们采用“以资带劳、带股就业”的方式，筹集资金，兴办起了一批合股经营的乡村企业，成为股份制的最早雏型。尤其是在沿海商品经济比较发达的地区，这种股份合作制已经成为农村经济发展的主要支柱。例如，截止1990年，温州市股份合作制企业已达1.5万多家，其产值和税收均占全市的1/3。在苍南、瓯海、瑞安、乐清等沿海地区，股份合作企业的产值，均占地方总产值的50%以上。几年来，城市的一些集体企业也通过发展职工入股等形式改造成了股份合作制，例如，沈阳市已有1326户集体企业走上了股份合作制道路，约占全市集体企业的11%。城乡集体经济中出现的股份合作制拉开了我国企业试行股份制的序幕。

（二）国有企业试行股份制在横向经济联合中兴起

国有企业试行股份制比城乡集体企业要晚一些，是伴随着横向经济联合的发展而兴起的。随着经济体制改革的深入，企业自主权逐步扩大，一些企业在自身发展的基础上，萌动了向外扩展的愿望，这些企业开始冲破地区、部门、行业和所有制的界限，按照经济发展的要求，集合各方面的优势，相继组建了一些横向经济联合体。后来，这些经济联合体进一步发展，由过去单纯的生产协作发展到企业之间的资金、技术、设备等生产要素互相投资入股，形成一种你中有我，我中有你的经济发展态势，从而使企业的组织形式发生了根本性变化，于是，一种股份制企业便应运而生。

二、我国企业试行股份制的基本类型和特点

（一）基本类型

按照资金来源划分，各地股份制企业大致有4种类型：

1.劳动者集资入股兴办的带有合作经济性质的股份制企业。这种股份制企业主要分布在城乡集体经济中，主要是通过以下两种途径组成的：一是一些劳动者通过出资或提供某些生产工具，组成一个新企业；二是原有企业通过“以资带劳，带股就业”为条件招收工人，即凡愿到企业工作的，必须带入一定数量的资金，向企业投股。这种具有合作经济性质的股份制企业并不发行股票，只在募股集资方面具有股份制的某些特征。

2. 企业内部职工持股的股份制企业。目前，国有企业试行股份制绝大部分是在企业内部向职工募股集资。这种股份制通过职工持股把职工个人利益与企业发展联系起来，使职工更加关心企业的生产经营，与企

业共命运，从而增强了企业的凝聚力。

3. 公开向社会发行股票的股份制企业。近年来，一些城市都选择了一、两户工商企业进行公开发行股票的试验。通过公开发行股票，吸收了一部分社会闲散资金，既缓解了企业资金紧张的困难，又使消费资金转变为生产资金，缓解了社会购买力对市场的潜在冲击。

4. 企业之间互相持股的股份制企业。在横向经济联合中，企业以生产要素互相持股，组成企业集团和其他形式的企业联合体。持股形式有 3 种：

(1) 以厂房、设备等固定资产折价入股。这种持股形式使企业的生产要素以价值形态在企业间流动，使效益好的企业占有更多的生产要素，从而使现有资产存量得到合理调整和优化组合，提高了全社会的资源配置效益。

(2)以企业留用资金向其他企业投资。这种持股形式打破了过去那种企业有了资金只在本企业里求发展的狭隘观念，使企业拓宽了投资渠道，同时也使投资体制发生了变革。

(3) 以技术、商标、专利等无形资产投资。这种持股形式多发生于生产优质名牌产品的企业向其他企业转让技术上，根据预期效益由有关方面协商确定无形资产的价值，作为计算投资的依据，既解决了各方面的利益分配问题，又为推广先进技术、先进工艺，使劣势企业获得发展创造了条件。

据不完全统计，到 1990 年，全国股份制企业约有 3800 多家（不包括城乡劳动者集资入股的股份合作企业）。其中，绝大部分是企业内部职工持股的股份制，共 3200 多家，占总数的 85%；企业间相互参股持股的股份制有 500 多家，占总数的 13．5%；公开向社会发行股票的股份制企业约有 60 家，股票发行额近 5 亿元人民币。1990 年年底，上海证券交易所开张营业。全国已有近 20 家企业的股票开始在证券交易所或柜台进行交易，其中，上海市有 7 家，深圳市有 5 家，河南省有 2 家，武汉市有 1 家，烟台市有 3 家，浙江省有 1 家。

（二）发展特点

1. 试行股份制的小企业多，大企业少，集体企业多，全民企业少。目前，我国试行股份制的企业，绝大多数是由原来的集体企业转化而来的，并且大都是一些小厂小店，各地只选择了少数全民所有制的大中型企业进行股份制试点。

2. 试行内部职工持股的股份制的企业多，公开发行股票的企业少。目前，试行股份制的企业绝大多数是通过以下两种途径发展而来的：一是将风险抵押金转换成股份；二是职工个人用现金购买或将企业结余奖励基金转换成股份，从而形成内部职工持股。真正向社会公开发行股票的企业多数是在企业间持股和内部职工持股为主的同时，向社会公开发行一部分股票。

3. 股票发行量不多，公开交易的更少。从全国情况来看，公开发行的股票数量不大，总共只有 5 亿元，有的企业计划发行的股票也没有认购完。同时，公开招股的企业分散于全国各地，某一地区难以形成股票交易的环境。一些城市虽然搞了柜台交易，但基本上是有行无市。

4. 股权结构中，国家股权多，其他股权少。在目前已经进行试点的企业中，国家股所占比例一般都在 70%以上，国家拥有绝对的控股权，其他股权极其有限，个人持股的数量就更有限。比如，上海真空电子器件股份有限公司股金总额 2 亿元，其中国家股 1．4 亿元，占 70%，法人股、个人股等其他股权加在一起才占 30%。据 1990 年统计，上海市 7 家上市公司股金总额为 2．5 亿元，其中个人持有股金为 6632 万元，占 26%；深圳市 5 家上市公司股金总额为 2．7 亿元，其中个人持有股金为 9168 万元，占 34%。

三、股份制试点的初步作用和存在问题

（一）初步作用

从各地实践来看，我国企业股份制试点初步起到了如下作用：

1. 吸收社会闲散资金，用于发展生产，使许多企业缓解了资金困难。这是大多数企业实行股份制的动力，也是这些企业得到的最大实惠。特别是在银根紧缩时期，企业通过集资入股来吸收闲散资金，缓解了资金不足的矛盾，提高了资金使用效率；同时，将人们手持货币一部分转化为生产资金，减缓了对市场的压力。

2. 通过内部职工持股增强了企业凝聚力。职工持有企业的股票，也就拥有了企业的一份产权，成了企业的所有者之一，职工利益和企业的命运联系得更加紧密，促使职工进一步关心企业的生产经营活动。一些企业实行了职工持股以后，职工积极提出改进企业经营管理方面的建议，加强了对经营者的监督，促进企业提高了经营管理水平。

3. 开始突破“三不变”的格局，促进了横向经济联合和企业集团的发展。企业之间横向经济联合的发展，催发了股份制的产生，而股份制的发展又使企业之间的横向经济联合逐步趋于完善。比如，深圳赛格集团通过集团和成员企业之间交叉投资，互相参股、控股，共同发展，逐步形成以资金为纽带的跨地区、跨行业的全国性企业集团，集团内互相参股、控股的企业已发展到 68 家，资产额 10 多亿元，占集团全部资产额的 50%以上。

4. 初步触动了传统的所有制结构，使产权关系逐

步明朗化。股份制是在不同所有制企业互相持股的同时,吸收个人入股发展起来的,它突破了传统单一所有制,是一种混合所有制形式。这种所有制结构的变化,要求产权关系明朗化,在一个企业内部形成多元化的利益主体,加强了互相制约、互相监督的机制,也促使国有资产代表者进一步关心国有资产的完整和增值,有利于改变国有资产无人负责的状况。

(二)存在问题

我国企业试行股份制刚刚起步,由于缺乏经验,国家尚无统一规定,因此,在试点过程中出现了一些问题,主要有:

1. 大部分股票是债券性质。有相当数量企业的股票预定了还本期限或规定退股自由。有的地区甚至所有实行股份制的企业都规定可以退股还本。此外,股票既保息,又分红,股息进成本,混淆了股票和债券、股权和债权、股票收入和利息收入的界限。这种债券性质的股票没有什么风险,失去了股票的作用。

2. 税收政策不尽合理,股份制企业税负过重。除经济特区外,各地股份制试点企业一般实行35%的所得税。据悉,1990年全国实行承包的企业平均上交国家的利润占实现利润的比例仅为25%左右。因此,股份制企业上交国家的利润明显高于企业承包上交所占的比例,加上股份制企业实行税后还贷,而且还要从税后利润中拿出一块给股东分红,其负担明显高于实行承包的企业。河南省对6家由国营企业改造成的股份制企业的分析,6家企业按股份制企业的利润分配办法执行后,其上交税利的比例要多于实行股份制改造以前的上交比例。上海飞乐股份有限公司算了一笔帐,实行股份制后,仅所得税就交35%,还实行税后还贷,还贷额均计收能源交通基金和预算调节基金,加上征收个人红利调节税,上交国家的部分已超过试行股份制以前。再加上国有股红利上交就更多了。而与其相近的电子元件行业的承包企业,上交利润只占实现利润的20%。又如,上海延中实业股份有限公司是由集体投资和社会个人集资兴办的企业,所得税按55%交纳,同时还需要10%的预算调节基金和7.5%的能交基金,还要弥补福利费赤字,还要承担15%以上的股息红利。这样资金利润率就须达50%,企业压力很大,困难重重。

3. 缺乏配套政策和法律保护,与现行体制冲突较多。尽管政府有关部门制定了一些股份制试点办法或有关条例,但都是草案,未正式批准实行,致使股份制企业缺乏一套完整的管理办法,运行过程中与现行体制碰撞较多,又找不到合理解决的法律依据,对试点工作产生很大影响。这类问题大致有以下几个:

(1)财务管理制度问题。试点企业反映,原有的国营、集体企业财务管理制度不适用于股份制企业,不能如实反映股份制企业的财务关系和经营特点。由于国家没有明确股份制企业的财务管理制度,一些地方只得按国营企业的财务管理制度和联合企业"先分后税"的利润分配办法要求试点企业,使试点企业感到很不适应。

(2)劳动工资管理制度问题。我国现行的劳动工资管理制度是按照企业的隶属关系及"级别"而定的,凡不属于政府直接管理的企业,政府一概不管。一些新建试点企业由于天生无"娘",不仅没有级别,连干部、职工的劳动工资问题也一直得不到解决,极大地影响了这些企业干部职工的积极性。

(3)党团工群建设问题。我国现行的企业党团工群系统是按照企业的隶属关系,分属条条或块块管理的。有些股份制企业由于与政府部门没有直接隶属关系,即不属条条,也不属块块,使得一些新建试点企业的党团工群建设问题长期处于无人管理状态。

(4)工商注册登记问题。我国企业注册登记时须注明经济性质,按全民、集体、私营、个体等划分,没有"股份制"一说。因此,股份制企业注册登记时遇到很多说不清的问题,困难重重。

4. 股份制性质问题有争论,试点企业疑虑重重。1989年春夏之交,在首都北京出现的政治风波,给股份制试点带来很大影响。在坚持四项基本原则,反对资产阶级自由化过程中,有的人将股份制与私有制等同起来,认为股份制将通向私有制,违背社会主义方向,从而使股份制姓"社"姓"资"的争论又起来了。加上在资产阶级自由化泛滥之时,确有少数人打着股份制的旗号企图推行私有制,从而使问题变得愈加复杂。社会上对股份制企业议论纷纷,股份制试点企业感到心里没有底,深怕被扣上搞资本主义的帽子,一时间疑虑重重。有些试点企业感到搞股份制试点在政治上担风险,在经济上挑重担,划不来。

四、股份制试点的发展前景

1990年12月30日党的十三届七中全会通过的《中共中央关于制定国民经济和社会发展十年规划和"八五"计划的建议》明确指出,要继续进行股份制试点。据此,国家体改委在研究制定1991年经济体制改革要点时提出,继续稳步进行以公有制为主体的股份制试点,对不同类型的股份制区别对待。一是积极推行法人持股的股份制,对多方出资的新建企业一开始就要办成有限责任公司;对现有的合资、联合企业,也应按有限责任公司的基本规则加以规范。二是企业内部职工持股的股份制,主要是完善已有的试点,按股份制的规则加以规范。三是向社会发行股票并上市的股份制,首先集中力量办好上海、深圳两市配套改革试点。

“八五”期间，要有计划地推进和扩大股份制试点，根据需要和可能，选择一些竞争性行业的全民企业，逐步改组成全民法人持股为主的有限责任公司或股份有限公司，形成同社会化大生产和社会主义商品经济发展相适应的企业组织形式与经营机制。

（撰稿人：贾和亭）

企业集团在治理整顿中稳步发展

国家体改委生产体制司

1990年是我国企业集团在治理整顿、深化改革中稳步发展的一年。组建和发展企业集团，推动了经济结构、产业结构和产品结构的调整，特别是优化了企业组织结构。治理整顿、深化改革为企业集团的发展提供了新的机遇，原有的企业集团不断完善提高，发育成型，一批新的企业集团应运而生。企业集团在我国国民经济建设和发展外向型经济中发挥了越来越重要的作用，显示了它具有强大的生命力。1990年我国企业集团发展的特点和趋势是：

一、领导重视，政策引导作用加强

党中央、国务院十分重视发展企业集团，党的十三届五中全会通过的《中共中央关于进一步治理整顿和深化改革的决定》中，把发展企业集团作为调整经济结构和深化改革的一个重要措施，要求“继续促进企业之间的联合，发展企业集团。”党的十三届七中全会通过的关于制定国民经济和社会发展十年规划和八五计划的建议中，又明确指出“积极发展企业集团。制定具体政策和措施，推动企业的改组、联合和兼并，促进企业组织结构的合理化，有计划地组建一批跨地区、跨部门的竞争性企业集团。”国务院决定组建100个左右大型企业集团，把它作为一项重要任务，提到议事日程。组建和发展企业集团不仅对当前的治理整顿和深化改革，具有重要的现实意义，而且对于实现我国经济发展的长远目标，具有重要的战略意义。因此，组建和发展企业集团引起了各方面的关注和重视。一年来，国务院许多部门，如轻工、机电、纺织、冶金、能源、化工、建设、物资、经贸、商业、建材等部门，都把发展企业集团作为一项重要工作来抓，召开专门会议，交流经验，部署工作。有的还抓了一批试点，通过典型经验，推动面上工作。上海、江苏、山东、陕西、黑龙江、吉林、四川、广东、广西、辽宁、山西等省、市、自治区，在发展企业集团方面也作了许多工作，组织调查研究，总结交流经验，研究制定支持政策，进行规划部署等。例如，黑龙江省委、省政府，狠抓生产要素的合理流动，把组建和发展企业集团作为推动生产要素合理流动的一个重要形式，于1990年4月召开专门会议进行部署，省计划、财政、劳动、金融等部门通力协作，制定了二十七项配套政策，收到了较好的效果。总之，对企业集团的重视和领导普遍加强了。

二、对企业集团的研究和探索空前活跃

在发展企业集团引起普遍重视的情况下，这一年来，政府部门、学术机构、民间组织，对于企业集团的研究和探索，空前活跃。山东、陕西、上海、江苏及苏州、武汉、杭州等省市的企业集团研究会、联合会、促进会等，共同对发展企业集团的一些基本问题进行了广泛的研讨和交流，有的还举办各种培训班。许多专门著作陆续出版，研究讨论企业集团的文章越来越多，关于发展企业集团的许多基本问题，正在逐步取得共识。这些研讨活动对促进企业集团的健康发展起了积极的作用：

一是对企业集团发展中遇到的实际问题，提供了解决的思路和办法。如发展企业集团如何与金融相结合的问题，交通银行召开了一次专门研讨会，讨论了银行与企业集团如何互相支持的问题。在人民银行支持下，全国企业集团财务公司联合会召开研讨会，研究探讨财务公司在企业集团中的作用、地位，总结交流了近两三年来，财务公司在支持企业集团发展中的作用，还对人民银行拟定的财务公司管理办法提出了修改意见。国家体改委与中国工业经济协会研修中心，召开了一次有100个企业集团的代表参加的研修班，研究提出了关于支持企业集团发展的若干政策建议。中国经济体制改革研究会和电子行业企业集团联谊会分别召开会议，研讨企业集团如何发展外向型经济，成为参与国际竞争的“国家队”。

二是对发展企业集团提供了理论指导。企业集团在我国是个新事物，许多基本理论问题需要探讨，特别

是探讨具有中国特色的企业集团的发展路子。这一年来，理论研究的深度和广度都有了新的进展。例如关于企业集团的基本特征问题；关于集团公司与企业集团的联系与区别问题；关于企业集团内部组织结构问题；在我国条件下，如何发展参股、控股，强化资产联接纽带问题；集团公司与成员企业集权与分权的关系问题；行政性公司如何改组为集团公司问题等等。经过研究、探讨，逐步使认识得到了统一和深化，这对于指导当前企业集团的发展有重要的作用。

三、企业集团数量不断增加，领域更加广泛

我国企业集团的发展，先是从机械、电子、轻工等行业发展起来的，后来冶金、纺织、建材、能源、化工等行业陆续发展了一批企业集团，现在已发展到贸易、商业、物资、科技、旅游、建筑、交通运输、医药、房地产等行业。这一年来，各地区、各部门根据国家的产业政策和经济结构调整的需要，在政府引导与企业自愿相结合的原则下，陆续组建了一批新的企业集团，这些集团都积极向科、工、贸结合的方向发展，注重发挥优势互辅，形成综合功能。各行业都拥有了有一定规模和优势的企业集团，例如：机械、电子、轻工等部门有一汽、二汽、赛格、万宝等一批大型企业集团，经贸部发展了中化集团，物资部组建了苏州、辽宁等物资贸易集团，商业部发展了东安集团，旅游部门组建了中旅、绵江等集团，交通运输部门有中远、长航集团，医药部门有东北制药、华北制药集团，科技部门有深圳科技园、联想集团，建设部门有中国房地产集团等等。这些说明我国企业集团正在向更加广泛的领域发展。特别是在实现科、工、贸相结合上是企业集团发展的一个重要的特点，如厦门华夏集团，为了增强集团的开发能力，目前已与机电部 18 个研究机构在厦门合办了分所。为了把科技成果尽快地转化为生产力，深圳科技工业园总公司投资参股控股，创办了 36 个企业，大多属于高技术产业，产品主要是出口。以外贸为主的中化集团，加强与工业生产相结合，积极发展与生产企业的联合，通过向生产型企业投资入股的方式，发展了 40 多个生产型成员企业，作为出口商品生产基地。

四、企业集团的完善提高，有新的突破和进展

近几年来，我国企业集团发展较快，但多数名为企业集团，实际上还是一个松散的联合体。1990 年，国家体改委针对这种情况，提出要把“完善提高、发育成型”作为当前发展企业集团的工作重点，并明确提出完善提高的三项任务，即壮大集团核心、发展紧密层、增强资产纽带。一年来，许多企业集团在各级政府的支持下，进行了大胆的探索和实践，特别是在突破地区、部门、所有制界限、发展紧密层的问题上，有了新的突破和进展。

1. 原来名为企业集团实际上是松散的联合体，正在向具有多层次结构的企业集团方向发展。如纺织行业的三江集团，核心企业原是一个由 23 家企业出资办的一个联营公司，主要为成员企业服务，不能对整个集团实现统一的发展战略和规划，起不到核心作用。一年来，他们采取了两项措施：一是以仪征化纤工业联合公司作为核心企业，做到了依托大型企业办集团；二是发展紧密层。通过控股、兼并、承包，发展了四个紧密层企业。通过这两个方面的工作，完成了由松散联合体向企业集团的发展和过渡。

2. 强化核心企业的投资中心功能，增强凝聚力。如上海市的一些企业集团采取“四个一个头”的办法，即由核心企业一个头对上承包，一个头工效挂钩，一个头财务结算，一个头统贷统还。这有利于实现集团统一的发展战略和发展规划。

3. 壮大集团核心。如上海市、苏州市采取强强联合，把原来两个或两个以上的比较大的企业集团联合组成一个新的更大的企业集团。上海市把正泰、大中华两大橡胶厂合并形成一个新的上海轮胎橡胶集团公司；把永久、凤凰两大自行车厂合并组成上海自行车集团公司；把上海金星、凯歌、上海、飞跃四个名牌的电视机厂合并组成上海广播电视集团公司。苏州市把香雪海电冰箱、长城电器和春花吸尘器三个家电公司合并组建斯加集团公司。这样做，增强了集团公司的经济实力和竞争能力。

壮大核心企业的办法还可以采取合并、兼并、划转等多种办法。南通机床厂壮大核心企业，采取合股经营的办法，对于打破地区、部门、所有制界限，是一个新的突破。该厂近年来积极开拓国际市场，机床出口不断增加，出口机床居全国机床行业的前列，但生产能力不足，急需扩大。该市有 7 个包括不同隶属关系，不同所有制的企业，有市、县属企业，还有乡镇企业，有全民所有制企业，也有集体企业。为了把这 7 个企业合为一个大公司，作为企业集团的核心，他们采取由七个厂的所有者代表，以企业的所有资产投资入股，组成南通机床股份有限公司（集团），各投资方按股份红，通过董事会决策。这种合股经营的办法既达到了壮大集团核心，增加出口创汇的目的，又做到了利益协调，发挥各方面积极性。

4. 发展紧密层。如吉林化学工业公司，原来是一个大型企业，他们通过兼并、承包，发展了 25 个跨城

市的紧密层企业，成为企业集团。赛格集团公司，通过长期租赁的办法，在四川、北京等地租赁了 7 个企业，成为跨地区的紧密层成员，同时把技术改造的新投入，作为投资入股，这样，逐步由租赁过渡为参股、控股。

5. 增强联结纽带。主要是增强资产联结纽带，使核心企业与成员企业之间成为风雨同舟的利益共同体。在可能的条件下，核心企业用控股、参股的办法，发展紧密、半紧密层企业。如浪潮电子集团，近年来，发展参股、控股的企业就有 19 个。但当前的问题是核心企业资金不足，没有钱向成员企业投资入股或兼并企业，建立不起资产纽带。如何解决这个问题，各方面都在进行积极的探索，办法有三：一是用无形资产入股。核心企业一般都有技术、管理优势，有名牌产品，可以将这些软件作为无形资产折资入股。为了由参股逐步变为控股，还可以采取分红不拿走，作为再投入，从而增加股份的比例，经过若干年以后，就可以达到控股。上海永久自行车厂对苏州自行车厂就采用这种办法发展跨地区紧密层企业。二是核心企业把银行给的技术改造贷款，不是以再贷款的形式，而是以投资入股的形式投给成员企业。这样，核心企业对成员企业就是参股、控股关系。中国新型建筑材料公司大多采用这种方法在各地发展紧密、半紧密层成员企业。三是国有资产授权经营。即国有资产管理部门将若干企业的国有资产授权给核心企业经营，使核心企业与紧密层成员企业之间建立起母子公司的关系。目前，国有资产管理局正在研究制定具体办法，并选择几个企业集团进行试点，这种办法是结合我国国情，建立资产纽带的一个有益的偿试。

如上所述，我国发展企业集团工作已逐渐引起各方面的重视，企业集团正在发展成长，总的趋势是好的，但也存在着一些问题，主要是企业集团本身如何进一步完善提高，国家在政策上如何进一步支持引导的问题。为此，必须进一步端正指导思想，防止一哄而起。坚持基本条件，不追求数量，要支持跨地区、跨部门发展企业集团；要进一步抓好企业集团的完善提高工作，把现有企业集团的完善提高作为发展企业集团的一项主要任务，要不断的壮大集团核心，发展紧密层、强化资产联结纽带，积极探索企业集团内部管理体制，使企业集团不断提高素质，发挥更大的作用；要认真抓好企业集团的试点，首先要抓好 100 个左右大型企业集团的试点；要进一步研究制定促进企业集团发展的政策措施，尤其是涉及计划、财政、金融、外贸、物资、人事、劳动、国有资产管理、统计、工商、税收等方面的问题，需要在进一步深化改革中，研究制定相应的配套政策，为企业集团发展创造良好的外部条件，在各方面的共同努力下，我国企业集团必将有一个新的提高和发展。

（撰稿人：顾士师）

税利分流改革试点进展情况

财政部财税体制改革司

税利分流是指国营企业实现的利润先由国家依法征税，后由企业所有者——国家取利。它是国家与国营企业利润分配的一种形式。税利分流改革的主要内容是，将企业所得税从承包内容中分离出来，依法纳税；在调整并统一现行所得税率、取消调节税税种的基础上，实行所得税后还贷和所得税后承包。税利分流改革的目的是理顺关系，转变机制，保证国家财政收入随企业经济效益提高而稳步增长。现将 1990 年税利分流改革情况综述如下：

一、税利分流理论研讨情况

1990 年是税利分流理论研讨的高潮。由于全国大多数企业第一轮承包即将到期，企业下一步是实行税利分流，还是继续进行全额利润承包，已成为人们普遍关心的大问题，为此，1990 年理论界、实际工作部门和企业界等举办了各种形式的研讨会和培训班。研讨的重点集中在三个方面：(1)在税利分流改革必要性方面，绝大多数同志认为，税利分流是理顺国家和企业分配关系的方向。它不仅有可靠的国家双重职能分离的理论依据，而且试点实践也已初见成效。对此有一部分人建议可以全面推开，但大多数同志认为目前还不具备全面推开的条件，可以通过试点不断总结经验；也有少数同志坚决反对实行税利分流。(2)在试点方案的设计方面，大家在所得税税制及税率的选择、固定资产投资借款的归还、税后利润的分配等问题上存在着一些分歧，归纳起来的中心意思是要求试点办法能兼顾宏观效益和微观效益，能兼顾有关政策的科学性和可行性。(3) 在配套改革方面，大家观点比较接近，认为在完善税利分流试点办法同时，应搞好投资、金融、财政和价格等体制的配套改革，否则税利分流改革将难以推进。

二、税利分流试点进展情况

税利分流改革试点始于1988年。据不完全统计，到1990年底，税利分流试点面已由1988年重庆市、厦门市和湖南省益阳市，扩大到24个省市（包括计划单列市），参加试点的国营企业近1700户。其中经国家正式批准试点的有9个省市，共1200多户试点企业，约占全部试点企业的71%，包括重庆市市属国营企业，厦门市市属国营企业（不包括商粮企业），成都市市属机械、化工、医药三个行业的国营工业生产企业，黑龙江省牡丹江市市属国营企业，辽宁省本溪市市属部分国营工业生产企业，湖北省荆门市和老河口市国营企业，河南省南阳市和南阳地区直属国营企业，吉林省大安市国营企业，江苏省常熟市国营工业生产企业等。

北京市、山西省、内蒙古自治区、上海市、浙江省、福建省、江西省、山东省、湖南省、四川省、陕西省、甘肃省、云南省、海南省等15个省市选择了一些企业进行试点。

三、税利分流试点初步成效

1990年正值经济滑坡、市场疲软的特殊时期，因而要详细地分析税利分流的成效，尚缺乏较充分的实践根据。但是，从目前试点实践结果看，税利分流的成效已初步地显示出来。主要表现在：

1. 国家与企业的利润分配格局趋于合理和稳定。

根据对8个试点地区的工业实运转试点企业决算资料统计，1990年企业上交所得税和税后承包利润、留利、用利润归还借款三者的分配比为37.3∶35∶27.7，留利比例比上交比例低2.3个百分点。而上述试点企业1989年由于大多数仍实行全额承包办法，因此这三者分配比则为29.3∶47.6∶23.1。留利比例要比上交比例高出18.3个百分点。

从试点最早的重庆市看，1988年至1990年重庆市税利分流试点的工业企业上述三者的年均分配比为30∶40∶30，而在全面执行利改税的1985年，这部分企业这三者分配比为45∶34∶21。在大面积搞全额利润承包的1987年，这部分企业这三者分配比则为26∶45∶29。可以说，税利分流改革形成的利润分配格局介于利改税和承包办法二者之间，趋于合理。

再如从重庆市试点企业1988至1990三年分年度执行情况看，1988年由于经济过热，物价猛涨，当年工业试点企业实现利润达到了历史最高水平，企业这三者的分配比为27∶40∶33；1989年在经济过热，物价暴涨问题有所抑制，企业效益开始回落的情况下，这些企业三者的分配比为29∶45∶26；1990年由于外部经济环境恶化，市场疲软，企业效益猛跌，这部分企业实现利润明显下降，但它们这三者的分配比则为36∶31∶33，其中，盈利企业为32∶39∶29。这表明，税利分流形成的分配格局在客观经济大起大落的时候，都能保持相对的稳定。

2. 初步实现了国家与企业利益共享、风险共担的良性机制。

所得税的作用在于它能够通过其固有的弹性功能，使更多的企业适应宏观经济形势的变化，为保证企业在任何经济环境中求得生存提供了可能。1990年试点企业与面上企业一样都面临着经济滑坡这一严峻的现实，8个试点地区工业试点企业，1990年计税利润比1989年下降了48%，而1990年上交的所得税也以大体相同的速度下降，下降了44%。如果在这种环境下，实行全额利润承包，会使许多企业难以承受。如本溪市试点企业1990年实现利润比1989年下降了56%，上交的所得税和税后承包利润占利润的比重为46%，企业留利水平为15%，而非试点企业实现利润下降了92%，但上交承包利润占利润的比重却为73%，当年企业留利为零。反之，如果在经济过热时期，试点企业仍能基本保持稳定的上交比例和留利水平，而全额利润承包企业的上交比例将明显下降，留利水平也明显上升，从而难以保证财政收入随企业经济效益的提高而稳步增长。

3. 既适度抑制了投资膨胀，增强了企业投资责任感，又没有影响企业正常的发展后劲。

试点企业年新增借款的增长幅度有所减小，在一定程度上抑制了投资膨胀的势头。重庆市市属国营工业企业试点前的1985年到1987年新增借款年均递增26.9%，而试点后1988年到1990年年均递增为17.8%，下降了9.1个百分点。

试点企业并没有因实行税后还贷政策而影响正常的生产发展。只是在上新项目时，企业采取了前所未有的慎重态度，而且更加注重投资效益。如，大安市航运公司，水上运输能力适应不了货运量和市场需求，计划投资1500万元扩建船队，经过几次论证，公司考虑自身承受能力，最后决定只贷款500万元，先上一个船队，待取得效益后再逐渐扩大。

此外，由于企业还款责任感的增强，因而企业的还款速度明显加快。从8个试点地区工业试点企业还款情况看，1990年，在企业实现利润比1989年下降75%的情况下，企业还款总额仅下降15.7%，而其中用折旧基金还款却增长了40.7%。南阳地区运输公司1990

年人均留利仅为17元，面对企业过重的贷款包袱，他们将当年13.8万元留利全部用于还款。这表明实行税后还款后，企业更加意识到还款越慢预示着企业本身的还贷包袱将越重。应该说，这是新机制在起作用。

4.适度保持了承包上交对企业的激励作用和约束作用。

为了继续发挥现行承包制的激励作用和约束作用，税利分流改革中，将承包制的合理内容纳入了税后承包的轨道。从实践情况看，也确实起到了一定的效果。1990年8个试点地区的工业试点企业中，由盈转亏企业尽管未交纳所得税，但上交的税后承包利润仍按合同规定上交1311万元。南阳市6户经济效益持续稳定增长的试点企业，1990年实现利润比上年增长13.5%，上交增长15.5%，而留利也从税后承包中得到了好处，增长了16.7%。为了能在税利分流改革中，建立起相应的激励机制和约束机制，南阳市进一步完善了以"实现利润"牵头的四项主要指标与四项挂钩指标相结合的承包体系。年度承包合同的兑现视主要承包指标的完成情况，决定奖惩，视挂钩考核指标的完成情况相应保持或调减奖励罚数额。健全了税后承包的考核体系。

（撰稿人：刘跃国　怀鹏飞）

加强企业管理　挖掘企业潜力

国务院企业管理指导委员会办公室

1990年是"七五"计划的最后一年，是搞好治理整顿、深化改革的关键性一年。在这一年中，企业克服了重重困难，按照党中央、国务院的要求，以提高经济效益为中心，强化企业管理，挖掘内部潜力，在改善经营管理方面做了大量工作，保证了国民经济持续稳定地发展。

一、进一步转变经营思想，增强市场观念

有计划商品经济的发展，要求企业要进一步实现经营思想上的转变，改变以往那种过分依赖政府部门的思想，努力树立在国家计划和产业政策指导下的市场观念，把企业生产和动态的市场紧密联系起来。在前两年市场疲软、产品积压、资金短缺等困难条件下，有一批企业不等、不靠，更不怨天尤人，而是牢固地树立起有计划商品经济的经营思想，注重搜集和分析市场信息，研究市场需求和变化规律，积极调整产品结构，提高产品档次和质量，生产出适销对路的产品，促进了经济效益的提高。1990年审定的第二批88家国家一级企业就是这些企业的突出代表。如济南第一机床厂在国内机床市场销路很好的情况下，通过市场调查，预见到国内机床市场即将饱和，果断地将主要经营目标转向国际市场。几年来开发了国际市场上需要的11个系列、80多个品种的机床产品，并打入了美国、日本、南朝鲜市场。出口创汇连续三年翻番。从1988年的417万美元，上升到1990年的2300万美元，跃居全国同行业之首，在国内机床市场出现疲软的情况下，仍保持了生产的稳步增长。值得一提的是，现在越来越多的企业都注意到加强售前、售后服务的重要性。例如一些家电企业开展了上门维修服务业务，有的还提出了终身保修的口号。用户至上，一切为用户着想，是现代企业经营思想的反映，也是社会主义企业的经营方向。售前、售后服务工作做好了，有利于树立企业形象，使企业在竞争中立于不败之地。

二、加强了各项基础工作，为强化企业管理，挖掘内部潜力创造了必要条件

加强管理基础工作较普遍地得到了重视，许多企业通过反复抓、经常抓，管理基础工作有了很大提高。在标准化工作方面，1990年是贯彻实施《中华人民共和国标准化法》的第一年。这一年制订、修订国家标准853项，其中达到国际先进水平的120项，占14.1%，达到国际一般水平的178项，占20.9%，采用国际标准和国外先进标准的266项，占32.4%。截止1990年底，我国共有国家标准16934个，其中采用国际标准和国外先进标准的6588个，占国家标准总数的40%左右。据有关部门统计，全国已约有17000家企业初步建立了以技术标准为主体，包括工作标准和管理标准在内的企业标准化体系。在计量工作方面，几年来贯彻实

施《计量法》，促进了企业越来越重视计量工作。到目前为止，全国已有863个一级计量合格企业，其中1990年审定的为130个；有16000个二级计量合格企业，其中1990年约4000个；有64000个三级计量合格企业，其中1990年近14000个。至此，全国90%以上的大中型骨干企业达到了三级以上计量合格要求。计量工作的加强，有助于挖掘企业的内部潜力，促进了经济效益的提高，据不完全统计，仅计量合格企业五年取得的直接经济效益就达约200亿元。在劳动定额方面，其基础标准和方法标准已列入国家标准的制订计划，正在进行制订工作，有些标准已陆续颁布。目前，许多部门和企业按照标准化工作的要求，制定出制订、修订标准的工作计划，一方面根据工作需要制订新的标准，另一方面对原有标准进行复查修订。据不完全统计，两年来，机电、轻工、石油、煤炭、航空航天、船舶、铁道、冶金等行业制订、修订标准数百项，促进了劳动定额水平的提高。此外，以岗位责任制为核心的各项规章制度，在企业升级工作中得到进一步健全和完善。信息工作受到了普遍重视，少数先进企业的信息收集、处理、储存、传递、检索等工作，已应用微机进行管理。

三、改善了企业现场管理，注意发挥管理的整体功能

近几年在企业升级考核时大家开始注意了加强和改善生产现场的管理，1990年初召开的全国企业管理工作座谈会提出：“要把加强现场管理作为强化企业管理的一项重要工作来抓”以后，加快了这项工作的步伐。一些部门、地区和企业逐步认识到搞好现场管理的重要性，开始把这项工作提到了重要的议事日程；部分部门和地区根据本行业、本地区的实际，提出了现场管理的要求，并在企业升级对管理工作的综合评价中突出了现场管理的要求。有的部门和地区抓了各种不同类型企业的试点，初步摸索出了搞好现场管理的路子。越来越多的企业现场管理状况得到了改观，并涌现了一批现场管理好的样板厂。1990年加强企业现场管理工作的主要特点是：第一，认识明确，领导重视。不少部门、地区和企业的领导，根据企业的管理现状和面临的形势，提出“加强企业现场管理，以现场优化促进企业整体优化，抓现场保市场”的指导思想。主要领导把这项工作作为强化企业管理，提高企业素质的重要任务来抓。同时，深入基层，检查企业现场管理情况，直接指导这项工作的开展。第二，树立样板，以点带面。部门和地区在抓现场管理中，一方面通过抓典型，树立本行业、本地区的样板厂，并以召开现场经验交流会等形式，推动面上工作的开展。如化工系统的吉林化学工业公司、机电系统的哈尔滨锅炉厂、航空系统的西安飞机工业公司、石化系统的湖南长岭炼油化工厂等，先后被行业或地区树为样板，在推动本行业、本地区加强企业现场管理中，发挥了示范带头作用。另一方面，还注意抓了工作较差的典型，如北京市、湖南省针对少数企业安于现场管理落后，脏乱差严重的现状，采取在电视“曝光”的办法，对企业震动很大，起到了抓住一点，教育一片的作用。第三，要求明确，讲求实效。为了使企业在加强现场管理中，都有明确的奋斗目标，不少部门和地区根据实际情况，提出了企业现场管理的具体要求，并根据企业不同的管理水平进行分类指导。有的行业和地区还组织力量，编写现场管理教材，举办学习班，培养骨干力量，推动工作的开展，提高了这项工作的有效性。第四，统筹规划，相互促进。各部门、各地区和企业在加强企业现场管理中，认识到现场管理并不是独立于基础管理和专业管理以外的管理，而是各项基础管理和专业管理在生产现场的有机结合和落实。因此，在工作中把加强现场管理同各项管理要求和工作任务有机地结合起来，统筹规划，统一部署，做到协调配合、相互促进，发挥管理的整体功能。由于现场管理的加强，改善了企业的生产环境和生产秩序，振奋了职工的精神面貌，对提高企业的产品质量、降低物质消耗、增加经济效益、实现安全生产起到了很好的作用。但是，加强企业现场管理工作，发展也很不平衡，就全国来讲，这项工作仍然处在起步阶段。要认识到整顿和加强企业现场管理决非一日之功，必须作为一项长期艰苦的工作来抓，扎扎实实抓上几年，才能改变我国企业现场管理落后的面貌。

四、推行管理现代化有新的发展，涌现出一批现代化创新成果

现代科学技术和现代化管理是提高经济效益的决定性因素。近几年来，越来越多的企业在组织生产活动中，积极推进管理现代化，促进了生产的发展，总结了不少好的做法和经验。一是紧紧围绕提高经济效益，求实效，不搞“花架子”。在多项配套应用现代管理方法时，善于利用它们之间的内在关联性和功能上的互补性，充分发挥其综合效能，以获得最佳的经济效益。鞍山钢铁公司等一批企业广泛实行管理现代化项目承包，通过引入承包机制来全面推进企业管理现代化，为企业克服外界不利因素，强化管理，挖潜增效探索出一条新路。二是坚持循序渐进，逐步提高，形成体系。瓦房店轴承厂、华北制药厂等企业根据企业内部的发展规律，针对薄弱环节，从单项应用某一种现代化管理方法，到多项并用，由简到繁，由少到多，逐步发展配套；

从管理的某个环节，某个子系统的局部优化，发展到多个子系统以致企业管理全系统的整体优化，提高了企业管理的整体效能。三是从根本上改变企业管理的落后面貌，实现管理现代化，必须应用电子计算机辅助管理。随着科学技术的发展，企业管理应用计算机已经比较普遍。在全国大中型企业中，目前应用计算机辅助管理的已接近一半，不少企业已将电子计算机应用于生产监控和新产品的设计开发。一些起步早的大中型企业应用计算机已由单项应用向系统应用和联网化发展。少数应用水平高的企业已经初步建立起管理信息系统，从辅助一般管理发展到辅助经营决策，并开始探索计算机集成应用的路子。四是从国情、厂情出发，把总结自身的经验同借鉴国外的经验结合起来，注意在继承发扬我国传统的优秀管理经验的同时，消化吸收国外的先进管理方法，融合提炼，加以创造提高，形成具有自己特色的现代化管理方法。1990年底，国家评定的首届全国企业管理现代化创新成果奖的28项成果就是它们的代表。其中瓦房店轴承厂的“企业管理整体功能优化”、上海新中华机器厂的“确保运载火箭‘一次成功’的质量管理”、中化总公司三建公司的“建设项目动态管理”和山东博山水泥厂的“现场规范化管理”等四项成果获一等奖，其他24项为二等奖。这批获奖成果，基本上代表了我国当前企业现代化管理的先进水平。尽管有的方法还不够完善，但这种管理创新，反映了企业管理现代化的新趋势，推广这些成果将对提高产品质量、降低物质消耗、提高经济效益起到重要的作用。

五、加强了企业管理干部培训工作，促进了企业干部素质的提高

为适应经济建设和深化企业改革的需要，“七五”期间，我国企业干部培训部门从我国实际情况出发，逐步建立起以岗位培训为重点，岗位培训、短期培训和学历教育三者并存，互相补充的，适应不同岗位，不同层次干部需要的多种类型、多种层次、多种形式的企业干部教育体系。经过各地区、各部门、各级干部院校（培训中心）和企业的共同努力，企业管理干部培训工作，取得了很大成绩。1990年在前几年培训基础上又有新的进展：大中型企业领导干部岗位职务培训1．25万人，小型企业领导干部岗位培训5．8万人，企业车间主任岗位培训9．86万人，其他干部岗位培训24．6万人；有82．6万人次参加了围绕治理整顿、深化改革和企业实际需要而举办的各种短期培训班、专题班和研究班；对外合作培训了1．97万人次，有利于促进学习和借鉴国外先进的管理经验和方法。为了适应培训工作的需要，几年来培训基地的建设也取得了可喜成绩。目前全国有100多所经济管理干部学院，年培训能力达12万人。工交财贸干校有600多所，厂矿职工培训基地2万余所，基本形成了国家、地区和企业三级经济和企业干部培训体系。在加强培训基地建设的同时，基本上建立起一支能胜任教学、科研和咨询工作的，以专职教师为主、专兼结合的师资队伍。全国100多所经济管理干部学院的专职教师已达1万多人。总之，培训工作的进一步开展，有效地促进了经济和企业干部素质的提高。

六、企业升级工作深入开展，升级的企业素质普遍得到提高

1990年各部门、各地区继续贯彻执行国务院《关于加强工业企业管理若干问题的决定》，企业升级工作在工业部门和非工业部门全面开展，40个有关部门共考核审定了1354个国家二级企业。截止1990年底，“七五”期间各部门共审定了四批共4211个国家二级企业。这批企业基本上是各部门主导行业中的骨干企业，代表了国内各行业的先进水平。在治理整顿中，这批国家级企业，绝大多数经住了外部环境变化的严峻考验，成为我国企业中素质较高、最有活力的一部分。特别是1990年考核审定的88家国家一级企业，它们的主要产品质量全部达到国际70年代末、80年代初的先进水平，其中五分之一的产品已达到国际当代先进水平。物质消耗大大低于国内同行业消耗水平；经济效益指标明显高于全国的平均水平，其资金利税率、人均实现利税额、全员劳动生产率，分别是全国预算内工业生产企业的1．65倍、3．46倍和1．95倍。

为了巩固企业升级的成果，促使升级企业不放松企业管理，1990年各部门、各地区复查了1987、1988年度审定的国家二级企业，对各项考核指标不达标、管理工作滑坡的企业，区别情况进行了处理。对178家单项考核指标不达标或管理工作综合评价不合格的企业提出警告，限期整改，占复查企业总数的8．9%，对23家多项考核指标不达标、发生特大安全事故、严重违反财经纪律的企业撤销了国家二级企业的称号，占复查企业总数的1．2%。撤销这23家国家二级企业称号，体现了企业升级不搞“终身制”的原则。通过复查对于巩固企业升级成果，促进企业升级后不放松管理，继续提高素质，起到了督促作用。实践证明，企业升级工作是促进企业加强经营管理，全面提高素质的有效激励机制。

1990年，我国的企业管理工作取得了一定的进步。但是应当清醒地看到，企业管理工作发展很不平

衡。行业与行业之间、地区与地区之间、企业与企业之间在管理水平上存在着很大差距。国家级、省级先进企业是少数，就全国来讲，相当多的企业管理落后的状况还没有从根本上得到改变。有些企业还未摆脱产品经济下管理思想的束缚，在外部环境变化时，经营管理处于被动地位，对市场变化的适应能力不强。有些企业纪律松弛、责任心不强、管理不严、不遵守工艺纪律和劳动纪律，生产现场脏乱差等现象还普遍存在。这是造成产品质量差、物质消耗高、经济效益低的一个重要原因。对这些问题要制订出切实可行的措施，在“质量、品种、效益年”活动中，强化经营管理，进一步提高企业素质。

（撰稿人：卫东）

1990年工业生产形势

国家计委生产调度局

1990年的中国工业是在进一步贯彻执行治理整顿和深化改革方针的指导下，积极落实国务院提出的坚持总量控制、适当调整紧缩力度和促进生产回升的一系列政策措施，克服重重困难，取得明显成效的一年。在肯定成绩的同时，还要看到，产成品积压、“三角债”严重，企业流动资金紧张，企业经济效益低，产业结构、产品结构和企业组织结构的调整进展迟缓，已成为困扰全国工业生产持续、稳定、协调发展的突出问题。

一、1990年工交生产基本情况和主要特点

全年乡及乡以上工业完成总产值（按1980年不变价格计算）13735亿元，比上年增长6.0%，加上村及村以下工业产值为23924亿元，按可比价格计算，比上年增长7.8%，超过计划增长6%的目标。其中，轻工业完成产值11813亿元，增长9.7%；重工业完成产值12111亿元，增长6.2%。全民所有制工业增长2.9%；集体所有制工业增长9.1%，其中乡镇工业增长12.5%；其他类型工业增长42.8%。

（一）增长速度逐月回升，产销矛盾有所缓和。

1990年工业生产和上年同期相比，呈现逐季加快趋势。一季度基本持平，二季度增长4.1%，三季度增长5%，四季度进一步增长到14.2%。从三月份起，产成品资金占用逐月降低。据统计，全国预算内工业企业产成品资金占用增幅12月比3月减少38.7个百分点。

（二）生产结构有所调整，产业结构有所改善。

据国家统计局统计，1990年1～11月，全国乡及乡以上工业总产值比上年同期增长5.2%，其中基础工业增长6.5%，加工工业增长4.1%，扭转了多年来加工工业增长大大快于基础工业的势头。基础工业占工业总产值的比重也由1989年的21.2%，提高到1990年的21.5%，加工工业则由46.9%降到46.4%。面对1990年市场疲软的状况，各地方、各部门积极调整产业结构，做了大量的工作。如全民所有制更新改造投资中，单纯用于增产的投资比重比上年下降了3.8%，用于提高质量和增加品种的投资比重分别增加了34.2%和7.3%。一些质量高、款式新、价格低的产品仍能保持畅销势头。另外，企业组织结构的调整虽做了一些工作，但进展还很缓慢。

（三）能源、原材料等基础工业持续增长。

全年原煤完成10.8亿吨，比上年增长2.5%。原油完成1.38亿吨，与上年持平。原油加工量完成1.1亿吨，增长3.2%。发电6180亿度，比上年增长5.7%。钢产量6604万吨、生铁6187万吨、钢材5120万吨，分别比上年增长7.2%、7.0%和5.3%。十种有色金属共计完成229.4万吨，比上年增长10.3%。生产纯碱375万吨、烧碱334万吨、乙烯157万吨，分别比上年增长25.6%、3.9%和11.8%。生产化肥1912万吨、农药22.9万吨，分别比上年增长3.1%、2.5%。大中型企业水泥完成3600万吨，比上年增长0.3%。

（四）轻工业由降转升，机电工业生产降幅缩小。

1990年，全国轻工业产值由一季度比上年同期下降0.2%，逐步上升到上半年增长2.2%，全年增长7.4%。到年底，全国统计的42种主要轻纺产品中，有25种比上年增长。机电工业系统总产值，一季度下降8%，上半年下降3.8%，全年增长2%。机电工业在调整产品结构上下功夫，使高技术产品、替代进口产品、出口创汇产品有较多增长。汽车、彩电、大型发电设备、机床数控装置等产品，国产化工作取得较大进展，其中30万千瓦火力发电机组国产化率已达80%，

彩电国产化率95%以上。

（五）重点物资运输、邮电通讯超额完成计划。

1990年全年铁路货运量完成14.6亿吨，完成了年度计划。重点物资运输，煤炭运量完成6.3亿吨，比上年增长3.2%。冶炼、石油、水泥、磷矿石、化肥、鲜活物资等运输达到计划进度。交通部直属水运货运量完成2.51亿吨，比上年增长0.8%。沿海主要港口吞吐量完成4.62亿吨，比上年下降1.7%。民航总周转量和邮电业务总量分别完成23.87亿吨公里、80.27亿元，比上年增长19.9%和34.4%。

（六）外贸形势较好，出口持续增长。

1990年，在国内市场疲软的情况下，各地利用汇率调整和出口货源相对宽松的有利时机，积极开拓国际市场，减轻对国内市场的压力，减少企业库存。据海关统计，全年进出口总额1154亿美元，比上年增长3.4%。其中出口620.7亿美元，增长18.1%，进口533.6亿美元，下降9.8%。外贸出现顺差，外汇储备增加。

以上情况表明，党中央所确定的进一步治理整顿、深化改革的方针是完全正确的，国务院所采取的在坚持总量控制的前提下，适当调整紧缩力度的一系列措施是必要的、及时的，促进了经济形势的好转，促进了政治、社会的稳定。

1990年是“七五”计划时期的最后一年。回顾五年来的发展，可以看到，在党中央和国务院的领导下，经过全国人民的艰苦努力，改革开放迈出了新的步伐，生产持续发展，经济实力进一步增强。1990年全国工业总产值比1985年增长82.6%，平均每年递增12.8%，远远超过了“七五”计划规定的目标。列入“七五”计划的28种主要工业产品，已有22种提前一至二年达到或超过了“七五”计划的要求，占78.6%。“七五”时期，工业部门全民所有制企业完成基本建设和更新改造投资达7000亿元，比“六五”时期增长一倍多，一些重要生产能力逐年扩大。全国独立核算工业企业拥有固定资产原值比1985年扩大一倍。生产能力的扩大，技术水平的提高，支持了财政收入的增长。重要工业品产量在国际上的位次上升。与1985年相比，目前我国的布、水泥产量继续保持世界第一位，煤、电视机由第二位上升到第一位，发电量、化纤由第五位上升到第四位，生铁、铁合金由第四位上升到第三位，原油、化肥、钢、糖等产量也在世界上名列前茅。“七五”时期，我国经济体制改革主要在建立市场机制和搞活企业两个方面深入展开，取得了实质性的进展，工业经济的宏观运行机制和微观运行机制发生了显著的变化，对今后工业经济的发展会带来深远的影响。

二、1990年工业生产中存在的主要问题

1990年工业生产虽然开始逐步回升，但市场疲软、地区封锁、流通领域不畅、产成品大量积压、企业流动资金紧张、“三角债”严重、经济效益下降等主要困难并没有得到根本缓解，工业生产还没有走上良性循环的轨道，面临的形势仍然是严峻的。主要困难和问题是：

（一）市场结构性疲软，地区间市场封锁现象严重，产品大量积压。

不少产品边生产、边积压，致使老的积压产品未处理，新的积压又不断增加。1990年12月底，预算内国营工业企业产成品资金占用比上年增长27.8%。1990年末，全国16种主要物资的社会库存，比年初增加的有11种，其中，生铁库存上升46%，纯碱上升41%，上升幅度最大。16种物资中有9种库存周转期比1989年延长，其中，钢材周转期为6.4个月，延长0.7个月；铝5个月，延长1个月；锡6.6个月，延长1.9个月，以上3种物资的周转期都处于历史最高水平。企业产品库存的增长幅度更大，如煤炭，去年增产2789万吨，但同期煤矿存煤增加1421万吨，占增产量的51%。

（二）工业生产结构不合理。

从增长的所有制结构看，我国工业生产的主体全民工业增长仍然缓慢。1990年，乡办工业速度为12.5%，其他类型工业（主要是三资企业）速度为42.8%，而产值占60%以上的全民所有制工业只增长2.9%，预算内国营工业仅增长1.5%，从增长的地区结构看，大多数以基础产业为主体的省区低速增长，与沿海地区差距过大。

（三）相互拖欠货款现象严重，企业流动资金紧张。

到1990年12月底，企业之间“三角债”仍然很严重。同时，1990年农业丰收，收购农副产品贷款增加，加上市场有较好的回升，商业贷款也有所增加，而工业贷款不够，工业企业资金十分困难，一些适销对路的产品生产发生困难。

（四）企业外部环境比较困难，内部管理亟待提高。

企业负担重，活力不足，缺乏发展后劲。1990年，预算内国营工业企业留利比上年下降40.9%，企业实际留利仅占实现利税的8.9%，已经退到1982年以前的水平。从企业长远发展需要来看，影响企业后劲的问题，一是折旧率低。二是技术开发费低。三是企业自有资金不足，偿债能力日益下降，贷款包袱沉重。

近几年，企业管理工作特别是管理基础工作严重

削弱，相当一部分企业“以包代管”，思想政治工作薄弱，规章制度不健全，劳动纪律松弛，安全责任制不落实，满足于短期行为。产品质量差，品种短缺是比较普遍存在的现象。

（五）企业经济效益差的状况尚未好转，亏损严重，财政困难。

1990年，预算内国营工业企业的可比产品成本上升7%，实现利税下降18．5%，实现利润下降58%。资金利税率为13．8%，比上年低5．5个百分点。资金利润率2．7%，比上年低4．5个百分点。流动资金周转天数1990年比1989年慢了18天。企业亏损面31%，亏损额达286亿元，比上年增长1．28倍。同时，账物不符、盘亏损失、呆账、虚盈实亏等各种账外潜在性亏损及损失也相当严重。

三、1990年采取的促进生产、增强企业活力的政策措施

增强企业特别是国营大中型企业活力是一项重要而紧迫的任务。无论是从克服当前的困难来说，还是从今后长远发展，促进工业经济走上良性循环轨道上来说，都必须把增强企业活力特别是国营大中型企业活力作为出发点和立足点。党的十三届五中全会以后，为了启动市场，搞活国营大中型企业，使工业生产尽快走出低谷，促进工业经济走上良性循环轨道，党中央、国务院采取了一系列政策措施。主要有：

（一）对部分重点骨干企业试行“双保”的办法，从1990年4月1日开始实施。一年以来在各地区、各部门的努力下，“双保”企业生产经营形势好于一般企业。1990年完成工业产值比上年增长3．5%，比预算内国营工业增长幅度高2个百分点，销售收入和产品销售税金分别比上年增长9．5%和8．2%，比预算内国营工业增幅高6个百分点和2．6个百分点，主要指令性产品和合同完成情况好于往年。

（二）增加流动资金贷款。为了启动生产、启动市场，银行对骨干工业企业适时增加流动资金的贷款，同时对商业、物资和外贸企业增加商品收购贷款，将国内暂时供过于求的商品和物资储备起来并组织出口。

（三）追加固定资产投资规模。根据1990年3月全国人民代表大会通过的《政府工作报告》中关于在坚持财政金融“双紧”方针的前提下，从多方面采取缓解当前矛盾措施的精神，在计划执行中，国家曾陆续追加固定资产投资。

（四）下调银行存贷款利率。从1989年四季度起，消费品市场出现疲软，企业产品成本上升。在物价上涨率回落的情况下，为了启动市场、减轻企业利息负担，国家于1990年3月和8月两次共下调存贷款利率2．34个百分点。

（五）恢复托收承付的结算方式，大力清理企业“三角债”。为了加强银行对企业的结算监督，避免企业的无理拖欠，国务院决定从1990年4月份起，全面恢复银行的托收承付结算方式。与此同时，银行安排了清理“三角债”和清理基本建设欠款的专项贷款，帮助企业解开债务链。

（六）适当放松对社会集团消费的控制。为了启动市场，从4月份起适当放松对社会集团控购商品的控制力度。对服役年限到期的汽车实行强制更新。

（七）加快价格结构性调整。1990年在供求矛盾缓和、市场价格比较平衡的情况下，国务院决定下半年增加价格调整的项目，如提高煤炭价格。各地也相继调整一部分地方产品价格和服务费价格。

（八）根据十三届五中全会关于进一步治理整顿和深化改革的决定，为整顿流通领域秩序，保证对重点企业的能源、原材料供应，对煤炭实行统一分配、统一订货、统一运输、统一调度。煤炭生产、分配、运输计划努力做到相互衔接、地区平衡，对缓和煤炭、电力供应紧张状况，促进生产发展起到了积极作用。

（九）加强了对工交生产的领导。为适应新形势下组织生产的需要，国务院于1990年初成立了国务院生产委员会。各地区、各部门也进一步重视和强化了生产指挥系统。建立了信息网络系统，深入现场调查研究，实行全方位协调，分层次指挥，努力为企业特别是国营大中型企业排忧解难，做好生产、市场与运输中的重大衔接和协调工作。

这些政策措施，从总体上看效果是良好的，基本上达到了启动市场、稳定物价、促进产业结构调整、保持经济适度增长的预期目的，促进了国民经济进一步向好的方向发展。

1990年是我国工业生产面临严重困难的一年，是深层次矛盾和浅层次矛盾充分暴露，形势非常严峻的一年。面对这一形势，各部门、各地方和工交战线广大干部职工积极努力采取措施，转变工作重点。千方百计制止滑坡，使工业生产速度由年初的低起点逐季回升。由单纯抓生产环节的小循环转到产供销一起抓的大循环，由注重抓产值转到注重经济效益的提高、品种的增加。同时，1990年的治理整顿、深化改革也取得了显著成效，使长期以来非常紧张的能源、交通、原材料的供需矛盾得到初步缓解。可以说，1990年的工业生产是向好的方面发展的。但是，产品积压、效益下降、亏损增加等问题仍很严重，一些深层次的矛盾也并非一朝一夕所能解决。鉴于当前经济领域存在的种种困难和问题，国务院决定1991年在全国范围内开展“质量、品种、效益年”活动，同时要进一步治理整顿、深化企

业改革，千方百计搞活大中型企业，这是促使我国经济走上良性循环的出路所在。

作者注：由于撰稿时间的原因，本文中有个别数据如同国家统计局最终统计数字有出入时，以国家统计局最终数字为准。

（撰稿人：王远枝）

企业技术进步取得新成就

国家计委技术改造司

1990年，我国企业技术进步工作在治理整顿、深化改革中继续前进，取得了丰硕成果，概括起来，有以下几个方面：

一、企业技术改造工作在困难中前进

1990年全国全民所有制单位完成技术改造投资828亿元，比1989年增长了5. 8%，其中国务院各部直属企业完成投资227亿元，增长10%；地方单位完成投资601亿元，增长3. 2%。“七五”计划时期全民所有制单位累计共完成技术改造投资3976亿元，比“六五”计划时期增长了1. 7倍。1990年，技术改造工作面临了很大的困难，遇到国民经济发展中出现的市场结构性疲软，企业产成品积压，资金短缺，部份企业技术改造积极性下降，在建项目锐减等问题。针对国民经济在治理整顿中出现的新问题，国务院采取了启动市场，促进生产发展的多项措施，特别强调加强技术改造是启动市场，促进生产增长的重要措施，适当放宽了对技术改造的调整力度。先后三次增加技术改造银行贷款规模，共120亿元，其中新增贷款余额50亿元，使全年技术改造贷款规模增加到270亿元，比年初国家计划增加了80%。在增加银行贷款的同时，先后两次降低银行贷款利率，共降低了1. 98个百分点，在一定程度上减轻了企业的贷款利息负担，通过上述措施为面临资金短缺的企业技术改造注入了活力，促进了技改计划任务的完成。从初步统计的数字来看，1990年利用贷款完成的技改投资比1989年增长18. 7%，可以说1990年在自筹及其他资金减少的情况下，银行贷款的增加有力支持了1990年技术改造计划的完成。

1990年的投资结构进一步得到了调整，生产性建设投资比重继续上升达到84. 6%；用于节能降耗、增加花色品种和提高产品质量的投资比重上升2个百分点，达到24. 9%；能源工业和运输邮电业等基础设施投资比重上升2个百分点，达到24. 4%；机电轻纺等加工工业的投资比重下降2. 2个百分点，下降到33. 29%。设备购置投资比重上升2. 2个百分点，提高到47. 3%；建筑工程投资比重降低2. 5个百分点，下降到36. 3%。

1990年重点技术改造项目投资得到加强，投资效益有所提高，共完成限额以上项目92个，是“七五”计划期间完成限上项目最多的一年，占“七五”完成限上项目354个的26%，连同2. 7万多个限额以下项目竣工投产，全年通过技术改造投资新增加固定资产675亿元，固定资产交付使用率提高了0. 9个百分点，达到81. 6%，这也是“七五”计划期间固定资产交付使用率最高的一年。

1990年2. 7万多个技术改造项目的建成投产，提高了企业技术水平，为增强企业的发展后劲，提高经济效益提供了条件：可节约能源折算标准煤1100多万吨，其中直接节约煤和焦炭12. 5万吨，节约燃料油1. 2万吨，电力2327万千瓦小时；节约木材100万立方米；增加了部分产品的生产能力，主要有：炼钢101万吨，酸碱39万吨，合成氨和化肥117万吨，轮胎72万套，发电机组容量38万千瓦，输线路591公里，变电设备688万千伏安，水泥489万吨，平板玻璃72万重量箱，机制糖4. 5万吨，卷烟216万箱，原盐19万吨，机制纸及纸板28. 7万吨，港口吞吐能力35. 5万吨，公路217. 5公里，市内电话自动交换机44. 5万门，污水日处理能力4. 8万吨，自来水日供水能力45. 6万吨。

二、加强企业的技术开发和新产品试制工作，积极推广新工艺、新技术

对企业来说，新技术、新产品开发是实现企业技术进步的前提，我国每年的新产品的数量已达55000种左右，企业新产品的销售额的比重，已由1983年的3. 3%提高到1990年的9%左右，京津沪等大中城市和

某些地区的新产品销售额的比重已提高到15%左右。新产品的投产率已达70%左右。为加快新产品的试产，1988年国家计委制定了1988－1990年国家级新产品试产计划。根据各地区、各部门申报的国家级新产品试产项目，选择了2598项重大新产品列入计划，属于生产资料的占2368项，占91%，属于民用消费的230项，占9%；达到国际水平的1365项，占53%，国内创新的200项，占8%，国内先进水平的1033项，占39%。这些新产品三年预计可创产值310亿元，利润43亿元，节创外汇3.08亿美元，成为“七五”后三年，特别是1990年新产品试产工作的主力军，有力地促进了科技成果转化为生产力。

1990年新技术推广工作成为技术进步工作的一个重要方面，在科技成果向生产转化中起愈来愈重要的作用。“七五”期间，国家计委以70项指导性推广计划为主线，各部门、各地区有针对性地以节能降耗为重点，确定了一批节能技术进行推广，1990年在此基础上，又以节能降耗为重点，选择了28项先进适用、成熟可靠、投入少、见效快、效益高的技术，推荐给各地区、各部门，并组织具体实施，很多项目已开始收到了效果。如合成氨生产蒸汽自给节能技术和水泥机立窑综合节能技术，都取得了很好的节能效果，也大大改善了生产环境。为进一步推动电子技术的推广应用，1990年又评选出21套工业炉窑计算机控制系统，颁发了“电子技术改造传统产业奖”和证书，并纳入国家重点新技术推广计划。1990年全国新技术开发推广协作网及各地区、各部门的新技术推广机构，围绕经济工作的中心任务开展新技术推广，工作更加活跃，自身队伍得到锻炼和壮大，为推进企业技术进步和产业结构调整起到积极作用。

三、引进技术和消化吸收国产化工作取得重大进展

在加快技术开发和研制重大装备的同时，注意引进国外技术并加以消化、吸收、国产化，探索出一条提高我国工业技术水平的捷径。初步统计，通过各种渠道和方式，积极引进和吸收回外成熟的先进技术、关键设备和生产线，改造现有企业，到1990年止，共成交2万多项，成交金额达160多亿美元，使各行各业都有一批用先进技术装备起来的工厂、车间和生产线，大量国外先进技术的采用，使我国50%－60%的大中型企业得到不同程度的改造，提高了企业技术进步的起点，加快了工艺更新和产品换代的步伐，使各行各业都有一些主要产品及关键工艺，从50－60年代水平提高到70－80年代水平，用十年的时间，缩短二、三十年的差距，为我国现代化建设作出了巨大贡献。

在引进技术的同时，加强了对引进技术的消化吸收和国产化工作。为推动这一工作，“七五”制订了国家级的、跨行业的“引进技术消化吸收国产化重大项目计划”，选择12项对国计民生影响较大、大量进口的产品和技术装备，作为“七五”消化吸收国产化的国家重点（简称12条龙）。经过有关企业、科研设计院所、大专院校的共同努力，国产化工作取得重大进展。到1990年：彩电形成800万套的配套能力，国产化率达到85%，单台彩电用汇已从1986年的45美元降到10美元（不含彩管），1990年共节汇3亿美元；数控机床（共5种，数控车床数控线切割机床、数控步冲孔压力机床和工种加工中心）国产化率达到90%以上，年生产能力383台；出口船和远洋船设备国产化项目，主要解决万吨级以上的散货轮、油轮、集装箱船等船用柴油机及通讯导航等十大类关键设备的国产化，高中低速柴油机国产化率达到70－90%、形成150万马力年产能力，十大类关键设备的国产化率达到75～100%、形成50－120万吨船的年配套能力，远洋船设备装船国产化率（按能力计算）已从1980年的8%，提高到1990年的75%，装配了700多万吨船只，节汇2亿多美元，成为我国机电产品出口的重要支柱；大型合成氨工艺设备的国产化项目，研制年产20万吨合成氨装置，已于1990年12月24日投产，生产出合格的合成氨，整套装置所采用的节能型工艺达到国际上80年代水平，设备国产化率达82%，吨氨能耗预计可由过去的1350万大卡降到700万大卡（节约近50%），改造工程总投资仅2.5亿元，比成套引进节省投资2亿元（节约40%），节汇2000多万美元。其他如水泥窑外分解技术、煤炭采掘机组、特殊钢连铸、电力机车与内燃机车制造、啤酒生产线、服装加工生产线、气流纺纱机与箭杆织机、瘦猪肉系列工程等，都取得比较好的成绩。

除国家组织的重点消化吸收国产化项目外，各部门、各地区先后组织了一大批项目的消化吸收。以机械电子工业为例，引进的3800项技术和关键设备，到1990年经消化吸收并批量生产的在53%以上，桑塔纳轿车的国产化工作取得了突破性进展，实现车身、发动机、变速箱三大总成的国产化，整车的国产化节汇率达到60%，在国内各引进型轿车中处于领先地位；又如烟草机械的消化吸收国产化方面，中国烟草总公司密切与船舶总公司合作，充分发挥军工部门的技术优势，从1987年开始烟草制丝成套生产线的消化吸收国产化工作，1990年，国产化制丝成套生产线已投入生产，已累计生产22条生产线设备，国产化率达90%，技术性能基本达到国外同类设备水平，替代进口节汇1.5亿美元。

回顾过去十年的企业技术进步工作有几条经验，

需要在今后的工作中坚持和发扬。一是必须从国民经济发展的需要出发，有一个明确的技术进步和经济效益目标，将一切工作始终落实到提高经济效益的基点上；二是必须坚持以内涵发展为主，搞好挖潜改造，力求做到增量和存量的优化组合，采用国内外成熟的新技术、新工艺、新设备、新材料，走投入少产出快、效益高的路子；三是用系统的观点看待技术进步，采取主机、辅机、配套元器件、原材料以及开发、引进、技改等纵向、横向成龙配套地安排，系统地“一条龙”地解决问题，实践证明是成功的；四是根据可能条件，确定有限目标，将国家有限的财力，投向重点项目、重点专项，以集中力量打歼灭战，办成几件大事；五是企业技术进步工作，要发挥中央、地方和企业的积极性。

搞好现有企业、特别是大中型企业的技术进步，是改善我国财政经济状况的重要手段，也是繁荣城乡市场，扩大创汇节汇，不断改善人民物质生活和文化生活水平的重要保证，对保证实现本世纪末国民生产总值翻两番伟大战略目标起着重要的作用。一定要增强对企业技术进步、技术改造的紧迫感和责任感，积极为企业技术进步创造良好的内、外部环境；使“八五”以及今后十年企业技术进步取得更优异的成就。

（撰稿人：李弘道）

1990年产品质量出现回升趋势

国家技术监督局

经过1988、1989两年多的治理整顿，1990年我国的产品质量开始出现回升趋势，接近1987年的水平。

一、产品质量回升的表现

1. 产品质量回升已从少数地区扩大到全国范围。据我局对全国75个重点工业城市质量信息网综合统计的质量指标表明，质量指标保持稳定或上升的城市数在经历了1989年全面滑坡的严峻局面后，从1990年下半年起，逐步呈上升趋势，至1990年12月，质量指标保持稳定或上升的城市数已高出1988年3.41个百分点，达到88.41%。1990年对全国2485个不同地区、不同行业的企业进行了国家产品质量监督抽查，共抽查3457批次产品，抽样合格率为76.9%，比1988年提高了1.6个百分点；对重点城市产品质量监督检验的抽样合格率为76.15%，比1988年提高3.97个百分点；1990年前三个季度行业考核的产品质量稳定、提高率为75.4%，比1988年同期提高了6.1个百分点。这些情况说明，几年前经济过热使企业普遍存在的“皇帝女儿不愁嫁”给产品质量带来的滞后的隐患，已经开始消除，产品质量的稳定已不再是在少数地区和行业中徘徊，而是带有全局性。稳定和回升的速度也较为自然和实际。

2. 优质品种增加，质量水平有不同程度提高。1990年被评为国家优质产品的总数为377项，其中获金奖产品为91项，分别比1989多48项和30项。从1990年获奖产品的情况看，一是优质产品品种的增加，特别是获金奖产品的项数较大幅度增加，已显示我国产品质量总体水平有了提高。二是到期复查确认的产品质量稳中有升，如衡阳卫生材料厂生产的星球牌创伤膏，1985年获国家银牌奖后，积极采用先进技术和工艺，按国家标准和国外先进标准组织生产，提高了药物的细度，增强了疗效，改进了包装质量，复查确认时被评为金奖。青岛电冰箱总厂生产的琴岛——利勃海尔牌四星级BCD212升双门电冰箱1988年获国家金奖后，投放市场开箱合格率始终保持在100%，售后返修率一直控制在0.4%以内，1990年实现了氟利昂减半的目标，在市场疲软的情况下被誉为“硬头货”。三是获奖产品不仅在国内市场有明显的占有率，而且有相当一部分产品已跻身于国际市场，受到国际上的好评。大连造船厂生产的118000吨穿梭油轮1990年获国家金奖，该油轮1989年1月同另外两艘国外造同吨位的油轮同时交付挪威，一年后，国外生产的两艘油轮因故障停驶，唯有大连造船厂的“埃维塔”号仍在海洋上乘风破浪地航行。挪威船东高度称赞“埃维塔”号是“永不停航的船”。四是获国家优质产品奖的产品已从过去集中在几个主要大工业城市和工业发达地区扩及到江西、陕西、宁夏、内蒙等经济较落后的老区和边远地区。五是乡镇企业、“星火计划”项目中开始涌现出一些水平高的优质产品。还要指出的是，像广东等沿海开放省份和特区，从对参加国优产品评比不十分关心一跃而为有较强的竞争意识，说明国内和国际环境对质量问题的重视已成为企业提高产品质量的一种推动力，正是这种推动力，给我国工业企业提高产品质量带来了紧迫感和活力。

3. 大型企业、重点企业产品质量比较稳定，中小型企业产品质量也有所提高。国家产品质量监督抽查的结果表明，大型企业的产品质量与其它企业相比有明显的优势。1990 年大型企业抽样合格率为 84. 1%，比全国各类企业平均抽样合格率高 7. 2 个百分点。另据国家统计局对全国重点企业产品质量稳定提高率统计的结果，1990 年重点企业产品质量稳定提高率为 78. 7%，比 1989 年高出 10. 6 个百分点。国家监督抽查中小型企业产品的抽样合格率随着治理整顿工作的深化，从 1987 年起，也在逐年提高，1987 年至 1990 年每年的抽样合格率分别为 73. 4%、74. 2%、75. 2% 和 77. 9%。1990 年第四季度国家监督抽查中小企业产品的抽样合格率为 84. 2%。从大型企业、重点企业和中小型企业产品质量稳定提高的现实和趋势可以看出，国民经济骨干队伍在产品质量上起到了排头兵的作用。这为保证社会需要得到满足，保护广大消费者的合法权益，社会的稳定起到了积极的作用。

4. 市场商品的质量，特别是国营大中型商业企业经销的商品质量有一定的提高。近几年来，伪劣商品给消费者和国家经济建设带来了严重损害。市场商品质量问题已经成为政府和广大消费者极为关注的问题。1990 年国家技术监督局部署了全国 40 个市县对市场销售的 10 种商品进行监督检验，共抽查了 116 个单位经销的 652 组样品，抽样合格率为 66. 7%。与 1989 年国家技术监督局第一次组织的十大城市商品抽查的合格率相比，有较大的提高。以罐头食品为例，1989 年十大城市抽查 281 组样品，合格率为 29. 2%，不合格品中约有 1/3 已腐烂、霉变、有严重异味或细菌超标，不能食用。1990 年 40 个市县抽查中，抽查水果罐头 258 组样品，合格率为 54. 6%，不仅合格率提高了 25. 4 个百分点，而且仅有一组样品有轻微腐烂现象，没有霉变和细菌超标、异味等劣质产品出现，除国家组织监督抽查外，全国绝大部分地区也进行了这一工作，据不完全统计，全年共监督检验市场商品 225490 批次，抽样合格率为 58. 24%，比 1989 年的 42. 53%提高了 15. 71 个百分点。市场商品质量的明显提高，既说明了查处伪劣商品、整顿市场经济秩序已取得了成效，也证明了进入市场的商品源头，那些为市场提供商品的生产企业的产品质量提高了。

5. 过去群众反映质量问题较多的产品，质量有较大提高。一是农用物资的质量提高较快。如磷肥质量差是多年存在的老问题，1983 年进行国家统检，共检查了 14 个省、自治区、直辖市的 439 家企业生产的磷肥，抽样合格率仅为 33. 6%。1984 年以后几乎每年都在更大范围进行统检，磷肥质量虽有所提高，但不稳定。1989 年共检查了 28 个省、自治区、直辖市的 1113 个企业（占全国磷肥生产企业 80%以上），抽样合格率达到 66%，从 1990 年前三个季度各地对磷肥监督检验的情况看，抽样合格率已提高到 70%。1990 年对全国 29 个省、自治区、直辖市 2767 家企业生产的饲料进行全国统检，抽样合格率为 59. 7%，其中鸡配合饲料的抽样合格率为 66. 9%，猪配合饲料的抽样合格率为 50. 7%，结果虽不理想，但分别比 1987 年的统检提高了 34. 8 个百分点和 100 个百分点。农药杀虫双水剂 1989 年第二季度国家监督抽查抽样合格率只有 36. 8%，1990 年第三季度国家监督抽查的抽样合格率已提高到 86. 2%。复混肥 1989 年第二季度国家监督抽查的抽样合格率为 60. 2%，1990 年第三季度抽查已提高到 73. 2%。

1990 年家用电器的质量也有了较大提高。如电风扇前三季度部分地区监督检验的抽样合格率达到 87. 6%，与 1986 年对全国 363 家企业抽检后的抽样合格率相比，提高了 34. 8 个百分点。电热毯的抽样合格率由 1986 年第一季度的 11. 6%提高到 1990 年第四季度的 76. 2%，换气扇的抽样合格率由 1988 年第一季度的 53. 3%提高到 1990 年第二季度的 77. 8%。

二、产品质量回升原因的分析

从工业生产内部的规律来说，产品质量的滑坡和回升都有一种滞后性。1988、1989 年质量滑坡是与这之前一些年份经济过热，宏观失控有密切的关系；导致 1990 年质量回升，则是从 1988 年开始的治理整顿的直接效果。这是最根本的原因。除此以外，还有以下一些主要原因。

1. 党中央、国务院领导对质量工作的重要指示起了鼓舞作用。1990 年 2 月，重新发表江泽民同志关于“质量第一是我国在经济建设方面的一个长期战略方针”和李鹏同志关于“要以质量求生存，以管理求效益，以技术求进步”的指示，促使国务院各部门、各行业、各地区把质量工作当作治理整顿中的一件大事，当作振兴中华民族的一件大事来抓，有力地造就了提高产品质量的大环境。1990 年纺织部首先提出在全国纺织工业系统开展“品种质量年”活动；林业部也把 1990 年定为林业部门的第一个质量年；轻工业部提出以质量为中心，振兴轻工业的战略思想；机电部提出“以科技为先导，以质量为主线”，发展机电工业的工作方针；航空航天部提出从上到下把产品质量摆在首位；冶金、农业、建设、化工、船舶等部门都相继提出了促进行业质量工作的政策和措施。上海市提出了全党抓质量，“质量是上海的生命”；北京市把 1990 年定为“管理年”；成都市作出了加强党对质量工作的领导，大力抓好产品质量的决定；天津、江苏、山东、山西、甘肃、陕西、黑龙江、安徽、浙江、大连等省市先后开展了向管理、向质量要效益的活动，制订了一系列具体措施。大环境的形成，为企业重视和提高产品质量确定了方针目标，形成了有利的机制，带动了一大批企业加强技术进步，加强质量管理工作。

2. 监督机制得到强化。1990 年各地技术监督部门根据 1989 年 6 月国务院办公厅批转的国家技术监督局《关于严厉惩处经销伪劣商品责任者的意见》和随后国务院发出的《关于严厉打击在商品中掺杂使假的通知》的精神，在各级政府领导下，主动出击，加强了商品质量的监督和伪劣商品的查处工作，使监督机制得到了加强，促进了经销者对商品质量负责的意识，收到了实效，市场商品质量明显好转就是例证。在强化市场商品质量监督抽查的同时，还通过生产许可证制度，从宏观上控制了生产企业生产合格品的条件。至 1990 年底，已对 400 多种关系到国计民生的重要产品、3 万多企业发放了 4000 多张生产许可证。1990 年有 1700 多种产品因无生产许可证受到处理，价值约 4 亿元。加强生产许可证的监督管理，对企业有一系列的制约和促进，一是改善生产环境，建立完善了规章制度。如哈尔滨市 39 家取得了生产许可证的企业共修改、增加图纸 5120 张，完善工艺文件 1416 份，建立健全各项规章制度 2962 个，增加完善质量原始记录 640 种，建立外协质量保证体系 228 个，新增设备、工装、仪器 1522 台(套)，培训各类人员 44352 人次。二是促进企业产品质量的提高。各地取证的产品质量明显高于未取证的企业，据国家对 5408 个企业生产的 268 类 6839 种产品进行质量监督抽查表明，取证企业的产品平均合格率为 83. 7%，比未取证的产品平均合格率高出 10 个百分点。化学试剂的平均合格率由发证前的 70%，提高到取证后的 92%。三是一些企业尝到了经济效益的甜头。苏州电器一厂 1989 年前，由于企业管理混乱，产品只有 12. 09 万台（套），产值 620. 67 万元，通过生产许可证的考核和监督，1989 年以后，产品、产值和利润分别比原来增长了 118. 8%、167. 8%和 45. 1%。四是有利于产品结构的调整。电度表是热门产品，全国年需求量仅为 1800 万只，但长期来有上千家企业竞相生产，实际产量达到了 3000 万只/年以上，合格率却只有 38%。实行生产许可证的考核，只确认了 65 家采用 IEC 标准生产的企业领取许可证，不仅改变了一哄而上的局面，也使电度表的合格率在国家、行业监督抽查中合格率一直保持在 90%以上，使用寿命也由 3000 小时提高到 40000 小时，供需平衡得到了保证，国家、企业和个人都受益。

3. 技术基础工作得到加强。围绕以质量为中心，从国家到企业，技术基础工作得到了加强。从国家来看，1990 年制订修订国家标准共 853 个，其中属产品质量标准共 218 个，占年度制修订标准总数的 25. 6%，安全、环境、卫生方面的标准共 29 个，方法标准共 361 个，基础标准共 230 个，其它方面的标准共 15 个。在 853 个标准中，达到国际先进水平为 460 个，占本年度标准总数的 54%，达到国内先进水平为 178 个，占本年度标准总数的 20. 9%。在 580 个达到国际先进水平和国际一般水平的标准中，有 266 个采用了国际标准和国外先进标准，其中，采用 ISO 标准有 153 个，占采用总数的 57. 5%，采用 IEC 标准为 41 个，占采用总数的 15. 4%，采用国外先进标准为 72 个，占采用总数的 27. 1%。这一事实说明，我国制修订标准的水平已进入国际先进行列。

1990 年国家已制定了 713 个国家计量检定规程和 605 个部门、地方计量检定规程，制订了 89 个国家计量检定系统表，全国执行强检计量器具 6000 万台(件)，部门和厂矿企业使用的最高计量标准器具的考核发证工作已基本完成，计量认证了 520 个部级以上质检机构和 1300 多个省级质检机构，工业计量定级升级工作继续全面展开，全国已有一级计量合格企业 863 个，二级 16000 多个，三级 64000 多个，其中 1990 年获一级计量企业有 130 个。

国家标准和计量等技术基础工作的迅速发展，从宏观上为企业推进技术进步，提高产品质量提供了高标准的依据和可靠的技术保证，同时也促进了企业技术基础工作的完善，从根本上改变了无标准生产和低标准生产的局面，改变了计量检定手段不全、不符合要求，甚至凭经验控制产品质量的局面。许多企业从实践中体验到，高质量的产品是高标准和高技术的产物，在强化技术基础工作上舍得投资花本钱。这些实际行动，为 1990 年产品质量的回升提供了可靠的技术保证。

4. 质量管理工作有新的进展。1990 年，我国质量管理工作已从推行全面质量管理进入到按国际标准化组织制订的 ISO9000 系列国际标准等效制订的 GB/T10300《质量管理和质量保证》系列国家标准的新阶段。国家技术监督局会同各行业主管部门确定了 116 家试点企业，目前，宣传贯彻试点工作在全国已是方兴未艾。在我国推行这套标准，推进了我国质量管理工作向科学化、程序化、标准化方向发展，对企业建立和完善质量保证体系起到了很大的促进作用。

1990 年质量管理工作深化的一个重要特点是更加注重有效性。国家技术监督局、国务院生产委员会、中国质协联合发出通知，向全国推荐天津市开展降低不良品的活动后，各地积极行动，向管理、向质量要效益的活动迅速在企业里开展起来，广大企业职工不仅从废品这座待挖掘的“金山”里夺回了上千亿元的损失，还通过对影响产品质量的关键工序的质量改进，提高了产品质量。经全国各企业的共同努力，1990 年经严格考核后，由国家质量奖审定委员会评审决定，授予31家企业国家质量管理奖。

5. 企业领导和职工的质量意识普遍提高。企业是生产产品的最基础单元，提高产品质量外部环境固然重要，但起决定作用的还是在企业的领导和广大职工对质量的重视。1990年企业注意在依靠群众，提高素质，加强管理上下功夫，使质量工作落到实处，为质量的回升提供了组织上和思想上的保证。其中，也涌现了一大批先进企业。如武汉钢铁公司坚持走“质量效益型”发展道路，吉林化学工业公司、新华制药厂、第二汽车制造厂、大连石油化学工业公司等企业开展抓质量、创效益、求发展的作法，在全国起到了带头作用。面对市场疲软的不利形势，广大企业感受到了沉重的压力，但同时也带来了巨大的动力。企业的领导和职工都意识到，为了企业的生存和发展，为了改变不利局面，使自己的产品能够占领市场，只有依靠产品质量可靠，性能好，服务周到。这一意识的能动作用，使“皇帝女儿不愁嫁”的思想逐步让位于“以质量取胜”的实际活动。这应该说是1990年质量全面回升的重要一环。

三、产品质量存在的问题仍不能轻视

1990年产品质量有一定提高，但尚未达到历史最好水平，部分产品质量仍然较差，有的产品质量问题还相当严重，质量问题还不能轻视，不能掉以轻心。

1. 1990年监督检验生产企业的产品质量，抽样合格率不到77%，市场商品检查合格率不到60%，即有1/3至1/4的产品不合格，特别是一些乡镇企业，国家监督抽查的抽样合格率还低于全国平均抽样合格率，而且还呈下降趋势。1987年至1990年的抽样合格率分别为69. 6%、64. 7%、61. 2%、56. 2%，1987年低于全国市场抽样合格率7. 7个百分点，1990年已下降为20. 2个百分点。乡镇企业是我国产业结构的一个重要方面，他们之中大多数生产条件较差，管理基础薄弱，这一块不管理好，将对市场是一个很大的冲击。

2. 农用物资质量虽有提高，但质量问题仍不少。农药、磷肥的抽样合格率只有70%左右，饲料的抽样合格率也只有60%左右。一些伪劣农用物资还在生产和销售，有的还造成严重的质量事故。农用物资的质量问题不解决，不仅影响到农民的切身利益，也不利国家的安定团结。

3. 1990年因伪劣产品造成了多起人身伤亡或财产损失的重大质量事故。据部分地区反映，因电器插座不符合标准，使电风扇和电冰箱保护器带电，造成河南、广东两地各死亡一人；因劣质阀门在使用中爆炸，造成一人死亡，二人受伤；河北、河南、贵州等地都发生家用汽化油炉使用中爆炸，造成二人死亡，五人受伤及火灾多起的严重质量事故。还有塑料电线、低压电器、阀门、轴承、汽车零配件等一些生产技术比较简单的产品，产品质量问题也较多。

4. 监督机制还不完善。国家、部门、行业和地区之间的关系没有完全理顺，一是重复检查、重复收费的现象屡有发生；二是少数地区和部门存在地区、部门保护主义。这些需要从体制和管理权限上加以解决。

5. 质量管理工作发展不平衡。有些大中型企业急于摆脱三角债的困扰和如何搞活，无暇顾及在质量管理上的投入；有的企业眼前产品还有销路，看不到潜在的危机，对质量工作重视不够；相当一部分乡镇企业还存在“急功近利”的观念，“打一枪换一个地方”，对质量工作缺乏认识。

上述情况说明，对于质量问题需要综合治理，需要坚持不懈地抓下去。1991年，是我国进入第八个五年计划的第一年，我们要在“质量、品种、效益年”活动中，开创质量工作的新局面，使产品质量在过去一年逐步回升的基础上，取得更大的成绩。

（撰稿人：李保国）

企业专利工作情况

国家专利局专利管理部

随着改革开放的深入发展，我国于1985年4月1日颁布了专利法。专利法的实施，调动了广大群众的发明创造积极性，保护了发明人、专利权人的合法权益，促进了发明创造成果的推广应用，推动了科学技术的进步和国民经济的发展。越来越多的企业已认识到专利工作的重要性，将专利工作逐步纳入企业的科研管理、生产管理和经营管理活动中，在进行新产品开发和技术改造时，检索利用专利文献，节约了时间，节省了资金，避免了重复工作，提高了新产品和技改的质量和水平。在企业开发新产品过程中，对那些具有新颖性、创造性、实用性的项目及时申请专利，保护了企业的权益。在产品进出口、技术进出口中，进行专利文献检索，避免了侵权事件的发生，有效地保护了我国进出口贸易中的权益，节省了资金。许多企业还积极跟踪本行业的世界最新发展动态，定期、不定期地编辑有关资料，为技术人员提供服务，为企业决策者提供科学依据。

截止到1990年12月，国内工矿企业累计申请专利19417件，占国内申请总量的14.1%。专利实施也取得好成绩，据不完全统计，几年来新增产值238.4亿元，新增利税51.5亿元。目前，已有近14000名经过培训的企业专利工作者分布在各地中，从事本企业的专利工作。

企业是发明创造的源泉，又是专利实施的基地。1986年召开的第二次全国专利工作会议即把企业专利工作作为一个重点提了出来，会后国家经委、科委、财政部、中国专利局联合下发了《关于加强企业专利工作的规定》，规定指出贯彻执行专利法是企业改革的重要内容，要求企业建立建全专利管理工作制度，充分利用专利法保护企业利益，推动企业技术进步。1990年3月，国家计委、科委、国务院生产委、国家体改委。中国专利局联合印发了《企业专利工作办法（试行）》，办法对企业专利工作的机构、任务作了具体要求，对专利申请，实施的管理，专利文献的利用，以及对发明人的奖励作了具体的规定。该办法是企业专利工作的指导性文件，各省、自治区、直辖市，都认真贯彻执行。1990年10月在湖南长沙召开的全国专利实施经验交流会上，总结了专利法实施工作的经验，推动了工作的开展。

随着企业改革的深化，市场竞争的日趋激烈，企业专利工作在1990年有了较大的发展。

一、企业专利工作机构

根据《关于加强企业专利工作的规定》及《企业专利工作办法（试行）》，1990年各专利管理机关会同当地计（经）委、科委，在4877个企业中开展了专利试点工作，要求试点企业做到专利工作“三落实”，即领导落实，机构落实，人员落实，有的地方还要求任务落实。山东省开展了创专利先导型企业的活动，上海开展了创“专利双优企业”（专利申请、专利实施双优企业）的活动，辽宁省把专利工作纳入创建科技先导型企业的活动中，建立了企业专利工作的定性定量考核体系。部分省市还对试点企业的专利工作进行了检查、考核、验收，达标企业颁发合格证书。据青岛市的调查表明，试点企业中85%的企业建立建全了专利工作制度，90%的企业认真组织了专利法的宣传，学习。目前，一些大中型企业的专利工作机构基本归在总工程师办公室或企业科技处，由总工程师或副厂长（副经理）负责，工作人员为经过培训，取得企业专利工作者证书的人员。据不完全统计，全国企业专利工作者已达13495人。

二、企业专利申请

1990年国内企业申请专利累计达5956件，占总申请量（国内）36585件的16.4%，比1989年的3725件增长60%。广东省在国内企业申请量中列第1位，为715件，占其全省申请量的36.7%；山东列第2位为701件，占其全省申请量的27.5%；江苏列第3位为522件，占其全省申请量的19.3%。1985～1990年国内企业专利申请量逐年增加如下表：

年度	申请数量（件）
1985	1126
1986	2007
1987	3078
1988	3516
1989	3725
1990	5956

1985年～1990年企业专利申请量在国内总申请量中所占比例如下表：

年度	企业专利申请所占比重
1985	12.0
1986	14.7
1987	14.2
1988	12.3
1989	12.8
1990	16.4

从上面两表可以看到，企业申请量逐年增长。在经历了1988年、1989年的低增长以后，1990年有较大幅度的增长，在申请总量中所占比例也有较大提高。可以预见，随着社会主义有计划商品经济的进一步发展，随着企业竞争机制的进一步完善，企业的专利意识将进一步提高，企业专利工作将得到加强，专利申请量还会有更大的增长，在申请总量中所占比例也会大幅度提高。

三、专利技术的实施

1990年，各专利管理机关认真贯彻第三次全国专利工作会议的精神，解放思想，开拓思路，狠抓专利技术实施，促进了科技长入经济，为经济发展做出了贡献，使专利制度显示出旺盛的生命力。据对全国已实施的3518项专利技术的统计表明，1990年新增产值819018.24万元，新增利税167462.56万元，创汇12087万美元。

各专利管理机关抓专利技术的实施主要有以下思路：

（一）贯彻中央关于发展社会主义有计划商品经济的精神，根据我国专利制度的特点，努力将专利技术的实施纳入各级计划。去年1年，据对12个省市的统计，共有613项专利（申请）技术纳入各级计（经）委，科委的经济及科技计划。

（二）建立实施基金或周转金，扶持非职务发明的开发实施。各专利管理机关加强与当地银行、财政、计（经）委、科委的联系，努力开展工作，争得有关部门支持。目前已有半数以上省（市）建立了专利实施基金或周转金，这些资金投入专利技术的开发实施后，均产生了良好的效益。

（三）充分利用市场机制，促进专利技术的实施。去年，中国专利局在广州举办了“第二届国际专利及新技术新产品展览会”，获得圆满成功。部分省、市也举办了各类展览会、技术交易会、信息发布会，为专利技术的实施牵线搭桥。有的省市还加强横向联系，建立专利实施协作网，沟通信息，相互交流。

工矿企业申请的专利项目一般均得到实施，据统计，实施率达75.5%，主要原因在于企业申请的专利一般都是在生产过程中产生的。专利技术的实施，给企业带来了巨大的经济效益，也促进了企业的技术进步。

四、专利文献的利用

专利文献集技术、法律和经济情报于一身，对企业的技术进步有重要的促进作用。据有关资料分析，全世界每年发明成果的90%～95%可首先在专利文献中检索到，而世界知识产权组织估计，充分利用专利文献可缩短科研周期60%，节约时间40%。

许多企业已认识到专利文献的重要性，积极订阅专利公报，收集、整理有关本企业、本行业的产品及技术发展动向。在新产品开发、技术引进、产品出口前，委托中国专利局、或地方专利管理机关、专利事务所进行文献检索，避免了低水平的重复研究及侵权，保护了企业的合法权益。

以上说明，1990年，企业专利工作有较大发展，申请量大幅度提高，开展工作的企业成倍增加，但是从我国拥有1万2千个大中型企业，1900万个乡镇企业来看，企业的专利申请量还很小，申请专利的企业也很少。一个大企业平均一年申请不了一项专利，与国外一个企业一年申请上千上万项专利相比，差距很大。此外，对职务发明的发明人的奖酬兑现也存在问题。江西省的调查表明，在科研院所、大专院校、工矿企业三者之中，工矿企业的奖酬兑现率最低，为55.3%。这一方面是由于企业领导的认识所致，另一方面是平均主义在作怪，怕引起别的职工的攀比。这说明企业专利工作仍然是我国专利制度建设中的一个薄弱环节。李鹏总理指出：“企业专利工作是我国专利制度的基础，企业专利工作能不能顺利地建立和发展不仅关系到专利申请的数量和质量，还将关系到整个专利制度的成败。”这番话，极其深刻地阐明了企业专利工作在我国专利制度中的重要地位，也为我们开展和加强企业的专利工作指明了方向。我们必须在深化改革中，进一步做好企业专利工作，以为加速我国社会主义现代化建设做出贡献。

（撰稿人：廖涛）

企业社会主义劳动竞赛与合理化建议活动

中华全国总工会经济技术劳动保护工作部

一、社会主义劳动竞赛深入发展

社会主义劳动竞赛是企业里的职工群众争先创优的比赛活动，它运用荣誉和物质的奖励手段，激励职工群众积极地创造性地去完成生产任务，是我国长期坚持的发动和依靠职工群众办好企业的一种重要形式。

社会主义劳动竞赛在我国已经有六十多年的实践活动了，从1933年江西革命根据地起直至如今，这项活动得到了持续发展，为推动社会主义生产建设作出了重大的贡献。延安时期在公营工厂开展的新劳动者运动，东北革命根据地开展的创造新纪录运动，以及新中国成立以后开展的爱国主义劳动竞赛、增产节约运动、先进生产者运动、为四化立功活动等，都对生产建设起了积极的促进作用。在这些竞赛活动中，涌现出了赵占魁、孟泰、马恒昌、刘芙源、王崇伦、黄昌、王进喜、张秉贵、时传祥等等一大批著名的劳动模范和英雄人物。

社会主义劳动竞赛在历史的进程中，一方面推动着经济建设的发展，另一方面也在发展着自身。特别是在党的十一届三中全会以后，为了适应企业改革的需要，劳动竞赛实行了一系列的改革。在竞赛的目标上，由过去只注重产值、产量、速度，转变为以提高经济效益为中心，促进生产经营管理水平的提高和技术进步的发展；在竞赛的对象上，由过去偏向一线工人，转向工人、技术人员和管理人员参加的全员竞赛；在竞赛的领域上，由过去局限于在生产环节和生产过程中开展竞赛，转变为生产经营全过程的竞赛。

1990年是我国治理整顿和深化企业改革重要的一年，各企业工会组织发动广大职工深入地开展了以提高经济效益为中心，以双增双节为重要内容的劳动竞赛，广大职工以“厂兴我荣，厂衰我耻”和“企业有困难，我们做贡献”的高度主人翁责任感，千方百计地挖掘企业的潜力，克服各种困难，使企业摆脱困境。特别是各地开展的重点工程赛、百家窗口行业赛、班组升级达标赛等等，形式生动活泼，收效很好。

据统计，1990年全国有37万个企业开展了劳动竞赛，参加劳动竞赛的人数达到了7200多万人，创造了可以计算的经济效益387.55亿元。同时，涌现出县级以上的先进生产（工作）者22.1469万人，先进集体5.5570万个，有1047名先进人物获五一劳动奖章，328个先进集体获五一劳动竞赛奖励。

二、合理化建议和技术改进活动

合理化建议和技术改进活动是依靠职工群众办好企业的一种行之有效的重要形式，是充分发挥职工群众的积极性和创造性推进企业技术进步，提高经营管理水平的重要途径。

我国合理化建议和技术改进活动起始于1947年辽宁省的旅大地区，1949年遍及全东北，1950年在全国范围内推广。这项群众性的技术活动由于党和政府的重视，几十年来有了重大的发展，在我国的历史上相继形成了三次大的高潮，为发展国民经济，建设社会主义，顺利完成各个五年计划作出了重大的贡献。第一个高潮出现于国民经济的恢复时期，那时全国职工为了医治战争创伤，促进国民经济的根本好转，提出的合理化建议和技术革新达到了103万件（项），涌现了张明山、王崇伦等著名的劳动模范，他们创造的反围盘和万能工具台，曾经在全国范围内产生了很大影响。国民经济进入有计划的大规模建设时期，于1954年在全国掀起了以技术革命、技术革新和技术协作为主要内容的第二次高潮，千百万先进生产者在党的领导下，广泛开展了技术革新、技术协作和技术攻关活动，倪志福、吴家柱等一大批先进人物就是其中最杰出的代表。据统计，这一时期全国职工提出的合理化建议达到了1.9亿件，有力地推动了我国的经济建设。党的十一届三中全会以后，我国群众性的合理化建议和技术改进活动又进入了一个新的高潮，国务院于1982年颁布了《合理化建议和技术改进奖励条例》，1986年又进行了重新修订和发布实施，由于中央和政府的积极提倡，进一步调动了亿万职工的积极性，合理化建议获得了大面积的丰收，据统计，1979年至1989年十年间，全国已有26万个企事业的6700多万职工投入到这项活动中，提出建议6400多万件，采纳3000多万件，实施2000多万件，节约和创造价值415亿多元。

1990年，合理化建议活动空前活跃。五一节前夕，中共中央政治局常委、书记处书记李瑞环，就在全国开展合理化建议活动的有关问题，回答了《经济日报》记者的提问，倡议把合理化建议活动在全国广泛开展起来。在这之前，即四月十五日，中华全国总工会作出了《关于动员全国职工广泛开展合理化建议和发明创造的决议》，同年九月，由全国总工会、国家计委成立了全国合理化建议和技术改进活动领导小组。这些都得到各地区、各产业领导同志和广大职工群众的热烈支持和响应。强有力的领导推动和广泛的群众参与，使我国企业内的合理化建议活动的规模更广阔，内容更深刻，效果更显著。表现为以下几个特点：

一是参加的人员更广泛，已由生产工人扩展到科技人员、管理人员和经营决策人员。据对全国290个企业的调查统计，在提建议的职工中，技术人员达到了24.4%，管理人员达到了18.24%。又据对近千名全国合理化建议积极分子调查统计，技术人员和经营管理人员分别达到了41.5%和31%。

二是合理化建议的内容更丰富，不仅向着技术进步和提高管理水平发展，而且开始触及经济结构调整和深化企业改革的深层次问题。据对全国31个城市的调查统计，在提出的合理化建议中，涉及技术进步方面的占40.35%，经营管理方面的占27.11%，经营决策方面的占8.04%。有些职工还就产业结构调整、劳动制度、工资制度等深化改革等方面的工作提出了许多很好的建议。

三是提合理化建议的领域在扩大，职工们不仅在生产上和技术上提建议，而且在经营管理、商品流通、金融财政以及经济的宏观调控等方面提建议。

四是合理化建议取得的经济效果十分显著。据对全国30个省、自治区、直辖市的统计，有30.38万个企业开展了合理化建议活动，比1989年增加了4.7万个，增长18.3%；提建议的人数达2157.3万人，比1989年增加763.8万人，增长54.8%；提出的建议2066.3万件，比1989年增加676.6万件，增长48.6%。其中已被采纳的建议879.7万件，比1989年增加226万件，增长34.5%；已实施的建议570.9万件，比1989年增加141.7万件，增长33%。全国共创造经济价值200多亿元，比1989年增长28%。同时全国还涌现出991名职工和250个企业分别获得全国总工会、国家计委授予的全国合理化建议和技术改进活动积极分子和先进集体的称号。还有不少省市举办了合理化建议和技术改进展览会，将这些成果进入技术市场，使其在更大的范围内转化为社会生产力。

五是合理化建议活动的组织领导和基础工作有了加强，许多省市建立了合理化建议和技术改进活动领导小组，许多企业完善了评审机构、处理程序和管理制度，加强了对这项活动的领导、检查和监督。

（撰稿人：高明歧）

企业思想政治工作

中国职工思想政治工作研究会

1990年，广大企业认真贯彻中共中央的指示精神，进一步积极而稳妥地调整了思想政治工作领导体制，恢复健全了政工机构，充实了政工队伍，企业思想政治工作得到了进一步加强。据不完全统计，到1990年底，在全国大中型企业中，企业党委领导并进行思想政治工作的占90%以上，党委职能机构恢复和健全的约占85%，专职政工干部占职工总数的比例达0.85%，设专职党委书记的企业约占80%。同时，宣传阵地有所扩大，企业党校和政校有了新的发展；思想政治工作的一些好的传统、制度也得到了一定程度的恢复和发展；思想政治工作研究进一步深化，思想政治工作学科建设有了新的进展；企业政工人员的专业职务评聘工作全面展开；政工干部的培训开始得到重视和加强。仅参加中国职工思想政治工作研究会举办的函授班学习的就有九万余名。这些都既是构成思想政治工作新转机、实现"恢复性加强"的重要方面，也为思想政治工作朝"深化性加强"方向发展奠定了基础。

特别是在这一年5月召开的中国职工思想政治工作研究会第六次年会上，中共中央总书记江泽民和国务院总理李鹏同志发了贺信。中共中央政治局常委李瑞环同志作了《关于职工思想政治工作的若干问题》的重要讲话。李瑞环同志的这篇讲话，深刻阐明了企业思想政治工作的地位和作用，全面总结了企业思想政治工作的成功经验，并提出了当前企业思想政治工作的主要任务，就是要充分调动广大职工的积极性。广大企业认真贯彻中央领导同志在六次年会上的贺信和讲话精神，围绕企业思想政治工作的主要任务，围绕稳定形势和治理整顿、深化改革，做了大量的、深入细致的思想政治工作，取得了较大的进步和显著的成绩，从而促进了企业的稳定和发展。在市场疲软、产品积压、原材料短缺、资金紧张的状况下，国营大中型企业仍然为国家作出了很大贡献。

在这一年中，在加强企业思想政治工作、调动职工积极性方面，主要做了以下几项工作：

一、紧紧抓住根本，在职工中广泛开展以社会主义问题为重点内容的“双基”教育，着力解决职工思想中的深层次问题

李瑞环同志指出：“职工的积极性，是职工的理想、道德、纪律、文化诸方面素质的综合的现实的表现，是指劳动者的生产积极性和创造精神，当家作主的主人翁意识，热爱祖国、热爱社会主义的政治热情，一句话，就是投身社会主义现代化建设的积极性。”广大企业党政领导和政工干部从“积极性”的内函出发，从解决思想认识上的困惑和疑虑入手，注意提高职工的思想政治素质，做了大量的工作。突出的是按照中央宣传部、国家计委和全国总工会于1990年初颁发的《关于在企业职工中进行基本国情与基本路线教育的通知》精神，在全体职工主要是青年职工中进行“历史与国情”、“建设与改革”、“传统与使命”的系统教育。各地区、各企业普遍建立了“双基”教育的领导机构、工作机构；在大量调查研究的基础上，制订了切实可行的规划；开辟了教学阵地；恢复和建立了一批职工政治学校；培训了一大批“双基”教育的骨干力量；按照中宣部的“双基”教育提要编写了教材。虽然不少企业经济比较困难，开展这一教育有一定难度，但企业领导站得高，看得远，想得深，千方百计坚持开展系统轮训。据1990年底统计，在大中型企业的青年职工中，已参加脱产轮训的占25％以上。有的城市达到了70％以上。

各地企业在开展“双基”教育中，抓住近代历史和现实国情这个“着手点”，引导广大职工从中国的国情出发，想问题，作判断，办事情。让职工学会运用科学的理论、方法，对丰富翔实的历史资料和现实材料进行分析判断，进行多角度、多侧面的纵横比较，使广大职工从理论与实践的结合上认识社会发展的客观规律，认识我国自然、社会发展的历史与现状以及客观要求，从而提高对党在现阶段的基本路线、方针、政策的理解及执行的自觉性。还着重解决坚定社会主义信念，增强党的领导观念两个深层次问题。广大企业注意把国情、历史、现实、理论有机结合起来，让职工进一步懂得没有共产党就没有新中国，只有社会主义才能救中国、才能发展中国的真理，懂得中国选择社会主义不可逆转，改革开放不可逆转的基本道理，从而对中国共产党、对社会主义、对改革开放形成一个正确的信念和牢固的认识。此外，教育中始终着眼于提高职工队伍整体素质，调动职工的社会主义积极性，以促进企业经济效益的提高和生产经营的发展。通过“双基”教育，进一步激发职工关心企业的责任感和强烈的参与意识，为企业发展献计献策，排忧解难，脚踏实地地为企业的发展奉献智慧和力量；教育中，还广泛开展了比贡献、比质量、比效益等立功竞赛活动，促进“双增双节”、合理化建议活动的深入开展。广大职工把通过“双基”教育增强起来的社会主义信念转化为献身“四化”的行动，把主人翁精神和历史责任感落实到热爱企业、热爱本职、热爱劳动上，努力振兴企业，特别是搞活大中型企业，为完成“八五”计划的任务而奋斗。

二、认真贯彻落实全心全意依靠工人阶级的方针，增强职工的主人翁责任感

十三届四中全会后，中央反复强调要在各项工作中认真贯彻全心全意依靠工人阶级的方针。十三届六中全会又作出了关于加强党同人民群众联系的决定。广大企业贯彻中央的方针、决定，创造和积累了不少好的经验，职工的主人翁觉悟和生产积极性有了提高。在这方面，很重要的是正确处理“依靠”与“当好”的关系，“一手抓依靠”，即教育干部牢固树立全心全意依靠职工办企业的思想；“一手抓当好”，即帮助职工提高觉悟和素质，引导和教育职工当好主人。”

（一）全心全意依靠全体职工办企业。越来越多的企业领导干部认识到，只有让职工当家做主，才能激发他们的主人翁责任感；只有真正确立职工在企业的主人地位，职工才会操主人心，想主人事，尽主人责，以主人翁态度工作。因此，他们采取各种措施，强化企业的民主管理，并建立健全相应的制度。坚持“人民为本”的首都钢铁公司把民主管理的权利逐步扩大到全公司的18万职工，让大家都享有对企业重大决策的讨论权、知情权、建议权、选举和推荐权、监督权，并建立了十项具体制度用以确保职工的民主权利。上海第一钢铁厂则颁布了50项规定，使依靠职工办企业制度化、规范化和科学化。湖北沙市第三棉纺织厂创造并应用“第一要素工作法，”从各方面确立和保证职工群众的主人翁地位，等等。广大职工有了看得见、摸得着、并能实际行使的民主权利，也就实实在在地感到自己是企业的主人，也就为企业的兴衰尽心竭力。

“一手抓依靠”的实践，使越来越多的企业树立起科学的依靠观，即时间上一贯依靠，不搞权宜之计；对象上整体依靠，不搞轮流坐庄；政策上准确依靠，不搞

忽冷忽热。注意处理好企业内部各类人员之间的关系，调动企业整体队伍的积极性。

（二）教育和引导职工当好主人。

广大企业在“一手抓依靠”的同时，坚持不懈地“一手抓当好”，用抓“依靠”，鼓励和促进“当好”；用抓“当好”，为“依靠”提供基础和保证。结合“双基”轮训，各地企业广泛地对职工进行传统与使命的教育，增强职工的主人翁意识，提高职工的主人翁素质。不少企业反映，这两年职代会讨论的热点问题，已不再主要是生活福利问题，而主要是企业生产经营中的重大问题，这与职工觉悟、素质的提高有直接关系。

（三）改善干群关系，充分发挥领导干部的表率作用，以影响和激励职工。

在企业面临困难的条件下，职工群众对企业领导干部的表率作用希望很大，要求很高。因此，各级领导干部严于律已，率先垂范，努力改善干群关系，对调动职工积极性，起着直接的、关键的作用，这是当前调动职工积极性迫切需要解决、而且能够解决的问题。基于这样的认识，企业各级党组织和行政领导，通过思想教育和建章立规等措施，普遍注意三个方面：

1. 抓廉政，赢民心。许多企业干部把廉政建设视为调动职工积极性“不必花钱的‘投入’，不用‘投入’的‘产出’”。在票子、房子、孩子、妻子、车子等敏感问题上，严格要求，不搞特殊。许多企业在奖金分配上，一线工人比车间干部拿的多，车间干部又比厂领导和科室人员拿的多。职工从德廉自律的干部身上看到了希望，增添了信心，从而激发了积极性。

2. 抓勤政，稳民心。特别是困难较大的企业，一般都注意想方设法使企业摆脱困境，面对困难不叫苦、不退缩，千辛万苦地干。广大职工感到有“主心骨”，稳定了情绪，发挥了潜在的积极性。

3. 抓实事，得民心。在企业特别是国营大中型企业，职工的衣食住行，指望着企业，生老病死，依靠着企业。广大企业领导认为，干部不仅要做到两袖清风感染群众，还要做到双手办事为群众，感动群众。

一年多来，普遍注意把思想教育与解决实际问题结合起来，各企业在解决职工福利待遇、住房、交通、子女入托等问题上都想了许多办法，做了大量看得见、摸得着的实事。有些职工高兴地说：“领导心里装着群众，群众心里想着企业”。

三、紧紧围绕生产经营开展思想政治工作，为企业的稳定发展提供强有力的思想保证

十三届四中全会后，广大企业认真贯彻党的基本路线，思想政治工作更加自觉地根据“一个中心，两个基本点”的要求，从本企业实际出发，紧紧围绕生产经营来开展。许多企业党委把实现工厂方针目标作为自己的工作中心，通过振奋企业精神，理顺职工思想情绪，稳定职工队伍，增强企业凝聚力等，来协助支持厂长抓好生产经营工作，提高企业经济效益。努力做到行政上有困难，鼎力相助不袖手旁观；工作上遇阻力，主动排除不回避；生产上出问题，共同承担责任不推诿。凡属企业生产经营中的重大问题，如年度目标责任制的制定，分配方案的改革，财政决算等涉及工厂发展方向和党的方针政策、职工切身利益的大事，党委都要主动与厂长研究，积极出主意想办法。许多企业，在每年之初召开职代会以后，便马上召开党委扩大会或党员大会，研究贯彻工厂方针目标的保证措施，动员广大党员在实现工厂方针目标中发挥先锋模范作用。同时，都要在广大职工中安排一段时间进行形势任务教育，动员职工为实现工厂方针目标献计献策，努力工作。许多企业党委还经常调查研究分析生产经营情况，透过企业生产经营中的问题寻找如何做好人的思想政治工作的题目。例如，一些企业针对资金紧张、原材料短缺等困难，组织职工开展“工厂有困难，我们怎么办”的大讨论，以促进“双增双节”活动的深入开展；针对产品质量不高、库存积压增多的问题，开展质量意识教育，组织进行质量攻关，并发动职工，想法打开销售渠道；针对企业生产任务有可能完不成的情况，动员广大职工提建议，挖潜力，并组织机关干部到生产一线参加劳动等。许多企业努力加强基层党组织建设，发挥党支部和党员在生产经营活动中的战斗堡垒作用和先锋模范作用。有的企业党委和党支部针对本单位面临的形势、任务和工作重点、难点，分别按年、季、月向党员提出如何起带头作用的具体要求，使党员明白自己在各个时期应当做什么、怎么做。因此，不少企业经常出现完成生产任务最好的是党员，钻研技术最出色的是党员，提合理化建议最多的是党员的动人局面，使群众感到党员确实是可信任的，值得学习的。许多企业还十分重视培养企业精神，把爱党、爱国与爱厂、爱岗紧密结合起来，用企业精神来激励广大职工为振兴企业而努力拼搏。许多企业常年组织各种类型的劳动竞赛和评比表彰先进等活动，及时把广大职工的社会主义积极性引导到企业生产经营上。

四、思想政治工作重点下移，深入到车间、班组，注入到职工的心坎上

企业的基础是班组。一年来许多企业在消除前些年淡化、削弱思想政治工作所造成的影响、着力进行理

顺体制、恢复优良传统的基础上，注意实行思想政治工作的重点下移。在这方面，企业党委主要从明确思想、健全组织、建立制度等方面，促使政工部门和政工干部把主要精力放在车间、班组上。不少地区、部门作出明确规定。铁道部党组把增加的政工人员职数的90%以上都用于基层。许多企业党委做到了“思想政治工作部署突出班组，内容安排贴近职工”；许多企业党委建立了党委成员和政工干部与车间、班组挂钩联系制度，对其工作实绩随同车间、班组一起考核；不少企业还注意在一线工人中发展党员，努力减少党员空白班组，并在班组设立“政工员”或“报告员”、“宣传员”、“信息员”，着力建设班组思想工作骨干队伍。

实行重点下移，更重要的是体现在思想政治工作的内容上，紧靠班组实际，紧贴职工心理。有些企业注意加强调查研究，在弄清职工在想什么的基础上有针对性地开展工作。如甘肃白银有色公司两次进行万人大调查，细致地了解分析职工心理，摸准职工思想脉搏，有的放矢地做好思想政治工作，使企业一直保持人心稳定，热情高涨，企业生产建设连年迈新步。

武汉市的一些企业党委做到了在关键时期必进行家访，即在生产任务紧张时，职工加班加点时，高温季节来临时，奖金下降时，职工家庭有病伤、死亡、婚育、灾情以及家庭、邻里发生纠纷时，有关领导和政工干部都要到职工家里进行慰问、谈心，帮助解决问题，把党的温暖送到职工心坎上。武汉锅炉厂除上述“八必访”外，还规定干部逢年过节不走“热门”串“冷门”，到那些有困难的和犯有过失的职工家庭进行走访，使职工深为感动。

五、搞好领导班子和政工干部队伍的建设，使之成为思想政治工作的“骨干力量”

“羊群领路靠头羊，大雁无首难成行。”要调动职工的积极性，首先必须做好领导班子自身的思想建议，一年来，许多企业领导干部通过学习《关于社会主义若干问题学习纲要》，坚定了社会主义信念，在严峻的形势面前，保持清醒乐观头脑；通过学习十三届四中全会以来中央一系列重要指示和中央领导同志的讲话，不争地位高低，不计权利大小，党政同心，团结协作，共同为战胜困难、振兴企业日以继夜地工作。正如职工所说的“党政同心干，企业就好办”。与此同时，较普遍地注重了政工干部队伍的建设，着力于提高政工干部的思想、理论、业务素质，一年多来，不少企业在这方面做出了显著成绩，并在努力探索和解决政工干部后继乏人的问题。

六、职工思想政治工作的研究更加活跃，思想政治工作的理论水平有了提高

在整个思想政治工作出现新的转机的形势下，1990年中国职工思想政治工作研究会和各级职工思想政治工作研究会，把握住有利时机，从企业实际出发，围绕加强和改进企业思想政治工作，及时地开展了各种富有成效的研究活动。首先，下大力抓好服务于当前的思想政治工作应用研究。特别是中央领导把调动职工积极性作为当前企业思想政治工作的主要任务这一课题提出后，引起各方面普遍关注，大家围绕这一课题开展调查研究、撰写论文专著、举办了各种形式的讨论会、研讨班。如中国职工思想政治工作研究会在兰州举办的“全国企业思想政治工作研讨班”上，围绕如何正确认识当前企业职工思想政治工作的形势、地位作用、主要任务以及进行工作的基本原则、方法等专题，进行了认真的研讨；此后，又在济南召开了有关如何调动职工积极性问题的专题研讨会。各地的思想政治工作研究会也相继组织了一系列的研讨活动。上述这些研讨，都取得了较好的成果。有一定的高度和深度。

在思想政治工作的基础理论研究方面也有一定进展，1990年11月，全国研究会在无锡召开了首次全国思想政治工作基础理论研讨会，围绕加强思想政治工作基础理论研究和建立学科理论体系的重要性，思想政治工作这门学科的理论框架，以及如何把思想政治工作的科学理论体系逐步建立起来等问题，广泛地交换了意见，并组织编写了、《新时期思想政治工作丛书》，邓小平同志为丛书题写了书名。第一批7本已于1990年底出版发行。这套丛书的出版，对提高思想政治工作队伍素质、加强思想政治工作理论建设必将产生积极的作用。

总之，思想政治工作已经出现新的转机，企业思想政治工作得到新的加强和改进。但思想政治工作还面临着严峻的形势和新的挑战，还存在着不少困难和问题。比如，企业思想政治工作的宏观环境虽然有所改善，但并没有根本好转；企业干部、群众中一些深层次的思想问题，还要下很大气力去解决；调整、健全企业思想政治工作的领导体制，还要进一步统一思想，理顺关系；企业思想政治工作的内容、方法还有待改进，等等。所有这些都说明，今后的任务还是十分艰巨的。我们必须加倍努力。

（撰稿人：李俭　罗红军）

制止“三乱” 减轻企业负担

国家计委企业管理司

近几年来，党中央、国务院针对一些地区和部门出现的乱收费、乱罚款和各种摊派（以下简称“三乱”）的情况，曾多次发布文件严加制止。各地区、各部门也做了一些工作，但总的说效果不明显，问题仍相当严重。不少地区和单位违反国家规定，任意增加收费项目，提高收费标准，名目繁多；有的随意对企事业单位和群众罚款，甚至乱设关卡、敲诈勒索；有的搞建设、办事业不量力而行，强制集资摊派；有的财务管理混乱，监督检查不严，违法违纪现象经常发生。“三乱”问题屡禁不止，日趋严重，已成为一个尖锐的社会问题，群众反映十分强烈。为此，党中央、国务院1990年9月16日做出决定，坚决制止“三乱”，并在全国普遍开展全面清理整顿工作。各级党政领导对此十分重视，加强了组织领导，开展了宣传工作，并与纠正行业不正之风和加强廉政建设结合起来。经过前一阶段的清理整顿，已经取得了初步效果。“三乱”愈演愈烈的趋势得到了遏制，初步形成了治理“三乱”的小气候。

到目前，在清理整顿收费方面，据28个省市的统计，共清理项目26.1万个，其中属于乱收费的有4.1万个，已经和准备取消的有1.6万个，约可减轻企业和群众负担23亿元。在清理整顿罚款方面，据27个省市的统计，共清理项目1.9万个，其中属于乱罚款的有2657个，已经或准备取消的有1760个，约可减轻企业和群众负担2.2亿元。在清理整顿集资摊派方面，据27个省市统计，共清理项目3.2万个，其中应取消项目6798个，已经和准备取消的有1579个，约可减轻企业和群众负担6.4亿元。与此同时，各地还撤销了一批非法及重复设置的公路站卡，处理了一些违纪案件。实践证明，党中央、国务院决定在全国范围内开展制止乱收费、乱罚款和各种摊派的工作是十分必要的，是深得人心的，受到了社会各方面的广泛拥护和支持。但是，治理“三乱”工作还存在很大差距。主要是思想发动工作还不够深入。有些地区和部门对“三乱”的危害性和治理“三乱”的重要性、紧迫性认识不足，算本单位小帐多，算国家大帐少；看眼前利益多，看长远利益少；从经济上考虑多，从政治上考虑少。因此，往往是“讲起来恨，做起来爱，揭起来怕，查起来保”，不愿动大手术，制止“三乱”工作还存在有一些阻力和薄弱环节。

一、治理“三乱”是政治经济形势发展的迫切要求

治理“三乱”是治理经济环境，整顿经济秩序的重要措施。目前，乱收费、乱罚款、乱集资摊派已经影响了国民经济治理整顿的顺利进行。比如，现在国家要加强重点建设和基础设施建设，而各方面向基本建设和技术改造项目乱收费、乱集资摊派就达400多种。许多城市收取的城市配套费，是按建设项目用地面积或是按新建建筑面积或按投资的一定比例计取，往往大量的建设资金被征收走，而实际的基础设施还得自已搞。据某省的调查，借建设项目征地之机，“搭车”、“挂钩”的各种摊派就有23种之多，使征地拆迁费用连年暴涨。某国家重点建设乙烯工程，自开工建设至投产，各种集资摊派取费总计6387万元。据50多个国家大型建设项目调查，工程超概算140多亿元，超概算幅度已达30%以上。可见“三乱”已严重干扰了重点建设的进行。另一方面，通过乱收费、乱罚款、乱集资摊派集中的资金，有些却用来修建住宅、盖办公楼、发奖金等，扩大了非生产性支出和个人消费，导致了国家资金流失转移，投资规模和资金投向失控，造成了不良后果。同时，由于乱收费、乱罚款、乱集资摊派，加重了企业负担，影响了企业的经济效益。也造成了国家财政收入的大量流失。

治理“三乱”是深化改革的必要条件。这几年，通过财税制度的改革，调整了国家同企业的分配关系，增加了一些企业的财力。但是有些地区和部门，打着改革的旗号，巧立名目，向企业收费、罚款、集资摊派。据某省对40户大中型企业调查，1986年至1989年共被集资、摊派3875.5万元，而且愈演愈烈，1990年的集资、摊派金额为1986年的3..1倍。据上海市15户企业不完全统计，1989年交纳的各种摊派就有14项，共1073.7万元，比1985年增长近20倍。如果我们不下决心治理“三乱”，国家为增强企业活力，理顺分配关系而付出的种种努力，就不能得到应有的体现，企业从改革与发展中得到的实惠也会相应减少。

治理“三乱”是端正党风，加强廉政建设的重要内

容。“三乱”问题存在，不利于端正党风和加强廉政建设。它不仅直接加重了企业、单位和群众的负担，引起了群众的强烈不满，而且严重地损害了党和政府的形象。我们的党是执政的党，我们的党员干部，政府工作人员，其行为作风好坏，直接关系到党和政府在人民群众中的形象和威望。“三乱”问题，虽然发生在一些地方和部门，但影响很坏，危害很大。“三乱”问题不论发生在哪里，也不论怎样巧立名目，群众都会很反感，并会把它同党和政府联系起来，看成是党风、政风不正的表现。同时，由于管理上存在许多漏洞，制度不健全，审批不严格，也给以权谋私，行贿受贿，甚至贪污盗窃等行为以可乘之机，助长了各类腐败现象的滋生。因此，我们决不能让“三乱”任其发展、蔓延。必须坚决清理整顿，促进党风的进一步好转和廉政建设的顺利进行。

二、“三乱”产生原因分析

“三乱”为什么会愈演愈烈？原因很复杂。从体制方面说，十年的改革是成功的，但也存在着改革不完善、不配套，措施不到位的一面。如在精减机构过程中，一些行政编制转为事业编制，或给编制不给经费，或不切实际的压缩经费。没有经费来源的部门、单位，就靠自收自支或摊派、收费过日子，面对这摊派、收费又缺乏有效的管理，对“三乱”行为监督纠正不力。另外，更主要的还在于有些地区和部门受经济过热的影响，急于求成，不切实际的强调办好事，办实事，超越了人力、物力、财力的承受能力，缺乏全局观念，群众观念，致使问题长期得不到解决。他们对企业的留利水平和富裕程度做了不恰当的估计，认为企业的钱很多，因此纷纷向企业伸手，形成“企业好比唐僧肉，谁都想吃几口”的状况，致使企业负担愈来愈加重，国家财政收入大量流失和浪费。十年改革，企业活力总的说是增强了，留利总量也是增加了。但是，十年来生产高速增长，掩盖着一个严酷的事实，即相当一批企业设备陈旧，工艺落后，连简单再生产难以维持。不少企业靠的是“吃老本”。治理整顿以来，随着“双紧”方针的实施，企业后劲不足的矛盾逐渐暴露出来，经济效益大幅度下滑。究其原因，从企业本身看：

一是企业实际留利下降。1989 年比 1988 年下降 17%，1990 年比 1989 年下降 33%。有些企业实际留利人均不足 100 元。

二是企业设备普遍老化、技术改造资金有限，固定资产净值逐年下降。1989 年全民大中型企业固定资产的净值只占原值的 60%，设备水平达到七十年代末，八十年代初的只占 12. 9%，属于国内先进水平的只占 21. 8%，大部分企业设备超期服役。

三是企业折旧率低，尽管国家尽了很大努力，我国企业平均折旧率从改革前的 3. 5%，提高到现在的 5. 3%，但在 5. 3%的折旧中，还要提能交基金，预算调节基金，补充流动资金等。有的还被挪用于弥补职工福利与奖励费用等窟窿，企业每年提取的折旧基金真正用于企业更新改造的只有 40%左右。

四是企业的贷款利息高，企业无力偿还。这几年，我国国营企业亏损面不断增加，1990 年亏损面达 35%，今年有增无减。

五是除了乱集资、摊派、收费外，会议成灾，检查评比成灾，各种学会、协会、研究会过多，纷纷向企业伸手收费要钱，企业苦不堪言。

三、进一步制止“三乱”的对策

（一）继续深入学习、贯彻中央《决定》，进一步统一思想，提高认识。各级党政领导一定要从制止腐败、加强廉政建设、密切党群关系出发，把治理“三乱”，减轻企业和群众负担的工作抓到底。要认真分折本地区、本部门治理“三乱”的形势，研究产生“三乱”的深层次原因，针对存在的问题制定标本兼治的措施，从根本上防止“三乱”的存在和发展。

（二）有关部门要密切配合，相互支持。“三乱”问题是一个社会问题。它的产生由来已久，原因复杂，项目繁多，涉及面广，治理难度大，政策性强。因此，需要综合治理，单靠某一个部门，或哪一方面力量都是难以奏效的。必须全党全社会共同努力，齐抓共管，采取多种手段，协调动作，互相支持，密切配合。决不能单纯考虑局部的利益，而置大局于不顾，必须坚持局部服从全局，对不合理的项目该砍的砍，该整顿的整顿。要解决“谁先抓谁吃亏”和等待、观望思想。对涉及几个部门之间的问题，要共同拿出解决办法。

（三）切实加强领导，把治理“三乱”工作抓深抓实。党政领导要深入基层，摸清思想动向，了解群众的呼声和要求，有针对性地做好思想政治工作。要建立领导责任制，一级抓一级，一级带一级，认真组织，落实责任。领导要率先垂范，带头清理。加强监督检查。要突出重点，以点带面。要集中力量抓“难点”、抓“重点”、抓“热点”，认真处理那些涉及面广、群众反映强烈的问题。用事实和生动典型的事例增强企业和群众的信心，推动治理工作的开展。

（四）正确掌握政策界限，坚持依法治“乱”。对各类问题要分类排队，分清性质和类别，按照有关法律、法规和已经明确的政策界限，区别不同情况加以处理。要加强法制和规章制度建设，规范政府行为。对行政性事业性收费的管理、罚款没收财物的管理、集资的管理、各种基金的审批和管理，等等都要制定颁布条例法规，使收费、罚款、集资等管理工作纳入法治的轨道。

（五）要加强舆论宣传和群众监督。充分利用报刊、广播、电视等手段，广泛深入宣传治理“三乱”的重要意义，报道治理的成果，批评行动迟缓、工作不力的现象。建立公开监督机制。哪些项目要保留，哪些项目废止，凡是可以公开的都要公诸于众，以便群众了解情况，接受临督。

（六）明确治理“三乱”的近期目标和远期目标，分步落实治理整顿任务。时间服从质量，不能草率从事，仓促收场。为了使实际问题得到根本解决，建议各级财政对党政机关的业务工作经费给予一定保证。

（撰稿人：胡振海）

外商投资企业发展情况

中国外商投资企业协会

吸收外商直接投资，举办中外合资经营企业，中外合作经营企业、外商独资经营企业，是发展我国国民经济，建设有中国特色的社会主义的重要决策，已成为我国国民经济的不可缺少的重要组成部分。

我国吸收外商直接投资工作，已取得了举世瞩目的成就。自1979年公布《中外合资经营企业法》至1990年底，全国共批准外商直接投资项目29052个，协议外资金额403亿美元，实际使用外资金额190亿美元。近两年多来，虽然国际形势发生变化和我国国民经济进行治理整顿，但外商来华投资仍呈上升趋势。

一、近两年外商来华投资有新的增长，1990年增长更快

从1979年到1988年十年间，我国总共批准外商投资项目15，997个（其中，中外合资企业8539个，中外合作企业6815个，外商独资企业594个，中外合作开发项目49个），协议外商投资金额281亿美元，实际外商投入金额121亿美元。近两年有新的发展，从1989年1月到1990年底，仅2年时间，全国批准的外商投资项目，即达13055个，为前十年的8%；协议外资金额122亿美元，为前十年的43%；实际外商投入金额68.87亿美元，为前十年的57%。1989年春、夏之交的政治风波对外商直接投资一度有所影响，批准的项目数比上年稍有下降（批准项目数1988年为5945个，1989年为5784个），但协议外商投资金额1989年比1988年增长5.7%（1988年为53亿美元，1989年为56亿美元），实际外商投入金额1989年比1988年增长6.2%（1988年为32亿美元，1989年为34亿美元）。尽管西方国家对我进行所谓经济制裁，但外商、侨商直接投资的势头未减，投资项目数、协议外资金额数和实际外资投入金额数，1990年均创历史最好水平。这一年新批准的外商投资企业7273家（比1989年增长26%），协议外商投资金额66亿美元（比1989年增长17.8%），实际投入外资金额35亿美元（比1989年增长2.9%）。

二、近两年来外商投资的主要特点

1. 外资投向日趋合理。生产性项目约占90%以上，1990年达93.7%。1990年生产性项目中，机械、电子行业项目所占比重逐步增长，项目数和外资金额在工业项目中所占比例分别为17.8%和17.4%，出口型企业和技术先进型企业大量增加。

2. 外商来华投资逐渐显示出长期化倾向。项目规模扩大，合作期延长，近期批准的大项目有：一汽——大众汽车有限公司、神龙汽车有限公司，天津、北京程控交换机和大规模集成电路项目、兖日水煤浆有限公司等。追加投资也很多，连片开发土地，出现了“三资”企业群。

3. 外商独资企业增长迅速。1989年全国新批准的外商独资企业931家，远远超过了前十年的总和，1990年增加到1860家，比1989年几乎增长一倍。

4. 出口型企业增多，出口额逐年增长。1989年出口额猛增到49亿美元，超过前四年的总和，占当年我国外贸出口总值的8.3%；1990年出口创汇78.1亿美元，比1990年增长59%，占我国出口总值的12.5%，已成为我国出口创汇的一支生力军。

5. 台商投资逐年增多，尤其在福建等东南沿海一带。

6. 1990年外商投资企业经营状况明显好转，大部分生产性项目经营状况良好，随着旅游业的复苏，旅游饭店亏损局面得到缓解。

三、1990年，国家在完善涉外经济法规方面采取了一系列重要措施

——全国人大七届三次会议通过了修改中外合资经营企业法的提案，取消了企业董事会董事长必须由中国投资者委派的规定，放宽了对合资期限的限制，许多行业的企业可以不约定经营期限，明确规定对外商投资不实行国有化。

——颁布了著作权法，加强了对外商知识产权的保护。国务院也颁布了一系列新的法规。

——颁布了城镇国有土地使用权出让和转让暂行条例。

——颁布了外商投资开发经营成片土地暂行管理办法。

——颁布了关于鼓励华侨和香港、澳门同胞投资的规定。

——开发上海浦东新区的九个法规正式颁布。以上这一系列法律、法规和优惠政策的颁布执行，对进一步改善投资环境，扩大吸收外资，具有十分积极的作用。

四、外商直接投资对中国国民经济的发展作出了积极贡献

我国目前处于经济起飞的前期阶段，在发展上不可避免地存在资金缺口、外汇缺口、技术和管理缺口，正确合理地利用外商直接投资，可以填补经济发展中存在的缺口，从而推动经济增长。这是不少国家发展经济的成功经验。概括地说，吸收外商投资办企业起到了以下一些积极作用：(1)外商投资企业对市场的参与及示范作用，带来了商品经济的新观念，有利于促进我国经济体制改革的深化和商品经济运行机制的建立。(2)吸收外商直接投资，促进了工农牧渔业的发展，增加了国家财政收入。(3)发展了能源、交通、通讯和旅游业，改善了投资环境，增强了国民经济发展基础。(4)促进了劳动就业，扩大了出口创汇，提高了我国国民经济发展实力。(5)国外资金的流入，在一定程度上填补了我国经济发展的资金缺口，加快了我国的生产力水平的提高，实现了资本的积累，促进了长期资本的形成，增强了我国经济长期发展的动力。(6)引进了大量先进和适用的技术设备，推动了老企业的技术改造，促进了科技进步和新兴技术产业的兴起。(7)引进了先进的管理，强化了商品经济观念和金融、信息意识，培养了人才。(8)一些地区的外向型经济，在没有国家重大投资的情况下，通过利用外商投资，得到飞跃发展。

五、外商投资企业在一些地区的国民经济中所占比重逐年增加

1990年外商投资企业的产值所占比重，广东近20%，福建30%多，北京超过10%，深圳、厦门等特区达50－60%。1990年全国涉外税收收入43.5亿元人民币（不包括关税），其中绝大部分来源于外商投资企业，比1989年增长45.8%。涉外税收中，工商统一税占32.4亿元人民币，其中广东省外商投资企业工商统一税收入占全省的11.3%，福建省占15%。1990年，外商投资企业共调剂出外汇22.4亿美元，比1989年增长42.6%，占全国调剂外汇成交额的17%。扣除外汇调入，外商投资企业净调出外汇达10亿美元，弥补了地方和国营企业外汇资金的不足。

六、积极促进外商来华投资的进一步发展

我们要贯彻中共中央制定的国民经济和社会发展十年规划和“八五”计划的建议的精神，积极有效地采取多种形式吸收外商直接投资，扩大对外开放。首先要继续改善投资环境，包括基础设施的建设；进一步完善并认真贯彻、执行鼓励外商投资的法律法规，充实、加强服务机构，简化审批手续，提高办公效率。其次，要切实办好现在已批准成立的企业，各级政府有关部门要努力协调解决外商投资企业在生产和经营过程中遇到的困难和问题，保障企业的生产经营自主权。同时根据国民经济发展的需要，积极引导外商投资的方向，优化投资结构，多办一些产品出口型和先进技术型的企业，把吸收外商投资与加快老企业改造结合起来。第三，在进一步贯彻沿海地区经济发展战略的同时，积极开展沿海与内地的横向联系和协作，注意发挥中部和内地省市在资源、工业基础、技术装备等方面的优势，扩大吸收外资，促进地区经济的发展。

要注重从经济发展战略上去引导外资的投向。一个国家从封闭的自给自足经济走向开发的国际经济，在经济发展的战略选择上一般要经历这样的阶段：从初级进口替代（生活消费品及服务性消费的进口替代）阶段向初级出口导向（利用本国廉价的劳动力或丰富的自然资源，大力发展低技术的劳动密集型产品或自然资源密集的产品出口）阶段转化，继而进一步向中级出口导向兼适量重化工业进口替代相结合的阶段发展，即接受国外较本国发达的国家和地区的产业转移，发展那些具有一定技术、资金密集度的劳动密集型产品的生产基地，致力于出口创汇，同时积极引进外商投资于能源、交通、原材料工业，以替代进口，缓解基础

设施薄弱，制约经济发展的矛盾。

尤其值得注意的是，合理引导外商直接投资于出口创汇型及技术先进型项目，这关系到我国能否通过吸收外商直接投资来引进先进的科学技术和管理方法，增强我国的出口创汇能力，增加我国国民经济发展所必需的科技推动力。要从我国工业化进程中的产业发展战略来考虑我国吸收外商投资、发展“三资”企业的战略，对不同产业要有所区别和侧重。

（撰稿人：王永钧）

我国生产资料市场发展概况

物资部政策研究司

党的十一届三中全会以来，我国经济工作在理论上和指导思想上的一个重大突破，就是承认生产资料也是商品，必须进入市场，按照商品经济的基本规律即价值规律进行交换。根据这一认识，十多年来，我国生产资料市场从无到有，从小到大，逐步建立和发展起来。经过近两年的治理整顿，生产资料市场又有了进一步的发展。

一、指令性计划逐步减少，市场调节的范围逐步扩大

随着经济体制改革的深入，国家在重要物资的分配上，逐步调整计划部分和市场调节部分的比重，使生产资料通过市场实现资源配置的部分不断扩大，为发展生产资料市场，实现计划经济与市场调节的有机结合创造了必要的条件。据统计，1980年国家统一分配的物资共有256种，到1990年减少为72种，一些主要物资的国家统配部分占全国生产量的比重下降较多，如钢材由1980年的73.4%降低到1990年的42.5%，煤炭由57.9%降低到42%，木材由80.9%降低到23%，水泥由37%降低到12%，铜、铝、铅、锌、锡五种有色金属由66.6%降低到36%。此外，还积极发展指导性计划分配方式，在原来由中央各部管理的指令性计划物资中，把93种改为合同定购，208种改为组织产需衔接，实行定点、定量、不定价供应。

二、形成多种经济成分、多条流通渠道、多种经营方式并存和互相竞争的格局

目前生产资料流通领域中，既有物资部系统所属的物资企业，又有生产企业的供销机构，各生产主管部门的供销机构，以及集体、个体经营的单位。这四种成分长期共存，相互竞争，推动生产资料市场的不断发展和完善。

其中，物资部系统所属的物资企业共拥有4.2万个经营单位，127.7亿元自有流动资金，年销售额约2500亿元，掌握着40%左右的在国内流通的物资，具有比较雄厚的实力。不仅如此，物资部系统所属的物资企业还具有联系广泛、信息灵敏、经验丰富、信誉良好等优势，因此，是多条物资流通的渠道中的主渠道。它们在从事一般的物资经营活动的同时，还要积极参与国家对物资流通的调控，包括组织计划由物资保证重点生产建设的需要；组织计划内外物资进行合理串换调剂，把物资流通搞活；及时在市场上吞吐物资，以调节供需、平抑物价、稳定市场；等。

多渠道、少环节，是生产资料市场发展的必然趋势。为了使生产资料市场在国家计划指导下，逐步向统一、开放、公平竞争的市场发展，国家有关部门一方面积极支持、引导多渠道发展，研究制订合理的政策，另一方面，重视发挥物资企业的主渠道作用，不断壮大它们的经济实力。实践证明，没有多渠道流通就不活，没有主渠道市场就不稳，必须把二者有机地结合起来。

三、积极稳妥地改革生产资料价格体系，缩小“双轨”价差

价格问题是生产资料市场的核心问题。长期以来，由于生产资料价格体系严重不合理，价格与价值背离甚远，也不反映社会供求关系，不仅不能正确引导生产资料的生产，而且已经成为生产资料市场正常发展的严重障碍。为此，国家有关部门根据经济发展的情况，积极稳妥地对生产资料价格进行“调、放、管”相结合的改革，特别是针对价格“双轨制”的弊端，逐步缩小了“双轨”价差。

“双轨制”是自1985年国家物价局、物资局根据国务院指示，发布《关于放开工业品生产资料超产自销产品价格的通知》之后，普遍实行起来的。它的主要内容是，同一种生产资料中，一部分由国家定价，另一部分由市场定价。“双轨制”打破了长期以来价格管理过死的局面，对调动生产企业的积极性，搞活流通，推动经济发展起了积极作用，但是也存在把国家定价部分转为按市场定价销售，以谋取暴利的可能性，从而为以权谋私、权力经商、行贿受贿、贪污腐败、黑市交易提供了温床和方便条件，特别是在经济过热、供求失衡、物价上涨过慢、“双轨”价差过分悬殊的情况下，对经济不稳定和流通秩序混乱更是起了推波助澜的恶劣作用。因此，近两年来，国家积极创造条件，对“双轨制”进行改革，逐步缩小和消灭其差距。

1990年，由于国民经济深入进行治理整顿，主要物资供大于求，扭转了价格连续几年大幅度上升的趋势，全年生产资料价格指数仅上升2.5%，其升幅比上年回落18.7个百分点。其中，计划外价格（市场价)普遍回落，总水平下降3.3%，如煤炭下降11.5%，钢材4.8%，铜10.7%，铝28.4%等。国家抓住这一有利时机，积极出台了一批调价措施，先后对石油和部分成品油、化工产品、钢材、有色金属、煤炭、木材、汽车等主要物资的计划价格进行了调整，总水平上升了10.8%。这就大大缩小了“双轨”价差，有的物资的计划内外价格甚至已经大体相近，见下表所示：

物资	计划内外差价额（元/吨）		差价率%	
	1989年	1990年	1989年	1990年
煤炭	109	79	167.7	105.3
钢材	579	373	35.8	21.7
铜	9186	2728	87.8	18.4
铝	6103	1794	67.7	19.9
水泥	55	30	35.0	19.5
烧碱	1260	406	83.4	23.2
纯碱	595	29	63.6	2.7

注：表中的价格是按全年平均销售价格计算的。差价率是指市场价高出国家定价（计划价）的百分比。

与此同时，对长期很不合理的基础工业品和加工业品的比价关系也作了适当的调整。1990年采掘工业产品出厂价格指数上升7.9%，原材料工业产品上升5.9%，加工工业产品上升2.5%。其中，原油上升15%，生铁上升14.2%，中型钢材上升12.9%，线材上升20.5%，铜上升12.7%，而机床和载重汽车分别只上升1.8%和0.4%。这对于促进产业结构合理化是有积极作用的。

四、清理整顿公司，建立规范化的生产资料市场秩序

由于建立和发展生产资料市场时间不长，缺乏经验，管理工作和法制建设没有跟上，加上近几年经济过热，“全民经商”，公司林立，市场秩序混乱，非法交易活动猖獗，内外勾结、非法倒卖、囤积居奇、哄抬价格、贪污受贿等现象比较严重，既破坏了国家经济建设，又扰乱了市场的正常运行。在治理整顿中，国家着重抓了这个问题，进行了大量工作：一是对从事生产资料经营的单位加以清理，撤销了一批过多过滥和不符合开办条件的经营单位。物资部率先撤销了部属二级公司10个，部属企事业单位开办的公司31个，共占公司总数的17.7%。各地物资部门也积极进行清理整顿，如吉林省对原有的108家直属物资公司进行了认真审查，撤销了其中的71家；大连市对全市3000多家物资经营单位进行了审查，撤销了其中的600多家，二是查处违法案件，严厉打击各种扰乱市场、非法交易的行为。与此同时，结合纠正行业不正之风，加强物资部门内部的廉政建设和物资，企业职工文明经商、守法经商的教育，整顿职工队伍。三是物资部会同有关部门起草、发布一系列有关生产资料市场管理的法规和制度，许多省、自治区、直辖市政府专门设立了生产资料市场管理机构，制订了各种重要生产资料市场的具体管理办法，实行了“重要生产资料经营许可证”制度。四是物资部作为国务院统筹规划和管理全社会生产资料流通的职能部门，开始加强了对物资流通行业的全面管理，逐渐转到制订规划、政策和法规，发展生产资料市场，为物资企业提供服务和监督上来。通过这些工作，生产资料市场的混乱状况得到了扭转，开始走上秩序化、规范化、法制化的道路。

五、深化物资体制改革，为建成高效、通畅、可调控的物资流通体系而努力

物资体制改革是整个经济体制改革的重要组成部分。它直接影响着符合社会主义有计划商品经济发展要求的市场体系的形成、发育和成熟。只有通过深化改革，逐步建成发育良好的生产资料市场和其他生产要素市场（尤其是金融市场），才有可能使企业真正做到政企分开、自主经营自负盈亏，才有可能使国家对经济生活的调控由直接调控为主转为间接调控为主，从而建立起计划经济与市场调节相结合的经济运行机制。

李鹏总理曾经指出："发展计划指导下的生产资料市场，建立高效、通畅、可调控的物资流通体系。"按照这个方向，物资体制改革随着整个经济体制改革的深入，进行了一系列探索。除了上面所述的减少指令性计划的比重、扩大指导性计划和市场调节的比重，发展多种经济成分、多条流通渠道、多种经营方式，改革价格体系、缩小"双轨"价差，整顿市场秩序、加强法制建设以外，还有：

——在各地区建设一批综合性的大型物资贸易中心，实行立足本地，辐射周围，面向全国，走向世界，为发展成为物工联合、综合经营、内外贸结合的物资企业、集团作准备。这些集团将成为生产资料市场的主体骨干，也是国家对生产资料市场进行有效调控的重要工具。为此，从1990年起，专门在苏州市、沈阳市的物资贸易中心分别进行组建日本综合商社式的物资集团公司和规范性交易所的试点，使这两个物资企业发展成为能生产、流通、金融、外贸、技术为一体的大型物资企业集团，走集约经营之路。

——在江苏省无锡市进行物资流通社会化、现代化等项改革的综合试点。以物资配送为突破口，实行优质服务，减少社会库存，降低流通费用，提高流通领域的经济效益。

——组织稳定供需关系的试点，扩大计划外重要物资定点定量不定价供应。例如，组织宝钢、武钢、大冶钢厂与二汽、上海大众汽车厂等建立计划外钢材长期稳定的供需关系，在沈阳市开展有色金属稳定供需关系的试点等。

——在许多地区发展物资配送。

——广泛推广散装水泥，以减少水泥在流通中的损耗，提高社会经济效益。

总起来看，我国生产资料市场已经有了雏型，并取得了一定发展。但是，市场发育程度还很低，存在的问题还很多，例如：条块分割、地区封锁现象比较严重；价格体系还未理顺，有的扭曲得很厉害，"双轨制"的弊端日趋突出；市场管理监督机制不健全，法制尚不完备，市场混乱无序的状况未根本消除；不少生产资料流通不畅，积压严重，库存过大，周转期很长；物资流通设施落后，技术水平低，等等。随着国民经济的发展和改革的深化，这些问题将逐步得到解决。

（撰稿人：谢明干）

我国消费资料市场发展概况

商业部规划调节司

1990年，由于整个国民经济继续坚持治理整顿和深化改革，各项启动市场措施逐渐奏效，我国国内消费品市场从1989年下半年持续结构性疲软转为逐步回升、趋于正常，市场货源充裕，商品供应丰富，物价涨幅回落，消费者比较满意。

一、1990年中国消费品市场的主要特点

（一）城乡居民货币收入增加，社会商品购买力增强。1990年全国职工工资总额2960亿元，比上年增长13%；职工人均货币工资2150元，扣除物价上涨因素比上年实际增长9.7%。全年农民人均纯收入为630元，扣除商品性支出价格上涨因素，实际增长1.8%，城乡居民年末储蓄存款余额7034亿元，比上年末增长36.7%。

（二）商品货源相对比较充裕，供需总量矛盾趋于缓解。由于农业全面丰收和工业调整产品结构，一些长期紧缺的商品供需矛盾有所缓解，商品收购和库存增加，特别是农副产品增加较多。1990年全国社会商业

商品收购增长幅度大于销售增幅 3. 4 个百分点，使年末商品库存比年初增长 12％。商业部系统全年商品收购比上年增长 5. 3％，其中农副产品增长 12. 1％，工业品增长 1. 9％，截止年底，粮食累计收购比上年同期增长 19％，食油累计收购比上年同期增长 34％，棉花累计收购比上年同期增长 28％，食糖累计收购比上年同期增长 21％，生猪全年收购比上年增长 6％，其他大宗农副产品如棉短绒、黄红麻、紧压茶、羊毛、羊皮、柑桔等收购都有不同程度增加。日用工业品中多数生活必需品和大件商品收购有所增加，1990 年末商业部系统商品库存总值比年初增长 11. 1％，73 种主要商品中库存增加的有 49 种。

市场供应比较丰富。据商业部信息中心 1990 年底排队，在 646 种主要商品中，供不应求品种占 15. 9％，比年中减少 1. 4 个百分点；供求基本平衡的品种占 58. 7％，比年中减少 1. 6 个百分点；供过于求的品种占 25. 4％，比年中增加 3 个百分点。

（三）市场疲软有所缓解，商品销售逐步回升。1990 年社会商品零售总额虽与上年基本持平，但呈现明显的回升趋势。头五个月下降幅度逐月缩小，6 月份开始转降为升，9 月份以后增速，明显加快。分季度看，一季度下降 3. 1％，二季度下降 0. 1％，三季度增长 2. 3％，四季度增长 9. 4％。全年社会商品零售总额 8255 亿元，比上年增长 1. 9％，其中消费品零售额 7220 亿元，比上年增长 1. 9％。商业部系统全年国内纯销售 5068 亿元，比上年增长 0. 3％，但从 9 月份起销售增长开始高于社会商品零售额的增长幅度。

（四）市场加升结构不平衡。从城乡市场看，城市全年消费品零售额比上年增长 6％，其中第四季度增长 13. 4％，基本趋于正常。而农村市场复苏迟缓，10 月份才开始回升，全年县及县以下消费品零售额下降 2. 4％，明显落后于城市。从主要商品看，主副食品销售保持平稳增长，一度疲软比较突出的大件商品销售有所回升，穿着商品全面下降，从经营环节看，零售回升快于批发，特别是一些大型零售商店销势旺盛，全国 35 家大型百货商店全年销售额比上年增长 13. 4％，高于全国消费品零售额增幅 11. 5 个百分点。从销售对象看，对社会集团销售增幅高于居民购买，全年社会集团消费品零售额比上年增长 4. 3％，高于同期居民消费品零售额增幅 2. 6 个百分点。

（五）物价涨势明显回落，消费心理比较稳定。1990 年市场物价相对平稳，全年零售物价总水平上涨 2. 1％，大大低于上年上涨 17. 8％的幅度，为 1984 年以来最低涨幅。从结构看，城市上涨 0. 2％，农村上涨 3. 2％；消费品上涨 1. 6％，农业生产资料上涨 5. 5％；在消费品中，食品类上涨 0. 3％，衣着类上涨 7. 1％，日用品类上涨 1. 9％，服务项目价格上涨 20. 9％。尽管全年价格出台项目较多，后几个月物价涨幅有所上升，职工生活费用价格涨幅加大，但由于市场供应充裕，消费者对物价调整承受能力较强，消费心理比较稳定，市场运行没有出现大的波动。

二、问题与对策

1990 年市场逐渐复苏并趋于正常，说明党中央、国务院为启动市场促进经济适度增长所采取的一系列政策措施是正确的。国营商业部门和供销社在克服疲软中，千方百计开拓市场，扩销促旺，取得了积极的成果。当然，由于国民经济中一些深层次矛盾尚未根本解决，反映在市场上还存在不少值得重视的问题和困难，亟待在今后的工作中切实解决。

一是市场销售与生产增长不同步，工业产成品积压严重。1990 年全国轻工业产值比上年增长 7. 4％，高于社会消费品零售额增幅 5. 5 个百分点，销售与生产的非平衡发展，使产成品大量积压。据统计，截至 1990 年底，全国县以上工业产成品库存比上年同期增长 33％左右。

二是供需结构性矛盾依然严重。由于产品结构调整缓慢，一般产品老面孔的多，花色品种单调，有些产品质量较差，群众需要的新、特、名优商品不足。有些高档大件商品的售后服务跟不上，供需结构性矛盾仍较严重。据对 600 多种主要商品供求情况排队，供求不平衡的品种仍占 41％。尤其值得注意的是，库存商品中有问题商品所占比重较大。据年中的一项抽样调查表明，商业部系统的工业品库存中有问题商品约占 11％。

三是商业企业经济效益严重滑坡。1990 年国营商业历史上第一次出现全行业亏损；供销社实现利润比上年下降 62％。国营商业和供销社企业的亏损面分别达到 24％和 28％，有相当一部分批发企业和基层供销社濒临破产边缘。

四是国营和合作商业面临不公平的竞争环境，企业经营困难。突出表现在税收、资金、信贷和市场，物价管理等方面宽严不一，国合商业受到的限制较多，企业负担较重，难以同其他渠道开展公平竞争，严重地影响了企业经营积极性，国合商业主渠道作用的发挥也受到很大限制。

五是百家经商冲击主渠道，流通秩序特别是批发秩序较乱。主要是批发企业发展失控，过多过滥；批发企业经营业务范围混乱；国营工业品一、二级批发站下放到所在城市后，整体优势削弱，客观调控失去依托；批发价格没有及时理顺；批发企业单纯实行块块管理，在现行财政体制下，市场分割和地区封锁现象比较突出。

国内消费品市场状况不仅对生产有重大影响，而且直接关系到人民生活的改善和提高。为了进一步启动市场、繁荣经济，我们认为：首先，各级政府部门要切实改变“重生产、轻流通”的思想，树立“大流通”观念，生产、流通一起抓。要积极帮助国合商业企业改善经营环境，为国合商业发挥主渠道作用创造有利条件。其次，国民经济调整应根据形势发展适时掌握好松动力度。尤其要严格控制信贷规模和货币供应量，同时防止集团购买力再度失控，避免过度松动集团消费对市场产生不利影响。第三，增加有效供给，工业生产的发展应建立在结构优化的基础上，要以市场为导向，不失时机地推进产品结构调整的步伐，以防止边生产边积压现象的重演。第四，要把启动和开拓农村市场和为商业工作的重要任务来抓。要切实保证农副产品收购资金，防止价跌伤农，使农民真正增产增收，并努力减少对农民的各种摊派，减轻农民负担，以增加农村商品购买力。同时，国合商业要通力合作，相互支持，共同搞好工业品下乡，以保证农村购买力的正常实现，第五，商业企业要加强经营管理，进一步改善服务质量，在提高经济效益和社会效益上狠下功夫。第六，加快商业网点和市场体系建设，进一步推进流通领域治理整顿和深化改革。尽快理顺不合理的价格体系和财政体系，为促进国内市场的繁荣稳定创造条件。

（撰稿人：姚成海）

我国技术市场发展概况

国家科委技术市场管理办公室

开放技术市场，推动技术成果商品化，是科学技术运行机制改革的重要内容，是我国十年改革开放中的新生事物，对我国科学技术和经济建设的发展都产生很大的推动作用。我国技术市场经过十年发展，已初具规模，成为连接科学技术和经济的重要桥梁，成为我国社会主义统一市场的重要组成部分。

一、技术交易规模和领域不断扩大

十年以来技术交易的总体规模不断扩大，特别是“七五”期间，尽管我国经济发展有所起伏，技术交易仍保持增长的势头。技术合同成交额由1984年的7.2亿元、1985年的23亿元、1987年的33.5亿元、1988年的72.4亿元，上升到1989年的81.4亿和1990年的75.2亿元。特别是在1989年和1990年经济形势严峻的环境下，技术合同成交额仍分别比1989年增长12.38%和3.6%。1990年技术合同成交总额虽比1989年下降7.82%，但成交额超亿元的省、自治区、直辖市由1989年的15个增加到17个。这期间，技术交易的单项规模也在不断扩大，每份合同平均交易额由1988年的2.73万元和1989年的3.11万元上升到1990年的3.63万元，比1986年增长1.53倍；这说明大项目大合同增加了。技术交易活动遍及社会、经济发展的各个领域。其中以促进工业发展占的比例最大（1989年达59%，1990年56.17%）。农村技术市场近年来也有较大发展，但从技术市场的统计分析结果看，用于农业发展的技术合同成交额，1990年仅为4.17亿元，只占当年全国技术合同成交总金额的5.68%。同时，乡镇企业1990年购买技术商品额，仅占工业企业购买技术的合同成交额的8.48%，而且技术合同的单项规模也小得多，平均每项技术合同金额仅为1.96万元。

技术市场的发展还体现在全国已初步形成多层次、多种所有制、多种形式的经营体系。1989年技贸机构有1.97万个。从业人员达36万人，其中技术人员20.4万人，1990年技贸机构20711个，从业人员53.9万（兼职27万），其中技术人员占70.25%，机构数较1989年增长5%，为1985年4倍，人员较1989年上升49.7%。此外，技术市场的形式和功能也有新的发展，技术交易活动正从中心城市向县乡延伸。

二、大中型企业的技术交易活动逐步走上轨道

推进大中型企业的技术进步，是当前我国经济工作中亟待解决的问题。近年来，工业企业积极参与技术的双向转移：它既是技术市场的最大买方，又是仅次于科研机构的第二大卖方。1990年工业企业购买技术13.65万项，技术合同成交金额49.86亿元，分别占同期全国技术合同成交项目数及金额的71.3%和67.9%，其中，大中型企业购买的技术项目数和合同

成交金额占工业企业购买技术的52.1%和65.5%。企业通过市场吸收消化技术，促进新产品开发和技术改造，提高企业经营管理水平，加速了企业的技术进步，并产生很好的经济社会效益。如北京雪花集团公司在公司本部第三期技术改造中，历时两年进行14次国内招标，内容包括9条生产线，12台单机，80多套模具，总成交额1575万元，节省投资30～50%，效果完全达到进口水平。又如沈阳飞机制造公司从1980年开展技术贸易活动以来，利用军工技术优势，共签订技术合同4450项，交易额3.53亿元，通过输出技术，为社会创效益30多亿元。

工业企业，特别是大中型企业集中了我国产业部门先进的技术装备，我国70～80%的工程技术人员分布在工业企业。因此大中型企业具有吸收开发与扩散技术成果，加速成果工业化生产的优势，必将成为我国技术交易中买进与卖出技术的双向主体。在当前经济形势严峻的环境下，大中型企业还缺乏购买技术、开发技术的动力与压力。据估算，1990年平均每个企业从技术市场上购买技术的成交额仅585元，平均45家企业才从技术市场上买进一项技术。沈阳市科委等地区的经验表明，大胆运用市场机制，采取切实有效的措施，有助于企业加强技术贸易活动的统一管理，扶持企业提高技术贸易的活力，克服资金不足、技术购买力低、技术投资风险大等制约因素。活跃大中型企业的技术交易活动，是促进企业技术进步、搞活企业的重要途径之一。

三、治理整顿卓有成效，技术市场行为逐步规范化

1. 技术市场管理体系基本建立，管理得到进一步加强。从1989年初起，各地科委根据国家科委要求，设置技术市场管理机构，明确其职责，负责本地区技术市场管理工作，到1990年底全国44个省、自治区、直辖市和计划单列市已有43个建立了技术市场管理机构。150个地市也建立相应的技术市场管理机构，有的地区还建立到县一级。各级管理机构，着重加强技术合同的认定登记和技术市场统计工作，并开展对技术贸易机构的审批和核发技术贸易证书的工作。

2. 法制建设进展迅速，有关法律规章逐步配套。我国《技术合同法》及其实施条例颁布实施以来，1990年在各地区支持配合下，国家科委又陆续发布施行一系列技术市场法规，如以国家科委主任7号令发布的《技术合同认定登记管理办法》以及配套文件《技术合同认定规则》和《技术合同示范文本》。以国家科委主任10号令发布的《技术交易会管理暂行办法》。国家科委、国家统计局联合发文施行的《关于技术市场统计工作若干规定》和《全国技术市场统计调查方案》。经国家科委委务会讨论通过《技术市场管理条例》已报送国务院法制局。据初步统计全国已有18个省、自治区、直辖市以人大或政府名义颁布了地方技术市场管理条例。以及相应的配套法规文件。上述法规的发布施行提高了宏观调控能力，规范了技术市场的行为，使全国技术市场沿着法制轨道蓬勃发展。

为了更好地贯彻落实上述法规，这两年我们还大力开展了技术合同法和专利法的学习和培训工作。江西省28万人参加两法的学习考试，湖南省达62万人。我们还举办了各种类型的全国技术合同法以及技术合同认定登记工作的教员和骨干人员培训班，同时还编写了《中国技术市场简明教程》和制订了培训考核大纲，为提高工作人员业务素质，增强法制观念，规范行为创造条件。

四、技术交易更加活跃，进一步促进了技术与经济紧密结合

1. 技术交易会已成为技术交易的重要形式。1990年全国共举办各种层次、各种行业、各种形式的技术交易会656个，展出技术项目数达9.51万项。交易会期间成交技术合同数8096份，成交金额达26.01亿元。同时技术展交会的组织和功能有了新的发展，在总结过去经验教训的基础上。加强了交易会买方市场的组织和金融、外贸机构的参与，取得了较好效果。例如去年国家科委与广州市政府联合举办的第二届全国新技术新产品展销会，中国专利局与广东省举办的专利技术和新产品交易会，国家科委与湖北省举办的工业成果技术展交会。以及江苏、云南、陕西等省的技术展交会，都取得很好的效果。

2. 边境贸易有了好的开端。面向东南亚和港澳台的南方展销中心，已开业两年，第一年成交额3.5亿元，去年达12亿元，并有21个省市开发中心在南方展销中心设立代理窗口。面向苏联和东欧的北方展销中心已于去年开业，该中心已与苏联订了长期合作关系。新疆自治区也正积极争取建立展销中心，区科委开发中心与苏中亚五个加盟共和国已建立了关系。无论内地，还是沿海对参与边境贸易的积极性都很高。

3. 技术交易活动正在从中心城市向县乡延伸，农村技术市场在科技兴农中蓬勃发展。如湖南、江苏、河北、江西农村技术市场已成为县科委主要工作之一，他们充分利用市场机制使技术入田到户，并抓好适合本县需要的技术引进和服务网络建设以及引进技术的审查把关。技术市场已成为科技长入农村经济主要渠道。

4. 技术信息渠道正在理顺之中。国家科委四单位和科技日报、专利局共同举办的全国信息发布厅、开业半年多来进展不错，除常设信息展示外每月有4次专题发布现正在扩大和提高之中。

5. 加强技术市场宣传报导，通过发行“技术市场简报”以及有关社团和地方的技术市场内部刊物，特别是中国技术市场报，以及科技日报等宣传媒介，及时报导技术市场法规和重大活动，推广先进经验，使技术市场在社会上越来越得到理解和支持。

五、我国技术市场在国际上影响有所扩大

我国技术转让（指出口）已走向世界。涉外技术市场交易额逐年增加。据统计，技术出口总额由1985年3120万美元，上升到1990年的9.8亿美元，增长32倍。国际技术贸易往来的增加又进一步促进我国技术开发工作有针对性地进行，也扩大了国际影响。除技术外贸系统活动外，国家科委研究决定，从今年起，中国技术市场管理促进中心为联合国亚太经社会（UN—ESCAP）所属亚太技术转让中心（APCTT）技术信息网的中国归口联系单位，负责该组织在中国的有关业务工作。同时作为该组织正在筹建的亚太技术信息网（APTIN）的中国成员代表。在很短时间里，通过亚太技术转让中心（APCTT）已传递了数十项技术商品，还与该中心联合在广州举办了“技术市场90活动”。由国家科委和外贸部门共同组织的技术国际展交活动，都取得较好效果。

六、我国技术市场有待进一步完善和发展

我国技术市场是改革开放的新生事物，发展比较迅速，但发展仅仅是初步的，还存在不少问题：

——农村技术市场尚未走上轨道，用以促进科技兴农的技术商品还少，乡镇企业采购技术商品成功率较低。

——技术信息市场不够规范，信息流通不畅，有些“信息倒爷”利用人们迫切想致富的心理搞假广告。招谣撞骗，牟取暴利。

——有些单位或个人法制观念淡薄，作风不正，不信守合同，任意违约、毁约、逃约。

——有的地方采取地方保护主义，用不正当手段侵犯技术人员或单位利益。

——个别单位和个人投机钻营，打着技术经营招牌进行非技术经营活动。骗取优惠待遇，有的将职务成果作为非职务成果出让。侵犯国家或集体利益，腐蚀了人们的思想，败坏社会风气和技贸行业的声誉。

以上这些问题出现的原因，一方面由于我国技术市场开放时间不长，管理中的各种关系尚未理顺，有关法律法规颁布较晚，而且不尽配套和完善，相当一部分技术市场管理和经营人员知识面较窄，经验不足，尤其是对法律不熟悉，造成一些失误。另一方面，前一时期社会上的“一切向钱看”错误价值观念和思想政治工作的一定削弱，都对技术市场造成一定影响。

“八五”期间，按照《国民经济和社会发展十年规划和第八个五年计划纲要》的要求，必须进一步完善包括技术市场在内统一的市场体系，充分发挥市场机制的优势。在二、三年内使我国技术市场在规模和水平上有较大发展，要坚持典型示范，以点带面，以城市促农村，以沿海促内地，以国外促国内，在进一步繁荣技术市场上下功夫。

（撰稿人：张友柽）

我国劳务市场发展概况

劳动部国际劳工研究所

在中国的社会主义市场体系中，与消费资料市场、生产资料市场以及资金、技术等市场相比，劳务市场起步晚，发育慢，在理论上争论最多。目前，劳务市场只是得到初步发展，但它对完善中国的社会主义市场体系是十分重要的。中国的劳务市场可以分为国内和国际两个部分。这两部分各有特点，又紧密联系，都是中国改革开放政策的产物。

一、国内市场

（一）国内市场的兴起与发展

1980 年 8 月，中共中央召开全国劳动就业工作会议，提出“在国家统筹规划下，实行劳动部门介绍就业、自愿组织起来就业和自谋职业相结合”的就业方针，市场机制开始引进到劳动领域。城镇兴起了大量由劳动部门、地方政府部门、企业和事业单位举办的劳动服务公司。这些公司管理零散的社会劳动力，组织他们经营集体企业，为社会提供劳务服务，同时也向社会其它用人单位介绍、推荐求职人员。在此基础上，各种带有劳务市场性质的服务机构逐步建立和发展起来。但在 80 年代初，“劳务市场”这个词还未被正式承认。1984 年，中央肯定了西安市技术工人开发交流服务中心的经验，提出培育和发展劳务市场，“劳务市场”的提法开始正式见诸于文件、报刊。1984 年中国经济体制改革的重点转移到城市，搞活企业成为经济体制改革的中心环节。一些企业开始试行劳动合同制；部分大中型企业组织了劳务市场技术工人交流活动，为企业和职工双方提供信息和互相选择的场所；相当多的大中型企业实行了内部劳动合同制，把因长期实行固定工制度而积累下来的富余人员从生产岗位上减下来，让他们从事新开辟的第三产业，为社会提供劳务。这些措施在一定程度上促进了劳动力的流动，扩大了劳务市场的作用范围。1986 年 10 月，国家颁布了有关在国营企业实行劳动合同制的四个规定。其主要内容是企业必须面向社会公开招收工人，并通过考试择优录用；企业新招收的工人都实行劳动合同制。到 1990 年合同制工人已达 1，223 万，占国营企业职工总数的 12%。1990 年劳动部发布了《职业介绍暂行规定》，明确指出，职业介绍是在国家计划指导下，运用市场调节手段，通过为劳动力供求双方沟通联系和提供服务来实现就业的一种形式。从 1991 年起，国营企业开始实行全员劳动合同制。围绕这一劳动制度改革，市场机制更多地被引进到劳动就业领域，逐步建立和发展了劳务市场。《国民经济和社会发展十年规划和第八个五年计划》再次肯定“要努力发展资金市场、技术市场、信息市场、房产市场和劳务市场等，逐步使它们与商品市场的发展相协调”。

十多年来，国内劳务市场服务机构从无到有，特别是 1986 年以后有较大的发展。目前这些机构主要有：①人才和技术交流中心，其作用是为企业、事业单位调整劳动力结构以及职工调整工作、选择职业服务；②职业介绍所，它以解决就业问题为主，同时担负部分青年和企业辞退人员的培训、组织以及介绍就业任务；③农村剩余劳务市场，它主要为来自农村的劳动力向城镇非农产业转移服务；④家庭劳动服务市场，它主要为城镇居民介绍家庭服务人员。此外，有些企业、事业单位还组织本单位富余人员向社会提供各种劳务活动；有些高等院校的学生课余参加勤工俭学，为社会提供一些劳务活动；有些退休职工被企业事业单位重新聘用；有些职工利用业余时间从事第二职业，等等。这些劳务活动主要靠市场调节，不在国家劳动就业计划之内，可以称为零散的劳务市场活动。据劳动部劳动力管理和就业司 1988、1989 年两年的统计，到 1989 年底，全国 30 个省、自治区、直辖市共建立劳务市场服务机构 9，710个，其中劳动部门办的有7，164个，占总数的 73．7%，非劳动部门（包括社会团体、行业、企业、私人以及其它部门）办的有 2，552 个，占 26．3%。通过这些服务机构进行劳务交流并成功的达 845．4 万人，其中安置农村剩余劳动力 562．6 万，占总数的 66．7%；安置失业、待业和企业富余人员 188．9 万，占总数的 22．3%；在职职工交流 8．27 万，占总数的 1%；离退休人员再就业 61．21 万，占总数的 7．2%；安置业余劳务、落实政策和占地招工 26．7 万，占总数的 3．1%；此外，还输出劳务人员 1．18 万。这说明劳务市场服务机构和零散的劳务市场活动一起形成了国内劳务市场的雏形，尽管它还很不成熟，但在利用市场机制调节劳动力供求方面已经发挥了一定的作用。

（二）国内劳务市场的作用

1. 适应了以公有制为主体的多种经济成分共同发展的需要。中国目前不仅有全民所有制、集体所有制经济，还存在相当规模的个体经济、私营经济以及中外合资企业，这就形成了多样化、多层次的劳动力需求；另一方面，中国的劳动力后备力量有新毕业的大中专学生、城镇待业青年、合同期满的工人以及农村剩余劳动力等，这又构成了多样化、多层次的劳动力供给。实践证明，要把这样复杂的供需双方结合好，单纯靠政府用行政手段调节劳动力的流向和流量是远远不够的。非公有制企业的劳动力供求关系以及非公有制企业和公有制企业之间的劳动力流动要依靠市场调节；公有制企业中，集体企业的劳动力供求关系可以基本依靠市场调节，对国营企业的用工则应当在国家计划指导下引进市场机制加以调节。

2. 有利于完善有计划商品经济条件下的市场体系。按照中国经济体制改革的目标，社会生产将分为指令性计划、指导性计划和完全的市场调节三部分。随着改革的进一步发展，指令性计划部分将逐步缩小，指导性计划和完全的市场调节部分将逐步增大。在这种情况下，很难设想调节商品生产依靠市场机制，而对生产商品的劳动力却完全靠行政手段进行计划调节。劳务市场的建立和发展有利于用市场机制来调节劳动力，以便随着生产发展过程中产业结构、企业技术结构的变动及时调整劳动力结构，根据市场的变化及时调整劳动力的供求，实现劳动力与其它生产要素的最优配置。

3. 促进了人力资源的开发和合理利用。中国的人力资源数量居世界第一，但由于经济落后，以及教育和培训工作跟不上，总体素质不高。此外，过去单纯靠国家计划安排就业，一次分配定终身，又使相当一部分较高素质的劳动者，特别是大中专毕业生用非所长，不能合理利用。劳务市场的建立，为企业和职工相互选择提供机会。同时，市场机制的引进开始造成就业竞争的局面，激发了劳动者的职业竞争能力。例如，在广东省，随着就业逐步走向市场化，每年经过就业培训的人数占当年就业人数的比重，从1979年的4%上升到1988年的58%。这说明通过劳务市场来实现就业可以促进劳动者提高自身素质，并有利于劳动力的合理流动。

4. 有利于对农村剩余劳动力的转移进行管理和控制。随着农村经济的发展，农村剩余劳动力不断增加，形成了对城镇就业的巨大潜在压力。一部分农村劳动力到城镇从事商业、服务业、建筑业、企业中的季节性工作以及家庭服务工作。对这一部分人，很难用行政办法加以安置。劳务市场服务机构的建立，为这些进城寻找工作的人提供了就业信息和寻职场所，减少了他们向城镇流动的盲目性。例如在河南省，1989年通过各种劳务市场服务机构就业或再就业的劳动者中，农村剩余劳动力占91%。把进城求职的农村剩余劳动力纳入劳务市场，根据企业、事业单位的需要对他们的就业意愿进行引导，有条件的适当加以培训，使他们原来比较盲目的求职行为转化为比较有组织的求职行为，这对于今后在中国逐步建立城乡统一的劳务市场是有重要意义的。

（三）国内劳务市场的局限性

1. 二元经济结构对劳务市场的制约。

在旧的传统经济体制下，国家通过城乡劳动力隔离的户籍制度，把农民固定在土地上，政府对农产品实行统购统销，以不等价交换把农民的剩余劳动转化为工业利润。这种行政强制积累的方式在中国建国初期的特定历史时期，曾为迅速奠定工业化的基础起了积极作用，但加剧了旧中国原来就存在的二元经济结构。改革后有6百多万农村劳动力通过劳务市场服务机构在城镇安排了工作，但这远远没有形成城乡一体的劳务市场。由于历史已经形成的格局，想在短期内取消户籍制度，使农村劳动力自由进出城镇是不现实的。可行的途径是在继续发展乡村企业，引导农村剩余劳动力就地转向非农产业的同时，健全并发挥劳务市场服务机构的作用，逐步扩大城乡劳动力流动量，增加农村剩余劳动力对城镇劳动力的替代压力，以抑制城镇劳动力成本的过快增长，随着中国从二元经济向现代经济的转变，逐步形成城乡一体的劳务市场。

2. 劳动力供求双方非市场行为对劳力市场的制约。

从劳动力的供给方看：由于目前失业保险只适用于部分国营企业职工，覆盖面小，同时社会福利基本上由企业负担，致使多数求职人员不愿意冒市场风险，仍希望国家包下来。此外，大中专毕业生、复员退伍军人等仍由国家统一分配，在职职工的调动除一小部分通过劳务市场服务机构调节外，大部分（如因行业、企业生产结构调整而转移的劳动力、国家重点建设项目补充的劳动力等）仍采取行政手段调节。

从劳动力的需求方看：作为劳动力需求主要方面的国营企业至今很难摆脱国家机关的行政干预，非市场行为是很明显的。在用人方面，虽然引进了市场机制，如实行劳动合同制，却远没有达到按照市场需求自行决定用人数量的程度。一个突出的例子是国营企业中仍有15－20%的冗员。这主要是因为在社会保障体系不健全的条件下，国营企业的行政主管部门不允许把大量的冗员推到企业之外，而强制企业在内部消化。这显然和企业应当按照市场需求及时调节劳动力的数量和质量相矛盾。从劳动力的需求方看，国内劳务市场的发展和完善在很大程度上取决于国营企业能否成为真正自主经营、自负盈亏的社会主义商品生产经营者。

除以上两方面外，国内劳务市场在运行中还受到其它一些因素的局限。一是法制不健全。国家在宏观上还没有制定出统一的劳务市场法规，地方性法规也不系统，劳务监察工作薄弱，劳务市场秩序出现了一些混乱现象。如有的私营企业、合资企业任意延长工人劳动时间，使用童工等。二是社会保障体系不健全。目前实行的失业保险覆盖面小，养老保险社会化程度有待提高；企业办社会的现象在短期内还难以解决，特别是职工住房由企业负担，严重制约了劳动力的流动，不利于劳务市场的发育。三是劳务信息系统不健全。目前劳务市场服务机构基本上被地区或部门分割，尚未建立全国统一的就业信息系统；在一个地区内，不同行业、不同所有制企业之间的信息交流也相对缺乏；多数劳务市场服务机构没有计算机系统，收集处理信息的手段落后。这使得用人单位和劳动者只能在狭小的范围内进行选择，制约了劳务市场的效能。

二、国际市场

改革开放以前，我国也派人员援外，也有外国专家来华，但那时双方的主要目的都是援助或受援，人员交流基本上不具有劳务市场性质。改革开放以来，作为对外开放的一个重要组成部分，中国的劳务市场在建立和发展的过程中走向世界，与国际劳务市场相衔接，一方面输出劳务，一方面引进智力，对中国的社会主义现代化建设起了积极的推动作用。《国民经济和社会发展十年规划和第八个五年计划》提出，要“实行更加开放和灵活的措施，继续推动各种形式的劳务输出”，并“进一步扩大技术引进和智力引进”。

第二次世界大战后，国际经济相互依存加强，劳动力要素在国际范围内流动与组合的规模空前加大，出现了劳务市场国际化的倾向。其特点，一般是发展中国家、穷国向发达国家、富国输出低技能劳动力，发达国家向发展中国家输出高技能劳动力。中国是个发展中的社会主义国家，虽然在某些科学领域取得了世界领先的地位，也输出了一些高技术人才，但总的说，中国劳务市场与国际劳务市场的衔接主要表现为输出劳务和引进智力。

（一）劳务输出

从1979年以来，中国的劳务输出逐步由境外承包工程带劳务扩大到纯劳务输出，由政府指导下的劳务合作扩大到民间劳务输出，呈现出多形式、多途径的劳务输出格局，但总的看，目前仍以各种对外劳务合作公司的输出为主。据经贸部国外经济合作司的统计，从1979年上半年开始到1989年底，经过国家正式批准专营或兼营劳务输出业务的公司共90家。一支门类比较齐全、具有相当实力的对外承包和劳务输出的企业队伍已初具规模。目前中国的劳务人员已遍及世界133个国家和地区，共签定承包、劳务合同10，634项，累计合同金额达128.07亿美元，完成营业额77.7亿美元，派出劳务人员36万人次，取得了较好的经济效益和社会效益。近年来，对外派出劳务的专业面越来越广，由80年代初期的单纯提供房建和筑路等一般劳务，逐步向较高级的技术劳务发展。例如，1989年各公司派出的近7万名劳务人员中，有厨师、海员、农工、护士、建筑工，也有企业管理、工程设计、项目咨询、计算机软件人员和高级船员、高级厨师。派往的国家和地区也越来越广泛，由原来较为集中在中东地区扩展到东南亚、大洋洲、苏联、欧洲以及南北美洲。此外，民间劳务输出也有较快的发展，如仅福州市1989年上半年在外的民间劳务就有4千多人。由于民间劳务有的由劳务输出机构承办，有的通过投亲靠友或外商直接雇用等途径到国外谋生，所以统计口径不一，统计数据不全。如果加上民间劳务，十年来劳务人员输出累计数远不止36万。

中国的劳务输出虽然取得了一定的成就，但与世界劳务市场相比，还处在落后的地位。80年代中期以来，国际劳务市场上流动的劳务人数与70年代末80年代初的2，600万相比虽有下降，但目前仍稳定在2，000万左右。一些发展中国家通过劳务输出赚取了大量外汇，减轻了本国的就业压力，取得了显著的经济和社会效益。据国际劳工局的统计，近几年在外劳务人数，埃及有350万，占总人口的9%，巴基斯坦有321万；80年代平均每年约有300亿美元的劳务汇款流入发展中国家。而中国作为世界上劳动力资源最丰富的国家，近年来年劳务输出人数维持在7万左右，仅占国际劳务市场的3.5‰，十年累计的劳务收入只有11亿美元。

导致中国劳务输出落后的原因是多方面的，除国际不利因素外（如中国进入国际劳务市场不久，这一市场开始萎缩，竞争激烈，一些国家制定了保护主义政策，限制外国劳务入境等），主要问题是在劳务输出方面存在种种顾虑，贯彻改革开放方针不够。具体表现为输出渠道偏窄、出国手续繁杂、人员素质不高，服务体系不全，特别是民间劳务输出的渠道尚未充分利用。

对中国这样一个劳动力资源丰富，资金相对短缺的国家来说，通过劳务输出既可以开发和利用劳动力资源，减轻国内就业压力，又可以赚取外汇，增加国内消费需求，补充生产投资，还可以增进国际经济技术交流，加强同海外华人的联系，利远大于弊。因此，进一步解放思想，改进和完善劳务输出管理体制，疏通劳务输出合法渠道，提高劳务人员素质，积极扩大劳务输出量，是发展和健全中国劳务市场的一个极为重要的方面。

（二）智力引进

与发达国家相比，中国目前在许多方面，尤其是在科学技术、管理水平、人员教育方面还处在落后状态。引进国外智力是缩短这一差距的有效途径之一。改革开放以来，党中央和国务院为加速社会主义现代化建设，做出了引进智力的决策。据有关方面统计，从1979年到1989年，中国聘请的外国专家总人数为18万，相当于中国在这十年中输出劳务人员数量的一半。近年来，聘请的经济和技术管理专家人数比重增大，例如从1987年到1989年聘请的外国专家总数为72，169人，其中经济、技术管理专家64，240人，占90%。实践证明，引进外国人才，有利于对引进技术、设备进行消化吸收以至创新，有利于我们学习和掌握国外先进技术，提高自己的开发能力。

目前聘请外国专家主要有五种形式：①聘请外国专家作为经济管理部门的顾问或到工厂担任实际职务。如中国的第一位“洋厂长”，联邦德国SES专家格里希到武汉柴油机厂当厂长。②聘请外国专家到企业进行技术指导，解决现代化管理和关键技术问题。这一类专家的数量最多。③聘请外国专家帮助消化吸收引进设备。十年来，中国从国外引进了上千亿美元的技术设备，藉助国外人才加快发挥那些重大技术设备的作用，是企业面临的一项重要任务。④聘请外国专家作经营顾问，请他们提供国际市场信息，帮助企业开发适销对路的产品，发展外向型经济。⑤以专家的技术专长为资本，同中国方面合资开发新产品，即“智力入股”。这类专家的数量目前还不多。此外，由外国人才承包经营企业，在沿海尤其是一些中外合资企业中比较多。

近年来，在智力引进方面的主要经验是：①各级政府部门加强领导，把引进智力工作纳入国民经济和社会发展计划。如大连市政府每年都把智力引进作为对外开放的一项重要内容。②紧密结合重点经济建设项目引进智力。在农业领域，与“星火计划”、“丰收计划”等相结合，把引进智力作为科技兴农的一个重要组成部分，促进了增产增收；在工业领域，配合国家技术改造计划引进智力，为企业解决设备更新改造、改进经营管理、开发新产品等关键问题，加速了从国外引进技术的进程；在科研领域，配合国家科技攻关计划、“火炬计划”，在依靠国内专家的基础上，通过聘请外国专家咨询指导和合作开发等方式，加快了科研进度，同时提高了自主开发能力。③远近结合、循序渐进，有计划、有步骤地引进智力。许多地区在国家和地方经济、技术、社会发展总战略和产业政策的指导下，通过对国内外技术水平的对比和智力引进的成本效益分析，确定不同行业、不同企业智力引进的具体目标和布局。④引进智力的部门与计划、经济、科技、外事等部门密切配合，加强协调，多渠道、多方位、多层次、多形式地开展智力引进。

目前，在智力引进方面存在的问题，主要是仍有相当一部分企业对智力引进了解不多、重视不够，只愿意在引进设备上多投资，舍不得在引进人才上下本钱。此外，近年来聘用的专家越来越多，涉及的专业领域越来越广，而国内与引进智力的有关各种组织、团体之间如何协作与配合，却经验不足，对国际人才市场信息了解也很不够，造成了一些问题。如有的用人单位急于求成，将同一专家需求项目同时分送到不同的国外智力输出组织，造成矛盾；有的没有做好生活、工作准备，专家来了不能充分发挥作用；有的事前考虑不周，用人计划多变；等等。在改革开放的过程中进一步解决以上问题，把智力引进与中国的现代化建设的实际需要更密切地联系起来，同时使它与国内劳务市场有机结合，也是发展和健全中国劳务市场的一个重要方面。

三、关于中国劳务市场理论的争论

中国劳务市场起步晚，发育慢，除其它相关因素的制约外，主要原因是关于劳务市场的理论不明确。现在，对“劳务市场”的名称本身还存在很大的争论。一些学者认为，劳务是劳动者以自己的劳动为消费者提供的某种服务，如果这种服务通过市场来提供，则只能在劳动力的市场交换之后才能进行。因此，他们认为：“劳务市场”的概念就是自相矛盾的，在市场上交换的是劳动力，而不是劳务或劳动。应当把劳务市场改称劳动力市场。还有一些学者主张以“劳动市场”、“职业市场”或“人才市场”等其它名称来取代“劳务市场”的提法。

争论集中在劳动力是否是商品这一问题上。其实在市场经济国家，也存在这样的争论：说劳动力不是商品，但劳动力市场上的确发生了买卖的现象，这同其它商品的流通现象没有多大区别；说劳动力是商品，但没有任何一种商品能够象工人那样组织成工会，为提高自身的价格同买方进行斗争。政治家们一般说劳动力不是商品，国际劳工组织费城宣言的第一条即申明劳动力不是商品；但在经济学家对劳动力市场进行分析时，他们显然把劳动力作为商品，从供求关系、价格变动等方面进行研究，这和分析其它商品完全相同。因此，即使在市场经济国家，分析劳动力市场也比分析其它商品市场复杂。

关于劳动力是否是商品的问题，中国经济学界有以下几种主要观点：

一种观点认为，在社会主义制度下，劳动力不是商品。中国的劳务市场是劳动力供求双方相互选择的场所。当劳动力和全民所有制企业结合时，不发生劳动力使用权的转移，不结成雇佣关系。尽管在劳务市场上要议定劳动者的工资待遇，但这并不是劳动力的等价交换，而是劳动力供求双方预定劳动者的按劳分配所得。即使劳动力的需求方是私营企业，由于中国的私营企业也是在社会主义国家法律范围内经营的，不能任意提高其剥削率，所以劳动者的地位和资本主义国家的雇佣工人仍有差别，只是部分出卖其劳动力。

一种观点认为，在社会主义初级阶段，劳动还是劳动者谋生的唯一手段，劳动力具有商品性质，也可以说是商品。全民所有制的生产资料对于单个劳动者来说，只不过是借以进行劳动，再生产自己的物资条件的媒介。而工资反映劳动者在必要劳动时间内所创造的价值，其实际确定在社会主义商品经济条件下仍然要受到市场上劳动力供求关系的影响，这也说明了劳动力的商品性质。至于对那些非全民所有制企业的职工来说，劳动力的商品性质就更加明显了。有些持这类观点经济学者还认为，只有在理论上说明社会主义初级阶段劳动力是商品，才能为中国劳务市场的进一步发展开辟道路。

还有一些人认为，在社会主义初级阶级，劳动力是否是商品取决于劳动力需求方的经济性质。当劳动力被全民所有制企业使用时，因为劳动者本身就是全民生产资料的主人，这里不发生劳动力使用权的转移，所以在这些企业中劳动力不是商品。当劳动者被私营企业雇用时，劳动力的使用权发生了转移，所以在这些企业中劳动力是商品。至于在中外合资企业或其它一些公私合股的企业中，劳动力则部分是商品。

此外，有些人认为，劳动力是否是商品，与劳动力市场虽有密切联系，但却是两个不同性质的问题。应当从劳动力与其它生产要素的最佳配置、劳动力增量与存量的合理调整、劳动力供求双方的有效结合、劳动力流动与稳定的相对平衡等方面来讨论劳务市场理论。

（撰稿人：宋晓梧）

我国金融市场发展概况

中国人民银行总行金融管理司

金融市场是资金供求双方，运用金融工具，采取多种融资方式，通过自主交易活动，进行直接融资，实现资金融通的场所。金融市场是商品经济发达的产物，也是推动商品经济进一步发展的必要条件。我国的金融市场，是在党的十一届三中全会以来的改革、开放的总方针指引下，随着经济体制改革和金融体制改革的深化、有计划商品经济发展的进程，逐步产生和发展起来的。目前，以同业拆借为主的短期金融市场、以各类债券为主的长期金融市场，均已初具规模，同时，以国库券转让为主的有价证券二级流通市场，也正在逐步发展。我国的金融市场已成为社会主义市场体系的重要组成部分，为企业、政府、金融机构筹集和融通资金开辟了新渠道。

一、我国的短期金融市场

短期金融市场是进行一年以内各种资金融通活动的场所，所筹资金主要用于短期周转。我国目前的短期金融市场主要包括同业拆借市场、企业短期融资券市场、大额可转让存单市场和商业票据贴现市场。

（一）同业拆借市场

同业拆借市场是指金融机构之间相互融通短期资金的场所。

我国的同业拆借市场是从1984年建立中央银行制度后，改革了信贷计划管理体制开始的，1985年1月1日起，对专业银行实行了“统一计划、划分资金、实贷实存、相互融通”的信贷资金管理办法，允许专业银行之间可以相互融通资金，改变了过去金融机构之间不准相互拆借资金，发生资金余缺，一律按照信贷计划，由银行系统用行政手段进行纵向分配和调拨的办法，事实上即开放了同业拆借市场。1986年1月国家经济体制改革委员会和人民银行，联合召开了广州等五个城市金融体制改革试点座谈会，把开展和发展同业拆借市场，列为金融体改试点的重要内容，同年1月7日，国务院发布了《中华人民共和国银行管理暂行条例》，其中规定了“专业银行之间的资金可以相互拆借”，“专业银行之间相互拆借的利率，由借贷双方协商议定”，把同业拆借载入法规，从此，同业拆借市场得以较快地发展，全国拆借发生额按一方计算，1986年为300多亿元，1987年为2300多亿元，1988年为5200多亿元，1989年由于财政金融双紧政策的实施及短期融资公司撤销，拆借额下降为2900多亿元，1990年也仅达2600多亿元。但同业拆借市场仍为我国发展最快，融资数量、规模最大，是我国短期金融市场的主体。

（二）企业短期融资券市场

企业为了解决生产经营中季节性、临时性流动资金需要，开拓向市场直接融资的新渠道，依照法定程序，向社会公开发行企业短期债券的市场。企业短期融资券，是表明债权债务关系的一种凭证，凡实行独立核算，具有法人资格的全民所有制或集体所有制工商企业，均可向证券审批主管机关——人民银行申请发行，未经批准不得发行。

我国的短期融资券市场，是从1987年底开始的，先在少数企业试点，企业短期融资券的发行，在优化资金投向，促进资金横向融通，加速资金周转等方面发挥了积极作用，受到企业和投资者欢迎。1989年2月人民银行发出《关于发行企业短期融资券有关问题的通知》，明确在试点的基础上全国正式开放企业短期融资券市场，并开始把发行企业短期融资券纳入全国证券发行规模。1988年发行10亿元，1989年发行30亿元，1990年发行50亿元，企业短期融资券发行后即可上市转让交易。

（三）大额可转让定期存单市场

大额可转让定期存单市场，是银行为吸收企、事业单位和城乡居民个人的资金，发行给投资者的一种短期债务凭证，即大额可转让定期存单，其起点金额大、固定面额、固定利率，固定期限，到期后，可按票面金额和规定利率总付本息，不能提前支取，持存单人在到期前急需用款,可以到二级市场进行转让,银行藉以筹集一年以内短期资金的市场。

我国从1986年下半年开始,为了解决中国银行外贸收购贷款的资金不足,及交通银行重新组建后,迅速开展业务的需要,经人民银行批准,在这两家银行的部分分支机构进行试点，首先发行了大额可转让定期存单,此后,各专业银行的部分行处,也陆续发行。为了使大额可转让定期存单规范化发展,1989年5月中国人民银行颁发了《大额可转让定期存单管理办法》,同年11月又发出《关于大额可转让定期存单转让问题的通知》,对存单发行和转让作出了统一规定,1986年至1988年共发行70亿元，1989年发行142亿元，1990年发行503亿元,以上共发行715亿元,到1990年底,除已偿还310亿元外，还有余额405亿元。

(四) 商业汇票承兑贴现市场

商业汇票承兑贴现市场，是指持有经过商业或银行承兑的商业汇票的企业,在承兑汇票到期前,需要资金时，通过贴现方式将承兑汇票转让给专业银行等金融机构,专业银行办理贴现后,可向其它专业银行转贴现,也可以向中央银行再贴现,商业汇票是以合法的商品交易为基础的商业信用工具,因此,商业汇票承兑贴现,是银行信用和商业信用相结合,融通短期流动资金的市场。

我国的商业汇票承兑贴现市场,早在1981年由上海、安徽等地进行试点。1984年12月人民银行颁布了《商业汇票承兑贴现暂行办法》，鼓励工商企业之间的商业信用实现票据化,1986年人民银行为了推动票据贴现市场的发展,颁布了《中国人民银行再贴现试行办法》,开办了再贴现业务。至1990年底,全国共签发商业承兑汇票37.9万笔,金额为507亿元;签发银行承兑汇票57.7万笔,金额为1716亿元;银行办理承兑汇票贴现24.8万笔,金额为804亿元;专业银行间办理转贴现1159笔,金额为2.7亿多元,人民银行对专业银行办理再贴现3万笔,金额为187亿元。

二、我国的长期金融市场

长期金融市场，是指一年期以上的金融工具交易活动的场所。由于长期金融市场的金融工具是债券、股票等有价证券,所以又称为证券市场,我国目前的长期金融市场包括债券发行市场、股票发行市场和证券流通市场。

(一) 我国的债券发行市场

新中国的债券发行始于1950年,当时,为了支援解放战争的最后胜利,恢复经济、稳定物价,政务院决定,发行了人民胜利折实公债2.6亿元;进入第一个五年计划时期后,为解决建设资金的需要,政府决定向全国社会各阶层人民发行国家经济建设公债,从1954年至1958年每年发行一期,共发行35.4亿元,在此后的22年中,我国未发行过任何债券。

随着经济体制改革的进展，我国的债券发行市场也逐步形成和发展，截止1990年底、我国发行的中长期债券为1711.44亿元，除已偿还483.49亿元(不包括利息，下同)，尚有余额1227.95亿元，1991年全国计划发行各种债券505亿元。债券发行市场是我国长期金融市场中开放最早、发展最快、规模最大的一个市场。各种债券按不同发行者分类,可分为国家财政债券、国家投资公司债券、金融债券和地方企业债券。

1. 国家财政债券。财政部代表国家发行,共六种,截止1990年底已发行1025.2亿元,除已偿还148.74亿元外，尚有余额876.46亿元，占全部债券余额的71.4%，由于这些国家债券的用途、发行条件、发行对象等不同，其名称也各不相同。

(1)国库券。为了适当集中财力,解决国家建设资金不足,从1981年开始,每年发行一期,截止1990年底,共发行603.83亿元,除已偿还119.25亿元外,尚有余额484.58亿元。

国库券发行的期限，1981年到1984年自发行后第六年开始，一次抽签，分5次偿还，每年还本付息20%，第10年全部还清本息。1985年到1987年，五年后一次还清本息,1988年到1990年,三年后一次还清本息。

国库券的发行对象和利率:1981年到1984年,单位和个人分别为年利率4%和8%,1985年分别为5%和9%,1986年到1988年分别为6%和10%,1989年到1990年只对个人发行为14%。

(2)国家重点建设债券。为了保证能源、交通、原材料等重点项目的资金需要，压缩预算外投资，1987年共发行55亿元,除已偿还5亿元外,尚有余额50亿元。其中:向企、事业单位发行50亿元，按自筹投资规模的一定比例分配任务，期限3年，年利率6%，这部分债券至1990年7月1日到期，经国家决定，改为转换债，即转期5年，年利率8%，到期本金照还，利息分两段计算。向个人发行5亿元,期限3年，年利率10.5%，至1990年已全部偿还。

(3) 国家建设债券。为弥补当年建设资金不足,1988年共发行30.6亿元,期限2年,年利率9.5%,由城乡居民、基金会、金融机构和事业单位自愿认购,截止1990年底已偿还24.49亿元,尚有余额6.16亿元。

(4)财政债券。为了筹集国家建设资金,弥补财政赤字，1988年、1990年已发行两期，1988年发行66.07亿元，其中:向专业银行发行10亿元，期限5年,年利率7.5%,向其他金融机构发行56.07亿元,期限二年，年利率8%，二年期债券到1990年已到期，经国家决定推迟偿还。1990年发行69.53亿元，向金融机构发行，期限5年，年利率10%。

(5)特种国债。为了支援国家建设，促进经济协调发展。1989年开始发行，截止1990年底共发行74.94亿元，向企事业单位、社会团体、保险基金管理机构、交通部车辆购置附加费管理机构发行，期限5年，年利率15%，到期一次还本付息。

(6)保值公债。为了进一步调整经济结构，筹集经济建设所需资金，1989年发行125.18亿元，期限3年，利率高于银行三年期定期储蓄利率一个百分点，加保值补贴率，向城乡居民、个体工商户、基金会、保险公司及有条件的某些公司发行。

2.国家投资公司债券。国家专业投资公司发行，共两种。截止1990年底共发行147.67亿元，除已偿还2.72亿元外，尚有余额144.95亿元，占全部债券余额的11.8%。

(1)基本建设债券。1988年我国成立了能源、交通、原材料、轻纺、机械电子、农业六大专业投资公司。为充实国家投资基金，1988年和1989年由国家能源、交通、原材料3家投资公司和石油部、铁道部共发行基本建设债券94.6亿元，其中：1988年发行80亿元，期限5年，年利率7.5%，分配给各专业银行按1987年储蓄存款增加额的一定比例认购。1989年发行14.6亿元，期限3年，利率比银行3年定期储蓄利率高一个百分点，加保值补贴率，由城乡居民自由购买。未到期，均未偿还，1990年以后不再发行。

(2)重点企业债券。为解决国家重点企业资金不足，截止1990年底，共发行53.08亿元，除已偿还2.72亿元外，尚有余额50.36亿元。1987年由电力、有色金属、石油化工部门所属的重点企业，发行了重点企业债券30亿元，期限3至15年不等，利率最高不超过同期银行储蓄的140%，有的发债企业还以平价产品供应方式偿付利息，发行对象为企事业单位。1988年国家成立了6大专业投资公司后，将1987年重点企业债券的债务关系转由相应的专业投资公司承担。1988年以后，国家专业投资公司继续发行重点企业债券，但每年的发行量均不大。

3.金融债券。主要由专业银行、交通银行发行，其他金融机构也有少量发行。我国从1985年开始发行，截止1990年底，共发行284.57亿元，除已偿还195.11亿元外，尚有余额89.46亿元，占全部债券余额的7.3%。发行金融债券所筹集的资金全部用于发放特种贷款，解决国家计划内、经济效益好的在建项目工程扫尾，工程建成后急需的流动资金以及企业自有流动资金不足30%的部分，金融债券的期限分为1至5年不等，其利率及支付方式可分为：(1)固定票面利率、固定期限，期满一次还本付息；(2)贴现金融债券；(3)累进利率金融债券；(4)保值金融债券；(5)浮动利率金融债券五种，发行对象是面向城乡居民个人公开发行，全部由投资人自愿认购。

4.地方企业债券。主要由国营工商企业发行，也有少量经济效益好的集体企业和个别中外合资企业发行。截止1990年底共发行254亿元，除已偿还136.92亿元外，尚有余额117.08亿元，占全部债券余额的9.5%。一些企业从1984年前后开始尝试以发行债券的方式筹集资金。但是，在1987年以前，这种集资多数是在企业内部职工中进行的，大部分没有印制正规的债券，其利率和期限也各异，有的除利息外，另加分红，混同于股票；面向社会公开发行的债券中，有奖有息或以奖代息的较多。据不完全统计，至1986年底，全国这种集资的累计总额约100亿元。1987年3月27日国务院发布了《企业债券管理暂行条例》，同年人民银行总行开始下达全国各地地方企业发行计划额度，未经批准，不得发行，从此，地方企业债券的发行和管理逐步走上正轨，企业债券的期限一般为1至5年，其中1至3年期的最多，占发行总额的70%，利率一般高于同期限国债和金融债券，按规定企业债券的利率，不得高于同期限银行储蓄利率的140%，利息收入要缴纳20%的个人收入调节税，企业债券大多数采用期满一次还本付息的方式，少数凭息票每年支付一次利息，期满时偿还本金。企业债券主要是由城乡居民和少数企业自愿购买。

（二）我国的股票发行市场

建国初期，一些城市还有私营工商企业，其中有一部分是股分公司，所发行的股票，允许居民持有，少数大型股分公司的股票，经审查批准，可以在一定范围内流通转让，当时，天津、北京还有证券交易所，但不久，随着“三反”“五反”运动开展，投机活动受到控制，证券交易所业务逐渐萧条，到1952年相继停业，有组织的证券交易市场活动即停止了，1956年私营工商业实行全行业公私合营，对合营企业的私股，由政府支付定息，至此，股分公司也不复存在，以上情况说明，建国初期的股票市场，不仅是时间非常短暂，而且更重要的它仅系旧中国股票交易活动在建国初期消灭前的一种过渡形式，因此，建国后的前三十年，我国不存在社会主义股票市场。党的十一届三中全会以后，早在1981年，为适应搞活经济发展的需要，城乡经济中就出现了一些股票集资活动，尽管这些股票多数为集体所有制企业的内部集资，股票是保息分红，到期偿还，不担风险的，还不具备股票的基本特征，但它仍不失为我国股票发行市场的萌芽，从1984年开始，有些城市的人民银行对股票发行制定了一些管理办法，进行管理，必须经人民银行批准，才能发行股票。同年9月，北京市成立了第一家股分有限公司——天桥百货股分有限公司，随后，上海飞乐音响公司，上海延中实业公司，向社会公开发行股票，全国其他一些大中城市也相继发行股票，随着经济体制改革的深化，股票发行市场逐步向规范化方向发展，截止1990年底，股票发行额为45.9亿元，其中向社会公开发行17.5亿元，占总发行额的38%，非公开发行28.4亿元，占总发行额的62%。

目前，我国的股票发行，不仅有集体企业和个体合伙性企业，而且一些大中型国营工商企业也开始进行股分制和公开发行股票的试点。大致有以下几种情况发行股票：1.股票集资，指没有实行股分制的企业，但通过发行股票筹集资本金，这类股票主要在1984年以前发行。2.资产折股，指老企业要实行股分制改革，将原有资产折成相应的股分，同时采用发行股票方式，新增资产。3.募股设立，指按股分制组建新的企业，通过认股出资或公开出售股票筹集资本金。4.扩股增资，指已经实行股分制的企业，为了扩大企业规模，通过增发股票方式筹集资本金。

股票是股分制企业为筹集创建企业或进行扩大再生产的自有资金，发行给股东的对企业部分所有权的凭证，证明股东在企业中投资入股并据以取得一定收入和权益。股票购买后，股东不能要求退回股金，但股票持有者需用资金时，可以到股票市场转让卖出。为了满足不同投资者对股票投资者的需求，股分企业通常发行多种形式的股票，我国目前发行的股票，大部分是记名式和有面额的股票。按股东承担风险和享受权益的大小，可分为普通股、优先股和普通股、优先股混合型。按持股主体不同，可分为国家股，企业单位（法人）股和个人股。

（三）我国的证券流通市场

投资人之间，对已发行但未到期的证券买卖行为，称为证券转让流通。随着证券发行规模的扩大，证券买卖活动也开始出现，最初是在个人之间私下进行的，主要是国库券的买卖，以后一些票贩子为了牟取暴利，非法进行国库券及其他证券的倒卖活动，形成黑市交易市场，群众意见纷纷，为了使证券市场健康发展，满足证券持有人的变现需要，打击证券黑市交易，1986年沈阳、上海等地的信托投资公司，首先开办了企业债券、股票的现货买卖业务，为我国证券流通市场迈出了第一步。此后，大连、哈尔滨、福州、广州、天津等地也相继开办了企业债券、金融债券和股票等转让流通业务，到1987年底，已有三十多个城市开办了转让业务，但由于当时转让的证券具有明显的地方性等原因，因此，转让业务量非常小，全国仅1亿多元。经国务院批准，从1988年4月21日开始，在上海、沈阳、武汉、重庆、哈尔滨、广州、深圳七个城市进行国库券转让试点，同年6月上旬，试点城市扩大到61个，截止1990年底，全国已有100多个城市开放了证券转让市场，证券交易额达185.9亿元，一个以国库券为主的证券流通市场逐步在我国形成。

目前，我国上市转让的证券，是指经批准，在证券交易柜台和上海、深圳证券交易所挂牌交易的证券。一年期以上的有以下8种：

1. 国库券。1988年4月开始上市交易的是1985年和1986年向个人发行国库券，从1990年初以后，全国各地对1990年以前历年向个人发行的国库券均陆续上市交易，上述券种的发行总额为388亿元，截止1990年底交易总额达149.7亿元，占发行额的38.6%。

2. 国家重点建设债券。1987年财政部发行55亿元，其中向个人发行的5亿元，可以上市交易到1990年底交易额为7000万元。

3. 国家建设债券。1988年财政部发行30.6亿元，到1990年底上市交易2000万元。

4. 保值公债。1989年财政部发行125亿元，到1990年底已上市交易额为10.9亿元。

5. 金融债券。各专业银行、交通银行1987年至1990年发行的金融债券，均可上市交易，上述金融债券发行总额为249.57亿元，到1990年底交易额为1.62亿元。

6. 基本建设债券。1989年国家投资公司发行14.6亿元，由居民自愿购买，可以转让，到1990年底交易额为3000万元。

7. 地方企业债券。比较规范，面向社会公开发行的，经人民银行批准，可以转让，到1990年底，交易额为4亿元。

8. 企业股票。比较规范，面向社会公开发行的、经人民银行批准，可以转让，到1990年底交易额为18.6亿元。目前上市交易的股票主要集中在上海和深圳两地试点，上海有上海延中实业公司、上海飞乐音响公司、上海真空电子器件公司、上海爱使电子设备公司、上海申华电工联合公司、上海飞乐股份有限公司、上海豫园商场股份公司和浙江凤凰化工股份有限公司等8家的股票上市交易。深圳有深圳发展银行、金田实业股份有限公司、万科企业股份有限公司、蛇口安达运输股份有限公司和原野实业股份有限公司5家股票上市交易。

此外，还有少量短期证券上市交易，截止1990年底，企业短期融资券交易额为4000多万元，大额可转让定期存单交易额为6000多万元。

以上情况说明，我国的证券流通市场是以国债为主要交易对象的长期证券二级市场，但交易最活跃的是企业股票。在上市交易的8种长期证券中，国库券、国家重点建设债券、国家建设债券、保值公债均为国债，这4种国债交易额达161．5亿元，占总交易额的86％，其中国库券的交易额最大，占国债交易额的92．7％；我国股票市场目前尚处于试点阶段，发行量不大，全国仅发行45．9亿元，其中面向社会公开发行额仅17．5亿元，交易量18．6亿元，超过了向社会公开发行额，这一动向应引起关注。

三、我国金融市场的组织机构体系

我国金融市场的组织机构体系，由管理机构、经营机构、交易场所、服务性机构以及行业性自律组织组成。

（一）金融市场管理机关

根据现有法规规定，我国金融市场的主管机关是中国人民银行。1986年1月7日国务院发布的《中华人民共和国银行管理暂行条例》第5条规定“中国人民银行是国务院领导和管理全国金融事业的国家机关，是国家的中央银行”，其职责之一是“管理企业股票、债券等有价证券，管理金融市场”。

人民银行管理金融市场的主要职责是：1. 研究拟订金融市场管理的方针、政策，报经批准后组织实施；2. 研究拟定金融市场管理的法规、制度、办法，经批准后组织实施；3. 审批金融市场有关金融机构的设立和撤并；4. 参与制定证券发行的年度计划和中长期计划；5. 审批、管理债券、股票等有价证券的发行、转让工作；6. 领导、管理、监督、指导金融市场活动；7. 采用现代化通讯设施，建立能迅速、准确地集中和反馈信息的报价系统和统计系统，促进金融市场高效率运营；8. 组织金融市场管理人员和操作人员的培训；9. 组织金融市场中的各项改革及试点工作；10. 检查和处罚违反金融市场管理规定的行为和有关责任人。

（二）金融市场经营机构及交易场所

目前，我国金融市场的经营机构，可分为专营证券业务的各种证券公司，由信托投资公司、综合性银行兼营证券业务的证券交易营业部以及为金融市场交易活动提供场所，而本身不经营业务的证券交易所“金融市场”。

1. 证券公司。我国的证券公司是直接从事证券发行与交易业务的专业性金融公司，我国自1987年9月，中国人民银行批准设立第一家证券公司——深圳经济特区证券公司以来，截至1990年底，全国已设立证券公司40家。证券公司经营的业务范围主要有：(1)代理发行有价证券业务，代销、助销和包销各种新发行的证券；(2)代理买卖各种有价证券；(3)自营买卖各种有价证券；(4)代理有价证券还本付息和红利的支付。此外，证券公司还可根据经营能力和业务需要，报经人民银行批准后，开办下列业务中的一种或几种：(1)办理证券交易的清算交割及登记过户；(2)承办证券的代保管、鉴证业务；(3)接受委托代收证券本息和红利；(4)办理证券贴现和证券抵押贷款业务；(5)提供证券发行及证券投资等方面的咨询服务；(6)筹集并运用证券投资基金；(7)其它与证券有关的业务。

2. 证券交易营业部。主要由信托投资公司、综合性银行设立，截至1990年底全国有300多家，业务范围，经中国人民银行批准，可经营证券公司业务范围中的一部分。

3. 证券交易代办点。是指证券公司或证券交易营业部委托其他金融机构利用现有的营业场地和人员代为办理证券业务的场所，截至1990年底，全国已有代办网点700多个。代办点只能代理证券经营机构办理证券买卖，不得从事自营证券交易业务，同时，还可以代理支付本息和红利。

4. 证券交易所。证券交易所是规范的证券交易场所。目前，全国只有上海、深圳两家，是会员制的不以盈利为目的的事业法人，可以办理以下业务：(1)提供证券集中交易的场所；(2)管理上市证券的买卖；(3)办理证券交易所内证券交易的清算和交割；(4)提供证券交易登记过户、证券集中代保管；(5)提供证券市场信息与咨询服务；(6)经中国人民银行批准的其他证券有关业务。

5. 同业拆借市场。是会员制的事业单位，由人民银行牵头，各银行和其他金融机构参加，为金融机构之间调剂资金头寸，进行同业拆借活动提供场所，原则上一个城市设立一家，1990年3月人民银行发布了《同业拆借管理试行办法》，办法中把同业拆借市场统一定名为“金融市场”，其主要职责是：(1)管理同业拆借会员周转金；(2)代理跨地区同业拆借业务；(3)提供拆借市场信息和咨询服务；(4)经人民银行批准的有关拆借的其他业务。

（三）金融市场的服务性机构

1. 证券评级机构。负责为证券发行进行信用等级评定的金融市场服务性机构，目前，我国的信用评级机构，主要由人民银行牵头，吸收社会有关权威人士和专家组成评级委员会，截止1990年底，全国共有评级委员会15家，其业务范围主要是：(1)对企业发行中长期债券及短期证券评定资信等级；(2)对企业评定资信等级；(3)对实行股分制的企业，进行资产重估；(4)提供有关资信评估的咨询。

2. 全国金融市场报价交易信息系统（简称报价系统）。该系统于1990年由中国人民银行牵头组建，全国各地金融市场的中介机构参加，是会员制的计算机通讯网络，目前已发展会员60多家，分为同业拆借和证券交易两个部分，为跨地区的同业拆借和证券交易提高信息传递效率，为金融市场交易活动、清算交割提供技术服务，促进全国统一金融市场形成。系统设立报价中心，报价中心是中国人民银行总行直属的事业单位，是系统日常业务活动的组织和管理机构。报价中心的职责是：(1)制定报价系统的各项规则、监督各项规则的执行；(2)审批吸收报价系统会员；(3)综合整理和反馈报价系统的有关信息资料；(4)组织会员之间的交易、清算和交割；(5)代理会员委托的资金拆借和证券交易业务；(6)中国人民银行批准或委托的其他工作。

（四）行业性自律组织

我国目前正在筹建中国证券业协会，是由经营证券业务的金融机构自愿组成的行业性自律组织，协会作为政府与证券经营机构之间的桥梁和纽带，加强证券机构之间的联系、合作、协调和自我行业管理，协助、促进证券市场规范、健康发展。协会的主要职责是：(1)根据党和国家的有关政策和法令法规，拟定自律性管理规章制度，加强对证券业的管理；(2)协调会员之间、证券业与国家有关管理部门之间的关系；(3)代表会员的共同利益，集中反映会员的愿望和要求，维护会员的合法权益；(4)搜集、整理国内外证券行业信息，编辑、出版证券业务的理论刊物和内部资料，向会员提供服务；(5)开展有关证券市场业务理论研究，提出证券业发展的中长期规划，经批准后组织实施；(6)采取多种形式，组织业务经验交流和人才培训，提高证券从业人员的业务技能和管理水平；(7)组织证券业的对外联络，组织国际交往和合作；(8)接受政府、中国人民银行交办的以及其他社团、单位委托的有关证券业事宜。

（撰稿人：黄莺飞）

第五部分

部分地区、部门企业管理发展概况

深化企业改革

山 西 省

一、新一轮承包进展情况

山西省工业企业的第一轮承包是从1987年普遍推行的。地方预算内工业企业有98%实行了承包经营责任制，其中1990年承包到期的企业有1297户，占承包企业的94%。为了稳定、完善和发展承包制，搞好两轮承包的衔接工作，1990年5月份，省政府下发了《关于坚持和完善全民所有制企业承包经营责任制的意见》(晋政发〔1990〕26号)。各地市、各部门对新一轮承包都十分重视，结合本地区、本部门的具体情况，制定了各自的实施意见和具体方案，并加强组织领导，及早动手，由点到面，分类指导，有计划地进行班子考核、指标测算等工作。因此，尽管在去年市场疲软、企业经济效益滑坡、承包工作难度较大的情况下，新一轮承包工作比较扎实，进展也较快。截止1991年4月底，全省预算内工业企业第二轮承包合同已基本全部落实。

二、新一轮承包的主要特点

针对第一轮承包中存在的指标体系不完善、短期行为、经营者和职工收入过分悬殊等问题，根据省政府26号文件精神，各地市、各部门在新一轮承包工作中，都采取了具体措施，加以完善。主要有以下几个特点：

(一)稳定政策，稳定承包人。由于第一轮承包中个别企业和承包人出现了一些这样那样的问题，一度时期社会上对厂长(经理)持有偏见，非议较多，加上近两年企业困难越来越大，相当一部分厂长(经理)产生了“不准备再承包”的想法。为此，省委、省政府主要领导同志多次强调，对上一轮的承包政策，特别是承包人要坚持“大稳定，小调整”的原则。各地市、各部门都明确提出，凡本人政治、业务素质好、班子协调、职工拥护、能完成第一轮承包任务的承包人，一般都要继续承包，保持企业领导班子相对稳定。从实际执行的情况看，已经落实新一轮承包的企业中有80%以上的为原承包人继续承包，而且承包期限一般为3年，尤其是大中型骨干企业的承包期一般均为3—5年。

(二)合理确定承包基数，正确处理国家和企业的分配关系。在上轮承包经验的基础上，各地市、各部门在新一轮承包工作中十分重视合理确定承包基数，并使之逐步科学化。一是确定承包指标由过去单纯以纵向为依据，转变为纵横结合，与同行业先进水平相比，避免“鞭打快牛”。机械行业在全行业推行“经济效益系数调整法”，根据全省同行业的资金利税率、人均创利税和工资利税率的平均水平确定每个企业的效益系数，若系数大于1，即高于同行业平均水平，则以上轮承包期平均利润为基数；若系数小于1，即低于同行业平均水平，则在上轮承包期平均利润的基础上增长10—30%。不少地市还选择了一些企业以同行业先进水平为目标，实行差额资金利率法进行承包。二是充分考虑企业面临的困难和企业发展的需要，在财政允许的情况下，给企业留有一定余地。全省已落实新一轮承包的企业中，上交利润基数比上轮承包提高的占55%，下降的占31%，持平的占14%，总体水平大约增长3%左右。由于新一轮承包大部分企业实行了超实现利润分成的办法，财政在上交利润基数之外，还可从超实现利润中分成一部分，基本上体现了既保证财政收入的适当增长，又给企业一定的自我改造、自我发展能力的原则。对少数大中型骨干企业，实现利润的全部或大部分留给企业，用于技术改造或归还贷款。

(三)建立健全承包指标体系，坚持综合考核。为了解决上轮承包中一部分企业由于指标不全、单纯追求利润出现的短期行为问题，新一轮承包中，各地市、各部门都坚持建立健全承包指标体系。承包指标分为三部分，即效益指标、发展指标和管理指标，除利润、技改外，把质量、消耗、设备、资金占用、职工培训、安全环保等管理指标都纳入了承包内容。同时，还注重了对承包指标的综合考核，许多地市都制定了百分制考核办法，全面考核承包完成情况，最后决定对企业和经营者的奖惩。有些是采取以效益指标确定奖惩兑现基数，以其他指标进行修正或否决，从承包指标体系上保证了企业整体素质的提高和长远的发展。

(四)坚持集体承包，适当调整经营者的收入。新一轮承包中，为了更好地调动企业和职工的积极性，全省普遍坚持了“厂长牵头，集体承包”的原则，由企业的领导班子做为一个集体进行承包，一般不搞个人承包。针对上轮承包中出现的承包人与职工收入悬殊过大的问题，各地市、各部门都制定了一些相应的政策。一是不能把超利润分成作为对经营者的奖励；二是风险抵押金只计利息，不能分红；三是对经营者收入高于职工平均收入的倍数适当控制和调整，除少数有突出贡献的，经政府或承包领导组批准，可高于职工平均收入的3倍外，绝大部分企业都控制在2倍左右。另外，根据企业规模和行业等不同情况，对经营者收入的最高倍数有所区别。长治市实行了经营者收入的倍数按系数进行分类的办法，即按企业规模、利润总额、人均利税、企业升级、产品创优、经营难易程度六个因素分别确定每个企业经营者收入可高于职工平均收入的最高倍数。为规范和合理确定经营者的收入探索出一种较为科学的办法。省有关部门及时将长治市的这种办法在全省进行推广。

（五）完善审计制度，强化承包约束机制。第一轮承包中，山西省坚持“先审计，后兑现”的原则，每年对企业进行一次承包兑现审计。在确定新一轮承包基数时，为了进一步摸清企业家底，做到心中有数，从1990年下半年开始，各级审计部门分层次对承包到期的企业进行了一次普遍审计，对更换承包人的企业严格实行了离任审计制度。另外，在强化企业的自我约束机制方面，各地各部门都采取了有力措施，如健全民主管理和集体领导制度、经营者收入公开、承包后企业经营者要与职代会签订双保合同等等。

三、存在的主要问题和今后的措施

虽然在新一轮承包中山西省采取了一系列的完善措施，但由于种种原因，还存在一些问题，有待在今后进一步研究解决。

一是承包的指标考核兑现与工效挂钩的指标考核相脱节。山西省有关部门曾根据省政府领导的有关指示多次研究，但始终没有得到解决。这样，承包任务完成的好坏只与企业和承包班子的利益紧密相关，而没有与职工的收入直接挂起钩来，有时还会出现相反的情况，比如有的企业完成了承包任务，经营者受奖，但工效挂钩的效益指标没有完成，企业工资总额却下浮，这对充分调动职工的积极性是十分不利的。因此，我们准备进一步研究制定办法，使承包与工效挂钩的指标及考核尽可能一致起来。同时，国务院有关部门也应研究，明确政策。

二是硬指标、软条件的问题依然存在。企业的承包指标定了，但必需的生产条件难以保证，承包合同中有关政府部门的义务等条款只能含糊其词。另外，企业的利润指标是死的，但电费、原燃材料价格一直在上升，利润转为税费、利息的部分每年都在增加。这些全靠企业自行消化，对企业来说，难以承受。

三是企业的潜亏和补亏问题没有得到很好解决。虽然承包前都进行了审计，但企业的潜亏并未全部澄清，尤其是继续承包的原承包人，极力不想把潜亏暴露出来。据财政部门通过抽样调查估计，全省预算内工业企业潜亏总计近10亿元，超过了1990年利润总额。另外，大部分亏损企业的亏损难以弥补，有些虽然在承包中让出一块补亏，但所占比例也很小。这样大量的流动资金和专用资金被亏损或潜亏占用，使资金更为紧张，企业没有效益。对此有关部门必须下决心有计划地进行清理，清产核资，逐步解决。

四是企业的固定资产投资贷款包袱沉重。相当一部分企业，特别是大中型企业的技改、基建贷款包袱沉重。由于贷款较多，在确定承包基数时，上交和还贷的关系难以处理，至使不少企业的到期贷款在新一轮承包期内无法还清，有些企业甚至可能连利息都难以负担，形成恶性循环。因此，除加强管理，提高投资效益外，对少数贷款包袱沉重的大中型企业应采取一些特殊政策。

五是与上轮相比，无论经营者还是职工，对承包的信心不足，积极性不高。所以要使承包经营责任制更好地发挥作用，必须把承包作为“八五”时期以至今后更长时间内发展经济，搞活企业的主要措施，坚定各地、各部门及各企业领导坚持承包、搞好承包、依靠承包促管理、促效益的决心，增强竞争意识，严格考核兑现，强化激励机制，使企业的经营者和职工真正能把承包的压力变为动力。为此，山西省于年初下发了《关于做好工交企业1990年度承包考核兑现和第一轮承包总结工作的通知》，要求各地市、各部门认真总结上轮承包的经验，并严格按合同考核兑现。

（山西省经委　靳善忠　唐晋）

福　建　省

“七五”期间，福建省工业企业坚决贯彻党的基本路线，在经济工作的指导思想上坚持以提高经济效益为中心，坚决执行治理整顿、深化改革和扩大开放的方针，两个文明建设一起抓，工业生产取得长足的进展，经济实力进一步增强，企业面貌发生较大的变化。特别是治理整顿以来，广大工业企业努力克服市场疲软、资金紧缺、出口受阻等困难，积极调整产品结构、突出产品销售和扩大出口，使工业生产保持持续、稳定增长的势头。1990年该省乡以上工业总产值完成303.91亿元（80年不变价），比上年增长11.2%，速度居全国第3位。乡以上工业总值在1986年翻一番的基础上，1990年又实现了第二个翻番，提前10年实现工业总产值翻两番的目标。

几年来，福建省广大企业普遍加强了企业管理，以企业升级为目标，眼睛向内挖掘潜力，向管理要效益。“七五”期间主要产品单位物资消耗普遍下降，节能293万吨标煤，其中1990年工业节能率达6%，指标居全国前列；全省开发5000多项新产品，创产值90.67亿元，税利13.4亿元，投产率达60%以上；产品质量也有所提高，优质产品比重明显上升，1990年优质品产值占乡以上产值的20%。

一、以完善承包经营责任制为重点，推动和深化企业改革

福建省推行企业承包经营责任制是从1987年5月开始，短短几个月该省工交企业承包面就达90%。1988年国务院《承包条例》颁发后，对企业承包制作为进一步完善和发展，多数企业，特别是大中型企业采取了以“两保一挂”为主，合同期限在3年以上，经济指标较为全面的高层次承包。1989年又采取积极措施，鼓励承包企业引入竞争机制、风险机制和约束机制，使企业承包质量有了明显提高，从而保证该省承包企业连续3年超额完成了承包核定的上交利润任务，实行承包的预算内工业企业3年间固定资产原值、企业留利和还贷额，累计比承包前增长50.4%、89.1%和129.8%，在市场疲软、资金紧缺的困难经济形势下，承包企业大多经受了检验，显示出强大的生命力。在第一轮承包的基础上，认真总结经验，进一步明确承发包主体、健全承包考核体系、强化承包约束机制、及时制定配套政策、实事求是地调整承包基数和分成比例，认真抓好第二轮承包工作，截至1990年底，除厦门市实行税利分流外，该省预算内国营工交企业已签订第二轮承包合同910家，占应承包企业数的92.4%。

在推行企业承包责任制的同时，福建省工业企业还逐步完善厂长负责制，坚持企业领导体制改革。特别是《企业法》颁发实施后，进一步明确了企业党政工关系。按照党中央、国务院指示精神坚持厂长在企业中的中心地位，同时改善党的领导和职工民主管理。厂长负责制的实施，为造就一大批企业家提供了条件。福建省有111位厂长（经理）被评为全省优秀企业家，厦门罐头厂厂长被评为全国优秀企业家。企业民主制度也逐步走上制度化、规范化的轨道，1990年该省选择100家企业开展以“内部分配公开化、民主决策程序化、评议干部规范化、干群联系经常化、职工培训制度化”5个方面为主要内容的民主制度建设试点工作，从“热点”、“难点”入手，建立各项民主制度，厂长（经理）树立依靠职工办好企业的观念，职工群体增强了民主意识，调动了企业干部职工的积极性，直接促进了生产的发展。

随着企业承包制的推行，企业内部逐步建立和完善了内部经济责任制，并进行了劳动人事、分配制度和组织机构改革。实行承包经营责任制后，大多企业都根据承包方案完善内部经济责任制的指标体系和考核内容，层层分解，落实到每个岗位和职工。一些企业进行了内部组织机构改革，使之适应生产经营需要。有的企业实行了干部聘任制，打破干部工人界限，择优选聘管理人员；有的企业还引入竞争机制，进行优化劳动组合；大多数企业都进行了内部分配改革，采取计件工资、岗位工资、定额工资、浮动工资等形式。几年的内部配套改革的效果是明显，初步打破了长期存在的“铁交椅”和平均主义“大锅饭”的弊端，建立风险机制和强化激励机制，调动了广大干部职工的积极性。

二、适应改革开放需要，探索外向型企业管理

福建省是我国对外开放最早的省份之一，从1979年中央赋于特殊政策和灵活措施以后，充分发挥人、缘的优势，积极利用和吸引外资，开展对外贸易和国际经济技术合作，外向型经济有了较大的发展。到1990年底我省开业投产“三资”企业1899家，产值84.47亿元，占全省工业总产值的27.8%。国营企业也积极努力开拓国际市场，扩大出口创汇。1990年乡以上工业出口产值达84.84亿元，占总产值约28%，该省已有不同类型的出口产品企业2000家以上；现在福建省经济已呈现出多层次、梯度外向发展态势，沿海地带有厦门经济特区、福州马尾经济技术开发区、福州对外开放城市、闽南三角地带和32个经济开放县，通过举办“三资”企业、“三来一补”、出口型乡镇企业和创汇农业，外向型经济发展生机勃勃。内地山区也充分利用山林资源优势，打破封闭式经济的羁绊，以发展外向型经济带动山区经济的发展。

在发展外向型经济的过程中，福建省不论是独资企业、合资、合作企业，还是出口创汇的国营企业，都

注意学习国外先进管理方法，参照运用了一些生产经营方面的国际惯例，特别是国营企业，正逐步从生产型、速度型、内向型向集约经营型、效益型、外向型转变。总结福建省外向型企业的一些做法，企业在经营管理上具有以下几个特点：其一、注重市场信息和营销管理，在对外经济往来和贸易中，坚持平等合作、互利互惠的原则，严格按合同办事，讲究信誉，同时建立稳定的销售渠道；其二、重视产品质量，严格按国际标准组织生产；同时积极开发新产品，适应国际市场的需求；其三、根据企业外部条件和自身生产经营的特点，建立高效、灵活的生产经营指挥系统；其四、采用动态的人事、用工制度，管理人员择优聘用，生产人员择优上岗，同时在内部分配上采用"透明度"较大的形式，形成对职工的激励和约束机制。其五、加强国内工、商、贸企业间的联合和行业联合，开展集团式对外经营。

为了适应外向型经济发展的需要，发挥国营企业在国民经济的主体和骨干作用，创造有利条件让国营企业积极参与国际市场竞争和国际经济大循环，逐步完善企业经营机制，从 1988 年开始，福建省在一些地市进行了参照国际惯例管理企业试点。如漳州市选择 10 家企业进行"企业特区"试点，福州、厦门、泉州、南平等地也选择一些企业学"三资"企业、学乡镇企业经营机制试点，同时给试点企业相应的灵活措施和政策。虽然试点遇到经济体制等方面的困难与问题，但从总的来看，这些试点的大方向是正确的，为外向型国营企业提供了增强活力和完善经营机制的必要条件，试点也取得了一定成果。

"七五"期间，虽然福建省工业企业管理取得较大成效，但发展还不平衡，仍有相当部分的企业管理还很落后，适应不了经济形势发展的需要，在市场疲软、资金紧缺等困难的情况下，一些企业应变能力弱，出现经济效益下降和亏损增大的问题。为此在 1991 年，福建省工业企业正认真贯彻国务院决定，积极开展"质量、品种、效益年"活动，把进一步加强管理、提高管理水平，作为提高企业素质的首要任务，努力完成"八五"计划第一年的工业生产任务，为实现经济发展战略目标在后十年再翻一番创造良好的开端。

（福建省经委　陈淼　孔俊）

安　徽　省

"七五"期间，安徽省工业企业在巩固提高"六五"企业整顿成绩的基础上，贯彻执行国务院《关于加强工业企业管理若干问题的决定》，以提高经济效益为中心，围绕提高产品质量、降低物质消耗、保证安全生产，认真开展"抓管理、上等级、全面提高企业素质"活动，走出了一条以"三项管理达标"（即基础管理、现场管理、专业管理达标）为主线的高标准、严要求，开展企业升级工作的路子。

一

回顾"七五"期间，安徽省坚持以"三项管理达标"为主线，全面加强企业管理，稳步健康地开展企业升级活动。主要做了两个方面工作：

（一）从企业管理治本达标入手，加强企业"三项管理"，引导企业深化强化各项管理工作。

1. 继续完善企业管理基础工作。1986 年 3 月，省政府领导同志在部署企业升级工作时指出，企业升级必须"先打基础后上等级"。基于"七五"企业管理整体水平要比"六五"再提高一个档次的考虑，省经委组织制订了 7 项共 57 条基础管理考核标准，全面部署所有企业都要对照七项基础标准进行完善提高。先在该省 52 户工业企业中进行完善基础管理工作试点，从 1987 年开始，在该省工业企业中逐步推开。在开展企业升级工作中，始终把加强企业基础管理放在首位，并作为企业上等级的前提条件。

2. 在完善企业基础管理的同时，整顿现场管理。从 1988 年 10 月开始，省经委针对近年来，一些企业生产现场管理混乱，劳动纪律松懈，没有建立严格的生产秩序和工作秩序，比较普遍地存在着脏、乱、差状况，及时转发了省机械厅关于加强企业现场管理的意见和机械工业企业现场管理标准，推广了省机械行业推行的以定置管理为主要内容的生产现场管理的做法，要求各行业厅局参照执行。并规定今后企业现场管理不达标，企业不能上等级。

3. 强化专业管理。从三年来完善企业管理基础工作和整顿企业现场管理的结果来看，必须进一步加强企业各项专业管理，健全和完善企业管理工作体系，使其在企业生产经营活动中发挥作用。1989年，省经委在全省举办16期专业管理研讨班的基础上，总结出10项专业管理内容（计划、销售、生产、技术、质量、安全、设备物资、劳动人事、财务、生活管理）。同时，组织省内企业管理专家撰写了《工业企业专业管理》教材，对该省企业管理干部分期分批进行轮训。1990年，省经委修订、制订了工业企业《基础管理标准》、《现场管理标准》、《专业管理标准》（即《三项管理基本标准》）。

从1990年起，该省工业企业全面开展"三项管理达标"活动，并将"三项管理达标"作为企业升级的前提条件。

（二）从端正指导思想入手，不断改进企业升级工作。5年来，安徽省始终以抓管理作为企业升级的手段，以坚持先进企业的先进性和提高企业升级工作质量为原则，高标准、严要求，不断引导企业升级工作健康向前发展。

1. 坚持管理工作先行，防止"套标升级"。1986年以来，安徽省不断深化企业管理内容，在工业企业中逐步开展了以基础管理、现场管理、专业管理为主要内容的"三项管理达标"活动，制定了三大项共156条管理考核标准，同时要求各行业据此制订实施细则，并将三项管理是否达标列入企业升级前的管理工作考核内容，管理工作不达标，不得申报省级先进企业；复查不达标，或提出警告，或撤销先进企业称号，从而有效地避免了套标升级倾向。

2. 坚持突出重点，限定升级范围。根据国务院企指委的部署，结合安徽省实际：(1)明确全面开展企业升级工作的部门范围是国务院《决定》中规定的八个工业部门（机械、电子、轻工、纺织、钢铁、有色、石油、化工）中的工业企业；交通、建筑和其他工业部门中的工业企业进行试点；非工业企业只在商业、供销、粮食、医药、城建五个部门中选择少数企业进行试评。(2)明确省级先进企业的评定重点是大中型企业和小型骨干工业企业。并具体规定了小型骨干工业企业的五个条件。

3. 坚持标准的先进性，适时修订省级先进企业标准。1986～1988年，安徽省共制订省级先进企业标准354项，复盖企业面达90%以上。鉴于这些标准是以1985年的企业水平确定的，近两年企业外部环境变化较大，有些行业标准偏低，原有企业升级标准很难全面反映当前省级先进企业水平。1989年，该省比照国家二级企业标准，按照就高不就低的原则，适时修订了318个行业的省级先进企业标准，修订面为89.9%，保证了标准的先进性。修订后的标准与原标准相比，物耗降低13.8%，全员劳动生产率提高15%，人均创利税提高30%，资金利税率提高15%。

4. 坚持两个文明一起抓，增加考核精神文明建设内容。安徽省在企业升级中，除了考核产品质量、物质消耗、安全生产和经济效益等物质文明建设指标外，还考核企业的思想政治工作、完成国家指令性计划、遵守财经制度和执行物价政策、企业社会治安和环保治理工作等精神文明建设内容。对流通服务性企业，除了考核管理工作和企业升级硬指标外，还把"创优质服务，争一流水平"作为企业升级的前提条件。在审批、复查省级先进企业时，充分、公正地听取财政、审计、监察、工会、环保等部门的意见，从而保证省级先进企业不仅是物质文明建设的先进单位，而且也是精神文明建设的先进单位。

5. 坚持评审程序化、规范化、公开化，避免工作失误。为了提高省级先进企业的质量水平，近年来，安徽省不断改进企业升级评审工作：(1)从抓规划入手，加强对升级企业全过程的指导；(2)统一企业升级申报、复查工作程序、办法、规定，防止混乱；(3)限定升级企业数量，实行总量和标准的"双控"；(4)坚持层层把关，提高申报、审批工作的透明度；(5)严明工作纪律，规定了企业升级考评"五不准"，即不准大吃大喝；不准接受企业礼品、纪念品；不准借机购买企业产品；不准借机游山玩水；不准借机向企业收费或变相收费。

二

"七五"期间，安徽省有意识地在企业升级工作中加大管理工作份量，以"三项管理达标"为主线，引导企业对生产经营全过程实行科学管理，同时以"双文明"为企业管理的最高目标，改进企业升级工作。

（一）企业管理意识进一步增强。近两年来，省政府多次听取省经委关于企业管理和企业升级情况的汇报，及时对工作进行指导。同时各级地方政府和行业主管部门的企业管理意识也不断加强。淮南市政府将1989年定为"市企业管理年"，并连续两年开展全市性强化企业管理活动。铜陵市、马鞍山市每年都把对企业管理工作的要求列入政府年度工作目标。省机械厅负责同志亲自抓现场管理试点。省石化厅结合开展学吉化活动，加强企业基础管理，企业现场面貌和设备管理状况大为改观。"七五"期间随着承包经营责任制的推行和完善，该省多数工业企业逐步实现了由生产型向生产经营型的转变。由于企业经营机制的改变，不少精明的企业经营者已逐渐把眼光转向管理，通过开展"三项管理达标"活动，强化企业管理，把靠市场效益转为靠规模效益和管理效益。

（二）企业各项管理工作得到加强。计量水平提高。"七五"期间，该省有1782户企业的计量工作达到三级以上计量等级（其中二级303户，一级8户），比“六五”期间增加了8.5倍。采用国际标准的产品已达418项。定额工作加强，定额水平普遍提高。万元产值综合能耗由“六五”末的6.44吨减少到“七五”末的5.14吨，降低20%。工业产品质量稳定提高。该省5年共创国优产品30个、部优产品738个、省优产品1913个，省、部优产品比“六五”期间分别增加了1.26倍和1.53倍。技术管理取得丰硕成果。5年共开发新产品7506项，其中达国际水平161项，达国内先进水平1598项，共投产5582项，投产率74.4%，新增产值71.05亿元，实现利税10.97亿元。仅88、89和903年，新产品共创汇、节汇1.4亿元。财务管理水平逐步提高。全省会计达标企业共1316户。相当一批企业建立了内部银行，加强了内部经济核算工作。1990年预算内工业企业可比产品成本增幅比1989年下降19个百分点。此外，企业在职工培训、班组建设以及设备、安全、劳动管理等方面都取得了显著成果。

（三）普遍建立起一套行之有效的管理制度。“七五”期间，安徽省工业企业在全面实行承包经营责任制、厂长负责制和工资总额与经济效益挂钩的推动下，把强化企业各项管理同深化企业内部配套改革紧密结合起来，在企业内部建立了一整套的管理制度。主要包括：内部经济责任制、内部工资分配制、方针目标管理制、内部经济核算制、内部银行结算制等。由于这些管理制度寓于各项专业管理、现场管理和基础管理之中，并将其有机地紧密结合起来，配套运用，形成了健全的企业管理工作体系，对企业实现制度化、规范化管理，提高企业生产经营管理水平起到了积极作用。

（四）推动了企业管理现代化工作。随着企业管理的不断深化和强化，一些行之有效的现代化管理方法和手段，已经在我省部分企业中得到应用。据合肥市52户工业企业的调查统计，“七五”期间，通过推广应用“十八法”，共评审发布各种管理成果268项，创经济效益2883.86万元。马钢公司5年间共发布成果860项，创效益1.4亿元。中国化学工程总公司淮南第三建设公司在建筑施工中采用矩阵式的动态管理，缩短了施工工期，提高了工程质量，降低了施工费用，《项目动态管理》论文获1990年度全国企业管理现代化创新成果一等奖。

（五）涌现出一批先进企业。“七五”期间，我省先后有405户企业被批准为省级先进企业，其中80户被批准为国家二级企业。据1989年财务指标统计，省级先进企业全员劳动生产率达22469元/人·年，比预算内工业企业高37%；人均利税达5536元，高1.2倍；资金利税率达28.4%，高90%。

（安徽省经委　许世平　曹阳）

江　西　省

江西省现有工业企业17625户，其中全民所有制工业企业4294户，大中型工业企业310户，列入省财政预算的企业1210户。1990年，江西省工业生产仍面临市场疲软，产品积压，资金不足等困难。在困难面前，该省坚持深化企业改革，强化企业管理，积极推进技术进步，调整产品结构，开拓销售市场，工业生产逐季回升，在困境中保持了适度增长，全年工业总产值完成422亿元，比上年增长6.6%。工业产品结构有所改善，适销对路产品有较快增长。全年开发新产品613项，该省优质产品产值率提高了2个百分点，18项产品荣获国家金、银牌奖。该省财政收入完成40.6亿元，比上年增长8.4%，外贸出口总额5.61亿美元，比上年增长8.9%，出口工业产值增长9.5%。

1990年，江西省企业改革主要抓了工业企业两期承包的衔接工作，在落实企业二轮承包的基础上，不断完善承包经营责任制，搞好企业内部配套改革。在第一轮承包中，江西省有95.3%的预算内工业企业实行了各种形式的承包，但绝大多数企业于1990年底承包到期。江西省预算内工业企业中，1990年底承包到期及未承包的企业达1128户，占预算内工业企业数的93.2%。为了搞好这些企业的两期承包衔接工作，该省根据国务院《承包条例》和《关于在治理整顿中深化企业改革，强化企业管理的意见》（简称《三十条》），以及省政府有关文件的规定，主要抓了以下几项工作：

（一）加强领导，建立续包工作机构和联系汇报制度

各级政府成立了以政府分管领导为首，经委、体改委、财政、审计、银行等部门领导参加的企业二轮承包领导小组，将落实二轮承包作为1990年下半年经济工作的一项主要任务来抓。建立了续包工作机构，专门负责二轮承包的具体组织落实工作。为加强对企业二轮承包工作的组织协调，及时掌握动态，交流经验，还建立了企业二轮承包工作联系汇报制度，每半月编印一次“工业企业二期续包简报”，以推动企业二轮承包工作的开展。

（二）统一认识，坚定搞好企业二轮承包的信心

各地区、各部门组织企业领导认真学习党中央，国务院有关坚持和完善承包制的文件，提高思想认识。鼓励企业振奋精神，迎难而上，勇挑重担，把新一轮承包工作搞好。同时，积极帮助企业解决生产经营中的实际困难。

（三）有计划、有步骤地开展二轮承包工作

1990年承包到期企业数量多，续包工作量大，为了顺利落实二轮承包，在工作步骤上分两步走。第一步是做好续包前期准备工作。对承包到期企业，依照国务院规定，根据历年审计情况，对企业和承包经营者作出实事求是的评价；进行逐户调查摸底和指标测算，为二轮承包提供依据；在总结上轮承包经验的基础上，制订出二轮承包方案。第二步是按照先易后难，先重点后一般的办法，逐户核定企业的承包指标，承包形式和期限，选定承包经营者，分期分批落实承包方案，签定承包合同。

（四）从企业实际出发，合理确定承包基数，选择承包形式和期限

一般按企业上年的上交利润或前3年上交利润平均数，参照企业技改任务和市场变化等因素确定。承包形式主要有上交利润基数（或递增）包干，超收分成；"两保一挂"；亏损包干，超亏不补，减亏分成或全留等，根据企业情况选择。承包期限一般为3年；少数外部条件变化大，发展前景难预测的企业，可承包1至2年；一些"八五"期间技改规划已确定的企业，可承包5年，与技改同步。

（五）稳定承包经营者队伍

针对前一段承包者思想不稳的状况，一方面肯定江西省大多数承包者是好的和比较好的，在上轮承包中做出了重要贡献；一方面要求在确定新一轮承包者时，要按照"多数稳定、个别调整"的原则，除少数素质差，有严重违法乱纪行为，一贯完不成承包合同的承包者要撤换外，多数原承包者可继续承包。承包经营者一经确定，承包期内不得随意调动。

（六）不断完善承包经营责任制

在新一轮承包中，明确规定了承、发包方的权利和义务；完善了承包内容和考核指标体系，既有效益方面的指标，也有企业后劲和管理方面的指标；强化了约束机制，规定企业超收分成或全留所得，必须大部分用于发展生产或补充自有流动资金，加强对承包企业的经济监督和审计；积极推行企业领导班子集体承包和全员风险抵押承包；改进对承包经营者的奖罚办法，等等。

到1991年3月底，该省已有998户预算内工业企业签定了二轮承包合同，占1990年承包到期及未承包企业数的88.5%，其中承包1年的有123户，承包2年的56户，承包3年的793户，承包三年以上的26户，分别占已承包企业数的12.3%、5.6%、79.5%和2.6%。

（江西省经委企管处）

湖　南　省

湖南省企业实行经济责任制是从1979年开始的，由点到面逐步推开。随着经济体制改革的逐步深化，不断得到了完善和发展，现在已经成为企业组织生产经营，调动广大职工积极性，完成各项目标必不可少的综合性经营管理制度。由于经济责任制普遍推行，促进了生产发展，取得了明显的经济效益。1989年与1986年相比，该省预算内工业企业产值增长32%，平均每年递增9.7%；实现利税增长55%，年平递增15.7%，上交利税增长70.4%，年平递增19.5%；职工人均年货币收入增长69.6%，平均递增19.3%。省优以上产品种数由678个增加到759个。1990年，在外部环急剧变化，市场疲软、生产不景气的情况下，全省县以上工业企业万元产值综合能耗，比上年下降3.72%；主要能源、原材料消耗指标稳定降低率达到89.4%；国家抽查产品合格率比上年提高12.7个百分点，产品质量稳定提高率仍保持在90%以上。

十年改革，特别是实行厂长负责制、承包经营责任制和工效挂钩以来，内部经济责任制作为改革的产物，已经在企业深深地扎下了根。到目前为止，湖南省1743户预算内工业企业中，除少数停产、半停产企业外，都实行了各种形式的内部经济责任制。由于外部环境和企业领导班子、队伍素质、管理水平等方面的原因，发展不平衡。真正达到制度完善、考核严格、兑现及时的只占40%左右，一般性坚持的占40%，流于形式的约20%左右。内部分配方面，在承包任务层层落实，指标层层分解，责任到人的情况下，尽管目前平均主义"大锅饭"现象有所抬头，但大多数企业仍然坚持了按劳分配。"多劳多得、少劳少得、不劳不得"的利益分配格局并没有改变。据对岳阳市64家企业84209名职工的调查，实行计件工资的30156人，占35.8%；实行产量、利润、指标考核与个人工资奖金收入挂钩浮动的31081人，占36.9%；实行岗位系数记分计奖的20438人，占24.3%；实行其他形式的2534人，占3%，其中实行计时工资的仅有535人，只占0.64%。1990年全市预内工业企业职工活工资占工资性收入的比重为 46.2%，比 1986 年的 10%，提高了 36 个百分点。

一、企业内部经济责任制进一步完善和发展的主要表现

(一)经济责任制形式逐步由产量主导型转向质量主导型。随着承包制的落实和社会对产品质量要求的提高，全省约有 60%的企业的内部经济责任制，已从单纯考核完成产品数量的"产量主导型"，转为实行质量否决权的"质量主导型"。一部分管理水平高、产品质量好的大中型企业，实行了靠经营决策、开拓市场、全面降低成本求效益的"管理效益型"经济责任制。这部分企业约占大中型企业总数的 20%。如醴陵国光瓷厂从 1989 年由出口代理转向自营出口以后，采取"以新取胜、以快取胜、以优取胜"，"上成套、上高档，扩大国际市场"的战略决策，实行按优质品标准产量与职工个人收入挂钩，同时全面考核废品损失、消耗、费用、成本和管理工作指标，并且逐年定期提高定额水平，引导职工眼睛向内，挖掘内部潜力，管理出效益，取得了很好的效果。连续 3 年产品质量、物质消耗、经济效益方面的主要指标，都居全国同行业前茅。1990 年在陶瓷行业效益全面下降的情况下，该厂完成总产量、实现利税、全员劳动生产率分别比上年增长 21.6%、17.6%和 11.9%，吨瓷综合能耗下降 16.2%。全厂职工劳动定额上调 8%，仅此一项，就为企业增加盈利 128 万元，去年职工人均收入也比上年增长 21.7%。

(二)按劳分配的范围进一步扩大。1985 年到 1987 年，湖南省工业企业职工工资总额中奖金部分分别只占 18.8%、18.5%、21%。在这种情况下，要求企业在内部分配上要把至少 30%的基本工资与奖金捆起来同经济责任制挂钩浮动。大多数企业都这样做了。1988 年，企业大面积实行工效挂钩后，巩固和扩大了企业的内部分配自主权，70%以上的企业都调整了经济责任制形式，完善了考核内容，拉大了分配差距，增加了激励作用。近 3 年来，湖南省预内工业企业工资总额中，浮动部分一直保持在 35－50%的水平上。如湘潭锅炉厂从 1985 年起推行整体计件浮动工资制，对生产车间全部取消等级工资，实行全额计件；对辅助车间、机关科室和后勤服务部门实行 60%的工资与奖金捆起来与一线工人工资挂钩浮动，其余 40%按责任考核。同时对五级以上的老工人实行分档补贴，以保护他们的利益，从而拉开了分配档次，较好地调动了职工的积极性。以今年 2 月份工资为例，全厂个人月工资奖金收入最高的为 465 元，最低的 26 元，有 5 名工人超过厂长的工资。6 年来这种分配制度调动了职工的积极性，使该厂产值增长近 3 倍，上交利税增长 3 倍，劳动生产率由 85 年的 8690 元上升到 90 年的 28000 元，职工收入也增长了 1 倍多。

(三)围绕企业生产经营的重点和难点，多种形式的单项承包不断涌现，并逐步走向完善。目前，全省预内企业已有 60%以上搞了销售承包，30%左右的企业搞了新产品开发承包。1990 年全省共开发新产品并领取证书的 524 项，其中达到国际先进水平的 17 项，国际水平的 68 项，填补国内空白的 117 项，年增产值 5.8 亿元，利润 7200 万元，税收 5000 万元，有效地增强了企业的竞争能力。如常德轴承厂在 1990 年 2 月销售额下降的形势下，厂里实行"三定六挂"的整体销售承包责任制。即定人员编制、定工资奖金标准，定业务活动经费标准，个人收入与发展新主机用户挂钩，与开发新产品挂钩，与下一年的订货合同挂钩，与产品价格挂钩，与各种有关费用挂钩，与销售综合职能挂钩，调动了销售人员的积极性，取得了显著的效果，企业的销售产量和销售收入分别比上年增长 34.6%和 24.4%，并为今年订货 2300 万元。湘潭钢铁厂对投资 1.6 亿元的第二烧结工程实行改造项目承包，增强了建设者的责任感，调动了积极性，克服了连续阴雨和设备不能按期交货等困难，比国家定额工期提前 5 个月完成任务，给企业带来了显著的经济效益。

(四)运用现代化管理方法完善企业内部经济责任制，创造了一些新的责任制形式。主要有：新化水泥厂的"责任网络法"、常德洞庭制药厂的"目标跟踪法"、长岭炼油厂的以"三维结构主体模型"优化经济责任制和浦沅工程机械厂的"滚动计划目标责任制"及"模糊考核法"等等。新化水泥厂的"责任网络法"，以纵向责任书、横向合同书分别为经纬主线，组成矩阵责任网络，实行相互监督，顺逆双向考核，并通过责任监督、责任抵押、责任会计、责任考核、责任民主、联责计酬六个环节，加以具体落实。这种经济责任制实行 3 年来，有力地促进了企业管理水平的提高，这个厂去年获"省企业管理优秀奖"，并晋升为国家二级企业。

省经委在完善落实企业内部经济责任制方面，主要抓了四个方面的工作：其一、大面积推行企业工资总额与经济效益挂钩。到 1990 年底止，预内挂钩企业已达 1610 户，挂钩面达 89.9%。其中与实现利税挂钩的 1195 户，占 74.2%；与上交利税挂钩的 323 户，占 20.1%；与实物（工作）量挂钩的 91 户，占 5.7%。工效挂钩为巩固企业内部分配自主权，搞活内部分配，调动职工积极性创造了重要条件。特别是工效挂钩后，3 年时间，企业从新增效益工资中提取了 7 亿多元，建立起工资储备金，为稳定企业内部分配，巩固经济责任制，帮助企业渡过困难起了一定作用。其二、把企业创造的新的经济责任制形式，纳入评选现代化管理优秀成果范围。到去年底已评选出这方面的成果 20 项，占

全部成果数的21%；其三、多次召开全省企业内部经济责任制经验交流会，总结表彰先进，推动了责任制的完善发展。其四、围绕搞活内部分配，改革企业工资制度。1991年省政府正式批准48家企业进行岗位技能结构工资制试点，引导职工学技术，试点工作目前正在进行。

二、完善落实企业内部经济责任制存在的主要问题

（一）经济发展大起大落，特别是1989年下半年以来，治理整顿措施逐步到位，企业一下子适应不过来，相当一部分企业停产、半停产或发生严重亏损，经济责任制受到巨大冲击，这一影响至今还未消除。

（二）企业内部分配主要倾向是平均主义，“大锅饭”，但新闻媒介这两年宣传更多的却是“不要把差距拉得过大”，再加上全国性的企业职工普调一级工资，对亏损企业、停产半停产企业由财政、工会、主管部门拨款或由银行贷款发工资，致使平均主义“大锅饭”思想严重回潮，不少职工产生“盈利不如亏损、亏损不如停产，停产不干活照样领工资”等错误观点。

（三）企业内部改革基本停顿，经营自主权不落实，机构臃肿、人浮于事、管理多头、职能重叠的现象严重，极大地阻碍着企业经济责任制特别是企业机关科室经济责任制的落实。

（四）目前在全国各省、市、自治区开始的“岗位技能工资制”试点，湖南省是走在前面的。根据试点方案看，搞得好对职工到一线和艰苦岗位、努力钻研业务技术等有一定促进作用，但岗位（职务）工资、工龄工资、技能工资、特殊工资合并形成的基本工资（即固定部分），在职工全部工资收入中占到80%左右，而辅助工资（即活工资）只占20%左右。在改革中除国家规定的价贴、粮贴、各种津贴进入基本工资外，还要从效益工资中人均拿出近30元并入基本工资。这种改革，加大了固定工资，减少了活工资，弄不好又是一次平均主义“大锅饭”，若试点面进一步扩大，势必会对经济责任制产生严重的冲击。

（五）企业经济责任制本身还不很完善，还不完全适应有计划商品经济的要求。大中型企业中，有70%左右的经济责任制已由产量主导型逐步转向了质量主导型，但仍有30%左右质量、消耗等重要指标，在经济责任制中基本没有挂钩或份量很轻，真正实现了由质量主导型向管理效益型转变的不多；在全省大量的小型企业中有60%左右的企业内部经济责任制仍然是产量主导型。新产品、新技术开发和产品销售、技术改造项目等单项承包，处于摸索阶段，还不完善、不成熟。

（六）企业实行工效挂钩，为经济责任制注入了活力，但不少企业在内部对分厂、车间实行了目标任务与工资挂钩后，由于引导不力、指标不完善、导致职工片面追求个人收入，而拒绝搞那些与利益分配无直接关系的管理工作和管理基础工作，“以包代管”的问题在一部分企业中的确严重存在。而管理工作的削弱，又反过来阻碍着经济责任制进一步完善和发展。另外标准不高，考核不严仍然是一个带普遍性的问题。

（七）主人翁精神和政治思想工作比过去有所加强，但仍不适应，“一切向钱看”的思想在职工中还普遍存在，职工队伍思想建设的任务还相当繁重。

三、下一步重点抓三个方面的工作

（一）抓调整。国家已明确今后要逐步建立计划经济与市场调节相结合的经济运行机制。这样企业生产经营受市场影响的成份会越来越大，这就要求内部经济责任制不断调整自己的作用重点和运转机能。今年，我们打算把调整的重点放在：一是要围绕“质量、品种、效益年”活动，引导企业内部经济责任制转轨变型，使大多数企业的经济责任制由“产量主导型”转向“质量主导型”。“质量主导型”经济责任制实行多年，已经比较巩固的企业，逐步向“管理效益型”发展；二是总结推广新产品、新技术开发、产品销售、技术改造项目等单项承包的成功经验，进一步完善承包办法，促进企业开发新产品，减少积压，拓宽市场，使企业内部经济责任制形成一个完整的体系；三是调整分配结构，增加工资奖金用于产品开发，技术攻关，产品销售，小改小革技术革新等方面的比重。

（二）抓完善。一是完善指标体系，落实质量否决权。到目前为止，湖南省约有40%的企业，在内部经济责任制中，质量指标只参与扣分，对分配影响很小，并未真正实行质量否决权。今年打算进行一次检查，凡是没有真正实行质量否决权的，要求统统改过来；对没有考核消耗指标和资金占用指标的，要补充进去，加大分配分量，并与职工个人的收入紧密挂钩。二是完善考核体系，改进考核办法。除巩固纵向考核外，重点加强横向考核。与企业责任网络相对应，建立起考核网络。三是结合深化企业内部改革，在一部分企业中探索机关科室经济责任制的新途径。总结一批考核严格的企业的经验，加以推广。

（三）抓落实。1. 是分析形势，总结经验，推广典型，提出完善落实的措施，引导企业内部经济责任制健康发展。2. 按行业举办若干期研讨班，通过研讨，相

互取长补短，同时把先进企业的经验，通过研讨班消化、吸收，带回各个厂去，结合实际加以落实。3. 对经济责任制作一次系统调查，就带普遍性和倾向性的问题，提出若干意见，指导和促进全省企业经济责任制不断完善发展。

（湖南省经委企管处）

广　东　省

较之十年前，广东企业的活力确实增强了许多。但是，从总体看，难度很大，客观环境还讲不上“宽松”和“良好”。可以讲，有松有紧，时松时紧，先松后紧，企业活力还很不足。原因是多方面的，是改革不配套，政策不稳定，各项关系没理顺，和全国、全省大环境密切相关。

由于企业有一定活力，使广东的工业生产有了较好的发展，广东省工业总产值1990年1190.2亿元，比1978年增长5.35倍，预算内工业的固定资产原值，1990年202.12亿元，比1978年增长66.63亿元。大中型企业913户，比1978年增加735户，产值433亿元，占全省总产值42.53%。但是，经济效益不理想，尤其是这两年，经济效益出现严重问题。1990年大口径工业产值增长16.9%，但是预算内国营工业企业仅增长4.78%，销售收入增长3.63%，税利下降22.97%，亏损增长3.4倍，亏损面占36.45%，产成品资金增长9.02%。资金周转天数113.6天，延缓6.1天。由此表明，搞活国营工业企业，特别是国营大中型企业的任务还很艰巨。需要总结经验，继续开拓前进。

如何搞活国营工业企业，有如下几点体会：

一、调动各级积极性，为企业创造较好的硬环境

广东的基础工业设施很不适应工业发展。能源、电力、运输、通讯，严重影响企业活力，制约了工业和外向型经济的发展。因此，努力为企业改善硬环境，加强基础设施是广东省各级领导十分重视的问题。1979年至1989年大部分依靠自筹，交通邮电基建投资134亿元，新增通车里程5844公里，新建改建等级公路9890公里，新建桥梁1928公里，新建扩建万吨级以上深水码头泊位34个，增加吞吐能力3809万吨。建成衡广复线、广深复线、三茂铁路，新建电话机108.4万门，电力形成800多万千瓦装机容量，1990年发电336.5亿千瓦时，为1985年的1.92倍。十年基础设施建设为什么能大大超过前三十年？重要的一条就是坚持财政包干体制，又注意调动各级合办基础设施的积极性，使投资体制转为以地方为主，即中央和省出主意，定项目，发动各级财政和企业投资。取之于民，用之于民，基础设施，大家关心，这是又快又好又顺的办法。

二、搞活企业的关键在于解决企业的经营机制问题

广东工业的指令性计划较少，80%以上的原材料靠市场上找，大部份产品靠自己销售。生产资料和生活资料大多是放开的，企业面临一个原材料价高、运输距离长、费用大、成本高的严峻环境，这是挑战，也是机遇；是困难，也有希望，谁能适应谁就是强者。要生存，要发展，就要去改进经营机制，自主经营，自己救自己。这是一个关键问题。因此，广东的工业企业一般有较强的危机意识，商品竞争意识，奋力拼搏的意识，超前发展的战略意识。这就促使企业变压力为动力，逼使企业抓管理，抓信息，抓技改，主动调整经营战略和产品结构，增加花色品种，产品更新换代，积极主动地适应市场需要。

三、坚持政策的稳定性，促进生产的稳定发展

可以说，政策就是搞活企业的软环境。10年来广东省始终注意坚持企业政策的稳定性。以取信于民，稳定生产关系。

（一）是坚持企业承包经营责任制。10年中经过了多次反复，实践证明，它是目前有利于调动企业积极性的最好的形式。如电力承包，使发电量5年增长了2倍，“广钢”“韶钢”的承包，产量10年增长5倍，形成了一百万吨的能力。第二轮承包，财政困难，企业也困难，如何确定承包数是首先搞活企业，还是以财政需要为依据。许多市、县运用财政包干的有利体制，因地制宜地把立足点放在首先让企业活起来，采取“放水养鱼”“养鸡下蛋”的政策，采取“退一步，进两步”的政策，结果企业积极性调动起来了，生产发展了，财政不仅不减收，而且增了收。

（二）是坚持技改“税前还贷”。拨改贷是对依赖政府拨款搞基建的一大进步。“六五”“七五”期间广东省抓住时机通过贷款上了一大批技改项目。1979年～

1989年，全省工交系统共完成一万元以上的技改项目一万项，投资220亿元，用汇43.36亿美元，其中利用外资22.2亿美元。使全省70%的企业经过不同程度的技术改造，提高了技术水平。如电子工业1990年产值76.4亿，10年增长32倍，跃居全国第2位，8成以上企业得到技术改造，主要生产技术达到或接近国际先进水平的达40%以上。企业搞活了，也培养了财源，真正把“蛋糕”做大了。1990年全省财政收入129.35亿元，比1978年39.46亿元，增长2.2倍。

（三）是注意划清是非界限，稳定政策。在反对一种倾向时，防止产生另一种倾向。如反资产阶级自由化，广东省提出“排污不排外”，打消了外商的顾虑。注意划清犯罪与商品经济正常交往的界限。在反对行贿受贿时，也注意划清界限，制订鼓励推销的政策。

（四）是注意从实际出发，稳定政策。如速度问题上，广东省历来认为需要保持一定速度，没有一定速度和批量，不足以维持正常开支和竞争力。但对各个企业来说，则能高则高，不能高则低，不批冒进，也不硬压指标。

四、引进乡镇企业机制，努力搞活大中型企业

乡镇企业在管理体制、运行机制、经营方式上有它的优势，它靠自己找饭吃，竞争意识强；用人自主，招人有招；分配自主，打破“铁工资”；经营自主，转产和技改速度快，往往比国营厂快几倍；营销活，折旧率、成本会计较科学；包袱少，便于轻装前进，等等。国营企业如何引进乡镇企业机制？广州白云山制药厂是国营企业，但发展快，从一个小厂变成了有6亿元产值的有影响的大厂，有人形象地概括它的经验时，说“它的最重要的经验是没人管它”，（它归农垦口，统得不多，管而不死）。又如汕头甘化厂，在糖价倒挂，严重亏损情况下，努力发展多种所有制、多种经营经济，搞了近20个工厂，从而逼出了一个高效益来，副业收入超过了主导产品糖的产值。

五、发展外向型经济，吸收外商投资，引进“三资”企业好的经营机制

去年，广东工业碰到了严重困难，国内市场疲软怎么办?打出去，逼出一个外向型经济来。利用广东优势，去年工业产品出口增长40%，占工业总产值的比重从上年26%提高到31%。目前，广东省在国际市场上有一定竞争力的工业产品有400多种，1989年创汇超1000万美元的产品94个，超500万美元的产品500多个，年创汇超1000万美元的企业30多个，去年又有进一步的发展，如万宝集团公司，在国内市场疲软，竞争激烈情况下，大力开发新产品，实现产值16亿元，组织出口，1990年出口3亿元，占总产值20%。广东省有合资企业一万多户，其中不少是由国营企业发展过来的。如华强电子公司原是生产军工产品的三线企业，10年前从山区搬到特区，变军品为民品，从国营变为“合资”，使企业得到大发展，形成产值6亿多元，出口创汇1.4亿美元的大型电子企业。合资企业的管理体制也有利于改变国营企业干预多、决策慢、摊派多的问题。如深圳中华自行车公司，走合资道路，信息灵、决策快，能迅速生产各国名牌自行车，年产120万辆高档自行车，一年创汇一亿美元，产品畅销，出口产品销价比国内其它自行车厂的产品高3至4倍。

在引进学习外资企业经验方面，着重学习移植其企业搞管理，注重质量和营销的经验。如国家一级企业广州味精食品厂破“三铁”有毅力、有决心，敢于严格要求，敢于冲破种种关系网，敢于拉开分配差距。该厂在1988年至1990年原材料涨价增支1000万元的情况下，使实现利税增长接近1倍，产量从3000吨发展到8000多吨。

六、组织企业集团，联合起来增加冲浪活力

广东工业原材料价高，运输距离长，成本高，要提高竞争力，就要发展规模经济，以产品为龙头，以骨干企业为核心，按生产、市场需要不断发展企业集团是一个重要措施。如中山县的工业，10年来一直保持持续、高速发展的势头，不仅集体企业得到发展，而且国营企业也得到大发展。他们以骨干企业为核心，以厂建司（公司）、以司建集团，形成十大企业集团，各自形成了一批有竞争力的产品。使“单打冠军”变为“团体冠军”。

广东工业发展不平衡，在搞活企业方面仍然存在许多问题急待解决，主要是：

第一《企业法》规定的应给企业的自主权没真正落实。如人事任免权、自有资金分配权、计划外产品销售权、机构设置权、更新改造权、横向联合权、工贸企业经营权等等。

第二财务制度改革没跟上，成本管理办法控制过严，折旧率过低。据89年统计，扣除上交能源交通基金和预算调节基金外，实际折旧率为3.76%，使国有资产亏空，无法维持简单再生产，技术开发费从销售收入中提取不足1%的大中型企业占3/4。

第三企业包袱重、负担重。1989年全省预算内国

营工业企业的营业外支出 6.6 亿元，相当于利润的 27.2%，比 86 年增加 1.63 倍。企业上交管理费增加，约占销售收入 2%。企业负担不断增加，全省预算内国营工业企业 1989 年上交的烧油特别税、车船使用税等四种税 1.43 亿元，比 1986 年净增 8184 万元，增长 130%；从销售收入中征收的流转税增长 50.4%，占当年实现利税的 57.52%；所得税和还贷占利润总额的 64.39%；企业实际留利只占利润 26.63%，下降 14 个百分点。此外，造成企业亏损和潜在亏损大幅度增加，广州 248 户企业潜亏相当于明亏的 83.59%。

第四由于改革不配套，企业生产力得不到应有发挥，国内有生产能力的产品，又大量进口，或者由于价格倒挂，企业负亏生产，或者商业渠道不通，影响生产，如本榨季蔗糖丰收，却卖不出去，不少糖厂仓库爆满，露天堆放，仅湛江市收购甘蔗就向蔗农“打白条”达 1.7亿元。

为搞活国营企业，全省各级政府正努力为企业创造较为宽松，对生产较适应的硬环境和软环境，提倡为企业办实事，为企业服务，特别是保持政策的连续性和稳定性；作为企业，则要眼睛向内，从技术、管理上提高自己的适应能力，从政策与思想上调动职工积极性，从而为搞活企业迈出一步又一步坚实的步伐。

（广东省经委　杨开茂）

云 南 省

1990 年，尽管全国市场疲软、亏损面和亏损额大幅度增加、经济跌入低谷，但由于云南省坚定不移地推行新一轮企业承包经营责任制，扎扎实实地做好两期承包衔接工作，从而稳定了企业，促进了全省经济的发展，其经济形势在全国名列前茅。仅以预算内工业企业为例，1990 年与 1989 年相比，工业总产值（按 1980 年不变价计算）增长 5.97%，产品销售收入增长 9.87%，实现税利增长 1.07%，上交税利增长 28.97%。这些成绩的取得固然有着多方面的因素，但他们坚定不移地实行新一轮企业承包经营责任制，扎扎实实地做好两期承包衔接工作，也是一个重要原因。

一、加强领导，提高认识，通力协作，坚定不移地推行新一轮企业承包经营责任制

从 1989 年开始，云南省一批企业的承包合同陆续到期，到 90 年届满的高达 96%，下一步怎么办？省委、省政府在认真总结上期承包的经验教训、广泛深入地调查研究、充分听取广大企业和部门呼声的基础上，下决心迎着困难上，明确提出全省搞新一轮承包的明确要求。

（一）统一思想，提高认识。省经委针对社会上一部分人对承包制的疑虑、责难以及企业面临的困难和问题，从三个方面统一全省上下的思想。一是承包制是社会主义生产关系的自我完善；二是承包制仍然应该是“八五”期间企业经营机制改革的主体形式；三是承包制是现实的选择，是稳定企业、稳定经济、发展经济的有效办法。围绕上述三个问题，充分利用广播、电视、报纸以及专题会议，在全省上下进行了广泛深入的大讨论，统一了全省各级各部门和广大企业的思想。大家认识到要在市场疲软、效益滑坡、企业思想不够稳定的情况下，实现全省经济的稳定发展，首要的问题是稳定企业，而要稳定企业，就必须首先稳定政策，特别是稳定企业承包经营责任制，不失时机地推行新一轮企业承包。

（二）加强领导，健全组织。省委、省政府始终把搞好企业承包经营作为云南省经济工作的一件大事，切实抓紧抓好。一是把企业承包工作列入省委、省政府的重要记事日程。90 年 7 月，在省委全会和省政府常务会议上，对该省企业承包工作进行了专题研究和部署，提出了“该省新一轮企业承包 8 月全面铺开，11 月底基本结束”的明确目标。9 月省委、省政府又召开了全省新一轮企业承包电话会议，要求该省各级各部门高质量、按期完成省委、省政府提出的目标任务；二是省委、省政府领导同志经常深入企业调查研究，对经营者提出的问题，及时研究解决，对企业反映的涉及面大的问题，召集各委、办、厅、局的负责同志，现场办公解决，受到了企业的普遍欢迎；三是建立健全了企业承包的组织机构。90 年年初省政府成立了由李树基副省长为组长、有关委、办、厅、局负责人参加的云南省企业承包工作领导小组，下设办公室，挂靠在省经委。各地、州、市，省级企业主管部门相继成立了相应的机构，落实了人员，为该省新一轮企业承包工作健康发展提供了组织保证。

（三）明确分工，密切配合。省委、省政府切实有效地领导，促进了该省各级各部门的思想统一，大家职

责分明，通力协作，紧密配合。虽然因国家经委撤销给企业承包工作的组织协调带来一些困难和问题，但全省在推行新一轮企业承包工作中，坚持分级负责、分级负担的原则。在组织协调中，经委、体改、财政等部门统一思想，统一部署，统一行动，有关政策出台前共同研究，重要会议共同召开，实施中遇到的问题共同协商解决，杜绝了相互扯皮、推诿的现象。

二、确立税利统一的思想，立足于从发展生产中增加财政收入，合理确定承包基数

企业利润如何分配，是承包经营的核心问题。近几年来，国家新开征了若干税种，提高了税率、利率，企业的实现利润大量转移，使云南省的财政收入结构发生了很大的变化，89年云南省62亿元财政收入中，产品税、增值税、营业税等流转税就占了59亿元。鉴于这种情况，在新一轮企业承包工作中，省政府要求各级政府及各有关部门，要确立税利统一的思想，立足于从发展生产中增加财政收入，不因在企业上交利润占实现利润的比例上纠缠而挫伤企业的积极性，而是通过一定的利益激励机制，去调动广大企业发展生产、挖潜增效、超额完成承包目标的积极性，在发展生产的基础上实现国家多收，企业多留，职工多得。

合理确定承包基数，既是新一轮承包的关键，也是当时工作的一个难点。承包基数的确定既要保证国家财政收入的稳定增长，又要体现产业政策，保证企业的发展后劲；既要防止“低水平滚动”，又要避免“鞭打快牛”，保护企业生产经营的积极性。在具体操作上主要采取四种办法：一是对生产经营和经济效益呈上升趋势的企业，以上一轮承包的实际实现利润和上交利润的平均数作为新一轮的承包基数；二是对生产经营和经济效益都比较稳定，上期承包效果好，承发包双方都比较满意的企业，基数和上交比例可以以上期期末实际数，继续实行上交利润递增包干；三是对生产经营和经济效益不稳定、市场在短期内看不清的基数难以确定的企业，可根据上年实际，考虑减利因素确定基数。实行基数包干、超收分成，或实行全额利润分档分成；四是对政策性亏损企业实行亏损总额包干，减亏全留，超亏自补。对盈亏临界点的企业，实行零字包干，自求平衡。

三、在政策上力求规范，在操作中坚持从实际出发，实事求是，一厂一策

云南省在坚持和完善企业承包工作中，坚持按照《承包条例》从政策上进行规范，先后制订了《云南省工业企业承包经营实施细则》和《关于在治理整顿中坚持和完善企业承包经营责任制的若干规定》等重要文件。实施中，具体到每个行业和企业，坚持一切从实际出发，实事求是，一厂一策的方法，区分企业不同的内外部条件，实事求是地确定承包基数和企业发展目标等问题。

（一）坚持“大稳定、小调整、完善、提高”的方针。贯彻这一方针遇到的突出问题是大多数厂长（经理）不愿继续承包，其原因除了生产经营困难外，主要是感到社会不理解，各种责难太多。为了调动经营者的积极性，开始我们主要强调政府和舆论宣传要客观、公正地评价经营者的功过，要敢于理直气壮地为厂长（经理）说话。后来一些地区的实践告诉我们，这样还不够。这些地区在所属企业中发动群众，在认真总结第一轮承包的基础上，全面评价和充分肯定经营者。职工群众的鼓励、信任、理解，使大多数经营者，决心为国分忧，主动挑起新一轮承包重担。

（二）按照有关文件规范承包合同。针对上期承包考核指标体系不健全、奖惩不规范等问题，在新一轮企业承包工作中，云南省坚持按照国务院《承包条件》和省政府《关于在治理整顿中坚持和完善企业承包经营责任制的若干政策规定》及相应的文件来规范。在合同签约前，省企业承包领导小组办公室与省工商行政管理局，联合制订了新一轮承包合同范本，印发各地，力求统一、规范。

1. 健全指标体系。为了建立健全完整的、统一的承包指标考核体系，他们规定了三大指标体系以及统一每一体系中的子体系指标项目。一是经济效益指标体系，包括实现税利、上交税利（亏损企业的减亏指标）、劳动生产率、资金利税率；二是发展后劲指标体系，包括新产品新技术开发、资产增值、增补流动资金以及归还贷款等项指标；三是经营管理指标，包括企业发展规划、产品质量、物质消耗、安全生产、职工教育、企业升级等项内容。

2. 规范对经营者的奖惩办法。为了对经营者实行统一的、规范的奖惩办法，他们把《承包条例》中有关“经营者的收入可高于本企业职工平均收入的1－3倍”的规定具体化，实行“一取消，两分类”。即取消对经营者个人实行超收分成的办法；按照企业的规模

大小、税利高低、职工多少、经营难易，分类确定奖励标准，分类确定奖惩封顶标准。原则上省级以上先进企业承包经营者的收入不得高于本企业职工年平均收入的3倍，一般企业不得高于2倍，少数企业1倍。相应经营者如果完不成承包合同，要按一定比例扣减其收入，直至年标准工资的一半。

(三)实事求是，一厂一策。几年来的实践证明，实事求是，一厂一策是企业承包经营、搞活企业的行之有效的思想方法和工作方法。为此，云南省在推行新一轮企业承包工作中，坚持按照这一方法，逐户落实企业的承包方案。

所谓一厂一策，就是坚持实事求是的思想路线，区别企业的不同情况，在承包基数、承包期以及企业发展后劲等方面，采取不同的政策，提出不同的目标要求。

譬如说，他们在政策上规定，新一轮承包的承包基数原则上是前3年的平均数，但在实施中，区别企业的不同情况，采取高于或者低于前3年的平均数。又如承包期。他们规定新一轮承包的承包期原则上为3年，但具体到每个企业又有不同。如对上期承包效果好，符合国家产业发展方向，生产、技改周期较长的全省重点骨干企业及各地重点企业，其承包期限应与“八五”规划相衔接，定为5年，甚至更长一些。如省轻型汽车集团公司，就签订了为期7年的承包合同。执行的结果，该省新一轮企业承包的承包期2－3年的占87%，4年以上的占10%。

再如产业政策问题。在推行新一轮承包中，区别不同的行业和企业实行“倾斜”政策。一是能源、交通、原材料工业。如：交通厅所属企业虽然上期每年上交财政1063万元，但在本期中实行“零”字承包，把实现利润全部留给企业；二是“八五”计划和十年规划重点发展的支柱产业。如对云南磷肥厂等磷化工重点企业，实行以技术改造为主的综合性承包。即该企业90年基建移交生产后，其实现利润全部用于该企业的翻番改造和归还投资贷款；三是支农工业实行“补助福利基金、企业自负盈亏”的包干办法，等等。

四、针对上期承包中的问题，强化企业的约束机制

在积极推行新一轮企业承包工作中，他们认真总结吸取了上期承包的经验教训，除了要求继续实行全员风险抵押承包外，还特别注重在新一轮承包中强化企业的约束机制。

(一) 加强留利管理。

1. 注重企业发展后劲。在新一轮承包中，他们把企业发展后劲作为一大考核指标体系，并提出了若干明确的量化指标，写入企业承包合同。同时，要求每一承包企业都要制订本企业的中长期发展规划，列入厂长(经理)任期目标，并逐步实施，年年考核。

2. 加强企业留利使用的管理。一是明确规定企业留利中各项基金的比例；二是对企业超承包目标利润财政返还的部份，规定用于发展生产的部份不得少于75%。其中工效挂钩总挂总提的企业不得少于90%；三是建立工资(奖励)基金储备制度，凡当年实发工资总额增长超过7%的，应等额储备，以丰补欠。

3. 健全承包审计制度。为了做好对上期承包企业经营者的离任审计和新一轮承包中的审计工作，90年云南省逐步建立健全了国家审计机关、企业主管部门和企业内部审计机构、社会审计组织相结合的审计体系，加强了对承包的合同签约、执行、兑现等方面的审计监督。

(二) 全心全意依靠工人阶级搞好新一轮承包工作。

为了在组织上和制度上保证职工当家做主、充分参与承包、积极行使民主管理权力，在新一轮企业承包工作中的组织领导机构上，明确规定省、地、部门的企业承包工作领导小组要有工会参加；承包合同签订前，必须经职代会审议；职代会每年对经营者进行一次民主评议，有权提出奖惩、任免建议，如果职代会对经营者不信任票超过职工代表总数的一半，发包方应考虑是否重新确定经营者；经营者每年的奖惩，要经职代会讨论，其兑现结果，应及时向职代会报告，等等。

云南省新一轮企业承包工作，在省委、省政府领导下，经过全省上下的共同努力，进展顺利，发展健康。截止90年底，该省90%以上的国营工交财贸企业顺利签订了新一轮承包合同，其中95%以上的承包企业的承包期在3年以上，与上期承包相比，承包基数较为合理、指标体系健全、合同比较规范、完善。

(云南省经委　孙治东)

青　海　省

1990年，青海省企业升级工作围绕着治理整顿的目标和要求，引导企业眼睛向内加强和改善企业内部的各项管理工作，积极推进企业技术进步，不失时机地调整产品结构，增强企业的应变能力，努力克服企业面

临的市场疲软、资金紧张等种种困难。经过各方面的努力，许多企业的管理水平和企业素质有了新的提高。1990年我省有2户企业晋升为国家二级企业，13户企业跨入了省级先进企业的行列。

1990年青海省企业升级工作有以下几个特点。

一、企业升级工作得到了进一步的重视

青海省企业升级工作开展4年来，由试点到全面展开，(得到了各级领导的重视。特别是实施治理整顿以来，针对企业管理落后，素质低，应变能力不强等问题，省委、省政府多次强调开展企业升级工作的重要性，要求各地区、各部门和企业把加强企业管理，认真开展企业升级工作作为贯彻治理整顿和深化企业改革、增强企业应变能力，提高经济效益的一项重要内容和措施来抓，认真布署、精心组织、力求实效。一年来，各部门、各地区以及企业把加强企业管理、开展企业升级工作提上了工作的重要议事日程，结合各自的实际，提出了工作要求，制订了目标，规划，加强了组织领导，有效地推动了青海省企业升级工作的深入开展。

二、企业升级工作更注重实效

开展企业升级工作，是以达标晋级为形式，旨在加强企业管理，提高企业素质，改变企业管理落后面貌的一项重要措施，因此，抓好企业升级工作的关键在于加强和改善企业管理工作，达到提高企业素质的目的。为了促使企业升级工作走上治本达标的路子，青海省着重抓了以下三个方面的工作：

(一)把企业升级标准始终界定在先进水平上。根据青海省企业的状况，在制订和修订省级先进企业标准时，特别在产品质量方面，对主要行业都要求要与国家二级企业标准看齐。物耗和经济效益指标，也必须界定在省内先进水平上，并对一些指标水平过低的标准，陆续进行了修订。

(二)引导企业把功夫下在抓管理上。在企业升级工作中，我们始终强调和贯彻“四抓四从”和“四专四保”。即企业升级工作要从强化管理抓起，强化管理从基础工作抓起，基础工作从提高班组管理水平抓起，提高班组管理水平从人员素质抓起，以及建立提高产品质量、降低物质消耗、提高经济效益和保证安全生产四大专业指标达标保证体系。各地区、各部门针对所属企业的特点，加强了对企业管理工作的指导。西宁市经委根据所属企业管理水平参差不齐的状况，分三个层次开展企业管理基础工作和专业管理工作的达标活动。省机械厅在机械企业积极部署开展“工艺突破口”工作，狠抓质量管理和生产现场管理，省重工业厅在化工行业积极开展了学吉化、赶先进、争创一流企业的活动。这些工作的开展，对于促进该省企业升级工作的深入发展起到积极的作用。

(三)在企业升级评审中，不仅考核硬指标，而且对管理工作严格要求、认真把关。各行业部门制订出了适用于本行业企业和管理工作要求，并以此为依据考核企业在指标达标的同时，管理工作是否达到要求。为了严格把关，我们在评审工作中采取了企业主管部门初审，行业主管部门会同有关综合、专行管理部门评审考核，省加强企业管理领导小组抽查，审核和批准的程序，各部门各负其责，保证了企业升级工作的质量。

在各部门、各地区以及企业和努力下，使青海省企业升级工作能够实有成效地开展起来。主要表现在，一是普遍加强了质量管理。随着市场形势的变化，许多企业在市场竞争中增强了紧迫感、危机感，进一步树立了以质量求生存的思想，把提高产品质量作为打开销路、拓宽市场、增强竞争实力的重要手段。他们针对质量管理中的薄弱环节，加强了质量管理和生产现场管理，建立健全工艺管理制度、严格工艺纪律。青海第一机床厂对全厂四个系列产品的300多套工装进行了整顿。实行了用、检、修一条龙的管理办法，在全厂开展了工艺普查，针对暴露出来的问题及时进行了整改，强化了工序质量管理，设立了35个质量明控制点。通过一系列的措施，使产品质量明显提高，主要产品一级品率达到95％，较上年提高4．3％，优质产品产值率达到了54．25％。西宁钢厂通过完善质量管理，双优双标产值率达到49．56％，居全国特钢行业的前列。90年升入省级先进的大部分企业，产品产量指标达到了国家二级标准。二是围绕降低消耗，加台物资管理，积级开展群众性的“双增双节”工作。许多企业为努力消化原材料涨价、费用增加等减利因素，普遍完善了定额管理，把降低物耗、费用指标层层分解，纳入经济责任制严格考核。据对1990年晋升省级先进企业和工业企业的统计，万元产值综合能耗比上年平均降低了5．43％。三是加强了管理基础工作。西宁钢厂、青海重型机床厂、黎明化工厂、西宁供电局等一批企业努力完善企业的标准化工作，在建立健全技术标准工作的基础上，不断向管理标准和工作标准等更高的层次扩展，在实现管理工作的标准化、科学化方面，迈出了新的步伐。在计量工作方面，普遍加强了管理，提高了计量器具的配备率、检测率。西宁钢厂、青海第一机床厂、黎明化工厂等达到了国家一级计量标准，青海第一机床厂1989年还被授于国家计量先进企业。四是企业现场管理优化取得良好开端。机械等行业的许多企业，以抓工艺管理为突破口，从质量、工艺、设备、工具、劳动纪律等方

面对生产现场进行了较彻底的整顿，并结合生产现场的不同特点。推行了定置管理，促进了生产现场的整体优化。

三、在治理整顿中努力调整产品结构

优化产品结构，增加有效供给，是治理整顿的要求，也是企业生存和发展的需要。特别是在当前市场销售出现结构性疲软的情况下，青海省一些企业加强对市场的调研，加速研制和开发新产品，增加适销对路的产品。青海第一机床厂近年来大力引进、吸收、消化国外先进技术，采用多种方式开发具有国际先进水平的产品，仅1989年就完成了8种新产品的试制工作，逐步形成了适应国内外市场发展需要的具有高、中、低档不同层次的产品结构，使企业和应变能力显著增强，主导产品XA754卧式加工中心在国内市场的占有率达70%以上。黎明化工厂充他发挥本企业化工技术的优势，立足挖掘企业内部潜力，利用现有设备，开发了一异丙胺，二异丙胺、“753”等新产品，新增产值1000万元。90年评审的其它企业，如青海汽车车桥厂、青海油泵油嘴厂、互助酒厂等企业在这方面都做了大量而富有成效的工作。这些企业通过积极调整产品结构，目前生产任务饱满，产品销路较好，经济效益显著。

四、进一步完善了省级先进企业的标准和评审工作

90年以来，省机械厅、重工业厅、商业厅等部门根据几年来的企业升级工作实践，对部分省级先进企业标准进行了修订，从指标的设置上、指标的水平上更符合企业升级工作的需要。到目前为止，该省十个部门共制订出104个省级先进企业标准，从这几年的实践来看，基本上是可行的，对强化企业管理、提高企业素质起到了积极的作用。在90年企业升级评审中，省机械厅注意把评审工作和对企业的日常考核工作结合起来，并把工作重点放在日常考核上，这不仅能够较全面地掌握企业管理工作的状况和提高评审工作的质量，而且对促进企业扎实地加强各项管理，搞好企业升级工作都具有重要的作用。

经过几年的努力，青海省企业升级工作取得了一些成效，但就总体而言，我省企业管理水平还比较落后，突出地表现在企业经济效益指标与全国同行业的平均水平还有较大的差距。在管理工作上，有些中小企业存在着标准不全、计量不准、定额水平不高、规章制制度不严等现象。从目前企业升级工作情况看，还存在着一些亟待解决的问题。一是企业升级工作开展不平衡，大部分州县企业级工作进展迟缓；二是有些企业管理意识不强，尚未把企业管理工作提上工作日程。有的企业存在以“包”代“管”的现象，企业管理工作特别是管理基础工作不但没有提高，反而有所退步；三是省级先进企业的评审工作还不尽完善。这些问题，需要在今后的工作中认真加以解决。

（青海省财经委　李学军）

建　　筑

1990年是治理整顿的关键一年，也是“七五”计划的最后一年。在这一年中，建筑业继续贯彻治理整顿深化改革的方针，克服了基建规模压缩、工程任务减少、资金异常紧张等种种困难，较好地完成了各项建设任务，取得了在治理整顿中求发展，在深化改革中求进步的防段性成果。这个防段性成果的标志是：全行业实现了基本稳定的局面；队伍盲目发展的势头得到控制并有所回落；建筑市场秩序有所好转；工程质量稳中有升；骨干企业的主导作用进一步得到发挥；提高整体素质的战略转变正在成为全行业发展和企业管理的主导方面。

一、建筑队伍在困难中保持稳定局面

自1988年下半年国家采取压缩投资规模、调整经济经构等紧缩方针以后，全国建筑业企业普遍面临任务不足、停工待工的困难。根据国务院的要求，为了保持全行业的稳定；建设部成立了“解决停工待工人员有关问题领导小组”。并于1990年1月发出了《关于妥善解决部分全民所有制施工企业停工待工问题的通知》，要求各级建设主管部门要从维护全社会稳定的大局出发，保持建筑队伍特别是大中型骨干队伍的稳定，并提出了八项具有政策导向性的意见和措施。各地区、各部门根据这个通知精神，都结合实际情况制订了一些措施和办法，主要有：（一）清理整顿各类公司，加强企业资质审查，合理清退理进城的农村建筑队，严格控制和压缩建筑队伍规模；（二）在坚持和完善招标投标竞争机制的同时，采取适度倾斜措施，使大中型企业能够

凭借技术和管理优势承揽到工程；(三) 调整有关经济政策，减轻企业负担，如湖北等地降低了国营建筑企业的所得税率；(四) 支持企业发展多种经营，开展生产自救，转移安置一部分停待工人员；(五) 对特困企业下达"温饱"工程或发放贷款，维持职工的基本生活。这些政策措施对缓解建筑业企业停工待工困难，从总体上保持建筑队伍特别是大中型骨干队伍的稳定和发展，起到了积极作用，从而为全行业的稳定乃至全社会的稳定做出了项献。

二、建筑业企业资质管理产生积极效应

加强企业资质管理是建筑业治理整顿的一项重要内容。所谓资质管理，就是国家建设行政管部门通过制定企业资质等级标准，并根据每个企业的资历、技术素质和生产能力等，划定企业的资质等级和相应的工程承包范围。各企业只能按自已的资质等级承包工程，不得越级承揽任务。实行资质管理，国家并不直接干预企业的经营活动，而是通过制定资质标准对企业提出明确的素质要求，再通过企业资质等级与营业范围的相互制约，来促进企业不断提高自身的素质和能力。因此，这是国家对建筑业企业由直接管理向间接管理转变、由粗放管理向集约管理转变的一个重要的宏观调控手段。

这项工作自1989年开始在全行业铺开，到1990年已基本结束，共对全国包括一般建筑、冶金、化工、煤炭、电力、水利、铁道、交通等20个大类、41个专业的66458个建筑业企业核定了资质等级，其中一级企业1289个，二级企业2314个，三级企业10387个，四级企业18283个，非等级企业34185个。

从实施资质管理的结果看，这项工作起到了控制队伍规模，调整组织结构、提高企业素质和强化行业管理的良好作用。(1) 在控制队伍规模方面，通过资质审查后，按同口径计算，建筑业企业个数由资审前的90532个减少到66458个，减少了26%；职工人数由2435万人到2072万人，减少了383万人，下降了14.9%，使建筑业队伍盲目发展的势头得到了遏制，队伍总规模过大的状况得到初步改变。(2) 在调整企业组织结构方面，经资质认证，大、中、小企业的规模结构和比例更趋合理，一至四级企业占企业总数的比重分别为1.9%、3.5%、15.6%和27.5%，非等级企业占51.5%，呈金字塔结构。(3) 在提高企业素质方面，通过资质审查，企业的工程技术人员和管理人员普遍有所增加，三总师普遍设立，企业更加重视工程业绩的积累和突出自已专业特色。(4) 在强化行业管理方面，通过资质管理，把建筑业企业行业管理的职能集中到各级建设行政主管部门，从而促进了企业由部门管理向行业管理的转 变。同时，在建筑市场管理上，多年来存在的无证施工、越级承包、盲目流动等混乱现象，随着资质管理的实施，出大为好转，企业按等级承包工程、按专业范围施工、按等级确定施工区域的正常市场秩序正在形成。

在实行资质管理的同时，还开展了对外承包工程资质管理工作。到1990年底建设部已经对23个省、自治区、直辖市和10个中央专业部的350个建筑业企业进行了对外承包工程和劳务合作的资质审查。这项工作的工展，为保证素质高、信誉好的建筑业企业优先进入国际建筑市场，推动我国对外承包事业和了展，起到了积极的作用。

三、建筑业体制改革继续深化

(一) 推广鲁布革经验、调整企业组织结构的试点进一步扩大。建筑业企业组织结构调整的最终目标是：形成以工程总承包企业为龙头，以施工承包企业为主体，以专业分包和劳务企业为依托，全民与集体、总包与分包，城市与农村分工协作、互为补充，具有中国特色的企业组织结构。为此，国家计委国家体改委等五部委曾于1987年选择了18家国营大型建筑业创业进行推广鲁布革工程管理经验、创建工程总承包企业和试点。为了进一步推进这项改革，建设部会同国家体改委、劳动部、建设银行、国家工商局，在1989年四季度对18家试点企业进行联合检查的基础上，于1990年10月联合发出了《关于进一步做好推广鲁布革工程管理经验，创建工程总承包企业，进行综合改革试点工作的通知》，明确了下一步试点工作的指导思想和工作重点，并增批了32家国营大型建筑业企业作为第一批试点企业。到此，试点企业总数为50家。几年来试点工作的实践表明，这项改革的方向是正确的，发展是健康的，对国营大中型骨干建筑业企业的综合改革起到了示范作用，在行业内部产生了较大小影响。

(二)改革建筑业生产方式，广泛推行项目法施工。长期以来我国建筑业企业特别是中央各部的企业在工程建设的施工方式上，不是采取生产要素流动的办法，而大多采取了拉家带口、整体企业大搬家的做法，使工地变成一个小社会，临建工程很多，国家投资浪费很大，企业负担也很重。为了改变这种状况，在1987年国家计委召开的全国施工工作上提出了推行项目法施工的改革路子。这几年各地区各部门特别是各试点企业在工程建设施工和企业内部体制改革的实践中，对项目法施工进行了一些有关的探索。1990年8月，建设部施工管理司召开了首次"项目法施工研讨会"，交

流了60多篇项目法施工实例和论文，深入研讨了项目法施工的概念、内涵、特征、作用和意义，以及现阶段推行项目法施工的目标和基本要求，使这项改革在理论和实践的结合上又向前发展了一步。目前，广大建筑业企业已经普遍接受了项目法施工这一新的建筑业生产方式，并形成了一个共识：项目法施工是深化建筑业施工体制改革的突破口。

（三）调整劳动力结构，实行建筑劳务基地化。建筑业这些年实行固定工、合同工、临时工相结合的多种种用工制度，对缓解这次基建规模压缩后带来的人员富工问题，起到了作用。为了完善这项改革，兴利除弊，建设部提出了一般建筑劳务是社会基地化的路子，即通过建立多层次的建筑劳务基地，并按照定点定向、专业配套、双向选择、长期合作的方针，建立起"基地"与大中型建筑企业之间的劳务协作关系。为此，建设部会同农业部、国务院贫困地区经济开发领导小组确定了河北、江苏等13个省（自治区）的30个县，作为第一批国家建筑劳务基地。目前这30个劳务基地在培训、输出、管理等项工作方面已经走上轨道，并开始显示出优越性。同时，一些省、自治区也已着手建立了本地区的建筑劳务基地。

（四）坚持、完善承包经营责任制。建筑业企业承包经营责任制是1987年下半年开始陆续起步的，到1990年底大部分企业第一轮承包到期。从第一轮承包情况看，这项改革对促进企业变压力为动力、改善企业经营机制，起到了很好的作用。但是由于这两年企业的外部环境发生了较大变化，致使一些企业没有完成承包的指标，同时在一些企业中出现了"当年红"、"本届乐"的短期行为，以及不适当的层层承包、个人承包、以包代管等现象。对新的一轮承包，建设部研究提出了一些改进措施，主要是：在承包内容上，不再实行单一的利润承包，而实行包括利润、工作质量、安全施工、合同履约、技术进步、资产增值等多指标的综合承包制；在承包期限上，采取较为灵活的做法，可以一定三年，也可以一年一定；在承包主体上，提倡企业领导班子集体承包，不搞个人承包，许多地区和部门也都在认真总结第一轮承包经验的基础上，提出了改进、完善新一轮承包的措施。

（五）完善工资分配制度，继续实行并改进百元产值工资含量包干办法。1990年这项改革办法继续得到实行并进一步完善。建设部、劳动部、建设银行于1990年6月联合发出了《关于做好1990年建筑施工企业百元产值工资含量包干工作的通知》，对改进这次办法提出了要求，主要是：增加工程质量，利润等在决定工资分配上的比重，纠正片面追求产值的倾向；实行工资含量系数和工资发放计划双控制，引导企业控制工资发放，增加工资含量节余，用于以半补欠；对企业中从事多种经营的人员工资，经批准可单独核定，不纳入工资含量包干范围，以鼓励企业发展多种经营，拓宽经营领域。

四、工程质量稳中有升

1990年各级建设主管部门和各建筑业企业进一步加强了工程质量管理和监督工作，采取了一系列治理工程质量的措施。一是强化工程质量监督。1990年8月建设部在哈尔滨市召开了全国工程质量监督工作会议，交流各单位开展质量监督管理的经验，并研究部署了"八五"工程质量工作，同时还表彰了45个先进质量监督站和105个优秀质量监督员，到1990年底，全国467个城市普遍建立了工程质量监督站，90%的县城也建立了质量监督单位，此外，工交各部门也设立了本系统的工程质量监督机构，形成了较为完整的工程质量监督体系。二是重点抓了住宅工程质量。对住宅工程 质量，用户意见大、社会反映强烈。为此，建设部十分强调要抓好住宅工程质量，并把它列为建设领域治理整顿的一个重点。首先是在全国推广济南市燕子山住宅小区创优良工程群体的经验，目前已在许多城市开展起来。山东省各城市已经收到了良好的效果，住宅工程质量普遍上了一个台阶，其次是对商品住宅工程质量进行监督抽查，继1989年对北京、天津等8个大城市进行抽查之后，1990年又抽查了大连、青岛等8个沿海开放城市。这项工作对摸清当前住宅工程质量状况，促进住宅工程质量水平的提高，起到了作用。

经过这两年的治理整顿，工程质量状况有所好转，质量水平从总体上说是稳中有升，表现在：

（一）大中型工业交通建设项目的工程质量较好，逐步向高水平发展，有的已达到或接近国际先进水平。

（二）一般工业与民用建筑工程质量稳步上升。1989年全国工程质量抽查合格率为68. 3%，比1988年的48. 7%上升了19. 6个百分点，1990年又有所提高，其中住宅工程质量有较大改进，1990年合格率为60%，比1988年的42. 7%上升了17. 3个百分点，比89年上升了38. 7个百分点。

（三）公共建筑和高层建筑的工程质量比较稳定，水平较高，抽查合格率达到79. 2%。

（四）工程质量事故特别是例塌事故明显减少，"七五"期间平均每年为37起，而1990年仅为11起，这是近十年来最少的一年。

但目前我国工程质量的总体水平同发达国家相比还有很大差距，特别是在房屋建筑工程中，屋面渗漏等质量通病还没有得到根本消除。

（建设部施工管理司　李礼平）

建　　材

1990年是建材工业生产经营形势较为严峻的一年，也是建材工业在治理整顿中发展前进的一年。1990年由于国家继续压缩基本建设投资规模，建材市场仍然处于疲软状态，原燃材料涨价、供应紧张，资金短缺的矛盾更加突出；另一方面，产业、产品结构的不平衡依然存在，所有这些给建材工业的发展带来了严重。一年来，建材行业广大职工在党中央关于“治理整顿、深化改革”的方针指引下，在国家建材局和各级建材主管部门的领导下，齐心协力，坚持加强企业管理和深化改革相结合，坚持特质文明建设精神文明建设一起抓，坚持技术进步和加强企业管理两轮子一起转，“两眼向内，双手向下”深挖企业内部潜力，企业管理水平有了进一步的提高，较好地克服了企业面临的各种困难，使建材工业有了进一步的发展。

一、深化企业改革，完善企业经营机制

改革给企业生产经营活动注入了活力，使建材企业逐步完成了从单纯生产型向生产经营型的转变，促进了建材工业的发展。但是由于配套制度不完善，加上前些年建材产品长期处于买方市场，企业因而出现了短期行为，放松了管理，忽视了产品质量，更忽视了经营销售。使得一些建材企业在市场疲软时，束手无策，经济效益大幅度滑坡，暴露了企业生产经营机制上存在的一些弊端。1990年全国建材局长会议根据党的十三届五中全会通过的《中共中央关于进一步治理整顿和深化改革的决定》精神，提出了深化企业改革，调整建材工业产品结构，发展建材工业的任务。

（一）完善企业经营承包责任制。1990年部分建材企业第一轮承包到期，第二轮承包工作开始进行，为了进一步完善承包经营责任制，发展其积极作用，国家建材局提出了总结第一轮承包经验，搞好第二轮承包工作，促使建材企业由粗放经营向集约化经营过渡的任务。1990年建材行业对第一轮承包到期的企业按照《全民所有制工业企业承包经营责任制暂行条例》和承包合同的要求进行全面审计，严格兑现合同。为了搞好第二轮承包，各地建材主管部门认真听取了企业的反映和呼声，根据经济形势和前几年承包的实际情况，重新制定完善了承包指标体系，科学合理地确定承包基数，较好地落实了新的承包合同，使这些企业顺利地开始了新一轮承包。新一轮的承包合同进一步明确了发包方责任和义务，进一步突出了民主管理的作用和职工的主人公地位，在企业内部分配制度等各个方面都进行了完善，大都采取了“两包一挂”的承包形式，也对承包经营者的收入作出了较为合理的规定。为了给1991年到期的大多数建材企业的第二轮承包工作提供经验并做好准备，各级建材主管部门积极认真地总结了第一轮承包的经验，各级建材企业管理协会组织和其他民间社会团体积极协助主管部门开展了大量的工作，取得了一定的的成效。

（二）调整产业结构，发展企业集团。在国家建材局和各地方政府的领导支持下，1990年，建材行业企业集团获得了较大的发展。中国非金属矿工业总公司、中国新型建筑材料公司等企业集团的功能更加完善，经济实力也得到进一步的加强，对推动整个行业的发展起到了重大的作用。中国洛阳浮法玻璃集团、中国秦皇岛耀华玻璃集团及佛山陶瓷工贸集团等都在原有的基础上获得了新的发展，对行业的发展取到了示范和导向作用。规模较小的浙江尖峰水泥集团进行了积极的探索，是一个功能比较齐全的很具特色的地方建材企业集团，为建材行业中小企业的发展提供了可借鉴的经验。水泥、玻璃、陶瓷、非金属矿、玻璃钢、石材加工和建材机械等门类的企业集团都有了进一步的发展。在国家建材局、河北省及唐山市政府的大力支持和帮助下，唐山胜利陶瓷集团于1990年12月正式成立，使我国建筑卫生陶瓷工业走上新的台阶。企业集团的发展，加速了建材企业结构和产品结构的合理化进程，促进了建材企业的技术进步，提高了建材产品的出口创汇能力，也推动了新型建材的发展。

二、加强企业管理，挖掘企业内部潜力，提高经济效益

1990年为了克服市场疲软、原燃材料供应紧张、价格上升及资金短缺等困难，改变长期以来建材行业存在的高投入，低产出；高消耗，低效率；高成本，低效益的状况，1990年全国建材局长会议提出要切实加强企业内部的科学管理，提高企业素质，围绕节能降耗提高产品质量、提高经济效益这个重点，深入开展双增双节运动。许多建材企业把1990年定为“管理年”，从加强管理入手，深挖企业内部潜力。

（一）加强思想政治工作与加强企业管理相结合。针对经济效益滑坡及1989年“六·四”动乱以来出现

的部分职工思想不稳定，企业管理有所放松的情况，1990年建材行业各级政府主管部门和广大建材企业积级加强和改进思想政治工作，在职工中广泛开展了坚持四项基本原则，反对资产阶级自由化的宣传教育活动，把思想政治工作与生产经营管理密切结合，坚持两个文明建设一起抓，较好地稳定了职工队伍的思想情绪，提高了广大建材职工搞好本职工作的积极性和责任感，为提高建材工业企业管理水平打下了良好的思想基础。1990年5月国家建材局召开了“全国建材行业思想政治工作会议”，总结了全行业开展思想政治工作的经验，通过经验交流和理论研究，把建材行业的思想政治工作水平提高到一个新的高度，为完成治理整顿、深化改革的各项任务提供了思想政治保证。

(二)开展企业升级，继续强化企业管理基础工作。1990年，全国建材行业又有耀县水泥厂等44家企业晋升国家二级企业。对部分建材先进企业，通过全面分析企业管理现状，定规划，找差距，进行了建材行业一级企业的培养工作。通过企业升级工作，建材企业普遍加强了企业管理基础工作，健全了定额管理、成本管理、质量管理、设备管理、能源管理等方面的规章制度，并通过方针目标管理和经济责任制将各项管理制度和管理标准落实到各处岗位，使企业管理水平有了新的提高。通过加强职工培训，职工队伍的素质有了进一步的提高。

(三)切实加强生产现场管理，深入开展双增双节运动。现场管理差是建材行业企业管理的薄弱环节。1990年建材行业各企业从抓生产现场管理整顿生产秩序做起，在企业内部完善了各种规章制度，对各工序劳动制度和劳动纪律进行了整顿，积极推行了标准化和规范化管理，并加强了专业管理，对各专业管理线进行考核。在加强管理工作中，大力推行企业管理现代化，积极应用现代化管理方法，从单项方法的应用，逐步发展到系统配套应用，促进了企业生产经营活动的合理运行。同时把加强现场管理和双增双节活动结合起来，围绕提高质量、降低消耗、提高经济效益这个中心，许多企业建立完善了产品质量、物质消耗、安全生产和经济效益四个保证体系，开展全面质量管理、全员设备管理、全面经济核算、全员安全管理“四全”管理。通过加强现场管理许多建材企业的生产面貌焕然一新，管理水平有了新的提高，企业的经济效益有所提高。物质消耗水平有所降低，双增双节活动取得了良好的成效。

(四)注重企业经营战略，确立长期发展目标。1990年，是九十年代的第一年，也是“八五”计划的前一年，为了确立长期持续发展的经营思想，使企业的生产经营管理活动正常进行和健康发展，大多数建材企业在总结“七五”期间企业生产经营活动的经验教训的同时，制定了企业的中长期发展规划，并制定了切实可行的落实措施。大中型建材企业的发展规划都把企业的持续稳定协调发展作为首要目标，把企业的技术进步和技术改造作为企业发展的关键因素，并十分注重生产经营战略。为了在市场疲软的困境中求得生存和发展，一些企业十分注重战略经营，企业的经营决策水平有了很大的提高，出现了以洛阳玻璃厂等企业为代表的技术进步发展战略，以山东南墅石墨矿为代表的超前决策管理，以温州玻璃钢建材厂等企业的产品创新和市场开拓战略，以唐山陶瓷厂等企业为代表的质量金牌战略，等等，初步形成了建材企业的战略经营的特色。

目标激励、荣誉激励、感情激励、物质激励四种激励机制，较好地调动了职工的积极性，增加了企业的凝聚力。

还有许多建材企业和企业家在生产经营管理实践中创造了各具特色的企业管理新方法，这些管理新方法代表了建材企业管理的发展水平，部分地体现了建材工业企业管理的特色。对促进建材工业的发展产生积极的推动作用。

(中国建材工业企业管理协会　徐新成)

冶　　金

1990年冶金工业的改革是围绕坚持、完善和深化企业承包经营责任制进行的。“七五”期间，冶金系统110个重点和地方骨干钢铁企业中，实行承包制的共有103家，其中55家于1990年到期。根据中央关于“八五”期间要继续实行和完善承包制的指示精神，有关企业和地区抓紧进行新一轮企业承包工作。到90年底，已有37家签订了新的承包合同。

钢铁企业新一轮承包，不是第一轮承包的简单延续，而是在认真总结经验的基础上，兴利除弊，在完善上下功夫。概括起来，有如下几个特点：

一坚持了上一轮承包中适合钢铁工业特点的“两包一挂”或“三包一挂”的承包形式，即除包上交利润外，还包企业技改任务和完成国家指令性计划；工资总额与经济效益挂钩。承包时间较长，一般3～5年，注意与企业“八五”发展规划和厂长任期目标相一致。这样做有利于防止企业的短期行为。

二在合理地确定承包基数、保证国家财政收入稳守增长的前提下，结合钢铁企业负债较重等实际情况，对企业固定资产增值进行了实事求是的安排，有些企业还承包了还贷指标。

三健全考核指标体系，完善考核办法。有些企业把实现利税、归还贷款、补充流动资金、科研投资额、新产品产值、技改项目达产、产品质量、消耗、节能等纳入承包考核体系，并与工资总额挂钩。

四引入风险机制，实行风险抵押承包。有的从企业中提取风险抵押金，有的领导集团或全员交纳风险抵押金，作为对“包盈不包亏”的探索。

五注意解决“包保不对等”“死基数与活条件”的矛盾。新的承包合同一般都规定了政府和有关主管部门承担指令性计划的保证条件和在外部条件发生重大变化时，调整承包基数。

总的看，多数地区的地方政府，重视钢铁工业的发展，注意为钢铁企业的创造比较宽松的条件，这就为“八五”期间钢铁工业的健康发展创造了条件。

冶金企业其它各项改革工作如厂长负责制、企业内部经济责任制、人事、劳动制度的改革等，1990年也有进展，特别是在全系统进一步推广鞍钢科技效益和管理效益承包，取得新成绩。据63个企业的统计，1990年这两项承包增利16．2亿元，对消化外部减利因素，抑制经济效益滑坡发挥了积极作用。

（冶金部体制改革司　刘琦）

船　　舶

1990年度，正值国家经济调整时期，总公司在全系统全面推行了企业承包经营责任制，加强了治理整顿和基础管理，纠正了承包中出现的以包代管产生的弊端，企业经济效益没有出现较大滑坡，但是内、外部环境的不利因素仍严重困扰着船舶企业的发展，国际船舶市场回升的势头由于海湾危机的影响又产生下降趋势，给承接造船任务带来了不利影响；国内市场疲软，经济效益下降同样给造船工业的发展带来了困难，总公司根据国务院关于进一步稳定经济，深化改革和全部工作重点转移到搞活大中型企业，提高经济效益上来的指示，继续贯彻深化企业改革，加强企业管理，提高船舶企业经济效益的企业工作方针，进一步完善以企业承包经营责任制为中心的配套改革，加速企业经营机制的转变，加强企业各项管理基础工作，强化各项专业管理，加强综合管理的调控职能，认真学习国外先进管经验，企业管理水平和企业自身素质有了明显的提高。

一、不断完善以企业承包经营责任制为中心的配套改革

船舶总公司根据全国企业承包经营责任制座谈会的精神和船舶行业自身的特点，从1987年开始在总分司系统内推行企业承包经营责任制。1990年度，在完善承包责任制的工作中主要做了以下四方面工作。

（一）继续推行工效挂钩。为配套完善企业承包经营责任制，总公司在1988年与47家企业实行“工效挂钩”的基础上，继续推行“工效挂钩”做为一个企业外部激励机制，与承包经营责任制相互配套，通过完善“工效挂钩”办法，促使企业实现了工资与劳动生产率的正增长。为引导企业用好新增工资，增进企业经济效益，制定了工效挂钩企业的正常升级办法；为了配合缩短造船周期这一中心工作，分别召开了修造船企业和造机企业内部分配经验交流会，到1990年底，已有81家企业实行了“工效挂钩”，这项工作得到企业的普遍重视。

（二）完善企业内部经济责任制。为了明确企业与职工的责、权、利关系，贯彻按劳分配原则，调动职工积极性，克服“七五”前期在实行承包经济责任制过程中产生的以包代管现象，继续贯彻1989年下达的船总企〔1989〕1333号“关于颁布《中国船舶工业总公司企业内部承包经营管理办法的规定》的通知”，加强了企业内部调控机制，有效地制止了有些企业内部经济秩序混乱，克服了以包代管现象，确保了企业承包目标的具体落实，维护了企业的整体效益。

（三）根据“七五”前期实行承包经营责任制中出现的部分企业拼设备的现象，连续颁发了关于制止拼设备，清理和加强账外设备管理等六个文件，有效地制止了这种短期行为，在固定资产管理方面与企业承包进行了政策配套。

（四）实施厂长任期目标期中考核“七五”期间，为了同企业承包经营责任制相互配套、完善，保证承包合同的园满完成，实行了厂长任期目标责任制。并于1989年和1990年按照厂长任期目标责任制的要求对76家企业进行了厂长任期目标的期中考核。其中有65家企业的厂长达到或超过了期中考核的要求，受到总公司的奖励。对没有完成任期目标的厂长也根据实际情况作出了处理。

1990 年，企业各种减利因素明显增多，由于广泛推行了企业承包经营责任制，工效挂钩和建立企业内部经营机制，使企业承包经营责任制得以配套和完善，在总公司企业之间，企业内部建立了激励机制，明确了企业的责、权、利三者的关系，调动了企业职工的积极性，挖掘了企业内部潜力，企业消化了各种减利因素，管理和经济效益没有大的滑坡，1990 年，82 家签订承包合同的企业中有 61 家企业完成承包利润基数，其中 48 家企业实现利润超过 1989 年。

二、不断深化基础管理工作

（一）基础管理工作。企业的基础管理工作是企业抓管理、上水平的基础，作为企业管理工作的深化，1990 年度，总公司重点抓现场管理工作，1989 年在广州召开的船体车间主任会议上决定在总公司系统各企业全面开展现场管理工作，总公司组织力量编写了《造船现场管理规范》，并于 1989 年年底下发试行，各船厂先后按照《规范》的要求制定了实施细则。在保定举办了定置管理学习班，在一部分企业进行了定置管理的试点工作。

大多数企业开展了以技术标准和管理标准为主要内容的标准化工作。总公司也组织力量从定额、工资方面着手，先后修订编写了“船舶企业劳动定额标准”、《定编定员标准》、《劳动工资标准》和《工人技术等级标准》等标准。有些企业根据本厂实际，组织力量，下大功夫，编制了较为完整的造船管理标准和技术标准，明确了企业各方面在管理和技术上的要求，加强了企业的基础管理工作，也推动了企业管理的整体优化。

1989 年，总公司组织力量根据我国船舶行业的具体情况，结合学习国外先进经验，编写了《造船管理规范》，并于 1990 年底通过了专家评审。总公司还颁发了《船舶建造周期管理标准》，对船舶建造周期提出了具体要求。1990 年船舶总公司在新港船厂召开了“缩短造船周期座谈会”，要求各造船企业大幅度缩短造船周期，有些造船企业根据要求采取措施，推行了造船生产设计、壳、涂一体化、托盘管理等先进的生产管理方式，为总公司“八五”期间大幅度缩短造船周期打下了基础。

（二）强化质量管理。总公司系统继续推行全面质量管理，建立了不同形式的质量保证体系，加强了对质量标准的考核工作，对企业产品检验人员采取了一级管理，并开展了军工产品企业质保体系的认可工作，以及质量管理奖评选活动。去年总公司共获国家优质产品奖 7 项。评出总公司优质产品奖 39 项，有 10 个 QC 小组获得国家优秀 QC 小组称号。

（三）强化安全管理。在过去的两年中在总公司系统认真贯彻了张寿总经理关于安全生产工作的指示精神，制定颁了《职工安全生产行为守则》，全面整理分析了船舶行业的伤亡事故资料；组织两级公司对 47 个企业进行了 53 次的安全生产检查；在总公司系统全面开展了安全知识竞赛活动，提高企业全员安全生产意识，分别组织了 25 家企业去大连造船厂学习安全生产管理经验。1990 年底在广州造船厂召开了安全生产咨询研讨会，制订了《关于船舶生产现场安全管理和改善作业条件的几点意见》和《关于修船防火、防爆安全工作的几点意见》，为企业的安全生产提出了新的要求。

（四）加强设备管理工作。总公司积极贯彻国家有关企业设备管理条例精神，在认真做好设备管理技术经济指标考核的同时，开展了船舶总公司设备管理定级，升级考核工作，评选出 6 个优秀单位，10 个先进单位。制定了《关于处理闲置设备的几点规定》和《船舶总公司设备改造的有关规定》，很多企业开展了全员设备管理，建立、健全了三级管理网，结合开展现场管理活动制定了设备的现场管理规章制度，有效地促进了设备管理工作。

三、进一步加强现代化管理工作

总公司继续按照国家颁发的《企业管理现代化纲要》的要求，继续重点推广行之有效的各种管理方法和手段，企业管理现代化工作在各企业受到了普遍重视，很多企业围绕成本、质量、效益、周期等关键环节，有针对性地应用了方针目标管理、价值工程、目标成本管理、全面质量管理、投入产出分析、计算机等现代管理方法和手段。江南造船厂在推行方针目标管理的过程中，不断完善和加强这一先进管理方法，通过目标的分解落实，检查考核，使企业的大政方针得以具体落实，深化了企业的各项管理工作，促进了企业经济效益的提高。

1990 年，总公司在系统内第一次开展了企业管理现代化成果奖评先活动，评选出 18 个企业的 22 个项目为 1989 年度企业管理现代化成果，其中江南厂的方针目标管理，大连厂的安全管理，广船的分厂承包经营责任制和中华厂的目标成本管理获得一等奖。这次评选出的企业管理现代化成果基本上反映和代表了船舶总公司系统在开展、推行企业现代化管理方面实际状况和水平，同时也反映了企业管理中的薄弱环节，通过现代化管理方法和手段的推广应用，挖掘了企业内部潜力，提高了企业素质，使企业的管理水平有了一定的提高。

“七五”后期，总公司进一步开展了学习国外先进管理的工作，总公司成立了加强与国外合作、学习先进管理领导小组。颁发了《关于进一步开展学习国外先进管理的通知》,要求企业充分认识学习国外先进管理的意义,提出在综合管理体系、企业管理模式、内在机制管理思想上学习国外先进管理。要求企业管理发展与生产发展相适应,管理进步与技术进步保持同步。为开展好这项工作,1990年8月陈小津副总经理亲自带领有关部门到上海地区布置学习国外先进管理方面的工作,在总公司有关部门的组织协调下,总公司系统已有十余家企业同国外船舶企业建立了厂际技术合作关系,其中大连、沪东、江南、新港、广州分别同日立、三井、三菱、大阪(大岛)、石川岛播磨等船厂续签了友好合作协议书,通过聘请顾问,邀请专家来华指导工作,派遣考察进修人员等形式,根据工厂的实际问题,有针对性地向合作对象学习。广州船厂通过学习国外先进经验,推广生产设计,预装等先进生产管理方法,取得了一定成效,在承建上海船厂转 去的2万吨货船时,下水后装期要比上海船厂造同样船的水上装期短5个月。这也在不同程度上说明了学习国外先进管理的效果。

通过对外合作和相互交流,明确了船舶企业同世界先进水平的差距,同时也暴露出船舶企业在管理体制、管理模式上的弊端,从而进一步明确了学习国外先进管理的指导思想和学习目标,为"八五"期间更深入开展学习国外先进管理创造了条件。

四、围绕亏损企业扭亏增盈,综合治理做了大量的工作

总公司十分重视亏损企业的扭亏增盈和综合治理工作,到目前为止,总公司仍有十余家企业处于亏损状态,造成企业亏损的原因是多方面的,有产品方向、任务、管理、班子等方面,但大部分亏损企业管理混乱,是一个不可否认的事实,引导企业从管理上下功夫,增强领导的管理意识,眼睛向内,挖掘潜力、节约开支。在过去的两年多时间里,公司为此做了大量的工作。

(一)对亏损企业进行全面摸底调查。总公司和有关地区公司组织力量,前后两次对亏损企业进行全面摸底调查,提出总公司的亏损企业基本上可以分为三类,应当区别对待。一类是属于经营性亏损,如沿海骨干船厂,由于经营失误,前两年受国际市场影响,船价低,材料设备涨价,造船拖期,管理费用增加,造船发生亏损,有的草率签了合同,留下遗患;第二类是任务缺乏或严重不足,属于"先天不足",主要是一些内河中小船厂;第三类是本身有问题,又受外部环境的剧烈变化影响,生产管理比较混乱,领导班子不力,经营开发困难重重。以上分析为总公司领导决策提供了依据。

(二)对重点亏损企业进行综合治理,根据总公司的安排,分别于1989年和1990年8月,派工作组赴上海船厂和洛阳407厂进行工作,帮助工厂新班了进行综合治理。工作组的同志深入基层生产第一线了解情况,寻找问题所在,研究对策,为工厂理顺管理,治理工作经济小环境提供意见。帮助工厂领导制订综合治理方案,为工厂生产经营工作走上正规起到了积极的促进作用。

(三)对于亏损企业进行综合管理咨询,帮助企业加强管理,从而促进工厂的扭亏增盈工作。

——1990年3月至4月份,总分司组织力量对9318厂进行了综合咨询,配合新厂长上任开展工作,理顺管理关系,提出改善措施。

从总公司整体情况看,虽然"七五"期间企业管理工作取得了一定的成效,但目前企业管理落后,整体素质低的状况还没有得到根本改变,造船周期长,生产效率低,产品质量不稳定,安全事故时有发生,物质消耗高,经济效益低等仍是突出的问题,也是企业管理落后,整体素质不高的集中表现。

(中国船舶工业总公司企业管理部)

加强企业管理

内蒙古自治区

1990 年，是“七五”计划实施最后一年。尽管有诸多因素的制约，由于深化企业改革加强企业管理，内蒙古自治区工交企业的形势在走出逆境向好的方面转化。全年工业总产值比上年增长 3. 39%，上缴利税增长 12. 82%。在这一年里，从宏观到微观管理是花气力最多的一年，多方位、多层次地改进和加强企业管理工作，促进了经济形势的发展，是本年内明显的特色。

推行现代化管理方法是加强全面企业管理的中心，对于提高企业管理素质、增进企业在新形势下竞争能力，有重要意义。在 1990 年全区推进现代化管理工作宽阔的途径。主要抓了以下方面。

一、开展现代化管理方法应用成果的目标管理

总结 1986 年以来进行现代化管理应用情况和对成果的评审体验，研究对推行方法如评定成果也需运用现代化管理的方法、手段进行目标管理，转变成果立项无计划、评审质量不高、成果效益重复计算的状态。为此，区纪委和盟市、主管厅局、总公司按自治区的总目标分解落实立项，签定责任书。层层建立责任制，采取分类指导的方法帮助企业推进现代化管理工作。建立有关制度和奖励办法，经过研讨编印了现代化管理成果经济效益计算法，开展经验交流和成果评审发布活动。

二、有步骤地积极推进企业管理整体优化工作

根据几年来推行《企业管理现代化纲要》和该区企业实施现代化管理方法的实际情况，借鉴外地先进经验，在我区企业特别是大中型企业有计划有步骤地推行企业管理整体优代工作。他们从企业管理整体优化的目的、特征、基本内容、基本步骤和工作指导诸方面提出实施方案。各盟市在对企业全面分析的基础上，分类排队，提出要求，制定规划，总结先进经验，抓重点带一般，有目标地组织企业整体优化工作，这些企业经过一年多的实践，提高了企业素质，增强了推进现代化管理方法的积极性，扩大了推广应用的范围。

三、组织协调培训力量，提高全体管理人员的现代化管理水平

推行现代化管理，关键在于各级管理人员的认识水平和知识水平的状态如何，因此，他们在《纲要》颁发不久即编写了《现代化管理方法应知应会》一书，近两年来反复强调和组织学习，从厂长到一般管理人员参加培训学习面之广是前几年所未有的，仅参加自治区统一考试的管理干部即达 6 万人，车间，班组长达 3 万人。这一广泛学习现代化管理知识的活动，是在市场疲软，企业面临困境的情况下进行的，这使企业面对现实和未来，产生巨大的前进力，对促使全区工交形势的变化，无异是一推动力。

四、学习先进，推广先进经验

自治区向企业宣传推广全国先进典型，学大庆、学吉化、学首钢和鞍钢，有重点地结合实际学习运用先进经验。同时，注重总结推广本区先进经验，如包头钢铁稀土公司现代化管理特色、呼和浩特机床附件厂保质量创名牌、通过第一毛纺织厂“人困我进”等企业的经验。对获得自治区企业管理优秀奖和推进现代化管理先进企业的经验，采取多种形式进行宣传和推广，其中有一部分企业的经验已刊于全国编的年鉴或辞典与报刊。

由于坚持不懈地进行现代化管理工作，应用成果增多了，明显地体现出“管理出效益”。1990 年评定的 1989 年度获奖成果 100 项，直接经济效益 1. 78 亿元，比 1986—1988 年度共评定 249 项成果，直接经济效益 1. 43 亿元还增多 3000 多万元。

（内蒙古自治区经委　乔树椿）

海南省

1990年，海南省工业系统广大干部职工在省委、省政府的领导下，继续贯彻治理整顿、深化改革的方针，在工业生产面临市场疲软、资金紧缺、原燃料涨价等十分困难的情况下，团结一致，振奋精神，以提高经济效益为中心，积极调整产品结构，努力开拓市场，加强管理，推技术进步，广泛开展“双增双节”运动，战胜困难，使工业生产取得了可喜的成绩。全省完成工业总产值28.87亿元，比上年25.24亿元增长14.38%。其中，全民所有制企业完成工业产值19.68亿元，比上年增长15.9%；集体所有制企业完成工业产值2.02亿元，比上年增长10.6%；其他经济成份企业完成工业产值4.58亿元，比上年增长14%；村及村以下企业完成工业产值2.59亿元，比上年增长6.15%。

该省列入工业口汇总的259户企业和农垦系统的工业企业，1990年完成工业产值19.93亿元，比上年增长17.2%。产品销售收入31.49亿元，比上年增长19.5%。产品销售税金2.05亿元，比上年增长53.95%。该省工业企业上缴税利2亿元，比上年增长1%。工业产品出口创汇4360万美元，比上年增长2.35%。盈亏相抵后，实现利润14265万元，比上年下降32.3%。企业亏损面42.7%，亏损金额6350万元，比上年增亏4240万元。

1990年，海南省工业生产有以下4个特点：第一，各月份生产比较稳定，没有出现大起大落现象；第二，大多数市县工业产值都增长，增长面比较宽。该省19个市县，有13个市县工业产值增长，增长面70%；第三，轻工业生产势头好，重工业生产下降。轻工业一些主要产品增产幅度比较大。如罐头增长5倍，食糖增长60.8%，塑料制品增长2.2倍，皮革增长52%，卷烟增长35%。重工业由于市场疲软，生产下降。特别是钛精厂，由于销路不畅，生产一直处于下降状态，产量比上年下降85%；第四，有些市县和重点企业保持了较好的经济效益。有2个县实现没有亏损户。盈利100万元以上的企业有20户，占7.7%。

1990年，在工业生产、经营方面，主要抓了以下8项工作：

一、抓好生产计划的安排和落实工作

年初，省政府召开了全省工交、建设、资保工作会议，根据特区经济建设对工业发展的要求和海南省工业现状，确定1990年工业产值增长率为8%。会后，省工业厅先后召开了轻工、纺织、燃化、机电、冶金和电力等行业会议，认真研究各个行业的生产计划、政策、措施，并把各项计划指标落实到各市县和企业。全国生产工作会议后，省政府于8月20日至24日又召开了全省工交生产工作会议，传达全国生产工作会议精神，总结上半年工交生产工作情况，部署下半年工作。省委书记邓鸿勋、省长刘剑锋、副省长孟庆平都在会上作了重要讲话。明确提出发展海南工业的构思，强调工业在海南特区经济建设中的排头兵和主力军的作用，号召全党重视，全力以赴抓好工业生产。会上，省工业厅根据上半年工业生产各项指标完成情况，调整了1990年各项经济技术指标。各市县和省直属工业口各总公司向省政府递交了《海南省工业口1990年扭亏增盈责任书》，保证完成各项经济技术指标。这次会议使大家受到极大鼓舞。会后，各市县常委、政府主要领导都亲自主持或参加各市县工交生产工作会议，把省工交工作会议精神传达到企业的干部职工，层层发动，振奋精神，找差距，挖潜力，努力完成年计划任务。经过年终考核，有7个县（市）和9个总公司、单位获得奖励，8个市县和2个总公司受到处罚。

二、抓好资金、原材料和能源的供应工作

从1989年底开始，省工业厅、各市县工业主管部门和省直属工业各总公司，都把抓好1990年工业生产所需要的资金、原材料、能源供应的准备工作，作为一项重要工作来抓，做了许多艰苦细微的工作。在资金供应方面，积极同计划、财政、银行等有关部门进行协商，保证了重点行业、重点企业的资金供应。制糖工业是海南省的支柱工业之一。榨季生产的季节性强，资金需要量大，经过积极协调解决了3亿多元的资金，保证了蔗糖生产的顺利进行。在原料供应方面，各级领导也千方百计抓落实。省工业厅和省直属工业各总公司的领导经常到国家有关部门汇报工作请求支持，到有关省市请求帮助。在省的计划、物资等部门的积级配合下，1990年组织了工业生产用钢材2150吨，马口铁4000吨，聚脂切片12000吨，涤纶长丝3000吨，棉花2700吨，保证了重点行业、重点企业的生产。在能源供应方

面，海南省原是一个缺电省，建省后电力工业发展较快，新增发电能力40万千瓦，从缺电省变成电力富余的省。根据发电能力大，用电负荷小的情况，省工业厅在孟庆平副省长的指导下，召开了海南省主要用电企业和用电大户座谈会，鼓励企业用电，要求有条件的企业实行三班生产，并对夜间生产用电实行优惠价格，促进了工业生产与电力生产的同时发展。

三、抓好产品结构的调整工作

1990年，全国各类产品都不同程度地出现积压滞销现象。省工业厅在全省工业各种会议上，都要求各个行业、各个企业要根据市场供求状况，适时地采取措施调整产品结构，增产适销对路产品。罐头行业过去主要生产菠萝罐头，1990年菠萝罐头出口补贴少亏损大，各企业及时调整产品结构，生产市场需求旺盛的果汁罐头。各个钛矿，压缩钛的产量，重点抓好销路较畅的锆英石的生产。海口轮胎厂农用胎滞销，他们投入650万元搞技术改造，扩大销路好的900－20型载重胎的生产。海口乳胶厂检查手套积压，他们转产工业手套。各企业通过产品结构的调整都取得了比较好的经济效益。海口市制药厂药品滞销积压，他们大抓拳头产品——“三九胃泰冲剂”的生产，使企业经济效益明显提高，从亏损大户变成盈利大户。

四、抓好产品销售工作

为了打开销售渠道，开拓市场，受省政府委托，省工业厅于4月20日至30日在海口市举办了海南省1990年工业物资交流会，有80个省内外的参展团参加，签订贸易1.7亿元。在第十一届亚运会期间，组织300多种名、优、特、新产品到北京参加十一届亚运会购物中心的展销工作。11月份又组织120多种轻工产品参加全国首届轻工博览会，许多企业还参加了全国各种订货会、产品展销会等。为了搞活销售工作，各企业普遍加强供销队伍，并对供销人员实行联销计酬经济责任制，调动供销人员和广大职工搞好销售工作的积极性。通过这些工作，提高产品在国内外市场上的知名度，开拓市场，打开产品销路。如各电视机厂参加全国展销订货会后，共销出电视机17万多台，缓解了市场疲软给企业生产带来的困难。

五、抓好推进技术进步工作

海南省工业基础薄弱，为了发展特区经济，省委、省政府在抓好基础设施和重点项目建设的同时，十分重视对老企业进行技术改造，推进企业技术进步。1990年省政府从中央给海南省的2亿低息贷款中划出4500万元，从地方财政中划出2000万元，作为企业技术改造专项基金。还协调各家银行积极发放贷款，支持企业进行技术改造。1990年该省下达技术改造项目147项，计划投资总额4.58亿元。到年底止，完成技术改造项目103项，占计划的70.06%，完成投资总额2.7亿元，占计划的58.95%。在完成的103项项目中，25项是“三废”治理和基础设施项目，78项是生产项目。这78个项目投产达产后，每年可新增工业产值4.65亿元，可获利润6000万元，税金5700万元。通过技术改造，一方面扩大适销对路产品的生产能力，如海口罐头厂通过技术改造，引进设备，使拳头产品——天然椰子汁饮料生产能力，从年产3000吨增加到45000吨。另一方面，通过技术改造开发新产品。1990年全省共开发新产品125种，其中具有国际水平和国内先进水平的有18种。有120多个产品荣获国家部级和省级名、优、特、新产品奖。

六、抓好扭亏增盈工作

1990年，根据市场疲软、产品积压、资金紧缺、经济效益下降等情况，省政府和各级工业主管部门从三个方面大力抓好扭亏增盈工作：一是抓重点行业、重点企业和税利大户的增产增收工作。制糖行业是海南省的重点行业，糖厂大多数是税利大户。为了抓好蔗糖生产，一方面从政策上调动乡镇和蔗农种值糖蔗的积极性，发展糖蔗生产；另一方面抓好糖厂的修机、技改和榨季生产的资金和原材料落实工作。5月份召开了省各有关部门参加的海南省糖厂技术改造项目论证、审定会议，确定了15家糖厂的技术改造方案（其中2间为恢复生产），落实技改资金。开榨前，省工业厅、一轻总公司和糖业公司等单位，又派人深入30多家糖厂检查榨季生产准备情况，并同银行等部门协调，解决生产备料及流动资金问题，使1990－1991年榨季取得了比较好的经济效益。全榨季共榨蔗298.96万吨，比上榨季增长12.21%。产糖30.93万吨，比上榨增长16.02%，总收回率83.03%，比上榨季提高2.14个百分点，按全率96.62%，比上榨季提高4.97个百分点，实现利润3630万元，比上榨季增长1.54倍。二是抓亏损企业和停产半停产企业的扭亏增盈工作。年初，省工业厅、各市县工业主管部门和省直属工业各总公司，分别组织工作组，由领导带队深入停产半停产企业进行调查研究，帮助企业解决生产中的困难。省工业厅还分片召开了生产座谈会，研究生产中存在的问题，交流经验。9月份，省政府从省工业厅、计划厅、人事劳动厅、财政税务厅、省各银行等单位抽调18名干部组成3个扭亏增盈工作组，深入全省19个市县，帮助企业抓好扭亏增盈工作。上半年，省政府从1989年因连续遭受3次强台风袭击中央各部门给海南省的救灾款中，先后拨出530万元，从1990年技改经费中拨出200万元，从财政低息贷款中拿出200万元，并由工商银行贷款300万元，支持停产半停产企业上一些短、平、快项目。下半年，由省财政税务厅拿出500万元作为贷款贴息，由工商银行贷技改资金2174．5万元，生产流动资金1279万元，帮助企业解决资金困难。三是在企业中广泛开展“双增双节”运动。通过开展“双增双节”运动，全省共节约标准煤2万吨，钢材2000吨，电800万度，利用工业固体废物50万吨。共节约资金1200万元。

七、抓好承包经营工作

海南省工业口汇总企业有259户。第一轮承包时，有183户企业实行了承包经营，占汇总企业总数的70．2%。1990年有177户企业承包期满，需要搞第二轮承包。为了使新一轮的承包更加科学、完善，副省长孟庆平7月份召开省体改委、省工业厅和省财政税务厅等有关部门会议进行认真研究，制订了《关于发展和完善承包经营责任制的实施办法》（琼府〔1990〕64号文），9月份又从省工业厅、省财政税务厅、省人事劳动厅、省审计局和省委组织部抽调18名干部，组成了承包经营工作组。深入该省19个市县检查指导企业承包经营工作。到年底止，各市县工业口汇总企业228户，有27户签订了第二轮承包合同，占市县企业户数的11．8%。其他企业也都基本上搞好方案上报市县政府，等待审批。省直属企业年底开始搞测算工作。

八、抓好干部职工的教育培训工作

1990年，海南省各级工业主管部门坚持社会主义物质文明和精神文明一起抓，努力提高干部职工队伍的思想素质和业务技术素质。省工业厅召开了2次企业思想政治工作座谈会。举办了企业领导干部思想政治工作学习班，有267户企业的352名厂（矿）长、经理、党委（支部）书记及政工干部参加了学习。开展干部岗位培训，参加培训的企业领导干部108人，车间主任298人，中层管理干部372人，一般干部502个。举办《大专证书》班，培训142人。还举办了厂歌比赛和“工业杯”蓝球比赛，活跃职工生活，培养企业精神。

一年来，工业生产虽然取得了可喜的成绩，但海南省工业管理体制尚未理顺，企业经济效益下降，工业生产面临的形势仍相当严峻，需要在新的一年中继续努力。

（海南省工业厅　柯盛尊）

沈　阳　市

党的十一届三中全会以来，沈阳市企业认真贯彻改革开放的方针，通过开展以恢复和建立正常的生产秩序为重点的恢复性整顿，以促进企业由生产型向生产经营型转变为重点的建设性整顿，以全面提高企业素质，产品赶超国内外先进水平为重点的企业升级工作，以及大力推广现代化管理，使沈阳市企业管理状况发生了很大变化，不同程度地增强了活力，涌现出一批建立了良性循环机制，能不断适应国内外市场变化的有生机，有活力的企业。

一、企业管理发展中存在的主要问题

（一）为数不少的企业领导者在思想和工作上还没有把立足点切实转移到挖掘企业内部潜力上来，没有把加强管理放到应有的位置上。

（二）以包代管的问题在一些企业中不同程度地存在。管理的权威性大大削弱，纪律松驰自由操作与社会化大生产所要求的严格管理之间的矛盾比较突出，造成产品质量下降，物资消耗上升，资金周转缓慢。

（三）企业约束弱化，财经纪律不严，一些企业虚增利润或虚盈实亏，严重影响发展后劲。

（四）片面强调物质利益的作用，忽视思想政治工作，产生了一切向“钱”看的倾向。对职工的主人翁地位强调不够，弱化了职工对管理的参与意识。

（五）分配不公。一方面平均主义没有真正打破，另一方面有的经营者与生产者之间利益差距过大，影响了职工的生产积极性，部分职工从事第二职业的高收入对产业工人队伍的稳定也产生了不利的影响。

认真解决企业存在的这些问题，是治理经济环境，整顿经济秩序，深化企业改革的重要任务，是克服当前资金、能源、原材料短缺的困难，挖掘企业内部潜力，提高经济效益最现实，最有效的途径，也是实现国民经济持续稳定协调发展的保证。为此1990年沈阳市计经委以解决企业管理中存在的突出问题为重点，在该市开展了企业管理重点整顿工作。

企业管理重点整顿，是按照发展社会主义有计划商品经济的要求，以提高经济效益为目标，适应企业改革中生产关系发生的新变化和社会化大生产的客观要求，采用配套的管理制度和管理方法，使企业逐步建立起具有自负盈亏，自我发展、自我激励和自我约束的经营机制。

二、重点搞好以下几项整顿

（一）加强企业领导班子建设，完善厂长负责制，深化企业领导制度改革。重点解决四个问题：

一是按照五中全会的精神继续实行和完善厂长负责制，理顺党政之间的关系，加强企业党组织的政治思想工作，充分发挥广大职工的积极性，主动性和创造性。

二是解决部分企业领导班子结构问题，使领导班子结构更趋合理化。

三是按照党建会议的精神搞好领导班子的廉政建设，作风建设。

四是通过岗位职务培训，提高企业领导班子的整体素质和经营管理能力，使企业领导班子能适应形势发展的要求。

（二）搞好产品开发，加快产品结构的调整。沈阳市经济突出矛盾是结构不合理，主要是产品结构和企业组织结构不合理，物耗高，能耗高的产品多，附加值高的产品少；大路货多，拳头产品少，有些拳头产品由于缺少规模效益而丧失了竞争能力。畅消产品比重远远低于一些先进城市；在企业组织结构上大而全小而全。因此在治理整顿中要把开发新产品和调整产品结构做为一项重要工作认真抓好。使该市产品结构和企业组织结构的调整和优化工作有一个大的变化。

（三）整顿现场管理。实行承包以后，不少企业放松了基础工作，现场管理比较混乱，针对实际问题，该市计经委要求企业，把现场管理作为强化管理的基础，做到明确目标，具体要求，落实责任，经常检查，严格考核。经过整顿使企业真正做到文明生产，厂区整洁，规划合理，无乱堆乱放，无垃圾，无泄漏；车间和办公室要做到卫生清洁，物件摆放整齐保持良好生产秩序。促使产品质量和物质消耗达到历史最好水平或同行业先进水平。

（四）加强财务管理，严格财经纪律，建立经济核算保证体系。

（五）加强人事劳动管理，进一步搞好职工培训。

（六）整顿和完善企业的分配制度，正确处理国家、集体和个人三者利益关系，真正做到按劳分配。

在整顿过程中，要求企业制定全面提高管理水平的系统规划，在认真总结本企业管理经验的基础上学习吸取国内外先进企业的管理经验。围绕调整优化产品结构，提高产品质量，降低物资消耗，提高经济效益，建立完善市场营销，经济核算，节能降耗，质量管理和安全生产等保证体系。逐步形成具有自已特点的现代化管理。与此同时，该市开展了“学先进、找差距、抓管理、上水平、挖潜力、增效益”活动。各局都选择一、二个伍国同行业的先进企业作为学习对象，组织所属企业对照先进、找差距、制订了学习和赶超规划、措施。

沈阳市企业管理重点整顿，首先在部分特厂和省级，国家级企业试点，然后分期分批展开目前已有800户企业列入整顿规划，开展了整顿工作。

三、整顿工作中注意做到“四个坚持”处理好“两个关系”

——“四个坚持”。

一是要发挥我党的优良传统和思想政治工作的优势，坚持两个文明建设一起抓，加强对广大职工进行四项基本原则教育，在培养“四有”队伍上下功夫，培育社会主义的企业精神；

二是坚持加强民主管理，维护和尊重职工的民主权益，提高广大职工参政议政，参与管理的积极性，使之真正感到自已是企业的主人；

三是坚持采取正确的政策导向，要有利于激励职工奋发上进，多做贡献；

四是坚持领导带头，以身示范的原则。要“一级带着一级干，一级做给一级看”，要求群众做到的，领导首先做到，要求群众不干的，领导首先不干，事事给群众做出样子。

——两个关系。

一是正确处理整顿与改革的关系。整顿是以提高经济效益为目标，及时建立与改革配套的管理制度和管理方法。要在整顿中进一步推进配套改革，在配套改革中加强管理。

二是整顿与企业升级的关系。整顿是按照升级的目标进一步夯实企业管理的基础，通过整顿推动企业达标升级。为此要把搞好企业整顿作为企业升级的前提条件。已经升级的企业整顿不合格的要进行补课，到期不合格的要停止享受有关的鼓励政策，撤消其升级称号。企业整顿的不好，不能升级。

四、整顿工作的特点

（一）党政工齐抓共管，把思想教育和业务培训结合起来，提高整顿的自觉性。在组织领导上党政工三位一体各有侧重，工作上共同研究，密切配合。各单位相继召开了职工大会或职工代表大会对整顿方案进行讨论，增加了广大职工对企业整顿的参与意识。

(二)从实际出发，紧紧围绕解决当前生产面临的困难，搞好整顿工作向管理要效益。各单位都把影响本行业和本企业经济效益的薄弱环节，作为企业整顿工作的重点，取得了较好的效果。

(三)起点高、要求严，整顿与学习先进紧密结合。这次企业整顿不是在原有基础上的简单重复，而是要使企业管理水平有个新的发展和提高。要在改变面貌上下功夫。目前全市已有八个行业提出了赶超国内外先进企业的目标，激励和鞭策广大职工奋发进取。

五、整顿工作的效果

(一)对抑制生产滑坡起到了积极作用。据对24户试点工业企业统计，有14户企业的生产有不同程度的增长，其余10户企业生产下降幅度也明显低于全市平均下降水平。沈阳毛巾厂在棉纱短缺的情况下，通过整顿劳动组织，使劳动生产率和产品质量明显提高，降低了费用，使有限的资源得到充分利用，投入产出率大大提高。

(二)领导班子建设得到加强，各单位都把加强领导班子三项建设作为重点，进一步理顺了党政关系，据对24户试点工业企业统计减少厂级领导干部职数15人，调整了21人。这些企业领导班子普遍增加了战斗力。

(三)精简机构，压缩了非生产人员。据24户试点工业企业统计，整顿前管理机构628个，经过整顿减到520个，压缩了17%；严格按规定配备中层干部，中层实职干部由2,419人减少到2,112人，并相应调整了402个。通过整顿，企业一、二、三线人员比例趋于合理。一线生产工人占职工总数比例提高了2.5个百分点，非生产人员下降了4.4个百分点。

(四)通过清查资产，加强了财务管理和经济核算。50户清查资产的企业初步查出帐外物资和潜在亏损和超储积压物资6000多万元，已处理积压物资近千万元。七四一六工厂通过整顿减少储备资金531.5万元；压缩了23.8%；全部资金占用较1989年同期下降了1.5%。

(五)现场管理得到加强，脏、乱、差状况明显好转。一是注重整章建制，加强考核。据24户工业企业统计，共补充完善各种制度460多个，修订完善各类定额1，335种。通过落实现行制度严格考核，企业的劳动纪律得到加强，职工出勤率，工时利用率均有提高。二是整顿工艺标准，建立科学、规范的现场管理体系。企业普遍实行了定置管理，平均定置率达65%。三是加强了班组建设，广泛深入地开展班组达标升级和合理化建议活动。

(六)促进了产品结构的调整。24户试点工业企业，共开发了新产品140余种，优质产品产值完成4.36亿元，较1989年提高9%。

(沈阳市计经委　佟兆林　王丹)

武　汉　市

强化现场管理，夯实管理基础，是武汉市去年加强企业管理，学武钢开展“管理年”活动中的一项重要工作。一年多来，武汉市企业的现场管理有了较大的进步。

今年是武汉市深入学武钢、走质量效益型发展道路的“质量年”，这是“管理年”的继续和发展。在“质量年”中，武汉市加强企业管理工作的重点仍然是围绕质量抓现场，进一步深化现场管理，加强班组建设，夯实管理基础。继武汉锅厂之后，今年深化现场管理又重点刻画了武汉电阻一厂抓班组建设的样板。

在样板示范的推动下，全市企业的直观形象和现场管理状况有了程度不同的改善，各级领导和广大职式“内抓现场”的管理意识有了明显增强，促进了质量、降耗、安全、效益的提高，为“八五”期间现场管理跃上一个新台阶，打下了良好的基础。

一、强化现场管理的主要作法

(一)抓头头。去年初，全市在武钢召开了学武钢经验研讨会，拉开了学武钢加强企业管理“管理年”活动的序幕。全市各战线、各区县、工业各局(总公司)根据“管理年”的总体要求，结合各自的特点，制定了“管理年”活动的规划，从强化现场管理起步，开展了各具特色的“管理年”活动。在8月份召开的石化会议(全市企业管理工作会议)上，市委、市政府领导对全市“管理年”活动再次作了动员。在这次由各企业主管部门和部分重点企业的党政主要领导参加的全市管理工作会议上，市委、市政府领导同志，对后五个月加强企业管理工作亲自作了动员和部署，提出了“质量是企业的生命，是武汉的生命”强调各级领导要亲自抓“生命”，抓管理。石化会议有力地推了各级党政主要领导亲自动手抓管理。呈现了一个各级领导重管理、抓管理、发动和依靠广大职工群众加强企业管理的可喜局面。“一级做给一级看，一级带着一级干”，把全市企业强化现场管理大大向前推进了一步。市医药局先后召开了局办公会，业务部门专题会和全局系统党政工负责人动员大会，传达贯彻石化会议精神。局领导全部分工带队下厂跑点，帮助企业强化现场管理，促进各项管理工作。市有色金属工业（集团）公司上半年的“管理年”活动一度落后，在贯彻石化会议精神中，公司领导班子决心奋起直追，跟上全市的步伐。公司分管经理带领服务小分队，到市金属压延厂铝材分厂驻厂蹲点。通过两个多月的努力，使这个现场管理脏、乱、差的单位旧貌换新颜，一跃成为全公司现场管理的样板。

（二）立标准。强化现场管理必须坚持高标准、严要求。市机械局系统根据全国机械行业的统一部署，抓现场管理 89 年就已经起步，探索了一些初步经验。因此，去年市加强办借鉴机械局的经验，提出现场管理达标的实施细则，制定了《武汉市工业企业现场管理考核办法》。在石化会议上，推广武汉石油化工厂的经验，提出了“车间”（科室）、班组管理达标”和对全市 431 户市属企业及部分中央、省在汉企业、军办企业实施分类指导管理达标的明确要求。这两项全市性的加强企业管理的大活动，都把现场管理列为重点考核内容，其主要工作思路是：通过企业内部的分层次管理升级，促进企业管理的整体升级；通过现场管理的优化，促进企业管理的整体优化。这些标准的实施对全市企业现场管理工作起到了有力的指导作用。如一轻局、市乡镇企来管理局还结合行业特点，进一步拟定本行业的强化现场管理的实施细则。在石化会议后的近半年时间里，各企业主管部门认真组织实施了分类指导，列入全市规划内的多数企业按要求积极开展了分类管理达标，围绕提质降耗增效益，以强化现场管理为主攻方向，加强“三基”（基础工作、基层建设、基本功训练）。狠抓了整顿劳动纪律，工艺纪律、治理脏、乱、差，推行定置管理，标本兼治，使“管理年”的各项工作要求，逐步落实到基层，落到了实处。多数企业的现场管理有了新变化，新起色，管理基础工作和专业管理得到加强。据考核统计，去年列入全市规划内的 431 户企业中，有 356 户达标（得分在 70 分以上），达标率为 82%，其中得分在 90 分以上的企业有 54 户，占总户数的 12.5%。

（三）树样板。在去年“管理年”中，全市强化现场管理的一项最有影响的工作和措施就是“精雕细刻”树样板，发挥样板的典型示范和导向作用，推动全局全市树立了标杆。各战线、各区县、工业各局（总公司）都有自已的样板企业，各企业有自已样板车间、样板班组，逐步形成了全市的多层次，立体型样板群。武汉锅厂是个只有 600 多人的小厂，但小厂敢于办大事，干出高水平。该厂从 82 年开始，经过“八年抗战”加强企业管理，由一个“热、脏、乱、差”而著称，长期连续亏损 12 年的亏损大户，一跃成为市二轻局的利税大户，呈现出了“管理出效益”、“旧貌换新颜”的良好企业形象。去年以来，全厂坚持“围绕经营抓市场、围绕产品抓质量、围绕管理抓现场”的方针，使现场管理又跃上了新台阶。去年 9 月 7 日。全市在锅厂召开了现场管理样板试点企业现场观摩讲评会，树立了锅厂这个标杆，向全市推广了锅厂的经验。锅厂的经验具有很强的说服力和影响力，立即在全市企业中引起了强烈的反响，“一花引来万花开”，很快兴起了“学锅厂、抓现场”的热潮。象市医药局、乡镇企业局、一轻局、二轻局等都是局长亲自带队，组织全系统企业到锅厂学习取经。不但市属工业企业学，其他行业，中央、省在汉大厂、军办企业，，以至外地企业也慕名来学。去年 10 月上旬，全市又组织了各经济主管部门和 24 户样板试点企业的共 60 多名管理干部，赴岳阳长岭炼油厂和总后 3517 工厂，学习了两厂“从严治厂、强化管理、争创一流”的现场管理经验、求实拼搏精神和过硬的实干作风。这是近几年来第一次“走出去”学管理的大活动，开阔了眼界，开拓了思路，推动了工作。武汉灯泡厂厂长主动参加了赴长炼的学习，从长炼回厂后，即下定决心，发动和组织全厂职工打了一仗强化现场管理的攻坚仗。从去年 4 季度到今年初，全厂产生车间逐个进行了整顿，使工厂现场管理面貌焕然一新，生产经营步入稳步增长的良性循环状态，成为市一轻局系统现场管理的样板企业。其他行业也都树立起了各自的现场管理的样板企业，如机械局有武重、冷冻机厂，医药局有武药、健民，二轻有锅厂、服机、热水器厂，化工局有葛化、双虎涂料公司，纺织局有一棉、毛纺，物资局有煤建、煤炭公司的机关办公现场，市商委有六渡桥百货公司等等，全市已初步形成了一个样板群，而且正在发生着连锁反应。强化现场管理已由优化厂区现场和生产现场逐步向仓储现场和办公现场扩展，即全方位优化现场管理。

（四）勤检查。武汉市在强化现场管理工作中，注意坚持 PDCA 循环，做到工作有规划、有布置、有实施、有检查、有讲评、有总结，以保证现场管理工作的健康稳步开展。如抓企业内部管理达标和分类指导达标的考核工作，去年底全市以健民制药厂为样板，召开了分类达标考核试点工作会，进行了严格的企业自查，主管局复查认可。今年一季度，又在市滨湖机械厂召开了全市抽查试点会，会后组织工业各局企管处长分片对全市部分企业分类达标工作进行了重点抽查，确保了考核质量。企业自查、局里检查、市里抽查已开始成为风气；白天查，晚上查，各级领导亲自带队查，也形成了不成文的工作制度。通过坚持勤检查，严格讲评，帮助企业自觉整改。如从去年四季度到今年，市经委、市加强办由领导带队不定期地多次对全市24户样板试点企业的现场管理进行夜查岗。查看企业的"本色"。在对24户样板企业的多次抽查中，坚持标准严格要求，找出问题不护短，严肃讲评、严格批评。市化工局党政领导不仅亲自开展夜查岗，还邀请部分企业的职工代表来局机关"双向检查"办公现场，亲自听取职工代表的检查讲评，认真整改，带头学习吉化的：严、细、实、快"的过硬作风。该局所属的葛化厂，在强化现场管理工作中，坚持检查、认真整改、不断提高现场管理水平。前不久，被评为化工部学吉化的先进单位。

(五)图深化。强化现场管理是个动态的发展过程，必须不断抓巩固和深化，要进一步抓建章建制.职工的养成教育，夯实管理基础，完善管理体系，下一步就是着重抓好班组建设。班组是企业有再生活力的细胞，是基础管理、现场管理和思想政治工作的结合部，是企业两个文明建设的前哨阵地，是培养"四有"职工队伍的基地，班组具有管理与操作的双重职能，既是管理的最基层，又直接操作层。现场靠班组来管理和保持，因此，班组建设即是现场管理的重要内容，又是现场管理的组织保证，深化现场管理必然要延伸到加强班组建设上来。通过强化班组管理，实现现场管理优化，还要进一步向完善各项基础管理和专业管理体系发展，逐步走向企业管理的整体优化。在锅厂现场会后，锅厂的干部职工开展了"全市促锅厂，我们怎么办?"的找差距，揭矛盾，促整改的活动。今年以来，该厂把强化现场管理延伸到班组建设，实施了班组管理与专业管理对接和车间、科室双向考核制度。发动职工群众创建了班组职工之家，使班组都有了自已加强管理的阵地，加强了班组建设，深化了现场管理。在宣传锅厂新经验的同时，全市今年又突出树立了武汉电阻一厂抓班组建设的典型。5月29日在该厂召开了全市加强班组管理的现场经验交流会。电阻一厂在去年"管理年"中，坚持"外抓市场，内抓现场"，结合工厂实际，闯出了一条班组建设也要面向市场的新路，独创了具有特色的"班组投入产出工作法"。其主要运行方式是，通过对班组(个人)生产原材料的投入到产成品产出的实物数据控制，考核延伸到对班组(个人)在生产现场中各项生产要素(人、机、料等)的管理，使班组(个人)在良好的工作条件下，以高度的责任感，技术水平和工作质量生产出合格的、用户急需的、满意的产品；同时注重对生产原材料的节约，把废品的损失控制在最低限度之内，使企业确实做到"优质、高产、低消耗、高效益"。整个企业管理工作的重点落实到了班组管理上。"班组投入产出工作法"在生产班组与市场需求之间架起了桥梁，使企业的经营活动扎根于现场，企业找到了"外抓市场、内抓现场"的最佳结合点，掌握了一把搞活企业的"金钥匙"。

二、强化现场管理工作的主要体会

(一)认识要明。对现场管理要有全新的明确的认识，现场管理是各项基础管理和专业管理在现场的综合反映，是一切管理工作的落脚点。现场管理本身是动态的，是推动企业管理整体优化的基础，是现代化管理的一种重要方法，也是一项实践性很强的具体工作。思想观念要高度重视，行动上要真抓实干。

(二)工作要实。现场管理是干出来的，不是说出来的，也不是写出来的。要真抓实干，就必须出大力，流大汗，领导要亲自带头干，做出个好样子。要真抓实干就必须反复查、查反复。领导干部和管理人员要下深水到现场查夜岗、查死角才行。这些都需要费气力，才能坚持唯物论，摸到实情，对症下药。要真抓实干就必须办实事，求实效。树样板就要树那些有代表性的，过得硬的，令人心悦诚服的样板，开会就作好充分准备，有情况、有观点、有典型，开一次会就要振一次，推动一片。

(三)条件要创。有条件要强化现场管理，没有条件要积极创造条件强化现场管理。要发动广大职工自我建岗，建班组职工之家，美化厂区环境。同时，工厂还要进行必要的投入。如武汉重型机床厂，克服资金紧缺等困难，投资30万元，用于整修车间安全道，增添工位器具、工具箱、更衣柜，调整生产流程，整顿生产现场 改善了工作环境，现场管理面貌一新。还要创造条件使现场管理工作与各项专业管理、深化改革、技术进步、思想政治工作、队伍建设等各项工作紧密结合。

(四)作风要严。现场管理要做到高标准、严要求，常抓不懈、常抓常新，最重要的保证是要领导带头做表率，对职工进行养成教育，培养"严、细、实、快"的过硬作风。要"狠反低标准，横扫旧习惯"，象吉化人建样坚持从小事做起，对现场管理的一物一件，工艺纪律的一招一式，原始记录的一帐一卡，都按规范严格要求、考核，培养队伍，带好作风。

(武汉市经委)

宁　波　市

1990年，宁波市认真贯彻治理整顿，深化改革的方针，市委、市政府及各有关部门针对一批企业生产开工不足、流通不畅、效益下降的情况，采取了一系列积极有效的措施来稳定企业、稳定经济，切实加强对工业生产的领导和协调工作，帮助企业摆脱困境，走出了低谷，使全市经济稳定增长。全年完成工业总产值237．88亿元，比上年增长5．9%。其中全民工业产值完成46．74亿元，增长0．6%；集体工业产值完成113．81亿元，增长5．8%（其中乡镇办工业完成78．82亿元，增长23．2%）；村及村以下工业产值完成68．38亿元，增长6．7%；以三资企业为主体的其它经济类型工业完成8．95亿元，增长36．2%。

一、保证重点、兼顾一般，优化产品结构

（一）确保重点企业的生产发展。年初，由市经委牵头，各部门充分协商研究，确定了宁波市重点工业企业175家（其中国家“双保”企业1家，市优先保证企业50家，优先支持企业100家，承担指令性计划产品生产和人民生活必需品生产企业24家）。这批企业对全市工业经济有着举足轻重的作用和影响，按1989年实绩计算，占全市工业总产值的24．4%。为此，市政府对这批企业实行按级负责的办法，帮助企业解决各种具体困难，并落实了重点企业在资金、能源、原材料方面的倾斜政策。

（二）保证重点技术进步项目建设。为使产品结构合理化，市委、市府组织了以市经委、市计委为主的产业结构调查组，着重抓住重点技术改造和重点新产品开发工作。提出市重点技术改造项目50项，重点新产品开发项目30项。在此基础上，各县（市、区）和工业局根据市府确定的总体方针，结合本部门实际情况相应安排一批重点技改项目和重点新产品开发项目。同时，市经委修订了实施企业技术改造责任制和新产品开发责任制，建立了产品结构调整基金，用于支持外贸出口、重点技术改造和新产品开发。到年底，50项重点技改项目已有47项立项，其中39项已进入具体实施阶段，并有6项竣工；80项计划峻工投产项目如期完成；30项重点新产品开发项目已有26项完成试制任务。

（三）改善企业外部环境，搞活一大批企业。根据国家有关精神，市政府结合宁波实际，制定了《宁波市深入治理整顿稳定发展经济的若干意见》（六十条），适当调整紧缩力度，改善企业外部环境，综合动用经济杠杆，支持工业生产，确保经济的稳定和发展。各县（市、区）结合当地实际也制定了相应的政策措施。

在企业资金不足的情况下，市经委配合“双清”工作（清仓清拖欠款），协调资金缺口。根据国务院全面清理“三角债”要求，与各银行协作，上半年为工业企业共清欠“三角债”430余笔，金额6800余万元。同时，市各金融单位给予积极的支持，拓宽资金渠道，弥补资金缺口。市经委还积极调整存量资金流动方向，推进企业改组联合。据统计，年底全市已有30家企业被兼并，其中全民企业2家，集体企业28家。兼并形式主要是：属行政划转19家，抵偿债务6家，产权转让5家，从而促进了生产要素优化配置。

二、练内功、挖内潜，深入持久开展“双增双节”活动

年初，宁波市的工业企业普遍面临疲软的市场，经济效益下滑超势日益严重，出现了地区与行业的负增长态势，针对这一严峻形势，市经委号召企业广泛深入开展“双增双节”工作，着重抓了四个环节：

（一）加强领导，健全组织。一季度各县（市、区）计经委和市属工业各局都相继成立“双增双节”领导小组，并设立专门办公室，由主要领导挂帅，确定专门职能处室和专人负责，扎扎实实抓好这项工作。各企业也相应成立了由厂长为首的“双增双节”领导班子，依靠广大职工群策群力，深入开展群众性献计献策和提合理化建议活动，把“双增双节”引向深入。

（二）制订目标、落实措施。各系统为了把工作落实到实处，年初都制订了“双增双节”目标和保证措施，明确了各自的工作重点，坚持眼睛向内，在提高产品性能、质量、降低产品成本上做文章。其中市纺织系统有90%以上企业制订了“双增双节”规划目标，并结合企业内部经济责任制将指标层层分明、落实和考核。

（三）突出重点，讲究实效。各企业针对自已的薄弱环节提出主攻目标，把“又增双节”活动推向深处。宁波印染厂在“向管理要效益”的思想指导下，具体采取了22条措施，4月份扭亏为盈；宁波白纸板厂提出向每一个生产经营环节要效益，经过广大职工共同努力，全年取得“双增双节”效益703万元，占年实现利润42．61%；宁波火柴厂发扬节约一厘钱精神，从火

柴梗上找效益，年节约木材约 3600 立方米，节资 64 万元左右。

（四）**总结经验，交流推广**。各企业主管部门根据面上工作进展情况，分阶段组织“双增双节”成果发布会、现场交流会，推广经验、找出差距。年底，经各县（市、区）计经委、市属有关各局推荐和核实，全市共评出和表彰了 15 家市级“双增双节”先进单位。

三、疏通渠道、开拓市场，促进产品销售

宁波市企业在市经委和有关各局的支持下，不断提高自救意识，增强参与市场的能力，并在实际工作中，不断完善经营机制，调整营销策略，改善经营结构，为稳固市场阵地等多方面采取切实有效的措施，特别是在围绕开拓和启动市场，搞活经营上作出了积极的努力。

（一）**工商协作，共渡难关**。市商业系统在工业品收购上，各批发企业对确定的重点厂家和与商业经营有关的生产企业，主动衔接商业收购计划，争取抓早、抓主动。从年初开始按季提出目标要求，较好完成了工商协商的商业收购计划。并通过开展工商联营联销、零销铺底代销，上柜出样试销等办法和措施，收到了良好的效果。为进一步密切工商关系，通过召开工商联谊会、座谈会和联合组织市场调研等，及时交流信息、沟通情况，使工业产品的市场适销率大大提高。1990 年全市有 132 种重点适销产品，实现增产计划 23 亿元。

（二）**内外贸并举，拓宽市场**。宁波市的加工工业与基础工业之比是 9∶1，并且，在工业结构上具有以“小、轻、集、加”为主的特点。据不完全统计，全市有近 90%的工业产品要销往外地。所以拓宽国内外市场，是搞活宁波企业的必由之路。

在开拓外贸市场中，宁波市政府主动做好沟通企业与海外“宁波帮”的桥梁，并积极利用进出口公司的业务渠道，千方百计增加外贸出口。使全市工业品外贸收购额、自营出口继续大幅度增长。基中，仅机电产品出口收购额便完成 3. 5 亿元，比上年增长 18%；自营出口值完成 4673 万美元，比上年增长 69. 5%。

在内销方面，把省外市场作为主攻方向。企业普遍加强销售力量，抽调懂经营的技术骨干充实销售队伍。许多企业在立足主体市场的基础上，努力寻找目标市场，建立省际、市际贸易伙伴，拓展销售领域和扩大在省外的产品推销，有效地占领了大量省外市场，并不断巩固销售阵地。为调动销售人员的积极性，市经委还制订了《关于扩大销售搞活流通发展工业生产》的办法，对于呆滞积压产品还与财税局核定推销费，给企业销售注入了活力。

（宁波市企业管理协会
马勤法　陈金跃）

重 庆 市

从八十年代初的改革发端始，重庆作为全国经改的实验场，进行了从扩权试点到承包经营再到税利分流等若干方面的实践。城市的发展处于不断进取之中，在改革大潮推动下，现已成为我国内地特别是西南地区工业门类齐全、配套力较强并以机械、冶金、轻工、纺织、化工等为骨干的综合性工业基地。工业总产值占西南三省的五分之一，工业利润占四分之一。

跨进九十年代第一年的 1990 年，虽处于国家治理整顿时期的控速阶段，重庆市工业生产在宏观紧缩的环境中，仍保持了一定的增速。该年的工业总产值完成 216. 61 亿元，比上年增长 5. 4%，财政收入 27. 8 亿元。整个“七五”时期的财政平均增长年度为 10. 9%。

1990 年的工业生产，是处在治理整顿时期的低谷滑坡阶段，又处在企业第一轮承包届满和第二承包交义的衔接时期，加之资金市场等的严峻形势，企业减利因素增加，产品成本上长，大中企业的活力不足，产品结构调整缓慢，质量也不够稳定等原因，使经济效益状况和生产的增长出现了明显的反差。

但是，由于党的十三届七中全会的贯彻，许多企业在上述困境中，仍自强不息，在困境中没有被困，抓住“人”这个重要因素，做了大量工作，战胜困难，走出了困境，创造出了企业顺境的小气候，迎来了企业自我发展的新曙光。

重庆嘉陵机器厂。90 年税利逾 1 亿，摩托车产量占全国 1/4，厂级决策层属管理型，班子团结协调。生产联合体之形成，有其自身特色，为重庆军工转民品之最先，生产与效益同步稳定，产品销售面广，成为我市军转民之典型。

重庆钢铁公司。走出了产量长达 20 年之徘徊，1200 立方的炼铁高炉已耸立长江之滨，十里钢城又展新貌，轧钢系统的技术改造加快，为我市补偿贸易之最先，改造筹资方式多样，为大企业筹资改造的典型，90 年钢、铁、材已近 100 万吨左右。

重庆特殊钢厂。我市生产特钢的老厂，其品种质量

一贯坚持其扎实的企业管理来保证，其重视管理的传统一直保持不变。

重庆汽车发动机厂。为我市当年现场管理抓得最好之典型。其定置管理的经验，为工业系统之样板，从理论到实践都有一套完整的经验，在当年已汇书册在全市广为推行，数千职工在厂区内长期坚持不吸烟，为全市之最，被评为省、市90年度之企业管理优秀奖，厂长亦评为本市之首届优秀企业家。

重庆航宇家用电机厂。曾一度被黄牌警告而频于破产，后被重庆洗衣机二厂兼并。新任厂长魏光喜从抓管理入手，企业分配上创新了"三系数分配法"，使小厂复苏而实力增强，现在这个曾被别人兼并的工厂又去兼并了另一个厂，先被别人并后去并别人。其创新的"三系数分配法"获得首届全国企业管理现代化创新成果二等奖，厂长被评为重庆首届优秀企业家。

1990年，在经济困境中，尚能保持稳定并且有所前进的大型企业如四川维尼纶厂、四川仪表总厂、长安机器厂等一批骨干企业都有新的发展。

本年的经济建设还应载入史册的，有能源工业的重庆珞璜电厂，目前为西南最大之火电厂，该厂第一期工程装机72万千瓦，为国家之重点项目，是年已基本建成试车，将为"八五"开始后的重庆工业注入新的能源血液。

重庆市1990年，有74个企业进入省级先进企业行列，有21个企业获得了国家二级企业称号，有2个企业，在是年第一次被命名为国家一级企业。截目前止，重庆市有省级先进企业139个，国家二级企业44个，国家一级企业2个。获得国家一级企业的重庆嘉陵机器厂和重庆机床厂，都是企业管理工作向来抓得扎实的大型老企业。

（重庆市经委　王先权）

能　　源

在1990年初的全国能源工作会议上，能源部提出要能源工业企业把立足点放在"眼睛向内，挖掘潜力上"，下功夫管好用好已有的资金、设备、人力、物力等条件，千方百计提高效益和效率（即提高"两效"）把能源各行业内部的潜力挖出来，走投入少、产出多、效益高的发展路子。黄毅诚部长要求各级领导把90%以上的精力用在这方面，把广大职工群众的积极性、创造性引导到内部挖潜，提高效益和效率上来。他指出强化企业管理，挖掘内部潜力，大大提高效益和效率是能源工业乃至整个国民经济战胜困难的根本出路，是治理整顿的中心环节。要求能源企业每年劳动生产率提高4～5%，物资消耗降低2～3%（其中供电煤耗三年内降低9克标准煤），要求每个电网和燃煤电厂都提出自已降低煤耗的措施。

一年来，能源工业取得了较好的成绩，1990年一次能源总产量达10. 4亿吨标准煤，比上年增长2. 4%。其中原煤产量10. 8亿吨，石油、天然气、水电也都超额完成了计划，全国发电量达6213亿千瓦时，比上年增长6. 26%。特别是通过强化管理，内部挖潜，提高"双效"，使能源工业的各项技术经济指标均有不同程度的提高。1990年统配煤矿原煤全员效率为1. 217吨/工，比1989年提高6. 2%；原煤生产人员比1989减少1. 56万人，减幅3%。电力企业劳动生产率为3. 9%万元/人，比1989年提高5. 7%；部属发电量增加了4. 9%，人员只增加了1. 7%。有的电网不仅没有增加人，还减少了1000多人。在安全方面，统配煤矿百万吨死亡率比1989年下降19. 1%，地方国营和分镇煤矿的百万吨死亡率也比上年降低10%以上。电力频率指标五大电网都在98. 9%以上。在节煤方面，供电煤耗过去基本上都在每千瓦小时43/至432克标煤的水平上，去年下降了3克。在缩短建设周期方面，铁法矿务局小康矿，能力150万吨40个月建成，德州华鲁电厂，2台30万千瓦机组，1989年开工，予计1991年7月第一台投产，争取年底再投产一台，这都是较快的。岩摊、水口、广东抽水蓄能电站，工期也比过去缩短较多。总之，一年来，能源工业在很抓管理，提高"两效"方面作了不少工作，取得了一些成绩。主要作法有：

一，强化企业管理，特别是成本管理和定额管理

生产成本反映了活劳动和物化劳动的消耗量，要提高劳动效益和效率，就必须尽力减少消耗，严格控制成本。1990年在各能源工业企业努力推行了计划成本（或目标成本）管理和内部银行的资金管理办法，各企业对自已生产单位产品，如一吨煤、一度电、一吨油所需的成本是多少，包括用多少人工，消耗多少煤、多少电，用多少坑木、钢材、水泥等材料，在年初定计划目标，然后层层分解，把凡是有量可计的指标落实到厂矿、车间区队、工段班组、岗位乃至个人，并且通过内部银行以货币形式进行结算，严格考核，节约开支，发

动群众当家理财，降低消耗，节约开支，提高了效益和效率。同时注意加强定额管理，无论订计划，搞设计，进行工程建设，生产管理或成本核算，都以定额为基础。

二、充实和加强生产第一线，强化第一线的领导和指挥

不少企业二线人员过多，管理机构繁冗，分工过细，副职过多，职责不清，严重影响效率和效益。在治理整顿中进行改革，精减机构和二线人员；向军队学习，严密生产组织，领导岗位减少付职，并建立严格的责任制，一级管一级，一级对一级负责。精减下来的机关干部和二线人员充实到生产第一线保持一线队伍的适当比例和提高素质。

煤矿、电厂、油田或建设工地，生产第一线领导者是指直接带领指挥工人从事生产、施工作业的指挥者，一般叫班长或工长。活怎么干，干多干少，是他们说了算。局长、厂（矿）长再能干，也不能白天黑夜地跟班劳动和直接指挥。所以，生产第一线领导者的素质如何，对贯彻规章制度，实现安全生产，降低物质消耗，提高劳动效率，都起到决定性的作用。煤矿的综合设备非常庞大复杂，不仅有机械，电气、液压等技术，而且都要具有防爆性能，同时还 是在黑暗、有限的井下空间进行工作，班长没有一定的文化水平和科学知识，不可能管好用好。电厂装一台30万千瓦机组，投资四五亿元，没有一定文化知识是很难操作使用好的，操作不当，付下来就造成很大损失。沙角B电厂只装有2台35万千瓦机组就有一台模拟机，工人每年都轮训一遍，还要考试。乌江电厂和铁法矿务局在班组建设上很下功夫，取得了良好效果，摸索出了一套好经验。晋城矿务局综系队创造年产180万吨的全国纪录，重要原因之一也是他们的队长、班长和队员素质比较高。今后还要把这项工作作为提高企业管理水平和素质的一项重要基础工作来抓。

三、依靠技术进步提高效益和效率，充分发挥现有生产能力

一是在现有煤矿中对“六五”以来投产的新井和改扩建井，尚未达到设计能力的，分类排队，制定限期达产的目标和措施；对“青壮年”矿井，通过系统、环节改造和提高机械化水平，力争超过设计能力；对衰老矿井，采取措施，尽可能延缓产量衰减。二是对现有火电厂，继续通过治理整顿和开展“安全文明生产创水平达标”活动，抓了消除设备缺陷，提高设备健康水平，实现安全制度满度。1990年五个电厂达标。石景山度电总厂在传统的缺陷管理办法的基础上，用计算机进行管理，对缺陷按“点天”进行考核，大大促进了缺陷管理工作。三是在基本建设方面，继续抓了设计改革，推广鲁改革项目管理经验，以降低造价，缩短工期，尽力在水电和煤矿建设方面作一些新的突破性工作。四是在节能降耗方面，包括开展电网经济调度、降低发电煤耗、水耗、线路损耗，更新改造低效风机、水砂等等。五是积极推行煤电联营，变运煤为输电，伊敏何煤电联营项目，1990年已批准立项，并已成立了煤电联营公司，1991年可正式开工，其它几个煤电联营项目也正进行可行性研究，同时在煤矿大力提高煤炭洗选加工比重，逐步实现煤电互保和煤电定点供应，减少无效运输和电厂除灰负担；开发矸石电厂，利用低热值燃料等，从系统工程角度提高整体和长远效益。重视开展技术革新和技术改造，积极推广适用的先进科技成果，依靠科技进步提高系统效益。

四、大力发展多种经营，广开新的生产门路

能源工业企业普遍队伍庞大，用人过多，包袱沉重。在治理整顿中，有些企业因生产、施工任务不足，人员富裕问题更加突出。企业要提高劳动生产率和经济效益，职工要增加工资收入，必须实现增产不增人或增产减人。而大力发展多种经营，广开新的生产门路，是安置富余人员和待业青年的唯一出路程。能源工业企业多种经营正不断向深度和广度发展，在搞好两个“安置”的同时，向着为主业服务，提高职工集体福利，方向发展，目前，已明确提出把多种经营作为一个产业来抓。煤炭行业早已将多种经营作为整个煤炭工业发展的三个主体之一，电力行业也在近期召开的劳动工资暨多种经营工作会议上把多种经营与电力生产、电力建设摆到同等重要的位置，提出把多种经营作为电力企业发展的三大支柱之一。

五、充分发动和依靠群众，开展“双增双节”

在治理整顿过程中，各企业深入开展了“双增双节”运动，开展以提高效益和效率以及安全文明生产为主要内容的社会主义劳动竞赛，发动群众揭发浪费，清仓查库，搞废旧物资回收利用，提合理化建议，堵塞跑冒滴漏，开展小改小革等。

在提高“两效”的工作上，能源工业企业的发展是很不平衡的。实践证明，企业能否真正作到挖潜力、提

高“两效”，很重要的一点是要提高企业领导对提高“两效”方针的认识，如果领导思想上不能正确和充分认识提高“两效”的重要性、迫切性和可能性，那就很难作到把自己的主要精力放在内部挖潜、提高“两效”上来，也就很难把广大职工群众的积极性、创造性引导到这方面来。

目前，在提高“两效”的认识上需要解决好两个主要问题，第一，是要摆正改善企业外部环境与挖掘企业内部潜力的关系，当前企业外部条件不是很好，如能源价格不合理，折旧率低，企业缺乏流动资金和技术改造资金，“三角债”严重，基建投资短缺等等，这确实需要国家予以支持，帮助解决困难，从各方面要力争一些扶持政策，但还应考虑到以下两点，一是其它行业也像能源工业一样也有困难，整个国家都很困难，不能等、靠、要；二是外部条件差，不等于内部管理上没有问题，要正视自己的差距，正确的态度是在努力争取政策改善企业外部条件的同时，把基点、立足点放在挖掘内部潜力上来，把主要精力用在加强内部管理上来。第二，是要进一步解决好能源企业内部有没有潜力的问题。应该说潜力还是很大的。例如，在劳动生产率方面，1990年煤炭和电力行业都没有达到年均提高5%的要求。全国电力工业劳动生率平均水平仅为3.94万元/人年，“七五”装了几千万千瓦大机组，单机容量比“六五”末提高27%，但单位千瓦占用人数未相应降低，仍为5人，其中大型电厂反而从3.74人上长到4人。统配矿全员效率仅为1.217吨/工，换算成矿井效率才为1.69吨/工，约为为美国的1/10，日本、德国的1/3左右。“七五”期间统配煤矿系煤机械化程度高了近20个百分点，尤其综采机械化程度提高到35.5，但原煤生产人员仅减少4.3%。在物质消耗方面，全国供电煤耗与苏联、日本比，每千瓦时约高100克，国内同类机组比，最大相差70克。煤炭生产的电力、钢材、自用煤消耗有所上升。全国统配煤矿现有小锅炉1.55万台，不仅用煤浪费很大，而且也严重污染环境。这都说明，能源各行业的潜力还是很大的，只有解决好工业有没有潜力这个认识问题，才有可能眼睛向内，瞄准内部的潜力，有针对性地作好工作。因此，能源部在总结1990年工作的基础上，提出还要继续把挖掘内部潜力，进一步提高劳动生产率和经济效益放在首位，将其作为1991年乃至“八五”期间的中心工作来抓，一定要抓出更大的成效来。

（能源部政策法规司）

核 工 业

1990年中国核工业在外部经济环境偏紧的情况下，努力克服困难，继续认真贯彻“军民结合，以核为主，多种经营，搞活经济”和“质量第一，安全第一”的方针，较好地完成了全年各项生产建设计划和各项任务，核电、民品、对外经贸等工作都取得了明显的进展，核电建设进展顺利，民品产值比上年增长6.8%。在这一年里，安全生产取得了突出的成绩，杜绝了重大核事故、辐射伤害事故和一次死亡2人以上重大伤亡事故，死亡率为0.06‰，降到历史最低水平，超过了总公司下达的职工因工死亡人数比上年下降31%的要求。在辐射防护工作上，由于各单位健全了常规监测制度和各项管理制度，加强了重点岗位和强放射性操作岗位上的辐射安全和辐射防护管理工作，加强了对职工的安全教育工作，1990年总公司未发生辐射事故。在环保和“三废”治理工作方面，各单位认真贯彻《环境保护法》，进一步加强环境管理和环境监测工作，在“三废”排放上，基本符合国家标准，未发现污染环境事故，环境质量状况是好的。在核工业转民工作中，贯彻了《核工业多种经营安全环保管理暂行规定》，强化安全管理，对民品生产中新、改、扩建工程环境评价报告进行审查，保证核工业转民事业健康发展。

核工业是一项综合性工业生产，从铀矿地质勘探。开采、冶炼、核燃料加工到同位素生产，以及建筑安装和仪器设备生产等，不仅有一般工业所存在的不安全因素和职业危害，而且还存在核辐射危害问题。因此搞好核工业的安全生产，是国家向来关注的问题，也是核工业主管部门长期重视的一项工作。1990年核工业安全生产取得较好的成绩，原因可以归结为两个方面：

第一方面，从全国大环境来讲，在“两乱”之后，党中央和国务院采取了一系列切实有效措施，狠抓了经济环境的治理和经济秩序的整顿工作，不断深化改革，完善改革措施，在全国形成了安定团结、政治经济形势稳定的局面，为搞好核工业安全生产创造了良好的环境。同时核工业系统各企事业单位加强了思想政治工作，为搞好本单位的安全生产创造了良好的思想政治基础。

第二方面，核工业创建30多年来，始终坚持“安全第一”和“防护先行”的方针，在发展生产的同时，十分注意保护环境，保护职工和公众健康，认真总结核工业安全生产经验教训，加强安全管理工作，从而使核工业始终保持着良好的安全记录。

一、坚持以目标管理为中心，实行统一监督管理，发挥两个积极性，落实责任制，这是推进安防环保工作的重要保证。

1990年，各有关部门、各单位，按照总公司制定的全年控制的安全目标，结合本单位安全生产任务和特点，将安全目标进行逐级分解，层层落实岗位责任制。同时，各企业根据总公司要求，在承包经营工作中认真完善安防环保工作内容，有力地促进了安防环保工作的开展。到年底，绝大多数单位基本实现了全年控制的安全目标。

二、坚持以行政正职领导为安全生产第一责任者，提高各级领导和全员职工的安全意识，这是搞好安防环保工作的关键环节。

实践证明，企业安全管理起决定作用的因素主要有两点，一是强调行政正职领导是安全生产第一责任者，牢固树立"安全第一、预防为主"的指导思想，真正重视与支持安全管理工作；二是提高各级领导和全员职工的安全意识和素质，才能把安防环保工作落到实处。国营七四三矿是一个包括井下与露天采矿和水冶厂的联合采选冶企业，安全条件差，新工人比例大，因此搞好安全文明生产，保障职工生命安全，确保生产任务全面完成是企业领导十分重视的问题。矿里成立了以矿长为主任，生产副矿长为副主任，包括安防、企管、生产、计划、调度、机动、质检、保卫、基建、工会等部门负责人在内的安全生产委员会，并明确各部门行政正职是安全生产的第一责任者。在工作中，不仅矿行政领导把安全生产放在重要位置，经常研究制订安全防护措施，深入生产现场，及时解决生产中的不安全问题，同时矿党委、工会、团委在工作中也积极配合行政抓好安全生产，使企业形成党政工团齐抓共管的良好风气。此外，该矿为加强职工安全思想教育，提高职工安全技术素质，采取了矿级教育和基层教育、集中教育和工种教育，普及教育和特种教育相结合的形式进行职工安全思想教育工作，并对特种作业人员认真进行培训工作，提高了职工的安全责任心以及自我保护能力、应变能力，促进了广大职工用"安全第一"思想指导生产活动的自觉性，保障了安全生产。

三、加强法制建设，认真贯彻"安全第一"方针，严格执行规章制度；广泛开展"百日安全无事故"活动。

加强法制建设，是核工业安全生产的重要保证。随着核工业实行军民结合的转变，多种经营工作不断发展，原第二机械部（中国核工业总公司前身）颁布试行的《安全防护工作若干规定》已不适应当前生产发展的需要。中国核工业总公司根据国家关于安全生产、劳动保护、辐射防护和环境保护等有关规定，在总 结经验基础上，结合核工业当前的具体情况，制订颁布了《中国核工业总公司安全生产管理规定》。总公司在进行完善安防环保规章制度的同时，认真抓好规章制度的宣贯和落实工作。总公司和国家监督部门不断开展有关核安全、辐射防护、环境保护和安全生产法规标准宣贯活动，并要求各单位结合本行业、本单位特点，制订出本单位的安全生产管理、核安全和环境保护工作具体实施办法，做到事事有章可循。

去年，各企业内搞好总公司统一部署开展的"百日安全无事故"活动，在组织落实的基础上，认真制订活动目标和重点工作内容，针对安全薄弱环节潜在事故隐患，进行认真整改，落实防范措施。如国营五二三厂以"反违章、除隐患、保安全"为主题内容开展"百日安全无事故"活动；国营五二六厂开展了以安全管理上等级为中的"百日安全无事故"活动，实现了无死亡、重伤、火灾、职业中毒的"四无"工厂目标；还有许多企业开展了"双百日无事故"活动通过这项活动的开展，对保证企业安全生产起到了促进作用。

四、狠抓班组安全生产活动，推广标准化安全生产班组，充分发挥班组在安全生产中的作用。

班组是企业进行生产活动的基层组织，是加强企业管理，搞好安全生产的基础。因此加强班组安全建设是企业搞好安全生产，提高经济效益的关键，也是减少因工伤亡和各类灾害事故最切实、最有效的办法。总公司根据国家有关部门的要求，制订印发了安全生产合格班组条件，要求所属企业认真开展"安全生产合格班组"达标活动，把安全生产、文明生产提高到一个新水平。国营四0四厂为开展好"安全生产合格班组"达标工作，按标准化制定了本企业安全生产合格班组的基本条件，即基础管理标准化，上岗操作标准化，现场管理标准化，岗位纪律标准化，同时严格按标准考核，成熟一个，验收一个，保证了这项工作质量和生产的安全进行。

五、加强多种经营转民项目的安全防护和环境保护工作。

随着核工业调整转民工作的深入开展，为了强化安全管理，促使核工业转民事业健康发展，总公司发布了《核工业多种经营安防环保管理暂行规定》，通过贯彻这个规定，多数单位转民生产建设安全状况有较大改观。总公司安防环保部门除对新建、扩建在役运行和终产退役的核设施安全分析报告和环境影响评价报告进行审评，审批外，还对一些非核转民产品建设项目工程参与审查，把好非核转民生产建设项目安全关。同时，还对转民项目工程危害因素进行了全面的调查，已有了一个初步的分析，并酝酿开展非放射性环境评价工作。所有这些工作，对于贯彻执行国家安全与环境法规标准，保证工程固有安全性，确保安全运行，严防事故的发生，控制污染物排放量，保证国土与环境不受污染，将产生良好的效果。

六、改变机关作风，树立服务思想，深入基层，帮助解决实际问题。

去年总公司安防环境部门派出工作人员或组织专家组，深入到秦山核电厂、大亚湾核电厂以及所属厂、矿和建筑企业，进行现场实地考察或安全检查，调查了解安全生产状况和存在的问题，提出改进工作的意见和建议，给予基层具体帮助和业务指导。在企业升级工作中，总公司安防部门派人参加考核工作，除核实考核指标外，还认真检查了企业安全管理工作，保证了企业升级工作的质量。

由于核工业从50年代中期创建始，就坚持重视安全防护和环境保护问题。因此中国核环境安全始终保持了良好水平，这一点已在由中国核工业总公司完成的、由国内知名的辐射防护与环境保护学者、教授组成的专家鉴定委员会通过部级鉴定的“中国核工业三十年辐射环境质量评价”中得到证明。“中国核工业三十年辐射环境质量评价”全面回顾评价了核工业创建30年来的辐射环境影响，在掌握大量数据基础上得出结论，核工业30多年的运行，对周围环境的辐射影响是很小的，与自然存在的和人内活动产生的其它环境危害相比，核工业产生的环境危害可以忽略不计，并通过预测，表明核的开发对环境带来的影响是很小的，说明核能确实是一种比较清洁的能源，加速发展核电将有助于减缓能源开发引起环境问题。

目前，核工业正外于保军转民第二次创业阶段，在发展核电建设、同位素和民品生产的工作中，涉及的面广，接触的行业多，不仅核电建设使安全环保工作面临新课题，而且多种经营的发展，使非核行业的大量民品建设项目陆续上马投产，给安防环保工作提出了新的要求，同时有些法规、制度、标准有待于完善和提高，一些基础性的工作需进一步加强。为此中国核工业90年代安全生产的主要任务是防止发生重大核事故、辐射事故和人身伤亡事故，防止重大火灾、爆炸、坠落、冒顶、坍塌和交通事故的发生，其主要对策：

一、针对核工业目前存在的问题采取措施，逐步加以解决。

二、采取一切措施，把好核电试运行和验收关，保证核电安全运行。

三、切实抓好常规安全生产管理，完善管理措施。

四、推广应用现代安全管理方法，提高管理水平。

五、狠抓职工教育，不断提高全体职工素质和安全意识。

六、加强综合治理，特别是加强质量管理，通过提高产品质量、工程质量、工作质量，保证安全生产。

（中国核工业总公司企业管理部　陈萌）

化　工

近几年，化工系统大张旗鼓地宣传、推广吉林化学工业公司办好社会主义企业的经验，要全系统深入开展了学吉化活动，促进了化工企业整体素质的提高。

“吉化”公司是化工系统最大的联合企业。有12.8万多名职工，年销售收入40多亿元，利税总额12亿元以上。该公司多年来一直坚持四项基本原则，坚持改革开放，坚持两个文明建设一起抓，积累了办好社会主义企业的丰富经验，取得了两个文明建设的丰硕成果，成为化工系统的一面红旗，受到了党和国家领导人的多次表扬和肯定。化工部抓住这个先进典型，从1986年起，就在全系统广泛开展了“学吉化”活动。

通过几年的努力，化工系统的“学吉化”活动已取得很大成绩，特别是1989年9月，化工部作出决定，号召全国化工系统进一步深入开展学吉化活动以后，成效更为显著。主要表现在以下几方面：

（一）转变了领导作风。一年多来，化工系统“吉化”活动，有一个显著特点，就是各级领导把“吉化”创造的“一级带着一级干，一级做给一级看”的经验作为自已的座右铭，以身作则，率先垂范，为群众作出了表率，陕西、浙江、广东等省石化厅，新老领导一起上阵，深入基层，调查研究，刻划典型。不少年过花甲、退居二线的老同志，也亲临第一线学吉化。为改变企业面貌，很多单位的领导与群众一起大干，有的带病坚持工作，甚至躺在病床上还与同志们一起研究学吉化。辽河化肥厂、衢化公司电化厂、四川染料厂等许多企业，实行领导下基层倒班制或干部分片包干制。不少单位领导就职工分房、子女就业、奖金分配等热点问题作出规定，自觉接受群众监督，受到了职工群众的好评。各单位学习“吉化 ”经验，还注意为职工解除后顾之忧，使过去一些老大难问题，如职工食堂、集体宿舍、托幼卫生等，都得到了不同程度的改善。许多职工反映，在学吉化活动中领导对我们要求严了，但心与我们贴得近了，干群关系融洽了，共同语言多了，这是一个可喜的变化。大量事实说明，通过学吉化，党的密切联系群众的优良传统得到了恢复和发扬。

（二）振奋了职工精神。广大职工发扬吉化人的四种革命精神和严细实快的作风，精神面貌焕然一新。许多企业在学吉化活动中，通过整顿，劳动纪律明显好转，扭转了过去那种串岗睡岗、迟到早退等，违章违纪现象。广大职工上班着装整齐，举止文明，精神饱满，“爱化工、爱岗位”蔚然成风。特别是主人翁责任感大大增强，不少职工以“吉化”人为榜样，“想主人事，干主人活，说主人话，尽主人责”，不讲报酬讲奉献，积极为企业的发展出主意、想办法。如徐州溶剂厂醋酸安装工程，给外单位4万元加工费还不干，检修车间主动承担任务，只花了5000元吊装费，就园满完成了任务。天津化工厂在整顿厂容中，从厂长、书记到一线工人，万名干部职工齐上阵，大打厂容翻身仗，连续大干三个月，先后有13万人次参加了97次义务劳动。现在，“工厂光荣我光荣，我为工厂争光荣”正在成为广大职工的行动准则。许多企业领导反映，学吉化后，队伍好带了，工作好做了。

（三）加强了基础工作。各单位普遍反映，与“吉化”的管理水平相比，一个主要的差距就是基础工作薄弱。因此，在学“吉化”中，各单位都投入很大力量，进一步健全完善标准化、定额、计量、设备和班组建设等基础工作。太原化工公司、荆襄磷化工公司、福建三明化工厂等许多企业，都全面修订、完善了各项管理标准、工作标准和技术标准，象“吉化”那样，初步实现了“按照标准做，沿着程序走”。许多单位修定、完善各类定额，提高了定额覆盖率、执行率和考核率；狠抓原始记录、台帐的规格化，消除了混乱现象，有的已基本实现了原始记录仿宋化；还有和重新修订班组八项制度，统一印制上墙。特别是通过强化班组交接班和巡回检查制，在岗位增设练兵箱、练兵卡，有效地促进了班组素质的提高。

（四）促进了生产任务全面完成和经济效益的提高。1989年四季度以来，工业生产遇到了很大的困难，突出的是市场疲软、资金紧张，经济效益下降。各单位在学“吉化”活动中注意结合生产实际，千方百计克服困难，在挖掘企业内部潜力上下功夫，从而较好地促进了化工生产任务的完成和经济效益的提高。陕西省石化系统通过学“吉化”，极大地调动了广大职工的积极性。去年，在全国各地化工经济效益普遍滑坡的情况下，实现了产值、销售收入、销售税金和实现利润全部增长，是全国化工系统少数实现速度和效益“双增长”的省份之一。浙江省化工系统结合实际学“吉化”，1990年产值比上年增长9.6%，销售收入增长13%，实现利税增长5.6%，可比产品成本下降1.54%，亏损额下降30%。

在75个受表彰的学“吉化”先进单位中，大多数企业实现了工业总产值与实现利税“双增长”。其中，有三分之一的单位实现利税增长在10%以上，有的增长幅度很大。事实充分说明，学“吉化”确有成效。许多厅局和企业认为，去年在市场疲软、资金紧缺的严重困难下，如果不是开展学“吉化”活动鼓舞了士气，振兴了精神，增强了斗志，就不可能取得这样好的成绩。

（五）涌现了一批先进典型。通过一年多来学“吉化”的实践，各地评选命名的学“吉化”先进单位共285个，从中向部里推荐了75个典型单位，部决定予以表彰。特别是开阳磷矿矿务局、石家庄化肥厂、湖南造漆厂、青岛橡胶九厂、刘家峡化肥厂、杭州电化厂、湖北省化工厂和中国化学工程总公司第三建设公司等单位，多年来一直坚持学“吉化”，领导带头，真抓实干学中有创，在队伍建设、企业管理、技术进步和经济效益等方面都取得了显著进步，并达到较高水平，成了本行业、本地区学“吉化”的排头兵。

从1986年化工系统开展学“吉化”活动以来，到现在已经五年多了。在过去的实践中，各地、各企业积累了很多好的经验，特别是近一年多来，经验更为丰富。归纳各地、各企业开展学吉化活动的经验，主要是：

——**要提高认识**。实践证明，凡是学“吉化”活动搞得好的单位和地区，都对学“吉化”的重要意义有比较深刻的认识。如陕西省石化厅、衡水地区、洛阳市局，以及各地区的先进典型，从办好社会主义企业的高度，认识和对待学吉化活动，大张旗鼓地、反复宣传学吉化的重要性和吉化经验的精神实质，较好地解决了“为什么学”、“学什么”的问题，不断克服各种思想阻力，变“要我学”为“我要学”，推动学吉化活动不断深入。实践证明，只有狠抓思想发动，统一思想认识，才能搞好学“吉化”。随着学“吉化”活动的深入，不可避免地地会出现这样那样的思想认识问题，因而要把提高认识贯串于学“吉化”的全过程。

——**要领导带头**。“吉化”经验重要的一条，就是“一级带着一级干，一级做给一级看”。前一段学“吉化”中，从省市厅局领导到地市化工局负责人和企业领导，涌现了很多带头学、带头干的事例。有的带病下基层，有的亲自抓典型，有的深入第一线带领职工清理垃圾、整顿设备，一起大干。福州市化工局领导亲自住进福二化，帮助搞整改，使这个单位成了全省化工系统学“吉化”的排头兵。杭州电化厂在学“吉化”中，领导班子实行学习、工作、生活、作风“四从严”，为群众作出了样子，促进了全厂学“吉化”活动顺利开展。

——**要发动群众**。办好社会主义企业必须全心全意依靠工人阶级。学“吉化”也是一场群众活动，只有充分发动群众，全心全意依靠群众，才能广泛深入地开展下去。广东云浮硫铁矿企业（集团）公司，进行了声势浩大的宣传发动工作。他们先后召开三次规模较大的动员会，组织90%以上的职工收听了“吉化”人事迹报告，举办400多场次学“吉化”知识竞赛、测验考试和各种座谈会，平均每个职工参加了10次。还举办100多期训练班，编发1300多篇宣传报导，印刷出版

8000多册学习资料，使吉化经验做到家喻户晓，成了广东省学“吉化”的先进典型。

——**要抓住根本**。以人为本，培养“四有”职工队伍，是“吉化”办企业的一条重要经验。学“吉化”必须狠抓队伍建设这个根本，才能学出成效。开阳磷矿矿局和化工部第三化建公司，一个地处山沟，井下作业，条件艰苦；一个野外施工，南征北战，十分分散。但他们学“吉化”都取得了丰硕成果，成为行业的排头兵。这是因为这两个企业都能结合自己的特点，不断强化思想政治工作，培养出一支能打硬仗的职工队伍，做到扎根矿山志不移，南征北战苦为乐，出色地完成了生产建设任务，他们体会到，只有抓好职工队伍建设，培养好的队伍作风，企业基础工作才能得到加强，学“吉化”也才能见到实效。

——**重点突破**。打开学“吉化”的局面，必须从企业的实际出发，选择主要环节进行突破。前一阶段，各单位大都选择现场管理作为突破口，从治理脏、乱、差入手，练队伍，养作风，从严要求，抓出成效。湖北省化工厂选择“最容易办到”而又“最难办到”的基础工作为突破口，开展劳动纪律、工艺纪律、设备完好、无泄漏和清洁文明“五过硬”活动，高标准，严要求，逐渐由过去的“过得去”变为“过得硬”，有力地推动了全厂学“吉化”活动逐步深入。

——**要抓出样板**。要使学“吉化”活动全面推开，取得成效，必须抓出一个象样的样板。各单位在学“吉化”中，大都选择有代表性、难度大或水平差的车间、岗位，由主要领导亲自抓，下功夫精雕细刻，培养出全厂职工心服口服的样板，进行推广，收到了很好的效果。

——**要“严”字当头**。“严”，是“吉化”管理的一大特色，严、细、实、快是“吉化”人的优良作风，学“吉化”必须“严”字当头，养成从严治厂的好风尚。姑息迁就、松松垮垮是学不了“吉化”的。陕西省厅学“吉化”，要求厂厂过“严”字关。检查中认真讲评，敢于批评，把养成教育贯串于学“吉化”整个活动中，使一些单位真正做到了“自觉守纪，事事从严”。有的企业学习“吉化”从严管理的经验，从领导严起，从小事抓起，硬是严格要求，解决了多年没有解决的管理中的顽症，使广大干部职工逐步养成了执行规章制度一丝不苟的好作风。

——**要搞好结合**。学“吉化”是要把企业的各项工作办得象“吉化”一样好。学“吉化”不但要与日常的生产经营工作结合，而且还要与其他活动相结合，决不能搞两张皮，把学“吉化”当成是额外任务。事实证明，只有把学“吉化”贯穿到其他各项工作中去，有机结合起来，才能促进企业素质的提高。有的单位把学“吉化”和企业管理、企业升级、双增双节等工作统一规划部署，统一检查评比，各项工作对照“吉化”找差距，做到了相互促进，相得益彰。

——**要持之以恒**。学吉化，提高企业素质，培养队伍作风，都不是一朝一夕就能完成的。因此，不能急于求成，一定要坚持不懈、持之以恒，才能见效。尤其是评上先进的单位更要防止松劲情绪。

——**要注意实效**。学“吉化”是一项长期任务，决不能走过场，搞形式主义，一定要注重实效，做深入、扎实的工作。通过学“吉化”，要使企业面貌有切实改观，企业素质有真正提高，经济效益有明显增长。这样，才能调动广大职工的积极性，使学“吉化动深入持久地开展下去。

（化工部生产综合司
朱永涛　倪敬琰）

轻　工

“七五”期间，在党中央、国务院和各级地方政府的正确领导下，我国轻工业的面貌发生了巨大变化。生产迅速增长，产品质量显著提高，新产品开发速度加快，新兴行业迅速崛起，科技水平明显提高，固定资产投资效益继续保持良好，出口创汇有较大突破。1990年轻工业总产值达到2345亿元，十年内年平均增长10.6%，提前两年超额完成了“七五”计划。在改革开放的十年中，轻工企业改革和企业管理工作取得了较大进展，创造了丰富经验，为促进轻工业持续、稳定、协调地发展作出了重要贡献。

——**轻工企业集团获得了较大的发展，促进了企业组织结构的调整**。至1990年，轻工企业集团总数已达240多家，绝大多数是“七五”期间组建的。这些企业集团完成工业总产值近400亿元，实现利税76亿元，出口创汇16亿美元，分别占轻工业总产值的20%，实现利税的27%，出口创汇的18%，成为轻工业战线的一支主力军。企业集团向大型、外向型迈出了有力的一步，出现了万宝电器集团公司、苏州斯加电器集团公司、北极星集团等一批实力较强的企业集团。境外办厂、合资办厂、强强联合，以名优产品为龙头、按照专业化原则和“六统一”组建和完善企业集团已成为必然趋势，引起普遍重视，使轻工企业组织结构的调整获得了巨大推动力。

——**轻工企业管理基础工作进一步加强，为进一步实现企业管理现代化创造了条件**。“七五”期间轻工部制订和颁发了《轻工业企业管理基础工作规范》及35个行业的《企业管理基础工作实施细则》，大部分省、市轻工业厅局都结合本地实际制订了本地区企业管理基础工作考核细则。这些细则的贯彻和实施，使企业的管理工作考核逐步走向规范化、科学化、标准化，企业的定额、计量、规章制度、标准化、信息等工作有了明显加强，促进了全面质量管理、节能管理、设备管理、财务等专业管理水平的进一步提高。基础教育工作得到了加强，一些企业实行“先培训，后上岗”的制度，使上岗职工的基本素质有了保证。采取多层次、多渠道、多种形式的培训工作，企业职工队伍的业务、技术、政治素质有了普遍的提高。

——**现场管理和班组建设工作摆上了议事日程**。现场管理和班组建设是企业管理中极其重要的组成部分，是实现企业生产经营目标的重要保证。各地轻工业主管部门根据国务院企业管理指导委员会、生产委员会的统一部署和我部的具体要求，把加强现场管理和班组建设的工作纳入了议事日程。各地普遍制订了本地区加强现场管理和班组建设的规划、规定和有关意见，有些还制订了相应的实施细则和考核办法，以指导和推动这项工作的开展。在具体做法上，改变了以往靠大轰大嗡搞动的方式，而是在调查研究的基础上，根据各个企业的不同情况，帮助企业选准突破口，明确工作重点，引导企业从易到难，步步深入，把工作做深做细。各地还都抓了一批典型，通过典型引路，以点带面，开展比学赶帮等活动，使轻工系统加强现场管理和班组建设的工作真正落到实处。为了使这项工作深入有效地进行，去年10月份，轻工部在浙江临平专门召开了全国轻工业加强现场管理和班组建设经验交流会，既交流经验，又参观现场，进行直观学习。同时总结各地好的做法和经验，研究在开展这项工作遇到的问题和进一步深化的措施。随后，部里又下发了《关于加强轻工业现场管理的意见》和《关于加强轻工业企业班组建设的意见》根据轻工企业的不同类型、规模大小、管理基础状况提出了不同的要求，实行分类指导。

——**轻工企业管理现代化在创新中前进，企业管理面貌发生了深刻变化**。一批管理基础好的大中型企业，结合技术进步。在积极推企业管理现代化的过程中，把总结自身的经验同借鉴国外的先进经验结合起来，注意在继承发扬我国传统的优秀管理经验的同时，消化吸收国外先进管理方法，融合提炼，加以创造提高，形成具有自己特色的现代化管理方法和体系。吉林造纸厂、青岛电冰箱总厂、广西贵港甘蔗化工厂分别获得一九八六年至一九九○年度全国企业管理优秀奖（金马奖）。青岛电冰箱总厂创建的“全方位优化工作法”等在系统内外引起了强烈反响，获得了广泛推广。与此同时，国内外一些行之有效的现代化管理方法，如全面质量管理、价值工程 目标管理、ABC管理法等也在轻工企业获得了大面积的推广。“七五”期间，分别有广州味精厂、浙江兰溪日用化工厂、厦门罐头厂、重庆航宇电机厂等获得了全国现代化管理成果奖，共有185项现代化管理成果获得了全国轻工业管理现代化成果奖，一大批现代化管理成果获得省、市企业管理现代化成果奖。

（轻工业部体制改革司　贺黎光）

邮　电

1990年，邮电部门把加强企业管理作为贯彻“治理整顿、深化改革”方针的一项重要内容，年初在邮电部召开的全国邮电工作会议上进行了部署，明确提出要坚持依靠技术进步，大力加强企业经营管理，提高企业素质，增强企业活力，向管理要能力、要质量、要效益。一年来，各地邮电企业坚持两个文明建设一起抓，通信能力、邮电业务量、企业经济效益都有大幅度增长，职工队伍建设得到加强，企业素质有所提高，各项工作取得了新的成绩。

一、树立“从严治局、全网协作、优质服务、信誉第一”的新局风

多年来，邮电企业坚持两个文明一起抓，在加快通信建设、大力发展邮电业务的同时，对加强职工队伍建设和纠正邮电服务中的不正之风采取了多方面的措施，一是进行“人民邮电”宗旨的教育，开展通信服务质量大检查，打击破坏邮电通信的违法犯罪活动；二是广泛开展端正局风活动，努力建设“从严治局、全网协作、优质服务、信誉第一”的新局风；三是抓好邮电生产和管理秩序的整顿，端正业务经营思想。通过几年来坚持不懈的努力，邮电职工队伍的思想作风建设和组织建设不断加强，行业风气有了明显好转。1990年，各地邮电企业按照邮电部的部署，结合贯彻国务院召开的“加强谦政建设、纠正行业不正之风”电话会议精神，继续以纠正安装电话中的不正之风为重点，全面推进邮电行业谦政建设，实现邮电行业风气的进一步好转。

基本做法是：(1) 抓领导作风，各级领导机关、领导干部带头搞好谦政建设，纠正不正之风，为基层和群众做表率；(2) 抓思想教育，深入进行“人民邮电为人民”的教育、职业道德教育和法制教育，树立先进典型，宣传先进事迹；(3) 抓案件查处，在发动职工自查自纠的基础上，严肃查处违法违纪案件；(4) 抓制度建设，加强企业内部监督和社会监督，普遍建立了对服务质量的日常检查改控制度和社会监督体系，规定检查频次、周期和内容、明确检查责任，设立举报电话。聘请社会监督员，对服务质量进行有效的控制。由于从上到下层层抓局风，职工队伍建设进一步加强，安装电话中的不正之风明显好转，邮电服务工作显著改善。哈尔滨、兰州、石家庄、南宁等许多省会城市的电信局，对用户申请安装电话实行现场办公、公开放号，受到社会各界的好评。上海 1988 年 5 月以前申请装电话的长期待装户已有 96%装上电话，市区还增装了一批公用电话，基本上消灭了市区公用电话空白点。据统计，1990 年全国有 1752 个邮电企业分别被评为省、地、县的文明单位，占企业总数的 66.6%；有近 13 万名职工被评为部、省、地、县各级先级生产者。全国邮电系统还评出 41 个“邮电局风建设先进单位”和 49 名“市话服务标兵”。

二、加强企业管理基础工作

(一) 统计改革。主要是改革邮电统计报表制度和统计管理体制，改变统计报表种类繁多、指标重复和统计工作多头分散管理、数出多门的状况，建立一套比较完整、适用的邮电统计指标体系、原始数据目录和报表制度；建立综合数据库，对统计信息的收集、传送、处理、存储进行集中统一管理，实行统计信息资源共享，从数据库中生成各专业需要的各种统计报表；明确专业部门和综合部门在统计管理上的职责分工，实行以综合统计部门为龙头、各专业统计为基础的统计工作集中统一管理，加强统计信息的综合分析和利用；建立邮电统计信息自动化管理系统，逐步实现统计计算和统计信息传输自动化，提高统计资料的准确性、科学性、时效性。目前，新的指标体系已初步建立，统计数据已基本实现计算机处理，信息传输自动化也取得了较大进展。

(二)会计工作达标。为了加强会计工作的管理，提高会计工作水平，自 1990 年开始，邮电部门开展了企业、事业单位会计工作达标活动，计划用三年时间，抓好会计基本工作，使所有单位的会计工作普遍达标。邮电部制订了《邮电部门会计工作达标标准（试行）》和《邮电部门会计工作达标办法实施细则（试行）》，达标的基本要求是：贯彻执行《会计法》及《会计人员工作规则》等财会法规和制度，建立良好的会计工作制度，抓好有关会计数据的各项管理工作，基本做到会计工作规范化。对各单位的达标情况，本着立足会计工作，结合财务管理和联系经济效益的原则进行考核。经过一年的努力，不少单位健全了会计机构，充实了会计人员，提高了会计人员素质，会计核算和财务管理工作得到加强，在正确使用会计科目、财产物资管理做到帐卡物三相符、严格执行财经纪律等方面都取得了成效。1990 年度会计决算完成以后，将进行第一批达标企业的考核验收。

(三) 清查固定资产。为强化国有资产管理，提高资产经营效益，全国邮电通信企业开展了固定资产清查工作，以摸清家底，划清产权，建立健全资产管理制度，完善管理机制；改善固定资产的配置，调剂处理闲置资产，充分发挥设备潜力。邮电通信企业的资产设备分散在全国 5 万 3 千多个邮电局所使用和维护。在清查中，财务部门与专业部门紧密结合，除组织专业清查队伍外，还广泛发动群众投入清查工作。至 1990 年底，已完成清查工作的通信企业占通信企业总数的 90%以上；已清查的固定资产也达到 1989 年末固定资产原值的 90%以上；已处理闲置资产占应处理资产的 52%以上。针对清查中暴露出来的问题，修订了固定资产管理办法和实施细则，明确了部门之间的职责分工，健全了责任制度和考核办法。由于各级邮电企业在清查中全面清理了基建投资项目，促进了投产项目的资产及时进帐。

此外，还着重抓了企业机构编制管理和劳动定员定额工作。按照“精简、统一、效能”的原则，修订了省局的机构编制管理办法，制定了《邮电企业机构编制管理暂行规定》，对机构编制实行“一支笔”审批，有效地加强了机构编制的管理；结合近几年来通信生产发展变化的实际情况，修订了《邮电通信企业生产人员定员示范标准》，并制订了《邮电通信企业定员工作考核标准》，加强了劳动管理。在 1990 年邮电业务总量比上年增长 26%的情况下，职工人数仅增长 2.76%。

结合整顿、加强企业管理基础工作，进一步推行了全面质量管理，开展企业升级活动。除前几年已获奖的企业和小组外，1990 年，江西省南昌市邮政局和四川省南充地区邮电局又荣获国家质量管理奖，又有 23 个小组被命名为全国优秀质量管理小组。省级先进企业总数达 150 多个，已有 9 个邮电工业企业被评为国家二级企业。

三、优化邮政作业组织、整治电信设备

优化邮政作业组织，是以保证邮政时限和安全生产为目标，运用系统理论，对企业内部作业环节的组织、生产程序的安排，包括作业流程、操作程序、作业班次、生产场地布局、市内网路组织以及有关的规章制度、规程等进行优化、改革，使各类邮件的内部处理时限和处理规格达到部定要求，确保邮件安全传递，提高企业经济效益。这是使我国邮政通信管理工作科学化的一项重要基础工作。1989年在沈阳市邮政局和武汉市邮政局进行了试点，在此基础上，1990年在全国省会邮政局和部分邮件转口局推行，取得了显著成效，突出表现在：邮件传递时限大大加快，处理规格质量明显提高。沈阳市邮政局过去每天约有16万件进出口邮件不能正常发运，现在能全部达到部定时限；武汉市邮政局出件内部作业总时长比过去缩短了60%；兰州市邮政局各类邮件的内部处理时限全部达到部定要求。许多单位通过优化作业组织，节约了人力和车辆，提高了企业经济效益。

整治电信设备，是加强电认设备维护管理，提高电路质量和网路运行效率，挖掘企业内部潜力来说增强通信能力，提高通信质量的重要措施。改革开放以来，电信事业发展很快，装备数量有了很大增长，装备水平有了很大提高，但维护管理工作跟不上，影响了设备效能的发挥。按照邮电部的统一部署，1990年，全国邮电企业开展了电信设备的全面整治工作，本着从严要求、从实际出发的原则，分层负责地进行，对设备逐项进行检查、调整、测试、做到设备主要技术指标、电气和机械性能符合规定要求，结构完整，运行正常，图纸资料齐全，电路质量提高。整治中强调了正确处理好几个关系：正确处理设备整治与建设、经营的关系，统筹规划，在抓好建设、经营工作的同时，组织力量进行设备整治；正确处理企业内部各方面的关系，搞好协调配合，整治工作主要由设备维护部门负责，科研、工业、设计、施工、器材、教育部门密切配合，传输与交换、业务与机线之间，以及全线各个环节之间协同进行；正确处理改革与维护管理的关系，通过深化改革促进维护管理，建立健全新的维护制度，完善提高实践证明行之有效的原有制度。经过一年工作，整治取得了良好成效，主要表现在五个方面：（一）单机整治任务基本完成，主要机线设备整治了80%以上；（二）传输系统的稳定性明显提高，传输质量有所改善；（三）交换网的整治初见成效，接通率逐步提高；（四）健全了规章制度，强化了维护管理和维护质量的监督检查；（五）锻炼了技术维护队伍，提高了维护人员和管理人员素质。

四、加强通信行业管理，整顿通信秩序

长期以来，由于缺乏统筹规划，出现了一些部门重复建设通信设施的现象，有些非邮电单位还违反国家规定，擅自对外经营通信业务，不仅影响了国家资源的有效使用，而且造成了通信秩序的混乱。根据国务院的规定，邮电部是主管全国通信工作的职能部门，对各部门的专用通信网履行行业管理的职能，邮电主要业务必须由国家统一经营。邮电部和各省、自治区、直辖市邮电管理局按照以上规定，积极开展了通信行业管理工作。国务院批转了邮电部“关于加强通信行业管理和认真整顿通信秩序的意见”，通信行业管理有了法规性文件依据。通信行业管理机构已逐步建立起来，到1990年底，28个省、自治区、直辖市邮电管理局成立了通信行业管理机构。大型工矿企业较多的省，有的正在逐个解决工矿城市通信网的合理组网问题，有的地方大型工矿企业通信网已与公用网实现联网；有的地方对专用网建设进行协调，实现了同邮电部门联合建设、共同使用。邮电部与国家计委、国家统计局联合制定了《实行专用电信网年报统计制度的规定》，通过试填报，基本摸清了全国专用电信网的主要情况，为制定我国通信发展规划、为公用网和专用网的进一步协调发展提供了基础资料。通信终端设备的进网审批工作基本走上了正轨，在相关单位的配合下，对无进网许可证刊登销售广告及假冒、涂改、伪造许可证的现象进行了制止和处理，对非邮电单位经营通信业务的情况着手进行了整顿。

（邮电部办公厅　沈兆龙）

林　业

1990年是森林工业认真贯彻党中央、国务院有关进一步治理整顿和深化改革的一系列方针政策，加快森林资源培育、大力调整产业和产品结构、发展多种经营和木材综合利用、强化企业管理、挖掘内部潜力有所发展的一年。

一、针对林业技术落后，管理更落后的实际，紧紧围绕“治危兴林”实现两提高四降低（提高产品质量，

提高经济效益；降低企业、车间两级管理费用，降低能源和原材料消耗，降低生产成本，降低资金周转天数）的目标为中心，配合“林业质量年”活动深入开展“双增双节”和职工合理化建议与技术革新活动，激发工人阶级主人翁精神，充分发挥工人参加管理的作用，实行眼睛向内，挖掘潜力。据统计，1990 年参加这项活动的职工达 58 万多人，提出合理化建议 42.7 万条，采纳 17.1 万条，组织实施 9.3 万条，创直接经济效益 2.3 亿多元，人年均创价值 200 元，分别比 1989 年增加 12.4%、42.3%、32.8%、22.4%、11.1%、11%。与此同时，还踊现出一批先进集体和个人。其中由林业部和中国农林工会共同表彰的先进集体 34 个，优胜组织单位 4 个，优秀组织者 6 人，先进个人 305 个。

二、森工企业推行全面质量管理有突破性进展。林业大中型企业按“七五”规划，已基本实现普遍推行 TOC 的目标。截止 1990 年，据全国 194 个大中型企业的调查，推行全面质量管理的有 145 个，推行面为 75%。达标合格的企业有 110 户，占推行企业总数的 76%，累计有 24 户获部质量管理奖，特别是 1990 年有林业部常州林业机械厂和福建省武平县林产化工厂两家企业获得国家质量管理奖，在林业质量管理史上实现了零的突破。QC 小组活动更加广泛而深入。据统计，林业系统注册登记的 QC 小组已累计达 16973 个，活动成果突出，经过财务确认，1990 年全国 QC 小组活动取得经济效益 5000 万元。其中林业部常州林机厂金工三车间钳工 QC 小组、北京市木材厂木材科 QC 小组、广西梧州松脂厂办公室 QC 小组、吉林省临江制药厂 QC 小组被评为国家优秀 QC 小组。还有陕西省西北林机厂锻膜制造 QC 小组、黑龙江省富裕林业机械厂一车间 QC 小组等 35 家企业的 QC 小组被评为林业部优秀 QC 小组；黑龙江省苇河林业局提高森运质量 QC 小组、云南省昆明林业机械厂一车间成型工段 QC 小组等企业的 19 个 QC 小组被评为林业部先进 QC 小组。

为适应进一步推进 TQC 的需要，1990 年还着重抓了全面质量管理的完善和培训工作。

(一) 针对森工企业营林工作质量差的问题，组织力量对黑龙江省山河屯林业局、吉林省黄泥河林业局进行典型调查，认真分析了存在问题的原因，较为科学地制订了“营林生产推行 YQC 的方案，有益地探索了森工企业推行全面质量管理的新路子。

(二) 结合林业实际，进一步修改了 TQC 验收、评审细则，使修改后的《细则》更易操作，更注重企业整体素质的提高，尤其突出了营林工作质量和企业质量效益，有利于克服质量管理部门和其他业务部门工作中存在“两层皮”互相脱节的情况，更具有广泛性和实用性。

(三) 强化了对 TQC 骨干力量的培训工作。为提高全面质量管理人员素质，特邀北京大学和北京林业大学著名教授举行培训班，专题讲授质量管理与质量保证，共培训了有各省（区）TQC 骨干人员 121 名，为在全国加速开展多层次 TQC 培训，全面提高 TQC 队伍水平创造条件。

三、围绕提高质量、降低消耗、增加经济效益、安全生产为中心，加强企业管理，认真开展企业升级工作，企业素质显著提高。1990 年通过认真考核，经国家批准，晋升为国家二级企业的局（厂）有 19 个，累计 52 个。其中黑龙江省南岔木材水解厂通过了国家一级企业的预考核。这是森林工业在企业管理方面的重要突破，它标志着森工企业管理进入了一个新阶段，有了新发展。其主要做法：一是抓企业管理人员的培训，提高企业管理理论和实际工作水平；二是坚持对升级企业的复查制度，促进企业进一步加强管理，不断攀登新台阶，上新水平；三是坚持高标准、严要求，引导企业正确认识升级的目的、意义，以保证企业升级工作健康发展。

四、加强基础工作和专业管理，促进企业管理水平不断提高和企业管理单项升级。抓企业升级，首先从抓基础工作入手，不断健全和完善标准、计量、信息、定额、规章制度，加强职工培训和班组建设。同时以企业升级活动带动其他各项专业工作的开展把企业升级与专业管理单项升级有机地结合起来，加强了计划、财务、安全、销售、物资等专业管理，实现林业企业整体素质提高。据东北、内蒙古国有林区统计，累计达到计量合格的企业有 109 家，挡案管理达到省级和国家二级合格的企业有 71 家，节能管理达到省级和国家二级合格的企业有 65 家，其中 1990 年晋升国家二级能源管理先进企业的有 16 家。踊现出部级设备管理优秀企业 19 个，国家级设备管理优秀企业 3 个，部级安全生产先进企业 20 个。

五、质量监督有进展。根据国家技术监督部门的有关要求，对林产工业主要产品实施了生产许可证制度，不断深化全面质量管理工作，积极开展产品评优活动，促进产品质量提高。截止 1990 年，林业行业已有 42 项产品获国家金质奖；43 项产品获国家银质奖，238 项产品被评为部优。还对生产油锯、胶合板、松香、刨花板、栲胶等产品的 602 家企业，经过严格质量监督考核，发放了生产许可证。全国林业企业优质产品产值率稳步提高，特别是东北、内蒙古国有林区营林质量提高较快，迹地更新率已基本达到 100%，人工更新三年保存率都在 90%以上。

（林业部森林工业司　陈斯忠）

商　业

1990年末，商业部系统各类企业35.6万个，从业人员达1486.5万人。其中，国营商业（包括商业和粮食部门）各类企业18万个，从业人员825.6人；集体商业各类企业17.6万个，从业人员660.9万人（包括供销合作社系统各类企业8.4万个，从业人员471.7万人）。

1990年社会商品零售总额8255亿元，比上年增长1.9%，剔除物价因素，与上年大体持平。商业部系统购、销、存总额比上年有不同程度的增长。购进4262亿元，增长5.3%（其中国营商业增长3.6%）；销售5068亿元，增长0.3%（其中国营商业增长2.3%）；年末库存2581亿元，增长11.1%（其中国营商业增长3.1%）。

1990年，是我国商业企业经营比较困难的一年。在这一年里，商业企业普遍面临市场销售疲软，资金短缺，库存商品积压的严峻考验。商业系统经济效益严重滑坡，甚至出现全行业亏损。但另一方面，由于商业系统认真贯彻了党中央关于进一步治理整顿、深化改革的方针，各级商业主管部门和广大商业职工在困难面前，不是怨天尤人，坐等外部条件的改善，而是振作精神，知难而进，积极克服困难，取得了较好的成绩，因此，1990年又是我国商业企业管理工作取得较大进展的一年。

一、进一步加强了企业管理的组织领导

为了加强对商业企业管理工作的组织领导，商业部于1990年初调整组建了商业部企业管理指导委员会，由潘遥副部长任主任，黄凉尘顾问任副主任，并设立了日常办事机构。各地商业主管部门也建立了相应的企业管理指导机构，负责本地区、本行业的企业管理工作。越来越多的企业建立健全了企业管理办公室、经营管理办公室等综合管理机构，配备了企业管理专职人员，负责企业管理的总体设计和日常工作。这样，商业系统的企业管理机构从上到下形成了网络，企业管理工作摆上了各级领导的议事日程。

二、规范化管理的试点进一步扩大

1990年各级商业主管部门和企业继续把规范化管理作为商业企业管理的一项重要的基础工作来抓。规范化管理的试点单位和企业达200多个。从地区看，已从武汉、石家庄、长春、上海等地迅速向其他省市扩展；从行业看，已从零售商业、饮食服务业，向批发商业、仓储运输业、商办工业扩展；从企业的实施面看，已从一线服务人员向二线人员，从岗职规范向环节规范、系统规范发展。一些地方还开展了规范化管理达标活动，如北京市商委系统经过考核评选，1990年有近5000家企业被命名为服务规范合格单位。经过几年的实践和探索，商业企业规范化管理理论已自成体系，继1989年商业部社会商业管理司、武汉市商业管理委员会合编的《零售商业规范管理通俗读本》出版以后，1990年又有祁迁镛、彭福宽主编的《商业企业规范化管理提要》、武汉市汉阳商场编的《规范管理》和胡正道、严规芳主编的《零售商业柜组规范管理》等书籍问世。

规范化管理的培训工作得到加强。商业部与有关商业院校合作，1990年举办了4期规范化管理培训班，为各地培训了530名骨干。此外，还与中国科学技术协会、中国标准化协会合作，开始举办全国商业企业标准化规范化管理函授培训，有3万多名商业干部职工报名参加学习。

规范化管理的实施为企业带来了一些新气象：一是管理意识明显增强。企业各种规范是通过民主管理程序自下而上制定的，通过制定的过程，人人参与管理的意识自然形成。二是工作效率得到提高。实施规范化管理后，人人都按规范办事，各级管理人员专心致力于他们所必须完成的管理任务。各部门都基本上按规范进入自控状态，企业工作秩序井井有条，使各岗位人员对自身的工作要干什么、怎样干、干到什么程度都能做到胸中有“数”，工作效率大大提高。如杭州服装公司实行外调商品单据流转规范化后，有效地缩短了票据内部滞留时间，平均每张单据流转速度加快3天，1990年仅此一项就节约利息3.53万元。三是服务质量明显改善。凡实施规范化管理的企业，都严格按规范行事，分工明确，各负其责，差错减少，消费者满意率普遍高于其他企业。

三、大力推行全面质量管理，提高管理水平

商业、粮食、供销社系统开展全面质量管理，是从

1983年开始的。1986年，原国家经委决定把评选国家质量奖的范围由工交企业扩大到流通领域。全面质量管理随之由商办工业传播到商业、饮食服务业、仓储运输业。从1987年到1990年，商业部等10个部委和中央电视台已联合举办了3期《服务工作全面质量管理》电视讲座，对商业企业普及全面质量管理知识起了重要作用。与此同时，有关的理论书籍和录相片也已陆续出版发行。为了推动商业企业全面质量管理工作的开展，自1987年以来，商业部每年开展一次部质量管理奖的评比表彰活动，并推荐少数企业参加国家质量管理奖的评审。到1990年为止，已有75个企业获得商业部质量管理奖，其中商业46个，粮食20个，供销社9个，其中有6个企业获国家质量管理奖，1个企业通过了国家质量管理奖预评。此外，QC小组活动已得到迅速发展，并取得了可喜的成果。据不完全统计，到1990年底，商业部系统已有登记注册的QC小组30000多个，受省（市、自治区）厅、局、社表彰的达1500多个，受部表彰的144个，受国家表彰的46个。其中，1990个受商业部表彰的64个优秀小组，共取得直接经济效益352万元。

商办工业企业推行全面质量管理工作起步较早。绝大多数企业从产品的发展方向、产品设计、原材料供应、产品的制作过程、成品的质量检验，直至产品出厂等一系列环节都有严格的质量保证体系，因而产品质量逐年提高。许多企业产品合格率保持在较高的水平上。如四川泸州老窖酒厂的优质产品正品率1990年达到97%，同年10月，该厂的主要产品泸州老窖大曲（特曲）酒荣获巴黎第十四届国际食品博览会金奖。由于产品质量得到了重视，1990年经国家质量奖审定委员会审定批准，商办工业企业的13个产品荣获国家优质产品奖，其中金质奖2个，银质奖11个。此外，经商业部优质产品审定委员会审定批准，1990年有20大类的461个产品获部优质产品称号；121个到期复查产品继续保持部优称号。

商业企业推行全面质量管理，促进了服务质量的稳步提高。这些企业结合自身的实际，以提高服务质量为重点，千方百计向顾客提供优质的商品，优良的服务，优美的环境。在提高商品质量上，许多企业面对市场变化、经营困难的状况，采取了相应的措施：一是优化经营结构。从经营导向、经营挡次、经营功能、经营布局、经营组织等方面进行了全面的调整，适应了市场变化的需要。二是优化商品结构。多数企业从市场调研入手，捕捉市场信息，努力增加“名、特、优、新”商品，同时，严格把住商品质量关，杜绝假冒伪劣商品进入柜台。

除全面质量管理外，其他现代化管理方法和手段在商业企业管理中也得到了充分的运用。如运用ABC分类法划分进货渠道、控制进货质量、加强库存管理；运用量本利分析法对库存商品进行保本保利期分析；运用看板管理，加强对在途商品跟踪控制，等等，都取得了较好的效果。电子计算机辅助管理也有了新的发展，近几年来随着商品经济的发展和企业技术改造要求的提高，商业系统电子计算机的年装机量以30%的幅度递增。到1990年底，全国商业系统约有各种计算机8000多台套，各种电子收款机、收购机2万台。各商业企业经营管理信息系统，在广州、大连、上海等地都涌现出一批典型成果，对提高企业管理水平，加速资金周转，减少资金占用，促进库存商品结构合理化，都产生了积极作用。供销社利用微机规划农业生产资料（如化肥等）的商品流转管理网络系统，加速了有关部门信息沟通。粮油仓储环节利用微机进行检测与控制，加速了管理现代化。粮油和饲料加工微机应用于生产过程自动控制已在引进技术的基础上消化吸收，逐步实现国产化。粮机行业推进机电一体化向高技术产业转化，已受到重视，并且开发出一些新产品。

四、基础管理得到加强

1990年，商办工业企业继续开展设备管理创优活动和节约能源管理升级（定级）活动。多数企业严格设备管理制度，加强设备的检查、维修和保养，使现有设备充分发挥作用。经过企业和广大职工的努力，1990年有96户企业被授予“1989年度全国商办工业设备管理优秀单位”，另有四川泸州曲酒厂（泸州老窖酒厂）、浙江省三界茶厂、国营如东县岔河油米厂等3户企业被授予1989年度全国设备管理优秀单位称号。同时，多数企业采取技术改造，加强管理和开展合理化建议活动等措施，千方百计节约能源消耗，取得了好成绩。经考核验收，1990年又有34个企业被授予国家节约能源二级企业称号。

1990年，由于市场疲软，银根紧缩，资金周转困难，商业企业普遍开展了以强化资金管理、成本管理为中心的“双增双节”运动，提高商品（产品）质量，调整库存（产品）结构，，建立内部银行，充分挖掘内部潜力。如四川省文君酒厂在开展“双增双节”运动中，有目标，有措施，1990年增收节支240多万元。

五、商业企业升级工作进一步展开

1990年，商业企业升级工作继续得到完善和发展。服装加工、服装零售、土产杂品、果品干菜等8个行业也开展了企业升级工作。至此，商业部系统有国家二级企业标准的行业累计达57个，标准覆盖面达80%以上。商业、饮食服务企业升级标准中，增加了服务质量和社会效益的考核指标，从而使考核标准更加科学和完善。经过各地商业主管部门和企业的共同努力，1990年又有95个企业获得国家二级企业称号。到1990年底，商业部系统的国家二级企业共有219个，其中商业91个，商办工业86个，饮食服务业22个，仓储运输业20个，如按商业、粮食、供销社系统划分，则分别为129个，46个，44个。另据不完全统计，商业部系统还有2360个企业被授予省(自治区、直辖市)级先进企业称号。

与此同时，本着企业升级不搞终身制的原则，对1989年以前经商业部批准的124个国家二级企业进行了全面复查。经复查合格的企业113个，占91%。这些企业由于基础工作扎实，应变能力强，知难而进，强化企业管理，挖掘内部潜力，积极调整经营战略，增加适销对路商品（产品）千方百计降低成本和费用，因而能在激烈的市场竞争中不断发展，立于不败之地。其余11个企业被限期整改。

总之，1990年由于各级领导的重视，企业管理部门和广大干部职工的共同努力，商业企业管理工作有了新的进步，但与社会主义有计划商品经济发展的要求还有不少差距：一是发展不平衡，部分企业的管理工作特别是基础工作仍然很薄弱；二是管理制度虽较健全，但有的执行不严，存在有章不循的现象。三是从总体上看，相当一部分企业还存在着劳动效率低，经济效益差的问题，应变能力和竞争能力不强。这些问题，需要在进一步的治理整顿和深化改革中认真加以解决。

（商业部社会商业管理司
魏春彦　嵇永如　刘育才）

铁　　道

1990年铁路部门全体职工在治理整顿、深化改革中，积极强化企业管理，努力挖潜提效，加强运输组织工作，克服货源不足、需求不平衡和主要干线能力紧张等困难，全面完成了国家下达的运输计划。货物发送完成100.1%，比上年降低0.4%；煤炭发送完成104.8%，比上年增长3.2%；旅客运输完成99.9%，比上年下降15.9；换算周转量完成102.4%，比上年下降1.5%；运输收入完成104.4%，比上年增长29.9%，扣除调价因素增长6.2%，运输全员劳动生产率完成67.3万换算吨公里，比上年下降3.0%（主要是换算周转量下降，运输业职工人数增加2.3%）。一年来，在国民经济继续调整、市场疲软的情况下，铁路运输部门坚持向管理要能力，向管理要效率，向管理要效益，在低谷中拚搏奋进。

一、认真落实安全管理“三不变”

安全是铁路运输质量的基本标志。抓安全是铁路工作永恒的主题。尽管如此，1990年全路的安全状况仍未得到根本改变。全年行车事故件数比上年增加4%。从事故发生的原因看，险性以上事故中职工违章违纪的占57.9%，设备不良的占25.6%。职工伤亡事故虽比上年有所好转（下降了4.0%），但重大职工伤亡事故也曾多次发生，有些也是很严重的。特别是7、8月份，行车重大事故曾连续发生，形势严峻。为强化安全管理，铁道部于8月召开全路行车安全工作会议，号召全路职工紧急动员起来，迅速扭转安全不好的被动局面。各级领导按照会议要求，找差距，堵漏洞，坚决做到“三不变”，即安全第一的位置任何时候、任何情况下不能变；主要领导抓安全不能变；党政工团齐抓共管、综合治理不能变。在职工中以临汾铁路分局为榜样，特别注意培育提高安全群体意识，发挥群体力量；严格“两纪一化”（劳动纪律、作业纪律、作业标准化），真正落实安全“自控、互控、联控”，防患于未然。工作中以防列车冲突、断轴、断轨为重点，一手抓管理，一手抓安全技术装备，从严务实，不搞形式，不换镜头，抓出成效。经过一系列艰苦细致的工作，使全路安全工作会议精神和各项措施逐步得到落实，到年底涌现出一批安全运输先进单位。全路12个铁路局和56个铁路分局有15个铁路分局保持千天以上的好成绩，安全被动的局面开始好转。

二、积极推进现代化管理

铁路犹如一架“联动机”，任何一个环节出了毛病，都无法协调、高效地运转。运用系统工程原理，将铁路站区有关的车、机、工、电、辆等生产部门有机地结合起来，实行联网、联责、联酬、联心，使其纵向指挥统一，横向管理协调，从而更加有效地运行。这种运输组织联网，已成为铁路运输部门推行现代化管理的主要形式。它在前几年试点探索的基础上，1990年又有新的发展。目前全局已有4个分局、20个站区、1条干线、60个站段参加了联网工作。北京铁路局总结了天津铁路分局全面联网的经验，制定了北京、天津、大同3个分局、3个枢纽、4条干线的联网方案，为实施晋煤外运北路通道全程运输组织联网进行了有益的探素。广州铁路局1990年6月召开株州北编组站区联网经验交流会，以会议推动全局联网工作的发展。一年来，广州北、衡阳北及韶关、娄底、岳阳等10个编组站、区段站相继推行了联网，实现了当年以编组站为中心的"小联网"（第二年实现全局"大联网"）的奋斗目标，对确保安全加强部门间的协作，减少内耗，提高效率发挥了重要作用。据对株洲北站区1989年4月到1991年6月实行运输组织联网15个月的统计，联网后比联网前日均办理车提高6.4%；货车出发正点率提高2.3%；货车停时压缩0.1小时，驼峰过峰车辆比查定能力提高11.4%；消灭重大大事故，一般事故降低63.2%；编组站整体能量内耗和空费日均减少73.5分钟，下降48.3%；投入产出直接创造效益月均达48.5万元。为改革运输组织、开创现代化管理模式提供了有益的经验。

管理现代化的一个重要标志是管理手段现代化。"七五"期间，电子计算机在铁路运输生产和业务管理工作中得到了迅速发展和广泛运用。全路计算机"基干网"（路局到分局）早在1986年就开通运用；"基层网"（分局到主要站段）到1990年底已有506个站段同分局计算机联网；以列车编组顺序为信息源的车流确报系统，已有52个分局投入使用，占分局总数的95%；有222个货运站使用计算机为整车和零担货物核算运费和制票；有20个主要货站初步建立了货运站信息管理系统，并相继投入使用；全路有126个车辆段使用计算机核算车辆维修费用，近40万辆客货车的技术履历库已经建立。

在业务管理上，全路财务部门已有29个计算机应用项目通过了部级鉴定，并基本建成了覆盖部、局、分局和站段4个层次的铁路财务信息管理系统，基本实现了数据采集、分类、汇总和制表电算化。其他部门计算机的运用也有了迅速发展。

三、专业管理和基础工作进一步加强

强化专业管理和基础工作，管理重心下移到班组，越来越引起各单位的重视，已形成了人们的共识。通过铁路各业务部门对管理工作齐抓分管，共同努力，到1990年底全路有6%的单位获得部级以上质量管理奖；有50%的单位获得部级以上节能企业称号；有44%的单位被评为档案管理国家二级企业；有25%的单位获得标准化合格证书；有93%的单位获得计量合格证书；有4.7%左右的单位获得部级设备管理优秀单位和先进单位；有26%单位实现了会计达标，其中2.1%的单位达到会计三级标准。计划、物资、定额、信息管理等也得到进一步加强。各项专业管理工作的逐步达标升级，提高了企业素质。

随着企业各项管理工作的深化，各单位普遍重视了班组建设。目前，全路基本形成了由行政主管，党、工、团组织按职责分工、齐抓共建的组织领导体系；班组管理的标准、考核、奖励初步形成了一体化、制度化、规范化，"岗位达标，班组升级"已成为班组管理工作的新形式；班组建设广泛引入竞争、激励和约束机制，促进班组整体优化，提高班组管理水平；坚持围绕安全生产，以"两纪一化"为重点，在提高职工遵章守纪的自觉性上下功夫；普遍实行按专业、分层次对班组长进行培训，提高了班组长的组织领导和业务工作能力。广州铁路局1990年按业务系统进行班组管理的调查研究，并召开两次全局班组建设工作会议，分别提出机务、车务两个系统成套的班组建设的标准、办法和要求，从而推动了全局班组建设工作的深入发展。

（铁道部体改法规司　高继彭）

机　电

1990年是治理整顿的第二年，市场、资金两大问题的制约，继续给机电工业生产带来严重影响。在困难的条件下，机电部认真贯彻《中共中央关于进一步治理整顿和深化改革的决定》，结合机电工业的实际，提出机电工业治理 整顿期间的中心任务是以发展"一创三节两保证"产品为主攻方向，调整产品结构；加强企业管理，全面提高企业素质；加强宏观调控。一年来，机电工业各级主管部门和企业围绕机电部提出的工作任务，做了大量的工作，使生产在国家从紧安排的大环境下，保持了相对稳定的发展，避免了几次调整造成的起伏波动的局面，达到了年初预定的目标。

"优化现场管理，提高企业素质"是机电工业1990年加强企业管理的工作重点。1990年1月，机电部在《关于进一步深化机械电子工业企业改革的意见》中提出"强化现场管理，推进现场管理优化"的工作要求，得到了各级机电工业主管部门和广大企业的重视。普遍认为用综合治理，系统优化的思路抓现场管理，抓到了点子上，抓到了实处。

一、机电工业企业优化现场管理涌现一些好经验

一些机电工业企业十分重视现场管理，把车间生产现场作为一个区域性子系统，进行综合治理，系统优化，涌现出一批现场管理的先进单位，摸索了一些好经验，取得了良好的成效。

哈尔滨锅炉厂根据企业长远发展战略的需要，优化现场管理。他们按现代化管理的要求，对现场管理进行全面规划，改进工艺布局，实行“定置管理”，优化各项管理保证体系，优化劳动组织，综合治理了生产现场，提高了管理素质，从而形成良好的文明生产秩序，保证了企业各项经济技术指标连续几年以30%的速度大幅度增长，使企业素质和管理水平居全国同行业之首。

南京第二机床厂通过系统优化现场管理，充分发挥了生产现场的功能。他们在巩固企业整顿成果的基础上，坚持不懈地抓现场管理，运用科学的管理制度、标准和方法，对生产制造过程中的人、机、料、法、环等要素实行有效的控制和全方位的管理。科室面向车间，为生产现场服务。十年来，他们从严管理，不断完善，形成了经常化、规范化的现场管理体系，有力地促进了企业的发展。“七五”期间，年均产值递增16.2%，利润递增21.3%。全员劳动生产率递增12.7%。

上海金陵无线电厂五车间，以提高效率和效益为中心，推广应用“工作研究——模特法”，通过优化操作和减少无效劳动，改进工艺装备，调整工艺路线，改善工作环境，优化劳动组合，加强班组建设，使单位生产时间缩短29.2%，定额提高58.6%，成本下降29.2%，从而达到优质、降耗、增效的目的。

红光电子管厂玻璃分厂，根据黑白显像管玻壳生产的技术要求，综合运用现代管理方法，寻求现场各要素的最佳配合，建立高效和严密的组织系统，形成良好的工作环境，达到现场管理的系统优化和高效运行。该生产线当年投产便达到设计能力，并连续两年超过设计能力10%，使质量、物耗、效益达到国内一流水平。

二、机电部提出优化现场管理的基本要求

机电部在深入分析我国机电工业企业现场管理的实际状况，系统总结成功经验的基础上，提出了优化现场管理的基本思路和要求。指出，优化现场管理，就是对生产现场进行综合治理，运用现代管理的思想、方法和手段，对生产力要素进行合理配置，对生产全过程进行有效的计划、组织与控制，提高生产现场的运行效能，实现均衡、安全、文明生产，以达到优质、低耗、高效的目的。同时，提出了优化现场管理六条基本要求，它们是：

（一）治理现场环境，实行“定置管理”，改变生产现场“脏、乱、差”的状况，做到人流、物流运转有序、畅通，现场环境整洁，建立起文明生产秩序。

（二）在“工艺突破口”工作初见成效的基础上，按照产品的技术要求，进一步调整工艺路线和工艺布局，提高工艺水平，严格按工艺要求组织生产，使生产处于受控状态，达到产品质量稳定提高。

（三）以生产现场组织体系的合理化、高效化为目标，不断优化生产劳动组织，合理进行劳动分工，消除各种无效劳动和时间浪费，做到生产指挥灵，劳动效率高，安全、均衡生产。

（四）健全各项规章制度、技术标准、工作标准、劳动及消耗定额、计量检测、统计台帐等管理基础工作，做到制度化、标准化，并严格考核，保证信息及时、准确、畅通。

（五）完善管理保证体系，把质量、工艺、消耗、生产、设备、财务、安全等各项管理工作进行系统协调，采用先进管理方法对投入产出全过程进行有效控制，提高现场管理的运行效能。

（六）搞好班组建设和民主管理，开展群众性、经常性的合理化建议、技术革新和双增双节活动，做好思想政治工作，充分调动职工的积极性和创造性，培养一支思想觉悟高、技术过硬、纪律严明的职工队伍。

三、优化现场管理工作正在机电行业广泛深入地开展

1990年5月，“机械电子工业企业现场管理优化研讨班”在哈尔滨市举办。何光远部长在研讨班上作了重要讲话。研讨班总结交流了几年来企业优化现场管理的先进经验，提出了优化现场管理的基础要求，对于推进机电工业企业现场管理优化工作作出了部署：要求机械电子工业企业都要按照优化现场管理的“基本要求”，加强现场管理，逐步实现现场管理优化。要求大中型骨干重点企业力争用两、三年时间，有计划有步骤地把主要生产现场治理好。并提出在推进现场管理优化工作中，不搞统一模式，不强行推广某种方法，不搞评比验收。一年来，各省市机电工业厅局和企业进行了大量调查分析，确定了优化现场管理的目标，提出了优化现场管理意见或制订了规划。

（一）省市机电厅局作了大量地研究指导。

辽宁省机械工业委员会在对本省机械工业企业现

场管理状况作了充分的评价和分析的基础，针对企业现场管理存在的主要问题，提出了八个方面的工作重点，即抓好对人的行为的规范；对产品质量与工作质量的管理；对设备和物流的管理；对生产信息的管理；对工艺和工艺流程的不断改进；对生产现场环境的管理，解决“脏、乱、差”问题；抓各种现代管理的方法与手段在现场管理中的推广和应用；促进经济效益和职工素质的提高。并提出在推进现场管理优化工作中，第一是搞好宣传，唤起人们对优化现场管理的责任感、紧迫感，自觉地、积极地优化现场管理。第二是努力为企业创造优化现场管理的有利条件和环境。第三是编写有关优化现场管理的教材，组织培训。第四是组成优化现场管理的“义务诊断小组”，帮助企业搞好现场管理的咨询、诊断。第五是组织不同类型企业参加的，针对性强的经验交流会。第六是分不同类型企业，从实际出发确定优化现场管理的工作目标。

江苏省电子工业厅提出，优化现场管理的主要途径是：第一，配备优秀的指挥人员，优化管理队伍。第二，优化投入产出管理，增强转换功能。第三，提高生产现场的运行效能，搞好“定置管理”。第四，深化现场经济核算，推行“厂内银行”。第五，提高生产组织水平，实行滚动计划。第六，保持现场良好秩序，健全信息系统。第七，打好现场扎实基础，搞好班组建设。第八，严格执行管理制度，加强思想教育。

上海机电工业管理局对骨干、重点企业、中小型企业、集体企业、合资企业等四种类型企业优化现场管理的有利和不利条件作了深入的分析，并提出了各种类型企业优化现场管理的途径和工作重点，确立了工作目标。他们还以优化现场管理工作为龙头，协调局里其他处室的工作，努力减少对企业评比、验收，减轻企业负担，全心全意为生产一线服务。

（二）以点带面，分类指导，逐步深化。

到1990年底，各地机电主管部门已确定优化现场管理试点企业近300家，机电部确定优化现场管理“重点联系企业”51家。这些企业都是各地或行业中优化现场管理工作走在前面的企业，重点帮助他们搞好现场管理优化工作，及时总结和交流他们的经验，并参照他们的经验对一般企业实施分类指导有利于这项工作的健康发展。

安徽省机械厅厅领导分别负责几个试点企业，并到这些企业检查、指导优化现场管理工作。湖南省机械工业厅及时提出了“远学哈锅，近学浦源（工程机械厂）”的试点方针。大连市机械工业局组织试点企业进行“拉练”，开展互相学习交流。陕西省电子工业厅总结了部分试点企业优化现场管理的经验。新疆机电厅多次组织一般企业到试点企业参观学习。

（三）部分大中型骨干、重点企业优化现场管理已取得初步成效。

1990年，机电工业企业“一手抓市场，一手抓现场”，苦练内功，力克难关，结合企业的产品结构调整优化现场管理，取得初步成效。第一拖拉机制造厂以提高产品质量为目标，重点抓好生产现场的质量控制，努力提高装配、试验质量，使产品质量一直保持良好的状态。1990年，该厂802型履带拖拉机等8种主导产品的项次率比上年同期有所提高，其中小四轮提高幅度最大，达11.28%。大连重型机器厂在加速管理进步中，抓住了现场管理这个“牛鼻子”，寻求人流、物流、信息流的最佳结合，企业管理工作向现代管理迈进了一大步。他们以管理标准化为中心环节，优化管理基础工作，初步理顺了各项管理与各个岗位的互相关系，形成了用技术标准管物，用管理标准管事，用工作标准管人，这样一个比较完整的生产现场系统管理体系；以工艺管理为“突破口”，优化产品质量，在主要零件生产工序上设置质量控制点，严格工艺纪律，使生产全过程处于受控状态，保证了产品质量的稳定提高；以粗细计划为主线，优化生产管理，推行“准时制”，强化计划的严肃性，使工厂的合同完成率一直保持在同行业的领先水平；以人为中心，优化职工队伍素质，本着“造物即育人”，经营即教育”的思想，把培养尖子人才与提高整个职工队伍素质结合起来，使整个职工队伍成为振奋精神，战胜各种困难的坚强力量。

1990年12月，机械电子工业厅局长会议进一步明确，“八五”期间机电工业加强企业管理的基本思路是在“工艺突破口”工作初见成效的基础上优化现场管理，在现场管理优化的基础上逐步实现企业管理整体优化。并以此作为“八五”期间推进企业管理现代化的基本内容。

（机械电子工业部政策法规体改司　李奕）

航　空

1990年，航空工业企业克服市场疲软、资金紧缺等严重困难，通过深化改革，强化管理，发扬自力更生，艰苦创业，大力协同，无私奉献的行业精神，较好地完成了科研生产任务，实现了经济的基本稳定。

——新机研制和预研工作取得重大成绩。1990年共有8种型号飞机首飞成功，是我国航空工业史上新型飞机首飞成功最多的一年。航空发动机、机载设备协调发展，完成了一些重点发动机型号的技术鉴定；机载设备完成新品研制数百项，保证了新机首飞与批量生产任务。航空工业获国家发明奖 6 项，国家级科技进步奖 17 项，部级科技进步奖 221 项。

——调整产品结构，全面完成批量生产任务。飞机、航空发动机交付数量比上年有所增加，满足了部队和民航的需求。增产或开发了适销对路的产品如 70CC、100CC 摩托车、改型汽车、制烟机械、数控线切割机等。在经营环境十分困难的情况下，航空工业销售收入、产值基本保持上年水平。

——外贸出口持续增长。1990 年全行业外贸总产值占全部总产值的 16%，机电产品出口交付 2.09 亿美元，比上年增长 31.4%。出口产品结构趋于合理，高技术、高附加值的航空产品、技术密集型产品有所增加。特别是民用飞机出口形势看好，共外销运 7、运 12 等飞机 9 架，涌现哈尔滨飞机制造公司等一批出口交付逾千万美元的创汇大户。

——进一步强化企业管理，巩固、完善基础工作，一批航空企业进入国家一、二级企业先进行列。1990 年成为国家二级企业的有，成都飞机工业公司、上海飞机制造厂、西安庆安宇航设备公司等 12 个企业；成为国家一级企业的有株州南方动力机械公司、西安飞机工业公司两个企业。截止 1990 年底，航空工业共有国家级企业 33 个。

航空工业企业管理改革工作主要有以下几个特点：

一、稳定政策，继续落实、完善厂长任期目标承包经营责任制

航空工业推行厂长任期目标承包经营责任制是从 1987 年开始的，承包期到 1990 年。为了充分发挥承包制的激励机制作用，重点开展以下工作：一是深入企业调查研究、指导工作。针对军品任务配套困难，企业经济效益下滑的问题，部派出工作组到哈尔滨、沈阳、西安、景德镇等地的航空企业现场办公，协助企业抓新机研制、调整产品结构，确保完成指令性计划和承包经营指标。二是抓好企业年度承包指标的检查考核，合同兑现，对完成承包合同指标的厂长进行奖励，鼓励先进；对未完成承包合同的企业，分析症结所在，采取措施，促其尽快改变被动局面。三是抓企业承包全面审计。由部承包组与审计局联合组织对所有承包的航空工业企业进行年度承包审计和承包期终结审计，以确保指标的可靠性。四是做好两期承包的衔接工作，推进新一轮承包。部制定了“八五”期间《航空工业厂长（经理）任期目标承包经营责任制暂行办法》、《奖惩暂行办法》、《指标考核暂行办法》等三个文件，编辑出版了《承包经营责任制手册》，并组织沈阳黎明发动机制造公司、沈阳飞机制造公司、成都飞机工业公司等 15 个企业于年底争先签订下一轮承包合同。

与完善承包制相适应，企业内部的配套改革有了深层次的发展。通过企业内部经济责任制将厂长承包指标分解落实到车间、班组、个人，形成层层包保的指标保证体系；进行了计件工资、定额工资等项分配制度的改革，更好地体现按劳分配的原则；优化组合、干部聘任制、实行择优上岗、厂内待业等劳动人事制度的改革更加深化，企业的运行机制逐步趋于合理。

二、强化质量管理，确保重点科研生产任务的完成

质量是航空工业的生命。航空工业企业抓质量的指导思想，就是周恩来总理提出的“严肃认真，周到细致，稳妥可靠，万无一失”和邓小平同志关于军工产品质量百分之九十九都不行，必须百分之百的指示。航空工业企业本着“确保航空产品试验、飞行一次成功，力争民用产品成为国内名牌”精神，树立自己具体的质量工作目标和产品质量目标，重点抓了以下工作：一是加强对质量工作的组织领导，建立行政一把手质量责任制。1989 年、1990 年部下发了两个关于质量工作的一号文件，要求各单位把质量工作放在首位，采取有效措施，切实抓好产品质量。部实行对领导干部质量意识考核，质量意识不强的，不能当厂长。设立质量副厂长，协助厂长专职负责质量工作。二是从解决军民品存在的质量问题入手，拉条挂帐，组织攻关，专人负责，限期解决。三是继续推行全面质量管理，以及美国麦道公司 Mb－82 工程管理等先进的管理方法，颁布了《质量管理规定》，广泛开展了质量评审工作，严格设计过程、生产过程、销售过程的质量控制。航空工业企业职工发扬“五铁”精神，即抓质量铁面无私，执行铁的纪律，运用铁的手段，把好铁关口，铁了心把质量搞上去，从而保证了新机研制、批生产的进度、质量，民品质量基本稳定，保持了一定的市场竞争力。

三、抓基础工作，以定置管理为突破口，推进现场管理

在企业升级中航空工业企业在巩固完善计量、标准、信息统计等基础工作的同时，进一步抓好基层建设。班组是企业的细胞，也是各项工作的落脚点。1990 年航空工业召开首次班组建设座谈会，交流研讨班组

建设的经验。在这次会议推动下，航空工业企业普遍建立班组建设的组织领导体系，确定了抓班组的主管部门或主管领导；进一步选配好班组长，开展班组竞赛，升级活动，使班组素质有较大的提高。

为建立文明整洁的科研生产环境，确保完成科研生产任务和生产安全，航空工业企业开展以定置管理为重点的优化现场管理工作。在西安飞机工业公司，召开部分大中型企业厂长、经理参加的现场管理交流会，并采取现场会、办培训班等形式，推广南方公司、西飞公司两个企业定置管理的典型经验。通过抓点带面推进工作，航空工业已有70%以上的企业开展了定置管理。很多企业制订《定置管理实施办法》，对工作定期进行部署、检查考核，做到安全通道畅通，标志明显，生产现场工位器具定位，清除了多余物品，建立了定置管理台帐等，使科研生产现场面貌有较大改观。

四、抓双增双节，扭亏增盈工作

针对企业资金严重短缺、市场滑坡、产成品积压的情况，航空工业企业在厉行增产节约、挖掘资金潜力上狠下功夫。一是进一步办好厂内银行，健全管理，加强内部核算和资金管理，堵塞跑冒滴漏；二是在技术改造上抓投入产出，管紧投入，搞活产出，充分发挥改造资金的效益；三是在物资管理上，重点抓好降低产品单耗，采取修订材料定额、限额发料、集中下料等办法，提高材料利用率；四是加速生产、流通各个环节的运转，以销定产，作到“六快”：产品开发投产快、生产快、入库快、装箱快、发运快、收款快。

为了促进亏损企业的扭亏增盈，部制订了亏损额包干，限期扭亏等一系列促进扭亏的政策，召开了由亏损企业厂去参加的扭亏工作会议，重点推广兰州飞控仪器厂动员群众，狠抓产品开发，强化管理，扭亏为盈的经验，并深入研究扭亏措施。其后，又组织工作组到兰州万里机电厂、陕西华兴航空机轮公司、陕西飞机制造厂等困难企业进行现场办公、咨询，帮助工作。通过一系列的工作，亏损企业普遍出现转机，有的已实现盈利。

五、开展企业管理研究、交流、培训工作

航空工业苏皖鲁、沪赣、湘、华北、东北、陕西、贵州、湖北、河南、四川等10个地区性厂长工作研究会，及飞机、发动机、航空电器电机等行业性厂长工作研究会，结合地区、行业的特点，围绕研究交流克服市场疲软、资金紧张，走出困境的对策开展了有效的活动，起到互通信息，启发思路的积极作用。管理科研工作有了深入发展。经部组织专家评审，产生68项部级管理成果。上海飞机制造厂的《设备有偿占用》项目，被评为国家现代化管理创新成果二等奖。航空工业还出版了《部级管理成果选编》第一集，并进行成果推广运用工作。按照国家规定的厂长岗位培训内容，对部分厂长进行法规、财务、质量等方面的培训。此外，还组织了降低产品单耗培训班、美国麦道管理方法研讨班等，对提高管理人员素质，推进管理工作起到了积极作用。

1990年是航空工业企业在困境中努力拼搏的一年。通过深化管理改革，巩固了企业工作的基础，取得了科研生产的好成绩，保持了经济状况的基本稳定，但是也存在部分支柱民品滞销、资金占用高、产品成本上升、经济效益滑坡的严重问题。航空工业企业在严峻的经营环境中不气馁、不退缩，振奋精神，努力开拓，围绕提高经济效益这个重点目标，1991年将继续推进深化管理改革工作。

（航空航天工业部体改司　李家模）

石　化

1990年，石化总公司系统各级领导和广大职工，认真贯彻党中央、国务院一系列方针政策，坚持四项基本原则，坚持改革开放，振奋精神，顺利完成了全年的各项任务：工业总产值完成442亿元，比上年增长5.7%；销售收入完成653亿元，比上年增长10.1%；实现利税163亿元，略高于1989年实际水平。加工原油9690万吨，比上年增长0.7%，主要产品产量都有不同程度增长。

到1990年底，石化总公司拥有的资产总额已从1983年的235亿元增加到800亿元以上（其中固定资产原值600多亿元），原油加工能力达到1.31亿吨（全国加工能力为1.44亿吨，居世界第4位），二次加工能力近6000万吨，乙烯生产能力182万吨（全国生产能力为196万吨，居世界第8位），已跻身于世界石化大国的行列，成为国际上有重要影响的企业集团。

一、发挥企业集团优势，振兴石化工业

为了增加社会有效供给，为国家多做贡献，石化总公司按照优化资源，统筹规划，集中统一，提高经济效益的宗旨，首先抓住优化资源匹配，提高油气资源的加工深度和利用水平。针对国内原油资源增长幅度小，质量趋重的情况，总公司和各企业加强资源的优化配置，内挖潜力，外找资源，努力争取各方面的来料加工、代料加工、换烧油等多种原油，并继续搞好全系统、企业之间和企业内部三个层次的优化，实现生产要素的优化组合、生产方案的优化安排、企业原料的优化互供，有效地解决了大型联合企业的原料互供问题。1990年，总公司企业之间的互供原料达到了214万吨，比1984年增长1.6倍，使有限的资源得到合理利用。

其次，发挥投资中心功能，集中力量办大事。石化工业是资金、技术和人才密集型产业。资金需要量大，技术要求高，能否保持高效益的投入，对石化工业的发展具有特别重要的意义。因此，石化总公司充分发挥人财物集中统一的优势和投资中心的作用，对各种资金进行统一调度、拆借和融通，集中有限的财力和物力，投向急需发展的项目，加快能源和原材料的重点建设。1990年30套装置建成投产，31套装置投料试车，创利税4.4亿元。7年来，累计完成基本建设和技术改造投资510亿元，相当于前35年石化工业固定资产投资总和的2.4倍。在510亿元的总投资中，有60%是由总公司自筹或与地方集资解决的，另外40%是以总公司名义举借外债和国内贷款解决的。这么巨大的投入，单靠国家投资是困难的。石化总公司发挥集团优势，利用国家政策，凭借总公司的资产信誉，举借国外商业贷款和同地方合资兴建项目，在短短的几年里，连续建成了四套大乙烯，这在国内外石化发展史上都是引人注目的。

第三、完善经营机制，增强企业活力。各企业继续贯彻《企业法》，实行经理（厂长）负责制，注意发挥党委在精神文明建设和思想政治工作中的核心领导作用，职代会的民主管理作用，继续实行工资总额与经济效益、偿还贷款、技术进步、装置达标等复合指标挂钩，搞好分配领域的改革。在销售系统推行产运销和油化纤两个一体化，和计划内产品与计划外产品、国内市场与国际市场两个统筹安排，使计划经济与市场调节相结合的原则得到具体化。为适应生产发展和改革的需要，理顺内部体制，部分企业进行了两级法人改为一级法人的内部改革试点，使企业经营管理体制逐步趋于完善。

二、狠抓科技进步，增强企业的发展后劲

（一）发挥科技先行作用。石化总公司认真贯彻党中央提出的经济建设必须依靠科学技术，科学技术必须面向经济建设的方针，坚持振兴石化、科技先行的战略思想，始终把石化生产建设作为科技工作的主战场，大力推进科技工作与经济建设的紧密结合。同时，积极改革科技拨款制度，设立了科技开发、科研基建、基础研究、风险基金等项基金，推行技术合同和技术商品化，在工效挂钩方案中增加了技术进步考核内容等政策措施，鼓励和扶持企业依靠科技发展生产；并发挥集团经营和技工贸结合的优势，把科研、设计、教育、生产、制造、施工联成一条龙，开展了一系列重大科技开发项目的集体联合攻关，集中精力打歼灭战，实行科研、设计、生产三结合和干部、技术人员、工人三结合，使大批重大科技开发项目实现早出成果、早投入应用的目标。

（二）坚持挖潜改造。石化总公司把技术改造作为促进石化工业发展的强大动力，以技术进步为前提，走内涵扩大再生产的道路。因而积极推广应用新工艺、新技术、新设备、新材料，对现有的生产装置进行有计划、有重点的改造与更新，不断提高生产技术与装备水平。1990年共完成技术改造投资17.8亿元。其中，用于节能降耗的占7.9%，用于提高产品质量的占5.5%，用于增加品种的占10.5%，用于安全隐患整改的占6.2%。用于扩大生产能力的投资逐年下降，由1988年、1989年的36.1%、35.7%下降到1990年的30.6%。

三、提高产品质量，降低物质消耗

（一）进一步提高产品的竞争能力。首先，总公司系统各级领导有明确的质量意识，以质量求生存、求发展。在产品标准上，积极扩大产品标准覆盖面。在质量管理上，明确各级各类人员的质量责任，实行质量否决，严格考核，奖惩分明。推行全面质量管理，加强工艺纪律的检查监督。本着以预防为主和管重点、管因素、管薄弱环节的原则，确定等级，实行ABC管理，并与生产技术分析、QC小组活动结合，以常规仪表和在线质量仪表为主要控制手段，应用计算机离线调优、在线监测和参与工序管理及闭环控制，改进工序质量；加强售后服务，建立用户服务机构，配备专职人员，组织技术服务队，走访用户和上门服务，召开用户座谈会、办学习班，为用户提供最佳加工条件、培训产品测试技术人员，举办产品展销等多种形式，直接与用户见面，

尽力为用户服务。

（二）节能工作取得新进展。石化总公司坚持增产与节约并重，近期把节能放在首位的方针，依靠技术进步和现代管理技术，深入开展节能技术改造和用能系统优化，以节约求增产，以节能求效益，在节约能源、节能技术和节能管理等方面都取得了一定地进展。目前，已成立了总公司节能技术中心和节能监测中心，分别以节能教育、节能标准化等为内容开展活动和对企业用能情况开展监测。从总公司到企业形成了一个包括目标管理体系、责任体系、考核体系等在内的节能综合管理体系。

四、强化基层管理　积极推进管理现代化

石化总公司在集中精力搞好现代化建设的过程中，继承和发扬行业的优良传统，坚持企业以生产为本，管理以人为本；坚持把深化改革、扩大开放、搞活经营同强化基层管理、推进企业管理现代化结合起来，促进了管理水平的不断提高。

（一）形成了抓管理从基层抓起，抓基层从“三基”入手的管理思路和基层工作体系，基层工作走上了稳定发展的轨道。在管理实践中，各级领导认识到，企业管理千头万绪，首先必须把基层工作抓好，把“三基”工作作为企业管理永恒的主题歌。1989 年、1990 年分别召开了总公司企业管理工作会议和总公司班组长工作经验交流会，扭转了一些单位在由生产型向生产经营型转变过程中出现的以承包代替管理、重搞活轻基层管理、把推行管理现代化同加强基层工作对立起来等倾向，形成并逐步完善了改革搞活必须强化管理、从严治内，强化管理、从严治内必须从基层抓起，抓基层必须从“三基”工作入手的管理思路。

（二）建立健全了一套具有石化行业特点的管理制度，管理工作初步实现了标准化、制度化和程序化。为适应石油化现代化工生产客观规律的要求，各企业结合企业升级，在过去实践经验的基础上，逐步完善了一系列确保“安稳长满优”生产的规章制度，并且不断总结提炼新鲜经验，上升为工作标准、行为准则和作业程序，实行规范化管理。目前，各个生产岗位普遍建立并实行以工作责任心为灵魂、以岗位专责制为核心内容的十大管理制度。各个专业、各个工程都建立了具体详尽的操作规程、技术规程和开停车方案，使实践经验的结晶变成指导生产建设的规范。这些规章制度的内容，随着实践的发展也在不断丰富。

（三）开展群众性的达标创优活动，不断提高企业的内在素质。以提高经济效益为中心，开展群众性的多层次达标创优活动，是石化总公司强化管理的一种重要形式。1990 年起，总公司以引进的乙烯、芳烃、化肥和催化裂化装置为重点，在全系统开展包括产量、质量、品种、能耗、物耗、环保等六个方面达到设计标准的全面达标活动，以解决装置生产过程中存在的技术和管理问题。一年来，各企业从强化管理入手，开展技术攻关，进行技术改造和人员培训，实现了 50 套装置的全面达标，仅此一项，就新增效益 2 亿元以上。各企业还开展了个人素质达标、岗位规范达标、班组达标、车间现场管理达标、企业升级和各种小指标竞赛活动，通过设立个人和集体层层递进的奋斗目标和相应的物质与精神激励措施，激发全体职工的责任感、成就感和集体荣誉感，对于提高队伍素质、增加经济效益，都起到了积极的作用。

（四）积极推行管理现代化，提高企业管理水平。

1. 现代管理方法得到广泛应用。应用现代管理技术，人才是前提条件。总公司和企业首先抓人才培训，采取派出去或请进来的方法，通过多种形式、多种渠道，对职工进行管理现代化知识培训和文化技术教育，并把两者结合起来，在一般普及的基础上再重点提高，同时建立一支懂现代管理技术、热心管理现代化工作的骨干队伍。其次，完善管理现代化成果立项、实施、申报、评审、奖励一整套工作制度和标准要求，建立自上而下专人负责的组织保证体系，使管理现代化工作逐步走上规范化、制度化。第三，从实际出发，以生产经营为中心，从立项开始，重点抓住见效快、效益好的项目，寻求生产要素的合理组合和整体优化。不少项目直接解决了生产技术和管理工作中的难点，强化了内部管理。1990 年，总公司评出管理现代化成果一等奖 4 项，二等奖 18 项，三等奖 65 项。近年累计共评出一等奖 27 项，二等奖 119 项，三等奖 216 项。2 项获全国企业管理现代化创新成果二等奖。

2. 计算机应用有较快发展。按照技术先进、管理先进、信息灵通、效益显著的要求，积极采用电子技术、计算机技术和通信技术。到 1990 年末，总公司系统 50 个企业、事业单位中，有 48 个成立了信息中心或计算机室（中心、站），形成了一个统一领导、统筹规划、分级管理、各司其职的信息管理和应用体系。计算机应用取得了显著的成效。计算机辅助管理工作发展较快。并逐步向网络化方向发展。

目前，石化总公司系统正认真贯彻落实党的十三届七中全会和全国人大七届四次会议精神，进一步加强基础管理，推动技术进步，开拓国内、国际两个市场，为争取 90 年代石化工业的新发展，为实现我国社会主义现代化建设第二步战略目标作出应有的贡献！

（中国石油化工总公司　冯洵武）

推动企业技术进步

广西壮族自治区

改革开放以来，广西大力推进企业技术进步，促进了工业生产发展，增强了经济实力和发展后劲，取得了显著成效，主要表现在10个方面：

一、促进工业生产发展。改革开放前30年，由于历史的的原因，广西工业投入很少，企业规模小，装备落后，缺乏生产后劲。改革开改以来，广西通过多渠道、多层次筹集资金进行技术改造，技术改造投资累计达117亿多元，新增固定资产80多亿，使3000多个企业得到了不同程度的改造，产值超1亿元的企业由1980年的1个发展到目前的22个。通过技术进步新增 的工业总产值约占这个时期工业总产值增长总数的61%。

二、促进了产业结构的产品结构和调整，形成了一批支柱产品。改革开放以来，广西把技术改造的重点放在有优势、有地方资源的制糖、食品、轻工、机械、电子、汽车、有色金属、建材、电力、橡胶等11个行业。通过改造使 广西的轻重工业发展比较协调，产业结构逐步趋向合理，初步建立起生产门类比较齐全，以轻工业为主，具有地方特色，有一定竞争能力的工业生产体系，形成了一批支柱产品。如目前已形成日处理甘蔗12.5万吨能力，90年产糖135万吨，居全国第二位，成为全国最大的糖业基地。罐头生产能力25万吨，有色金属冶炼生产能力9万吨，其中锡、锑产量居全国第2位。水泥生产能力1300万吨，其中柳州水泥厂已形成年产水泥163万吨能力，是目前全国最大水泥生产厂家。

三、工业生产技术装备水平有较大提高。改革开放以来，广西引进国外先进技术和设备项目500多个，用汇4.5亿美元，连同国内配套费用，总投资近30亿元，引进的主要项目有彩色及黑白电视机、计算机软盘、磁带、录像带、微机、无线电双面多层印刷底板、铝电解电容器、480路微波通讯信道机、冰柜、冰箱、洗衣机、四色胶印机、软包装饮料、牙膏等20多条生产线和9000多台（套）设备。此外，还引进了水泥双系列窑外分解新工艺、平板玻璃浮法生产新工艺等一批专利技术。通过技术改造、技术和设备引进，目前，已建成了27条自动生产线，289条半自动生产线，53条机械手，6座加工中心。使一批大中型企业的生产技术有了较大提高，生产装备有了很大改善，部分行业和企业的面貌发生了显著变化。

四、应用电子技术、微电子计算机，改造了部分传统产业。近几年广西十分重视应用先进技术，对机床、制糖、造纸、食品、化肥、建材、纺织等传统产业进行改造，部分大中型企业实现了机电一体化、微电子计算机控制煮糖、食品发酵、味精结晶、锅炉自控调节、纸浆蒸煮、水泥配料、氮肥生产中氢、氮比控制、纺织生产中配棉（麻）等，逐步实现生产自动控制，减轻了工人劳动强度，提高了质量、降低了成本，取得了较好的经济效益和社会效益。

五、加快新产品开发。“七五”期间，广西新产品开发投入了6.06亿元，重点开发了2238个新产品，并已全部投产。全自治区新产品共创产值95.48亿元，创税利14亿元，创汇1.7亿美元。有89个新产品达到当年国际同类产品水平，有384个新产品达到当年国内同类产品水平，有的填补了国内空白和自治区空白。这批新产品的投产对广西产品结构的调整和产品更新换代，促进工业的发展，发挥了重要作用。

六、发展了一批新兴工业。通过技术引进和消化吸收，围绕地方资源优势，开发了一批新产品，发展了罐头、食品、饮料、食品添加剂、饲料、苎麻纺织、新型建材、中草药保健品、化妆品、电子医疗仪器、激光医疗保健仪器、彩色电视机、电冰箱、录音机、洗衣机、平板玻璃等一批新兴工业。这些新兴工业的建立，进一步改善了广西的产业结构，地方资源优势逐步得到了发挥。

七、提高了产品在国内、外市场的竞争能力，扩大了出口创汇。通过引进国外先进技术、名牌产品样机和专利，消化吸收和国产化，开发出一批具有国际先进技术水平的新产品，结束了广西工业产品没有国际先进水平的历史，有的填补了国内空白，有的代替进口产品，在国内外市场上有较强的竞争能力。已发展了一批外向型企业，扩大了出口创汇。目前，广西出口的主要工业品有罐头食品、纸张、皮革、服装、纺织品、电子、化工、机电、有色金属、冶金、建材、工艺美术和烟花炮竹等10多个大类，工矿产品出口已由1980年占广西出口总额的13%，上升到1990年的70%。

八、推广应用了一批新技术、新工艺。广西重点推广应用了38项新技术、新工艺，如稀土应用、金属喷涂（焊）、超声波塑料焊接、电刷镀、有机硅应用、仿金电镀、仿古电镀、高效工辅具以及节电、节能新技术等已在11个行业得到广泛应用，对提高产品质量，降低成本起了一定作用。

九、应用微电子计算机技术迅速发展。1989年，广西只有少数企业共有130多台微电子计算机应用于过程控制。到1990年已有80%的大中型企业推广应用了微电子计算机技术，拥有3500多台各种类型的电子计算机，广泛用于管理、生产过程控制和辅助设计等方面。

十、产品档次、质量水平有了显著提高。通过引进国外先进设备、先进技术、专利和按国际技术标准或国外先进产品技术标准组织生产，推行全面质量管理，强制抽查，开展产品质量评比等一系列措施，使广西的工业产品档次，质量水平有了显著提高，已有48项工业产品获得国家质量金、银质奖，有291项工业产品获得各部优质产品称号。1990年优质产品产值率达19%。其中机电产品档次质量提高最快。目前生产的3500种机电产品中，达到国际80年代水平的约占18%，达到70年代国了水平的约占63%。产品抽查合格率，产品一等品率，产品质量稳定提高率和优质产品产值率均高于全国平均水平。机械工业的全员劳动生产率、资金利润率、人均利润等指标，居全国各省市机械工业前5名。

（广西壮族自治区经委　温启焕）

宁夏回族自治区

宁夏回族自治区现有工业企业1911户，其中，全民所有制工业企业510户；大中型工业企业57户；地方预算内国营工业企业193户。1990年该区工业战线进一步推进治理整顿和深化改革，坚持以提高经济效益为中心，推动了工业生产、技术进步和企业管理水平的提高。

“七五”期间，宁夏回族自治区人民政府认真贯彻落实党中央、国务院关于发展经济主要靠现有企业技术改造，走内涵扩大再生产的指导方针，大力推进企业的技术改造工作，把现有企业的技术进步改造和新产品开发作为全区经济发展的重要途经。在此期间该区技术改造和新产品开发共完成投资12.5亿元，年均增长61.7%。全区地方大中型工业企业全部进行了不同程度的改造，通过技术改造和技术开发改变了企业技术落后，产品单调，竞争能力差的局面，企业的工艺技术装备水平，新产品的开发能力和生产能力有所增强，产品品种有了一定的发展，产品质量也有了提高，促进了全区产业结构，产品结构的调整和经济效益，出口创汇能力的提高。

“七五”期间，全区企业技术进步工作，由于采取了“宏观调控，微观指导；总体规划，分类指导；保证重点，兼顾一般”的做法，取得较好的成绩。据初步统计，到1990年底，该区已竣工投产的技术改造，技术引进和新产品开发项目实际增加产值87600多万元，创利税21900多万元，产值利税率为25%，平均每年增加的产值和利税分别占全区工业企业新增加数的30%和36%。通过技术改造，开发了一批出口创汇和替代进口节汇产品，年新增出口创汇400万美元，替代进口节汇300万美元。通过技术进步提高了产品质量。五年间，化工，轻纺，机械、制药等行业74户企业近300个产品被评为自治区优质产品，24个产品获部优质产品，6个产品获国家银质奖，2个产品获国家金质奖。目前已有许多产品参照执行国际标准或按国际先进水平组织生产，有些产品缩短了与国际先进水平的差距，还有一些产品在国内同行业中具有先进水平。通过技术进步，企业的工艺技术，装备水平和自动化程度有了较大提高。机械行业采用微电子技术改造现有设备取得了较好的成绩，为实现企业管理现代化和参与国际竞争创造了条件。通过技术进步，推动了全区工业企业的进一步发展。通过技术进步，加强了能源管理，使全区的节能工作，由过去的“扫浮财”堵塞“跑昌滴漏”的传统管理逐步转到抓基础工作，抓节能技术的科学管理，建立健全了节能机构，完善了能源计量手段，加强了能源定额管理、标准化等基础工作，改造了消耗高，能源利用率低的落后耗能设备，通过技术使全区节约能源五年累计达40万吨标准煤。

1990年该区企业技术改造共完成投资额28475

万元，占下达计划的92%。1. 按用途分：用于节能降耗的投资完成额占5.9%；用于提高产品质量的投资完成额占21.3%；用于增加产品品种的投资 完成额占33%；用于环境保护和安全措施的投资完成额占7.3%；用于增加生产能力的投资完成额占32.5%。2. 按行业分：用于能源行业的投资完成额占20.2%，用于交通运输（含邮电）的投资完成额占1.7%；用于原材料行业的投资完成额占27.9%；用于机械电子行业的投资完成额占20%；用于轻工纺织及其他行业的投资额占30.2%。3. 按项目分：用于改建项目的投资完成额占13.3%；用于扩建项目投资完成额占24.5%；用于其他改造项目的投资完成额占62.2%；没有新建项目。全年投产技术改造项目共31项，这些项目达产后，节能降耗水平可达到全国平均水平，重点耗能企业万元产值综合能耗可由原来的13.5吨下降到10吨标准煤。这些项目达产后，全部新增产值中，新产品产值率可达到51%，项目的投入产出比为1：1.21，投资利税率为29.3%。

（宁夏回族自治区经委　于德君）

南　京　市

1990年，南京市工业生产在市委、市政府领导下，经过广大干部职工的共同努力，克服了重重困难，获得了好的成绩。该市工业总产值完成200.24亿元，比上年增长9.96%，高于全国6%的速度，在计划单列市中位居第三。全市完成优质产品产值51.07亿元，优质品产值率达25.5%，比年度考核指标高7.5%，比上年提高0.59%。市属工业完成新产品产值32.6亿元，新产品产值率达25.4%，比考核指标高11.4%。全年市级财政收入完成21.39亿元，比上年增长6.93%。列入市28项奋斗目标的技术进步考核指标全面完成。

南京市工交系统坚持走以推进技术进步为主的内涵扩大再生产的路子，紧密围绕提高产品质量、降低物质消耗、调整产品结构、增加经济效益，搞好技术改造、技术引进和消化吸收工作，取得了显著成绩。

一、技术改造和技术引进项目进展顺利，一批重点项目竣工投产

1990年，南京安排5万元以上的技术改造项目513项，总投资22.6亿元，其中全民291项，总投资17.9亿元；集体222项，总投资4.7亿元。引进项目113项，总用汇1.8亿美元。全年计划投资8.8亿元，实际投入资金6.3亿元，为计划投资的71.7%。全民技改投入5.29亿元，其中银行贷款2.25亿元，企业自筹1.72亿元，利用外资0.5亿元，其它0.8亿元。集体技改投入1.02亿元，其中银行贷款0.46亿元，企业自筹0.44亿元，其它0.12亿元。全年地方工业完成工作量5.5亿元，其中全民4.65亿元，为国家下达该市全民技改投资规模4.3亿元的108%，比上年增长1.8%。市下达当年计划竣工项目151项（全民79项，集体72项），实际竣工162项（全民80项，集体82项），其中南京化纤厂引进锦纶长丝生产线、南京工艺装备厂滚珠丝杆等10个“七五”重点技术改造项目全部竣工投产。所有竣工项目投产达产后，按可行性报告计算，可以达到年新增产值13.3亿元，利税1.34亿元，创汇5892万美元。

1990年，南京市本着突出调整、突出市场、突出重点的思路来开展技术改造，使“电、汽、化”优势得到进一步强化。当年，先后安排了录相机、打印头、彩管偏转磁芯、磁控管、火花塞、钛白粉、三聚氰胺等改造项目116项，总投资5.8亿元，总用汇4734万美元，1990年计划投资2.15亿元，分别占年度项目计划数的22.6%，占当年投资计划的24.4%。这些项目达产后，可年新增产值17亿元，利税2.8亿元，创汇4654万美元，为实现市政府提出的“八五”期末“电、汽、化”产值各达100亿元的目标打下了良好基础。

为了进一步提高产品质量，尽快形成规模经济，切实增强南京市主要工业产品的市场竞争能力，1990年，全市技术改造围绕当年40个重点产品、52个畅销产品安排了138个项目，总投资11.8亿元，当年计划投资4.6亿元，占年度计划投资的52.2%。如烟厂技改工程、玉环牌热水器、农用车改造等项目，都具有起点较高、适度规模经济、市场适销、效益较好的特点。

南京市还坚持技术改造与重点扶持大中型企业紧密结合。1990年，占总数一半以上的77个大中型企业技术改造项目安排了146项，总投资12.34亿元，当年计划投资4.78亿元，占市年度计划投资的54.2%。南京机床厂数控机床生产线改造竣工投产后，可以新增产值924万元，利税350万元，创汇300

万美元；油脂化工厂钛白粉生产设备改造完成后，不仅提高了产品档次，也可以年新增产值 2200 万元，利税 1661 万元，大大增强了大中型企业的发展后劲。

通过积极利用外资改造老企业，不仅部分缓解了国内资金紧张的矛盾，同时提高了工业企业的整体素质。1990 年，南京市利用外资改造老企业 34 项，总投资 3750 万美元，其中直接利用外资就达 1250 万美元。宁达塑料制品有限公司 1990 年改造总投资 170 万美元，直接利用外资 67.5 万美元，从报告到投产仅用了 4 个半月的时间；强生家具有限公司利用原有厂房设备改造，总投资 120 万美元，利用外资 58.2 万美元，产品 100%返销。利用外资改造老企业，对于解决资金不足问题，加快产品更新换代步伐、提高产品质量和劳动生产率等都取得了明显成效。

二、技术开发意识日益增强，加快了产品结构调整步伐

1990 年，工交企业在市场销售疲软的困难情况下，技术开发意识比往年又有新的增强，开发工作出现好势头，新产品产值的比重在南京市工业总产值中不断加大，越来越显示出其在全市工业经济发展中的支撑和推动作用。全年，南京地区完成开发新产品总数为 1100 项，其中 110 项达国际先进水平，占 10%；678 项达国内先进水平，占 61.8%；当年鉴定 547 项，占 49.7%；新产品投产总数为 882 项。在开发投产的新产品中产值达 1 亿元以上的有 2 项，达 1000 万元以上的有 17 项，达 100 万元以上的有 137 项。这对产品结构调整，经济稳定增长起到了主要作用。地方工业（含县区）计划开发的新产品总数 902 项，完成试制任务 734 项，完成率为 81.4%～1.4%，其中已鉴定 496 项，鉴定率为 55%，当年投产 303 项，占 33.6%。全市地方工业新产品投产总数 579 项，列入市 28 项奋斗目标的 100 个重点新产品全部完成。

1990 年，南京市坚持以拳头产品为龙头，搞好系列配套开发。南联南京分公司以汽车为龙头，开发配套新产品 63 项，当年投产 30 项，新产品产值已达 35.4%。该公司所属轴承厂、汽车电器厂、半轴厂等开发的新产品不仅提供南汽配套，还有半数以上的企业新产品打入了国际市场。二轻局开发的汽车塑料标牌、多功能电击器、汽车电器盒、搪瓷浴缸、涤纶纸芯园线等新产品产值均达百万元以上，有的已形成拳头。白云石矿利用较丰富的金属镁资源，开发出压铸镁合金，用于制造桑塔纳轿车变速箱，其性能已达德国同类产品水平，1990 年产值已达 400 多万元，利税 85 万元，新产品实现利税已占该矿的 43.8%，改变了过去低产值、低效益的被动局面。

广大工交企业，为增强市场竞争能力，提高经济效益，不断地向技术开发的高水平进军。江宁县金箔总厂开发的印有各种字母和汉字的金拉线很快占领了国内市场，新产品产值已占该厂 1990 年总产值的 65%以上。机械局系统开发的高速重载齿轮、FMC－500 柔性制造单元，中山集团开发的无线电力负荷监控系统、CYZ－1 型银行存折打印机等新产品，均达到国际或国内先进水平。仪表公司开发的彩色显微镜电视、水泥窑炉电吸尘、微机化船舶机轮自动控制系统等新产品，都具有较高的技术起点和潜在市场。

随着技术开发步伐的加快，工交系统涌现出了一批如压缩机厂、东方无线电厂、化妆品厂、有线电器材厂、714 厂等新 产品开发的排头兵。这些排头兵的特点是：组织人员落实、资金奖励落实、技术措施落实、开发计划落实，试产和投立了一批有水平、有批量、有市场、有效益的 100 万元以上产值的新产品 156 个，实现总产值 11.2 亿元，利税 1.48 亿元，创汇 2767.7 万美元。年产值在亿元以上的有 3631A 平面直角式彩电、3608A 立式彩电；年产值在千万元以上的有 EQI6H20D 系列柴油变型车、5A 型热水器、亚力龙虎啤酒等 17 个新产品；产值在 100 万元以上的有 T30 系列无润滑压缩机、KC－16 家用空调、飞马牌 20吋自行车等 137 个新产品。

三、工业产品质量稳中有升

1990 年，各工业局（公司）和企业领导质量意识进一步增强，一手抓生产，一手抓质量，总的来看，工业产品质量稳中有升。列入国家、省、市考核的 300 项主要产品质量指标累计稳定提高率达 91.86%，比上年增加 1.82%，比考核指标高 9.86%；300 项主要产品质量指标累计计划完成率达 98.99%，比考核指标高 3.99%，比上年提高 1.34%。采用国际标准 58 项，比考核指标增加 8 项；企业计量定级升级通过验收 230 家，比考核计划增加 130 家。产品获国家质量奖 10 项，其中南京晨光机器厂大型青铜制像、金陵石化烷基苯厂 G1GE 牌烷基苯、南京电力自动化设备厂飞达牌 JBZ 系列 500KV 变压器保护装置 3 项产品获金牌奖；获银牌奖的 7 项，无线电七厂雨花牌 TDQ3B4 型电子调整谐器，突破了该市市属电子行业 5 年无国优的徘徊局面。南京教学模型厂的金陵牌 J3301 型人体头、颈、躯干模型，填补了我市乡镇企业创国优的空白。全市工业产品获国家质量奖总

数居全国城市第4位、省会城市第2位、计划单列市第3位，受到国家质量奖评定委员会办公室的致函祝贺表彰。此外，创省、部优产品200项，市优133项。

1990年，南京市指令性推行全面质量管理系列标准。在全市范围内组织了2.5万人TQC知识统考，目前已有10.5万人经培训统考合格获得证书。同时广泛宣传贯彻GB/T10300全面质量管理系列标准，并在413个企业重点推行，促进企业靠近国际标准组织生产，提高工业产品质量水平。

南京市注重加强质量监督，按章处理伪劣产品。近几年，除国家、部门和省组织对产品质量进行监督抽查外，该市每年制定800项重要产品质量抽测计划。1990年。国家抽查40项产品，合格率为75%；省抽查55项产品，合格率为76.36%；市抽查1696项产品，合格率为82.84%。从质量监督抽查的情况看，我市主要产品质量是稳定的，其中大中型企业产品好于小型企业、乡镇企业；本地产品质量好于外地产品。对不合格产品，按"南京市产、商品质量监督处罚规定"给予处罚，以促使其提高产品质量。

南京市把"依法用法"放在质量管理工作的突出位置。1990年，在产品创优、质量监督、创先进企业、领取生产许可证等项工作中，认真贯彻执行了《工业产品质量责任条例》、《计量法》、《标准化法》、《商标法》和生产许可证等法规制度，有法依法，有章必循，依法管理，按章办事，使质量工作逐渐走上法制的轨道。全年，有82个产品、81家企业依法通过了国家产品生产许可证发放验收。并对地方啤酒、饮料、包装产品、防盗门等组织了验收发证工作。同时，对生产和流通领域的无证产品按章进行查处，先后检查了172个单位534个品种，其中按章查处无证产品194个，占被查品种的36.5%。

四、引进消化吸收和新技术推广工作步人新的发展阶段

1990年，市政府批准建立了南京市新技术推广站，这标志着该市新技术推广工作开始了一个新的阶段。该市新工艺、新技术、新材料推广应用65项，数量技术改造老机床64台共123个座标。全年，应用微电子技术改造生产线10条，是南京市历年来最多的一年。完成微电子技术开发项目215项，计算机控制工业锅（窑）炉5台（套）。完成年节汇在百万美元以上的重点引进消化吸收项目35项，其中国产化率达100%的有17项，达70%以上的有16项，这些项目替代进口共节约外汇1.28亿美元。

（南京市经委　杨如彬）

促进企业升级

山　东　省

1986年以来，山东省认真贯彻落实国务院《关于加强工业企业管理若干问题的决定》(以下简称决定)，以企业升级为主线，以推行和完善厂长负责制、承包经营责任制为动力，推动企业不断加强基础建设，提高管理水平，企业升级工作也取得了较大进展和可喜成绩。

一、1990年企业升级工作总的指导思想

从1986年到1989年底，山东省企业升级工作由点到面逐步展开，不断向纵深发展。省级先进企业标准经过三次修订试行，于1989年由省企业管理领导小组办公室统一审定后颁布执行，使该省主要行业和重点产品都有了升级标准，标准覆盖面达到90%以上；企业升级工作的评审办法不断完善，全省形成了一支有丰富的企业管理实际工作经验和专业、综合管理部门业务骨干参加的企业升级咨询、评审队伍，企业升级考评质量逐年提高；制订了《山东省企业升级复查暂行办法》，认真开展了对已升级企业的复查工作。但是，在实际工作中也暴露出一些问题。一是有的标准指标不全面、约束性差，有的明显偏低，失去了标准的先进性和科学性；二是企业评审工作仍然比较繁琐，还没有完全达到标准化、规范化的要求；三是企业升级工作由于上下认识上的问题，重点企业不够突出，非工业企业和小型企业升级比例仍然过大；四是也出现了地区和行业片面追求升级数量、互相攀比的问题，少数企业指导思想不够端正，把升级作为唯一的目的，重指标，轻管理，存在套标升级的倾向。该省包括已升级的企业，基础工作不扎实，现场管理脏乱差，仍然是企业管理工作中的突出问题和薄弱环节。他们根据国务院企业管理指导委员会关于《一九九〇年企业升级工作的安排意见》和省企业管理领导小组的有关要求，针对实际存在的问题，研究提出了1990年企业升级工作的指导思想。这就是：紧紧围绕治理整顿的目标和任务，把企业升级工作与深化改革、开展“双增双节”运动结合起来，引导企业把升级的积极性和工作重点放到眼睛向内，练内功、挖内潜，向管理要效益上来，防止和克服“重指标、轻管理”，“套标升级”和追求数量、忽视升级工作质量的倾向。

二、1990年抓的几项主要工作

(一)进一步完善省级先进企业标准。省经委本着大的结构不动，小的方面调整和不再出台新的标准的原则，对少数标准考核指标不完整和不合理的，进行了补充调整，以保持标准的科学性和先进性；对企业兼并后的效益计算问题，企业新招收职工岗前培训期间的人数计算问题，以及机电产品的进出口差价等问题，在修订标准过程中作了一些补充规定，以保持标准的合理性。为了引导企业加强管理，他们对省级企业标准又增加了现场管理和向管理要效益，推行管理效益考核的内容。同时，我们还对省级标准的制订、修订、颁布实施及解释程序等作了必要的规定，以维护标准的严肃性。

(二)突出重点，控制数量好中选优。优先从技术复杂，管理水平高的大中型企业、国家和省里确定的885个“双保”企业和重点出口创汇企业中选拔。对升级数量过多的小行业和生产国家、省产业政策中重点限制产品的企业，以及企业规模小、产品档次低、技术装备差、管理手段落后的企业，实行了严格控制。鉴于流通企业、乡镇企业量大面广、门类繁杂、情况各异和标准可比性差、管理基础不扎实等实际情况，仍然采取试点的办法，严格控制升级数量。

(三)改进推荐、考核办法。一是省级企业的评审分两步走，先层层把关推荐上来，然后由省里会同有关部门按照升级工作的重点和控制办法，确定考核对象，下达名单后再组织正式考核，使整个企业升级工作按照省里确定的原则，自始至终处于调控状态。二是条块结合、各有侧重、共同把关。地、市主要是从企业管理工作方面进行把关，行业主要是看企业指标完成情况

准先进，不断地克服企业管理工作的薄弱环节，推进技术进步，提高产品质量，降低物质消耗，加强安全生产，提高经济效益，有计划、有步骤地向更高一级水平攀登。但企业升级这种办法并不能适应所有企业，特别是对众多的中小企业缺乏应有的压力和动力，以致使这些企业在管理上缺乏必要的行政调控手段，管理落后的状况长期不能改变。另外，对已升级的企业，如何推动它们在管理上进一步提高，逐步实现规范化管理，特别是引导企业对生产现场进行综合治理，建立起良好的生产环境和生产秩序。这两方面的问题摆在我们面前，为此他们在大量调查研究工作的基础上，经省人民政府同意，决定拓宽企业升级的工作面，对企业升级的内容加以补充、延伸，用开展企业管理基础工作达标和推行现场管理规范化的方法，促使企业下真功夫、笨功夫扎扎实实地打基础、上水平。为了抓好这两项工作，贵州省制定了《贵州省企业管理基础工作考评标准》和《贵州省工业企业现场管理规范》，并结合贵州省实际，组织编写了有关加强企业管理基础工作的培训教材，举办了培训班，抓了试点。经过一段时间的试点、推广，他们认为，这两项工作做为企业升级的双向延伸，针对性强，目标明确，能够操作，深受企业的欢迎。

一、开展企业管理基础工作达标活动

通过前几年的企业整顿和近几年的企业升级，贵州省的企业管理水平虽有一定程度的提高，但从整体来看，管理落后的状况并未根本改变，特别是基础管理不扎实。许多企业仍然存在着标准不高、定额不全、计量不准、信息不通、制度不严的混乱现象，直接影响着企业的正常管理和生产经营。这些企业由于基础工作差，管理落后，产品质量、物质消耗、经济效益指标水平都比较低，距企业升级标准甚远，因而对企业升级不那么关心，对加强自身的管理也无明确的目标，以致企业长期在困境中徘徊，难于翻身。开展企业管理基础工作达标活动，为这部分企业加强管理提供了动力机制。

开展企业管理工作达标活动，首要的是要制定严格而科学的考核标准，否则就无法衡量。贵州省制定的企业管理基础工作考评标准包括标准化工作、定额工作、计量工作、信息工作、规章制度、基础教育、班组建设等七项基础工作内容，每项基础工作都有明确的考评分项目，每个项目分优良、合格、不合格三档，有具体的考评计分标准。总评采用1000分制，总分在700分以上为合格，850分以上优良，不满700分为不合格。贵州省规定，企业管理基础工作达标活动纳入企业升级工作范围，在各级加强企业管理领导小组及其办公室的统一领导下，由各级企业主管部门负责组织实施，行业管理部门积极指导。所有未升级的企业（没有进入省预备级以上的企业），都必须开展企业管理基础工作达标活动。达到标准的企业经审定后，颁发“贵州省企业管理基础工作合格证”。所有取得这项合格证的企业，企业升级时其管理基础工作可以免检。而对凡未晋等升级的企业和未取得企业管理基础工作合格证的企业，从1992年起，企业产品不得申报评优，企业不得评先进，企业领导人不得评为优秀企业管理者。

开展企业管理基础工作达标活动，另一个重要环节是要抓好培训，统一掌握考评评分标准。为了做好这方面的工作，省经委分管领导亲自撰写了教材的主要章节，他们用自编的《企业管理基础工作培训教材》，在1990年，省、地两级共举办了26期企业管理基础工作培训班，培训人员达1000余人。省和地区及一些行业管理部门都召开了企业管理基础工作考评现场会，演示考评程序，统一掌握评分尺度。截止1990年底，该省已有56户企业获得企业管理基础工作合格证。

二、推行现场管理规范化

“七五”期间，贵州省企业在“抓管理、上等级，全面提高企业素质”工作中，开始注意加强和改善生产现场管理，从1989年底《贵州省企业管理基础工作考评标准》颁发以来，许多大中型企业和取得基础工作达标合格征的企业，加快了这项工作的步伐，取得了一定成效。一些行业、部门和企业根据上级有关部门的布置，率先把搞好现场管理提到重要的议事日程。化工、机械、冶金、电力、烟草等行业，初步制定了现场管理的有关条例，并抓了不同类型企业的试点，初步摸索出了搞好现场管理的路子。但就贵州省来讲，加强企业现场管理的工作仍然处在起步阶段。现场管理一直是贵州省企业管理工作中的一个薄弱环节，除少数国家级企业现场管理较好外，多数企业还没有引起足够的重视，不同程度地存在着脏、乱、差现象，这也是导致产品质量差、物质消耗高、经济效益低、安全事故多的一个重要原因。为了使企业升级工作进一步引导所有企业普遍提高生产技术和管理水平，贵州省在1990年全国企业管理工作座谈会后，对企业现场管理的现状进行了一些调查研究，决定在“八五”期间，在全省工业企业中，对生产现场进行综合治理，推进现场管理规范化，作为强化企业管理，向管理要质量、要资金、要能源材料、要效益的一项重要措施。

现场管理规范化的目的在于实现企业的整体优化，核心是优化生产力，使各系统经常处于最优状态。根据各企业的不同条件，企业的现场管理优化并不是“整齐划一”的。《贵州省工业企业现场管理规范》作为一个通用规范，主要围绕上质量、增品种、创效益来制定，共分十个部分——文明生产、安全生产、质量监控、生产作业、工艺纪律、劳动纪律、定置管理、设备运转、工量具管理、班组管理，计60条。考评也采用1000分制，700分以上为合格，850分以上为优良，不满700分者不合格者。企业升级考评和复查，都要把现场管理作为考核重点之一，要求国家级企业必须达到优良水平，省级和预备级企业必须达到合格水平，达不到要求水平的企业不能晋等升级。评选优秀企业管理奖、优质产品、优秀企业家等荣誉称号时，现场管理水平也是其中一个重要条件。考核可与企业管理基础工作达标，企业升级同时进行，填写统一发的“考评记录表”。

三、今后工作的打算

贵州省在“七五”期间，企业升级工作作为加强企业管理的一种有效形式，正在和继续发挥很好的激励作用，作为补充和延伸的基础工作达标和现场管理规范化，也正在推行和不断完善。在今后的工作中，他们打算：

（一）首先要在国家级企业标准修订后，对现行省级先进企业标准进行修订。标准水平要比“七五”有所提高。要对升级的范围进行必要的等级限定。其次，要从严要求，保证升级质量，凡晋等升级企业必须在五个方面作到完全合格：企业坚持社会主义方向，守法经营；企业具有相应等级的管理水平；三项技术经济指标完全达标；企业发展有后劲；安全生产合格。

（二）强化基础管理，深入开展企业管理基础工作达标活动。要求各地区、各部门和企业首先要制定规划，“八五”期间，要有50%的企业基础管理工作达标。对企业领导干部和管理人员，要分期分批进行培训，以提高知识水平和管理才能。

（三）大力整顿和加强现场管理。要求国家级企业要在年内成为省内所在行业现场管理的样板厂；省级先进企业要在一至二年内达到基本要求，使现场管理上一个新台阶；其它企业也要在三至五年内达到基本要求，使现场管理有明显改观。

（贵州省经委　张国昭）

新疆维吾尔自治区

1986年国务院发布了《关于加强工业企业管理若干问题的决定》后，新疆维吾尔自治区即开展了以提高产品质量、降低物质消耗、增加经济效益为考核内容的企业升级工作。经过“七五”期间的企业升级，该区企业面貌发生了较大变化，完成了企业经营机制，提高了企业素质，促进了生产发展和经济效益的提高。

一

企业升级标准是企业升级的基础和依据，截止1990年底，该区共制订审批发布了33批230个标准，占应制订标准的82.1%。经过四年的评审和复查，共有240个企业进入了不同等级，其中，国家二级企业16个，自治区一级企业137个，自治区二级企业87个。已升级的企业中，工业企业142个，占升级企业的59.2%。企业升级工作的开展，有力地推动了企业管理工作。

企业管理基础工作有所加强。标准化工作：工业产品标准覆盖率已达80%以上，大中型及骨干企业的产品都能按标准组织生产，1989年底采用国际标准生产的产品已达251个，有的企业已建立起包括技术标准、工作标准和管理标准的标准化体系。计量上等级工作取得了一定成绩，已获得二、三级计量合格证的工业企业1100个，占全区独立核算工业企业总数的27%。基础教育有所发展，采用多渠道、多层次、多种形式对各类人员进行基础知识、专业知识的教育，“七五”期间共培训各级各类干部1.5万人，有的地区和部门还在一些企业中实行了工人技师制度。此外，信息工作、定额工作有所加强，规章制度逐步完善，班组建设有一定进展。

各项专业管理不断强化。在市场疲软、产品积压的情况下，企业都强化了销售工作，积极处理积压，减少库存，进一步搞活资金。为了加速产品结构的调整，许多企业建立、健全了技术开发机构，加强了技术管理，努力开发新产品，更新换代老产品，推广新技术，加速技术改造的步伐。加强了能源管理，深入开展以调整产品结构和节能降耗为重点的“双增双节”运动，1989年与1980年相比，万元工业总产值综合能耗年降低率为3.8%。加强物资管理，在原材料消耗方面也取得了明显的效果。

现代化管理有了一定发展。推行全面质量管理取得了明显成效，1986年以来，全面开展了全面质量管理基本知识的普及教育和统考，先后有43万职工获得了合格证书。普遍开展了QC小组活动，已获成果7743项，产生直接经济效益达2.4亿元。“内部银行”逐步推广，已有87个企业办了“内部银行”，对用好用活资金，加速资金周转起到了积极作用。市场调查和预测、ABC管理法、网络技术、量本利分析、价值工程等方法，也被一些企业应用，取得了一定效果。部分企业采用了计算机辅助管理。

二

实践证明，企业升级是强化企业管理的一种有效机制，是各行业、各地区引导企业赶超国际、国内和区内先进水平的重要手段。但是在实践过程中也确实发现了一些问题，需要在“八五”期间进一步完善。主要问题有下面三点：

一是企业升级面很小，不能推动所有企业加强管理。新疆区一级企业标准是全区同行业的先进水平，区二级企业是全区同行业的平均先进水平，因而企业升级标准的覆盖面是很小的。四年来，我区升级的工业企业仅占全区独立核算工业企业的3.5%。许多企业因产品结构、生产规模、物质资源、地理位置等诸因素的制约，决定了它在若干年内升不了级。这些企业认为升级指标“高不可攀，可望不可及”，失去了升级的信心和加强企业管理的动力机制。

二是存在“套标升级”的倾向。有的企业特别是一些生产基础比较好，经济效益比较高的企业，不是通过抓管理上等级，不是通过企业升级促进企业进一步加强管理工作，而是热衷于套指标，把产品质量、物质消耗、经济效益、安全生产作为升级的硬指标，而把企业管理作为一项软任务。结果，已升级的部分企业，管理工作得不到加强，缺乏应变能力和竞争能力，在市场和外部环境变化的情况下，指标又降下来了。1990年该区对已升级的127个企业进行了复查，其中，指标下降达不到原等级标准的企业达46个，占复查企业的36.2%；经审定，13个企业被撤销了称号，22个企业被黄牌警告限期整改，两项共占复查企业的27.6%。

三是单项管理升级与企业升级的关系不顺。各专业管理的单项升级无疑对企业管理工作是一个加强。但各项升级都强调自身工作的重要，都要作为企业升级的先决条件和否决条件。虽然自治区多次重申：各种单项升级一律不得作为企业升级的否决条件，但在具体工作中，重复检查的情况比较普遍，搞得企业无所是从，增加了企业的负担。

三

根据1990年全国企业管理工作座谈会的精神和上述存在的问题，为了配合今年的“质量、品种、效益年”活动，使之真正收权到实效，该区研究制订了完善企业升级工作的办法，并从今年开始实施。具体措施有以下几点：

硬化对企业管理工作的改换，克服“套标升级”的倾向。组织制订了工业、交通、商业、建筑、物资、供销社、农行等七大行业的《企业管理评价标准》，对企业管理的各项工作实行了定量化考核。《企业管理评价标准》分为企业的经营决策、企业领导体制与组织机构企业管理基础工作、各项专业管理、现代化管理和社会主义精神文明建设等七大类二十四项管理内容。它概括了企业管理的所有内容，覆盖了全疆所有的行业和企业。为了通过企业升级达到提高企业管理水平，全面提高企业素质的目的，在全疆开展了企业管理工作达标活动。企业管理工作达标作为企业升级的先决条件，企业管理工作达不到相应的等级标准，不能申报企业升级，以促使企业走“抓管理，上等级，全面提高企业素质”的治本升级之路，彻底克服“套标升级”的倾向。

扩大企业升级复盖面，增强企业升级的动力机制。针对大部分企业升不了级的问题，《企业管理评价标准》中，除了制订了自治区一级和二级管理评价标准与企业升级的等级相对应外，又增设了一个基础级，它对所有企业提出了管理工作方面的基本要求。凡延期升不了级的企业，都要对照基础级企业管理评价标准组织达标。达标合格企业，自治区颁发“企业管理工作（基础级）合格证书”，以鼓励企业加强管理。为了有组织、有计划地广泛开展企业管理达标活动，每年自治区向各地州市和企业主管部门下达达标指标。达标进展情况列入自治区的统计序列和调度会的内容，实行月统计、月调度，逐级推进企业管理工作达标活动。

进一步理顺单项管理升级与企业升级的关系。《企业管理评价标准》包括了企业管理的方方面面，其中也包括标准化、计量、能源、会计、档案、民主管理等各专业管理的单项升级内容。评价标准中明确规定，凡单项管理升级的企业，在企业管理达标验收时，该单项管理的考核内容免检，以防止对企业的重复检查。《企业管理评价标准》采用1000分制考核，800分为达标合格分值。同时又增加了一个制约条件，即：七大类每类的分值必须达到所占分值的60%，否则达标不合格。以此促使企业加强各项专业管理，全面强化企业管理。这样以来，通过达标既促进了各项专业管理和单项升级，又使单项升级与企业升级有机地结合起来。

实行企业升级评审员制度，不断提高企业升级的评审质量。“七五”期间，在企业升级评审工作中，也出现了标准掌握不严，个别升级企业质量不高的问题。为了在“八五”期间进一步搞好企业升级工作，严格执行标准，保证企业升级质量，从今年起实行企业升级评审员制度，评审员是受自治区经委及行业主管部门委派，具有一定条件、经培训合格的从事企业管理工作的人员。其主要任务是对企业升级和企业管理工作达标进行综合评审，在评审期间享有规定的权利，承担规定的责任。

保证企业升级质量，修订、完善企业升级标准。为了提高企业升级质量，随着经济的发展和国家级企业升级标准的修订和调整，区经委将全面修订和调整自治区级的企业升级标准，以保证标准的先进性。新标准颁布后，对已升级的企业要重新进行资格认定，达不到新标准要求，经过一年整改仍达不到标准的企业，将取消企业等级称号。

四

为了把新疆区经济工作真正转移到以提高经济效益为中心的轨道上来，在今年初自治区召开的经济工作会议上，确定了新疆区"八五"期间企业管理工作的规划。企业管理的指导思想是：继续坚持贯彻治理整顿、深化改革的方针，以提高产品质量、降低物质消耗、提高经济效益为中心，以企业升级为主线，突出以人为本的管理思想，以强化企业管理基础工作和生产现场管理为重点，加强各项专业管理及综合管理，推进管理现代化，全面提高企业管理的整体素质，促进全区经济持续、稳定、协调地发展。

企业管理的总目标：在"质量、品种、效益年"活动中，加强企业管理基础工作，使之达到健全、完善、配套、协调，初步形成一个适应治理整顿、深化改革和管理现代化要求的管理基础工作体系，使该区的企业管理水平上一个新台阶。经过"八五"期间的努力，该区企业管理基础工作初步形成系统化、标准化、科学化的工作体系，企业管理水平和产品质量、物质消耗、经济效益达到全国的平均水平。

具体目标：在全面提高和修订企业升级标准的基础上，增大企业升级的比例，全部独立核算工业企业升级面达到7%以上，其中，3－5个企业进入国家一级企业，35－40个企业进入国家二级企业的行列；全面开展企业管理达标活动，全民所有制独立核算工业企业达标率在80%以上；加强标准化工作，中央及自治区直属企业要建立以技术标准为主体，包括工作标准、管理标准在内的标准化体系，标准化工作达标率：中央企业达90%以上，区直属企业70%以上，其它企业达30%以上；积极开展计量定级、升级工作，取得计量合格证的企业达60%以上；不断扩大定额面，劳动定额复盖率达95%以上，定额水平达到全国同行业的平均水平，建立、健全物资、能源、资金、费用定额，定额面达70%以上；加强干部、职工岗位培训工作，"八五"期末全面实行持证上岗制度；广泛推广现代化管理方法，已升级的企业实现管理思想、管理组织、管理方法、管理手段、管理人才的现代化，推广计算机辅助管理并不断扩大应用范围；加强生产现场管理，进一步挖掘企业潜力，已升级企业达到生产现场管理的科学化、规范化和程序化。

为了达到上述目标，首先要加强宣传教育，强化管理意识，提高对企业管理工作重要性、迫切性、长期性的认识，增强五个观念，处理好四个关系，实现三个转变。增强五个观念：一是增强市场观念，根据市场需求制订经营战略，调整产品结构；二是增强竞争观念，提高产品质量，以质量求生存；三是增强效益观念，树立"管理就是生产力"的思想，向管理要效益；四是增强人才观念，加强职工培训，提高职工的群体素质；五是增强法制观念，以法从严治厂，依法维护企业的合法权益。处理好四个关系，是处理好加强管理与深化改革的关系；加强管理同技术进步的关系；加强管理与企业效益的关系和与精神文明建设的关系。逐步实现由传统管理向科学化管理或由科学化管理向现代化管理的转变；由粗放经营向集约化经营的转变；由产值效益型向质量效益型的转变。

其次，要建立企业管理保证体系。企业管理是个系统工程，只有建立完善、配套的管理体系，能提高企业管理的整体功能。主要建立质量保证体系、物资消耗保证体系、经济效益保证体系、安全生产保证体系和思想政治工作保证体系，以实现管理上全方位、全过程的优化，发挥各体系的管理功能。

（新疆维吾尔自治区经委　王建新）

哈尔滨市

1990年哈尔滨市紧紧围绕"抓管理、上等级、全面提高企业素质"，全方位地开展企业升级活动，涌现出一批国家级、省级、市"小明珠"企业。哈尔滨锅炉厂和东北轻合金加工厂成为国家一级企业，哈尔滨电机厂被列为国家一级预考核企业。62户企业晋升为国家二级企业（其中：中直、省直企业9户，市工交企业39户，商业企业6户，建筑安装企业6户，粮食企业2户）。217户企业晋升为省级企业（其中：中直、省直企业42户，市工交企业121户，商业企业19户，建筑安装企业17户，粮食企业15户，金融企业3户）。135户企业成为市"小明珠"企业（其中：中直、省直企业2户，工交企业98户，商业企业13户，粮食企业7户，建筑安装企业11户，其它企业4户）。

严格质量管理，产品水平不断提高。各等级企业把采用国际标准，推广新技术，加快技术改造步伐，作好技术引进的消化等工作结合起来，产品质量稳步提高。1990年创国优产品(金银牌)5种，其中金牌产品2种，银牌产品3种。据对93户省级以上工交企业统计，全年优质产品产值266 622万元，比上年增长3.84%，优质品产值率为54.84%，比上年提高1.95%。优质品产值率超过50%的企业由上年的64户增加到69户，超过80%的企业由27户增加到29户。33户“小明珠”企业优质品产值9 196万元，比上年增加20.6%，优质品产值率为56.6%，比上年提高4.7%。

按国际先进标准和国家标准组织生产。据对126户工交等级企业统计，按国际标准组织生产的产品由上年的168种增加到179种，产值由52 225万元增加到87 597万元，增长67.73%，产值率由12.22%提高到18.51%，提高6.29%。按国家标准生产的品种由上年的693种增加到726种，产值由上年的156 547万元增加到172 984万元，增长10.5%。按专业标准生产品种由上年的635种增加到677种，产值由上年的125 103万元增加到125 933万元。据对38户国家级工交企业调查，1990年按国际标准组织生产的产品114中，比上年增加5种，产值达到80 479万元，比上年增长71.77%，产值率由上年的18.95%增加到28%，提高9%。按国家标准生产的品种为375种，比上年增长13.28%。执行专业标准的产品625种，比上年增加22种，产值达到162 299万元，比上年增长8.37%。

一批产品进人国际、国内、省内的先进行列。据对93户省级以上工交企业统计，1990年达到当代国际先进水平的产品157种，比上年增加9种，产值达到39 304万元，增长21.85%，产值率由上年的7.89%提高到8.66%，提高0.77%。达到国际70年代末80年代初水平的产品574种，比上年增加31种，产值达到170 701万元，比上年增长4.43%。达到国内先进水平的产品1 201种，比上年增加60种，产值达到313 556万元，比上年增长10.18%。达到省内先进水平的产品1 509种，比上年增加70种，产值达到391 097万元，比上年增长13.51%。据对国家级工业企业调查，达到国际先进水平的产品由上年的27种增加到35种，产值由上年的26 489万元增加到31 733万元，增长19.8%；产值率由上年的10.71%提高到11.05%，提高0.34%。达到国际70年代末80年代初水平的产品由上年的328种增加到348种，产值由上年的139 811万元增加到140 677万，增长1%。达到国内先进水平的产品由上年的838种增加到885种，产值由上年的222 361万元增加到227 494万元，增长2.31%。达到省内先进水平的产品由上年的986种增加到1 048种，产值由上年的257 116万元的增加到264 100万元，增长2.72%。

1990年新产品产值21 994万元，比上年增长42.85%。产品出口创汇39 275万元，比上年增长26.82%。

节能降耗，提高物资利用效果。据对省级以上能源消耗在5 000吨以上的工业企业统计，全年能源消耗总量1 084 875吨标煤，比上年增长0.8%，创工业总产值298847万元，比上年增长2.18%，万元工业产值综合能耗由上年的3.68吨标煤，下降到3.63吨标煤，年节约14 942吨标煤。据对93户省级以上工业企业统计，有7户企业晋升为国家一级节能企业，18户企业晋升为国家二级企业，28户企业晋升为省级节能企业，定级面为56.9%。

采用新技术、新材料、新工艺、新方法，提高原材料利用效果，降低了原材料消耗。据对省级以上的机械工业企业统计，钢材利用率达到67.49%，比上年提高0.55%。

经济指标有所改善。据对126户工交企业统计，共完成工业总产值525 798万元，比上年增长1.1%，好于全市工业总产值下降3.3%。从38户国家级企业来看，全年完成工业总产值297 425万元，比上年增长3.8%。从市属预算内48户省级以上工业企业分析，全年完成工业总产值275 613万元，比上年增长3.27%。

积极开拓市场，促进产品销售。据对126户等级企业统计，全年完成销售收入635 528万元，比上年增长0.82%。从38户国家级企业看，全年销售收入达到342 668万元，比上年增长1%。市属预算内48户省级以上等级企业完成销售收入289 182万元，比上年增长2.69%。

经济效益下降。1990年等级企业实现利税100 805万元，比上年下降10.3%。从38户国家级企业看，实现利税46 032万元，比上年降低12.78%。市属预算内48户等级企业实现利税为42 346万元，比上年降低15.09%。1990年等级企业实现利润34 822万元，比上年降低26.22%，其中国家级企业实现利润19 466万元，比上年降低25.43%，市属预算内48户等级企业实现利润15 405万元，比上年降低36.89%。省级以上等级企业上缴利税65 840万元，比上年降低1.9%，预算内等级企业上缴利税27 880万元，比上年降低3.77%。

固定资产投资逐步增加。据126户工交等级企业统计，1990年固定资产净值占有295 275万元，比上年增长10.17%。从国家级企业看，固定资产净值占用额为164 071万元，比上年增长15.34%。市属预算内等级企业固定资产净值占用额为146 092万元，比上年增长16.34%。

产成品资金普遍增加。据126户等级企业统计，定额流动资金占用 317 319 万元，比上年增长 14.21%。国家级企业定额流动资金占用为 213 592 万元，比上年增长 13.28%。预算内等级企业定额流动资金占用 216 872 万元，比上年增长 9.46%。

相对技术指标也有所降低。等级企业的全员劳动生产率 29 108 元/人，比上年下降 0.41%。其中国家级企业全员劳动生产率 28 234 元/人，比上年增长 2.54%；市属预算内等级企业全员劳动生产率 26 314 元/人，比上年增长 2.22%。人均利税 5 580 元/人，比上年下降 11.65%。其中国家级企业人均利税 4 370 元/人，比上年降低 13.85%；市属预算内企业人均利税 3 732 元/人，比上年降低 16.48%。资金利税率为 16.27%，比上年减少 4.12%。其中国家级企业资金利税率 12.19%，比上年减少 3.76%；市属预算内等级企业资金利税率 11.69%，比上年减少 3.75%。产值利税率为 19.22%，比上年减少 2.43%。其中国家级企业产值利税率 15.48%，比上年减少 2.43%；预算内等级企业产值利税率 14.18%，比上年减少 3.18%。定额流动资 金周转天数为 181 天，比上年减慢 22 天。其中国家级企业定额流动资金 周转天数 224 天，比上年减慢 26 天；市属预算内企业定额流动资金周转天数 234 天，比上年减慢 18 天。

企业管理基础工作有进步。标准化工作有新的进展。在等级企业的 1 981 种主要产品中，执行国际标准的产品 179 种，占 9.03%，执行国家标准的产品 725 种，占 36.63%，执行专业标准的产品 465 种，占 23.46%，执行企业标准的产品 612 种，占 30.88%。管理标准 6 337 种，比上年增加 724 种；工作标准 15 070 种，比上年增加 1 653 种；技术标准 38927 种，比上年增加 2463 种。哈尔滨锅炉厂、哈尔滨电机厂晋升为标准化一级企业，东北轻 合金加工厂等 9 户企业成为标准化二级企业，哈尔滨重型机器厂等 31 户企业成为标准化企业，哈尔滨油漆厂等 24 户企业成为标准化四级企业。等级企业标准化定级面 52.38%。其中国家级企业定级面 78.94%，市属预算内企业定级面 79.17%。

计量工作得到加强。等级企业计量定级面达到 100%。哈尔滨第一工具厂等 13 户企业被定为国家一级计量单位，占 10.32%。哈尔滨空汽调节机厂等 75 户企业被定为国家二级计量单位，占 59.52%。哈尔滨中药三厂等 38 户企业被定为国家三级计量单位，占 30.16%。升级企业定为国家三级计量单位，占 30.16%。升级企业计量器具的平均配备率由上年的 98.85%提高到 99.16%，提高 0.3%。国家二级企业计量器具平均配备率由上年的 99.21%提高到 99.35%，提高 0.1%。计量检测率不断提高。等级企业的综合一级检测率（能源、工艺、经营）由上年的 98%提高到 98.65%，提高 0.6%。

信息工作有新发展。有 70%的等级企业定期开展横向对标活动。共有 16 396 种，比上年增加 1 009 种，增长 6.56%。有各类统计台账 4 233 类，比上年增加 315 类，增长 8.04%。有 471 台微机应用于管理领域，比上年增加 59 台，增长 12.53%。微机操作人员达到 728 人，比上年增加 168 人，增长 30%。国家级企业应用管理领域的微机由上年的 244 台增加到 289 台，增长 18.44%。

定额体系进一步健全。据等级企业统计，1990 年执行劳动定额人数达到 105 183 人，比上年增加 3.8%，占全部职工的比重由上年的 60.4%提高到 61.79%。国家级企业执行劳动定额人数 59 290 人，比上年增长 1.55%，占全部职工的比重由上年的 56.11%提高到 56.28%。定额水平不断提高。据对医药行业 11 户等级企业统计，在 238 项劳动定额中，达到本企业历史最好水平 74 项，占 31.09%，比上年提高 5.21%；达到同行业先进水平的 52 项，占 21.84%，比上年增长 2.22%；达到同行业平均水平的 58 项，占 24.37%，与上年持平。等级企业平均工时利用率为 85.04%，比上年提高 0.77%。一线生产人员总数 100 835 人，比上年增长 3.05%。非生产人员比例由上年的 25.82%减少到 25.53%。国家级企业中一线生产人员由上年的 59 076 人增加到 60 723 人，增长 2.63%，占全部职工的比重由上年的 56.8%提高到 57.8%，非生产人员比例由上年的 26.55%下降到 26.35%。

职工队伍素质有所提高。据统计，等级企业厂级干部中具有大专以上学历的由上年 494 人增加到 518 人，增长 4.86%，中专学历的由上年的 206 人增加到 211 人，增长 2.43%。国家级企业厂级干部具有大专以上学历的有 219 人，比上年增长 5.8%，具有中专的 59 人，与上年持平。具有中级以上职称的管理技术人员 11 392 人，比上年增长 18.67%，具有初级职称的管理技术人员 22 983 人，比上年增长 16.72%。国家级企业中具有中级以上职称的人员 8 432 人，比上年增长 22.03%，具有初级职称的管理技术人员 15 673 人，比上年增长 13.52%。工人平均技术等级有上年的 4.83 级提高到 5.75 级。国家级企业工人平均技术等级有上年的 4.9 级提高到 6.3 级。

班组建设得到加强。等级企业的 13 183 班组中，合格班组 10 540 个，占 79.95%，优秀班组 3 143 个，占 23.84%。在国家级企业 7 939 个中，合格班组 6 208 个，占 78.2%，优秀班组 1 600 个，占 20.15%。

（哈尔滨市计经委　徐松丹）

成都市

1990年，成都市根据国务院企指委的要求，坚持把开展企业升级作为加强企业管理的中心任务，紧密结合深化企业改革，加速技术进步，开展双增双节运动等各项工作，围绕提高产品质量、降低物质消耗、提高经济效益，加强管理基础工作，不断改善各项专业管理，推进管理现代化，从而促进了企业升级活动的蓬勃发展，使成都市企业素质有了一定提高。

一年来，成都市有1个企业晋升为国家一级企业，有一个企业通过了国家一级企业预考核，有13个企业创国家二级企业，有69个企业创省级先进企业，有103个企业创市级先进企业。截止1990年底，全市共创各级先进企业352个，其中国家一级企业1个，国家二级企业44个(含国家一级预考核企业1个)，省级先进企业149个，市级先进企业158个，达到了“七五”期末企业升级的预定目标。为了提高企业管理水平，巩固企业升级成果，成都市对已经升级的企业进行了复查。1990年共复查165个企业，其中复查省级先进企业115个，有91个企业复查合格，有23个企业由于受外部环境影响经济效益指标有所下降，通过了复查，有1个企业经济效益指标大幅度下降，限期一年整改；复查市级先进企业50个，有31个企业复查合格，有16个企业经济效益指标有所下降，通过了复查，有3个企业管理水平下降，质量与物质消耗指标未达到要求，限期一年整改。

一、统筹规划，突出重点，分类指导

根据国务院和省、市政府的部署要求，制订了该市企业升级初步设想，经过几年实践不断进行了完善。大体要求是：到“七五”期末，全市大中型企业有15%的企业达到国家级企业标准，有50%的企业达到省级先进企业标准。

在推进企业升级中，成都市始终遵循突出重点，分类指导的原则。1987年着重抓了55个升级试点企业的创建工作，带动面上企业加强管理；1988年重点抓国家二级企业的创建工作，同时逐步把促进大中型企业上等升级作为一个重点；1989年在进一步落实升级规划的基础上，侧重制订与完善分行业的市级先进企业标准；1990年在全面推进企业升级的同时，开展了对已升级企业的复查工作。从管理内容上，始终坚持升级靠管理，管理靠基础，基础抓班组，引导和要求企业扎扎实实搞好管理基础工作。为此，制订了《成都市工业企业班组工作条例》和《成都市工业企业班组管理标准(三级)》，组织企业开展了班组升级竞赛活动，并对全市90%以上的工业企业班组长进行了管理知识培训，实行统一教材、统一考核标准，统一发证。

结合企业升级，积极推进现代化管理，根据企业不同情况，分别给以要求和指导。对少数管理基础扎实，推行现代化管理方法和手段起步较早，管理水平较高的企业，要求其以整体管理功能优化为目标，学创结合，探索适合本企业具有中国特色的社会主义企业管理现代化的路子；对推广应用现代化管理手段和方法有一定成效，具有一定基础的企业，要求按照“五化”并举的方针，制订和完善规划，有计划有步骤地推进企业管理现代化；对管理基础较差的企业，要求以完善和务实管理基础工作为重点，开展现代化管理的起步工作、从而促进了全市工业企业加快推行现代化管理的步伐。

二、根据实际需要，制订市级标准

针对成都市有相当部分的小型企业，尤其是城镇集体企业和乡镇企业，生产条件较差，管理基础较弱，产品质量低，物质消耗高，短期内难以达到省级先进企业标准的要求，为了促进这些企业强化管理，提高上等升级的积极性，特制订了“成都市市级管理达标企业”一个等级，后改为“成都市先进企业”标准，为这些企业升省级先进企业搭了一个“梯子”。

市级先进企业的主要标准是：有在市内同行业领先，适合市场需要的优质名牌产品；主要物质消耗达到1985年市内同行业先进水平；具体以产品为对象的等级标准。按照这个要求，由成都市加强企业管理领导小组办公室组织全市各工业主管部门，广泛深入地开展调查研究，进行了大量细致复杂的工作，制订市级先进企业标准。除市加强办审定的40种以产品为对象的标准外，其他市级先进企业标准参照省级先进企业标准适当下调，下调幅度由市级工业主管部门制订后报市加强办审定，其中部分产品的指标适合市级先进企业标准的不再下调。对企业生产不同行业的产品，其产品按归口行业的等级标准考核；对引进生产线和设备的企业，产品质量和物质消耗水平必须达到设计值后，才能提出升级申请；对产品质量、物质消耗、经济效益、安全生产四项指标，作为评定企业等级的重点和主要依据，具有否决权，必须全部达到，同时对企业管理水平做出综合评价，供评定企业等级参考。

关于升级的办法，从实际情况出发，中小型工业企业包括城镇集体企业和乡镇企业，一般应从市级先进企业上等级开始，少数管理水平较高的企业，可以直接申报省级先进企业或国家二级企业。其升级程序，先由下而上制订企业升级规划，再由企业对照标准自查，提出申请，由上级管理部门签署意见，报市加强办审核，再报市政府审批。达到标准的由市政府发给《成都市先进企业》证书。原则上每年评审一次，复查一次，不搞终身制。

三、狠抓质量物耗，建立保证体系

在加强企业管理，开展企业上等级工作中，成都市紧紧抓住提高产品质量、降低物质消耗这两个重点，认真推行全面质量管理和做好节能降耗工作。在企业中普遍建立了产品质量、节能降耗、增加效益、安全生产和思想政治工作五个保证体系。随着企业升级工作的深入开展，不少企业逐步对保证体系作了完善，还根据系统论原理，采用了以升级目标管理为主线，五个保证体系为依托的企业升级总体模式，并采取矩阵式的考核办法，即由各职能处（科）室纵向考核各生产车间及有关处（科）室的相关升级指标完成情况，强化综合协调和控制职能，由企业升级领导小级横向考核有关单位的业务工作，从而为企业升级提供了可靠的保证。

1990年，围绕提高产量和降低物质消耗，成都市开展了“降低工序不良品”、贯彻国家质量标准、节能承包以及高耗能设备单项竞赛评比等活动，取得了可喜的进步。该市150项质量考核的产品质量稳定提高率达92.47%，优质产品率达24%；考核的100项主要产品的主要原材料消耗稳定降低率达69%，比计划降低了9个百分点；共创国优产品9项，其中金质奖1个，银质奖8个；全市累计有111个企业、383项主要产品采用了国际标准；该市累计有1076个企业计量升级，其中一级计量单位12个，二级计量单位164个，三级计量单位900个。

四、总结典型经验，及时交流推广

为了稳步推进企业升级工作，成都市十分注意总结典型经验，以点带面，促进企业升级工作的蓬勃发展。随着升级工作的陆续开展，先后总结交流了成都无缝钢管厂，通过企业内部层层升级保证企业升级目标实现的经验；成都钢铁厂组织专题攻关，提高产品质量，降低物质消耗的经验；四川第一棉纺织印染厂层层分解落实企业升级目标，并与经济责任制挂钩考核的经验等，对该市企业升级工作的健康发展起到了积极作用。

为了促进企业在升级工作中推行现代化管理，先后交流了成都无缝钢管厂建立“两改两制六全一网络”的现代化管理体系、成都第二纺织厂推行“满负荷工作法”以及国营红光电子管厂“红光系统管理法”等经验。针对资金管理不善，为了提高资金使用效益，及时总结交流了成都电视设备厂、国营锦江电机厂、四川电缆厂建立“厂内银行”的经验，很快推广到45个企业。为了改进现场管理，在国光电子管厂召开了“定置管理”现场会，迅速在53个企业推开。以上一系列经验交流会，有力地带动了面上企业强化管理，促进了企业升级活动的健康发展。

五、实行奖励政策，鼓励企业升级

为了调动企业强化管理、上等升级的积极性，成都市除了贯彻达到省级和国家级企业的有关奖励政策外，还对达到市级先进企业的给予鼓励，明确规定奖励办法，并以文件下发企业执行：（一）颁发荣誉证书和奖牌，并在中共成都市委机关报《成都晚报》公布、表彰；（二）对成绩突出的厂长授予“成都市优秀厂长（经理）”称号，其中荣获省级、国家级先进企业，并做出重大贡献的厂长（经理），推荐参加全市统一部署的劳动模范评选；（三）企业主要原材料可实行降耗单项奖，其奖励办法以企业荣获称号年度前两年实际单位消耗平均数为超奖数，一定三年不变；（四）荣获称号的当年，可发给企业职工一次性人均30－50元的奖金，从企业奖励基金中列支，不征奖金税；实行工资总额与上交利润挂钩的企业，从新增效益工资中列支，免征工资调节税；如弄虚作假被撤销称号的，除停止享受各项政策外，原已享受的各项奖励应予扣除，并给予处罚。由于奖励内容明确，切实可行，因而较好地调动了企业广大职 工和厂长上等升级的积极性。

六、开展咨询培训，发挥协会功能

为了调动各方面的力量为企业升级服务，成都市积极依靠成都企业管理协会的力量，对企业开展培训咨询服务，促进企业升级。

近几年来，成都企业管理协会在企业升级工作中主要做了两项大的工作：一是开展管理培训工作，先后举办了企业升级、班组长教育等各种类型的培训班60期，为全市企业培训了各类管理人员3079人次，有效的提高了企业管理人员素质。1990年由省、市标杆班组的6个班组长，组成“成都市工交企业班组管理宣讲队”，深入基层单位向班组长宣讲以质量管理为中心，以经济效益为目的，开展班组基础管理的经验，先后在成都发动机公司、四川化工总厂等190个单位宣讲，培训班组长3608人，企业普遍反映："成都企业管理协会抓管理抓在点子上，为企业办了一件实事、好事"。这项工作曾受到中国企业管理协会有关部门的赞扬。二是由协会咨询服务公司负责，对企业开展咨询服务工作，1990年完成了37个企业的综合管理咨询和12个企业管理优秀奖的咨询工作，还建立了成都铁塔厂、新都锦锻厂、成都电气成套设备厂等7个企业长期咨询点，为企业提高管理水平作出了较大的贡献。近四年来，咨询服务公司对170个企业进行了咨询，挖掘出流动资金潜力8500万元，增加经济效益1500万元，特别是提高了企业素质，加快了企业升级的步伐，在被咨询的企业中，有75%的企业被评为国家、省级、市级先进企业，以及荣获市企业管理优秀奖的称号。

（成都市企业管理协会　蒋智）

电　力

一九八六年国务院发布《关于加强工业企业管理若干问题的决定》以来，"抓管理、上等级、全面提高企业素质"的工作在电力行业普遍展开，强化企业管理，促进企业升级工作逐步纳入企业正常管理工作，企业素质普遍提高，推动了电力建设事业的发展。我国的农机容量到一九九0年底达到13000万千瓦，发电量达到6150亿千瓦时，均比十年前翻了一番，列居世界第四位，为实现国民经济第一个翻番作出了贡献。

电力行业企业升级的基本作法是：

第一，提高对企业升级意义的认识。企业升级是具有中国特色的提高社会主义企业管理水平的一条路子，是在企业整顿的基础上，进一步促进企业发展的措施。是从安全质量、物质消耗、经济效益三大指标考核出发，使考查企业管理水平更具体化、科学化。达标企业国家授予国家级企业荣誉称号，增加了企业凝聚力、竞争力和发展的内在动力。几年来，在电力系统各级领导重视和广大职工积极参与下，电力行业的企业升级工作发展比较顺利，对企业管理水平的提高和管理现代化，起了很大的推动作用。企业逐步从"要我升级"转到了"我要升级"。

第二，建立和形成了"抓管理、上等级"的组织保证体系。目前，电力系统各电管局和省电力工业局都建立了加强企业管理领导小组，由一名局领导主管。基层企业由厂长、经理亲自抓，设置办事机构，配备人员，使企业升级工作纳入各级领导的议事日程和厂(局)长的任期目标中，加快了"抓管理、上等级"工作的步伐，是全行业企业素质提高的组织保证。

第三，建立了一套切合实际的企业升级标准体系。在电力企业升级标准中，既包括了考核安全质量、物质消耗和经济效益三大硬指标，又含有考查企业管理基础工作的基本要求和评审办法。同时，根据实践中反映的问题，及时对标准进行了必要的修订和完善，使管理工作逐步走上规范化、定量化。目前，已形成了一个包括火电厂、水电厂、供电局（公司）、火电建设公司、水电工程局、机械制造厂、农电局（公司）、中心试验所、中心调度局和网、省局电力公司等企业升级标准体系。

第四，不断加强基础工作和专业管理工作。抓管理就是要抓好基础工作，重点是健全完善定额管理、质量管理、设备管理等基础工作和专业管理工作，建立以技术标准为主体，包括工作标准、管理标准在内的企业标准化体系。加强班组建设、培训和选配好班组长，班组长应由有文化、懂技术、会管理、团结人的同志担任。强化生产现场管理，严格按照标准组织生产，坚持从严治厂（局），严格劳动纪律和岗位责任。电力企业是技术密集、资金密集型企业，建立良好的生产环境和劳动程序，做到安全文明生产尤为重要。管理基础较好的企业，要在巩固、提高的同时，向科学化、规范化、制度化、现代化方向发展；基础工作比较薄弱的企业，要努力做到基础工作和专业管理工作齐全、配套、完善。

第五，培养一支从事企业升级工作的骨干队伍。根据"抓管理，上等级"工作的需要，举办不同类型的企业管理研究班、学习班，逐步形成一支抓企业管理工作的骨干队伍，使企业升级工作始终沿着"高标准、严要求"的道路发展。

第六，积累加强企业管理、开展企业升级工作的经验。定期召开企业管理经验交流会、座谈会，总结交流经验。电力企业的基本作法是：在广泛宣传发动的基础上，立标订规划，对标找差距，达标上水平，验标定等级。对企业考查采用"听、省、查、谈、议"的考评方法，基本上做到了程序化、标准化。在工作部署上，企业升级工作是党政工团齐抓共管。在工作内容上，和治理整顿、深化改革、承包经营相结合。在工作方法上，总结出抓管理应从基础抓起，基础从班组抓起，班组从人的素质抓起等一套好的经验和作法。

"七五"期间，在能源部领导下，经过全体电业职工共同努力，电力行业有了一批国家级企业和省级先进企业。这些企业的安全质量、物质消耗和经济效益三大指标均达到标准要求，管理基础工作扎实，相当一部分企业还是全国思想政治工作先进单位或省级文明单位。到一九九O年底，电力行业有国家一级企业2个；

国家二级企业 74 个；省级先进企业 215 个。

（中国电力企业联合会　吴浩）

水　　利

一、“七五”期间水利企业管理状况

长期以来，水利是为农业和国民经济各行业服务，以事业单位为主。同时受重建轻管思想的影响，严重的制约了水利企业的发展。历年来水利投资兴建了不少企业，由于各级水利主管部门无专职机构管企业，水利企业初具规模后，特别是一些效益好的企业，就被上收划给地方或其他行业管，将水利投资兴办的企业改变了隶属关系；也有的企业由于一些实际问题自身不好解决，自已找“婆婆”，脱离水利系统。造成水利投资建的企业多，丢掉的也多，最后水利系统所属企业无几，使得水利经济无实力。

在党的十一届三中全会改革开放方针指引下，随着社会主义商品经济的发展，各级水利主管部门领导的观念不断更新，逐步重视水利基层单位兴办各类经济实体，发展水利企业，加强管理。十多年来，水利企业从少到多，从小到大，有了较快的发展，目前已有大中小型供水、水电、水运、水利建筑、机械修造、劳动服务及其他企业等 6 万多个，总产值约 110 亿元，成为水利事业发展的中流砥柱。

二、企业升级，促进水利系统加强行业管理

企业升级，在水利系统开展的较晚，原水电部时，以抓电力企业为主，水利企业行业管理工作十分薄弱。由于部内无专门机构分管，有的省厅原有企业处，在机构调整时也被撤消了。水利系统到底有多少企业谁也不太清楚。水利企业处于自建自管，自生自长较原始的粗放式的经营管理状况。加强企业行业管理，开展企业升级，是水利部门的一项新工作。自 1987 年国务院决定在工业企业中开展“抓管理，上等级，全面提高素质”的活动以来，水利企业迫切要求进行企业升级工作。新组建水利部后，部党组十分重视发展经济实体，加强行业管理的工作。首先成立了以一位副部长为组长，有关司局长参加的部综合经营领导小组，随着形势的发展，又成立了部企业管理领导小组，下设专门的办事机构办公室，负责归口管理全国水利系统综合经营和企业的行业管理工作。同时还有协会、学会等社团组织协助行政工作。特别是 1990 年水利部领导决定在全国水利系统中开展企业升级工作，形成了企业升级促行业管理，行业管理促企业发展的新局面。

三、企业升级，增强了水利企业的实力

自水利系统开展企业升级活动以来，大大调动了企业职工生产的积极性，许多企业反映过去像是“无娘的孩”，心中无主，并得无依无靠。通过开展企业升级活动，增加了企业发展生产、克服困难的决心和力量。如湖北省襄阳水泥厂被评为部级先进企业后，原生产能力为 4.4 万吨，1990 年在市场疲软的情况下，生产了 5.6 万吨水泥，实现利税 160 万元，是当地银行特级信用企业。1990 年水利系统企业在极其困难的条件下，多数企业的产值、利税都有所增长，增强了实力和应变能力，为巩固水利基础产业的地位，做出了贡献。

四、企业升级，在水利系统中不断深化

根据国务院企业指导委员会关于开展企业升级工作的要求，结合水利具体情况，水利部领导分析了水利小型企业多，虽有不少管理水平高，经济效益好的企业，但多数很难进入国家级企业的行列，对企业上等级只能是“望尘莫及”，企业升级的激励机制作用，在水利系统企业中无法充分发挥。如果企业升级只能在少数水利企业中进行，只有先进性，没有一定的代表性，仍不能调动大多数企业的生产积极性，达不到提高经济效益，增强水利经济实力与活力的目的。为此，部领导决定在水利系统企业中开展评定“部级先进企业”的工作，部颁发了部级先进企业的标准。广大水利企业职工认为部领导为他们办了实事，深受企业的欢迎。自从部抓企业升级工作以来，时间短，收效大，结合水利行业企业的特点，认真开展企业升级工作并不断深化。1990 年共评出 8 个国家二级企业，94 个省级先进企业，59 个部级先进企业。国家级、部级先进企业成批涌现，是我国水利史上的新事，是水利部重新组建以来在水利企业行业管理方面取得的突破性进展，是深化水利改革的重大成果。

（水利部企业管理办公室　徐百鹏）

有　色

“七五”期间按照《国务院关于加强工业企业管理若干问题的决定》(以下称决定)开展的“抓管理、上等级,全面提高企业素质”的企业升级工作,对引导企业加强管理、推动技术进步,努力赶超国际、国内先进水平起到了好的作用。有色金属行业已有13个企业的管理工作和主要产品质量,物质消耗、经济效益和安全环保指标达到了世界先进水平,晋升为国家一级企业;72个企业管理工作和上述指标居于国内同行业领先地位,成为国家二级企业。300多个企业的管理工作和各项指标达到了省内同行业先进水平,被各省、自治区或直辖市命名为省级先进企业。目前尚未晋等升级的企业,在企业升级工作的推动下,企业素质有所增强,管理水平有不同程度提高。

五年来,有色金属企业的各级主管部门和企业的广大职工、为了全行业的企业升级工作付出了艰辛的劳动,主要做了以下七方面的工作:

一、从上至下地建立和健全了企业升级的领导机构和办事机构,保证了全行业的企业升级工作有组织有领导地向前推进。

1986年7月4日,《国务院关于加强工业企业管理若干问题的决定》下发后,总公司党组和行政领导立即召开了机关各部(室、局)主要负责人参加的会议。专题研究贯彻《决定》精神,开展全行业的企业升级工作。这次会议作出了三项决定,一是成立以沃副总经理为组长的、由各部(室、局)主要行政负责人组成的全行业加强企业管理领导小组;明确企业管理办公室行使领导小组办公室职能,负责日常工作。二是建立包括例会制度、汇报制度和办事制度在内的各项工作制度。三是向全行业发出开展企业升级工作的通知。1986年8月19日,总公司向全行业发出了《关于开展企业升级工作的通知》,对升级工作进行了部署和安排。随后各地区公司,地方有色金属企业的主管部门和企业,相继成立了以主要行政负责人为首的企业升级领导小组和办事机构。时至1986年底,全行业上下已经形成了企业升级组织体系。

二、反复宣传贯彻国务院《决定》精神,提高认识,转变观念,变“要我升级”为“我要升级”。

企业升级是“七五”期间加强企业管理的中心工作,是党中央和国务院为了提高企业素质的重要决策,把决策变为全行业130万职工的实际行动,提高和不断深化对企业升级工作重要性和必要性的认识是关键。从1986年以来,总公司每一次重要会议,总公司领导都要强调指出开展企业升级的重要意义,并在每年一次的全国有色金属工业会议上,把加强企业管理、开展企业升级作为完成“七五”计划,发展有色金属工业的一项任务摆在各级领导的议事日程上,予以落实。企业的厂长、矿长和经理把企业升级列入了企业的方针目标。随着企业升级工作不断深化,全行业各级领导和职工群众,对企业升级工作的认识已经产生了飞跃,目前各级开展升级工作积极性很高,企业升级已成为增强企业素质,提高企业管理水平的有效机制。

三、制订了《有色金属工业国家级企业标准》。

企业升级标准是衡量企业先进性的尺度,根据国务院《决定》中提出的国家级企业分国家特级、国家一级和国家二级三个等级的规定;及国家特级企业要达到国际当代先进水平,国家一级企业要达到国际七十年代末、八十年代初先进水平,国家二级企业要达到国内同行业先进水平的要求,总公司加强企业管理领导小组从1986年8月开始,组织全行中的各类专家,收集资料、反复测算,多次征求意见,又经1986年12月在西南铝加工厂召开专门会议讨论,几经修改后,形成了《有色金属工业国家级标准(草案)》,于1987年4月印发试行,一年后在洛阳铜加工厂召开企业升级会议,专题讨论和修改,1988年4月颁发执行。正式颁发的标准包括采矿、选矿、冶炼、加工、稀土、机械和施工企业的企业管理、主要产品质量、物质消耗、经济效益、安全环保五大类76个分类标准。其中:采矿标准3个(重、轻、稀有矿山各1个),选矿标准18个(重金属选矿10个,稀有金属选矿8个),冶炼标准36个(重,轻金属冶炼22个、稀有冶炼14个),加工标准12个(重金属加工6个、轻金属加工4个、稀有加工2个),机械和施工企业标准各1个。从实现看,这个标准体现了高标准严要求的原则,标准的覆盖面适应了“七五”期间企业升级的要求。国务院企业管理指导委员会对《有色金属工业国家级标准》给予肯定,副总经理朱雷代表总公司在国务院各部门加强企业管理第三次例会上作为经验介绍,《经济日报》等重要报刊作过报道。

四、编制三个层次的企业升级规划、认真组织实施。

企业升级规划是指导全行业开展升级工作的行动纲领。总公司印发《有色金属工业国家级企业标准(草案)》后,于1986年6月下发了《制订有色金属工业企业升级规划的意见》,使全行企业升级工作转入制订规划和有计划组织实施阶段。制订有色金属工业企业升级规划从企业开始,每一个企业在分析对标的基础上,制订出本企业“七五”期间“抓管理、上等级、全面提高企业素质的升级规划”。规划的内容主要包括：上等级的总目标和年度目标、采取的主要措施，实施的方法步骤等等。企业的主管部门对企业升级规划进行审查批准，在综合各企业升级规划的基础上制订出本地区和本部门的企业升级规划，总公司在综合各地区各部门规划的基础上制订出全行业升级规划。全行业企业升级规划的总目标是，“七五”期间纳入企业升级规划的 907 个大中小型企业，要有 10％的企业晋升为国家级企业，这个规划目标实现了 94％。

总公司在组织企业升级规划的实施中，采用了分类指导，抓点带面，逐步推进，全面深化的工作指导方针。在对全行业企业管理水平进行调查研究分类排队的基础上，对不同的企业实行分类指导，对管理水平较好的企业，如“六五”期间的 32 个企业整顿先进单位，主要是引导他们自我升级，自觉地向国家级企业目标奋进；对为数较多管理水平一般的企业，则指导他们瞄准国家二级企业的目标，找差距，订措施，力争绝大多数企业的管理工作上一个新台阶，其中的部分企业晋升为 国家二级企业。对少数管理水平一直处于落后状态的企业，则适当地采用行政的、经济的手段，促使他们强化内部管理工作，加强基础工作。在对企业实行分类指导的同时，总公司选择了大冶有色金属公司、铜陵有色金属公司、云南锡业公司、凡口铅锌矿、兰州铝厂、葫芦岛锌厂、山东铝厂、东北轻合金加工厂、株洲硬质合金厂和有色五建十家企业作为全行企业升级试点企业，使他们在企业升级中起引导示范作用，总结他们的经验、深化全行业升级工作。总公司分别于 1987 年 6 月在大冶有色公司、1989 年 6 月在 铜陵公司、1990 年 4 月在葫芦岛锌厂、1990 年 8 月在内蒙赤峰钻机厂召开企业升级工作会议，总结经验、推进企业升级工作。

五、开展企业内部达标升级活动。

全行业各类企业由于情况千差万别，开展企业内部升级活动的具体做法不尽相同，归纳起来主要有五点：一是把深化企业内部配套改革与企业升级结合起来，使其相互促进。企业普遍地把升级目标纳入了厂长任期目标和年度方针目标，并以经济责任制的形式，层层分解落实到基层班组或个人，严格考核，奖罚适硬，形成一个自上而下的纵向到底、横向到边，目标责任制与内部经济责任制、企业升级三位一体的指标体系和一级考核一级的考核奖罚体系；以及从下自上个人保班组，班组保车间，车间保全厂目标按期实现的逆向保证体系。改革与升级的结合，不仅使企业升级工作有了动力，推动企业升级向前发展；而且企业升级工作使改革落到实处，深化了企业改革。二是坚持企业升级从提高企业管理水平抓起，提高管理水平从加强基础工作做起。把企业升级着眼点放在增强企业素质，提高管理水平上，把功夫下在加强、巩固、务实和提高基础工作上。三是加强各项专业管理，建立企业升级的保证体系，推进企业管理现代化。四是把企业升级的重点放在提高产品质量和降低物质消耗上，把质量和消耗的主要指标作为内部升级的考核指标。五是把企业升级与加强企业的精神文明建设相结合，培育社会主义的企业精神，建立一支“四有”的职工队伍。

六、组织了对国家级企业考核评审工作。

依据国家级企业标准和评审办法，从 1987 年到 1991 年 5 年中，总公司先后对 86 个申报国家级的企业进行考核评审。其中 1987 年评审 5 个，1988 年评审 34 个，1989 年评审 23 个，1990 年评审 17 个，1991 年评审 7 个。86 个国家级企业中，13 个晋升为国家一级企业，一个企业因考核指标在申报中弄虚作假撤消称号。

七、两次进行国家二级企业复查工作。

第一次复查工作是 1989 年进行的，对 87 和 88 两年升级的国家二级 39 个企业复查，其结果是 31 家合格；7 家企业个别指标不达标，限期 1 年整改；1 家撤销称号。第二次是 1990 年，在国务院企业管理指导委员会统一部署下，对 1990 年前晋升国家二级的 56 家企业复查，其结果是 31 家，25 家企业的指标一个或几个不合格；根据不同情况分别给予处理，对因管理不善造成产品质量下降，物质消耗上升，安环指标不达标的企业给予严重警告，限一年整改重新达标，下一次复查仍不合格则撤销称号；对确因经营环境变化，企业无力承受而引起经济指标下滑不达标，则视同达标。两次企业复查对巩固企业升级成果起到了积极作用，体现了国家级企业能上能下不搞“终身制”原则。

“七五”期间的企业升级工作取得的成绩和成功做法是必须充分肯定的，但也存在某不足之处需进一步完善，这些不足主要是：一是虽然绝大多数企业的厂长(经理)对开展企业升级工作认识是深刻的，但就所有企业而言，某些企业的厂长(经理)认识比较肤浅，不能很好地利用企业升级这个机制来加强本企业的 管理工作。二是由于企业升级考核重点是考核四大类指标，存在着忽视管理工作考核现象，没有把管理工作作为硬指标考核。三是存在着套标升级的现象，少数企业不是在管理上下功夫，去提高产品质量、降低物质消耗，增加经济效益，而是钻标准不完善的空子、在指标计算上搞虚算。四是在企业升级和专业升级的关系上没有理顺，某些专业部门乱发指令，把专业升级作为企业升级的前提条件强加给企业，不执行国务院企指委反复强调指出的“专业升级不作为企业升级前提条件”的决定。五是某些省和地方部门不执行国务院企业管理指导委员会关于“谁发证谁复查的原则”，没有经过总公司允许，对有色企业国家级企业随意复查，重复复查，借此对企业进行敲诈勒索，增加企业的负担，造成不良影响，败坏企业升级的声誉，企业广大职工对此极为不满。这些存在的问题，在完善“八五”升级中要加以解决。

（中国有色金属工业总公司　吴礼春）

开展“管理年”活动

北　京　市

1990年，在北京市委、市政府的正确领导下，该市工业系统在“稳定、闯关”基本方针指引下，开展了“强化管理闯难关活动年”工作。一年来，经过该市广大职工的共同努力，克服了市场疲软、资金紧张、效益滑坡等困难，保证了该市工业系统各方面任务的完成，并使企业内部的综合管理水平得到了进一步的提高。

一、以现场管理为龙头，以管理增效为重点，带动其它管理工作的开展，较好地完成了“管理年”中完善五项专业管理工作目标

（一）制订和贯彻现场管理“三型”标准，促进企业现场管理向高水平发展。

在市经委加强企业管理领导小组办公室征求多方面意见的基础上，制订了《北京市工业企业现场管理“三型”标准》，并组织了部分专家、学者及企业负责现场管理的同志，对北京人民机器总厂依照“三型”标准进行了试验，经过修改完善，已在该市工业企业中颁发执行。现场管理“三型”标准的颁发执行，使现场管理工作初步达到量化和具体化，便于控制和考核，同时也便于企业在实际工作中找出存在问题，及时改进。通过现场管理达标工作，企业的管理水平得到不断提高。

（二）各项专业管理工作不断加强。

1. 在质量管理方面，由于狠抓了产品质量管理，使全市工业企业在生产形势十分不利的情况下，产品质量保持了较好水平。在实际投产的361种产品中，质量稳定提高率为98.18%，与上年持平。在全国的优质产品评比中，北京市共有42种产品荣获国家优质产品奖和百花奖，获奖数在全国居第5位。

2. 在物耗管理方面，一年来在克服生产经营困难和经济效益下滑中，物耗管理保证体系在该市工业系统企业中已初步形成，大大提高了物耗管理水平。在降低物耗、能耗，提高原材料、能源利用率，克服原材料、能源涨价所造成的困难等方面，发挥了明显的作用。首都钢铁公司在狠抓物资采购、供应的基础上，进一步强化了物资消耗和原燃料资金管理。去年已有5750个班组实现定额限额管理，消耗定额扩大到527项。原燃料实际消耗与计划消耗相比，全年共节约5397万元。原燃料定额流动资金周转速度为62天，居全国同行业之首。

3. 在班组管理方面，各工业总公司及所属企业对这项工作给予了很大重视。大部分企业把班组管理工作纳入了厂长方针目标进行管理。在组织形式上，实行党政工团齐抓共管；在具体措施上，制订计划，明确目标，层层落实，严格考核；在具体作法上，把优良的传统和新型的经验相结合，开展形式多样的组织竞赛活动，促进了班组管理水平的不断提高。

4. 在完善企业内部经济责任制方面，各工业总公司及所属企业，按照“管理年”提出的进一步完善以岗位责任制为核心的企业内部经济责任制的工作目标，在狠抓完善岗位责任制的基础上，把企业战略目标、双增双节目标、工厂方针目标和承包指标紧密结合，形成一体，进行层层分解，到岗到人，严格考核。同时，进一步完善了管理工作标准和岗位工作标准，使责任系统进一步具体化，增强了考核的科学性、合理性，有力地调动了全体职工的生产积极性，为完成管理年的工作任务起到了保证作用。

5. 在资金管理方面，各工业总公司及所属企业以清理“三角债”为中心，狠抓销售、原材料采购、库存和生产等方面的资金管理，大大提高了资金利用率，较好地完成了工业系统内、外部的清欠工作，在一定程度

上减轻了债务链的困扰，为企业发展缓解了外部环境。

(三)管理增效工作效果明显，减缓了市场疲软、资金短缺给企业带来的经济效益下滑幅度。

结合“管理年”活动的开展，市经委以（90）京经企字第334号文下发了《关于填报1990年提高经济效益措施计划的通知》，通知要求各工业总公司开展向管理要效益的活动。不少工业总公司由于狠抓了这项工作，取得了较好效果，使北京市工业战线减少损失近2．5亿元。

二、开展行之有效的检查、监督工作，促进企业强化内部管理

根据北京市工业工作会议的部署和市经委办公会的决定，为了在“管理年”中建立键全企业管理的监督系统，促进企业加强管理，从严治厂，市经委专门成立了企业检查组。检查工作采取事先不通知、直接到企业车间、科室突击检查的方式进行，并将检查结果刊登在《管理年动态》刊物上，及时进行好的表扬、差的批评，问题严重的进行全市通报批评直至出示黄牌警告，并在报纸、电台上曝光。1990年全年，企业检查组共抽查了54户企业，有8户企业受到了批评或内部曝光。实践证明，检查工作对企业加强管理、提高经济效益起到了积极的推动作用。

三、开展培训、研讨活动，加强宣传引导，保证了“管理年”活动的顺利开展

为了提高各级管理人员的素质，更好地开展管理工作，市经委管理年办公室先后举办了“企业成本控制工程”、“企业经营战略”、“企业现场管理”等9个专题、共计21期培训班。同时，还举办了经济责任制、现场管理、管理增效等研讨班，这些培训和研讨活动，对推动企业内部经济责任制的开展，制订现场管理“三型”标准和管理现代化发展纲要，推行管理增效工作起到了重要的作用。

为了推动管理年各项工作，帮助企业强化内部管理，市经委管理年办公室积极组织力量，编辑出版发行了《管理年动态》。该刊物以真实反映企业管理工作实况为主，以领导讲话为导向，以管理理论和管理经验为指导，有批评，有表扬，兼容全国经济信息。该刊物自发行以来起到了较大的指导作用，深受北京市工业系统广大职工和企业的欢迎。

四、企业升级工作不断取得新进展

在开展“管理年”活动中，把企业升级工作与加强企业各项专业管理结合起来，进一步强化了企业升级机制，通过对新升级企业的评审和已升级企业的复查，来激励和促进企业不断提高管理素质。1990年北京市共有120户企业进行了升级评定。其中：国家一级企业7户（预评1户）；国家二级企业26户，市级先进企业87户。与此同时，根据国务院企指委的部署和市经委的具体安排，各工业总公司组织了对截止到1989年底已升级的274户企业进行了复查，市经委企业检查组对其中的44户企业进行了实地抽查。在复查的274户升级企业的技术经济指标的达标情况进行了分类排队，并提出了具体处理意见。

五、“管理年”活动促进了现代化管理方法、手段的推广应用，取得了一定的成效

1990年，市经委组织了部分总公司和企业开展了现代化管理工作研讨活动，专门组织研讨了“八五”期间现代化管理规划和贯彻国务院发布的《合理化建议和技术改进奖励条例》及其《实施细则》的办法。为了鼓励各企业积极推广、应用现代化管理方法和手段，组织起草了《北京市企业优秀管理成果奖励条例》，并举办了不同层次、多种形式的培训和交流活动，有力地调动了企业开展现代化管理工作、向管理要效益的积极性和自觉性。1990年全年，市工业系统各总公司及所属企业共向主管部门上报管理成果251项。经各工业总公司、区县、中央在京企业主管部门筛选、评定，报到市级的现代化管理成果有84项。按照《北京市工业企业优秀管理成果奖励条例（试行）》精神，从中共评选出优秀管理成果24项，经审定创直接经济效益2367万元。

“管理年”活动开展一年来，确实使北京市工业系统的综合管理水平得到了进一步的提高，为1991年开展“质量、品种、效益年”打下了良好的基础。

（北京市经委企管处）

河　北　省

为了深入贯彻中共中央十三届五中全会精神，进一步落实治理整顿、深化改革的方针，河北省政府把1990年作为“管理年”的延续年，把“管理年”活动继续推向深入。

一、1990年企业管理工作方针及重点

1990年企业管理工作方针是：宏观、微观并重，深化管理基础；完善“89”模式，协同探索新路。工作重点是：继续推行企业管理“6723”工作思路，全面深化企业管理工作。在实施中既重视宏观指标考核，又注重落实到企业岗位。力争在新的一年里使企业管理工作有所建树、创新，并通过各部门的协同探索，把我省企业管理各个环节的工作推上一个新台阶。

二、1990年企业管理主要工作

（一）抓思想转轨，进一步增强管理意识。

为了切实转变各级企业管理部门和企业领导人的指导思想，引导他们从主要靠增加投入、扩大规模增加效益转到主要依靠加强企业管理，挖掘企业内部潜力，向管理要效益上来，他们通过工作会议、经验交流、工作简报等多种渠道讲加强企业管理，向管理要效益的重要意义。强调指出，市场疲软，管理工作不能疲软。要外抓市场，内抓现场，以现场保市场，向管理要效益。同时，辅以加强管理工作考核评比等激励措施，促使各级管理部门和企业不断加强管理意识和抓管理的自觉性。

（二）深入开展管理基础工作达标活动。

1990年是开展管理基础工作达标的第三年，也是把管理工作的重点转向基础工作的一年，按照《河北省工业企业管理工作标准》及实施细则，他们从培训工作入手，以推行岗位手册为重点，深入开展管理基础工作达标活动，取得了较大的进展。到1990年底，全省已经达标的企业有1521个，其中预算内工业企业834个，基础工作达标率为44.7%，实现了达到40%的计划目标。一大批企业建立了包括管理标准和工作标准在内的标准化体系；该省预算内工业企业已有30个企业达到国家一级计量合格，298个企业达到二级计量合格，898个企业达到三级计量合格；企业普遍健全了劳动、物资、资金、费用等项定额；建立了以企业内部经济责任制为基本内容的各项规章制度；广泛开展了多渠道、多层次的企业领导干部和职工的岗位培训工作。企业管理水平和整体素质有了较大提高，企业的生产环境、生产秩序、文明生产等方面有了明显变化。

1. 统一认识、统一标准、统一方法，把管理工作重点转到基础工作上来。

针对一些企业的实际问题，在省企管座谈会、企管工作会议上，强调要理顺基础工作与各项专业管理的关系；管理基础同企业升级的关系，把企业管理工作的重点转到管理基础工作上来。提出所有工业企业都要强化管理基础工作，并按规划限期达标的要求。他们筛选了部分管理基础工作扎实的中小企业为样板，采用以会代培，理论联系实际的方法，组织各地市到这些企业进行考察学习，实地进行达标验收，为该省提供了管理基础工作的典范。并在总结实践经验的基础上，研究制订了达标验收的“一畅、二洁、三全、四好”的要求，达到了统一思想认识，统一工作标准，统一验收方法的目的。还明确了基础工作达标要以推行岗位手册为突破口，狠抓管理基础工作落实到位，抓岗位，促基础，提高企业素质的指导思想。

2. 统一部署，进行管理基础工作培训。针对河北省不少企业班组长以上的管理人员素质较低的状况，省计经委决定从1990年到1992年，用三年时间，对全省工业企业班组长以上管理人员进行企业管理基础工作知识培训，以提高管理人员的素质和水平。他们组织编写了“企业管理基础工作讲座”教学大纲和复习考试提纲，作为全省培训工作的统一教材；为各地市、各部门举办了五期管理基础工作师资培训班，培训教学骨干370多人；在此基础上，各地市、各部门分层次制订了三年培训规划，并举办培训班三十多期，培养了近千人的师资队伍；从下半年开始组织了对班组以上管理人员的培训和统考。据统计，到1990年底，全省已接受培训并经考试合格的有100317人，占应培训人员的44.9%，完成了当年培训达标率30%的任务。

为了推动广大职工学习和普及企业管理知识，去年省计经委、省企业管理协会还共同发起组织有18个地市和5个行业参加的全省企业管理知识竞赛活动。仅石家庄市28万职工中，有25万人参加了学习或竞赛。对普及管理知识，增强管理意识起到了重要作用。

3. 推行岗位手册，狠抓基础工作落实到位。1990年在该省工业企业范围内普遍推行了岗位手册，要求已升级的企业和管理基础工作达标的企业必须全部推行岗位手册，推行岗位手册和管理基础工作达标要同

步进行。到 1990 年底，该省推行岗位手册的工业企业已达近千个，其中预算内工业企业 825 个，推行面达到 45.3%。

4. 健全制约措施，保证达标质量，巩固达标成果。为了深化达标活动，切实保证达标质量和巩固达标成果，他们建立健全了管理基础工作达标的企业自查、考核验收和监督复查制度和办法。一是企业申报管理基础工作达标前要对照管理基础工作标准进行自查，确认达到标准要求后填表申报，并经地市主管部门检查验收合格后分批报省计经委审批。省计经委每半年审批一次，在审批 颁发达标证书以前，对申报达标企业按照一定比例进行随机抽查，对抽查合格的企业颁发达标证书。如被抽查的企业中有 30%的企业不合格，则该地市本期验收的所有企业无效，推倒重来。二是对已经达标的企业，由地市负责每年普遍复查一次，省计经委会同有关部门按季组织监督抽查，并将抽查结果通报各地市有关单位。经监督抽查落标的企业，由省计经委撤销达标证书。已经晋升为省级和国家级的先进企业经复查落标的，限期半年整改，经整改仍不能达标的，省计经委将取消或建议批准单位取消其先进企业称号。三是把企业管理基础工作达标率、管理基础工作达标巩固率作为各地市、各单位考核评比、评先的指标。四是经过培训建立了一支 700 多人的管理基础工作达标验收考评队伍，并颁发了“考评员”证书，实行持证考核。

（三）坚持“治本达标”，搞好企业升级工作。

按照抓管理、上等级，全面提高企业素质的要求，河北省从 1986 年开展企业升级工作以来，通过制订标准、强化管理、严格审查、复查巩固等措施，工作取得了较大进展。到 1990 年底，该省已有 781 个企业被评为省级先进企业；有 173 个企业晋升为国家二级企业，其中华北制药厂、石家庄第一棉纺织厂、唐山钢铁公司等三个企业率先晋升为国家一级企业；沧州化肥厂、张家口煤矿机械厂也通过了国家一级企业的予考核。该省各地还涌现出一批地市级先进企业和省行业先进企业。企业升级工作已由工业企业发展到商业、处贸、物资等流通领域的企业。据唐山市分析，该市县（区）属以上的省级和国家级企业与全民工业企业比较，升级企业的全员劳效高 26.8%；资金利税率高 29.9%；人均利税高 89.4%。实践证明，企业升级工作已成为广大企业攀登先进水平的强大动力，对促进企业提高管理水平和经济持续、稳定、协调发展发挥了一定作用。

（四）推进企业管理现代化。

按照《企业管理现代化纲要》的要求，结合河北省的实际情况，采取普遍推行和突出重点的方法，在该省推进了企业管理现代化工作，对我省经济发展和管理水平的提高起了促进作用。1986 年至 1990 年，经省评定的现代化管理成果奖共 1138 项，其中一等奖 60 项，二等奖 379 项，三等奖 690 项。还有巩固奖 19 项。获奖成果创经济效益 113025 万元。各地、各部门还评选出一大批现代化管理成果。

1. 大面积重点推广“三法一手段”。

在前几年普遍推广和应用现代化管理方法的基础上，1990 年在该省范围内重点推广了“厂内银行”、“价值工程”、“ABC 管理法”和微机应用。张家口橡胶总厂 1988 年推行“厂内银行”以来，全厂职工人人当家理财，加强经济核算和资金管理，当年消耗原材料涨价因素 850 万元，实现利税 1000.7 万元，连续 5 年经济效益大幅度增长，在全国同行业名列前茅。通过层层抓典型、学样板，不断扩大推行面，到 1990 年底，该省预算内工业企业“厂内银行”推行面达 39.4%。

2. 完善管理制度，加强项目管理。

按照目标管理的方法完善和坚持了年初立项，年中检查指导，年末评审的工作程序。立项管理主要抓“五定”，即：定项、定时、定人、定预期效益、定保证措施。为增强激励机制，坚持年年评定企业管理现代化省级成果奖，评选推行企业管理现代化的先进地市和先进单位，给予表彰和奖励。

3. 开展企业管理现代化培训。

推行企业管理现代化，必须从培养人才入手。从 1987 年到 1990 年经过四年的培训，基本完成了管理现代化应知应会培训任务，该省共培训管理干部 91000 多人。1990 年以来，全省又结合重点推广的“三法一手段”开展了专题培训。先后举办了“厂内银行”、价值工程、ABC 管理法、微机应用等培训班，培训管理干部 630 多人。同时把面授与电化教学结合起来，组织编辑拍摄了“厂内银行”教学录相带，扩大了师资培训范围，为各地市和企业培养了一批现代化管理的骨干力量。

（五）坚持系统管理原则，深化、完善管理系统指标考核。

企业管理系统指标考核工作是针对企业管理各部门的工作覆盖面窄，协调配合不够，工作方法缺乏经常化、制度化，没有一个完整的、有说服力的综合考核指标体系反映企业管理工作的效果问题，借鉴经济效益指标考核的方法，从与企业管理直接有关的效益、物耗、能耗、设备、安全、管理基础工作和企业升级工作的指标中选出有代表性的指标，形成系统的企业管理考核指标体系，考核全省预算内工业企业的各项指标完成情况，并按月度、年度予以公布。经过两年的不断完善和深化，取得了明显效果。

1. 建立了企业管理协调例会制度。省计经委企业管理协调小组坚持每月定期召开例会，由委领导主持，各有关处室负责人和工作人员参加例会。沟通情况，交流经验，增进了解，协调工作，相互促进，加强了对各项管理工作的领导、检查和指导。

2. 形成了该省企业管理指标考核工作网络。企业管理系统指标考核工作是一项经常性的工作，促使各级企业管理部门层层健全了相应的机构，配备了必要的人员，形成了比较完整的网络，适应考核工作的需要。

3. 促进了各级管理部门工作的经常化、制度化、规范化。1990 年以来，通过实行了月汇报，季分析的制度，统一了汇报表格的内容和要求，做到表格化、数字化、规范化，使考核的各项指标和指标分析工作更加科学、准确。并通过考核评比，把管理工作的“软”指标逐步“硬化”，起到了促领导重视、促网络健全、促工作加强、促协调配合的作用，也为各级领导了解企业管理工作提供了比较可靠的依据。

（河北省计经委　于学仁）

纺　　织

1989 年底，纺织工业针对国内市场销售不畅、国际市场竞争激烈，纺织产品品种、质量日显重要的新形势，把 1990 年确定为纺织工业“品种质量年”。一年来，全国 800 多万纺织职工同心协力，大抓品种开发和产品质量的整顿提高，使纺织工业品种质量面貌出现了可喜变化。

——**产品质量有所提高**。1990 年全国棉纱一等一级品率达到 98.84%，比年初略有提高，其中有 7 个省市达到了 99%，与一档水平相比，高出 2.81 个百分点；一些地区纱、布实物质量有了改观，影响纱、布质量的纱疵和布面棉结、稀密路、横档等减少，赢得外贸和商检部门的好评。与广大消费者有密切关联的印染布和针织品的质量提高较快，第三季度国家技术监督局抽查的印染布和针织品合格率均超过国家所抽查产品合格率的平均水平，其中印染布抽样合格率达到 92.5%，比 1989 年抽查结果提高 8.7%。出口纺织品质量日益朝着稳定提高的方向发展，纯棉印花布、涤棉漂白布、涤棉染色布等纺织品出口合格率比上年提高 2—5 个百分点，上海、北京、天津、南京、河北等地区的棉布综合出口合格率都在 85%以上。

——**新产品开发取得较大进展，产品结构得到新的调整**。涤纶仿真丝产品开发由“小气候”发展到“中气候”，产品产量达 1 亿多米，形成仿绸、缎、皱、绡、乔其等五大系列上千个品种花色；一部分产品质量达到了进口同类产品水平，并有少量出口。麻制产品和仿毛产品开发迈出了可喜的一步，亚麻、苎麻纤维已渗透到棉纺、毛纺、绢纺、色织、针织、复制等各行业中，开发出纯麻及其与棉、毛、丝和各种化纤的混纺、交织的产品，形成了独特的风格，越来越被国内广大消费者所接受。兔毛产品日益丰富，含兔毛比例逐步提高。化纤仿毛产品取得了明显进展，受到消费者的欢迎。

化纤生产有较大增长。全年产量达 164.8 万吨，比上年增长 11.4%。其中，差别化纤维产量达 17 万吨，比上年增长 10%，开发出一批新的差别化和功能性纤维。仿毛新纤维品种增多，新开发的三维卷曲纤维已形成工业化批量生产。

产品的加工精度和加工深度有了进一步发展。全国平均纱支在 1989 年拉细 1 支的基础上 1990 年又有提高，精梳产品显著增多，高支、高密、细薄产品的比重有较大上升。针织服装和梭织服装的款式、花色、品种增多，产量增加。在出口产品中，服装出口额达 67 亿美元，比去年增长 11%，超出纺织品平均增长水平 6 个百分点；产业用、装饰用纺织品和服装等最终产品的出口比重达到 63%，比去年提高了 4%。

——**有效地推动了市场，提高了效益，扩大了出口**。1990 年，虽然国内市场疲软，纺织品销售不畅，但是各地开发的许多纺织新产品却十分畅销，成为“抢手货”。4 月份，第二届“佳丽丝”精品展销在北京百货大楼再度受到消费者的欢迎，每日销售额达十多万元，超正常销售额的三分之二，有些品种供不应求。今年以来不少地区相继出现了“涤纶仿真丝绸热”、“化纤仿毛产品热”和“麻制品热”。

许多地区和企业从调整产品结构、开发新产品、提高质量中获得经济效益，扩大了出口。江苏省张家港市纺织工业紧紧依靠广大职工，深入开展“品种质量年”活动，抓重点，攻难点，抢热点，大力发展精加工、深加工产品，提高产品附加值，使全市纺织工业摆脱困境，走出了品种质量效益的新路子。1990 年该市纺织工业利税总额与上年同期相比增长 13%，其中实现利润增长 10%；出口收购值增长 54%。山东淄博丝织一厂在全厂开展“品种质量年”的劳动竞赛，提出了“以新产品、高质量赢得市场”的口号，并采取了一系列的措施，使产品质量稳定提高，出口一等品率达 92%，出口合格率达 97%，分别提高了 16.8 和 3%。1990 年出口创汇比上年同期提高 70.21%，被山东省人民政府授予“出口先进供货企业”称号。

1990 年以来，纺织工业在开展“品种质量年”活动中主要采取了以下几项措施：

一、搞好组织发动工作，广泛开展品种质量意识教育

1990 年 3 月纺织部在南京召开了全国纺织工业质量会议，对全年的品种质量工作作了总动员和总部署。各个地区的领导亲自抓，层层发动，制定具体的目标、措施和步骤，使品种质量工作落到了实处，广大职工的品种质量意识进一步增强。全年全国纺织系统举办了各种层次、多种形式的"产品质量对比展览会"，邀请商业、外贸、商检等部门的同志座谈，听取他们对纺织品的意见，通过这些活动，揭露矛盾，找出差距，提高认识，明确目标。还应用各种宣传工具，广泛开展品种质量意识教育，编制了一套品种质量先进典型经验宣传图片，在《中国纺织报》和新华社《经济参考》上分别开设了"品种质量年"的宣传专栏，广泛宣传好的经验、好的典型、好的措施和好的建议。经过一年来的努力，纺织产品品种质量工作普遍得到重视，"质量就是生命，品种就是效益"的指导思想越来越深入人心，初步形成了全行业抓质量、抓品种的好风气。

二、重点抓好企业基础管理工作

1990 年面对着严峻的外部环境，纺织工业主要从企业内部着手，苦练内功，通过加强企业基础性管理工作，促进产品质量提高。5 月，在青岛召开了现场管理经验交流会，推广青岛国棉五厂抓基础管理的先进经验，并提出了《关于加强纺织企业基础管理工作的意见》，对全国加强企业基础管理起到了推动作用。上海市纺织局成立了"加强基础管理"领导小组，重点抓好已上等级的三分之一企业和基础管理薄弱的企业，抓两头促中间，以点带面。天津市纺织局组织专家进行工艺质量攻关，从工艺上保证产品品种的开发和质量的提高。湖北省纺织工业总公司在全省纺织行业开展了"百、千、万"活动，通过对百家企业运转管理大检查、千个班组建设大竞赛和万人操作大比武，进一步加强企业基础管理工作。1990 年还在全国纺织系统广泛开展了技术操作岗位练兵活动，参加选手达 300 多万人，在全系统掀起了一个群众性操作大练兵的热潮，涌现出了一批操作技术能手，其中有 20 人获得团中央、纺织部等七部委颁发的"全国新长征突击手"和"全国青工技术操作能手"的称号。

三、突出抓好出口产品尤其是出口纱、布的实物质量

1990 年 7 月，纺织部在上海嘉丰棉纺织厂召开了主要出口地区提高纱、布实物外观质量经验交流会，并提出了提高出口纱、布质量的十条措施，要求确保出口纱、布的质量。许多地区和企业为了把好出口纱、布质量关，制订了出口纱、布的内控指标。江苏省纺织工业制定从原料到半制品、到成品的道道把关制度，实行一条龙的质量管理方式，并围绕质量关键，组织重点攻关，努力把出口纱、布质量搞上去。许多企业针对原棉短缺、棉花质量下降、掺杂使假增多的情况，加强了原棉的"入口"把关，对原棉实行逐包检验，并千方百计达到符合出口棉纱、棉布质量要求的合理配棉。一些企业在效益与出口质量的选择上，宁可少要效益，也要确保出口棉纱、棉布的质量和信誉。一年来，不少棉纺织厂生产的纱、布质量受到外商的赞誉，上海嘉丰棉纺织厂、上海第九棉纺织厂、无锡第二棉纺织厂、南通第二棉纺厂、全州纺织厂、石家庄一棉、二棉、邯郸国棉四厂、北京第二棉纺织厂等企业的产品相继获得外商赠誉的优质产品证书和奖牌。

四、依靠科技进步，推动品种质量迈上新的台阶

1990 年，纺织工业围绕开发纺织新产品和提高产品质量，加强科研工作和技术改造，开展群众性 的合理化建议活动。五月，纺织部在石家庄召开第四届纺织科技进步会议，安排和部署科技进步工作。一年来，各地应用新技术、新工艺开发和生产出一大批新产品，有力地推动了我国纺织产品结构的调整。许多地区和企业积极进行技术革新，推广使用电子清纱器、捻结器，打结器和简易箭杆织机，普遍减少了纱疵、竹节纱和布面棉结等，提高了下机一等品率。无锡国棉二厂针对提高棉纱条干质量的关键，对纺部 3 万锭进行一条龙牵伸改造后，使棉纱条干达到国际水平。

五、以市场为导向，开发纺织新产品

1990 年，全国纺织工业紧紧围绕国内外两个市场，根据原料资源的情况，把适应性调整同战略性调整相结合起来，开发生产市场适销对路的新产品。以纺织新产品开拓市场、引导消费，使新产品开发逐步由被动适应转向开拓引导。广东新会涤纶厂是我国第二大生产涤纶长丝的企业，今年以来该厂以市场为依托，依靠精心的管理基础和现代化的工艺设备，开发涤纶长丝新的品种花色近 700 个，使全厂经济效益大幅度上升，全年实现利润可达 3000 万元，比上年增长 14%。

六 加强宏观指导和监督

1989年底纺织部在全国纺织工业厅局长会议，提出《关于进一步调整产品结构、行业结构的意见》，从宏观上指导各地产品结构调整的方向。在产品开发过程中，组织不同行业、不同类型的企业，对苎麻、涤纶仿真丝绸、化纤仿毛产品，从原料到半成品、直至最终产品的进行一条龙开发，协调、解决生产过程中出现的问题，使新产品的开发和生产能顺利进行。1990年四季度，纺织部组织全国纺织系统广泛开展质量大检查，成立了质量检查团，部里由三位部领导分别担任检查团总团团长和副团长。各地纺织工业部门领导担任分团长。部里组织了近70人参加的十二个质量检查组，由司领导带队，分赴各地检查质量情况，帮助分析原因，解决难题；并对纱、布的实物质量和布的漏验率进行大规模抽查。1990年，纺织部对管理差、质量不好、消耗高的丹东丝绸印染厂、海安县麻纺织厂、济宁麻纺织厂等三个企业宣布撤销其国家二级企业称号，同时对18个国家二级企业亮出“黄牌”警告，保留称号，限期整改；对一些产品质量出了重大事故，管理水平差的企业提出严肃的批评，或作出必要的处理，并限期整改。太原棉织厂因发生重大质量事故，曾被吊销出口生产许可证，经过整改后，该厂管理工作和产品质量有了较大改进，又核发了新的出口许可证。对抽查产品实物质量的结果，在系统内部进行通报，从各个方面来促进企业提高产品质量。许多地区和企业还把质量考核与职工的切身利益挂钩，如上海纺织工业局将企业工效挂钩上浮工资的30%用于质量考核；天津色织一厂实行一等品质量工资制，这些都对促进产品质量提高收到很好的效果。

虽然纺织工业在“品种质量年”中取得了一定的成效，但是也还存在一些突出的问题。一是棉花资源短缺，质量差，掺杂使假、等级长度虚高现象仍较普遍，不但造成棉纱纱疵、黄白纱、竹节纱和布面棉结增多，纱布质量下降，而且影响到针织、印染、服装等后加工产品的质量。棉花问题已成为影响纺织品质量提高的最主要因素之一。二是技术装备落后，技术改造远远不能适应国内外市场需求的变化。目前纺织设备超期服役的达35%，棉纺锭达1000万锭，其中解放前留下来的有300多万锭。纺织技术装备落后，严重阻碍纺织品品种开发与质量的提高。三是纺织品质量总体水平不高，与国际先进水平相比还有不少差距，个别地区和一些企业对质量工作仍然没有引起足够的重视，或者是停留在一般性的号召上，缺乏切实有效的措施。

国务院确定1991年为“质量品种效益年”。纺织工业要在1990年开展“品种质量年”的基础上，以市场为导向，以效益为中心，深入开展“质量品种效益年”活动，进一步努力提高质量，开发品种，加快调整产品结构的步伐。

（纺织部政策法规司　钱有青）

乡　　镇

为了提高乡镇企业的经济效益，提高产品质量，降低物质消耗，深化企业改革，强化企业管理保证体系，实现由外延扩大再生产向内涵扩大再生产、速度效益型向管理效益型的转化，1990年初，农业部提出了在乡镇企业系统开展“企业管理年”活动，并于3月16日作出了《关于全国乡镇企业系统开展“企业管理年”活动的决定》（以下简称《决定》）。《决定》极大地调动了各级领导和乡镇企业广大干部职工抓企业管理的积极性，在全国乡镇企业系统内迅速形成了一个开展“企业管理年”活动的热潮。

一年来的实践证明，开展“企业管理年”活动对全国乡镇企业系统的影响很大，有力地推动了企业管理工作的开展，取得了明显的效果。

一、提高了广大干部职工的管理意识。

通过“企业管理年”活动的开展，使乡镇企业系统的各级主管部门和广大乡镇企业，充分认识到乡镇企业在面临市场疲软、企业外部环境受到制约、自身原有优势相对减弱的形势，加强企业管理的重要性，看到了由于管理薄弱，给企业发展带来的重大影响。因此各地都普遍重视了管理工作，补充了一批管理人员，加强和充实了管理机构。各级乡镇企业主管部门把加强企业管理提到了重要议事日程，加强了管理工作。广大企业的干部职工初步确立了向管理要效益、靠管理求发展的思想，自觉学习科学管理知识、参加TQC等各种加强企业管理的活动。

二、企业素质明显提高。

职工队伍素质明显提高。在“企业管理年”活动中，各级乡镇企业主管部门和企业，普遍开展了职工的岗位培训、专业技术教育等多种形式的教育和培训工作，使广大干部职工的业务技术水平普遍得到提高，并且还培养了一批技术骨干和懂管理会经营的经营管理骨干队伍。据天津、北京、河北和山西4省市统计，在“企业管理年”活动中先后培训各类人员26万多人，评定初级以上技术职称3万多人。多种形式的思想教育、技术培训和企业内部优化组合，使职工队伍的思想觉悟、文化水平、技术水平都有明显提高。

基础管理和专业管理水平明显提高。一大批县、乡制定了基础管理和专项管理达标标准，并通过考核，使企业按不同档次开始逐步向管理规范化迈进。如江苏、福建、广东、天津、西安等地的一些县（区）根据本地实际，制定了乡镇企业管理大纲，使企业管理开始步入正轨。一大批企业通过“企业管理年”活动，陆续建立强化企业管理的保证体系，完善企业管理办法，管理工作初步实现细化、量化、具体化，可操作性增强，为以后深层次、高水平的规范化、科学化管理奠定了基础。部分省市的管理基础工作比较扎实、具有一定规模的骨干企业，在“企业管理年”活动的推动下，现代化管理也开始起步，这些企业在管理中应用价值工程、定置管理、跟踪管理、现场管理等现代化的管理方法和微机控制等。

管理的自觉性明显增强。在“企业管理年”活动中，全国大部分省、市、区的县（区）级乡镇企业主管部门根据有关文件和规定，制定了乡镇企业升级标准，建立健全了升级工作责任制。目前，乡镇企业系统自下而上设立了基础级企业、县级先进企业、地区级先进企业、省级先进企业、系统级先进企业、国家二级企业、国家一级企业、国家特级企业，各级先进企业相互衔接，形成阶梯型企业升级等级序列。1990年，全国被评为省级先进企业的有650多家，被命名为全国乡镇企业系统级先进企业的有32家，晋升为国家二级企业的有51家。浙江杭州万向节厂还荣升为国家一级企业，为全国乡镇企业树立了典范，揭开了乡镇企业向国家一级企业迈进的序幕。

企业自我发展能力明显增强。在管理年活动中，各地为克服市场疲软、原辅材料能源不足、资金紧缺的困难，在内部广泛开展财务整顿、建立厂内银行、加强成本核算，开展双增双节。在外部大力开展清欠工作，以清收外欠提高资金周转率和使用效果，提高了企业自我消化能力和抗御风险的弹性，增加了自我积累、自我发展后劲。

三、初步探索出一套适应乡镇企业发展的管理办法。

乡镇企业是从农业中分离出来的，因此，它的管理有一个发展过程。开始时，都是按照管理农业的办法管理乡镇企业，称之为农业型管理。此后，在乡镇企业中，逐步引进了一些国营企业的退休人员，进行企业管理，称之为经验型管理。随着乡镇企业的发展，企业管理工作也在不断变化，由于全国的乡镇企业发展水平不平衡，企业管理也处在不同的层次上。有不少地方，在总结农业型管理和经验型管理的基础上，使管理年进入到一个新的阶段。在“企业管理年”活动中，各地认真回顾了历年来的管理实践，总结管理经验，积极开展强化企业管理的有益活动，不仅使乡镇企业的管理得到一定改善，而且针对乡镇企业生产经营以市场调节为主的特点，摸索出了适应乡镇企业发展的管理办法：即企业管理逐步从农业和经验型管理向制度型、法制型管理过渡，在国家宏观上计划的指导，按照商品经济规律的要求，充分利用市场调节的功能，坚持自主经营、自负盈亏、自我积累、滚动发展的管理模式，使管理工作逐步向科学化、现代化、规范化迈进。

在“管理年”活动中能够取得一些成绩，主要做了以下几方面的工作：

一、广泛宣传动员。

各地在贯彻农业部《决定》过程中，普遍进行了大张旗鼓地宣传工作，提高各级乡镇企业主管部门和广大企业对开展“管理年”重大意义的认识，促使其转变观念、提高思想。开展宣传的形式多种多样，有的组织干部群众学习《决定》，有的利用广播、电视、报刊、板报等宣传工具，有的召开动员大会或进行管理年活动知识竞赛等，充分发动群众，大造声势，创造“企业管理年”活动的良好环境，使“企业管理年”活动成为乡镇企业一项主要工作，并变成乡镇企业系统的行动。使“管理年”活动有组织、有领导、有布置、有安排地把“企业管理年”活动开展下去。

二、加强领导。

各级乡镇企业主管部门在当地党委和政府的统一领导下，管理年活动得到各方面的有力支持，成立了由党政部门负责同志担任组长、有乡镇企业主管部门和其他有关部门参加的“企业管理年”活动领导小组，形成了党政部门牵头抓、主管部门全力抓、有关部门配合抓的齐抓共管的局面。据统计，全国建立管理年活动领导机构的县占80%，使乡镇企业的“企业管理年”活动变成了当地政府的政府行为。在“企业管理年”活动领导小组的领导下，各地迅速作出了开展活动的安排，制订了规划，采取分级负责、分片包干的办法把管理年活动落实到各个企业。有的地方还抽调了足够的人力组成工作组深入到企业进行具体指导。

三、分类指导，抓住重点。

各地开展的“管理年”活动中，在调查研究的基础上，普遍采取分类指导、突出重点的办法。具体来说有四种：

（一）选择不同类型的乡、村和企业进行试点，摸索经验。通过召开现场会、建立联系点等办法把点上的经验逐步推广，通过示范，以点带面，指导不同类型的企业开展活动。

（二）进行分类排队。按照企业规模、管理水平等不同标准分开档次，按照不同标准进行指导，全面铺开。比较普遍的作法是大型骨干企业和基本管理好的企业以规范化、科学化、现代化管理为目标，以企业升级为重点，抓全面提高企业素质；中型企业和管理基础较好的企业以健全、完善管理制度、提高基础管理和专项管理水平为目标，以单项达标上等为重点抓巩固提高；小型企业和管理基础较差的企业以提高产品质量、加强财务管理、建立好基本的管理制度为目标，以产品创优为重点抓基础管理。

（三）抓住重点。在普遍开展“管理年”活动的同时，在地区之间重点抓住乡镇企业比较发达的地区；在乡镇企业四个层次中以乡、村集体企业为重点；在不同档次的企业中以骨干企业为重点。做到层层有样板。

（四）一手抓发展，一手抓提高。首先对新建企业作好管理的基础工作。对由于管理不善，而关、停和亏损企业做好扭亏转盈与复活转化工作，提高这些企业的管理水平。

具体组织采取分级负责、分片包干的办法进行落实，企业内部一般只突出一、两个重点，任务分解，责任到人，集中力量，重点突破，保证分类指导的顺利进行。

四、认真考核，开展检查评比。

“企业管理年”活动目标明确、时效性强、内容相对比较集中，根据其特点，一些地方在开展“管理年”活动的过程中，陆续制定出了七项基础管理工作的达标标准、专项管理工作的达标准等，一些地方结合管理年活动规划所要达到的目标任务制定了管理年活动的考核、评比、奖励标准，根据标准进行考核、检查和评比。大多数乡、村和地、县检查评比，总结、推广经验，树立典型，促进“管理年”活动的开展。为推动“企业管理年”活动向纵深发展，还组织了“企业管理年”活动的互查、互学、互促活动。全国各省、市、区分片按照《决定》的内容和要求进行互检。通过全国性的互查、互促、互学活动，把“企业管理年”活动推进到一个新的阶段。到年底，全国评选出 483 个开展“企业管理年”活动先进单位，其中县级 174 个，乡级 309 年，这些单位受到农业部的表彰。

（农业部乡镇企业司　平欣　刘建水）

第六部分

统　计　资　料

1990 年国民经济发展概述

1990 年的国民经济是在前一年治理整顿中出现的社会有效需求不足，市场疲软和生产滑坡等情况下开始的。国务院采取了“坚持控制总量，调整紧缩力度”的一系列政策措施，迅速扭转了下滑的势头，保持了适当的增长速度，取得了较好的调控效果。在这一年里，农业喜获丰收，工业适度发展，市场供应充足，物价稳定，人民生活改善，进口不断发展，社会总需求和总供给基本平衡，主要比例关系有所改善，国民经济正在走向持续、稳定协调发展的轨道。

一、1990 年经济运行的几个阶段

1990 年国民经济的发展有着一条不平坦的轨迹。总的看，大体经历了“谷 底”、“回升”、“发展”三个阶段，以“发展”阶段的时间最长。

(一)“谷底”阶段。第一季度我国经济的运行仍处于“谷底”的低水平阶段，这是 1989 年 8 月开始经济下滑的延续。主要表现为，居民收入预期和通货膨胀预期迅速下降，消费支出紧缩，储蓄大量增加，国内市场明显疲软，物价大幅回落，企业产成品积压严重，销售不畅，企业资金周转严重困难，各种债务拖欠急剧增加，活力减弱，生产滑坡，效益下降。尽管国务院从 1989 年第 4 季度开始调整紧缩力度，开始松动银根，大量增加工业流动资金贷款，但受滞后作用影响，整个经济状况并无明显好转。1990 年 1～2 月，工业生产比上年同期下降 0.9%，预算内国营工业销售收入下降 6%，全民固定资产投资下降 6.2%，社会商品零售总额下降 1.2%，国内财政收入下降 1.1%，这些均表明经济仍在谷底运行。

(二)“回升”阶段。进入第二季度，经济运行开始回升。各项贷款继续增加，固定资产投资开始增长，银行现金支出和货币流通量增长，下调存贷款利率，银根继续松动刺激经济发展。到 6 月，全民基本建设投资已比上年同期增长 5.4%，各项贷款增幅高达 30.6%，工资性现金支出增加 9.1%，国内财政支出增长 12.2%。国家对国营大中型骨干企业实行“双保”，并调整了部分重要基础产品的价格。随着这些调控措施的落实，社会即期需求开始回升，商品销售开始好转，生产下滑势头得到抑制。1990 年上半年工业生产比上年同期增长 2.2%其中，六月份增长 5.9%。钢、原煤、发电量、化肥等都有大幅度增长，国内财政收入增长 10.5%，出口增长 15.4%，社会商品库存增幅降至 12%，预算内国营工业销售收入下降势头得到扭转，所有这些都表明经济开始回升。但第二季度居民消费需求和市场仍然疲软，企业产品仍大量积压，经济效益继续下降，经济回升的步履艰难，进展缓慢。

(三)发展阶段。下半年，经济出现较强劲的增长势头，进入“发展”阶段。7 月份以来，国家陆续大幅度上调部分商品价格和邮政资费，各地也相继出台一些调价项目，增加农副产品收购资金，保证农民增产增收，农民现金收入增加，农村销售状况改善，并再次下调银行存贷款利率和人民币汇率，进一步增加信贷投放规模，到 9 月份，银行农副产品收购现金支出比上年增长在这 10.3%。各项贷款增幅高达 31.8%，市场货币流通量增幅达 12.5%，全民基本建设投资增长 10.6%。在这些刺激经济发展措施的作用下，生产开始加速增长，市场物价稳中有升，居民收入预期和通货膨胀预期看涨，消费品市场开始动销、整个经济步入了发展阶段。同上年同期比较，工业生产由 7 月份的增长 2.9%到 12 月份的增长 14.8%，社会商品零售总额由增长 1.2%到增长 10.3%，银行现金支出由增长 9.0%到增长 21.9%，到年底经济增长更为明显，生产增加快，市场销售升温，信贷规模不断扩大，固定资产投资稳步上升，职工工资持续增长，这些情况表明，我国国民经济运行态势正继续朝好的方向发展。

二、1990 年经济建设成绩显著

(一)我国经济实力继续增强。1990 年我国国民生产总值达 17686 亿元，按可比价格计算比上年增长 5.2%，国民收入 14429 亿元和社会总产值 37996 亿元，扣除价格因素分别比上年增长 4.8%和 6.5%，工农业总产值 31586 亿元比上年增长 7.7%。人均国民收入达 1271 元，比上年增长 3.3%。社会总供给和总

需求均比上年增长，供需差率缩小，并保持基本平衡状态。这些反映国家综合经济实力和发展成果的指标，比上年有较明显的增长，标志我国总体经济水平和实力在治理整顿中继续得到增强。由于经济的发展，促进了我国政治和社会和稳定。

(二)农业获得丰收。1990年各级领导重视农业生产的发展。加强领导，增加投入，大力开展农田水利建设，落实“科技兴农”措施，加之全年自然条件适宜，农林牧副渔业获得了全面发展。全年农业总产值为7662亿元，比上年增长7.6%，其中，种植业增长8.6%，林业增长3.1%，牧业增长7.0%，副业增长3.8%，渔业增长10%，多为历史最好水平。

主要农业产品产量全面增产，粮食总产量达44624万吨，比上年增长9.5%，再创历史新水平。棉花、油料和糖料生产大幅度增长，分别比上年增长19.0%、24.6%和24.3%，蔬菜、水果生产也获丰收。

林业生产建设取得新的成绩，造林质量不断提高，速生丰产用材林基地建设步伐加快，“三北”防护林体系二期工程进展顺利，长江中上游护林建设全面展开，平原绿化又有新发展。森林防火工作成效显著，森林资源总消耗量开始下降，森林覆盖率呈上升趋势。

畜牧业稳步发展，肉、禽、蛋、奶等继续增产，分别比上年增长7.7%至8.2%，使副食市场供应充足，人民生活结构有所改善。渔业生产持续发展，全年水产品产量为1237万吨，比上年增长7.4，其中，淡水产品产量增长6.7%，海水产品产量增长7.9%。

农业生产条件改善，1990年末，全国拥有农业机械总动力2854亿瓦特，比上年增长1.7%。排灌动力机械706亿瓦特，增长3%，全年化肥施用量2607万吨，增长10.6%，农村用电量835亿千瓦小时，增长5.7%，农田水利建设进一步加强，农田有效灌溉面积有所扩大。

农村经济持续发展。1990年农村社会总产值16619亿元，比上年增长8.8%，其中，农村工业、建筑业、运输业和商业、饮食业产值增长9.9%，占农村社会总产值比重为54.6%。

(三)工业适度增长。1990年工业总产值23924亿元，比上年增长7.8%，不包括村及村以下工业为19629亿元。增长6%，在工业总产值中，全民所有制工业增长2.9%，集体所有制工业增长9.1%，个体工业增长21.6%，中外合资、中外合作和外商独资经营的工业增长56%，全民和集体所有制工业产值占全部工业产值比重为91.4%。

1990年轻工业产值11813亿元，比上年增长9.2%，重工业产值12111亿元增长6.2%，一大批新产品投放市场，使消费者购买商品的可选择性增强，主要原材料和能源生产情况较好，供应紧张的状况明显缓解，但受市场销售不畅影响，多数高档耐用消费品，投资类的机电产品生产下降。

(四)固定资产投资回升。1990年固定资产投资在坚持继续控制建设总规模的基础上，投资有所回升，结构明显改善，重点建设进一步加强。为启动市场，促进生产增长的需要，国务院决定适当增加投资，全年固定资产投资完成4449.3亿元，比上年增加311亿元，增长7.5%，其中，全民所有制单位投资2919亿元，增长15.1%，集体所有制单位投资529亿元，下降7.1%，个人投资1001亿元，下降5.6%。在建项目得到控制，全年全民所有制单位基本建设和更新改造施工项目12.46万个，比上年减少1879个。在建项目总规模11554亿元，增长16%，从资金渠道看，全民所有制拔入的资金中，国家预算内资金比上年增长11.6%，预算外资金增长8.2%。投资结构进一步调整。在国家强化重点项目建设政策支持下，农业、能源、运输、邮电等部门建设得到加强。在全民所有制单位投资中，农业投资80.3亿元，比上年增长29.1%，所占比重由上年的2.5%上升到2.8%，能源工业投资46.7亿元，比上年增长20.0%，所占比重由27.8%上升到29.0%，运输邮电通信业投资348.4亿元，增长28.2%，比重由10.7%上升到11.9%。而一般加工工业投资比重由18.1%下降到15%。1990年全民所有制单位基建投资1704亿元，比上年增长9.8%，其中生产性建设投资1235.6亿元，投资比重由68.6%上升到72.5%，非生产性投资为468.2亿元，比重由31.4%下降为27.5%，楼堂馆所等非生产性建设得到有效控制。更新改造投资830.2亿元，比上年增长5.2%，其中用于节约能源、提高产品质量，增加花色品种的投资为209亿元，增长13.8%，投资比重由上年的22.8%上升到25.2%，用于增加产量的投资为292亿元，比重由38.4%下降到35.2%。重点项目的建设速度加快，国家按合理工期组织建设的200个重点项目，全年完成投资426亿元，超额完成了年度计划。全国大中型基建项目建成投产的有152个，限额以上更新改造项目154个。1990年新增的主要生产能力有：煤炭开采2336万吨，发电机组容量915万千瓦，石油开采1324万吨，天然气开采10.3亿立方米，化肥52万吨，水泥283万吨，新建铁路交付营运里程381公里，新建公路3044公里，沿海港口吞吐能力3022万吨。

地质普查勘探工作取得新进展，新发现矿产地267处，有57种矿产资源新增了探明储量，塔里木、东海油气地质勘查取得了重要进展，松辽盆地南部的天然气勘查有了重大突破。

(五)运输邮电业继续发展。1990年交通运输业稳步发展，运输紧张的状况和运输秩序有所好转，各种运输方式完成的货物周转量比上年有一定增长，远洋运输在世界航运激烈竞争的情况下，保持了良好的发展势头。1990年完成货物周转量26207亿吨公里，比上年增长2.4%，其中，铁路增长2.2%，公路下降0.5%，水运增长3.4%，空运增长18.8%。受治理整顿和居民收入予期减少的影响，1990年完成旅客周转量5628亿人公里，比上年下降7.3%，其中，铁路下降4.0%，公路下降1.6%，水运下降3.5%，只有空运增长23.4%，沿海主要港口完成货物吞吐量4.8亿吨，比上年下降1.4%。

邮电通信事业有了较快 发展。全年完成邮电业务总量81.7亿元，比上年增长26%，邮政快件、特快传递、传真、国际港澳电话等业务的增长幅度都超过20%，年末城市市内电话达到538万户，比上年增长22.5%，程控电话已占市话总量的43.5%。

(六)商业和物资供销有所增长。1990年国内市场销售逐渐由疲软向稳定增长的方向发展，全年社会商品零售总额为8300亿元，比上年增长2.5%。消费品零售额为7250亿元，增长2.5%，其中，售给社会集团的消费品零售额为741亿元，增长6.2%，农业生产资料零售额1050亿元，增长2.2%。

从城乡消费品市场看，城市全年零售额比上年增长6%，其中，第四季度增长13.4%，已基本趋于正常。县及县以下市场从10月分开始回升，但全年零售额仍比上年下降2.4%。

从主要商品销售的数量看，吃的商品销售平稳，食用植物油、食糖、猪肉、水产品销量比上年增长；穿、用商品中，彩电增长39.9%，电风扇增长1.9%，而棉布、呢绒、缝纫机、自行车、手表、录音机、洗衣机等多数商品比上年均有不同程度的下降。

在各种经济类型的商品零售额中，全民所有制单位增长3.7%，集体所有制单位下降2.2%，各种合营单位增11.0%，个体增长4.0%，农民对非农业居民的零售额增长10.8%。

生产资料市场从9月份开始由降转升。1990年全国物资系统销售生产资料2398亿元，比上年增长1.0%，其中，第四季度增长21.8%，钢材销售3497万吨，比上年增长3.8%，销售煤炭2.6亿吨，增长3.5%，木材1978万立方米，下降10.2%，水泥2756万吨下降10.7%，汽车55.6万辆增长0.4%，机电设备504亿元，增长4.6%。

1990年市场物价总水平虽继续有所上升，但涨幅比上年明显缩小，全年零售物价总水平只上升2.1%，大大低于上年上涨17.8%的幅度。市场零售物价变化的主要特点是：大部分食品零售价格趋稳，集市贸易的农副产品价格下跌，第四季度各地集中调整了一些商品和服务项目的价格，部分大中城市的物价上涨幅度较大。农副产品收购价格受货源充足和市场疲软的影响，自改革开放以来首次呈下跌态势，总水平比上年下降2.6%。

1990年工业产品出厂价格总水平比上年上涨4.1%主要原材料、燃料、动力等生产资料的购进价格比上年上涨5.6%，上涨幅度均不到上年的四分之一。工业产品中，采掘工业和原材料工业产品价格分别比上年上涨7.9%和5.9%，明显高于加工工业产品价格上涨2.5%的幅度。

城乡居民生活费用价格总水平比上年上涨3.1%。35个大中城市职工生活费用价格上涨3.6%。

(七)对外贸易和旅游业稳步增长。

据海关统计，1990年进出口货物总额达1154.4亿美元，比上年增长3.4%，其中出口总额620.9亿美元，增长18.2%，进口总额533.5亿美元，下降9.8%，扣除不收付外汇的进出口货物，出大于进131亿美元，改变了自1984年以来连年逆差的状况。国家外汇储备增加，对外支付能力增强。

1990年我国利用外资继续增长，全年新签利用外资协议金额121亿美元，比上年增长5.3%，实际使用外资103亿美元，其中，外商直接投资34.9亿美元，均比上年略有增长。

国际旅游业逐步回升，1990年到我国游览、访问以及从事各项活动的国际旅游者达2746万人次，比上年增长12.1%，旅游外汇收入22.2亿美元，增长19.2%。

(八)科学技术又获新成果。1990年共取得国家级科学技术成果27558项，经国家批准的国家自然科学奖59项，国家发明奖224项，国家科技进步奖505项。

1990年国家各项科技发展计划进展良好，成效显著，“七五”国家重点科技攻关合同有90%以上完成计划任务，取得高分辨率地震勘探技术，30万千瓦机组批量生产和四次群光纤通讯具备工程总承包能力等一大批重大成果。1990年又有11个国家重点实验室建成并通过验收，向国内外开放。1990年国家自然科学基金委员会批准资助科研项目3531个，资助金额达1.35亿元，分别比上年增长11.4%和8.9%。

1990年在1.35万户大中型工业企业中设有专门的技术开发机构8116个，比上年增加901个，组织万元以上的技术开发项目39438项，比上年增加4439项，增长12.7%，用于技术开发的经费为133.1亿元，比上年增长7.5%。1990年大中型工业企业新产品的产值、销售收入和实现利税分别比上年增长25.6%、33.6%和12.7%。

科技队伍进一步扩大，1990年末全国共有各类专业技术人员2482万人，其中，自然科技人员1097万人，比上年增长4.9%，全国县以上全民所有制独立的科学研究与技术开发机构5410个，科技情报和文献机构410个，科学家和工程师42万人。全国高等学校从事科技活动人员78万人，其中，科学家和工程师占86.5%，群众性的科技活动又有所发展，厂矿科协达7600个。

(九)人民生活继续改善。据调查，1990年城镇居民消费有所回升，平均每人可用于生活费的货币收入为1387元，比上年增长10%，扣除物价上涨因素，实际增长8.6%，农民纯收入为630元，比上年增长4.7%，扣除价格因素实际增长1.8%。但发展不平衡，有些居民家庭，实际收入有所下降。1990年我国农民人均生活消费额为538.1元比上年增长0.5%，但扣除物价因素外，生活消费额有所减少。

城镇就业增加，1990全国城镇安置待业人员400万人，年末职工人数为13989万人，比上年末增加247万人，其中，全民所有制单位实行劳动合同制的职工达1352万人，增加162万人，年末城镇个体劳动者700万人，比上年末增加50万人。

1990年全国职工工资总额为2951.1亿元，比上年增长12.7%，扣除物价影响，实际增长11.3%。职工平均货币工资2140元，扣除物价上涨因素，实际增长9.2%，扭转了前两年连续下降的局面。城乡储蓄大幅度增加，1990年末居民储蓄存款余额达7034亿元，比上年末增加1887亿元，增长36.7%。

城乡居住条件又有改善，1990年城镇新建住宅1.8亿平方米，农村新建住宅6.6亿平方米。

社会福利事业不断发展，1990年全国各类社会福利院床位达76.1万张，收养58万人，全国已有25.1%的乡镇建立农村社会保障网络，城市社会服务网络也有较快发展，已建起各种社区服务设施8.8万个。保险事业进一步发展，1990年各类财产保险总额达25749亿元，比上年增长12%，全国有54万户企业参加了企业财产保险，9089万户居民参加了家庭财产保险，有21736万人参加了人身保险。保险公司共处理国内财产险赔案278万件，支付赔款81.1亿元，为925万人支付人身保险赔款26亿元。

三、1990年我国经济发展中存在的主要问题

在充分肯定1990年我国国民经济发展取得新成就的同时，还必须清醒地看到，经济好转的时间不长，基础还比较薄弱，特别是前几年经济过热积累下来的结构失衡，体制不顺等深层次的矛盾还远未解决，国民经济发展中还存在不少有待解决的问题，集中表现在以下几个方面：

(一)经济效益下降。1990年国民经济的发展虽逐步回升，但经济效益下降的状况仍无改变。物质消耗占社会总产值比重的物耗率近年来不断上升，1990年达61.9%，比上年又上升0.1%，其中，工业物耗率上升0.3%，商业上升1.3%，分别达到72.0%和35.5%。1990年预算内国营工业企业实现利税1271亿元，比上年下降18.5%，其中，实现利润下降58%，产成品积压增多，定额流动资金周转天数由上年的109天延长到127天，平均每百元资金实现的利税从上年的19.39元下降到13.76元，全员劳动生产率仅比上年提高0.8%，部分产品质量不稳，可比产品成本比上年上升7%，亏损企业增多，亏损额达286亿元，比上年增长127.8%。工业经济效益下降的原因除了运费提高，原材料涨价，职工调资等因素外，主要是销售不旺、产品积压、销售收入难以实现。据测算，由于积压而影响的企业利税和增加的利息支出达80多亿元，占实现利税总额的7%；企业任务不足，生产能力不能充分发挥，也影响效益的提高。建筑业的经济效益持续下降，1990年，全民所有制建筑施工企业完成建筑业总产值935亿元，比上年下降0.4%，施工面积2.03亿平方米，下降5.1%，全员劳动生产率为14509元，下降1.8%，产值利润率由上年的1.71%下降为0.58%，亏损面由33.8%扩大到46.1%。商业部门的经济效益也大幅度下滑，1990年国营商业和供销合作社实现利润比上年下降85%，亏损企业亏损额增长45.5%，资金周转进一步减慢。

(二)产成品积压严重。1990年予算内全民工业企业产成品资金占用高达1140亿元，比上年增长27.8%。其中，机电部系统的机械工业产品库存达251.5亿元，比上年增长24.4%，而产值比上年下降1.5%，在63种主要产品中，有37种的商品产量大于销售量。农产品流通不畅的矛盾也日趋突出，农副产品销售难的现象较为普遍，年末社会库存比上年末增加1500亿元左右。产销失衡、产品积压的主要原因一是国家启动需求的某些措施出台较晚，刺激需求强度不够，使市场启动滞后于生产的回升；二是市场分割、地区封锁等导致流通不畅；三是结构调整进展不快，市场上相当一部分商品货不对路，而新、特、名、优产品大受消费者的青睐，十分抢手；四是居民消费预期心理相对平稳。

(三)国家财政比较困难。1990年国家财政收入3312.6亿元，比上年增长12.4%，财政支出3452.2亿元，比上年增长13.6%，收支相低，支大于收139.6亿元，由于收入增长慢于预算的要求，而支出增长则快于预算，使全年的财政形势相当严峻。

(四)经济结构还不合理。1990年我国经济结构虽有所改善，但一些深层次的结构失衡状况仍无根本性

的改变。特别是存量的调整还收效甚微,结构不尽合理主要表现在以下几个方面:

1、国民生产总值中的三次产业的比重不尽合理,1990年第一和第三产业的比重虽比上年分别提高1.8%和下降0.5%,但第一产业的基础十分薄弱,过于大的天灾就有可能出现严重的结构失调,影响整个国民经济的增长,第三产业比重过低,不少服务性行业不适应人民生活和经济发展需要。

2、加工工业同原材料工业、能源工业的不适应矛盾尚未根本好转。1990年能源工业同其他工业、原材料工业同加工制造工业的比值均比上年有不同程度的下降,能源和原材料不足仍是影响今后国民经济长期稳定协调发展的重要因素。

运输能力同经济发展的失衡状态仍然突出。每公里铁路营业里程负担的货物周转量,由1978年的1154万吨公里,增加到1990年的1990万吨公里,增长70%以上,使铁路运输长期处于超负荷状态,目前运力只能满足实际需要量的60~70%,关键路段只能满30~40%。我国公路的负荷密度近五年来也成倍增长,路面状况和行车秩序不好,道路拥挤,车速缓慢,事故增多。

此外,经济中还存在贷款规模急剧扩大,储蓄存款大量增多,此种趋势的发展,必然增大潜在通货膨胀的压力;企业自我约束机制不健全,活力不够,一些企业经营管理粗放,浪费严重;一些产品货不对路,质量低劣;分配中存在较明显的不平衡,流通中的层次多、秩序不好的状况仍没有根本改变等问题,也直接影响国民经济的进一步发展。对存在的问题,必须采取切实有力的政策措施逐步加以解决,保障国民经济沿着持续稳定协调的轨道 不断向前发展。

(国家统计局综合司)

国民经济主要指标

	单 位	1978年	1989年	1990年	1990年为以下年份%	
					1978年	1989年
年底总人口数	万人	96259	112704	114333	118.8	101.99
年底社会劳动者人数	万人	40152	55329	56740	141.3	102.6
职工人数	万人	9499	13742	14059	148.0	102.3
国民生产总值	亿元	3588	15916	17686	274.3	105.3
国民收入	亿元	3010	13176	14929	262.8	104.8
社会总产值	亿元	6846	34519	37996	325.5	106.5
农业总产值	亿元	1397	6535	7662	202.6	107.6
工业总产值	亿元	4237	22017	23924	389.7	107.8
轻工业	亿元	1826	10761	11831	476.6	109.2
重工业	亿元	2411	11256	12111	324.8	106.2
全民所有制独立核算						
工业企业全员劳动生产率	元/人*年	11131	18320	18639	167.5	101.7
全民所有制独立核算						
工业企业主要财务指标						
年底固定资产原值	亿元	3193.4	10160.8	11610.3	363.6	114.3
资金总额	亿元	3273.0	10318.0	12088.6	369.3	117.2
年底固定资产净值	亿元	2225.7	7033.2	8088.3	363.4	115.0
定额流动资金年平均余额	亿元	1047.3	3284.8	4000.3	382.0	121.8
利润和税金总额	亿元	790.7	1773.1	1503.1	190.1	84.8
运输邮电						
货物周转量	亿吨公里	9828	25591	26207	266.7	102.4
旅客周转量	亿人公里	1743	6073	5628	322.9	92.7
沿海主要港口货物吞吐量	万吨	19834	49025	48321	243.6	102.7
邮电业务总量	亿元	11.65	64.81	81.65	700.9	126.0
全社会固定资产投资	亿元		4137.73	4449.29		107.5
生产性建设	亿元		2571.97	2768.78		107.7
非生产性建设	亿元		1565.76	1681.01		107.4
住宅	亿元		1063.84	1164.47		109.5
全民所有制单位固定资产投资	亿元	668.72	2535.48	2918.64	436.5	115.1
基本建设投资总额	亿元	500.99	1551.74	1703.81	340.1	109.8
基本建设新增固定资产	亿元	372.30	788.78	830.19	223.0	105.2
集体所有制单位固定资产投资	亿元		569.99	549.98		
城乡个人投资	亿元					96.5
社会商品零售总额	亿元	1558.6	8101.4	8300.1		
主要商品零售量					532.5	102.5
粮食	万吨	4750.0	9347.4	9289.1	195.6	99.4
食用植物油	万吨	87.5	411.6	441.6	504.7	107.3
猪肉	万吨	467.5	1131.3	1246.9	266.7	110.2
食糖	万吨	315.6	530.8	576.6	182.7	108.6
布	亿米	76.9	127.8	119.4	155.3	93.4
电视机	万台	55.1	2173.8	1923.0	3490.0	88.9
洗衣机	万台	0.2	1233.4	924.9	462450.0	75.0
电冰箱	万台	2.0	604.4	436.0	21800.0	57.2
进出口总额	亿美元	206.4	1116.8	1154.4	559.3	103.4
出口额	亿美元	97.5	525.4	620.9	636.8	118.2
进口额	亿美元	108.9	591.4	533.5	489.9	90.2
国家财政收入	亿元	1121.1	2947.0	3244.8	289.4	110.1
国家财政支出	亿元	1111.0	3040.2	3395.2	305.6	111.7
零售物价总指数	%	100.7	117.8	102.1	101.4	86.7
职工工资总额	亿元	569	2619	2951	518.6	112.7
职工年平均货币工资	元	615	1935	2140	156.7	109.2

注：1.本表价值指标的发展速度，除独立核算工业财务指标、固定资产投资、社会商品零售总额、财政收支、职工工资总额外其余按可比价格计算。

2.零售物价总指数以上年为100。

国民生产总值

年份	国民生产总值(亿元)	第一产业	第二产业	第三产业	平均每一劳动者国民生产总值(元)	第一产业	第二产业	第三产业
1978	3588.1	1018.4	1745.2	824.5	902	353	2706	1849
1979	3998.1	1258.9	1913.5	825.7	985	435	2656	1702
1980	4470.0	1359.4	2192.0	918.6	1072	470	2889	1777
1981	4773.0	1545.6	2255.5	974.0	1109	524	2825	1755
1982	5193.0	1761.6	2383.0	1037.7	1167	580	2869	1780
1983	5809.0	1960.8	2646.2	1180.0	1266	631	3060	1916
1984	6962.0	2295.5	3105.7	1527.0	1471	739	3350	2188
1985	8557.6	2541.6	3866.6	2119.2	1747	818	3818	2699
1986	9696.3	2763.9	4492.7	2431.0	1917	884	4107	2898
1987	11301.0	3204.3	5251.6	2851.2	2172	1017	4522	3202
1988	14018.2	3831.0	6587.2	3606.0	2611	1197	5452	3775
1989	15916.3	4228.0	7278.0	4414.6	2879	1289	6047	4257
1990	17686.1	5024.0	7829.0	4818.1	3156	1492	6451	4709

注:按当年价格计算;平均每一劳动者国民生产总值按各产业人数计算。

国民生产总值指数和构成

年份	指数(1978=100)				构成(总值=100)		
	总值	第一产业	第二产业	第三产业	第一产业	第二产业	第三产业
1978	100	100	100	100	28.1	48.6	28.0
1979	107.6	106.1	108.2	107.8	31.5	47.9	20.6
1980	116.0	104.6	122.9	114.3	30.4	49.0	20.6
1981	121.2	111.9	125.2	122.2	32.4	47.3	20.4
1982	131.8	124.8	132.1	135.2	33.9	45.9	20.0
1983	145.4	135.1	145.8	153.3	33.8	45.5	20.3
1984	166.6	152.6	166.9	178.3	33.0	44.6	21.9
1985	187.8	155.4	197.9	207.9	29.7	45.2	24.8
1986	203.4	160.5	218.2	231.0	28.5	46.3	25.1
1987	225.8	168.1	248.1	260.8	28.4	46.5	25.2
1988	250.6	172.3	284.1	293.4	27.3	47.0	25.7
1989	260.5	177.6	295.5	308.3	26.6	45.7	27.7
1990	274.3	190.9	310.5	314.9	28.4	44.3	27.2

注:指数按可比价格计算;构成按当年价格计算。

国民收入

年份	国民收入（亿元）	农业	工业	建筑业	运输业	商业	人均国民收入（元）
1952	589	340	115	21	25	88	104
1957	908	425	257	45	39	142	142
1965	1387	641	505	53	58	130	194
1970	1926	778	789	80	74	205	235
1975	2503	946	1152	113	96	196	273
1978	3010	986	1487	125	118	294	315
1979	3350	1226	1628	130	121	245	346
1980	3688	1326	1804	185	126	247	376
1981	3941	1509	1840	193	131	268	397
1982	4258	1723	1948	209	147	231	422
1983	4736	1921	2136	259	166	254	463
1984	5652	2251	2516	303	205	377	545
1985	7020	2492	3163	409	259	697	668
1986	7859	2720	3573	514	320	732	737
1987	9313	3154	4262	637	384	876	859
1988	11738	3818	5416	783	460	1261	1066
1989	13176	4209	6241	774	547	1405	1178
1990	14429	5000	6610	822	705	1292	1271

注：按当年价格计算。

国民收入指数

（1952＝100）

年份	国民收入	农业	工业	建筑业	运输业	商业	人均国民收入
1952	100.0	100.0	100.0	100.0	100.0	100.0	100.0
1957	153.0	120.1	244.5	242.9	176.0	146.6	136.6
1965	197.4	122.9	477.7	286.0	261.7	128.0	156.9
1970	294.6	139.8	863.0	421.0	343.0	199.2	204.7
1975	384.7	162.3	1297.3	542.0	444.9	220.6	238.9
1978	453.4	161.2	1679.1	573.5	546.9	269.4	269.6
1979	485.1	171.5	1814.7	584.1	560.8	316.8	284.7
1980	516.3	168.4	2012.7	757.7	584.0	318.8	299.2
1981	541.5	180.4	2046.8	770.0	607.2	379.4	309.7
1982	585.8	201.6	2170.1	806.9	681.3	397.5	330.1
1983	644.2	218.7	2383.7	954.3	755.5	449.1	357.9
1984	731.9	247.0	2738.8	1056.7	852.8	499.5	401.2
1985	830.6	253.7	3275.2	1310.6	1024.3	593.7	449.3
1986	894.5	261.4	3590.6	1540.0	1140.2	636.3	476.7
1987	985.7	273.2	4058.8	1744.8	1269.9	715.0	516.8
1988	1097.2	279.4	4765.0	1884.0	1413.6	779.5	565.8
1989	1137.2	288.3	5052.6	1724.3	1557.3	734.4	577.7
1990	1191.6	309.9	5330.5	1724.3	1603.6	684.0	597.4

注：按可比价格计算。

国民收入构成

(以总值为100)

年份	农业	工业	建筑业	运输业	商业
1952	57.73	19.52	3.57	4.24	14.94
1957	46.81	28.30	4.96	4.29	15.64
1965	46.22	36.41	3.82	4.18	9.37
1970	40.40	40.97	4.15	3.84	10.64
1975	37.79	46.03	4.51	3.84	7.83
1978	32.76	49.40	4.15	3.92	9.77
1979	36.60	48.60	3.88	3.61	7.31
1980	35.95	48.91	5.02	3.42	6.70
1981	38.29	46.69	4.90	3.32	6.80
1982	40.47	45.75	4.91	3.45	5.42
1983	40.56	45.10	5.47	3.51	5.36
1984	39.83	44.51	5.36	3.63	6.67
1985	35.50	45.06	5.82	3.69	9.93
1986	34.61	45.46	6.54	4.07	9.32
1987	33.87	45.76	6.84	4.12	9.41
1988	32.53	46.14	6.67	3.92	10.74
1989	31.94	47.37	5.87	4.15	10.66
1990	34.65	45.81	5.70	4.89	8.95

注:按当年价格计算。

国民收入使用额

年份	国民收入使用额(亿元)	消费额(亿元)	积累额(亿元)	消费率(%)	积累率(%)
1952	607	477	130	78.6	21.4
1957	935	702	233	75.1	24.9
1965	1347	982	365	72.9	27.1
1970	1876	1258	618	67.1	32.9
1975	2451	1621	830	66.1	33.9
1978	2975	1888	1087	63.5	36.5
1979	3356	2195	1161	65.4	34.6
1980	3696	2531	1165	68.5	31.5
1981	3905	2799	1106	71.7	28.3
1982	4290	3054	1236	71.2	28.8
1983	4779	3358	1421	70.3	29.7
1984	5701	3905	1796	68.5	31.5
1985	7507	4879	2628	65.0	35.0
1986	8496	5552	2844	65.3	34.7
1987	9684	6386	3298	65.9	34.1
1988	12269	8038	4231	65.5	34.5
1989	13623	8957	4666	65.7	34.3
1990	14339	9444	4895	65.9	34.1

注:按当年价格计算。

国民收入消费额

单位:亿元

年份	消费	居民消费	农民消费	非农业居民消费	社会消费
1952	477	434	298	136	43
1957	702	649	412	237	53
1965	982	895	581	314	87
1970	1258	1145	770	375	113
1975	1621	1450	946	504	171
1978	1888	1673	1043	630	215
1979	2195	1910	1212	698	285
1980	2531	2223	1384	839	308
1981	2799	2473	1572	901	326
1982	3054	2688	1737	951	366
1983	3358	2957	1941	1016	401
1984	3905	3395	2232	1163	510
1985	4879	4240	2728	1512	639
9186	5552	4773	2994	1779	779
1987	6368	5502	3381	2121	884
1988	8038	6995	4166	2829	1043
1989	8957	7730	4542	3188	1227
1990	9444	8100	4692	3408	1344

注:按当年价格计算。

国民收入积累额

单位:亿元

年份	积累额	固定资产积累		流动资产积累	
		生产性	非生产性	生产性	非生产性
1952	130	31	26	35	38
1957	233	99	41	38	55
1965	365	185	68	73	39
1970	618	329	90	115	84
1975	830	494	154	115	67
1978	1087	583	200	198	106
1979	1161	540	298	204	119
1980	1165	502	391	133	139
1981	1106	393	385	125	203
1982	1236	487	482	87	180
1983	1421	586	539	160	136
1984	1796	829	624	227	116
1985	2628	1156	727	484	261
1986	2944	1350	846	537	211
1987	3298	1690	1028	457	123
1988	4231	2012	1348	708	163
1989	4666	1752	1158	1386	370
1990	4895	1867	1233	1193	602

注:按当年价格计算。

社会总产值

单位:亿元

年份	社会总产值	农业	工业	建筑业	运输业	商业
1952	1015	461	349	57	35	113
1957	1606	537	704	118	60	187
1965	2695	833	1402	177	91	192
1970	3800	1021	2117	271	117	274
1975	5379	1260	3207	437	160	315
1978	6846	1397	4237	569	205	438
1979	7642	1698	4681	645	209	409
1980	8534	1923	5154	767	250	440
1981	9075	2181	5400	747	257	490
1982	9966	2483	5811	912	286	474
1983	11131	2750	6461	1053	318	549
1984	13171	3214	7617	1263	388	689
1985	16582	3619	9716	1656	488	1103
1986	19045	4013	11194	2038	598	1202
1987	23034	4676	13813	2431	702	1412
1988	29807	5865	18224	2967	837	1914
1989	34519	6535	22017	2834	990	2143
1990	37996	7662	23924	3009	1275	2126

注:本表按当年价格计算。

社会总产值指数

(以1952年为100)

年份	社会总产值	农业	工业	建筑业	运输业	商业
1952	100.0	100.0	100.0	100.0	100.0	100.0
1957	170.9	124.8	228.6	236.8	200.0	151.3
1965	258.2	137.1	425.6	351.2	303.3	142.4
1970	403.2	157.8	798.1	543.9	400.0	210.4
1975	574.4	186.3	1244.7	800.8	547.0	266.5
1978	726.3	199.8	1659.0	995.5	700.9	344.8
1979	788.2	214.8	1805.3	1101.9	714.5	376.3
1980	854.2	217.9	1972.3	1282.6	844.4	400.1
1981	891.7	230.5	2057.1	1212.3	868.1	469.2
1982	976.4	256.5	2217.7	1438.1	966.0	499.2
1983	1076.2	276.5	2465.8	1588.6	1053.9	551.9
1984	1234.6	310.4	2867.3	1800.9	1172.1	617.4
1985	1446.3	321.0	3480.7	2167.1	1405.2	741.0
1986	1593.1	331.8	3886.8	2469.8	1553.8	822.0
1987	1818.2	351.0	4574.5	2717.3	1726.0	899.2
1988	2106.0	364.9	5525.4	2914.6	1945.6	981.1
1989	2219.9	376.2	5997.3	2576.8	2158.4	926.5
1990	2364.2	404.8	6465.1	2582.0	2222.6	868.3

注:本表按可比价格计算。

各地区国民生产总值、国民收入和社会总产值

单位:亿元

地　区	国民生产总值			国　民　收　入			社会总产值		
	1989 年	1990 年	1990 年为 1989 年%	1989 年	1990 年	1990 年为 1989 年%	1989 年	1990 年	1990 年为 1989 年%
北京	455.80	500.72	105.4	336.80	366.95	105.8	972.10	1053.68	107.5
天津	238.34	300.31	102.5	234.41	244.05	101.6	828.38	894.66	106.9
河北	748.99	819.95	104.6	631.37	693.73	104.0	1578.66	1741.85	105.4
山西	350.08	398.24	105.1	278.99	315.91	104.9	732.06	828.71	108.2
内蒙古	257.09	286.62	108.2	210.52	233.38	106.7	479.08	535.19	106.9
辽宁	922.10	964.89	100.3	770.95	783.97	99.3	2137.61	2246.69	103.5
吉林	361.33	393.90	103.5	304.75	336.91	104.2	801.02	874.73	104.3
黑龙江	582.57	634.74	104.4	505.02	574.93	103.6	1224.41	1373.35	105.1
上海	696.54	744.67	103.4	586.84	617.22	102.8	1886.60	2042.17	103.6
江苏	1228.49	1314.19	104.4	1055.52	1138.31	105.3	3458.66	3799.74	108.4
浙江	789.66	836.81	104.0	698.41	726.49	102.9	1938.20	2071.27	106.5
安徽	572.13	606.54	103.2	497.41	519.15	103.5	1141.77	1219.05	106.2
福建	416.65	465.84	107.0	359.83	388.77	106.5	851.75	919.97	109.1
江西	363.47	417.15	104.9	308.65	354.03	104.0	735.22	808.91	104.6
山东	1200.71	1332.13	105.3	1055.98	1144.22	105.0	2904.87	3248,.86	109.2
河南	826.01	895.74	104.5	687.89	753.76	103.8	1701.36	1858.65	106.4
湖北	700.83	792.54	102.5	603.45	655.15	101.5	1514.68	1637.7	102.9
湖南	640.80	702.64	104.0	540.31	591.38	103.0	1235.48	1332.49	103.5
广东	1311.67	1471.84	111.3	1034.91	1132.21	110.2	2757.17	3093.90	114.0
广西	349.44	392.83	107.0	300.28	335.98	107.2	655.55	723.56	106.6
海南	86.87	95.01	109.5	72.30	76.98	108.1	142.85	155.64	110.7
四川	998.49	1146.63	103.7	865.84	693.69	103.4	2041.17	2261.02	105.5
贵州	235.54	254.51	104.2	198.18	209.85	103.6	408.18	440.23	104.6
云南	315.45	395.99	108.7	281.22	351.84	109.4	555.38	662.99	107.5
西藏	21.86	24.45	108.9	16.80	18.76	104.5	30.20	34.44	109.3
陕西	339.84	374.85	104.3	273.95	302.95	104.0	681.02	757.12	106.3
甘肃	216.84	234.49	105.5	185.88	207.28	105.0	455.73	505.10	106.0
青海	60.37	66.28	103.7	46.14	49.35	102.1	102.88	109.37	103.3
宁夏	55.76	61.05	103.8	44.19	47.34	102.2	104.77	116.53	105.8
新疆	217.42	251.88	109.2	179.15	204.95	108.4	394.55	458.65	109.5

注:本表绝对值按当年价格计算,指数按可比价格计算。西藏 1990 年是公报初步数据。

工农业总产值

单位:亿元

年　　份	工农业总产值	农　业	工　业	轻工业	重工业
1952	810	461	349	225	124
1957	1241	537	704	387	317
1965	2235	833	1402	723	679
1970	3138	1021	2117	976	1141
1975	4467	1260	3207	1413	1794
1978	5634	1397	4237	1826	2411
1979	6379	1698	4681	2045	2636
1980	7077	1923	5154	2430	2724
1981	7581	2181	5400	2781	2619
1982	8294	2483	5811	2919	2892
1983	9211	2750	6461	3135	3326
1984	10831	3214	7617	3608	4009
1985	13335	3619	9716	4575	5141
1986	15207	4013	11194	5330	5864
1987	18489	4676	13813	6656	7157
1988	24089	5865	18224	8979	9245
1989	28552	6535	22017	10761	11256
1990	31586	7662	23924	11813	12111

注:按当年价格计算。

工农业总产值指数

(1952=100)

年　　份	工农业总产值	农　业	工　业	轻工业	重工业
1952	100.0	100.0	100.0	100.0	100.0
1957	167.8	124.8	228.6	183.3	310.7
1965	268.3	137.1	452.6	344.5	650.5
1970	424.3	157.8	798.1	522.8	1309.5
1975	616.3	186.3	1244.7	764.4	2137.7
1978	778.6	199.8	1659.0	1005.2	2879.5
1979	845.0	214.8	1805.3	1105.3	3108.9
1980	908.3	217.9	1972.3	1314.6	3168.3
1981	950.2	230.5	2057.1	1502.5	3024.5
1982	1033.5	256.5	2217.7	1589.8	3324.6
1983	1139.2	276.5	2465.8	1738.1	3759.5
1984	1312.0	310.4	2867.3	2018.1	4378.1
1985	1529.0	321.0	3480.7	2475.1	5260.3
1986	1676.9	331.8	3886.8	2799.8	5799.4
1987	1928.5	351.0	4574.5	3321.6	6769.9
1988	2261.8	364.9	5525.4	4055.6	8085.8
1989	2432.3	376.2	5997.0	4387.4	8806.1
1990	2619.6	404.8	6464.8	4791.0	9352.1

注:按可比价格计算。

各地区工农业总产值增长情况

(1990年)

单位:亿元

地区	工农业总产值	农业	工业		
				轻工业	重工业
全国总计	31586.42	7662.1	23924.32	11812.91	12111.41
北京	804.86	70.2	734.66	323.53	411.13
天津	734.83	54.9	679.93	346.92	333.01
河北	1480.84	357.6	1123.24	545.24	578.00
山西	663.19	124.8	538.39	137.41	400.98
内蒙古	416.37	156.9	259.47	108.51	150.96
辽宁	1880.71	273.8	1606.91	524.59	1082.32
吉林	741.49	189.1	552.39	231.35	321.04
黑龙江	1108.9	245.4	863.51	290.00	573.51
上海	1701.13	68.2	1632.93	847.11	785.82
江苏	3344.59	580.5	2764.09	1511.98	1252.11
浙江	1769.33	336.8	1432.53	933.45	499.08
安徽	1041.22	370.9	670.32	347.90	322.42
福建	760.18	228.7	531.48	329.71	201.77
江西	680.94	255.2	425.74	189.77	235.97
山东	2848.96	647.5	2201.46	1118.75	1082.71
河南	1538.73	502.0	1036.73	473.13	563.60
湖北	1392.4	402.2	990.2	476.76	531.44
湖南	1110.09	397.4	712.69	316.64	396.05
广东	2502.95	600.7	1902.25	1283.54	618.71
广西	605.65	252.2	353.45	195.33	158.12
海南	113.01	68.7	44.31	30.16	14.15
四川	1860.05	637.1	1222.95	566.17	656.78
贵州	364.48	145.4	219.08	92.54	125.64
云南	557.33	211.7	345.63	181.15	164.12
西藏	20.27	17.2	3.47	0.92	2.15
陕西	612.58	170.0	442.58	188.02	254.56
甘肃	380.77	103.1	277.67	79.85	197.82
青海	79.75	24.5	55.25	15.97	39.28
宁夏	89.44	24.7	64.74	17.98	46.76
新疆	364.63	144.7	219.93	108.53	111.40

注:本表绝对数按当年价格计算,增长速度按可比价格计算。

主要工农业产品产量同历史最高年产量的比较

产品名称	单位	历史最高年产量		1990年	
		年份	产量	产量	为历史最高年产量%
粮食	万吨	1989	40755	44624	109.5
棉花	万吨	1984	626	451	72.0
油料	万吨	1985	1578	1613	102.2
黄红麻	万吨	1985	206	73	35.4
甘蔗	万吨	1985	5155	5762	111.8
甜菜	万吨	1988	1281.0	1452	113.3
桑蚕茧	万吨	1989	43.5	48.0	110.3
茶叶	万吨	1988	54.5	54.0	99.1
烤烟	万吨	1989	240.5	225.9	93.9
水果	万吨	1989	1831.9	1874.4	102.3
纱	万吨	1989	476.7	462.6	97.0
布	亿米	1989	189.2	188.8	99.8
呢绒	万米	1988	28609	29505	103.1
纸及纸板	万吨	1989	1333.3	1372	102.9
缝纫机	万架	1982	1286.0	761.0	59.2
自行车	万辆	1988	4140.1	3141.6	75.9
表	万只	1989	7559.7	8352.6	110.5
原盐	万吨	1989	2829.0	2022.6	71.5
糖	万吨	1986	525.0	582	110.9
卷烟	万箱	1989	3195.1	3297.5	103.2
家用电冰箱	万台	1988	757.6	463	61.1
电视机	万台	1989	2766.5	2684.7	97.0
原煤	亿吨	1989	10.5	10.8	102.9
原油	万吨	1989	13764	13831	100.5
发电量	亿千瓦小时	1989	5848	6212	106.2
钢材	万吨	1989	4859	5153	106.1
水泥	万吨	1989	21029	20971	99.7
农用化肥	万吨	1989	1802.5	1879.7	104.3
金属切削机床	万台	1988	19.2	13.5	70.3
汽车	万辆	1988	64.5	51.4	79.7

各部门物质消耗占总产值的比重

(以总产值为100)

单位:%

年份	物质生产部门合计	农业	工业	建筑业	运输业	商业
1952	42.0	26.2	67.0	63.2	28.6	22.1
1957	43.5	20.9	63.5	61.9	35.0	24.1
1965	48.5	23.0	64.0	70.1	36.3	32.3
1970	49.3	23.8	62.7	70.5	36.8	25.2
1975	53.5	24.9	64.1	74.1	40.0	37.8
1978	56.0	29.4	64.9	78.0	42.4	32.9
1980	56.8	31.0	65.0	75.9	49.6	43.9
1985	57.7	31.2	67.4	75.3	46.9	36.8
1988	60.6	34.9	70.3	73.6	45.0	34.1
1989	62.1	35.6	71.7	72.7	49.4	37.0
1990	62.0	34.7	72.4	72.7	44.7	39.2
"一五"时期平均	44.3	26.2	65.6	64.4	33.6	23.4
"二五"时期平均	50.8	24.0	65.4	67.0	36.0	24.6
"三五"时期平均	48.1	23.7	63.6	69.6	37.8	26.2
"四五"时期平均	51.8	24.5	63.5	72.9	38.9	31.0
"五五"时期平均	56.1	28.4	65.4	76.2	43.6	39.7
"六五"时期平均	57.3	30.5	66.9	75.6	47.7	44.7
"七五"时期平均	60.9	34.3	70.3	73.4	45.1	36.7

注:1. 本表按当年价格计算。

2. 物质消耗的高低除受经济效益好坏影响外,还受部门结构和技术条件变化等因素制约,不可简单进行比较。

社会总产品使用构成及最终使用率

年份	以社会总产品为100					社会产品最终使用率(%)
	补偿消耗掉的生产资料	为扩大再生产追加的固定资产和流动资产	为增加消费追加的固定资产和商品库存	社会集体消费	居民个人消费	
1952	42.0	6.5	6.3	4.2	42.8	53.3
1957	43.5	8.5	6.0	3.3	40.4	49.7
1965	48.5	9.6	4.0	3.2	33.2	40.4
1970	49.3	11.5	4.6	3.0	30.1	37.7
1975	53.5	11.3	4.1	3.2	27.0	34.3
1980	56.8	7.4	6.2	3.6	26.0	35.8
1985	57.7	9.9	6.0	3.9	25.6	35.5
1988	60.6	9.1	5.1	3.5	23.5	32.1
1989	61.8	9.1	4.4	3.6	22.3	32.1
1990	62.0	8.1	4.0	3.5	21.3	32.1
"一五"时期	44.3	7.8	5.9	3.5	39.6	49.0
"二五"时期	50.8	13.5	2.1	3.1	31.8	36.9
"三五"时期	48.1	9.9	3.4	3.3	33.8	40.5
"四五"时期	51.8	11.6	3.8	3.1	28.2	35.1
"五五"时期	56.1	9.7	4.8	3.4	25.7	33.9
"六五"时期	57.3	7.6	6.1	3.7	26.3	36.1
"七五"时期	57.4	7.9	6.0	3.8	26.1	35.9

注:1.本表按当年价格计算。2.各项相加不等于100,为进出口差额数。

财政收支平衡表

单位:亿元

项目	财政收入			项目	财政支出		
	1982年	1989年	1990年		1982年	1989年	1990年
财政总收入	1124.00	2947.9	3244.8	财政总支出	1153.30	3040.2	3395.2
各项税收	700.02	2727.40	2814.66	经济建设费	543.18		675.87
#工商税	604.59	1877.33	1965.53	#基本建设拨款	309.15	612.58	513.13
农牧业税	29.38	84.94	86.62	流动资金	23.63	10.17	10.77
关税	47.46	1781.54	155.08	挖潜改造资金和科技三项费	69.02	150.05	157.90
企业收入	296.47	60.99	76.65	支援农业生产和农业事业费	79.88	199.07	218.84
债务收入	83.86	2782.97	358.61	债务支出	55.25	72.36	189.45
重点建设资金征集	—	198.12	180.38	文教、科学、卫生事业费	196.96	558.68	616.06
其他收入	43.62	184.56	101.93	抚恤和社会救济费	21.43	49.81	55.21
				国防费	176.35	251.46	290.33
				行政管理费	81.60	289.70	307.99

国家银行信贷资金平衡表

单位:亿元

项目	资金来源			项目	资金运用		
	1982年	1989年	1990年		1982年	1989年	1990年
来源合计	3618.4	13562.0	16837.9	运用合计	3618.4	13562.0	16837.88
各项存款	2369.9	9013.85	11663.17	各项贷款	3180.6	12409.27	15166.36
企业存款	792.78	3084.85	3997.68	工业生产企业贷款	526.72	2724.63	3494.20
财政存款	179.94	437.99	398.74	工业供销企业及物资部门贷款	239.85	582.15	652.95
基建存款	284.80			商业企业贷款	1788.21	4775.07	5895.57
机关团体存款	331.43	483.97	614.78	建筑企业贷款		601.25	671.45
城镇储蓄存款	447.33	3734.80	5192.58	城镇集体企业及个体工商户贷款	133.06	708.55	831.26
农村存款	329.94	710.02	850.25	农业贷款	212.45	895.05	1038.08
其他存款		555.92	540.39	固定资产贷款	151.98	1775.96	2245.75
债券		69.91	91.81	其他贷款		346.60	691.94
对国际金融机构负债	52.41	138.70	185.71	黄金占款	12.04	12.04	12.04
流通中货币	439.12	2344.02	2644.37	外汇占款	217.69	264.54	494.91
银行自有资金	518.14	1196.93	1315.83	在国际金融机构资产	37.91	191.56	258.96
当年结益	35.14	118.90	373.59	财政借款	170.23	684.56	801.06
其他	79.11	735.59	789.28	其他支出		55.93	55.92

全民所有制单位分部门企业单位数、职工人数及工资总额

(年底数)

单位:个、万人、万元

部门	1989年			1990年			1990年比1989年增长(%)		
	企业单位数	职工人数	工资总额	企业单位数	职工人数	工资总额	企业单位数	职工人数	工资总额
全国总计	1398681	10108.7	20502645.8	1400861	10346.5	23241097.5	0.2	2.4	13.4
农林牧渔水利业	71772	794.3	1128683.7	81134	794.5	1249726.4	13.0	0.03	10.7
农林牧鱼水利服务业	28900	56.3	88759.4	34257	57.7	100474.2	18.5	2.5	13.2
工业	78638	4272.7	9147119.0	81524	4364.4	10311551.1	3.7	2.1	12.7
地质普查和勘探业	1559	103.9	264662.3	1542	99.8	287568.6	—1.1	—3.9	8.7
建筑业	9595	578.3	1418045.1	9940	575.1	1537179.9	3.6	—0.6	8.4
交通运输业	17845	501.0	1241407.6	18543	514.3	1396063.9	3.9	2.7	12.5
铁路运输业	3198	201.8	556243.3	3374	209.3	626247.7	5.5	3.7	12.6
公路运输业	12680	206.5	396062.7	13069	212.2	448079.7	3.1	2.8	13.1
水上运输业	1553	72.1	230549.6	1629	71.6	251174.4	4.9	—0.7	8.9
邮电通讯业	8682	89.3	212404.9	8399	91.7	248375.3	—3.3	2.7	16.9
商业、公共饮食业、物资供销和仓储业	160090	927.6	1779268.5	159865	1001.5	2004789.9	—0.1	3.0	12.7
商业	121512	738.6	1326166.7	121256	762.7	1505327.1	—0.2	3.3	13.5
对外贸易业	5522	43.4	92957.3	6121	46.6	114781.1	10.8	7.4	23.5
公共饮食业	10742	50.5	91497.5	9666	49.3	95621.6	—10	—2.4	4.5
物资供销业	23889	133.9	270022.0	24331	135.8	295135.1	1.9	1.4	9.3
金融、保险业	19824	135.6	258145.2	20017	144.6	306791.9	1.0	6.6	18.8
金融业	17196	127.6	242835.4	17320	136.2	288750.4	0.7	6.7	18.9
保险业	2628	8.1	15309.8	2697	8.5	18041.5	2.6	4.9	17.8

集体所有制单位分部门企业单位数、职工人数及工资总额

(年底数)

单位:个、万人、万元

部门	1989年			1990年			90年比89年增长(%)		
	企业单位数	职工人数	工资总额	企业单位数	职工人数	工资总额	企业单位数	职工人数	工资总额
全国总计	569307	3501.9	5343906.7	567731	3549.2	5809801.6	—0.3	1.4	8.7
农林牧渔水利业	20463	45.2	53241.1	20827	44.3	54968.2	1.8	—2.0	3.2
工业	157088	1845.1	2807201.7	163357	1875.9	3042515.3	4.0	1.7	8.4
地质普查和勘探业	56	0.4	423.1	40	0.3	476.7	—28.6	—25	12.7
建筑业	19717	357.2	623657.8	19530	356.7	667591.4	—0.9	—0.1	7.0
交通运输、邮电通讯业	14453	192.0	312232.0	14101	189.2	318416.7	—2.4	—1.5	2.0
商业、公共饮食业、物资供销和仓储业	228005	787.7	1109771.2	221880	805.3	1235345.3	—2.7	2.2	11.3
商业	191396	693.9	976579.7	186829	701.4	1070005.3	—2.44	1.1	9.6
公共饮食业	26611	48.5	64926.8	22752	42.4	61894.9	—14.5	—12.6	—4.7
金融、保险业	38040	48.6	74778.1	37578	51.0	89510.0	—1.2	4.9	19.7

其他所有制单位分部门企业单位数、职工人数及工资总额

（年底数）

单位：个、人、万元

部门	1989年			1990年			1990年比1989年增长（%）		
	企业单位数	职工人数	工资总额	企业单位数	职工人数	工资总额	企业单位数	职工人数	工资总额
全国总计	6091	1317296	338728	8162	1637773	459915.8	33.0	24.3	35.8
农林牧渔水利业	100	7173	1893.8	132	11255	3382.0	32.0	56.9	78.6
工业	4473	1097945	273659.2	6190	1373039	375644.8	38.4	25.1	37.3
地质普查和勘探业									
建筑业	153	14876	5307.1	192	16283	5675.2	25.5	9.5	6.9
交通运输、邮电通讯业	106	15504	5016.7	135	16278	6626.5	27.4	5.0	32.1
商业、公共饮食业、物资供销和仓储业	592	48879	13437.1	728	60008	17889.5	23.0	22.8	33.1
金融、保险业	27	1209	524.7	19	478	258.2	－29.6	－60.5	－50.8

分地区企业单位数、职工人数及工资总额

（年底数）

地区	1990年								
	企业单位数（个）			企业职工人数（人）			工资总额（万元）		
	全民所有制	城镇集体所有制	其他所有制	全民所有制	城镇集体所有制	其他所有制	全民所有制	城镇集体所有制	其他所有制
全国总计	1400861	567731	8162	103464661	35491662	1637773	2324.1	581.0	46.0
北京	19041	13960	541	3579253	867514	102330	96.1	19.7	3.1
天津	9437	11798	205	2172609	625549	44975	55.5	12.6	1.3
河北	92162	20205	130	4971875	1516098	39055	106.4	22.2	0.7
山西	70887	18502	35	3409361	974145	3287	75.9	14.7	0.1
内蒙古	32034	14327	10	2822611	870479	3639	54.0	12.1	0.1
辽宁	44774	38802	553	6697076	3229051	195542	158.2	55.3	4.3
吉林	34538	21859	55	3619849	1544368	8927	73.5	21.6	0.1
黑龙江	46178	32096	108	6168693	2372135	21494	121.4	31.8	0.4
上海	14574	13098	352	3972079	1016044	92884	119.3	24.3	3.2
江苏	67867	45099	536	5368793	3233440	196296	123.3	56.7	4.6
浙江	62846	41164	317	2808694	1891203	60264	66.1	35.3	1.4
安徽	64376	29354	61	3293384	1542148	12449	66.8	19.7	0.2
福建	28924	13435	1240	2146488	781155	180920	48.1	13.0	4.5
江西	52991	13869	40	3039940	815733	5627	55.2	10.4	0.1

续上表

地区	1990年								
	企业单位数(个)			企业职工人数(人)			工资总额(万元)		
	全民所有制	城镇集体所有制	其他所有制	全民所有制	城镇集体所有制	其他所有制	全民所有制	城镇集体所有制	其他所有制
山东	101669	23173	244	5538780	2089751	46576	126.2	34.8	0.9
河南	79466	24896	40	5212252	1705351	8482	102.5	21.2	0.2
湖北	68117	20464	105	5241163	1729115	15195	106.0	24.9	0.3
湖南	80789	25612	52	4222843	1280667	6757	89.9	20.2	0.1
广东	63332	27658	2878	5281283	2076213	497415	154.9	50.1	18.3
广西	43996	7623	129	2586640	510772	20670	53.8	8.2	0.4
海南	9148	1681	229	954892	89105	15353	18.7	1.4	0.5
四川	86668	53695	117	7065217	2273873	21624	152.4	32.9	0.4
贵州	33900	7698	43	1853521	391923	9392	37.3	5.0	0.2
云南	60239	9444	37	2492620	419420	6661	53.6	7.0	0.1
西藏	4062	353	1	149144	8557	140	4.5	0.2	
陕西	54438	21014	56	3106851	675160	10029	66.5	9.4	0.2
甘肃	34846	6209	12	1946092	370305	3012	48.7	6.1	0.1
青海	9536	2353	3	562423	101452	416	15.6	1.7	
宁夏	9155	2214	13	563791	108687	1637	13.2	1.8	
新疆	20861	6076	20	2616444	382249	6725	60.5	6.7	0.2

全国国内公司(中心)基本情况

	1989年					1990年				
	年末公司数(户)	分支机构数(户)	从业人员(万人)	注册资金(亿元)		年末公司数(户)	分支机构数(户)	从业人员(万人)	注册资金(亿元)	
				固定资产	流动资金				固定资产	流动资金
合计	269191	187617	3794.1	2735.6	2018.1	242911	271225	3923.3	3458.2	1951.5
按所有制分										
全民所有制	124750	101531	2031.4	2142.0	1432.7	119984	147075	2183.6	2802.8	1425.4
集体所有制	132767	84624	1591.5	450.8	430.5	122281	122294	1571.5	486.8	397.1
合营及其他经济类型	11674	1462	171.3	142.9	154.9	10646	1856	168.1	168.6	129.0
按行业分										
农林牧渔水利业	3736	1367	40.9	43.0	17.2	3510	1956	44.9	47.3	19.9
工业	22374	16081	759.5	919.7	292.9	21845	24416	887.1	1421.3	324.0
地质普查和勘探业	376	118	6.7	4.9	3.7	531	120	10.8	12.6	5.2
建筑业	31525	10037	1456.9	402.9	215.4	30304	12780	1432.9	445.0	212.0
交通运输邮电通讯业	11252	8023	341.5	351.2	74.3	11116	11294	351.2	370.1	79.8
商业、公共饮食业、物资供销和仓储业	165193	137332	956.8	804.3	101.5	144847	198218	960.3	858.1	923.6
金融、保险业	1990	2022	11.0	38.4	195.8	2331	1965	12.3	62.8	169.1
其他行业	5362	1022	48.8	23.5	43.2	4600	1524	54.4	32.2	25.7

注:本表不包括全国性公司。

各地区国内公司(中心)基本情况

	1989年					1990年				
	年末公司数(户)	分支机构数(户)	从业人员(万人)	注册资金(亿元)		年末公司数(户)	分支机构数(户)	从业人员(万人)	注册资金(亿元)	
				固定资产	流动资金				固定资产	流动资金
全国总计	269191	187617	37941307	27356451	20180904	242911	271225	39232969	34581867	19515319
北京	5217	56	1188332	1073630	612752	5132	56	1504993	1250028	671514
天津	2505	32	807956	1035329	632250	2476	34	820017	1034454	633723
河北	11631	810	1779427	770565	540515	10137	7333	1732171	838315	446570
山西	6747	4361	691629	458099	225567	6926	4748	907803	990125	334597
内蒙古	5415	5291	773500	569157	230833	4974	4944	774890	602736	240240
辽宁	14816	7704	3071922	2210464	1628455	13476	11028	3368573	3228106	1429747
吉林	6854	164	915203	522055	339644	5922	135	1876766	1687825	356775
黑龙江	8189	306	1330829	668644	591129	7188	320	1323111	645646	525674
上海	5043	883	1191509	1404089	2176782	4279	4698	1133465	2673590	1115247
江苏	17910	423	2559145	1398227	856315	13793	1905	2550271	1766053	841786
浙江	10539	9673	1231897	806130	584849	9771	11701	1229070	993633	641826
安徽	8738	211	1375022	832759	446544	7708	21265	1398558	932148	417251
福建	8397	10298	832975	568503	670367	7935	10275	839412	939728	668436
江西	7658	10043	842514	417778	240886	6599	14285	829543	388921	285020
山东	14806	23656	2796401	1526584	985702	14301	33405	2662936	1664489	1023597
河南	13623	1142	1621857	689442	494633	12173	1263	1591303	895441	618358
湖北	10816	20906	2025308	1738424	837783	9701	25214	1851293	1575377	617956
湖南	10710	380	1293192	685429	494782	9641	371	1239104	697137	486492
广东	39895	1810	3143008	3877417	3318513	36015	4169	3273326	5369880	3868978
广西	6317	12195	802146	405672	335071	5526	13361	755602	510897	342913
海南	7514	281	501152	555204	840987	15329	53686	2852294	2050735	1153277
四川	16635	26210	2753252	1838592	979117	4649	9299	395916	292035	158536
贵州	5054	8935	447494	255661	159567	5618	28	838343	563216	302486
云南	6027	11214	844486	506994	298785	251	4	23771	47221	33549
西藏	192	14	22119	37390	25528	5691	11878	1029342	781266	441018
陕西	6768	8283	1176333	848587	514319	4547	10771	903712	870006	449787
甘肃	5071	8762	999980	926528	492411	982	1843	147271	122726	68790
青海	936	1332	162775	182369	100557	1122	1819	147800	135659	97164
宁夏	1204	1729	139445	84675	100610	4009	11110	656826	502304	422853
新疆	3964	10603	620226	462054	425451	7040	277	575487	532281	821159

注:本表不包括全国性公司。

各地区工商企业基本情况(一)

(1990 年)

地区	合计			全民所有制		
	企业数(个)	从业人员(万人)	注册资金(亿元)	企业数(个)	从业人员(万人)	注册资金(亿元)
全国总计	4602048	17356.3	17997.5	1151472	7719.8	11925.0
北京	92379	576.0	647.3	23641	298.7	437.4
天津	67773	453.8	433.8	14927	187.0	300.6
河北	180726	788.6	721.2	48398	375.4	453.3
山西	124366	498.1	525.8	34555	259.8	366.9
内蒙古	82551	303.5	302.8	26656	166.2	227.3
辽宁	250248	1302.1	1441.0	54772	589.6	945.6
吉林	107131	573.4	560.1	27404	358.1	457.1
黑龙江	164482	779.2	756.4	46853	434.5	599.1
上海	112474	737.5	1282.4	29394	366.3	819.6
江苏	403523	1719.6	1150.3	50558	399.2	548.0
浙江	285756	953.4	615.3	37694	190.5	292.8
安徽	159475	506.7	431.0	37245	217.4	292.0
福建	139926	379.6	361.7	31897	141.1	237.2
江西	129661	372.3	323.8	39674	196.7	249.1
山东	281384	1171.4	1302.2	63596	424.3	711.1
河南	252834	766.4	677.2	65431	356.3	449.5
湖北	196652	770.9	828.8	67806	391.6	615.4
湖南	183918	603.3	533.0	53568	292.2	369.6
广东	349085	1189.4	1667.3	96259	476.5	1024.0
广西	102285	284.5	317.6	35328	163.8	234.8
海南	28994	111.5	203.3	14093	72.9	144.3
四川	471900	1102.9	1072.0	103016	526.2	741.5
贵州	60885	178.1	221.5	21345	96.7	139.8
云南	107542	292.6	351.4	36717	159.8	267.9
西藏	2048	6.1	22.2	860	3.7	14.4
陕西	111106	380.7	403.8	31728	225.3	305.7
甘肃	65685	247.9	365.5	20495	141.5	286.3
青海	12401	56.3	103.8	5093	36.1	88.2
宁夏	13524	52.1	87.9	5403	33.5	72.0
新疆	61334	198.4	287.4	27066	139.0	234.5

各地区工商企业基本情况(二)

(1990年)

地区	集体所有制企业			#乡镇企业			合营企业		
	企业数(个)	从业人员(万人)	注册资金(亿元)	企业数(个)	从业人员(万人)	注册资金(亿元)	企业数(个)	从业人员(万人)	注册资金(亿元)
全国总计	3381937	9114.1	5444.5	1165447	4184.2	1816.1	68639	522.5	627.9
北京	67271	263.4	186.3	26947	130.3	71.5	1467	14.0	23.7
天津	50542	246.2	112.1	23006	125.5	44.8	2304	20.5	21.1
河北	129852	401.1	256.8	49001	190.0	80.5	2476	12.0	11.1
山西	88866	231.7	149.7	23897	90.5	39.5	945	6.7	9.3
内蒙古	55048	134.8	73.7	7480	19.8	7.0	847	2.6	1.8
辽宁	191631	673.2	461.0	60878	188.5	89.2	3845	39.2	34.4
吉林	79259	211.9	98.7	13552	36.3	15.3	468	3.4	4.3
黑龙江	117019	336.9	149.2	16365	41.0	18.4	610	7.8	8.2
上海	76048	308.8	398.8	18528	110.2	79.5	7032	62.3	64.0
江苏	347028	1228.6	535.7	188876	801.5	284.5	5937	91.8	66.6
浙江	237605	705.8	274.4	117401	440.9	141.3	10457	57.1	48.1
安徽	121221	284.2	134.2	36403	116.7	37.1	1009	5.0	4.8
福建	105724	226.2	103.9	43329	118.2	48.9	2305	12.0	20.6
江西	89491	172.2	71.8	27459	71.0	23.0	496	3.4	2.9
山东	214953	718.5	564.8	109125	433.4	274.6	2835	28.6	26.3
河南	186421	404.5	222.0	53165	227.3	72.8	982	5.6	5.6
湖北	127938	368.1	202.2	39279	140.1	59.8	908	11.3	11.1
湖南	129063	305.6	157.7	35699	137.5	46.1	1287	5.5	5.7
广东	241938	647.4	490.9	95711	274.6	196.1	10888	65.5	152.4
广西	66258	116.6	77.8	12798	42.0	16.8	699	4.0	4.9
海南	13305	29.4	26.9	2325	6.0	3.1	3605	32.1	35.4
四川	356279	544.6	295.0	96604	239.9	75.6	911	4.4	1.7
贵州	38629	76.9	80.1	3805	14.6	9.2	508	3.1	2.6
云南	70317	129.7	80.9	19053	64.0	27.9	3	0.01	0.05
西藏	1185	2.4	7.7	98	0.02	0.06	2743	6.5	17.7
陕西	76635	148.8	80.2	25116	64.0	24.9	449	4.4	5.6
甘肃	44741	102.1	73.5	10308	38.1	16.7	244	0.8	1.1
青海	7064	19.5	14.5	1029	4.5	1.8	255	0.6	1.9
宁夏	7866	18.0	13.9	1742	5.9	2.8	528	2.9	2.7
新疆	33740	56.7	50.2	6468	11.9	7.8	1596	9.2	32.2

全国城镇个体工商业基本情况

行业	1989年			1990年		
	户数（户）	从业人数（人）	营业额（万元）	户数（户）	从业人数（人）	营业额（万元）
总计	3694548	5604545	5421666	3943373	6023009	6290148
工业	339192	625539		354669	664092	
采掘业	3958	13433		5390	14892	
制造业	301383	552447		319692	584724	
缝纫业	133347	202507		141232	197426	
建筑业	5203	24996		5220	23947	
土木工程	4264	21615		4323	20439	
#修缮	2815	13950		2857	14064	
线路管道	487	2005		517	2556	
交通运输	215903	294912		241279	334261	
公路运输	204437	276856		230957	314470	
客运	71279	101344		80133	116122	
货运	131793	174497		145334	183306	
水上运输	5315	11314		5185	12179	
客运	456	761		476	981	
货运	4838	10532		4636	11114	
商业	2094370	2909148	4043720	2237617	3134055	4686192
食品商业	1004495	1383617	1790180	1068944	1485452	2061115
水产	65534	84600	152232	71556	96578	178698
蔬菜	87690	113202	153441	98448	125445	171203
烟酒	452678	611405	686881	485578	640464	788902
果品	145826	194984	272669	153319	215401	338278
百货商业	734224	1045875	1424470	840824	1198913	1682976
#服装	355502	505481	734464	395993	479586	1291004
废旧收购	30338	44541	57326	30560	208874	60497
图书商业	21703	27967	29297	21260	34896	34601
饮食业	506895	999140	860268	539793	1055764	967983
饭馆菜馆	302114	665883	580781	328500	771072	649234
茶馆冷饮	32095	53381	43025	36460	60255	52504
服务业	252876	368126	251594	273976	404982	318643
旅游业	753	1047	434	502	789	11922
旅馆业	40343	76681	51882	41242	76685	60310
理发业	113684	155561	93310	137924	183400	120709
摄影业	28849	40544	31637	30456	42675	53583
修理业	234344	316777	213167	248143	342099	253695
生产性	33467	56079	43906	29901	59865	48040
家用电器	42144	57625	44377	46045	62959	51400
钟表衡器	39550	48758	29587	41386	51875	33237
自行车	65597	79824	42846	69439	73412	50489
其他行业	45765	65907	52917	42676	63809	63635

各地区城镇个体工商业基本情况

地区	1989年			1990年		
	户数（户）	从业人数（人）	营业额（万元）	户数（户）	从业人数（人）	营业额（万元）
全国总计	3694548	5604545	5422289	43943373	6023009	6290148
北京	56193	77419	44716	60187	84140	130170
天津	44260	51764	58111	44881	52562	72702
河北	76182	131452	97649	80048	143086	106204
山西	58402	89389	73236	60234	94361	93338
内蒙古	111155	167476	104386	115566	169256	110584
辽宁	260184	380379	543805	278377	404002	608433
吉林	175651	247026	320218	186583	280687	345619
黑龙江	238279	342642	542214	231641	332028	475433
上海	54329	73135	113361	52141	71672	125553
江苏	115304	167885	155575	116759	170188	187660
浙江	153309	226009	290817	170737	247279	318354
安徽	161130	262516	191540	176656	286367	209362
福建	113005	173497	291881	124852	196521	260042
江西	116691	217095	137996	128865	246314	160942
山东	102607	166263	141325	126023	215169	194388
河南	194614	323242	216634	197728	317892	238542
湖北	157407	259141	241825	159647	257090	256527
湖南	177840	280463	258881	191367	301206	319670
广东	301357	488550	634750	356283	587968	891064
广西	177476	254015	180805	192518	267690	245437
海南	36584	63405	53264	39579	68912	55611
四川	318883	414843	243312	341222	442011	26720
贵州	123889	171705	117844	122488	190870	128228
云南	86870	125747	77791	94689	137088	78185
西藏	16913	23624	12610	16753	21690	1781204
陕西	88090	151432	100303	92711	156938	110156
甘肃	49725	78532	75871	49727	80418	88408
青海	21398	32254	30159	26285	39453	45229
宁夏	15058	22103	13011	20336	28731	17370
新疆	92137	141542	130499	88490	131420	122855

全国农村个体工商业基本情况

行业	1989年			1990年		
	户数（户）	从业人数	营业额（万元）	户数（户）	从业人数（人）	营业额（万元）
总计	877386	13809860	7969945	9339682	14905248	8631723
工业	120489	2631834		1281800	2838485	
采掘业	22893	87987		24113	92923	
制造业	1049298	2283468		1127989	2458769	
缝纫业	314360	500954		325622	518184	
建筑业	20888	125019		21352	119975	
土木工程	18447	110887		17132	109810	
#修缮	11997	67426		11937	69839	
线路管道	1224	6380		1400	7169	
交通运输	930708	1296866		1023589	1442124	
公路运输	851451	1129041		928301	1246338	
客运	89693	132371		117344	168220	
货运	741052	972663		785096	1041222	
水上运输	72457	148361		81252	168033	
客运	1741	3149		2277	3948	
货运	70599	135183	6278846	76609	158850	
商业	4736318	6760150	3038390	4958458	7193183	6753694
食品商业	21582504	3312731	317595	2496216	2182439	3284881
水产	133531	169732	164813	124558	176054	207069
蔬菜	120646	167944	1486399	131444	724329	177435
烟酒	1314449	1785237	269309	1302740	1859722	1598048
果品	194352	193944	1831341	197853	275275	298430
百货商业	1473227	2149476	737730	1525204	2294632	1978878
#服装	500019	717892	93130	237374	790651	797600
废旧收购	65481	98464	24310	66749	98800	99632
图书商业	2448881	27456	934015	17623	25181	28592
饮食业	757154	1460581	6496238	819986	1626249	1009478
饭馆菜馆	470944	978473	46457	488901	1053682	638332
茶馆冷饮	72231	59926	306486	37159	69244	49496
服务业	453021	633417	452	510171	720776	359912
旅游业	291	491	54899	523	855	763
旅馆业	57516	106079	119937	29171	109644	60938
理发业	223138	285146	34665	301892	339842	145439
摄影业	41012	58229	370618	44900	60424	36201
修理业	5951300	774052	81228	643204	8369289	425433
生产性	89811	143069	70721	93970	155704	91545
家用电器	98854	116439	56455	110752	137798	76862
钟表衡器	116501	137982	73354	125676	149480	62053
自行车	153191	196379	79980	176842	200990	84999
其他行业	83618	127944		81122	1281167	83206

各地区农村个体工商业基本情况

地区	1989年			1990年		
	户数(户)	从业人数(人)	营业额(万元)	户数(户)	从业人数(人)	营业额(万元)
全国总计	8777386	13809860	7969945	3939682	14905248	8631723
北京	77415	119186	28617	75196	113721	83839
天津	65596	103519	53615	64069	101524	57176
河北	692318	13556970	767432	708898	1381530	783224
山西	210905	351068	192186	230090	390842	249809
内蒙古	85753	117808	56280	91741	132974	66559
辽宁	279578	431789	329983	278824	436548	332406
吉林	129493	193040	188583	108147	155910	105790
黑龙江	89828	129774	124609	88582	127411	123359
上海	56600	90978	54911	57248	90284	55176
江苏	711024	1074120	620658	722905	1087501	635348
浙江	744959	1161596	674646	833664	1291627	755935
安徽	311825	505522	273601	327938	535957	292352
福建	208579	307173	281725	223618	338354	332223
江西	27869	519062	253069	258499	497948	237064
山东	972150	1649041	871898	1089067	2017296	1015664
河南	446446	734627	321387	456148	743170	360443
湖北	371742	614219	364902	375716	604005	341066
湖南	388399	579930	358050	407346	606569	407910
广东	468464	760959	790565	552583	923605	918982
广西	351893	487971	266283	368000	507899	304396
海南	42800	64181	57926	40671	61306	57248
四川	939586	1173681	495754	1032235	1304380	542870
贵州	134164	173876	88095	147348	201825	94663
云南	247618	365606	134809	275955	408192	144249
西藏	9375	12749	4804	10829	15958	473285
陕西	205656	343916	115994	231987	383786	128066
甘肃	120127	185168	70076	125703	198875	78855
青海	18246	26377	20110	18750	26920	17033
宁夏	29471	42451	28260	32913	46966	30210
新疆	88811	134810	80117	105012	163365	75076

中外合资企业基本情况

行业	1989年					1990年				
	年末企业数（户）	从业人员（人）	投资总额（万元）	注册资本（万元）	外方	年末企业数（户）	从业人员（人）	投资总额（万元）	注册资本（万元）	外方
合计	11340	1520373	10940439	6146587	7518014	15021	2012568	14217734	7967421	3443691
农林牧渔水利业	207	52417	238091	141779	65251	343	27771	314458	196129	93252
工业	9719	1336406	8117966	4775529	1903661	13064	1846357	10827728	6289502	2691849
地质普查和勘探业	18	468	5780	4669	2420	14	696	5296	4085	1723
建筑业	213	1589	64193	48654	21196	231	17837	69820	53262	23158
交通运输、邮电通讯业	128	10839	140247	113172	49375	146	15834	1577550	110787	46304
商业、公共饮食业、物资供销和仓储业	261	14634	105201	94003	42246	297	16967	168811	133157	66967
房地产管理、公用事业、	629	77257	2081550	811926	377368	717	75785	2479279	1000810	446103
居民服务和咨询服务业						13	671	3388	3284	999
卫生、体育和社会福利事业	8	169	897	754	264					
教育、文化艺术和广播电视事业	32	3441	42125	18524	8847	48	3833	34047	30311	22470
科学研究和综合技术服务事业	70	4653	16018	14905	2843	85	2682	19105	17725	7276
金融、保险业	5	112	45189	45189	21041	4	115	44566	44566	19726
其他行业	50	3985	83177	77484	20502	59	4020	93686	83803	23864

中外合作企业基本情况

行业	1989年					1990年				
	年末企业数（户）	从业人员（人）	投资总额（万元）	注册资本（万元）	外方	年末企业数（户）	从业人员（人）	投资总额（万元）	注册资本（万元）	外方
合　计	6225	672451	3889997	2497803	1837425	7161	814069	4854495	3120065	2294090
农林牧渔水利业	444	20906	108873	95676	76855	478	26361	1337784	115991	94771
工业	3810	45193	1560702	1229869	811401	4738	573654	2300538	1702136	1168032
地质普查和勘探业	2	126	528	528	27	3	159	717	717	467
建筑业	318	16799	452696	103568	94594	286	30777	45644	103141	94122
交通运输、邮电通讯业	495	16264	96697	87033	79536	552	20356	165967	156635	129319
商业、公共饮食业、物资	224		75353	71914	60793	236	18936	90929	81686	64385
供销和仓储业		128457								
房地产管理、公用事业、	837		1533259	867252	676608	762	136379	1640158	921125	714705
居民服务和咨询服务业		691	25088							
卫生、体育和社会福利事业	28	2270		11340	9977	26	936	28728	14431	11767
教育、文化艺术和广播电	38		33106	27282	25367	46	2899	21606	15290	10584
视事业		223								
科学研究和综合技术服务事业	15		2196	2114	1542	15	2076	2427	2415	1739
金融、保险业		487			725					
其他行业	14		1499	1227		19	1535	9200	6498	4199

外商独资企业基本情况

行业	1989年				1990年			
	年末企业数（户）	从业人员（人）	投资总额（万元）	注册资本（万元）	年末企业数（户）	从业人员（人）	投资总额（万元）	注册资本（万元）
合计	1403	156357	1058873	729850	3207	431674	2069234	1451286
农林牧渔水利业	65	3909	23171	18983	130	7489	39768	33287
工业	1075	137917	757484	496269	2683	404211	1521830	1072214
地质普查和勘探业	37	1205	9580	8192	1	5	12	12
建筑业	11	118	474	449	41	1468	10047	8658
交通运输、邮电通讯业	44	1970	24048	17296	7	97	836	813
商业、公共饮食业、物资供销和仓储业					54	2758	29488	20658
房地产管理、公用事业、居民服务和咨询服务业	118	6969	140834	86591	207	12767	342425	195200
卫生、体育和社会福利事业	1	50	47	47	2	200	993	993
教育、文化艺术和广播电视事业	8	426	888	715	14	828	1781	1651
科学研究和综合技术服务事业	11	352	929	810	27	811	8394	5514
金融、保险业	24	2997	95365	94500	27	198	104535	103670
其他行业	9	489	6054	5998	14	842	9125	8616

全国农村社会总产值

单位:亿元

年份	农村社会总产值	农业	工业	建筑业	运输业	商业饮食业
1980	2792.12	1922.60	543.96	179.97	47.14	98.45
1983	4123.78	2750.00	826.49	320.88	82.63	143.78
1984	5067.55	3214.13	1161.31	370.58	132.55	188.98
1985	6340.04	3619.49	1750.08	510.49	190.42	269.56
1986	7554.23	4013.01	2380.79	591.93	245.40	323.10
1987	9431.61	4675.70	3284.86	723.31	334.47	413.27
1988	12534.69	5685.27	4781.16	895.33	434.44	558.49
1989	14480.17	6534.73	5886.02	919.17	515.50	624.75
1990	16619.21	7662.09	6719.73	978.47	579.62	679.30

注:本表按当年价格计算。

全国农业事业机构数

单位:个

年份	农业技术推广站	牲畜配种站	畜牧兽医站	种子站种子公司	国营良种（原种）场	气象台站
1952	232	389	1005			317
1957	13669	821	2930	1390	1899	1647
1979	17622	1174	8495	2369	2418	2739
1980	15144	533	5530	2436	2404	2668
1981	15415	566	6778	2370	2392	2654
1982	17300	547	6358	2787	2421	2648
1983	14694	669	7689	2548	2271	2651
1984	14035	720	7368	2545	2414	2568
1985	14242	793	8020	2487	2363	2635
1986	14425	552	7273	2582	2356	2630
1987	15167	443	7243	2644	2331	2624
1988	15359	480	7437	2654	2310	2567
1989	16211	397	7556	742	2377	2586
1990	16211	397	7556	2742	2377	2594

各地区农村社会总产值增长情况

单位:亿元

地区	农村社会总产值	农业总产值	农村工业总产值	农村建筑业总产值	农村运输总产值	农村商业饮食总产值
全国总计	16619.21	7662.09	6719.73	978.47	579.62	679.30
北京	278.60	70.18	162.67	18.85	13.32	13.58
天津	276.98	54.86	192.74	10.19	11.46	7.73
河北	873.00	357.63	405.39	57.85	22.98	29.15
山西	322.38	124.78	143.69	16.53	24.96	12.42
内蒙古	203.71	156.92	21.26	10.36	9.11	6.06
辽宁	703.94	273.75	345.24	26.40	26.23	32.32
吉林	322.17	189.09	79.86	19.98	16.46	16.78
黑龙江	385.58	245.38	79.59	21.60	23.74	15.27
上海	392.74	68.16	279.22	27.85	5.19	12.32
江苏	2072.69	580.53	1251.95	133.99	48.27	57.95
浙江	1139.35	336.77	661.53	84.78	21.07	35.20
安徽	638.07	370.94	170.76	39.58	28.47	28.32
福建	452.58	228.69	157.25	23.86	21.93	20.85
江西	409.98	255.24	99.69	22.40	14.63	18.02
山东	1769.97	647.49	926.46	111.28	30.74	54.00
河南	1028.47	502.01	327.81	74.44	65.70	58.51
湖北	700.80	402.21	207.68	35.22	23.22	32.47
湖南	647.84	397.42	159.90	37.81	25.68	27.03
广东	1304.21	600.71	498.89	74.83	44.11	85.67
广西	329.73	252.22	43.19	15.57	5.27	13.48
海南	79.95	68.72	3.47	3.38	1.91	2.47
四川	1068.92	637.07	287.93	52.27	41.27	49.88
贵州	194.00	145.49	28.29	6.67	6.48	7.07
云南	282.47	211.72	37.33	15.14	8.57	9.71
西藏	18.42	17.23	0.21	0.27	0.34	0.37
陕西	319.76	169.96	92.67	20.67	20.30	16.16
甘肃	169.71	103.05	36.75	7.81	11.22	10.88
青海	30.58	24.53	3.00	1.16	0.92	0.97
宁夏	35.81	24.69	6.37	1.18	2.63	0.94
新疆	166.80	144.65	8.94	6.05	3.44	3.72

注:本表按当年价格计算。

全国主要农业产品产量

单位:万吨

指标	1978年	1989年	1990年	1990年为以下年份%	
				1978年	1989年
一、粮食作物	30477	40755	44624	146.4	109.5
稻谷	13693	18013	18933	138.3	105.1
小麦	5348	9081	9823	182.4	108.2
大豆	757	1023	1100	145.3	107.5
三、经济作物					
棉花	216.7	378.8	450.8	208.0	119.0
油料	521.8	1295.2	1613.2	309.2	124.6
花生	237.7	536.3	636.8	267.9	118.7
油茶籽	186.8	543.6	695.8	372.5	128.0
芝麻	32.2	33.8	46.9	145.7	138.8
向日葵	27.8	106.4	133.9	481.7	125.8
麻类	135.1	112.1	109.7	81.2	97.9
黄红麻	108.8	66.0	72.6	66.7	110.0
苎麻	25.4	18.4	8.9	35.0	48.64
亚麻	9.8	24.3	24.2	246.9	99.6
糖料	2381.9	5803.8	7214.5	302.9	124.3
甘蔗	2111.6	4879.5	5762.0	272.9	118.1
甜菜	270.2	924.3	1452.5	537.6	157.1
烟叶	124.2	283.0	262.7	211.5	92.8
烤烟	105.2	240.5	225.9	150.4	93.9
蚕茧	22.8	48.8	53.4	234.2	109.4
桑蚕茧	17.3	43.5	48.0	277.5	110.3
柞蚕茧	5.5	5.3	5.4	98.2	125.6
茶叶	26.8	53.5	54.0	201.5	100.9
红毛茶		13.1	11.0		84.0
绿毛茶		31.4	33.3		106.1
水果	657.0	1831.9	1874.4	285.3	102.3
香蕉	8.5	140.4	145.6	1712.9	103.7
苹果	227.5	449.9	431.9	189.8	96.0
柑桔	38.3	456.1	485.5	1267.6	106.4
梨	151.7	256.5	235.3	155.1	91.7
葡萄	10.4	87.4	85.69	826.0	67.4

全国主要畜、水产品产量

单位:万吨

指标	1978年	1989年	1990年	1990年以下年份%	
				1978年	1989年
一、畜产品					
猪肉	856.3	2122.8	2281.1	266.4	107.5
牛肉		107.2	125.6		7.2
羊肉		96.2	106.8		111.0
牛奶	88.3	381.3	415.7	470.8	9.0
绵羊毛	13.8	23.7	23.9	3.2	0.8
山羊毛	1.0	1.6	1.7	170.0	6.3
禽蛋		719.8	794.6		110.4
二、水产品					
水产品	466	1151.7	1237	265.5	7.4
海水产品	360	661.2	713	198.1	7.8
人工养殖	45	157.6	162	360.0	102.8
淡水产品	106	490.5	524	494.3	6.8
人工养殖	76	417.0	445	585.5	6.7

主要农产品产量与解放前最高年产量比较

产品名称	单位	解放前最高年		指数(以解放前最高年为100)		
		年份	产量	1949年	1952年	1990年
粮食	万吨	1936	15000	75.5	109.3	297.50
稻谷	万吨	1936	5735	84.8	119.4	330.13
小麦	万吨	1936	2330	59.2	77.0	421.58
玉米	万吨	1936	1010		166.8	958.60
大豆	万吨	1936	1130	4.5	84.1	97.55
薯类	万吨	1936	635	155.1	257.5	432.00
棉花	万吨	1936	84.9	52.4	153.6	530.98
花生	万吨	1936	317.1	40.0	73.0	200.82
油菜籽	万吨	1933	1790.7	4.1	5.2	38.86
芝麻	万吨	1934	99.1	32.9	48.5	47.33
黄红麻	万吨	1933	5.5	4.5	78.2	1320.00
桑蚕茧	万吨	1945	22.1	14.0	28.1	217.20
柞蚕茧	万吨	1931	9.4	12.8	64.9	57.45
茶叶	万吨	1921	22.5	18.2	36.4	240.03
甘蔗	万吨	1932	565.2	46.7	125.9	1019.50
甜菜	万吨	1940	32.9	58.1	145.6	4414.59
烤烟	万吨	1939	17.9	24.0	124.0	1262.01
苹果	万吨	1948	12.1		97.5	3569.68
柑桔	万吨	1926	40.1		51.6	1210.71
香蕉	万吨	1926	10.3		106.8	1413.52
大牲畜年底头数	万头	1927	7151	83.9	106.9	182.09
牛	万头	1935	4827	91.0	117.2	213.14
马	万头	1935	649	75.1	94.5	156.76
驴	万头	1935	1215	78.1	97.2	92.16
骡	万头	1935	460	32.0	35.6	119.43
猪年底头数	万头	1934	7853	73.5	114.3	461.49
羊年底头数	万头	1937	6252	67.7	98.8	335.93
水产品	万吨	1936	150	30.0	111.3	824.68

按人口平均的主要农业产品产量

产品名称	单位	1949年	1952年	1957年	1965年	1978年	1980年	1985年	1989年	1990年
粮食	公斤/人	209	288	306	272	319	327	361	364	393
棉花	公斤/人	0.8	2.3	2.6	3.9	2.3	2.8	3.9	3.4	4.0
油料	公斤/人	4.8	7.4	6.6	5.1	5.5	7.9	15.0	11.6	14.2
肉猪	头/人		0.12	0.11	0.17	0.17	0.20	0.23	0.26	0.27
猪牛羊肉	公斤/人		6.0	6.3	8.7	9.0	12.3	16.8	20.8	22.1
水产品	公斤/人	0.9	3.0	4.9	4.2	4.9	4.6	6.7	10.3	10.9

国 营 农 场 基 本 情 况

指 标	单 位	1989年	1990年	1990年比1989年增减	
				绝对量	%
一、农场数	个	2312	2335	23	1.0
职工人数	万人	536.4	548.4	12	2.2
二、耕地面积	万亩	6993.5	7059.4	82.5	1.2
三、农业机构总动力	亿瓦	103.0	104.6	1.6	1.6
四、农业机械拥有量					
大中型农用拖拉机	台	69990	68993	−997	−1.4
小型及手扶拖拉机	台	108240	110050	1810	1.7
农用排灌动力机械	台	75828	78217	2389	3.2
联合收割机	台	18182	17445	−737	−4.1
农用载重汽车	辆	25390	24905	−485	−1.9
五、农业总产值	亿元	200.9	240.4	39.5	19.7
六、农副产品销售总额	亿元	124.2	157.1	32.9	26.5
七、盈利农场数	个	1720	2231	511	29.7
盈亏总额	亿元	13.0	10.2	−3.4	−25.0
八、农作物总播种面积	万亩	6891.2	7113.5	222.3	3.2
粮食	万亩	5119.3	5239.7	120.4	2.4
棉花	万亩	329.2	395.3	66.1	20.1
油料	万亩	456.0	498.6	42.6	9.3
糖料	万亩	194.2	237.5	43.3	22.3
麻类	万亩	8.3	6.6	−1.7	−2.5
九、主要农产品产量					
粮食	万吨	1056.2	1251.8	195.6	18.5
棉花	万吨	18.8	28.8	10.0	53.2
油料	万吨	31.3	39.0	7.7	24.6
糖料	万吨	486.0	658.7	172.7	35.5
麻类	万吨	1.3	1.5	0.2	15.4
茶叶	万吨	6.1	6.1	—	—
桑蚕茧	吨	512.0	637.0	125	24.4
十、畜牲业渔业生产					
大牲畜年底头数	万头	229.9	238.5	8.6	3.7
猪年底头数	万头	403.7	399.2	−4.5	−1.1
羊年底只数	万只	901.6	925.8	24.2	2.7
畜产口 产量					
猪牛羊肉产量	万吨	41.0	37.8	−3.2	−7.8
牛奶产量	万吨	89.4	97.0	7.6	8.5
禽蛋产量	万吨	17.5	18.7	1.2	6.9
羊毛产量	万吨	2.0	2.1	0.1	5.0
水产品产量	万吨	18.1	19.8	1.7	9.4

注:农业总产值绝对值按当年价格计算,速度按可比价格计算。

续表

指　标	单　位	1989年	1990年	1990年比1989年增减	
				绝对量	%
畜产品产量					
猪牛羊肉产量	万吨	41.0	37.8	－3.2	－7.8
牛奶产量	万吨	89.4	97.0	7.6	8.5
禽蛋产量	万吨	17.5	18.7	1.2	6.9
羊毛产量	万吨	2.0	2.1	0.1	5.0
水产品产量	万吨	18.1	19.8	1.7	9.4

注：农业总产值绝对数按当年价格计算，速度按可比价格计算。

全国乡镇企业基本情况(一)

	1978年	1989年	1990年	1990年比下列年增减	
				1978年	1989年
企业单位数(万个)	152.42	1868.63	1850.4	1114.0	－1.0
按经济类型分：					
乡办	31.97	40.57	38.8	21.4	－4.4
村办	120.45	113.00	106.6	－11.5	－5.7
联户		106.94	97.9		－8.5
个体		1608.12	1607.2		－0.1
按行业分：					
农业	49.46	22.68	22.4	－54.7	－1.2
工业	79.40	736.47	722.0	809.3	－2.0
建筑业	4.67	92.55	90.5	1837.9	－2.2
交通运输业	6.51	379.88	381.4	5758.7	0.4
商业饮食服务业	12.38	637.05	634.2	5022.8	－0.4
企业职工人数(万人)	2826.56	9366.78	9264.8	227.8	－1.1
按经济类型分：					
乡办	1257.62	2383.57	2333.2	85.5	－2.1
村办	1568.94	2336.57	2259.2	44.0	－3.3
联户		883.75	814.3		－7.9
个体		3762.89	3858.0		2.5
按行业分：					
农业	608.40	239.30	236.1	－61.2	－1.3
工业	1734.36	5624.10	5571.7	221.3	－0.9
建筑业	235.62	1403.73	1346.8	471.6	－4.1
交通运输业	103.83	699.37	711.2	585.0	1.7
商业饮食服务业	144.33	1400.28	1398.9	869.2	－0.1
企业总收入(万元)	493.07	8402.80	8613.6	1646.9	2.5
按经济类型分：					
乡办	281.13	3092.97	2840.9	910.5	－8.1
村办	211.94	2490.25	2377.7	1021.9	－4.5
联户		682.1	645.2		－5.4
个体		2137.52	2749.8		28.6
按行业分					
农业	36.19	134.68	140.8	289.1	4.5
工业	385.26	6145.70	5680.0	1374.3	－7.6
建筑业	34.80	910.15	746.4	2044.8	－18.0
交通运输业	18.77	593.50	664.8	3441.8	12.0
商业饮食服务业	18.05	618.80	1381.6	7554.3	123.3

全国乡镇企业基本情况(二)

单　位	单　位	1978年	1989年	1990年	1990年为以下年份%	
					1978年	1989年
乡镇企业主要财务指标						
总收入	亿元	431.5	4821.6	5218.6	1209.4	108.2
各项费用支出	亿元	221.4	4288.4	4612.0	2083.1	107.5
生产费用	亿元		3628.2	3942.7		108.7
国家税金	亿元	22.0	272.5	275.4	1251.8	101.1
所得税	亿元		60.9	57.1		93.8
纯利润	亿元	88.1	240.1	232.7	264.1	96.9
工资总额	亿元	86.7	580.7	606.8	699.9	104.5
年底固定资产原值	亿元	229.6	1920.7	2202.0	959.1	114.6
年度固定资产净值	亿元	181.8	1486.2	1668.7	918.4	112.3
年底占用流动资金	亿元	95.0	1890.1	2244.7	2362.8	118.8
银行贷款余额	亿元	22.0	865.2	1056.1	4800.5	122.0
主要产品产量						
发电量	亿千瓦小时	28.17	122	131	465.0	107.4
原煤	万吨	9979.28	28397	28580	286.4	100.6
硫铁矿石	万吨		334	325		97.3
氮肥	万吨	13.18	8	9.6	72.8	120.0
磷肥	万吨	194.58	120	2064	106.1	172.0
铁制农具	万件	47808	25936	27353	57.2	105.4
木制农具	万件	11186	4509	7643	68.3	169.5
竹制农具	万件	8420	2372	2428	28.8	102.4
水泥	万吨	331.74	6127	5581	1682.3	91.1
砖	亿块	730.26	3562	3391.2	464.4	95.2
丝织品	万米	6919.1	71032	72744	1051.4	102.4
机制纸及纸板	万吨	43.15	455	482.7	1118.7	106.1
原盐	万吨	148.83	386	282.0	189.5	73.1
糖	万吨	17.99	8	7.1	39.5	88.8
食用植物油	万吨	53.55	139	161.3	301.2	116.0

各地区乡镇企业基本情况

(1990年)

地　　区	乡镇企业单位数（个）	比上年增长（%）	乡镇企业人数（人）	比上年增长（%）	乡镇企业总产值（万元）	比上年增长（%）
全国总计	1873.44	0.26	9264.75	−1.09	9581.11	14.06
北　京	10.38	0.54	108.82	1.83	226.67	20.04
天　津	4.83	6.65	88.69	1.91	219.95	22.40
河　北	136.95	−2.66	641.22	−4.75	604.64	11.47
山　西	40.70	2.77	240.42	0.74	206.29	15.30
内蒙古	29.84	1.81	97.62	1.09	56.18	17.53
辽　宁	54.28	−2.09	305.09	−6.08	456.95	7.40
吉　林	46.46	−2.73	155.26	−4.22	152.54	5.82
黑龙江	51.85	1.57	162.21	−1.88	149.79	1.20
上　海	1.64	−32.86	151.58	0.10	290.71	10.59
江　苏	105.84	−1.91	896.17	−2.47	1447.16	12.03
浙　江	49.40	−1.26	495.49	−1.95	772.48	9.57
安　徽	82.39	−3.51	462.29	−2.91	314.16	16.51
福　建	47.20	1.96	279.16	0.88	266.16	19.92
江　西	71.16	0.29	232.69	−0.99	156.38	14.66
山　东	143.59	1.16	943.90	−0.50	1196.15	19.06
河　南	191.36	−3.05	881.88	−1.53	666.32	17.13
湖　北	105.35	−1.89	388.98	−3.14	367.74	12.37
湖　南	110.22	3.27	418.36	−0.37	289.77	12.06
广　东	119.65	1.51	658.33	2.17	740.32	15.08
广　西	75.39	4.56	199.11	1.31	91.61	9.89
海　南	8.65	−2.96	24.46	−4.12	13.78	6.61
四　川	191.11	2.88	705.74	1.38	474.60	14.46
贵　州	38.29	0.67	106.95	0.85	44.49	12.63
云　南	46.44	4.81	148.44	−0.71	96.11	58.68
西　藏	0.82	18.03	4.39	7.95	1.51	
陕　西	61.77	4.40	253.53	1.39	160.36	14.96
甘　肃	21.15	4.53	129.36	2.90	72.34	15.82
青　海	4.14	−8.78	14.68	−3.56	6.41	8.54
宁　夏	8.16	4.96	23.53	0.18	13.79	7.46
新　疆	14.43	2.38	46.40	0.05	25.31	11.20

农民家庭平均每百户拥有生产性固定资产原值和主要生产性固定资产数量

指标	单位	1989年	1990年	1990年比1989年增长(%)
固定资产原值合计	元	1126.07	1258.06	11.7
1. 役畜产品畜	元	385.97	402.36	4.2
2. 大中型铁木农具	元	61.15	70.32	15.0
3. 农林牲渔业机械	元	157.05	197.07	25.5
4. 工业机械	元	37.72	42.12	11.7
5. 运输机械	元	198.22	215.82	8.9
6. 生产用房	元	230.99	269.92	16.9
7. 其他	元		60.45	10.0
固定资产数量		54.97		
汽车	辆	0.28	0.27	-3.6
大中型拖拉机	台	0.47	0.45	-4.3
小型和手扶拖拉机	台	4.84	5.30	9.5
机动脱粒机	台	2.61	3.55	36.0
胶轮大车	辆	7.68	7.90	2.9
胶轮手推车	辆	41.18	40.17	-2.5
抽水机	台	1.98	1.83	-7.6
水泵	台	3.81	3.86	1.3
机动船	条	0.35	0.28	-20.0

注：本表数字为抽样调查数。

国营农场按产品销售收入排列

（1990 年）

序号	企业名称	产品销售收入总额（万元）	销售税金（万元）	利润总额（万元）	农业总产值（万元）	耕地面积（万亩）	年平均职工人数（人）
1	黑龙江八五二农场	18,048	250	1,747	16,829	107.6	27,880
2	黑龙江友谊农场	15,504	267	351	24,721	127.2	39,415
3	黑龙江八五三农场 12,172	202	409	13,054	81.9	22,336	
4	海南八一农场	11,442	859	609	7,692	4.82	16,644
5	黑龙江八五一零农场	10,832	365	1,240	3,728	23	8,901
6	黑龙江查哈阳农场	9,740	130	140	9,997	65.6	25,418
7	黑龙江八五零农场	8,057	203	273	5,889	44.9	8,552
8	黑龙江八五一一农场	7,824	241	297	3,715	20.7	6,011
9	黑龙江八五四农场	7,434	129	163	10,360	65.2	9,747
10	黑龙江兴凯湖农场	6,950	314	288	4,158	29	7,029
11	黑龙江七星农场	6,762	159	665	11,653	69	12,497
12	黑龙江红旗农场	6,501	127	227	977	1.4	1,877
13	广东前进农场	6,092	118.5	579	7,617	8.15	8,487
14	黑龙江八五七农场	6,075	151	469	5,941	39.2	9,519
15	黑龙江八五九农场	5,895	60	228	6,300	45	6,773
16	黑龙江勒得利农场	5,686	73	156	5,807	45.2	9,011
17	黑龙江青年农场	5,651	27	226	1,968	0.3	1,487
18	黑龙江五九七农场	5,330	68	380	9,878	63.6	13,912
19	黑龙江宝泉岭农场	5,289	146	234	5,842	40.8	11,173
20	黑龙江共青农场	5,113	91	293	5,784	44.3	7,341
21	黑龙江克山农场	5,067	69	431	7,534	38.6	12,779
22	黑龙江新华农场	4,891	85	317	5,996	38.4	11,206
23	黑龙江二九零农场	4,869	152	364	9,659	50.5	13,548
24	黑龙江嘉荫农场	4,832	81	235	3,080	22.9	5,297

续 表

序号	企业名称	产品销售收入总额（万元）	销售税金（万元）	利润总额（万元）	农业总产值（万元）	耕地面积（万亩）	年平均职工人数（人）
25	黑龙江胜利农场	4,627	43	292	7,453	45.3	5,523
26	黑龙江八五八农场	4,460	78	88	4,381	31.4	6,022
27	黑龙江红旗岭农场	4,444	100	564	2,628	26.9	5,196
28	黑龙江二龙山农场	4,381	88	155	6,450	33.6	9,539
29	黑龙江二九一农场	4,366	49	217	8,533	50.2	7,442
30	黑龙江普阳农场	4,163	51	571	4,771	37.6	4,979
31	黑龙江庆丰农场	4,090	55	186	5,499	37.6	5,718
32	黑龙江铁力农场	4,011	60	171	2,823	16.6	4,677
33	广东胜利农场	2,751	95	—60	2,131	0.03	4,417
34	海南红华农场	2,678	216	—149	2,765	3.39	12,517
35	海南新中农场	2,618	129	85	3,694	0.08	8,295
36	海南东太农场	2,578	193	154	3,723	0.04	7,460
37	海南龙江农场	2,480	140	301	6,167	1	8,034
38	广东红江农场	2,367	227	7	2,826	0.24	5,169
39	广东南光农场	2,341	93	190	2,390	1.12	2,720
40	海南西联农场	2,333	127	110	3,758	0.68	8,394
41	海南新星农场	2,314	128	33	2,327	0.15	6,800
42	广东建设农场	2,180	147	61	2,397	0.09	4,135
43	广东勇士农场	2,131	112	70	1,969	1.52	2,924
44	海南红光农场	2,113	111	50	3,828	1.9	8,552
45	海南南茂农场	2,038	110	—178	2,811	0.39	8,754
46	广东海鸥农场	2,020	139	29	2,154	1.77	3,117
47	广东团结农场	1,982	173	—79	2,387	0.06	5,132
48	广东湖光农场	1,858	206	39	2,956	1.67	6,393
49	海南红明农场	1,757	100	—87	2,991	1.19	8,333
50	广东三叶农场	1,740	83	145	2,044	0.21	3,609

注:1.本表价值量指标均按当年价格计算。2.本表取自部分垦区的资料。

全国工业企业单位数

单位:万个

分类	绝对数（万个）			1990年比以下年份增减%	
	1978年	1989年	1990年	1978年	1989年
全部工业企业单位数	34.84	798.07	795.78	2184.1	−0.3
按经济类型分					
全民所有制	8.37	10.23	10.44	24.7	2.1
集体所有制	26.47	174.70	166.85	530.3	−4.5
#乡办	16.41	23.43	22.81	39.0	−2.4
村办		72.16	68.08		−5.7
城镇合作		3.54	3.09		−12.7
农村合作		59.41	56.57		−4.8
城乡个体					
城镇		42.49	43.25		1.8
农村		569.93	574.35		0.8
其他经济类型		0.72	0.88		22.2
独立核算工业企业单位数		42.00	41.71		−0.7
按轻重工业分					
轻工业		22.56	22.36		−0.9
以农产品为原料		15.37	15.18		−1.2
以非农产品为原料		7.19	7.18		−0.1
重工业		19.44	19.35		−0.5
采掘工业		2.40	2.49		0.8
原料工业		3.74	3.78		1.1
加工工业		13.30	13.15		−1.1
按企业规模分					
大型企业		0.37	0.40		8.1
中型企业		0.85	0.94		10.6
小型企业		40.78	40.37		−1.0

各地区工业企业单位数

(1990年)

单位:万个

地区	总计	在总计中:		在总计中:			
		轻工业	重工业	全民所有制工业	集体所有制工业	城乡个体工业	其他经济类型工业
全国总计	795.78	536.06	259.73	10.44	166.85	617.60	0.88
北京	2.78	1.81	0.98	0.19	1.43	1.14	0.02
天津	2.8	2.14	0.66	0.22	1.44	1.10	0.04
河北	56.86	37.93	18.95	0.48	14.42	41.94	0.02
山西	13.3	7.17	6.12	0.28	4.39	8.63	.00
内蒙古	8.66	6.94	1.72	0.25	1.11	7.29	0.01
辽宁	25.4	16.54	8.85	0.47	5.34	19.56	0.03
吉林	17.86	13.31	4.56	0.29	2.10	15.47	.00
黑龙江	13.95	11.09	2.85	0.51	2.47	10.97	.00
上海	3.49	2.34	1.15	0.45	1.97	0.91	0.16
江苏	63.02	42.31	20.69	0.51	15.58	46.88	0.05
浙江	33.14	24.06	9.08	0.42	12.49	20.19	0.04
安徽	55.33	36.13	19.20	0.36	7.84	47.12	0.01
福建	17.85	12.82	5.03	0.31	5.77	11.66	0.11
江西	35.81	18.67	17.14	0.43	7.40	27.98	.00
山东	58.9	33.43	25.47	0.47	14.53	43.88	0.02
河南	81.08	51.31	29.77	0.46	11.79	68.83	.00
湖北	38.78	27.42	11.37	0.62	8.58	29.57	0.01
湖南	41.94	24.87	17.05	0.48	7.43	34.02	0.01
广东	43.77	32.27	11.51	0.69	11.79	31.00	0.29
广西	24.91	17.57	7.33	0.37	2.96	21.56	0.02
海南	1.67	0.84	0.83	0.1	0.23	1.34	.00
四川	78.14	61.66	16.48	0.75	15.04	62.32	0.03
贵州	19.39	11.5	7.88	0.21	2.01	17.15	0.02
云南	17.17	12.1	5.06	0.27	2.83	14.06	0.01
西藏	0.48	0.46	0.01	0.02	0.01	0.45	.00
陕西	22.3	15.88	6.42	0.26	3.58	18.45	0.01
甘肃	8.31	6.43	1.89	0.16	1.44	6.71	.00
青海	1.87	1.48	0.40	0.06	0.15	1.67	0.00
宁夏	2.63	2.14	0.49	0.05	0.25	2.33	.00
新疆	4.2	3.4	0.79	0.3	0.51	3.39	.00

全国工业总产值

单位:亿元

年份	工业总产值	全民所有制工业	集体所有制工业	城乡个体工业	其他经济类型工业
1949	140.00	107.14	0.70	32.16	
1950	191.00	139.26	1.49	50.25	
1952	349.00	365.83	11.38	71.79	
1957	704.00	642.00	133.97	5.84	
1960	1637.00	1483.12	153.88		
1962	920.00	807.76	112.24		
1965	1402.00	1262.78	139.22		
1970	2117.00	1854.70	262.30		
1971	2414.00	2073.87	340.13		
1972	2565.00	2177.17	387.83		
1973	2794.00	2347.52	446.48		
1974	2792.00	2300.89	491.11		
1975	3207.00	2600.56	606.44		
1976	3278.00	2567.66	710.34		
1977	3725.00	2869.37	855.63		
1978	4237.00	3289.18	947.82		
1979	4681.30	3673.60	1007.70		
1980	5154.26	3915.60	1213.36	0.81	24.49
1981	5399.78	4037.10	1329.38	1.90	31.40
1982	5811.22	4326.00	1442.42	3.40	39.40
1983	6460.44	4739.40	1663.14	7.50	50.40
1984	7617.30	5262.70	2263.09	14.81	76.70
1985	9716.47	6302.12	3117.19	179.75	117.41
1986	11194.26	6971.12	3751.54	308.54	163.06
1987	13812.99	8250.09	4781.74	502.39	278.77
1988	18224.58	10351.28	6587.49	790.49	495.32
1989	22017.06	12342.91	7858.05	1057.66	758.44
1990	23924.36	13063.75	8522.73	1290.36	1047.56

注:本表按当年价格计算。

全国工业总产值指数

（以上年为100）

年　份	工业总产值	全民所有制工业	集体所有制工业	城乡个体工业	其他经济类型工　业
1950	136.38	129.92	214.29	156.21	
1952	130.28	130.75	329.11	117.47	
1957	111.41	109.21	124.23	78.31	
1960	111.19	113.76	91.29		
1962	83.41	82.74	88.56		
1965	126.35	127.10	119.93		
1970	132.60	130.96	145.55		
1971	114.68	114.02	119.32		
1972	106.88	105.59	114.70		
1973	109.48	108.38	115.67		
1974	110.61	98.68	110.77		
1975	115.49	113.71	123.87		
1976	102.44	98.89	117.68		
1977	114.60	112.70	121.48		
1978	113.55	114.44	110,58		
1979	108.81	108.88	108.57		
1980	109.27	105.61	119.24		
1981	104.29	102.53	109.01	234.57	131.60
1982	107.82	107.05	109.54	178.95	127.73
1983	111.19	109.39	115.53	220.59	133.90
1984	116.28	108.92	134.85	197.47	156.81
1985	121.39	112.94	132.69	1189.60	139.54
1986	111.67	106.18	117.97	167.57	134.16
1987	117.69	111.30	123.24	156.59	166.39
1988	120.79	112.61	128.16	117.47	161.53
1989	108.54	103.86	110.48	123.77	142.68
1990	107.76	102.96	109.02	121.11	139.33

注：本表格按可比价格计算。

各地区工业总产值

（1990 年）

单位：亿元

地　区	总　计	在总计中：		在总计中：			
		轻工业	重工业	全民所有制工业	集体所有制工业	城乡个体工业	其他经济类型工业
全国总计	23924.36	11812.93	12111.40	13063.75	8522.73	1290.30	1047.56
北　京	734.68	323.53	411.13	464.63	212.48	5.53	52.03
天　津	679.93	346.92	333.01	404.28	2235.43	3.99	36.23
河　北	1123.23	545.24	578.00	554.96	443.99	114.56	9.71
山　西	538.39	137.41	400.98	321.45	176.78	31.02	9.14
内蒙古	259.48	108.51	150.96	200.57	47.84	9.24	1.83
辽　宁	1606.93	524.59	1082.32	983.92	453.74	110.44	58.83
吉　林	552.39	231.35	321.04	388.67	124.47	37.52	1.73
黑龙江	863.51	290.00	573.51	695.31	142.88	23.29	2.03
上　海	1632.94	847.11	785.82	1114.46	325.20	1.43	191.85
江　苏	2764.10	1511.98	1252.11	948.56	1603.84	107.04	104.66
浙　江	1432.55	933.45	499.08	447.65	860.55	93.80	30.55
安　徽	670.33	347.90	322.42	390.42	214.15	62.58	3.18
福　建	531.48	329.71	201.77	239.82	166.91	32.26	92.49
江　西	425.75	189.77	235.97	277.90	115.61	29.63	2.61
山　东	2201.48	1118.75	1082.71	911.88	1116.82	158.41	14.37
河　南	1036.73	473.13	563.60	572.03	358.43	102.06	4.21
湖　北	108.19	476.76	531.44	627.79	329.04	43.96	7.40
湖　南	712.66	316.64	396.05	455.87	204.72	48.57	3.50
广　东	1902.24	1283.54	618.71	765.43	659.64	91.19	385.98
广　西	353.43	195.33	158.12	255.09	72.38	20.23	5.73
海　南	44.32	30.16	14.15	33.56	3.59	2.08	5.09
四　川	1222.95	566.17	656.78	778.70	346.33	87.20	10.72
贵　州	218.16	92.54	125.64	168.56	30.55	14.99	4.06
云　南	345.25	181.15	164.12	264.87	69.04	9.41	1.93
西　藏	3.07	0.92	2.15	2.54	0.45	0.08	.00
陕　西	442.58	188.02	254.56	304.17	102.86	31.83	3.72
甘　肃	277.67	79.85	197.82	216.79	49.88	10.78	0.22
青　海	55.24	15.97	39.28	46.46	7.42	1.29	0.07
宁　夏	64.75	17.98	46.79	50.90	10.99	2.46	0.40
新　疆	219.93	108.53	111.40	176.52	36.72	3.39	3.30

注：本表按当年价格计算。

主要工业产品产量

产品名称	单位	1978年	1989年	1990年	1990年比1989年增减%	产品名称	单位	1978年	1989年	1990年	1990年比1989年增减%
化学纤维	万吨	28.46	148.09	165.42	11.70	柴油	万吨		2581.5	2609.4	1.08
纱	万吨	238.2	476.72	462.6	－2.97	天然气	亿立方米	137.3	150.5	153.0	1.65
纯棉纱	万吨		338.68	308.35	－8.96	发电量	亿千瓦小时	2566	5848	6121	6.22
布	亿米	110.3	189.23	188.8	－0.25	生铁	万吨	3479	5820	6238	7.19
纯棉布	亿米		117.95	108.20		钢	万吨	3178	6159	6635	7.73
呢绒	万米	8885	27962	29505	5.52	成品钢材	万吨	2208	4859	5153	6.06
丝	万吨	2.97	5.23	5.66	8.23	水泥	万吨	6524	21029	20971	－0.28
机制纸及						平板玻璃	万重量箱	1784	8442	8067	－4.44
纸板	万吨	439	1333	1372	2.89	木材	万立方米	5162	5802	5571	－3.98
缝纫机	万架	486.5	956.3	761.0	－20.43	硫酸	万吨	661	1153.3	1196.9	3.78
自行车	万辆	854	3676.8	3141.76	－14.56	纯碱	万吨	132.9	304.22	379.5	24.75
手表	万只	1351.1	7275.6	8352.6	14.80	烧碱	万吨	164	321.09	335.38	4.45
原盐	万吨	1953	2829	2023	－28.5	合成氨	万吨		2068.1	2129.0	2.94
糖	万吨	227	501	582	16.18	化肥	万吨	869.3	1802.5	1879.7	4.28
卷烟	万箱	1182	3195	3298	3.21	化学农药	万吨	53.3	20.78	22.78	9.62
家用电冰箱	万台	2.8	670.79	463.06	－30.97	塑料	万吨	67.9	205.82	226.99	10.28
家用洗衣机	万台	0.04	825.43	662.68	－19.72	发电设备	万千瓦	483.8	1174	1225.4	4.37
收音机	万台	1167.7	1834.72	2102.99	14.62	金属切削					
电视机	万台	51.73	2766.54	2684.70	－2.96	机床	万台	18.32	17.87	13.45	－24.74
#彩电	万台		940.02	1033.04	9.9	汽车	万辆	14.91	58.35	51.40	－11.91
录放音机	万台	4.7	2418.09	3023.51	－79.44	拖拉机	万台	11.35	3.98	3.94	－0.98
照机机	万架	17.89	245.18	213.22	－13.04	内燃机	万千瓦		5905	5402	－0.85
原煤	亿吨	6.18	10.54	10.80	2.45	铁路机车	台	521	680	655	－3.68
原油	万吨	10405	13764.1	13831	0.48	铁路客车	辆	784	2000	1866	－6.7
汽油	万吨		2065.1	2175.1	5.33	铁路货车	万辆	1.7	2.41	1.86	－22.82

全国工业产品销售与库存总值

（1990 年）

按工业行业分组	销售总值（亿元）	产销率（%）	上年末库存总值（亿元）	本年末库存总值（亿元）
合　计	13232.84	97.0	1545.69	1910.94
轻工业	6357.75	96.9	835.18	1027.60
重工业	6875.09	97.0	710.51	883.34
（一）采掘业	977.30	96.7	80.54	93.76
#矿业	882.55	96.1	57.19	73.52
#煤炭采选业	355.87	95.0	19.00	31.04
石油和天然气开采业	363.51	96.4	6.50	7.72
黑色金属矿采选业	25.14	97.4	2.95	3.65
有色金属矿采选业	70.40	97.0	8.46	10.63
建筑材料及其他非金属矿采选业	38.45	93.7	6.86	9.15
#化学矿采选业	11.13	90.6	1.93	2.90
（二）制造业	12255.54	97.0	1465.15	1817.18
1. 食品、饮料和烟草制造业	1819.80	98.7	190.73	213.28
2. 纺织业	1569.54	95.5	226.34	298.46
3. 石油加工业	464.64	98.9	13.47	16.87
4. 化学工业	1199.48	96.7	97.79	129.68
5. 医药工业	294.12	96.7	43.48	52.76
6. 化学纤维工业	232.96	99.6	14.13	14.12
7. 橡胶制品业	218.93	95.1	22.63	33.10
8. 塑料制品业	209.52	96.4	37.73	44.76
9. 黑色金属冶炼及压延加工业	1057.09	96.0	45.29	64.35
10. 有色金属冶炼及压延加工业	350.65	95.0	27.59	40.29
11. 金属制品业	278.42	93.8	41.23	59.56
12. 机械、电气、电子设备制造业	2825.62	97.6	474.35	562.60
#日用机械制造业	150.70	97.3	18.61	24.16
日用电器制造业	198.18	94.7	36.34	46.30
日用电子器具制造业	198.52	97.0	38.94	44.34
13. 其他工业	126.17	96.3	17.71	21.85

注：本表统计范围为县及县以上独立核算工业企业，销售总值、库存总值均按现价计算。制造业和重工业中不包括电力、蒸汽、热水生产和供应业。

全国主要工业产品销售与库存量

(1990年)

产品名称	单位	销售量合计	#企业自销	企业自用量及其他	年初库存量	年末库存量
生 铁	万吨	1647.8	865.9	4327.4	70.9	108.1
#炼钢生铁	万吨	707.6	320.6	3916.0	29.6	33.0
铸造生铁	万吨	918.3	536.0	246.7	40.9	73.8
钢 材	万吨	4887.8	1823.3	134.3	120.9	161.8
1. 重轨	万吨	100.8	14.7	1.0	2.8	2.2
2. 轻轨	万吨	28.0	8.6	0.6	0.3	0.8
3. 大型型钢	万吨	111.1	28.6	4.7	3.1	1.7
4. 中型型钢	万吨	252.4	61.5	6.4	5.4	7.0
5. 小型型钢	万吨	1155.6	500.2	19.3	34.3	44.5
6. 带钢	万吨	150.6	60.2	4.8	6.3	7.5
7. 线材	万吨	908.6	361.0	41.2	9.4	16.7
8. 特厚钢板	万吨	8.5	1.3	0.1	0.2	0.4
9. 中厚钢板	万吨	638.1	224.9	24.4	12.7	23.0
10. 薄钢板	万吨	540.6	226.7	15.9	12.7	16.6
11. 硅钢片	万吨	65.00	21.6	0.6	1.1	1.7
12. 优质型材	万吨	432.7	160.3	4.4	11.3	13.6
13. 无缝钢管	万吨	203.7	78.1	1.1	8.2	9.3
14. 焊接钢管	万吨	224.5	61.2	2.6	10.9	14.2
15. 其他钢材	万吨	67.5	14.4	7.1	2.1	2.4
金属制品	万吨	143.7	60.1	2.1	7.2	10.6
硫 酸	万吨	553.6	308.2	563.7	36.7	35.9
逍硝酸	万吨	28.2	13.4	3.3	0.7	0.6
烧 碱	万吨	289.0	119.1	33.0	4.9	12.1
纯 碱	万吨	343.0	153.9	19.6	5.5	15.0
橡 胶	万吨	30.2	14.4	0.2	0.2	0.7
轮胎内胎	万条	3068.5	1675.9	1.8	432.0	517.3
轮胎外胎	万条	2937.8	1500.3	2.2	303.2	378.8
水 泥	万吨	14678.5	9795.4	211.7	1108.4	1101.5
平板玻璃	万重量箱	7256.8	5799.4	66.6	665.0	812.2
平板玻璃	万平方米	43721.4	34941.5	320.0	4051.5	4917.4
原 木	万立方米	3242.8	1165.1	245.9	769.1	633.6
锯 材	万立方米	560.6	183.4	26.9	100.2	98.3
煤 炭	万吨	65692.7	13196.0	5190.3	3763.6	5187.6
洗精煤	万吨	73320.6	394.3	460.3	27.5	52.2
其他洗煤	万吨	3327.1	570.2	162.3	146.0	222.7
焦 炭	万吨	2059.8	926.5	3274.2	99.6	183.4

续表

产品名称	单位	销售量合计	#企业自销	企业自用量及其他	年初库存量	年末库存量
原　　油	万吨	12892.4	158.3	739.5	190.2	177.4
燃 料 油	万吨	2736.5	380.6	455.3	76.9	69.2
汽　　油	万吨	2071.6	405.3	60.7	49.6	61.3
煤　　油	万吨	383.0	8.0	0.4	13.0	16.8
柴　　油	万吨	2492.6	428.3	72.2	45.3	56.2
润 滑 油	万吨	179.8	40.2	2.6	11.9	12.0
汽　　车	万辆	50.8	27.7		5.0	5.1
#载重汽车	万辆	27.6	14.6		3.3	3.5
金属切削机床	万台	10.8	8.2		3.3	3.4
交流电动机	万千瓦	3178.4	2742.1	10.7	658.4	791.5
大中型拖拉机	万辆	4.0	1.9		0.3	0.2
小型拖拉机	万辆	109.6	62.9		9.5	9.2
自行车	万辆	2941.2	2053.0	3.2	297.0	349.1
家用缝纫机	万架	698.1	318.7	2.6	60.2	71.5
表	万只	5140.3	2556.0	0.6	977.8	1286.4
电视机	万部	2258.1	2502.6	0.3	339.4	442.5
#彩色电视机	万部	796.2	622.1	0.2	136.9	148.2
收音机	万部	1326.3	1017.6	0.2	200.6	256.7
录音机	万部	1310.8	1030.4	3.3	2285.4	302.1
#双卡录音机	万部	587.9	473.1	0.6	107.2	124.5
家用洗衣机	万台	602.5	342.3		84.2	111.9
#双缸洗衣机	万台	495.9	256.9		63.2	84.8
照相机	万架	116.7	95.7		108.6	97.4
电风扇	万台	3016.4	2013.9	0.5	592.3	771.6
家用电冰箱	万台	459.5	358.5	1.4	101.9	123.4
#双门电冰箱	万台	403.8	310.8	1.4	81.8	94.8
布	万米	1424771.6	743827.7	42778.4	154955.6	213269.0
#纯化纤布	万米	137608.9	70423.1	2233.2	13233.0	22165.9
呢绒	万米	20181.5	15844.2	106.2	5372.0	6546.2
毛绒	万吨	110421.6	81435.6	1159.8	23257.4	23838.7
麻袋	万条	53852.1	48160.8	7.7	10631.4	12520.0
皮鞋	万双	15490.9	11735.6	1.8	4123.9	4248.8
卷烟	万箱	3278.1	745.9	1.5	106.6	102.5
机制纸及纸板	万吨	772.6	577.8	15.0	73.1	106.2
合成洗涤剂	万吨	138.8	106.6	0.4	5.5	10.2
灯泡	万只	185628.4	134052.2	42.5	15192.6	18451.2

按多种分组的全国工业主要经济指标

单位:亿元

行业	产品销售收入	亏损企业亏损额	利税总额	已交利税费	工业总产值（当年价格）	工业净产值（当年价格）
总计						
1980年	4418.73		1065.19		4702.54	1598.26
1985年	7899.29		1656.72		8434.72	2736.63
1986年	8963.24	72.42	1665.09	540.96	9436.34	2978.70
1989年	15846.96	234.05	2275.45	445.30	17473.89	4903.41
1990年	16793.12	453.68	1945.88	414.06	18689.22	5093.25
全民所有制工业						
1980年	3599.24		920.43		3798.88	1302.63
1985年	5839.95		1326.48		6167.09	2039.02
1986年	6606.45	54.49	1341.37	484.65	6759.12	2178.13
1989年	11102.13	180.19	1773.14	368.79	11872.96	3460.23
1990年	11718.74	348.76	1503.14	345.72	12570.45	3568.70
集体所有制工业						
1980年	788.67		137.82		870.59	285.18
1985年	1948.96		309.88		2149.24	666.19
1986年	2226.03	16.17	303.13	50.70	2536.45	762.87
1989年	4161.89	45.85	437.85	64.17	4945.33	1288.10
1990年	4303.43	84.35	376.61	58.49	5246.50	1323.38
其他经济类型工业						
1980年	30.82		6.94		33.07	10.45
1985年	110.38		20.36		118.39	31.42
1986年	130.76	1.76	20.59	5.61	140.77	37.70
1989年	582.94	8.01	64.46	12.34	655.60	155.08
1990年	770.95	20.57	66.13	9.85	872.28	201.17
轻工业						
1980年	1962.68		455.21		2153.09	642.13
1985年	3539.93		667.53		3814.87	1060.02
1986年	4055.06	20.56	700.07	171.70	4316.86	1208.82
1989年	7269.22	71.78	1009.22	165.13	8149.31	2068.09
1990年	7840.00	171.07	916.96	155.65	8776.76	2212.50
以农产品为原料						
1980年	1459.58		323.85		1625.38	441.42
1985年	2464.67		447.54		2701.95	703.52
1986年	2776.35	13.58	470.52	106.63	2990.81	793.90
1989年	5041.39	50.98	726.28	105.05	5626.37	1412.08
1990年	5446.86	123.32	673.29	96.82	6119.47	1515.47
以非农产品为原料						
1980年	503.11		131.36		527.71	200.41
1985年	1075.26		220.00		1112.92	356.51
1986年	1278.71	6.99	229.55	65.07	1326.04	414.91
1989年	2227.82	20.80	282.94	60.08	2522.94	656.01
1990年	2393.13	47.75	243.67	58.83	2657.28	697.03
重工业						
1980年	2456.05		609.97		2549.45	956.13
1985年	4359.35		989.19		4619.86	1676.61
1986年	4908.18	51.86	965.02	369.27	5119.48	1769.88
1989年	8577.74	162.27	1266.23	280.17	9324.58	2835.32
1990年	8953.13	282.61	1028.91	258.41	9912.47	2880.75

续表 1

行　　业	产品销售收　　入	亏损企业亏损额	利税总额	已　交利税费	工业总产值（当年价格）	工业净产值（当年价格）
采掘工业						
1980 年	355.07		97.55		346.58	175.81
1985 年	508.28		89.42		580.76	289.53
1986 年	607.48	24.72	74.55	53.87	634.83	304.88
1989 年	1005.54	97.21	40.75	39.17	1073.63	446.80
1990 年	1047.92	129.62	0.51	28.80	1200.29	495.51
原料工业						
1980 年	1007.08		300.92		1049.00	390.28
1985 年	1685.12		466.16		1741.63	619.00
1986 年	1998.93	5.91	512.15	188.68	2023.75	683.87
1989 年	3560.04	29.95	708.37	135.00	3724.01	1083.43
1990 年	3865.73	65.79	645.93	139.98	4122.15	1099.68
加工工业						
1980 年	1093.90		211.50		1153.87	390.05
1985 年	2165.95		433.62		2297.47	768.08
1986 年	2301.77	21.22	378.32	126.70	2460.90	781.13
1989 年	4012.15	35.11	517.11	106.00	4526.94	1305.09
1990 年	4039.47	87.20	382.47	89.64	4590.03	1285.57
大型企业						
1980 年	1625.94		531.37	332.75	1604.14	649.88
1985 年	2484.25		705.92	218.22	2545.61	993.19
1986 年	2821.70	15.81	704.37	268.92	2868.41	1047.60
1989 年	5390.19	98.02	1023.73	211.59	5769.30	1832.08
1990 年	6122.89	172.28	961.65	214.23	4509.21	1999.98
中型企业						
1980 年	931.11		219.12	106.93	1022.67	341.48
1985 年	1502.28		329.98	84.17	1637.07	516.29
1986 年	1790.66	13.38	364.97	119.00	1831.37	571.81
1989 年	3164.10	38.84	463.86	83.94	3454.29	930.31
1990 年	3349.27	86.59	378.39	71.58	3693.93	962.38
小型企业						
1980 年	1861.68		314.70		2075.73	606.90
1985 年	3912.76		620.82		4252.04	1227.15
1986 年	4350.87	43.24	595.75	153.04	4736.56	1359.28
1989 年	7292.66	97.20	787.87	149.77	8250.31	2141.03
1990 年	7320.96	194.81	605.83	128.26	8486.08	2130.88
煤炭采选业						
1980 年	139.12		16.10		135.42	62.50
1985 年	212.85		5.19		222.75	91.52
1986 年	274.59	22.18	−2.97	8.93	235.55	97.53
1989 年	484.09	50.55	−12.23	3.12	408.09	160.24
1990 年	479.31	73.82	−39.88	−5.55	457.53	158.09
石油和天然气开采业						
1980 年	122.01		63.15		123.19	69.14
1985 年	149.97		55.78		215.13	125.58

续表 3

行　业	产品销售收　入	亏损企业亏损额	利税总额	已　交利税费	工业总产值（当年价格）	工业净产值（当年价格）
1988 年	201.05	11.42	33.16	19.48	302.31	151.92
1989 年	233.71	43.19	1.38	22.13	362.37	148.82
1990 年	281.59	47.40	1.18	21.33	427.20	203.53
黑色金属矿采选业						
1980 年	8.59		1.62		8.99	3.87
1985 年	16.38		4.32		17.36	7.70
1986 年	17.60	0.12	4.21	1.74	19.40	8.43
1989 年	27.76	0.42	4.37	1.20	30.04	11.15
1990 年	31.74	0.55	4.36	1.37	36.99	12.70
有色金属矿采选业						
1980 年	20.59		3.88		21.45	8.94
1985 年	32.75		6.12		37.03	15.51
1986 年	42.66	1.02	6.89	2.81	44.15	17.95
1989 年	87.43	1.37	16.52	3.20	93.78	35.00
1990 年	96.00	2.66	14.87	3.71	103.11	37.36
建筑材料及其他非金属矿采选业						
1980 年	18.54		4.49		19.58	10.59
1985 年	30.45		5.78		33.35	17.22
1986 年	36.26	0.80	5.45	1.37	41.18	18.50
1989 年	68.68	0.85	11.27	2.26	79.82	31.21
1990 年	72.72	1.69	10.51	2.50	89.88	33.12
采盐业					17.87	
1980 年	8.06		2.73			14.26
1985 年	10.79		2.78		18.54	13.48
1986 年	14.23	0.08	4.72	0.73	23.04	16.89
1989 年	25.66	0.49	7.40	1.16	42.12	25.87
1990 年	28.47	0.22	6.27	1.30	38.73	21.32
其他矿采选业						
1980 年	0.01				0.02	0.01
1985 年	0.04		0.01		0.04	0.02
1986 年	0.14		0.03	0.01	0.14	0.08
1989 年	0.08		0.02		0.10	0.04
1990 年	0.15		0.04		0.16	0.07
木材及竹材采运业						
1980 年	46.90		8.42		38.62	20.89
1985 年	67.22		12.53		56.53	32.41
1986 年	72.56	0.42	12.63	5.33	64.81	35.65
1989 年	108.33	0.83	20.36	7.51	104.12	61.99
1990 年	92.63	3.50	10.75	5.62	92.07	52.92
自来水生产和供应业						
1980 年	10.45		4.11		10.73	5.25
1985 年	18.71		6.49		19.23	8.42
1986 年	21.69	0.20	6.94	2.52	22.08	9.42
1989 年	36.26	1.93	5.83	2.25	37.03	12.28
1990 年	43.76	2.96	5.18	2.59	45.32	14.19
食品制造业						

续表 4

行业	产品销售收入	亏损企业亏损额	利税总额	已交利税费	工业总产值（当年价格）	工业净产值（当年价格）
1980 年	286.31		34.58		393.63	55.90
1985 年	546.12		55.06		632.91	95.40
1986 年	637.36	4.60	59.75	17.00	704.36	112.21
1989 年	1120.64	11.36	81.66	21.81	1203.02	191.07
1990 年	1187.29	28.08	63.68	20.91	1265.84	200.63
饮料制造业						
1980 年	65.90		18.69		67.27	24.17
1985 年	144.12		33.83		149.91	49.99
1986 年	171.84	1.44	34.11	8.27	167.92	52.99
1989 年	336.82	7.76	58.53	8.37	348.61	104.04
1990 年	375.00	12.98	59.20	10.34	384.97	115.48
烟草加工业						
1980 年	80.72		51.33		86.03	53.31
1985 年	188.76		111.13		202.26	116.76
1986 年	229.87	0.29	133.97	20.32	224.53	140.14
1989 年	458.34	7.12	251.92	8.66	450.89	260.79
1990 年	517.64	9.00	280.27	6.97	511.99	297.50
饲料工业						
1980 年	1.57		0.16		2.14	0.28
1985 年	22.72		2.25		24.87	3.28
1986 年	34.66	0.05	3.00	0.37	36.83	4.90
1989 年	110.98	0.94	5.83	1.14	114.73	12.94
1990 年	115.69	1.78	4.92	1.25	123.52	14.08
纺织业						
1980 年	677.26		157.17		699.11	199.77
1985 年	963.48		149.72		1056.44	250.50
1986 年	1060.70	4.06	148.60	35.40	1163.30	284.09
1989 年	1790.53	13.00	191.51	36.16	2109.57	477.59
1990 年	1936.42	46.30	144.23	28.63	2291.08	492.61
缝纫业						
1980 年	96.05		13.45		107.05	25.77
1985 年	161.11		20.78		171.78	49.00
1986 年	171.06	1.30	18.26	4.15	186.88	52.74
1989 年	307.29	2.37	27.50	4.56	352.68	90.67
1990 年	344.23	4.79	27.33	5.57	414.64	100.86
皮革、毛皮及其制品业						
1980 年	48.44		7.61		50.10	13.38
1985 年	82.07		10.08		84.09	22.09
1986 年	94.53	0.44	11.28	2.67	100.14	26.04
1989 年	151.20	2.55	9.25	1.90	175.32	38.59
1990 年	173.00	6.12	7.10	1.86	199.11	45.16
木材加工及竹、藤、棕、草制品业						
1980 年	29.32		5.61		30.60	9.52
1985 年	52.86		8.08		56.74	16.27
1986 年	63.30	0.48	7.96	2.75	64.06	18.28

续表 5

行　　业	产品销售收　　入	亏损企业亏损额	利税总额	已　交利税费	工业总产值（当年价格）	工业净产值（当年价格）
1989 年	98.03	1.74	8.60	2.31	106.78	27.67
1990 年	92.02	4.69	3.09	1.59	103.23	24.03
家具制造业						
1980 年	20.02		2.79		22.85	7.81
1985 年	43.24		5.79		47.35	15.04
1986 年	46.41	0.32	5.23	0.99	51.00	15.79
1989 年	70.00	0.95	5.81	0.96	82.02	22.62
1990 年	68.22	2.41	3.46	0.74	81.37	21.74
造纸及纸制品业						
1980 年	84.69		18.62		87.92	27.54
1985 年	153.29		28.37		153.86	45.09
1986 年	174.55	0.69	29.70	8.85	177.19	50.66
1989 年	335.90	3.29	44.36	9.19	372.12	92.22
1990 年	334.06	8.28	31.37	7.82	388.71	93.24
印刷业						
1980 年	37.46		8.35		47.15	14.68
1985 年	68.30		15.46		84.04	27.50
1986 年	77.98	0.18	15.68	4.59	93.47	30.34
1989 年	134.65	0.62	20.40	5.56	158.23	46.45
1990 年	144.51	1.14	19.61	5.48	173.39	49.57
文教体育用品制造业						
1980 年	21.47		5.99		21.82	8.57
1985 年	36.67		8.48		37.65	13.64
1986 年	42.71	0.11	8.80	3.68	43.79	15.51
1989 年	70.09	0.44	9.26	2.41	76.08	22.92
1990 年	81.80	1.14	8.94	2.31	90.11	25.62
工艺美术品制造业						
1980 年	34.33		6.43		36.11	14.52
1985 年	62.09		9.51		79.54	23.01
1986 年	73.00	0.23	10.19	1.91	80.44	27.98
1989 年	140.13	0.90	15.92	2.69	170.51	53.52
1990 年	157.96	1.87	15.50	2.54	190.93	57.35
电力蒸汽热水生产和供应业						
1980 年	193.94		81.82		192.71	111.61
1985 年	312.79		104.69		293.21	153.79
1986 年	389.60	2.13	117.52	45.42	309.87	142.89
1989 年	685.21	13.94	156.18	38.35	557.18	199.51
1990 年	827.76	17.43	176.20	47.46	676.63	242.83
油加工业						
1980 年	166.31		63.87		169.24	68.41
1985 年	251.26		95.86		255.98	105.47
1986 年	289.85	0.09	102.64	47.46	297.87	121.25
1989 年	439.63	0.16	102.57	12.60	457.33	133.36
1990 年	487.56	1.53	97.66	6.33	501.87	129.81
煤焦煤气及煤制品业						
1980 年	15.09		1.60		14.86	2.57
1985 年	25.57		3.01		25.44	4.91

续表 6

行　业	产品销售收入	亏损企业亏损额	利税总额	已交利税费	工业总产值（当年价格）	工业净产值（当年价格）
1986年	29.37	1.15	3.19	1.71	27.53	5.60
1989年	58.26	5.33	2.19	0.96	56.45	7.66
1990年	66.10	6.09	1.55	1.24	71.35	9.96
化学工业						
1980年	345.88		78.14		355.01	108.28
1985年	544.87		112.41		564.85	165.40
1986年	636.34	8.22	113.22	36.25	638.89	179.95
1989年	1257.96	9.02	209.89	37.17	1375.30	369.66
1990年	1335.50	19.43	191.82	43.56	1492.01	395.35
医药工业						
1980年	67.83		16.79		69.78	22.18
1985年	120.46		23.75		127.28	36.52
1986年	151.14	0.23	27.53	9.13	154.39	42.53
1989年	281.36	0.66	40.73	10.41	323.09	83.10
1990年	319.78	3.82	36.65	10.12	356.14	93.80
化学纤维工业						
1980年	39.95		11.02		33.75	12.40
1985年	87.47		22.40		79.30	26.95
1986年	111.32	0.12	25.12	9.48	99.28	32.46
1989年	236.92	0.43	41.02	11.18	233.82	60.96
1990年	288.17	1.13	47.83	16.23	272.42	76.71
橡胶制品业						
1980年	83.71		25.67		88.21	32.52
1985年	133.60		93.88		138.13	46.56
1986年	141.60	0.37	31.93	8.44	148.28	47.52
1989年	238.72	1.56	38.46	4.16	264.33	70.36
1990年	243.27	3.01	33.50	3.92	284.90	76.68
塑料制品业						
1980年	63.56		11.30		66.34	18.95
1985年	135.60		20.02		141.19	38.07
1986年	155.64	1.00	18.80	4.03	161.95	41.46
1989年	306.08	2.60	29.78	5.14	347.42	80.10
1990年	302.65	6.18	22.47	4.12	349.82	83.03
建筑材料及其他非金属矿物制品业						
1980年	194.60		42.79		201.02	80.54
1985年	405.67		82.90		422.70	162.42
1986年	479.93	3.89	93.88	27.35	516.89	197.27
1989年	808.91	13.76	107.43	23.06	891.89	284.18
1990年	785.04	27.25	78.82	19.47	890.57	274.27
黑色金属冶炼及压延加工业						
1980年	303.29		72.36		315.31	96.59
1985年	522.04		131.75		542.56	167.78
1986年	629.68	0.60	145.67	45.58	660.53	193.30
1989年	1074.86	2.29	212.53	36.85	1140.02	325.37
1990年	1169.55	13.48	183.08	36.21	1298.78	314.31

续表 7

行业	产品销售收入	亏损企业亏损额	利税总额	已交利税费	工业总产值（当年价格）	工业净产值（当年价格）
有色金属冶炼及压延加工业						
1980 年	97.17		21.08		124.09	29.27
1985 年	149.84		30.64		196.63	44.81
1986 年	175.83	0.52	33.59	11.20	232.74	51.53
1989 年	334.65	1.68	56.88	11.05	471.53	103.54
1990 年	347.00	5.28	43.51	10.96	509.46	98.07
金属制品业						
1980 年	115.67		23.85		124.77	43.03
1985 年	223.88		41.04		233.63	75.55
1986 年	255.32	1.00	42.36	11.87	274.08	86.24
1989 年	437.26	3.28	52.02	11.14	494.23	136.50
1990 年	448.99	6.83	41.87	8.90	522.57	140.90
机械工业						169.44
1980 年	441.54		91.23		467.35	
1985 年	889.58		180.74		935.27	320.23
1986 年	947.87	6.53	168.09	57.97	1015.97	339.03
1989 年	1519.72	13.24	194.26	44.14	1726.63	519.79
1990 年	1479.69	46.28	120.42	34.84	1674.05	483.85
交通运输设备制造业						
1980 年	170.13		28.45		172.31	52.82
1985 年	357.33		74.39		380.11	121.45
9186 年	320.22	1.90	48.03	18.80	346.73	100.88
1989 年	612.73	4.94	68.49	13.91	670.09	174.15
1990 年	664.63	11.42	57.05	14.19	713.87	187.35
电气机械及器材制造业						
1980 年	142.04		32.98		152.32	112.53
1985 年	337.99		72.79		355.28	120.65
1986 年	376.05	0.97	70.35	21.43	406.78	223.07
1989 年	735.80	3.13	100.22	18.57	849.09	209.90
1990 年	685.11	9.99	71.90	13.50	797.09	
电子及通信设备制造业						
1980 年	71.49		13.99		76.05	26.77
1985 年	242.25		47.10		243.91	75.94
1986 年	232.68	3.31	29.82	10.53	241.58	67.65
1989 年	455.81	3.79	54.69	12.71	551.24	142.49
1990 年	520.73	9.20	42.55	10.14	584.19	146.21
仪器仪表及其他计量器具制造业						
1980 年	37.72		10.83		40.00	17.59
1985 年	66.15		17.11		69.56	29.50
1986 年	67.14	0.71	14.04	5.40	71.05	29.06
1989 年	99.99	0.73	16.02	4.16	113.13	43.07
1990 年	100.82	2.51	11.66	3.03	110.12	40.33
其他工业						
1980 年	11.01		2.14		11.73	4.03
1985 年	28.95		4.65		28.29	9.32
1986 年	50.69	0.49	6.22	1.24	55.88	15.78
1989 年	66.47	0.85	6.63	1.18	72.43	18.83
1990 年	66.54	1.43	5.37	1.00	73.48	18.69

全国独立核算工业企业单位数和职工人数

分　类	企业单位数（个）	亏损企业	全部职工年末人数（万人）
轻工业			
1986 年	232874	31725	
1988 年	227995	28289	3166.84
1989 年	225574	38172	3166.69
1990 年	223572	49244	3242.10
以农产品为原料			
1986 年	156441	21996	
1988 年	155985	19282	2187.41
1989 年	153699	25425	2196.37
1990 年	151774	34687	2243.00
以非农产品为原料			
1986 年	76433	9729	
1988 年	72010	9007	979.43
1989 年	71875	11747	970.32
1990 年	71798	14557	999.10
重工业			
1986 年	189092	23812	
1988 年	192934	20793	4351.24
1989 年	194397	28551	4379.27
1990 年	193510	38642	4421.25
采掘工业			
1986 年	25449	4102	
1988 年	23846	3216	940.97
1989 年	24049	3226	962.79
1990 年	24324	4387	970.79
原料工业			
1986 年	32328	4220	
1988 年	35827	4236	991.77
1989 年	37380	6021	1039.77
1990 年	37779	8640	1067.28
加工工业			
1986 年	130751	15470	
1988 年	133264	13314	2418.39
1989 年	132968	19294	2376.71
1990 年	131497	25615	2383.18
大型企业			
1986 年	2594	239	

续表 1

分　类	企业单位数（个）	#亏损企业	全部职工年末人数（万人）	固定资产投资额（亿元）
1988年	3178	280	1485.36	
1989年	3657	483	1600.29	
1990年	3965	939	1698.25	
中型企业				
1986年	6071	527		
1988年	7498	591	1143.39	
1989年	8505	1029	1194.00	
1990年	9405	2364	1238.06	
小型企业				
1986年	413301	54771		
1988年	410253	48211	4889.33	
1989年	407809	65211	4751.67	
1990年	403667	84583	4727.04	
煤炭采选业				
1986年	9976	2605		92.54
1988年	9230	1954	565.25	106.70
1989年	9327	1622	587.23	122.30
1990年	9601	2315	603.70	156.13
石油和天然气开采业				
1986年	25	4		137.82
1988年	30	13	75.19	196.89
1989年	31	18	77.28	232.94
1990年	33	16	68.25	225.99
黑色金属矿采选业				
1986年	1345	95		9.36
1988年	1264	105	29.52	9.93
1989年	1260	120	28.56	8.58
1990年	1303	137	30.41	7.80
有色金属矿采选业				
1986年	1879	225		15.01
1988年	2233	238	65.18	20.62
1989年	2343	325	69.32	23.9
1990年	2456	412	70.63	21.82
建筑材料及其他非金属矿采选业				
1986年	10660	1071		7.60

续表 2

分　类	企业单位数（个）	#亏损企业	全部职工年末人数（万人）	固定资产投资额（亿元）
1988 年	9971	842	92.49	9.10
1989 年	9942	1055	90.83	8.93
1990 年	9844	1331	90.96	11.36
采盐业				
1986 年	622	55		1.71
1988 年	605	30	23.74	4.56
1989 年	628	76	24.37	4.29
1990 年	645	77	25.25	5.32
其他矿采选业				
1986 年	49	6		0.02
1988 年	24	4	0.18	0.07
1989 年	25	1	0.15	0.04
1990 年	29	2	0.15	0.08
木材及竹材采运业				
1986 年	1474	105		8.30
1988 年	1154	65	116.24	12.85
1989 年	1105	104	113.54	9.60
1990 年	1059	180	110.31	9.12
自来水生产和供应业				
1986 年	2616	207		13.85
1988 年	2981	279	23.42	17.06
1989 年	3166	362	24.79	17.87
1990 年	3333	435	26.80	22.88
食品制造业				
1986 年	46446	6196		39.95
1988 年	42755	4403	350.55	56.00
1989 年	41431	6166	347.50	44.79
1990 年	40207	8194	351.08	43.02
饮料制造业				
1986 年	15407	3043		31.09
1988 年	14406	2752	130.30	37.94
1989 年	13591	3682	126.53	20.86
1990 年	13167	3922	127.79	19.42
烟草加工业				
1986 年	316	51		9.77
1988 年	298	68	28.43	20.83
1989 年	311	88	29.39	18.25
1990 年	317	114	29.61	23.16

续表 3

分　类	企业单位数（个）	#亏损企业	全部职工年末人数（万人）	固定资产投资额（亿元）
饲料工业				
1986 年	3580	222		2.88
1988 年	3878	172	14.04	4.63
1989 年	4032	393	15.13	4.05
1990 年	4070	615	16.98	5.74
纺织业				
1986 年	21181	3296		63.24
1988 年	24017	3381	896.32	109.47
1989 年	24760	5106	913.64	85.72
1990 年	24584	7456	928.43	72.31
缝纫业				
1986 年	20590	3399		1.54
1988 年	18017	2535	216.72	2.68
1989 年	17301	3035	216.96	2.07
1990 年	17241	4056	227.75	2.11
皮革皮毛及其制品业				
1986 年	7600	990		2.18
1988 年	7929	1119	98.53	4.67
1989 年	7761	1546	97.35	3.22
1990 年	8030	2036	102.13	1.94
木材加工及竹藤棕草制品业				
1986 年	12201	1413		5.06
1988 年	11000	1043	85.32	5.29
1989 年	10816	1468	88.49	7.11
1990 年	10643	1969	90.99	6.86
家具制造业				
1986 年	11756	1585		0.97
1988 年	10891	1222	67.53	1.86
1989 年	10248	1630	62.80	0.98
1990 年	9710	2124	61.94	0.74
造纸及纸制品业				
1986 年	9040	1465		15.21
1988 年	10182	1643	156.96	25.95
1989 年	10532	2226	157.35	20.35
1990 年	10624	2772	161.55	25.25

续表 4

分　类	企业单位数（个）	#亏损企业	全部职工年末人数（万人）	固定资产投资额（亿元）
印刷业				
1986 年	10370	738	.	6.93
1988 年	10732	807	101.71	5.48
1989 年	10790	988	101.16	3.77
1990 年	10994	1309	102.82	5.18
文教体育用品制造业				
1986 年	3085	295		1.28
1988 年	3897	453	46.17	3.10
1989 年	3871	534	45.41	1.88
1990 年	4067	601	50.87	1.96
工艺美术品制造业				
1986 年	3041	1029		1.12
1988 年	10671	1266	129.72	1.89
1989 年	10651	1501	129.67	0.99
1990 年	10621	1815	134.58	0.92
电力蒸汽热水生产和供应业				
1986 年	11515	1451		181.37
1988 年	11293	1392	145.63	279.89
1989 年	11372	1338	154.04	295.73
1990 年	11378	1299	165.17	366.49
石油加工业				
1986 年	485	31		16.23
1988 年	690	41	39.66	40.95
1989 年	768	54	40.83	34.74
1990 年	780	102	42.83	42.43
炼焦煤气及煤制品业				
1986 年	1807	268		16.00
1988 年	2235	336	22.60	19.09
1989 年	2335	400	25.79	19.93
1990 年	2335	407	26.46	32.84
化学工业				
1986 年	15063	2977		94.60
1988 年	17864	2217	397.43	178.34
1989 年	18941	3402	408.87	152.72
1990 年	19319	4493	427.52	165.90

续表5

分　类	企业单位数（个）	#亏损企业	全部职工年末人数（万人）	固定资产投资额（亿元）
医药工业				
1986年	2431	182		9.19
1988年	2802	139	80.28	24.08
1989年	2948	296	82.27	21.60
1990年	3097	597	86.72	21.81
化学纤维工业				
1986年	366	43		21.40
1988年	494	52	38.68	22.60
1989年	518	82	40.09	25.20
1990年	560	105	42.90	30.80
橡胶制品业				
1986年	3376	465		8.33
1988年	3740	525	87.31	11.01
1989年	3868	654	87.25	7.31
1990年	3752	859	89.71	10.02
塑料制品业				
1986年	12448	2258		7.16
1988年	14065	1788	138.77	4.91
1989年	14293	2698	138.71	6.44
1990年	14238	3404	143.42	5.63
建筑材料及其他非金属矿物制品业				
1986年	56055	7179		64.78
1988年	55859	6826	751.35	70.96
1989年	54991	10539	722.90	52.61
1990年	53120	12530	698.55	49.80
黑色金属冶炼及压延加工业				
1986年	2840	409		81.37
1988年	3015	334	301.74	151.87
1989年	3352	617	315.53	128.46
1990年	3391	1079	317.96	109.21
有色金属冶炼及压延加工业				
1986年	1616	216		31.69
1988年	2458	247	93.14	10.93
1989年	2373	423	96.99	31.75
1990年	2413	638	102.09	38.43

续表 6

分　类	企业单位数（个）	#亏损企业	全部职工年末人数（万人）	固定资产投资额（亿元）
金属制品业				
1986年	30125	3161		7.73
1988年	29841	3364	289.92	9.95
1989年	29160	3938	282.23	9.07
1990年	28841	5124	282.80	9.20
机械工业				
1986年	43405	4056		64.13
1988年	43059	3629	980.07	84.28
1989年	42816	5115	963.18	64.43
1990年	42385	7973	963.66	72.01
交通运输设备制造业				
1986年	9523	1107		28.16
1988年	10368	971	300.99	48.52
1989年	10619	1279	301.66	43.28
1990年	10925	6878	309.46	48.50
电气机械及器材制造业				
1986年	12457	1437		23.82
1988年	14118	1471	262.72	22.56
1989年	14293	1833	261.31	14.78
1990年	14461	2748	267.20	18.72
电气及通信设备制造业				
1986年	3844	589		26.21
1988年	4159	493	151.47	33.64
1989年	4407	767	153.94	39.36
1990年	4637	1087	161.67	48.66
仪器仪表及其他计量器具制造业				
1986年	3192	275		5.39
1988年	3460	244	77.56	6.54
1989年	3478	355	76.68	4.99
1990年	3508	598	77.33	6.05
其他工业				
1986年	12159	1320		4.41
1988年	5544	119	45.24	4.85
1989年	5605	287	46.25	2.82
1990年	5364	1067	44.91	1.94

按企业规模划分的各地区独立核算工业企业单位数和工业总产值

(1990年)

地区	大型企业		中型企业		小型企业	
	企业个数(个)	总产值(亿元)	企业个数(个)	总产值(亿元)	企业个数(个)	总产值(亿元)
全国总计	3965	6509.21	9450	3693.93	403667	8486.08
北　京	213	327.88	296	117.85	4900	180.16
天　津	155	231.19	327	123.71	4950	169.63
河　北	164	247.24	412	147.83	18557	359.89
山　西	97	173.03	169	61.31	11099	189.61
内蒙古	56	81.92	148	50.13	7279	99.36
辽　宁	330	676.65	643	224.87	20.238	400.16
吉　林	100	187.72	252	86.42	11869	204.10
黑龙江	157	418.02	272	119.47	14255	241.82
上　海	323	683.53	595	299.70	9191	493.82
江　苏	267	438.88	970	432.85	36252	1189.56
浙　江	109	134.12	412	177.70	39598	736.04
安　徽	69	159.57	313	108.01	20519	261.07
福　建	53	68.16	213	84.53	12290	240.96
江　西	56	55.08	252	117.74	13922	170.32
山　东	217	463.61	894	314.53	21378	738.69
河　南	130	238.60	285	121.84	15667	352.64
湖　北	169	298.95	382	144.37	19114	373.18
湖　南	133	196.27	376	115.50	20551	274.90
广　东	298	386.29	693	290.92	23121	702.77
广　西	109	80.88	219	74.93	8653	143.11
海　南	10	6.23	50	15.65	784	14.21
四　川	302	355.19	508	179.20	34670	446.19
贵　州	97	88.10	103	43.96	4934	56.33
云　南	70	142.42	210	71.61	5697	93.93
西　藏			4	0.21	207	2.42
陕　西	159	148.06	175	62.33	11467	149.21
甘　肃	65	124.34	105	42.04	5726	81.78
青　海	18	16.31	32	13.71	1147	21.12
宁　夏	18	20.48	39	12.66	1563	23.74
新　疆	22	60.49	101	38.35	4069	75.39

注:工业总产值按当年价格计算。

全国独立核算工业企业主要财务指标(一)

(1990 年)　　单位:亿元

类别	年底固定资产		定额流动资金年平均余额	提取的折旧基金	利润总额	利税总额	企业留利
	原值	净值					
全国总计	14389.96	10138.88	15814.49	657.71	559.81	1945.88	311.03
按经济类型分							
全民所有制工业	11610.27	8088.31	4000.33	482.77	388.11	1503.14	224.16
集体所有制工业	2320.47	1673.92	1605.87	147.48	137.18	376.61	69.47
其他经济类型工业	459.22	376.65	208.29	27.46	34.52	66.13	17.40
按轻重工业分							
轻工业	4070.80	3009.47	2599.13	205.82	212.97	916.96	118.70
以农产品为原料	2709.57	2019.58	1738.12	134.80	116.57	673.29	77.73
以非农产品为原料	1361.24	989.88	861.00	71.02	96.40	243.67	40.97
重工业	10319.16	7129.41	3215.36	451.89	346.84	1028.91	192.33
制造工业	3266.50	2102.23	2063.26	160.57	175.17	382.47	89.88
按企业规模分							
大型企业	6993.96	4836.01	1944.19	290.37	252.43	961.65	123.39
中型企业	2707.28	1894.49	1214.48	117.88	100.52	378.39	51.82
小型企业	4688.72	3408.38	2655.82	249.46	206.87	605.83	135.82
按工业行业分							
煤炭采选业	1068.38	748.93	105.29	47.36	—55.12	—39.88	3.98
石油和天然气开采业	929.48	668.46	70.22	29.59	—29.15	1.18	4.27
黑色金属矿采选业	51.84	34.90	9.76	2.91	3.18	4.36	1.32
有色金属矿采选业	140.13	91.58	31.81	6.28	11.72	14.87	5,18
建筑材料及其他非金属矿采选业	82.68	57.19	20.92	4.03	6.26	10.51	2.63
采盐业	43.90	32.15	11.08	2.10	3.53	6.27	1.31
其他矿采选业	0.16	0.11	0.04	0.01	0.03	0.04	0.00
木材及竹材采运业	150.04	108.41	29.42	4.47	2.25	10.75	2.30
自来水生产和供应业	166.19	133.13	5.03	5.07	3.79	5.18	3.19
食品制造业	557.81	421.48	289.05	26.40	27.73	63.68	19.18
粮食加工业	91.11		26.72	4.14	17.43	19.77	6.62
饮料制造业	254.57	201.98	175.54	11.82	3.43	59.20	5.58
烟草加工业	95.11	80.73	128.45	3.97	—0.76	280.27	2.99
饲料工业	35.54	30.0	26.55	1.74	3.63	4.92	2.54
纺织业	1069.02	787.77	678.10	53.30	29.85	144.23	21.97
棉纺织业	607.62	441.37	299.38	29.13	22.08	87.08	12.31
毛纺织业	134.97	102.36	123.39	6.64	—3.93	12.70	1.45
丝绢纺织业	113.67	83.10	91.86	6.27	11.27	27.62	4.85

全国独立核算工业企业主要财务指标(二)

(1990年) 单位:亿元

类别	年底固定资产		定额流动资金年平均余额	提取的折旧基金	利润总额	利税总额	企业留利
	原值	净值					
缝纫业	115.61	84.67	110.61	7.27	12.51	27.33	5.66
皮革、毛皮及其制品业	78.02	57.41	80.09	4.43	0.82	7.10	2.30
木材加工及竹、藤、棕、草制品业	77.74	56.78	42.57	3.50	—0.93	3.09	1.32
家具制造业	41.08	28.36	32.56	2.26	0.53	3.46	1.09
造纸及纸制品业	234.62	163.25	97.58	11.61	9.26	31.37	5.33
印刷业	108.51	75.21	46.42	5.70	12.61	19.61	5.09
文教体育用品制造业	36.75	25.79	26.43	2.33	5.19	8.94	2.09
工艺美术品制造业	62.48	46.26	64.53	3.83	6.78	15.50	2.68
电力、蒸汽、热水生产和供应业	1774.93	1299.56	52.71	68.85	75.87	176.20	17.79
石油加工业	357.99	256.72	60.69	16.77	19.41	97.66	7.40
炼焦、煤气及煤制品业	90.92	71.75	11.56	3.45	—1.36	1.55	2.28
化学工业	1066.15	727.86	373.58	55.70	75.75	191.82	27.55
基本化学原料制造业	200.76	139.56	64.13	10.79	15.36	37.96	6.29
有机化学产品制造业	310.89	227.30	116.36	17.14	25.14	77.93	6.60
日用化学产品制造业	70.15	52.90	51.74	3.34	10.66	25.90	3.97
医药工业	147.83	105.90	110.11	7.71	20.47	36.65	7.78
化学纤维工业	225.16	164.91	65.38	11.90	27.98	47.83	5.66
橡胶制品业	105.95	73.03	73.29	5.44	7.15	33.50	3.25
塑料制品业	192.59	142.50	110.07	11.30	9.12	22.47	4.54
建筑材料及其他非金属矿物制品业	836.85	591.65	269.48	41.70	16.70	78.82	12.48
水泥制造业	351.82	250.26	74.49	17.14	3.86	28.25	3.66
黑色金属冶炼及压延加工业	1108.70	782.01	342.96	44.37	71.43	183.08	31.60
有色金属冶炼及压延加工业	332.53	223.25	141.87	13.59	20.65	43.51	6.37
金属制品业	239.62	161.61	185.46	13.85	19.25	41.87	7.92
机械工业	1292.20	799.57	926.06	61.05	47.22	120.42	31.16
工业专用设备制品业	291.52	175.4	214.47	14.24	15.57	31,95	7.43
日用机械制造业	86.43	56.04	62.30	4.36	—1.61	10.61	1.08
交通运输设备制造业	498.47	316.10	344.42	22.86	32.60	57.05	17.20
电气机械及器材制造全	335.60	227.84	336.69	18.52	29.04	71.90	11.43
日用电器制造业	75.86	57.93	98.46	4.78	2.91	14.19	1.96
电子及通信设备制造业	265.38	181.03	255.44	12.71	22.94	42.55	10.14
日用电子器具制造业	52.37	37.90	103.54	3.07	3.77	11.93	2.50
仪器仪表及其他计量器具制造业	89.32	56.64	75.51	4.11	5.92	11.66	3.06

注:本表指标为乡及乡以上独立核算工业企业的数字(以下三表同)。

各地区独立核算工业企业主要财务指标

(1990年)

单位:亿元

地区	年底固定资产		定额流动资金年平均余额	提取的折旧基金	利润总额	利税总额	企业留利
	原值	净值					
全国总计	14389.96	10138.88	5814.49	657.07	559.81	1945.88	311.03
北京	438.25	284.51	213.76	21.05	53.76	100.56	27.44
天津	329.93	217.17	148.83	15.91	17.11	47.89	10.86
河北	689.40	491.02	245.04	31.29	11.03	60.66	12.44
山西	539.32	378.93	150.40	24.10	13.32	40.39	7.37
内蒙古	294.94	214.68	95.71	12.46	5.58	23.72	4.18
辽宁	1231.01	808.89	427.50	53.87	17.35	112.71	15.40
吉林	469.04	330.44	179.77	19.07	12.83	46.78	9.68
黑龙江	853.12	601.03	260.96	34.95	13.06	67.94	9.11
上海	787.54	550.70	413.22	37.07	96.56	202.02	32.30
江苏	992.65	725.84	540.15	52.76	50.12	161.30	20.80
浙江	474.74	338.39	309.91	26.33	39.20	103.54	17.41
安徽	389.51	278.88	147.24	18.21	8.46	56.00	7.33
福建	244.56	180.75	106.37	12.13	16.10	44.97	7.38
江西	267.83	181.89	117.71	12.41	4.11	25.62	5.03
山东	1148.62	876.32	406.43	47.33	35.59	132.97	16.13
河南	645.61	459.07	236.06	27.85	15.26	77.57	11.76
湖北	660.22	455.71	265.35	30.35	26.73	88.40	18.15
湖南	455.41	307.78	190.28	21.57	9.33	65.37	7.09
广东	843.88	633.35	350.64	46.59	28.54	121.49	18.88
广西	228.49	166.76	92.30	10.09	11.24	41.68	4.58
海南	43.15	34.43	13.56	1.77	1.11	3.47	0.96
四川	849.31	563.08	372.58	40.97	24.96	97.72	17.68
贵州	198.89	138.45	73.07	7.68	5.95	35.77	4.66
云南	263.31	188.72	94.56	11.49	17.34	89.39	7.35
西藏	6.65	4.77	1.17	0.25	0.33	0.42	0.19
陕西	352.30	241.27	163.75	14.51	9.15	39.06	7.07
甘肃	292.49	190.44	91.49	10.62	9.57	31.13	4.13
青海	93.39	74.16	24.80	3.39	1.82	6.29	0.90
宁夏	72.53	52.55	22.43	2.91	1.17	5.32	1.19
新疆	233.86	168.91	59.46	8.74	3.13	15.73	3.60

全国独立核算工业企业主要经济效益指标

(1990年)

单位:元

分类	每百元固定资产原值实现的产值	每百元固定资产原值实现的利税	每百元资金实现的利税	每百元工业总产值实现的利税	每百元销售收入实现的利润
总计	129.88	13.52	12.20	10.41	3.33
按轻重工业分					
轻工业	215.60	22.53	16.35	10.45	2.72
重工业	96.06	9.97	9.95	10.38	3.87
按工业行业分					
煤炭采选业	42.82	—3.73	—4.67	—8.72	—11.50
石油和天然气开采业	45.96	0.13	0.16	0.28	—10.35
黑色金属矿采选业	71.37	8.40	9.75	11.77	10.01
有色金属矿采选业	73.58	10.61	12.05	14.42	12.21
建筑材料及其他非金属矿采选业	108.70	12.71	13.46	11.69	8.61
木材及竹材采运业	61.37	7.16	7.80	11.67	2.43
自来水生产和供应业	27.27	3.12	3.75	11.44	8.67
食品制造业	226.93	11.42	9.22	5.03	2.34
饮料制造业	151.22	23.25	15.68	15.38	0.91
烟草加工业	538.30	294.67	133.99	54.74	—0.15
饲料工业	347.60	13.84	9.73	3.98	3.14
纺织业	214.32	13.49	9.84	6.30	1.54
木材加工及竹、藤、棕、草制品业	132.78	3.97	3.11	2.99	—1.01
家具制造业	198.06	8.42	5.68	4.25	0.78
电力、蒸汽、热水生产和供应业	38.12	9.93	13.03	26.04	9.17
石油加工业	140.19	27.28	30.77	19.46	3.98
炼焦、煤气及煤制品业	78.48	1.70	1.86	2.17	—2.05
化学工业	139.94	17.99	17.41	12.86	5.67
化学纤维工业	120.99	21.24	20.77	17.56	9.71
橡胶制品业	268.89	31.62	22.90	11.76	2.94
塑料制品业	181.65	11.67	8.90	6.42	3.01
建筑材料及其他非金属矿物制品业	106.42	9.42	9.15	8.85	2.13
黑色金属冶炼及压延加工业	117.14	16.51	16.27	14.10	6.11
有色金属冶炼及压延加工业	153.21	13.09	11.92	8.54	5.95
金属制品业	218.08	17.47	12.06	8.01	4.29
机械工业	129.55	9.32	6.98	7.19	3.19
交通运输设备制造业	143.21	11.44	8.64	7.99	4.91
电气机械及器材制造业	237.41	21.43	12.74	9.02	4.24
电子及通信设备制造业	220.14	16.03	9.75	7.28	4.40
仪器仪表及其他计量器具制造业	123.28	13.06	8.83	10.59	5.88

各地区独立核算工业企业主要经济效益指标

（1990年）

地区	每百元固定资产原值实现的产值（元）	每百元固定资产原值实现的利税（元）	每百元资金实现的利税（元）	每百元工业总产值实现的利税（元）	每百元销售收入实现的利润（元）	全员劳生产率	
						绝对值（元/人·年）	比上年增减（%）
全国总计	129.88	13.52	12.20	10.41	3.33	840	5.1
北京	142.82	22.95	20.18	16.07	8.81	1029	4.1
天津	158.98	14.51	13.08	9.13	3.67	497	2.2
河北	109.51	8.80	8.24	8.03	1.63	573	4.1
山西	78.61	7.49	7.63	9.53	3.54	129	1.1
内蒙古	79.46	8.04	7.64	10.25	2.52	20	0.2
辽宁	105.74	9.16	9.12	8.66	1.48	256	1.7
吉林	101.96	9.97	9.17	9.78	3.02	174	－1.4
黑龙江	91.35	7.96	7.88	8.72	2.02	182	－1.5
上海	187.55	25.65	20.96	13.68	6.67	806	2.8
江苏	207.65	16.25	12.74	7.83	2.85	2169	10.9
浙江	220.73	21.81	15.97	9.88	4.16	1651	8.8
安徽	135.72	14.38	13.14	10.59	1.75	747	5.7
福建	160.96	18.89	15.66	11.42	4.57	1760	10.3
江西	128.12	9.57	8.55	7.47	1.33	344	2.9
山东	132.06	11.58	10.37	8.77	2.77	1545	8.0
河南	110.45	12.01	11.16	10.88	2.38	516	3.9
湖北	120.67	13.89	12.26	10.83	3.79	39	0.2
湖南	189.82	14.35	13.12	11.14	1.73	383	2.8
广东	163.53	14.40	12.35	8.80	2.22	2594	10.9
广西	130.82	8.84	16.09	13.94	3.97	945	6.4
海南	83.64	8.09	7.24	9.62	3.03	1775	12.4
四川	115.46	11.5	10.44	9.97	2.79	306	2.4
贵州	44.72	17.90	16.91	18.99	3.51	731	5.8
云南	116.96	33.95	32.55	29.02	5.84	1012	6.4
西藏	39.60		7.08	15.99	13.79	230	3.3
陕西	102.07	11.09	9.64	10.86	2.85	378	2.8
甘肃	84.84	10.64	11.04	12.55	4.45	65	－0.5
青海	54.77	6.74	6.36	12.30	4.04	709	5.7
宁夏	78.42	7.34	7.10	9.36	2.42	255	2.0
新疆	74.50	6.73	6.89	9.03	2.25	671	5.0

全国大中型工业企业主要经济指标

单位:亿元

项目	1989年	1990年	90年比89年±%
企业单位数	12159	13496	110.8
工业总产值(现价)	9223.48	10257.40	111.2
物质消耗	6439.25	7183.44	111.6
外购材料	4542.28	4964.52	109.3
外购燃料动力	802.75	952.01	118.6
折旧费	350.21	404.25	115.4
工业净产值(现价,分配法)	2762.36	2972.82	107.6
年末职工人数(万人)	2794.28	2939.92	105.2
工人	1803.35	1902.27	105.5
工程技术人员	168.16	182.07	108.3
管理人员	281.67	301.36	107.0
年工资总额	656.33	760.45	115.9
奖金	142.47	155.76	109.3
各种津贴	127.37	140.57	110.4
劳保福利	201.62	241.36	119.7
全年固定资产投资	1184.32	1303.86	110.1
工业生产投资	983.36	1060.63	107.9
更改生产投资	393.44	419.90	106.7
年末固定资产原值	8299.92	9722.78	117.1
机器设备	4113.93	4788.82	116.4
年末固定资产净值	5699.59	6747.41	118.4
全年新增固定资产原值	1133.42	1286.53	113.5
年末定额流动资金实际占用数	2835.02	3346.80	118.1
储备资金	1436.79	1596.02	111.1
生产资金	625.95	740.10	118.2
成品资金	757.69	979.35	129.3
年末其他流动资金占用数	1727.12	2692.17	155.9
专用基金全年支用额	791.21	870.17	110.0
用于新产品试制	13.93	15.70	112.7
用于生产发展	196.30	215.25	109.7
用于职工福利奖励	203.88	218.57	107.2
全年产品销售收入	8477.5	9469.48	111.7
产品销售成本	6775.96	7821.24	115.4
产品销售税金	882.26	980.27	111.1
产品销售费用	71.55	89.44	125.0
利润总额	587.17	346.25	58.9
应交利、税、费	311.46	281.60	90.4
企业留利	229.44	174.40	76.0
商品产品总成本	7309.00	8339.16	114.1
原材料	4691.62	5087.13	108.4
燃料、动力	770.88	904.87	117.4
工资、福利	366.83	430.96	117.5
车间经费和企业管理费	1478.45	1833.81	124.0
可比产品总成本	5359.92	5955.49	112.2

全国大中型工业企业固定资产和流动资金

（1990 年按行业分）

单位：亿元

行业	企业单位数（个）	年末固定资产原值	生产用固定资产	机器设备	本年新增固定资产原值	年末固定资产净值	全年固定资产投资额	工业生产投资额	更新改造投资额
煤炭采选业	82	794.07	599.35	309.21	103.80	560.10	106.35	73.49	40.81
天然原油开采业	17	881.49	770.79	163.11	177.73	643.29	196.25	172.41	15.33
天燃气开采业	1	41.29	34.97	6.89	5.02	19.66	12.89	8.85	1.21
黑色金属矿采选业	19	31.66	23.36	9.75	2.25	19.30	2.07	1.25	1.61
有色金属矿采选业	119	91.02	69.58	31.71	8.78	54.52	8.28	6.26	4.29
建筑材料及其他非金属矿采选业	103	38.73	28.99	14.29	4.28	26.42	5.46	4.44	1.74
采盐业	51	32.47	24.09	12.49	5.66	23.30	6.01	5.03	2.41
木材及竹材采运业	93	119.19	60.28	25.10	9.28	86.19	8.48	5.34	2.53
食品制造业	1037	229.54	195.91	121.32	27.77	170.97	28.34	22.75	10.52
制糖业	457	118.85	96.28	66.62	12.57	84.91	12.95	10.81	5.00
乳品加工业	28	5.47	4.66	3.37	0.71	4.37	0.84	0.76	0.24
罐头食品制造业	95	22.10	18.94	12.09	2.66	16.00	3.33	2.83	1.11
饮料制造业	450	122.61	103.84	62.13	16.45	99.14	15.60	12.99	5.34
白酒制造业	145	33.10	26.51	10.74	4.54	26.52	3.70	3.06	1.24
制茶业	13	1.75	1.43	0.68	0.32	1.21	0.17	0.14	0.07
烟草加工业	129	85.95	72.17	54.19	21.84	72.93	24.48	19.54	12.76
饲料工业	22	4.64	3.80	2.25	0.48	3.73	0.66	0.55	0.05
棉纺织业	782	341.64	273.29	183.56	44.55	231.50	46.09	35.13	15.93
毛纺织业	206	70.74	56.93	35.34	5.59	51.74	5.94	4.11	1.74
麻纺织业	61	22.31	16.99	10.56	2.60	16.74	2.17	1.42	1.10
丝绢纺织业	279	61.78	50.20	32.28	8.83	44.95	7.97	5.69	2.76
服装制造业	71	12.43	8.99	5.05	1.59	8.48	1.52	1.06	0.58
制鞋业	9	1.24	0.91	0.56	0.19	0.93	0.20	0.14	0.17
皮革、毛皮及其制品业	98	17.13	14.00	8.05	2.13	12.02	1.55	1.32	0.38
家具制造业	25	4.45	3.80	2.62	0.44	3.24	0.66	0.51	0.26
造纸及纸制品业	346	114.78	96.57	68.50	15.68	476.99	14.44	11.47	7.39
印刷业	223	46.35	38.37	28.47	5.98	32.58	6.05	4.54	3.15
电力生产业	334	1448.24	1359.10	933.04	200.27	1051.95	97.99	87.86	11.13
石油加工业	42	339.03	279.32	209.50	65.69	242.49	70.76	64.07	12.93
炼焦、煤气及煤制品业	61	69.40	62.09	34.20	9.51	55.18	9.86	8.57	2.76
基本化学原料制造业	217	132.66	108.83	81.77	22.73	87.84	22.18	18.16	8.94
化学肥料制造业	105	150.15	125.59	92.52	16.37	86.69	23.36	19.27	10.21
化学农药制造业	56	15.71	12.68	9.13	3.97	10.87	3.81	3.19	2.16
塑料制造业	27	30.45	26.18	18.96	2.22	18.00	4.31	3.98	1.44
化学药品制剂制造业	104	23.62	19.00	11.82	3.86	17.15	3.77	2.42	1.50
化学纤维工业	117	195.00	162.83	120.69	15.52	140.33	25.42	21.84	5.02
橡胶制品业	206	62.22	50.95	36.43	7.14	41.84	8.24	6.05	3.77
塑料制品业	248	54.01	46.34	36.63	6.78	38.69	6.89	5.67	1.52
水泥制造业	139	98.96	80.81	50.13	14.73	67.58	9.50	6.59	3.54
玻璃及玻璃制品业	190	70.04	57.50	30.48	8.07	54.55	8.98	7.80	4.13
陶瓷制品业	170	37.70	30.07	16.91	5.33	27.19	5.03	4.04	2.61
炼铁业	22	51.81	42.54	22.21	11.42	37.70	5.03	4.38	3.27
炼钢业	86	860.61	721.07	465.59	93.13	598.82	104.41	91.87	53.62

续前表

行业	企业单位数(个)	年末固定资产原值	生产用固定资产	机器设备	本年新增固定资产原值	年末固定资产净值	全年固定资产投资额	工业生产投资额	更新改造投资额
有色金属冶炼及压延加工业	198	282.68	223.18	133.53	27.99	183.62	36.22	29.94	16.85
工具制造业	67	14.29	10.80	7.64	1.54	8.05	1.25	0.98	0.66
铝制品业	27	4.43	3.52	2.52	0.50	3.02	0.48	0.33	0.28
锅炉制造业	60	21.54	17.44	10.21	2.59	13.31	2.60	2.02	1.10
内燃机制造业	126	48.29	37.93	26.04	5.47	30.79	7.15	5.60	4.40
金属切削机床制造业	137	50.04	37.49	24.44	4.58	24.31	4.92	3.98	2.81
锻压设备制造业	41	9.15	7.24	4.79	0.74	4.98	0.94	0.70	0.41
铸造机械制造业	6	1.05	0.88	0.44	0.03	0.57	0.03	0.01	0.01
通用设备制造业	249	72.67	55.34	34.69	7.19	43.37	6.65	5.03	3.11
铸锻毛坯制造业	52	15.96	12.88	7.51	1.08	10.85	1.40	1.26	0.47
矿山设备制造业	97	46.05	35.56	23.02	3.73	24.20	3.19	2.31	1.68
纺织工业专用设备制造业	123	33.27	25.90	17.17	3.52	21.36	3.65	2.69	1.52
冶金设备制造业	35	41.07	33.55	21.49	2.63	21.70	2.33	2.01	1.47
电子工业专用设备制造业	18	5.61	3.81	2.11	0.66	3.72	0.82	0.73	0.23
拖拉机制造业	64	32.01	24.05	15.63	2.85	18.05	2.66	1.90	1.35
挖掘机制造型	7	5.94	4.39	2.20	0.30	3.07	0.50	0.36	0.26
医疗器械制造业	27	4.62	3.94	2.13	1.09	3.29	0.98	0.72	0.21
文化、办公用机械制造业	13	2.61	2.13	1.25	0.41	1.72	0.96	0.89	0.28
电影机械制造业	6	1.30	0.93	0.57	0.13	0.74	0.12	0.09	0.07
自行车制造业	79	26.59	20.64	12.80	3.25	17.27	2.85	2.20	0.89
缝纫制造业	34	8.45	6.44	4.31	0.85	5.61	1.10	0.97	0.37
钟表制造业	70	23.33	19.29	14.58	1.43	14.54	1.83	1.55	0.40
照相机制造业	10	3.42	3.03	1.95	0.44	2.28	0.68	0.64	0.16
机车制造业	7	17.65	13.57	7.45	1.57	11.10	1.62	1.32	0.30
客车制造业	3	6.77	4.96	2.02	1.09	5.06	0.81	0.66	0.13
货车制造业	8	11.33	8.43	4.01	1.19	7.44	1.03	0.82	0.33
载重汽车制造业	45	90.93	70.62	45.99	7.87	54.65	13.33	12.53	6.19
客车制造业	16	4.79	3.50	2.08	0.83	3.24	0.85	0.62	0.47
小轿车制造业	3	9.33	2.40	1.46	0.80	8.05	2.61	2.53	0.60
摩托车制造业	15	4.79	3.83	1.72	0.59	3.60	0.52	0.43	0.39
船舶制造业	80	45.86	36.27	19.68	2.66	27.54	2.13	1.41	1.48
电机制造业	132	48.00	38.08	24.89	5.21	28.67	4.47	3.35	2.53
输配电及控制设备制造业	124	39.43	31.51	20.02	4.45	24.32	4.21	3.36	2.27
电线电缆制造业	99	36.08	30.01	21.61	5.18	24.04	4.02	2.82	1.82
洗衣机制造业	30	12.00	10.01	7.22	2.22	9.16	1.44	0.89	0.59
电冰箱制造业	47	26.08	22.03	16.74	2.65	21.00	3.35	2.66	1.14
电风扇制造业	36	8.69	6.98	4.19	1.17	6.51	0.99	0.63	0.42
广播电视设备制造业	11	3.00	2.23	1.48	0.31	1.95	0.31	0.20	0.14
电子计算机制造业	47	12.99	9.25	4.66	1.15	8.46	1.21	0.70	0.37
电视机制造业	68	27.31	23.10	13.43	2.76	19.59	3.32	2.67	1.29
收音机、录音机制造业	53	14.66	11.37	4.71	1.22	10.21	0.98	0.75	0.47
仪器仪表及其他计量器具制造业	224	58.77	43.12	26.01	5.17	37.33	5.09	3.72	2.34

全国大中型工业企业固定资产和流动资金(续表)

(1990 年　按行业分)　　单位:亿元

行业	定额流动资金年末实际占用数	储备资金	生产资金	成品资金	超储积压物资	其他流动资金年末实际占用数	定额流动资金全年平均余额
煤炭采选业	64.34	45.08	3.42	15.67	0.08	0.10	60.13
天燃原油开采业	65.02	49.61	3.68	11.70	0.02	0.01	65.31
天然气开采业	4.98	4.34	0.24	0.40	—	—	4.37
黑色金属矿采选业	3.84	2.46	0.50	0.86	0.02	—	3.61
有色金属矿采选业	18.92	9.46	3.00	6.42	0.03	0.01	17.36
建筑材料及其他非金属矿采选业	6.79	2.77	0.89	3.06	0.01	0.06	6.19
采盐业	7.71	2.44	0.38	4.86	—	0.03	7.91
木材及竹材采运业	20.33	6.71	2.22	10.87	0.49	0.05	20.51
食品制造业	101.99	39.02	9.28	52.55	0.30	0.83	96.09
制糖业	38.62	16.46	2.81	18.99	0.23	0.12	31.12
乳品加工业	1.36	0.71	0.12	0.54	—	—	1.21
罐头食品制造业	19.82	5.69	2.23	11.46	0.05	0.39	21.02
饮料制造业	74.81	35.29	17.69	20.60	0.05	1.18	72.87
白酒制造业	28.80	7.29	10.38	10.72	—	0.40	26.52
啤酒制造业	23.06	16.59	3.08	2.76	0.05	0.59	22.17
制茶业	4.97	3.51	0.30	1.16	—	—	6.38
烟草加工业	130.31	116.99	2.24	10.53	—	0.55	111.68
饲料工业	2.33	1.46	0.25	0.62	—	—	2.34
棉纺织业	189.00	79.20	26.81	79.93	0.87	2.20	167.02
毛纺织业	64.79	21.77	16.46	25.57	0.19	0.81	66.97
麻纺织业	15.12	3.96	1.59	9.26	0.12	0.19	14.56
丝绢纺织业	48.00	15.69	12.49	19.37	0.22	0.23	44.62
服装制造业	13.10	5.75	3.04	4.16	0.02	0.14	12.86
制鞋业	1.32	0.56	0.25	0.51	—	0.01	1.12
皮革、毛皮及其制品业	16.30	5.08	5.10	5.83	0.03	0.27	16.33
家具制造业	2.69	0.92	0.73	1.04	—	—	2.62
造纸及纸制品业	44.16	22.94	3.19	17.28	0.03	0.72	40.68
印刷业	14.47	6.79	4.26	3.32	0.01	0.09	13.45
电力生产业	29.61	28.53	0.83	0.23	0.06	−0.02	27.52
石油加工业	56.81	34.28	10.26	12.42	0.04	−0.19	53.87
炼焦、煤气及煤制品业	6.12	3.97	0.73	1.44	0.01	−0.02	5.59
基本化学原料制造业	35.95	18.00	4.56	13.19	0.03	0.17	33.83
化学肥料制造业	30.41	19.79	4.13	6.37	0.08	0.06	28.28
化学农药制造业	8.59	3.80	1.14	3.56	0.01	0.07	7.50
塑料制造业	7.91	4.10	1.40	2.41	0.01	0.01	7.76
化学药品制剂制造业	19.80	7.96	3.45	8.11	0.07	0.21	18.02
化学纤维工业	54.50	34.49	7.06	12.75	0.05	0.15	53.90
橡胶制品业	45.51	20.30	5.85	19.11	0.02	—	41.61
塑料制品业	27.74	12.39	3.12	11.90	0.03	0.32	27.24
水泥制造业	15.46	10.19	2.14	2.91	0.03	0.21	14.74
玻璃及玻璃制品业	21.24	8.77	2.94	8.68	0.06	0.79	20.88
陶瓷制品业	12.32	4.16	2.05	5.90	0.04	0.18	11.16
炼铁业	17.99	13.02	1.65	3.31	—	0.01	15.13
炼钢业	236.88	144.24	66.21	25.93	0.01	0.41	213.18
有色金属冶炼及压延加工							

续前表

行　　业	定额流动资金年末实际占用数	储备资金	生产资金	成品资金	超储积压物资	其他流动资金年末实际占用数	定额流动资金全年平均余额
业	120.09	50.79	39.16	28.51	0.15	1.48	108.61
工具制造业	10.54	3.67	2.56	4.20	0.03	0.08	9.58
铝制品业	2.69	1.08	0.62	0.98		0.02	2.53
锅炉制造业	23.21	10.27	7.48	5.24	0.02	0.20	24.59
内燃机制造业	34.18	14.33	10.37	9.16	0.04	0.28	30.66
金属切削机床制造业	36.08	10.20	15.14	10.61	0.06	0.07	33.83
锻压设备机床制造业	8.48	2.26	3.56	2.42	0.01	0.23	7.93
铸造机械制造业	0.63	0.22	0.22	0.18	—	—	0.65
通用设备制造业	64.92	22.58	23.05	18.29	0.05	0.95	63.18
铸锻毛坯制造业	7.00	3.00	1.63	2.35	—	0.02	6.50
矿山设备制造业	33.22	12.50	11.25	9.33	0.04	0.10	30.21
纺织工业专用设备制造业	23.95	8.50	7.94	7.43	0.03	0.05	23.26
冶金设备制造业	22.31	7.02	9.77	5.42	0.04	0.06	21.18
电子工业专用设备制造业	4.02	1.19	1.34	1.42	0.02	0.06	4.09
拖拉机制造业	24.33	10.50	7.71	5.69	0.02	0.40	22.19
挖掘机制造业	4.38	1.42	1.52	1.14		0.29	3.97
医疗器械制造业	4.10	1.47	1.27	1.34	0.01	0.01	3.80
文化、办公用机械制造业	2.40	0.79	0.57	1.02	0.01	0.01	2.61
电影机械制造业	0.87	0.26	0.33	0.28	—	—	0.82
自行车制造业	21.45	10.56	3.73	6.32	0.22	0.63	20.98
缝纫机制造业	5.56	2.12	1.50	1.91	—	0.03	5.43
钟表制造业	13.73	4.14	4.93	4.49	0.11	0.04	12.93
照相机制造业	3.25	0.87	1.05	1.32	0.01	—	3.14
机车制造业	6.69	3.54	2.94	0.21	—	—	6.73
客车制造业	2.47	1.48	0.93	0.05	—	—	2.55
货车制造业	4.38	2.89	1.22	0.26	—	—	4.10
载重汽车制造全	66.79	34.01	14.29	18.42	0.02	0.06	62.42
客车制造业	4.21	1.77	1.60	0.84	0.01	—	4.18
小轿车制造业	2.38	1.85	0.39	0.13	—	—	5.55
摩托车制造业	4.74	2.61	1.06	0.92	—	0.15	5.37
船舶制造业	45.48	16.05	28.78	0.53	0.03	0.10	49.62
电机制造业	45.83	16.96	15.86	12.84	0.05	0.12	43.10
输配电及控制设备制造业	31.56	12.38	10.34	8.61	0.04	0.17	31.67
电线电缆制造业	36.16	15.32	6.73	14.02	0.02	0.07	33.26
洗衣机制造业	12.26	4.93	1.37	5.50	0.01	0.44	11.56
电冰箱制造业	34.49	16.66	2.15	15.44	0.06	0.17	33.59
电风扇制造业	13.37	4.34	2.57	6.25	0.08	0.13	12.59
广播电视设备制造业	4.95	1.77	1.58	1.48	—	0.12	5.66
电子计算机制造业	12.51	3.87	3.56	4.62	0.03	0.44	11.79
电视机制造全	65.32	25.56	8.52	30.50	0.04	0.71	66.18
收音机、录音机制造业	14.18	4.73	4.21	4.74	0.10	0.39	13.94
仪器仪表及其他计量器具制造业	42.84	14.52	14.05	13.78	0.06	0.43	41.37

全国大中型工业企业利润、税金和专用基金

（1990年　按行业分）

单位：亿元

行业	利润税金总额	归还基建借款的利润	归还专项借款的利润	企业留利	已交利、税、费	利润总额
煤炭采选业	－45.03	0.46	0.07	－0.70	－7.91	－53.62
天然原油开采业	－0.32	0.23	0.05	3.70	20.61	29.88
天然气开采业	0.24	—	—	0.28	0.46	
黑色金属矿采选业	1.45	0.02	0.09	0.47	0.51	0.97
有色金属矿采选业	6.19	1.10	0.72	2.42	1.59	4.84
建筑材料及其他非金属矿采选业	3.10	0.57	0.30	0.76	1.02	1.83
采盐业	3.96	0.11	0.44	0.82	1.02	2.49
木材及竹材采运业	6.18	0.01	0.09	1.08	3.66	0.72
食品制造业	29.57	1.43	3.76	5.77	8.37	8.87
制糖业	20.16	0.85	1.55	2.36	3.78	5.52
乳品加工业	0.65	0.03	0.02	0.07	0.18	0.45
罐头食品制造业	－2.72	0.01	0.11	0.14	0.33	－3.65
饮料制造业	36.74	0.85	1.66	3.50	6.22	6.38
白酒制造业	18.77	0.44	0.71	1.21	3.69	3.96
啤酒制造业	10.97	0.34	0.54	0.42	1.03	－0.33
制茶业	0.10	0.01	0.01	0.06	0.19	0.05
烟草加工业	266.32	0.09	0.19	2.68	6.51	－0.33
饲料工业	1.29	0.01	0.01	2.62	6.41	1.22
棉纺织业	60.90	0.88	8.15	8.43	12.79	
毛纺织业	7.76	0.16	0.44	0.76	1.64	－1.46
麻纺织业	－0.19	0.02	0.03	0.09	0.14	－1.53
丝绢纺织业	15.14	0.20	2.31	2.55	2.89	6.96
服装制造	3.86	0.07	0.31	1.26	1.93	2.65
制鞋业	0.43	0.01	0.06	0.13	0.05	0.31
皮革、毛皮及其制品业	0.96	0.03	0.26	0.26	0.52	0.01
家具制造业	0.06	—	0.05	0.07	0.05	0.13
造纸及纸制品业	18.56	0.48	1.71	3.09	5.01	7.14
印刷业	8.65	0.07	0.97	2.25	3.47	6.76
电力生产业	63.25	8.79	0.71	4.48	15.13	22.18
石油加工业	91.64	6.09	275	6.53	5.10	16.64
炼焦、煤气及煤制品业	0.02	0.03	0.31	1.48	0.63	－1.94
基本化学原料制造业	26.99	1.32	2.83	4.40	4.60	15.96
化学肥料制造业	15.64	0.79	1.68	2.50	3.86	7.74
化学农药制造业	4.87	0.25	0.74	1.64	0.88	3.62
塑料制造业	5.93	—	1.36	0.54	1.03	2.74

续表

行业	利润税金总额	归还基建借款的利润	归还专项借款的利润	企业留利	已交利、税费	利润总额
化学药品制剂制造业	5.61	0.07	0.52	1.56	1.21	3.45
化学纤维工业	42.97	5.90	4.18	4.94	15.68	25.27
橡胶制品业	23.85	0.07	1.54	1.90	2.54	4.89
塑料制品业	6.75	0.13	1.45	0.95	1.53	3.38
水泥制造业	12.67	0.81	0.59	1.60	4.46	6.38
玻璃及玻璃制品业	5.67	0.21	0.47	0.53	1.02	0.30
陶瓷制品业	4.46	0.09	0.81	0.38	0.87	1.29
炼铁业	3.21	0.17	0.31	0.48	0.81	0.85
炼钢业	142.09	1.42	4.22	26.14	28.74	55.88
有色金属冶炼及压延加工业	36.97	2.90	3.98	5.11	9.63	19.47
工具制造全	1.80	0.03	0.29	0.28	0.49	1.03
铝制品业	1.13	—	0.14	0.17	0.20	0.47
锅炉制造业	2.23	0.15	0.15	0.34	0.88	0.99
内燃机制造业	4.77	0.18	1.10	1.04	1.50	2.66
金属切削机床制造业	3.07	0.02	0.54	0.40	0.85	1.03
锻压设备制造业	0.63	0.05	0.05	0.60	0.20	0.23
铸造机械制造业	−0.10	—	—	—	—	−0.13
通用设备制造业	9.59	0.09	1.45	1.46	2.94	5.28
铸锻毛坯制造业	0.23	—	0.07	0.21	0.04	−0.13
矿山设备制造业	2.92	0.02	0.36	0.78	0.49	1.20
纺织工业专用设备制造业	6.76	0.13	0.68	2.22	2.05	4.35
冶金设备制造业	1.44	0.02	0.10	0.36	0.39	0.30
电子工业专用设备制造业	0.02	—	—	—	0.03	0.06
拖拉机制造业	—	—	0.28	0.57	0.66	−0.85
挖掘机制造业	0.26	—	0.04	0.14	0.21	0.07
医疗器机械造业	0.78	0.02	0.09	0.23	0.33	0.45
文化、办公用机械制造业	0.98	—	0.10	0.12	0.24	0.71
电影机械制造业	0.19	—	0.03	0.04	0.04	0.13
自行车制造业	2.45	0.03	0.29	0.11	1.19	−2.68
缝纫机制造业	0.82	0.01	0.10	0.15	0.52	0.33
钟表制造业	4.58	—	0.28	0.15	0.81	0.50
照相机制造业	0.01	—	0.01	0.03	0.03	−0.09
机车制造业	1.90	—	—	0.79	0.62	1.26
客车制造业(铁路)	0.62	—	—	0.24	0.10	0.36
货车制造业	0.97	—	—	0.35	0.29	0.55
载重汽车制造业	14.59	0.10	0.52	3.29	4.52	8.83

续表

行　　业	利润税金总　额	归还基建借款的利　润	归还专项借款的利　润	企业留利	已　交利、税、费	利润总额
客车制造业(公路)	11.5	—	0.13	0.10	0.27	0.71
小娇车制造业	4.54	—	0.06	1.34	0.24	3.27
摩托车制造业	0.87	0.01	0.06	0.11	0.06	0.43
船舶制造业	0.46	0.02	0.10	0.87	0.41	—0.41
电机制造业	6.50	0.11	0.83	1.33	1.47	3.61
输配电及控制设备制造业	5.90	0.12	0.94	0.72	1.73	3.41
电线电缆制造业	13.80	0.03	1.88	1.25	1.93	5.28
洗衣机制造业	0.34	0.01	0.14	0.08	0.12	—0.72
电冰箱制造业	3.21	0.09	1.33	0.51	0.84	0.87
电风扇制造业	4.41	—	0.24	0.21	0.48	0.81
广播电视设备制造业	0.36	0.05	0.01	0.05	0.14	0.14
电子计算机制造业	1.58	0.03	0.26	0.31	0.28	0.83
电视机制造业	10.26	0.07	0.60	1.43	2.71	4.10
收音机、录音机制造业	1.73		0.13	0.23	0.39	0.78
仪器仪表及其他计量器具制造业	5.73	0.10	0.63	1.64	1.58	2.97

全国大中型工业企业利润、税金和专用基金（续表）

（1990年　按行业分）　　单位：亿元

行　　业	专用基金全年支用数	用于新产品试制	用于发展生　产	用于职工福　利	用于职工奖　励
煤炭采选业	101. 56	0. 16	68. 25	15. 27	0. 77
天燃原油开采业	40. 15	0. 06	5. 30	7. 19	7. 17
天然气开采业	1. 05	—	0. 09	0. 41	0. 56
黑色金属矿采选业	3. 43	—	1. 05	0. 66	0. 27
有色金属矿采选业	7. 80	0. 13	1. 71	1. 52	0. 46
建筑材料及其他非金属矿采选业	3. 33	0. 01	0. 92	0. 68	0. 23
采盐业	5. 54	0. 05	1. 15	0. 72	0. 13
木材及竹材采运业	10. 69	0. 01	1. 71	3. 00	0. 77
食品制造业	23. 13	0. 46	5. 90	4. 03	1. 99
制糖业	9. 76	0. 15	2. 20	1. 45	0. 63
乳品加工业	0. 42	0. 02	0. 15	0. 08	0. 04
罐头食品制造业	2. 12	0. 04	0. 28	0. 48	0. 17
饮料制造业	9. 05	0. 28	2. 09	1. 76	0. 38
白酒制造业	3. 34	0. 11	1. 02	0. 68	0. 15
啤酒制造业	3. 65	0. 11	0. 57	0. 65	0. 07

行　　业	专用基金全年支用数	用于新产品试制	用于发展生　产	用于职工福　利	用于职工奖　励
制茶业	0. 23	—	0. 07	0. 04	0. 06
烟草加工业	13. 87	0. 26	6. 50	2. 41	0. 60
饲料工业	0. 28	—	0. 05	0. 07	0. 01
棉纺织业	39. 89	1. 06	7. 66	11. 29	2. 63
毛纺织业	6. 36	0. 09	1. 06	1. 80	0. 41
麻纺织业	2. 22	0. 04	0. 37	0. 70	0. 08
丝绢纺织业	9. 26	0. 23	1. 62	2. 06	0. 69
制鞋业	2. 17	0. 06	0. 44	0. 62	0. 34
服装制造业	0. 18	0. 01	0. 05	0. 04	0. 03
皮革、毛皮及其制品业	1. 79	0. 02	0. 21	0. 50	0. 15
家具制造业	0. 43	0. 02	0. 07	0. 10	0. 02
造纸及纸制品业	11. 06	0. 38	2. 57	2. 39	0. 34
印刷业	4. 53	0. 05	1. 13	1. 23	0. 45
电力生产业	30. 60	0. 09	5. 13	2. 88	1. 01
石油加工业	33. 81	0. 19	4. 55	4. 21	4. 04
炼焦、煤气及煤制品业	4. 64	0. 01	0. 58	1. 09	0. 24
基本化学原料制造业	12. 76	0. 29	1. 99	2. 36	0. 39
化学肥料制造业	16. 28	0. 38	2. 19	1. 77	0. 38
化学农药制造业	2. 53	0. 12	0. 73	0. 45	0. 11
塑料制造业	3. 36	0. 06	0. 19	0. 43	0. 25
化学药品制剂制造业	2. 98	0. 06	0. 68	0. 73	0. 20
化学纤维工业	14. 96	0. 28	2. 05	2. 12	1. 08
橡胶制品业	7. 73	0. 31	1. 31	2. 01	0. 28
塑料制品业	5. 22	0. 16	0. 93	0. 98	0. 26
水泥制造业	7. 93	0. 03	1. 26	1. 45	0. 25
玻璃及玻璃制品业	6. 07	0. 41	0. 79	1. 26	0. 24
陶瓷制品业	3. 40	0. 07	0. 67	1. 02	0. 26
炼铁业	5. 57	0. 05	0. 69	1. 27	0. 25
炼钢业	97. 83	0. 80	24. 05	14. 52	2. 59
有色金属冶炼及压延加工业	21. 88	0. 24	4. 77	3. 82	0. 71
工具制造业	1. 51	0. 01	0. 25	0. 41	0. 13
铝制品业	0. 47	0. 02	0. 08	0. 13	0. 03
锅炉制造业	2. 70	0. 09	0. 38	0. 62	0. 12
内燃机制造业	5. 01	0. 19	0. 93	1. 34	0. 24
金属切削机床制造业	5. 11	0. 09	0. 33	1. 57	0. 21
锻压设备制造业	0. 96	0. 03	0. 05	0. 28	0. 05
铸造机械制造业	0. 08	—	0. 01	0. 04	—
通用设备制造业	7. 49	0. 28	0. 83	2. 12	0. 31
铸锻毛坯制造业	1. 20	0. 01	0. 12	0. 34	0. 11
矿山设备制造业	4. 98	0. 19	1. 04	1. 18	0. 18
纺织工业专用设备制造业	4. 10	0. 39	0. 64	1. 38	0. 11
冶金设备制造业	3. 09	0. 18	0. 26	0. 75	0. 13

行业	专用基金全年支用数	用于新产品试制	用于发展生产	用于职工福利	用于职工奖励
电子工业专用设备制造业	0.16	—	0.01	0.06	0.01
拖拉机制造业	4.35	0.06	0.42	1.00	0.06
挖掘机制造业	0.37	—	0.02	0.14	—
医疗器械制造业	0.47	0.03	0.05	0.18	0.03
文化、办公用机械制造业	0.30	0.02	0.03	0.09	0.01
电影机械制造业	0.17	0.02	0.02	0.03	—
自行车制造业	2.85	0.14	0.36	1.03	0.24
缝纫机制造业	0.95	0.04	0.19	0.30	0.08
钟表制造业	1.68	0.04	0.17	0.65	0.18
照相机制造业	0.21	—	0.03	0.08	0.05
机车制造业	1.49	—	0.01	0.33	0.43
客车制造业（铁路）	0.55	—	0.01	0.13	0.17
货车制造业	1.10	0.02	0.08	0.23	0.24
载重汽车制造业	7.46	0.26	1.49	1.98	0.32
客车制造业（公路）	0.73	0.01	0.04	0.27	0.03
小娇车制造业	0.25	0.02	0.06	0.11	—
摩托车制造业	0.49	0.01	0.09	0.09	0.05
船舶制造业	4.16	0.11	0.55	1.23	0.34
电机制造业	4.98	0.18	0.61	1.51	0.24
输配电及控制设备制造业	3.91	0.13	1.01	1.17	0.16
电线电缆制造业	4.23	0.29	0.63	1.06	0.26
洗衣机制造	1.53	0.11	0.40	0.18	0.16
电冰箱制造业	3.28	0.21	0.75	0.58	0.20
电风扇制造业	0.78	—	0.23	0.19	0.07
广播电视设备制造业	0.33	0.02	0.03	0.12	0.03
电子计算机制造业	1.16	0.22	0.21	0.29	0.07
电视机制造业	3.28	0.23	0.49	1.03	0.34
收音机录音机制造业	1.43	0.03	0.12	0.35	0.17
仪器仪表及其他计量器具制造业	5.02	0.19	0.47	1.69	0.52

全国重点工业企业实物劳动生产率

项　　目	单　位	1985年	1988年	1989年	1990年
一、煤炭工业					
原煤全员效率	吨/工	0.939	1.092	1.157	1.233
回采工效率	吨/工	4.405	5.158	5.594	5.873
掘进工效率	米/工	0.116	0.118	0.115	0.116
二、石油工业					
炼油工人	吨/人·年	928	931	881	885
三、电力工业					
发电工人	万千瓦小时/人·年	157.0			
四、冶金工业					
露天采矿全员效率	吨/人·年	3902	5028	4878	4758
露天采矿工人	吨/人·年	5661	6979	6588	6184
坑下采矿全员效率	吨/人·年	303	360	384	399
坑下采矿工人	吨/人·年	477	490	512	528
高炉炼铁工人	吨/人·年	1466	737	712	746
平炉炼钢工人	吨/人·年	490	591	599	600
电炉炼钢工人	吨/人·年	220	162	158	175
侧吹转炉炼钢工人	吨/人·年	261	160	158	169
顶吹转炉炼钢工人	吨/人·年	688	530	534	549
五、化学工业					
硫酸工人	吨/人·年	558	590	737	619.4
纯碱（氨碱法）工人	吨/人·年	412	413	269	394
纯碱（联碱法）工人	吨/人·年	445	347	238	559
电解烧碱（隔膜液碱100%）工人	吨/人·年	238	239	136	260
电解烧碱（水银液碱100%）工人	吨/人·年	233	251	85	223
合成氨工人	吨/人·年	192	193	178	196
合成氨（30万吨装置）工人	吨/人·年	4258	4050	3511	3060
六、建筑材料工业					
水泥全员效率	吨/人·年	254	260	257	261
七、纺织工业					
绵纱工人	工/吨	30.48	29.64	29.97	30.67
棉布工人	工/万米	97.43	95.11	95.57	96.68
八、轻工业					
机制纸及纸板工人	吨/人·年	19.82	19.75	18.83	17.07
自行车工人	辆/人·年	302	310	249	220
家用缝纫机工人	架/人·年	195	193	205	190
手表工人	只/人·年	575	723	778	867
原盐工人	吨/人·年	179.29	216.96	256.50	150.6
甘蔗糖工人	吨/人·年	31.64	30.67	29.34	40.57
甜菜糖工人	吨/人·年	24.46	20.49	20.98	24.08
卷烟工人	箱/人·年	200.00	197	195.40	201.1
合成洗衣粉工人	吨/人·年	56.46	78.15	81.68	82.88

全国重点工业企业单位产品物耗指标

项　　目	单　位	1985年	1988年	1989年	1990年
一、煤炭工业					
企业耗坑木	立方米/万吨	71.70		49.78	48.53
原煤生产耗炸药	公斤/万吨	2970	2536	2182	2564
原煤生产耗钢材	吨/万吨	11.30	11.12	11.25	12.57
原煤综合耗电	千瓦小时/万吨	37.29	40.89	38.96	40.19
洗精煤回收率	%	55.01	53.00	53.38	55.44
二、石油工业					
油田企业原油自用率	%	1.52	1.70	1.82	2.01
油田原油损耗率	%	1.65	1.90	1.8	1.80
原油（气）生产耗电	千瓦小时/吨	51.58	73.27	78.57	87.97
原油加工耗电	千瓦小时/吨	41.86	44.34	45.60	49.33
原油加工耗燃料油	公斤/吨	18.73	20.53	20.36	20.95
三、电力工业					
发电耗标准煤（六千千瓦以上电厂）	克/千瓦小时	398	397	397	392
供电耗标准煤	克/千瓦小时	431	431	432	427
发电厂用电率（六千千瓦以上电厂）	%	6.42	6.69	6.81	6.90
火电	%	7.78	7.94	8.12	8.22
水电	%	0.28	0.34	0.30	0.30
线路损失率（五百千瓦以上电厂）	%	8.18	8.18		
四、冶金工业					
生铁耗铁矿石	公斤/吨	1820	1765	1779	1786
生铁耗燃料（综合焦比）	公斤/吨	568	589	610	611
生铁耗焦炭（入炉焦比）	公斤/吨	519	557	584	577
平炉钢耗钢铁料	公斤/吨	1105	1117	1120	1123
生铁	公斤/吨	802	848	853	847
电炉钢耗钢铁料	公斤/吨	1040	1043	1046	1047
生铁	公斤/吨	155	109	90	87
侧吹转炉钢耗钢铁料	公斤/吨	1177	1256	1242	1198
生铁	公斤/吨	1101	1065	1061	964
顶吹转炉钢耗钢铁料	公斤/吨	1133	1135	1135	1131
生铁	公斤/吨	1026	1031	1019	1015
全焦耗湿煤	公斤/吨	1440	1413	1411	1424
电炉钢冶炼耗电	千瓦小时/吨	626	644	647	689
硅铁耗电	千瓦小时/吨	8889	8823	9078	
电解铝耗直流电	千瓦小时/吨	15047	15250	15036	14916
电解铝消耗氧化铝	公斤/吨	1953	1960	1956	1958
铜选矿回收率	%	85.8	85.35	85.27	83.83

全国重点工业企业单位产品物耗指标（续表一）

项　　目	单　位	1985年	1988年	1989年	1990年
铅选矿回收率	%	83.1	83.14	80.96	81.0
锌选矿回收率	%	88.1	88.32	84.72	86.5
镍选矿回收率	%	82.2	83.11	83.71	83.6
锡选矿回收率	%	58.3	58.61	58.69	58.4
钨选矿回收率	%	81.6	82.85	82.02	83.4
钼选矿回收率	%	77.7		83.10	
粗铜冶炼回收率	%	97.27	97.39	97.40	97.46
粗铅冶炼回收率	%	95.1	93.57	90.86	95.2
锌冶炼回收率	%	95.62	95.84	94.00	95.69
锡冶炼回收率	%	95.91	96.13	96.19	95.11
五、化学工业					
合成氨耗焦白煤（入炉84%）	公斤/吨	1283	1297	1193	1235
合成氨耗电	千瓦小时/吨	1385	1423	1380	1385
合成氨耗天然气（30万吨装置）	百万大卡/吨	9.67	9.43		
合成氨耗电（30万吨装置）	千瓦小时/吨	11.79	12.19	11.41	11.30
电石耗焦炭	公斤/吨	557	558	558	562
电石耗电	千瓦小时/吨	3468	3324	3468	3448
电解烧碱耗直流电					
隔膜法液碱	千瓦小时/吨	2259	2348	2340	2413
水银法液碱	千瓦小时/吨	3307	3217	3293	3337
硫酸耗硫铁矿	公斤/吨	994	983	981	
硫酸耗电	千瓦小时/吨	88	102.86	98.90	
聚氯乙烯耗电石	公斤/吨	1449	1409	1409	1443
普通过磷酸钙耗磷矿	公斤/吨	3731	3696	3614	3740
普通过磷酸钙耗硫酸	公斤/吨	2467	2425	2351	2635
高压聚乙烯耗乙烯	公斤/吨	1052	1042	1050	1054
聚丙烯耗丙烯	公斤/吨	1162	1134	1142	1149
顺丁橡胶耗丁二烯	公斤/吨	1035	1030	1029	1029
氯丁橡胶耗电石	公斤/吨	3024	3020	3013	3007
冰醋酸耗乙醛	公斤/吨	779	782	790	777
纯苯耗粗苯	公斤/吨	1498	1502	1500	1479
六、机械工业					
电炉钢冶炼耗电	千瓦小时/吨	818.0	748.6	737.2	772.2
化铁炉金属炉料耗焦	公斤/吨	120.7	126.4	124.7	129.5
钢材利用率	%	67.5	73.9	68.1	62.0

全国重点工业企业单位产品物耗指标（续表二）

项目	单位	1985年	1988年	1989年	1990年
七、建筑材料工业					
水泥熟料烧成耗标准煤	公斤/吨	201.10	191.20	188.3	185.2
水泥综合耗电	千瓦小时/吨	103.93	107.31	108.67	109.90
平板玻璃耗标准煤	公斤/重量箱	30.76	31.56	28.99	28.59
平板玻璃耗纯碱	公斤/重量箱	10.12	10.26	10.43	10.41
平板玻璃耗电	千瓦小时/重量箱	5.26	6.74	7.04	7.32
玻璃纤维纱耗电	箱千瓦小量/吨	4310	4252	4073	4072
八、森林工业					
原条出材率	%	89.4	90.3	90.3	90.5
锯材出材率	%	71.4	67.9	66.6	66.2
九、纺织工业					
粘胶纤维（短纤）耗标准煤	公斤/吨	2342	2354	2309	2280
粘胶纤维（长丝）耗标准煤	公斤/吨	9228	8615	8926	9165
粘胶纤维（短纤）耗电	千瓦小时/吨	1967	2067	2063	2000
粘胶纤维（长丝）耗电	千瓦小时/吨	9205	9865	10615	10440
粘胶纤维（短纤）耗硫酸	公斤/吨	920	921	921	917
粘胶纤维（长丝）耗硫酸	公斤/吨	1336	1399	1477	1471
粘胶纤维（短纤）耗烧碱	公斤/吨	649	642	650	635
粘胶纤维（长丝）耗烧碱	公斤/吨	844	855	899	837
棉纱通扯净用棉量（包括化纤）	公斤/吨	1064	1070	1075	1070
棉纱耗电	千瓦小时/吨	1983	1969	2042	2120
棉布用纱量	公斤/百米	16.17	16.3	16.2	16.44
棉布耗电	千瓦小时/米	23.07	23.69	24.03	25.24
印染布耗碱	公斤/百米	1.75	1.83	1.92	2.05
印染布耗标准煤	公斤/百米	44.43	42.59	42.51	43.88
十、轻工业					
本色化学木浆耗木材	立方米/吨	4.6	4.69	4.63	4.6
本色化学木浆耗碱	公斤/吨	421	463	451	467
机械木浆耗木材	立方米/吨	2.5	2.56	2.51	2.6
机械木浆耗电	千瓦小时/吨	1522	1588	1560	1566
新闻纸耗电	千瓦小时/吨	556	565	568	583
家用缝纫机耗生铁	公斤/架	31.6	31.58	31.39	31.0
28″载重自行车耗钢材	公斤/辆	29.9	29.39	29.30	
闹钟耗铜材	公斤/万只	1650	1588	1541	1605
15～40瓦普通灯泡耗钨丝	米/只	1.29	1.33	1.37	1.35
日用陶瓷耗标准煤	吨/吨	1.2	1.3	1.41	1.3
重革耗牛皮	吨/吨	0.89	0.94	0.96	0.92
重革耗猪皮	吨/吨	1.93	1.91	1.91	1.91
重革耗栲胶	公斤/吨	750	730	750	

全国重点工业企业产品质量指标

项目	单位	1985年	1988年	1989年	1990年
一、煤炭 工业					
商品煤灰分	%	19.78	18.82	18.01	18.25
商品煤含矸率	%	0.33	0.15	0.19	0.08
洗精煤灰分	%	10.27	10.15	10.25	10.29
洗精煤水分	%	11.50	11.16	10.99	10.99
二、石油工业					
油田外运原油含水率	%	0.36	0.43	0.44	0.42
石油产品质量合格率	%	99.99	100	99.98	99.99
三、电力工业					
周波合格率	%	99.35	97.68	94.82	99.58
四、冶金工业					
高炉生铁合格率	%	99.97	99.86	99.77	99.78
平炉钢锭合格率	%	98.77	98.93	98.89	98.87
电炉钢锭合格率	%	99.45	97.42	99.07	99.04
侧吹转炉钢锭合格率	%	99.14	98.26	98.67	99.07
顶吹转炉钢锭合格率	%	99.33	99.56	99.05	99.13
钢材合格率	%	98.86	98.35	98.34	98.27
焦炭结焦率	%	76.81	76.81	76.72	76.67
冶金焦率	%	83.49	93.79	93.17	93.11
冶金焦灰分	%	13.94	14.02	14.52	14.50
冶金焦硫分	%	0.70	0.67	0.66	0.65
五、化学工业					
磷矿石品位	%	28.50	29.43	29.49	29.69
硫酸合格率	%	99.99	100	99.89	100.00
纯碱（氨碱法）合格率	%	100	99.84	100	100.00
普通过磷酸钙平均有效磷含量	%	11.34	14.82	14.88	14.96
尿素合格率	%	99.28	99.85	99.67	99.53
电石平均发气量	升/公斤	295	296	291.85	297.00
电解烧碱（隔膜法液碱）合格率	%	100	100	99.94	
聚氯乙烯合格率	%	99.2	99.52	99.54	99.50
轮胎外胎综合合格率	%	99.76	99.75	99.75	99.75
高压聚乙烯合格率	%	98.87	99.75	98.45	98.04
顺丁橡胶一级品率	%	99.29	99.29	98.71	99.29
氯丁橡胶一级品率	%	94.2	95.23	97.57	96.84
冰醋酸合格率	%	99.97	99.97	100	100.00
纯苯合格率	%	100	100	100	100

全国重点工业企业产品质量指标（续表）

项　　目	单　　位	1985年	1988年	1989年	1990年
六、机械工业					
铸铁件废品率	%	8.88	9.66	9.88	10.51
机械加工件综合废品率	%	1.85		1.70	1.87
七、建筑材料工业					
水泥熟料平均标号	号	604	614	605	604.00
出厂水泥合格率	%	99.99	100	99.99	100.00
平板玻璃一级品率	%	82.25	68.54	70.19	70.10
八、森林工业					
锯材一等品率	%	84.5			
胶合板一、二等品率	%	86.6	83.7	82.6	76.60
纤维板一、二等品率	%	87.5	87.0	87.1	89.60
九、纺织工业					
粘胶纤维正品率	%	98.60	98.13	94.44	97.94
合成纤维正品率	%	98.91	98.13	97.64	98.25
棉纱一等一级以上品率	%	98.49	99.09	98.72	98.52
棉布入库一等品率	%	94.89	96.13	96.02	
印染布入库一等品率	%	84.93	85.57	85.69	
精纺毛织品入库一等品率	%	93.07	92.16	91.79	92.41
毛线入库一等品率	%	94.34	93.99	93.79	93.95
桑蚕丝正品率	%	98.36	98.84	98.77	98.87
丝织品入库一等品率	%	86.47	81.54	82.73	84.02
十、轻工业					
新闻纸成品率	%	92.9	94.1	94.8	92.0
凸版纸成品率	%	90.6	90.1	91.4	90.4
缝纫机质量分	分	91.86	91.14	92.22	92.84
自行车质量分	分	94.18	90.85	90.98	90.98
手表质量分	分	114.81	91.64	93.14	92.70
普通灯泡综合合格率	%	90.3	88.2	88.1	88.10
卷烟合格率	%	99.0	88.3	88.2	89.80
每只一号手电池平均间歇放电（光）时间	分钟	1007	722	673	
出口陶瓷合格率	%	68.1	70.6	70.5	72.80
重革合格率	%	99.2	99.5	99.6	99.50
轻革合格率	%	98.2	98.7	98.6	98.90
精铝锅一级品率	%	70.6	73.3	75.7	75.10

注：1985年手表质量分满为130分。

全国重点工业企业设备利用及其他指标

项目	单位	1985年	1988年	1989年	1990年
一、煤炭工业					
剥采比	立方米/吨	5.36	7.79	4.05	4.17
回采工作面平均月产量	吨/个	11728	13941	14802	15789
掘进工作面平均月进度	米/个	104.20	111.21	115.44	117.11
生产掘进率	米/万吨	169.01	152.31	143.68	140.97
开拓掘进率	米/万吨	20.33	19.40	16.97	17.70
二、石油工业					
油井综合利用率	%	86.22	85.05	85.06	85.14
三、电力工业（五百千瓦以上电厂）					
发电设备平均利用小时	小时	5308	5313	5171	5041
水电	小时	3853	3710	3691	3889
火电	小时	5893	5907	5716	5417
四、冶金工业					
烧结机利用系数	吨/平方米·台时	1.34	1.36	1.35	1.35
烧结机日历作业率	%	79.26	78.65	78.69	78.12
高炉利用系数	吨/立方米·昼夜	1.688	1.830	1.685	1.730
平炉利用系数	吨/平方米·昼夜	10.40	11.84	11.61	11.40
平炉炉顶寿命	炉	363	309	285	270
平炉平均每炉冶炼时间	时	6	6	6	6
平炉日历作业率	%	80.13	78.82	78.04	77.30
电炉利用系数	吨/百万伏安·昼夜	17.32	14.11	13.96	14.77
电炉平均每炉冶炼时间	时：分	3:45	3:39	3:42	3:41
电炉日历作业率	%	82.91	69.11	70.62	74.28
侧吹转炉利用系数	吨/公称吨·昼夜	31.12	22.30	21.81	6.77
侧吹转炉炉衬寿命	炉	246	62	69	102
侧吹转炉平均每炉冶炼时间	分钟	53	39	32	
侧吹转炉日历作业率	%	68.55	44.99	35.9	38.27
顶吹转炉利用系数	吨/公称吨·昼夜	19.82	22.59	22.6	23.54
顶吹转炉炉衬寿命	炉	606	374	377	438
顶吹转炉平均每炉冶炼时间	分钟	34	34	34	34
顶吹转炉日历作业率	%	52.08	50.21	49.46	50.75

全国重点工业企业设备利用及其他指标（续表）

项目	单位	1985年	1988年	1989年	1990年
五、化学工业					
硫酸（100%）触煤容积利用系数	吨/立方米·日	3.42	3.43	2.96	3.36
纯碱（氨碱法）炭化塔容积利用系数	吨/立方米·日	0.79	0.74	0.75	0.77
纯碱（联碱法）炭化塔容积利用系数	吨/立方米·日	0.55	0.50	0.51	0.53
合成氨造气炉利用系数	立方米/平方米·日	16840	14271	21859	18508
合成氨触媒容积利用系数	吨/立方米·日	33	23.56	31.29	30
尿素合成塔利用系数	吨/立方米·日	7.54	7.52	7.36	7.69
六、机械工业					
每吨锻锤能力产量	吨	244	209	290	282
金属切削机床利用率	%	50.3	49.9	49.4	47.4
七、建筑材料工业					
回转窑小时产量	吨	3027	3769	3925	4253
水泥磨小时产量	吨	4993	6188	6369	6746
回转窑运转率	%	84.07	78.40	78.77	79.5
平板玻璃熔窑熔化能力	公斤/平方米·日	1342	1359	1422	1460
八、森林工业					
平均每台拖拉机年集材量	立方米	4284	4070	3981	3627
平均每辆汽车年运材量	立方米	4804	4456	4367	4375
平均每台森铁机车年运材量	立方米	26442	24813	22912	21976
九、纺织工业					
每千锭时平均产纱量（混合数）	公斤	23.93	22.24	21.11	19.88
棉纺锭设备利用率	%	96.36	96.09	93.25	91.15
棉布织机每台时产量（混合数）	米	3.57	3.53	3.47	3.38
棉布织机设备利用率	%	97.54	94.17	93.50	91.52
棉布织机设备运转率	%	93.89	93.58	92.91	92.04
毛线精纺锭千锭时产量	公斤	61.52	54.87	49.42	45.09
精梳毛织机每台时产量	米	2.15	2.02	1.99	
粗梳毛织机每台时产量（不包括素毛毯）	米	2.79	2.61	2.64	2.70
长毛绒织机每台时产量	米	3.08			
驼绒织机每台时产量	米	12.92			
提花毛毯织机每台时产量	米	1.23	1.18	1.17	1.20
麻袋织机每台时产量（混合数）	米	23.51	23.40	20.85	20.85
苎麻织机每台时产量	米	2.86	2.32	2.29	2.45
丝织机每台时产量	米	2.10	2.09	2.00	2.21

1990年中国500家最大工业企业（一）

（按销售额排序）　　　　单位：万元

序号	企业名称	销售额
1	大庆石油管理局	1021551
2	鞍山钢铁公司	774465
3	首都钢铁公司	690300
4	武汉钢铁公司	663388
5	上海石油化工总厂	623429
6	北京燕山石化公司	580919
7	胜利石油管理局	539959
8	齐鲁石油化工公司	512193
9	上海宝山钢铁总厂	481777
10	吉林化学工业公司	428285
11	大庆石油化工总厂	406788
12	第二汽车制造厂	387451
13	抚顺石油化工公司	377599
14	茂名石油工业公司	330618
15	仪征化纤工业联合公司	327059
16	金陵石油化工公司	320509
17	扬子石油化工公司	315411
18	辽河石油勘探局	298278
19	上海高桥石油化工公司	291660
20	玉溪卷烟厂	288554
21	本溪钢铁公司	266567
22	太原钢铁公司	265961
23	第一汽车制造厂	263294
24	昆明卷烟厂	250572
25	马鞍山钢铁公司	245153
26	包头钢铁公司	244919
27	巴陵石油化工公司	243083
28	上海卷烟厂	235971
29	天津石油化工公司	233387
30	大连石油化工公司	210268
31	辽阳石油化纤公司	206107
32	上海第一钢铁厂	204807
33	上海第三钢铁厂	196207
34	兰州炼油厂	189441
35	广州石油化工总厂	184394
36	上海大众汽车有限公司	182297
37	唐山钢铁公司	175010
38	安庆石油化工总厂	174379
39	重庆钢铁公司	167425
40	上海第五钢铁厂	164323
41	贵阳卷烟厂	162782
42	攀枝花钢铁公司	158339
43	北京吉普汽车有限公司	158281
44	锦西炼油化工总厂	156978
45	江西铜业公司	154069
46	镇海石油化工总厂	147644
47	四川石油管理局	142035
48	新疆石油管理局	141956
49	中原石油勘探局	141669
50	万宝电器集团公司	141454
51	鹤岗矿务局	141050
52	大同矿务局	133702
53	上海造纸公司	132964
54	平顶山矿务局	131317
55	锦州石油化工公司	127255
56	济南钢铁厂	126134
57	荆门炼油厂	125543
58	安阳钢铁公司	121696
59	第一拖拉机制造厂	119172
60	天津钢厂	116848
61	常德卷烟厂	116839
62	上海电视一厂	116136
63	抚顺矿务局	115952
64	兰州化学工业公司	115120
65	国营长虹机器厂	115088
66	上海第二钢铁厂	114983
67	金杯汽车股份有限公司	114206
68	华北石油管理局	112926
69	鸡西矿务局	111594
70	成都无缝钢管厂	111135
71	金川有色金属公司	110235
72	邯郸钢铁总厂	109408
73	北京汽车摩托车联合制造公司	109396
74	南京汽车制造厂	109147
75	长城特殊钢公司	108221
76	曲靖卷烟厂	106614
77	武汉石油化工厂	104734
78	淮北矿务局	102139
79	上海电线电缆（集团）	101100
80	沈阳冶炼厂	99928
81	上海有色金属总公司	97591
82	葫芦岛锌厂	97538
83	开滦矿务局	97473
84	淮南矿务局	97154
85	通化钢铁公司	96976
86	陕西彩色显像管厂	96295
87	白银有色金属公司	95444
88	南京无线电厂	95234
89	九江炼油厂	95233
90	洛阳炼油厂	94761
91	天津通信广播公司	93596
92	上海梅山冶金公司	93515
93	蚌埠市卷烟厂	93275
94	徐州矿务局	92664
95	昭通卷烟厂	92613
96	楚雄卷烟厂	90820
97	湘潭钢铁公司	90481
98	张家口卷烟厂	90137
99	乌鲁木齐石油化工总厂	90057
100	阜新矿务局	90052

注：按照国际惯例最大工业企业评价，未包括电力业。

1990年中国500家最大工业企业（二）

（按销售额排序）　　单位：万元

序号	企业	销售额	序号	企业	销售额
101	新汶矿务局	89014	151	南京化学工业集团公司	67901
102	平朔煤炭工业公司	88820	152	嘉陵机器厂	67607
103	大港石油管理局	88568	153	阳泉矿务局	67480
104	上海化学纤维公司	88127	154	南京钢铁厂	67328
105	兖州矿务局	86540	155	平顶山锦纶帘子布厂	67098
106	石家庄炼油厂	84959	156	上海电机（集团）公司	65886
107	昆明钢铁公司	84804	157	北京电视机厂	65748
108	深圳家佳电子有限公司	83844	158	涟源钢铁厂	65416
109	上海自行车三厂	83366	159	宝鸡卷烟厂	65413
110	广州卷烟二厂	82395	160	北京内燃机总厂	65355
111	青岛卷烟厂	82359	161	北京松下彩色显象管有限公司	65062
112	深圳华强电子工业公司	81000	162	大冶有色金属公司	64961
113	齐齐哈尔钢厂	80525	163	北京炼焦化学厂	64905
114	厦门华侨电子企业有限公司	80491	164	苏州电视机厂	64886
115	大连化学工业公司	80223	165	峰峰矿务局	64539
116	沈阳电缆厂	79789	166	重庆特殊钢厂	64520
117	大冶钢厂	79651	167	广州卷烟一厂	63830
118	新余钢铁厂	79577	168	贵州铝厂	63745
119	杭州卷烟厂	78657	169	广州白云山制药总厂	63718
120	云南冶炼厂	78393	170	吉林铁合金厂	63625
121	中国北方塑料编织工业集团	78235	171	上海电缆厂	62919
122	双鸭山矿务局	77985	172	太原化学工业公司	62296
123	郑州铝厂	77412	173	宣化钢铁公司	62117
124	长沙卷烟厂	77238	174	天津化工厂	62099
125	武汉卷烟厂	76866	175	广州标致汽车有限公司	61561
126	黄河机器制造厂	75733	176	林源炼油厂	61388
127	山东铝厂	74911	177	衢州化学工业公司	61323
128	抚顺铝厂	74840	178	七台河矿务局	60824
129	莱芜钢铁总厂	74620	179	济南炼油厂	60773
130	上海无线电四厂	74118	180	大连钢厂	60594
131	株洲冶炼厂	73570	181	三明钢铁厂	59909
132	济南卷烟厂	73512	182	中国长城计算机集团（深圳）公司	59686
133	抚顺钢厂	73315	183	北京肉类联合加工厂	59384
134	上海无线电十八厂	72892	184	郑州郑烟厂	59303
135	韶关钢铁厂	71939	185	天津卷烟厂	59109
136	铜陵有色金属公司	71907	186	建设机床厂	59070
137	西安电力机械制造公司	71498	187	合肥卷烟厂	58927
138	沪东造船厂	71489	188	江西钢厂	58808
139	天津铁厂	70461	189	上海电器公司	57957
140	广州钢铁有限公司	70456	190	上海正泰橡胶厂	57479
141	西山矿务局	70354	191	洛阳铜加工厂	57349
142	上海自行车厂	70345	192	衢州卷烟厂	56907
143	江汉石油管理局	70041	193	云南锡业公司	55857
144	新郑卷烟厂	69863	194	上海焦化厂	55396
145	华强三洋电子有限公司	69311	195	许昌卷烟厂	55210
146	杭州钢铁厂	68970	196	长安机器制造厂	54690
147	丹东化学纤维工业公司	68684	197	华北制药厂	54676
148	芜湖卷烟厂	68473	198	青岛电冰箱总厂	54464
149	天津自行车厂	68225	199	宁波卷烟厂	54443
150	上海新沪钢铁厂	67986	200	枣庄矿务局	54442

1990年中国500家最大工业企业（三）

（按销售额排序） 单位：万元

序号	企业名称	销售额	序号	企业名称	销售额
201	重庆汽车制造厂	54364	251	酒泉钢铁公司	45628
202	上菱电冰箱总厂	54205	252	上海通用机械（集团）公司	45510
203	青岛钢铁总厂	54149	253	遵义卷烟厂	45450
204	上海第十钢铁厂	53552	254	黎明发动机制造公司	45294
205	东北轻合金加工厂	53153	255	义马矿务局	45258
206	柳州钢铁厂	53007	256	龙岩卷烟厂	45139
207	齐齐哈尔车辆工厂	52981	257	零陵烟厂	44819
208	天津轧钢三厂	52591	258	上海永新彩色显像管有限公司	44776
209	上海真空电子器件股份有限公司	52464	259	厦门卷烟厂	44662
210	玉门石油管理局	52337	260	潞安矿务局	44343
211	吉林油田管理局	52148	261	杭州电视机厂	44331
212	天津碱厂	52015	262	苏州电扇总厂	43756
213	上海一易初摩托车有限公司	51872	263	前郭炼油厂	43737
214	广西柳州卷烟厂	51807	264	汾西矿务局	43553
215	江西汽车制造厂	51516	265	锦西化工总厂	43210
216	福建日立电视机有限公司	51391	266	包头铝厂	42931
217	天津长城电子公司	51318	267	天津肉类联合加工厂	42901
218	上海冶炼厂	51253	268	北台钢铁总厂	42833
219	深圳中华自行车有限公司	51084	269	北京卷烟厂	42808
220	徐州卷烟厂	51033	270	上海贝尔电话设备制造公司	42648
221	铁法矿务局	51016	271	哈尔滨锅炉厂	42635
222	洛阳轴承厂	50573	272	青岛电视机厂	42622
223	东北制药总厂	50546	273	抚顺钢铁公司	42558
224	上海涂料公司	50356	274	山东昌潍拖拉机厂	42411
225	无锡电视机厂	50276	275	西南铝加工厂	42245
226	河南石油勘探局	50224	276	青岛第二橡胶厂	42238
227	三洋电机（蛇口）有限公司	49777	277	四川化工总厂	41579
228	沈阳矿务局	49592	278	江南造船厂	41478
229	上海大中华橡胶厂	49194	279	广州五羊自行车工业公司	41448
230	西宁钢厂	49159	280	淮阴卷烟厂	41348
231	重庆卷烟厂	49088	281	长春客车工厂	41284
232	北京化工二厂	48886	282	兰州连城铝厂	41257
233	无锡钢厂	48827	283	哈尔滨炼油厂	41018
234	大连机车车辆厂	48606	284	经纬纺织机械厂	41006
235	延吉卷烟厂	48534	285	东风轮胎厂	40998
236	沈阳飞机制造公司	48514	286	韶关冶炼厂	40842
237	天津微型汽车厂	48419	287	三水健力宝饮料厂	40704
238	威力洗衣机厂	48342	288	北京轻型汽车有限公司	40686
239	青州卷烟厂	48136	289	四方机车车辆工厂	40625
240	瓦房店轴承厂	47829	290	衡阳钢管厂	40606
241	鄂城钢铁厂	47439	291	承德钢铁厂	40485
242	肥城矿务局	47002	292	上海汽车厂	40483
243	济南汽车制造总厂	46720	293	锦州铁合金厂	40442
244	上海煤气公司	46653	294	石家庄拖拉机厂	40427
245	上海搪瓷不锈钢制品联合公司	46491	295	上海天原化工厂	40101
246	天津大沽化工厂	46227	296	合肥钢铁公司	39923
247	顺德珠江冰箱厂	46127	297	水城钢铁公司	39841
248	晋城矿务局	46039	298	上海第十七棉纺织厂	39425
249	内蒙古第一机械制造厂	45862	299	上海线带公司	39247
250	佳木斯造纸厂	45778	300	哈尔滨卷烟厂	39093

1990年中国500家最大工业企业（四）

（按销售额排序）　　单位：万元

序号	企业名称	销售额	序号	企业名称	销售额
301	黑龙江涤轮厂	38128	351	南昌卷烟厂	33020
302	常州柴油机厂	38128	352	深圳中冠印染有限公司	32963
303	新会涤纶厂	38009	353	上海轴承公司	32752
304	上海制皂厂	37916	354	广州造纸厂	32725
305	上海铁合金厂	37772	355	上海矽钢片厂	32665
306	广东半球实业集团公司	37654	356	正大康地深圳有限公司	32660
307	广东梅州卷烟厂	37417	357	余姚化纤棉纺织总厂	32644
308	哈尔滨轴承厂	37231	358	杭州橡胶总厂	32616
309	山东新华制药厂	37113	359	毕节地区烟厂	32490
310	渤海造船厂	36824	360	苏州钢铁厂	32456
311	呼和浩特卷烟厂	36728	361	舞阳钢铁公司	32312
312	江门甘蔗化工厂	36704	362	广州造船厂	32258
313	临汾钢铁公司	36652	363	郑州电缆厂	32155
314	南平造纸厂	36539	364	桦林橡胶厂	32107
315	上海氯碱总厂	36513	365	沈阳有色金属加工厂	32093
316	永新一沈阳化工厂（有限公司）	36454	366	上海电机厂	32064
317	青岛石油化工厂	36194	367	沧州炼油厂	31826
318	泸州天然气化工厂	36076	368	北京第二棉纺织厂	31821
319	北京矿务局	36075	369	合肥电冰箱总厂	31819
320	天津轧钢五厂	35998	370	北京第三棉纺织厂	31773
321	株洲电力机车工厂	35953	371	哈尔滨飞机制造公司	31635
322	青铜峡铝厂	35948	372	资阳内燃机车工厂	31520
323	大理卷烟厂	35906	373	兰州钢厂	31191
324	深圳南方制药厂	35900	374	湛江卷烟厂	31176
325	什邡卷烟厂	35808	375	韶关卷烟厂	31095
326	成都钢铁厂	35801	376	秦皇岛耀华玻璃厂	30990
327	金州纺织厂	35704	377	大连造船厂	30747
328	四川维尼纶厂	35687	378	株洲化工厂	30734
329	南京卷烟厂	35334	379	北京东方化工厂	30725
330	山西杏花村汾酒厂	35259	380	淄博矿务局	30684
331	长春卷烟厂	35190	381	山西纺织印染厂	30681
332	上海牙膏厂	35178	382	沧州化肥厂	30593
333	凌源钢铁公司	35095	383	鹤山毛纺织总厂	30551
334	大屯煤电公司	35062	384	三五零二工厂	30525
335	昆明卷烟厂分厂	35061	385	湘潭电缆厂	30514
336	吉林造纸厂	34969	386	北京红狮涂料公司	30456
337	蒲圻纺织总厂	34921	387	南京化工厂	30428
338	新疆八一钢铁总厂	34853	388	保定化学纤维联合厂	30383
339	上海第二纺织机械厂	34800	389	四川第一棉纺织印染厂	30321
340	上海柴油机厂	34773	390	南京轧钢总厂	30289
341	上海钢管厂	34558	391	天津汽车制造厂	30274
342	鹤壁矿务局	34480	392	珠海威望磁讯有限公司	30231
343	华发电子有限公司	34416	393	贵港甘蔗化工厂	30225
344	南宁卷烟厂	34351	394	常州拖拉机厂	30220
345	南方动力机械公司	33812	395	平庄矿务局	30187
346	沈阳变压器厂	33703	396	厦门华美卷烟厂	30154
347	成都卷烟厂	33502	397	第一重型机器厂	30135
348	水口山矿务局	33476	398	长岭机器厂	30123
349	天津油漆厂	33166	399	哈尔滨电缆厂	30098
350	兰州铝厂	33127	400	辽河化肥厂	30092

1990年中国500家最大工业企业（五）

（按销售额排序）　　单位：万元

序号	企业名称	销售额	序号	企业名称	销售额
401	永安化纤化工厂	30058	451	通化矿务局	27476
402	湘潭电机厂	30054	452	潍坊第二印染厂	27422
403	内蒙古电视机厂	30053	453	焦作矿务局	27410
404	上海家用化学品厂	30048	454	四川仪表总厂	27362
405	南京肉类联合加工厂	30041	455	营口卷烟厂	27227
406	西北五棉实业有限公司	29980	456	戚墅堰机车车辆工厂	27213
407	辽宁无线电八厂	29967	457	攀枝花矿务局	27212
408	辽源矿务局	29933	458	南京电视机厂	27185
409	长沙电冰箱厂	29803	459	安阳卷烟厂	27010
410	上海汽轮机厂	29778	460	天津中板厂	27003
411	南昌飞机制造公司	29696	461	吉林炭素厂	26979
412	沈阳卷烟厂	29675	462	上海标准件公司	26973
413	石家庄卷烟厂	29656	463	广州电风扇工业公司	26945
414	金城造纸厂	29525	464	武汉汽轮必电机厂	26915
415	无锡丝绸印染总厂	29482	465	常州东方印染厂	26904
416	枣阳卷烟厂	29416	466	丹东电视机总厂	26824
417	二六七二工厂	29300	467	深圳卷烟厂	26759
418	三五零六工厂	29228	468	湖州丝绸印染厂	26703
419	株洲硬质合金厂	29062	469	张家口煤矿机械厂	26555
420	长风机器厂	29020	470	广州美特容器有限公司	26536
421	上海锅炉厂	28990	471	青州造纸厂	26467
422	成都飞机工业公司	28916	472	宁夏银川橡胶厂	26427
423	山西铝厂	28916	473	苏纶纺织厂	26391
424	邢台钢铁厂	28814	474	辽宁镁矿公司	26310
425	上海吴泾化工厂	28675	475	新乡化学纤维厂	26296
426	萍乡钢铁厂	28529	476	南昌钢铁厂	26296
427	伊盟羊绒衫厂	28526	477	滁州卷烟厂	26266
428	云南天然气化工厂	28474	478	上海事成洗涤剂厂	26219
429	哈尔滨制药厂	28468	479	自贡鸿鹤化工总厂	26206
430	江西棉纺织印染厂	28365	480	三五〇三厂	26165
431	武汉肉类联合加工厂	28319	481	大连染料厂	26162
432	上海第九棉纺织厂	28208	482	昆明三聚磷酸钠厂	26123
433	凡口铅锌矿	28086	483	上海第一印染厂	26102
434	上海新光内衣染织厂	28038	484	四川射洪沱牌曲酒厂	26071
435	上海畜产进出口公司羽绒总厂	27992	485	盐城无线电总厂	26065
436	无锡漂染厂	27952	486	石家庄第二棉纺织厂	26060
437	中国迅达电梯有限公司	27943	487	北京有色金属工业总公司	26051
438	柳州汽车厂	27926	488	峨眉铁合金厂	26018
439	长治钢铁公司	27911	489	营口中板厂	25839
440	阜阳卷烟厂	27880	490	青海铝厂	25837
441	272厂	27850	491	青岛碱厂	25815
442	石家庄第一印染厂	27812	492	上海拖拉机内燃机公司	25804
443	上海第十二棉纺织厂	27800	493	沈阳重型机器厂	25802
444	辽宁轮胎厂	27783	494	无锡第一棉纺织厂	25732
445	天津轧钢一厂	27778	495	上海永新雨衣染织厂	25623
446	上海船厂	27753	496	杭州出口茶叶拼配厂	25577
447	广州油脂化学工业公司	27731	497	耀华皮尔金顿玻璃有限公司	25544
448	上海溶剂厂	27696	498	北京顺义肉类加工厂	25537
449	上海第八钢铁厂	27550	499	惠州市信华精机有限公司	25524
450	河南轮胎厂	27532	500	西北第四棉纺织厂	25513

1990年中国利税总额最高的500家工业企业（一）

名次	企业名称	利税总额（万元）	名次	企业名称	利税总额（万元）
1	首都钢铁公司	251790.3	51	宝鸡卷烟厂	38606.0
2	华东电力联合公司	250040.0	52	巴陵石油化工公司	38330.9
3	华北电力联合公司	241707.0	53	芜湖卷烟厂	36719.2
4	大庆石油管理局	220898.3	54	广州卷烟一厂	35097.6
5	华中电业管理局	210323.0	55	贵州省电力工业局	34692.6
6	玉溪卷烟厂	188400.2	56	合肥卷烟厂	34178.3
7	武汉钢铁公司	182406.0	57	云南省电力工业局	33383.1
8	鞍山钢铁公司	182314.0	58	郴州卷烟厂	32435.5
9	北京燕山石化公司	176947.8	59	锦州石油化工公司	32063.2
10	昆明卷烟厂	174716.9	60	兰州炼油厂	32044.0
11	上海卷烟厂	147656.1	61	宁波卷烟厂	31903.3
12	西北电业管理局	139023.0	62	镇海石油化工总厂	30322.5
13	上海石油化工总厂	129998.9	63	天津卷烟厂	29983.0
14	齐鲁石油化工公司	119304.7	64	国营郑州卷烟厂	29977.1
15	大庆石油化工总厂	113846.2	65	徐州卷烟厂	29590.0
16	吉林化学工业公司	112832.4	66	锦西炼油化工总厂	28677.0
17	东北电力总公司	109868.0	67	许昌卷烟厂	28481.0
18	山东省电力工业局	103750.3	68	河南省安阳钢铁公司	28282.0
19	上海宝山钢铁总厂	103749.8	69	荆门炼油厂	28063.3
20	贵阳卷烟厂	98601.6	70	青州卷烟厂	27512.9
21	四川省电力工业局	86497.9	71	上海大众汽车有限公司	26813.7
22	广东省电力工业局	85112.1	72	内蒙古电业管理局	26450.5
23	抚顺石油化工公司	83854.5	73	广西柳州卷烟厂	26364.0
24	扬子石油工业公司	74875.1	74	重庆卷烟厂	26315.4
25	曲靖卷烟厂	69571.0	75	延吉卷烟厂	25729.0
26	常德卷烟厂	67477.5	76	长城特殊钢公司	25580.3
27	茂名石油工业公司	65040.4	77	零陵烟厂	25231.3
28	大连石油化工公司	60822.6	78	遵义卷烟厂	25206.2
29	上海高桥石油化工公司	60761.5	79	厦门卷烟厂	25036.3
30	本溪钢铁公司	59092.8	80	洛阳炼油厂	24752.0
31	第二汽车制造厂	58588.4	81	淮阴卷烟厂	24360.9
32	山西太原钢铁公司	58510.7	82	龙岩卷烟厂	24291.7
33	仪征化纤工业联合公司	56610.6	83	福建省电力工业局	24158.0
34	楚雄卷烟厂	56198.4	84	安庆石油化工总厂	23446.8
35	金陵石油化工公司	54712.4	85	北京卷烟厂	23336.3
36	蚌埠市卷烟厂	54458.6	86	广西壮族自治区电力局	23263.2
37	昭通卷烟厂	53838.9	87	兰州化学工业公司	22721.3
38	马鞍山钢铁公司	53527.5	88	郑州铝厂	22176.9
39	天津石油化工公司	52358.0	89	成都无缝钢管厂	22055.0
40	河北省张家口卷烟厂	50909.6	90	江西铜业公司	21863.9
41	辽阳石油化纤公司	49786.0	91	呼和浩特市卷烟厂	21580.5
42	国营青岛卷烟厂	49537.5	92	第一汽车制造厂	21541.0
43	广州卷烟二厂	48693.9	93	大理卷烟厂	21464.1
44	杭州卷烟厂	48533.6	94	北京吉普汽车有限公司	21084.1
45	长沙卷烟厂	45991.2	95	哈尔滨卷烟厂	21082.7
46	包头钢铁公司	44474.2	96	南京卷烟厂	20974.4
47	金川有色金属公司	42865.1	97	昆明卷烟厂分厂	20829.6
48	武汉卷烟厂	40979.2	98	国营长虹机器厂	20091.9
49	济南卷烟厂	40926.4	99	湖南湘潭钢铁公司	20076.2
50	河南省新郑卷烟厂	39965.5	100	上海造纸公司	20027.2

1990年中国利税总额最高的500家工业企业（二）

名次	企业名称	利税总额（万元）	名次	企业名称	利税总额（万元）
101	山西杏花村汾酒厂	20020.8	151	营口卷烟厂	13444.0
102	昆明钢铁公司	19960.6	152	吉林铁合金厂	13427.5
103	北京松下彩色显像管有限公司	19798.0	153	上海大中华橡胶厂	13072.0
104	成都卷烟厂	19750.7	154	天津碱厂	13052.8
105	佳木斯造纸厂	19625.1	155	北京炼焦化学厂	13038.6
106	抚顺钢厂	19553.8	156	凡口铅锌矿	12927.5
107	南昌卷烟厂	19443.0	157	上海梅山冶金公司	12876.9
108	长春市卷烟厂	19048.0	158	上海自行车三厂	12748.0
109	南宁卷烟厂	19033.5	159	云南冶炼厂	12746.0
110	广州石油化工总厂	18929.2	160	江西汽车制造厂	12611.7
111	大连化学工业公司	18886.7	161	钟山卷烟厂	12603.2
112	邯郸钢铁总厂	18802.3	162	湖南省涟源钢铁厂	12508.9
113	石家庄华北制药厂	18694.7	163	上海电视一厂	12495.8
114	广东梅州卷烟厂	18387.2	164	武鸣卷烟厂	12462.2
115	济南钢铁厂	18304.5	165	贵州省贵定卷烟厂	12350.7
116	攀枝花钢铁公司	18156.1	166	衢州化学工业公司	12215.3
117	上海第三钢铁厂	17934.5	167	林源炼油厂	12194.1
118	什邡卷烟厂	17884.2	168	安阳卷烟厂	12185.1
119	上海正泰橡胶厂	17598.4	169	太原卷烟厂	12176.2
120	厦门华美卷烟厂	17582.9	170	韶关冶炼厂	12117.4
121	唐山钢铁公司	17491.0	171	韶关钢铁厂	11990.6
122	毕节地区烟厂	17156.6	172	上海市有色金属总公司	11947.5
123	韶关卷烟厂	17087.4	173	赣南卷烟厂	11884.3
124	齐齐哈尔钢厂	16780.7	174	深圳卷烟厂	11863.8
125	天津化工厂	16601.1	175	利川市卷烟厂	11792.3
126	枣阳卷烟厂	16601.1	176	凤凰县雪茄烟厂	11760.6
127	平顶山锦纶帘子布厂	16519.1	177	山东龙口发电厂	11744.6
128	重庆汽车制造厂	16384.7	178	新疆卷烟厂	11605.6
129	石家庄卷烟厂	16178.8	179	莱芜钢铁总厂	11602.4
130	石家庄炼油厂	16077.3	180	广州标致汽车有限公司	11587.9
131	上海第五钢铁厂	15983.2	181	沈阳电缆厂	11560.3
132	山东铝厂	15885.3	182	兰州卷烟厂	11399.5
133	湛江卷烟厂	15842.9	183	来凤县卷烟厂	11381.3
134	阜阳卷烟厂	15833.7	184	株洲冶炼厂	11133.8
135	武汉石油化工厂	15785.8	185	洛阳卷烟厂	11092.4
136	葫芦岛锌厂	15730.0	186	上海牙膏厂	11042.0
137	陕西彩色显像管厂	15483.3	187	南平市造纸厂	10961.2
138	大冶钢厂	15286.5	188	黔江卷烟厂	10956.2
139	通化钢铁公司	15150.2	189	西昌卷烟厂	10941.1
140	沈阳卷烟厂	15134.6	190	天津通信广播公司（712厂）	10911.9
141	九江炼油厂	15086.2	191	上海电缆厂	10782.5
142	上海电机（集团）公司	14780.3	192	上海手表厂	10780.0
143	上海第二钢铁厂	14583.7	193	国营嘉陵机器厂	10573.7
144	北京化工二厂	14488.5	194	上海贝尔电话设备制造公司	10551.1
145	上海化学纤维公司	14445.8	195	北京东方化工厂	10428.8
146	第一拖拉机制造厂	14314.7	196	吉林炭素厂	10372.3
147	滁州卷烟厂	14083.0	197	上海氯碱总厂	10349.1
148	上海电线电缆（集团）公司	13976.9	198	抚顺铝厂	10338.9
149	济南炼油厂	13880.7	199	东风轮胎厂	10205.6
150	贵州铝厂	13559.6	200	延安卷烟厂	10144.4

1990年中国利税总额最高的500家工业企业（三）

名次	企业名称	利税总额（万元）	名次	企业名称	利税总额（万元）
201	河南省南阳卷烟厂	10113.3	251	驻马店卷烟厂	7928.9
202	铜陵有色金属公司	10028.5	252	沧州化肥厂	7894.5
203	上海天原化工厂	10000.0	253	贵州省青松卷烟厂	7856.6
204	包头铝厂	9979.4	254	新疆电力工业局	7757.0
205	天津大沽化工厂	9951.9	255	贵州茅台酒厂	7756.9
206	四川维尼纶厂	9942.1	256	光明华侨电子工业有限公司	7736.0
207	四川化工总厂	9903.5	257	上海申美饮料食品有限公司	7691.0
208	上海电器公司	9823.7	258	国营长安机器制造厂	7613.7
209	云南天然气化工厂	9749.9	259	新会涤纶厂	7584.2
210	四川卷烟厂	9738.7	260	西宁钢厂	7573.8
211	武汉汽轮发电机厂	9666.4	261	洛阳轴承厂	7410.6
212	河北省冀东水泥厂	9650.0	262	兰州连城铝厂	7410.4
213	重庆特殊钢厂	9439.2	263	国营经纬纺织机械厂	7389.0
214	杭州钢铁厂	9420.2	264	上海第十钢铁厂	7355.4
215	国营南京无线电厂（七一四厂）	9343.7	265	天津市轧钢三厂	7287.0
216	上海真空电子器件股份有限公司	9309.2	266	冶金工业部舞阳钢铁公司	7261.0
217	柳州钢铁厂	9281.7	267	广州市自来水公司	7168.4
218	永新一沈阳化工厂（有限公司）	9269.6	268	丹东化学纤维工业公司	7153.3
219	上海焦化厂	9207.8	269	乌鲁木齐石油化工总厂	7106.0
220	上海家用化学品厂	9160.6	270	邮电部成都电缆厂	7105.3
221	保定卷烟厂	9159.4	271	北京丽源日用化学股份有限公司	7042.0
222	辽河化肥厂	9149.1	272	贵州赤水天然气化肥厂	7035.8
223	保定化学纤维联合厂	9128.4	273	广州造纸厂	7022.2
224	上海涂料公司	9096.5	274	东北轻合金加工厂	7019.0
225	上菱电冰箱总厂	9092.1	275	上海汽车厂	7017.9
226	广东省南雄县卷烟厂	9072.1	276	中国北方塑料纺织工业集团	6944.6
227	红安县卷烟厂	9035.0	277	国营黄河机器制造厂	6928.0
228	化学工业部南京化工厂	8980.4	278	国营五四二工厂	6891.0
229	国营青岛第二橡胶厂	8946.8	279	沈阳冶炼厂	6854.7
230	三明钢铁厂	8794.2	280	北京汽车摩托车联合制造公司	6848.7
231	新余钢铁厂	8756.1	281	太原化学工业公司	6816.6
232	国营五四一厂	8615.8	282	四平卷烟厂	6789.5
233	湖北省当阳卷烟厂	8612.8	283	河南轮胎厂	6761.8
234	大连钢厂	8546.3	284	上海柴油机厂	6758.9
235	广州钢铁有限公司	8504.2	285	吉林造纸厂	6732.9
236	南海卷烟厂	8450.3	286	穆棱县雪茄烟厂	6713.0
237	厦门华侨电子企业有限公司	8409.0	287	湖北省化工厂	6706.6
238	鄂城钢铁厂	8408.3	288	南京化学工业集团公司	6683.8
239	瓦房店轴承厂	8348.4	289	株洲硬质合金厂	6640.6
240	福建省青州造纸厂（沙县）	8297.3	290	沈阳啤酒厂	6596.2
241	泸州天然气化工厂	8229.1	291	河南临汝卷烟厂	6574.1
242	上海新沪钢铁厂	8174.6	292	中国扬子电器公司电冰箱总厂	6569.3
243	国营青岛电视机厂	8166.3	293	青岛啤酒 厂	6547.0
244	海林卷烟厂	8157.7	294	海南铁矿	6488.5
245	宜宾五粮液酒厂	8099.8	295	国营红光电子管厂	6459.4
246	广水卷烟厂	8062.3	296	上海吴泾化工厂	6446.7
247	昆明三聚磷酸钠厂	7994.2	297	湖北省襄樊市卷烟厂	6394.7
248	山西铝厂	7968.9	298	西北五棉实业有限公司	6382.7
249	洛阳铜加工厂	7943.7	299	东北制药总厂	6356.0
250	大冶有色金属公司	7941.4	300	平顶山矿务局	6339.7

1990年中国利税总额最高的500家工业企业（四）

名次	企业名称	利税总额（万元）	名次	企业名称	利税总额（万元）
301	广西钟山卷烟厂富川车间	6336.5	351	哈尔滨轴承厂	5472.3
302	绥化卷烟厂	6322.6	352	杭州橡胶总厂	5467.5
303	宜昌雪茄烟厂	6299.2	353	上海第十七棉纺织厂	5434.8
304	广州宝洁有限公司	6289.4	354	宁夏银川橡胶厂	5432.2
305	新疆八一钢铁总厂	6280.8	355	福建省福州第二化工厂	5416.1
306	湖南新邵卷烟厂	6279.9	356	上海染料化工八厂	5406.0
307	青岛石油化工厂	6259.6	357	三水健力宝饮料厂	5402.7
308	上海制皂厂	6255.9	358	洛阳玻璃厂	5396.1
309	郑州电缆厂	6243.8	359	贵港甘蔗化工厂	5389.9
310	山东新华制药厂	6231.4	360	国营长岭机器厂	5373.6
311	锦州铁合金厂	6224.8	361	湘潭电缆厂	5358.7
312	国营郑州第六棉纺织厂	6210.8	362	南通第三棉纺织厂	5354.5
313	哈尔滨炼油厂	6196.7	363	宝鸡有色金属加工厂	5351.2
314	北京内燃机总厂	6168.9	364	上海新光内衣染织厂	5350.8
315	国营桦林橡胶厂	6139.7	365	青岛电冰箱总厂	5310.6
316	柳州水泥厂	6113.7	366	深圳南方制药厂	5310.0
317	陕西省西凤酒厂	6073.0	367	上海自行车厂	5297.8
318	云南锡业公司	6061.0	368	国营广州造船厂	5295.2
319	酒泉钢铁公司	6054.1	369	化学工业部保定第一胶片厂	5280.2
320	琼山卷烟厂	6045.3	370	天津自行车厂	5262.9
321	青岛碱厂	6042.7	371	白银有色金属公司	5230.4
322	前郭炼油厂	6040.9	372	福建水泥厂（永安）	5225.8
323	菏泽卷烟厂	6040.0	373	山东省滕州卷烟厂	5219.9
324	江苏省盐业公司	6015.6	374	国营建设机床厂	5211.5
325	承德钢铁厂	6004.8	375	苏州电扇总厂	5203.0
326	兰州铝厂	5982.8	376	衡阳钢管厂	5202.8
327	西安仪表厂	5981.0	377	上海冰箱压缩机厂	5188.8
328	安徽省安庆纺织厂	5965.4	378	亳州市古井酒厂	5146.3
329	上海第二纺织机械厂	5961.3	379	铁道部四方机车车辆工厂	5132.3
330	上海铁合金厂	5923.7	380	哈尔滨电缆厂	5084.4
331	开封卷烟厂	5904.9	381	珠海威望磁讯有限公司	5078.0
332	南京汽车制造厂	5903.7	382	云浮硫铁矿企业集团公司	5047.5
333	上海——易初摩托车有限公司	5887.8	383	国营西北第一棉纺织厂	5028.9
334	长沙电冰箱厂	5881.5	384	英雄金笔厂	4994.3
335	建始茄烟厂	5842.3	385	北京人民机器总厂	4979.5
336	南京钢铁厂	5835.1	386	西北第七棉纺织厂	4968.7
337	哈尔滨锅炉厂	5832.0	387	上海线带公司	4950.2
338	天津市微型汽车厂	5803.3	388	北京电视机厂	4949.4
339	自贡市鸿鹤化工总厂	5796.8	389	国营无锡钢厂	4937.0
340	天津手表厂	5733.7	390	国营郑州纺织机械厂	4929.1
341	深圳华强电子工业公司	5711.5	391	漳州糖厂	4921.0
342	大连机车车辆厂	5695.0	392	上海轴承公司	4919.6
343	大连显象管厂	5677.2	393	上海电机厂	4915.0
344	湖南省株洲化工厂	5676.6	394	辽宁轮胎厂	4908.2
345	抚顺钢铁公司	5639.9	395	吉林省化学纤维厂	4908.2
346	国营无锡市合成纤维总厂	5633.3	396	泸州老窖酒厂	4896.8
347	上海无线电四厂	5597.6	397	西南铝加工厂	4894.3
348	国营石家庄第二棉纺织厂	5491.8	398	沈阳市自来水公司	4892.5
349	福建省永安化纤化工厂	5489.7	399	天津铁厂	4879.0
350	德州卷烟厂	5481.8	400	山西运城盐化局	4849.0

1990年中国利税总额最高的500家工业企业（五）

名次	企业名称	利税总额（万元）	名次	企业名称	利税总额（万元）
401	青铜峡铝厂	4826.1	451	河南省华新棉纺织厂	4317.1
402	贵州轮胎厂	4825.2	452	上海嘉丰棉纺织厂	4309.1
403	上海无线电十八厂	4813.5	453	湘潭市化纤厂	4307.0
404	广州化工厂	4810.1	454	上海利华有限公司	
405	浙江涤轮厂	4805.6	455	张家港市钢铁厂	4302.0
406	大兴安岭塔河林业局	4789.3	456	合肥电冰箱总厂	4301.6
407	广州白云山制药总厂	4783.9	457	新疆天山毛纺织品有限公司	4298.2
408	国营郑州第四棉纺织厂	4783.6	458	国营六一四厂	4292.1
409	南京化学纤维厂	4764.2	459	卫生部上海生物制品研究所	4286.2
410	杭州华丰造纸厂	4744.0	460	国营自贡硬质合金厂	4282.5
411	国营西北第四棉纺织厂	4738.3	461	苏州化工厂	4270.0
412	上海溶剂厂	4728.9	462	上海日用化学品四厂	4265.1
413	北京第二棉纺织厂	4727.9	463	上海手表二厂	4253.3
414	民丰造纸厂	4721.1	464	金城造纸厂	4246.0
415	国营天津纺织机械厂	4696.8	465	上海矽钢片厂	4244.0
416	大连染料厂	4696.6	466	新晃卷烟厂	4241.4
417	南通第二棉纺织厂	4682.3	467	水城钢铁公司	4231.2
418	国营保定第四八二厂	4678.5	468	上海通用机械（集团）公司	4216.7
419	青海铝厂	4654.4	469	航空航天工业部南方动力机械公司	4202.7
420	成都无线电一厂	4637.8	470	沈阳变压器厂	4173.6
421	广州市珠江啤酒厂	4635.5	471	中国纺织机械厂	4171.4
422	南京轧钢总厂	4614.1	472	江苏洋河酒厂	4139.9
423	营口中板厂	4596.7	473	国营西北第三棉纺织厂	4139.3
424	天津市第四棉纺织厂	4594.1	474	江西棉纺织印染厂	4139.2
425	红河卷烟厂	4583.9	475	湖北化肥厂	4125.0
426	山东烟台钢管厂	4574.8	476	南宁化学工业集团公司	4120.1
427	农八师八一棉纺织厂	4571.0	477	深圳中华自行车有限公司	4111.7
428	锦西化工总厂	4570.2	478	西安电力机械制造公司	4110.0
429	云南省小龙潭煤矿	4566.7	479	北京有机化工厂	4095.7
430	上海汽轮机厂	4557.3	480	浙江省嘉兴绢纺厂	4085.6
431	上海第一印染厂	4555.3	481	贵州安酒（集团）总公司	4081.1
432	四川仪表总厂	4551.7	482	山东兰陵美酒厂	4077.2
433	杭州电化厂	4536.3	483	耀华皮尔金顿玻璃有限公司	4077.1
434	国营石家庄第四棉纺织厂	4480.1	484	邯郸水泥厂	4076.9
435	重庆天原化工总厂	4476.9	485	北京市琉璃河水泥厂	4074.1
436	北京市肉类联合加工厂	4473.0	486	苏州振亚丝织厂	4072.0
437	武汉市葛店化工厂	4471.4	487	鹤山县毛纺织总厂	4047.2
438	保定第一棉纺织厂	4465.2	488	玉林地区柴油机厂	4042.0
439	重庆汽车发动机厂	4460.6	489	水口山矿务局	4037.5
440	广州美特容器有限公司	4447.5	490	江门市甘蔗化工厂	4036.2
441	中美天津史克制药有限公司	4440.3	491	黑龙江涤纶厂	4035.1
442	河北省邢台冶金机械轧棍厂	4416.5	492	北京红狮涂料公司	4031.4
443	贵州省铜仁雪茄烟厂	4400.9	493	云霄卷烟厂	4030.7
444	南京晨光机器厂	4386.1	494	杭州第二化学纤维厂	4025.5
445	荣成市橡胶厂	4383.9	495	永生金笔厂	4025.4
446	国营石家庄市第三棉纺织厂	4381.8	496	第二砂轮厂	4014.1
447	上海第九棉纺织厂	4362.9	497	秦皇岛市耀华玻璃厂	4008.3
448	铁道部戚墅堰机车车辆工厂	4346.2	498	国营新乡化学纤维厂	4004.9
449	北京第三棉纺织厂	4343.3	499	北京第一机床厂	3988.6
450	樟树四特酒厂	4321.0	500	绍兴钢铁厂	3988.3

全国各行业利税总额最高的20家大中型企业

（1990年）

位次	企业名称	利税总额（千元）
煤炭采选业		
1	平顶山矿务局	63397
2	云南省小龙潭煤矿	45667
3	煤炭部大屯煤电公司	38736
4	山西省潞安矿务局	36010
5	湖南省株洲洗煤厂	24220
6	晋城矿务局	21162
7	抚顺矿务局	15338
8	兖州矿务局	8856
9	山西省洪洞县洗煤厂	8166
10	河北省张家口地区蔚县煤矿	8049
11	邢台矿务局	6541
12	肥城矿务局	4591
13	鄂托克旗棋盘井煤矿	4382
14	郴州地区鲁鱼江煤矿	4357
15	秦皇岛市柳江建村综合总厂	3491
16	临汾市洗煤厂	3380
17	平塑煤炭工业公司	0
18	溆浦县煤炭工业集团公司	－1441
19	河南省安阳矿务局	－2301
20	西山矿务局	－4878
石油和天然气开采业		
1	大庆石油管理局	2208983
2	长庆石油勘探局第三采油厂	26081
3	四川石油管理局	23841
4	新疆石油管理局	15729
5	前郭县石油联合开发公司	6006
6	江苏油田	－17829
7	玉门石油管理局	－24301
8	青海石油管理局	－30397
9	冀东石油勘探开发公司	－51660
10	江汉石油管理局	－51741
11	吉林省油田管理局	－53644
12	长庆石油勘探局	－60440
13	河南石油勘探局	－160869
14	胜利石油管理局	－191527
15	天津市大港石油管理局	－251325
16	辽河石油勘探局	－339636
17	中原石油勘探局	－379613
18	华北石油管理局	－675513
黑色金属矿采选业		
1	海同铁矿	64885
2	广东省大宝山矿	24204
3	攀枝花冶金矿山公司	22019
4	湘潭锰矿	13192
5	福建省潘洛铁矿	9723
6	新疆雅满苏矿	8753
7	云南建水锰矿	5294
8	桃江锰矿	2730
9	淳渚铁矿	2651
10	福建省连城锰矿	2485
11	山东金岭铁矿	1184
12	山东韩旺铁矿	604
13	江苏治山铁矿	524
14	湘东铁矿	490
15	山东黑旺铁矿	－814
16	邯邢治金矿山管理局	－2308
17	治金工业部鲁中治金矿山公司	－2596
18	徐州利国铁矿	－3789
19	南京吉山铁矿	－4493
有色金属矿采选业		
1	凡口铅锌矿	129275
2	锡铁山矿务局	31285
3	大厂矿务局	29636
4	黄沙坪铅锌矿	26640
5	山东省新城金矿	25313
6	浙江省遂昌金矿	24590
7	山东省招远金矿	23599
8	中国黄金总公司文峪金矿	22447
9	迁西县治金工业部金厂峪金矿	22290
10	山东省焦家金矿	16900
11	招远县河西金矿	14589
12	招远县罗山金矿	10407
13	江西德兴县富家钨铜矿	10030
14	云南省澜沧铅矿	9855
15	易门矿务局	9740
16	治金工业部乌拉嘎金矿	9692
17	东川矿务局	9650
18	平水铜矿	9231
19	柿竹园有色金属矿	8192

位次	企业名称	利税总额（千元）
20	招远县河东金矿	8103
建筑材料及其他非金属矿采选业		
1	云浮硫铁矿企业集团公司	50475
2	昆阳磷矿矿务局	27422
3	国家建村局茫崖石棉矿	25934
4	贵州开阳磷矿矿务局	19260
5	瓦房店市金钢石股份有限公司	18351
6	山东省北墅生建石墨矿	15663
7	鸡西市柳毛石墨矿	15345
8	青岛市平度石墨开发公司	10578
9	山西阳泉铝矾土矿	10026
10	荆襄磷矿矿务局	9940
11	三水石膏矿采矿公司	9395
12	山东南墅石墨矿	9051
13	内蒙古兴和石墨矿	8569
14	东风莹石公司	8094
15	广西龙胜滑石矿	7911
16	四川省金河磷矿	7870
17	农二师三十团石棉矿	7772
18	莱州市大理石矿	6210
19	鸡西市非金属矿工业公司	4564
20	湖南省刘阳磷矿	4362
采盐业		
1	江苏省盐业公司	60156
2	湖北省应城盐矿	27483
3	天津长芦塘沽盐场	21966
4	山东羊口盐场	21602
5	河北省南堡新生盐场	20650
6	内蒙古阿拉善盟吉兰泰盐场	16587
7	中国人民解放军广州军区第七零七工厂	14739
8	四川省峨眉山盐化工业股份有限公司	14694
9	复州湾盐场	14659
10	新疆盐湖化工厂	14544
11	天津长芦汉沽盐场	14535
12	自贡市长山盐矿	14078
13	湖南省湘澧盐矿	12429
14	自贡市张家坝制盐化工厂	12066
15	云南一平浪盐矿	10752
16	营口盐场	10676
17	茶卡盐厂	10011
18	中国人民解放军湖北省军区七二八厂	7774
19	哈密地区七角井盐化总厂	7619
20	大清河盐场	7440
木材及竹材采运业		
1	大兴安岭塔河林业局	47893
2	黑龙江省鹤北林业局	36724
3	吉林省松江河林业局	25284
4	吉林省三岔子林业局	23274
5	敦化林业局	20080
6	吉林省白河林业局	19860
7	黑龙江省东方红林业局	19372
8	黑龙江省东京城林业局	19359
9	大兴安岭林管局新林林业局	17510
10	吉林省露水河林业局	16968
11	林业部大兴安岭呼中林业局	16802
12	大兴安岭林管局图强林业局	15518
13	吉林省和龙林业局	15070
14	省红石林业局	14546
15	黑龙江省巴彦县兴隆林业局	14385
16	黑龙江省大海林林业局	13603
17	永安市林业委员会	13566
18	甘河林业公司	13093
19	吉林省白石山林业局	13015
20	吉林省临江林业局	12956
自来水生产的供应业		
1	广州市自来水公司	71684
2	沈阳市自来水公司	48925
3	武汉市自来水公司	32630
4	兰州市自来水公司	18919
5	佛山自来水公司	14802
6	抚顺市自来水公司	14418
7	株洲市自来水公司	13035
8	哈市自来水公司	12233
9	汕头市自来水厂	9225
10	长沙市自来水公司	9124
11	洛阳市自来水公司	8001
12	衡阳市自来水公司	7960
13	昆明市自来水公司	7127
14	南昌市自来水公司	6934
15	宜昌市自来水公司	6649
16	重庆市自来水公司	6518

位次	企业名称	利税总额（千元）
17	深圳市自来水公司	6303
18	南宁市自来水公司	5672
19	南京自来水公司	5503
20	湛江自来水公司	5374

食品制造业

位次	企业名称	利税总额（千元）
1	贵港甘蔗化工厂	53899
2	漳州糖厂	49210
3	北京市肉类联合加工厂	44730
4	江门市甘蔗化工厂	40362
5	广东省东莞糖厂	34998
6	广州番禺糖果有限公司	34632
7	上海市面粉公司	33770
8	周口地区味精厂	32043
9	西安宝石轴承厂(西安旅游食品厂)	29860
10	南宁制糖造纸厂	28605
11	舟山海洋渔业公司水产制品厂	28564
12	天津市肉类联合加工厂	27876
13	广州市南方面粉厂	25648
14	遂溪县广丰糖厂	24660
15	亨联有限公司	23750
16	遂溪县建国糖厂	22615
17	包头市糖厂	22327
18	北京市顺义县肉类加工厂	21492
19	崇左县驮卢糖厂	20600
20	顺德糖厂	20529

饮料制造业

位次	企业名称	利税总额（千元）
1	山西杏花村汾酒厂	200208
2	宜宾五粮液酒厂	80998
3	贵州茅台酒厂	77569
4	上海申美饮料食品有限公司	76910
5	沈阳啤酒厂	65962
6	青岛啤酒厂	65470
7	陕西省西凤酒厂	60730
8	三水健力宝饮料厂	54027
9	亳州市古井酒厂	51463
10	泸州老窖酒厂	48968
11	广州市珠江啤酒厂	46335
12	樟树四特酒厂	43210
13	江苏洋河酒厂	41399
14	贵州安酒(集团)总公司	40811
15	山东兰陵美酒厂	40772
16	遵义市董酒厂	33772
17	江苏省泗洪双沟酒厂	31501
18	浙江钱江啤酒厂	31175
19	广州啤酒厂	30957
20	古蔺县郎酒厂	30618

烟草加工业

位次	企业名称	利税总额（千元）
1	玉溪卷烟厂	1884002
2	昆明卷烟厂	1747169
3	上海卷烟厂	1476561
4	贵阳卷烟厂	986016
5	曲靖卷烟厂	695710
6	常德卷烟厂	674775
7	楚雄卷烟厂	561984
8	蚌埠市卷烟厂	544586
9	昭通卷烟厂	538389
10	河北省张家口卷烟厂	509096
11	国营青岛卷烟厂	495375
12	广州卷烟二厂	486939
13	杭州卷烟厂	485336
14	长沙卷烟厂	459912
15	武汉卷烟厂	409792
16	济南卷酒厂	409264
17	河南省新郑卷烟厂	399655
18	宝鸡卷烟厂	396060
19	芜湖卷烟厂	367192
20	广州卷烟一厂	350976

饲料工业

位次	企业名称	利税总额（千元）
1	正大康地深圳有限公司	31095
2	正大岳阳有限公司	23901
3	北京正大饲料有限公司	23206
4	吉林正大有限责任公司	16960
5	广东省商业饲料公司九江饲料厂	13906
6	福建省马尾水产饲料有限公司(福州)	7316
7	豫大畜牧饲料有限公司饲料厂	4837
8	北京市南苑配合饲料厂	4781
9	穗屏企业有限公司第二饲料厂	4308
10	顺德容奇冠华饲料实业公司	3308
11	厦门市水产饲料公司	2584
12	上海市新丰饲料厂	1717
13	北京市友谊配合饲料厂	1102
14	威海市饲料公司	609
15	广西赖氨酸厂	357

位次	企业名称	利税总额（千元）
16	北京市鱼饲料厂	110
17	扬州饲料厂	82
18	顺德锦峰饲料厂	35
19	唐山三丰饲料有限公司	－40
20	哲盟胜利饲料厂	－635

纺织业

位次	企业名称	利税总额（千元）
1	西北五棉实业有限公司	63827
2	国营郑州第六棉纺织厂	62108
3	安徽省安庆纺织厂	59654
4	国营石家庄第二棉纺织厂	54918
5	上海第十七棉纺织厂	54348
6	南通第三棉纺织厂	53545
7	上海新光内衣染织厂	53508
8	国营西北第一棉纺织厂	50289
9	西北第七棉纺织厂	49687
10	上海线带公司	49502
11	国营郑州第四棉纺织厂	47836
12	国营西北第四棉纺织厂	47383
13	北京第二棉纺织厂	47279
14	南通第二棉纺织厂	46823
15	天津市第四棉纺织厂	45941
16	农八师八一棉纺织厂	45710
17	上海第一印染厂	45553
18	国营石家庄第四棉纺织厂	44801
19	保定第一棉纺织厂	44652
20	国营石家庄市第三棉纺织厂	43818

缝纫业

位次	企业名称	利税总额（千元）
1	中国人民解放军三五零六工厂	34951
2	中国人民解放军石家庄第三五零二工厂	25004
3	中国人民解放军第三五０三厂	22398
4	江西共青羽绒厂	19346
5	上海市畜产进出口公司羽绒总厂	19010
6	北京长城风雨衣公司	16806
7	中国人民解放军第三五零八工厂	14537
8	中国人民解放军三五三五工厂	12760
9	中国人民解放军三五零一工厂	11403
10	上海飞达羽绒服装厂	11356
11	莆田县鞋革厂	11305
12	中国人民解放军第 3504 厂	10435
13	中国人民解放军第三五四零工厂	10240
14	中国人民解放军三五三四工厂	10115
15	中国人民解放军第三五三六工厂	10029
16	中国人民解放军第三五四一工厂	10005
17	南京服装一厂	9845
18	中国人民解放军三五零七工厂	9798
19	北京市大华衬衫厂	7790
20	扬州友谊服装总厂	7213

皮革毛皮及其制品业

位次	企业名称	利税总额（千元）
1	中国人民解放军第三五一六厂	11212
2	上海皮鞋厂	10905
3	上海第二皮鞋厂	7831
4	天津市第一制革厂	7701
5	豫中皮革皮鞋工厂	6727
6	上海市畜产进出口公司皮毛总厂	6319
7	中国人民解放军石家庄第三五一四工厂	6075
8	中国人民解放军第 3513 工厂	5579
9	红光制革厂	4781
10	雅安皮革总厂	4587
11	定陶县陈集国华贸易公司	4450
12	益民制革厂	4362
13	文登市制革厂	4238
14	地方国营哈尔宾制革厂	4059
15	苏州市达胜皮鞋总厂	3990
16	北京市第一皮鞋厂	3478
17	东方制革厂	3388
18	湖州市德泰顺制革厂	3222
19	浙江省海宁制革厂	3202
20	济南裘革制品总厂	3058

木材加工及竹、藤、棕草制品业

位次	企业名称	利税总额（千元）
1	北京市建筑木材厂	9821
2	黑龙江省南岔木材水解厂	8735
3	广东省鱼珠木材厂	8724
4	永安贮木场	8548
5	福州人造板厂	7716
6	四川省东风木材厂	6652
7	铁道部北京木材防腐厂	6081
8	吉林省长春胶合板厂	5992
9	杭州木材总厂	4384
10	河南省第一纺织器材厂	4273
11	天津市木材四厂	4203
12	铁道部武汉木材防腐厂	4123
13	韶关刨花板厂	4116

位次	企业名称	利税总额（千元）
14	天津市木材五厂	4055
15	鹰潭市木材防腐厂	4015
16	铁道部柳州木材防腐厂	3949
17	新疆乌鲁木齐木材厂	3948
18	山东省济宁市纺织器材厂	3934
19	北京市光华木材厂	3487
20	铁道部镇赉木材防腐厂	3202
家具制造业		
1	北京市天坛家具公司	9192
2	遂溪县农垦化工厂	8465
3	淄博沙发厂	4340
4	烟台木材工业公司	2591
5	青岛一木集团公司	1293
6	中山市石岐家具厂	1203
7	三水金属家具厂	953
8	北京市南郊木材厂	858
9	重庆木模厂	748
10	济南市家具总厂	538
11	黄河家具厂	501
12	乐陵市木制工艺厂	380
13	上海家具厂	331
14	广州市木器家具工业实业公司	316
15	青州市家具公司	278
16	齐齐哈尔市木器家具厂	213
17	天津市家具三厂	37
18	保定木横担厂	－382
19	无锡市家具一厂	－652
20	鞍山市全钢家具厂	734
造纸及纸制品业		
1	上海造纸公司	200272
2	佳木斯造纸厂	196251
3	南平市造纸厂	109612
4	福建省青州造纸厂(沙县)	82973
5	广州造纸厂	70222
6	吉林造纸厂	67329
7	杭州华丰造纸厂	47440
8	民丰造纸厂	47211
9	金城造纸厂	42460
10	岳阳造纸厂	35853
11	国营特丹江造纸厂	31157
12	石岘造纸厂	28490
13	宁波造纸总厂	28455
14	江南造纸厂	22571
15	保定六0四厂	22107
16	中国版纸厂	21613
17	东河印制公司502厂	21500
18	北京制浆造纸试验厂	20526
19	华丽铜版纸厂	19003
20	天章记录纸厂	18678
印刷业		
1	国营五四一厂	86158
2	国营五四二工厂	68910
3	国营五四四厂	27973
4	东河印制公司501厂	18923
5	深圳市塑料彩印有限公司	16582
6	上海烟草工业印刷厂	16100
7	邮电部北京邮票厂	15182
8	中山市包装印刷工业(集团)公司	15022
9	石家庄印钞厂	13816
10	上海凹凸彩印厂	13685
11	上海人民塑料印刷厂	13359
12	上海人民印刷八厂	12815
13	北京新华彩印厂	12679
14	天津市人民印刷厂	9555
15	深圳嘉年印刷有限公司	9231
16	武汉市武汉印刷厂	8806
17	新华通讯社印刷厂	8223
18	通海工艺美术厂	8048
19	北京新华印刷厂	7372
20	西安市第一印刷厂	7283
文教体育用品制造业		
1	英雄金笔厂	49943
2	永生金笔厂	40254
3	丰华圆珠笔厂	23399
4	中国铅笔一厂	19887
5	上海电影技术厂	16103
6	上海圆珠笔厂	13890
7	新华社中国图片社	13126
8	北京电影洗印录像技术厂	11048
9	中国铅笔二厂	9984
10	上海球厂	8787
11	上海环球玩具有限公司	6952
12	太平洋影音公司	6863
13	广州珠江钢琴工业公司	6537

位次	企业名称	利税总额（千元）
14	福州铅笔厂	5425
15	中国唱片总公司上海公司	5282
16	中国唱片总公司广州公司	5211
17	天津铅笔厂	5104
18	中国福万(福建)玩具有限公司	4928
19	天津雅马哈电子乐器有限公司	4859
20	丹东金笔厂	4846
	工艺美术品制造业	
1	浙江节日灯总厂	12374
2	温州市运动服厂	8504
3	浙江省台州绣衣厂	8388
4	青岛机绣花边总厂	8263
5	上海石油产品研究所	8244
6	赤峰长城地毯总厂	7168
7	威海市地毯毛纺厂	7128
8	工贸联营海阳工艺品厂	5656
9	武城县地毯厂	5494
10	淄博博山美术琉璃厂	5242
11	山东省青岛飞龙工艺品公司	4977
12	佛山石湾美术陶瓷厂	4919
13	山东文登刺绣工业集团公司	4846
14	广东南藤(集团)公司	4789
15	天津地毯进出口公司地毯厂	4601
16	南海县东风藤厂	4405
17	即墨市发制品总厂	4389
18	威海市地毯一厂	4248
19	佛山绣品总厂	4227
20	佛山工艺总厂	4203
	电力、蒸汽、热水生产和供应业	
1	华东电力联合公司	2500400
2	华北电力联合公司	2417070
3	华中电业管理局	2103230
4	西北电业管理局	1390230
5	东北电力总公司	1098680
6	山东省电力工业局	1037503
7	四川省电力工业局	864979
8	广东省电力工业局	851121
9	贵州省电力工业局	346926
10	云南省电力工业局	333831
11	内蒙古电业管理局	264505
12	福建省电力工业局	241580
13	广西壮族自治区电力局	232632

位次	企业名称	利税总额（千元）
14	山东龙口发电厂	117446
15	新疆电力工业局	77570
16	蛇口供电公司	23813
17	巴州电力工业局	17517
18	南山热电有限公司	17056
19	乌达电厂	9764
20	哈密地区电力局	7677
	石油加工业	
1	中国石油化工总公司齐鲁石油化工公司	1193047
2	中国石油化工总公司大庆石油化工总厂	1138462
3	抚顺石油化工公司	838545
4	中国石油化工总公司茂名石油化工业公司	650404
5	大连石油化工公司	608226
6	中国石油化工总公司上海高桥石油化工公司	607615
7	中国石油化工总公司金陵石油化工公司	547124
8	中国石油化工总公司巴陵石油化工公司	383309
9	锦州石油化工公司	320632
10	中国石油化工总公司兰州炼油厂	320440
11	镇海石油化工总厂	303225
12	中国石油化工总公司锦西炼油化工总厂	286770
13	荆门炼油厂	280633
14	中国石油化工总公司洛阳炼油厂	247520
15	中国石化总公司安庆石油化工总厂	234468
16	中国石油化工总公司广州石油化工总厂	189292
17	中国石油化工总公司石家庄炼油厂	160773
18	中国石化总公司武汉石油化工厂	157858
19	中国石油化工总公司九江炼油厂	150862
20	中国石油化工总公司济南炼油厂	138807
	炼焦、煤气及煤制品业	
1	北京炼焦化学厂	130386
2	上海焦化厂	92078
3	石家庄焦化厂	20150
4	山东省济宁市煤炭化学工业公司	19393

位次	企业名称	利税总额（千元）
5	黑龙江化工厂	18547
6	唐山市焦化厂	17800
7	平顶山市炼焦化学工业(集团)有限公司	12311
8	西安焦化厂	11876
9	沈阳市炼焦煤气厂	11196
10	山东省薛城焦化厂	11085
11	镇江焦化厂	9310
12	淮北市焦化厂	7982
13	景德镇市焦化煤气厂	6576
14	铁岭焦化厂	6228
15	国营无锡市焦化厂	5069
16	铜陵市焦化厂	4797
17	呼和浩特市焦化厂	4431
18	甘肃山丹焦化厂	4254
19	陕西省焦化厂	3566
20	盂县石店煤矿	3065

化学工业

位次	企业名称	利税总额（千元）
1	中国石化总公司北京燕山石化公司	1769478
2	吉林化学工业公司	1128324
3	中国石油化工总公司扬子石油化工公司	748751
4	天津石油化工公司	523580
5	中国石油化工总公司辽阳石油化纤公司	497860
6	中国石油化工总公司兰州化学工业公司	227213
7	大连化学工业公司	188867
8	天津化工厂	166011
9	北京化工二厂	144885
10	天津碱厂	130528
11	衢州化学工业公司	122153
12	上海牙膏厂	110420
13	北京东方化工厂	104288
14	上海氯碱总厂	103491
15	上海天原化工厂	100000
16	天津大沽化工厂	99519
17	四川化工总厂	99035
18	云南天然气化工厂	97499
19	永新一沈阳化工厂(有限公司)	92696
20	上海家用化学品厂	91606

医药工业

位次	企业名称	利税总额（千元）
1	石家庄华北制药厂	186947
2	东北制药总厂	63560
3	山东新华制药厂	62314
4	深圳南方制药厂	53100
5	广州白云山制药总厂	47839
6	中美天津史克制药有限公司	44403
7	卫生部上海生物制品研究所	42862
8	漳州市制药厂	34950
9	卫生部成都生物制品研究所	31259
10	长春生物制品研究所	30992
11	珠海丽珠医药有限公司	30129
12	中美上海施贵宝制药有限公司	29711
13	卫生部武汉生物制品研究所	26845
14	西南合成制药厂	26763
15	卫生部北京生物制品研究所	26739
16	山东省济宁市抗生素厂	26570
17	卫生兰州生物制品研究所	26347
18	北京同仁堂制药厂	24443
19	北京制药厂	24435
20	长征制药厂	22495

化学纤维工业

位次	企业名称	利税总额（千元）
1	中国石油化工总公司上海石油化工总厂	129989
2	仪征化纤工业联合公司	566106
3	平顶山锦纶帘子布厂	165191
4	上海化学纤维公司	144458
5	中国石油化工总公司四川维尼纶厂	99421
6	保定化学纤维联合厂	91284
7	新会涤纶厂	75842
8	丹东化学纤维工业公司	71533
9	国营无锡市合成纤维总厂	56333
10	福建省永安化纤化工厂	54897
11	吉林省化学纤维厂	49082
12	浙江涤纶厂	48056
13	南京化学纤维厂	47642
14	湘潭市化纤厂	43070
15	黑龙江涤纶厂	40351
16	杭州第二化学纤维厂	40255
17	国营新乡化学纤维厂	40049
18	广州合成纤维厂	38452
19	上海联华合纤有限公司	36522
20	南通合成纤维厂	34384

位次	企业名称	利税总额（千元）
	橡胶制品业	
1	上海正泰橡胶厂	175984
2	上海大中华橡胶厂	130720
3	东风轮胎厂	102056
4	国营青岛第二橡胶厂	89468
5	河南轮胎厂	67618
6	国营桦林橡胶厂	61397
7	杭州橡胶总厂	54675
8	宁夏银川橡胶厂	54322
9	辽宁轮胎厂	49082
10	贵州轮胎厂	48252
11	荣成市橡胶厂	43839
12	安徽轮胎厂	39746
13	广州轮胎厂	36083
14	北京轮胎厂	35619
15	国营青岛第六橡胶厂	34188
16	上海大孚橡胶总厂	34108
17	威海轮胎厂	31517
18	上海中南橡胶厂	31286
19	重庆轮胎总厂	31103
20	桂林轮胎厂	31045
	塑料制品业	
1	中国北方塑料编织工业集团	69446
2	上海化工厂	35740
3	佛山塑料一厂	35705
4	佛山塑料二厂	25234
5	高明县塑料二厂	20373
6	福州市第二塑料厂	15677
7	烟台合成革总厂	15242
8	天津市第二塑料制品厂	12301
9	山东塑料试验厂	10858
10	徐州塑料厂	10604
11	庄河县宏大公司	10511
12	三明塑料厂	10291
13	河南省塑料地膜厂	10187
14	北京市泡沫塑料厂	9886
15	福州华侨塑料厂	8881
16	杭州新丰塑料厂	8632
17	株洲塑料厂	8213
18	佛山塑料八厂	8198
19	哈尔滨市塑料五厂	8021
20	上海解放塑料制品厂	7394

位次	企业名称	利税总额（千元）
	建筑材料及其他非金属矿物制品业	
1	吉林炭素厂	103723
2	河北省冀东水泥厂	96500
3	柳州水泥厂	61137
4	洛阳玻璃厂	53961
5	福建水泥厂（永安）	52258
6	耀华皮尔金顿玻璃有限公司	40771
7	邯郸水泥厂	40769
8	北京市琉璃河水泥厂	40741
9	第二砂轮厂	40141
10	秦皇岛市耀华玻璃厂	40083
11	永登水泥厂	36235
12	冶金工业部辽宁镁矿公司	36014
13	峨眉水泥厂	32091
14	上海碳素厂	30861
15	上海耐火材料厂	30697
16	宁国水泥厂	29335
17	佛山石湾建国陶瓷厂	28057
18	兰州炭素厂	27894
19	湖南省湘乡水泥厂	27633
20	中山市石岐玻璃总厂	26972
	黑色金属冶炼及压延加工业	
1	首都钢铁公司	2517903
2	武汉钢铁公司	1824060
3	鞍山钢铁公司	1823140
4	上海宝山钢铁总厂	1037498
5	本溪钢铁公司	590928
6	山西太原钢铁公司	585107
7	马鞍山钢铁公司	535275
8	包头钢铁公司	444742
9	河南省安阳钢铁公司	282820
10	长城特殊钢公司	255803
11	成都无缝钢管厂	220550
12	湖南湘潭钢铁公司	200762
13	昆明钢铁公司	199606
14	抚顺钢厂	195538
15	邯郸钢铁总厂	188023
16	济南钢铁厂	183045
17	攀枝花钢铁公司	181561
18	上海第三钢铁厂	179345
19	唐山钢铁公司	174910
20	齐齐哈尔钢厂	167807

位次	企业名称	利税总额（千元）
有色金属冶炼及压延加工业		
1	金川有色金属公司	428651
2	郑州铝厂	221769
3	江西铜业公司	218639
4	山东铝厂	158853
5	葫芦岛锌厂	157300
6	贵州铝厂	135596
7	云南冶炼厂	127460
8	韶关冶炼厂	121174
9	上海市有色金属总公司	119475
10	株洲冶炼厂	111338
11	抚顺铝厂	103389
12	中国有色金属工业总公司铜陵有色金属公司	100285
13	包头铝厂	99794
14	山西铝厂	79689
15	洛阳铜加工厂	79437
16	中国有色金属工业总公司大冶有色金属公司	79414
17	兰州连城铝厂	74104
18	东北轻合金加工厂	70190
19	沈阳冶炼厂	68547
20	株洲硬质合金厂	66406
金属制品业		
1	广州美特容器有限公司	44475
2	国营六一四厂	42921
3	上海搪瓷不锈钢制品联合公司	39665
4	广东省石油气用具发展有限公司	29971
5	中国国际海运集装箱股份有限公司	22004
6	上海市劳动机械厂	21293
7	哈尔滨第一工具厂	18071
8	上海电焊条总厂	17745
9	佛山大陆制罐有限公司	16772
10	成都量具刃具总厂	15686
11	江阴市市属钢绳厂	15550
12	上海刀片厂	15306
13	宝山钢管镀锌厂	15145
14	上海华海集装箱制造有限公司	13873
15	郑州市搪瓷总厂	13876
16	上海工具厂	13829
17	天津市印铁制罐厂	12880
18	宁波双圆铝制品(集团)公司	12185
19	国营六一五厂	11711
20	贵州钢绳厂	11087
机械工业		

位次	企业名称	利税总额（千元）
1	第一拖拉机制造厂	143147
2	上海自行车三厂	127480
3	上海手表厂	107800
4	国营嘉陵机器厂	105737
5	瓦房店轴承厂	83484
6	国营长安机器制造厂	76137
7	洛阳轴承厂	74106
8	国营经纬纺织机械厂	73890
9	上海柴油机厂	67589
10	北京内燃机总厂	61689
11	上海第二纺织机械厂	59613
12	哈尔滨锅炉厂	58320
13	天津手表厂	57337
14	哈尔滨轴承厂	54723
15	上海自行车厂	52978
16	天津自行车厂	52629
17	国营建设机床厂	52115
18	上海冰箱压缩机厂	51883
19	北京人民机器总厂	49795
20	国营郑州纺织机械厂	49291
交通运输设备制造业		
1	第二汽车制造厂	585884
2	上海大众汽车有限公司	268137
3	第一汽车制造厂	125410
4	北京吉普汽车有限公司	210841
5	重庆汽车制造厂	163847
6	江西汽车制造厂	126117
7	广州市标致汽车有限公司	115879
8	上海汽车厂	70179
9	北京汽车摩托车联合制造公司	68487
10	南京汽车制造厂	59037
11	上海一易初摩托车有限公司	58878
12	天津市微型汽车厂	58033
13	吕连机车车辆厂	56950
14	国营广州造船厂	52952
15	铁道部四方机车车辆工厂	51323
16	铁道部戚墅堰机车车辆工厂	43462
17	航空航天工业部南方动力机械公司	42027
18	铁道部株洲电力机车工厂	39714
19	沈阳黎明发动机制造公司	38509
20	北京轻型汽车有限公司	37768
电气机械及器材制造业		
1	上海电机(集团)公司	147803
2	上海电线电缆(集团)公司	139769
3	沈阳电缆厂	115603

位次	企业名称	利税总额（千元）
4	上海电缆厂	107825
5	上海电器公司	98237
6	中国长江动力公司(集团)武汉汽轮发电机厂	96664
7	上菱电冰箱总厂	90921
8	邮电部成都电缆厂	71053
9	中国扬子电器公司电冰箱总厂	65693
10	郑州电缆厂	62438
11	长沙电冰箱厂	58815
12	湘潭电缆厂	53587
13	青岛电冰箱总厂	53106
14	苏州电扇总厂	52030
15	哈尔滨电缆厂	50844
16	上海电机厂	49150
17	国营保定第四八二厂	46785
18	合肥电冰箱总厂	43016
19	沈阳变压器厂	41736
20	西安电力机械制造公司	41100

电子及通信设备制造业

位次	企业名称	利税总额（千元）
1	国营长虹机器厂	200919
2	北京松下彩色显象管有限公司	197980
3	陕西彩色显像管厂	154833
4	上海电视一厂	124958
5	天津通信广播公司(712厂)	109119
6	上海贝尔电话设备制造公司	105511
7	国营南京无线电厂(七一四厂)	93437
8	上海真空电子器件股份有限公司	93092
9	厦门华侨电子企业有限公司	84090
10	国营青岛电视机厂	81663
11	深圳康佳电子有限公司	77360
12	国营黄河机器制造厂	69280
13	国营红光电子管厂	64594
14	深圳华强电子工业公司	57115
15	大连显象管厂	56772
16	上海无线电四厂	55976
17	国营长岭机器厂	53736
18	北京电视机厂	49494
19	上海无线电十八厂	48135
20	成都无线电一厂	46378

仪器仪表及其他计量器具制造业

位次	企业名称	利税总额（千元）
1	西安仪表厂	59810
2	四川仪表总厂	45517
3	上海福克斯波罗有限公司	30931
4	武汉仪器仪表自动化工业集团公司	14443
5	邯郸市汉光机械厂	13991
6	国营江宁机械厂	13733
7	西安石油勘探仪器总厂	13509
8	国营华南光学仪器厂	11691
9	北京电表厂	11441
10	哈尔滨量具刃具厂	10600
11	上海量具刃具厂	10399
12	国营二六二厂	10234
13	上海自动化仪表三厂	9572
14	上海分析仪器厂	9476
15	上海自动化仪表一厂	9260
16	大连仪表厂	8483
17	杭州仪表厂	8150
18	广州市航海仪器厂	8140
19	国营前锋无线电仪器厂	8089
20	上海调节器厂	8032

其他工业

位次	企业名称	利税总额（千元）
1	益阳卷烟材料厂	12180
2	泰兴县壁纸厂	11514
3	吴泾冷库	10191
4	新会纤维母粒厂	8322
5	宁国县耐磨材料总厂	8133
6	浙江拉链厂	3277
7	石家庄市光明实业总公司	2725
8	顺德大良兴华工业公司	2537
9	衢州市华鑫实业公司	2484
10	河北省廊坊市钨铅材料厂	2349
11	三星拉链厂	2270
12	天津市畜产进出口公司尾毛加工厂	2131
13	北京轻工集团公司	1894
14	番禺县拆船轧钢公司	1635
15	顺德拆船公司	611
16	沈阳丹碧兰有限公司	560
17	广州药用包装材料厂	523
18	四三0九厂	518
19	沈阳市塑料十三厂	−787
20	哈尔滨畜牧产品工业公司	−15664

全国各行业劳动生产率最佳20家大中型企业

(1990)

位次	企业名称	劳动生产率(元/人)
煤炭采选业		
1	平朔煤炭工业公司	69576
2	湖南省株洲洗煤厂	47550
3	云南省小龙潭煤矿	24433
4	山西省洪洞县洗煤厂	24214
5	临汾市洗煤厂	21198
6	鄂托克旗棋盘井煤矿	13547
7	晋城矿务局	11664
8	山西省潞安矿务局	9176
9	霍林河矿区指挥部	8845
10	大同矿务局	8683
11	邢台矿务局	7876
12	阳泉矿务局	6374
13	石炭井矿务局	6234
14	汾西矿务局	6207
15	兖州矿务局	6078
16	平顶山矿务局	5861
17	煤炭部大屯煤电公司	5514
18	霍州矿务局	5501
19	郑州矿务局	5460
20	西山矿务局	5347
石油和天然气开采业		
1	大庆石油管理局	50967
2	胜利石油管理局	39998
3	新疆石油管理局	32670
4	青海石油管理局	32562
5	辽河石油勘探局	27995
6	天津市大港石油管理局	25502
7	河南石油勘探局	21095
8	中原石油勘探局	20805
9	江汉石油管理局	17056
10	华北石油管理局	16977
11	玉门石油管理局	16513
12	吉林省油田管理局	16270
13	四川石油管理局	14608
14	前郭县石油联合开发公司	13085
15	江苏油田	12180
16	长庆石油勘探局第三采油厂	11666
17	冀东石油勘探开发公司	9754
18	长庆石油勘探局	7800

位次	企业名称	劳动生产率(元/人)
黑色金属矿采选业		
1	云南建水锰矿	12864
2	湘潭锰矿	10991
3	福建省潘洛铁矿	9575
4	海同铁矿	9517
5	攀枝花冶金矿山公司	9184
6	山东韩旺铁矿	8622
7	广东省大宝山矿	7968
8	邯邢冶金矿山管理局	6825
9	漓渚铁矿	6304
10	桃江锰矿	6155
11	山东金岭铁矿	6055
12	新疆雅满苏矿	6007
13	福建省连城锰矿	5749
14	冶金工业部鲁中冶金矿山公司	5244
15	山东黑旺铁矿	3766
16	徐州利国铁矿	3562
17	江苏冶山铁矿	3424
18	湘东铁矿	3119
19	南京吉山铁矿	2530
有色金属采选业		
1	凡口铅锌矿	28119
2	锡铁山矿务局	24672
3	招远县河西金矿	22336
4	招远县罗山金矿	21029
5	福山铜矿	18044
6	浙江省遂昌金矿	16085
7	金堆城钼业公司	15397
8	冶金工业部白水金矿	14652
9	招远县河东金矿	14539
10	黄沙坪铅锌矿	13622
11	宜春钽铌矿	12827
12	新疆有色公司可可托海矿务局	12156
13	国营七四三矿	11779
14	中国黄金总公司文峪金矿	11322
15	平水铜矿	11149
16	冶金工业部安康金矿	10930
17	山东省新城金矿	10844
18	香夼铅锌矿	10712
19	招远县玲南金矿	10119

位次	企业名称	劳动生产率(元/人)
20	江西德兴县富家钨铜矿	9686
	建筑材料及其他非金属矿采选业	
1	珠海友合实业有限公司	46640
2	瓦房店市金钢石股份有限公司	41688
3	青岛市平度石墨开发公司	40085
4	山东省北墅生建石墨矿	38555
5	农二师三十六团石棉矿	26162
6	莱州市大理石矿	21147
7	青岛料石总厂	18011
8	云浮硫铁矿企业集团公司	14801
9	广西龙胜滑石矿	13499
10	湖北省荆州地区放马山磷矿矿务局	13395
11	山东南墅石墨	13018
12	鸡西市柳毛石墨矿	13002
13	山东省蒙阴金刚石矿	12966
14	湖北省孝感地区黄麦岭磷化工公司	12824
15	本溪市化学矿业总厂	12559
16	中国非金属矿业公司梨树硅灰石矿公司	12373
17	镇江船山石灰石矿	12150
18	莱西县石墨矿	11770
19	山西阳泉铝矾土矿	10933
20	北京市龙凤山砂石厂	10743
	采盐业	
1	茶卡盐厂	73380
2	湖北省应城市第一制盐厂	39902
3	自贡市长山盐	31135
4	阿拉善盟雅布赖盐场	28966
5	中国人民解放军湖北省军区七二八厂	28622
6	中国人民解放军广州军区第七零七工厂	26883
7	湖北省云梦县盐硝厂	26550
8	湖南省湘澧盐矿	26078
9	湖北省应城盐矿	25738
10	内蒙古阿拉善盟吉兰泰盐场	25601
11	中国人民解放军 9501 工厂	24759
12	湖南省湘衡盐矿	24329
13	青岛黄海盐场	22187
14	胶南县龙泉盐场	21200
15	新疆盐湖化工厂	20227
16	湖北省孝感地区盐碱厂	18343

位次	企业名称	劳动生产率(元/人)
17	山东羊口盐场	17972
18	江西盐矿	17011
19	文登市高岛盐场	16970
20	山东潍坊昌邑灶户盐场	15575
	木材及竹材采运业	
1	尤溪县森林采运公司	21792
2	大兴安岭林管局西林吉林业局	11589
3	沙县林委	10055
4	永安市林业委员会	8281
5	漳平市林委(森工)	6389
6	莫尔道嘎林业局	5804
7	邵武市林委(采运)	5677
8	阿坝州南坪林业局	5624
9	大兴安岭十八站林业局	5530
10	大兴安岭林管局图强林业局	5243
11	大兴安岭林管局阿木尔林业局	5202
12	新龙林业局	5194
13	金河林业局	5160
14	绰尔林业局	4891
15	阿龙山林业局	4811
16	林业部大兴安岭呼中林业局	4811
17	吉林省露水河林业局	4702
18	木里林业局	4651
19	根河林业局	4630
20	满归林业局	4550
	自来水生产和供应业	
1	南宁市自来水公司	36480
2	江阴市市属自来水厂	36445
3	柳州市自来水公司	34959
4	桂林自来水公司	31523
5	番禺县市桥自来水公司	31332
6	佛山自来水公司	31289
7	深圳市自来水公司	29518
8	株州市自来水公司	28726
9	襄樊市自来水公司	28310
10	珠海自来水公司	27837
11	石家庄市自来水公司	27233
12	长沙市自来水公司	26550
13	无锡市自来水公司	25066
14	广州市自来水公司	24910
15	宜昌市自来水公司	24868
16	江陵县自来水公司	24636

位次	企业名称	劳动生产率（元/人）
17	广西梧州市自来水公司	23732
18	南昌市自来水公司	23546
19	淮南市自来水公司	23265
20	三明市自来水厂	22247
食品制造业		
1	广州麦芽有限公司	526800
2	广州番禺糖果有限公司	521258
3	番禺梅山马利酵母有限公司	343654
4	远东中国面粉厂有限公司	308500
5	北京市顺义县肉类加工厂	224506
6	亨联有限公司	212661
7	深圳琼胶工业公司	209806
8	怀化面粉厂	159464
9	上海市粮油进出口公司储炼厂	151755
10	国营江苏宝应县麦芽厂	147292
11	北京市第二肉类联合加工厂	147261
12	天津市塘沽区面粉厂	143294
13	西安宝石轴承厂（西安旅游食品厂）	141250
14	油脂四厂	139361
15	青岛星华粮油食品有限公司	137511
16	邵武面粉厂	136127
17	青岛日清国际食品开发有限公司	137511
18	哈尔滨粮油综合加工厂	133200
19	远东饼干有限公司	132716
20	北京市第三肉类联合加工厂	131075
饮料制造业		
1	广东省食品进出口公司广州可口可乐厂	658961
2	天美食品有限公司	626050
3	上海申美饮料食品有限公司	419166
4	三水健力宝饮料厂	383135
5	杭州中萃食品有限公司	367633
6	深圳市饮乐汽水厂	328386
7	广州市百事可乐汽水厂	248948
8	中国粮油食品进出口公司浦江饮料	182325
9	深圳市矿泉水厂	177890
10	广州市广通食品有限公司	176951
11	广州花城汽水厂	145495
12	天津津美饮料有限公司	138235
13	上海锦江食品联合公司	137134
14	福州百事可乐有限公司	135372
15	北京粮油进出口分公司饮料食品厂	121734

位次	企业名称	劳动生产率（元/人）
16	杭州出口茶叶拼配厂	106820
17	青岛饮料厂	104671
18	四川省射洪沱牌曲酒厂	95622
19	广州康乐食品有限公司	94081
20	三水强力啤酒厂	90382
烟草加工业		
1	深圳卷烟厂	289126
2	玉溪卷烟厂	255878
3	厦门华美卷烟厂	247159
4	昆明卷烟厂	228600
5	珠海烟草加工部	225645
6	昭通卷烟厂	213967
7	广州卷烟二厂	211781
8	广州卷烟一厂	203150
9	韶关卷烟厂	199451
10	杭州卷烟厂	195337
11	淄博烟卷材料厂	190135
12	广东梅州卷烟厂	182594
13	楚雄卷烟厂	179195
14	上海卷烟厂	174932
15	长沙卷烟厂	174228
16	蚌埠市卷烟厂	161691
17	龙岩卷烟厂	161207
18	合肥卷烟厂	161021
19	曲靖卷烟厂	159751
20	厦门卷烟厂	157700
饲料工业		
1	正大岳阳有限公司	895336
2	武汉华美饲料有限公司	482090
3	豫大畜牧饲料有限公司饲料厂	328513
4	唐山三丰饲料有限公司	323462
5	穗屏企业有限公司第二饲料厂	295401
6	广东省商业饲料公司九江饲料厂	290030
7	正大康地深圳有限公司	283790
8	福建省马尾水产饲料有限公司	231414
9	北京正大饲料有限公司	205560
10	厦门市水产饲料公司	180085
11	北京市南苑配合饲料厂	165562
12	顺德锦峰饲料厂	147020
13	北京市友谊配合饲料厂	124304
14	上海市新丰饲料厂	107533
15	吉林正大有限责任公司	103522

位次	企业名称	劳动生产率（元/人）
16	昆明市饲料厂	85000
17	顺德容奇冠华饲料实业公司	70076
18	北京市鱼饲料厂	59019
19	扬州饲料厂	49578
20	威海市饲料公司	32107

纺织业

位次	企业名称	劳动生产率（元/人）
1	吴江县盛泽印染厂	426014
2	三水金本广宏利实业有限公司	322767
3	嘉兴丝织一厂	261500
4	三水三新织染厂	236170
5	深圳中冠印染有限公司	212913
6	广州丝绸染整厂	204609
7	上海色织整理一厂	194148
8	鹤山县化工制布厂	180337
9	台山纺织厂有限公司	176678
10	潍坊第二印染厂	175381
11	石化江海弹力丝厂	167029
12	国营南通八一印染厂	163845
13	如东县不织布厂	155281
14	广东省开平县针织厂	153300
15	营口市中基纺织有限公司	149937
16	佛山涤尼织染厂	148279
17	美达针织布有限公司	147839
18	国营吴江绸缎炼染二厂	141530
19	申光毛绒公司	140372
20	佛山市丝绸印染联合公司	137572

缝纫业

位次	企业名称	劳动生产率（元/人）
1	北京长城风雨衣公司	61248
2	江西共青羽绒厂	60569
3	鹤山县时装中心	56719
4	中国人民解放军三五零一工厂	54736
5	乳山县服装厂	51892
6	宁波明达针织锈品厂	51693
7	北京市大华衬衫厂	51100
8	中国人民解放军第3504工厂	50317
9	上海雨衣厂	49612
10	上海飞达羽绒服装厂	48503
11	中国人民解放军第三五四一工厂	47293
12	中国人民解放军第三五四零工厂	46044
13	扬州皮毛服装总厂	43660
14	中国人民解放军第三五O三厂	43532
15	中国人民解放军石家庄第三五零二工厂	40581
16	中国人民解放军三五零六工厂	40390
17	工贸合营吴江绣服厂	36954
18	南京服装一厂	36099
19	扬州友谊服装总厂	35412
20	泰县医药用品厂	34694

皮革、毛皮及其制品业

位次	企业名称	劳动生产率（元/人）
1	上海市畜产进出口公司皮毛总厂	104889
2	中利聚氨酯制品有限公司	78912
3	中国南通苏桑皮革有限公司	56443
4	潮州市华达利实业有限公司	55246
5	浙江省每宁制革厂	49121
6	文登市制革厂	48403
7	威海市制革厂	43987
8	阜阳制革厂	43195
9	北京市制造厂	38730
10	天津市第一制革厂	38661
11	益民制革厂	34088
12	上海皮鞋厂	33975
13	扬州制革厂	33812
14	苏州制革总厂	32838
15	东方制革厂	32369
16	地方国营长兴制革厂	32231
17	红光制革厂	31685
18	济南制革厂	30726
19	金州制革厂	30558
20	烟台制革厂	30192

木材加工及竹、藤、棕草制品业

位次	企业名称	劳动生产率（元/人）
1	怀集县微粒板厂	95293
2	福州人造板厂	72717
3	番禺县珠江木制品工业公司	67584
4	广州三兴纤维板企业有限公司	52087
5	铁道部柳州木材防腐厂	45466
6	青岛华林胶合板有限公司	43407
7	铁道部成都木材防腐厂	38349
8	铁道部北京木材防腐厂	37204
9	广东省石龙木材厂	32031
10	鹰潭市木材防腐厂	31389
11	铁道部武汉木材防腐厂	30612
12	粤龙木业发展企业公司	29671
13	三明胶合板厂	28666
14	扬子木材厂	28109
15	韶关刨花板厂	27078

位次	企业名称	劳动生产率（元/人）
16	天津福津木业有限公司	23345
17	广东省鱼殊木材厂	23191
18	铁道部镇赉木材防腐厂	22813
19	铁道部哈尔滨木材防腐厂	21797
20	北京市光华木材厂	21161

家具制造业

位次	企业名称	劳动生产率（元/人）
1	淄博沙发厂	66980
2	三水金属家具厂	55458
3	中山市石歧家具厂	49367
4	遂溪县农垦化工厂	44081
5	重庆木模厂	36472
6	北京市天坛家具公司	35126
7	烟台木材工业公司	28592
8	北京市南郊木材厂	23057
9	广州市木器家具工业实业公司	20729
10	青岛一木集团公司	17044
11	黄河家具厂	14416
12	青州市家具公司	13914
13	齐齐哈尔市木器家具厂	13201
14	广州市金属家具工业公司	12484
15	济南市家俱总厂	11382
16	上海家具厂	10939
17	哈尔滨市龙江木器制造厂	10226
18	天津市家具三厂	8722
19	无锡市家具一厂	7941
20	北京市西郊木材厂	7487

造纸及纸制品业

位次	企业名称	劳动生产率（元/人）
1	华力包装贸易有限公司	203028
2	宁被造纸总厂	156433
3	佛山绝缘材料厂	134481
4	珠海华兴瓦楞纸厂	131130
5	广东省惠州纸业有限公司	116397
6	上海烫金材料厂	113636
7	江门市商标原纸厂	95330
8	东莞市莞城造纸厂	95163
9	广州市黄埔区纸制有限品公司	86340
10	北京制浆造纸试验厂	86045
11	广州市羊城纸箱厂	77676
12	工贸合营常州市包装装璜厂	72254
13	上海纸箱厂	70102
14	上海纸箱一厂	66092
15	宏文造纸厂	63736
16	漯河市第一造纸厂	63482
17	江南造纸厂	62206
18	北京造纸六厂	62146
19	东河印制公司 502 厂	61425
20	厦门市宇联纸制品包装有限公司	58867

印刷业

位次	企业名称	劳动生产率（元/人）
1	深圳市塑料彩印有限公司	316505
2	中山市包装印刷工业(集团)公司	123040
3	大连东洋凹板有限公司	107556
4	宝合食品包装件厂	88822
5	精美彩色印刷有限公司	86366
6	深圳嘉年印刷有取公司	83895
7	衢州市塑料彩印包装厂	80817
8	南丰彩印制品有限公司	73277
9	上海人民塑料印刷厂	68736
10	国营五四一工厂	66642
11	西安市塑料彩印厂	64721
12	玉溪印刷厂	64535
13	国营五四二工厂	59285
14	上海环球彩印有限公司	55708
15	中国人民解放军三二零九工厂	55219
16	佛山彩印刷厂	55010
17	厦门市第三印刷厂	53527
18	北京新华彩印厂	53238
19	广州市东方红印刷公司	50609
20	番禺县地方国营印刷厂	49966

文教体育用品制造业

位次	企业名称	劳动生产率（元/人）
1	天津雅马哈电子乐器有限公司	320848
2	太平洋影音公司	112137
3	中国唱片总公司广州公司	103375
4	北京电影洗印录像技术厂	95181
5	上海环球玩具有限公司	91019
6	上海电影技术厂	88727
7	中国福万(福建)玩具有限公司	74080
8	丰华圆珠笔厂	66843
9	英雄金笔厂	62459
10	上海圆珠笔厂	61984
11	宁波录像制造有限公司	61722
12	新华社中国图片社	54740
13	永生金笔厂	53494
14	深圳兴利五金塑胶有限公司	53224
15	鹤山县玩具厂	42776

位次	企业名称	劳动生产率（元/人）
16	中国铅笔一厂	42595
17	番禺县支利玩具厂	42312
18	天津市第二制本厂	35898
19	中国向笔二厂	34070
20	上海球厂	33959
工艺美术制造业		
1	华信地毯有限公司	207500
2	温州市运动服厂	144187
3	太仓县中联地毯厂	106420
4	浙江省台州绣衣厂	105498
5	新会地毯厂	53426
6	佛山工艺总厂	77728
7	沙市市不织布厂	66785
8	佛山绣品总厂	66545
9	上海石油产品研究所	52516
10	工贸联营海阳工艺品厂	50803
11	荣成市石岛刺绣厂	49262
12	威海市地毯毛纺厂	48467
13	青岛崂山花边厂	48412
14	国营温州无纺布厂	46330
15	青岛第二刺绣厂	43699
16	威海市地毯二厂	41952
17	浙江节日灯总厂	40019
18	山东省青岛飞龙工艺品公司	39491
19	天津地毯进出口公司地毯厂	38969
20	山东文登刺绣工业集团公司	37935
电力、蒸汽热水生产和供应业		
1	蛇口供电公司	787662
2	南山热电有限公司	125875
3	山东龙口发电厂	106881
4	山东省电力工业局	60840
5	福建泉州山美水库管理处	41168
6	广东省电力工业局	38750
7	广西壮族自治区电力局	34706
8	福建电力工业局	32023
9	云南省电力工业局	31197
10	四川省电力工业局	29044
11	梅山水电站	23416
12	贵州省电力工业局	22960
13	阜新市供热公司	21852
14	响洪甸水电站	21016
15	周口地区电厂	19492
16	乌达电厂	19155
17	鞍山市供暖工程公司	18486
18	霍山县佛子岭水电站	17949
19	巴州电力工业局	16143
20	农八师石河子供电公司	16025
石油加工业		
1	辽阳石油化纤公司鞍山炼油厂	173257
2	大连石油化公司	144785
3	中国石油化工总公司济南炼油厂	128929
4	中国石油化工总公司石家庄炼油厂	111381
5	哈尔滨炼油厂	111085
6	中国石化总公司武汉石油化工厂	109686
7	中国石油化工总公司锦西炼油化工总厂	106533
8	中国石油化工总公司上海高桥石油化工公司	99601
9	镇海石油化工总厂	97753
10	中国石油化工总公司九江炼油厂	92381
11	中国石油化工总公司洛阳炼油厂	88634
12	中国石油化工总公司大庆石油化工总厂	85949
13	中国石油化工总公司齐鲁石油化工公司	83905
14	中国石油化工总公司前郭炼油厂	82726
15	中国石油化工总公司金陵石油化工公司	82657
16	中国石油化工总公司广州石油化工公司	82552
17	抚顺石油化工公司	81008
18	沧州炼油厂	80199
19	荆门炼油厂	77668
20	中国石油化工总公司兰州炼油厂	71010
炼焦、煤气及煤制品业		
1	上海焦化厂	41105
2	北京炼焦化学厂	37088
3	沈阳市炼焦煤气厂	31531
4	唐山市焦化厂	28669
5	北京市天然气公司	26527
6	景德镇市焦化煤气厂	25179
7	山东省济宁市煤炭化学工业公司	23168
8	石家庄焦化厂	19158
9	铜陵市焦化厂	18966

位次	企业名称	劳动生产率（元/人）
10	天津市第二煤气厂	18871
11	黑龙江化工厂	18800
12	西安焦化厂	16854
13	山东省薛城焦化厂	16397
14	石家庄市液化气公司	15288
15	淮北市焦化厂	15250
16	平顶山市炼焦化学工业(集团)有限公司	14495
17	镇江焦化厂	14471
18	山东省潍坊朱刘店焦化厂	14319
19	山东省潍坊市临朐焦化厂	12039
20	铁岭焦化厂	11797

化学工业

位次	企业名称	劳动生产率（元/人）
1	上海利华有限公司	924533
2	广州宝洁有限公司	625300
3	佛山聚酯切片有限公司	321092
4	上海庄臣有限公司	311288
5	深日油墨有限公司	285480
6	华美加(中山)喷雾制品有限公司	256277
7	霞飞日用化工厂	242929
8	珠海美达磁碟制造厂	234038
9	汕头海洋录像磁带厂	226356
10	顺德金龙油墨实业公司	221394
11	上海家用化学品厂	210624
12	上海日用香精厂	209905
13	天津市丽明化妆品合营工业公司	205177
14	南通薄荷厂	204771
15	广州牙膏厂	200318
16	广州化妆品厂	170721
17	厦门利恒涤纶有限公司	168944
18	上海娜丽丝化妆品有限公司	164104
19	上海合成洗涤剂五厂	149158
20	山东省济宁市合成洗涤剂厂	147418

医药工业

位次	企业名称	劳动生产率（元/人）
1	中美天津史克制药有限公司	732316
2	深圳南方制药厂	339322
3	西安杨森制药有限公司	337681
4	珠海丽珠医药有限公司	245376
5	中美上海施贵宝制药有限公司	234994
6	天山制药工业有限公司	226667
7	苏州胶囊有限公司	207696
8	深圳制药厂	203074
9	广州星群制药厂	182005
10	长白山企业公司	181777
11	海联制药厂	166776
12	广州奇星药厂	165000
13	广州潘高寿药厂	156387
14	上海新亚制药厂	141071
15	西南制药一厂	137863
16	海口制药厂	127079
17	台山化学制药厂	119987
18	仙居制药厂	117288
19	广州市兴华制药厂	114678
20	广州市侨光制药厂	108354

化学纤维工业

位次	企业名称	劳动生产率（元/人）
1	中山涤纶厂有限公司	456139
2	广东省开平县涤纶厂	310187
3	上海联华合纤有限公司	272707
4	惠中化学纤维有限公司	270326
5	广州合成纤维厂	251320
6	珠海富华化纤股份公司	247360
7	南通烟滤咀实验工厂	233902
8	佛山涤纶长丝厂	227674
9	琼海涤纶丝厂	214859
10	新会涤纶厂	207707
11	仪征化纤工业联合公司	193644
12	海南化纤厂	185886
13	南海县涤纶厂	175661
14	海口海德涤纶厂	173110
15	新会合成纤维厂	158348
16	四川广汉涤纶总厂	147507
17	国营无锡市合成纤维总厂	146015
18	杭州第二化学纤维厂	141894
19	沙市市合成纤维厂	141125
20	连云港涤纶厂	138246

橡胶制品业

位次	企业名称	劳动生产率（元/人）
1	河北省承德新生橡胶厂	149242
2	荣成市橡胶厂	119895
3	天津国际联合轮胎橡胶有限公司	108321
4	河南轮胎厂	103195
5	上海正泰橡胶厂	96134
6	贵州轮胎厂	92289
7	上海大中华橡胶厂	89633
8	国营青岛第二橡胶厂	88503

位次	企业名称	劳动生产率（元/人）
9	威海轮胎厂	87090
10	东风轮胎厂	81140
11	宁夏银川橡胶厂	78116
12	山西省太原橡胶厂	78050
13	上海正泰厂东海分厂	73250
14	辽宁省沈阳新生橡胶厂	72125
15	山东省枣庄市橡胶厂	70289
16	国营桦林橡胶厂	69174
17	广州轮胎厂	69052
18	安徽轮胎厂	67593
19	北京轮胎厂	66593
20	河北省张家口市橡胶总厂	63021
塑料制品业		
1	高明县塑料二厂	334981
2	奇胜塑管(惠州)有限公司	315708
3	安舒装饰材料有限公司	312645
4	汕头市塑料装饰材料制造厂	248895
5	深圳塑胶股份有限公司	212000
6	中国南通华丰有限公司	157254
7	佛山塑料二厂	144854
8	珠海塑胶工业有限公司	143036
9	佛山塑料一厂	141926
10	珠海富华包装材料厂	140013
11	宝兴塑料食品容器厂	134205
12	佛山塑料八厂	118947
13	顺德县大良镇工业企业联合供销公司	110313
14	常州市东方红塑料厂	99694
15	上海化工厂	98510
16	佛山塑料七厂	96516
17	广州石油化工总厂塑料包装材料厂	88852
18	深圳注塑股份有限公司	82144
19	汕头塑料一厂	81893
20	广州市塑料制品二厂	81120
建筑材料及其他非金属矿物制品业		
1	广东浮法玻璃有限公司	332787
2	耀华皮尔金顿玻璃有限公司	132865
3	佛山石湾日用陶瓷三厂	73644
4	珠海兴业汽车安全玻璃厂	70354
5	佛山石湾工业陶瓷厂	69306
6	北京奥克兰建筑防水材料有限公司	62248
7	泰山陶瓷有限公司	57537

位次	企业名称	劳动生产率（元/人）
8	三门峡电熔刚玉厂	55631
9	山东滨州柔性石墨密封件厂	54384
10	北京六零三厂	54053
11	江门市浮法玻璃厂	53025
12	上海建筑防水材料厂	51738
13	厦门印华地砖厂有限公司	51568
14	上海砂轮厂	50514
15	中山市香山彩釉砖厂	49669
16	彩釉砖厂	47787
17	天津市油毡厂	44488
18	重庆玻璃纤维有限公司	43622
19	山东省药用玻璃总厂	43238
20	杭州油毡厂	42932
黑色金属冶炼及压延加工业		
1	珠海不锈钢管材制品厂	215893
2	天津市轧钢五厂	169304
3	中外合资丹东金利冶金有限公司	163425
4	中国国际钢铁制品有限公司	114796
5	秦皇岛华燕邦迪制管有限公司	103522
6	江阴市市属铁合金厂	101034
7	天津市中板厂	98329
8	上海宝山钢铁总厂	89039
9	上海第二钢铁厂	88509
10	上海新沪钢铁厂	84395
11	营口中板厂	81548
12	上海钢管厂	80974
13	无锡县三洲钢厂	78796
14	本溪市钢管厂	73408
15	天津市轧钢三厂	68089
16	天津市轧钢二厂	65999
17	上海矽钢片厂	64343
18	上海第八钢铁厂	61793
19	沈阳线材厂	58266
20	浙江二轻轧钢厂	57096
有色金属冶炼及压延加工业		
1	北方有色金属黄金联营集团	644195
2	常州冶炼厂	219108
3	余姚市金属型材厂	212849
4	华益铝厂有限公司	210941
5	天津市电解铜厂	183427
6	武汉冶炼厂	156969
7	上海冶炼厂	145676

位次	企业名称	劳动生产率（元/人）
8	芜湖冶炼厂	136407
9	个旧市沙甸电冶厂	124321
10	云南冶炼厂	113824
11	珠江冶炼厂	112351
12	华加日铝业公司	110134
13	开平县铝型材料制造厂	93290
14	上海跃龙化工厂	84213
15	兰江冶炼厂	77781
16	珠海美饰铝型材企业公司	74615
17	苏州铜材有限公司	72589
18	上海有色合金厂	71159
19	南通县铜材总厂	69716
20	沈阳冶炼厂	69430
金属制品业		
1	广州美特容器有限公司	808693
2	佛山大陆制罐有限公司	589744
3	上海华海集装箱制造有限公司	208750
4	顺德永恒金属彩印制品公司	188764
5	漳州铝容器有限公司	173889
6	金洲硬质合金有限公司	139275
7	上海司太立有限公司	135910
8	广东省石油气用具发展有限公司	122045
9	中国国际海运集装箱股份有限公司	116615
10	广东神州燃气具联合实业公司	105322
11	重庆印铁制罐厂	102536
12	上海第三钢铁厂大同联营厂	86427
13	三水饮料罐制造厂	85728
14	天津市印铁制罐厂	82440
15	江门市有色金属制品公司	78869
16	上海跃进不锈钢制品厂	76292
17	佛山市石湾区永利坚铝业有限公司	73278
18	三水西南无线电元件厂	72278
19	广州益丰(佳谊)搪瓷有限公司	67155
20	国营六一四厂	67045
机械工业		
1	深圳中华自行车有限公司	280516
2	上海施乐复印机有限公司	178167
3	天霸电子工业有限公司	160638
4	震德塑料机械厂有限公司	157005
5	成都平和粉末冶金有限公司	156075
6	湛江复印机工业公司	123770
7	大连冈野阀门厂	119378

位次	企业名称	劳动生产率（元/人）
8	上海合众——开利空调设备有限公司	117564
9	闽东日立电动工具有限公司(福州)	114954
10	台山机械厂	112582
11	石家庄市潜水电泵厂	108247
12	上海三菱电梯有限公司	104052
13	深意压电有限公司	103120
14	天津市复印设备公司	102933
15	天津市海河电冰箱压缩机公司	101978
16	华杰电子合营公司	101817
17	广州市仪器仪表工业公司	97415
18	上海英格、索兰压缩机有限公司	94126
19	上海广播器材厂	91364
20	上海冰箱压缩机厂	89956
交通运输设备制造业		
1	北京吉普汽车有限公司	226994
2	上海汽车厂	202567
3	上海大众汽车有限公司	196909
4	江苏省仪征汽车制造厂	196543
5	天津市微型汽车厂	152591
6	重庆汽车制造厂	145574
7	皖南机动车辆厂	140547
8	上海一易初摩托车有限公司	124787
9	广州市标致汽车有限公司	100939
10	中国第二汽车制造厂深圳联合公司	98757
11	中国人民解放军第五四零八厂	96787
12	十堰市车桥轮鼓厂	80600
13	天津市客车厂	78837
14	番禺县红桥客车厂	78548
15	四川省成都轻型汽车改装总厂	73567
16	柳州汽车工业联营公司柳州汽车厂	72687
17	广东三星企业集团公司	71709
18	龙岩地区拖拉机厂	67681
19	天津市专用汽车厂	67379
20	长春市汽油机厂	64857
电气机械及器材制造业		
1	中山市威力洗衣机厂	536701
2	合肥电冰箱总厂	355706
3	佛山电缆厂	351453
4	中国雪柜实业有限公司	344322
5	顺德华宝空调设备厂	298059
6	中国扬子电器公司电冰箱总厂	287641

位次	企业名称	劳动生产率(元/人)
7	市长兴电器制造公司	275374
8	上海通信电缆厂	266049
9	上菱电冰箱总厂	244156
10	苏州电扇总厂	235447
11	吴县防爆电机厂	233738
12	中山市港口风扇总厂	230092
13	长沙电冰箱厂	226369
14	苏州电冰箱厂	220150
15	佛山地方国营广东电工厂	199693
16	青岛电冰箱总厂	196643
17	景德镇市华意电器总公司	185305
18	商丘低温设备厂	175443
19	无锡市电扇厂	172101
20	新乡电冰箱厂	170232

电子及通信设备制造业

位次	企业名称	劳动生产率(元/人)
1	深圳华源磁电有限公司	1050879
2	中国长城计算机集团(深圳)公司	735814
3	上海贝尔电话设备制造公司	658160
4	福建日立电视机有限公司(福州)	587311
5	山东省济宁市硅元件厂	571344
6	北京松下彩色显象管有限公司	486823
7	华利电子有限公司	445065
8	北京飞利浦有限公司	438228
9	厦门华侨电子企业有限公司	428292
10	华强三洋电子有限公司	387185
11	国营青岛电视机厂	362658
12	苏州电视机厂	321044
13	深圳康佳电子有限公司	319246
14	北京计算机三厂	303157
15	北京电视机厂	296659
16	上海电视一厂	292852
17	国营长虹机器厂	292317
18	上海永新彩色显像管有限公司	390467
19	东莞生益敷铜板有限公司	280725
20	科万公司	278977

仪器仪表及其他计量器具制造业

位次	企业名称	劳动生产率(元/人)
1	常州托利多电子衡器有限公司	174942
2	上海福克斯波罗有限公司	171049
3	上海光华,爱尔美特仪器有限公司	96306
4	沙市市电表厂	73440
5	广州市航海仪器厂	62847
6	杭州仪表元件厂	60714
7	天津天力有取公司	57891
8	宁波定时器总厂	45947
9	无锡市电度表厂	39078
10	上海电度表厂	38487
11	余杭仪表厂	37175
12	西安仪表厂	35024
13	鞍山热工仪表厂	33937
14	国营华南光学仪器厂	33199
15	国营二六二厂	32870
16	上海第三分析仪器厂	32126
17	上海调节器厂	31727
18	上海分析仪器厂	31132
19	济南衡器厂	30560
20	四川仪表总厂	30383

其他工业

位次	企业名称	劳动生产率(元/人)
1	新会纤维母粒厂	182380
2	益阳卷烟材料厂	154816
3	泰兴县壁纸厂	102604
4	顺德大良兴华工业公司	76770
5	沈阳丹碧丝有限公司	53672
6	广州药用包装材料厂	43376
7	吴泾冷库	38740
8	石家庄市光明实业总公司	38279
9	宁国县耐磨材料总厂	32904
10	衢州市华鑫实业公司	29262
11	浙江拉链厂	26958
12	顺德拆船公司	20659
13	番禺县拆船轧钢公司	19873
14	三星拉链厂	17471
15	河北省廊坊市钨钼材料厂	17113
16	北京轻工集团公司	7803
17	四三O九厂	7376
18	沈阳市塑料十三厂	7123
19	天津市畜产进出口公司尾毛加工厂	6975
20	哈尔滨畜牧产品工业公司	5677

全社会固定资产投资

指　　标	1981年	1989年	1990年	1990年为以下年份%	
				1981年	1989年
一、投资总额(亿元)	961.01	4137.73	4449.29	463.0	107.5
按所有制分					
全民所有制单位	667.51	2535.48	2918.64	437.2	115.1
基本建设	442.91	1551.74	1703.81	384.76	109.8
更新改造	195.30	788.78	830.19	425.1	105.2
其他固定资产投资	29.03	194.97	199.07	679.4	102.1
集体所有制单位	115.24	569.99	529.48	459.5	92.9
城镇	31.57	185.63	163.38	517.5	88.0
农村	83.67	384.36	366.10	437.6	95.2
城乡个人	178.26	1032.36	100.17	561.6	97.0
城镇	11.92	140.23	124.70	1046.1	88.9
农村	166.34	892.03	876.47	526.9	98.3
按资金来源分					
国家预算内投资	269.76	341.62	387.65	143.7	113.5
国内货款	122.00	716.36	870.88	713.8	121.6
利用外资	36.36	274.15	278.26	765.3	104.5
自筹投资	532.89	2355.50	2329.49	437.1	98.9
其他投资		450.09	583.01		129.5
按构成分					
建筑安装工程	689.83	2812.57	2962.84	429.5	105.3
设备工具器具购置	223.64	1048.71	1148.39	513.5	109.5
其他费用	47.54	276.45	338.08	711.1	122.3
按用途分					
生产性建设	531.82	2571.97	2768.28	520.5	107.6
非生产性建设	429.19	1565.76	1681.01	391.7	107.4
#住宅	295.75	1063.84	1164.48	393.7	109.5
二、房屋建筑面积(万平方米)					
施工面积	102261	131788	137171	134.1	104.1
竣工面积	86325	105749	107793	124.9	101.9
住宅	69444	83197	86289	124.3	103.7

各地区全社会固定资产投资

(1990年)　单位:亿元

地区	投资总额	全民所有制单位	基本建设	更新改造	其他固定资产投资	集体所有制单位	城乡个人
全国总计	4449.29	2918.64	1703.81	830.19	199.07	529.48	1001.17
北京	190.81	152.03	84.84	39.29	5.36	32.46	6.31
天津	88.48	72.18	40.06	23.15	6.48	10.55	5.75
河北	182.12	110.99	62.08	41.85	3.18	20.99	50.15
山西	120.45	88.67	58.52	24.99	2.31	11.78	20.00
内蒙古	64.97	50.97	33.92	15.04	0.84	3.06	10.94
辽宁	260.36	215.44	105.97	67.97	21.92	22.13	22.80
吉林	93.51	66.94	29.12	35.18	8.77	2.82	23.75
黑龙江	162.90	134.64	67.07	71.77	26.04	5.52	22.74
上海	227.09	192.23	108.54	41.53	3.77	18.29	16.56
江苏	361.11	129.78	73.48	22.32	3.02	75.12	156.21
浙江	257.90	78.58	43.95	23.11	2.77	56.58	122.74
安徽	125.20	67.93	37.57	16.57	3.05	12.20	45.07
福建	108.54	64.69	38.19	17.52	0.89	12.17	31.69
江西	70.67	47.16	26.01	45.01	0.75	6.24	17.28
山东	334.79	184.59	94.35	32.53	36.03	71.51	78.70
河南	207.67	108.22	52.28	32.69	19.99	24.01	75.45
湖北	142.51	94.17	52.82	25.24	2.72	16.84	31.50
湖南	120.35	68.19	39.29	59.10	1.52	12.55	39.62
广东	406.71	269.46	172.71	16.96	4.95	56.33	80.91
广西	68.57	41.16	21.29	4.34	0.72	5.47	21.93
海南	39.21	20.59	22.07	54.72	0.04	5.63	2.99
四川	222.24	163.13	89.76	12.19	11.95	16.00	43.11
贵州	45.59	36.15	20.58	17.57	2.47	1.63	7.81
云南	82.53	50.39	27.18	17.57	3.58	11.86	20.27
西藏	9.59	6.70	6.52	0.18		1.53	1.35
陕西	101.16	69.69	41.25	22.88	3.71	6.90	24.56
甘肃	56.24	46.12	29.04	14.64	0.58	2.83	7.29
青海	21.52	19.19	13.44	2.25	3.18	0.54	1.79
宁夏	20.56	16.08	10.42	5.15	0.23	1.26	3.21
新疆	87.88	74.50	48.00	15.27	10.28	4.70	8.69

基本建设投资主要指标

指　　标	1978年	1989年	1990年	1990年为以下年份%	
				1978年	1989年
一、投资总额(亿元)	500.99	1551.74	1703.81	340.1	109.8
按资金来源分					
国家预算内投资	389.21	323.33	363.59	93.4	112.5
国内贷款		293.00	378.62		129.2
利用外资	28.16	221.45	224.05	795.6	101.2
自筹投资	83.62	495.03	529.92	633.7	107.0
其他投资		218.91	207.62		94.8
按隶属关系分					
部直属项目	157.64	747.87	836.39	530.6	111.8
部直供项目	108.79	89.84	82.76	76.1	92.1
地方项目	234.56	714.03	784.66	334.5	109.9
按构成分					
建筑安装工程	300.85	998.73	1045.37	347.5	104.7
设备工具器具购置	165.78	380.94	453.76	273.7	119.1
其他费用	34.36	172.07	204.69	595.7	119.0
按用途分					
生产性建设	396.24	1064.07	1235.58	311.8	116.1
非生产性建设	104.75	487.67	468.23	447.0	96.0
#住宅	39.21	189.39	170.32	434.4	89.9
按大中小型分					
大中型项目	243.94	729.70	896.31	367.4	122.8
小型项目	233.92	686.59	702.56	300.3	102.3
按国民经济行业分					
#农业	53.34	50.65	67.22	126.0	132.7
#工业	273.16	822.48	952.60	348.7	115.8
轻工业	29.30	123.09	121.79	415.7	98.9
重工业	243.86	699.39	830.81	340.7	118.8
#能源工业	114.7	446.38	558.27	486.7	125.1
运输邮电	68.04	166.51	207.16	304.5	124.4
商业	15.29	33.76			
#外贸	1.45	4.62			
二、新增固定资产(亿元)	372.30	1179.03	1362.61	366.0	115.6
三、建设项目(个)					
施工项目	45261	66382	67841	149.9	102.2
#大中型项目	1723	969	1063	66.7	109.7
全部建成投产项目	11762	35370	36502	310.3	103.2
#大中型项目	99	95	152	153.5	160.0
四、房屋建筑面积(万平方米)					
施工面积	18485.00	24744.18	23236.54	125.7	93.9
竣工面积	9011.00	11611.55	11245.93	191.4	148.5
#住宅	3752.00	5064.20	4824.78	128.6	95.3

更新改造投资主要指标

指　　标	1978年	1989年	1990年	1990年为以下年份%	
				1978年	1989年
一、投资总额(亿元)	137.38	788.78	830.19	640.3	105.2
按资金来源分					
国家预算内投资	24.18	14.33	17.56	72.6	122.5
国内贷款	33.66	233.21	269.55	800.8	115.6
利用外资		26.73	33.85		126.6
自筹投资	79.54	440.69	455.37	572.5	103.3
其他投资		74.00	53.87		72.8
按构成分					
建筑安装工程	74.21	377.25	372.91	367.8	98.8
设备工具器具购置	59.65	355.89	397.36	666.2	111.7
其他费用	3.52	55.64	59.92	1702.3	107.7
按建设性质分*					
#新建	19.75	38.87	45.62	231.0	117.4
扩建	75.01	345.54	370.35	493.7	107.2
改建	89.02	363.49	364.57	409.5	100.3
按用途分					
生产性建设	121.00	660.21	702.33	580.4	106.4
增产	4.71	303.08	291.95	6198.5	96.3
节约能源	2.44	25.25	27.28	1118.0	108.0
其它节约		2.32	2.65		114.2
增加品种	77.87	119.00	130.10	167.1	109.3
提高产品质量	6.57	39.38	52.00	791.5	132.0
三废治理	3.42	14.99	14.76	431.6	98.5
其它生产性	25.99	156.19	183.59	706.4	117.5
非生产性建设	16.38	128.57	127.86	780.6	99.4
#住宅	8.43	62.75	58.97	699.5	94.0
按国民经济行业分					
农林牧渔水利业	1.21	11.51	16.29	1346.3	141.5
工业	113.89	623.19	1530.43	1343.8	245.6
地质普查和勘探业	0.14	0.23	0.69	492.9	300.0
建筑业	1.07	7.66	13.94	1302.8	182.0
交通运输、邮电通讯业	12.17	64.37	148.43	1514.7	230.4
商业、公共饮食业、物资供销和仓储业	4.02	23.37	39.55	983.8	169.2
房地产管理、公用事业、居民服务和咨询服务业	2.28	36.44	87.10	3820.2	239.0
科学研究和综合技术服务事业	0.43	2.35	4.44	1032.6	188.9
金融、保险业	0.06	2.07	2.72	4533.3	131.4
其他行业		4.26	17.22		404.2
二、新增固定资产(亿元)	92.58	636.88	722.94	780.9	113.5

注：*为1981年数。

全国建筑业基本情况

	单位	1980年	1989年	1990年	1990年为下列年%	
					1980	1989
施工企业单位数	个	57404	80106	74145	129.2	92.6
全民所有制	个	1996	3927	4275	214.2	108.9
城镇集体所有制	个	4608	9179	9052	196.4	98.6
农村建筑队	个	50800	67000	60818	119.7	90.8
施工企业人数	万人	982.7	1773.4	1716.7	174.7	96.8
全民所有制	万人	481.8	614.7	621.0	128.9	101.0
城镇集体所有制	万人	166.2	390.1	389.7	234.5	99.9
农村建筑队	万人	334.7	768.6	706.0	210.9	91.9
总产值	亿元	346.98	2169.48	1947.58	561.3	89.8
全民所有制	亿元	220.9	878.57	935.19	423.4	106.4
城镇集体所有制	亿元	66.03	404.41	409.82	620.7	101.3
农村建筑队	亿元	60.05	886.50	602.56	1003.4	68.0
净产值	亿元	185.0	363.4	386.4	208.9	106.3
全民所有制	亿元		253.8	271.0	—	106.8
城镇集体所有制	亿元		109.6	115.4	—	105.3
利税总额	亿元		73.4	83.4	—	113.6
全民所有制	亿元	12.81	51.5	59.2	462.1	115.0
城镇集体所有制	亿元	3.06	21.9	24.2	790.8	110.5
全员劳动生产率(按总产值计算)	元		12505	13109	—	104.8
全民所有制	元	4257	13820	14509	340.8	105.0
城镇集体所有制	元	3817	10363	10743	281.5	103.7

按主管系统分建筑业基本情况

(1990年)

主管系统	施工单位个数(个)	全部职工平均人数(万人)	建筑业总产值(万元)	施工产值	按总产值计算的全部职工劳动生产率 (元/人)	产值工资率(%)
全国总计	13327	1026.05	13450178	12862319	13109	17.9
建设部系统	7150	570.19	7350079	7068748	12891	17.1
冶金系统	358	58.29	808647	709027	13873	19.7
有色系统	86	15.48	184288	172796	11905	20.6
煤炭系统	362	45.42	510380	492310	11237	23.7
石油系统	93	14.11	309194	292430	21913	13.2
化工系统	126	13.60	210440	197628	15474	17.3
石化系统	55	11.54	243056	228842	21062	13.9
水电系统	671	77.78	1149819	1102027	14783	18.9
机械系统	186	6.71	68993	66538	10282	20.4
林业系统	264	11.07	87230	84742	7880	25.8
国防系统	74	7.63	84078	82194	11019	21.7
建材系统	94	2.96	35361	34849	11946	16.4
轻纺系统	432	13.28	132437	125846	9973	17.6
铁路系统	375	59.44	829568	806985	13956	18.5
交通系统	294	26.82	490377	476030	18284	15.2
邮电系统	57	2.11	60848	58627	28838	9.6
农牧系统	679	41.16	438486	418340	10653	21.8
商业系统	181	3.59	44366	43009	12358	16.7
广播系统	3	0.04	691	578	17275	15.2
公安系统	65	2.90	26252	24991	9052	19.1
其他	1722	41.84	385588	375782	9216	20.1

建筑施工企业主要经济指标

指标	单位	1989年			1990年		
		合计	全民所有制	城镇集体所有制	合计	全民所有制	城镇集体所有制
施工企业(或单位)个数	个	13106	3927	9179	13327	4275	9052
年底职工人数	万人	1004.82	614.70	390.12	1010.69	620.99	389.70
年平均职工人数	万人	1025.98	635.74	390.24	1026.03	644.55	381.48
年底自有固定资产原值	亿元	618.94	511.78	107.16	675.21	554.04	121.17
年底自有固定资产净值	亿元	439.98	362.42	77.56	468.21	382.33	85.88
年底自有机械设备台数	万台	233.5	142.5	90.1	156.9	147.3	9.6
年底自有机械设备原值	亿元	353.8	291.0	62.8	380.5	314.5	66.0
年底自有机械设备总功率	万千瓦	3838.0	2938.0	900.0	3999.5	3061.3	938.2
总产值	亿元	1283.0	878.6	404.4	1345.0	985.2	409.8
净产值	亿元	363.4	253.8	109.6	386.4	271.0	115.4
利润	亿元	35.8	27.4	8.4	29.6	20.9	8.7
税金	亿元	37.6	24.1	13.5	43.3	28.4	14.9
工资	亿元	206.2	137.9	68.3	222.6	151.2	71.4
职工福利基金	亿元	18.0	12.2	5.8	19.2	13.4	5.8
利息	亿元	13.4	10.5	2.9	13.9	11.0	2.9
其他	亿元	52.4	41.7	10.7	57.7	46.1	11.6
固定资产折旧	亿元	35.8	28.6	7.2	39.2	30.9	8.3
施工面积	万平方米	40649.9	21399.0	19250.9	37922.9	20303.2	17619.7
竣工面积	万平方米	19723.4	91433	10580.1	19552.6	9361.7	10190.9
利润总额	亿元	38.6	26.4	12.2	40.8	31.7	9.1
上缴税金	亿元	36.1	22.8	13.3	42.6	27.5	15.1
全员劳动生产率(按总产值算)	元/人	12505	13820	10363	13109	14509	10743
技术装备率	元/人	2342	3105	1137	2467	3277	1175
动力装备率	千瓦/人	3.8	4.8	2.3	4.0	4.9	2.4
房屋建筑面积竣工率	%	48.8	42.7	55.0	51.6	46.1	57.8
工程质量优良品率	%	34.0	46.7	21.1	32.3	44.0	19.9
工程成本降低率	%	1.6	1.8	1.1	—	—	—
产值利润率	%	3.0	3.0	3.0	1.9	1.8	2.2
产值工资率	%	17.4	17.0	18.2	—	—	—

各地区建筑业基本情况

（1990年）

地　区	施工单位个　数（个）	全部职工平均人数（万人）	建筑业总产值（万元）	施工产值	按总产值计算的全部职工劳动生产率（元/人）	产值工资率（%）
全国总计	13327	1026.05	13450178	12862319	13109	17.9
北　京	175	61.39	1003054	947298	16339	17.0
天　津	82	19.97	327857	317009	16417	14.2
河　北	527	59.31	733888	697294	12374	17.6
山　西	293	35.20	443224	430738	12592	18.3
内蒙古	610	27.20	278897	271038	10322	20.0
辽　宁	1537	101.11	1311457	1266161	12791	18.1
吉　林	576	32.97	397151	386030	12046	18.2
黑龙江	1521	61.51	708774	688863	11523	18.8
上　海	125	37.37	756187	693936	20235	13.7
江　苏	363	45.47	617607	579159	13583	18.5
浙　江	532	29.21	425073	405726	14552	16.3
安　徽	338	33.35	366387	348399	10986	19.2
福　建	218	15.06	219595	213014	14023	19.0
江　西	524	21.48	222646	215305	10365	18.4
山　东	284	38.15	588863	561804	15435	15.9
河　南	393	34.25	410527	390075	11986	16.4
湖　北	570	45.16	525547	493026	11637	18.2
湖　南	481	28.91	349013	334682	12072	17.9
广　东	686	67.22	1134024	1102114	16870	18.3
广　西	217	18.25	236426	222755	12955	17.3
海　南	130	6.08	64322	63460	10579	18.8
四　川	1284	81.53	888149	847597	10894	19.5
贵　州	392	18.66	173463	169846	9296	20.8
云　南	366	20.49	237955	225493	11613	18.9
西　藏	33	1.12	16843	16290	15038	34.1
陕　西	223	27.94	339451	325034	12149	18.7
甘　肃	221	18.81	234898	227345	12488	18.9
青　海	131	7.91	90050	88167	11384	23.4
宁　夏	142	6.09	72610	71583	11923	17.9
新　疆	353	24.46	276240	261976	11294	20.8

全国主要行业基本建设新增固定资产和交付使用率

指　　标	1981年	1989年	1990年
新增固定资产总计（亿元）	371.17	1179.03	1362.61
农林、水利气象	21.13	37.22	45.67
工业	191.94	604.33	737.46
其中：冶金	14.12	75.14	113.92
电力	47.84	176.37	213.35
煤炭	21.27	54.83	53.26
石油	20.38	79.93	78.90
化学	21.44	63.79	81.07
机械	22.57	39.66	65.70
森工	5.34	5.66	8.13
建材	4.70	28.66	22.16
纺织	21.37	25.67	37.74
食品	7.45	25.77	23.31
造纸	1.67	2.88	3.53
建筑业	6.04	12.56	9.68
运输邮电	32.77	125.53	156.82
商业饮食服务业和物资供销	22.79	61.85	65.18
固定资产交付使用率（%）	86.7	76.0	80.0
农林、水利气象	72.3	71.9	66.6
工业	89.2	73.5	77.4
其中：冶金	51.6	83.4	132.8
电力	119.2	66.6	64.6
煤炭	91.9	77.8	53.9
石油	76.7	85.5	78.4
化学	112.7	73.2	83.4
机械	92.5	62.7	89.5
森工	80.5	61.8	89.3
建材	53.5	101.7	76.2
纺织	107.6	60.4	92.3
食品	80.5	90.5	87.1
造纸	87.4	48.4	56.8
建筑业	85.9	90.0	91.3
运输邮电	81.0	75.4	75.7
商业饮食服务业和物资供销	81.4	66.5	84.3

全国运输、邮电业主要指标

项　　目	单　位	1979 年	1989 年	1990 年	1990 年为以下年份%	
					1979 年	1989 年
货运量	万吨	537508	988435	970795	180.6	98.2
铁路	万吨	111893	151489	150681	134.7	99.5
公路	万吨	371036	733781	724040	195.1	98.7
水运	万吨	43229	87493	80094	185.3	91.5
民航	万吨	8.0	31.0	37.0	462.5	119.4
货物周转量	亿吨公里	11385	25591	26207	230.2	102.4
铁路	亿吨公里	5589.7	10394.2	10622	190.0	102.2
公路	亿吨公里	745.0	3374.7	3358	450.7	99.5
水运	亿吨公里	4564.2	11186.6	11592	254.0	103.6
民航	亿吨公里	1.23	6.9	8.2	666.7	118.8
客运量	万人	289665	791373	772682	266.8	97.6
铁路	万人	86389	113805	95712	110.8	84.1
公路	万人	178618	644508	698085	390.8	108.3
水运	万人	24360	31778	27225	111.8	85.7
民航	万人	298.0	1283.0	1660	557.0	129.4
旅客周转量	亿人公里	1968	6073	5628	286.0	92.7
铁路	亿人公里	1216.2	3037.4	2613	214.8	86.0
公路	亿人公里	603.3	2662.1	2620	434.3	98.4
水运	亿人公里	114.0	188	165	144.7	87.6
民航	亿人公里	35.0	186.8	230	657.1	123.1
沿海港口吞吐量	万吨		49025	48321	—	98.6
邮电业务总量	亿元	12.55	64.81	81.65	650.6	126.0
邮电局、所	万处	4.96	5.31	5.36	108.1	100.9
长话电路	路	20307	87137	112437	553.7	129.0
市内电话	万户	127.0	439.6	538.5	424.0	122.5

邮电通信企业按邮电业务总量排列（1990年）

企业名称	邮电业务总量（万元）	利润总额（万元）	税金（万元）	年均人数（人）
合计	1,411,943.3	334,945.7	37,802.2	755,218.0
广东邮电管理局	238,918.4	94,821.4	5,685.6	46,900.0
上海邮电管理局	93,216.7	37,026.9	2,435.4	26,751.0
北京电信管理局	87,890.7	62,768.3	3,124.8	13.566.0
江苏邮电管理局	86,360.7	22,383.4	2,166.9	42,158.0
辽宁邮电管理局	78,433.5	16,997.3	2,059.1	36,894.0
浙江邮电管理局	71,514.8	21,008.4	1,782.3	31,895.0
山东邮电管理局	69,038.6	5,307.2	1,818.4	39,504.0
福建邮电管理局	68,430.5	25,341.8	1,794.8	19,890.0
四川邮电管理局	58,975.7	4,668.1	1,557.1	47,891.0
河北邮电管理局	51,466.2	4,362.9	1,297.1	36,419.0
黑龙江邮电管理局	44,777.3	3,789.6	1,275.7	36,143.0
河南邮电管理局	44,008.1	3,296.9	1,111.1	35,983.0
湖北邮电管理局	40,741.6	5,721.4	1,213.3	32,736.0
湖南邮电管理局	39,727.7	4,424.8	1,075.2	32,182.0
吉林邮电管理局	38,028.7	6,655.7	954.9	24,430.0
天津邮电管理局	32,356.1	12,114.4	852.0	12,271.0
安徽邮电管理局	31,126.3	4,292.1	809.4	23,818.0
北京邮政局	30,934.1	10,230.5	1,039.0	16,229.0
陕西邮电管理局	27,850.6	1,368.6	791.2	24,860.0
江西邮电管理局	25,853.2	610.8	639.8	19,553.0
广西邮电管理局	23,735.3	1,481.0	656.6	19,473.0
山西邮电管理局	23,589.8	1,364.8	652.0	22,935.0
云南邮电管理局	19,674.7	−1,091.8	575.4	21,543
内蒙邮电管理局	19,620.7	−3,099.8	532.1	23,793.0
新疆邮电管理局	16,515.0	−3,224.7	483.0	17,053.0
甘肃邮电管理局	15,900.5	−1,809.7	443.3	17,207.0
贵州邮电管理局	12,173.7	−2,970.4	333.5	15,066.0
海南邮电管理局	10,021.9	2,047.5	337.1	5,537.0
青海邮电管理局	5,155.1	−1,855.7	149.0	5;782.0
宁夏邮电管理局	4,206.2	−609.8	114.8	3,804.0
西藏邮电管理局	1,700.9	−2,476.2	42.3	2,952.0

邮电工业企业按总产值排列（1990年）

企业名称	总产值（万元）	利润（万元）	税金（万元）	年平均人数（人）
合计	94,344.1	13,717.3	9,891.8	43,047
邮电部成都电缆厂	13,229.0	3,624.4	3,457.2	2,783
邮电部洛阳电话设备厂	6,674.0	655.8	528.9	2,675
邮电部侯马电缆厂	6,172.3	861.8	1,112.9	2,433
邮电部上海电话设备厂	5,938.6	537.7	331.9	1,700
邮电部上海通讯设备厂	5,578.7	654.8	364.6	2,528
邮电部广州通讯设备厂	5,530.1	1,557.7	325.4	1,454
邮电部眉山通讯设备厂	5,383.8	810	333.8	3,710
邮电部杭州通讯设备厂	5,053.6	670.4	285.9	1,913
邮电部重庆通讯设备厂	4,349.7	923.1	400.2	1,513
邮电部长春电话设备厂	4,142.0	740.3	429.4	1,943
邮电部武汉通讯电源厂	4,050.8	992.1	379.9	1,467
邮电部北京通讯设备厂	3,617.1	655.7	196.9	1,636
邮电部西安微波设备厂	3,213.4	260.4	204.3	2,135
邮电部天津通讯设备厂	2,891.9	228.8	173.6	1,160
邮电部景德镇通讯设备厂	2,700.9	296	163	980
邮电部南京通讯设备厂	2,679.0	336.8	191.4	1,171
邮电部兴安通讯设备厂	2,664.5	195.2	221.7	1,737
邮电部天津电话设备厂	1,931.0	—145.5	138.3	1,947
邮电部偃师摩托车厂	1,477.0	—348.7	86.5	1,345
邮电部武汉通讯仪表厂	1,450.3	307.2	99.1	832
邮电部明水通讯机械厂	1,238.1	55.8	102.8	834
邮电部株洲通讯元件厂	1,103.1	32.6	69.6	810
邮电部桂林通讯机械厂	855.0	129.6	78.1	590
邮电部北京通讯元件厂	725.0	1.8	35.5	845
邮电部贵阳通讯机械厂	621.7	26.2	56.2	659
邮电部贵阳通讯设备厂	606.2	42.9	51.1	741
邮电部南昌鸿雁摩托车厂	369.6	—334.1	68.8	1,118
邮电部武汉电话设备厂	97.7	—51.5	4.8	388

注：只含部直属企业。

邮电物资企业按销售额排列（1990年）

企业名称	销售额（万元）	利润（万元）	税金（万元）	年平均人数（人）
合计	140,162.0	2,076.2	954.1	2,020
中国邮电器材总公司华东公司	26,895.0	563.9	170.7	281
中国邮电器材总公司北京公司	19,412.0	355.6	228.8	266
中国邮电器材总公司	17,984.0	181	37	103
中国邮电器材总公司西南公司	17,616.0	203.7	88.4	111
中国邮电器材总公司华北公司	16,902.0	181	104.6	249
中国邮电器材总公司中南公司	14,077.0	182.5	82.7	217
中国邮电器材总公司东北公司	8,165.0	124.3	83.3	196
中国邮电器材总公司西北公司	6,984.0	87.8	63.7	176
中国邮电器材总公司重庆公司	4,969.0	70.2	32.1	132
中国邮电器材总公司深圳公司	4,547.0	108.9	20.6	10
中国邮电器材总公司哈尔滨公司	2,611.0	17.3	42.2	279

注：只含部直属企业。

邮电通信建设企业按总产值排列（1990年）

企业名称	总产值（万元）	利润（万元）	税金（万元）	年平均人数（人）
合计	15,649.6	837.63	83.7	4,924
中国通讯建设西安工程公司	3,807.7	197.08	19.7	1,302
中国通讯建设武汉工程公司	2,823.4	148.62	14.8	983
中国通讯建设保定工程公司	2,735.2	133.34	13.3	851
中国通讯建设郑州工程公司	2,513.5	140.72	14.1	992
中国通讯建设管线工程公司	1,702.8	100.16	10.0	297
中国通讯建设北京工程公司	1,384.5	70.71	7.1	359
中国通讯建设总公司	682.5	47.00	4.7	140

注：只含部直属企业。

运输企业主要财务指标

	单位	1989 年	1990 年	1990 年比 1989 年增长%
铁路运输企业				
运输总收入	万元	3160701	4110454	30. 0
运输总成本	万元	2289019	2539475	10. 9
上缴营业税	万元	158035	205527	30. 1
实现利润	万元	545897	1131036	107. 2
上缴利税	万元			
公路运输企业				
营业总收入	万元	1337497	1473393	10. 2
运输收入	万元	1106501	1224083	10. 6
营业总成本	万元	1181624	1317986	11. 5
营业税金	万元	41142	45372	10. 3
利润总额	万元	61747	51421	—16. 6
直属水运企业				
营业总收入	万元	401143	492931	22. 9
运输收入	万元	328795	391263	19. 0
营业总成本	万元	292901	365633	24. 8
营业税金	万元	10221	13992	36. 9
利润总额	万元	77310	109725	41. 9
民用航空运载企业				
业务总收入	万元	591099	844683	42. 9
业务总成本	万元	401742	607984	51. 3
税金总额	万元	17535	27174	55. 0
利润总额	万元	168691	215660	27. 8
邮电企业				
业务收入	万元	1033275.5	1382067. 6	25. 2
业务支出	万元	711387.1	91874. 9	121. 9
税金总额	万元	33182.5	43963. 0	32. 49

运输企业主要技术经济指标

	单　位	1989年	1990年	1990年比1989年	
				增减数	增减%
铁路运输:					
货运机车日产量	万吨公里	85.3	86.0	0.7	0.8
货运机车平均牵引总重	吨	2409	2414	5	0.2
货运机车日车公里	公里	415	418	3	0.7
客运机车日车公里	公里	489	486	−3	−0.6
蒸汽机车每万吨公里耗煤	公斤	120.3	125.1	4.8	4.0
内燃机车每万吨公里耗油	公斤	24.4	24.4	—	—
电力机车每万吨公里耗电	千瓦小时	110.2	111.0	0.8	0.7
每万名旅客人拥有座卧车数	辆	0.2	0.3	0.05	50.0
每百万名旅客人公里拥有座卧车数	辆	0.07	0.09	0.02	28.5
公路运输:					
直属企业					
载货汽车车吨年产量	吨公里	23304	19119	−4185	−18.0
载货汽车单车年产量	吨公里	425496	357700	−67796	−15.9
地方企业					
载客汽车车座年产量	人公里	46359	42848	−3511	−7.6
载客汽车单车年产量	人公里	2095828	1893516	−192312	−9.7
每百车公里耗汽油	升	30.7	29.8	−0.9	−2.9
载货汽车车吨年产量	吨公里	34634	29773	−4861	−14
载货汽车单车年产量	吨公里	220223	192668	−27555	−12.5
每百吨公里耗汽油	升	7.1	7.1	—	—
每百吨公里耗柴油	升	4.7	4.8	0.1	2.1
水运运输:					
直属企业					
轮船货运吨船年产量	吨公里	55340	57560	2220	4.0
长江轮船总公司	吨公里	19422	17891	−1531	−7.9
黑龙江航运局	吨	18830	20632	1802	9.6
大连轮船公司	吨公里	12890	11013	−1877	−14.6
上海海运局	吨公里	24972	25084	112	0.4
广州海运局	吨公里	21534	21137	−397	−1.8
中远总公司	吨公里	32188	33994	1806	5.6
内河拖轮每千瓦年产量	吨公里	128934	115689	−13245	−10.3
内河驳船每吨船年产量	吨公里	15346	14144	−1202	−7.8
地方内河企业					
拖轮每千瓦船年产量	吨公里	77597	65224	−12372	−15.9
驳船每吨船年产量	吨公里	12793	10549	−2244	−17.5

全国社会商业机构和人员数

项目	1978年	1989年	1990年	1990年为以下年份%	
				1978年	1989年
一、企业(万个)					
商业					
管理机构兼营业务的企业	2.9	5.8	5.9	203.4	101.7
企业经营机构	122.1	879.9	909.7	745.0	103.4
#农副产品采购机构	12.1	22.6	—	—	—
#工业品批发机构	3.7	9.9	—	—	—
仓储运输机构	1.9	2.6	2.6	136.8	100
二、人员(万人)					
商业					
管理机构兼营业务的企业	45.3	93.9	95.9	211.7	102.1
企业经营机构	608.0	2437.2	2502.8	411.6	102.7
#农副产品采购机构	88.5	187.9	—	—	—
#工业品批发机构	69.7	155.0	—	—	—
仓储运输机构	51.5	69.1	71.8	140.5	103.9

社会商品零售总额

单位:亿元

指标	1978年	1989年	1990年	1990年为以下年份%	
				1978年	1989年
社会商品零售总额	1558.6	8101.4	8300.1	532.5	102.5
按对象和用途分:					
对居民和社会集团的消费品零售额	1264.9	7071.2	7250.3	573.2	102.5
对居民的消费品零售额	1121.2	6376.4	6509.1	580.5	102.1
对社会集团的消费品零售额	143.7	697.8	741.2	515.8	106.2
对农民的农业生产资料零售额	293.7	1027.2	1049.8	357.4	102.2
按经济类型分:					
全民所有制	851.0	3167.8	3285.9	386.1	103.7
集体所有制	674.1	2689.7	2631.0	390.3	97.8
供销合作社系统		1259.9			
其他集体所有制					
合营		36.3	40.3		111.0
个体	2.1	1509.6	1569.7	74747.6	104.0
农民对非农业居民零售额	31.1	698.0	773.3	2486.5	110.8
按行业分:					
商业零售额	1363.7	6009.5	6127.4	449.3	102.0
饮食业零售额	54.8	405.1	419.8	764.4	103.6
工业零售额	73.2	720.3	699.1	955.1	97.1
其他行业零售额	35.8	268.5	280.5	783.5	104.5
农民对非农业居民零售额	31.1	698.0	773.3	2486.5	110.8

各地区社会商品零售总额

（1990年）　　单位：亿元

地区	社会商品零售总额	全民所有制	集体所有制		合营	个体	农民对非农业居民零售
				供销合作社			
全国总计	8300.10	3285.90	2631.00	1280.60	40.30	1569.60	773.30
北京	307.66	162.90	108.85	23.68	2.21	17.56	16.14
天津	149.36	65.50	43.21	14.21	0.92	31.01	8.72
河北	380.83	162.41	118.96	71.20	0.61	72.57	26.28
山西	184.22	87.29	57.57	30.41		25.21	14.16
内蒙古	146.21	71.09	46.36	23.84	0.03	19.42	9.33
辽宁	459.97	198.44	126.02	50.17	1.02	95.82	38.67
吉林	225.46	91.44	70.22	36.16	0.86	41.39	21.84
黑龙江	341.02	164.88	88.95	36.06	0.08	67.95	19.17
上海	352.11	185.15	129.06	43.13	2.06	16.17	20.68
江苏	599.06	200.66	267.88	120.07	1.16	81.51	47.84
浙江	408.94	126.46	136.63	67.18	1.97	97.50	46.38
安徽	277.08	94.90	102.59	46.37	0.72	48.48	30.39
福建	231.97	72.12	58.69	28.11	4.59	74.09	22.47
江西	181.75	65.23	56.06	34.74	0.13	33.13	27.20
山东	570.36	211.79	227.81	116.33	0.21	100.13	30.41
河南	397.43	164.32	139.92	74.28	0.11	67.82	25.36
湖北	375.11	149.15	116.68	65.69	0.01	60.96	48.31
湖南	344.27	119.78	109.45	62.34	0.38	69.61	45.05
广东	732.25	291.49	153.21	75.15	19.94	187.61	79.98
广西	206.45	69.31	58.49	39.50	0.38	57.32	20.93
海南	40.00	13.83	5.42	3.60	1.19	13.39	6.17
四川	545.34	173.94	189.62	94.83	1.12	125.44	55.24
贵州	96.39	35.72	24.47	16.09	0.10	24.09	12.02
云南	165.31	73.05	52.24	34.83	0.01	24.98	15.03
西藏	14.80	11.75	1.00	0.58	0.06	1.70	0.30
陕西	184.43	79.48	63.85	29.04	0.20	24.74	16.12
甘肃	109.58	49.48	30.58	19.72		19.96	9.54
青海	30.69	17.66	5.85	2.68	0.04	5.29	1.84
宁夏	29.98	14.37	8.14	5.16		4.37	3.10
新疆	115.94	62.72	25.79	15.51	0.14	17.52	9.77

全国社会商业商品购、销总额

单位：亿元

指　　标	1989 年	1990 年	1990 年为 1989 年%
国内纯购进总额	7606.0	8221.2	108.1
按商品性质分：			
工业品	54687	5871.2	107.4
农副产品	2053.7	2258.6	110.0
废旧物资	83.6	91.4	109.3
按部门分：			
内贸部门	6442.3	6850.1	106.3
工业品	4448.2	4650.0	104.5
农副产品	1910.5	2108.7	110.4
废旧物资	83.6	91.4	109.3
外贸部门	1163.7	1371.1	117.8
工业品	1020.5	1221.2	119.7
农副产品	143.2	149.9	104.7
国内纯销售总额	8136.2	8358.1	104.9

城乡集市贸易情况

	1989 年	1990 年	1990 年为 1989 年%
集市数（个）	72130	72579	100.6
城市	13111	13106	99.96
乡村	59019	59473	100.8
集市贸易成交额（亿元）	1973.6	2168.2	109.9
城市	723.6	837.8	115.8
乡村	1250.0	1330.4	106.4
粮食类	142.7	146.8	102.9
肉禽蛋类	570.6	618.8	108.4
水产品类	158.0	182.4	98.6
蔬菜类	238.2	264.2	110.9
干鲜果类	161.0	183.5	114.0
农业生产资料类	22.2	23.0	103.6
大牲畜类	38.9	38.3	98.5

社会零售商业、饮食业、服务业分经济类型的企业单位和人员数

项目	1978年	1989年	1990年	1990年为以下年份%	
				1978年	1989年
一、企业(万个)	125.5	1138.0	1186.0	945.0	104.2
零售商业	104.8	841.3	871.0	831.1	103.5
全民所有制	4.9	26.7	28.0	571.4	104.9
集体所有制	89.1	125.1	119.5	134.1	95.5
合营		0.2	0.2	100	100
个体	10.8	689.3	723.3	6697.2	104.9
饮食业	11.7	143.5	151.1	1291.5	105.3
全民所有制	2.8	3.0	3.1	110.7	103.3
集体所有制	5.3	13.0	12.1	228.3	93.1
合营		0.04	0.04		100
个体	3.6	127.5	135.9	3775.0	106.6
服务业	9.0	153.2	163.9	1821.1	107.0
全民所有制	2.6	3.7	3.8	146.2	102,7
集体所有制	3.0	14.7	13.7	456.7	93.2
合营		0.1	0.1		100
个体	3.4	134.7	146.3	4302.9	108.6
二、人员(万人)	607.8	2829.5	2909.4	478.7	102.8
零售商业	447.4	2033.0	2091.9	467.6	102.9
全民所有制	97.6	351.7	370.8	379.9	105.4
集体所有制	336.2	684.6	669.0	199.0	97.7
合营		3.4	3.5		102.9
个体	13.6	993.3	1048.6	7710.3	105.6
饮食业	104.4	407.6	414.8	397.3	101.8
全民所有制	60.6	52.8	52.0	85.8	98.5
集体所有制	36.5	102.6	92.6	253.7	90.3
合营		4.3	4.2		97.8
个体	7.3	247.9	266.0	3643.8	107.3
服务业	56.0	388.9	402.7	719.1	103.5
全民所有制	40.5	72.3	76.7	189.4	106.1
集体所有制	10.2	120.9	112.5	11029	93.1
合营		11.2	12.3		109.8
个体	5.3	184.5	201.2	3796.2	109.1

注:1.本表集体所有制中均包括供销合作社。2.合营,1980年以后包括各种不同经济类型的合营和中外合营。

全国重点百货商店主要经济指标(一)

商店	1989年			1990年		
	商品销售额(万元)	平均每一职工销售额(元)	流动资金周转天数(天)	商品销售额(万元)	平均每一职工销售额(元)	流动资金周转天数(天)
合计	579825	130827	53	654195	142318	45
北京市百货大楼	47164	149206	51	56043	174211	34
北京市西单百货商场	51178	184892	45	57731	211160	37
天津市百货大楼	25018	115082	47	30212	142648	34
石家庄市人民商场	16487	129411	60	17500	132878	37
太原市五一百货商店	12017	90085	47	14620	111184	41
呼和浩特市内蒙古民族商场	10054	63156	85	12694	75202	61
沈阳市联营百货公司	29251	146699	60	31167	155913	60
长春市百货大楼	21514	133275	40	24532	154290	40
哈尔滨市第一百货商店	70260	107465	43	30145	126557	40
上海市第一百货商店	29434	231045	34	78115	245645	29
南京市人民市场	22118	141851	43	32169	139501	35
杭州市解放路百货商店	11184	224557	48	23671	225231	33
合肥市百货大楼	6309	127387	44	8591	97634	40
福州市台江百货大楼	7575	129024	64	6910	145801	51
南昌市南昌百货大楼	11430	118918	48	8232	132149	39
济南市百货大楼	11827	79710	52	12382	86894	38
郑州市百货大楼	37218	187436	43	13214	201745	41
武汉市武汉商场	15102	143314	50	40007	155186	49
长沙市中山路百货大楼	43975	155692	60	16862	163084	60
广州市南方大厦百货商店	10090	105609	63	47044	110929	62
南宁市百货大楼	21257	108165	68	11528	117638	53
成都市人民商场	10059	72674	79	21477	73781	53
贵阳市百货大楼	13526	135937	82	12153	119737	85
昆明市百货大楼	7488	102630	94	16168	114752	81
西安市民生百货商店	5447	87988	95	11396	115819	96
兰州市百货大楼	5800	83941	77	5452	84139	79
西安市大十字百货商店	3462	145377	47	6096	146544	40
银川市新华百货商店	3577	96172	53	3834	106515	37
乌鲁木齐市红旗路百货商店		80385	90	4250	97035	78

全国重点百货商店主要经济指标(二)

单位:元

商店	1989年			1990年		
	销售百元商品实现的毛利	销售百元商品开支的费用	销售百元商品实际的利润	销售百元商品实现的毛利	销售百元商品开支的费用	销售百元商品实际的利润
合计	14.24	5.34	6.02	14.28	5.40	5.96
北京市百货大楼	14.81	4.47	7.40	14.78	4.41	7.39
北京市西单百货商场	13.25	4.18	6.31	13.68	4.18	6.72
天津市百货大楼	13.28	5.10	5.10	12.98	4.70	5.20
石家庄市人民商场	13.19	6.20	4.22	14.35	6.53	5.01
太原市五一百货商店	15.04	7.09	4.81	14.38	6.44	4.90
呼和浩特市内蒙古民族商场	15.37	7.49	4.68	15.65	7.12	5.44
沈阳市联营百货公司	14.58	5.98	5.52	14.38	5.62	5.88
长春市百货大楼	15.55	5.08	7.32	16.03	5.98	7.01
哈尔滨市第一百货商店	16.89	6.18	7.51	16.97	6.69	7.02
上海市第一百货商店	13.79	3.19	7.81	13.97	3.52	7.62
南京市人民市场	12.51	4.40	5.24	13.24	4.67	5.61
杭州市解放路百货商店	13.42	2.67	7.83	12.97	2.97	7.12
合肥市百货大楼	14.21	4.41	6.76	14.35	5.44	5.92
福州市台江百货大楼	12.20	6.25	3.47	11.57	6.03	3.26
南昌市南昌百货大楼	15.28	4.93	6.65	15.38	5.36	6.22
济南市百货大楼	14.44	8.72	2.94	15.58	6.05	5.96
郑州市百货大楼	14.19	5.27	6.05	12.75	5.53	4.56
武汉市武汉商场	13.44	4.59	6.05	13.07	4.55	5.86
长沙市中山路百货大楼	13.84	5.33	5.71	13.23	5.80	4.68
广州市南方大厦百货商店	15.68	8.87	3.65	15.26	8.58	3.76
南宁市百货大楼	15.56	5.96	6.76	15.31	5.54	7.16
成都市人民商场	14.09	7.15	5.84	15.29	7.44	4.65
贵阳市百货大楼	12.23	6.12	3.53	11.96	6.21	3.24
昆明市百货大楼	16.10	6.36	6.48	15.50	6.93	5.57
西安市民生百货商店	13.91	7.34	3.77	12.76	7.55	2.73
兰州市百货大楼	15.57	7.65	4.38	14.90	8.31	2.88
西安市大十字百货商店	15.28	3.46	8.66	15.83	3.96	8.93
银川市新华百货商店	15.71	6.06	6.54	15.42	5.49	6.94
乌鲁木齐市红旗路百货商店	13.65	9.53	1.08	12.80	7.76	2.76

全国重点副食品商店主要经济指标(一)

商　　店	1989 年			1990 年		
	商品销售额(万元)	平均每一职工销售额(元)	流动资金周转天数(元)	商品销售额(万元)	平均每一职工销售额(元)	流动资金周转天数(天)
合　　计	51950	83251	46	55245	88108	42
北京市西单菜市场	5876	171813	16	6412	185341	15
天津大沽路副食品商场	2340	87024	39	2339	87947	36
石家庄市红星食品综合商店	1648	82426	61	2866	114675	37
太原市副食品市场	1675	53022	57	1577	51064	51
呼和浩特市中山西路菜市场	450	34374	54	590	45080	38
沈阳市皇姑副食品商场	3376	86579	21	3725	97794	19
长春市重庆路副食品商场	1863	63166	33	1958	66399	28
哈尔滨市第一副食品商店	3847	111512	30	3837	112200	27
上海市三角地菜场	3775	57825	32	5372	57070	30
南京市鼓楼食品商店	1836	63992	36	2070	64910	24
杭州市食品商店	1429	80281	37	1656	92040	29
合肥市东园菜市场	118	32005	19	106	31276	21
福州市南街副食品商场	745	74529	43	804	83817	43
南昌市南昌食品商场	337	31870	52	523	48469	63
济南市一大食物公司	851	100204	73	825	94832	67
郑州市碧沙岗烟酒商店	877	81287	50	1019	99990	51
武汉市解放副食品商店	1767	142552	93	1710	117947	87
长沙市星沙商店	688	81047	68	669	78759	49
广州市南粤商店	4092	240742	66	3302	202624	58
南宁市邕城副食品商场	576	68617	28	628	73994	22
成都市红旗商场	4095	106926	56	4855	129835	40
贵阳市食品商店	560	47912	76	699	53828	82
昆明市副食品大楼	1959	99491	74	2074	105322	58
西安市炭市街蔬菜副食商店	2830	47097	85	3071	49300	117
兰州市酒泉路副食商场	1122	44906	48	1161	52793	59
西宁市国营解放副食品商场	1430	86174	26	1486	93480	28
银川市新华副食商场	654	69606	96	572	62944	82
乌鲁木齐市解放路食品大楼	1134	87957	23	1139	88991	27

全国重点副食品商店主要经济指标(二)

单位:元

商店	1989年			1990年		
	销售百元商品实现的毛利	销售百元商品开支的费用	销售百元商品实际的利润	销售百元商品实现的毛利	销售百元商品开支的费用	销售百元商品实际的利润
合计	12.80	6.56	3.70	13.02	6.94	3.48
北京市西单菜市场	13.31	5.31	4.72	13.00	4.86	4.96
天津大沽路副食品商场	12.49	6.07	3.61	12.81	6.44	3.36
石家庄市红星食品综合商店	12.46	7.77	2.63	12.29	7.75	2.43
太原市副食品市场	13.50	7.76	2.20	13.57	9.34	0.80
呼和浩特市中山西路菜市场	15.07	7.54	4.66	14.45	7.72	4.23
沈阳市皇姑副食品商场	13.20	6.54	4.23	12.50	6.13	4.08
长春市重庆路副食品商场	12.03	6.17	2.98	12.19	5.48	3.60
哈尔滨市第一副食品商店	12.77	5.82	4.05	12.13	6.21	3.28
上海市三角地菜场	13.08	9.09	2.18	13.35	0.58	1.04
南京市鼓楼食品商店	14.74	6.01	5.42	15.68	8.14	4.10
杭州市食品商店	18.43	7.18	7.55	18.28	6.38	8.33
合肥市东园菜市场	12.03	8.27	0.68	12.87	9.64	
福州市南街副食品商场	11.11	4.96	3.52	10.73	5.43	2.81
南昌市南昌食品商场	13.77	7.72	3.43	11.37	7.99	1.45
济南市历下食品商店	14.32	7.31	4.31	15.01	7.61	4.67
郑州市碧沙岗烟酒商店	14.20	5.60	5.53	14.30	6.56	5.18
武汉市解放副食品商店	11.43	6.53	3.33	12.19	6.09	4.04
长沙市星沙商店	13.07	6.05	3.03	13.85	6.64	4.49
广州市南粤商店	9.24	5.00	2.74	9.95	5.52	2.66
南宁市邕城副食品商场	15.61	3.63	9.55	15.69	3.97	9.12
成都市红旗商场	11.88	7.19	2.58	12.19	7.68	1.83
贵阳市食品商店	12.84	7.85	2.65	11.11	7.24	1.78
昆明市副食品大楼	11.67	6.49	2.71	13.15	5.84	4.75
西安市炭市街蔬菜副食商店	12.44	8.33	2.41	13.00	10.22	1.13
兰州市酒泉路副食商场	13.80	8.21	2.83	16.05	8.74	4.56
西宁市国营解放副食品商场	13.42	5.00	5.14	14.76	5.65	5.73
银川 市新华副食商场	17.33	7.08	7.57	16.56	6.73	7.06
乌鲁木齐市解放路食品大楼	12.43	5.50	3.48	11.70	5.98	2.75

海关进出口情况

项目	单位	1981年	1989年	1990年	1990年比1989年增长%
出进口总额	亿美元	440.21	1116.8	1154.4	3.4
出口额	亿美元	220.07	525.38	620.91	18.2
初级产品	亿美元	102.55	150.78	158.86	5.4
其中：活猪	万头	647.60	297	300	1.0
活家禽	万只	2134.00	4483	4784	6.7
鲜冻猪、牛肉	万吨	1.10	14.49	22.08	52.4
冻鸡	万吨	3.60	3.15	3.78	20.0
水产品	万吨	10.20	29.39	35.75	21.6
粮食	万吨	126.10	656	583	—11.1
蔬菜	万吨		82.14	89.35	8.8
水果	万吨		25.22	22.64	—10.2
罐头	万吨	37.00	59.49	56.57	—4.9
啤酒	万吨	3.10	4.18	3.52	—15.8
烤烟	万吨	1.80	2.19	2.87	31.1
棉花	万吨	0.10	27.25	16.73	—38.9
厂丝	吨	5198	11361	7604	—32.1
煤炭	万吨	657	1534	1729	12.7
原油	万吨	1375	2439	2399	—1.6
成品油	万吨	458	474	526	11.0
工业制成品	亿美元	117.50	374.60	462.1	23.4
其中：棉布	亿米	11.70	23.4	22.2	—5.1
涤棉布	万米	42518	114697	114930	0.2
真丝绸	万米		17309	17378	0.4
地毯	万平方米	115	826	829	0.4
服装	万美元	81887	350334	395223	12.8
棉制针织钩织服装	万美元	—	102944	118143	14.8
其他针织钩织服装	万美元	—	28889	26249	—9.1
进口额	亿美元	220.14	591.4	533.5	—9.8
初级产品	亿美元	80.54	117.54	98.53	—16.2
其中：粮食	万吨	1481.20	1658	1372	—17.2
食糖	万吨	120.90	158	113	—28.5
原木	万立米	155.30	597	415	—30.5
纸浆	万立米		47.6	34.2	—28.2
羊毛	万吨		10.4	3.3	—69.3
工业制成品	亿美元	139.63	473.86	434.92	—8.2
其中：化学肥料	万吨	930.60	1393	1627	16.8
钢材	万吨	333.20	948	419	—55.8
机床	台	574	603575	624898	3.5
汽车和汽车底盘	辆	24714	857898	63446	—26.1

实际利用外资额

(按投资方式分)

单位:万美元

指标	1989年	1990年	1990年为1989年%
总计	1147878	1208569	105.3
一、对外借款	518469	509937	98.4
政府贷款	147125	71937	48.9
国际金融机构贷款	85580	189300	221.20
其他	285764	248700	87.0
二、客商直接投资及其他	629409	659511	104.8
合资经营	265902	270395	101.7
合作经营	108322	125410	114.9
合作开发	20374	19425	95.3
独资经营	165378	244381	147.8
国际租赁	7198	—	
补偿贸易	47475	20265	42.7
加工装配	14706		

实际利用外资额

(按地区分)

单位:万美元

地区	1989年	1990年	1990年为1989年%
全国总计	1005915	1028939	102.3
地方合计	584821	549378	93.9
北京	47704	39202	82.3
天津	16776	9856	58.8
河北	9291	9780	105.3
山西	981	777	79.2
内蒙古	445	1064	239.1
辽宁	38814	72739	187.4
吉林	1496	3085	206.4
黑龙江	7677	4695	61.1
上海	46649	32104	68.8
江苏	16116	24769	153.7
浙江	12546	12777	101.8
安徽	2641	4228	160.1
福建	38792	42684	110.0
江西	2204	3587	162.7
山东	20833	23045	110.6
河南	5949	3412	57.4
湖北	6543	9391	143.5
湖南	13041	14029	107.6

续表

地　区	1989年	1990年	1990年为1989年%
广　东	239027	201541	84.3
广　西	8271	6260	75.5
海　南	9497	11698	123.2
四　川	25515	6318	24.8
贵　州	1389	1110	79.9
云　南	1007	1216	120.8
西　藏			
陕　西	10495	7364	70.2
甘　肃	111	124	222.7
青　海	—	—	—
宁　夏	—	25	—
新　疆	1011	2498	247.1

实际利用外资额

（按部门分）

单位：万美元

单　位	1989年	1990年	1990年为1989年%
部门合计	421094	479561	113.9
经贸部	30478	21157	69.4
财政部	55	499	907.3
铁道部	19287	21097	109.4
交通部	28775	43797	152.2
能源部	57832	69239	119.7
建设部	4326	6646	153.6
邮电部	6580	3938	59.8
国家教育委员会	7393	5680	76.8
卫生部	4200	8773	208.9
农业部	23388	14982	64.1
林业部	1615	3310	205.0
化工部	2386	4473	187.5
石油化工总公司	3500	8000	228.6
海洋石油总公司	23220	3253	14.0
华能电力公司	11297	3951	28.5
石油天然气总公司	39865	11358	28.5
中国人民银行	4648	5064	109.0
中国银行	105559	187121	177.3
中国投资银行	20366	13754	67.5
中国农业银行	7078	1789	25.3
中国交通银行	1000	3169	316.9
其　他	6782	2908	42.8

接待旅游人数和外汇收入总额

	1978年	1989年	1990年	1990年为以下年份%	
				1978年	1989年
一、旅游总人数(万人)	180.92	2450.14	2746.18	1517.9	112.1
外国人	22.96	146.10	174.73	761.0	119.6
华侨	1.81	6.85	9.11	503.3	133.0
港澳和台湾同胞	156.15	2297.19	2562.34	1640.9	111.5
在总计中:					
国际旅行社接待的	12.46	13.78	11.02	88.4	80.0
中国旅行社接待的	56.18	84.31	106.46	189.5	126.3
中国表年旅行社接待的		8.88			
二、旅游外汇收入总额(万美元)	4.52	18.60	22.18	490.7	119.2

外贸部门进出口贸易总额

(按公司分列)

单位:万美元

公司名称	1989年		1990年	
	出口总额	进口总额	出口总额	进口总额
总额	4343970	3914261	5206732	3305085
中国粮油食品进出口总公司	167123	357806	164385	281876
中国纺织品进出口总公司	262462	105365	256781	96065
中国土产畜产进出口总公司	82684	61747	86696	47313
中国轻工业品进出品总公司	29733	97998	32557	41663
中国五金矿产进出口总公司	23651	366745	28139	149314
中国工艺品进出口公司	80598	13888	95648	15001
中国化工进出口总公司	385232	373515	500085	320864
中国机械进出口公司	29450	194045	29730	152860
中国技术进出口总公司	2488	302736	7191	227441
中国机械设备进出口总公司	25488	8821	24833	6138
中国丝绸进出口总公司	123770	16121	129593	7806
中国医药保健品进出品总公司	5720	3910	7572	6442
中国农业机械进出口总公司	3002	1078	4221	997
中国仪器进出口总公司	1648	40031	3858	43808
中国汽车进出口总公司	10587	6721	13786	6564
中国包装进出口总公司	2890	11769	6747	13974
中国煤炭进出口总公司	55980	8817	67514	9774
中国有色金属进出口总公司	43814	54968	53742	31550
中国烟草进出口总公司	24544	15895	30168	15869
中国出口商品基地建设总公司	3670	4877	6772	4774
中国原子 能工业公司	5469	1364	4961	1027
中国航空技术进出口公司	34915	19001	35998	19388

续表

公司名称	1989年		1990年	
	出口总额	进口总额	出口总额	进口总额
中国电子进出口总公司	39657	43342	73699	43898
中国长城工业公司	5382	9947	21637	6928
解放汽车工业进出口公司	383	6461	328	4070
中国北方工业公司	56748	7694	41045	3262
东风汽车工业进出口公司	427	482	737	2590
中国船舶工业贸易公司	20808	8959	31907	9471
华润有限公司	1020	12048	1426	9380
中国冶金进出口公司	24320	56135	47845	65149
中国海洋石油总公司	7394	10374	17611	5171
中国远洋运输总公司	0	18404	0	10677
中国种子公司	820	630	1174	263
中国种畜进出口公司	67	513	47	755
中国晓峰技术设备公司	0	663	13	826
东方科学仪器进出口公司	1036	3315	1084	3279
中国人文科学发展公司	0	26	0	11
中国科学器材公司	327	1877	704	2257
中国航空器材公司	0	61050	0	101675
中国国际信托投资公司	7875	16211	7686	6688
中国新型建筑材料进出口公司	440	57	448	480
中国林木种子公司	27	221	119	32
北京光大实业公司	337	2674	713	2225
平和有限公司	595	1482	2016	1879
保利科技有限公司	11003	5772	20460	9654
京安器材进出口公司	859	232	1085	139
中国出版对外贸易总公司	195	455	195	579
新兴公司	4435	1600	6245	2706
中国化工建设总公司	2047	4093	3224	5230
中国林业国际合作公司	0	537	0	106
中国石化国际事业公司	11060	29184	13089	22772
中国纺织机械和技术进出口公司	2186	7942	2568	4528
凯利实业有限公司	3807	8064	8403	5576
志华有限公司	341	1470	150	964
中国国际包装技术贸易公司	1	659	8	200
中国富利公司	222	422	387	553
中国海外贸易有限公司	1023	5781	3016	10260
康华实业有限公司	0	105	0	0
中国邮电器材总公司	1	3776	0	2641
中国电视国际服务公司	0	309	0	1349
中国建筑材料及设备进出口公司	673	2179	1062	919
振华进出口公司	50	1008	50	818

续表

公司名称	1989年		1990年	
	出口总额	进口总额	出口总额	进口总额
中国轻工业对外经济合作公司	1126	3392	887	1063
中国唱片公司	19	75	72	71
中国农垦进出口公司	81	269	37	451
中国地质技术开发进出口公司	18	58	18	108
中国电影器材公司	60	736	73	499
中国医疗对外贸易总公司	490	1153	719	766
中国医疗卫生器材进出口公司	338	1502	334	2076
中国工商经济开发公司	2594	3524	0	0
中国水利电力对外公司	0	55	0	78
中国交通进出口服务公司	8	6577	241	16850
中国教学仪器设备公司	58	432	54	880
华阳技术贸易总公司	196	213	128	652
机床总公司	2642	1764	2296	1907
长城计算机进出口公司	1022	1648	1472	1321
非金属矿工业总公司	553	198	728	70
外贸开发(集团)有限公司	3028	3596	6016	2864
非洲贸易总公司	158	189	0	0
海湾贸易总公司	315	291	0	0
拉丁美洲贸易总公司	319	483	0	0
南光有限公司	511	3903	1227	6938
达阳进出口公司	23	848	78	370
华能进出口公司	143	280	1427	740
福建外贸中心	704	34	1506	188
广州外贸中心	598	2894	1928	4897
欧美进出口公司	403	850	409	160
安华进出口公司	171	4	874	25
福利企业公司	38	31	134	36
电工设备进出口公司	47	11	71	29
鑫隆有限公司	242	26	0	0
华泰技术贸易公司	39	42	151	1381
南洋有限公司	0	34	11	4
大恒进出口公司	0	102	129	188
康利克进出口公司	0	0	165	776
其他外贸企业	2708542	1475676	3284299	1407229

保险企业情况

指　　标	单位	1989年	1990年	1990年比1989年增长%
企业个数	个	2905		
省级公司(各级计划单列)	个	44		
地级公司	个	376		
县支公司	个	2066		
市辖区办事处	个	428		
年未职工人数	万人	77974		
主要业务指标:				
国内				
承保额	亿元	16734	19366	15.7
保费	万元	1229086	1557614	26.7
已决赔款	万元	485119	683047	40.8
国外				
承保额	亿美元	432	599	38.7
保费	万美元	42090	42318	0.5
已决赔款	万美元	16221	24520	51.1
财务批标:				
年内费用支出	万元	113770	163093	43.3
增加值	万元	325429	385759	18.5
国内赔付率	%	39.5	44.6	43.9
国外赔付率	%	38.5	57.9	57.9
人均盈利	万元	2905	—	—

1990年各种物价总指数

指　　标	以1978年价格为100	以1980年价格为100	以1985年价格为100	以上年价格为100
全国零售物价总指数	207.7	192.1	162.0	102.1
职工生活费用价格总指数	222.0	202.9	165.5	101.3
农民生活费用价格总指数				104.5
农副产品收购价格总指数	273.9	209.6	164.2	97.4
农村工业品零售价格总指数	197.4	185.5	160.1	103.2
社会消费品价格总指数	209.4	191.8	162.5	101.6
国营商业零售物价总指数	201.6	186.8	160.6	102.6
集市贸易价格总指数	220.3	227.5	171.2	94.3

工业品出厂价格指数

(以1980年为100)

指　　标	1978	1989	1990
总　指　数	98.0	118.6	104.1
冶金工业	92.7	121.0	110.3
电力工业	99.9	105.9	107.4
煤炭工业	82.9	112.2	106.2
石油工业	97.3	108.4	107.1
化学工业	102.2	119.4	101.6
机械工业	102.7	121.2	102.8
建筑材料工业	94.3	123.6	99.6
森林工业	93.4	115.7	94.6
食品工业	95.4	114.3	101.0
纺织工业	100.5	122.4	107.2
缝纫工业	98.1	118.9	109.1
皮革工业	—	118.3	106.3
造纸工业	91.9	123.0	102.3
文教艺术用品工业	—	111.0	107.3

社会零售物价分类指数

(以1978年价格为100)

指　　标	1980年	1985年	1989年	1990年
全社会零售物价指数	108.1	128.1	203.4	207.7
消费品	109.3	128.8	206.0	209.4
食品类	116.6	149.4	252.4	256.0
粮食	108.7	125.2	119.7	189.8
副食	128.8	175.0	317.0	299.9
鲜菜	125.5	230.3	358.6	310.5
烟酒茶	101.3	120.9	157.9	158.1
其他食品	132.9	173.5	246.5	248.9
衣着商品类	99.5	96.8	137.6	147.3
日用品类	102.1	106.3	154.9	158.1
文娱用品类	97.2	91.9	124.0	121.0
书报杂志类				
药及医疗用品类	102.6	117.9	190.4	194.8
燃料类	100.4	109.3	174.0	189.1
二、农业生产资料	101.4	123.6	184.8	195.1

工业品出厂价格分类指数

（以上年价格为100）

指　　标	1985年	1989年	1990年
全部工业品	108.7	118.6	104.1
生产资料	110.4	118.9	104.4
采掘工业	108.8	114.2	107.9
原材料工业	110.9	116.4	105.9
加工工业	111.7	121.8	102.5
生活资料	104.3	118.2	103.6
食品类	—	114.1	101.3
衣着类	—	121.4	107.3
一般日用品	—	121.5	103.0
耐用消费品	—	113.8	99.3

全民所有制建筑施工企业施工产值价格指数

（以上年价格为100）

指　　标	1985年	1989年	1990年
总指数	109.4	111.7	106.9
一、直接费	110.6	112.6	107.6
材料费	112.5	113.0	106.6
钢材	116.8	112.8	109.2
木材	118.1	116.7	101.9
水泥	114.7	111.6	104.1
地方材料	109.5	113.3	105.6
其他材料	109.4	112.9	107.9
人工费	105.5	110.6	115.8
二、其他费用	105.2	108.9	104.4

居民生活基本情况

指　　标	单位	1978年	1989年	1990年	1990年为以下年份%	
					1978年	1989年
全国居民消费水平	元	175	691	714	207.3	101.3
农业居民	元	132	511	522	211.2	99.5
非农业居民	元	383	387	1442	179.1	103.7
城真居民家庭人均生活费收入	元	456.84	1260.67	1387.27	197.4	108.6
农民家庭人均纯收入	元	133.57	601.51	629.79	311.2	101.8
各种人均实物消费量						
粮食	公斤	195.46	242.29	238.80	122.2	98.6
食用植物油	公斤	1.60	5.42	5.67	354.4	104.6
猪、牛、羊肉	公斤	0.75	17.16	18.37	2449.3	107.1
鲜蛋	公斤	1.97	5.95	6.27	318.3	105.4
水产品	公斤	3.50	6.26	6.53	186.6	104.3
各种生活用布	米	8.03	11.57	10.61	132.1	91.7
呢绒	米	0.08	0.25	0.23	287.5	92.0
绸缎	米	0.28	0.71	0.64	228.6	90.1
耐用消费品每百人拥有量						
手表	只	8.5	50.1	51.6	607.6	103.0
自行车	辆	7.7	32.8	34.2	444.2	104.3
缝纫机	架	3.5	12.2	12.3	351.4	100.8
电视机	台	0.3	14.9	16.2	5400.0	108.7
彩色电视机	台	0.2	9.6			
录放机						
人均储蓄存款余额						
城镇	元	91	668	1739	1911.0	260.3
乡村	元	7	259	220	3142.9	84.9

注：1.居民消费水平的发展速度按可比价格计算。

2.城镇居民家庭人均生活费收入和农民家庭人均纯收入为抽样调查数，其发展速度按可比价格计算。

城镇居民家庭平均每人全年生活费支出及构成

项　　目	1982年	1989年	1990年
生活费支出(元)	471.09	1210.95	1278.89
一、购买商品支出	432.12	1099.89	1150.80
食品	276.24	659.96	693.77
粮食	60.72	81.88	84.50
副食	150.96	406.28	421.31
烟酒茶	24.84	68.51	76.07
其他食品	39.72	103.29	111.89
衣着商品	67.68	149.15	170.90
日用品	13.44	133.97	129.66
文娱用品	21.72	70.05	68.25
书报杂志	4.20	10.59	11.15
药及医疗用品	2.88	15.98	19.65
燃料	8.76	18.23	20.31
二、非商品支出	38.88	111.06	128.09
房租	7.08	8,82	9.43
水电费	5.04	16.20	19.81
学杂费	2.76	25.24	28.33
保育费	2.76	5.19	5.23
交通费	6.60	10.16	13.52
邮电费	0.60	1.26	1.79
文化娱乐费	2.40	3.62	4.53
生活费支出构成(%)	100	100	100
一、购买商品支出	91.75	90.83	89.98
食品	58.65	54.50	54.25
粮食	12.89	6.76	6.61
副食	32.05	33.55	32.94
烟酒茶	5.27	5.66	5.95
其他食品	8.44	8.53	8.75
衣着商品	14.37	12.32	13.36
日用品	9.22	11.06	10.1
文娱用品	4.61	5.78	5.34
书报杂志	0.89	0.87	0.87
药及医疗用品	0.61	1.32	1.54
燃料	1.86	1.51	1.59

续表

项目	1982 年	1989 年	1990 年
二、非商品支出	8.25	9.17	10.02
房租	1.50	0.73	0.74
水电费	1.07	1.33	1.55
学杂费	0.59	2.08	2.22
保育费	0.59	0.43	0.41
交通费	1.40	0.84	1.06
邮电费	0.13	0.10	0.14
文化娱乐费	0.51	0.30	0.35

农民家庭平均每人全年生活费支出及构成

项目	1978 年	1989 年	1990 年
生活消费支出(元)	116.06	535.37	538.05
生活消费品支出	112.90	500.08	497.65
食品	78.59	289.58	295.16
衣着	14.74	44.38	45.06
燃料	8.28	23.51	24.37
住房	3.67	77.05	69.23
用品及其他	7.62	65.56	63.83
非商品支出	2.58	13.75	12.11
构成(以生活非支出为 100)			
生活消费品支出	97.3	93.4	92.5
食品	67.7	54.1	54.9
衣着	12.7	8.3	8.4
燃料	7.1	4.4	4.5
住房	3.2	14.9	12.9
用品及其他	6.6	12.2	11.9
非商品支出	1.7	6.6	2.3
全部商品消费中:			
绝对数(元)	112.90	500.08	500.76
自给性	60.06	210.03	163.31
商品性	44.84	290.05	337.45
构成(%)	100	100	
自给性	60.30	42.0	32.6
商品性	39.70	58.0	67.4

14个沿海开放市主要经济指标(一)

指标	单位	1989年		1990年	
		包括市辖县	不包括市辖县	包括市辖县	不包括市辖县
工业总产值(按1980年不变价格计算包括村及村以下工业)	亿元	3245.07	2009.55	3490.4	2101.8
轻工业(按现行价格计算)	亿元	2387.99	1461.86	2146.4	1417.0
重工业(按现行价格计算)	亿元	1938.85	1320.50	1804.4	1339.9
全民所有制独立核算工业企业财务指标					
利税总额	亿元	346.42	289.31	418.9	306.5
固定资产原值	亿元	1347.86	1112.11	2096.8	1528.3
固定资产净值	亿元	921.52	754.71	1473.1	1056.3
定额流动资金年平均余额	亿元	593.59	510.23	1102.4	800.8
每百元固定资产原值实现利税	元	25.70	26.01	20.0	20.1
每百元固定资产原值实现总产值	元	170.05	171.78	224.0	307.3
每百元资金实现利税	元	22.86	22.87	16.3	16.5
每百元总产值占用定额流动资金	元	25.90	26.71	17.1	27.1
沿海港口货物吞吐量	万吨	45135	42275	41597.0	40630.0
全民所有制单位基本建设投资	亿元	295.06	254.15	291.0	237.4
全民所有制单位更新改造投资及其它投资	亿元	165.78	137.49	161.5	135.7
城镇集体所有制单位固定资产投资	亿元	25.35	15.21	23.8	13.6
社会商品零售总额	亿元	1195.51	737.21	1225.9	769.9
对居民的消费品零售额	亿元	955.32	620.21	976.5	642.3
城乡集市贸易成交额	亿元	205.25	89.60	229.8	102.8
外贸口岸出口总额	亿美元	286.04		323.7	—
实际利用外资额	万美元	245868.00	233646.00	219804.0	197356.0
客商直接投资	万美元	90862.00	83413.00	90761.0	74808.0
地方财政预算内收入	亿元	373.87	298.51	371.9	289.3
年底职工人数	万人	1719.11	1256.56	1744.1	1280.3
工业企业	万人	858.02	652.22	871.6	664.3
职工工资总额	亿元	402.22	313.71	446.4	349.0
工业企业	亿元	198.65	158.97	101.4	78.2

14个沿海开放城市主要经济指标(二)

城市	1989年							
	工业总产值(亿元)	利税总额(亿元)	每百元固定资产原值实现利税(元)	每百元资金实现利税(元)	沿海港口货物吞吐量(万吨)	外贸口岸出口总额(亿美元)	实际利用外资额(万美元)	地方财政预算内收入(亿元)
大　连	202.54	22.03	18.55	18.62	5092	51.43	19363	25.46
秦皇岛	25.18	2.76	13.04	11.88	6565	10.05	691	4.17
天　津	480.59	46.73	18.06	18.38	2037	39.70	43994	46.49
烟　台	155.98	8.06	16.59	15.06	1197	1.85	1603	9.34
青　岛	244.69	18.00	27.36	24.30	3145	31.67	10815	22.12
连云港	35.75	2.48	16.10	14.34	1126	2.42	2042	3,73
南　通	168.57	5.60	18.87	15.58	2520	1.68	3431	12.14
上　海	1114.83	178.41	31.35	27.03	14604	77.11	118954	158.73
宁　波	224.67	11.00	33.59	29.51	2209	5.36	3093	15.28
温　州	80.24	1.03	13.36	10.08	451	0.04	576	8.77
福　州	100.49	7.10	24.65	19.28	533	5.47	6536	10.05
广　州	280.11	34.25	29.78	22.89	3079	51.22	29842	46.51
湛　江	47.92	5.52	26.21	21.50	1810	7.26	3394	6.47
北　海	8.15	0.79	22.13	19.66	121	0.88	367	1.32

城市	1990年							
	工业总产值(亿元)	利税总额(亿元)	每百元固定资产原值实现利税(元)	每百元资金实现利税(元)	沿海港口货物吞吐量(万吨)	外贸口岸出口总额(亿美元)	实际利用外资额(万美元)	地方财政预算内收入(亿元)
大　连	216.32	24.40	14.49	13.28	4952	65.38	39417	24.05
秦皇岛	25.82	2.66	8.45	7.22	6945	11.80	1939	4.12
天　津	518.18	48.47	14.69	13.24	2063	42.53	33296	44.88
烟　台	180.93	14.65	14.51	11.72	1120	3.32	5323	10.35
青　岛	273.08	21.73	17.66	14.14	3068	17.31	7519	24.23
连云港	38.90	2.23	8.86	7.29	1137	3.34	1215	3.98
南　通	177.28	12.21	15.44	10.85	0	2.21	3835	12.69
上　海	1159.95	202.02	25.65	20.96	13959	86.62	77970	162.74
宁　波	238.03	21.17	23.70	17.28	2553	6.33	7703	15.98
温　州	85.65	5.70	23.33	15.48	404	0.63	250	8.89
福　州	111.12	8.81	18.39	13.79	615	6.27	10220	10.94
广　州	308.28	38.91	18.79	14.55	2714	70.70	26737	36.94
湛　江	54.66	7.81	20.79	16.14	1765	6.18	2508	6.98
北　海	9.73	0.99	16.92	13.40	113	0.90	1052	1.50

4 个经济特区主要经济指标(一)

指　　标	单　位	1989 年				1990 年			
		深圳	珠海	汕头	厦门	深圳	珠海	汕头	厦门
工业总产值(按 1980 年不变价格计算包括村及村以下工业)	亿元	119.64	33.01	93.73	56.54	170.3	45.4	109.1	68.2
轻工业(按现行价格计算)	亿元	96.31	33.58	82.25	48.22	139.2	41.0	65.9	55.6
重工业(按现行价格计算)	亿元	35.93	8.43	29.23	21.20	48.0	9.7	20.3	21.0
全民所有制独立核算工业企业财务批标									
利税总额	亿元	5.70	1.15	2,60	5.82	16.2	2.7	3.5	9.3
固定资产原值	亿元	19.41	11.22	16.58	21.03	84.0	35.1	45.7	39.6
固定资产净值	亿元	16.40	9.38	12.66	17.32	67.3	28.8	36.2	32.0
定额流动资金年平均余额	亿元		4.80	7.86	9.80	0.0	12.5	18.3	19.6
每百元固定资产原值实现利税	元	29.35	16.23	15.71	27.69	19.3	7.8	7.7	23.5
每百元固定资产原值实现总产值	元	183.28	138.97	145.27	151.46	234.6	155.8	281.7	198.7
每百元资金实现利税	元	34.74	8.10	12.69	21.47	24.1	6.6	6.4	18.0
每百元总产值占用定额流动资金	元		30.78	32.65	30.76	0.0	19.1	8.2	23.8
沿海港口货物吞吐量	万吨	956	232	599	513	1292.0	269.0	586.0	529.0
全民所有制单位基本建设投资	亿元	43.54	8.77	9.47	7.31	49.5	9.6	9.6	7.1
全民所有制单位更新改造投资及其它投资	亿元	1.86	0.32	3.06	2.47	2.5	0.4	2.7	2.9
城镇集体所有制单位固定资产投资	亿元	2.25	0.49	2.31	0.65	0.6	0.3	1.6	0.6
社会商品零售总额	亿元	56.13	19.25	62.54	25.00	68.4	21.8	60.1	29.6
对居民的消费品零售额	亿元	48.79	16.41	54.83	22.99	60.6	18.5	52.8	27.3
城乡集市贸易成交额	亿元	17.28	5.55	26.64	4.37	22.2	6.2	31.7	5.1
外贸口岸出口总额	亿美元	43.38	12.43	7.55	7.05	50.5	16.7	11.6	9.6
实际利用外资额	万美元	45809	16947	15741	23822	51857.0	10828.0	15853.0	17307.0
客商直接投资	万美元	29252	5328	9765	20980	38994.0	6910.0	12386.0	7273.0
地方财政预算内收入	亿元	18.77	5.45	8.48	8.11	21.7	4.4	8.4	10.3
年底职工人数	万人	48.24	14.72	77.83	28.72	55.4	16.2	78.6	30.0
工业企业	万人	25.54	5.11	34.97	13.60	30.5	5.9	34.9	14.2
职工工资总资	亿元	17.90	4.75	14.59	7.74	22.7	5.6	16.0	9.1
工业企业	亿元	8.70	1.72	6.12	3.67	7.3	1.2	4.8	2.4

4个经济特区主要经济指标(二)

指标	单位	1989年		1990年	
		包括市辖县	不包括市辖县	包括市辖县	不包括市辖县
工业总主值(按1980年不变价格计算 包括村及村以下工业)	亿元	302.91	223.11	393.0	291.5
轻工业(按现行价格计算)	亿元	260.36	189.58	301.7	243.3
重工业(按现行价格计算)	亿元	94.79	71.17	99.0	83.3
全民所有制独立核算工业企业财务指标					
利税总额	亿元	15.27	13.19	31.8	27.9
固定资产原值	亿元	68.24	53.21	204.5	167.2
固定资产净值	亿元	55.76	43.74	164.2	134.6
定额流动资金年平均余额	亿元	22.46	18.08	50.4	39.7
每百元固定资产原值实现利税	元	22.38	24.79	15.5	16.7
每百元固定资产原值实现总产值	元	156.95	160.42	224.6	274.8
每百元资金实现利税	元	20.97	21.33	14.8	16.0
每百元总产值占用定额流动资金	元	19.53	21.18	8.6	11.8
沿海港口货物吞吐量	万吨	2300	2023	2676.0	2299.0
全民年有制单位基本建设投资	亿元	69.09	61.24	75.8	72.9
全民所有制单位更新改造投资及其它	亿元				
投资	亿元	7.71	5.78	8.5	7.1
城镇集体所有制单位固定资产投资	亿元	5.70	3.33	3.0	2.0
社会商品零售总额	亿元	103.12	102.31	179.8	119.0
对居民的消费品零售额	亿元	143.01	92.42	159.1	106.6
城乡集市贸易成交额	亿元	53.84	25.05	65.2	32.4
外贸口岸出口总额	亿美元	70.41	-	88.4	—
实际利用外资额	万美元	102319	95965	95845.0	85646.0
客商直接投资	万美元	65325	59839	65563.0	56609.0
地方财政预算内收入	亿元	40.81	34.60	44.8	38.1
年底职工人数	万人	169.51	110.89	180.2	120.4
工业企业	万人	79.22	56.29	85.6	61.6
职工工资总额	亿元	44.99	33.60	53.4	40.8
工业企业	亿元	20.21	16.00	15.7	13.5

第七部分

企 业 升 级

我国企业升级工作稳步发展

国务院企业管理指导委员会办公室

一

企业升级是我国进入“七五”以来为促进企业管理所采取的一项重要政策措施。1986年7月，国务院颁发了《关于加强工业企业管理若干问题的决定》，提出把提高产品质量、降低物质消耗，增加经济效益作为考核工业企业管理水平的主要指标，并按照国际当代先进水平、国际70年代末、80年代初先进水平、国内同行业先进水平、省（自治区、直辖市）内同行业先进水平，将考核指标分为四个等级，分别作为国家特级、一级、二级企业和省（自治区、直辖市）级先进企业标准。对全国工业企业，特别是全民所有制大中型企业提出“抓管理、上等级，全面提高素质”的要求。四年多来，各部门、各地区和广大企业认真贯彻《决定》，有计划、有步骤地推进企业升级工作。

截止1990年底，各部门考核审定了四批（1986、1987、1988、1989等四个年度，每年一批）共4211个国家二级企业。其中工业企业为3629个，占88%；非工业企业为519个，占12%，国家二级企业的工业企业占全国预算内工业企业数的9．3%。

1988年下半年，国家在机电、轻工、纺织、化工、冶金、石化、有色、航空航天、船舶、医药等十个部门的国家二级企业中，选择少数企业进行国家一级企业的考核审定试点，当年进行了预考核，1989年主管部门正式考核后，经国务院企业管理指导委员会审定，并正式命名了45个企业为首批国家一级企业。同年还对第二批由国家二级企业进入国家一级企业的97个企业进行了预考核，其中，有88个在1990年经正式考核、审定后已命名为国家一级企业，至此，国家一级企业达到133个。

此外，在这四年间，各地区共考核审定了18000左右的省（自治区、直辖市）级先进企业。

二

四年的实践充分说明，企业升级确是促使企业提高管理水平的有效形式。各部门、各地区的领导对此十分重视，把开展企业升级活动列入经济工作中的重要内容来抓，特别是近几年在企业面临市场疲软、资金紧缺、产品积压等困难的情况下，充分发挥了企业升级机制的作用，引导企业眼睛向内，强化管理，挖掘内部潜力，千方百计提高经济效益。

(一)总结、宣传首批国家一级企业的管理经验，推动广大企业提高经营管理水平。

1990年1月，国务院企业管理指导委员举行新闻发布会，公布了《关于审批45个企业为国家一级企业的决定》，在社会上引起了很大反响。这批企业基本上是我国重点的大型工业企业，代表了我国工业企业的最高水平，他们生产的主要产品全部达到国际70年代末，80年代初的先进水平，其中三分之一的产品达到国际当代先进水平；经济效益指标明显高于全国工业企业的平均水平，1989年度的资金利税率、人均实现利税和劳动生产率分别是全国工业企业平均水平的3.3倍、6.8倍和4.9倍。其实，这45家企业并非都是技术装备先进、条件优越的新兴工业企业，他们所以能够取得这样的成绩，是坚持改革，推进技术进步的同时，扎扎实实地强化管理的结果。如果，我国能有更多的企业达到这样的水平，我国工业企业整体素质就会有个明显的提高，我国的经济实力就会大大增强。因此，各部门、各地区非常重视首批国家一级企业在管理上的成功经验，及时地进行了总结。主要经验是：瞄准国际先进水平，以占领国际市场为目标，制订企业经验发展战略；依靠科技进步，加快技术改造，增强企业后劲；把产品质量作为企业生存发展的根本；把节能降耗作为挖掘企业内部潜力，增加经济效益的主攻点；优化现场管理，使人流、物流、信息流高效运转；坚持以人为本，全心全意依靠工人阶级办好社会主义企业。各部门、各地区以国家一级企业为本行业、本地区企业的学习榜样，通过召开现场经验交流会等方式，积极推广了他们的经验。通过学习先进，广大企业看到了自己的差距，明确了具体的赶超对象，增强了战胜困难的信心。从而有力地推动了企业强化管理工作的进行。

(二)坚持高标准、严要求，考核审定国家级企业。

1990年对第二批国家一级企业和第四批国家二级企业进行了考核审定。由于近两年来，客观经济环境变化很大，给企业的生产带来种种困难，也直接影响了企业的经济效益。为了发挥企业升级的激励机制，引导企业在管理上下功夫，挖掘内部潜力，克服困难，各部门、各地区按照国务院企业管理指导委员会的要求，在考核审定工作中坚持高标准、严要求，对企业不迁就、不照顾，严格地对第二批国家一级企业进行了正式考核，最后由国务院企业管理指导委员会严格审定，确认88家企业(预考核是97家，但其中有9家没有全部达到标准)连续两年达到国家一级企业标准，被命名为第二批国家一级企业。这批企业经受住了外部环境的严峻考验，在企业经济效益普遍下滑的情况下，它们的工业总产值和实现利税，仍然分别比上年增长9.71%和6.61%，资金利税率、人均实现利税额和全员劳动生产率，分别是全国预算内工业企业的1.65倍、3.46倍和1.95倍。它们不仅为国家做出应有的贡献，同时也为全国的工业企业在向管理要效益方面做出表率。这批企业生产和主要产品全部达到国际70年代末、80年代初的先进水平，其中四分之一的产品达到国际当代先进水平，有许多产品不仅替代了进口，而且还打入了国际市场。如上海新中华机器厂生产的“长征三号”一、二级运载火箭，在连续二次发射成功后，又成功地将“亚洲一号”通讯卫星发射上天，从而，使我国成为世界上可数的几个可以为国外提供商业性卫星发射服务的国家之一；武汉重型机床厂设计生产的CK53160十六米数控单柱立式车床，是具有80年代先进水平的高技术产品，在世界上只有少数几个国家能够制造；浪潮电子信息集团生产的0500系列微机，在技术先进性、整机可靠、适用性等方面均与美国IBM公司的同类产品水平不相上下，等等。

同样，在考核审定国家二级企业中，也坚持了高标准、严要求，不追求升级企业的数量，严格把好质量关。考虑到目前有些行业的国家二级企业标准水平偏低，并且全国已审定的国家二级企业已占全国预算内企业数8%以上，为了保证国家二级企业的先进性，国务院企业管理指导委员会提出，要适当压缩国家二级企业考核审定数量，并对各部门的考核审定数量进行控制。这样，1990年共审定1354个国家二级企业，比上年减少了20%。另一方面，鉴于有的企业单纯在指标上“套标升级”，而不着重在管理上下功夫，致使各项考核指标不能稳定提高，各部门按照国务院企业管理指导委员会的要求，突出了对企业管理工作的要求，特别是对现场管理的考核评价更为严格。因此，尽管有些企业的考核指标达到了标准，但由于管理工作达不到要求，也未能被审定为国家二级企业。

(三)坚持不搞“终身制”，对国家二级企业进行复查，发现不合标准的坚决撤销称号。1990年各部门按照国务院企业管理指导委员会的统一部署，对1987、1988年度的1989个国家二级企业进行了复查，占已审定的全部国家二级企业总数的47.2%。经复查，其中有1591个企业保持合格，它们的1989年各项考核指标和管理水平仍达到国家二级企业标准，占复查企业总数的80%。复查达不到标准的共398个，占复查总数的20%，这些企业多数是资金利税率达不到国家二级企业的标准。

复查结果表明，绝大多数国家二级企业在治理整顿中，经受住了客观经济环境急骤变化的严峻考验，克服了市场疲软、资金短缺、原材料涨价等困难，保证了产品质量的稳步提高和经济效益的持续增长。它们的基本经验：一是优化产品结构，通过开发新产品，增加花色品种，提高产品档次和质量，使产品保持畅销势头；二是强化经营管理，改造挖潜，提高对各种减利因素的消化能力，向管理要效益。因此，在同样的外部环境中，这批企业不仅保持了国家二级企业水平，而且其中不少企业素质又有新的提高。如化工部有近半数的国家二级企业，各项考核指标已达到或接近国家一级企业标准，管理水平也上了新台阶。

对398个未达标企业，各主管部门在分析其原因的基础上，区别不同情况提出了处理意见。对主要是客观因素影响资金利税率达不到标准的201个企业视同复查基本合格，约占复查企业总数的9.9%；对主要是单项考核指标或管理水平下降的178个企业提出警告，限期整顿，占8.9%；对主要是出现经营性亏损，或发生特大安全事故或严重违反财经纪律的23个企业，撤销国家二级企业称号，占1.2%。各部门、各地区对这次复查工作是重视的，进行了认真细致的工作，如化工、能源、纺织、机电、轻工等部门在对不达标企业的处理上，坚持了高标准、严要求，对应撤销称号的企业，坚持撤销称号，体现了企业升级不搞“终身制”的要求。总之，通过这次复查工作，对于促使企业升级后不放松管理，继续提高素质起到了鞭策作用。巩固了企业升级成果。

三

企业升级已成为促进企业加强管理，全面提高素质的一种有效的机制。主要表现在如下几个方面：

(一)激励企业自觉赶超国内外先进水平。国家制订升级标准，既为企业提供了具体的奋斗目标，引导企业瞄准国内外先进水平，提高经营管理水平，又为客观评价企业经营管理水平提供统一尺度。根据企业升级自愿的原则，国家按照升级标准对申报的企业进行考核，并为审定的国家级企业颁发证书。这既是国家对企业在“抓管理、上等级”中所取得成绩的表彰，也是国家对企业技术、管理水平的认定，增强了企业的荣誉感。同时，为了体现企业“干好干坏不一样”，国家在制订搞活企业的政策上也适当地向国家级企业倾斜。从而有效地调动企业抓管理、上等级，全面提高素质的积极性。企业升级可以提高企业的知名度，不仅有利于企业在国内市场上树立良好的形象，就是国外的厂家、客商也把国家级企业当作最好的合作对象。为此，在有计划的商品经济发展中，企业为了提高自身在市场中的竞争能力，主动要求升级的意识越来越强烈。由于企业升级不搞“终身制”，一旦在复查中被撤销称号，就会直接影响企业在市场中的信誉，这就迫使企业升级后只能进步，不能停顿，更不能倒退。因此，通过开展企业升级工作，有力地激发了广大企业为赶超先进而奋发向上的精神。

（二）推动企业技术进步和加强管理同步发展。产品质量、物质消耗和经济效益是企业管理与技术水平的综合体现。技术进步是企业提高产品质量、降低物质消耗和增加经济效益的重要途径，加强管理则是实现这个目标的保证。因此，企业在开展升级活动中，一方面重视技术进步，积极筹措资金进行技术改造，采用新技术、新工艺，加快产品的更新换代，努力提高企业的技术素质。一方面在提高经营管理水平上下功夫，管理从基础工作抓起，基础工作从班组建设抓起，班组建设从提高职工素质抓起，同时，围绕着升级的各项考核指标实行目标管理，把升级目标与经济责任制相结合，层层分解落实到车间、科室、班组和个人，使管理工作真正落到实处，从而推动企业素质全面提高。如国家一级企业大连冷冻机厂在企业升级活动中，瞄准世界先进水平，在产品质量、品种、水平上下功夫。它们每年都要投入一半的技术力量，拿出销售资金的2%用于产品开发，并花了50多万美元购进丹麦萨布罗公司的样机，与本厂产品进行实测对比，为产品上水平的主攻方向提供了科学依据。在锻造、加工、装配和检测上引进了国外先进的技术和装备。在管理上，围绕企业生产经营，积极推进管理现代化，充分发挥企业管理的整体功能，企业的素质不断提高。它们生产的“冰峰”牌冷冻机的经济技术指标达到了世界先进水平，在国际市场上享有声誉。

（三）有利于加强行业管理，提高行业管理水平。各行业主管部门通过制订升级标准，基本上摸清了本行业的底数，掌握了本行业与国际行业先进水平的差距，有利于在行业管理中，有针对性地对企业进行分类指导。由于有了升级标准，建立起对企业进行考核的量化指标，从而使行业管理由定性管理逐渐过渡到定性与定量相结合的管理，改变了长期以来我国在评价企业管理工作时定性的多、定量的少，容易产生“说不清、评不准、抓不住、推不动”的现象。特别是使主要产品的生产处于有标准的受控状态，加快了行业按国际标准和国家标准组织生产的步伐。例如冶金工业在企业升级前的1985年，按国际一般水平标准、国际先进水平标准生产的产品覆盖面只有25%，现在已提高到75%以上。由于企业升级在政策上规定了“生产不符合产业政策产品的企业不得升级，”有力地推动了行业中的产品结构调整。

总之，开展企业升级工作，不但对改变我国“技术落后，管理更落后”的状况有着深远意义，而且对在治理整顿中引导企业把工作重点放在调整产品结构，提高质量，增加品种，降低消耗，提高效益上有着现实意义。不仅受到各部门和地区的重视，也受到广大企业的欢迎。正如一位国家一级企业厂长所讲的：“企业升级是一面镜子、一把尺子、一架梯子，用镜子照照，可以发现自己的差距；用尺子量量，可以知道自己所处的位置；沿着企业升级的梯子，就可以一步步攀登到国内、国际先进水平。”

企业升级是改革中形成的一种新的工作方式，一种有效的机制。但是，目前在工作中存在一些问题，一是各行业主管部门制订的升级标准没有进行统一审定，升级标准不尽平衡，有的行业标准水平偏低；二是有些部门搞单项管理升级，存在着考核项目繁多，层层重复检查验收，给企业造成不必要的负担；三是非工业企业不生产实物产品，与工业企业相比，在等级设置、考核指标选择和标准水平确定上很难对应，造成工业企业与非工业企业在升级工作中的其他矛盾与不平衡现象。

“八五”期间要继续发挥企业升级的机制作用，就必须加以完善和提高，一是要提高工业企业升级标准水平，并由国家级企业标准审定委员会进行统一的审查认定；二是要改进考核审定办法，既做到科学、严格，又要减轻企业负担；三是坚持企业升级不搞“终身制”的原则，通过对实行有效期制、完善复查制度和建立国家级企业信息档案库，利用电子计算机等先进手段，对国家级企业各项考核指标进行跟踪等办法，逐步建立起“优胜劣汰”的企业升级运行机制；四是研究改进非工业企业的升级标准和考核审定办法；五是在坚持企业升级工作的同时，研究其它加强企业管理工作的形式和方法，如制订现代化管理纲要和行业管理规范，加强生产现场管理等，以指导众多的企业，包括中小型工业企业和非工业企业加强管理，推动我国企业整体素质的提高。

（撰稿人：薛宝祥）

关于一九九〇年企业升级工作的安排意见

（1990年1月11日国务院企业管理指导委员会发布）

各省、自治区、直辖市经委（计经委）、加强企业管理领导小组，国务院有关部门：

党的十三届五中全会通过的《关于进一步治理整顿和深化改革的决定》中明确指出"必须制定得力措施，把降低成本、减少消耗、提高质量、增加品种、减少资金占用、提高经济效益的要求具体化，层层加以落实，并作为考核各级经济组织和企业工作好坏的主要指标"。国务院关于在"七五"期间加强企业管理、开展企业升级的决定同上述要求是一致的。从三年的实践来看，企业升级工作从试点逐步展开，已取得初步成效，受到企业和主管部门的普遍欢迎。在治理整顿期间，要把企业升级工作这一加强企业管理的措施继续抓紧抓好。1990年要着重抓好以下工作：

一、提高认识，进一步明确企业升级的指导思想。当前，企业升级必须服从和服务于治理整顿，必须与深化企业改革、开展"双增双节"运动紧密结合。企业升级的主要对象是全民所有制大中型工业生产企业，特别是对保证我国经济稳定协调发展起重要作用的大中型骨干企业。企业升级的目的是通过这种机制，促进企业强化管理，赶超国内国际先进水平，全面提高企业素质。因此，工作的重点是"抓管理"。"上等级"是抓管理的结果，是反映企业不同管理水平的标志。必须防止和克服忽视管理，单纯"套标升级"的倾向。企业要在升级活动中，树立赶超思想，提出明确的目标，努力攀登国内、国际同行业先进水平。为了保证企业升级的质量，必须坚持高标准、严要求，防止追求数量，1990年审定国家二级企业一定要严格按标准核定，总数仍要加以控制。

二、继续完善企业升级标准，坚持标准的先进性和严肃性。这是使这项工作能够发挥作用，持久坚持下去的关键。针对当前升级标准中存在的问题，并考虑到"八五"期间升级标准将作全面调整的情况，今年各部门不再颁发新的企业升级标准。已经制定的国家级企业升级标准，其中产品未列入国家颁布的主要产品目录（国标发〔1986〕290号文）的，停止实施，并予撤销。企业生产的主要产品不符合国家产业政策的（见国发〔1989〕29号文），这类企业暂不能审定为国家级企业。对现有标准的各项指标水平，只能调高不能调低。

三、对管理工作的考查要求，要从实际出发，做到合理、可行。为了克服目前企业升级中对管理工作多头考查，要求过多、过繁的现象，减轻企业的负担，必须明确：第一，企业升级的管理工作要求，由国务院各行业主管部门根据行业的具体情况并参照专业管理部门的要求，分别制订；第二，各部门制订的管理工作要求，要突出重点，力求量化，便于考查；第三，专业管理工作单项升级一律不作为企业升级先决条件；第四，专业管理部门必须遵守《企业法》的规定，不得要求企业设立对口机构；第五，企业咨询不作为企业升级的必经程序。

四、改进考核方法，严肃考核纪律。企业升级的考核审定工作是一项严肃的工作，必须坚持标准，从严考核。同时要简化程序，纠正重复检查，层层验收和乱收费的现象。对国家级企业管理工作的考查，由国务院行业主管部门或委托省、自治区、直辖市主管厅局组织进行，各地区企指办（或加强办）和经委（计经委）进行协调。考核工作要尽量结合日常工作进行，充分利用已有的检测数据和凭证，确实需要派人考查的，人员要少而精，时间要短，注重实效。各级主管部门和企业，必须严格执行《企业升级考核审定纪律》，廉洁奉公，严禁搞各种不正之风。

五、抓好升级企业的复查工作。为了巩固企业升级成果，从今年一季度起，对1987、1988年度的国家级企业进行一次复查。复查的方法是以企业自查为主，主管部门有重点地进行抽查。对查出有问题的企业，根据不搞"终身制"的原则，区别情况，认真处理。

对主要产品质量、物质消耗指标有一项已达不到标准的；或发生特大安全事故；或因经营管理不善，经济效益指标达不到标准的；或在税收、财务、物价方面有意弄虚作假，明知故犯，严重违法乱纪的企业，撤销称号，收回证书。

对由于政策性因素等客观原因，经济效益指标达不到标准的；或安全生产达不到考核指标要求的；或质量、物耗、效益和安全指标虽达到标准，但管理水平下降，达不到规定要求的企业，各部门要根据具体情况，提出警告，限期整改。整改期限为半年到一年，逾期仍达不到要求的，也要撤销称号。

六、关于非工业企业加强管理的问题。三年来，非工业行业按照《决定》精神，仿照工业企业的办法，也进行了企业升级的试点，对非工业企业加强管理，起到积极的促进作用。但从工作实践和各地区普遍的反映看，非工业企业门类繁多，量大面广，特点各异，与工业生产企业相比，差异很大，如果一律采取升级的办法，在等级的设置、考核指标的选择和标准水平的确定上，都很难对应；各非工业企业之间也难以横向比较，难以平衡。因此，今年非工业企业除继续进行企业升级工作试点外，要着重研究适合非工业企业不同特点的加强管理办法。今年非工业企业升级试点，一是仍限于大中型企业；二是不搞国家一级企业试点；三是坚持省而精的原则，数量从严掌握。

关于认真做好国家二级企业复查工作的通知

（1990年6月15日国务院企业管理指导委员会发布）

各省、自治区、直辖市经委（计经委）、加强企业管理领导小组，国务院有关部门：

目前，各部门、各地区正在按照国务院企业管理指导委员会的部署，开展对升级企业的复查工作，取得了初步成效，但也反映出一些问题需要进一步明确。为了更好地做好复查工作，现将有关事项通知如下：

一、提高对复查工作重要性的认识。复查工作是推动升级企业继续加强管理，巩固升级成果的有力措施。复查的目的在于促进已经升级的企业不断提高产品质量、降低物质消耗、增加经济效益和保证安全生产，防止一些企业证书到手，管理放松的倾向。为此，国务院各部门和各省、自治区、直辖市经委（计经委）、加强企业管理领导小组要重视这项工作，加强组织领导，坚持高标准、严要求，使复查真正起到促进企业提高素质的作用。

二、这次复查，除了重点复核质量、消耗、效益、安全四项指标外，还要着重复查企业管理水平是否下降。鉴于绝大多数工业企业已经下放给地方管理，在《国家级企业审定办法》中已规定企业管理工作由省、自治区、直辖市加强企业管理领导小组办公室进行考查，作出综合评价。因此，对国家级企业的复查工作应更多地发挥地方的作用，由省、自治区、直辖市经委（计经委）、加强企业管理领导小组统一组织进行，并做好有关厅局的协调工作。具体做法上仍按照企指委〔1990〕1号文件的规定，在企业自查的基础上有计划、有步骤、有重点地抽查一批国家级企业和省级先进企业，抓住典型，宣传教育，促进企业把功夫真正下到管理上。各部门、各地区要密切协作，做好今年的企业升级复查工作。

三、各地区对查出有问题的国家级企业，可按企指委文件的规定，区别情况提出处理意见的建议，报国务院主管部门审批，并报国务院企指委办公室备案。

四、必须派人到企业抽查时，人员要少而精，时间要短。要严格执行《企业升级考核审定纪律》，严禁搞各种不正之风；对升级企业进行复查，任何单位一律不得收取费用；要切实注意减轻企业负担。

五、不少部门、地区反映原订6月底完成复查工作有困难。考虑到6、7月份还要同时进行今年国家二级企业的考核、审定工作，工作量比较大，所以今年复查工作结束时间，可延长到年底。复查工作小结请于年底报企指委办公室。

关于国家一级企业预考核工作的安排意见

（1990年8月7日国务院企业管理
指导委员会　国务院生产委员会发布）

国务院有关部门：

根据今年全国企业管理工作座谈会会议精神，鉴于“八五”期间国家一级企业升级标准将做进一步调整和修订，今年预考核的国家一级企业仍在工业部门和已进行过国家一级企业审定试点的非工业部门进行试点，范围不再扩大。为做好今年的国家一级企业预考核工作，提出以下安排意见。

一、今年国家一级企业预考核总量控制的原则。今年国家一级企业预考核仍坚持从严掌握的原则，对有关部门预考核的数量分配，按以下原则综合考虑：

（一）前两年审定的国家一级企业的数量和水平；（二）各部门行业的数量多少；（三）大中型企业特别是大型企业的数量；（四）主要产品的生产技术水平等。具体数额分配见附表。各部门应严格按分配数量进行考核，不得超过，但可少于分配数。

二、选择国家一级预考核企业的条件。各部门选择国家一级预考核企业要符合下列条件：（一）必须是大中型企业；（二）企业生产的主要产品应是能够代表我国工业先进水平的技术密集型产品，产品质量、性能在国际上有可比性，具有公认的标准数据；（三）必须是1988、1989两年各项考核指标连续达到国家一级标准；（四）前两年审定国家一级企业数量较多的小行业，今年原则上不再选试点企业；（五）生产同类产品的企业，原则上只选一个；（六）考核使用的标准必须是1989年12月31日以前正式下发试行的；（七）主管部门在选择试点企业时，对生产跨行业产品的企业，必须征得产品归口部门的同意，并经两个部门联合考核确认。

三、国家一级企业考核和审批权限。国家一级企业预考核名单由国务院主管部门按照国务院企指委办公室确定的原则和分配数量选出，报国务院企指委办公室审定。对国家一级企业预考核，仍由国务院主管部门组织，并提出审定意见，报国务院企指委审批。

四、工作进度。各部门将选择的预考核企业名单，按项目列表（包括企业名称、主要产品、采用标准、企业划型类别），于8月末报送企指委办公室审定。国家一级预考核企业的申报表（一份）附《国家一级企业主要产品技术质量与国际水平对照表》和部门预考核工作小结，于10月底前送企指委办公室。

关于审批第二批国家一级企业的决定

（1990年12月28日国务院企业管理指导委员会　国务院生产委员会发布）

国务院有关部门，各省、自治区、直辖市加强企业管理领导小组（企业管理指导委员会）、经委（计经委），解放军总后勤部：

“七五”期间各部门、各地区和企业认真贯彻国务院《关于加强工业企业管理若干问题的决定》，全面开展以提高产品质量、降低物质消耗、增加经济效益、实现安全生产为主要内容的企业升级活动，取得了明显的效果，已经成为引导企业加强管理，提高素质不可缺少的激励机制。继1989年审定首批国家一级企业之后，又有一批企业经过1989、1990两年连续考核，达到国家一级企业标准。这批企业在治理整顿中，经受住了困难的考验，取得了优异成绩。它们的主要产品质量全部达到国际70年代末、80年代初的先进水平，有的已达到国际当代先进水平；物质消耗、经济效益和安全生产处于国内同行业领先地位，成为各行业先进企业的代表。根据国务院主管部门考核审查意见，经审定，确认济南第一机床厂等88个企业为国家一级企业（名单附后）。

国务院决定1991年在全国范围内开展“质量、品种、效益年”活动，企业升级的内容与这一活动的要求是完全一致的。希望这次达标命名的第二批国家一级企业巩固已有成绩，向更高的水平迈进；国家二级企业要以国家一级企业标准为目标，努力攀登新的台阶；所有国家级企业要在“质量、品种、效益年”活动中充分发挥带头作用，做出新的成绩；所有企业都要努力加强经营管理，提高企业素质，为国民经济持续、稳定、协调发展做出贡献。

第二批国家一级企业名单（88个）

济南第一机床厂
第一拖拉机制造厂
徐州重型机械厂
莱阳动力机械总厂
东方锅炉厂
上海汽轮机厂
北京人民机器总厂
大连起重机器厂

上海分析仪器厂
烟台冷冻机总厂
瓦房店轴承厂
上海工具厂
武汉重型机床厂
国营第四五一厂
重庆机床厂
广东珠江冰箱厂
国营红光电子管厂
浪潮电子信息产业集团公司
常州电子计算机厂
天津通信广播公司
上海无线电四厂
大连电视机厂
无锡市电视机厂
国营第七九八厂
无锡微电子联合公司
上海无线电六厂
国营长岭机器厂
武汉钢铁公司
上海宝山钢铁总厂
唐山钢铁公司
上海第一钢铁厂
上海新沪钢铁厂
常州冶金机械厂
锦州铁合金厂
韶关冶炼厂
兰州铝厂
甘肃稀土公司
凡口铅锌矿
国营自贡硬质合金厂
上海第二十八棉纺织厂
北京第三棉纺织厂
上海第二衬衫厂
北京长城风雨衣公司
国营石家庄第一棉纺织厂
上海第二纺织机械厂
平顶山锦纶帘子布厂
辽河化肥厂
云南天然气化工厂
吉林化学工业公司化肥厂
吉林化学工业公司炼油厂
大连化学工业公司
上海吴泾化工总厂
南京化学工业公司催化剂厂
上海大中华橡胶厂
佳木斯造纸厂
上海自行车厂
天津手表厂
威海市地毯毛纺厂
上海制皂厂
湖北省沙市市日用化工总厂
广州味精食品厂
中国铅笔一厂
余杭县临平绸厂
上海解放塑料制品厂
青岛电冰箱总厂
苏州电扇总厂
苏州电冰箱厂
永生金笔厂
上海手表厂
上海石油化工总厂腈纶厂
辽阳石油化纤公司化工三厂
北京燕山石油化工公司化工一厂
锦州石油化工公司锦州炼油厂
齐鲁石油化工公司橡胶厂
南方动力机械公司
西安飞机工业公司
国营风华机器厂
上海新中华机器厂
华北制药厂
东北制药总厂
晋城矿务局
华东电业管理局望亭发电厂
北京石景山发电总厂
国营华南船舶机械厂
铁道部齐齐哈尔车辆工厂
大庆石油管理局
杭州万向节厂
株州硬质合金厂

1990年各部门审定的国家二级企业名单（1353个）

机械电子工业部

山东推土机总厂
鞍山红旗拖拉机制造厂
沈阳风动工具厂
天水风动工具厂
湖南省湘潭风动机械厂
四川化油器磁电机厂
上海拖拉机底盘厂
朝阳柴油机厂
广西玉林柴油机厂
山东牟平发动机厂
福州动力机厂
湘潭柴油机厂
江苏省丹阳柴油机总厂
江苏省金坛柴油机总厂
湖南滨湖柴油机总厂
湖南省郴州柴油机厂
山东省禹城县机械厂
南昌旋耕机厂
四川省新达水泵厂
沈阳潜水泵厂
淄博潜水电泵厂
杭州水泵总厂
巢湖市农业机械厂
四川省南部嘉陵水泵厂
山西省介休县水泵厂
广东省惠东水泵厂
山东牟平收获机械制造厂
河南省桐柏县机械厂
山东省高密县农业机械厂
河南省南阳光辉机械厂
山东省郯城农业机械厂
四川都江机械厂
山东临沂车辆厂
安吉机动车辆总厂
皖南机动车辆厂
随州市挂车总厂
郑州市拖车厂
漯河车辆总厂
山东省聊城油泵油嘴厂
上海油嘴油泵厂
江都油嘴油泵厂
唐山市第一机床厂
石家庄内燃机配件总厂
丹东五一八内燃机配件总厂
长沙内燃机配件总厂
江苏省仪征活塞环厂
宁夏回族自治区吴忠配件厂
山东聊城活塞环厂
广东省肇庆配件厂
山东烟台轴瓦厂
湖北省襄樊市内燃机配件厂
山东省栖霞液压件厂
四川遂宁市轴瓦厂
赣东北轴瓦厂
绵阳市内燃机配件厂
河南省信阳内燃机配件厂
广东活塞厂
湖北轴瓦厂
包头内燃机配件厂
南昌齿轮厂
常州齿轮厂
福建省建瓯齿轮厂
福建省三明齿轮厂
安徽省无为齿轮厂
青岛第二齿轮厂
来安县油箱厂
扬州水箱厂
潍坊动力机械配件厂
武汉锅炉厂
江西锅炉厂
青岛电站辅机厂
南京汽轮电机厂
无锡叶片厂
广东省韶关发电设备厂
浙江省临海电机厂
河北省保定变压器厂
哈尔滨变压器厂
青岛变压器厂
长沙变压器厂
保定市第二变压器厂
衡阳市互感器厂

银川市变压器厂
沈阳高压开关厂
天水长城开关厂
湖北开关厂
北京市电机总厂
西安电机厂
长沙电机厂
上海人民电机厂
厦门电机厂
昆明电工厂
大连第三电机厂
吉林省柳河电机厂
黑龙江省绥化市电机厂
皖南电机厂
江西省宜春电机厂
潍坊市电机一厂
长征电气控制设备厂
上海电焊机厂
芜湖市微型电机厂
湘潭电缆厂
西安电缆厂
天津市电缆总厂
国营无锡市电缆厂
甘肃省长通电缆厂
武汉电线厂
天津市漆包线厂
天津市电线总厂
浙江省兰溪市电缆厂
广东电缆厂
苏州合金材料厂
苏州电瓷厂
沈阳蓄电池厂
新疆综合电机厂
青岛蓄电池厂
镇江市蓄电池厂
天津市蓄电池厂
吴县防爆电机厂
上海市华丰电器总厂
广东省新会电机厂
昆明重型机器厂
济南重型机器厂
辽源市重型机器厂
山西省原平起重运输机械总厂
鞍山市农业机械厂
广西百色矿山机械厂
黄骅市五一机械厂
广州重型机器厂
长沙水泵厂
博山水泵厂
长春水泵厂
兴城水泵厂
泊头市齿轮泵总厂
武汉鼓风机厂
北海市风机厂
沈阳气体压缩机厂
江西气体压缩机厂
开封高压阀门厂
上海良工阀门厂
安徽省屯溪高压阀门厂
上海阀门五厂
上海阀门七厂
四川空气分离设备厂
哈尔滨制氧机厂
苏州制氧机厂
淄博真空设备厂
上海真空泵厂
天津市暖风机厂
上海切纸机械厂
四川仪表总厂
上海自动化仪表四厂
马鞍山市仪表厂
地方国营宁波水表厂
丹东射线仪器工业公司
泰州冷气设备厂
上海天平仪器厂
苏州仪表元件厂
地方国营广东省潮阳县通用机械厂
大连液力机械总厂
中国弹簧厂
哈尔滨轴承总厂
长治轴承厂
长沙轴承厂
杭州轴承厂
石家庄市轴承厂
浙江新昌轴承总厂
公主岭轴承厂
广西轴承厂
国营无锡市轴承厂
郑州轴承厂
国营无锡市微型轴承厂
国营青岛钢球厂
恩施市轴承厂
上海红星轴承厂
淄博轴承厂

湛江市轴承厂
西平县轴承厂
厦门轴承厂
常山轴承总厂
湖南钢球厂
安徽省江南轴承厂
汉川机床厂
长征机床厂
东方机床厂
福州机床厂
湖北省荆州机床厂
天津市仪表机床厂
汉东工具厂
桂林量具刃具厂
中原量仪厂
上海机床附件六厂
第一砂轮厂
梅河口市砂轮厂
昆明市机器厂
四川南浦机械厂
上海市机械设备进出口公司
江苏省机械设备进出口公司
国营第708厂
国营第907厂
山东省新泰市漆包线厂
国营第752厂
北京显像管厂
国营第741厂
南京显像管厂
芜湖电子管厂
佛山市南方电子音像公司
国营第770厂
丹东半导体器件总厂
哈尔滨特种元器件厂
国营如皋无线电厂
广东省佛山市光电器材厂
国营永光电工厂
无锡县无线电二厂
铜陵薄膜电容器总厂
辽宁电位器厂
宁波无线电四厂
盐城接插件总厂
湖南省岳阳电子仪器厂
国营华丰无线电器材厂
国营第8233厂
新乡无氧铜材总厂
南京电声器材厂
中国长城计算机集团公司
上海电子计算机厂
苏州电子设备厂
国营第8201厂
国营918厂
上海电讯器材厂
无锡市无线电变压器厂
苏州磁头厂
福建电视机厂
襄樊市电视机厂
天津长城电子公司（原天津长城电视机厂）
内蒙古电视机厂
福建日立电视机有限公司
深圳华强电子工业总公司
国营716厂
甘肃电视机厂
大连无线电厂
上海凯乐无线电厂
上海风华无线电厂
上海无线电三十五厂
无锡市无线电五厂
兰海电子有限公司
辽源市无线电九厂
辽宁无线电一厂
国营涪江机器厂
中国电子进出口总公司北京分公司
国营第八四七厂
国营第九九二九厂
国营第四四七厂
国营第五〇二七厂
国营第二九六厂
国营三三八厂
国营五一一一厂
国营九三七四厂
国营九三九四厂
国营九三〇五厂
国营四七五厂
国营九三二九厂
大同市矿药厂
山东省济南市四五六厂

轻工业部

北京双合盛五星啤酒厂
北京六零三厂
北京手表元件厂
北京市商标印刷三厂
北京市绢花厂
北京市首饰厂

天津市人民印刷厂
天津市工业缝纫机厂
天津市第一日用化学厂
天津市助剂厂
天津市第二手表厂
天津市首饰厂
天津市五金工具七厂
天津市天津皮件厂
天津市第二皮鞋厂
天津长芦塘沽盐场
秦皇岛市建国木器厂
唐山市陶瓷工业公司第一瓷厂
唐山市陶瓷工业公司第九瓷厂
河北省三河县五金机电工业公司
河北省沧州地区泊头火柴厂
河北省武邑县保险柜厂
石家庄市铜铝制品厂
河北省高邑县五金厂
大同糖厂
大同市云岗瓷厂
山西省忻州地区钨丝厂
山西省定襄县变压器厂
山西省孝义县塑料厂
山西省汾阳县量具总厂
国营扎兰屯纸浆厂
阿拉善盟雅布赖盐场
沈阳热水器总厂
大连复州湾盐场
建平县火柴厂
大连皮子窝化工厂
沈阳双喜压力锅制造总公司
沈阳市电热电器厂
地方国营朝阳造纸厂
沈阳市胶版印刷厂
沈阳市日用化学厂
吉林省新中国糖厂
地方国营榆树县造酒厂
吉林省德惠县酿酒厂
石岘造纸厂
长春市铝制品厂
辽源市塑料一厂
哈尔滨啤酒厂
黑龙江省合成洗涤剂厂
哈尔滨市锁厂
地方国营杜尔伯特蒙古族自治县乳品厂
黑龙江省红光糖厂
黑龙江省密山啤酒厂
黑龙江省阿城糖厂
地方国营哈尔滨制革厂
牡丹江市塑料九厂
上海三五纸厂
上海电池厂
上海星火机械厂
上海益丰搪瓷总厂
上海人民印刷十厂
上海秒表厂
上海自行车四厂
上海制笔零件二厂
上海乒乓球厂
上海刀片厂
亚洲皮鞋厂
上海沪东工具厂
上海东方绒绣厂
上海第一皮鞋厂
上海油画笔厂
上海市奉贤工具一厂
上海华银日化总厂
上海苏艺窗帘绣品厂
上海正章纺织制品厂
上海前进微型电机总厂
常州电池厂
杨州食品制造总厂
江苏省泰兴自行车脚蹬厂
镇江塑料五厂
苏州市华盛造纸厂
镇江轻工机械总厂
南通市东风绣衣厂
江苏省宜兴精陶厂
扬州皮毛服装总厂
工贸合营扬州鞋厂
苏州金属工艺厂
南京快速热水器总厂
南京宝庆首饰厂
扬州工具厂
工贸合营无锡市瓶盖总厂
江苏省仪征荧光灯厂
吴县刺绣和服厂
江苏省大丰县轻工业机械厂
江苏人民机具厂
扬州荣光电池总厂
浙江省龙游造纸厂
宁波制笔总厂
湖州造纸厂
杭州制笔总厂

浙江海宁轴承总厂
瑞安市封包机厂
浙江二轻轧钢厂
宁波制锁厂
杭州铝制品总厂
浙江临海绣衣联营厂
浙江省东阳市巍山五金电器厂
浙江省海宁皮件厂
绍兴市东风体育用品厂
安徽造纸厂
安徽省界首市塑料制品总厂
安徽省蚌埠市铅笔厂
安徽省屯溪塑料厂
安徽省泾县宣纸厂
福建省南平造纸厂
国营漳州市香料总厂
龙海县花釉陶厂
福州市制革厂
福建省莆田县鞋革厂
景德镇雕塑瓷厂
青岛啤酒厂
山东烟台手表厂
荣城市玻璃厂
山东省寿光县造纸厂
青州铝箔纸总厂
青岛食品厂
山东省济宁市火柴厂
山东省寿光县岔河盐场
曲阜市酒厂
山东省文登市乳品厂
山东博山陶瓷厂
鲁南自行车厂
山东烟台啤酒厂
山东滨州造纸厂
山东即墨黄酒厂
山东省莱州市草制工艺品厂
潍坊制钳厂
山东省诸城工贸联营抽纱总厂
莱阳市绣花厂
淄博沙发厂
山东金龙电器总厂
烟台塑料六厂
烟台市工艺美术公司
山东塑料制品试验厂
诸城市鞋厂
济南刺绣总厂
山东省青州工贸联营抽纱总厂

威海市皮件一厂
淄博塑料一厂
青岛草制工艺品厂
荣城市轻工机械厂
齐鲁乙烯塑编厂
山东文登刺绣工业集团公司
牟平县造锁总厂
河南省焦作市陶瓷一厂
河南省新乡市电池厂
郑州市第二木器厂
驻马店市塑料编织厂
河南省南阳酒精总厂
漯河市制革制鞋总厂
河南省滑县造纸厂
河南省社旗县酒厂
湖北省应城盐矿
武汉市武汉造纸厂
武汉市武汉灯泡厂
湖北省沙市市第一轻工机械厂
湖北省襄樊市火柴厂
湖北省京山轻工机械厂
宜昌市塑料十厂
湖北省沙市市塑料纱管厂
湖北省沙市市无纺织条纹地毯厂
长沙美术印刷厂
广州市珠江啤酒厂
广州美特容器有限公司
华南缝纫机三厂
佛山市海天调味食品分司
佛山市纸箱包装材料总厂
广东省顺德灯饰一厂
广东省江门市饼厂
广东省中山市铝箔复合印刷厂
深圳中华自行车（集团）有限公司
地方国营汕头电池厂
广东省华威饼业公司
广州化妆品厂
广州市岭南饼干厂
广州电池二厂
广东省顺德县酒厂
广东省顺德金龙油墨实业公司
佛山市塑料七厂
潮州市二轻机绣服装总厂
佛山市五金电器一厂
广东省顺德塑料厂
广东省饶平县金银首饰制品厂
深圳市美然服装厂

中山市华鸿家具厂
深圳塑胶股份有限公司
广东容声家用电器实业公司
广东海洋包装材料厂
潮州市二轻电筒厂
潮州市电筒灯具总厂
石湾化工陶瓷厂
柳州市味精厂
北海市印刷厂
柳州市牙膏厂
梧州市电池厂
四川峨眉山盐化工业股份有限公司
四川省大竹轴承厂
成都搪瓷总厂
重庆西泉造纸厂
重庆牙膏厂
重庆灯头厂
昆明搪瓷厂
云南省下关茶厂
宝鸡应用化学厂
西安第一印刷厂
兰州搪瓷厂
青海骨胶厂
吐鲁番地区七泉湖化工总厂

纺织工业部

天津市针织五厂
天津市色织四厂
国营石家庄第一印染厂
国营石家庄第二印染厂
唐山市华新纺织厂
石家庄市旅游用布印染厂
包头市纺织总厂
大连佳地针织厂
白城市纺织厂
国营哈尔滨亚麻纺织厂
上海第二织布厂
上海第三毛纺织厂
上海第十棉纺织厂
上海第七棉纺厂
扬州印染厂
国营江阴印染厂
国营如皋县染织厂
扬州纱厂
宁波镇海棉纺织厂
安徽省安庆纺织厂
芜湖纺织厂
安徽省阜阳纺织印染总厂
青岛第八棉纺织厂
国营德州棉纺织厂
国营山东滨州第一棉纺织厂
枣庄市第一棉纺织厂
郑州印染厂
国营郑州第四棉纺织厂
国营郑州第一棉纺织厂
湖北省沙市市第三棉纺织厂
武汉市第一棉纺织厂
湖北省云梦棉纺织厂
湖南省汨罗纺织印染厂
广州针织厂
鹤山县健美针棉织造总厂
恩平广联泰纺织企业有限公司
广州风帆毛巾厂
国营西北第四棉纺织厂
新疆伊犁毛纺织厂
上海纺织橡胶制品厂
福建化纤化工厂
仪征化纤工业联合公司涤纶一厂
山西涤纶厂
广东省开平涤纶厂
国营无锡市第一缫丝厂
国营吴江绸缎炼染一厂
湖州市湖丰绸厂
绍兴丝绸印花厂
四川省南充第三丝绸厂
地方国营桐乡县濮院丝厂
上海纺织机械专件厂
中国纺织机械厂
上海第七纺织机械厂
常州喷丝板厂
国营青岛纺织机械厂
国营宜昌纺织机械厂
国营衡阳纺织机械厂
北京童装厂
青岛西装厂
江苏昆山皮件羽绒服装厂
沈阳高级西装厂
黑龙江省地方国营林甸县制鞋厂
国营常德纺织机械厂
淄博第三针织厂
南京服装一厂
国营武汉纺织器材厂
大连丝绸服装厂
仪征市服装厂
上海虹口衬衫厂

杭州富强丝织厂
山东省临朐缫丝厂
广州合成纤维厂

化学工业部

湖北省荆襄磷化学工业公司
湖北省荆州地区放马山磷矿矿务局
河北省石家庄化肥厂
河北省新乐县化肥厂
山西省临猗县化工总厂
黑龙江化工厂
山东省鲁南化肥厂
山东省明水化肥厂
江苏省金湖县化肥厂
江苏省武进县化肥厂
江苏省无锡县化肥厂
福建省三明化工厂
河南省温县化肥厂
河南省郾城县第一化肥厂
河南省偃师县化肥厂
洛阳氮肥厂
广州氮肥厂
湖南省资江氮肥厂
陕西省宝鸡氮肥厂
陕西省扶风氮肥厂
山东省莱西县磷肥厂
连云港市锦屏化工厂
浙江省肖山化工厂
湖北省武穴市磷肥厂
湖南省常德市石门磷肥厂
云南昆阳磷肥厂
云南省个旧市磷化工总厂
苏州硫酸厂
广州硫酸厂
重庆化工厂
天津碱厂
焦作市第三化工厂
济宁市电化厂
武汉市葛店化工厂
广州化工厂
吉林化学工业公司电石厂
山东淄博有机化工厂
浙江省建德县更楼化工厂
青岛农药厂
济宁化工实验厂
扬州农药厂
南通化工厂
杭州农药厂
衡阳市金雁化工厂
广东省江门市农药厂
石家庄黄磷厂
天津市东风化工厂
河北辛集化工厂
大连氯酸钾厂
青岛泡花碱厂
济宁市煤炭化学工业公司
四川染料厂
上海造漆厂
湖南造漆厂
山西省化工厂
长春市化工二厂
天津溶剂厂
旅顺化工厂
北京橡胶二厂
天津炭黑厂
天津市橡胶制品三厂
张家口市橡胶总厂
沈阳第四橡胶厂
沈阳第三橡胶厂
抚顺市橡胶二厂
抚顺炭黑厂
阜新市橡胶厂
桦林橡胶厂
安徽轮胎厂
青岛第六橡胶厂
山东荣成市橡胶厂
山东威海轮胎厂
上海橡胶制品一厂
上海中南橡胶厂
杭州橡胶厂
湖南衡阳橡胶厂
广东茂名市化工一厂
广州轮胎厂
吉林化学工业公司仪表厂
常州能源设备总厂
南京市第一化工仪表厂
上海化工机械一厂
上海轮胎机械厂
衢州化学工业公司机械厂
太原化工水厂
中国化学工程总公司第二建设公司
中国化学工程总公司第三建设公司
中国化学工程总公司第七建设公司

有色金属工业总公司

江西铜业公司

白银有色金属公司
沈阳铜材厂
上海铜厂
包头铝厂
云南铝厂
徐州铝厂
黑龙江铝箔厂
盘石铝厂
广州铝材厂
赤峰梧桐花铅锌矿
个旧市鸡街冶炼厂
宜春钽铌矿
宁夏有色金属冶炼厂
赤峰有色金属矿山钻机修造厂
中国有色金属工业总公司第六建设公司
上海铜带厂

冶金工业部

内蒙古自治区包头钢铁稀土公司
湘潭钢铁公司
石家庄钢铁厂
凌源钢铁公司
抚顺钢铁公司
沈阳钢铁总厂
通化钢铁公司
济南钢铁总厂
国营青岛钢铁总厂
烟台钢厂
南京钢铁厂
广州钢铁厂
绍兴钢铁厂
西宁钢厂
陕西精密合金厂
天津市轧钢二厂
鞍山钢管总厂
锦西钢管厂
武汉钢铁公司汉阳带钢厂
衡阳钢管厂
广州钢管厂
哈尔滨带钢厂
南通钢丝绳厂
天津市预应力钢丝一厂
广东省大宝山铁矿
新疆维吾尔自治区雅满苏铁矿
镇江船山石灰石矿
遵义铁合金厂
宣化冶金环保设备制造厂
乳山县金矿
中国黄金总公司黑河金矿
牟平县辛安河砂金矿
赤峰红花沟金矿

中国石油化工总公司

天津石油化工公司
辽阳石油化纤公司（不含鞍山炼油厂）
抚顺石油化工公司（含石油一厂）
大庆石油化工总厂（不含乙烯新区）
上海高桥石油化工公司（含炼油厂）
上海石油化工总厂
金陵石油化工公司
安庆石油化工总厂
镇海石油化工总厂
齐鲁石油化工公司（不含乙烯新区）
广州石油化工总厂
兰州化学工业公司
巴陵石油化工公司
前郭炼油厂
荆门炼油厂
哈尔滨炼油厂
第十建设公司
浙江省石油公司杭州分公司

航空航天工业部

成都飞机工业公司
上海飞机制造厂（5703厂）
合肥江淮仪表厂（351厂）
江西昌河飞机制造厂（372厂）
长春机载设备制造公司（133厂）
哈尔滨东安发动机制造公司（120厂）
西安庆安宇航设备公司（114厂）
陕西中原电测仪器厂（521厂）
陕西燎原机械厂（572厂）
贵州黎阳机械公司
贵州枫阳液压电磁附件厂（183厂）
湖南长江动力机械厂（310厂）
国营二一一厂
国营二三〇厂
上海新新机器厂
上海仪表厂
国营三二五七厂
国营二八九厂
国营七一〇二厂
国营第一一一厂
国营五一九厂

中国石油天然气总公司

华北石油管理局
玉门石油管理局

中国石油天然气总公司第二石油机械厂
陕西省宝鸡石油钢管厂
上海石油仪器厂
石油物探局仪器公司
四川石油管理局成都总机械厂
辽河石油勘探局机修总厂
大港石油管理局油田建设工程公司
华北石油管理局第二油田建设公司
辽河石油勘探局油田建设工程二公司
新疆石油管理局油田建设工程公司
河南石油勘探局油田建设工程公司

核工业总公司

四七一厂
八五七厂
七一〇厂
七四三厂
华兴建设公司

中国汽车工业联合会

柳州汽车厂
重庆红岩汽车弹簧厂
南平汽车配件厂
北京重型汽车制造厂
湖北汽车改装厂
天津市微型汽车厂
湖北汽车电器厂
辽源汽车电器厂
天津市汽车水泵厂
许昌汽车传动轴总厂
芜湖仪表厂
哈尔滨市交通器材厂
成都水箱厂
嘉兴汽车标准件厂
鄂州市气门挺杆厂
宁波第二车辆厂
武汉市进排汽门厂
镇江汽车钢圈厂

国家医药管理局

天津市生物化学制药厂
天津中央制药二厂
上海第六制药厂
上海第十二制药厂
上海延安制药厂
上海黄河制药厂
上海注射针厂
上海齿科材料厂
国营昆山制药厂
无锡市第四制药厂
国营无锡市第一制药厂
地方国营兴化制药厂
常州市第四制药厂
苏州医疗用品厂
国营青岛制药厂
山东淄川制药厂
杭州华东制药厂
汕头经济特区鲛滨制药厂
广州医疗器械厂
福州抗菌素厂
江西制药厂
重庆制药五厂
重庆制药六厂
陕西省汉江制药厂
中国医药公司广州采购供应站
广州市医药公司
杭州医药采购供应站
江苏省医药公司常州采购供应站
江苏省医药公司无锡采购供应站

国家中医药管理局

天津市中药制药厂
长春市中药厂
吉林敦化市制药厂
苏州雷允上制药厂
浙江新光制药厂
广州羊城制药厂
广东潮州宏兴制药厂
湖南衡阳中药厂
北京同仁堂药酒厂
哈尔滨市药材公司
唐山药材站
山东烟台药材站
江苏无锡药材站
福州药材站
山东省潍坊药材采购供应站

国家建材局

陕西省耀县水泥厂
江西水泥厂
昆明水泥厂
湖南省新化水泥厂
广州水泥厂
苏州光华水泥厂
湖北省光化水泥厂
济南水泥厂
淄博市临淄水泥厂
淄博水泥厂
山东省文登水泥厂

淄博市张店水泥厂
山东省肥城县水泥厂
山东鲁西水泥厂
昆明平板玻璃厂
兰州平板玻璃厂
阜新市玻璃厂
秦皇岛市玻璃厂
淄博平板玻璃厂
中山市陶瓷总厂
福建省漳州建筑瓷厂
大连建材厂
吉林市墙体材料总厂
瓦房店红砖厂
怀仁县地方国营砖瓦厂
吉林省通化市机砖厂
上海石棉水泥制品厂
山东烟台石棉制品总厂
温州玻璃钢建材厂
九江玻璃纤维厂
中国标准砂厂
湖北省黄风县黄砂总公司
太原西山石膏矿
哈尔滨市建材机械厂
徐州建材机械厂
朝阳重型机器厂
南京进相机厂
湘潭市建材化工厂
中国建筑材料工业建设总公司邯郸安装工程公司
鸡西市柳毛石墨矿
青岛料石总厂
苏州油毡厂
沈阳玻璃厂

中国船舶工业总公司

红阳机械厂
中南光学仪器厂
武汉船用机械厂
安庆船用电器厂
江宁机械厂
西江造船厂
文冲船舶修造厂
山海关船厂
西南高峰机械厂
大冶船舶辅机厂
无锡电机厂
无锡减震器厂

中国煤炭工业总公司

抚顺矿务局
鹤岗矿务局
双鸭山矿务局
双雁矿务局
峰峰矿务局
井陉矿务局
平顶山矿务局
郑州矿务局
徐州矿务局
枣庄矿务局
龙口矿务局
窑街矿务局
哈密矿务局
平朔煤炭工业公司
霍州矿务局
黑龙江省黑河市宋集屯煤矿
安徽省皖北矿务局百善煤矿
江苏省扬州市王庄煤矿
福建省永安矿务局
湖南煤矿安全仪器厂
天津煤矿专用设备厂
鸡西煤矿机械厂
北京煤矿机械厂
昆明煤矿机械总厂
石家庄煤矿机械厂
淮南煤矿机械厂
佳木斯煤矿机械厂

中国烟草工业总公司

常德卷烟厂
郴州卷烟厂
青岛卷烟厂
延吉卷烟厂
广州卷烟一厂

中国电力企业联合会

唐山发电总厂
天生港发电厂
辛店发电厂
哈尔滨热电厂
邢台发电厂
辽源发电厂
鞍山电业局
昆明供电局
安阳供电局
黄石供电局
四平电业局
呼和浩特供电局
临沂电业局
晋东南电力公司

葛洲坝水力发电厂
盐锅峡水电厂
安砂水力发电厂
富春江水力发电厂
山西省电力建设三公司
西北电力建设第一工程公司
河南第二火电建设公司
河北省送变电工程公司
上海电力机械厂
上海电力修造总厂
南京电力自动化设备厂
莒县电业局
曲阜市供电局
柳林县电业局
孟县电业管理局
水电第十一工程局
上海市新光显示仪厂

林业部

内蒙古自治区满归林业局
内蒙古自治区莫尔道嘎林业局
内蒙古自治区金河林业局
吉林省敦化林业局
吉林省白石山林业局
黑龙江省山河屯林业局
黑龙江省苇河林业局
黑龙江省新青林业局
黑龙江省新林林业局
黑龙江省呼中林业局
黑龙江省富裕林业机械厂
浙江省衢州木材厂
福建省永安贮木厂
江西省怀玉山活性炭厂
河南省信阳木工机械厂
广东省怀集县微粒板厂
广东省德庆县林产化工厂
四川省川南林业局
陕西省汉西林业局

交通部

大连海运公司
宁波海运公司
上海市轮渡公司
重庆长江轮船公司
石臼港务局
苏州市港务管理处
佳木斯港务局
江苏省汽车运输公司南通分公司
唐山市第一运输公司
中国汽车运输总公司廊坊公司
长治市第五汽车运输公司
烟台海上救助打捞局
辽宁省公路工程局机械处
交通部广州航道局
湖南省衡阳汽车配件厂
江苏省江扬船厂
交通部西安筑路机械厂
交通部大连轮船公司
广州远洋运输公司
合江航运局
武汉长江轮船公司
营口港务局
无锡市港务管理处
上海市钢铁运输公司
大连长途客运公司
潍坊汽车运输公司
侯马汽车运输公司
雁北地区第二汽车运输公司
广州海上救助打捞局
交通部第一公路长程总公司
中国外轮代理公司青岛分公司
长江航务管理局红光港机厂
聊城客车厂

铁道部

哈尔滨铁路局加格达奇铁路分局
沈阳铁路局锦州铁路分局
郑州铁路局郑州铁路分局
广州铁路局广州铁路分局
兰州铁路局兰州铁路分局
成都铁路局开远铁路分局
铁道部南口机车车辆机械工厂
铁道部成都机车车辆工厂
上海铁路通信工厂
中国铁路物资总公司上海公司
中国铁路物资总公司天津公司
铁道部第二工程局第二工程总队
铁道部第三工程局线桥工程总队
铁道部第四工程局给排水工程处
铁道部第五工程局电务工程处
铁道部沈阳桥梁工厂
铁道部第十二工程局
铁道部第十四工程局第四工程处
铁道部第十七工程局机械化工程处
铁道部第十八工程局第四工程处

商业部

北京市新新时装公司

北京市红都时装公司
北京市海淀区海淀供销社
天津市纺织品公司
天津市和平区狗不理包子铺
天津市食品公司运输部
天津市第一调料酿造厂
石家庄市燕凤楼烤鸭店
保定市保定商场
运城市银湖饭店
包头市纺织品批发公司
赤峰市第一粮食仓库
大连对外供应总公司
大连秋林公司
大连渤海饭店
大连市糖业烟酒公司
沈阳市蔬菜贮藏加工厂
本溪市明山粮库
抚顺市粮谷加工二厂
长春市长白山百货商场
长春市春城酿酒公司
长春市天池饭店
扶余市三岔河粮库
吉林市江北粮油加工厂
哈尔滨冷冻厂
哈尔滨市北苑饭店
哈尔滨市香庆饭店
哈尔滨商业机械总厂
哈尔滨香坊粮食仓库
黑龙江省桦南县制油厂
上海市服装鞋帽公司
上海友谊商店
上海工业品贸易中心
上海枫泾酒厂
上海吴泾冷库
上海市糖业烟酒公司第五批发分公司
上海市第一食品商店
上海市华山饭店
上海市果品公司
上海县供销社联合社
上海市川沙县供销合作联合社
南京肉类联合加工厂
徐州市徐州饭店
江苏省镇江恒顺酱醋厂
江苏省泰州生物化学制药厂
南京面粉厂
无锡粮食机械厂
江苏省泰州商业机械厂
江苏省吴江县震泽供销合作社
张家港市锦丰轧花剥绒厂
常熟市供销合作总社
杭州百货批发公司
嘉兴市五金交电化工公司
浙江省嵊县供销合作联合社
浙江省海宁蔬菜厂
浙江省三界茶厂
安徽省砀山县棉花联合加工厂
安徽省祈门茶厂
福建省漳州市糖酒副食品采购供应站
江西省樟树粮油公司
山东省烟台五金采购供应站
山东省临沂糖酒副食品采购供应站
山东省诸城市百货公司
山东省安丘县百货公司
山东省淄博糖酒茶采购供应站
济宁市食品厂
济南第二粮库
龙口市粮油加工厂
山东省沂水县粮食加工厂
文登市供销社联合社
枣庄市台儿庄区棉花加工厂
潍坊市棉麻公司
河南省南阳地区纺织品采购供应站
漯河肉类联合加工厂
洛阳市三乐食品厂
南阳市粮油储运公司
南阳县卧龙岗轧花厂
武汉市汉阳百货商场
湖北省农业生产资料公司
湖北省襄樊供销综合贸易中心
湖南省醴陵市糖果糕点厂
湖南省郴州地区面粉厂
湖南省常德粮食机械厂
广东省五金交电公司
广州市东山百货大楼
广东食品集团九江饲料厂
广州市物资回收公司
绵阳市肉类联合加工厂
成都肉类联合加工厂
四川省万县地区粮食运输贸易公司
云南省商业储运公司
西安市解放路饺子馆
陕西省大荔县供销合作社联合社
甘肃省日用杂品公司
中国农业生产资料公司上海公司

上海海鸥电器总厂（上海集体办所属企业）

水利部

广东省东江深圳供水工程管理局
水利部黄河水利委员会三门峡水利枢纽管理局
天津市振津管道工程公司
北京市水利工程基础处理总队
福建省泉州市山美水电站
四川省都江堰市电力公司
郑州水工机械厂
江苏省武进液压启闭机厂

建设部

潍坊市长城门窗工业公司
宜昌市钢窗厂
北京市第六建筑工程公司
天津市第三建筑工程公司
天津市第六建筑工程公司
河北省安装工程公司
哲里木盟第一建筑安装工程总公司
沈阳市工业安装工程公司
吉林省安装公司
大庆市第二建筑工程公司
上海市第七建筑工程公司
上海市第八建筑工程公司
上海市工业设备安装公司
常州建筑构件厂
济南第四建筑工程公司
广西第一工业建筑设备安装工程公司
重庆第一建筑工程公司
中国建筑第六工程局第三建筑工程公司
北京市第五城市建设工程公司
哈尔滨长城股份有限总公司
辽宁省第二建筑工程公司
山东省济宁市建筑工程公司
中国建筑第一工程局安装公司
浙江省工业设备安装公司
哈尔滨市公共汽车公司
成都市公共交通公司
抚顺市公共汽车公司
厦门市轮渡公司
广州市白云小汽车出租公司
大连煤气公司
北京市液化石油气公司
吉林市煤气供热公司
株州市自来水公司
宝鸡市自来水公司
上海市自来水公司
上海市第一市政工程公司
吉林市市政工程公司
大连市政工程公司
天津市自来水工程公司
邯郸市公共汽车公司
鸡西市热力公司
大同市自来水公司
北京市第一房屋管理修缮工程公司
南京市房产经营公司
大连市沙河口房地产经理公司
哈尔滨市房屋土地综合开发公司
中国房地产开发总公司常州公司
北京市房地产开发经营公司
天津市房地产开发经营集团

农业部

浙江钱江啤酒厂
江苏省苏丰针纺织厂
新疆生产建设兵团第一汽车运输公司
吉林省延边敖东制药厂
国营大渡岗茶厂
江西南昌济生制药厂
上海自行车锁厂
武汉市长江变压器厂
北京市红星化工厂
荣成水产供销公司
天津市水产供销公司
大连水产养殖公司
大连海藻工业公司
荣成市第一造船厂
广州建港工程公司
烟台海藻工业公司
青岛海洋渔业公司
福建省渔轮修造厂
南京药械厂
山东淄博兽药厂
江西乳品厂
辽宁省凤城内燃机配件总厂
荣成市内燃机厂
湖北省缸套厂
天津电焊条公司静海电焊条厂
顺德县容奇饲料厂
浙江省绍兴平绒总厂
上海县虹桥喷漆厂
天津市富强纺织总厂
泰兴县减速机厂
山东省邹县金鼎铸锅厂
安徽省淮北市杭淮丝绸厂
河南省新郑县车站枣精厂

常州长江塑料机械厂
江苏宜兴锻压机床厂
上海市丝绸进出口公司淀山湖时装厂
四川宜宾红楼梦酒厂
广东省顺德美的电扇厂
山西省霍州市辛置镇选煤厂
辽宁省大连轴承厂
南通县毛腈纺织厂
北京市艺海实业公司金属制品厂
潍坊市钢丝二厂
湖南省长沙果园交通机械厂
唐山市越河陶瓷厂
贵阳金刚砂厂
河北省枣强县唐林电线厂
天津市东南雨衣服装厂
上虞县灯泡总厂
广东电饭锅厂
宁波青春服装厂
天津市大港钢木门窗厂
张家港市电子计算机厂
广东省新会糖果饼干厂
海安县南莫缫丝厂
广东省中山市永大粘胶制品厂有限公司
济南峨嵋滑动水口厂
上海吕巷地毯联营厂
辽宁省沈阳市汽车货厢厂
通化果松纤维板厂
广州市第一水泵厂
威海市通用机械总厂
天津市渔网厂
顺德县容奇镇金凤制衣厂
陕西省西安前进高压阀门厂
浙江三友纺织器材总厂
烟台市福山钢窗厂
上海市外贸包装公司嘉定纸箱厂
山东省淄博化工设备厂
山东省青岛楼山织布厂
成都金牛玻璃钢厂
浙江省宁波市东海畜电池厂
青岛市楼山农机厂
佛山市乐得华日用化工厂
天津市芦台线材总厂
青岛市胶南第四纺织机械厂

经贸部

中国机械进出口总公司
中国化工进出口总公司
中国技术进出口总公司
中国粮油食品进出口总公司
中国纺织品进出口总公司
中国轻工业品进出口总公司
中国包装进出口总公司
上海市土产进出口公司
中国抽纱品进出口（集团）公司上海抽纱公司
上海市针织品进出口公司
上海市五金矿产进出口公司
上海市工艺品进出口公司
上海市丝绸进出口公司
上海市服装进出口公司
中国对外贸易运输总公司广东省分公司黄埔仓库
广东省畜产进出口公司
广州轻工业品进出口（集团）公司
中国对外贸易运输公司广西分公司南宁仓库
福建省外贸福州抽纱厂
福建省轻工业品进出口公司
江苏省针棉织品进出口（集团）公司
中国丝绸进出口公司江苏省分公司
外贸镇江中转冷库
中国丝绸进出口公司浙江省分公司
中国对外贸易仓储公司浙江省杭州综合仓库
天津工艺品进出口公司
天津文教体育用品进出口公司南大桥仓库
中国对外贸易运输总公司天津储运公司
山东省纺织品进出口公司
山东省机械进出口公司
中国抽纱品进出口（集团）公司山东抽纱公司
莱阳市对外经济贸易公司
外贸烟台包装器材实业公司
山东省畜产进出口公司莱阳裘革加工厂
黑龙江省粮油食品进出口（集团）公司
中国粮油食品进出口总公司吉林省分公司
辽宁省服装进出口公司
中国粮油食品进出口公司辽宁省粮油分公司
北京市纺织品进出口公司

司法部

河北省承德新生橡胶厂
四川省新生劳动工厂
上海市劳动机械厂
杭州钱江五金工具厂
广东省深圳南宝电子有限公司
山东省淄博生建机械厂
山东省武所屯生建煤矿
云南农业药械厂

民政部

沈阳二三工厂

江苏苏北砂轮厂
杭州福利工厂
天津钢绞线厂
北京中燕有限公司

邮电部

重庆通信设备厂
上海通信设备厂
杭州通信设备厂
广州通信设备厂
上海电话设备厂
武汉通信电源厂
云南电信器材厂
四川省邮电器材厂

公安部

广州市消防器材厂

地质矿产部

地矿部无锡钻探工具厂
山东省德州市地矿部石油钻探机械厂
江苏省无锡探矿机械厂
沈阳探矿机械厂
柳州探矿机械厂

物资部

上海市金属材料公司
江西省金属材料公司
青岛市金属材料公司
无锡市金属材料公司
上海市机电设备供应公司
辽宁省机电设备公司
青岛市机电设备公司
潍坊市机电设备公司
山东省烟台市机电设备公司
浙江省农业机械公司
江苏省苏州市农业机械公司
山东省文登市农业机械公司
辽宁省化工材料公司
黑龙江省化工轻工材料公司
青岛市化工轻工公司
烟台化工轻工总公司
南通市木材公司
山东省烟台市木材公司
大连市建筑材料公司
南京市建筑材料公司
浙江省燃料公司
长春市燃料公司
苏州燃料公司
长春市金属回收公司
杭州市物资再生利用公司
上海市生产资料服务公司
青岛市生产资料服务公司
中国物资储运总公司天津公司南仓三库
中国物资储运总公司上海公司真如区库
中国物资储运总公司南京公司无锡仓库
江西省物资储运公司

新闻出版署

北京新华彩印厂
精美彩色印刷有限公司
辽宁美术印刷厂
上海中华印刷厂
北京胶印二厂
北京印刷一厂

中国人民银行

国营东河印制公司五〇一厂

中国包装总公司

重庆红旗纸箱厂

卫生部

北京生物制品厂
长春生物制品厂

中华全国华侨联合会

华日电冰箱厂

解放军总后勤部

2207厂　3508厂　3547厂
7213厂　3533厂　3532厂
7430厂　3540厂　9763厂
728盐厂　3541厂　9301厂
3401厂　3543厂　9737厂
3503厂　3544厂

若干行业国家级企业等级标准

金属切削机床行业国家级企业等级标准（试行）

（1987年8月29日国家机械工业委员会批准）

1. 适用范围

本标准适用于生产金属切削机床产品的企业进行国家级企业等级的评定。

2. 制定依据

根据国家机械工业委员会《关于制定机械行业国家级企业等级标准的原则规定》制定本标准。

3. 等级划分及考核指标

3.1. 国家级企业按产品质量、物质消耗和经济效益三项指标，分为国家特级、国家一级、国家二级三个等级。国家级企业三项考核指标必须全面达到。

3. 2. 产品质量指标及评定办法

3. 2. 1. 考核范围

企业上等级是考核企业主要产品的质量。企业的主要产品首先是行业的主要产品。被考核的主要产品产值累计应达到本企业总产值的50%以上。为鼓励产品开发，要求企业考核的主要产品品种数不得少于5种。当企业生产的产品少于或等于5种时，则应考核全部生产品种；当企业的主要产品在10种以上时，则可考核10种主要产品。

3. 2. 2. 主要产品质量指标按表1规定考核

表1

企业等级	产品质量水平	产品质量等级
国家特级	国际当代先进水平	达到优等品要求
国家一级	国际七十年代末、八十年代初先进水平	达到一等品要求
国家二级	达到国际通用标准或相当于国际通用标准的国内现行国标或部标，部分产品达到国际七十年代末、八十年代初的先进水平。	达到合格品要求，其中有20%的主要产品品种达到一等品要求。

3. 2. 3. 产品质量的评价方法

3. 2. 3. 1. 产品水平的评价方法

企业在申请国家级企业时，主要产品中的优等品和一等品的品种必须有产品水平分析报告。

产品水平分析采用多指标加权综合评分法，具体方法见附录A。

产品质量等级与产品水平对应分值按表2规定考核

表2

产品质量等级	产品水平的评分
优等品	>80～90分 （相当于八十年代中期国际上工业发达国家同类产品的先进水平）
一等品	≥70～80分 （相当于七十年代末、八十年代初国际上工业发达国家同类产品先进水平）

列入委新产品计划中个别重大关键产品，因故不能作产品水平分析，经机床工具局认可，其年代水平可按鉴定结论作为依据，但须附国内外同类产品技术指标详细分析对比材料。鉴定会须由机床工具局组织或委托省组织。

3. 2. 3. 2. 产品质量等级的评价按照机床工具局批准自一九八七年七月一日起开始实施的金属切削机床产品质量分等标准（JB/GQ·F、1001—1058—86、1059—1061—87，及以后继续制定的新标准进行检查和评价产品质量等级）。

3. 3. 物质消耗指标

3. 3. 1. 原材料消耗指标

3. 3. 1. 1. 考核企业的主要原材料，其价值量应占企业全部原材料消耗（基建、维修用料除外）价值量70%以上，按价值量的大小依次选定。结合本行业特点，主要考核钢材利用率和铸铁件成品率。

3. 3. 1. 2. 主要原材料消耗指标按表3规定考核

表3

企业等级	钢材利用率（%）	铸铁件成品率（%）
国家特级	待定	待定
国家一级	52. 60	70
国家二级	51. 00	68

计算公式：

$$钢材利用率(\%)=\frac{各种产品中钢材件净重(吨)}{各种产品钢材总消耗量(吨)}\times 100\%$$

$$铸铁件成品率(\%)=\frac{合格铸件毛坯入库量(吨)}{金属炉料投入总重量(吨)}\times 100\%$$

注：1）不包括外购铸铁件。

2）合格铸件毛坯入库量应扣除因铸造原因造成的外废重量。

3. 3. 2. 能源消耗指标按表4规定考核

表4

企业等级	炉、窑、站房耗能	万元净产值耗电（吨标煤/万元）
国家特级	80%的主要炉、窑、站房达到特等。	待定
国家一级	80%的主要炉、窑、站房达到一等。	0. 68
国家二级	80%的主要炉、窑、站房达到二等。	0. 82

注：考核的炉、窑、站房按全厂总台数计算80%达到相应等级，计算结果小于1的按1计算，其余四舍五入。

3. 3. 2. 1. 考核原则

炉窑、站房的能耗占企业总能耗70%及上的企业，按国家机械委颁布的炉窑、站房耗能分等规定进行考核。

炉窑、站房的能耗占企业总能耗70%以下的企业，扣除炉窑、站房耗能和相应的净产值后，按万元净产值耗电考核，同时炉窑、站房应达到相应等级的要求。

无炉窑、站房的企业按万元净产值耗电考核。

各种能源一律按国家统计局一九八六年十二月制定的能源折算系数计算。净产值按分配法计算（下同）。

3. 4. 经济效益指标按表5规定考核

表5

企业等级	企业类别	资金利税率（%）	人均创利税（元/人·年）	净产值全员劳动生产率（元/人·年）
国家特级	生产一般机床的企业	待定	待定	待定
	生产大型、高精机床的企业			
	生产台钻、砂轮机的企业			
国家一级	生产一般机床的企业	35. 00	3234	5189
	生产大型、高精机床的企业	18. 80	1946	3985
	生产台钻、砂轮机的企业	42. 80	3373	5483
国家二级	生产一般机床的企业	32	3025	4878
	生产大型、高精机床的企业	15. 20	1844	3539
	生产台钻、砂轮机的企业	39. 10	2975	5083

注：1. 生产大型、高精机床的企业在本标准中指生产大型、重型和超重型机床、高精度机床、弧齿锥齿轮加工机床及多功能数控机床（不包括简易数控、经济型数控机床和一般数控线切割机床），这些产品产值之和占企业总产值50%以上的企业。

2. 生产大型、高精机床产值占企业总产值不足50%的企业，三项经济指标可按比例进行折算后考核。

计算公式：

$$资金利税率(\%)=\frac{利税总额(万元)}{\begin{matrix}固定资产净值平\\均占用额(万元)\end{matrix}+\begin{matrix}定额流动资金平\\均占用额(万元)\end{matrix}}\times 100\%$$

利税总额包括企业在报告期内实现的利润和交纳的增值税、产品税、教育附加税等（下同）。

$$\begin{matrix}人均创利税\\(元/人·年)\end{matrix}=\frac{利税总额(元)}{职工平均人数(人·年)}$$

职工平均人数按统计年报口径（下同）。

$$\begin{matrix}净产值全员劳动\\生产率(元/人·年)\end{matrix}=\frac{净产值(元)}{职工平均人数(人·年)}$$

净产值按分配法计算（下同）。

3. 本标准解释权属国家机械委机床工具局。

附录A 产品水平的评定方法

本方法为金属切削机床行业评定产品水平的通用方法。本方法与上级规定的方法有矛盾时按上级规定的方法执行。

产品水平采用多指标加权综合评分法，其指标分为一级指标和二级指标。

各类机床的指标体系和各指标的加权值由各专业机床研究所或主导厂按各类机床的特点参照附录A表1制订。各主导厂负责制订的机床产品指标体系和加权值报归口专业机床研究所审查；由各专业机床研究所负责制订的产品指标体系和加权值报综合归口所审查，然后报机床工具局备案。

结构性能近似的系列产品可制订统一的指标体系及加权值，但应按产品规格分别确定满足度标准，编写分析报告。

A. 1. 产品水平的评定步骤

A. 1. 1. 制订一级指标和二级指标的项目，组成指标体系表。

A. 1. 2. 确定各项指标（一级指标和二级指标）的加权值

A. 1. 3. 制定各项二级指标的满足度标准

A. 1. 4. 测定被考核产品各项二级指标的满足度值

A. 1. 5. 计算各项指标的贡献值

A. 1. 6. 算出产品技术水平的评定值

A2. 指标体系确定方法

各级指标项目由专家咨询法确定，先由起草单位参照附录A表1预先拟出初步的指标体系表草案，函请本专业科研单位、制造厂、用户单位、高等院校以及主管部门的30～40名专家对被评产品的各项指标进行咨询（同意、增加、取消等），根据咨询结果决定一级指标的顺序和二级指标的项目。

一级指标的编号为Fi（i=1—n）

二级指标的编号为Fij（i=1—n，j=1—m）

A3. 各项指标加权值的计算方法

在指标体系进行专家咨询的同时，由专家对各项指标按重要程度打分，然后进行计算，确定各项指标的加权值，并重新排列指标顺序。

A. 3. 1. 加权值打分方法

很重要	重要	一般	不重要
4分（4）	2分（3）	1分（2）	0分（1）

加权值打分根据各类机床的特点也可采用括号内的4、3、2、1打分法。

A. 3. 2. 加仅值计算方法

a）一级指标加权值

$$W_i = \frac{P_i}{\sum_{1}^{n} P_i}$$

附 录 A

表1 金属切削机床产品水平平价指标体系

F1 功能参数	F2 精 度	F3 可靠性寿命	F4 人机关系	F5 经济性	F6 结构先进性	F7 标准化程度	F8 服务性	F9 成套性
F1.1主轴转速范围 F1.2最大切削主分力 F1.3最大扭矩 F1.4最大承载能力 F1.5主电机功率 F1.6主轴锥孔尺寸（或通孔尺寸） F1.7主轴前轴轴承颈尺寸 F1.8主传动调速方式 F1.9进给量范围 F1.10回转刀架工位数 F1.11回转刀架回转一周时间 F1.12NC系统功能水平 F1.13最小设定单位 F1.14刀库容量 F1.15快速移动速度	F2.1工作精度 F2.2儿何精度 F2.3运动精度 F2.4分度精度 F2.5定位精度 F2.6重复定位精度 F2.7反向偏差 F2.8工件加工尺寸一致性 F2.9热变形（主轴温升） F2.10静刚度 F2.11动刚度	F3.1机械部分可靠性 F2.2电气部分可靠性 F3.3液压气动系统可靠性 F3.4润滑系统可靠性 F3.5NC系统可靠性 F3.6连续空运转无故障 F3.7精度保持性 F3.8清洁度 F3.9无三漏 F3.10超程保护 F3.11机床故障停机率	F4.1操作方便性 F4.2造型、色彩宜人性 F4.3操作安全性 F4.4噪声 F4.5刀具、附件调整方便 F4.6排屑方便保护罩密封	F5.1售价 F5.2金属切除率单位时间或单位功率金属切除量 F5.3选材合理 F5.4节能性 F5.5机床单位功率重量 F5.6空载功率 F5.7加工装配工艺性 F5.8安装调整方便性	F6.1新材料、新技术的应用 F6.2自动化程度 F6.3结构合理性 F6.4维修方便性	F7.1采用标准的水平 F7.2系列产品结构典型化通用化 F7.3标准化系数 F7.4产品模块化程度	F8.1销前、销后服务 F8.2备件供应及时性 F8.3培训 F8.4修理及时性	F9.1随机附件齐全性 F9.2随机技术文件齐全程度 F9.3冷却、排屑、吸尘、过滤、调温装置的齐备程度 F9.4供选择的特殊附件的齐全性

式中：$P_i=\sum_{x=1}^{K}P_iX$

P_i—第 F_i 项一级指标的得分和

K—回复的专家人数

P_ix—某专家对第 Fi 项指标的打分值

$\sum_{i=1}^{n}P_i$—各项一级指标的得分总和

n——一级指标项数

$\sum_{i=1}^{n}W_i=1$（校核式）

b)二级指标加权值

$$W_{ij}=\frac{P_{ij}}{\sum_{j=1}^{m}P_{ij}}$$

式中：$P_{ij}=\sum_{x=1}^{h}P_{ij}$

P_{ijz}— 某专家对二级指标 F_{ij} 项的打分值

K— 回复的专家人数

P_{ij}— 第 F_{ij} 项指标的得分和

$\sum_{j=1}^{m}P_{ij}$— 第 Fi 项一级指标下的二级指标的得分总和

m— 第 Fi 项一级指标下的二级指标项数

$\sum_{j=1}^{m}W_{ij}=1$（校核式）

（加权值取小数后三位）

A. 3. 3. 加权值计算举例

某产品第 F2 项一级指标下的二级指标的加权值（W_{zj}）的计算举例若二级指标共有四项（即 j=4）20 名专家给分情况见下表

项目	分数				项目得分 P_{zj}
	4	2	1	0	
	给分专家数				
F_{21}	12	8	—	—	64
F_{22}	10	8	2	—	58
F_{23}	8	6	6	—	50
F_{24}	2	8	8	2	32

$$\sum_{j=1}^{4}P_{2j}=64+58+50+32=204$$

$$W_{21}=\frac{64}{204}=0.314$$

$$W_{22}=\frac{58}{204}=0.284$$

$$W_{23}=\frac{50}{204}=0.245$$

$$W_{24}=\frac{32}{204}=0.157$$

A. 4. 各级指标满足度的确定方法

满足度是以八十年代国内外同类型产品的先进水平的指标定为最高值；以国家技术经济政策或国内外有关规定所允许的指标定为最低值。

满足度标准的最高值与最低值定为 90 分与 50 分。

A. 4. 1 定量指标满足度的计算

按公式，满足度 $Eij=50+40\frac{I_x-I_{50}}{I_{90}-I_{50}}$

式中：I_{50}—该项指标的最低值标准

I_{90}—该项指标的最高值标准

I_x—所评的产品的该项指标的实际值

（得分取小数后两位）

例如：某产品的 F64 项二级指标为噪声

定 $I_{90}=75dB(A)$　$I_{50}=85dB(A)$

若该产品噪声的实测值为 82dB(A)

则 $E64=50+40\times\frac{82-85}{75-85}=62$ 分

A. 4. 2. 定性指标满足度的确定

定性指标是难于计量或无法计量的指标，确定这种指标的满足度标准时，应尽量具体列出该项指标所包含的条件，使评定满足度时有再现性，避免因人而异，随时而变。

定性指标的确定实例：

90 分	80 分	65 分	50 分
1. 可以在两个位置操作			
2. 操作手柄方向直观或按钮显示形象化	满足 3 条	满足 2 条	满足 1 条
3. 常用手轮操作力小于 50N			
4. 变速省力，机动或自动变速。			

A5. 各级指标贡献值的计算

贡献值是指某项指标的满足度在考虑加权值以后的得分，即该项指标对整个产品的得分的贡献。

第 E_{ij} 项二级指标的贡献值 $C_{ij}=W_i\cdot W_{ij}\cdot E_{ij}$

式中：W_i—F_i 项一级指标的加权值

W_{ij}—F_{ij} 项二级指标的加权值

E_{ij}—f_{ij} 项二级指标的满足度

A6. 产品技术水平的综合评定值（总分）的确定

综合评定值

$C=\sum_{i=1}^{n}\sum_{j=1}^{m}C_{ij}$（总的贡献值）

C_{ij}—各二级指标贡献值

m—各二级指标项数。（每个一级指标所属的二级指标的 m 值不同）

n——一级指标的项数

按得分的高低确定机床的产品水平。

A7. 报告的审批

各厂产品水平分析报告由归口专业机床研究所审查，专业所所在厂的产品水平分析报告，由北京机床研究所审查。各种产品水平分析报告均由国家机械工业委员会机床工具局批准。

大中型拖拉机行业国家级企业等级标准（试行）

（1987年7月6日国家机械工业委员会批准）

1. 适用范围

本标准适用于生产大中型拖拉机产品的企业国家级企业等级的评定。

2. 制定依据

根据国家机械工业委员会发布的《关于制定机械行业国家级企业等级标准的原则规定》制定本标准。

3. 等级划分及考核指标

3.1. 国家级企业按产品质量、物质消耗、经济效益三项指标分为国家特级、国家一级、国家二级三个等级。国家级企业三项考核指标必须全面达到。

3.2. 主要产品质量指标

3.2.1. 企业主要产品大中型拖拉机的累计产值应占本企业总产值的60%以上，多品种，小批量生产的企业应达50%。

3.2.2. 大中型拖拉机产品质量指标，按表1规定考核。

表 1

企业等级	产品质量水平	产品质量等级
国家特级	国际当代先进水平	按JB/NQ37-86标准达到优等品的要求
国家一级	国际七十年代末八十年代初先进水平	按JB/NQ37-86标准达到一等品的要求
国家二级	达到国际通用标准或相当于国际通用标准的国内现行国标或部标	按JB/NQ37-86标准达到合格品的要求

3.2.3. 质量分等标准等级的评定，按JB/NQ37—86(即拖拉机产品质量分等标准)执行。

3.3. 物质消耗指标，按表2规定考核。

3.3.1. 钢材利用率：主要考核占企业全部物耗价值量70%以上的原材料，有几种算几种。计算公式如下：

$$\text{钢材利用率}(\%)=\frac{\text{各种产品中钢材件净量(吨)}}{\text{各种产品钢材总消耗量(吨)}}\times 100\%$$

3.3.2. 万元净产值(按分配法计算)综合能耗计算公式：

$$\text{万元净产值综合能耗}=\frac{\text{能源总耗量(吨·标煤)}}{\text{净产值(万元)}}$$

3.3.3. 凡炉窑、站房耗能之和占企业总耗量50%以上的企业，必须用《机械工业炉窑及站房能耗分等规定》考核。用炉窑及站房考核的企业，主要炉窑、站房的台数要有80%达到《炉窑分等规定》的相应等级。凡炉窑站房耗能之和不足企业耗能总量50%的企业，采用万元净产值综合能耗考核，国家级企业不能有等外炉窑及站房。

凡有季节采暖锅炉的企业，对采暖锅炉按《炉窑分等规定》单项考核，并在综合能耗中(按国家规定的采暖期)扣除采暖用能耗。

3.3.4. 考核企业能源消耗量之和，应占企业总耗量的70%。

表 2

企业等级	钢材利用率(%)	万元净产值综合能耗(吨、标煤/万元)
国家特级	待定	待定
国家一级	63.5	7.0
国家二级	61.5	8.7

3.4. 经济效益指标，按表3规定考核。

表 3

企业等级	资金利税率(%)	人均创利税(元/人·年)	净产值全员劳动生产率(元/人·年)
国家特级	待定	待定	待定
国家一级	20	3080	5300
国家二级	18	2800	4850

3.4.1　资金利税率，利税总额包括企业实现的利润总额和产品销售税、增值税及其他税种。计算公式如下：

资金利税率(%)＝

$$\frac{\text{利税总额(万元)}}{\text{固定资产净值平均占用额(万元)}+\text{定额流动资金平均占用额(万元)}}\times 100\%$$

3.4.2 人均创利税，职工平均人数按统计年报口径。计算公式如下：

$$\text{人均创利税(元/人·年)}=\frac{\text{利税总额(元)}}{\text{职工平均人数(人)}}$$

3.4.3.净产值全员劳动生产率，计算公式如下：

$$\text{净产值全员劳动生产率(元/人·年)}=\frac{\text{净产值(元)}}{\text{职工平均人数(人)}}$$

4.本标准解释权属国家机械委工程农机局。

独立轧钢生产企业国家级企业等级标准

（冶金工业部企业管理领导小组
1987年6月15日发布，1988年4月20日实施）

1 考核标准见下表：

项目 \ 标准 \ 等级		国家一级企业	国家二级企业	备注
产品质量		达到国际一般标准和国际先进标准的产品产量(产值)，占企业总产量(总产值)的70%以上。	国、部优质产品与达到国际标准的产品产量(产值)之和，占企业总产量(总产值)的60%以上。	见1.1 1.2 1.3 1.4
工序能耗 (千克标煤/吨材)		达到轧钢工序晋等一等标准	达到轧钢工序晋等二等标准	见1.5 附录A
综合成材率(%)		达到轧钢工序晋等一等标准	达到轧钢工序晋等二等标准	见附录A
资金利税率 (%)	型材企业	≥110	≥95	见1.6 1.7
	管材企业	≥95	≥77	
	带材企业	≥68	≥50	
	板材企业	≥70	≥55	
人均实现利税 (万元/人·年)	型材企业	≥2.20	≥1.91	见1.9
	管材企业	≥1.71	≥1.14	
	带材企业	≥0.87	≥0.58	
	板材企业	≥1.95	≥0.97	
全员劳动 生产率 (万元/人·年)	型材企业	≥8	≥6.7	见1.8
	管材企业	≥5	≥3.8	
	带材企业	≥3.9	≥2.9	
	板材企业	≥8.7	≥2.7	
工序分级晋等要求		达到轧钢工序晋等一等标准	达到轧钢工序晋等二等标准	见1.10 附录A

1.1 “产品总产量(总产值)”,系指企业作为商品部分的产量(产值)。在考核质量指标时,产量的计算范围是钢材和金属制品,产值的计算范围除钢材和金属制品外,外销的钢坯及其它副产品的产值也应计算在内。按产量或产值计算的质量指标有一项达到标准即可。

1.2 国家二级企业考核国、部优质产品与达到国际标准的产品产量(产值)之和,其重复部分,不重复计算。

1.3 “国际一般标准和国际先进标准”,系指冶金部1987年12月12日以(87)冶标字第1292号文及以后陆续发布的达到国际一般水平和国际先进水平的国家标准、部颁标准。达到国际标准水平的企业标准,需经冶金部情报标准研究总所的标准确认和冶金部质量监督检测中心的实物质量确认后,方可按达到国际标准统计产量(产值)。

1.4 有关采用国际标准产品和优质产品产量的计算办法,一律按(87)冶钢字第1316号文(《关于计算采用国际标准产品和优质产品产量若干规定》)办理。

1.5 目前冶金部规定的企业升级能耗考核标准与部能源办下达的能耗单项升级考核标准,在项目和水平上均有差别。原则上两者都按各自的标准进行考核。为了避免重复考核,如果某企业的能耗单项升级经考核已达到相应等级,在企业升级考评审定时,能耗指标可免于考核。

1.6 资金利税率的计算公式为:

$$资金利税率=\frac{实现利润+税金}{全部资金平均占用额}\times 100\%$$

$$\frac{全部资金}{平均占用额}=\frac{固定资产净值}{平均占用额}+\frac{定额流动资金}{平均占用额}$$

注:税金系指产品税、增值税、营业税、城建税、资源税、车船税、房产税之和。

1.7 在考核国家二级企业的资金利税率时,经上级部门批准立项新建或技术改造项目的投资额,分四年摊入固定资产,每年摊入比例分别为10%、30%、60%和100%(净值)。

上述办法仅限于国家二级企业的考核,国家一级企业的考核,仍按原规定不变。在填报经过剔除的资金利税率时,应同时填报未经剔除的资金利税率。

1.8 国家经委《补充说明》规定,劳动生产率指标按工业企业全员劳动生产率考核,不再扣除其他人员和社会性服务人员,在考核国家二级企业时,以全行业社会性服务机构人员占全部职工人数的平均比重为基数,企业超过基数部分的人员可在计算全员劳动生产率时予以剔除;考核国家一级企业时,不作剔除。经测算,冶金企业社会性服务人员的基数为5%。

在填报经过剔除的全员劳动生产率时,应同时填报未经剔除的全员劳动生产率数据。

劳动生产率指标中的工业总产值,按1980年的不变价格计算,没有1980年不变价格的,按第一次出厂价格计算。

“社会性服务机构人员”的统计范围,除国家统计局社会统计司编印的《劳动工资统计主要指标解释》(1985年)中已有规定外,特做如下补充规定:

a 文化教育系统:由企业办的小学、中学、职业学校以及从社会统一招生的大学(大专)、中专、技校的人员,可列入社会性服务人员中;凡属企业自办的在职职工教育、培训等部门的人员不列入统计范围。

b 医疗卫生系统:对社会开放的职工医院、职业病疗养院人员可列入;企业内部的卫生所、保健站等部门的人员不列入。

c 由企业管理的派出所、公安分局、交通警察及消防人员可列入,但经济警察不得列入。

d 文化教育、医疗卫生、公安保卫系统的管理机构(如培训部、教育中心、卫生处(科)等)人员不列入。

此外,企业在建和筹建的大中型基建及技改项目的生产准备人员和由基建费开支独立核算的自营施工单位人员,按国家统计局有关规定,可不参加计算工业企业全员劳动生产率。

1.9 人均实现利税的人员计算口径,同劳动生产率人员的计算口径一致。

1.10 独立轧钢企业升级只考核综合的轧钢工序晋等指标,不考核到机台。如果企业只有一套轧机,即与该轧机工序晋等标准相比较,进入相应等级。如果企业有多套轧机,以各轧机的实际产量为权数采用加权平均法,计算工序晋等的各项指标和实际完成数,相互比较,确定该企业轧钢工序等级。

1.11 本标准按型材(含线材)、管材、带材、板材四类分别提出了升级考核标准。企业类型以超过总产量50%的主导产品的类别划分,不再考虑其他产品类别;无超过50%主导产品的企业,以各类别产品产量为权数,参照各类别的标准数,用加权平均的办法,计算出适用于本企业产品结构的标准数,并用同样办法,计算实际完成指标数,对标定级。

2 国家级企业的基础条件

凡进入国家二级以上的企业,均应具备以下十项基础条件。

2.1 领导班子符合干部“四化”要求,坚持四项基本原则,勇于改革进取,善于经营管理,正确处理国家、企业和职工三者关系,认真贯彻执行党和国家的各项方针、政策、带头遵纪守法。实行了厂长(经理)负责制企业,能够认真按照《全民所有制工业企业厂长工作条例》、《中国共产党全民所有制工业企业基层组织工作条例》、《全民所有制工业企业职工代表大会条例》的规定，理顺党政工三方面的关系，加强了各自范围内的工作。

2.2 坚持两个文明一起抓，大力加强精神文明建设。企业党组织要真正起到保证、监督作用，积极支持厂长、经理负起全面领导责任。在职工中坚持社会主义初级阶段党的基本路线教育、"四有"教育和法制教育，树立起"爱国家、爱企业、爱本职工作"的观念。

2.3 建立和健全了企业职工代表大会(或职工大会)制度和其它民主管理制度。保障与发挥了工会组织和职工代表在审议企业重大决策、监督行政领导、维护职工合法权益等方面的权力和作用。把广大职工的主人翁责任感和主动性、积极性、创造性充分发挥出来。

2.4 把企业升级工作和深化企业改革、开展增产节约运动有机地结合起来，积极进行企业内部的配套改革。包括改革机构体制、劳动制度、分配制度；积极完善企业内部的经济责任制、；大力发展横向经济联合等，从而不断增强企业活力和自我改造、自我发展的能力。

2.5 加强和改善了各项管理基础工作，逐步建立起以技术标准为主体，包括工作标准和管理标准在内的企业标准化系统。主要产品全部采用国家和部颁标准，并积极采用国际标准和国外先进标准。劳动、物资、资金等定额齐全，并有切实可行的检查、考核制度，主要定额达到国内同行业平均先进以上水平。完善计量器具和检测手段，按照国家计量等级标准开展升级工作，获得国家二级以上计量合格证书。原始凭证、台帐、统计报表和档案管理规范化，数据资料完整可靠，生产经营过程中的信息收集、反馈、分析、处理制度健全。加强了班组建设，注重选拔和培养责任心强、技术熟练、作风正派、能团结人的班组长，不断提高班组管理水平。在企业内部，按照部提出的要求和标准，积极开展了工序晋等和企业内部升级活动，并取得了成效。

2.6 健全改善企业的各项专业管理工作。实行了全面计划管理，不断完善经营决策系统，按质按量地完成了国家指令性计划和订货合同；积极推行全面质量管理，建立起质量保证体系，在工资、奖金分配上实行质量否决权，凡在质量问题上受到"红牌警告"(停产整顿)的单位，当年不能晋升为国家级企业；加强物资管理，防止积压浪费，大力节能降耗；加强财务管理，搞好经济核算，严格遵守财经纪律，降低成本，加速资金周转，实现增收节支；加强劳动力资源的综合管理，机构设置合理，职责范围明确，不断优化劳动组织，逐步实现规范化劳动定员、定额管理；管好、用好、修好设备，积极推行现代化设备管理，主要生产设备事故与故障停机率和装备水平升级率达到部规定的相应标准要求(见(87)冶机字第899号文)。

2.7 认真贯彻《企业管理现代化纲要》，大力培训骨干，努力掌握现代化管理知识和技能，有计划、有步骤地推广应用各种现代管理方法和手段，积极使用电子计算机，逐步建立适应现代化企业要求的管理体系。

2.8 认真搞好安全、环保工作，无恶性人身、设备事故，年千人死亡率和千人重伤率不起过部规定标准(注)；岗位粉尘浓度和主要污染物排放要努力达到部颁考核标准，积极开展创建"清洁工厂"活动。

2.9 大力推进技术进步，搞好技术改造。制订了"七五"期间技术进步、技术改造的规划和年度实施计划，积极采用新技术、新设备、新材料，开发新产品，不断提高企业的技术素质。

2.10 加强企业各类人员的岗位职务培训工作。制订了"七五"期间各类人员的培训规划、标准、制度和考核办法，并切实组织实施。按照国家规定拨付教育经费，加强培训基地和师资队伍的建设。

注：安全生产考核指标和办法，按冶金部有关规定办理(另发)。

附　录　A

轧钢工序晋等考核标准

（补充件）

初轧机见表1

表 1

项目 \ 标准 等级	特　等	一　等	二　等	三　等	备注
产量水平(%)	≥105	≥100	≥95	≥80	见 A1　A1.1
合格率(%)	≥99.95	≥99.92	≥99.88	≥99	
成坯率 镇静	≥87.5	≥85.5	≥83.5	≥80	见 A3　A3.1
成坯率 沸腾	≥94	≥93	≥92	≥90	
工序能耗(千克标煤/吨坯)	≤45	≤60	≤75	≤90	见 A4

大型轧机见表 2

表 2

项目 \ 标准 \ 等级	特等	一等	二等	三等	备注
产量水平(%)	≥110	≥100	≥90	≥80	见 A1 A1.1
按国际标准生产产量比(%)	≥80	≥60	≥40	≥30	见 A2 A2.1
按国际先进标准生产产量比(%)	≥60	—			A2.2
国、部优质产品产量率(%)	—	—			A2.3
综合成材率 坯→材	≥97	≥96	≥95	≥93	见 A3
综合成材率 锭→坯	同初轧	同初轧	同初轧	同初轧	
工序能耗(千克标煤/吨材)	≤80	≤100	≤110	≤130	见 A4

中型轧机见表 3

表 3

项目 \ 标准 \ 等级	特等	一等	二等	三等	备注
产量水平(%)	≥110	≥100	≥90	≥80	见 A1 A1.1
按国际标准生产产量比(%)	≥80	≥60	≥40	≥30	见 A2 A2.1
按国际先进标准生产产量比(%)	≥60	—			A2.2
国、部优产品产量率(%)	—	—			A2.3
综合成材率(%) 坯→材	≥97	≥95.5	≥94	≥90	见 A3 A3.2
综合成材率(%) 锭→材	≥88	≥87	≥86	≥84	
综合成材率(%) 连铸坯→材	≥95	≥93.5	≥92	≥90	
综合成材率(%) 坯→材	≥97	≥95.5	≥94	≥90	
综合成材率(%) 锭→坯	≥91	≥89	≥87	≥85	
工序能耗(千克标煤/吨材)	≤70	≤90	≤105	≤135	见 A4

小型轧机见表 4

表 4

项目 \ 标准 \ 等级	特等	一等	二等	三等	备注
产量水平(%)	≥110	≥100	≥90	≥80	见 A1 A1.1
按国际标准生产产量比(%)	≥80	≥60	≥40	≥30	见 A2 A2.1
按国际先进标准生产产量比(%)	≥60	—			A2.2
国、部优产品产量率(%)	—	—			A2.3
综合成材率(%) 坯→材	≥97	≥95	≥92	≥90	见 A3 A3.3
综合成材率(%) 锭→材	≥93	≥90	≥88	≥86	
工序能耗(千克标煤/吨材)	≤62	≤85	≤95	≤130	见 A4

线材轧机见表5

表 5

项目 \ 标准 \ 等级	特等	一等	二等	三等	备注
产量水平(%)	≥105	≥100	≥95	≥90	见A1 A1.1
按国际标准生产产量比(%) 按国际先进标准生产产量比(%) 国、部优产品产量率(%)	≥80 ≥60 /	≥60 / /	≥40	≥30	见A2 A2.1 A2.2 A2.3
综合成材率(%)	≥96.5	94	≥92	≥90	见A3
工序能耗(千克标煤/吨材)	≤60	≤80	≤90	≤130	见A4

冷弯型钢轧机见表6

表 6

项目 \ 标准 \ 等级	特等	一等	二等	三等	备注
产量水平(%)	≥110	≥100	≥90	≥80	见A1 A1.1
按国际标准生产产量比(%) 按国际先进标准生产产量比(%) 国、部优产品产量率(%)	≥80 ≥60 /	≥60 / /	≥40	≥30	见A2 A2.1 A2.2 A2.3
综合成材率(%) 开口	≥93	≥92	≥91	≥90	见3.3
综合成材率(%) 闭口	≥92	≥90	≥89	≥87	
工序能耗(千克标煤/吨材)	待定	待定	待定	待定	

中厚板轧机见表7

表 7

项目 \ 标准 \ 等级	特等	一等	二等	三等	备注
产量水平(%)	≥100	≥95	≥90	≥85	见A1 A1.1
按国际标准生产产量比(%) 按国际先进标准生产产量比(%) 国、部优产品产量率(%)	≥80 ≥60 /	≥60 / /	≥40	≥30	见A2 A2.1 A2.2 A2.3
综合成材率 锭→材	≥79	≥77	≥74	≥70	见A3 A3.4
综合成材率 坯→材	≥88	≥86	≥84	≥80	
综合成材率 连铸坯→材	≥86	≥84	≥82	≥78	
工序能耗(千克标煤/吨材)	≤90	≤105	≤120	≤150	见A4

热迭轧薄板轧机见表8

表 8

项目＼标准＼等级	特等	一等	二等	三等	备注
产量水平(%)	≥105	≥100	≥98	≥95	见 A1 A1.1
按国际标准生产产量比(%) 按国际先进标准生产产量比(%) 国、部优产品产量率(%)	≥80 ≥60 /	≥60 / /	≥40	≥30	见 A2 A2.1 A2.2 A2.3
综合成材率(%) 普板	≥81	≥79	≥78	≥77	见 A3
综合成材率(%) 硅钢	≥78	≥76	≥74	≥72	
工序能耗(千克标煤/吨材)	≤200	≤270	≤320	≤400	见 A4

热轧宽带钢轧机见表 9

表 9

项目＼标准＼等级	特等	一等	二等	三等	备注
产量水平(%)	≥110	≥100	≥95	≥90	见 A1 A1.1
按国际标准生产产量比(%) 按国际先进标准生产产量比(%) 国、部优产品产量率(%)	≥80 ≥60 /	≥60 / /	≥40	≥30	见 A2 A2.1 A2.2 A2.3
综合成材率(%)	≥97	≥95	≥92	≥90	见 A3 A3.5
工序能耗(千克标煤/吨材)	≤90	≤110	≤125	≤150	见 A4

冷轧宽带钢轧机见表 10

表 10

项目＼标准＼等级	特等	一等	二等	三等	备注
产量水平(%)	≥105	≥100	≥95	≥90	见 A1 A1.1 A1.2
按国际标准生产产量比(%) 按国际先进标准生产产量比(%) 国、部优产品产量率(%)	≥80 ≥60 /	≥60 / /	≥40	≥30	见 A2 A2.1 A2.2 A2.3
综合成材率(%) 普碳	≥90	≥87	≥85	≥82	见 A3 A3.6
综合成材率(%) 硅钢	≥81.25	≥81.10	≥81	≥78	
工序能耗(千克标煤/吨材)	待定	≤95	≤150	≤250	见 A4

热轧窄带钢轧机见表 11

表 11

项目＼标准＼等级	特等	一等	二等	三等	备注
产量水平(%) 长带轧机	≥100	≥90	≥85	≥80	见 A1 A1.1 A1.3
产量水平(%) 短带轧机	≥100	≥95	≥90	≥85	

项目	特等	一等	二等	三等	备注
按国际标准生产产量比(%) 按国际先进标准生产产量比(%) 国、部优产品产量率(%)	≥80 ≥60 /	≥60 / /	}≥40	}≥30	见A2 A2.1 A2.2 A2.3
综合成材率(%) 长带(坯→材) (扁坯→材)	≥95	≥93	≥91	≥89	见A3 A3.7
综合成材率(%) 短带钢锭→材	≥98	≥96	≥94	≥92	
综合成材率(%) 钢坯→材	≥96	≥94	≥92	≥90	
工序能耗(千克标煤/吨材) 连续窄带	≤80	≤100	≤135	≤150	见A3.4
工序能耗(千克标煤/吨材) 短带	≤62	≤85	≤95	≤130	

冷轧窄带钢轧机见表12

表12

标准 等级 项目	特等	一等	二等	三等	备注
产量水平(%)	≥100	≥95	≥90	≥85	见A1 A1.1 A1.4
按国际标准生产产量比(%) 按国际先进标准生产产量比(%) 国、部优产品产量率(%)	≥80 ≥60 /	≥60 / /	}≥40	}≥30	见A2 A2.1 A2.2 A2.3
综合成材率(%) 热轧窄带为原料	≥96	≥94	≥92	≥90	见A3
综合成材率(%) 热轧卷板为原料	≥93	≥91	≥89	≥87	A3.8
工序能耗(千克标煤/吨材)	待定	≤95	≤150	≤250	见A4

ϕ100m/m以上热轧无缝钢管机组见表13

表13

标准 等级 项目	特等	一等	二等	三等	备注
产量水平(%)	≥120	≥100	≥95	≥90	见A1 A1.1
按国际标准生产产量比(%) 按国际先进标准生产产量比(%) 国、部优产品产量率(%)	≥80 ≥60 /	≥60 / /	}≥40	}≥30	见A2 A2.1 A2.2 A2.3
综合成材率 100 ϕ100机组	≥84	≥82	≥80	≥78	见A3
综合成材率 100 ϕ140机组	≥86	≥84	≥82	≥80	A3.9
综合成材率 100 皮尔格(锭→材)	≥76	≥74	≥72	≥70	
工序能耗(千克标煤/吨材)	≤150	≤180	≤210	≤270	见A4

ϕ76m/m以下冷拔(热轧)无缝钢管机组见表14

表14

标准 等级 项目	特等	一等	二等	三等	备注
产量水平(%) 普通方式供料	≥110	≥100	≥90	≥80	见A1 A1.1
产量水平(%) 其它方式供料	≥110	≥100	≥95	≥90	A1.5
按国际标准生产产量比(%) 按国际先进标准生产产量比(%) 国、部优产品产量率(%)	≥80 ≥60 /	≥60 / /	}≥40	}≥30	见A2 A2.1 A2.2 A2.3

项目		特等	一等	二等	三等	备注
综合成材率（%）	普通方式供料（圆坯→管）	83	≥81	≥78	≥76	见 A3 A3.10
	其它方式供材（管→管）	≥86	≥84	≥81	≥79	
工序能耗（千克标煤/吨材）	热轧	≤120	≤140	≤170	≤220	见 A4
	冷拔	待定	≤200	≤240	≤280	

直缝电焊钢管机组见表 15

表 15

项目＼标准＼等级	特等	一等	二等	三等	备注
产量水平（%）	≥110	≥100	≥90	≥80	见 A1 A1.1 A1.6
按国际标准生产产量比（%）	≥80	≥60	≥40	≥30	见 A2 A2.1 A2.2 A2.3
按国际先进标准生产产量比（%）	≥60	/			
国、部优产品产量率（%）	/	/			
综合成材率（带→管）（%）	≥98.5	≥98	≥97	≥96	见 A3 A3.11
工序能耗（千克标煤/吨材）	待定	≤30	≤40	≤60	见 A4

炉焊钢管机组见表 16

表 16

项目＼标准＼等级	特等	一等	二等	三等	备注
产量水平（%）	≥110	≥100	≥90	≥80	见 A1 A1.1
按国际标准生产产量比（%）	≥80	≥60	≥40	≥30	见 A2 A2.1 A2.2 A2.3
按国际先进标准生产产量比（%）	≥60	/			
国、部优产品产量率（%）	/	/			
综合成材率（%）	≥95	≥94	≥92	≥90	见 A3
工序能耗（千克标煤/吨材）	待定	≤130	≤140	≤160	见 A4

镀锌管机组见表 17

表 17

项目＼标准＼等级	特等	一等	二等	三等	备注
产量水平（%）	≥110	≥100	≥85	≥70	见 A1 A1.1
按国际标准生产产量比（%）	≥80	≥60	≥40	≥30	见 A2 A2.1 A2.2 A2.3
按国际先进标准生产产量比（%）	≥60	/			
国、部优产品产量率（%）	/	/			
综合成材率（%）	≥97	≥96	≥95	≥94	见 A3
工序能耗（千克标准煤/吨材）	待定	≤75	≤90	≤120	见 A4
锌耗（千克/吨材）	≤65	≤68	≤71	≤75	见 A8

车轮轮箍机组见表 18

表 18

项目 \ 标准 \ 等级	特等	一等	二等	三等	备注
产量水平(%)	≥100	≥90	≥80	≥70	见 A1 A1.1
按国际标准生产产量比(%) 按国际先进标准生产产量比(%) 国、部优产品产量率(%)	≥80 ≥60 /	≥60 / /	≥40	≥30	见 A2 A2.1 A2.2 A2.3
综合成材率(%)	≥74	≥71	≥69	≥68	见 A3
工序能耗(千克标煤/吨材)	≤200	≤230	≤270	≤300	见 A4

金属制品机组见表 19

表 19

项目 \ 标准 \ 等级		特等	一等	二等	三等	备注
产量水平(%)		≥110	≥105	≥100	≥95	见 A1 A1.1
按国际标准生产产量比(%)	有丝有绳	≥70	≥50	有丝有绳 ≥30 有丝无绳 ≥40	有丝有绳 ≥20 有丝无绳 ≥30	
	有丝无绳	≥80	≥60			
按国际先进标准生产产量比(%)	有丝有绳	≥50	/			
	有丝无绳	≥60	/			
国、部优产品产量率(%)	有丝有绳	/	/			
	有丝无绳	/	/			
钢丝耗线材(千克/吨)	有丝有绳	待定	≤1030	≤1040	≤1050	
	有丝无绳	待定	≤1020	≤1030	≤1040	
钢丝绳综合消耗(千克/吨)	(有丝有绳)	待定	≤1015	≤1020	≤1025	
工序能耗(千克标煤/吨材)		节能规定特等标准	节能规定一等标准	节能规定二等标准	节能规定三等标准	见 A4

铸铁管机组见表 20

表 20

项目 \ 标准 \ 等级		特等	一等	二等	三等	备注
产量水平(%)		≥110	≥105	≥100	≥90	见 A1 A1.1 A1.7
按国际标准生产产量比(%) 按国际先进标准生产产量比(%) 国、部优产品产量率(%)		≥80 ≥60 /	≥60 / /	≥40	≥30	见 A2 A2.1 A2.2 A2.3
金属料消耗(千克/吨)	灰铸铁管	≤1080	≤1085	≤1090	≤1095	见 A5
	球铸钢管	≤1100	≤1120	≤1130	≤1140	
工序能耗(千克标煤/吨材)	灰铸铁管	≤170	≤190	≤205	≤220	见 A4
	铸态球铁管	≤272	≤304	≤348	≤352	
	退火球铁管	≤306	≤342	≤369	≤396	

A1 产量水平(%)=

$$\frac{\text{入库合格量}+\text{科研新试产品量}}{\text{设计产量}}\times 100\%$$

A1.1 1970年以前建成的轧机，以1985年工业普查核定的产量为设计产量；1970年以后建成的轧机，按其设计产量计算产量水平。

A1.2 冷轧宽带钢轧机所产薄规格钢板，超过原设计产品结构的产量部分，其实际产量水平乘以换算系数：规格0.2～0.35m/m系数为4.7；规格>0.35～0.5m/m系数为3.35。

A1.3 单位卷重≥1.0千克/mm为长带轧机，其它为短带轧机。对于热轧长带钢，由钢锭轧成材的，其实际产量水平乘系数1.01，对于热轧优质钢带，其实际产量水平乘以系数1.01。

A1.4 冷轧窄带钢轧机成品厚度0.51～1.0mm时，其实际产量水平乘系数1.1；成品厚度0.51mm，其实际产量水平乘系数1.2。

A1.5 ϕ76以下冷拔(热轧)无缝钢管机组所产的高合金钢管实际产量水平乘数2；合金钢管实际产量水平乘系数1.5；低合金钢管实际产量水平乘系数1.3。

A1.6 直缝电焊钢管机组设计能力按表21确定：

表21

机组	设计能力(吨/年)		
	三班制	二班制	一班制
ϕ32机组	5000	3400	1700
ϕ45机组	10000	6700	3400
ϕ60机组	20000	13400	6700
ϕ76机组	30000	20000	10000
ϕ89机组	40000	26800	13400
ϕ114机组	50000	33400	16700
ϕ165机组	60000	40000	20000
ϕ219机组	80000	53400	26700

引进的机组(含50年代以后)按设计能力考核。

A1.7 铸铁管产量水平乘系数1.4；引进离心球铁管产量水平乘系数1.2。

A2 轧钢工序产品质量标准由按国际标准生产产量比、按国际先进标准生产产量比和国、部优质产品产量率三项指标组成，其中，特等、一等考核“双标”(国际标准和国际先进标准)、二等、三等标准考核“双标”(国际标准和国际先进标准)加“双优”(国优、部优)产品产量比例(不重复计算)。若其产量比例不达标，产值比例达标亦可。

A2.1 按国际标准生产产量比(%)=

$$\frac{\text{达到国际标准的产品实际入库量(吨}}{\text{入库合格品量(吨)}}\times 100\%$$

A2.2 按国际先进标准生产产量比(%)=

$$\frac{\text{达到国际先进标准的产品实际入库量(吨)/}}{\text{入库合格品量(吨)}}\times 100\%$$

A2.3 国、部优产品产量率(%)=

$$\frac{\text{入库国、部优产品产量(吨)}}{\text{入库合格品量(吨)}}\times 100\%$$

A3 综合成材率(%)=

$$\frac{\text{年入库合格品量(吨)}}{\text{年锭坯投料量(吨)}}\times 100\%$$

“综合成材率”除在括弧内已有注明外，均指由坯到材的成材率。

A3.1 初轧机所产合金钢(坯)的产量比以10%为基数，每增加1%，镇静钢成坯率增加0.05%。

A3.2 中型轧机所产鱼尾板、垫板等计算成材率时乘系数1.06；有保温帽的钢锭计算成材率时乘系数1.05；由镇静钢锭轧坯乘系数1.05计算成材率。

A3.3 小型轧机所产异型钢材计算成材率时，乘以系数1.03。

A3.4 当中厚板轧机的产品规格≤6m/m时，以产量5%为基数，每增加1%，其实际成材率增加0.01%；规格>20m/m时，其实际综合成材率分别增加下列数值：锭→材增加4%，坯→材增加1%；当产品合金比分为高合金、中合金、低合金，基数分别为产量的5%、10%、15%，每增加1%，按实际综合成材率分别增加0.2%、0.1%、0.05%进行计算。

A3.5 鉴于热轧宽带钢轧机产品品种及钢种对

综合成材率的影响，综合成材率公式分子、分母含义为：年入库合格量(吨)＝普炭卷板＋平板＋纵切板＋低合金板＋硅钢板(高合金板)＋分卷

年锭坯投料量(吨)普炭卷板坯＋(平板坯＋低合金板坯)×0.95＋纵切板坯×0.90＋硅钢板坯×0.92＋分卷×0.98

A3.6 冷轧宽带钢轧机所产镀锌板、镀锡板、深冲汽车板(含优炭板)实际成材率指标分别乘折算系数1.26和1.04。

A3.7 热轧窄带钢轧机热轧短带钢为二次加热轧制的，若由外厂加工开坯，则考核扁坯→带材的成材率；若由本厂自行开坯，则考核钢锭或钢坯$\xrightarrow{\text{二次加热}}$带材的成材率。

A3.8 冷轧窄带钢轧机综合成材率从冷轧的第一道工序——酸洗开始计算。其切边产品的实际成材率指标乘系数1.05；优质炭素结构网、低合金钢的实际成材率指标乘以系数1.1；工具钢、弹簧钢、其它合金钢的实际成材率指标乘系数1.2。

A3.9 对于ϕ100m/m以上无缝机组调坯轧材，废坯不能退回的企业，其实际成材率指标乘以系数1.03。

A3.10 76m/m以下冷拔(热轧)无缝钢管机组产品规格在ϕ25m/m以下者，其实际成材率指标乘以系数1.3。

A3.11 直缝电焊钢管机组单机成材率以低压流体输送管为基础，其余焊管品种实际成材率分别乘以下列系数：结构管电线套管1.01，汽车传动轴管1.05，锅炉管、石油管1.08。单机综合成材率取各品种加权平均值。计算ϕ32～60机组、ϕ165～219机组成材率时，分别乘系数1.005、0.995。对于＜100m的带钢，其成材率指标乘以系数1.01。多机组综合成材率取各单机组折算后的数值的加权平均值。

A4 工序能耗(千克标煤/吨材)

$$=\frac{\text{工序实际单耗}}{1+\sum_{i=1}^{n}W_i(Ki-1)}$$

轧钢工序能耗考核工序可比单耗，其指标含义、可比系数、统计口径、计算方法等一律以(88)冶能字第083号文为准。金属制品工序能耗考核标准以(88)冶能字第078号文为准。

A5 金属消耗(千克/吨)

$$=\frac{\text{金属料入炉量(千克)}-\text{回收铁量(千克)}}{\text{铸管产量(吨)}}$$

金属料消耗是指生产工艺过程中的金属料净耗，包括不可回收的熔耗、铸耗损失。

A6 新建或改造性大修的轧机，投产当年及投产后的第一年不参加等级评定。

A7 轧机等级，按指标达到的最低等级确定。

A8 关于轧钢工序加权平均计算方法和确定轧钢工序等级的程序。

企业升级考核加权平均以后的轧钢工序，即以各类轧机实际产量为权数，将各类轧机同一指标进行加权平均，作为一个工序参加考核。初轧机、金属制品、铸铁管不参加平均。镀锌管的锌耗指标，只作为工序晋等考核指标，企业升级不考核。

评定轧钢工序等级的公式和程序如下：

(1)加权平均有关指标实际水平的计算公式：

$$X=\frac{\sum_{i=1}^{n}X_if_i}{\sum_{i=1}^{n}f_i}$$

(2)加权平均有关指标各等级标准的计算公式：

$$Y_j=\frac{\sum_{i=1}^{n}y_{ij}f_i}{\sum_{i=1}^{n}f_i}$$

(3)用X与Y_j相比较确定该指标所处的等级。

说明：

a X_i表示第i套轧机某指标的实际水平。

b Y_{ij}表示第i套轧机相应指标的j等标准。

c f_i表示第i套轧机的实际年产量(合格品量＋新试制产品的产量)

d i＝1、2、……n

e j为特、一、二、三

f 在计算成材率等指标时，某套轧机工序晋等标准中，有几个成材(坯)率标准，则视同几套轧机进行计算。

举例：某企业有中型、中厚板、镀锌管三套轧机，其实际完成指标如下表：

项目 \ 指标 \ 机组	中型轧机	中厚板轧机	镀锌管机组
产量水平(与设计能力比)(%)	90(50)	90(30)	85(30)
按国际标准生产产量比(%)	40	40	40
按国际先进标准生产产量比(%)	—	—	—

国、部优产品产量率(%)	25	20	25
坯→材	95(10)	85(10)	95(30)
锭→材	80(5)	75(10)	
综合成材率(%)连铸坯→材	85(15)	—	
坯→坯	95(5)	—	
锭→坯	90(15)	—	
工序能耗(千克标煤/吨材)	95	110	
备注	括号内为实际产量数		

(1)加权平均计算综合成材率的实际完成指标:

$$X=\frac{\sum_{i=1}^{n}X_if_i}{\sum_{i=1}^{n}f_i}=\frac{\sum_{i=1}^{8}X_if_i}{\sum_{i=1}^{8}f_i}$$

$$=\frac{95\times10+80\times5+85\times15+95\times5+90\times15+75\times10+85\times10+95\times30}{10+5+15+5+15+10+10+30}$$

$$=89.5$$

(2)加权平均计算综合成材率二等标准

$$Y_2=\frac{\sum_{i=1}^{n}Yi_2\cdot f_i}{\sum_{i=1}^{n}f_i}$$

$$=\frac{94\times10+86\times5+92\times15+94\times5+87\times15+74\times10+84\times10+95\times30}{10+5+15+5+15+10+10+30}$$

$$=89.65$$

同理可算出:$Y_{特}=92.65$

$Y_1=91.15$

$Y_2=89.55$

$Y_3=87.15$

因 $Y_3(87.15)<X(89.5)<Y_2(89.65)$

所以该企业成材率指标只能综合评定为三等。

同样道理,可以评定出产量水平为二等,质量水平为二等,工序能耗为一等。则该企业轧钢工序综合评定为三等工序。

附加说明:

本标准一九八七年六月十五日第一次发布

本标准一九八八年四月十二日修订

本标准由冶金部企业管理领导小组负责解释

独立铁矿山生产企业国家级企业等级标准

(冶金工业部企业管理领导小组 1987 年 6 月 15 日发布,1988 年 4 月 20 日实施)

1 考核标准见下表

项目 \ 标准 \ 等级		国家一级企业	国家二级企业	备注
输出铁矿石合格率(%)		≥99	≥98	见 1.1
铁矿石品位波动范围	平炉矿	±1	+1.5 −1	

(%)	高炉块矿、高炉原矿、粉矿	±1	±2	
	铁精矿	±0.7	±1	
能　耗	露天矿山工序能耗(吨标煤/万吨总量)	≤15	≤18	见1.2
	地下矿山工序能耗(吨标煤/万吨总量)	≤85	≤90	
	选矿电力消耗(千瓦时/吨处理量)	≤24	≤25	
木材消耗(立方米/万吨总量)	枕　木	≤0.5	≤0.65	见1.3
	坑　木	≤6	≤10	
轮胎消耗(条/万吨总量)		≤0.5	≤0.8	见1.4
钢铁球消耗(一次磨矿)(千克/吨处理量)		≤1	≤1.1	见1.5
开采回收率(%)		达设计	达设计	
采矿贫化率(%)		达设计	达高计	
选矿金属回收率(磁铁矿)(%)		≥82	≥80	见1.6
全员劳动生产率	露天矿山(山坡型)(吨总量/人·年)	≥4700	≥4200	见1.7
	地下矿山(含充填量)(吨总量/人·年)	≥500	≥400	
	选矿厂(吨处理量/人·年)	≥2500	≥1800	
资金利税率(%)	一等资源	≥22	≥18	见1.8 1.9 1.10
	二等资源	≥16	≥12	
	三等资源	≥10	≥7	
	四等资源	≥7	≥5	
	五等资源	≥3	≥2	
人均实现利税(元/人·年)	一等资源	≥3000	≥2500	见1.9
	二等资源	≥2000	≥1500	
	三等资源	≥1500	≥1000	
	四等资源	≥1000	≥800	
	五等资源	≥800	≥600	

1.1　输出铁矿石合格率以《铁矿石加减价的规定及说明》和供需双方签订的合同为准。

1.2　计算露天矿山工序能耗时，有粗破碎的矿山乘系数1.25，凹陷型的矿山乘系数1.1。

计算地下矿山工序能耗时，缓倾斜中薄矿体乘系数1.048。

计算选矿电力消耗时，如为红矿乘1.36系数，多金属和其他矿种乘系数1.08。另三段磨矿乘系数1.27，贫赤铁矿浮选乘系数1.27，贫赤铁矿重磁浮阶段选工艺乘系数1.29，贫赤铁矿重选乘系数1.42。

1.3　枕木消耗限有露天矿山的企业。如为缓倾斜中薄矿体乘系数1.2。

1.4　轮胎消耗限有露天矿山的企业，再生轮胎按0.3系数折算。

1.5　钢铁球消耗限有选矿的企业，如为红矿乘系数1.09。另三段磨矿乘系数2.6。二段磨矿乘系数

2.1，东鞍山浮选乘系数 3.8。

1. 6 选矿金属回收率如为红矿乘系数 0.85，多金属矿乘系数 0.875，其它各矿种由所在企业自订升级指标报部矿山司审批。

1. 7 全员劳动生产率，露天矿凹陷矿山乘系数 0.80，有粗破碎的矿山另乘系数 0.7。地下矿缓倾斜中薄矿体乘系数 0.8。选矿厂红矿乘系数 0.82。

1.8 在考核国家二级企业的资金利税率时，经上级部门批准立项新建或技术改造项目的投资额，分四年摊入固定资产，每年摊入比例分别为 10%、30%、60%和 100%（净值）。

上述办法仅限于国家二级企业的考核。国家一级企业的考核仍按原规定不变。

1. 9 企业开采铁矿资源等级划分：

一等资源：海南、潘洛、金岭等；

二等资源：大宝山、泸沽、冶山、闲林埠等；

三等资源：篡村、保国等；

四等资源：攀矿、石人沟、雅满苏等；

五等资源：鞍矿、利国、吉山等；

1. 10 有关铁矿企业升级指标的计算方法（见(87) 冶矿字第 643 号文，即《铁矿企业升级、工序晋等指标统计口径和计算方法》(执行)。

2 国家级企业的基础条件

凡进入国家二级以上的企业，均应具备以下十项基础条件。

2. 1 领导班子符合干部“四化”要求，坚持四项基本原则，勇于改革进取，善于经营管理，正确处理国家、企业和职工三者关系，认真贯彻执行党和国家的各项方针、政策，带头遵纪守法。实行了厂长（经理）负责制的企业，能够认真按照《全民所有制工业企业厂长工作条例》、《中国共产党全民所有制工业企业基层组织工作条例》、《全民所有制工业企业职工代表大会条例》的规定，理顺党政工三方面的关系，加强了各自范围内的工作。

2.2 坚持两个文明一起抓，大力加强精神文明建设。企业党组织要真正起到保证、监督作用，积极支持厂长，经理负起全面领导责任。在职工中坚持社会主义初级阶段党的基本路线教育、“四有”教育和法制教育，树立起“爱国家、爱企业、爱本职工作”的观念。

2.3 建立和健全了企业职工代表大会(或职工大会)制度和其他民主管理制度。保障与发挥了工会组织和职工代表在审议企业重大决策、监督行政领导、维护职工合法权益等方面的权力和作用。把广大职工的主人翁责任感和主动性、积极性、创造性充分发挥出来。

2.4 把企业升级工作和深化企业改革、开展增产节约运动有机地结合起来。积极进行企业内部的配套改革，包括改革机构体制、《劳动制度、分配制度；积极完善企业内部的经济责任制；大力发展横向经济联合等，从而不断增强企业活力和自我改造、自我发展的能力。

2.5 加强和改善了各项管理基础工作，逐步建立起以技术标准为主体，包括工作标准和管理标准在内的企业标准化系统。主要产品全部采用国家和部颁标准，并积极采用国际标准和国外先进标准。劳动、物资、资金等定额齐全，并有切实可行的检查、考核制度，主要定额达到国内同行业平均先进以上水平。完善计量器具和检测手段，按照国家计量等级标准开展升级工作，获得国家二级以上计量合格证书。原始凭证、台帐、统计报表和档案管理规范化，数据资料完整可靠，生产经营过程中的信息收集、反馈、分析、处理制度健全。加强了班组建设，注重选拔和培养责任心强、技术熟练、作风正派、能团结人的班组长，不断提高班组管理水平。在企业内部，按照部提出的要求和标准，积极开展了工序晋等和企业内部升级活动，并取得了成效。

2.6 健全改善企业的各项专业管理工作。实行了全面计划管理，不断完善经营决策系统，按质按量地完成了国家指令性计划和订货合同；积极推行全面质量管理，建立起质量保证体系，在工资、奖金分配上实行质量否决权，尺在质量问题上受到“红牌警告”(停产整顿)的单位，当年不能晋升为国家级企业；加强物资管理，防止积压浪费，大力节能降耗；加强财务管理，搞好经济核算，严格遵守财经纪律，降低成本，加速资金周转，实现增收节支；加强劳动力资源的综合管理，机构设置合理，职责范围明确，不断优化劳动组织，逐步实现规范化劳动定员、定额管理；管好、用好、修好设备，积极推行现代化设备管理，主要生产设备事故与故障停机和装备水平升级率达到部规定的相应标准要求（见（87）冶机字第 899 号文)。

2. 7 认真贯彻《企业管理现代化纲要》，大力培训骨干，努力掌握现代化管理知识和技能，有计划、有步骤地推广应用各种现代管理方法和手段，积极使用电子计算机，逐步建立适应现代化企业要求的管理体系。

2. 8 认真搞好安全、环保工作，无恶性人身、设备事故，年千人死亡率和重伤率不超过部规定标准(注)，岗位粉尘浓度和主要污染物排放要努力达到部颁考核标准，积极开展创建“清洁工厂”活动。

2. 9 大力推进技术进步，搞好技术改造。制订了“七五”期间技术进步、技术改造的规划和年度实施计划，积极采用新技术、新设备、新材料，开发新产品，不断提高企业的技术素质。

2. 10 加强企业各类人员的岗位职务培训工作。制订了“七五”期间各类人员的培训规划、标准、制度和考核办法，并切实组织实施。按照国家规定拨付教育

第八部分

企业管理现代化

我国企业管理现代化的简略回顾与现状评析

中国企协企业管理现代化研究会

我国推行企业管理现代化，是作为建设有中国特色的社会主义的一个重要组成部分，为确保实现四个现代化建设的宏伟目标而提出来的。“现代科学技术和现代化管理是提高经济效益的决定性因素，是使我国经济发展走向新的成长阶段的主要支柱”。“科学技术进步和管理水平的提高，将从根本上决定我国现代化建设的进程，是关系民族振兴的大事”。党的十三大总结了国际国内的经验，作出的这种精辟而深刻的论断，是我国推行企业管理现代化的重要指导思想。

推行企业管理现代化，就是要求企业适应现代生产力发展的客观需要，按照社会主义有计划商品经济的发展规律，积极应用现代科学技术成果，包括现代经营管理的思想、理论和技术，有效地进行管理，创造最佳的经济效益，达到国际先进水平。

我国推行企业管理现代化，是在改革开放的实践中积极探索，稳步发展起来的。它是以提高经济效益为中心，围绕企业从单纯生产型转变为生产经营型而逐步深入展开的。十多年来，我国企业管理现代化经历了一个艰苦创业的过程，“六五”期间进行了企业管理现代化的试点，“七五”期间贯彻国务院《关于加强工业企业管理若干问题的决定》、全面实施《企业管理现代化纲要》。到1990年底，从全国大多数大中型企业和一些基础较好的小型企业来看，推行企业管理现代化已取得了较大的进展和比较显著的成就。

在跨入90年代之际，简要地回顾80年代我国企业管理现代化的起步和发展过程，恰当地分析认识1990年的现状，是十分必要的。

一、十年简略回顾

（一）“六五”：在企业全面整顿中进行企业管理现代化试点，探索前进的路子

从1982年到1985年，我国企业在70年代末期的恢复性整顿基础上，按照党的十一届三中全会的精神，和中共中央、国务院《关于国营工业企业进行全面整顿的决定》，分期分批进行了建设性的全面整顿，并且在部分企业进行了经济体制改革（当时主要是扩大企业自主权）的试点。随着第一批全面整顿合格企业的出现，和改革试点企业产生对现代化管理的内在要求，就提出了如何使管理向新的目标前进的问题。这时，有些企业已在引进和应用国外一些先进管理经验，如全面质量管理，价值工程等。到1984年初，国务院召开的全国经济工作会议上明确提出：“整顿好的企业要把重点转到技术进步和管理现代化上来。”但是，怎样实行企业管理现代化?鉴于历史的教训，照搬外国经验是不行的，必须在我国的改革开放实践中来寻找答案，探索路子。于是，在“六五”期间，进行了一系列探讨和试验，着重解决了有关推行企业管理现代化的一些较为重大的方针政策性问题。

1. 提出了“十六字”方针

在1982年前后，我国企业在“对内搞活经济，对外实行开放”的新形势下，企业管理方面遇到了如何借鉴国外先进管理经验的问题。当时在思想上，既有闭关自守、盲目排斥的现象，也有不顾国情、机械照搬的倾向；在方法上，怎样把总结自已的经验同借鉴外国经验结合起来的问题，还没有得到解决。1983年1月，国家经委和中国企业管理协会召开了借鉴外国企业管理经验座谈会（后来把这次座谈会称之为第一次企业管理现代化座谈会），系统研究了这个问题，国家经委副主任袁宝华同志在会上总结提出了“以我为主，博采众长，融合提炼，自成一家”的十六字方针。这个方针体现了“洋为中用”的原则，明确了学习借鉴外国管理经验的指导思想，解决了学什么怎么学的问题，使人们打开了眼界，开阔了思想，对正确借鉴外国管理经验，推进我国企业管理现代化具有重要的指导意义和积极的促进作用。

2. 明确了企业管理现代化的内容

要推行企业管理现代化，首先必须弄清楚它究竟应当包括哪些内容，这个问题在国内外并没有现成的明确答案。根据我国企业的实践，并吸取当时各方面的研究成果，在1984年1月召开的第二次企业管理现代化座谈会上讨论提出：企业管理现代化的内容主要包括管理思想现代化，管理组织（包括体制）现代化，管理方法现代化，管理手段现代化，还有管理人才现代化。这五个方面的现代化都要通过一定的管理体系来实现。这是我国企业管理发展史上第一次明确提出“五化”和“体系”的概念。这五个方面的现代化，具有内

在的有机联系，共同依存于企业管理整个体系之中，相辅相成地发挥各自的作用，以增强企业管理的整体功能。因此，会议不仅强调要树立“体系”思想，并正式提出要逐步探索建立具有中国特色的社会主义的现代化企业管理体系。不只是抽象地提出“体系”，当时还总结一些企业的经验，提出了建立“体系”的几种模式。在这以前，人们往往把企业管理现代化单纯理解为应用现代化管理方法，没有“体系”概念和整体概念。当然，五个方面的现代化，并不是齐头并进的，“体系”也不可能是一朝建成的，都必须根据企业内在的发展规律，循序渐进，逐步实现。

3. 以应用现代化管理方法为突破口

企业管理五个方面的现代化，从何入手呢？根据当时我国企业的实际需要和可能，考虑到应用现代化管理方法比较直观，见效较快，又容易入手等因素，在第二次企业管理现代化座谈会上，对与会的三十多个企业的实际应用情况，进行了调查分析，在众多的现代管理方法与技术中筛选了应用效果比较好的18项，作为向全国企业的推荐项目。其中17项是现代化管理方法（包括国外引进的和我国自已创造的），还有1项是微型电子计算机应用于管理。以后人们习惯地称之为现代化管理“十八法”，或叫“十八般武艺”。这18项只是提供企业选择，并不是要求一个企业都应用18项，选用时也不局限于这个范围。

在应用现代化管理方法的初期阶段，一般都是为了克服企业管理上的某个薄弱环节，单项地推行某种方法。有的虽然同时推行多种方法，但互不联系。后来，人们在实践中逐步认识到各种现代管理方法，虽然有各自的特点和作用范围，但它们也存在着内在的关联性和功能上的互补性等特点，如果善于利用这些特点，就可以按一定的目标，在一定的范围内，把有关的方法按其内在联系加以有机组合，这比应用一种方法或各自孤立地应用多种方法，效果要好的多。第一批试点企业之一的瓦房店轴承厂等单位率先走出了经过系统分析、系统设计对现代管理方法和手段进行配套应用的新路子，收到了很好的效果。可以说这是在试点阶段应用现代管理方法的一个新的进展。在1985年3月召开的全国第三次企业管理现代化座谈会上，及时总结和肯定了这个经验。从此以后，越来越多的企业逐渐克服了对现代管理方法在认识上和实际应用上的局限性，路子越走越宽，有的已发展到把多种方法进行兼容并蓄，通过融合提炼，创造性地发展成为具有自已特色的现代管理方法。

4. 部署试点并逐步扩大了试点范围

经验证明，只有经过试点，才能验证认识的正确与否，才能系统地积累经验。也就是在1984年1月召开的第二次企业管理现代化座谈会上，根据企业的自愿和一些地区、部门的要求，选择了20个整顿合格、管理基础较好的企业，作为国家经委重点指导的第一批试点，并明确了目标，任务。以后根据企业全面整顿和改革的进展，现代化管理试点企业由原来的20个，逐年增加为30个，60个，到1985年达到200个。这些试点企业都制定了企业管理现代化的规划和措施，都取得了一定成效，其中有百分之三十的企业效果显著。试点既起到了典型示范和扩大影响的作用，而且，经过不同行业、不同地区的企业试点，从多方面丰富了推行企业管理现代化的经验。

5. 总结探索了中国的企业管理特色

我们在开始推行企业管理现代化时，就明确提出管理的现代化决不是外国化、西方化，而是要从中国实际出发，建立具有中国特色的现代化管理。但究竟什么是中国企业管理特色，要坚持和发扬中国的哪些管理特色？这是关系到能否坚持实事求是，树立正确的指导思想的大问题。不注意把握中国的特色，就很难真正做到“洋为中用”，把外国的先进管理经验，融化到自已的民族特色之中。不同国家、不同民族的企业管理一般都具有自已的特色。一般地说，同组织生产力、进行社会化大生产相关联的管理内容，共性多一些，无论是社会主义企业还是资本主义企业，尽管生产力发展水平有着差异，但在管理的内容和形式上并不存在本质的区别。因此，只要结合自已的实际，可以互相学习借鉴的地方也就比较多。而同社会制度相联系、属于调整生产关系方面的管理内容，社会主义企业管理同资本主义企业管理却存在着本质的区别，其基本点是管理的阶级性。而反映一个国家企业管理的特色，或者说带有个性的东西，表现在这方面多一些。所以，我们在学习借鉴资本主义企业管理经验时，必须坚持社会主义的方向和原则，决不能混淆社会主义与资本主义的不同性质。基于上述，研究中国的社会主义企业管理现代化特色就更为重要了。如果不及时研究明确这个问题，就可能影响企业管理现代化朝着正确的方向发展。在1985年3月召开的全国第三次企业管理现代化座谈会上，根据邓小平同志关于建设具有中国特色的社会主义的理论，袁宝华同志总结提出了中国企业管理的五大特色，并要求就此继续进行研究探讨。这五个方面的特色是：

(1)在生产资料公有制为主体、多种经济形式并存的条件下，企业经营方式灵活多样。

(2) 国家计划指导与企业自主经营相结合。

(3) 集中领导与民主管理相结合。

(4)实行责权利相结合、国家企业和个人三者利益相统一的经济责任制。

(5) 坚持思想政治教育与按劳分配相结合。

以上这五条的提出，引起了企业界的重视，也推动了理论工作者对这个问题的进一步探讨。这五条着重概括了中国企业管理的社会主义特色，在一定程度上也反映了中华民族优良文化传统。实践证明，中国企业管理特色的研究和提出，对我国企业管理现代化的健康发展产生了积极的效应。

经过为时三年的试点，到1985年底，我国推行企业管理现代化已取得了一定的进展，较为系统地积累了经验，这时，全国性企业"全面整顿"任务也已基本完成，尤其是企业改革已由点到面深入展开。在这种形势下，企业管理现代化的工作，就由试点扩大到全国范围，逐步地深入展开了。

（二）"七五"：在全面推进企业改革中，实施《企业管理现代化纲要》

"六五"的试点经验表明，我国经济体制不改革，企业机制不转换，企业中尤其是在管理上吸收应用现代科学技术成果的容量毕竟是有限的。而"七五"正是我国城市经济体制改革（主要指企业改革）进入全面推行、逐步深化的时期，必须因势利导，把企业管理现代化有计划有组织地推向前进。为此，根据国务院《关于加强工业企业管理若干问题的决定》，国家经委经过系统调查、论证，在总结经验的基础上，依据国家"七五"计划的方针和要求，于1986年3月颁发了《企业管理现代化纲要》，用以指导"七五"时期我国企业管理现代化的实践。这个《纲要》从大的方面勾画了企业管理现代化的蓝图，主要解决了前进的方向目标、基本内容、实施途径和政策措施等战略性问题，并根据实际，提出了分层次的要求。从"七五"整个实践过程来看，它起到了启迪思想、把握方向的作用，尤其是一些大中型工业企业和一些管理较先进的小型企业表现出了对实施《纲要》、推行管理现代化的高度积极性和创造性。政府部门一直坚持政策引导、典型示范，而不靠行政手段强制推行。应当说，我国企业管理现代化发展是健康的。有以下几个方面的特点：

1. 坚持以提高产品质量，降低物质消耗，提高经济效益，增加出口创汇作为推行管理现代化的主攻方向。

为了贯彻我国"七五"计划的指导方针，从根本上扭转产品质量低、物质消耗高、经济效益差的状况，按照《企业管理现代化纲要》的要求，不仅比较普遍地重视了全面质量管理、价值工程、目标管理等一系列现代管理方法 的应用和推广，而且，很多大中型企业，从经营管理思想、经营战略到组织、方法手段的现代化等方面，都遵循这个主攻方向，逐步地成系统地转移到科学化现代化管理的轨道上来，从而使企业摆脱旧的经营管理模式的束缚，逐步建立起以提高质量、降低消耗、提高效益为目标的一套新的经营管理。企业管理现代化在企业里不再象有些人所讲的是"远水不救近火"，而成为针对性很强、见效快的战略性行动。

2. 管理现代化与企业改革相互促进

"七五"期间，城市经济体制改革是以增强企业特别是大中型企业活力为中心环节而深入展开的。以推行承包经营责任制为契机，以实行厂长（经理）负责制、内部经济责任制为主线，带动了企业组织、人事、劳动、分配制度等内部配套改革的全面展开，从而使企业产生了对现代化管理的内在要求，也使企业管理现代化获得了新的机遇与推进动力。为了使改革与管理现代化相互促进，首先，着重解决了指导思想问题，一再明确了改革是推进管理现代化的动力，不改革，管理现代化就难以推进。同时，又反复强调了管理现代化是对经营管理思想、组织、方法、手段等进行的一系列改革，它是经济体制改革的重要组成部分；不推进管理现代化，改革的成果也难以巩固和提高。为此，国家经委曾提倡了辽宁等省市在领导改革与管理现代化这两项工作中，实行"三同时"的经验，即同时部署工作、同时交流经验、同时检查工作。有些大中型企业还创造了企业改革与管理现代化整体规划、同步实施、相互渗透、相互促进的经验，更使管理现代化与改革密切结合，融为一体了。这是我国"七五"期间企业管理现代化实际工作中的一个鲜明特点。

3. 管理现代化与企业升级相辅相成

"七五"期间，按照国务院《关于加强工业企业管理若干问题的决定》中提出的"抓管理，上等级，全面提高企业素质"的要求，广泛开展了企业升级的活动。从国家经委在调查起草这个《决定》和《纲要》时，一开始就把企业升级和推进管理现代化作为相互衔接和带有配套性的政策措施来设计的。"抓管理，上等级"，这里所指的管理当然不是传统的一般性管理，而主要是现代化的管理。因为，《决定》对企业升级，设计了四个台阶，即国家特级企业，国家一级企业，国家二级企业，省级先进企业。其中，国家特级企业的主要产品质量和物质消耗指标是要求达到国际先进水平，进入世界先进行列的；国家一级企业主要产品质量要求达到国际70年代末、80年代初的先进水平。显然，要生产出国际先进水平的产品，不抓现代化管理是无法做到的。正因为如此，国家经委才制订和颁发了《企业管理现代化纲要》，以适应企业升级的需要，特别是明确解决如何为晋升国家一级、特级企业而抓管理的问题。所以《纲要》中规定的实现企业管理现代化的具体标准，与《决定》中规定的国家一级、特级企业的标准是一致的。要创国家一级、特级企业，就必须瞄准国际先进水平，在技术与管理的现代化上下功夫。因此，许多大中型企业，比较普遍地选准处于国际先进水平的外国同类企业，以之作为自己在一定时期内的赶超对象，并通过实物质量剖析、搜集情报和实地调查等方式，基本做到知己知彼，有针对性地采取包括现代化的管理与技术等措施，努力缩短差距。这样，现代化管理与企业升级在企业实际工作中就融为一体了，大大促进了企业整体素质的提高。

4. **企业管理现代化与技术进步同步发展**

“七五”时期我国企业进行了大量的技术引进、技术改造。从技术项目的选择，可行性研究，以至实施、投产、消化，这一整个过程，都必然要求有现代化的管理与之相适应，许多大中型企业在这方面给予了重视，花了学费，也取得了经验，因此，有相当多的一批企业，做到了技术与管理同步发展，以现代化的管理，保证了先进的技术尽快地发挥其应有的作用，保证了投资效益的先进性。有些企业在引进技术时，就注意了引进先进的管理经验并结合自己的实际加以消化、应用。有的企业还按照《纲要》的要求，在进行技术设计的同时，相应地进行了现代化管理设计。当然这毕竟还是在少数企业做到了或开始这样做，但都说明党中央关于现代科学技术与现代化管理是发展经济的主要支柱这一论断，已开始为人们所认识，在实际工作中得到了生动反映。

5. **培养人才与评审成果的工作逐步走向制度化、规范化**

“七五”期间，各部门、各地区以及许多大中型企业，按照企业管理现代化和企业升级的要求，开展了多层次、多渠道、多形式的培训，有不少地区还参照辽宁省的经验，举办了企业管理现代化“应知应会”的培训和考试，并把考试成绩同选拔、奖惩适当地联系起来，收到了很好的效果。有关大专院校、经济管理干部学院、企业管理干部培训中心，举办了大量的专业培训班、研修班，以及函授等形式的培训教育，对扩大普及和提高干部、职工的现代化管理的知识与技能，都发挥了重要的作用。国家经委还组织编写出版了一系列培训教材和《企业管理现代化干部必读》丛书，为促进干部的自修与培训创造了条件。与此同时，大多数地区和部门还按照《纲要》的要求，建立起了企业管理现代化成果评优制度，一年一届或二年一届地举行，经过企业申报、专家评审、部门地区领导批准后给予不同等级的表彰和奖励。这对广大管理干部和职工是一种有效的激励形式，对管理现代化产生了巨大的推动作用。

6. **企业管理现代化在治理整顿中向深层次发展**

1989 年进入治理整顿以来，企业面临着市场疲软，资金紧缺，原材料燃料涨价和供应严重不足，产品积压等困难，而我国的企业管理长期以来一直走的是靠高速度、高投入求效益的粗放经营的路子。在严峻的外部环境下，一批管理水平较高的企业，不是在困难面前束手无策，而是分析预测国际国内环境的变化，迅速作出反应，果断地调整经营战略，加强产品开发，积极开拓国内国外市场，保持和发展了竞争优势；同时，优化管理，苦练内功，尽一切可能挖掘内部潜力，普遍重视了提高质量，降低消耗，强化了资金管理、成本管理和销售服务工作，把现代化经营管理的思想和技能应用于解决深层的问题，逐步转向集约化经营的轨道，开始形成了一套新的管理。他们率先走出了困境，为在新的形势下推进管理现代化，提供了新的经验。

二、1990 年现状评析

1990 年是“七五”计划最后一年，也是跨进 90 年代的第一年。为了系统总结经验，巩固和发展已经取得的成果，研究和规划“八五”企业管理现代化的工作，在国务院企业管理指导委员会、国务院生产委员会的领导和部署下，我们组织了有关方面力量，集中抓了两个方面的工作：一是，组织了十二个省市、五个工业城市（包括两个经济特区）、国务院五个工业部门以及二十二个大中型工业企业，系统调查总结了实施“七五”《企业管理现代化纲要》的情况和经验，这些单位还各自起草了本地区、本部门、本企业的“八五”规划。我们还就若干重大问题进行了专题调查和论证。在上述基础上，举办了研究班，集中研究制订了第二个纲要，即《“八五”企业管理现代化纲要》，已经两委批准颁发；二是，国务院企指委、生产委联合举办了首届“国家级企业管理现代化创新成果奖”，（两委指定由中国企协企业管理现代化研究会承办），这是一次全国范围内的成果评审表彰活动，是对我国企业管理现代化成果的全面检阅和总结提高。除个别地区以外，各省、自治区、直辖市、计划单列市和国务院各工交部门，都认真细致地抓了这项工作，有些是在几年来一年一度评审表彰的基础上优选推荐的，有些过去尚未建立评审表彰制度的通过这次活动建立起来了。广大企业特别是大中型企业对评审成果表现出高度的积极性，如上海市经委系统，基层向市申报的成果达 1500 多项，都是有一定水平的，经过市评审委员会评定为市级优秀成果的共 450 多项，其中有创新内容、获得一等奖的 6 项，作为市向全国评审委员会推荐项目。由此可见，申报之踊跃和评审之严格。各地区、部门共推荐上来 200 多项（限定各推荐 3 项），扣除条块双重推荐的重复因素，实为 183 项。经过全国评审委员会评定，并经两委批准，获奖成果共 28 项，其中一等奖 4 项，二等奖 24 项。这些获奖成果代表了我国企业管理现代化的先进水平，也反映了广大经营管理者的创新精神。

综合上述调查总结、评审成果两项活动以及其他方式所了解到的情况，我们可以对我国企业管理现代化的 1990 年现状作如下评价和分析：从绝大多数大中型企业和管理基础较好的小型企业来看，随着改革开放的深入发展，我国企业管理已基本实现由单纯生产型向生产经营型的转变，逐渐走上了以提高经济效益为中心的轨道。这种“转轨变型”标志着我国企业逐步从产品经济的旧体制解放出来，向有计划商品经济发展。这是我国企业管理发展史上一个根本性的变化，实质上是我国企业管理向现代化发展的起步。具体表现有以下几个方面：

1. 现代管理的思想观念开始确立

经营意识、质量意识普遍增强了。市场与竞争观念、人才开发与产品开发观念、经济效益观念逐步树立。经营战略观念在一部分先进企业中开始发挥实际作用。观念的转变，支配着企业的经营行为，没有这个转变，管理现代化就无从谈起。

2. 新型的经营机制与管理组织正在发育成型

通过实行企业承包制、厂长负责制和企业内部经济责任制、企业内部配套改革等，在国家与企业、企业内部单位与单位、企业与个人、个人与个人之间的责权利关系进行了合理划分与调整，由此而形成的新的经营机制，包括激励机制与约束机制，已初步成型并发挥作用；与之相适应的企业组织也发生了重大变化，以厂长为首的生产指挥和经营管理系统逐步完善，企业管理组织由过去的单一直线职能制发展为以指挥灵活、工作高效为特点的多元组织形态；随着专业化协作、经济横向联合的发展，尤其是企业集团的兴起，企业结构由“大而全”“小而全”的单体形态逐渐变为集合形态。以上机制与组织的变化，带来了企业经营管理的内容和方式方法上的一系列变革，使企业管理现代化向纵深层次展开，多方位地促进新的机制的不断完善并发挥其应有的作用。

3. 现代管理方法与技术的应用逐步向更广泛的领域和系统应用的方向发展

随着人们对现代管理方法的认识和应用水平不断提高，过去那种孤立地单项应用某种现代管理方法的做法，逐渐为单项应用与配套应用相结合的方式所代替。由于许多现代管理方法，一般具有内容上的关联性、功能上的互补性和 作用范围上的层次性，因此，对它们的选择应用，必须考虑整个管理体系的全局，从整体上加以把握，以避免发生有关使用部门各强调各的，互相撞碰，互相抵消的现象。一些应用水平较高的企业已着重于系统应用，即把各种有关方法加以兼容并蓄，使之集成地为优化某个子系统的功能服务，为优化企业管理的整体功能服务。或以某一方法为主导，把有关方法有机地加以组合，达到系统应用的目的。近几年还出现了由消化 应用国内外已有的现代管理方法逐步走向创新的新趋势，特别是在质量、成本、效率、效益方面涌现了一些新方法，成效显著。企业管理应用电子计算机，近几年发展也较快。全国大中型工业企业约有90%在管理上应用了电子计算机。部分基础较好的企业已从单项应用向系统应用、网络应用发展。少数企业向管理信息系统与辅助设计、辅助制造联为一体的计算机集成应用系统发展。现代管理方法与电子计算机的应用，比较快而有效地促进了我国企业管理从手工业为主的管理转移到了现代科学管理的轨道上来，二者有着相辅相成、互相促进的作用。

4. 具有一定特色的现代化企业管理体系的多种模式，正处于逐渐成熟之中

从“六五”进行企业管理现代化试点以来，一些大中型企业为建立具有中国特色的社会主义企业管理体系所进行的探索，在深化企业改革中，经过不断创造、试验，内容更加丰富，领域更加宽广，形式更加多样，有的已比较成熟、定型了。例如，企业管理整体优化模式，已在不少企业应用，并各有特点。它是以实现本企业经营目标和战略为出发点，根据自身的生产经营的运行规律和实际需要，形成能进行良性循环的管理功能系统，并把现代管理思想、组织、方法、手段和人才综合地应用于这个系统，达到整体功能优化，这种模式为进一步完善现代化企业管理体系奠定了基础。又如，质量效益型的管理模式，具有深刻的内容和广阔的发展前景，正在一些工厂发育成长。总之，目前出现的多种现代化企业管理模式，尽管在内容结构上有所差异，而且在企业环境变化中呈现出动态性，但其基本点是大体一致的、稳定的，都是为实现企业的发展目标和经营战略服务的。

5. 社会主义企业精神文明建设和思想政治工作展现了新的活力和转机

一些先进层的企业，在改革开放的实践中，在这方面积累了一些新的经验，较普遍地加强了企业精神的培育，加强了领导班子和“四有”职工队伍的建设，注重企业形象的塑造。一批批优秀经营管理者、优秀思想政治工作者正在成长。近几年来思想政治工作出现了新转机，在治理整顿、深化改革、克服动乱所带来的后果等方面显示了它的不可替代的作用和强大的生命力。通过基本路线、基本国情的教育等一系列措施，坚定了职工建设社会主义的信心，调动了职工的积极性。无论在理论上实践上，思想政治工作的科学化现代化正处于方兴未艾和积极探索之中。职工思想政治工作作为一门科学，作为中国社会主义企业管理的一大特色，引起了越来越多的人给予关注和重视。

6. 部分企业的管理水平和产品质量赶上国际先进水平

在“七五”《企业管理现代化纲要》中曾经提出：“我国要以大中型企业为骨干，初步奠定具有中国特色的社会主义现代化企业管理体系的基础”，“各行业都要有一批骨干企业在经营管理上，主要产品质量和物质消耗上达到70年末80年代初的国际先进水平。"这个要求可以说已基本实现。在企业改革和企业升级的推动下，到1990年，各主要行业都有一批骨干企业已具有现代化的技术和管理，产品质量达到了国际先进水平。例如，1989年审定公布的第一批45个国家一级企业，主要产品质量全部达到70年代末80年代初的国际先进水平，其中有三分之一的产品质量达到当代国际先进水平。1990年审定、公布的第二批88个国家一级企业，主要产品质量全部达到70年代末80年代初的国际先进水平，其中有四分之一的产品质量达到当代国际先进水平。还有已审定、公布的4211个国家二级企业，也在不同程度上拥有了现代化的技术和管理，有不少企业的产品质量等某些单项指标达到或接近国际先进水平。还应当指出，这两年在评定国家级企业上是比较审慎的、有控制的，还有相当数量的一批企业，实际上也达到或接近国家级企业的标准。

有如上述，我国企业管理现代化取得的进展和成效是比较显著的。从几个大的方面加以回顾和评析，有利于我们思考这样一个问题：我国的企业管理现代化是怎样起步，又该怎样前进？但我们应当清醒地看到，上面这些，仅仅是就先进层的企业主要是大中型企业的情况的来说的，而且是就其主流方面来看的。工作的发展是极不平衡的，我国的多数企业，在管理上尚处于落后状态。当然，任何一个经济发达的国家，也不可能做到所有企业都实现管理现代化，关键是作为国民经济的主体力量、对国家经济实力和国计民生起着决定性作用的企业，必须实现管理现代化，做不到这一点，就很难实现四个现代化。而我们的现实是，离这种要求尚很远，与国际先进水平比，差距还很大。《"八五"企业管理现代化纲要》对我国企业面临着的形势和存在的问题作了深刻分析，提出了今后的目标和任务，我们一定要更有成效地推进企业管理现代化，为"四化"建设做出新的贡献。

（王继勃　撰稿）

全国企业管理现代化创新成果评审发布暂行办法

（国务院企业管理指导委员会　国务院生产委员会
1990年4月21日"企指委字〔1990〕4号"文件发布）

为总结提高企业管理现代化成果，鼓励推进企业管理的改革与创新，指导做好优秀成果的评审、鉴定工作，根据国务院颁发的《合理化建议和技术改进奖励条例》(国发〔1986〕59号）及其实施细则，制定本办法。

一、国务院颁发的《合理化建议和技术改进奖励条例》及其实施细则和原国家经委制定的《企业管理现代化纲要（草案）》贯彻实施以来，各地已涌现出不少企业管理现代化创新成果，及时加以评审、鉴定和交流、发布，使之得到普及和提高，是推进企业管理现代化、提高经济效益的有效途径。

二、企业管理现代化创新成果是指凡是运用现代科学理论，在企业管理的组织、制度、方法和手段等方面提出带有改进、创新因素的办法和措施，经过实施确认为有明显的作用和效果，同时具有科学性（符合现代科学原则）、先进性（结构、功能明显优于原来采取的管理办法）、可行性（符合经济技术政策，又具有可操作性）、效益性（工作效率高、经济效益高）等特点。这里指的创新，包括：(1) 创造发明；(2) 应用国内外已有的成果在实践中加以改进和发展的创新因素。

三、企业管理现代化创新成果，一般包括：现代经营管理的理论观念、方式、组织、方法、手段以及建设精神文明等方面的创新内容，但由于涉及面太广，目前评选条件还不具备，1990年评选的内容着重于现代管理方法（包括综合性的，专业性的、现场基础管理性的）的创新成果以及应用电子计算机等现代化手段进行管理，成效卓著、水平较高的。

四、全国企业管理现代化成果的评审、鉴定工作在省、自治区、直辖市、计划单列市以及国务院工业主管部门（总公司）经过严格评选的基础上进行。由省、市级负责此项工作的单位（各地做法不一，有的是经委，有的是企协或企业管理现代化研究会），和国务院工业主管部门，从经过有专家参加的具有一定权威的评审组织评定的优秀成果中选出1至3项，按规定表式和要求推荐、报送。个别尚不具备评选报送条件的地区和部门，不强求一致推荐、报送。

五、成立全国企业管理现代化创新成果评审委员会，负责对各地区、部门推荐的优秀成果进行评审、鉴定。经过初审认定可列为全国候选对象的成果，其创造者（单位领导人或项目主要负责人）将被通知出席终审发布会，对该成果进行必要的说明和答辩。经评审委员会终审评定后即揭晓评定结果。凡参加终审发布会的成果必须提供必要的精简而生动的图片或录像，以资说明，请及早准备。

六、全国企业管理现代化创新成果评审委员会评定的优秀成果，拟分为几个等级，发给证书（或奖状），以示认可和鼓励，并在有关报刊上公布，其提取奖金的办法按国务院国发〔1986〕59号文件《合理化建议和技术改进奖励条例》及其细则执行。

七、选报的成果，凡可直接计算经济效益的，必须填写经企业上一级财务部门审核认可的数据。有的属于提高工作效率的，应科学地测定其提高工效的数据。

八、推荐报送单位对推荐的企业管理现代化创新成果，必须坚持实事求是的原则，以严格的科学态度对其真实性和可靠性负责。坚决防止弄虚作假、虚报谎报等现象发生。

九、推荐申报的企业管理现代化创新成果，必须是经过一年以上的实际应用，取得应有的各项数据、经过科学测定确认为有实际使用价值。属于集体创造的应明确其主要负责人。属于个人创造的应经过一定的组织确认手续，才能报送。

十、全国评审、鉴定和交流、发布的具体组织工作，国务院企业管理指导委员会、国务院生产委员会委托中国企业管理协会企业管理现代化研究会承办。

附：全国企业管理现代化创新成果推荐表式

表式第1页

全国企业管理现代化创新成果
推荐报告书

成果名称：________________

创造单位：________________

推荐单位：________________

报送时间：______年____月____日

国务院企业管理指导委员会
国 务 院 生 产 委 员 会　联合主办
中国企协企业管理现代化研究会承办

表式第2页

成果名称							
申报企业	企业全称			厂长（经理）姓名			
	集体成果主要负责人	姓名		职务		职称	
	个人成果创造人	姓名		职务		职称	
创造（或应用）于何年何月何日，已实际应用多长时期、多大范围							
已经取得的经济效益，包括应用以来累计数和1989年数							
何年何月何日经何组织评定及其评价意见							
推荐单位对本项成果推广应用的建议和提出注意的问题							

表式第3页

成 果 简 介

本表只作简明介绍，另附专门材料。

表式第4页

推荐报送的 单位签署意见	盖单位印	负责人签字：

全国企业管理现代化创新成果评审工作细则

（1990年11月9日评审委员会全体会议通过）

按照国务院企业管理指导委员会、国务院生产委员会1990年4月21日企指委〔1990〕4号文件颁发的《全国企业管理现代化创新成果评审发布暂行办法》的要求，为了认真负责地做好评审工作，特制订本细则。

一、评审委员会的任务

全国企业管理现代化创新成果评审委员会（以下简称评委会），负责对各省、自治区、直辖市、计划单列市和国务院有关各部门（行业）推荐申报的企业管理现代化创新成果，进行客观、公正、科学的评价和审定。通过申报评审与发布的形式，推动企业管理现代化向纵深发展，以提高企业管理水平和经济效益。具体要求是：根据党和国家有关企业管理的方针政策和现代管理科学原理，对创新成果逐项地进行审核、分析，作出科学评价，并按照评选标准，提出成果奖励等级的意见。

二、评审工作程序

评审工作按初审、预评、终评三个步骤进行：

1. **初审**。由办公室的专业人员和部分参加日常工作的评委会委员组成初审小组，对各地申报推荐的成果，严格按照《全国企业管理现代化成果评审发布暂行办法》的有关规定逐项地进行审查，确认推荐成果的有效性。凡不符合规定要求进行申报推荐，无法予以评审者，视为无效（例如，推荐单位未盖印，或创新成果未经过实践检验达一年以上者），不列入预评。对确定可参加预评的成果，由初审小组填写登记表，进行分类编号，向评委会作出初选情况的汇报。初审要为预评创造条件，以节省评审时间。

2. **预评**。按成果类别，相应地由评委会全体成员组成若干预评小组，分工进行认真细致的评审，要对同类成果作出分析比较，评定优差。根据预评小组意见，逐项填写预评表，并由小组负责人将预评结果和建议向评委会全体会议提出报告。如小组尚有不一致的意见应同时说明。评委会对各小组意见应进行认真讨论，集思广益，充分协商，坚持评审的科学性和民主性，以保证评审质量。预评程序结束时应优选出参加终评的成果项目。

3. **终评**。由评委会成员分别对经过预评程序确定列入终评的成果项目，逐项评定分数；经汇总计算后，根据得分多少，确定获奖成果等级。终评是评审工作的关键环节，要做到严格认真，一丝不苟。在终评过程中，根据情况对某些需要进一步考证的成果，可以要求成果创造者对该项成果进行必要的说明、答辨，也可进行实地考察。

4. **发布**。终评工作全部结束后，选择适当时间，召开发布会，揭晓评定结果，颁发荣誉证书，以示鼓励。发布会邀请有关单位包括经济领导机关、企业界、新闻界人士出席，并通过有关报刊、广播、电视公布评审结果，进行广泛宣传。发布会期间，还可组织获奖成果的创造者进行交流、研讨，共同提高。

三、评定标准

总的要求是，企业管理现代化创新成果必须有创新内容，突出创新。创新的含义包括：(1) 申报单位自己创造发明的成果；(2) 应用国内、外已有的成果，在自身的实践中确有改进和发展的创新因素，这种改进和发展性质的创新因素，必须明显优于原来采用的办法。不论是自己创造发明的或应用国内外已有成果，都必须在实践中经过一年以上的检验和取得显著效益。

属于一般应用国内外已有的普及性成果，由地区、部门给予评审奖励，一般不包括在全国创新成果奖评审范围之内。

评定创新成果的具体标准是：

1. **具有科学性**

(1) 符合现代管理科学原理、原则，有一定科学价值；

(2) 能解决经营管理上的重大、重要问题。

2. **具有先进性**

(1) 结构、功能明显优于同类管理项目原来采用的办法；

(2) 在全国范围内属于首创或达到国内同类项目先进水平。

3. **具有可行性**

(1) 符合国家经济技术政策；

(2) 经过实践检验，具有在全国、同行业等较大范围的推广使用价值；

(3) 具有实际工作上的可操作性。

4. **具有效益性**

根据国务院颁发的《合理化建议和技术改进奖励条例》及其实施细则，管理成果一般难以直接计算经济效益，实行评分办法，可以视其提高经济效益的程序，分为成倍提高、明显提高、略有提高三个档次记分。

可以直接计算经济效益的，按其年节约或创造的价值划分等级。等级的划分可参照《条例》规定的技术改进成果等级评定办法，即年节约或创造价值 100 万元以上者为一等；50 万元以上 100 万元以下（不包括 100 万元）者为二等。由于目前使用成果的单位规模太小，影响经济效益数额者，应适当考虑该项成果可能创造更大数额的潜在因素。

无论采用评分法或直接计算经济效益的办法，均应支持企业效益与社会效益相统一的原则，既重视企业效益，也重视社会效益。

四、记分评定办法

对创新成果按科学性、先进性、可行性和效益性，分别评分，然后综合计分。评分表式如下：

项目	分项总分	评定标准内容	最高分数	评审委员记分
科学性	20	符合现代管理科学理论和原则，有一定科学价值	10	
		能解决经营管理上的重大、重要问题	10	
先进性	25	结构功能明显优于相同管理项目原来采用办法	10	
		在全国范围属于首创或达到国内同类项目先进水平	15	
可行性	25	符合国家经济技术政策	5	
		在全国同行业等较大范围内有推广使用价值	10	
		具有可操作性	10	
效益性	30	成倍提高	30	
		明显提高	20	
		略有提高	10	
合计	100			

注：表中效益性一栏所列三个档次的分数，只能评定一个档次的分数，用以同前三栏的分数相加。

五、等级确定

为保证国家级企业管理现代化创新成果的先进水平，必须从严掌握标准，坚持少而精的原则，有一个算一个（本届拟评定的获奖成果，最多不超过××项，其中，一等奖不超过××项）。地区之间、行业之间不搞平衡，不搞照顾。够标准的，特别是能反映全国先进水平的成果，可不受地区、行业的数额限制。凡不够标准的，不论是属于何地区、何行业，都不应勉强评上，宁缺勿滥。

国家级企业管理创新成果，等级的设置不宜太多，拟定为一等奖、二等奖两个等级，这两个等级的水平应相当于或稍高于国务院《关于合理化建议和技术改进奖励条例》中规定的一、二两个等级科技成果所应达到的水平。得分85分及以上者为一等，得70分至84分者为二等。一般按得分总数确定等级，如有原则性异议者，应经评委会讨论，必要时表决通过。

对有的成果，得分虽未达到等级，但基本上达到标准，并且有突出可取之处，但目前尚不够完善、成熟，可有选择地列为下届预评项目，策励其继续努力。但选定这种预评项目不宜太多，并须取得多数评委成员的同意。

六、奖励办法

对全国企业管理现代化创新成果获奖者的奖励，主要是给以荣誉鼓励，颁发证书。同时，按照国务院《关于合理化建议和技术改进奖励条例》及其实施细则，提取规定数额的奖金。

七、评审人员纪律

评委会成员和参与评审的工作人员，必须做到：

1. 严格按客观、公正、科学的原则进行评审；

2. 发扬民主作风，虚心听取他人意见；

3. 拒绝请客送礼，不借评选之便以任何形式谋取私利；

4. 不对外透露评审过程的情况；

5. 所有成果资料统一编辑发表，个人不得印刷，外传，不得自行发表。

首届全国企业管理现代化创新成果获奖项目

等级 \ 项目	成果名称	创造单位	成果负责人
一等	企业管理整体功能优化	瓦房店轴承厂	王华彬
一等	确保运载火箭“一次成功”的质量管理	上海新中华机器厂	张文忠
一等	建设项目动态管理	中国化学工程总公司第三建设公司	陈桂久
一等	现场规范化管理	山东博山水泥厂	傅庆馥
二等	优化配棉并与过程控制相结合的计算机管理信息系统	北京第一棉纺厂	邸长明
二等	鼓励性对策管理法	燕山石化公司合成橡胶厂	李成国
二等	系统开发并与管理体制改革相结合的计算机管理信息系统	天津港务局	祝庆缘
二等	群体安全管理	北京铁路局临汾分局	毛维栋
二等	开发应用以MRP－Ⅱ为中心的计算机管理信息系统	沈阳第一机床厂	黄铭亮
二等	电力系统发电负荷“等微增”优化调度	东北电管局调度通讯局	朱万国
二等	企业管理现代化项目承包	鞍山钢铁公司	元东洙
二等	以人为中心的全控管理	大连显象管厂	刘金堂

项目 等级	成果名称	创造单位	成果负责人
二等	安全联网联控管理	沈阳铁路局丹东分局	吴敬湘
二等	森林企业“营林·采伐·加工”三段式经营	吉林三岔子林业局	马辉普
二等	集中领导下的基层自主管理	上海宝山钢铁总厂	王佩洲
二等	集团公司成员单位工作评估与调控管理	上海真空电子器件股份有限公司	薛文海
二等	企业内部设备有偿占用	国营第五七〇三工厂	吴作权
二等	市场、科技、生产循环开拓经营	浙江凤凰化工股份有限公司	尹相泉
二等	与技术引进相适应的企业管理系统设计与实践	福州电线厂	陈道彤 林　越
二等	系统应变管理	厦门罐头厂	邱继超
二等	企业成本控制工程	济南市成本控制工程项目组	侯怀亮
二等	优化质量职能建立质量效益型管理	武汉钢铁公司	黄墨滨 张寿荣
二等	以定额成本控制为核心的效益保证法	河南安阳齿轮厂	李万春
二等	以压缩在制品为中心的现场综合管理	第二汽车制造厂	陈清泰
二等	“管、修、用”全面优化的设备管理	长岭炼油化工厂	蒋信成 鲍乃钊
二等	外向型工业企业投入产出与经营结构优化管理	深圳塑胶股份有限公司	张代清
二等	质量、效率、消耗三系数分配法	重庆航宇家用电机厂	魏光喜
二等	责任价格控制法	陕西省内燃机配件一厂	马宏业

授予单位：国务院企业管理指导委员会　国务院生产委员会

首届全国企业管理现代化创新成果获奖项目内容简介

企业管理整体功能优化

创造单位：瓦房店轴承厂

瓦房店轴承厂几年来在推行企业管理现代化过程中，从单项应用现代化管理方法起步，发展为多种现代化管理方法和手段的配套应用，进而形成了企业管理整体功能优化的思想和方法。其实质是通过优化企业管理功能，发挥企业整体优势，使生产经营要素发挥出更大的效应，使企业具有对外部环境的较强的适应能力，保证生产持续、稳定、协调发展。

企业管理整体优化是根据发展生产力的客观需要，在一定时期内和客观约束条件下，围绕实现企业的发展战略和生产经营总目标，把现代管理思想、组织、方法、手段和人才，综合应用于企业管理各个功能系统，促进生产经营要素的优化组合。从各子系统的局部优化入手，通过纵横协调，达到企业管理全系统的整体功能优化，使投入产出全过程受到有效控制，人流、物流和信息流处于良性循环状态，从而实现以最小的人力、物力消耗和资金占用，获得最大的经济效益。

推行企业管理整体功能优化是一个动态发展的不断提高的过程。在做法上，该厂具体划分为计划设计、组织实施、检查考核三个步骤进行。

（一）计划设计

1. 确定企业经营战略，明确战略思想，制订战略目标。这是实行整体优化的前提。整体优化是围绕保证战略目标的实现而展开的。

2. 开展系统分析，寻找问题点，确定优化课题，这是解决优化什么的问题，是整体优化的重要一环。

3. 确定整体优化目标，建立整体优化目标体系。这是解决整体优化应达到什么程度、满足什么要求的问题。整体优化目标确定之后，经过纵横分解，使全厂上下左右都能围绕生产经营总目标建立起纵向控制，横向保证，相互联系，互为条件的优化目标体系。

4. 进行整体优化的总体设计，建立整体优化的模型，明确整个企业实施整体优化的基本思想、框架和方法，并以此指导实践。

（二）组织实施

1. 优化管理职能。用现代化的管理思想、组织、方法、手段和人才，系统地溶渗于企业各项管理职能之中，改进更新陈旧落后的管理方式方法，改善系统结构。

2. 优化管理要素。在整体优化中必须把管理的重心由物转向人，实行以人为中心的管理。最大限度地调动职工的积极性，挖掘职工的潜能。包括：培养企业精神，唤起主人翁意识；完善动力机制，充分发挥职工积极性和创造性；优化分配形式，如对一线工人特别是关键工种实行分配倾斜，福利优先；抓好职工培训，提高职工素质。

3. 优化管理基础工作。在基础工作中充分体现管理现代化的内容，特别是对实行效果较好的现代管理方法，必须明文纳入管理制度之中，使之规范化；狠抓班组建设，对班组实行台帐化管理，将班组各项指标全部纳入台帐中。制定班组升级标准，分档次组织班组升级达标。

（三）检查考核

在实行风险承包的招标和选聘时，就把整个优化目标明确地列在承包人的任期目标之中，完全实现承包目标的兑现承包奖；个别指标完不成的减发承包奖；主要指标完不成的扣发抵押金，减发工资，免去职务。并由企管处牵头，对全厂的整体优化工作按月检查，半年进行一次诊断，年终进行总结。在全厂开展从严治厂活动，把从严治厂当成整体优化的保证措施，使全厂每个人，每个单位，每项工作都处在严格管理之中。

该厂通过推行整体优化，强化了企业管理职能，实现了对投入产出全过程的有效组织和控制，提高了企业管理的总体效能，有力地保证了企业生产经营目标的实现。1989 年，该厂在成本负因素高达 6135 万元的情况下，不但抑制了企业的效益滑坡，而且实现了速度与效益的稳步增长。在全国轴承行业大型骨干企业中，13 项可比指标，该厂有 11 项居第一位，二项居第二位。1989 年共取得直接经济效益为 1242. 3 万元。

确保运载火箭“一次成功”的质量管理

创造单位：上海新中华机器厂

上海新中华机器厂（航空航天部第八〇五研究所）为了确保运载火箭质量，贯彻“一次成功、系统管理、预防为主、实行法治”的指导思想，使研制、生产、使用质量处于完全的受控状态，对形成和影响产品质量的每个环节实施了全面而有效的控制。它的科学性、先进性主要表现在：(1)研制、生产按规定的标准（规程、规范）程序进行，技术状态的控制贯穿于全过程。(2)随时掌握产品质量动态，及早发现异常情况，把质量故障消除在发生之前，实行预防与把关相结合的全过程控制。(3)一旦发生了质量问题，能够及时发现、纠正、杜绝重复发生。(4)如实记录全过程的质量信息，形成完整的研制、生产、检验、试验、使用的质量记录，使产品质量具有可追溯性。

实现运载火箭飞行试验一次成功、首发成功、发发成功，在全面质量管理方面突出了两个基本点：一是全面，二是有效。主要做法是：

1. 提出一个明确的质量目标——运载火箭飞行试验一次成功。要做到产品符合设计图纸和工艺文件的要求，不带隐患、疑点和多余物，做到一丝不苟，万无一失。

2. 建立健全质量保证体系——强有力的质量保证机构，完善的质量责任制，并实施质量否决权。

3. 制定严密的质量法规——质量管理手册、可靠性保证大纲和质量保证大纲。

4. 采用系统管理、预防为主的管理方法——对研制、生产、使用过程进行有效的管理，实行预防与把关相结合的全过程控制。

5. 实行质量信息的闭环管理——如实记录全过程的质量信息，实行计算机辅助管理。

由于采取了真正有效的质量管理，该厂自建厂以来，研制生产的运载火箭历次飞行试验都获得了圆满成功。

1981 年 9 月 20 日，风暴一号运载火箭成功地发射了一组三颗空间物理探测卫星。

1984 年以来，长征三号一、二级运载火箭连续七次发射成功，创造了首发成功、发发成功的优异成绩，以性能稳定、质量可靠获得使用单位好评。

1988 年 9 月 7 日，长征四号（甲）运载火箭发射风云一号气象卫星实现了首发成功。

特别是 1990 年 4 月 7 日，长征三号一、二级运载火箭参与发射外星“亚洲一号”成功，极大地鼓舞了全国人民，取得了举世瞩目的影响，为我国航天事业作出了卓越的贡献。

建设项目动态管理

创造单位：中国化学工程总公司
第三建设公司

建设项目动态管理是以如期向社会交付更多的优质工程为目的，按照工程项目的内在逻辑规律，有效地计划、组织、协调、控制各生产要素，利用各在建项目之间对生产要素需求量的错落起伏，使企业有限的人、财、物资源在项目之间合理流动，在动态中达到与项目需求的平衡，以取得最佳社会效益和经济效益的一种施工企业管理方法。它对我国现行的用管理企业的方式管理施工项目，在项目上形成管理和劳务一体化，使施工力量成建制地固定于一个在建项目的传统管理方式是一种改革和创新。有利于发挥建设公司的整体优势和潜能，改变施工高峰能力不足、低潮时能力过剩的状态。

实行项目动态管理法，首先要改革管理体制。在企业内部实行经营决策层、项目管理层和作业层三个层次分开管理、分层负责的体制。其中：(1)经营决策层在项目动态上主要抓好全公司的宏观控制和动态平衡。在承揽施工项目时考虑并安排好各项目对生产要素需求高峰与低谷的衔接，同时把握全面的施工任务与施工力量的平衡，并为各项目经理部按项目法组织施工和管理，提供人、财、物等资源的保证。(2)项目管理层由若干个项目经理组成，项目经理部在项目动态管理中的职能：一是代表公司履行工程承包合同，承担合同条款规定的各项责任和义务；二是抓好公司设施及总体费用控制；三是向作业层发包劳务，并代表公司对参与施工的作业单位做好全过程的管理工作。(3)作业层由若干工程队和辅助生产单位组成。工程队在项目动态管理中有三个职能：一是，作为作业层分包并完成项目施工任务；二是，作为独立的生产经营单位完成对公司的各项承包指标；三是，抓好自身建设。

项目动态管理运行的模式是“矩阵体制，动态管理，目标控制，节点考核”。(1)矩阵体制。即在公司管理层纵向上的行政领导和横向上业务指导形成的矩阵结构，各项目经理部的矩阵式组织结构和项目施工力量的矩阵式组织，构成了项目动态管理的矩阵体制。(2)动态管理。包括动态的管理思想和动态的施工力量配置和方法。动态的管理思想即在项目动态管理下高度地重视整个系统内外状态的变化，要求企业内部诸要素使用要适应外部状态变化的需要，一方面施工力量的配置要随着项目任务的完成与否而增减，另一方面企业对项目的投入要随着项目受外部状况的影响而变化。施工力量的动态配置就是要把企业固定的施工力量用活，不把施工力量成建制地固定配置在某个项目上或固定地归属某一管理机构，而是组成独立的工程队，灵活机动地参与各项目的任务分包，因地制宜地使用人财物机等要素，并在各项目间合理流动，优化组合，取得高效率。(3)目标控制。目标控制是项目经理部对项目总体目标从宏观到微观的控制方法。通过目标控制可以统一决策层、管理层和作业层的思想和行为。项目动态管理把项目目标放在横向上分为工期、质量、成本、安全四大目标体系，在纵向上把项目目标分为阶段目标、战役目标以及网络节点目标等。通过工期资源优化、质量成本优化、时间与效益优化等优化项目、装置、工号三级网络计划，开展全面质量管理活动等多种有效的质量和安全管理措施，使各项工作在动态平衡中稳步向前推进，使目标在完成过程中处于受控状态。(4)节点考核，就是按网络计划控制节点的形象进度和时间要求考核。节点考核的内容包括进度、形象、安全、质量、文明施工等。考核面包括施工单位、辅助生产单位、机关服务和后勤保障单位。节点是细化了的项目目标，节点考核的透明度大，激励作用强，通过节点考核可以控制协调各作业队稳步实现项目目标。

该法的运行保障机制：(1)承包责任制体系是项目动态管理的动力机制。(2)完善的信息系统是项目动态管理运行的重要保障。(3)民主管理机制是项目动态管理的重要内容。(4)思想政治工作是项目动态管理的重要保证。

建设施工采取项目动态管理，经济效益十分明显。以该公司1989年的实际，与推行项目动态管理以前的1985年相比，新增产值5855万元，新增利税990万元，为1985年的3.4倍。

现场规范化管理

创造单位：山东博山水泥厂

以生产现场为主的规范化管理从企业管理整体优化着眼，以强化人的管理为核心，以经济责任制为基础，通过制订和实施以作业规范、管理规范为主体的行为规范，协调统一企业的组织行为，建立最佳运行秩序的工作方法。它从定性管理向标准化、程序化、规范化的定量与定性相结合的管理迈出了重要一步，把劳动优化组合引深到生产要素的优化组合。

它的突出特点是：推进改革与加强管理相结合；目标管理与过程管理相结合；定性管理与定量、定时管理相结合；责权利相结合；严格管理与加强思想政治工作相结合。

规范化工作法的结构内容可概括为“三定”、“五按”、“五干”。

“三定”是“定岗、定责、定薪”。定岗是以劳动定额和安全操作规程为依据，详细测出操作工人的操作范围、内容、程序和工作量大小，通过生产工艺路线的优化，对岗位操作时间的细化分解、平衡调整，达到合理的岗位定员；定责是以目标管理为主线，以经济责任制为基础，把生产工艺的职能、职责要求分解到各个岗位；定薪是按岗位责任大小、重要程序、工艺地位、劳动强度和技术要求，确定岗位的工资标准。

“五按”是按程序、按路线、按时间、按标准、按指令操作。

“五干”是将每天8小时工作时间以15分钟为单位，分成32个时间单元，规定每个职工干什么、怎么干、什么时间干、按什么路线干、干到什么程度，从而使生产管理工作实现规范化。

这一规范化管理方法推行两年多来，有力地激励职工的进取精神，培养了职工良好的工作作风和劳动习惯，带动建立起企业方方面面的新秩序，使经济效益得到显著的提高。1988年推行此法，当年产量比1987年增长9.16%，全员劳动生产率提高15.8%，吨熟料标准煤耗和水泥综合电耗分别下降0.43%和5.01%，实现利润增长29.7%，流动资金周转天加快5天，利税总额达到了1607.7万元。同行业评比的11项经济技术指标9项居第一位。1989年质量国优率达97%，煤电两耗分别比1987年下降3.3%和10.72%，全员劳动生产率、资金利税率和人均利税率比1987年分别提高33.54%、0.4%和28.13%，分别达到25181元/人年、51.7%，12072元/人年，全部达到了国家一级企业水平。

优化配棉并与过程控制相结合的计算机管理信息系统

创造单位：北京第一棉纺织厂

北京第一棉纺织厂与纺织部设计院、纺织部研究院、北京纺织研究所、清华大学等单位合作研制开发的计算机管理系统是一个计算机综合应用系统。1986年8月通过国家鉴定验收并投入运行。1987年以来京棉一厂又陆续开发了一大批应用软件，扩大了系统的应用范围，目前全厂89%的生产车间和85%的主要业务科室在生产过程监测、数据处理和辅助管理上都应用计算机。

该系统主要内容和特点如下：

1. 该厂的计算机综合应用系统是建立在我国自行设计、制造的FH－NET网络系统基础上的。该网络可把当前较流行的多种微机连接起来，在同一网络中使用IBMDOS、IBM汉字DOS、汉字CCDOS及用户MP/M等操作系统，作到异型机、异型操作系统联网、实现资源共享。入网各计算机还可互为虚拟终端、虚拟主机。该系统的点对点通信能力、抗干扰性能、数据传输误码、防死锁等性能与普通局域网相比，更为先进，在系统的可靠性，灵活性和适应性方面具有独到的优点。FH－NET局域网在技术上取得突破性进展，开创了我国计算机局域网开发技术和应用的新局面。

2. 该厂计算机配棉系统采用多目标规划建立动态数学模型代替人工进行配棉。系统能在很短时间内优选出最佳配棉方案，而且能预测出棉纱的质量。这样既保证了配棉质量的稳定，又降低了配棉成本。京棉一厂于1983年在国内首先应用该项技术，并获得成功，现已在全国推广应用，取得了显著的经济效益。一些外国专家参观后评价很高，认为该厂的配棉技术已达到国际先进水平。

3. 该厂把细纱机、梳棉机和织布机的监测系统联入网中，实现生产监测系统与管理信息系统的连接，保证了生产监控系统原始数据采集的正确性和及时性，使企业生产管理水平上了一个新的台阶。生产车间空调系统实现温度湿度计算机自动控制，不仅有助于保证产品质量，而且在节电、节水上可以获得一定的经济效益。该技术的成功应用，改变了我国纺织行业空调系统的落后面貌。

该项成果的社会效益和经济效益是显著的。从1982年到1989年底合计创利约250万元，所花的100万元投资早已全部回收。它的许多成功经验已在纺织行业以至其他行业中得到推广应用和借鉴，取得了良好的社会效益。其中优化配棉软件已推广到120多个单位，每年可为国家节约资金600万元以上。

鼓励性对策管理法

创造单位：燕山石化公司合成橡胶厂

鼓励性对策管理法是运用效用函数、生产函数和行为科学等科学原理，对工矿企业在有定额管理、计量管理并有潜力可挖的条件下，用鼓励性办法引导下级对上级的要求采取响应行动，使企业取得最佳经济效益，个人得到合理报酬。它采用符合行为科学原理的鼓励性对策计奖公式，对职工进行鼓励，使其自觉挖掘潜力，主动提高定额水平。

鼓励性对策方法所采用的计奖公式为：

$b=\beta q+\alpha(Q-q)$（当 $Q>q$ 时），

或 $b=\beta q+\gamma(Q-q)$（当 $Q<q$ 时）。

公式中b为奖励量，q为职工月初自报生产量（或节约量），Q为月底实际完成量，α、β、γ为奖励系数，且定 $\alpha<\beta<\gamma$。

分析上边公式，可以看出，如果职工对上级讲真话，月初报出的计划值q为自己的最大能力，实际工作中努力去实现它，即 $Q=q$，此时的奖励 $b=\beta q$。这是职工的最大利益。且因 $Q=q$ 已是职工所能达到的最大能力，因此也是企业全局的最优利益。

如果职工月初报计划时保守，即 $Q>q$，公式中第二项 $\alpha(Q-q)$ 只是对职工超过自报计划的劳动量 $(Q-q)$ 乘了一个小于β的系数奖励，说明报计划保守要损失奖励 $(\beta-\alpha)(Q-q)$。

如果职工月初报计划时过头，月底完不成自报计划，即 $Q<q$，此时公式中第二项 $\gamma(Q-q)$ 为负值，且因 $\gamma>\beta$，因此报计划过头也要损失掉 $(\gamma-\beta)(q-Q)$ 的奖励。

因为生产中存在一定的随机干扰因素，职工对自己能力的估计偏差等，都可能使月底完成量Q与月初自报量q有出入。但职工月初报出计划量q值，在以后的行动中总是要多作贡献才能多得奖。因此鼓励性对策管理办法鼓励职工讲真话，鼓励职工努力学习，掌握生产操作技术，并充分发挥自己的能力，多作贡献多得奖，全局因此而提高效益。

实行鼓励性对策管理法，不需增加任何投资。在有计量条件、有潜力可挖、而硬技术（技措项目）还难以实现的领域，都可以采用这种方法调动人的积极性、挖掘潜力、提高效益。这一方法简单易行、见效快、效果好。燕山公司合成橡胶厂从1984年7月23日开始采用这种管理方法，先后运用于节水、节汽、节电管理，累计节约价值223.505万元。

系统开发并与管理体制改革相结合的计算机管理信息系统

创造单位：天津港务局

天津港务局计算机管理信息系统是天津港务局与航空航天部三院、中国人民大学、天津市计算机研究所研制开发的。该系统是按照系统工程原理，通过系统分析先作出总体规划，按系统开发的程序，采用结构化设计方法，一步步进行的。1986年底完成了《天津港管理信息系统分析和总体设计》。1989年4月完成局、公司两级数据库的物理设计和八个子系统的应用软件设计。经过编程、调试，1989年5月投入试运行。1990年7月通过国家科委主持的鉴定。该系统包含计划统计、生产调度、货运商务、人事劳资、财务管理、物资管理、设备能源计量和综合服务等八个子系统，有静态数据13兆、动态数据36.7兆，有功能模块500多个，可输出报表361类，是一个大型、复杂的管理信息系统。它的功能基本覆盖了天津港生产经营活动的全部内容。该系统具有较强的通用性的扩展性，在国内港口管理信息系统的设计和应用上居领先地位，具有推广应用价值。

该系统的开发与实施是以促进港口管理现代化为目标，紧密与改革港务管理相结合的。在系统开发过程中狠抓了管理标准化和规范化工作，使天津港各项管理工作上升到一个新的台阶。例如，在加强基础管理工作方面，改革了最基本最重要的数据源（仓单、工班票、装卸作业票、机械作业票）分散管理，重复转抄，采集不全、不准、不及时，修改不统一等现象，制定了“关于工班票、装卸作业票及机械作业票的填写分工与填写要求的规定”，还规定了工作班票的流转程序，形成制度，以确保生产经营原始数据的采集质量。这为港口实现计算机管理奠定了重要的基础。

该系统的实现具有明显的经济效益，据测算每年可创利413万元，节约费用60万元，两项合计为473万元。社会效益如仅就加速船周转、货物周转而言，经估算每年可为国内外船运公司减少113艘天在港停泊时间，使船公司可以获得428万元的费用节约。

群体安全管理

创造单位：北京铁路局临汾铁路分局

北京铁路局临汾分局，运用现代管理理论，总结长期安全生产实践，创造了铁路安全综合管理方法。简称《“三四四”安全工作法》。

“三”是指安全生产的三大要素：铁的纪律，工人主人翁责任感，全方位（车、机工、电、辆等）联锁责任制。第一个“四”是指安全生产的四项基本工作：1. 强化“一长”（各级第一管理者和班组长）；2. 搞好“两全”（全面质量管理、全面技术管理）；3. 严格“三控”（分层次控制、作业过程控制、重点环节控制）；4. 落实“四标”（上标准岗，用标准语，干标准活，交标准班）；第二个“四”是指安全生产的四大保证体系：政工后勤保证体系，培训教育保证体系，技术设备保证体系，路内外联防保证体系。

该法的基本点是突出人的因素，着眼于提高职工以安全为已任的主人翁责任感和技术业务水平，把安全生产建立在全员保安全的综合素质的基础之上。其指导思想是坚持安全第一、预防为主的方针，强调事前防范对安全生产实行全员、全面、全过程的控制管理，把事故消灭在萌芽状态。在做法上是把安全工作与运输生产融为一体，把安全管理与经济责任制融为一体，把铁的纪律和现代化管理融为一体，把领导抓安全和职工保安全融为一体，强化对安全生产的控制管理。该分局已创造连续十年实现安全生产的历史最好纪录，居全国各分局之首位。

电力系统发电负荷“等微增”优化调度

创造单位：东北电力管理局调度通信局

由于东北电网发电机组老旧程度不同，设计参数不同，运行方式不同，使不同机组的单位发电量能耗相差悬殊。为了保证电能质量，电网调度必须依照负荷曲线的要求及时调整各发电厂的出力；为了保证电网处于最经济即全系统燃料消耗最少的状态下进行，电网调度必须按照机组的经济特性，科学地分配出力，使机组出力的组合达到最佳状态。该项成果根据电力系统各机组的经济特性，运用信息论、运筹学、控制论等系统工程的基本理论及计算机技术。在电网内各发电机组（电厂）之间的出力分配和控制中，采用了等微增率原则，从而摒弃了按煤耗率排队的传统方法。

该项成果的基本做法是：以满足系统负荷曲线要求为前提，以机组经济特性信息为基础，以计算机优化计算、计划、控制为手段，形成一个搜集处理信息→优化计算→调电计划→运行控制→信息反馈、循环不已的管理系统。

为了进一步完善这一现代化管理方法，该企业的能量管理系统（EMS）自动化工程正在进行，待达到在线运行控制阶段，电网经济调度水平将进一步提高，其经济效益也将更加扩大。

1985年该项成果基本完成，并应用于东北电网的经济调度。1988年初，以1987年为例进行了成果检验。实践证明，只此一项就获得了节约标准煤5.5万吨，价值460多万元的直接经济效益。同年被评为辽宁省一等成果。1988年节约标准煤9.6万吨，价值977万元；1988年节约标准煤17.8万吨，价值2084万元。

安全联网联控管理法

创造单位：沈阳铁路局丹东铁路分局

铁路运输业是一个以完成客、货位移为目的的大系统。当铁路运输的诸多相关因素（车、机、工、电、辆）协同动作时，要互相控制，乃至联网联控，才能保证客货位移的安全。基于这个特点，丹东铁路分局在总结经验的基础上，创造了保证安全运行的多层次、全方位的联网联控管理方法。

安全联网联控管理的模型体系由三部分构成：一是以控制事故因素为对象的组织网络体系；二是事故因素分布的控制体系，也是模型的核心部分；三是以组织体系为依托，事故因素为对象的信息控制体系。

组织实施的原则与方法：

1、运用FTA分析法求解事故要素。(1) 根据收集到的分局一定时期事故种类，发生频数，事故构成因素等绘制事故树图；(2) 按事故树逻辑分析，计算出事故树的最小割集、按结构度、概率重要度和临界度大小顺序找出发生事故的主要因素（该分局以控制列车大事故为目标，确定25个事故要素）；(3) 部门、站段以控制一般事故为目标，运用FTA分析法，确定本部门、站段的事故控制要素。

2、以事故要素为对象，实施多层次、全方位的联网联控。(1)纵向分局把发生重大事故的中间事件做为控制重点。部门、站段把分局的基本事件作为顶上事件进行控制，直到车间、班组层层展开，形成部门内部上下工序间、岗位间的联网联控；(2) 横向各部门除对本部门事故要素进行主控外，还要对他部门的相关因素实行联控（该分局确定车务对其它部门联控26项、机务28项、工务6项、电务8项、车辆5项)，形成了岗位自控、工种互控、部门或跨部门的联网联控体系，变直线型管理为纵横交错网络型安全管理；(3)各管理点控制信息及时传递到安全信息中心，然后反馈到组织网络体系，依据控制状态进行评价，实行有偿信息办法，兑现奖罚。

3、刚柔相济，健全约束机制。(1) 实施安全联网联控管理，班组是基础，个人岗位行为是重点。该分局实行班组升级考核法，创造了干部、工人安全生产考核卡；(2) 健全了安全动态管理考核办法，实行了风险抵押、季度基础考核。百日安全考核、安全月、旬评析和日间考核；(3) 充分运用柔性管理手段，加强职工思想教育，增强安全意识，启发职工自觉性和主动性。由此形成以联网联控为主体，班组升级、动态考核和柔性管理为内容的安全系统管理体系。

安全联网联控管理体现着铁路企业的联动性、整体性、综合性特点，贯彻了预防为主的方针，实现了对事故的超前控制、超前防范，具有预防性。

从社会经济效果看。(1) 减少了直接经济损失。分局连续实现行车、人身安全1200天，如按前十年的年事故平均数（2.7件）计算，等于减少经济损失128.8万元；(2) 增加了经济效益。据统计，实现千天的前三年因发生行车大事故，共中断行车28小时28分，如果按分局日均收108万元计算，等于增加110万元；(3) 创造了社会效益。如按中断行车28小时计算，等于增开42对客货列车；(4) 具有推广应用价值。分局应用安全联网联控法的原理和技法，加强铁路路风管理，有效地控制了路风事件的发生，推动了路风建设，应用于运输成本管理，有效地控制了成本支出，提高经济效益。

开发应用以MRP－II为中心的计算机管理信息系统

创造单位：沈阳第一机床厂

沈阳第一机床厂在引进、消化、吸收德国的先进管理技术和计算机软件的基础上，针对我国国情和厂情，自行开发了一个以MRP－II为核心的适合多种生产机械制造类企业的计算机管理信息系统。该系统基于以IBM4381为主机和37台微机、10多台终端联接的计算机网络，由生产、库存、销售、财务、人事、设备、计量、质量、物资、档案和数据管理等十六个子系统组成，形成了一个大中型企业的比较完整的计算机管理信息系统。

该系统有以下特点：

1、该系统的开发与实施分两期工程进行。第一期工程自1981－1985年是在引进德国管理软件的基础上与德国工程师协会合作进行的。第一期工程开发了该厂的生产管理系统，包括生产计划、生产技术准备计划、物料需求计划、库存管理和车间作业计划等子系统。在第一期工程的基础上企业本着博采众长、融合提炼，为我所用的方针，自筹资金，依靠自己的开发力量对系统作了大规模的扩充，并对系统的功能进行完善和优化，完成了系统的国产化。目前系统已扩展到包含十六个子系统，覆盖全厂各管理部门和生产车间。新开发的子系统有财务成本、销售、设备、计量、人事、技术、情报、档案等，与原来的生产管理系统融合在一起，构成一个大中型企业的比较完整的计算机管理信息系统。

2、该系统采用以MRP－II为核心的管理模式。

MRP－II是当代多品种生产机械制造企业典型的先进管理模式。目前该系统的管理软件大体属于国际八十年代中期水平。系统投入运行以来在缩短产品生产周期、生产技术准备周期、减少在制品和生产资金占用方面已取得明显的效果。

3、该系统采用了一系列现代化管理方法，如网络计划、矩阵计划、物料需求计划、作业排序方法，ABC重点管理法，滚动计划法等，与手工管理方式相比，使企业管理水平有了质的提高。

4、在系统建立的过程中企业对物代号、产品结构数据、工艺规程数据、生产能力划分方法等针对机械制造行业的特点做了开拓性的工作，现已被采纳为行业标准。

该系统投入运行以来，取得了显著的经济效益。如可缩短产品加工装配周期3－5％，缩短设计、工艺、工装准备周期20％，减少自制件库存量约10％，减少了生产突击现象，使生产均衡进行，有利于产品质量的提高。从1984年以来累计已获综合经济效益2100万元，平均每年达300万元。

以人为中心的全控管理

创造单位：大连显象管厂

大连显象管厂于1985年从日本东芝公司引进了具有80年代初期世界先进水平的显象管制造设备和技术。为了充分发挥先进生产流水线的效能，尽快发挥效益，他们把引进、吸收东芝的现场控制管理方法同我国优良传统的民主管理融为一体，在实践中创造了以人为中心的全控管理。它的基本思想就是在调动人的积极性的基础上，实行系统的科学管理。

一是，确立企业的方针目标，用企业的方针目标来统一全体职工的思想、意志和行动。他们提出了“产品质量达到和超过东芝”、“出一级产品，争一流效益，创一流企业”的目标。在实行经济责任中，对单位产品成本、人均利税率、劳动生产率、资金利税率、设备利用率、流动资金周转天数等均提出了高于全行业平均先进水平的指标，形成了以经济技术指标为主包括20多个方面的目标体系，并层层分解，形成为全厂上下能反映企业整个生产经营活动状况、成为检验推行全控管理效果的定量标准，同时相应地建立了包括技术标准、管理标准和工作标准在内的企业标准体系，以此为依据，规范人的思想和行为。

二是，培养职工的自主意识，通过人的自我控制，实现对生产要素和生产过程的系统有效控制。现代化的生产线，其劳动对象要始终处于加工流动过程中，不允许存在任何中断现象。因此，全控管理着重培养职工的自我控制意识和自我约束能力，并把这种意识和能力，建立在主人翁责任感的自觉基础之上。而且，通过严格的培训和日常的培养，使职工成为“一专多能”的劳动者。把提高职工政治技术文化素质作为企业发展的根本战略来抓，一抓到底，持之以恒。同时，对职工的绩效的考核与考核产量、质量和成本的综合计件制结合起来。在这种条件下，通过职工的自主控制实现对劳动手段和劳动对象的控制。

三是，在总体目标指导下，通过各专业系统的整体协调，实行综合优化控制。既要发挥各专业系统的管理功能，又要使之围绕实现总体目标形成相互协调，发挥企业管理整体功能。进而形成整体优化的全控格局。

实行以人的自主控制为中心的全控管理，其基本程序有三：(1)确定方针目标，制定标准；(2)根据方针目标和标准，衡量执行情况；(3)纠正与方针目标、标准不适应的偏差。

该厂实行全控管理，成效异常显著：(1)投产17个月，产品质量相当于日本东芝水平；(2)投产23个月，还清全部引进设备的贷款，投产33个月，实现利税10465万元，相当于赚回两个同等规模的显象管厂。(3)从1986～1990年，五年平均总产值、利润总额、利税总额，分别以18.5％，24.6％，26.3％的速度增长。

企业管理现代化项目承包

创造单位：鞍山钢铁公司

现代化管理项目承包是鞍钢自1987年以来为克服企业生产经营面临的内外部困难，保持效益稳定增长而探索出的新的管理方法，是鞍钢对国家实行“一体两翼”承包的一个重要组成部分，现代化管理与技术进步同时纳入承包，收到了“两翼”齐飞之功效。通过引入承包机制来全面推进企业管理现代化，为企业克服外界不利因素、强化内部管理、挖潜增效探索出了一条新路。

现代化管理承包，就是在现代化管理思想指导下，对应用现代化管理方法和手段优化管理、改善经营及其应取得的效果实行承包。承包不单包括经济效益，也包括现代化管理水平，从而不断提高企业素质。

现代化管理项目承包的基本做法，主要包括六个步骤：一是开展摸底调查，进行项目可行性分析，为现代化管理项目承包提供客观依据；二是确定承包性质及承包的基本内容；三是制定承包的基本原则，确保现代化管理所创效益与其他效益不重复；四是进行严格审查，严格把关，即对承包项目进行初审、联审、终审三级把关，对不符合承包要求的项目不予承包；五是成立现代化管理推进队，落实承包项目和责任，加强承包实施过程中的管理；六是对承包项目实施及效益实现情况进行检查考核，实行有奖有惩，按承包合同兑现奖惩。

鞍钢从1987年下半年开始进行现代化管理效益承包的探索，1988年正式全面推行，经过两年多的实践，取得了显著的效果。首先，通过现代化管理承包，1988年全公司净创效益11241万元，1989年净创效益16818万元，1990年上半年完成5360万元；其次，现代化管理项目承包促进了企业管理水平的提高。企业基础管理工作进一步加强，现代化管理方法和手段的应用水平显著提高，企业管理整体优化进一步完善。

森林企业“营林、采伐、加工”三段式经营

创造单位：吉林省三岔子林业局

林业企业是一个具有多种产业特点的综合性行业，几十年来一直采取了一种以单一的木材生产为中心和产品经济管理体制和经营模式。在经济体制改革中，三岔子林业局根据产业分工理论和有计划商品经济理论，按照林业的自然规律，把市场 机制引入森林企业，于1987年4月建立了以营林为基础的“营林、采伐、加工”各自相对独立的三段式经营方式。

这一经营方式建立的运行机制是，划小核算单位，分级放权，把营林同采伐等分开，建立森林经营、木材采运、林产工业和公共事业等公司，各自形成相对独立的经济实体。局机关管理机构过去的“生产区域制”为事业部制，在保证企业完整统一的前提下，实行独立核算、自计盈亏，企业内部一切经济往来变为商品交换关系。建立内部价格和价格管理体系，由原来的物流变成了价值流，形成了企业内部与市场相结合的经营机制，同时综合运用内部银行、经济合同、经营承包、风险抵押、资产承包等经济、法律和行政相结合的手段处理内部的各种经济关系，进行内部调控。

这种经营方式的显著特点和突破性创新在于把营林和采伐分开，实行专业化管理，强化制约机制，实行内部模拟林价，森林资源实行有偿采伐，从而在组织及人、财、物上确保了营林的基础地位，为实现生态和经济两个良性循环奠定了良好基础。三年来的实践已收到显著效果，森林资源消耗得到了有效控制，经济效益有了显著的提高。与实行三段式运行机制前相比，每生产一立方米木材可节约资源0．09立方米（活立木蓄积），三年共为国家节约森林资源达6万立方米；在木材产量逐年减少的情况下，1987年－1989年实现的利税仍分别比1986年提高44．95%，41．72%和43．26%，总额达8848．8万元。

集团公司成员单位工作评估与调控管理

创造单位：上海真空电子器件股份有限公司

上海真空电子器件股份有限公司通过三年多的实践，根据公司组成和发展的特点，创建了一套对集团公司内部成员单位的生产能力、生产效率和经济效益等三个方面工作及其生产经营管理水平进行综合评估定量考核、合理分配、有效调控和自我制约的科学管理体系——“工作中心”考核办法，形成集团公司经营集约化运行机制和自我约束调控机制，从而比较好地解决了公司内部集权与分权关系，资产经营一体化关系和经济利益分配关系，调动了公司和工厂的积极性，较好地发挥了生产技术上的组合效应、规模效应和资金运用上的放大效应和整体效应，既保证公司整体效益，又保证成员单位的挖潜积极性，体现出集团公司的经济优势，竞争实力和抗衡能力，成为实现规模经济效益的保证体系。

“工作中心”考核办法，就是由公司用统一的标准和规范化的要求，对各厂的“应有生产能力发挥程度”、“人员合理配备和作用程度”、“质量效益提高程度”这三方面的工作效应，分别以“能力评估分数”、“效率评估分数”和“效益评估分数”进行定量考核，做到数据化，可操作，综合评估出各厂生产经营活动中物化劳动和活动的成果，从而组织、协调和控制各厂的生产经营活动，实现公司的经营目标。

三年多来，该公司生产持续发展，效益稳步提高，共创工业总产值9．66亿元，实现销售收入13．28亿元，实现利税总额3．63亿元，平均每年递增分别为13．5%、25%和9．4%。全员劳动生产率比1986年提高24．4%，使公司走上自我约束、自我改造、自我积累和自我发展的道路，并通过外引内联，不断壮大核心层和生产经营规模，向外辐射，逐步发展成外向型、多功能、多层次、多元化的企业集团。

附：“工作中心”考核的基本模型的数学表式为：

$0=L.\ M.\ N=(E+H+K).\ M.\ N$

0：为考核分数

E：为一个生产经营单位实际生产能力与应有生产能力之比，即能力评估分数。

H：为一个生产经营单位按工艺要求必须配备的

直接生产岗位人数占全部在册人数的比例，即效率评估分数。

K：为一个生产经营单位核定的成本与考核成本之比，即效益评估系数。

L：为综合评估分数，即将“能力”、“效率”、“效益”三个系数加权处理。

M：为修正系数，用以解决“鞭打快牛”和某些特殊问题。

N：为资金系数。

用公式计算出考核系数O，作为集团公司对内部各厂进行经济利益分配的主要依据，并据以对公司的工资总额、浮动工资、奖励基金和福利基金向各厂进行一次分配。

企业内部设备有偿占用

创造单位：国营第五七〇三厂

现行的企业设备管理存在着偏重技术性管理，缺乏有效的经济管理手段，存在着无法促进设备合理使用、使部分设备闲置浪费的弊端。该成果则弥补了传统设备管理的这一不足，对推行企业现代化设备管理和提高设备经济效益具有积极的意义。

企业内部设备有偿占用的主要内容是：企业根据设备原值分为若干档次，分别确定每台设备月收占用费标准，并结合单台设备利用率及其使用情况，向设备使用部门收取设备占用费，计入其生产经费，与其奖金直接挂钩。其做法是：(1) 与单台设备直接挂钩，每月结算占用费，并将占用费冲抵其内部利润，直接影响部门所得奖金，促使使用部门各级领导充分意识到对设备应负的经济责任，从而更加重视设备管理工作；(2) 统计占用费时与单台设备利用率及其利用状况相结合，促使使用部门合理使用设备，提高设备利用率，充分发挥设备综合效能；(3) 先对金属切削、锻压这两类产生经济效益较为直观的设备试行有偿占用，并将通用设备与专用设备区别对待，使使用部门易于接受和承受；(4) 采取了一系列的配套措施，便于本成果的应用和巩固；(5) 应用后产生的经济效益较易统计，能使企业各级领导更加重视设备管理工作。

该成果自1988年应用以来，已取得较为明显的效果，1988年7月到1989年6月取得经济效益439.1万元，其中由于提高设备利用率发挥设备效率而增加的产值为308.8万元；由于促使使用部门重视维护保养，降低维修费用为55.9万元，由于促使各部门上交70余台多余设备，其中一半用作对外处理，回收资金30.8万元；收取设备占用费43.6万元。1989年7月至1990年6月，取得效益545.8万元。应用两年效益合计984.9万元。

该成果已用于全厂各设备使用部门，并可为工装工具、仪器仪表、厂房等实行有偿占用作借鉴，具有较广泛的推广应用价值。

集中领导下的基层自主管理

创造单位：上海宝山钢铁总厂

宝钢在成套引进先进技术装备的同时，引进了部分管理“软件”。几年来，结合我国国情和宝钢的实际进行了学习、消化、创新，初步形成了具有宝钢特色的现代化管理体系。其基本特点是在集中领导下的基层自主管理：

一、实行高度集中一贯的管理体制。为适应高度连续化、自动化大型钢铁联合企业的生产工艺的特点，确立了“集中指挥，统一经营，主要管理权力和业务集中在总厂”的原则，把全厂的计划、生产、技术、产品销售、物资供应、备品备件、运输、财务、人事、教育、劳动工资、设备、能源、安全环保、计量通讯和计算机等，统一由总厂来管，二级厂属车间型的生产厂，它的主要任务是抓好生产、带好队伍和掌握车间内外同行的信息，赶超国内外先进水平。总厂各管理部、处对各项管理业务一竿子插到底，实行一贯管理方式，如技术部按产品系列设置的质量一贯管理，是从铁水成份开始管起，一直管到产品出厂交给用户，以及根据用户意见，提出改进措施为止。

采用这种管理体制，强化了总厂的统筹功能，避免大权分割；有利于明确责任，减少扯皮，提高管理效率；可以减轻二级厂的负担，为推行基层自主管理创造条件。

二、在集中领导下实行基层自主管理。基层自主管理的内容是：“以计划值为目标，以标准化作业为准绳，以作业长制为中心，以设备点检定修制为重点，以自主管理活动为基础”。其实质是充分地体现企业的民主精神，发挥全厂职工的主动性、积极性和创造性，使之成为驾驭现代化大企业顺利运行的可靠基础和有力支柱。

针对二级厂机构精简，管理人员很少的情况，实行作业长制。即把全厂划分为若干作业区，每个作业区委任一个作业长，作业长既是第一线的生产指挥，又是第一线的经营管理者，掌握人事调配权，奖惩权，负责作业区的思想政治工作。作业区与作业区之间实行“工序服从”的原则。

所谓自主管理活动就是指由同一车间、工段、班组或同一工种的职工，自觉自愿地组成自主管理小组，紧密围绕企业目标，结合本岗位的实际，运用科学管理方法和专业知识，针对生产和管理中的问题，自己选择课题，开展调查，研究对策，自己组织实施，自己总结，并在一定场合发表成果。通过成果给优秀者表扬和奖励，表明企业对职工的创造性劳动的评价和承认。

宝钢采取集中领导下的基层自主管理体制，致力于企业整体优化管理，定员逐年减少，效益逐年提高。宝钢一、二期设计能力是671万吨粗钢，总定员由4万人，减为3.2万人，四年平均每年减少定员2000人，而钢产量则平均每年增加30万吨。实物劳动生产率，1987年为128.14吨/人·年，1988年为144.85吨/人·年，1989年为157.58吨/人·年，平均每个职工每年新增钢产量15吨。全员劳动生产率，1987年为60823元/人·年，1988年为69007元/人·年，1989年为78770元/人·年，1990年预计可达90600元/人·年，平均每个职工每年新创价值1万元。

市场、科技、生产开拓式循环经营

创造单位：浙江凤凰化工股份有限公司

市场营销、科技开发、生产制造循环开拓式经营，是市场导向型企业适应风云变幻的市场环境，依靠科技开发、增强品种的适应性和竞争力，在市场中拼搏、求生存、图发展的企业经营方法。（以下简称循环经营）

循环经营法由企业的经营战略、市场营销、科技开发、生产制造等4要素构成。经营战略是循环的核心，市场营销、科技开发、生产制造围绕经营战略这一核心展开循环。这三者均以经营战略为指导，又为经营战略的实现提供保证。市场营销是循环的先导，科技开发是循环的支柱，生产制造是循环的基础。循环经营起始于市场营销，又以市场营销为归宿。在经营战略指导下，收集、筛选和分流经营信息，并入营销、科技、生产等功能结构中，通过组织激励、控制机制的作用，促进企业良性循环，不断开拓经营，以获取最佳经济效益。由于这一循环是在企业不断发挥优势，发现和克服劣势的过程中进行的，因此循环开拓始终保持螺旋形上升的格局。

该法在"凤凰公司"实施三年多来，已取得了显著的成效。企业营销功能增强，技术素质大大提高，管理基础进一步夯实。1987年至1989年，累计创造工业总产值22605.07万元，销售收入28744.08万元，利润2780.41万元。质量、消耗、效益三大类15项指标连续达到并好于国家一级企业标准。1988年成为国家二级企业，1989年实现利润首次突破千万元大关。

与技术引进相适应的企业管理系统设计与实践

创造单位：福州电线厂

1984年，福州电线厂为改变企业技术落后、管理更落后的局面，从西德、奥地利等国引进了先进设备技术，同时考察分析了一些引进单位只重技术，忽视管理，致使先进的设备技术不能发挥效益的教训，提出了技术进步和管理进步同步发展的思想。在机电部管理科学研究所的协助下，设计了一套同引进漆包线设备技术相适应的现代化管理系统。经实施，使引进技术设备发挥了较快较好的效益。经专家鉴定，该项现代化管理设计保证和适应了具有80年代国际先进水平的技术装备的正常运行，同时，也为现代化管理设计的理论与实践进行了有益的探索。

企业管理设计是与技术设计相适应的。我国过去一般只有组织设计，缺少对企业管理系统包括组织与方法在内的整体设计。要保证先进技术装置发挥应有的作用，就必须在消化掌握先进技术的同时，依据系统论、信息论、控制论的原理，以功能分析为基础，采用工程设计的方法，综合运用现代科学技术和管理方法，对管理的内容，包括生产组织管理体制，运行方式、方法以及工作程序等，制订出设计方案，以表达和反映管理者的意图，用以指导和规范全部管理工作。

在该设计中贯穿系统思想，把企业视为一个开放式动态系统，在国家计划指导下，重视市场调节的作用，建立了相应的决策系统、开发系统、转换系统、整体优化控制系统，使投入产出全过程处于有效控制状态，不断促进企业生产发展。主要内容是：

1. 优化决策系统。进行领导智能优化，建立决策智囊团组织，制订决策程序，建立微机辅助管理，制订决策民主监督制度，使决策科学化、民主化，保证了厂长不失时机进行正确决策。

2. 优化开发系统。建立了市场、技术、产品三位一体的开发系统，刺激了产品和技术发展不断推陈出新，促进技术进步，开发高、精、特产品。

3. 优化转换系统。通过市场战略、经营管理与计划管理，优化质量管理系统、经济核算系统、物资管理系统、设备管理系统以及保证支持系统，同时配套运用了现代化管理技术，促使生产过程进入现代化管理，实现技术经济效益年年上升。

4. 整体优化控制系统，包括优化实现目标的过程控制，以及企业总体评价平衡分析的反馈控制等。

该厂设计的现代化企业管理系统，经过几年运行实施，已取得显著成效。一是，取得技术进步成果。通过决策系统、开发系统的实施，建立了具有80年代初世界先进水平的漆包生产线和制漆设备，无氧铜杆生产成套设备、检测设备，形成具有国内同行业先进水平的技术体系，并基本实现"一流设备"的目标。二是，取得经济效益成果。经济效益年年上升，1989年销售收入1.11亿元，利税总额达2839.87万元，利润总额1594.35万元，人均利税3.33万元/人，分别比1988年增长29.84%、66.70%、90.22%、65.34%，分别是85年的2.96倍、3.56倍、4.47倍、2.86倍。1989年创汇251万美元，产品质量已在国外享有较高信誉。QA漆包线获国家优质金奖。

系统应变管理

创造单位：厦门罐头厂

系统应变管理是厦门罐头厂在多年的管理实践中，为适应原材料市场和产品销售市场瞬息多变的外部环境，寻求以优化供产销的整体功能，保证生产稳定发展的管理方法。它的内容是：

一、优化系统功能

1.正确处理经营目标的确定及其实现之间的动态协调关系。正确制定经营目标，并随原材料采购和产品销售这两个市场的变化作出修正，使经营目标始终具有引导作用，使各项工作围绕经营目标展开，保证经营目标的实现。

2.正确处理整体与局部的关系，健全企业组织机构系统，大胆打破一些常规做法，设置了经营办、生产办、原料产地科等颇具特色和效率的机构，使系统性落到实处。

3.正确处理"以供定产定销"、"以销定产"、"以产定销"这三种通常采用的不同决策程序的耦合关系。必须根据供、产、销动态平衡的要求，寻找三个环节、三种决策程序的耦合点，并通过耦合点形成信息的集中和辐射，修正协调各个环节、局部的优化，促进企业全系统整体功能的优化。

二、形成整体应变能力

对于已经形成的外部环境，企业必须主动去适应它。注意从各个方面为企业自身选择和创造一个良好的外部环境。如提高原材料的购置能力，加强材料供应基地建设和形成一支发挥弹性供应作用的个体商贩供应渠道等，来为企业选择和改善原材料供应环境，沟通企业与两个市场的联系，注意使企业容易适应已形成的环境。以"五适"原则（即"适时、适地、适质、适量和适价"）去适应原材料市场的多变，以灵活多变的劳动组织适应两个市场多变给生产带来的影响，建立多层次的职工激励模式，以提高职工的积极性；采用矩阵式的项目开发组织机构，以灵活、迅速地开发新产品等。

该厂实行系统应变管理法取得了以下主要成效：

提高了企业的综合经济效益。1988年罐头产量、创利分别比1987年提高31%和182%，产量、创利、出口创汇均居全国同行业第一位。1989年产量、实现利税、出口创汇、人均利税、劳动生产率比1988年分别增长2.34%、23.44%、8.6%、24.41%、22.6%，主要指标均达一级企业标准。

企业成本控制工程

创造单位：山东省济南市
成本控制工程项目小组

该项成果是济南市经委和部分企业及有关院校组成的企业成本控制工程项目组集体创造的。它是运用商品价值理论，对企业生产经营进行全员、全过程、全方位成本控制的企业现代化管理方法。这一管理方法的基本特征是，把过去企业事后核算成本的方式，转向从成本预测、决策到产品生产销售全员、全过程、全方位的控制，最大限度地挖掘环境潜力和企业内部潜力。

企业成本控制工程以决策一定时期的产品最佳成本作为企业的经营目标，实行成本经营，提供具有竞争能力的产品，并对生产经营的耗费进行控制，同建立的成本责任奖惩制融为一体。成本控制工程中所指的最佳成本，不能简单的理解为最低成本，而是综合考虑产品质量、市场需求、生产能力、原材料、能源等约束条件下决策的成本。成本控制工程的内容包括：(1)进行成本决策、确定目标；(2)编制成本计划，进行事前、事中，事后的成本控制；(3)建立成本责任奖惩制，转变经营机制。

成本控制工程已在济南市经过试点后大面积推广使用，效果十分显著，企业成本大幅度下降，自我消化能力明显增强。据已推广此法四年之久的三十户企业统计，可比产品成本降低，比全市预算内国营工业企业，1987、1988、1989、1990年，分别低4%、3.7%、2.5%、1.5%。推行成本控制工程后，企业不仅注意一点一滴的节约，还注重内部挖潜、技术改造、新产品开发、提高质量等深层次的节约；既注重生产经营外部环境潜力的挖掘，又注重生产经营外部环境潜力的发掘。

以定额成本控制为核心的效益保证法

创造单位：河南安阳齿轮厂

该项成果是以系统论、信息论、控制论为基础，以灵活应变的市场经营战略为指导，以定额成本控制为核心点，对企业生产经营各环节实行超前控制，保证实现予先确定的最佳效益目标的综合管理方法。企业首先根据市场需求开发出适销对路的产品，然后根据市场用户所能接受的产品价格、原材料和内部可控因素确定出最佳效益目标，再依次确定出产品销售定额成本，工厂定额成本、车间定额成本和工序定额成本；反过来，以工序成本的控制来保证车间成本，以车间成本的控制来保证工厂成本，以工厂成本控制来保证全部成本，以全部产品成本的控制，最终保证最佳经济效益目标的实现。

定额成本控制模式为：

定额成本－〔成本差异
－成本节约分成额（2）
＋成本超支补偿额　（1）（工资）〕
＝实际成本≤定额成本

成本差异＝定额成本－实际成本

式（1）为成本失控补充源。月终以定额成本为基础，以工人工资补偿定额成本差异，使实际成本＝定额成本，以此来保证企业经济效益；

式（2）为工人增收补充源。工人经过努力节约的成本中的可分成部分（机物料消耗，中小修理费，材料，燃料动力和废品损失），进行四六分成，工人得四，企业得六，以此通过降低生产成本来增加企业经济效益。

这一方法是在美国标准成本法，苏联定额成本法及我国现行成本控制方法（以下简称“三种方法”）的基础上经过改进和创新而建立起来的。

（一）引入分配机制，使实际成本始终小于或等于定额成本，保证企业经济效益必须实现。而“三种方法”只能使实际成本趋近定额成本，却不能始终定额成本。这种把工资奖金捆在一起随定额成本全浮动，不但解决了理论界困惑的工资奖金侵蚀利润的难题，而且从成本中心入手，解开了企业能不能有效益及怎样获益的扣子。

此方法以生产工人为主体，以工序为重点，产前产中产后全方位控制成本；而“三种方法”是以管理部门和管理人员为主体，以生产成本为重点控制成本。

（二）管理与技术进步两个轮子同时驱动挖掘产量、人力、设备、原材料、能源、质量、在制品等七方面的潜力，然后实行定额成本控制。挖中有控，控中有挖，挖控结合，一点一滴地迫降产品成本，开发经济效益。

（三）以定额成本控制为纲绳，建立起市场营销、产品开发、弹性生产和利益分配四位一体的经营机制和保证体系，使企业始终处于保证控制，纵横连锁、相辅相成的良性循环的有序运转状态，提高了企业的应变能力和总体效益，增强了企业的自我约束力和活力。

该法从1981年创造以来，逐步完善，使安阳齿轮厂半年扭亏转盈，八年赚回一个齿轮厂。1989年实现利税181万元，1990年1－8月在材料涨价59.38万元的情况下，成本降低4.34％，实现利税153.43万元，比上年同期增长27.38％。河南省政府作出决定并召开全省广播电视大会在全省推广。南阳市化学制药厂、安阳轴承厂、开封开关厂等企业通过推广该法都取得较大经济效益。

以压缩在制品为中心的现场综合管理

创造单位：第二汽车制造厂

以压缩在制品为中心的现场综合管理是引进、吸收日本同类企业现场管理的基本思路，结合中国国情和二汽的实际情况，在不断实践中形成的具有中国特色的一种现场管理方式法。

它的基本思路，是将现场视为“帝王”，通过全员、全系统的推进改善，彻底地排除各种浪费，追求把在制品压缩到最低限度，达到各工序间只有一个工件在流动，最终目标是按节拍组织生产，使零部件、总成在制造过程中，处于不停滞、不堆积、不超越的流动状态。

它是以TPM（综合设备维修）、TQC（全面质量管理），准时化和缩短生产准备时间为四大支柱的严密的管理体系。它以现场为中心，以现有的物质基础和人员为条件，把生产的诸要素进行优化组合，使管理与技术、人与物、现场与部门以及部门与部门之间在现场形成一个有机的整体，使现场能够按照作业标准，有节奏、流畅地进行标准作业。它的改进创新主要表现在：

1. 传统的生产方式是以设备为中心，进行简单的劳动组合，一个人只操作一台设备，工时包含了机动时间；而这种生产管理方法，则是以人为中心，按作业充实度组织生产，要求对作业动作进行分解、分析、使之最优化，并按作业标准实施。工时不含机动时间，（只计人动时间）从而避免了等待和无效动作等时间上浪费，提高了劳动生产率。

$$\text{作业充实度} = \frac{\Sigma(\text{手作业时间} + \text{步行时间})}{\text{节　拍}} \times 100\%$$

2. 传统的生产方式使工序间存在大量在制品、生产周期长、零件易磕碰，占用大量的资金，而且问题被掩盖，原因不清，责任不明，不便分析解决，而这种管理方法要求在制品向“零”挑战，不仅促进停工时间减少，流动资金占用减少，而且推动了生产现场的目标管理，现场问题将一目了然，任何浪费都将曝光。不安全隐患也能及时处理。

3. 传统的生产管理方式容易出现成批不良品，而这种管理方法促进了不良品向“零”挑战，由于工位器具过目知数控制投入产出，质量问题明显化，有利于及时处理，更有利于消除“四害”（磕碰、锈蚀、毛刺、油污）。

4. 传统的生产方式，工人处于被动地位，车间围绕科室转，职能部门发现、处理问题迟缓，信息传递慢。而这种管理方法以现场为中心，实行到现场、看现物、出现策、要求科室为现场服务。

5. 传统的生产方式使现场文明生产难以保持；而这种管理方法则要求一切改善从“5S”（“整理、整顿、清扫、清洁、素养”）做起使物归其位，定置摆放，减少无效动作时间，保证产品质量，并从中发现问题，“5S”的核心是“素养”，通过“5S”活动，培养职工的职业道德和发现问题的能力，以此激发职工改善欲望，促进现场环境的改善和文明生产水平的提高。

6. 传统的生产管理方式，由于存在大量在制品，从而使设备管理缺少压力，生产与维修的目标难以统一，设备预检修难以保证；而这种管理方法使生产有序，设备管理改单一的“消火”体制为“消防”并举的综合管理体系。

7. 传统的生产方式职工单机操作，各自为战、集体观念不强，相互协作不力，而这种管理方法由于实行生产同步化，使现场形成凝聚力，促进职工团结协作，前方工作上下工序间相互监督，后方工作及时上岗服务，促进了全体职工参与管理的欲望，同时也提高了工人多能化水平。

该成果从 1987 年在二汽车桥厂转向节生产线试点、至今已推广到八个专业厂的 78 条生产线（车间），取得了明显的成果，在制品平均减少了 47.3%；不良品平均下降 44.5%，设备故障率平均下降了 36.5%，在年汽车产量万辆递增的情况下，试点生产线作业人员不仅没有增还略有减少，其中定额工人劳动生产率在压缩工时定额 4%的情况下，1989 年仍比 1988 年提高 5.1%，定额完成率超计划 3%，相当于节约挖潜劳动力 300 多人，同时，作业充实度平均提高 20%。

优化质量管理职能
建立质量效益型管理

创造单位：武汉钢铁公司

特大型钢铁联合企业，生产的连续性、专业的广泛性、工序的关联性，决定了质量管理职能严密性和连锁性。该成果运用系统工程原理，对生产经营各个环节的质量管理职能进行展开与分配，为建立质量效益型管理提供了条件。

主要做法与步骤：

一、对质量职能进行总体设计和分类。

武钢公司的总体质量职能，分为质量职能和质量管理手段两部分，其中质量职能又按同生产有关程度不同分为直接质量职能和间接质量职能。

二、对质量职能进行展开与分配。

1. 明确三个原则：（1）质量螺旋上升的原则：（2）从本企业实际出发的原则：（3）可操作性原则。

2. 设计质量环，搞好质能分配。所谓质量“环”是指围绕一定产品的质量职能活动所形成的一定工作范围。如钢材产品质量环，就是由市场调研，新产品开发、生产准备、采购、生产创造、检验与试验、包装储运与发运、销售与服务等八个环节的质量职能活动所组成。这外环共有开展 154 项质量职能活动，具体分配到 26 个职能部门。各个职能部门承担的质量职能，有主办和协办之分。

三、二级厂、矿的质量职能分配。

为落实公司各项职能活动，对二级厂矿单位进行质量职能的二级展开。例如，市场调研这个环节，属于公司的职能是确定产品发展方向和新产品开发战略，展开到二级厂、矿，其质量职能就是对新产品开发战略的具体组织实施。

四、根据质量职能分配的要求，对组织机构进行调整，划清职责，使每一项职能活动具体化、条理化、规范化，具有可操作性和可探性。根据质量职能总体设计的要求，该公司由原来的 40 个职能部门，调整为 22 个职能部门。

作用与成效由于理顺了质量职能，强化了综合管理和系统管理，通过对每个部门质量职能的展开与分配把各个专业管理部门组织起来，有计划、有组织的开展全面质量管理活动，使影响产品（服务）质量的各个因素处于受控状态，从而为提高钢材质量和企业的经济效益提供了优化系统功能的保证。

1989 年按国际先进水平标准生产的产量比为 75.15%，比目标值提高 15.15%；比 1988 年提高

1.22%。1989年全公司比1988年净增效益1.7亿元，其中靠品种质量增长的效益就达1亿元，占新增效益的60%。

“管、用、修”全面优化的设备管理

创造单位：长岭炼油化工厂

长岭炼油化工厂现有生产装置25套，14大类设备14574台(套)，静密封点704096个，是一个具有产品品种多、工艺流程长、生产连续性强工序衔接紧、高温高压操作，介质易燃易爆等特点的大型石化企业。该企业自建成投产以来，就十分重视设备管理，不断吸收国内外设备管理的成功经验，从本厂的实际出发，经过多年的摸索、创新逐步形成了以系统管理思想为指导，以全员参与管理为基础，以进攻型维修为方式，以生产装置达标为动力，以追求企业的整体效益为目的的“管、用、修”全面优化设备管理法。

该成果运用了系统管理思想和系统功能优化原理、激励原理、管理层次原理论，突出强调三个方面：一是全员参与，二是进攻维修，三是装置达标。其实施要点是建立三个体系，即组织保证体系、设备运行保证体系和检查考核体系。它的具体内容是：

1. 建立组织保证体系：健全管理网络，抓好设备管理基础工作，提高设备管理与维修人员素质。

2. 建立设备运行保证体系：(1)抓设备的前期管理；(2)实行以“五环巡检”为特色的区域维修包干制；(3)强化关键设备的特级维护；(4)实行以设备状态为基础的预知维修；(5)加速设备的更新改造；(6)开展创完好活动。

3. 建立检查考核体系：(1)开展岗位责任制大检查；(2)开展设备管理评级活动。

由于该项设备管理法在全企业范围内的普遍实施，设备完好率由1986年的99.05%提高到1989年的99.4%，静密封泄漏率由1986年的0.22‰下降到1989年的0.20‰。近三年，及时发现和排除故障、避免设备事故1067起，取得经济效益1429.45万元。

外向型工业企业投入产出与经营结构优化管理

创造单位：深圳塑胶股份有限公司

该企业是中外合资并按国际惯例管理的企业。为适应国际化经营特点，应用系统分析的方法，对企业的投入和产出作了分析，以一定的生产要素供给与市场需求为约束条件，建立了外向型企业经营结构优化的线性规划模型，应用计算机程序，在外部环境动态变化的条件下，不断调整投入产出的比例，进行价格预测，利润测算，以提高经济效益为目的，优化经营结构为企业的高层次经营决策提供科学的依据。

1. 应用背景。企业内购、外购原材料，产品既可内销，又具有外向性，当内、外市场的价格差异，用户需求不断变化，企业应自觉地接受市场机制调节，具有相应的应变能力。

2. 系统分析。通过对工业企业系统目标的确定，对经营要素（生产能力，能源、生产工艺、品质保障、债务、资金等）和经营环境（市场与非市场）的分析，进而寻求三者的动态平衡，选择数学模型，拟定优化方案，并建立评价指标体系。

3. 投入产出评价。按实际情况，外汇和本位币的考虑，对企业投入产出进行分析，通过两部份的定性.定量的分析，确定目标函数。

4. 建立数学模型。将一种购产销组合作为一个基本决策变量，在目标函数中应用半截单项式S+将外汇盈余或有缺口的两种情形，统一在目标函数之中，其中有三十五种参变量。

5. 价格预测。由于计划具有超前性，在制订综合计划时应对计划期的原材料，成品销售价格作出预测，保证计划的可行性和真实性。

6. 应用软件。35个可变数据均用参数开试，数据具有保留和修改功能，可一次输出外汇有余缺的不同方案，七个经营参数和十二个经济指标，操作方便，可供企业管理人员直接使用。

深圳塑胶股份有限公司经过1989年以来的使用，经济效益大大提高，目前该成果已成为企业管理的重要工具，它的使用使企业在一定资源下实现供、产、销一体化的最优量化管理，实现企业生产要素组合的优化。

质量、效率、消耗三系数分配法

创造单位：重庆航宇家用电机厂

该厂针对目前我国企业管理中普遍存在的“职工分配缺乏客观性、合理性、科学性”和“加强企业管理缺乏一种科学严格的保证措施”这两大问题，联系该厂在1986年6月前因长期不重视管理而陷入破产困境的沉重教训，提出了“质量、效率、消耗三系数管理法”。其根据是：职工在生产经营活动反映出来的“质量、效率、消耗”三大基本行为效果，是决定企业经济效益的三大基础要素，各种经济技术指标都与之相联系。因此，这三大基础要素应是联系职工分配和企业经济效益的一根强力纽带。

"三系数分配法"是经济责任制深化、发展的产物。其管理思路是：激励与约束相结合，倡导集体主义。以"三系数分配法"为主线，对生产经营进行全面系统的优化性动态管理，使企业大系统处于受控状态而进行优质、高效、低消耗的运行，从而使企业管理达到整体优化和获得最佳经济效益。

"三系数分配法"是一种按岗位和质量职能、用职工的三大基本行为的定量化效果，即考核指标的实际值与相应计划值或标准值的比值——质量分配系数、效率分配系数、消耗分配系数三者的乘积来最终确定职工劳动报酬的方法。

这一管理方法是按从元素(个体)到子系统到企业大系统达到动态优化平衡的原则进行管理。其管理的操作程序是：按"质量、效率、消耗"三大类编计划、定标准、拟办法——指标分解落实——实施和量化考核——归纳考核结果——按三系数分配——小结诊断——动态调整。

运用"三系数分配法"不仅能客观、合理而科学地确定和调控职工分配，而且客观、合理而科学地确定了经济责任制中责、权、利三者的关系。

从 1986 年 6 月起，"三系数管理法"为重庆航宇家用电机厂的起死回生，为改变企业的整体面貌，为企业走上自立发展的道路作出了贡献！1989 年利税为 279.55 万元，比 1988 年增长 54%，人均实现利税为 12592.4 万元，比 1988 年增长 47%，劳动生产率人均为 99534 元比 1988 年增长 46%。

责任价格控制法

创造单位：陕西内燃机配件一厂

责任价格控制法是在企业内部应用价值规律的原则，使产品费用消耗责任化，责任价格化。即将产品成本中的劳动消耗、物资费用消耗，分责任单位、分工序按一定的质量标准制定责任价格，每个单位和个人在厂部的统一计划指导下，独立地进行生产经营活动，用自己的劳动成果去换取劳动报酬，经济责任自己负，用责任价格控制生产经营全过程，从而在企业建立起社会主义的有计划商品经济新秩序。

1. 建立体现按劳分配的工资制度，实行结构工资。该成果把企业当作社会的一部分，按社会主义物质利益原则给每个劳动者创造机会均等的劳动条件，让其用劳动成果去换取劳动报酬。将工资分为二部分：一部分为生活保障工资，即基本工资的 60%按出勤计发。在待业时，或有任务非本人原因完不成任务时，给生活保障工资，有任务而本人不干者，分文不给。另一部分为劳动报酬工资。根据现有工资标准，平均先进定额，制定出各种报酬价格，依据自己完成任务的数量、质量去计算报酬。

2. 人人承担经济责任。改变以往那种国营企业用公家的钱，大手大脚、不负责任的现象，凡有支配经济权力的人，必须承担经济责任，凡不承担或不愿承担具体经济责任的人，绝不赋予任何支配经济的权力。生产车间、销售、供应、动力等经营性科室单位、费用包干单位及管理人员都按其原辅材料消耗费用制定出责任价格、计价考核。干所有的事都应负经济责任，有收益，按比例提成，有损失，按比例赔偿。

3. 建立企业内部有计划商品经济新秩序。全厂一切经济活动都在厂部统一计划指导下进行。上级控制下级，一级控制一级。单位之间都是"买卖"关系，按厂部制定的分门别类的成本价，计划价进行考核。

在具体做法上，首先划细核算，确定责任。实行厂部——车间科室——班组个人三级核算。各单位都确定生产、工作责任和经济责任，使各单位或个人都变成相对独立的商品生产者和经营者。制定合理价格，建立责任价格体系，变供领关系为"买卖"关系。这里的价格是用于企业内部的成本价和计划价。它可用科学计算法、统计方法或经验积累法求得，按价格认真考核，奖罚兑现。

其次，建立系统和环节相结合的控制体系。控制的对象为原材料，劳动力，各种费用、产品的投入产出、工序流转资产资金的使用。控制的方法包括：(1) 建立产品投入产出及工时统计台帐；(2)实行责任单位的责任价格考核的会计核算办法；(3)实行以工时单位和责任成本为主的新的成本管理办法；(4)实行资产资金的有偿控制办法。

该厂从 1983 年以来，随着"责任价格控制法"的完善与实施，不仅改变了企业连年亏损、濒临倒闭的局面，而且，大大促进了生产发展，工业总产值连续以 29.9%递增，利税以 24.8%增长，可比产品成本递减 4%。1983—1988 年实现利税 336.24 万元，产值 2191.7 万元，1989 年产值 540.12 万元，利税 125.68 万元。

上海市1990年企业管理优秀成果评审工作简况

上海市经委

一、评选工作的过程

近年来，上海企业在治理整顿、深化改革中，深入开展“抓管理、上等级、全面提高企业素质”，推行企业管理现代化，加强内部管理方面取得了很好的经济效益，涌现出了一批优秀的管理成果。为总结、推广先进企业管理成果，1990年4月起，由上海市经济委员会、上海市财政局、上海市税务局、上海市企业管理协会联合举办企业优秀管理成果评选活动。

评选范围是：在企业管理理论、管理技术上有创见，对提高经营管理水平、提高产品质量、降低物质消耗、提高经济效益有指导作用，并在实际应用中取得明显效益的成果；引进国内外已有的或自行创造的先进管理方法，移植或自行开发的电子计算机辅助企业管理应用软件取得显著经济效益或对提高企业管理水平有显著作用的成果；运用现代管理思想，在改革企业管理体制和管理组织，改进分配制度，完善承包经营责任制，加强企业管理基础工作，改进专业管理，提高企业素质方面取得显著效益的成果。

评选的条件是，企业优秀管理成果必须同时具备进步性、可行性、效益性三个要求。所谓进步性，是指该成果正确应用现代管理方法、手段，相对于本单位原有方法、手段有所改进、完善和提高。所谓可行性，即可操作性，而且成果经采用半年以上(或一个完整的应用周期)取得成效的。凡仅有方案而未经实施的，不能作为成果论定；所谓效益性，是指应用该项成果后，取得了经济效益或提高了企业的素质。

按照上述要求，评选工作从4月起至8月止，历时近5个月。有26个局（含局级公司）的企业踊跃参加了这次评选活动，认真总结好的管理经验，上报申请参加评选的管理成果达1502项。经过严格评审，选出获奖的优秀管理成果454项。其中：1等奖6项；2等奖35项；3等奖115项；4等奖153项；5等奖145项。

在全市评选工作的基础上，向国务院企业管理指导委员会、国务院生产委员会推荐6项成果作为首届全国企业管理现代化创新成果奖候选项目，经全国企业管理现代化创新成果评审委员会评定：上海新中华机器厂《确保运载火箭“一次成功”的质量管理》获1等奖；上海真空电子器件股份有限公司《集团公司成员单位工作评估与调控管理》获2等奖。

二、评选工作的收获

这次评选工作的收获主要有下面两个方面：

(一)调动了广大管理人员的积极性。自1986年国务院发布的《合理化建议和技术改进奖励条例》以来，上海市在技术改进成果的评审奖励方面，工作比较正常，并已形成制度，但企业管理成果的评审奖励还没有形成制度，许多管理干部在推行现代化管理方面作出了成绩，取得了显著的效益，但往往得不到承认和鼓励，影响了广大管理干部的积极性。在这次评选工作中，经过广泛宣传、发动和认真细致的评审，使评选工作规范化，决定今后每年搞一次，使广大管理干部和职工进一步认识到管理工作的重要性，决心继续深入、持久地推进企业管理现代化，为四化建设做出贡献。

(二)总结、发现了一批优秀管理成果。主要靠扩大外延、过高地耗费资源以求得工业生产快速增长的这条路子已经走不通了，面对上海资金短缺、资源严重不足的矛盾，必须依靠技术进步和推行管理现代化。实践表明，在推进管理现代化、提高经济效益方面潜力是很大的，只要我们认真总结、发现，经验和办法是很多的。从这次评选出的454个获奖项目来看，它们在提高产品质量、降低物质消耗、提高经济效益等方面，都取得了很好的效果。大力推广这些经验，对提高企业经营管理水平，促使企业走上投入少、产出多、效益好的路子，是有着重要意义的。具体地说，这次获得市级优秀管理成果奖的454项成果，其成功之点在于：

1、重视市场调查、预测、决策科学的应用，将产品结构调整和企业发展规划的制定建立在科学的基础上。例如上海向东仪表厂是一个只有911名职工的集体企业，1979年产品开始进入国际市场，但后来由于技术逐渐老化，产品适应不了国际市场需求的变化，到1985、1986年跌入低谷，于是该厂运用现代管理科学进行了市场调查和予测，制定了重新打入国际市场策略，在新产品开发上下功夫，首先推出了他们开发的新产品 DD28C 型磁力轴承单相电度表，这种电度表的不检修周期达 10 年，额定电流的过载能力为 400%，比原有电度表的性能提高了 1 倍，达到国际 70 年代末的先进水平。由于产品受到用户欢迎，1987 年出口创汇大幅度回升。他们紧接着又生产出 SG94 型高过载磁力轴承单相电度表，不检修周期达 15 年以上，过载能力为 400—800%，达到了国际 80 年代末先进水平。由于决策正确，产品适销对路，技术先进，企业发展后劲大大增强。

2、强化"质量是企业的生命"的观念，注意开发高科技、高附加值、高质量的产品。例如上海新中华机器厂《确保运载火箭"一次成功"的质量管理》，由于坚持了"质量第一"的原则和实施"系统管理，预防为主，实行法治"，运载火箭性能稳定、质量可靠，从 1984 年起，做到了长征号运载火箭首发成功，发发成功，震惊了中外，得到了党中央和国务院高度评价，被国外认为是"了不起的成就"。

3、重视组织结构调整以及企业内部体制的合理化。例如上海真空电子器件股份有限公司的《集团公司成员单位工作评估与调控管理》，为紧密型集团企业的内部考核与分配探索了新的路子。他们从集团公司实际情况出发，对成员单位的生产能力发挥、生产效率和经济效益等三个方面实绩及其生产经营管理水平进行综合评估，定量考核，合理分配，形成集团公司集约化运行机制和自我约束调控机制——"工作中心"考核法。从而比较正确地解决了公司内部集权与分权关系、资产经营一体化和经济利益分配关系，调动了公司与工厂两个积极性，较好地发挥了生产技术上的组合效应、规模效应和资金运用上的整体效应、放大效应。"工作中心"考核法运行三年，全员劳动生产率提高了 24.4%。1989 年，公司实现销售收入在全国百家电子企业中排列第 12 位，但实现利税高居第 2 位。

4、重视生产要素的优化组合，向整体优化要效率、效益。例如上海石油化工总厂乙烯厂《应用系统管理建设 30 万吨乙烯装置的实践》，以系统工程原理为指导，对大型、复杂的现代化工业建设项目实施整体优化管理的结果，30 万吨乙烯主体装置仅以 31 个月的时间建成，以 16 小时 15 分的纪录，一次投料试车成功，两项均创国际新水平(在同等条件下，世界开车最好纪录是 38 小时，上海石油化工总厂的纪录比世界最好纪录缩小了一半多)。

5、重视企业管理基础工作，特别是注意强化生产现场管理和班组建设工作。例如上海第五钢铁厂《引入目标激励机制，全面推进班组升级》，使班组工作从过去的生产型向生产管理型转化，考核工作从过去的定性向定量转化，并把班组的物质生产和文明建设密切结合起来，强调发挥班组这个企业活力源头的作用，突出工人在企业中的主人翁地位，为办好社会主义企业打下扎实的基础。上海许多企业推广应用，取得了很好的效果。中华全国总工会对这个成果充分给以肯定并转发全国推行。在现场管理方面，许多企业还综合运用了定置管理、模特法等现代化管理方法对生产现场进行整顿，也取得了很好的效果。

6、重视人的因素，发挥职工的主体作用，依靠工人阶级办好企业。例如上海第一钢铁厂的《全心全意依靠职工群众办企业模式》，坚持把办好企业的立足点放在依靠职工群众上，系统地总结提出了全心全意依靠职工群众办企业的具体内容和有效方式，并使之制度化、规范化、程序化，推进了企业生产经营活动的蓬勃发展。这一成果，得到了中华全国总工会的高度评价，并批转全国各省市参照推行。

三、评选工作的特点

(一)严格以国家有关条例规定为依据，保证评审工作的质量。从成果评选范围、条件、效益核算、等级设置、奖励办法、到评选程序和方法等，都严格贯彻了 1986 年 6 月 4 日国务院修订发布的《合理化建议和技术改进奖励条例》和 1987 年 12 月 13 日上海市人民政府发布的《上海市合理化建议和技术改进奖励实施办法》。在具体执行中，我们重点掌握成果的创新性。具有创新性的成果，经过全面衡量，确实先进的评定等级较高。对于非创新成果，按照国务院条例的规定，降低一个等级给予奖励。各工业局在这次评选中，给市里推荐 1 等奖的成果共 70 个，从经济效益上看都在 100 万元以上，少数近 1000 万元，但由于是借鉴国外的现代管理方法，不含创新性，我们都降为二等奖。最终评选出效益好、又具创新性的 1 等奖成果只有 6 个，保证了评选工作的质量。

(二)掌握重点，注意导向。

1. 特别重视对提高产品质量、降低物质消耗、推动技术进步、提高经济效益的、能直接计算经济效益的管理成果的评选。对不能直接计算经济效益的成果，从严控制，分别就解决问题的重要程度、应用范围的大小、进步水平的高低三个单项，进行认真评价，每一单项分为四个等级评分。例如进步水平一项，属全国范围内进步的得 40 分、全市范围内进步的得 30 分、局或区县范围内进步的得 20 分、本单位范围内进步的得 10 分。3 个单项相加，按得分总数套入相应等级。这样做有利于向管理要效益活动的深入发展，保证了评选工作的严肃性科学性。

2. 特别重视符合现代管理科学发展方向的成果。例如对企业管理整体优化和电子计算机管理信息系统的系统开发成果，评选中是很注重的。上海有些企业推行现代管理，已从现代管理方法的单项应用、综合应用，发展到整体优化，有效地促进了生产经营诸要素的优化组合，提高了经济效益，这些成功的经验是很值得总结、推广的。企业管理应用电子计算机在上海也有不少企业积累了经验，收到了明显效益。但是，大多数企业应用电子计算机辅助管理仍然处于单项的、低水平的开发阶段。因此这次评选，我们在原则上只评选系统开发的成果，不评选单项开发的成果，以引指导企业走上系统开发的道路。

四、搞好评选工作的组织与制度

（一）要有健全的组织

评选工作涉及面广、工作量大、技术性强、必须要建立起健全的组织网络系统，才能按质、按期将这项工作搞好。市、局成立评委会，市评委会还成立了办公室，并设联络员。在局的评审基础上，市评委会负责对成果的进步性、可行性、效益性，及奖励等级作最终审定，并确定全国现代化管理创新成果推荐项目。市评委会办公室，负责和各工业局（含局级公司）联系，做好宣传、发动工作；负责成果申报表、成果总结资料的收集、整理工作；负责组织必要的现场核实工作。

（二）认真做好广泛、深入的宣传发动工作

为做好广泛、深入发动工作，1990年4月，由上海市经济委员会、上海市财政局、上海市税务局、上海市企业管理协会联合发出了《关于开展评选优秀企业管理成果工作的通知》，就这次评选的成果内容、条件、方法、程序以及等级和奖励等事项，作出了明确规定，各工业局将通知转发至本系统各企业，有的局召开了不同层次的专门会议，认真进行了宣传和部署。还通过各局联络员、各厂企管办（厂办）向群众进行宣传并把这项工作具体组织起来，这样就把评选工作建立在扎实的群众参与的基础上，从而保证了评选工作的成功。

（三）要有周密的评选工作程序和制度

这次评选工作，经历了组织发动阶段、初评阶段、复评阶段和终评阶段，历时近5个月。工作的重点，放在组织发动阶段和复评阶段。组织发动阶段花了2个多月的时间，为评选的成功打下了坚实基础。复评阶段是保证整个评选工作质量的关键阶段。初评和复评，我们是委托各局评委会进行的。在各局复评结束提出获奖成果及奖励等级建议之后，由市评委会办公室从全市范围内挑选既有管理理论素养又有丰富实践经验的专家20人，组成审核小组，逐项认真审核，提出修正意见之后，才召开市评委终评会议。为使评选工作有一个统一的标准，以保证工作质量，市评委会制订了《企业优秀管理成果评选工作实施细则》，并制定了统一的《企业优秀管理成果统计汇总表》、《企业优秀管理成果申报表》、《企业优秀管理成果复评表》、《企业优秀管理成果推荐表》。由于有周密的工作程序和制度，从而保证了这次评选工作的质量和进度。

（谭德柱　撰稿）

沈阳市把现代化管理列入总体战略取得显著效果

沈阳市计经委

为了进一步贯彻治理整顿和深化改革的方针，强化企业管理，摆脱市场疲软，遏止经济滑坡，沈阳市经过理论研究和可行性分析，1990年在全市实施了企业管理“四一一”工程。经过一年的运行，取得了显著的经济效果，促进了经济的发展。

党的十一届三中全会以来，我市企业管理水平有了提高，但发展很不平衡，而且不够稳定，主要是因为对管理的重要性认识不足，“向管理要效益”，只停留在口头上。特别是由于近两年经济环境的变化，更增加了企业管理的难度。客观上要求政府部门制定和实施一套可行的系统的战略管理方案，以引导企业管理工作向深入发展，确保经济效益的稳定提高。过去政府的部门以至企业都不同程度地存在着就管理抓管理，很少从全市、整个经济工作的全局来作战略考虑形成管理与生产工作、技术工作相互脱节，企业管理的各个方面的工作如企业升级、扭亏增盈工作等也有相互脱节现象，由此，形不成促进经济发展的合力。为把有关各个综合部门和专业部门的工作形成一个具有共同目标、协调动作的有机整体，发挥综合优势，以保证全市经济效益达到预定目标，我市实行了企业管理“四一一”工程的战略管理。

企业管理“四一一”工程的基本要求是以系统论、协同论和现代经济管理理论为指导，以经济效益为中心，以发挥管理的整体功能为目标，用工程的方法搞管理，把加强企业管理的工作进一步引向深入，促进区域经济的迅速发展。

“四一一”工程的基本内容是：

从管理的4个方面各指定100个企业（项目），当年可实现1000万元以上，简称“四·一·一”工程：

1、选定100户省级以上先进企业和准备升级的企业，针对管理上存在的突出问题，进行重点整顿，挖掘潜力，具体要求是节能降耗1，000万元（争取达到5，000万元）。

经过整顿，要达到领导班子整体功能强，经营管理体制顺，职工积极性高，基础工作实，经济效益好，产品质量、物质消耗要在原基础上登上一个新的台阶。

2、确定可直接计算经济效益的现代化管理方法、手段等应用项目。每项的效益目标值在10万元以上，创建100项成果，进一步推动企业的现代化管理工作，共增收节支1，000万（争取达到5，000万）。

3、围绕搞活资金，抓好100户企业“内部银行”的推广、完善和提高，从而推动企业各个环节的经济核算和科学管理，发挥“内部银行”在提高经济效益，提高资金使用效率方面的作用。节约资金1，000万（争取达到5，000万）。

4、选定100户受主客观因素影响，特别是因经营管理不善而导致亏损的企业，进行综合性或专题性的咨询诊断，实现扭亏减亏1，000万，（争取实现5，000万）。

为了保证上述“四一一”工程的实现，还确定了具体实施方法与步骤：

在方法上强调：

“六定”，即定企业、定项目、定目标、定进度、定措施、定责任人，把“四一一”工程四个方面的内容落到实处。同时，坚持“四查”，即在实施过程中，查组织落实，查工作开展的原始凭证，查措施落实情况，查工作进度。

在实施程序上，注意了宣传教育，培育和树立全员的以管理求增益的意识。

并选好“四一一”工程的切入点，确定“工程”对象，重点突破。

在市企业管理领导小组办公室具体指导和协调下，由企业整顿试点指导组会同市各综合部门、各行业主管部门深入企业开展协调和服务，并在工程运行中根据企业反馈信息，不断改进服务质量。

到1990年末，列入“四一一”工程进行重点整顿的100户企业中，有23户企业升入国家二级企业，有17户企业升入省级先进企业，有40户企业升入市级先进企业。这些企业的共性是：单位产品实物消耗明显下降，废品损失明显减少，产品质量稳定提高，企业基础性管理工作比较扎实，这100户企业共降耗压费7，400万。全市创建可直接计算经济效益的现代化成果180项，增收节支1.1亿元。列入工程推行和完善“厂内银行”的企业涉及16个局（公司），共100户企业，企业经济核算等基础工作明显加强，缓解了资金紧张的压力，充分挖掘了企业内部的潜力，加快了资金周转速度，搞活资金1.3亿元。列入咨询诊断的100户亏损企业，经咨询诊断增强了“造血”机能，当年有15户实现了扭亏为盈，有32户实现了减亏，扭亏、减亏额3，000多万元。据年末统计，由于推行“四一一”工程，全市共增收节支2.14亿元。

（佟兆林　李　新　撰稿）

积极推进航空工业管理现代化

航空航天部体制改革司

航空工业是一个技术密集、知识密集的行业，它具有配套复杂、生产周期长、对质量有特殊的要求等特点，因此，管理现代化对航空工业更有其重要意义。党的十一届三中全会以后，为了加速行业现代化建设，迎接世界新技术革命、高技术产业的挑战，原航空工业部下决心在大力推进技术进步的同时，切实为推进行业管理现代化做几件实事。我们遵照原国家经委颁发的《企业管理现代化纲要》所提的各项要求精神，及时向全行业作了相应的布署，如转发了《纲要》，要求企业据此结合本单位实际分别制订出企业的推进管理现代化规划；转发了全国第四次企业管理现代化座谈会有关领导同志的讲话，同时确定了20个行业“七五”期间推进管理现代化试点单位，以便总结典型经验以点带面；更主要的是设立了航空管理科学研究基金，这一基金主要用以资助行业内各企事业单位的管理科学研究项目，并用以开展部级管理成果评选活动，对评出的部级管理成果进行一定的物质奖励。截止1990年，我们共资助了34个管理科研项目，其中8个项目先后被评为各等级的航空工业部级管理成果，占资助项目的24%；先后三批共评出了各等级的部级管理成果155项，其中可以计算经济效益的项目，累计创造了经济效益10300多万元，仅1990年一年评出的部级管理成果就有68项，可以计算的经济效益达7000万元，并且有一个项目荣获国家级企业管理现代化创新成果二等奖。由此可见，运用管理科学研究基金这一杠杆，一手抓深化，一手抓普及，对推动行业管理现代化是起到了一定作用的。

一、把推进行业管理现代化工作与企业升级工作结合起来抓

“七五”初期，行业推进管理现代化工作的主要问题之一是：有部分企业领导把推进管理现代化工作与发展生产经营对立起来，使这项工作得不到应有的重视，也有一部分管理工作者在抓这项工作时，忽视了与工厂的生产经营实际相结合，难以取得实际效果。为了使企业管理现代化工作与深化企业改革，增产节约，企业上等级等工作形成一个互相联系、互相促进的有机整体，有利于统筹安排协调发展，我们把行业企业管理现代化“七五”工作规划中，实现国家《‘七五’纲要》的具体要求，纳入了行业企业升级标准，在企业升级验收时予以检查考核。如规定国家二级企业必须获得3项以上部级或省市级管理成果；国家一级企业必须获得6项以上部级或省市级管理成果。同时，在《标准》的主要管理工作各项规定中，对实现管理现代化也分别提出了相应的要求。这样，不但加强了企业对管理现代化工作的重视，也直接有效地促进了管理现代化的发展，较好地解决了管理现代化与企业中心工作的脱节，使“软科学”有了“硬”度。

目前，我们正在研究如何实现升级工作中对各项主要管理基础工作的量化考核问题，使我们的这一做法在“八五”有新的发展。

二、建立和健全一套规章制度和组织网络

（一）制订一整套必要的规章办法是使行业管理科研和成果评审工作有条不紊持之以恒的制度保证。1986年以来我们先后制订颁发了《航空工业管理科学研究基金条例》、《航空工业管理成果奖励办法》《航空工业管理成果奖励办法实施细则》、《航空工业管理科研基金资助课题拨款规定》、《关于管理成果经济效益计算按有关规定执行的通知》等行业规章制度，现从我们对管理科研基金申请的审批程序，部级管理成果申报评审的程序，以及统一全行业管理成果的经济效益评价标准等三个方面作一简要的介绍。

1. 航空工业管理科学研究基金申请审批的基本程序是：由部结合行业科研生产发展规划，定期制订颁发管理科研选题参考纲要，引导行业管理科研的方向；基层企事业单位据此进行选题，并向部提出资助申请；由部组织同行专家进行筛选，提出资助建议经部审批予以公布；获得批准的管理科研项目需与部签订立项合同，确定研究目标、周期、资助金额；部按照合同规定的研究内容和完成进度进行审核后，一般按资助金额的20%、30%和50%分三批予以拨款；研究课题完成后，结合部级管理成果评审工作，进行鉴定验收。

2. 航空工业部级管理成果的申报评审程序是：各基层企事业单位在每年一季度前，将本单位当年计划实施的、预计可以达到部级标准的重大管理现代化项目，向部预先登记立项，经部审批的预登记项目完成后，须先评为厂所级管理成果时方可向部申报部级管理成果；申报项目经初审受理后，由部统一组织行业管理专家进行评审，并提出奖励建议，经部审查批准后予以公布，并按规定发给荣誉证书和奖金。

3. 由于管理的两重性，使得管理成果在评价其经济效益上具有相当的难度。往往同一管理成果或两个类似的管理成果，由于评价方法和公式不一样，结果相距甚远。我们在实践中及时地认识到，逐步实现管理成果经济效益评价方法的科学化、定量化和规范化，是关系到行业管理现代化工作能否较快地向一个新的高度发展的当务之急。1989年底由航空航天部体制改革司牵头编写了《企业现代化管理方法应用成果经济效益评价》一书，1990年内部出版发行10000册，现已成为航空工业系统管理成果经济效益评价的标准依据。

上述规定和标准亦非一成不变，我们在实施和执行过程中，注意听取基层单位和专家的意见和建议，及时采取改进措施，不断完善现有的规定办法和标准，以适应行业管理现代化的动态发展。

(二)建立自下而上的各级现代化管理成果评审委员会是行业推进管理现代化工作的组织保证。行业管理科研活动和部级管理成果的产生，必须建立在基层单位切实开展管理现代化各项活动的基础之上，其组织形式是必须由各级行政机构的主管领导和工作人员依托各级企业管理协会组成各级工作委员会来负责。

1. 上层机构：由部主管领导牵头、体制改革司为主，各有关司局主要领导参加，组成“航空工业管理科学研究基金委员会”，依托中国航空工业企业管理协会负责行业有关管理科研和成果评审等工作的重大决策，日常工作由体制改革司和中国航空企协共同领导下的“航空工业管理科学研究基金委员会办公室”负责。

2. 中层机构：由各地区基地、航空工业管理局依托地区航空企协组成地区管理成果评审委员会，负责审批局级管理成果和向部推荐部级管理成果等。日常工作一般由各基地、航空工业管理局的企管处或地区企协负责。

3. 基层机构：主要是企业，由行政主管领导牵头依托工厂企协组成企业管理成果评审委员会，负责工厂的管理科研和管理成果的立项、评审和向上级申报等工作，日常工作一般均由工厂企管办（处）负责。

截止1990年，所有基地、航空工业管理局和约80%的企业已先后成立了管理成果评审委员会，并较好地开展了工作，使行业初步形成了一个自下而上的管理现代化推进工作组织网络，给行业的推进工作提供了组织保证。

三、管理现代化培训工作必须先行

管理人才现代化是实现管理现代化的重要一环，也是比较薄弱的一环。当前较突出的是管理队伍的素质与科技队伍的素质差距大。为此，原航空工业部作出了在“七五”期间用3年的时间对全行业各类干部进行一次现代化管理方法轮训的战略性决策。

经过三年半的艰巨工作，到1990年，我们较好地完成了各项预定的目标，有108个企业的培训合格率达到了部定的指标，占航空工业企业总数的90%；有78123名干部取得了培训合格证，占应培中层干部的91.3%，其中中层干部12467人，占应培干部的92.9%。这项工作持续时间长，教育面广，工作量大，可以说是一项复杂的系统工程，它之所以能够达到预定的目标，首先是因为适应了国家和行业建设四化深化改革的需要。具体的工作经验可以归纳为以下几个主要方面：一是领导重视。部领导亲自负责，教育司、体改司、航空企协等共同组织分工负责。工厂由厂长为首，教育、企管、人事部门参加组成领导小组，齐抓共管，分工协作。企业各级领导带头讲课，结合实际，推动了学习。二是方法对头。始终坚持学用结合，讲求实效的原则。以学习推动应用，以应用促进学习，使学习与推广管理现代化方法紧密结合，使学习过程成为研讨管理现代化方法实际问题的过程。三是严格把好培训质量关。制订了结合实际的教学计划大纲；编写了反映航空工业管理实际的教材《现代化管理方法及其应用》，共出版8万册；编写了系列的考试题目及标准答案，建立了统一的考试题库；坚持了闭卷考试、合格发证的制度。

“七五”期间航空工业推进管理现代化方面虽然做了不少工作，也取得了一定成绩，但也存在着不少问题，首先是发展不平衡，企业之间的管理水平差别较大，个别企业的管理现代化还没有起步；其次是行业管理现代化成果中，在创建具有中国特色、能体现航空工业特点的新管理成果方面尚无重大突破。因此，在“八五”期间必须作出更艰苦的努力。要贯彻国家《“八五”企业管理现代化纲要》和航空工业的“八五”规划，继往开来，引导企业管理现代化向新的高度发展。

（孙同咏　撰稿）

国务院企业管理指导委员会关于印发第六次企业管理应用计算机讨论会纪要的通知

（1990 年 11 月 5 日）

各省、自治区、直辖市及计划单列城市经委（计经委），国务院有关部门：

现将国家体改委经济管理研究所与浙江省企业管理领导小组于今年 10 月 8 日至 12 日联合组织召开的企业管理应用计算机国际讨论会暨第六次企业管理应用计算机讨论会纪要印发给你们，请参考。

企业管理应用计算机水平和实际效果是衡量企业管理现代化的一个重要标志，也是企业升级工作的一项重要考核内容。为了进一步加强企业管理，推进企业管理现代化，促进企业升级工作，请加强组织指导，积极推进企业管理应用计算机工作的开展。

企业管理应用计算机国际讨论会暨第六次企业管理应用计算机讨论会纪要

（1990 年 10 月 12 日）

经国家体改委和国务院企业管理指导委员会领导批准，由国家体改委经济管理研究所和浙省企业管理领导小组联合组织召开的企业管理应用计算机国际讨论会暨第六次企业管理应用计算机讨论会，于 1990 年 10 月 8 日至 12 日在杭州临平举行。到会的中外代表共 128 人，其中中方企业代表 62 人，国务院和省市经济管理部门的代表 21 人，大专院校、科研机构的代表 22 人，外国公司的代表 23 人。国务院电子信息系统推广应用办公室和浙江省计经委的领导同志出席了讨论会并讲了话。这次讨论会共收到 31 篇论文，并举行了六次专题技术报告。

与会代表围绕着企业管理如何向计算机应用要效益这个主题，就企业管理应用计算机从哪些方面要效益；在企业管理中如何开发和应用计算机才能取得效益；如何评价计算机辅助企业管理所产生的效益等三个问题进行了深入的研讨。

代表们认为，八十年代以来，工业企业应用计算机辅助管理有很大的发展；但从全国总的情况来看，发展很不平衡，应用水平相差很大，开发应用水平还不高，应用效果也不理想。如何在治理整顿时期充分利用现有的系统资源，强化管理，科学开发，向计算机应用要效益，是迫切需要研究解决的一个问题。这不仅对提高企业素质，加快企业管理现代化的进程具有重要意义，而且有助于指导企业按照一套科学合理的方法进行系统开发和应用，提高企业的经济效益。对这次讨论会，代表们一致认为主题选得好，开得很及时，很有收获，希望一年一次的企业管理应用计算机讨论会继续开下去。有的外国公司代表表示，通过参加这次研讨会，了解了中国企业应用计算机的情况，有利于更好地为中国用户服务，希望明年还能有机会参加这个讨论会。现将讨论情况纪要如下：

一、在企业管理应用计算机中从哪些方面要效益

与会代表们认为，企业计算机管理信息系统的建设是一个用现代化的管理体系——包括管理思想、管理体制、管理方法和管理手段对传统的不能适应企业发展需要的手工管理体系、传统观念和习惯势力进行全面改革的过程，它对企业自身的发展具有十分深远的意义，给企业带来的经济效益将会随着系统的开发和应用日益显示出来。

代表们认为，系统开发需要投入大量的资源，如何以有限的投入取得最大的产出，或者为实现特定的系统功能而付出尽可能少的投入，是一个值得精心研究的重要问题。系统开发的投入产出不仅涉及到系统开发的项目组织与管理，而且也涉及到系统方案、系统开发的方式和方法，它既受到企业外部环境的制约，又受到企业内部运行环境的影响。研究系统开发的投入产出首先必须了解计算机管理信息系统产出的两个主要特点：一是计算机管理信息系统的产出，在很大程度上是通过管理工作的优化和加强体现出来的。系统开发是对传统的管理思想、管理体制、管理方法的变革，并不断使之合理化和优化的过程，而优化的环境又进一步为计算机管理信息系统的运行提供了可靠保证，二者互为条件，相辅相成，共同促使企业整体功能的提高，这是一种带有长远意义的综合效益。因此，从这个意义上来说，向计算机应用要效益，就是向管理的科学化和现代化要效益；二是系统的产出只有当系统性开发和应用后才能产出明显的效益。单项或子系统的开发应用，虽然在局部可以产生一定的效果，但由于相互独立，无法形成网络，发挥不出系统的整体功能。因此，计算机管理信息系统的开发必须在总体规划的基础上分步实施，而且要在系统开发和应用的覆盖面达到一定规模时其效果才会日益显示出来。其所能取得的效益将是多方面的，如降低库存积压和材料消耗，加快资金周转；减轻劳动强度，节约劳动力成本；优化生产组织方法，缩短产品生产和准备周期；强化生产经营指挥系统，实现供、产、销一体化管理；促进管理基础工作的规范化，提高工作效率；加强信息管理，提高决策的科学化和对市场的反应能力；增强专业管理之间的横向协调，促进企业管理的整体优化等等。从目前我国企业的实际情况来看，企业管理应用计算机所取得的效益集中反映在以下三个方面：

1、强化管理基础，细化专业管理。由于手工管理方式的局限性，各专业管理的深化受到限制，应用计算机细化专业管理必然会对企业的管理基础工作提出更高的要求，从而促使企业管理基础工作走向科学化和规范化。

2、加强系统的控制和反馈，实现管理的整体优化。传统的手工管理方式很难实现对企业制造资源的合理分配和使用，对供、产、销的管理只能从局部的角度进行协调，不可能做到整体优化。应用计算机对企业的制造资源进行综合筹划和平衡，则有利于加强对生产全过程的监控能力，实现人、财、物、供、产、销的一体化管理。

3、实现信息的有效管理和使用，提高决策的科学化。随着改革开放的深入发展，企业改革和管理工作的逐步深化，企业需要加工处理的内、外部信息急剧增加，靠传统的手工管理方式由各个部门对信息进行分散收集、分散处理、分散存贮、分散使用已不能适应形势发展的需要，不仅易于造成信息的不规范、不一致，影响决策的科学性，而且削弱了企业对市场的反应能力。利用计算机处理速度快、存贮容量大等特点，对企业大量的内外部信息进行筛选、集中处理和共享使用，由信息的分散管理变为相对集中的分级管理，将大大有利于向各级管理人员提供及时有效的信息，对企业进行科学管理。

二、怎样在企业管理方面进行计算机的系统开发和应用才能取得明显的效益

代表们认为，为了使计算机管理信息系统的开发和应用取得明显效益，结合国内外企业的成功经验，当前应着重抓好以下七个方面的工作：

1、综合考虑企业资源利用，制定切实可行的系统目标。

企业建立计算机管理信息系统要立足于应用，尽快使系统投入运行，为企业的生产经营服务。制定系统目标要从实际出发，综合考虑企业可利用的资源、管理基础工作、适应能力和系统开发周期四个主要因素，不能盲目追求系统的“大、洋、先”。系统目标定得过高，超越了企业实际的承受能力，势必难以在计划期内实现预期的目的，不仅浪费了资源，而且对今后的开发也会产生不良的影响。只有制定切实可行的系统目标，才能设计出合理和经济的系统功能，从而减少系统的投入。

2、在总体规划指导下进行系统开发，避免各自为政、低水平的重复开发。不少企业的经验教训说明，由于没有一个计算机应用的总体规划和实施方案，由各个部门根据各自的需求分散开发，虽然单项应用在广度和深度上达到了一定的规模和水平，在局部取得了一定的效果，但体现不出计算机应用的整体效益。在没有总体规划的情况下，单项应用开发得越多，重复开发

的工作量也越多，对联网带来的困难也就越大，甚至会出现进退两难的被动局面。单项开发的简单组合不是系统开发，物理形式上的联网不是系统应用。只有在系统总体规划的指导下，有计划地进行分步实施，才能按照企业管理的内在联系和系统开发的逻辑关系，逐步扩大系统开发和应用的覆盖面，实现系统的有效应用。

3、坚持系统优化思想，防止简单模拟。计算机管理信息系统的开发应该基于现行的系统但又高于现行信息系统。所谓高，就在于用现代化的管理手段对传统的管理模式进行合理化和优化。当然，计算机管理信息系统的建设并不是对传统管理模式的全盘否定，而是对那些不合理的、不适应计算机管理信息系统运行的传统管理思想、管理体制和管理方法进行必要的改革。应用计算机辅助管理如果只是简单地模拟传统的手工管理模式，就失去了采用现代化管理手段的意义，白白浪费了系统的投入，因此，也就谈不上经济效益。

4、管理人员要自觉地参与系统开发，防止管理人员和计算机技术人员之间的脱节。计算机管理信息系统的开发过程始终贯穿着一系列企业管理的加强和改革工作，因此，它是一个管理业务工作与计算机技术紧密结合的过程。决不能把系统开发仅仅看作是计算机专业技术人员的任务，而应当也是各级管理人员的重要任务，一定要防止二者之间的脱节。不管采取哪种开发方式，都要形成一种管理人员自觉投入系统开发的机制，不断提高他们系统开发的业务本领，这样开发的系统才会具有较强的实用性和有效性。

5、创造良好的运行环境，保证系统正常运行。系统开发是否成功，首先要看它能不能正常运行，而它的正常运行不仅取决于系统本身软、硬件配置和设计的是否合理、可靠，而且还取决于它是否具有一个良好的运行环境，包括适合系统运行的管理体制、协调的人机界面和为保证系统正常运行而制定的各种规章制度等。要防止由于不具备良好的运行环境而出现长期手工和计算机系统并行操作的现象。只有逐步地摆脱传统的手工管理系统，才能在系统运行中不断发现问题，不断使之完善，也才能不断地出效益。

6、加强系统开发的项目组织与管理，保证系统实施的顺利进行。企业计算机管理信息系统的开发是一个涉及面广、投资大、周期长、要求条件比较高的系统工程项目，是对企业可利用的资源进行重新分配的过程，因此，项目的组织与管理至关重要。它不仅关系到系统开发能否按计划进度顺利实施，而且直接关系到系统的投入和产出效果。项目管理首先要有组织保证，成立负责系统开发的专门机构，并赋予其相应的职权，同时由一名熟悉企业各项管理业务、热心计算机应用、具有献身精神和良好人际关系的业务骨干作为项目实施负责人。

7、提高管理人员的素质，不断挖掘信息的使用价值。信息是宝贵的资源，是决策的基础和依据，也是效益的源泉。计算机辅助管理能否出效益，很大程度上在于系统的最终用户——管理人员能否有效地开发和应用系统提供的信息，从而提高企业的管理水平。因此，要不断地对各级管理人员进行培训，培养其信息意识，善于挖掘信息的使用价值，使其转化为直接或间接的经济效益。

三、如何评价企业管理应用计算机取得的经济效益

代表们认为，科学地评价企业管理应用计算机取得的经济效益，对进一步推动这项工作的发展有重要的意义。虽然企业管理应用计算机的效益评价是一个很复杂的问题，但是对那些可以科学地计算出来的效益还是应该实事求是地计算出来，对那些确实难以计算和无法定量的效益则应当继续研究和探索。

代表们在讨论中指出，企业管理应用计算机所取得的效益，按其性质一般可分为直接效益和间接效益，通常有三种评价方法：

1、定量分析法。在现行的评价中又分为二种计算方式：一种是总的计算；别一种是在单项计算基础上汇总。总的计算是通过应用计算机前后的对比，计算出由于产值的增加和成本的降低所带来的经济效益。单项计算汇总法是通过对应用计算机前后的对比，逐一计算出各子系统所取得的效益，然后汇总得出总的经济效益。目前，很多单位在进行管理信息系统可行性分析及申报科研成果奖时，都采用的是单项计算汇总的方法。

2、专家意见法。在对企业管理应用计算机进行效益评价时，可有选择地邀请一些有实际经验的专家（包括管理人员、计算机专业人员、用户等），由他们根据各自的分析和判断，确定计算机管理信息系统的各个子系统对相应职能部门的支持程度和职能部门对企业的重要程度，然后评价出应用计算机的效果。这种方法主要用于对间接效益的评价。

3、综合分析法。定量计算法与专家意见法在对企业管理应用计算机取得效益的评价中都有一定的局限性。因为企业管理应用计算机取得的效益具有综合性和相关性，在其效益中往往还伴有其它各种因素，因此，用定量计算法计算出来的效益实际是一种综合效益。而专家法虽能评价管理应用计算机对企业取得效益的贡献份额，但算不出具体数值。综合分析法是把定量分析法与专家意见法有机地结合起来，用专家意见法确定计算机系统对企业管理取得效益的贡献份额作为权数，然后从定量计算出的综合效益中，把应用计算

机取得的效益分离出来。用这种方法进行效益评价，目前仅仅是一种探索，能不能科学合理地反映出计算机应用的经济效益，还有待于在实践中检验，并不断加以完善。

四、对“八五”计划期间推进企业管理应用计算机工作的几点建议。

代表们在讨论中，对“八五”计划期间如何进一步推进企业管理应用计算机的工作提出了一些建议。主要有以下几点：

1、各地区、各行业都要认真地、系统地总结一下“七五”期间企业管理应用计算机的基本经验，进一步提高认识，深入开展应用计算机的宣传普及工作，在总结中提高，在普及中创新，并着手制定企业管理应用计算机的“八五”规划。

2、为了有效地促进企业管理水平的提高，对国家级企业的计算机应用水平和效果必须严格考核，坚决防止和纠正为应付企业升级考核购置了计算机却不在应用上下功夫的形式主义的作法。建议有关主管部门要建立一套企业管理应用计算机的考核办法，并把它作为一项管理工作的重要内容纳入企业升级的考核中去。进入国家级，特别是进入国家一级和国家特级的企业，计算机的应用必须达到相当的水平。

3、各地区、各部门应认真落实 1986 年 12 月 10 日国办发〔1986〕92 号国务院办公厅转发电子振兴领导小组关于搞好我国计算机推广应用工作汇报提纲中所规定的有关政策，对企业管理应用计算机给予必要的扶植。对在计算机的开发、推广、应用服务中有突出成绩和贡献的单位和个人，应当给予适当的精神和物质奖励。

4、加强行业管理。要充分发挥行业管理的优势，有计划地对企业的各级管理人员和专业人员进行不同层次的技术培训，增强企业自身的开发力量；加强计算机应用开发和定项、科研、鉴定、推广和服务的统一管理；集中资源，联合开发，避免低水平的重复性开发；制定行业内的各类技术标准，做到统一领导、统一规划、统一标准、统一运行环境。同时，也要防止行业内部各专业自成系统，干扰企业建立管理信息系统的整体性。

5、要不断提高企业计算机开发应用的水平。企业管理应用计算机要从实际出发，积极寻求、开发和推广管理信息系统的先进的开发技术和开发工具，以缩短系统的开发周期；强调企业管理应用计算机应把支持优化决策、优化管理作为一个重要目标；要把抓好信息的应用作为取得经济效益的重要途径。

6、加强国产商品化软件的开发和推广。要在借鉴国内外优秀软件的设计思想、设计方法的基础上，积极开发适合我国国情的中国版本的企业管理软件包。当前要把重点放在对“七五”期间通过鉴定、效果较好的应用软件进行优选，尽快加以完善和提高，使之系统化、商品化；同时，要制定鼓励推广应用软件的法规，包括软件成果申报、登记管理、评估定价标准和版权保护等。

第九部分

优秀企业、优秀人物、优质产品

1990年度全国企业管理优秀奖（金马奖）获奖单位经验介绍

天津铁路分局

天津铁路分局地处华北沿海，所辖京山、津浦、津秦3条铁路干线和6条支线，是联结华北、东北、华东运输的咽喉。全分局营业里程为1191.7公里，下设71个基层站段，有职工75757人。

该分局占全国铁路2.2%的营业线路，担负着全国铁路5.8%的运量和7.4%的货物装卸量，客货周转量在全路56个铁路分局中占第一位。

面对繁重的运输任务，天津铁路分局坚决贯彻党的基本路线，坚持以内涵挖潜为主，不断深化企业内部改革，夯实管理基础，推进管理现代化，从铁路运输业的特点出发，在非常困难的条件下，走出了一条安全好、路风正、效率高、收益增的新路子。“七五”期间，换算周转量（铁路运输企业的综合产量指标）完成3717吨公里，比“六五”期间增产49.7%；货物发送量完成35624万吨，增长14.5%；运输收入568676.6万元，增收73.6%；劳动生产率人年产量122万吨公里，平均增长24.9%；实现利润102383万元，增长39.8%；上缴建设资金97217万元，增长45.9%。连续四年获北京铁路局承包金牌。

一、积极推进管理现代化，贯彻原国家经委颁布的《企业管理现代化纲要》，有计划地进行人才培训、现代管理方法应用、微机开发和体制改革，结合铁路运输高度集中统一指挥和现场作业高度流动分散的特点，探索并创建了适合本企业生产经营实际的“目标导向管理法”，形成具有自身特色的企业管理现代化体系。主要是以优化内部小环境为前提，以强化标准化、推行运输全程联网、完善经济责任制为支柱，以追求先进目标、发挥整体功能为目的，在系统分析本企业客观环境和内部条件的基础上，制订和实施总体目标；根据总体目标的要求，时间上按季、月、旬、日，空间上向站段、车间、班组直至岗点、个人，层层分解展开，建立起一整套纵横联锁的目标系统，加强动态管理，进行目标调整，按阶段进行目标评价，并以此引导、规范和约束各小段及职工的群体行为，引发职工的潜在积极性，形成企业与职工的利益共同体。

分局运用目标导向管理法，在加强思想、行为导向的同时，充分发挥经济杠杆的激励、调整功能，抓住分配这一中心环节，完善经济责任制，实施综合指标管理考核。根据总体目标，确定挂钩比重；根据运输需要，确定考核内容；适应形势变化，调整分配指标，区别不同情况，实行多种分配办法，从而把广大职工的积极性引导到实现分局的总体目标上来。由此有效地强化了分局的整体功能，提高了企业素质。1987年，分局被评为天津市市级先进企业和全国百家实行经济责任制好的单位之一；1988年晋升为国家二级企业；1989年被评为天津市第一批10个企业管理优秀单位之一；1990年度被评为全国企业管理优秀单位，荣获“金马奖”。

二、切实加强基础工作，实施生产现场管理标准化。从1984年开始，分局开展了以克服官僚主义、好人主义，整顿劳动纪律和作业纪律，推行作业、设备、服务、管理标准化为内容的生产现场管理标准化活动。这一活动的特点实行全员定标，全程控制，全面考核，全方位保证，一抓六年。全分局650个工种2058个岗点制定并实施了各种标准34589条，使分布在1000多公里铁路线上的7万多名职工做到人人有规范，事事有标准。同时健全了自控、互控、联控的联锁控制体系，坚持了考核验收制度，并同经济责任制、评选先进、企业升级等挂钩，形成严格管理、干部工人双向考核的机制，使生产现场的设备、作业、服务、管理规范化。

针对铁路运输手段及产品具有移动性的特点，天津铁路在开展标准化活动中，特别强化了现场作业的动态管理，围绕消灭行车重大事故、大事故及人身伤亡事故和路风上的严重事件等要害问题，制定出129条“卡死”制度，做到人人必知，人人必行，干部必责，违反必究。对调度指挥、车站、机车、列车等直接行车作业人员实行互保联控的标准化作业体系，使客货列车运行全过程处于管理和控制之中。由于管理基础扎实、过硬，1990年与标准化实行前的1983年相比，机车百万走行公里重大事故，事故率由0.07件下降到0.016件，万吨货物事故由0.008件下降到0.0002件，消灭了责任旅客伤亡事故。客货服务质量不断提高，四年来消灭了路风上的严重事件，车站和列车治安秩序显著好转，服务员、列车员坚持按服务标准值岗，为旅客、货主做好事、送方便，受到各方面表扬。分局连续三年被评为天津市文明单位，35个站段、货场、列车被命名为市、部级文明集体，天津站被天津市命名为"一流服务文明窗口"。

三、不断优化运输组织，推行运输全程联网。天津铁路分局运用系统理论和网络技术，以"安全畅通，挖潜扩能"为目标，建立了"联心、联责、联酬"为主要内容的运输全程联网体系。这个体系以部门之间、工序之间、设备之间的结合部为优化重点，通过整体分析、设计、规定标准，划清职责，明确奖罚，形成各工种纵横沟通，装车、卸车、排空、运行作业过程紧密衔接的良性循环，有效地控制了运输潜力，加速了机车折返和车辆周转，提高了列车正点率，减少了运力的消费，发挥了综合运输能力，保证了运输畅通。

四、加强思想政治工作，优化内部环境。天津铁路分局坚持"严班子，紧干部"领导班子成员团结协力，作风民主，做到了不争位，互补位，工作上主动到位；勤政廉洁，奖金不超比例，住房不超标准。分局充分发挥以共产党员为主的骨干队伍的模范带头作用，在生产一线建立了5078个党员责任区，由党员包安全、包路风、包思想工作，党员列车员佩戴"我是共产党员"的标志上岗、增强了自身的责任感，在职工中树立了良好形象，得到了广大旅客的赞誉。分局还建立起了一支以党、团员为骨干的思想政治工作队伍，成立了422个思想政治工作研究小组，结合生产经营实际，加强企业思想政治工作，并对后进职工全部实行层层包保，积极做好转化工作。

1984年以来，分局每年为职工办10件实事，至今已实现70件、716项。先后新建职工住宅20566户，12900户平房实现引水入户，26000户住宅煤气入户；先后安置14300名职工子女就业；较好地解决了职工就医、就餐、烧柴、吃水以及子女入托、入学等方面的困难。为丰富职工文化生活，在千里铁道线上建立起"绿色文化长廊"，开辟文化园36个，组建"兴趣小组"4434个。这些措施有效地增强了企业的凝聚力。

潞安矿务局

潞安矿务局位于山西省东南部的上党盆地，全矿区横跨长治、潞城、襄垣、屯留三县一市，是一个以采煤为主，洗煤、机械制造、化工、发电、水泥、林业等多种经营为辅的特大型现代化煤炭企业。现有石圪节、五阳、漳村和王庄四对生产矿井，一座部分利用世界银行贷款建设的常村煤矿正在兴建。全局有职工28000余名，固定资产原值8亿多元，矿区总设计能力720万吨/年，年实际生产煤炭已超过1000万吨。党的十一届三中全会后，特别是从1985年潞安矿务局认真贯彻执行改革、开放的总方针，以矿区现代化建设为中心，坚持企业内部配套改革，走科技进步道路，搞内涵扩大再生产，整体优化企业管理，全面推行承包经营责任制，完善经营机制，促进了企业经济效益的提高。1990年，该局煤炭产量达到1040万吨，比承包前1984年的605万吨增长71.90%，平均年递增9.27%。承包6年，共为国家生产煤炭5486万吨，相当于建国41年该局总产量的43.56%。全员效率达到4.002吨/工，相当于全国平均水平的4倍，比1984年的2.207吨/工提高81.33%，平均年递增10.43%。1985年至1990年，共完成上缴利税34746万元。1990年全局综采机械化程度达到100%，掘进装载机械化程度达到94.08%，综掘机械化从无到有，逐步发展壮大，目前已达到60%以上。1985年以来，该局的主要经济技术指标，有43项获全国同行业第一，有30项获全国第二，有5项指标达到世界先进水平或创造了世界纪录。近年来先后获"全国先进集体"、"五一劳动奖状"，"全国思想政治工作优秀企业"、"六五期间技术进步先进企业全优奖"、"七五期间国家级企业技术进步奖"，等荣誉，被原煤炭工业部命名为第一个"中国煤炭工业现代化矿务局"，被国务院企业管理指导委员会批准为"国家二级企业"。1988年，该局年产煤炭1000多万吨，进入全国特大型企业行列。1990年12月通过了晋升"国家一级企业"预考核。该局所属石圪节矿、王庄矿分别于1982年、1983年获全国企业管理优秀奖后，该局又获此奖，被誉为"一局三金马，中华第一家"。其主要经验是：

一、坚持走科技进步道路，全面进行矿区现代化建设。

过去该局基础薄弱，机械化程度低，普炮采工艺占主导地位，生产力水平低下。十一届三中全会后，特别是从1985年以来，他们把改变煤矿面貌，赶超世界主要产煤国家先进水平作为目标，全面开展了矿区现代化建设，制定了科技进步发展战略，实施了矿区现代化建设规划。在较短的时间里，建成了第一个"中国煤炭工业现代化矿务局"，达到了世界主要采煤国家的水平。在现代化建设中，他们主要抓了科技进步、技术革新、挖潜改造三个环节。

1. 以发展综采为龙头，带动企业整体科技进步。1980年以后，该局开始发展综合机械化采煤技术，到1988年底，已组建9个综采队，取消了普采队，矿矿成为综采矿，队队年产达百万，全局产煤突破1000万吨。1985年以后，该局又把提高掘进装载机械化水平作为科技进步的重点，引进奥地利Am——50型综掘机，使全局掘进装载机械化在短时间内有了较快提高。在漳村矿建成了全国第一条辅助运输单轨吊系统，解决了运人、运料与提升的矛盾。购置了近百台电子计算机，广泛运用于生产、经营、统计、管理等各系统。

2. 坚持技术创新，消化吸收引进技术。在学习和引进国外先进技术的过程中，他们坚持引进、消化、吸收，为我所用的原则，不断对全局新老设备进行革新的改造，“七五”以来，共完成技术革新项目464项，其中完成科研项目50项，推广应用新技术149项，小改小革85项，技术改造103项，改革工艺16项，其他技术61项。在科研项目中，属重大科研项目的有116项，创造价值在百万元以上的有28项，获各级奖励的有125项，共为国家创造价值7000多万元。

3. 坚持挖潜改造，走内涵扩大再生产的道路。该局把改造现有矿井，走内涵扩大再生产道路，作为发展煤炭生产的立足点，既达到扩大再生产的目的，为国家多出煤炭，又节约了大量资金。1979年至1986年，该局技术改造投资达2. 05亿元，同期产量提高388.14万吨，而新建一座年产300万吨的特大型矿井，按全国平均水平新建矿井吨煤投资150元计算，需投资4.5亿元，相比之下节省建井投资2.44亿元。

二、推行承包经营责任制，完善企业经营管理机制。

1985年，该局实行投入产出经济总承包，承包期从1985年至1990年，一包六年。总承包的主要内容有：包煤炭产量增长，包上缴利润，包吨煤工资单价，包基本建设完成年度计划。投入产出经济总承包给企业带来了压力，也产生了强大的动力，有力地促进了我局生产建设的发展和经济效益的提高。

1. 坚持体制改革，全面实行局长负责制。在局属生产矿井和辅助生产单位全面实行了矿、厂长负责制，并相应制定了任期目标责任制、任期终结审计制和经济责任制。集中统一的、强有力的、高效率的生产经营领导体制，保证了企业经营方针的落实，促进了企业经济效益的全面提高。对旧管理体制的改革，理顺了企业内部的各种关系，使企业以经济总承包为中心的十项配套改革得到顺利进行。

2. 完善发展投入产出经济总承包。形成了分类承包、分层经营、分级核算、分权管理和“十五个激励”和“十五个约束”的企业承包经营机制。对原煤生产单位实行“统一管理、单独核算、自主经营”承包，对经费单位实行“费用定额包干，超支不补、节约留用”承包，对有经营性质的职能部门实行“专业责任制与自主经营相结合承包制”承包。分层经营，即对更改资金、大修理基金和自筹资金切块下包，由所属单位自行安排使用和单独经营。分级核算、即将地质队、矿报社、通信总站、供电处、房地产管理处、物资供应处等十多个行政处室划为单独核算单位，并实行经济承包。分权管理，即下放经营计划权、劳动人事权、技术开发权、物资采购权、资金使用权、闲置设备租赁权、多种经营权、新产品开发权，增强了基层生产单位的活力和生产经营积极性。

3. 推广应用现代化管理方法，强化企业管理工作。该局从抓基础工作和专业管理入手，以企业升级为目标，在生产实践中推广应用了系统工程、价值工程、ABC法、量本利分析，全面质量管理等现代化方法，并结合自身特点，逐步形成了“高效率管理法”、“安全系统管理法”、“全员设备管理”等管理方法。

三、加强企业文化建设，培养“四有”职工队伍。

在矿区现代化建设中，他们十分注重企业文化建设，培养职工群体意识和“争创一流”的进取精神，不断提高职工队伍素质，适应了矿区现代化建设的需要。

1. 支持全员培训、提高职工技术业务素质。面向生产，坚持多层次、多渠道办学，每年拿出600多万元用于智力投资，逐步完善了职工继续工程教育体系。一是强化了全局成人大中专学历教育，各类专业技术人员的继续工程教育，科队长以上的干部岗位培训、适应生产发展所需要的各种短期培训；二是各厂矿办职工学校，对单位职工进行中级文化、技术教育，举办了适应本单位生产发展需要的各种短期培训；三是科队(车间)设立学习室，负责本科队职工初级文化、技术培训和适应岗位要求的业务学习。形成了完整的三级办学体系和教育网络，把职工培训纳入了正规化、经常化的轨道。近几年该局每推广一项新的生产技术，每投入一套新的技术装备，都要先培训队伍，使职工在上岗前就具备操纵驶驭设备的能力，保证了每项新技术、新设备的投用都能取得好的经济效益。

2. 培育企业文化，确立正确的企业价值观，形成利益共同体。该局逐步发展形成了以“实干进取”的企业精神为核心的企业文化，主要内容有：潞安的追求——高效率；潞安的精神——实干进取；潞安的道路——挖潜改造、科技进步的经济杠杆；潞安的传家宝——艰苦奋斗，勤俭建矿；潞安的意识——作为一名潞安的职工既要有光荣感、自豪感，更要有责任感和使命感；每个职工都要以第一流的精神状态，做第一流的工作，创第一流的业绩，建第一流的现代化煤炭企业；要积极参加“爱潞安、做主人、争贡献、当标兵”活动，为企业的兴旺发达做贡献。

上海远洋运输公司

上海远洋运输公司隶属于交通部中国远洋运输总公司，专门从事国际海洋运输。该公司成立于1964年，当时仅有8艘杂货船，6.2万载重吨，固定资产0.6亿元（原值），488名职工，主要经营中一日、中一朝两条航线。26年来，特别是党的十一届三中全会以来，这个公司不断发展壮大，如今已拥有各类船舶153艘，302万载重吨，固定资产35.5亿元（原值），职工1.3万人，航线遍及150多个国家和地区的600多个港口，年货运量在1800万吨以上，运费收入30亿元以上，成为我国远洋运输行业中经营船舶艘数最多、载重吨位最大、航线分布最广、集装箱运输能力最强、经济效益名列前茅、陆地辅助设施最齐全的大型骨干企业，跨进了世界集装箱运输十强行列。1986年至1990年，货运量、周转量和实现利润年平均递增率分别为6.5%、10.4%和31.3%，为国家创汇10多亿美元，各项主要经济技术指标在全国同行业处于领先地位。

上海远洋运输公司之所以能够在严峻的国内外航运市场上激流奋进，不断发展，主要原因是企业的经营者具有卓越的战略眼光，制定正确的企业经营战略。

远洋运输业是资金密集、技术性强、涉及面广、国际化经营的风险性行业。八十年代国际航运市场持续萧条，后期虽有所复苏，但并没有根本改变，竞争十分激烈；国内航运市场随着改革开放的深入，形成了百家经营与互相竞争的格局。面对这种机遇与挑战并存的形势，上海远洋运输公司的决策者们摆脱了传统思维定势，把握住市场契机，毅然制定了走向世界，逐步占领国际航运市场的经营战略，同时制定了“七五”和“八五”分期实施这一战略的构想和具体实施方案。

一、调整船队结构。上海远洋运输公司看准国际杂货运输集装箱化的发展趋势，先人一步作出决策，调整船队结构，率先发展集装箱运输。在发展初期，集装箱运输连续6年亏损，公司领导面对严峻形势，审时度势，抓住重点航线中美线深入调查分析，找到了亏损的主要原因，是公司的集装箱载重量小，速度慢，设备落后，缺乏竞争力，并根据这一结论作出了购买大型集装箱船舶的决策。1986年，用10亿元建造了5艘2700TEU国际第三代集装箱船；1987年，从丹麦低价购买了5艘1400TEU二手船。实践证明这一正确决策给公司带来了可观的效益和发展后劲。

二、发展班轮运输。先进的运输工具必须与先进的运输方式相配套，才能发挥其应有的威力。上海远洋运输公司积极运用先进的班轮运输方式，发挥班轮航线定点、定班、定时的优势，本着多装快跑、增产节约的原则，对班轮密度、周期作了精密调整，挖掘潜力。如中一欧线，原为6条船，90天一周期，改为5条船后，75天一周期，反减少1条船，节约成本400万元。再如香港一美国西部线，原是7条船，周期49天，改为实行世界上先进的“星期班”后，减为6条船，周期42天，箱运量比以前增加了36%，一年就多运4万多箱，多盈利1000多万元。

三、组建太平洋集装箱运输网络。在开辟和调整班轮航线的基础上，着手组建环太平洋集装箱运输网络，这一网络的形成，对该公司占居国际航运市场起到了举足轻重的作用。他们把先后开辟的中一美国东部、香港一美国西部、中一南美和中一澳（大利亚）、中一日一澳一新（西兰）线作为东西南北交叉的干线“大动脉”，把其余的近航班轮航线作为四通八达的支线“小血管”，通过香港和日本神户这两个联接点，把干线支线衔接起来，组成运输网络，让货物像“血液”一样顺利地流向“躯体”的各个部位。特别是利用神户这个点进行倒载分流，与原在美国陆上倒载相比，节约了80%的费用。国内各港与美国之间的进出口货物，澳大利亚、新西兰、东南亚的货物也可以在神户中转。神户、香港两个联接点的形成和干支线网络的组成，结束了美国线连年亏损的局面，利润逐年上升，货运信誉不断提高，引起世界航运界的注目。

四、开拓揽货渠道。上海远洋运输公司针对供货体制的变革，采取一系列对策和措施，开拓货源渠道。他们从改进服务质量入手，实行“一张合同，一办到底”的办法，进行“门到门”运输，吸引了货主。如这家公司采用这种方法承运了上海宝山钢铁总厂、秦山核电站、大众汽车厂、金山石化总厂等国内重点工程的大量设备，其中完好无损地为宝钢总厂承运了100多万吨几十万件的设备，保证了宝钢按期投产；以准班正点的班轮运输揽运了江苏仪征化纤联合公司每月从美国进口的原料，满足了该厂生产的需要。公司扩充揽货机构，开拓揽货、仓储、中转、代运业务，提供多式联运服务；在沿海港口、长江流域建立揽货服务网点，与经贸系统40多家专业公司和几十个省市的200多家货主单位建立了长期稳定的业务联系；培训了一批适合外向型经济发展需要的揽货人员；加强与驻外航运机构和货运代理的联系；每年定期召开国外代理会议，调动各代理揽货的积极性。经过多方努力，公司自揽货运量不断增加，其中第三国货年平均增长率达19.6%，1989年第三国货占全年运量的1/3，1990年预计可达到50%。

五、强化企业管理，实行综合治理。上海远洋运输公司的企业管理特色，一是从远洋运输点多、线长、面广、流向分散、独立经营的特点出发，二是紧紧围绕企业经营战略和决策的实现去开展。

改革传统的船舶管理体制。按船型和航线，成立了6个船舶管理处，缩小了管理幅度，加强了现场管理和跟踪管理，船舶管理以时点控制，船到人到，现场办公服务，提高了管理效能和工作效率。这一船舶管理体制模式成为我国航运企业船舶管理的范例。

完善企业经营机制，相继实行经理负责制、船长负责制等一系列企业内部配套改革。结合远洋运输船舶的特点，实行船舶航次承包，同时推行船舶满负荷工作减员和超老龄船维修保养经济责任制、船舶油料、物料、绑扎索具等定额承包办法，形成了主承包办法和辅助考核办法相配套的承包经营责任制形式，并运用系统管理思想，将这种经济责任制与目标管理紧密相结合，形成了自上而下的完整有效的考核体系，实现动态管理，收到了显著的效果，激发了企业的活力。为实现进入国际航运先进行列的战略目标，积极采用现代先进的科学技术和管理技术。公司投资2000万元，引进计算机管理，形成了具有较大规模的计算机信息管理系统。集装箱管理可以随时显示14万个集装箱在世界各港口分布的数量、型号、状态；航运调度系统可以随时提供船舶动态、货运量完成情况等。目前，计算机管理已渗透到公司各个领域，在管理中发挥了巨大的效能。船舶通信导航采用卫通、卫导、气导等国际先进技术和设备，并将逐步在所有船舶配备。公司广泛运用各种现代化管理方法，优化各项专业管理。实行综合设备管理，并吸取国外先进管理，创造了“船舶维修保养体系”(CWBT)，把船舶技术管理引向制度化、规范化、标准化。在安全管理上，采取标本兼治、综合治理的方针，对安全实行全员、全面、全过程控制。对现场管理加以强化，创造了船舶工作质量确认制，使安全和质量不断提高。多年来，该公司没有发生重大安全责任事故，1989年船舶海损安全面 达96.7%。

以人为中心，重视人才的培训、开发。面向现代化、面向世界、面向未来，有计划地开展多层次、多形式、多渠道的教育培训。目前中专文化和大专文化以上的技术干部、船员分别占职工总数的80.2%和47.3%，形成一支技术精湛的职工队伍，为全面提高企业素质、加快管理现代化的步伐奠定了坚实的基础。其它各项基础工作也得到了全面优化，尤其是建立标准化体系，按国际航运先进标准组织运输生产。

六、加强思想政治工作，坚持两个文明一起抓。强有力的思想政治工作是上海远洋运输公司开拓经营、强化管理的原动力。该公司有一个团结奋进、坚强有力的领导班子。勇于开拓、善于决策，坚持企业的社会主义方向，坚持两个文明一起抓。该公司的思想政治工作有四个鲜明特点：密切注意联系远洋特点、船员思想和工作实际，采取灵活多样、生动活泼的方法，开展思想教育；坚持解决思想问题和解决实际困难相结合的原则，千方百计地为职工办实事，解决船员后顾之忧，增加企业凝聚力；以“振兴上远，为国争光”的企业精神激励职工，以富有远洋特色的“上远”文化培育职工；鼓励职工参政议政，参与管理和决策，激发职工的主人翁精神和责任感。

上海市第一建筑工程公司

上海市第一建筑工程公司是一家拥有近7000名职工，5476万元固定资产，年竣工房屋面积40万平方米的大型国营施工企业。在改革开放以来的十年中，逐步形成了具有鲜明特色的管理效益型模式，始终一贯地以“质量、工期、服务一体化”战略为动力，促进企业的自我改革和自我调整，不断增强管理素质，提高管理水平，并在实践中取得了显著成绩。

这家公司所建造的各类建筑产品，质量优良率多年来居全国领先地位，保持了持续稳定增长势头，1990年达到51.4%的历史最高水平。连续三年在全国工程质量大检查中成绩名列榜首，两项工程分获国家优质工程金、银质奖。工程合同履约率一直保持在100%的水平上，经济效益中的多项指标居同行业前列水平。完成了一批具有国际和国内先进水平的代表性建筑物，如上海商城、花园饭店等。以优良的质量、合理的工期和配套的服务赢得了社会赞誉。曾先后获得“国家质量管理奖”、“全国‘五·一’劳动奖状”、“国家二级企业”、“全国思想政治工作优秀企业”、“中国施工企业管理优秀奖”和“全国企业管理优秀奖（金马奖）”等荣誉称号。

不断自觉地适应市场变化，以日益优化的管理，保证生产质量优、工期短、服务好的建筑产品，努力提高社会经济效益，促进企业长期稳定发展，是上海市第一建筑工程公司的管理效益型模式的基本内涵，包含矩阵式组织、标准化管理、先进性技术、现代化手段和企业文化等五大要素。

矩阵组织是管理效益型模式的运行载体。为保证企业在市场经营的灵活性、应变性和适应性，上海市第一建筑工程公司大胆探索与“质量、工期、服务一体化”战略相适应的新型组织体制和管理方式，摒弃了直线职能制，以矩阵制取而代之，减少了部门数量，扩大了部门职能容量，增强了自我协调能力，降低了内耗，实现了决策层人员的职能系统管理，显著改善了组织的运行质量与效率。在此基础上，公司改革传统的工程管理方式，引进国际上惯行的项目管理，并根据自身特点加以应用，总结推广了QCDS管理法，对质量、成本、工期、安全进行全面、全过程控制，使生产要素与管理要素在工程项目上得到优化组合，管理重心向工程项目转移，“质量、工期、服务一体化”在管理体制上得到体现。项目管理组织直接起承担对最终产品和建设投资单位负责，同时也对企业效益负责的管理责任。公司还开辟了建设工程总承包经营管理业务，努力改变工程建设链条被人为割裂的状况，投资建设单位只需提出功能描述，就能在合同范围内得到满意的产品，大大方便了用户。

标准化管理作为一种适应于“质量、工期、服务一体化”战略的管理行为准则，是管理效益型模式的重要基础。公司经过多年努力，建立了一整套完整的管理、技术和工作（岗位）标准体系。随着管理体制和工程管理方式的变革，将企业各类标准通过项目管理组织的统一管理，纳入标准化轨道，从而保证了现场质量、进度以及成本、安全、场容场貌都能达到良好水平。

在管理职能部门，标准化管理是以“定置管理”为标志展开的，经过普遍的“2S”（清理、清扫）活动，职能部门不仅环境面貌大为改观，而且管理效率以及管理形象都发生了深刻变化。

“质量、工期、服务一体化”战略在管理技术与工艺技术紧密结合下才能产生切实的效益。上海市第一建筑工程公司重视推动技术进步，逐步改造传统的工艺技术体系。以不断提高技术含量去支持管理效益型模式的实施。该公司广泛培养和组织科研队伍，实行科研目标管理，促进新技术的不断涌现，近几年已有79项成果获得表彰或通过专家鉴定。1990年被建设部授予“施工技术进步先进企业”称号，有些技术水平处于国内领先地位。如该公司研究开发的“自升爬模与工具式悬撑脚手体系”、“超高层混凝土泵送成套技术”等保证了上海目前最高的建筑物——48层的上海商城提前完工，质量被评为全市第一。自行研制的混凝土外掺剂、电子测温技术、系统组织协调技术，使上海有史以来规模最大的基础混凝土一次浇捣成功。在承担目前国内曲率半径最大的南浦大桥浦东分引桥预应力曲线箱梁施工中，采用了先进的偏角法测量技术，保证了施工进度与质量创出第一流水平。

管理效益型吸收了各种现代化管理方法的营养。在该公司目标管理已成为各个层次进行控制与管理的主导手段；全面质量管理体系相当完善，QC小组已占班组总数的50%以上，网络技术、滚动计划、质量成本、量本利分析、价值工程、ABC管理等方法被广泛应用于专业管理和综合管理各个领域，共获得局以上现代化管理成果奖40余项。

具有强大凝聚力的企业文化建设是管理效益型模式中的重要一环。公司为了创建一支在任何情况下都特别能战斗的，技术精良、作风过硬、素质较高的第一流职工队伍，“求实创新，精益求精”的企业精神和“质量第一求效益，用户至上创信誉”的企业宗旨，采取多种方式，通过多种途径多层次进行企业文化建设工作。长期坚持企业历史、荣誉和目标教育，强化了职工作为“一建”职工的自豪感、使命感和开拓进取意识，领导班子和党员队伍不断加强思想作风建设，以身垂范，发挥了先进模范作用，从而使企业始终保持蓬勃向上的精神面貌。公司加强对职工的管理、技术意识和技能的培训，培养了大批胜任项目管理、专业管理工作和掌握先进工程技术的人才，在职工普遍开展多种形式的竞赛活动，如“工程无返修、创优无缺陷”活动、技术比武活动、工程进度竞赛活动、用户意见征集活动、用户回访活动等，在企业内部创造出了一种浓厚的“质量、工期、服务一体化”管理氛围，有力地保证了管理效益型模式的顺利实施。

南京化学工业公司

南京化学工业公司，始建于1934年，是我国最早的化学工业基地之一，曾为我国化学工业和国民经济的发展作出过重大贡献。但由于多年未能适时进行技术改造，到了八十年代初期，设备严重老化，几个重要化工生产装置折旧成为负值，生产难以为继。面对困境，公司领导班子在党的改革开放政策指引下，从企业的实际出发，坚持经济开发与技术开发相结合的发展方针，贯彻“以人为本、以质量求生存、以技术求发展、以挖潜求效益”的管理思想，走出了一条集约经营、内涵发展的新路子，使南化公司的面貌发生了根本性的变化。主要表现在“六五”、“七五”期间，通过利润包干方式，自筹资金3亿元，完成了10项改造工程，保持并加强了在硫酸、磷肥、催化剂、化工机械等方面的全国领先地位；通过发展外向型经济，在产品出口、劳务输出、技术合作、工程承包等方面具备了一定规模，横向经济联系也有了较大发展，形成了多元化经营的发展态势。经济效益有了较大幅度的提高，第一轮承包（1982—1986年）产值年平均增长18.9%，利税增长42.75%，第二轮承包（1987—1990年）产值年平均增长28.1%，利税增长28.47%。

一、明确使命，发挥优势，正确处理五个关系。

一是正确处理老装置的高效运行与新项目建设的关系。南化坚持从我国国情出发，通过技术改造，使老装置延长了服役年限。在设备管理上，实行“包机包修”、“三级护养”、“一机一挡”的管、用、修制度和操作规程，确保了老装置的高效运行，多年来未发生任何大的事故。在此基础上南化新建了一批技术先进、产品国内急需的新项目，如吸引外资共同建设5万吨/年己内酰胺装置，1991年建成投产后，既可替代进口，又能满足国内市场需要；通过与德国鲁奇公司技术合作的方式，建成国内最大的单系统硫铁矿制硫酸装置，成为国内的样板工程。二是正确处理新技术、新工艺、新设备的引进和消化吸收，走国产化道路的关系。几年来，南化公司不断推进技术进步，共引进国外先进技术11项，单机设备130台。采用先进的气体净化、加压变换、余热利用等新技术，引进了国外大型压缩机，改造了合成氨和硫酸等生产系统，提高了生产能力。同时积极消化吸收先进技术，先后生产制造了 39 个新产品、新设备，其中包括具有世界先进水平的 φ2800 尿素合成塔和 φ3600 重碱蒸汽燃烧炉。新开发了 30 万吨/年合成氨装置所用催化剂，填补了国家空白，每年可为国家节约外汇上百万美元。目前主要产品的国际采标率达到 55%，16 个产品达到世界先进水平。压力容器生产取得了 ASME 证书，打开了压力容器走向国际市场的道路。三是正确处理一业为主与多种经营的关系。化肥和基本化工原料是化学工业和国民经济不可缺少的基础产品，尽管由于国家定价原因，生产化肥和基本化工原料的经济效益较差，但南化公司多年来一直认真落实国家计划安排，保质保量地向社会提供产品。在保证主导产品的生产增长的同时，开展多角经营，在国外工程承包上取得了显著的成果，在全国化工系统居领先地位。国内横向联营也发展较快，已在特区和沿海地带建立联营点 45 个，每年经济效益都在 200 万元左右。四是正确处理企业效益和社会效益的关系，坚持把社会效益放在首位。随着农业科学技术的推广，过去的盲目施肥和经验施肥正被科学施肥和经济施肥所取代，农村迫切需要适应性强、比较经济、增产效果明显的化肥新产品。南化公司及时抓住这个机遇，在短短的几年内开发了通用复混和专用复混肥两大类 15 个系列 60 个牌号，形成了 48 万吨的年生产能力，成为国内最大的复合肥生产厂家。还在老革命根据地和其他地区建立 33 个服务点，既推广科学种田新技术，又促进了销售，成为联系 科研、生产、销售、用户之间的桥梁和纽带。近 3 年来，南化公司共取得重大科研成果 7 项，其中国家科技进步一等奖 2 项、三等奖 2 项、省二等奖 2 项、国家发明三等奖 1 项，申报国家专利 46 项。这些科研成果和专利的转让应用，产生了很好的社会效益。五是正确处理传统管理与推进现代化管理的关系。南化公司重视传统的管理经验，规章制度健全，岗位标准、岗位规范覆盖面达 100%。近年在推进现代化管理上也下了很大功夫，建立了计算机信息系统(MIS)，实现了全公司计算机联网，应用于生产和管理，收到较好效果。公司级的现代化管理成果应用每年均达 100 多项，自 1986 年以来，市级成果获奖数连续 3 年居南京市第一。近年还在工程建设中应用网络技术和系统工程原理，实行集中统一指挥，加快了工程建设速度。

二、坚持以人为本，培育积极向上的企业精神。南化公司坚持把人的管理作为各种管理的基础，充分调动企业职工的积极性，增强了企业的凝聚力。注重强化职工的主人翁意识。充分发挥职代会的作用，企业重大问题的决策都要通过职代会讨论，广泛征求职工群众的意见。民主管理已经形成了一整套制度。由于民主管理落到实处，整个企业人心安定、生产稳定。

注重激励职工的进取精神。南化远离城区，邻接福利待遇优厚的石化企业。为消除环境因素对职工的不利影响，南化公司致力于企业文化的开发和培养，培育南化人的创业意识，让每个职工更多地从工作中感受到生活的价值。把思想教育工作与生产经营工作结合起来，确定了“一岗两责”(各级领导干部在承包经济责任的同时承包思想政治工作责任）和“三统一”(管人、管事、管思想三统一）原则。1988 年公司组织万人企业精神大讨论，确定了“创业、求实、奉献”的南化精神，成为鼓舞广大职工前进的一面旗帜。同时公司尽最大努力不断改善职工的福利待遇，通过提高物质待遇和精神鼓励相结合的办法，稳定了生产一线的职工队伍。

注重提高职工操作技能。南化公司把提高职工素质作为提高企业素质的基础，从增强责任心和提高操作技能两个方面下功夫。各类人员的培训坚持实用原则，不脱离企业生产经营活动。1989 年，全公司受教育和培训人数占职工总数的 72.5%。从 1989 年 3 月开始，全公司 283 个车间（科室)、1490 个班组、19700 多名技术工人和业务干部组织和参加了技术练兵和技术比武活动，历时一年半，52 个工种、业务项目产生了各自的技术尖子，并在南京市举办的岗位练兵、技术比武赛中荣获团体总分第一。

注重发挥党员、干部的表率作用。公司非常重视党的建设，建立了党员责任区，5400 多名党员每人都有 1 份《党员手册》，做到随时记载，定期考核、测评。对各级领导干部从严要求，强调发挥非权力影响，为广大职工群众当好表率。全公司党员、干部既自身树立好样子，又自觉做好人的工作，调动了职工的积极性。为了做好占职工总数一半以上的青年的工作，成立了以总经理为首的青年工作委员会，党、政、工、团齐抓共管，使青年职工发挥了生力军的作用。

三、加强管理，做到“三个坚持”，走集约经营之路。南化公司将“以人为本、以质量求生存、以技术求发展、以挖潜求效益”的管理思想贯穿于企业生产经营的全过程，提高了企业素质，增强了企业的生存发展能力。

坚持以质量求生存。把质量管理摆在重要位置，形成了强有力的质量保证体系。每年都下达产品升级计划，认真做好“定产品、定目标、定措施、定期限、定负责人”的“五定”工作，落实到群众性的质量管理活动中加以保证。目前全公司有 QC 小组 2568 个，参加人数达 9677 人。1982 年以来，受考核的四项主要化工产品质量稳定提高率均在 90%以上，优质产品产值率均在 53.5%以上，共获金牌 7 枚、银牌 14 枚、部省优

127 个次，产品质量在全国化工系统名列前茅。负责承建扬子乙烯工程时荣获全国建筑行业最高荣誉“鲁班奖”。

坚持以技术求发展。南化公司结合老厂改造，广泛采用新技术、新工艺。近三年来共开发新产品 48 个，每年的新产品产值率均保持在 20%以上，不断形成后续生产能力。通过与德国鲁奇公司的合作，共同参加国际投标，建立了技术合作关系，掌握了先进的硫酸焙烧和净化技术，为今后国内设计、建设大型硫酸装置积累了经验。引进先进的气相色谱仪应用于研究工作，成攻地对催化剂进行组份分析，制造了甲醇催化剂填补了国内空白。

坚持以挖潜求效益。自 1984 年开始，南化公司组织开展以“十查十算一建议”为主要内容的双增双节活动，一直延续到现在。这项活动针对企业生产经营中的十个具体环节，发动职工查漏洞、算累帐、提建议，充分挖掘企业的潜力，7 年来共取得直接经济效益约 8000 万元。

山东博山水泥厂

山东博山水泥厂是以机械化立窑方式进行生产的水泥企业，目前年生产水泥 50 万吨，拥有固定资产原值 3894.54 万元，占地面积 50.5 万平方米。

党的十一届三中全会以来，该厂坚持“一个中心、两个基本点”，坚持社会主义经营方向，全面抓好物质文明和精神文明建设，经营思想上具有“超前、创新”意识，各项工作努力争创一流，在管理水平、技术水平、经营效果等方面都处于国内同行业领先地位，首批晋升为国家二级企业。他们的主要业绩有：

一、企业持续、稳定、协调发展，主要经济技术指标在全国同行业名列第一。博山水泥厂在改革开放前是一个默默无闻的地方水泥企业，经营管理落后，技术水平较低，经济效益不高。改革开放以来，尤其是实行厂长负责制以后，该厂坚持从严治厂，坚持科学管理，坚持技术进步，推动了企业全面发展。1985 年至 1989 年，该厂产量、产值、利税三项指标平均每年分别递增 12.5%、14.2%和 15.1%，成为全国 6600 家立窑水泥厂中最大的企业。1989 年实现工业总产值 3419.6 万元，资金利税率为 42.76%，全员劳动生产率达 2.52 万元，人均利税额为 1.21 万元，后三项指标分别是全国平均水平的 1.75 倍、1.74 倍和 1.83 倍，资金利税率、劳动生产率、人均利税、销售收入利税率等七项指标在全国同行业名列第一。

二、基础管理工作扎实，各项工作走在前面。几年来，该厂靠过硬的工作，夯实了管理基础，使领导班子建设、职工队伍建设、管理制度建设、劳动纪律建设、财经纪律建设、党的作风建设和思想政治工作建设全面加强，形成了较为完善的基础工作体系。他们在抓基础管理工作中做到了四个坚持：一是坚持始于教育，终于教育。几年来先后举办基础工作培训班 51 期，培训职工 3875 人次。二是坚持组织落实。先后成立标准化、能源计量管理、职工教育等委员会，设立了相应的管理处室，充实了专职和兼职人员，形成了管理体系。三是坚持工作落实。各项基础管理工作实行全面系统安排，做到工作任务按计划，工作要求按标准，工作方法按规范。实现了人员专业化，业务程序化，考核定量化，保证了工作高效化。四是坚持目标落实。每年制订明确的基础管理工作目标，通过纵向到底、横向到边、斜向协调的全面展开，层层落实到各个部门、车间和个人，并按月进行检查考核。

由于扎实的基础管理工作，专业计量管理水平不断提高，成为国家一级计量单位；设备运转率、检修率和五好设备率在全国同行业中名列第一，被评为全国设备管理优秀单位；许多定额指标在全国同行业中处于领先地位，实物劳动生产率定额、台时产量定额分别是全国同行业平均水平的 2.17 倍和 1.31 倍，电力单耗比全国同行业平均水平低 24%、煤炭单耗定额比全国同行业平均水平低 22%；标准化形成了完善的体系，百分之百地采用国际标准组织生产；信息管理实现了传递、反馈、处理、储存微机化，达到了国内先进水平；安全文明生产达到国家文明生产一级企业标准，五年来没有发生过重大伤亡事故，千人负伤率小于 0.28‰；排尘浓度达到 70mg/m³（国家标准一类区 150mg/m3），被命名为省环境优美工厂。

三、创新和借鉴相结合，探索具有中国特色的企业管理新方法。该厂总结多年的企业管理经验，集中广大职工群众的智慧，依照企业管理的发展规律，有鉴别地吸收国内外先进的管理理论和成果，创造了“规范化工作法”。这种工作法是协调统一组织行为的一种科学管理方法，核心内容是“三定”（定岗、定责、定薪）、“五按”（按程序、按路线、按时间、按标准、按指令操作）和“五干”（干什么、怎么干、什么时间干、按什么路线干、干到什么程度）。这一工作法是该厂企业改革的产物，通过实施又推动了全厂企业改革的深化。它把劳动优化组合渗透到生产经营的各个方面，从而改善了生产的运行机制，增强了企业的整体素质；消除了等级工资制的弊端，促进了分配制度的改革；完善了激励机制，建立了岗位公平竞争的规范。规范化工作法的实施，使该厂的管理实现了从经验管理向科学管理、从定性向定性与定量相结合的管理的飞跃，给企业带来了显著的经济效益。1989 年与推行规范化工作法之前的 1987 年相比，实现利税、劳动生产率和人均利税分别增长 14.71%、33.54%和 28.13%，煤电两耗分别降低 3.3%和 10.72%。这个工作法获得了山东省经委授予的现代化管理优秀成果特别奖。

四、技术进步成效显著，实现了七项重大突破。该厂坚持走靠内涵发展企业的路子，坚持不懈地抓好技术进步工作，先后攻克了七大技术关键，实现了优质、高产、低耗和安全文明生产，使水泥的立窑生产技术达到国际先进水平。1982 年全国第一家试验成功全黑生料锻烧工艺，取代了传统的白生料和半黑生料锻烧工艺，使生产效率提高一倍以上，产品实现了从 325 号到 425 号的质量升级。1985 年试验成功了用页岩代替粘土配制水泥生料，不但每年可以节约 9 亩耕地，而且使水泥早期强度达到了早强型水泥的国际标准，缩小了我国与国际水泥生产技术的差距；1986 年与有关科技部门合作，完成了用烧结法赤混充当水泥活性混合材的科研项目，填补了国内空白；1989 年实现了用磷矿渣代替萤石做矿化剂和充当混合材的重大技术突破，采用这两项新技术，每吨混合材的成本从 58 元下降到 22 元，每吨矿化剂的成本从 80 元下降到 10 元，每年为企业增加经济效益 96 万元；1986 年以来，先后投资 600 多万元，积极采用微电子技术，改造现有工艺和设备，全厂 5 条生产线、30 个关键岗位、132 台设备全部纳入微机调控系统，实现了检测、控制、管理、处理全过程自动化，特别是在仓储和设备安全管理方面有了重大突破，使水泥生产从落后的劳动密集型生产方式转变为先进的技术密集型生产方式。1989 年又进一步在管理上开发应用微电子技术，并将过程微机与管理微机联成网络，使管理效能大大提高；1990 年投资 154 万元，采用西德洪堡公司先进的除尘技术装备，在国内首次攻克了立农作物窑粉尘治理的难关，为水泥行业实现无烟、无尘生产创出了一条路子。

重大技术攻关项目的突破，有力地推动了生产力的发展。该厂所用国家核定的水泥立窑生产线，设计能力为年产水泥 7.5 万吨，目前国内尚有 77%的企业达不到这个标准，而且该厂却远远超过设计能力，每条线年产水泥达到 10 万吨。目前全国立窑生产的水泥每吨生产成本平均为 110 元，而该厂的生产成本仅为 68.5 元。

五、走质量效益型路子，开拓国际、国内两个市场。该厂领导班子始终坚持以质量效益为中心的经营思想，在质量管理中始终坚持以提高全员素质为前提，以方针目标管理为导向，经常进行质量第一意识、竞争意识、市场意识、系统意识、人才意识、与企业共命运意识的教育，不断完善质量管理的机构、制度、手段和方法，形成了健全的质量保证体系，保证了产品质量的稳定提高。先后获省、部质量管理奖和国家质量管理表彰奖，部优质产品和国家优质产品银质奖，1988 年获国家级“产品国际先进水平”的认证。产品质量赢得了用户的信任，扩大了销售市场。1989 年下半年，全国水泥产品滞销，但该厂产品供不应求。1988 年在一次国际招标中，该厂成为国内十几家投标企业的唯一中标者；开始向国外出口。1990 年该厂产品外销日本、南朝鲜、菲律宾等 7 个国家或地区，仅下半年就出口 8 万吨，为国家创汇 352 万美元，使企业多获利润 240 万元。

六、抓好精神文明建设，培养“四有”职工队伍。该厂把精神文明建设作为企业发展的保证条件，始终坚持物质文明建设和精神文明建设一起抓，做到思想到位、制度健全、措施有力、富有成效。一是思想政治工作党政工齐抓共管，发挥各自优势，利用“目标交叉管理”和“责任区管理”的办法，实现了思想政治工作的思想组织、措施“三到位”。党委发挥了领导思想政治工作的核心作用；厂长把思想政治工作当作自己的重要职责；工会利用自己的特点，开展生动活泼的思想教育活动，全厂形成了较为完善的思想政治工作网络体系。二是多方面培育企业精神，利用升厂旗、唱厂歌、戴厂徽以及开展丰富多彩的文体活动等形式，培养职工“在我工厂，爱我工厂”的归宿感、责任感和自豪感，逐步形成了“团结开拓、求实创新”的企业精神。三是民主管理规范化，内容全面，制度健全，活动经常，为职工创造了良好的民主环境，保障职工充分行使民主权利，发挥主人翁作用。四是职工生活福利水平不断提高，从环境、生活、文体等方面为职工办好事，实现了“厂区环境园林化，职工食堂餐厅化，集体宿舍旅馆化，生活服务系列化”，逐步改善了职工物质生活的条件，培养了职工爱厂如家的思想。富有成效的精神文明建设，保证了企业持续、稳定、协调发展，培养了一支有理想、有道德、有文化、有纪律的职工队伍。

平顶山锦纶帘子布厂

该厂是生产锦纶 66 浸胶帘子布的大型现代化企业，是世界同类产品规模最大、产量最高的企业之一。成套设备技术从日本引进，总投资 9.15 亿元，设计年生产能力 26000 吨。

1989 年产量达 29332 吨，超过设计能力 12.8%，产值突破 5 亿元，实现利税 1.36 亿元，全员劳动生产率达 96407 元，在全国纺织行业 50 家税利大户中名列第二。1990 年，在市场疲软、原材料价格上涨的困难条件下，1～10 月产量达 26506 吨，产值达 45244 万元，利税达 15182 万元，分别比上年同期增长 7.15%、7.47%和 27.26%，创造了历史最好水平。投产 8 年来，累计创造产值 28 亿元，利税 8.3 亿元，相当于为国家赚回一个同等规模的企业。产品质量达到国际同类产品先进水平，国内市场占有率达 68.7%，并开始批量出口，创汇 1375 万美元。1990 年 5 月，该厂正式通过国家一级企业考评。先后获纺织工业部和河南省企业管理优秀奖等荣誉称号 110 多项。

该厂属化纤企业，兼有化工和纺织两大特点，其中原丝、浸胶生产属化工性质，是技术密集型；捻线、织布生产属纺织性质，是劳动密集型。密集的技术靠人来掌握，密集的劳动更需要发挥劳动者的积极性。根据企业特点，在企业管理中坚持以人为核心，着眼于提高职工的政治思想素质、技术业务素质和民主管理意识，培养出了一支具有较好素质的职工队伍，适应了现代化大生产的需要。这个厂作法是：自建厂伊始，就坚持狠抓职工培训，建立了职工培训中心，成立了职工电大、业大、中专，并先后开办 43 种专业 14 种形式的培训班，分熟练工、操作工、技术工、班组长、工段长、中层干部、厂级领导等七个层次，按文化、技术、业务、管理等四大类，划分为 100 多个专业，多层次、分系统、持久性地对职工进行培训。

为全面消化吸收并不断发展引进技术，深入发动职工，实行全员技术攻关，制定了合理化建议制度和技术革新奖励政策，运用激励机制，调动人的积极性，形成了人人参与、个个献策、全员动手、齐心攻关的局面。截止 1990 年，全厂共进行群众性技术攻关项目 1012 个，直接经济效益达 3513 万元。还针对引进的技术设备存在的不完善，进行了 12 项重大技术改造创新。如对原丝连续缩聚生产线进行技术改造，年增产值 2000 万元，税利 600 万元，经省级鉴定被认为是一项具有国际先进水平的科研成果，获省科技进步二等奖，并被日本专家在二期工程设计中加以应用。使设备的备品备件国产化率达到 45%，化工料的外转内率达到 90%以上，每年节汇达数百万美元。几年来通过改造创新，新增固定资产 1300 万元，年新增产值 1 亿多万元，税利 2500 多万元。

该厂生产技术尖端，设备精密，自动化程度高。为确保安全、持续、稳定生产，该厂坚持人的因素第一的指导思想，积极组织和动员全体职工人人参与管理，号召广大职工从我做起，不断强化基础管理，取得了计量、节能和标准化达到国家一级的重大成果；要求广大职工从本岗位着手，大力推广应用现代化管理，普及了网络技术、方针目标管理等 11 种现代化管理方法，开发了财务、销售等八个领域的微机辅助企业管理。与此同时，根据设备高技术、操作高难度的特点，创造了三种工艺设备管理法。一是超前控制法，即要求职工注意观察发现工艺生产参数的变动情况，根据变动情况，组织召开各类人员参加的“诸葛亮”会，分析查找可能出现故障的因素，提前制订出控制方案及时加以消除。二是手指确认、口呼操作法，即要求职工操作时必须用手指定操作部位，口呼操作内容，再实施操作，以确保操作无误。三是传票设备检修管理法，即在检修设备时，要求检修计划人员、技术人员、检修工人、检修验收人员分别填写检修传票，并以传票的形式确定检修的质量标准和技术要求，以及各类人员的责任。实施这一管理法，使全厂设备检修合格率年年保持 100%，生产设备完好率年年保持在 97%以上，从没发生一起设备事故。

该厂产品虽属独家生产，供不应求，但仍视质量为生命，坚持实行全员、全面、全过程的质量管理，走质量效益型道路。一是质量意识、质量管理、质量标准三个方面和操作人员、检修人员、管理人员三个层次进行质量教育，使职工牢固树立质量第一的观念，准确掌握质量标准要求和质量管理方法。二是在全厂各个车间、各个班组和各个生产岗位广泛推行全面质量管理，建立健全了至上而下的多层次、全方位质量保证体系和贯穿到全厂各类人员当中的质量责任制，在奖金、工资分配上强化质量否决权，在评奖评优上推广质量优先权，有效地调动了广大职工提高产品质量的积极性。三是实行持久性、群众性质量攻关，对质量攻关实行重奖政策。全厂上至厂部、车间，下至工段、班组，普遍成立 QC 小组，都有各自各个时期的重点攻关课题。8 年来，全厂共完成质量攻关 218 项，直接效益达 1952 万元。四是实行全员质量把关。除质检员和生产者自己严格把关外，还要求上道工序的产品，下道工序要把关；同岗位的产品，同岗位要把关；下级生产人员的产品，直接管理人员要把关，做到了不合格的产品不流入下道工序，不走出生产岗位和车间，工厂产品优等品率年年保持在 95%以上，质量稳定提高率年年保持在 100%。

该厂坚持两个文明一起抓，注重提高人的政治思想素质。建立了业余党校、政工研究会和《平帘报》、闭路电视系统等思想教育网络系统，倡导和培育“爱国、奉献、高效、创新”的“平帘”精神，紧紧围绕生产开展深入细致的思想政治工作和创建文明单位活动，建立和实行“厂长信箱”、厂长接待日、厂长现场办公、民主管理信箱、提合理化建议等各项民主管理制度，从而创造了企业民主管理的良好气候，激发了职工的积极性和创造性，促进企业物质文明建设和精神文明建设同步发展。

茂名石油工业公司

茂名石油工业公司是中国石化总公司下属的以石油加工为主，兼营页岩开采与干馏、建材生产、建筑安装、机械制造、石油化工科研和设计等门类的特大型综合性工业企业。固定资产原值16亿元，练油加工能力850万吨/年，现有全民所有制职工25500多人，其中专业技术人员6500多人。是我国中南地区最大的石油加工基地和石油产品出口基地。

党的十一届三中全会以来，茂油公司认真贯彻中央的改革开放总方针，积极利用两种资源、开拓两个市场、学会两套本领，强化管理，开拓进取，使具有30多年历史的老企业焕发了新的生机和活力。1990年与1984年相比，原油加工量、工业总产值、销售总额、实现利税、全员劳动生产率分别增长了24.9%、41.5%、104.7%、51.39%、17.14%，是近年来石化行业中经济效益最好的企业之一。1986年来，先后荣获全国"五一"先进集体、国家一级计量单位、国家一级节能企业、国家设备管理优秀单位、全国推行TQC成效显著企业、全国物资管理文明单位、全国政治思想工作优秀企业、全国先进基层党组织、全国"模范职工之家"、国家二级企业、全国企业管理优秀奖（金马奖）等35项国家级荣誉称号。

茂油公司的主要经验是：以改革振兴企业，靠管理提高效益，做好四个结合。

一、优化经营决策与推动技术进步相结合。1. 率先接炼"高价油"。八十年代初，国家原油价格开始实行双轨制。当一些企业还不太敢炼高价原油时，茂油公司及时决策，果断地采取了"高进高出，大进大出"的经营战略。自1984年始共加工高价油700多吨，打开了生产经营的新局面，企业由生产型转向生产经营型迈出领先的一步。2. 率先接炼"进口油"。当全国炼油企业面临原油供应缺口增大、价格接连上调、经济效益下降的被动局面时，茂油公司在对企业的经营环境和企业能力进行深入分析的基础上，及时捕捉国际石油市场的有利时机，率先进行了具有经营风险和技术风险的尝试。从1985年开始自营进口，加工国外原油一举取得成功，成为全国石化行业中自营加工进口原油最早，加工量最大，炼得最好的企业。3. 对原有生产装置进行扩大处理量、提高产品质量和节能降耗为重点的系统技术改造。从1985年开始，先后投资28912万元，共完成大中型技术改造项目163项，投资9975万元对关键设备进行全面更新，使建于六十年代的"元老装置"脱胎换骨，建于七十年代的"骨干装置"更新技术。产品合格率连续六年保持100%，优质品产值率达76.71%，连续五年获石化行业炼油节能第一名。目前茂油公司既能加工国内各种原油，也能接炼世界各个国家和地区的原油，并能根据国内外市场的变化，及时调整和优化生产方案，生产出适销对路的产品，加工深度达到了国际水平。4. 依靠技术优势，大力开发和应用新工艺、新产品，增强自我发展能力。投入科研经费1289万元组织力量开展科技攻关，取得了一批重要科技成果，其中获省部和国家级科技成果41项。同时抓好科技成果的推广应用，迅速将科技成果转变为生产力，1985—1990年全公司共推广应用科技成果2372项，取得了可喜的经济效益和社会效益。

二、深化企业改革与加强企业管理相结合。1. 深化内部改革。茂油公司有计划和有步骤地在企业内部进行了一系列富有成效的改革，其中包括领导体制、人事管理、分配制度、经营方式、管理方法等配套改革，并且在计划、生产、财务、人事、技术与智力开发等十二个方面给基层厂矿下放管理权限，企业内部政令通畅、指挥灵、决策快、效率高、效果好，充满了生机和活力。2. 强化三基工作。茂油公司视"三基"（基层建设、基础工作、基本训练）工作为企业生存立足之本，1985年以来制订和颁发了《"三基"工作细则》、《基础工作升级标准》、《现场管理规范》、《班组建设标准》和《车间管理标准》。以落实标准为核心，加强"三基"工作做到六个坚持：一是坚持按照标准开展车间和班组达标升级活动，每年对全公司1800多个班组和160多个车间进行一次升级考核和评定；二是坚持每年对车间600多名主任、书记和3000多名班组长进行不间断的轮训；三是坚持落实《基层党支部建设标准》，每年对基层党支部进行一次考核；四是坚持取齐取准第一手资料，每年举行一次全公司原始记录大展评；五是坚持每年公司进行一次、二级单位进行两次的岗位责任制大检查，长期坚持不间断；六是坚持每年召开一次基层建设经验交流会，总结基层建设经验，提高基层建设水平。

三、继承传统管理与推进现代化管理相结合。1. 建立优化管理模式。在实践中逐步建立起以目标管理为主线，以安全管理为前提，以质量管理为中心，以现场管理为基础，以专业管理为支柱，以岗位责任大检查为手段，以经济责任制为保证，向管理现代化迈进的管理模式。通过这一模式，对企业进行有效管理。2. 推进管理现代化。制订实施管理现代化长远规划，强化电子计算机的开发应用。"七五"期间共投资2094万元，建立了与公司生产经营需要相适应的电子计算机中心。计算机在生产过程控制、科学实验、工程设计、经营管理等方面的应用都取得了显著的成果，包括生产调度、计划、统计、财务、人事、机动、节能、计量、质量、安全、环保以及档案管理等管理信息子系统正在边开发边投入使用。各种现代化管理方法也得到了推广应用，方针目标管理、价值工程、网络技术、线性规划、决策技术、市场预测量本利分析、ABC法等多种现代管理方法的应用都取得总公司一级的管理成果。

四、物质文明建设与精神文明建设相结合。1. 坚持社会主义方向。在经营活动中，始终处理好以下三个关系：一是计划经济与市场调节的关系，坚持以完成国家计划为主，决不把计划内产品转为计划外销售；二是国家利益与企业利益的关系，自觉把国家利益放在首位，该上交的分文不少，留给企业的则严格执行有关规定；三是企业效益与社会效益的关系，重视社会效益。2. 抓好思想政治工作。从宏观着眼，微观着手，在职工队伍中深入进行企业精神、职业道德、四项基本原则、建设有中国特色的社会主义等系统教育，培养“四有”职工队伍。从实际入手，发挥党的政治优势、党团员的骨干作用，党政工团齐抓共管，以多种形式，围绕增强企业凝聚力，把思想政治工作落实到实处。3. 搞好民主管理。茂油公司注意确保职工在企业中的主人翁地位，坚持贯彻《民主管理条例》、职工代表大会制度、民主评议干部制度、领导接待日制度，各级领导听取职工群众意见，使职工更加关心生产、关心管理、关心企业发展。4. 建设好企业文化。茂油公司把“建设企业文化，创建职工之家”作为重要工作目标之一，做到报纸、广播、电视三进户，成立了十多个文体协会，组建了文工团、粤剧团和“小油花”幼儿艺术团。公司有俱乐部，二级单位有文化楼，车间有文化室。丰富多彩的企业文化活动，创造了一个文明和谐的工作环境，促进了企业的稳定和发展。

广西贵港甘蔗化工厂

广西贵港甘蔗化工厂日榨甘蔗能力8000吨，并综合生产酒精、机制纸、轻质碳酸钙、混凝土减水剂、水泥、糖机配件等产品。全厂占地面积84万平方米，拥有职工4000多人，固定资产平均原值1.095亿元，年税利总额接近6000万元，且一直保持全国同行业首位，是目前国内制糖行业中最大厂家，国家二级企业。曾获“1990年全国企业管理优秀奖”、“广西经济效益先进单位”、“全国轻工企业管理优秀单位”、“全国思想政治工作优秀企业”、“首届全国依法治厂金帆奖提名奖企业”等称号。1986年以来，该厂共获得国家级荣誉27次，自治区级荣誉46次。

该厂是国家“一五”计划期间156项重点工程之一，1978年前23年间，一直维持原日榨甘蔗1500吨的生产能力。十一届三中全会后，该厂坚决贯彻党中央改革、开放、搞活方针，制定了正确的经营战略，树立“艰苦奋斗、务实求新、讲究效率、追求效益”的观念，并应用系统工程原理，从甘蔗基地到企业，从企业到市场，从投入（更新改造）到产出，从技术到管理，从废料到产品，从生产到环保，从企业效益到社会效益，实行了整体优化，实现了良性循环，使企业经营机制不断完善，活力日益增强。该厂以“滚雪球”方式，进行技术改造，“六五”、“七五”期间，总投资8641万元，立足于自己设计，自己施工，自己安装调试，做到边生产，边改造、边投入、边产出，生产能力迅速扩大，十年共增产值26313万元，利税12223万元。在扩建工程中，应用网络优化技术，达到了人力、物力、财力和时间四大资源最省、效益最高的目标，“六五”、“七五”计划期间均取得“投一产三”的佳绩，被列为轻工业部技术改造重点骨干企业，获广西“投入产出先进单位”称号。该厂充分发挥甘蔗资源综合利用优势，向甘蔗身上取宝，在努力提高资源使用效果和减少环境污染方面做出显著成绩，被原国家经委评为“资源综合利用先进单位”。1989年、1990年全厂综合利用产值分别为4768万元和5383万元，实现税利分别为2169万元和2788万元。

该厂经过多年努力，基础管理工作扎实，已形成纵横目标管理体系，劳动、资金、物资、能源、物耗等定额面达98%，定额先进合理，经济责任制落实率100%。几年来，全厂开展了企业安全生产标准化达标班组活动，安全工作落实到每个职工，1990年生产安全率达99.6%，高于国家二级企业99.4%的标准，连续四年实现“六无”，即无工伤死亡、无中毒、无火灾、无爆炸、无重大伤亡、无重大经济损失事故。1990年获自治区“安全生产标准化班组建设先进单位”。计量工作取得国家二级计量证书。该厂还把改革与管理有机地结合起来，建立了20大类130个管理标准及实施细则，形成标准化和规范化管理体系，做到经济活动始于目标，围绕目标，终于目标，有效地促进了管理工作的系统化、程序化和效能化。该厂积极探索适应本企业自身特点的管理思想和方法，坚持每年一次的工作招聘制、干部聘任制、优化劳动组合，使职工明确职责，自主管理。全厂管理工作突出一个“严”字，注意发挥本企业优良的管理传统，把车间、班组建设看作是管理的重要环节，每年两次轮训班组，以抓好岗位培训、劳动纪律、安全生产等为主要内容，以优等岗位评比为形式，不断加强班组建设，形成了浓厚的班组和岗位管理气候，管理基础工作达标活动扎实有效，生产现场不马虎，不取巧，文明环境点滴创建，全厂文明生产长期坚持不衰，1990年被评为“全国卫生先进单位”。

该厂把产品质量看作是竞争实力的表现和企业形象的标志，不断提高产品质量，强化质量管理，促进产品更新换代。目前，已由单一产品发展12个品种，生产工艺与生产手段先进，产品具有高的质量优势。优质产品产值率86年为50.6%，87年为70.57%，88年为68.39%，89年为68.89%，90年为73.29%。主导产品白砂糖采用优于国际标准的企业内控标准生产，获得部优产品称号，自1987年全国甘蔗糖首开质量评比活动以来，连续四年获第一名，今年四月又分别在首届全国轻工业国际博览会和第二届北京国际博览会上获金奖，在国内外享有一定声誉。其它11个主要产品中，有8个获得省级优质产品称号，其中精幼砂糖、一级酒精、2号凸版纸、3号书写纸、绉纹卫生纸等产品的质量，在地区、行业中处领先地位。该厂产品出口创汇不断增强，由过去单一出口优质白砂糖，扩展到精幼砂糖、凸版纸、绉纹卫生纸、轻质碳酸钙等五个品种，远销港澳、加拿大、中东及东南亚等国家和地区。

该厂企业管理现代化已经起步，企业素质不断提高。他们结合企业实际，注重可行、实效，不遗余力地从管理思想、管理组织、管理方法、管理手段和管理人才等方面下功夫，并努力配套应用。

1. 千方百计提高干部队伍素质。厂级领导曾分批到大学系统接受现代化管理培训，厂内也多次举办现代化管理培训班，全厂干部都经过了培训学习。利用各种机会多次邀请专家学者来厂传授管理科学，还通过交流和函授培训等，千方百计提高职工的现代化管理素质，形成了以专业技术人员为骨干的具有较高现代化管理意识的队伍，为在生产经营管理中自觉运用网络优化、价值工程、全面质量管理、目标管理、微机管理等现代化管理方法和手段提供了人才保障，收到了一定实效。

2. 持之以恒抓方针目标管理。方针目标的制定努力做到科学合理、纵横展开，横向到边，纵向到底，措施具体，责任落实，有检查，有考核，有总结，年度目标实现率较高。1990年设定厂级目标11个，实现了10个，设定二级目标26个，实现了22个。同时，对网络计划技术、ABC管理等方法都在不同范围内有所应用。

3. 全面质量管理形成体系。该厂从1979年全面开展质量管理活动以来，已逐步完善了质量管理制度，配套、完善了先进的检测手段，以有效的质量控制和协调的管理组织为核心的质量保证体系已形成。QC小组活动开展得广泛深入，群众性质量管理本身的"质"和"量"也得到纵深扩展，每年全厂都有一批优秀的QC成果发表，1987年以来有3个课题小组获全国优秀QC小组称号。1990年发表的28个QC成果，实施效益766万元。该厂是"广西质量管理奖"获奖企业。

4. 微型计算机在管理中的应用已经起步。已应用微机进行农务甘蔗统计结算，建立了进料数据自动处理系统，微机煮糖及数据处理系统，蔗糖电视监控系统以及无线电通讯和程控电话网络调度系统。其中"微机在农务甘蔗结算中应用"曾获广西现代化管理成果二等奖。目前该厂正在着手建立相对完整而有效的管理信息系统，计划在关键装置的环节逐步实现计算机控制，不断提高企业计算机开发应用水平。

国营长虹机器厂

国营长虹机器厂位于四川省绵阳市，1958年建厂，现已发展成为拥有机载火控雷达和彩色电视机等七大系列产品设计、制造能力的国家大型一类企业。到1989年末，工厂占地总面积51.82平方米，工业厂房建筑面积12.2平方米，拥有固定资产原值16764万元，各种精密设备、仪器、仪表400。多台（套）和4条彩电生产线。现有职工4823人，其中高级专业技术人员234人，中级专业技术人员606人，工人技师56人。

该厂坚持党的基本路线，坚持把职工素质、社会效益、技术进步、产品质量放在首位的经营思想，坚持"保军转民，以民养军、科技领先、优质低耗、立足竞争、信誉至上、走向世界"的经营战略，企业生产经营不断向前发展。1985年至1990年，工业总产值、销售收入、利税总额分别平均递增58.3%、58.8%和50.7%，累计创汇8163.9万美元。1990年销售收入在全国电子企业中居第二位，各项主要经济指标名列同行业前茅，产值、利税居同行业首位。企业先后获得全国"五一"劳动奖状，全国思想政治工作优秀企业，全国先进基层党组织，国家一级计量合格单位，国家一级节能企业，全国设备管理优秀奖，全国机电产品出口先进企业，全国企业管理优秀奖，部、省质量管理奖，部、省职工教育先进单位，省、市文明单位，部清洁工厂等称号。1989年成为全国首批一级企业。

一、坚持改革开放，迅速实现保军转民的战略转移。该厂较早认识到了保军转民的战略意义，1973年起开始研制生产电视机，1979年、1985年两次与日本松下电器公司进行技术合作，联合设计、分工制造了两条彩电生产线，其中一条具有八十年代国际先进水平。

在保军转民过程中，该厂十分注意经营思想和决策立足点的转轨变型，努力树立一切以提高经济效益为中心的思想观念，逐步形成了军民结合、以市场和技术为导向的经营模式。

充分发挥军工技术优势，在引进、消化、吸收的基础上，大胆创新，形成了具有特色的长虹电视技术，自行设计制造建成了一条单班日产1200台的现代化彩电生产线，从而在彩电生产设备制造技术方面处于全国领先地位。与此同时，军品试制生产也从民品大规模生产技术和系统管理技术中得到借鉴，技术水平和生产能力不断提高。

该厂十分注重技术改造，利用民品积累的雄厚经济实力，大力充实完善军民产品的科研生产能力。1985年至1989年，共完成技改投资8000余万元，使工厂的设计、试制、生产、检测手段日趋现代化，前后工序的生产能力平衡协调发展，具备了高速度、大批量研制生产新一代军民产品的整体能力，形成了规模经济。1990年生产电视机82.9万台，其中彩电64.2万台，国家重点军工项目也提前一年完成首批生产。十分注重调整产品结构，加速产品开发。该厂不断完善产品开发的组织机构，集中优秀人才，运用现代化方法，"生产一代，试制一代、预研一代，""七五"期间完成鉴定定型的新产品共83项。

二、以市场为导向，努力实现企业内部条件与外部环境的动态平衡。该厂不断强化信息管理，非常重视市场信息的收集、处理，把各项决策建立在对信息的充分占有和认真分析的基础上，加强他们提高经营决策的有效性。信息收集分析的组织机构，坚持经济分析例会，认真分析形势，及时调整经营策略。强化全目标双馈控制，预测生产经营系统中可能出现的矛盾，预先筹划解决办法和措施，突出前馈控制，树立超前管理意识，实现了企业的动态管理。1989年初，面对彩电市场逆转的困难局面，该厂领导头脑冷静，认真分析形势，提出市场疲软正是工厂谋求新发展的有利时机的观点，作出了改善机构、适应市场、增加产量、以优取胜的决策，果断削减老机型的产量，及时推出立式遥控新品种，加大产量，利用技术，质量和数量优势开拓了市场。该厂还把出口创汇作为一项战略任务，努力开拓国际市场，产品出口到十多个国家和地区，连年被评为机电产品出口先进企业。

三、推行"全目标双馈控制法"，实现企业管理整体优化。主要经验是：

1. 加强思想政治工作，提高职工素质。该厂以经济建设为中心，坚持不懈地做好职工的思想政治工作，把建设一支具有较高政治、文化、技术素质的职工队伍，作为企业的根本来抓。几年来，通过推行党员责任区、建立健全思想政治工作制度；加强政治教育、加强民主管理、丰富职工生活等一系列措施，逐步形成了"创新、求实、拼搏、奉献"的长虹企业精神和"团结、民主、勤奋、文明"的长虹厂风，培育了一支思想、作风、技术过硬的"四有"职工队伍。2. 以全面计划管理为统率，全面开展方针目标管理。树立超前动态管理意识，实现目标体系的整体优化。目标展开"横向到边，纵向到底"，并落实到各单位的经济承包合同。通过方针目标自下而上的层层保证，形成了全员目标管理网络，责任明确，关系协调，考核落实，奖罚分明，调动了各方面的积极性。保证工厂连年完成或超额完成年度方针目标。3. 大力推行全面质量管理，生产高质量产品。该厂始终坚持"质量第一"的宗旨，建立了以厂长为主任的质量管理委员会，各单位成立了质量管理领导小组，班组开展QC小组活动，形成了责权利相结合的三级质量管理体系，主要产品采用国际标准覆盖率达100%。几年来，长虹产品以优异的质量荣获国优奖3个，部优奖6个，省优奖4个，深受广大用户称誉。4. 大力推行现代化管理，从人才、思想、组织、方法、手段等方面努力实现管理现代化。在总结长期企业管理工作的基础上，结合近几年贯彻实施企业管理现代化纲要和推行现代化管理方法的经验，探索出了适合企业经营特色的"全目标双馈控制"管理模式。

第四届全国优秀企业家事迹简介

王忠懿

男，教授级研究员，高级工程师，现任鞍山化纤毛纺织总厂厂长。1952年毕业于现在的大连轻工学院，是新中国培养出来的第一代纺织专业人才。从六十年代起，他先后主持创建了本溪绢纺厂、金州红旗纺织厂、金州友谊棉纺厂和鞍山经编厂。七十年代末，作为技术专家从金州纺织厂调入鞍山，参与鞍山化纤毛纺织总厂的筹建工作，历任生产技术科长、市纺织研究所所长、第一副厂长等职，1985年5月任鞍山化纤毛纺织总厂厂长。

王忠懿同志从事专业工作四十多年来，始终坚定不移地跟共产党走，利用辩证唯物主义和历史唯物主义的观点和方法指导企业的生产实践。在党的十一届三中全会精神指引下，认真贯彻落实改革、开放、搞活的路线、方针、政策，坚持企业的社会主义发展方向，以强烈的开拓精神和超前意识，领导全厂企业在全国同行业连续几年处于滑波的严峻形势下，六年上了六个台阶，取得了长足的发展。每年消化增支减利因素一千多万元，由1985年实现利润772万元，利税1462万元，上升到1990年实现利润1404万元，利税2380万元，与1985年相比利润增长87.87%，利税增加

32.73%。把一个只有十年历史的工厂建设成为具有全国先进水平的大型企业，并在中长化纤纺织生产经营规律和大丝织发展格局的理论和实践探索上做出了突出的贡献。几年来，他分别获全国劳动模范，全国优秀企业家（金球奖）等几十种荣誉称号。企业先后被授予全国思想政治工作先进企业，全国先进企业，全国“五、一”劳动奖状，纺织部双文明建设单位，1989年晋升为国家二级企业，并在全面质量管理、设备能源、财务、计量、档案管理等方面获五十多项国家级荣誉称号。

在长期实践中，他提出了一二三四治厂方针，实现一个转变，坚定两思想，实行三个同步。即从产品经济、计划经济转变为有计划的商品经济，以信息互作为媒介了解市场，掌握市场规律，在竞争中发展生产经营，坚持运用辩证唯物主义和历史唯物主义思想方法和工作方法；实行技术与管理、生产速度与经济效益，物质文明与精神文明建设三个同步发展的原则。以及“优化主体，发展两翼，加强横向联合，全面开放经营”的经营战略思想，把思想政治工作和生产经营管理当成一个整体来把握，不断改革企业内部运行机制，开创了纺织流水线上生产经营管理先例，建立“多渠道、多层次、全方位”经营，精加工、深加工成龙配套的大纺织格局，搞活了企业经营，促进了产品的出口。

担任厂长工作六年来，他结合本企业的特点，充分发扬开拓进取精神，创造性地进行了以“一包五改”为核心的企业内部机制的全面改革。不断优化企业生产经营机制，根据生产经营的不同特点，在全厂实行风险承包，股份经营、费用包干等六种经营承包责任制。把竞争机制引入管理制度、劳动人事制度和销售中，推动了企业经营的改善与提高。率先在全市开设厂内银行，实行工资转存及干部聘任制。在劳动用工制度中，对全厂职工实行“一靠二升三下浮”的厂内工资制，重点向一线工人和有突出贡献的职工倾斜，平均比二线职工高半级。在企业效益不断提高的前提下，全厂职工平均上调工资3.5级，1990年职工年平均收入2800元，比1985年平均收入的1025提高63.4%，稳定了职工队伍，调动了广大职工的生产积极性，为企业长远发展增强了后劲。

几年来，化纺厂在优化主体的同时，努力发展多种经营，注重壮大两翼，大力开发引进新项目，积极开展横向联合。从1986年起，通过外引内联和购买专利，上了毛纺织、静电植绒、服装、绒线、溢流染色等生产线，其中绒线分厂投产当年创效益93万元，相当于兴建投资的5倍。这些“两翼”项目的挖潜开发经营，以“优新奇特”的产品填补了市场空白，从而打破了单一生产中长化纤产品的历史局面，使纺、织、染、坯布、色布、成装以及工业用布、装饰布、军工用布，民需用布等各自构成体系，协调发展。同时勇于开拓国际市场，已同五、六十个客商建立业务联系，产品销售到港、澳、新加坡、西班牙、日本、美国等20多个国家和地区，3年共出口创汇1600万美元。每年中长化纤布出口量保持在600万米左右，约占总产量的30%，成为全国中长化纤行业的出口创汇大户。

为了发挥规模经济的优势，1986年以来，他先后参与组建了几个大型企业集团。联络北京印染厂等二百多家大中型国营企业，组建成亚洲纺织行业最大的纺织集团“达美纺织集团联合公司”；为解决市场和产品深加工问题，与辽化等六家企业组建了“辽阳化纤纺织企业集团”；为解决化纤原料来源问题，又成立了以化纺厂为主体的“东北利美达化纤毛纺织企业集团公司”。以优质名牌和拳头产品为核心，有6省市的30多个纺织、印染、服装企业参加，集工业生产、技术开发、商业流通、对外贸易为一体，迎接市场的竞争与挑战。积极推动企业集团化，优化企业整体素质的同时，他还着重抓了产品质量方面的工作。主导产品化纤纱一等一级品率稳定在100%，化纤布入库一等品率达到98.89%，名列全国同行第一。化纺厂共有36个品种获省、部优质产品，其中18.5号售纱和中长将校呢分别被获国家银质奖章。教育广大职工，关心职工群众的疾苦。改建了职工食堂、浴池以及其他许多福利设施，美化了厂区和家属区改善职工生活环境。为一线职工服务，在车间设小卖店，增设了牛奶、热咖啡、快餐服务点等服务项目。新建职工住房二万多平方米，宾馆式独身公寓4000平方米。引导和激励职工对企业倾注全部聪明才智，不断升华全厂职工主动爱化纺的意识，使“爱化纺、做主人、创一流、比贡献”的企业精神得到了发扬光大。王忠懿同志以其突出的工作业绩，清正廉洁的工作作风，踏踏实实的工作态度在职工群众当中树立了一个优秀领导干部的形象。目前，他领导的企业已形成了全员共尽责任，“保国家富足，图企业效益，求个人实惠”的利益共同体。

朱阿荣 男，无锡无线电厂厂长，全国劳动模范，全国五一劳动奖章获得者，全国电子行业优秀企业家，第四届全国优秀企业家。

他自1979年担任厂长10多年来，以企业家的胆识和目光，在厂党委，职代会的支持下，带领全厂职工艰苦创业，大胆改革，开拓进取，把一个濒于困境的工厂逐步引上健康发展的轨道。成为我国电子工业上的骨干企业，先后荣获省、市先进企业，电子工业部1984年经济效益先进单位和86年双文明先进集体及企业管理优秀奖，1987年江苏省文明集体，荣获国家经委颁发的“六五”技术进步先进（全优）企业奖，晋升为国家二级企业和一级计量、一级节能、一级档案单位；荣获全国首届改革创新奖（风帆杯）。

他1979年7月担任厂长时，由于国民经济调整，这个长期以生产单一军品为主的北方军工企业，任务压缩30%，有时发工资靠贷款，企业面临困境。到任后，他作出了一个带有长远性、根本性的战略决策，“保持军品实力，大力发展民用电子产品”，发挥技术特长，上录音机和录音机芯。提出企业战略目标，制订了实现“三个一”的“六五”规划，即到1985年要达到产值一亿元，利润1000万元，生产机芯100万台。当时企业很困难，年产值仅1100万元，年利润仅46万元，机芯刚刚开始研制，为了实现这一目标，朱阿荣紧紧依靠全厂职工的全力支持，克服各种困难，积极转轨变型，使企业转危为安，经济效益持续稳步增长，在1984年提前一年实现“三个一”的“六五”规划目标。1988年，在产品降价、原材料涨价的困难下，完成工业总产值3.48亿元，完成利税5198万元，主要技术经济指标在全国同行及无锡市大中型企业中名列前茅。

朱阿荣同志在三十多年的企业管理工作中有一条十分重要的体会，“正确的经营战略是搞活企业的关键”。他把主要精力放在经营决策、信息、用人这三件大事上。1988年初，全国录音机市场出现普遍滞销，朱阿荣带队到安徽、云南、贵州、四川等地区进行市场调查后，迅速作出了“工厂让利、商业出力、搞活流通”的经营决策，在全厂开展“全员经营、立体销售”，依靠职工的支持，扭转了滞销局面，在1986年整个电子行业普遍呈下降趋势的情况下，该厂销售总额增长14%，实现利润增长18.7%。

针对落后的生产手段，朱阿荣迅速组织实施技术改造，他提出“只给外国人赚一次钱的机会”，走“引进、消化、开发、创新”的路子，先后引进国外先进设备120台套，国内配套设备100多台套，实现了录音机芯国产化，结束了国内机芯全部依靠进口的局面，化了近2000万费用，完成了五期技术改造，投入产出比为1∶7，形成了年产600万台机芯，100万台录音机，4000部通讯机的生产能力，其中录音机芯在全国产量最高，出口最多，质量名列前茅。

在改革中，他带领企业探索出以“内改、横联、外拓”为主要内容的配套改革，被市委、市政府称为“搞活大中型企业的一条值得借鉴的路子”，并发文在全市推广。

企业内部改革的重点放在打破大锅饭上，朱阿荣向全厂明确“混客不能挡道”、首先是划小核算单位，按产品分类，建立三个分厂，强化生产经营指挥系统，层层落实经济承包责任制，奖罚鲜明，适当拉开分配上的差距，充分调动职工的积极性，在实行多种形式承包责任制的基础上，他亲自制订了销售、新品开发，模具制造等三个关键部门的单项承包试点方案。

发展横向经济联合是朱阿荣经营战略思想的重要组成部分，1981年他打破“大而全”的生产方式，在市外乡镇企业中选择一批专业小厂，实行社会专业化大生产，提出“跳出院墙，推倒城墙，”坚定不移，走横向联合的道路。到1987年专业协作配套厂已有31家，组成以无锡无线电厂为主体的，以梅花电子产品为龙头的生产联合体，并且冲破地区分割和条块束缚，组建梅花电子集团公司，为加速外向型经济的步伐，在特区建立了“窗口”，从1984年开始，先后在珠海特区合资建立了江海电子股份有限公司，在深圳特区和张家港合股建立了中外合资企业，同时积极组织产品出口，1980年出口创汇305万美元，今年1～7月份已出口创汇445万美元。

他在1984年实行厂长负责制的“施政纲领”中，明确把全面质量管理作为任期的主要目标和重要的考核内容，把质量和安全作为否决权指标，建立了厂内、厂际质保体系，他亲自担任全面质量管理领导小组组长，把以质量为核心的企业升级工作列入主要的经营目标，在执行质量政策时，他严格要求全厂各部门贯彻“品质创一流，服务求最佳”的方针，做到“始于教育、重于管理、严于控制”，坚持“三不准”原则：一是不合格的部件一律不准返修回用，一律送钢铁厂回炉；二是经日抽样，发现不合格，要利用工余时间返修，不准计工时；三是协作厂不合格器件，一律不准进厂，同时，在全国还建立了六十多个特约维修点和质量反馈网络。十年来，共获得国家银质奖2个，部优质奖7个，在全国质量评比中6次荣获一等奖，1984年荣获无锡市质量管理奖。1980年获省电子工业质量管理奖，1988年获得了部、省质量管理奖，产品质量稳定提高率为100%，企业优质产品产值率达80%以上。生产的全部机芯及主要收录机均已采用国际标准。

朱阿荣同志在厂长处于企业经营管理中心地位和中心作用的条件下，自觉地树立和坚持党的领导观念，在企业决策上，严格贯彻执行党的路线、方针、政策，坚持企业的社会主义方向，体现党的领导，在具体工作中，主动把行政工作置于党委的监督之下，干部任免和生产经营等重大问题，事先听取党委一班人的意见，使党政既坐正位置，又保持步调一致。坚持群众观念。全厂性的重大问题都提交职代会讨论审议，仅1987年，他就经营责任制的方案、七五规划、发展外向型企业等四个重大决策问题，先后要求召开了四次职代会（按规定职代会每年二次）。请代表们评议修改。朱阿荣取得了全厂职工的信赖，在1985年、1986年再次民主评议中，投信任票的比例分别为93.1%和98.7%。1987年企业试行承包经营责任制，在全厂职工中民主推荐厂长候选人，朱阿荣以86%的选票当选为候选人，职代会以100%选票选举他连任厂长（经营责任者）。

重视思想政治工作的观念。朱阿荣十分重视企业的精神文明建设，在厂党委的领导下，积极倡导了具有本厂特色的梅花精神，即：坚定的改革意志，开拓的竞争观念，牢固的质量意识，严明的组织纪律和求实的工作作风，使企业形成了良好的政治环境。朱阿荣十分重视职工的集体福利。竭尽全力为职工解决后顾之忧，在他任期至今的十年中，共建职工宿舍30000m²，先后解决了650多户职工的住房困难，88年有6000m²的宿舍进行分配，另6000m²的宿舍即将破土动工。职工收入逐年提高，88年全厂3000职工人均收入达2700元。

朱阿荣以一个企业家的气魄，朝着党的十三大指明的方向，辛勤地探索着建设有中国特色的社会主义企业的新路子。

李　成　男，高级工程师，1954年由北京钢铁学院毕业分配到太原钢铁公司。先后担任、技术员、技术组副组长、研究室主任技术处处长、钢研所所长，副总工程师、副总经理。1985年任太钢总经理兼总工程师，目前还兼任太原钢铁企业集团董事长兼总经理，中国企协理事，山西省企协副会长，山西省政协企业联合委员会主任，太原市企业家协会会长。1990年先后荣获中国冶金工业首届优秀企业家、山西省优秀企业家和第四届全国优秀企业家称号。

太钢是我国最大的特殊钢生产基地。1980年和1989年太钢在全国500家大型企业中，销售收入分别排名第19位和20位，而经济效益则由1988年的第42位上升为1989年的第29位，1989年利税总额名列第25位。1989年8月晋升为国家二级企业；1990年5月荣获全国五一劳动奖状。

李成同志为我国特殊钢生产基地的建设，做出了突出的贡献。

一、任职五年，主要经济技术指标大幅度增长。

太钢实现利税1980年至1984年，平均年递增11.93%，李成同志出任公司总经理的1985至1989年平均年递增18.3%。

1990年，在市场疲软和三角债对企业的冲击比1989年更加强烈的困难条件下，1—7月份太钢主要经济技术指标与上年同期相比：工业总产值增长2.1%，生铁增长11.87%，钢增长8.93%，钢材增长11.28%，实现利税增长3.12%，实现利润增长9.77%。资金利税率在全国大钢厂中名列第二，可比产品成本和资金利润名列第三，万元产值能耗名列第二。

二、坚持企业的社会主义方向，始终把国家利益放在第一位。

近年来，由于钢材市场价和计划价的差距越来越大，企业生产计划内钢材普遍很少盈利甚至亏损，太钢每吨计划内钢材平均亏损2.9%。但是，李成坚持计划内钢材资源上报不减少，合同不欠交，使军工、重点合同年年保证100%完成，国家合同执行率均保持在99%以上。特别是1990年上半年，在国家准备上调计划内钢材价格以及用户拖欠太钢货款高达8亿元的情况下，李成仍坚持国家利益第一，军工、重点合同完成100%，国家合同完成96%，在全国重点钢铁企业中名列前茅，受到冶金部表扬。1989年上半年太钢的生产呈下滑趋势，不少人提出要下调目标计划。但是，李成认为太钢是国家重点骨干企业，生产决不能退，必须靠增强内功克服困难，并响亮地提出了产值、劳动生产率不能降，钢要增产，材要保产的奋斗目标。七月份以后稳步上升，到年底，圆满地完成了预期目标，利税增长保持了20%的高水平。

三、锐意改革，大胆创新，建立和完善企业经营机制。

在李成同志领导和主持下，1985年至1987年间，太钢主要进行了三大改革：一是根据山西省与太钢实行的“一保一挂”（保上缴利税，上缴利税增长与工资总额挂钩）经营承包责任制，在内部进行了工资制度的改革，理顺了五个方面的关系，初步形成了企业职工利益共同体机制；二是提出并实行了“建立稳定的原燃材料市场基地和稳定的钢材销售市场基地”的经营方针，与全国27个省、市的80多个单位建立了横向经济联合，为太钢创利1745.9万元，集资6亿多元；三是正确地贯彻实施《企业法》，由点到面，全面推行厂长负责制，建立和强化了以厂长为中心的生产、经营指挥系统。1988年，太钢与山西省签订了一定5年不变的“两保一挂”承包经营责任制。李成抓住时机，解放思想，深化改革，在太钢实行了五个方面的突破性改革：一是围绕调动二级厂矿的积极性，下放十项权利；二是组建投资银行和企业内部银行，加速资金周转；三是对独立性 较强的耐火厂、机械厂以及八个经营性处室实行“对内保死，对外开放”的方针，扩大了经营范围；四是组建有临钢、长钢、阳钢等单位参加的太原钢铁企业集团；五是实行住房制度改革。深化改革使太钢更加充满生机与活力。

四、坚持技术进步，坚持走科技先导型发展企业的路子。

80年代初期，李成担任了公司副总工程师和副总经理以后，主持制订了太钢科技发展规划和有关技术方针、政策，组织实施国家科技攻关项目，在太钢率先实行提取销售总额1%作为技术进步基金。1990年又开展了科技创效益承包活动，从而大大推动了企业技术进步和经济效益的提高。十年来，太钢共完成重大科技成果884项，获国家发明奖6项，国家优秀新产品奖7项，国家科技进步奖4项，省、部级科技进步奖152项，有33个产品87次获国家、部、省优质产品称号。

据不完全统计，80年代初，太钢靠技术进步创效益每年约1000万元，80年代末已递增到每年1.5亿元，十年间提高15倍。

李成主持领导了全国第一台不锈钢氩氧炉和我国第一台不锈钢板坯连铸机的研制与建设，引进了国内当时最大的合金钢板坯连铸机和不锈钢焊管生产线的二手设备，基本形成了氩氧精炼、立式板坯连铸、炉卷轧机AGC控制、MKW八辊和罗恩二十辊冷轧机、连续光亮退火的不锈钢现代化生产线，从而使太钢的不锈钢产量、质量自1985年以来，一直居于全国首位，并跨入世界前20名不锈钢生产厂家行列。1987年，李成又决策引进日本不锈钢生产技术软件，通过三年的技术合作，使太钢牌铬13型不锈钢冷轧薄板荣获国家金质奖。

五、普特结合，滚动发展，为实现太钢的长远目标而努力。

李成亲自主持制订了太钢的发展战略，即坚持特钢方向，普特结合，分三个层次进行技术改造，力争"八五"末建成全国最大的、第一流的特钢基地，产钢230万吨；"九五"末形成300万吨的规模，同时开辟年产钢100万吨的太钢第二基地。他一方面抓住特钢优势不放，先后决策引进并实施了日新不锈钢管理软件和新建一座现代化的顶底复吹转炉以及七轧厂的改扩建。为适应我国轿车工业的发展需要，他致力于与西德克虏伯合资建设轿车专用钢的40万吨特钢厂，目前已进入可行性研究阶段。

根据老企业改造特点和基建资金短缺的客观实际，李成选择分步前进，不断打破平衡，不断填平补齐，滚动式发展的技术改造模式，收到了投资少、见效快的效果。1985年至1988年，全国9个钢铁同时增长的重点企业中，投入产出比较，太钢吨钢投入只有1897元，约为全国平均水平的2/5，远远低于1500美元的国际平均水平，在全国同行业中，太钢的投资效果最好。

六、坚持推行现代化管理，确立"质量第一、用户第一"的思想，不断提高产品质量。

李成担任公司总经理以后，把企业推行现代化管理，开展全员培训作为重要基础工作来抓，坚定不移地确立了企业以质量为中心的战略思想。

1、摆正钢材与人才关系，把职工教育作为全面提高职工队伍素质和企业生产经营的战略重点，坚持开展全员培训，狠抓班组长、车间主任、工段长的岗位培训。

2、结合太钢实际，强制推行全面质量管理，与经济责任制捆在一起，收到了明显的效果。至1989年，国、部、省优质产品产量比例达到42.3%，钢材产品双标率为57.58%，达到国家一级企业标准要求。

3、坚持贯彻"上工序为下工序服务，上厂为下厂服务，企业为产品服务，产品为用户服务，人民企业为人民"的企业经营方针，确立了质量第一、用户第一的思想。

七、坚持三个依靠，抓好两个文明建设。

李成担任总经理后，始终坚持三个依靠：一是依靠上级领导和部门的帮助支持，认真贯彻党的方针、政策和政府的法律、法令；二是坚持和依靠党组织的思想政治核心作用和领导层的集体智慧；三是坚持依靠职工群众，充分发挥职工群众的主人翁精神。与此同时，李成还十分关心企业的文化建设和职工的文娱体育活动，在他的支持倡导下，太钢先后建成了闭路电视、职工活动中心，组建了多种职工文艺、体育队伍，开展了丰富多彩的文娱体育活动，活跃了职工生活，陶冶了职工情操，推动了四有职工队伍建设。

作为一名优秀的企业家，李成不仅具有高度的政治责任感和强烈的事业心，而且具有渊博的生产技术和经营管理知识与才能。30多年的实践，特别是担任总经理五年来，使他的才能得到了充分的施展和发挥。加上他具有严于律己，团结同志，关心群众，清正廉洁的品质，深受太钢广大职工的拥戴。

李寿田

男，甘肃稀土公司经理。1979年4月任经理以来，坚持贯彻党的各项方针政策，坚持四项基本原则，勇于改革，不断提高企业的经营管理水平和经济效益，为我国稀土工业的发展作出了卓越的贡献。他艰苦奋斗、廉洁奉公，严于律己，关心职工，受到公司广大干部和群众的普遍拥护和敬佩。

一、勇于开拓，善于决策，不断增强企业的竞争能力。1979年，李寿田刚担任稀土公司经理时，企业累计亏损1555万元，陷于濒临倒闭的境地。他采取了一系列有效措施，勇于开拓，善于决策，使企业迅速摆脱困境，经济实力和市场应变能力大为增强。

一是对氯化稀土生产线进行技术改造，带领职工奋战45天，使氯化稀土年生产能力由900吨提高到3500吨，成本大大降低，公司当年扭亏为盈。二是采用先进工艺，扩大产品产量，形成规模优势。1981年，公司仅用395万元，一年零二个月的时间，便完成了一条在一般情况下需要2500～3000万元，三年时间才能完成的6000吨氯化稀土生产线，为公司的持续发展奠定了坚实的基础。三是为了适应国际市场竞争环境，改变我国只能生产稀土初级产品的被动局面，1982年下半年开始，果断地决定提前实施原定几年以后进行的单一分离车间等技术改造项目。由于这一正确决策，赢得了时机，使稀土公司的生产建设迅猛发展，产品由1个品种2个规格，增加到51种产品、130多个规格，稀土综合生产能力紧逼世界稀土巨头法国罗纳·普朗克公司和美国钼公司，居世界第三位，产品远销日、美、法等16个国家和国内28个省区500多家用户。连年来，公司年产值以平均26%、利税以平均21%的速度递增。1988年，公司产值首次突破1亿元，实现利税2000万元，创汇1000万美元。到1989年，公司已有固定资产8551万元，职工2834人，当年工业总产值1.08亿元，利税总额2285万元，累计创汇5000万美元，成为甘肃省和稀有金属行业的盈利、创汇大户，生产规模进入世界稀土“三强”之列。

十余年来，李寿田同志始终把争创国际第一流稀土企业作为他的奋斗目标。目前，李寿田正在为实现把公司建成在国内稀土行业起主导作用，在国际稀土市场有较强干预能力的采、选、冶、加工、经贸一体化的大型稀土联合企业的战略目标而加紧努力。1989年8月投产的年产1.5万吨盐酸、7500吨烧碱、2000吨液氯的烧碱厂，已取得关键性进展的四川昌兰稀土联营公司矿山建设和南方矿分组分离生产线等项目，均属于这一战略目标的组成部分。

李寿田在我国稀土工业发展中作出了十分突出的贡献，1987年，他荣获“甘肃省劳动模范”称号。1990年获全国五一劳动奖章，并被评为第四届全国优秀企业家。

二、推进科技进步，重视智力投资与开发，不断提高职工队伍素质。甘肃稀土公司的原材料供应和产品销售，市场调节比重很高，特别是产品的70%出口外销。在激烈的国际和国内市场竞争中李寿田为使企业立于不败之地，不断推进企业科技进步，始终抓住技术改造和新产品试制不放。十余年来，企业先后完成大小251项技术改造及应用项目，新建稀土生产线23条。在企业开发的50余种产品中，有16种产品先后33次荣获国家、部、省优质产品奖，其中包括金质奖1项、银质奖3项。

甘肃稀土公司地处偏僻山沟，交通不便，文化生活比较单调，使企业从外部吸引各类技术、管理人员和熟练工人相对困难。对此，李寿田狠抓智力投资，在想方设法吸引外部人才的同时，把依靠企业的力量，自己培养各类专业技术和专业技能人才，当作具有战略意义的头等大事来抓，陆续选送本企业青年职工到外地大专院校委托培养，先后办起了电视大专班、电视中专班。他还抓了职工的在职培训。1989年，公司全员培训率达40%。全员培训率及工人技术培训、干部培训都超额完成了计划指标。李寿田还十分重视职工子弟学校的发展与建设，千方百计地改善教职员工的生活与工作条件。他认为抓好职工子弟学校的建设，既是关心职工、解除职工后顾之忧的重要措施，也是为企业培养优秀的后备劳动者的关键一着。

李寿田非常注意充分发挥现有智力资源的潜力，在用人方面不拘一格，只要有能力，肯钻研，就能人尽其才，各得所用。他还十分重视职工的合理化建议，使合理化建议活动成为企业智力开发的一个重要渠道。10年来，共有510条合理化建议得到了公司的采纳，增加效益354万元。

三、深化企业改革，完善经营机制，不断提高现代化管理水平。十余年来，李寿田以改革为宗旨，先后在企业内部推行承包经营责任制、干部人事制度改革、工资制度改革、招标承包等12项重大改革，取得了显著成效。

1987年，公司引入竞争机制，实行“一厂两制”，安置了厂内待业青年和闲散劳动力，使公司集体经济拥有相当规模；1987年下半年，公司与上级主管部门签订“工资总额与上缴利税挂钩浮动”的经营承包合同，同时签订经理任期目标责任书。在公司内部，层层分散指标，任务逐级落实，形成了纵横连锁的承包责任制体系；1988年，公司实行以结构工资为主体，包括组织机构、劳动工资、干部制度、用工制度、核算制度等项内容的全面配套改革，将原来50多个科室合并为八部一室，中层干部压缩了58.8%。

1989年，公司不仅保持了国家二级企业的管理水平，而且主要经济技术指标达到了国家一级企业的水平。在质量管理、信息管理、资金管理、决算的科学化、民主化和各种规章制度的贯彻落实等方面，也取得了很大的成效。

四、关心职工生活，加强思想政治工作，坚持物质文明和精神文明一起抓。李寿田抓好生产经营的同时，努力改善职工生活条件，为职工排忧解难。近年来，公司陆续兴建了37栋家属楼，80%以上的职工住进了楼房，人均住房面积10多平方米；建起了文化宫、运动场、儿童乐园、医院、住院大楼等一大批生活福利设施；继续缓建上级已经批准了6年的办公楼，以保证新建两栋家属楼、一栋教学楼；由于黄河水质恶化，投资12万元，将生产、生活用水分开，让职工喝上清洁的井水。在精神文明建设方面，李寿田和公司领导班子的其他成员一起，注意发挥政治优势，强化思想政治工作，经过多年培育形成了“团结进取，艰苦奋斗、文明高效、争创一流”的企业精神。为了表彰李寿田在思想政治工作方面的突出贡献，甘肃省授予他“优秀思想政治工作者”的光荣称号。

李铁锤 男，50岁，大学文化程度，高级工程师，现任国营红光电子管厂厂长，红光电子企业集团董事长兼总经理。1962年毕业后到红光电子管厂工作，先后任技术员、设备维修站组长、机动科副科长、厂工会副主度、援外办公室副主任、设备制造车间副主任等职。1981年由组织选派考入成都电子科技大学管理工程系学习，1983年毕业，同年9月担任厂长。

红光电子管厂是“一五”期间兴建的156项重点工程之一，曾为国家建设和人民生活提供过大批优质电子管，但由于种种因素，长期处于困难境地。1982年产值仅1490万元，利润0.2万元。到1983年9月，各种欠帐达1000多万元，没有还贷能力，银行停止贷款，工厂靠卖处理品坐支现金过日子，各种经济活动十分困难。李铁锤受命于工厂危难之时，他勇于开拓，锐意进取，善于创新，在党和国家的方针政策指引下，在社会各界的支持下，带领全厂广大职工拼博进取，短短几年时间，工厂发生了巨变。

1990年，红光电子管厂完成工业总产值2.22亿元，实现利税6561.2万元，资金利税率达29.88%，成为全国电子企业利税上亿元五家企业之一。目前已形成年产黑白显像管100万只、黑白显像管玻壳300万只、黑白显像管电子枪120万只的生产能力，其中显像管和玻壳的实际产量和市场占有率均居全国第一。企业曾获全国企业改革十年创新奖、全国企业管理优秀奖（金马奖），多次获得国家、部、省、市级先进称号。李铁锤同志主要事迹如下：

一、组织领导企业内部改革，使工厂发生了巨变

李铁锤同志担任厂长以来，提出了一整套企业改革措施：积极推行多层次、多形式的经济承包责任制，打破“大锅饭”；狠抓管理，狠抓质量，狠抓技术改造，狠抓职工培训和人才培养；引进竞争机制，提倡人才合理流动，实行干部招聘，全面调动了职工的积极性。他成功地重塑了“管理三角形”组织机构，赋予“决策层”、“管理层”、“执行层”以新的职能内涵，并将全厂划分为八个分厂、一个开发中心和一个后勤服务公司，逐级聘任干部，优化组合人才，形成了不同年龄结构和多种专业的后备力量，并特别注意培养和发挥各管理层和各子系统的内在创造活力。

他十分重视企业文化的建设，倡导“企业开放、广交朋友，借助一切有利的社会条件为企业发展服务”的社交方针；“团结、文明、求实、创新，各方面争第一”的红光企业精神；“构思、拼命、不满足”的治厂诀窍；“一流的创造活力，一流的管理水平，一流的产品质量，一流的用户服务”的工作准则。他还十分重视企业内党政工团的协调配合，积极支持党季、工会、职代会工作，认真贯彻执行《企业法》，主动将工厂的重大生产经营决策提交职工代表大会讨论审议，定期向职代会报告工作；积极支持职代会行使职权，使工厂民主管理水平不断提高，职工主人翁意识进一步增强。

在努力提高经济效益的同时，他关心职工生活，积极为广大职工排忧解难。近几年，企业为职工建房5.7万平方米，住房紧张状况基本得到缓解。为保障职工身体健康，每年对所有职工定期进行体检。

二、成功地领导了红光厂三大技术改造，使企业技术装备达到当代国际水平

1984年至1986年，李铁锤担任黑白显像管玻壳生产线项目总负责人，组织领导了年产300万只黑白显像管玻壳线的方案制定、对外谈判签约、设备监造、安装调试、投产等一系列工作。这条现代化生产线技术难度高，投资风险大，在李铁锤的带领下，全厂职工奋力拼博，克服种种困难，仅用两年时间建成并实现一次点火成功。这条玻壳生产线投资少、见效快，产品质量高，达国际先进水平，产品已出口到日本、美国、印度等国，1988年实际生产能力超过设计能力的10%，是我国目前生产量最大的一条玻壳生产线，获机电部“全优工程”称号。

1985年至1987年，红光厂又建成了另一条大型生产线，李铁锤任该项目总负责人。他赴日进行设备监造时，本着对国家对工厂高度负责的精神，在工作中一丝不苟，对日方十几台试制设备质量等方面的问题提出了严厉批评，使日方改进设计，重新制造了这些设备，保证了电子枪的顺利投产。

红光厂是我国电真空器件的母体厂，技术力量雄厚。从1973年开始建设一条国产化的黑白显像管装配生产线。李铁锤1983年9月任厂长后，就狠抓这条生产线的连线、试车及投产工作，组织技术攻关，突破了荧光屏涂复机这台世界上最大的沉淀设备的技术难关，使全线于1983年底验收投产。这条从设备、工装到工艺材料全部国产化的现代化生产线，获得我国电子工业科学技术进步二等奖。到1990年，已具有130万只的生产能力，成为我国目前最大的黑白显像管装配生产线，产品质量已达到当前国际水平，被评为省优、部优产品，主要指标已达国优标准，产品出口新加坡、印尼、美国、台湾等地。

玻壳、电子枪、显像管三项重大技术改造的完成，使红光厂成为目前我国唯一能规模配套生产玻壳、电子枪和显像管的工厂，技术装备水平和生产能力也由此一跃进入了国内领先行列。

三、创造“红光系统管理法”，通过发展企业集团，引导红光走向未来

在总结全厂管理经验特别是玻壳生产线成功经验的基础上，李铁锤提出并在企业内部成功地运用了“红光系统管理法”，建立了新的运行机制，形成了“红光系统管理模式”，企业开始走上管理规范化、现代化的道路。“红光系统管理法”的子系统“黑白显像管玻壳生产线系统管理技术”，作为一个典型范例，通过了机电部的部级鉴定。“红光系统管理法”被中国企业管理协会列为向全国介绍的企业管理方法之一，已被选入《企业管理新方法》一书。

1988年底，红光厂兼并了大型国营企业新光电工厂，迈出了全国电子行业大型企业兼并大型企业的第

一步。1989年又一大型国营企业庆光电工厂并入红光厂。李铁锤将红光人的视线引向整机，引向国际市场，引向规模经济。他进一步提出把红光建成国际性大企业的构想，形成集团资产经营一体化核心层，并努力探索建设具有更大实力的高科技、外向型企业集团。

当前，红光厂同其它企业一样，面临资金短缺、市场疲软、原材料价格上涨、能源供应和运输紧张等压力。面对这种挑战，李铁锤运用和发展"红光系统管理法"，重新调整了企业管理的主动方向，即"巩固、发展、细化管理"，制定了"以市场变化引导生产，现场优化促进管理"的经营策略，实行"一保两抓三调整"(即保彩玻项目，外抓市场，内抓现场，调整产品结构、调整管理重心、调整企业运行模式)，努力完成从较多地依靠外部条件到主要依靠内部挖潜、从较为强调量的扩张到更为重视质的提高、从提高速度和价格效益到提高管理效益的经营战略转变。近两年工厂在"安全性评价"、"工作研究——MOD法"、"现场管理优化"和质量管理创奖，主要产品创国家质量奖等方面不断取得新的成果，企业的经济效益在外部条件日趋严峻的情况下，仍取得了较好的成绩。

张　和

男，53岁，中共党员，高级经济师。1962年于沈阳机电学院(现沈阳工业大学)毕业后分配到大连冷冻机厂。先后担任过技术员、厂办主任、总师办主任、副总工程师等职，1984年12月出任大连冷冻机厂厂长。

他担任厂长六年来，以其卓著的业绩，先后荣获大连市优秀企业家、大连市特等劳动模范、大连市"廉洁奉公的优秀党员干部"，辽宁省优秀企业家、辽宁省优秀改革家、辽宁省"五一"劳动奖章、中国机械行业优秀企业家、全国劳动模范等光荣称号。由于坚持推进三个进步(科研、管理、人才)，围绕市场的变化，不断地调整产品、技术结构和生产结构，增强了企业的后劲和应变能力，企业的产值和效益每年都以10%的幅度稳步、持续、协调发展，跃居并保持同行业领先地位。企业先后荣获国家企业管理优秀奖、全国"五一"劳动奖状等二十多项奖励，1987年首批进入国家二级企业，1989年率先进入国家一级企业。

重视战略管理。1988年夏季，企业产销两旺，但张和同志居安思危，从国家要压缩基建投资规模的信息中敏锐地感到产品销售将面临一次较大的冲击。于是，他带领一班人开始预测1989年经济前景，很快制定出"广开财源、深挖潜力、紧缩开支、增产增收"的十六字方针，做好了充分的应变准备。因而，1989年在减利因素突破2000万元，退货合同7000多万元，用户拖欠款吃掉流动资金3/4的困境下，仍然创造了经济效益的历史最好水平，各项主要经济指标名列全国同行业之首。他不考虑眼前利益，刚一上任，就力排众议，果断地把过热的增长速度由30%压到10%，以发展企业后劲。

推进技术进步，开发新产品。六年中，企业引进了4条生产线，46台(套)专用设备，建起了具有80年代国际先进水平的树脂砂造型生产线和聚氨脂热板生产线，购进了加工中心和柔性生产线等数控设备，建立了大连市第一个数显化车间。拥有完备的检测手段，使产品性能试验室成为国内第一个大型氨制冷机测试中心。建立了三大动力微机监控，实现了计算机管理，工厂被国家指定为全国第一家微电子技术改造传统产业和机电一体化综合示范企业试点厂。企业主要靠自筹资金，提前一年完成了"七·五"技术改造计划。以世界先进水平为赶超目标，下大气力开发高水平的新产品，每年都有6—7个新产品问世。通过几年的新产品开发，五个系列的主导产品都实现了更新换代。达到了世界70年代末80年代初先进水平。有18个品种和一个组合库系列产品分别获国家、省、市优质产品称号，其中还有我国制冷设备产品中唯一的一块金牌。产品畅销全国，并远销世界28个国家和地区。1989年以来，张和同志针对市场疲软，企业产品滞销的实际问题，通过市场调查和预测，不失时机的抓住了调整产品结构的有力契机，制订了开发成套产品的战略，到目前为止，企业产品已由单机生产发展到制冰、冷藏、空调、组合库、气调库、冷链六大成套，并且开发了成套项目的"交钥匙工程"。

张和同志在规划生产发展的同时，还兼顾职工福利。六年中，企业投资近千万元，购进职工住房15,000平方米，建起了大冷文化宫、职工食堂和浴池，扩建了托儿所，使企业形成了有利于安定团结的"小气候"，增强了企业的凝聚力。

大刀阔斧推进企业改革。他从干部制度改革入手，推行了"一正一副四总师"(厂长、副厂长、总经济师、总会计师、总工程师、总调度师)的领导体制，变直线职能型副厂长分工负责制为厂长领导下的"四总师"专业职能制，强化了领导体制的专业职能，促进了厂长负责制的进一步贯彻。实行中层干部任期目标制，一般干部等级制，青年干部合同制，各级干部聘任制，增强了广大干部的责任心。在分配制度上，制定了"稳定老年、鼓励青年、激励中年"的政策，在全厂实行了全额计件、定额工资、工效挂钩、专项工程，任期目标五种承包形式及相应的八种分配制度，调动了职工上岗靠竞争，收入靠贡献的积极性。在企业深化改革中，张和又提出了配套改革的新思路，经过集思广益，在全厂实行了以全员民主化管理为基础，以全员思想政治工作为保证体系，通过全员风险抵押承包、全员聘任(用)制、全员合同化管理、全员弹性工资制，废除了干部"终身制"，打破了分配上的“大锅饭”，建立了职工与企业的命运共同体。

发展外向型经济。张和通过对国内外各厂家的比较和分析，制定了大冷厂发展外向型企业的战略，带头叩开了国际制冷产品市场的大门。他以科学的决策，在1985年，企业出口成交额只有几十万的情况下，就成立了出口科，并配备了全套的现代化通讯设施。五年来的出口形势，证实了张和的预见性。1986年，在泰国举办了独家展销会，泰国总理差猜亲自为展销会剪了彩。展销会使中国的制冷产品赢得了盛誉。在泰国74个府中，大冷的产品打入了60个府。当大冷厂的产品在东南亚各国乃至日本、南朝鲜销路渐好的时候，张和又把敏锐的目光扩展到苏联、印尼等更广阔的市场。现在，大冷厂在世界十几个国家和地区设立了代理商，建立了代销点，并且派员常驻。从1985年到1989年；五年间企业出口成交额由96万元稳步上升到2060万元。1990年的出口形势更好，上半年就完成了近2000万元。

横向经济联合是工厂前任领导开创的成功的经营之路，被省委誉为“大冷之路”。张和从老厂长手中接过这份宝贵的创业财富，首先想到的是不守业，而是如何使横向经济联合向深层次发展。他认真探讨社会主义经济发展规律，从组织专业化大协作想到企业生产要素的优化，于是又建立了科研、技术、材料、资金、经销五个联合体。并在此基础上，冲破了传统观念，由配套联合发展到以大冷厂为主体，以“冰山”牌名优产品为龙头，有156个企（事）业参加的跨地区、跨行业、跨所有制的紧密型、多元化、多幅射的冰山制冷集团。他组织制订了集团“平等、互惠、互利”的联合原则，增强了集团的凝聚力，使集团在困境中，真正起到了合成能量，分解困难的功能。如今，大冷厂靠联合，实现了千人工厂创万人效益。

在大冷厂规划的“八·五”发展蓝图上，描绘了这样的前景：“八·五”期间，工厂要围绕提高以人为中心的企业整体素质，使管理水平、装备水平、产品水平基本上达到国际同行业先进水平。即管理上水平，要形成以计算机管理为中心，逐步达到管理机电一体化，通过管理整体水平的提高，创国家特级企业；技术上水平，要再投资5000万，通过技术改造，实现装备机电一体化，使企业生产能力和生产手段再上一个新台阶；产品上水平，五大系列产品要赶上或接近国际先进水平，其中活塞式压缩机瞄准丹麦萨布罗公司和日本前川制造所、螺杆式压缩机瞄准英国豪登公司、半封闭压缩机瞄准美国考不兰公司、组合库瞄准日本轻金属公司、气调库赶超澳大利亚澳斯特公司。要通过上三个水平，实现创产值两个亿，出口创汇1000万美元的总目标。这就是张和新的目标。

张连祥

男，51岁，中共党员，高级工程师，现任武汉重型机床厂厂长。1964年7月毕业于北京机械学院机床设计专业，1982年7月在清华大学经济管理工程系企业管理研究班毕业后被任命为厂长，1984年8月至1986年7月在中共中央党校学习，1986年9月回厂主持工作。当时，国民经济正处在调整时期，武重的处境极度困难。但是，困难与机遇并存。张连祥通过认真贯彻党的改革开放的一系列政策，围绕深化企业改革，依靠全厂职工的共同努力，经过短短几年时间，终于使武重从困境中崛起。产值和利润每年分别以16.4%和36.6%的幅度递增，企业被评为市承包经营先进企业。张连祥本人从1987年以来连续被武汉市人民政府授予优秀经营者称号，1988年被授予湖北省机械厅颁发的质量年活动优秀厂长，1989年被评为中国机械工业优秀企业家，1990年荣获湖北省第二届优秀企业家。

张连祥同志上任时，武重厂年工业总产值仅2917万元，利润仅4万多元。面临工厂的不景气，他深感工厂要生存和发展，一是必须从产品经济的模式中走出来，学会在有计划商品经济的海洋里劈波斩浪；二是必须把工厂的发展同国民经济基础工业的需求捆在一起，大力开发研制新产品。他把这个设想概括为实现“两个转变”，即实现经营思想由产品经济的模式到有计划商品经济的转变，实现产品结构由普通重型到精密数据控重型和超重型的转变。

1984年5月，张连祥奔赴西德，同世界机床行业著名厂家席士公司签订协议，把原来合作生产DKE立车系列扩大为4个品种系列，后来又拉大为该公司所有的品种系列。他以科研为先导组织领导科技人员通过合作引进，消化吸收国外先进技术，在高起点上开发研制新产品，达到了以新取胜，以优取胜，以快取胜，实现了产品普通型向精密数控型转变，使自行开发研制的新产品达到了国际80年代先进水平。

1984年4月，我国第一台数控重型机床——CK5240A四米数控双柱立车在武重诞生。用户使用后获取的数据，证实该机床具备了创国家优质产品的条件。张连祥当机立断，组成“三结合”小组，经过120天奋战，使这一产品通过了中国机床产品监督检验中心的检测，荣获国家优质产品金奖。近几年来，武重自行开发研制的XK2150五米数控龙门镗铣床、TK6916数控落地铣镗和W031数控深孔钻床，W032铝锭双面铣床等一大批重型和超重型产品，为发展能源、交通、原材料、重机等基础工业提供了关键设备。国庆40周年前夕，武重研制成功的CS3160十六米数控单柱立车，被誉为“共和国当家产品”。“七五”期间，武重开发研制成功新产品64种，其中数控产品45种，占

70.3%。替代进口的34种57台产品，为国家节约外汇达5000多万美元，创巨大的社会效益。与此同时，张连祥主持制定了“大中小产品一起上，高中档产品一起开发”的方针，进一步优化了产品结构。现在，武重可供产品已达十大类25个系列140多个品种，数控产品占80%以上，1990年数控产品产值已达70%，在全国机床行业中位居前列。

1983年8月31日，机械工业部点名批评了武重的产品质量，引起了很大震动。张连祥经过反思，提出“产品是企业的形象，质量是企业的生命”，决心采取有力措施，一手抓产品质量，一手抓售后服务，尽快挽回声誉。他一方面大力推行全面质量管理，另一方面不断完善销售服务机制，为用户提供良好的安装调试、软件备件、技术咨询和操作培训等“一条龙”服务，保证了产品质量稳定提高。

1987年4月24日，张连祥在北京为武重与西德席士公司合作生产的我国第一台FB260数控落地铣镗床举行交接庆典。这一机床是席士公司设计的最新产品，达到当代国际先进水平，该公司还没有生产出来，武重仅用一年零九个月时间就一举制造成功。在庆典上，张连祥宣布了武重的最新决策，自行开发研制的“三小”数控系列产品（数控小立车、小镗床、小龙门镗床）即将推向市场。他说：“产品没有永恒的用户，没有永久的市场，只有开拓创新，以优取胜，才能长盛不衰”。他决心以优质产品在全国东西南北中的广大用户中筑造“永不闭幕的展览厅”。此后，在首届和第二届中国机床工具博览会上，武重“三小”产品分别荣获“春燕”金奖和银奖。伴随着产品推陈出新，武重通过举行产品交接仪式、系列鉴定、举办展销会和参展等，吸引了越来越多的客户，许多产品获用户好评。近年来，在市场疲软的困难条件下，武重订货合同逐年递增，今年初订货合同金额已达8000多万元，创历史同期好水平。近几年来，产值和利润递增率平均达到16.4%和36.6%。

在实施“七五”技改项目过程中，张连祥坚持突出技术进步，把改造的重点放在关键的工艺环节上，集中力量上工艺手段和装配水平。除发挥自身优势，应用微电子等新技术改造大批关键设备外，还从国外引进一批精密把关设备和精密测试计量仪器。武重从国外引进的20吨/小时脂砂造型生产线和拥有9台三维工作站、40个终端的计算机系统，其规模和水平在全国同行业中位居前列。1990年底，武重“七五”技改项目通过了国家验收，从而为产品开发、工艺上水平和推行现代化企业管理奠定了坚实的基础，增强了企业发展后劲。

张连祥还决心发展出口创汇，努力把武重办成外向型企业。现在，武重产品已远销世界18个国家和地区，并由过去销往第三世界国家为主发展到销往美国、日本、南朝鲜等发达国家。

张连祥在推进技术进步的同时，还十分重视企业各项基础工作。他结合武重单件、小批、多品种的生产特点，探索建立科学管理体系，“抓管理，上等级，全面提高企业素质”作为指导思想，以提高产品质量，降低物质消耗，提高经济效益为重点，主持制定了企业升级总体规划和分项达标规划，把企业管理工作不断推向前进。

他以深化内部分配改革为突破口，全面进行配套改革。在全市大中型企业中率先实行了部分工资与奖金捆包浮动，减少刚性收入，增加弹性收入，使职工收入同企业经济效益挂勾。同时，把奖金分配的重点放在生产一线，对有突出贡献的人员予以重奖，进一步调动了职工的积极性。张连祥成功地运用系统工程理论指导生产实践，成立了大、关、新产品系统工程指挥部，以重点产品为龙头，全方位协调组织生产。他在工厂重大问题作决策前，首先通过党政联席会议研究，并同有关领导到干部和群众中去征求意见，充分发扬民主，集思广益，从而建立起一整套比较完善的科学化、民主化决策机制。在他的领导下，武重企业管理工作取得了显著成绩，连续多年被评为武汉市“承包经营先进企业”。1988年武重先后成为湖北省“先进企业”和国家二级企业。1989年达到国家一级计量合格单位、国家安全企业，通过机械电子工业部国家一级企业预考核，还被中华全国总工会授予“全国五一劳动奖状”集体荣誉。

邹开良

男，57岁，高级经济师，1985年任贵州省茅台酒厂厂长兼党委书记及厂扩建指挥部指挥长，第七届全国人大代表，并为1988年首届贵州省优秀企业家、省优秀厂长，1989年全国劳动模范。1990年荣获第四届全国优秀企业家。

一、大力推进技术进步和管理现代化，深化企业内部改革。

邹开良同志担任厂长后，顶着“机械化生产必将影响茅台酒质量”的舆论压力，回绝了需要巨额费用才愿设计制造酿造茅台酒设备的专业厂家。他带领职工艰苦奋斗、自力更生、试制成功了专用行车、不锈钢活动甑，采用抓斗起槽、行车吊甑下槽。使制酒实现了机械化、半机械化、大大缓解了工人繁重的体力劳动，大幅度提高了劳动生产率。他利用北京葡萄酒厂的射流灌装技术，组织有关人员，试制成功了茅台酒射流灌装机，提高了灌装的机械化程度，降低了装瓶损耗。同时，他积极应用目标管理，价值工程，全面质量管理等一系列现代化管理方法。1988年开始在生产及管理领域应用微机。过去，一坛坛新酒入库后，全凭人工建立档案。现在各坛酒的不同轮次、不同香型、不同取酒时间等等数据通通被输入微机，使勾兑工艺进一步优化，确保了质量。另外劳动工资、计划统计、财务管理、设备管理等方面均应用了微机。他针对企业长期凭经验进行管理，无规范、无标准的情况，制定了一套符合茅台酒厂生产特点的管理标准，使厂里的管理逐步实现了规范化、标准化。在他的领导下，茅台酒厂建立了一套严密的质量保证体系，仅质量监测就有7大环节24个关口，层层检查。1988年，包装车间一个班次包装的5000瓶酒，装箱后抽查出几瓶包装质量不合格，他当即决定全部重装。几年来，他狠抓全面管理，培训质量管理人员占全厂职工总数80%，并在车间、班组建立了三十多个质量管理小组，广泛开展活动，在保证茅台酒质量上收到了显著成效，新酒合格率年年超过国家规定的96%的计划指标，出厂酒合格率年年都是100%。同时，他坚持大胆创新，提高茅台酒的内在和外在质量。在技术上，茅台酒厂引进理化检测手段，改变了数百年来茅台酒质量单凭感官判断的状况，有效地控制了杂醇油等元素的含量。通过技术进步和管理现代化，提高了茅台酒的质量，降低了成本。仅改进装灌、包装技术，一年节约用瓶开支40余万元，减少渗漏增加税利300余万元。

在强化技术与管理的同时，邹开良领导全厂职工进行企业经济体制的改革．在机关，推行干部骋任制，工作责任制。在车间，推行工人合同制、吨酒工资含量承包、车间效益风险低押承包等等，增强了企业的活力。

二、培育市场意识，注重开拓国内外市场。

改革开放的深入，商品经济的发展，把茅台酒也推向了市场。由于市场疲软，茅台酒这个一向不愁嫁的"皇帝的女儿"竟到了商业、外贸都不收购的地步。1989年第一季度，本应是销售旺季，茅台酒却只销了97吨，比上年同期下降54%。茅台酒厂出现了产品滞销，资金短缺，原材料紧张，能源不足等困难。面对困境，邹开良立即召开厂务会议商议对策，并向全厂职工提出"市场疲软，国酒工人的精神不能疲软"，"困难再大，我们国酒工人也要战胜它"的口号。他要求职工振奋精神，团结一致，齐心协力，共渡难关。随后他组织厂领导分头带队赴东北、华北、东南沿海地区和城市进行市场调查。他亲自带队到广东、福建、海南等省。通过调查分析，了解到茅台酒滞销的原因，除了宴会不用、"社控"以外，还有市场价格偏高，假冒行为严重。同时发现，随着人民生活水平的提高，茅台酒有可能向普通消费市场延伸，有巨大的市场潜力。于是，他采取了一系列挖掘市场潜力的促销措施。在全国主要大城市设立经销点21个，挂牌经销。广州挂出了"贵州省茅台酒厂广东经销总汇"，打出广告"要买真茅台，请到此处来"，很快就销售茅台酒3000箱。21个经销点，半年销售茅台酒100多吨。10月份，商业部在成都举行的酒类展销会上，他破除了茅台酒从不用"展销"的惯例，参加了展销会，还在成都扎彩车，大张旗鼓地宣传，三天之内，与客户订供销合同2000多万元，实际执行了3500多万元。短短半年之内，茅台酒由滞转旺，又紧俏起来。

邹开良注重研究国际市场的需求，积极开拓国际新市场。美国南洋股份有限公司根据美国有关当局的规定，要求用500ml规格代替540ml规格，否则不能输入美国市场。他毫不迟延地决定改变茅台酒瓶及包装规格。1989年末，美国又取消了500ml规格，代之以375ml规格，他又立即决定进行改装，使茅台酒在竞争激烈的美国市场立稳脚根。1985年以前，茅台酒销售国家和地区为十几个，年均出口100多吨，创汇120万美元左右；1985年以后，茅台酒大步迈向国际市场，出口国家和地区发展到37个，年均销售200多吨，年均创汇400多万美元，居全国同行业之首。茅台酒厂成为贵州省的创汇大户，1988年在全国同行业中率先进入国家二级企业。1989年，由于茅台酒一度提价过高和西方国家经济制裁，外贸部门曾一度停止收购茅台酒。邹开良大胆决策，按照下调价格弥补给外贸部门先前购酒的差价600万元。他决定宁肯自已企业损失，也不让经营单位吃亏，宁肯损失600万元，也要保住国际市场，保住国际信誉。当年，茅台酒厂创汇仍达300多万美元，并新开辟了苏联、南朝鲜和我国台湾省的市场。

为适应开拓市场的需要，他大胆改进包装，提高包装质量。他请到贵州省名包装设计师，专门为茅台酒设计出高雅华贵、古色古香的珍品茅台酒包装。几年来，他组织开发了"低度茅台酒"和多规格包装八个系列产品，1987年投放市场后，受到了国内外顾客的欢迎，也为企业大幅度增加了经济效益。1987年，销售珍品茅台20.74吨，多盈利256.4万元，销售50ml装茅台5.1吨，多盈利38.9万元。几年来，茅台酒在世界的声誉进一步提高。到1989，茅台酒厂一系列经济指标创造了历史最好水平；生产计划超额完成，产量比上年增长32.9%。1990年，产品产量、销售收入、实现利税均在8月底超额完成全年国家计划，各项指标再次刷新历史最高记录。

三、坚持集体领导，密切联系群众。

邹开良担任厂长以来，坚持集体领导，尊重党政一班人的意见，自觉接受大家的监督。几年来，他在深化企业改革上作出了许多重大的决策，每项决策出台之前，他都要将自已的设想让有关部门反复论证，然后提交党政联席会议讨论决定，保证了决策的正确性和科学性。如在对企业中层干部的任免方面，他总是在先征求党政班子成员意见的基础上，特别是分管副书记的意见后，通过组织部门的考察，再提交到党政联席会议上最后决定。他发扬党的优良传统，密切联系群众。在他的倡议和主持下，企业制定了干部定期参加劳动的制度，坚持开展“厂长、书记接待日”活动，以及“假如我是厂长”的合理化建议活动。他实行了每季度由一线工人给科室职能部门定期考核评分的办法。他针对企业地处边远山区，一部分家居农村的职工常常为购买化肥而发愁的问题，他多方奔走、联系，积极为职工排忧解难，每年定期组织一定的化肥供给 这部分职工。

他作风清廉，秉公办事，严于律己。他担任党政一把手以后，仍住在17年前居住的平房里。因茅台酒在国际、国内市场十分紧俏，有人给他“送礼”，要求“批条”，他均拒之门外。为了从制度上保证党政一班人的清廉，他主持制定了企业廉政建设的十条规定，并明确凡购买 伍箱以上茅台酒，需经三个厂领导签字方能生效。

几年来，邹开良把茅 台酒厂领导班子建设成了一个团结协作的强有力的战斗集体，忠实地执行党的十一届三中全会以来的路线、方针和政策，带领全厂职工艰苦奋斗，顽强拼搏，使企业在改革开放中沿着社会主义现代化建设的道路阔步前进。

邹开良还十分重视提高职工的素质，在智力投资上几年来投入100多万元，举办了30多期不同层次不同形式的专业培训班，受培训的职工达1000多人次，还择优选送50多人到省内外大专院校深造。在努力发展生产的基础上，他努力改善职工物质文化生活，投资2000多万元为职工建房，职工住房由原来的人均3.3平方米增加到18.4平方米。修建了图书馆、俱乐部、电影院、体育馆、职工医院、托儿所。厂里还为职工家属子女办起了劳动服务公司，吸收职工家属子女560人就业，解决了职工的后顾之忧，调动了职工的积极性、主动性、创造性，企业充满了生机和活力。

余同昌 男，46岁，中共党员，广东郁南县人。1968年毕业于华南工学院，分配到唐山陶瓷厂。历任技术员、工程师、技术科长，1982年担任技术副厂长，1984年任厂长，1988年兼任厂党委书记。

余同昌同志担任厂长后，锐意进取，勇于开拓，带领全厂职工深化改革，强化企业管理，提 高企业整体素质，使唐陶这个1914年建厂的老企业焕发了青春，企业得到全面发展。1985年被国家经委评为经济效益先进单位；1987年“唐陶牌”系列卫生陶瓷荣获国家金质奖，企业获全国建材行业“红旗企业”和“双文明建设”先进单位；1988晋升为国家二级企业；1989年获全国思想政治工作先进单位。余同昌本人曾获得了河北省劳动模范和第四届全国优秀企业家称号。

唐山陶瓷厂是一个有70多年历史的老企业，设备陈旧，工艺布局不合理，地震后危房仍在使用，企业急需改造。余同昌同志于1984年敢于负债经营，贷款投资1284万元，进行配套生产项目的技术改造。贷款数目相当于唐陶当年固定资产原值的62.81%。为使项目顺利投产，及早发挥效益，他提出了“边生产、边改造”的方针，在全厂职工的努力下，整个项目于1987年峻工投产。扩大卫生瓷作业面积6800m²，扩建检包车间4800m²；引进的意大利先进设备，将墙地砖二次烧成工艺改为一次烧成工艺，使唐陶具备了年产卫生瓷90万件、墙地砖50万m²、配套卫生洁具2.5万套的能力，为企业的发展增强了后劲。

余同昌勇于改革、努力打破企业吃国家的“大锅饭”。从1985年开始，在唐山市第一批实行了“上缴利税同工资总额挂钩浮动”。1987年7月又根据“增收多留、欠收自补”的原则第一批和市政府签定了“两保一挂”，承包经营责任书，为了调动职工劳动生产的积极性、主动性和创造性，提高企业的经济效益，在改变国家和企业分配关系的同时，他加快了企业内部改革步伐，在企业内部实行了承包经营责任制。厂部对所属各部门逐级承包，各车间再将承包指标分解到班组和个人，层层包，层层保，使全厂形成纵向层层承包，横向联合承包的经营承包机制，从而打破了职工吃企业“大锅饭”的局面。并在部分生产工序、工种和车间实行多种形式的计件工资，与之同时，余同昌同志还在厂内建立健全企业的内部约束机制，在资金管理上设置“厂内银行”，加强了资金控制，在“增收节支、增 产节约”活动中发挥了积极作用。

余同昌对我国第一条窑炉改造 中，闯出了一条新路子，他大胆地实行了自行设计、自行施工的方式，并使其变为现实：该项节能技术改造 项目，以节省10.5万元投资、提前两个月零三天的效率提前峻工投产，使之成为我国同类窑炉中横断面最宽、产量最高、耗能最低、微机自控的先进窑炉，每年增产卫生瓷7万件，节重油920吨，多创效益100多万元。该项目获国家“六五”技术进步单项奖。

为改变我国长期以来的卫生瓷成型工艺靠手工操作，劳动强度大。生产效率低的状况，1985年。余同昌同志主持了我国同行业中第一个引进、安装、投产的卫生瓷立式浇注生产线项目。在试生产过程中，又敢于突破“洋框框”，改进了引进设备的脱模工艺，使引进生产线顺利生产，实现了我国卫生瓷成型工艺的一个突破。对引进设备的成功应用，余同昌并没有满足，而是刻意让“洋鸡下蛋”，闯一条消化吸收的新路子。他提出了“学创结合、消化吸收”的方针。于1986年开始，从适应本国国情、本厂厂情出发，自行设计了洗面器立式浇注生产线，使该线路吸收了引进设备的先进工艺，又具有适应性强、操作简便的特点，而投资不到引进设备的十分之一。与传统工艺比较，提高效率50%，减少占地面积70%，在全国同行业中迅速推广。以后又扩大试验品种，开发了我国第一条洗涤槽生产线，以及水箱盖等品种，改变了唐陶卫生瓷成型工艺技术设备的构成，扩大了生产能力。1990年卫生瓷产量达到91万件，创历史最高水平。

余同昌带领全厂职工勇攀质量高峰，摘取质量的桂冠。他制定了“以质量为治厂之本，坚持创优不止”的治厂方针，强化了职工质量创优意识的教育，并在调查、测算、分析的基础上，制订了全方位的质量创优规划。在质量创优过程中，余同昌把深化企业内部改革与质量创优有机的结合起来，在内部经济责任制中，突出质量招标，实行质量否决权，用经济手段引导职工注重质量。同时，用现代化的管理方法，加强了工序管理。先后建立了质量审核制度，制订了卫生瓷工艺操作规程，设置了23个控制点，96个控制值，在生产工序中执行标准化样板作业，实现了重点工序、重点产品的重点管理，使产品质量缺陷降低在生产过程中，从而掌握了提高产品质量的主动权，促进了产品货物质量的提高。1986年11月，在全国同行业中第一个通过了“采用国际标准和国外先进标准”的“双采”验收。1987年，唐陶牌系列卫生陶瓷获得国家质量金牌。1984年恢复生产的窑地砖在1989年、1990年先后获省、部优产品称号。

余同昌同志身兼厂长和党委书记两个职务，肩挑物质文明建设和精神文明建设两个重担。他在实施改造老企业的发展战略过程中，始终把加强企业的思想政治工作，提高职工队伍的整体素质，培育企业文化，造就唐陶新人列为战略重点；以加强两个文明建设，培育企业新人为目标，积极开展思想政治工作和生产经营管理。在他的领导下，充分发挥了党组织在企业中的政治核心作用，确立了思想政治工作要管人和育人的新格局，形成了逐级负责。分口管理，党政工齐抓共管的工作网络和保证体系。他主持制订了职工培训的长期规划，采用多种形式进行职工培训，加强人才开发，不断提高职工的政治素质、文化素质和业务能力，他要求管理人员懂技术、会管理，能做思想政治工作；要求技术人员能钻研业务，能攻难关；要求操作工人操作精湛，能够创新。从1986年至1989年，先后举办各类培训班12期，培训职工2340人次，提高了全厂的生产技术水平和职工的文化素质，实现了唐陶人的知识更新，增强了企业的发展后劲。

余同昌同志作为一名优秀的企业家，以“改造老企业和多做新贡献”为己任，付出了辛勤的劳动，作出了优异的成绩，不仅使唐山陶瓷厂这个有70多年生产历史的老企业焕发了青春和活力，而且为发展中国的建筑卫生陶瓷工业开拓了新的路子，为今后赶超世界先进水平积累了许多成功的经验。

汪启麟 女，53岁。1960年毕业于北京石油学院，参加了60年代的大庆石油会战，70年代转战江汉油田，先后担任江汉钻头厂筹建处副主任，江汉钻头厂副厂长兼总工程师，1985年起担任江汉钻头厂厂长。

江汉钻头厂是一个全套引进美国休斯工具公司钻头制造技术的专业厂家。在引进生产建设的庞大工程中，汪启麟以强烈的事业心和改革的胆识，坚持两个文明一起抓，吸收国外科学管理的经验，建立了一套适应引进企业特点的科学管理体系。引进工程五年的工作量三年半完成，用进口九千只钻头的外汇建成了一座年产二万只优质钻头的现代化工厂，结束了我国靠进口钻头打深井，硬地层的历史。她担任厂长以来，年年超额完成上级下达的生产任务。近三年，每年产值平均增长35%，利税增长74%，劳动生产率增长32%。几年来，江汉钻头厂先后获得了美国石油学会颁发的API证书，国家经委颁发的“六五”技术进步全优奖，以及全国环境优美工厂、国家一级节能企业和国家二级企业称号，一级计量合格证书，通过了国家一级企业预评。她本人1989年被评为湖北省劳动模范，当选为中共湖北省委第五届党代会代表，荣获第四届全国优秀企业家称号。

汪启麟同志把提高队伍素质当作引进工作的头道工序来抓，采取多种形式，通过多种渠道，把全员培训贯穿于掌握、消化、吸收国外先进技术的全过程。在培养人才方面注重抓好四个结合，即国外培训与国内培训相结合；正规办班与岗位练兵要结合；立足现实与着眼未来要结合；技术培训与文化补习相结合。先后举办各类专业技术培训班206期，2621人次参加了技术培训；1240人经理论和实践考核获得了岗位操作合格证；1702人经统考获得了中国质量管理协会颁发的合格证；200多名工程技术人员和操作工人赴美、英、法、日等国进行技术培训或实地考察；993名技术工人在国内接受了外国专家的技术培训。她还十分重视加强涉外教育、理想前途、爱国主义和坚持四项基本原则的教育，在全厂开展评“三优”工人和聘请工人操作师活动，要求每个工人增强岗位意识，大大调动了工人钻研技术，岗位成才的积极性。注重对各方面人才的选拔、培养和使用。先后有50多名知识分子被放到重要岗位，70多名技术上冒尖的工人担任了班组长、车间主任，成为消化吸收引进技术、驾驭现代化设备的骨干，造就了一批各类专业工种的行家里手，培养了一支训练有素的干部队伍。

汪启麟同志从一开始就坚持从严治厂．从严要求，从严管理。针对部分管理者和操作工人忽视产品质量的倾向，举办废品展览，围绕生产中积累下来的一批废品发动职工进行讨论。她提出"靠管理提高质量、靠质量占领市场"的战略方针，严格按照休斯质量标准组织生产，建立从厂长到工人，从科室到班组，从原材料协作件进厂到成品出厂全过程质量检验制度和全方位质量管理保证体系。在关键生产工序设置了24个质量管理点，在生产作业线88道工序设立了15个检查员，对所检测的56个项目253项点进行严密的检测控制。在检验的过程中严格实行"自检、互检、专检"和"首件检验、中间抽检、完工检验"两个"三检制"，达不到质量标准的产品一律不准出厂。还结合质量管理教育，大力开展群众性的质量控制小组活动，建立质量分析制度、坚持班组、车间和全厂三级质量分析。1987年以来共获总公司、省、局QC成果奖14项，其中有三项获总公司质量控制成果一等奖。7项产品被评为省、部优质产品。81/2″J22型钻头荣获国家银质，"七五"期间生产的厂系列钻头10种规格58个品种，全部通过了部优产品鉴定，并获石油部质量管理奖。1986年，我国开始限制进口牙轮钻头，石油部对江汉钻头厂的生产由过去的指令性计划全部变成指导性计划。在一年一度的石油机械产品订货会上，该厂签订的正式销售合同只有400余只，形势十分严峻。汪启麟意识到肩上担子的份量，把压力变成动力，推出了一系列改革的措施：以市场为中心调整产品结构，增加新产品，实行多品种，小批量的投入产出，主动适应市场需求；在全国19个油田建点设库，实行包井服务，随时随地向井队提供各种型号的钻头，采取用后结算的方式；加强销售队伍建设，建立技术服务网络，选派具有丰富的钻井和钻头制造经验的工程技术人员上井队开展技术服务，帮助井队选择合理的技术参数，提高钻头使用寿命，降低钻井成本。经过一年努力，钻头市场出现了柳暗花明的前景，该厂当年陷入困境，当年实现崛起，工业总产值和销售额双双突破亿元大关。

1987年，江汉钻头厂的产品在全国取得了稳定的权威地位。在钻头十分走俏的情况下，汪启麟又积极组织开拓国际钻头市场。先后亲自与ACT作业集团、AMOCO公司、澳大利亚CSR东方石油有限公司、亚美石油工具服务公司等14家公司和办事处的经理接触。产品在我国沿海中外石油合作开发区多次中标，并返销到美国，出口创汇达300多万美元，这一年全厂实现利润1913.3万元。江汉休斯钻头以其良好的性能和过硬的质量，赢得了用户的信赖。当产品供不应求时，为了进一步占领市场，汪启麟向国内用户宣布：从1988年元月起，江汉钻头的价格下调15%，让利向油田销售。为了弥补这个差额，汪启麟狠抓工夹量具和原材料的国产化，内部挖潜，降低生产成本，采取两个"三结合"的办法。一是工厂与全国50多家企业、研究所、大专院校结合，共同研制代用材料和刀具；二是工厂领导干部、技术人员与工人结合，组织科技小组攻关。几年来，已使钻头国产化率达到90%，工具刀具和机床配件国产化率达30%和60%，为国家节约了大量外汇。

1990年，面对钻头市场出现的疲软现象，汪启麟制订了"产品适销对路，巩固建点设库，稳住东部市场，开拓西部市场，积极发展外销"的销售工作方针。努力生产适销对路产品。增加了9″、7″及钢齿钻头等短线产品的生产，同时推出ATM等18个牙轮钻头新品种投入市场，全年创产值18000多万元。同时为国家出口创汇154多万美元，经济效益在全国石油机械制造系统名列前茅。在她任职的五年时间里，累计创产值7亿多元，产量、产值分别是"六五"期间的1.78倍和6.42倍，上缴利税2亿多元，是"六五"期间的37倍。

1985年引进生产线试生产期间，厂里连续发生了三起批量质量事故，损失达数万元。面对出现的各种问题，她与厂领导一班人经过一番认真的思索，认识到关键是在工作中必须贯彻一个"严"字，搞引进仍然需要发扬大庆的"三老四严"作风，坚持从严治厂，严格管理。她在对休斯工艺特点和管理方法进行分析后，从强化管理意识入手，冲破传统管理思想的束缚，摸索适应引进技术发展需要的科学管理方式。几年来，她运用标准化和系统工程的原理和方法，以功能分析为基础，法制思想为核心，质量控制为准则，建立企业标准化体系，完善工厂管理行为机制。在建立管理标准的过程中，采取了"四个结合"的方法，即是：把标准化工作与工厂立法结合起来；把标准化工作与建立工厂全面质量管理保证体系结合起来；把标准化工作与组织机构的功能设置、职能分工结合起来；把标准化工作与岗位的具体工作业务结合起来。先后制订出物资供应、生产管理、产品销售、企业管理、质量管理、财务管理、设备能源管理等27个系统的管理标准、工作标准572项。在这些标准中按照工作的程序、内容、质量和纵横关系四大要素，对生产活动中人的行为做了严格细致的规范。对解决职责不清、分工不明、管理不严的问题起到了积极的作用。

在工艺管理方面，以工艺管理为突破口，促进产品创优升级。做到了"二个坚持"，即坚持严格贯彻工艺规范，定期进行工艺纪律检查；坚持开展工艺管理教育，提高职工的工艺意识，使工艺管理水平有了较大的提高。首先，在全厂建立了完整的工艺管理网络，实行总师办、工艺科、车间"一条龙"的管理体制。全厂配备不同专业的工艺技术人员80多名，对主要车间实行工艺科和车间双套工艺员编制，加强基层技术管理和技术力量。第二，制定一套行之有效的工艺管理制度明确规定了从厂长到操作工人的工艺责任和职责范围。第三，根据休斯制造技术和工艺特点，结合多年的生产实践经验，编制了一套严密、完整、先进的工艺管理文件，即“八个文件一个卡”。由于管理工作比较扎实，钻头质量一直保持了休斯水平，在全国同行业中处于领先地位。

汪启麟和党委书记密切合作，形成了共识，即要办好工厂，党政领导不要去争谁大谁小，不要争论“中心”、“核心”，关键是党政要一心，无论厂长、书记都要一心对党的事业负责，要有强烈的事业心和责任感。凡是企业重大问题，她都主动和书记交换意见，集体讨论，作出决定后党政工团协力贯彻，使两个文明一起抓体现在具体的决策和实施过程之中。她还积极支持工会加强企业中的民主管理，采取相应的措施让职工群众参政议政，凡涉及到全厂的生产任务、经济技术指标和经营承包指标，都交给职工代表大会讨论，充分听取职工意见。

作为党员厂长，她更是以身作则，严以律己，清正廉洁，率先垂范。她带头制定了“十公开”、“十不准”的规定，对涉及招生、招工、出国、选聘干部、职工升级、住房分配等敏感问题都要对职工群众公开。凡是搞以权谋私、弄权渎职、贪污受贿、违反法纪、不执行外事纪律的都要严肃处理。她已连续三年被评为局模范共产党员。

何泽民

男，56岁，第一拖拉机制造厂厂长。1950年1月参加工作，1952年7月加入中国共产党，参加工作后调干学习，1960年8月毕业于北京钢铁学院。毕业后，分配到中国第一拖拉机制造厂工作，先后担任过技术员、科长、分厂副厂长、处长、厂党委副书记，1984年下半年担任一拖厂长，现任中国第一拖拉机工程机械联营公司（一拖集团）董事长、总经理，一拖厂党委书记，高级工程师，第七届全国人大代表。

何泽民同志担任一拖厂长时，一拖的生产经营状况正处于低谷时期。一拖生产的75型履带拖拉机产量由1980年年产24000台，急剧下降，1981年至1983年连续三年该机产量在8000台至9000台之间徘徊；150轮式拖拉机1983年才开始试生产，其产值、利税等经济指标很难完成。一拖还长期承担着支农任务，并且产品一直是低价薄利。党的十一届三中全会之后，随着农村经济体制的改革，联产承包责任制在广大农村推行，农机市场发生了巨大变化，一些农机企业不能迅速适应这种变化，在困境中纷纷跳出农门。

严峻的形势摆到了何泽民同志面前。

面对严峻的形势，何泽民同志并没有后退。他一上任就同厂领导一班人重新确定了企业的经营宗旨。作为全国最大的农机企业，要以服务农业为本，以支援农业现代化为己任。同时还确定，企业要生存，就得走出自己的路子，在经营思想上实现五个“转变”：在产品发展上，由单一产品转变为系列化的多种产品；在企业组织结构上，由“大而全”转变为专业化协作；在经营体制上，由集中统一的单一经营转变为多层次多种经营；在服务领域上，由单一性的只为农机化服务转变为以农机产品为主兼顾相近领域的多向性服务；在经营作风上，由卖方市场转变为买方市场。据此，他制定并完善了一拖的经营发展战略：“在国家计划和产业政策指导下，坚持以市场为导向，以产品为核心，一业为主，以主带辅，实现产品多样化、生产专业化、管理现代化、企业集团化。”

“一拖要振兴，关键在产品”。这是何泽民同志研究了国内外许多企业经营成败经验教训后得出的结论。因此，他始终把开发新产品放在重要位置上。为了实现由单一产品向系列化多品种转变，他接连走出了五步好“棋”。一是立足于我国广阔的农村市场，不断改进、提高老产品；二是瞄准新的市场需求，及时开发适销对路的新产品；三是适应农机和工程机械市场的需求，大力发展工艺相近的变型产品；四是奋力跻身国际市场，竭力推出创汇产品；五是不断发掘潜在市场，抓紧研制换代产品。正是由于走了这五步“棋”，使一拖较快地跳出了单一产品生产和单一服务领域的框框，走向系列化多品种生产和多方位服务的广泛天地，到1990年底，一拖在大批量生产农用拖拉机的同时，生产推土机、压路机等工程机械，还生产柴油机、燃油泵、发电机组、叉车、载重汽车、厢式汽车、自行车等6个系列30多种产品，从而增强了企业在激烈的市场竞争中的应变能力，有效地防止了生产、效益的滑坡，使近六年的工业总产值、销售收入、实现利税平均递增16.4%、16.9%和13%，名列全行业榜首。在机械行业普遍经营状况不佳的1990年，一拖采取积极开拓市场，力争产销平衡，狠抓节约挖潜等措施，克服了农机市场疲软、资金短缺等重重困难，取得了总产值比上年同期增长3.81%，实现利税增长13.6%的好成果。

何泽民担任厂长期间，正是我国的改革、开放方针深入贯彻之时。他积极推进企业内部改革，不断完善企业经营机制。一是给分厂适当扩权，变集中统一的单一经营为多层次的多种经营。除全厂性的经营决策、发展规划、生产计划、产品价格等重大问题集中在总厂外，把生产计划的具体安排、二级机构的设置、中层干部的任免、奖金的二次分配等权力下放给分厂。二是实行层层承包，变吃大锅饭为分灶吃饭，在分配上适当拉开差距。1985年，对全厂各单位实行了10种形式的经济责任制，1987年9月，和洛阳市政府签订承包协定后，在企业内部全面推行承包责任制，区别不同情况，实行

“两包一挂”等7种形式的内部承包责任制，从而大大调动了分厂的生产经营积极性。三是打破“大而全”的框框，发展横向经济联合，走专业化协作的道路。一拖主要采取了四种方式，即通过零部件扩散，组织起专业化生产；通过企业兼并，加速专业化生产步伐；通过“优化”组合，提高专业化生产水平；通过组建“一拖集团”，发挥了规模经济效益。

何泽民同志坚持抓管理、上等级，不断提高企业素质，使一拖的管理水平连上三个台阶。在质量管理方面，获河南省质量管埋奖；在工艺管理方面，被机电部授予“工艺管理先进企业”；在安全生产方面，荣获国家级“安全企业”称号；在计量管理方面，达到国家一级计量企业的复查标准；在能源管理方面，通过了国家一级节能企业的考评；在设备管理方面，被评为“全国设备管理优秀单位”；在思想政治工作方面，被评为“全国思想政治工作优秀企业”。在此基础上，1987年进入省级先进企业、1988年晋升国家二级企业，1991年初晋升为国家一级企业，并被河南省树立为省工业战线“十面红旗”之一。

何泽民同志十分重视企业的技术改造，在企业自留资金很少的情况下，仍千方百计地加速企业技术改造，使一拖这个投产30多年的老企业不断增强后劲和应变能力。

他坚决维护党委在企业中的政治核心地位，注意发挥一班人的整体作用，坚持“两个文明建设”一起抓，尊重职工的民主权利。他注意在发展生产的基础上，逐步改善职工生活，为职工办实事，深受职工拥护。

他曾荣获洛阳市劳动模范、河南省优秀厂长、中国机械工业优秀企业家、第四届全国优秀企业家等光荣称号。

郑春敏

男，50岁，云南天然气化工厂厂长，云南省第七届人大代表。1961年在北京化工学校毕业，分配到云南驻昆解放军化肥厂工作，先后当过操作工、工段长、技术员、车间副主任、厂工会副主席。1974年调入云南天然气化工建设指挥部工作。云南天然气化工厂建成投产以来，他先后当过合成车间主任、生产科科长、副厂长、厂党委副书记，1985年6月任厂长。1979年被授予化工工艺工程师，1988年被评定为化工工艺高级工程师。几年来，郑春敏同志曾荣获云南省首届优秀企业家，国家人事部、国家科委授予的“国家级有突出贡献的中年管理专家，”第四届全国优秀企业家。

郑春敏同志在任职期间，创造了在全国化工系统中十一个第一。(1)首创全国大化肥合成氨长周期连续运转312天记录，1988年长周期运转203天，1989年长周期运转219天；(2)第一家合成氨大机组润滑油连续使用11年换油；(3)大化肥率先采用合成氨计算机单向回路智能控制系统替代模拟仪表控制；(4)荣获了大氮肥第一块质量金牌；(5)首批利用世界银行贷款，六项节能改造第一家投用；(6)合成塔内件改造，塔内部施工9天完成；(7)105－J电子液压调速 第一家使用；(8)101－J第一家试用国产转了成功；(9)CO^2压缩机第一家试用国产转子成功；(10)有20多项专利申请被国家专利局受理，18项已获得国家专利证书，12项已获得部、省级科技奖；(11)1989年厂子第学校高考升学率居全国化工系统第一。

郑春敏但任厂长以来，云天化厂发生了巨大变化，取得了显著成绩，在五年多的时间里，该厂先后获得了“全国先进集体”。“五一劳动奖状”、“全国环保先进企业”、“全国投入产出调查先进集体”、“全国普法先进集体”、“全国绿化先进集体”、“国家一级节能管理企业”、“国家一级档案管理企业”、“国家一级计量合格企业”等近20项国家级荣誉称号和“化工六好企业”、“化工部质量管理奖”、“云南省首届企业管理优秀奖”等一系列部省的荣誉称号。该厂主要产品金沙江牌尿素1985年获大氮肥行业第一块金牌，1990年复查合格，蝉联金奖，硝铵获部优产品称号。

郑春敏同志就任厂长以来，大胆改革，不断完善企业经营机制，从深化企业改革，积极推行经济承包责任制入手，在企业内部劳动、人事、分配和承包经营等方面实行了系列的改革。1988年与云南省政府签订了为期三年的《云天化厂承包经营合同》；在厂内实行了联产计酬、联产计奖等多种形式的分配办法；1987年以来，又先后在合成、尿素、硝铵、包装、汽车队、建筑公司等主要车间、单位实行了经营承包责任制；从1985年开始，对中层干部实行了聘任制和任期制；实行了新招工人合同制，还在部分单位实行了优化劳动组合。1989年，他决定对全厂23个单位推行二级承包。在1990年，他又把承包的各项指标修订得更科学合理，使厂属单位，尤其是生产一线职工的生产积极性更高，取得了较好的效果。在全国性工业滑坡；生产效益下降的情况下，该厂的产值、产量、质量、消耗、利税等24项主要技术经济指标均刷新本厂历史最好水平，经济效益10项指标名列全国大化肥榜首。

郑春敏同志善于把职工的发明创造变为生产力，积极推进企业的技术进步，努力提高企业技术水平。在他任职的几年中，先后利用世界银行贷款和工厂自有资金（“七五”期间共计达8056万元），对合成氨、尿素引进装置成功地进行了“六项节能改造”和“合成塔、1035节能转子”等一系列改造，产品消耗大幅度下降，节能增产效果显著，“七五”期间共节约天然气1.76亿立方米。在天然气平均单价上涨48.10%，增加成本开支1.46亿元的情况下，每年增产合成氨2.28万吨，尿素 3.42 万吨，增利税 2740 万元。他带领云天化职工在五年左右的时间里，完成了该厂投产以来规模最大，最全面的技术改造，共计达 342 项，每吨合成氨和尿素的耗能量是全国同行业最低的厂家之一，“七五”期间产量平均每年增长 10.89%，超过了全国化肥产量平均每年增长 7.9%的速度，取得了显著的产出和投资效益，1989 年被云南省授予“双增双节先进单位”称号，1990 年获得了“全国合理化建议和技术改进活动先进集体”称号。

郑春敏同志坚持以企业升级为中心，从严治厂，科学管理。他与其他厂级领导、中层干部一起用了一年多的时间，制订了云天化厂数十个工种、数百个岗位的操作规程、工作职责、奖惩条例。先后制订技术标准 513 个，转换和制订管理标准 211 个，修订和完善工作标准 278 个。他狠抓生产工艺、设备、信息、标准化、计量等管理基础工作，完善了全厂从生产车间到管理部门，从工人到干部的质量保证体系。还针对本厂实际，调整了管理机构，明确划分管理、经营管理、人事教育、行政管理等系统，较好地有效发挥了实施。他在全厂深入开展升级达标活动，以此来推动各项管理工作上台阶，取得了显著的成效。1987 年该厂荣获省级先进企业，1988 年晋升为国家二级企业，1990 年晋升为国家一级企业。

郑春敏同志尊重知识、尊重人才，把培养人才作为立厂之本。在企业经费较紧的情况下，他先后筹集 180 多万元，新建了技工学校大楼、子弟学校教学大楼、室内操场、兰球场和幼教队伍，想方设法从外省调进了 10 多名中学骨干教师。除了在人力、物力和财力上支持教育之外，还不断改善教师的物质待遇和政治待遇，规定教师拿全厂最高一档奖金，有十多名老师住进了厂里高档次的家属住宅，高中毕业班的老师可轮流到外地度寒暑假。因此，调动了广大教师的积极性，使他们安心从教，无后顾之忧。使教学质量不断提高。高中毕业生连续八届升学率都在 50%以上，1987 年、1988 年升学率达到了 80%，1989 年、1990 年升学率达到了 88%，在云南省工矿子弟学校中名列第一，四年共为国家输送了 200 多名大学生。技校毕业的 300 余名青年正在成为生产第一线的骨干力量。通过“双补”和其他学习培训，先后 150 名职工进大、中专院校、电大和函大学习，现已陆续返回生产工作岗位，为生产发展奠定了人才基础。

郑春敏同志在积极推行全面质量管理的基础上，还广泛应用了方针目标管理、全面经济核算、全员设备管理和微机辅助管理、厂内银行管理等现代化管理方法。在全国同类型合成氨装置中首先实现工艺过程的计算机控制之后，他又在全厂的工资、人事管理、固定资产管理、生产高度、计划财务、计量管理、运输销售、物料平衡、档案管理、图书管理等方面应用了微机，有效地加强了生产、经营等各项管理工作，提高了管理水平。1989 年，实现了 10 个部门的计算机联网，1990 年，又建立起计算机管理信息系统，在全国化工系统首家实现管理计算机网与生产控制计算机网的联网，即将生产实时数据送上管理网，使工厂的计算机应用上了一个新台阶。与此同时，他还坚持抓好安全文明生产。该厂连续 5 年千人负伤率保持在 0.2%以下，杜绝了因工重伤、死亡事故的发生，消灭了重大爆炸、火灾和多人中毒、多人伤亡等恶性事故。他还带领全厂职工狠抓绿化、美化、规格化。工厂绿化面积达 168117 平方米，绿化率达 93.92%，厂区和生活区基本实现了树常青、花常开、道路平整、环境清洁。

郑春敏同志担任厂长以来，注意严于律己，团结同志。他要求别人做到的事，自己先做到，有事同大家商量，尊重大家的意见；他关心职工生活，密切联系群众，努力为职工解决实际困难，深受广大干部职工的好评。

邵锡全

男，53 岁，北京东方化工厂厂长。从 1978 年以来，他为填补我国化工行业的空白，建设中国第一个丙烯酸系列产品生产、科研基地——北京东方化工厂，坚韧不拔，奋力拚搏，作出了显著贡献，被评为北京市优秀厂长和劳动模范，第四届全国优秀企业家。

1978 年，国务院决定从日本引进一套年生产能力为 3.8 万吨的丙烯酸及酯类生产装置，总投资 2.7 亿元。该厂的建设经历了筹建、停建和复建三个阶段。1980 年 11 月由于国家经济调整，工厂停建。1982 年 3 月，国家决定东方化工厂“缩小规模、恢复建设”。邵锡全同志作为这项国家“六五”期间重点建设工程的总负责人，当时面临的难题是，引进的丙烯酸及酯类生产装置合同规定自动验收期已到，只剩下 18 个月的机械保证期。如果按合理工期 30 个月建成，其后果是超过了机械保证期，设备出现问题，日方不承担责任，这将给国家造成不可弥补的损失。在这关键时刻，他以国家利益为重，从战略高度考虑，组织工程技术人员多方进行调查研究，同设计施工单位反复协商后，果断地作出决策：在 18 个月内建成引进装置和相应的公用工程，并具备化工投料试车条件。经过 18 个月的日夜奋战，工程按期完成，并且按合同规定妥善地解决了在单机试车、联动试车中发现的日方机械设备问题，因而维护了国家尊严，保护了国家权益。实现了“资金、进度、质量”的三大控制和对工程建设“筹建、设计、施工”三位一体的组织领导体制，取得了化工投料一次试车成功和当年投产、当年盈利、当年出口创汇、当年开始归还基建贷款的好效益。整个工程以完整的设计，全优的施工，稳定的生产和良好的管理，荣获国家引进项目工程建设最高奖——银质奖。

工厂建成投产后，丙烯酸及酯类产品出现了供不应求的局面，邵锡全同志和厂党政领导班子一起，又开始研究企业的发展战略。当时企业有两种选择：一是“东方”的产品是独家生产，至少5年内国内没有竞争对手，可以过几年“安稳日子”；二是“东方”是缩小规模建设，有较好的公用工程和土地条件，具有较大的发展潜力。他毅然选择了后者。他先后利用企业自有资金和新的银行贷款，相继建成3套生产装置，即：国内配套的年产2万吨丙烯酸树脂生产装置，从美国引进的年产1000万平方米压敏胶带生产装置，采用日本技术自行设计的年产1200吨羟基酯生产装置。

1987年，东方化工厂实行了厂长负责制，邵锡全同志在企业中实行了一系列改革：推行不同内容、不同形式的承包责任制，按月考核，兑现奖惩；在干部制度上，实行了聘任、试聘及选聘结合、择优录用等办法；在劳动制度上，进行了“五班三运转”的试点；在分配制度上，实行了工资总额承包制、浮动工资制以及对“三班倒”工人实行岗位优惠制等新办法；在内部管理上，深化企业改革，净化企业职能，不断完善企业经营机制。

邵锡全同志给终把研究新技术、开发新产品作为发展“东方”的一个重大课题来抓，每年用于科技进步的投资平均在1500万元以上，每年新产品的产值增长都在2000万元左右。在科研开发上，他坚持“两条腿走路”的方针，一方面积极引进、消化、吸收国外先进技术，缩短与国外的差距；另一方面，发扬自力更生的精神，依靠自己的力量组织技术攻关。他建立了科技进步奖励基金，制定了鼓励科技进步的10项政策，以促使科技成果尽快转变为生产力。几年来，在他的领导下，厂里的工程技术人员先后对引进装置进行了26项较大的技术改造，获直接经济效益2700多万元。目前，引进装置的备品配件和原辅料国产化率，已分别达到80%和92%，并且使引进设备一直处于稳定运行状态，产品合格率始终保持在100%，优质品率保持在95%以上。

北京东方化工厂自1984年5月投产到1990年底，为全国建筑、纺织、造纸、油漆、制革、冶金、石油开采和水处理等十几个行业提供了23万吨优质化工原料，出色地完成了第一个承包期的任务，累计创产值95518万元，平均每年递增22%；实现利税34868万元，平均每年递增29%；出口创汇1549.6美元，平均每年递增20%。全员劳动生产率13万元。人均利税4.9万元，居全国有机化工原料制造业之首。

该厂已进入全国500家最大工业企业及最佳经济效益工业企业的行列，丙烯酸及酯类五个产品均获国家金牌奖，“云燕”牌产品畅销国内28个省、自治区、直辖市，并远销美国、日本、德国、东南亚、香港等国家和地区。

与此同时，邵锡全同志努力探索发展企业横向联合的路子。在他的倡导下，北京东方化工厂与北京、江苏、广东、四川、新疆等七省市组成了21个松散型、紧密型经营联合体。同时，他还不失时机地与国外企业进行合作，同美国的罗门哈斯公司一道，成立了“东方罗门哈斯技术中心”，为企业发展外向型经济创造了有利条件。

邵锡全同志抓效益不忘三废治理。几年来，工厂用于三废治理和环境污染方面的投资近2000万元，使废水、废气、废渣的排放均合乎国家规定的标准，同时，组织职工不失时机地植树造林，栽花种草。64公顷的厂区，绿化面积已达95%，基本上实现了三季有花，四季常青。北京东方化工厂已被评为全国环境优美工厂。

邵锡全同志作为厂长，能自觉地把厂长的工作纳入法制轨道，虚心接受党委和群众的监督。他工作认真负责，作风扎实细致，努力超前指导，领导全盘工作有节奏、有效率、有效果。他为人正派，团结同志，谦虚谨慎，严于律己，深入实际，联系群众，是全厂公认的好厂长、好带头人。

杨维书

男，52岁，1964年毕业于山东工学院，在铁道部戚墅堰机车车辆工厂历任技术员、工程师、车间主任、分厂长、副总工程师、副厂长等职，1983年底担任厂长。1984年以来，机车车辆厂工业总产值以每年9.6%的速度递增，上交利税累计21723.3万元，名列同行业前茅，成为全国500家最大工业企业之一。该厂先后获全国经济效益先进单位、全国思想政治工作优秀企业、全国“五一”劳动奖状、国家二级企业等省、部级以上荣誉称号87项，其中国家级荣誉称号27项。杨维书本人也先后被评为常州市优秀厂长、优秀企业家，常州市和江苏省劳动模范，第四届全国优秀企业家。

杨维书同志担任厂长后，提出了利用机车车辆厂人才、技术、设备优势，扬长避短，把该厂建设成为我国大功率内燃机车的专用、特种、工矿车辆生产基地的战略目标。他坚持不懈地抓住新产品开发这个龙头，在资金缺乏等极其困难的条件下，发扬自力更生、艰苦创业的精神，试制成功了具有国际八十年代先进水平、国内单机功率最大的东风8型3310KW（4500马力）货运内燃机车，并正式通过了国家级鉴定，投入批量生产，荣获国家；六五”科技攻关奖和国家“科技进步一等奖”。同时，又开发了280系列柴油机和新一代东风9型大功率高速客运内燃机车，并开始研制八轴重载内燃机车，形成了“生产一代、试制一代、研制一代、构思一代”的格局，使该厂出现了“二十年不愁饭吃”

的稳定发展的好势头。围绕产品开发扩大生产能力，他先后组织实施科技进步项目 131 个；组织力量自行设计组建 15 条专业生产线；从日本、美国、西德等国家引进了一批具有八十年代国际先进水平的内燃机车修造关键设备，从而大大提高了该厂的技术装备水平，增强了企业发展的后劲。他一手抓新产品开发，一手抓老厂技术改造，坚持边改造边生产，使厂修东风 4 内燃机车的能力较 1983 年翻了一番。货车新造从无到有，形成了年产 800 辆的生产能力。在该厂新造、修理任务稳定增长的形势下，他又把该厂经营触角由路内伸向路外和国外，先后与 70 多家企业建立了横向联系，促进了地方经济的发展，并向美国、苏联、台湾等国家和地区出口了机车构架、车钩、集装箱角等产品。

在深化企业改革，完善企业经营管理机制方面，杨维书同志善于博采众长，勇于大胆探索。他以打破“三铁”（铁交椅、铁饭碗、铁工资）为突破口，在厂内进行了一系列配套改革。一是会同党委和工会组织修订完善了贯彻“三个条例”的实施细则，建立起科学的决策程序，该厂被原国家经委列为全国 98 家厂长负责制搞得好的企业之一。二是引入竞争机制，在全厂干部中实行了聘任制，并开展了优化劳动组合试点工作；在分配上打破平均主义，采用把浮动工资、上岗津贴、生产奖金捆在一起的办法，强化考核效果，灵活运用“六包一保、三定五保”等多种形式的承包责任制，把“死”指标包“活”，有效地调动了全厂干部职工的积极性。三是在完善分厂制的基础上，理顺了一级行政机构的职责分工，减少了交叉重叠，提高了工作效率，保证了产品质量和均衡生产。四是坚持以“法”治厂，主持制订和修订了 250 多项规章制度和各类各项标准，保证了生产指挥和经营管理系统的政令畅通、高效运转。

杨维书同志一直把推动管理进步作为提高企业素质的根本途径。他应用系统工程原理，在全路同行业首创了厂内处室、分厂、车间、班组四级管理升级的科学体系。他以强化现场管理为重点，按“全面、先进、合理、可行”的原则，瞄准国家一级企业目标，制订、完善考评标准质量、安全等 16 项基础、专业管理的具体要求，细化为 735 个考核项点，每年组织两次上下结合的双向考评，每两月进行一次日常考核。把管理升级的考评结果与职工的奖励、单位及领导干部的评先评优直接挂钩，激发了广大职工参与管理的积极性和自觉性，增强了领导干部抓管理的决心和恒心，从而有力地促进了企业管理整体效能的不断优化。计量管理获国家一级计量合格证书；理化管理在全路首家获得国家理化检测计量认证合格证书；选用各级各类标准 821 项，其中国际标准 19 项，产品标准覆盖率达 100%，技术标准、管理标准和工作标准已形成体系；各类定额健全率达 98%以上，劳动技术定额面达 84.5%，能源消耗定额面达 95%。质量管理获得并保持了部、省质量管理奖。东风 8 内燃机车、C62A 敞车等九种产品获得了国家、部、省优质产品称号，其中 13 号车钩获得国家优质产品金牌奖；优质品率占新制产品产值的 90.6%；设备管理获“全国设备管理先进企业”行列。截止 1990 年底，已实现安全生产 1183 天。他积极推行现代化管理，探索总结出具有本厂特点的“两制五全一系统”的现代化管理模式。1984—1990 年，共获现代化管理成果 250 项，其中市级以上成果 70 项，总效益达 4800 万元。

杨维书同志坚持把国家利益放在首位。铁路内燃机车修理厂属低价微利行业，他带领全厂职工发扬无私奉献精神，年年超额完成国家计划。1988 年初，他与铁道部工业总公司签订了三年承包合同。在厂内，他分别与党委、工会签订了共保协议，与各生产单位、行政处室分别签订了一包三年的承包合同和包保协议书，形成层层担风险，人人挑重担的局面，圆满完成了三年的承包任务。与此同时，他充分挖掘内部潜力，深入开展“双增双节”运动，狠抓节能降耗工作，严格控制“双费”（企管费、车间费）支出。1988—1990 年，实现技术革新项目 5022 项，采纳合理化建议 5496 条，综合效益达 858.8 万元，从而有效地克服了资金、物资、能源紧缺等困难，使承包走出了“窄缝”。三年承包跨出了三大步，与承包前的 1987 年相比，1988—1990 年的工业总产值和全员劳动生产率年平均速长 5.7%和 5.4%，实现利润年平均增长 10.58%。他还十分注重社会效益，坚持质量第一的原则。1985 年初，有的路局对车辆摇枕壁厚超差导致裂纹的质量问题有些反映，虽经复验后证明这批摇枕仍可使用，但他为了确保铁路行车安全万无一失，还是通电全国各路局将这批摇枕全部就地更换，彻底消除了行车事故的隐患，该厂为此承担了 78 万元的损失。

杨维书同志重教育人，依靠广大职工办好企业。在实际工作中，他牢固树立两个文明一起抓的思想，坚持从战略高度狠抓全厂干部职工的培训教育。1984 年以来，全厂累计培训职工 5 万余人次，提高了广大职工的政治、文化、技术素质；同时，他坚持和党政工领导每周三次业余接待群众来访、经常深入车间、学校、医院、职工单身宿舍与工人、教师、医务人员、青年知识分子谈心、交心；他积极支持广大职工参政议政，自觉接受职工监督，提高了决策的民主性和科学性；他坚持每年为职工办几件实事，解决了较突出的职工住房难、入学难等矛盾，使职工安居乐业，无后顾之忧，极大地增强了企业的凝聚力和向心力。该厂被中华全国总工会授予“职工之家”称号；他在企业生产经营活动中，严于律己，品正行端，为各级领导干部做出了榜样。

贾中秀

男，55 岁，晋城矿务局局长，高级工程师。他兼任山西省人大常委，中国煤炭企协常务理事、中国矿大教授等职。1956 年毕业于太原采矿学校，1962 年调入潞安矿务局工作，先后担任技术员、科长、矿长、局副总、副局长等职，1986 年夏天调入晋城矿务局担任局长。在担任局长的几年间，他曾先后获得中国煤炭工业首届优秀企业家，全国先进个人并荣获“五一”劳动奖章、国家级有突出贡献的中青年专家、全国劳动模范、第四届全国优秀企业家等荣誉称号。

贾中秀同志刚上任时，晋城矿务局面临着六大困难：一是每年必须自我消化 3000 万元的政策增资来保证 3000 万元上缴利润完成，否则，就要用包干工资来补交利润；二是实际年产量已经超出矿井设计能力 62%，靠增产去实现增收难；三是煤炭市场供过于求，煤炭外运又受铁路的制约，企业存煤 100 万吨，占用流动资金 2400 万元，外运销售难；四是老区扩建与新区建设因迟迟不能上马，致使生产能力青黄不接；五是企业自我改造、自我发展资金严重不足；六是相当大的部分干部职工中存在着“成绩不大年年有，步子不大年年走”的思想。面对困难，贾中秀做的第一件事就是制订下一年度的生产经营目标。他从井下到井上，从矿上到局里，既同专家研究，又听取矿工的意见，每天工作 16 小时。经过对收集的信息、材料的归纳、整理、分析，提出了晋城矿务局 1987 年的生产经营目标：原煤年产量达到 800 万吨以上，全员工效达到 3 吨，百万吨死亡率控制在 0.5 人以下，上缴国家税利、企业自留资金和职工收入分别比 1986 年提高 30%、25%和 15%，配合经营目标，他又公布了其“施政纲领”：对自己，要求做到“两个不搞”——不搞一刀切，不搞一朝天子一朝臣；“四多一少”——多换思想少换人，多换方法少换人，多换感情少换人，多换水平少换人的要求。对干部，他希望“参谋到，讲清楚，服从最后决策，要有献身精神，不能见权就争，见利就抢，不能当面不说背后乱说。”对全局职工，他提出了“安定团结，团结奋斗，奋斗配合，配合默契，默契有效，有效有功”的要求。起初，人们对贾中秀提出的经营目标极有凝虑。内行人都明白，在国内建一个 100 万吨大型矿井，最快也要四年时间、4000 万元投资、4000 个劳力，而晋城矿务局却要在不要国家一分钱投资的条件下，使年产量在一年内从 670 多万吨跳到 800 多万吨，为国家赚回一个矿井。这可能吗？但贾中秀相信自己的判断和决策。煤炭行业从 1985 年开始实行投入产出总承包。总承包后，经营权逐步下放到了企业。晋城矿务局在承包经营的两年，对所属二级生产单位主要采用吨煤工资包干的办法，即每月按每个矿产量的多少支付工资。贾中秀经过分析后提出，吨煤工资包干容易忽视经济效益。要摆脱企业面临的“六大困难”，完成承包利润，实现经营目标，必须在企业经营机制上寻求突破。1987 年初，他从两权分离的理论和实践中得到启示，大胆推行了无需签定合同的“台阶单价结算制”，确立了企业内部的商品关系，将竞争机制列入企业，形成了经营效益新机制。“台阶单价结算制”即局把国家下达的计划按单位分层次分解，制定出 4 个档次，不同档次有不同的工资单价和费用单价。档次越高，单价就越高，矿上出煤，局里销售，月底算帐，上到哪个档次就拿哪个档次的工资和费用。简单地说，就是“一台阶饿肚子，二台阶够温饱，三台阶达小康，四台阶大实惠”。第四台阶为最佳经济效益点，也是最高收入档次。通过推行“台阶单价结算制”，从根本上改变了局矿之间的单纯行政关系，避免了承包中发包方与承包方之间的行政关系，避免了承包中发包方与承包方之间的讨价还价，促使企业转轨变型。从而使晋城矿务局出现了前所末有的“不用扬鞭自奋蹄”的喜人景象。在整顿劳动组织，加强管理的同时，凤凰山矿率先展开了对选煤楼皮带运输机进行技术改造的工作。古书院矿、王台铺矿见状不甘落后，也分别对各自的矿井提升设备和地面生产系统进行了技术改造。实行“台阶单价”结算制以来，该局的生产效益大增，1987 年原煤产量达到了 900 万吨，1988 年产量突破 1000 大关，跨入了全国特大型煤炭企业行列。1987、1988 年两年增产煤炭 240 万吨，等于为国家赚回两个大型矿井；两年累计上缴国家利税 1.35 亿元，比实行“台阶单价结算制”之前的两年提高 33.66%，1989 年在铁路外运彻底饱和的情况下，煤炭产量仍比 1988 年净增 30 万吨。全员效率提高 12%，销售收入增长 24.9%，上缴利税增加 429 万元。这一做法被认为是对承包机制的引申和完善，荣获山西省企业管理优秀成果奖。

贾中秀同志坚持科技兴煤，勤俭持家。晋城矿务局机关职工俱乐部是六十年代初建造的，经过二十多年的风刮雨淋，已破旧不堪，许多干部建议重新修建，但他就是不同意花这笔钱。他对干部们说：“我们现在还很穷，有限的资金要花在刀刃上。往生产上花钱，花的是“活钱，而往福利上花钱，花的则是“死钱”。“活钱”是投入，等将来产出了效益再往福利上投资。他还不断探索安全管理的新途径，将风险和利益机制引入安全管理。刚上任，就对全局死亡、受伤职工进行了解，并到医院去看望受伤职工。通过对收集、整理的建局以来发生死亡事故分析，他发现，导致这些事故发生的一个重要原因，就是基层干部在井下工作时违章指挥，生产工人违章作业和违反劳动纪律。他决定在全局展开一场对“三违者”象“过街老鼠，人人喊打”一样的活动，从 1988 年下半年开始，他首先在煤炭行业推行了“全员安全抵押承包”，把风险和利益机制引入了安全生产管理中。在全局范围内规定，局长抵押600元，矿长抵押300元，一般管理干部抵押200元，工人抵押100元。抵押金逐月从工资中扣除，如果到年底不发生死亡，抵押金翻番发还，反之，则分文不给，并重新开始抵押。这一招把每个职工的经济利益同安全好坏直接挂钩，使安全生产成为每个职工每分每秒都要警惕的问题。与此同时，他还十分注重职工安全思想教育。他在实践中创造的"六种教育形式"已在全国煤矿中推广应用。通过加强安全管理。推行"全员安全抵押承包"，使全局百万吨死亡率连续四年控制在0.5人以下，1989年降到0.1人，居全国榜首，达到了世界先进水平。

贾中秀同志在晋城矿务局任职几年来，团结和带领全局职工勇于开拓，奋力拼搏，使原来榜上无名的年产量600万吨的小企业，跨入年产量1000万吨的特大型现代化煤炭企业行列，各项主要经济技术指标名列同行业榜首。1988年被煤炭工业部命名为"现代化矿务局"；被全总授予"优秀企业管理"称号；荣获全国"五一"劳动奖状；晋升为国家二级企业；荣获全国企业管理最高奖——"金马奖"。同时，还被评为"全国职工思想政治工作优秀企业"，1990年荣获能源部质量管理奖；跨入了国家一级企业。

徐世彬

男，53岁，中共党员，东北工学院炼铁专业毕业，1964年到吉林铁合金厂工作，曾先后担任技术员、车间副主任、援外办公室副主任、车间主任兼党总支书记、副厂长等职。1982年任吉林铁合金厂厂长、并兼任哈达铁合金集团董事长、吉林市科协副主席、中国金属学会铁合金分会理事、中国冶金企业管理协会常务理事和中国铁合金工业协会会长。

徐世彬同志担任厂长以后，严格执行党的路线、方针、政策、坚持改革，坚持社会主义方向，坚持两个文明一起抓。几年来，他带领广大职工团结奋斗，狠抓产品质量，加强企业管理，加强技术改造，使吉林铁合金厂产品质量逐年提高，物质消耗逐处降低，经济效益不断增长。厂1990年铁合金总产量达到235082万吨，是1982年的2.8%倍，8年平均年递增14.07%；产值达到32663万元，是1982年的2.05倍，平均年递增9.41%；实现利税达到13471万元，是1982年的4.52倍，平均年递增20.74%；上缴利税达9663万元，是1982年的3.95倍，平均年递增18.62%。该厂先后荣获全国经济效益先进单位，全国企业管理优秀奖、全国思想政治工作优秀企业、全国"五一"劳动奖状、国家质量管理奖等荣誉称号，并首批进入国家一级企业。他本人也先后获得省、市特等劳动模范、吉林省优秀共产党员、吉林省首批优秀企业家、第一届冶金工业优秀企业家、全国首届经济改革人才奖银杯奖、1988年度国家级有突出贡献的专家、全国"五一"劳动奖章、全国劳动模范、第四届全国优秀企业家等多项荣誉称号。

1983年徐世彬同志主动和省冶金厅签定了经济包干合同，并在全厂推行了以定额利润承包为主要内容的经营承包责任制。其中包括利润承包、单项工程承包、科技攻关承包、产品推销承包、原料采购承包、现代化管理承包、设计承包、新产品开发承包等多种形式的承包，推动了企业的进步和发展。1987年，他又在全省首批实行了厂长任期目标责任制，在各项生产经营指标大幅度增长的情况下，承担了四年里产量、产值、利税分别增长36.11%、28.79%、36.12%的任期目标。通过几年来的努力，这些目标已经提前实现。他改革干部管理办法，取消了干部终身制，对新任中层干部实行试用期制度，使一大批有才干、有能力、有开拓精神的人走上领导岗位。他任命了一批主任工程师和责任工程师，使科技人员享受同级管理干部的待遇，并积极提倡工人兼工种作业，在省内首先实行浮动工资制度。为促进我国铁合金事业的发展，推行横向经济联合，1986年他组建了哈达铁合金集团。为发展外向型经济，他于1987年和1988年组建了3个外贸公司，为企业生产经营的健康发展创造了有利条件。通过一系列的配套改革，增强了企业的活力，吉林铁合金厂荣获了"全国十年改革创新杯"。

徐世彬同志始终把质量工作当作大事来抓。他积极推行全面质量管理，教育全厂职工树立"以优质求生存、以优质争优势、以优质促发展"的质量意识，健全质量保证体系，严格落实质量责任制，并在生产中按国际先进标准组织生产，使产品质量不断提高。吉林铁合金厂生产的11种主要产品全部为优质产品，其中，4个获国家银质奖、7个获部优。产值较高的9种产品的企业标准和产品实物质量均被国家认证为达到国际先进水平，1989年荣获了国家质量管理奖。

大力推进技术进步、奋力赶超国际铁合金技术的先进水平。徐世彬同志早在六十年代末，就和工程技术人员一起，出色地完成第一台铁合金电炉的封闭工作。当厂长后，他一直把推进技术进步做为一项重要工作来抓，亲自主持制订工厂科技攻关计划、设计方案。为调动科技人员的积极性，他认真落实知识分子政策，给他们创造良好的工作条件，并多次派人到国外学习考察，聘请外国专家来厂授课，加速工程技术人员的知识更新。1982年以来，先后试验成功了微机应用于电炉控制、"JL"法冶炼中锰、"JL"法冶炼硅钙粉剂、氮化系列产品、含锶硅铁等19种新工艺和新产品，填补了国家空白。

徐世彬同志十分注意提高企业整体素质，积极探索提高企业管理水平的新途径。他担任厂长后，率先提出了本厂要以企业升级为主线，加强基础工作，开展晋等达标和内部升级工作，创国家一级企业的奋斗目标。在他的带领下，经过全厂干部职工的共同努力，吉林铁合金厂的产品质量、物质消耗、经济效益三项指标均达到了国家一级企业标准，并于1987年末首批进入国家二级企业行列，1989年首批进入国家一级企业行列。

超前分析，超前决策，确保企业经营工作顺利进行。随着社会主义商品经济的发展，企业生产经营的外部环境发生了变化，“五紧”现象使企业的正常生产受到威胁。在这种形势下，徐世彬及时提出了“形势早分析、工作早安排、措施早落实”的经营思想。如为做好1990年工作，他于1989年6月就主持召开了厂务会议，提出了1990年的方针目标。在用户资金紧张不能及时付货款的情况下，他提出要向用户按期发货，保证钢铁企业的正常生产。他说：“尽管我们困难很大，但我们必须保证用户需要，保钢铁工业发展。”针对电力供应严重短缺的情况，他提出要靠节电增产挖潜力，靠提质降耗增效益，并在全厂各生产分厂开展节电、增产、提质、降耗、冶炼一条龙竞赛，取得了明显成效。1990年累计比计划节电12431万千瓦时。

坚持两个文明一起抓，调动各方面和积极性。徐世彬同志十分注意支持和重视党委的工作。党委召开会议，他都参加，并要求党员行政干部要做端正党风的表率。他提议每年拨款2万元，作为“思想政治工作奖励基金”。在党委领导和徐世彬的带领下，全厂职工思想安定，工作活跃，党政工团领导干部配合默契，关系融洽，形成了强大的合力。他还注意维护职工的切身利益。他建议，凡工龄满15年的职工，每年可休工龄假，每年过生日厂里发合生日蛋糕；工龄在15年以上或在工作中表现突出以及身体有病的职工可分期分批到青岛、太湖、丹东等地疗养。到1990年底，全厂已有800多名职工参加了疗养。1986年以来，为职工建造26栋住宅楼，为2000多名职工解决或改善了住房。

徐世彬同志没有满足已取得的成绩，他决心带领全厂职工继续团结奋斗，苦干实干，开拓前进，使吉林铁合金厂以其雄厚的实力跻身世界，为我国铁合金事业的发展，做出更大的贡献。

曹惠民　男，49岁，中共党员，天津达仁堂制药厂厂长，副主任中药师。从1985年担任厂长以来，他认真贯彻执行党的十一届三中全会以来的路线、方针、政策，坚持四项基本原则，坚持两个文明一起抓，率领全厂职工，深化改革，强化管理，取得了突出成绩。五年多来，天津达仁堂制药厂的经济效益每年平均以15%的幅度递增。1989年，人均创利税达2.14万元，居全国同行业之首。同时该厂连续获得国家一级计量单位、国家二级企业、国家部级质量奖、全国企业管理优秀奖——金马奖、全国思想政治工作先进单位等荣誉称号。他被选为天津市第十一届人大代表，1988年为天津市劳动模范，1989年评为天津市优秀企业家，1990年评为天津市特等劳动模范，第四届全国优秀企业家。

曹惠民同志坚持以改革统揽全局，把竞争机制引入企业，进行企业内部的配套改革，调动广大职工的积极性。从1985年开始，他在厂内推行了厂长任期目标责任制，建立了全厂目标管理体系。对全体干部实行逐级聘任、层层签订聘用合同，实行定性定量考核，定期对干部的德才及业绩诸方面实行民主评议，打破干部终身制，对工作突出者破格提拔，不称职者随时解聘。在职工中，创建了风险共担，利益共享的利益共同体，全面实行企业内部多种形式的承包合同制，在生产车间实行超定额计件底薪加浮动承包责任制；在技术部门实行分阶段项目承包制；在销售部门实行销售利润弹性承包制；在能独立核算的部门实行独立核算，脱钩承包制；在分厂实行纯计件工资制度。实行了基本工资、职务工资、效益工资、风险奖金、全勤奖等综合工资奖金分配办法。通过实行承包制充分调动了职工的积极性，使全厂各车间的劳动生产率平均提高30%。抛弃旧观念，建立新秩序，创建中药企业管理现代化新格局。

曹惠民同志上任后，做出七项决策，并付诸实施，从根本上结束了中药简陋的手工作业，为防止污染，确保疗效探索出了一条中药生产现代化的新路子。一是建立花园式前处理车间，改革落后的加工方法，实现原料水洗，加强了原料库的管理，使原料加工工序实现了全国中药行业第一流的文明生产；二是实现符合中药MP（生产管理规范）要求的现代化生产；三是包装车间结束了多年用手抓药的历史，在全国首创专用工具夹药新工艺，解决了包装中的染菌难题；四是建立了初具GMP水平的出口产品及新剂型产品的综合车间，设置了现代化的风淋设备，实现了第一流的空调密闭生产；五是建立了药粉低温库，防止灭菌后药粉的再污染；六是包装库房的标签、说明书等由过去敞开存放改造为专柜封闭专人管理，防止了污染、丢失，做到帐、卡、物三相符，达到全国标签管理一流水平，七是投资60万元，购置了现代化的检测仪器，在全国中药行业第一个建立了现代化检测中心。

曹惠民同志把产品质量视作企业的生命。他作出“从提高产品的内在质量标准入手，提高产品质量”的决策，组织科研人员采用现代化科学技术测定药品的有效成份，首创了牛黄降压丸胆酸含量测定，有效地控制了该产品的主要含量及均匀度，并在中成药质量分析会上首次运用萤光照像技术，为提高产品质量提供了可靠的保证。几年来，天津达仁堂制药厂的产品质量一直很稳定，有七个产品分别获国优、部优、市优，其中，牛黄降压丸评为国家金质奖，安宫牛黄丸评为国家银质奖，牛黄清心丸、血脂宁评为部优产品，乌鸡白凤丸、大活络丹、健步虎潜丸评为市优产品。

曹惠民同志把增强企业后劲，不断开发新产品作为主要工作来抓。他担任厂长后，提出了“自己研制，顾问献方，医药结合，古为今用”的十六字科研方针，广开方源，大力开发新产品。近几年已有11个新产品投放市场，尤其是他亲自主持研制的抗衰老良药——清宫寿桃丸以其独特的疗效受到中老年患者的欢迎，评为天津市优秀新产品一等奖。在开发新品的同时，他决定从日本引进小丸生产线，组织研制了小丸、微丸、软胶囊、颗粒剂等新剂型，优化了产品结构实现了企业由单剂型向多剂型发展。天津达仁堂制药厂是个由前店后厂的商办企业转化而来的老企业，管理基础工作很薄弱。针对这种情况，曹惠民同志决定从基础工作的现代化抓起，组织全厂职工争创国家一级计量单位，以计量工作带动定额管理、标准化等各项工作。同时建立了以全面质量管理为中心，统筹各专业管理的管理系统。在全厂推动了全面质量管理和目标管理，并把现代化管理的思想、组织、方法、手段、人才五个方面。综合运用于各管理系统。突出了管理功能的整体优化。他重注人才开发，采取厂内办班，鼓励自学，送出培养，接收大学生四条途径，培养人才。到1990年底，该厂有大专以上学历的职工137人已成为该厂生产、经营、技术、管理各方面的骨干。因此，使企业的管理水平大大提高，取得了显著成绩。1988年，该厂继晋升国家二级企业之后，又晋升为国家节能二级企业，被评为国家医药局设备管理先进单位、安全生产先进单位和国家医药局级企业管理优秀单位，全国企业管理十佳企业。

曹惠民同志担任厂长几年来，紧紧依靠党、政、工、团组织的力量，他严于律己，团结同志，密切联系群众，关心职工生活，深受广大干部职工的爱戴。

董浩林 男，1947年7月生于江苏进县，大专文化程度。中共党员，高级工程师，1968年进上海卷烟厂当工人，担任过党支部副书记、车间副主任、副厂长，1984年底任厂长。他任厂长6年来，依靠和带领全厂职工奋力拼搏，艰苦创业，取得了上海卷烟厂发展史上，技术进步最快，品种结构调整最大、开发新产品最多、创造经济效益最高的好成绩。自1985年以来，上海卷烟厂卷烟年产量稳定中略有增长，质量、品种大幅度提高，实现税利以每年9.44%的速度逐年递增。该厂先后荣获“国家二级企业”、“全国工交系统经济效益先进单位”、“全国卷烟行业经济效益先进单位”、“全国思想政治工作优秀企业”、“上海市企业管理优秀奖”等荣誉称号。他也被评为上海市优秀法人代表、上海市优秀厂长、上海市优秀思想政治工作者和第四届全国优秀企业家。

董浩林同志审时度势，正确决策，实现了企业生产和技改的共同发展。1984年底，他担任厂长时，上海卷烟厂正面临着一个严峻的局面。该厂是有六十年历史的老厂，由于长期以来超负荷运转，拼设备，吃老本，投入少，索取多，因此拥挤不堪的厂房、老掉牙的三十年代设备、几十年一贯制的产品、比较落后的劳动环境以及与旧设备相协调的传统管理……这些日积月累的问题，在改革开放逐步深入的大环境中，严重地束缚了企业的发展；特别是在全国卷烟行业迅猛发展、市场竞争越来越激烈的情况下，该厂原有的优势开始丧失。面对这样的局面，他认识到：必须抓紧技术改造，走企业内涵扩大再生产的道路。经过积极争取，1987年在上级公司支持下，上海卷烟厂被定为“七五”期间重点改造企业。投资9894万元，要求建成具有60～80年代国际水平的卷烟生产线，形成年产100万箱生产能力，同时，技改期间，要求经济效益仍以每年5%的速度递增。三年多来，他坚持以改革为动力，以改革推动技改，坚持党的领导，依靠思想政治工作调动全厂职工积极性，加强科学管理，克服了来自企业内外的各种困难，终于一步一步地走出了“老厂改造”这一山重水复的困境，取得了技术改造分步实施、经济效益逐年增长的效果。到1990年底，一套具有七、八十年代国际水平的制丝、卷接、包装生产线已初步建成。由于设备更新，技术进步，在总产量稳定的前题下，质量稳中有升，逐年提高。1985年以来，有7种产品被评为优质产品，其中，“中华”获烟草行业唯一的国家金质奖，“高乐”获银质奖。同时，对品种结构进行了合理调整，滤嘴烟产量1990年达到571067箱，比1985年增长137.43%；中华、牡丹等名优烟产量比1985年增长329.70%，提前实现了国家提出的名优烟翻番的目标；近两年还连续推出了4种新产品和29种新花色、新规格的卷烟；“七五”期间，上海卷烟厂经济效益在全国年年名列前茅，1990年实现税利16.082亿元，比1985年净增9个多亿。在1987年以来实施技改的三年最困难时期中，仍为国家上缴了近50亿税利，并且创汇1.4222亿美元。1990年底，上海卷烟厂“七五”技改顺利地通过了由国家计委与烟草总公司组织的国家级验收。

董浩林同志积极、慎重地进行改革，使企业初步建立了充满活力的经营机制。他积极倡导培育“团队精神”，响亮地提出要打“团体冠军”。首先，他在企业的重大决策和主要工作部署上自觉接受企业党组织的集体领导。他主动向党委和职代会报告工作，主动同党委和工会领导交流思想，主动做思想政治工作，主动对政工干部交任务、出课题，提供信息，提出建议。为了形成一个高度集中、统一、协调能发挥整体功能的领导核心,还在管理方法上制定和落实了一整套制度,如党委“三参与”制度等等。从而,理顺了党政工关系。他对于依靠广大职工办企业具有高度的自觉性。他十分重视和支持职工进行民主管理。他不但本人积极参加工会组织的各种形式的民主管理活动,并要求各级干部增强民主意识、尊重职工的主人翁权利。他重视落实职代会的各项职权,曾为此提出一系列保证措施。五是由于他身体力行,上海卷烟厂的民主管理出现了“一强二真三象”的生动局面,即:广大干部的民主意识不断增强;各级领导真心实意地与职工代表商议重大决策和重要工作;职工代表提高了参与企业管理的能力,确实象企业的主人翁。该厂民主管理工作多次受到上海市总工会和全国总工会的肯定与表扬,成为烟草行业中执行和完善厂长负责制的先进典型。在改革企业领导体制的同时,他还进行了人事制度与分配制度的改革,完善了企业动力机制,全方位地调动职工积极性。

加强企业管理,探索具有本厂特色的管理模式。1985年,董浩林提出了“企业管理要一年上一个新台阶”的思想。自国务院颁布了《关于加强工业企业管理的若干决定》后,他积极组织全厂干部职工开展企业升级活动。他从深化企业方针目标管理着手,通过完善目标制定、展开、实施、考核等各个环节,使方针目标管理由静态管理向动态管理深化,由结果控制向过程控制深化。使方针目标管理已成为统一全局的主导管理方法,推进了企业技术、管理两个轮子同步运转,实现了技改、生产的共同发展。几年来,企业各项基础工作得到加强。各种原始记录、台帐、报表经统一整理,形成了九条线和168种报表;各项管理制度经修改完善形成189项管理标准。企业管理现代化不断推进。1987—1988年间,有6个质量管理成果和10个现代化管理成果获得总公司、市公司以及上海市的奖励,22台微机在生产经营管理的11个方面得到开发应用。企业整体功能不断优化,形成了具有本厂特色的“一一三三”管理模式。即在党的领导下确立厂长的中心地位(一个中心),以方针目标管理为主线(一条主线),人才、技术、管理相互促进共同开发(三方开发),完善思想政治工作、经济责任制、职工民主管理三套保证体系,并在实践中取得了成效。董浩林始终一贯地把思想政治工作作为企业发展的生命线,并且在思想政治工作中十分重视企业精神的培育和企业文化的建设。在他的倡议和推动下,该厂形成了厂风、厂纪、厂标和职业道德、企业精神等相互配套的企业文化。他对职工严爱相济,生活上关心、爱护,思想上、工作上则严格要求。他廉洁奉公,严以律己。在他任职以来,该厂的廉政建设曾多次受到上级表扬,连续三年财税物价大检查和审计检查后,都被评为守法户、上海市财税物价大检查先进单位、全国烟草行业审计先进单位。

温祈福 男,51岁,广东顺德人,大专文化程度,经济师,广州市饮食服务公司副经理、广州酒家经理。他15岁便到广州做工,18岁加入共青团,19岁加入共产党。他做过会计、人事、业务、工会工作,1984年担任经理。

80年代初,我国第三产业蓬勃兴起。当时还是副经理的温祈福,深知在饮食业竞争激烈的情况下,质量优胜才有竞争力。酒家质量,来自酒家环境、服务、食品和设备设施的有机结合,虽然广州酒家是一家有50多年历史的老字号,牌子老,经营上也有特色,但与新兴的中外合资经营的酒家、饭店比较,各方面都显得逊色。温祈福同志担任经理后,提出改革创新之路。他决定贷款400万元,对企业进行全面更新改造,使企业旧貌变新颜。为使服务工作与企业的全新面貌相协调,他决定公开招收新职工,改造老化了的服务员队伍,实施新的服务措施。发扬传统、创新特色,增加花色品种,大抓食品质量。在他的带领下,经过全体职工的共同努力,广州酒家从装修改造开始,改变了设备陈旧、服务水平低、食品质量一般化这种状况,以优质的食品、优良的服务、优美的环境服务于大众,在与众多的国营、合资经营酒家竞争中,一举夺得了冠军。自1984年以来,广州酒家经济效益持续上升,稳步发展。营业收入平均每年增长48.73%,利税平均每年增长62.57%。1990年,营业收入8840万元,比1989年增加44.02%,是1983年10.68倍;创利税1506万元,比1989年增加48.78%,是1983年的20.92倍。

广州酒家装修改造后,有人主张全面实施高档化经营。温祈福认为广州酒家是国营企业,要牢记为人民服务;“对外开放,对内搞活”,人民生活无疑提高了,但不是都具有高消费水平;广州酒家长期靠一大批消费水平不高的老茶客捧场,全面实施高档化经营,必然把他们拒于门外;高消费不符合国情。为统一大家认识,他在职工中开展“假如我是顾客”的讨论,确立了“服务于大众”的经营宗旨和“高、中、低档并举,丰俭由人”的经营方针,以及“宾客至上,服务第一,质量第一”的经营思想。他要求做到既有上万元的高筵席,又有几百元的一般筵席,十元八块的散餐和几元的盒饭,适应多层次消费;不论消费高低,服务要一视同仁,热情接待;不论是高档还是大众化菜点,同样要精心制作,不粗制滥造;开错茶要重开,顾客认为食品不符合标准,要退换。几年来,广大干部职工待客诚心,服务诚恳,买卖诚实,深受顾客欢迎和称赞,顾客满意率持续达到98%以上,1990年达到99.3%。众多的新闻单位先后548次报导表扬。国家和省、市领导机关先后54次表彰奖励。

质量的关键在于管理。温祈福制订了企业“六个感”、“八把尺子”、“四个规范”的质量目标和质量标准，建立394个岗，973条岗位责任制为中心的企业管理章程。在规范服务和规范管理的基础上，他推行全面质量管理，实施方针目标管理，加强物价、计量、安全、卫生等各项专业管理。他及时改革管理体制，把原企业经理——部门部长二级管理，改为企业经理——部门主任——工段部长三级管理。并实施“五控制一监督”，即员工自我控制、工段控制、部门控制、全质办控制、经理控制，建立消费者监督网络，接受消费者监督。层层负责，每天“三查一登记”。服务员设有服务态度考核卡，制品员设有质量跟踪表作记录。职工的质量功过，与提成工资挂钩，按章奖罚。通过这些工作，在企业形成一套比较完善的工作质量标准和管理章程，形成了一个有效的质量监控、反馈系统，使广州酒家的质量持续稳定提高。

在市场竞争的情况下，他及时掌握和运用质量信息，发展企业。他直接主管质量信息工作，在广州酒家设立信息中心，部门配信息员，有关重大信息，他在第一时间亲自阅处。“征询顾客意见书”，是酒家内部信息的主要来源，外部信息，则是以市场调查为主。他抓住内外这两种信息，在运用质量信息，提高服务质量，改善企业经营等方面，取得了明显成效。1990年，在市场疲软情况下，他决定投资1000多万元在边沿区开办了滨江西路分店，该分店投入经营以来，月均营业收入250万元，相当于本市一些同类型店的两倍。

温祈福同志充分利用企业的声誉和自有资金，改造扩大了原企业，兴办了餐料供应部、恩宁路酒家分店、滨江西路酒家分店、十八甫超级饼屋、洪德路超级饼屋、西村食品加工场等“连锁店”，建筑面积达13609平方米，其中营业 面积6052平方米，固定资产增至1210万元，是1983年的26.7倍，职工也从600多人增至1776人。扩大了茶点酒菜、西饼面包、饮食餐料等经营。1990年营业收入8840万元。这些“连锁店”占3350万元。

温祈福充分发掘企业的技术、设备潜力，发展饼点生产。中秋月饼，是当时最有吸引力的品种。他提出二年打基础，三年创名牌，五年占有市场的战略目标。五年目标，三年便实现了。1984年以前，酒家每届中秋产月饼不到10吨，1985年开始增加，1987年便达到210吨，实现了预期目标。近三年继续上升，1990年达到360吨。仅此一项，便达700余万元。几年来，先后发掘和创新了“满汉全筵”、“满汉筵席精选”、集京、川、苏、粤四大菜系于一台的“园桌中国菜”、“老人园桌菜”、“海皇金辉宴”、“海陆空四季火锅”、“海鲜世界”、“野味系列食品”，以及大众化的“车仔菜”、“饭盒饭”等等。不断刷新酒家食谱，日常供应的菜点千种以上，能常年供应的名牌菜点有30种。先后有“三色龙虾”、“广东叉烧”、“麻支乳猪”、“香酥鸭”、“奶油裱花蛋糕”、“瑞士蛋卷”、“牛角包”获全国烹饪大赛“金牌奖”和商业部“金鼎奖”。

几年来，温祈福把职工教育、人才开发，作为企业建设的一项基础工作来抓。他依靠党、工、团组织，采取多层次、多渠道、多种形式，加强职工思想政治工作，深入进行路线教育、职业道德和职业技能教育，强化职工的质量意识、效益意识，造就了一大批责任心强，敢抓善管的管理和技术骨干，造就了一大批“我为企业多奉献”的先进人物。到1990年底，已有29人获大、中专毕业证书，有414人获得业务技术职称，广州酒家几年来培养了经济师1人，助理经济师2人，助理会计师2人，特级厨点师11人，服务技师、宴会设计师18人，二级以上厨点师占厨点生产人员总数30.81%，三级以上服务员占服务员总数36.36%。

腾增寿　男，54岁，共产党员，国营温州玻璃钢建材厂厂长，(国营温州东方工业企业集团公司党委书记兼总经理)，高级经济师。一九五五年参加工作，一九五六年入党。在工作中，他无论是在工人岗位上，还是当机关干部、企业领导，都一贯无私奉献，埋头苦干，争抢困难，而且每次都出色完成任务。他曾荣获全国建材系统和温州市劳动模范、浙江省优秀企业家，第四届全国优秀企业家等荣誉称号。

1984年春天，中国刚刚拉开城市企业改革的序幕。当时的温州玻璃钢建材厂仅是二百来人的国营小厂，1983年累计亏损已把流动资金吃光还倒欠17万元，固定资产也变卖得只剩下27万元。全年产值只有44万元，连续3个月发不出工资，陷入停工停产的困境。1984年初，市人民政府和主管局的领导找到腾增寿同志，请他担任该厂厂长，救活这家濒临倒闭的全民企业，并允许他第一年限亏7万元，第二年保本，第三年盈利7万元。他满怀信心答应下来，并在4月1日赴任的全厂职工大会上提出了新的目标：当年要扭亏为盈，并用三至五年时间，把温州玻璃钢建材厂建成温州市第一流的国营厂，使产品质量在全国同行业领先，职工的收入有大幅度的提高。对此，许多人投以怀疑的目光，都为他捏一把汗，问他：“你有把握吗?”腾增寿爽朗地回答：“把握，我只有5分。但我还有5分精神，加在一起就有10分把握了。”

目标确定之后，他带领广大职工锐意改革，开拓进取，取得了显著成绩。1984年温州玻璃建材厂打了翻身仗，产值比上年增加4倍，实现利润26.7万元。1985年产值突破1000万元，利润达到212万元。此后，该厂就象插上翅膀，腾飞发展，一年比一年兴旺。1986年被评为市级先进企业，1987年被评为省级先进企业，1990年晋升为国家二级企业，产品质量名列全国同行业之首，工人的收入也随之增加了2倍多。

1988年，有近1000名职工的温州新华造船厂累计亏损已达900万元,陷入停工停产、发不出工资的困境。市里领导找到腾增寿,希望由温州玻璃钢建材厂兼并这家工厂。腾增寿毫不犹豫答应说:“稳定社会，发展经济是头等大事。共产党就是要为国分忧，为民解难。”对此，厂里干部职工都很担心。他说服了干部职工，统一了思想，于1988年10月正式将之兼并过来。经过一年多的努力,新华造船厂取得了可喜的成绩。制造还清7条欠船,使客户喜出望外。又新造两条船,修船28艘,年产值近1000万元,比历史最高水平增长近1倍;年人均劳动效率比历史最高水平提高3倍,并且当年扭亏,获利11万元。随后又兼并了有1500多名职工、负债1500多万元的老大难企业——国营温州造船厂,很快使该厂恢复了生产。在兼并了新华造船厂和温州造船厂之后,腾增寿根据国家治理整顿、深化改革的要求,他又构思组建紧密型的集团公司。国营温州东方工业企业公司于1989年2月获准注册，正式成立。他综合利用了上述三家企业的人、财、物、场地和管理经验,形成优势互补,优化生产要素配置,优化劳动组合。在国家没有分文投资的情况下，派生出东方汽火车厢配套公司、东方船艇制造公司、东方成套设备工业公司和新型材料厂、非金属矿业公司、康复医疗仪器和装璜装饰工程处。1989年，集团公司总产值为3111.88万元,利润为230.75万元,分别比上年各成员企业产值、利润总和增长1倍和45.85%。腾增寿一步一个脚印，一步一层阶梯,靠的是什么?说来也简单:一靠凝聚人心，二靠搞活经营，三靠产品质量。

腾增寿同志坚持两个文明一起抓，做好职工思想政治工作。几年来，他亲自带头并发动党委一班人，共同做好职工的思想政治工作，并为厂领导班子制订了“干有劲，言有理，利要让，难要抢，带头干”的15字工作标准。每年都亲自负责对职工进行形势和任务教育。他以身作则，严格要求自己，处处说在先干在前。每天从早到晚都工作14个多小时，没休息过一天，也没有一个节假日，365天，天天如此。他不要厂里发的每月奖金和年终奖，连每年给他个人的承包奖金也不要。七年来，他把该得的18万元奖金，全部献给厂里发展生产。不陪吃，不陪喝，也不收任何礼品。厂里新盖的宿舍分给他一套,他也不要。他对职工既做耐心细致的思想教育,又关心和帮助职工解决后顾之忧。从办食堂、托儿所、浴室、医务室，对全体职工的人身安全和家庭财产进行保险等各方面关心体贴职工。他用自己的行动,给全厂干部职工做了表率,使全厂干部职工的劳动积极性大大提高，人人争为企业做贡献。

针对大锅饭的弊病，腾增寿大胆而比较彻底地改革了分配制度。他深入调查,科学合理地制订了各种产品的工时定额、原辅材料和能源耗用定额,帮助各科室制订了岗位责任制。在此基础上，将等级工资存入档案,实行了新的分配办法:对生产工人实行全额浮动的质、量、耗结构工时定额计件工资制，并实行以产品质量为重点的重奖重罚制。出优质品的，给双倍单价工资，出合格品的，给全数单价工资，出废次品的，不仅没有工资，还要赔偿原材料费的1/3。对行政服务人员实行工作量定时、按企业效益定值的工时计量岗位考核工资制。对科技人员实行技术成果挂钩浮动工资制。1984年开始执行这套办法，当年人均劳动效率就比1983年提高6倍，合格品率达到99%以上，优质品率达到93%以上,人均收入增加一倍。捕捉市场信息,依靠科技进步，不断创新产品，广泛占领市场，是腾增寿成功治厂和深化改革的法宝之一。1984年他担任厂长时,厂里只有两人有技术职称。他采取从外引进和在职培训的办法,使厂里科技队伍不断扩大。现有高级职称的4人，有中级职称的15人，有初级职称的33人。他还和全国近百家科研单位和大专院校结成密切合作关系，更使本厂有了技术后盾。从而，每年都开发出填补国内空白和适销对路的玻璃钢新产品,如盒子卫生间，火车用卫生间、座椅、茶几、底盘等，舰船用卫生间，工作艇，交通艇，高速艇，游艇，鱼虾池塘多功能清淤机船和汽车驾驶室，销往全国28个省市，占领了铁道部、海军装备部、公安部等市场。现在，全国第一列“紫金号”双层客车、第一列国际旅游列车和第一列全空调列车，用的玻璃钢配件都是由温州玻璃钢建材厂设计制造的。

腾增寿担任厂长以来，温州玻璃钢建材厂发生了巨大变化，1990年与1983年相比，产值增长68倍，固定资产增加74倍，人均劳动效率提高20倍，利润比1983年前5年的平均值增长75倍，已成为温州市的一家大型国营企业。

1990年国家质量管理奖获奖单位

（以笔划为序）

一、当年授奖企业

山东新华制药厂
广州火车站
大庆石油管理局油田建设公司
大庆石油管理局第一采油厂
大连机车车辆工厂
上海火车站
上海电缆厂
中山洗衣机厂
北京市仿膳饭庄
北京燕山石油化工公司化工一厂
石家庄第二棉纺织厂
吉林水工机械厂
成都飞机工业公司
青岛电冰箱总厂
经纬纺织机械厂
宜宾五粮液酒厂
国营江麓机械厂
南昌市邮政局
浙江省上虞风机厂
株洲林业机械厂
锦州市土产杂品公司
福建省武平县林产化工厂

二、五年有效期满重评再次授奖企业

长岭炼油化工厂
沈阳灯泡厂
苏州振亚丝织厂
冶金部二十冶金属结构安装工程公司
南充地区邮电局
济南柴油机厂
湖南向红机械厂

授予单位：国家质量奖评审委员会

1990年国家优质产品金奖获奖名录

金　奖

产品	企业
龙羊峡水轮发电机组（320MW）	东方电机厂（四川）
金星牌 YT28－630/1030 双动薄板拉伸液压机	天津锻压机床总厂
青云牌 KY－250A 牙轮钻机	江丁采矿机械厂（江西）
武机牌 13 磨削钻头成套设备	武汉机床厂
山推牌 YT220 型履带式推土机	山东推土机总厂
禅城牌 2BE1 系列水球真空泵	佛山水泵厂
TZ 牌 ZTC160－1800 轧辊油膜轴承	太原重型机器厂
宁波牌 LXLC－80－500 可拆卸螺翼式水表	宁波水表厂
贺兰山牌 30228/6300 园柱滚子轴承	西北轴承厂（宁夏）
东风牌、金船牌 E5018 低氢铁粉焊条	上海电焊条总厂

猴王牌 E5018 低氢铁粉焊条	宜昌市电焊条厂
万里牌 TW－1 无氧圆铜杆	哈尔滨电缆厂
红山牌 GCU－100 型动态电子轨道衡	天水红山试验机厂
承光牌 GCU－100 型动态电子轨道衡	承德自动化计量仪器厂
保行牌 DOL 系列单相离合器电机	芜湖市微型电机厂
武冷牌螺杆制冷机（KA20－50，KF12.5－11）	武汉冷冻机厂
金风牌工农－12K 型手扶拖拉机	新会农业机械厂（广东）
齐二牌 J95K－20 型数控步冲压力机	齐齐哈尔第二机床厂
沈泵牌 50CHTA/5－7 高压锅炉给水泵（扩牌）	沈阳水泵厂
天冷牌 TEC1－127 型半导体致冷器	天津市致冷器厂
国光牌 FM2400A 型调制解调器	常州电子计算机厂
科宁达牌 NTP280/80 型钕铁硼稀上永磁材料（扩牌）	宁波科宁达工业有限公司
天三牌 2CL23、2CL26 型玻璃钝化封装高压硅堆（扩牌）	天津市中环半导体公司
景光牌 FU－251F（4C250B）型金属陶瓷发射管	江西国营景光电工厂
永振牌 JA18 型彩电用石英谐振器	北京晨星无线电器材厂
粤宝牌 R2B1223（RP－7042）盒式磁带录音机四磁迹双道录放磁头	粤宝电子联合公司（深圳）
24000 吨汽车滚装船	上海江南造船厂
大连－B&W 5S60MCE 船用柴油机（扩牌）	大连船用柴油机厂
11.8 万吨穿梭油轮（扩牌）	大连造船厂
大型青铜制象	南京晨光机器厂
联丰牌 BLS－100 型低噪声玻璃钢冷却塔	浙江上虞县联丰玻璃钢厂
TZZ4 型制动电阻柜（扩牌）	株洲电力机车工厂机械厂
武钢牌车辆用耐大气腐蚀钢板和钢带 （09cpTiRe o9CupCupCrNi2.5－12.7×1000－1550mm）	武汉钢铁公司热轧厂
马钢牌高速无扭控冷优质碳钢盘条 （60－80＃70MnΦ6.5mm）	马鞍山钢铁公司线材厂
Φ610×1700mm 武钢冷轧工作辊 （86CrMo 7Φ610×1700mm）	邢台冶金机械轧辊厂
鹤鸣牌一米七冷轧机合金钢冷轧辊坯 （86CrMo7Φ650×1750mm）	齐齐哈尔钢厂
上三牌造船钢板（B〔3C〕6－20mm）	上海第三钢厂
三大牌家用缝纫机针用钢丝（T9AΦ2mm）	大连钢厂
贵冶牌工业硫酸	贵溪冶炼厂（江西）
火炬牌铅锭	株洲冶炼厂
南华牌铅锭	韶关冶炼厂
大象牌光亮圆铜杆	常州冶炼厂
仓环牌紫铜毛细管	太仓铜材厂（江苏）
牡丹牌锡青铜带（QSn6.5－0.1）	洛阳铜加工厂（河南）
钻石牌高纯钨粉（扩牌）	株洲硬质合金厂（湖南）
秦峰牌纯钛锻棒（扩牌）	宝鸡有色金属加工厂（陕西）
双喜牌铝压力锅	沈阳双喜压力锅制造总公司
小天鹅牌全自动洗衣机	无锡洗衣机厂
向阳牌 XQ3000 球形氙灯	上海灯泡三厂
白象牌、天鹅牌 LR6 碱性锌锰电池	上海电池厂
555 牌 LR6 碱性锌锰电池	广州电池厂
美申牌牛面革胶粘女皮鞋	上海亚洲皮鞋厂、

产品	企业
正三桁瓦牌菜刀	江门市三桁瓦橱房设备工业公司
沣镐牌 65/195 三织造纸铜网	西安造纸网厂
金象牌山羊正面服装革（扩牌）	河南新乡市制革厂
SS3 型电力机车	株洲电力机车工厂
核环牌核黄素	天津市河北制药厂
太原牌氧哌嗪青霉素钠	太原制药厂
三健牌环磷酰胺	上海十二制药厂
鲁抗牌青霉素钠及粉针	山东济宁抗生素厂
铃兰牌青霉素钠及粉针	哈尔滨制药厂
华北牌注射用青霉素 G 钠（扩牌）	华北制药厂（河北）
四角牌心灵丸	广东潮州市宏兴制药厂
海星牌 JT/C13tex 涤棉精梳纱	青岛第五棉纺织厂
响水牌 JT/C13/13 119.5 433/297 精梳涤棉细布	金州纺织厂（大连）
朝阳牌 JT/C13/13 119.5 433/299 精梳涤棉细布	南通第二棉纺织厂
红双灯牌 18tex 精梳纯棉弹力衫裤	河南安阳内衣厂
花神牌 Z/14 生丝（白厂丝）	桐乡梧桐丝厂（浙江）
雪松牌 60Nm×60Nm 纯麻爽丽纱	株洲苎麻纺织印染厂
织花牌 T/C50/50 19.5/19.5 251.5 299/267.5 普梳涤棉细布	营口纺织厂
龙头牌 T/C(13+13)/J36 124.5 397.5/196.5 涤棉与棉交织牛津纺	上海第十七棉纺织厂
金海牌 JT/C18.4tex 涤棉精梳纱（扩牌）	金洲纺织厂（大连）
荷叶牌 JT/C9.8×2/9.8×2 95 472/275.5 精梳涤棉府绸（扩牌）	上海第二棉纺织厂
花蕾牌（JT/C 13/13 119.5 433/299 精梳涤棉细纺（扩牌）	北京第二棉纺织厂
聘贤牌 C18.2tex 纯棉普梳纱（扩牌）	济南第四棉纺织厂
九星牌男西服套	大连第三呢绒服装厂
海珊牌男衬衫	青岛衬衫厂
北京牌男衬衫（扩牌）	北京衬衫厂
万年青中国绿茶特珍一级	中国土畜产进出口总公司上海市茶叶分公司第三茶厂
齐鲁牌丁苯橡胶 SBR－1502	齐鲁石化公司橡胶厂（山东）
飞天牌 N220 中负荷工业齿轮油	兰州炼油化工总厂
齐鲁牌尿素（农用）	齐鲁石化公司第二化肥厂（山东）
东海牌 93 号车用汽油（无铅）	镇海石化总厂（浙江）
GIGE 牌烷基苯	金陵石化公司烷基苯厂（南京）
东北牌硫化促进剂 NOBS	沈阳新生化工厂
山东牌鳞片状高碳石墨系列	山东省北墅生建石墨矿
双鸽牌 HS－B0.5－20 吨手拉葫芦（扩牌）	浙江省五一机械厂
3280 牌 UZD 系列三相高压硅整流组件	大连 3280 晶体管厂
飞达牌 JBZ 系列－500KV 变压器保护装置	能源部南京电力自动化设备厂
恒通牌 AM－50 掘进机	淮南煤矿机械厂
大力士牌 S100－41 型掘进机	佳木斯煤矿机械厂
海鸥牌 CO4－2 醇酸磁漆（红·白·绿）	大连油漆厂
灯塔牌 CO4－2 醇酸磁漆（红·白·绿）	天津油漆厂
双力牌丁苯橡胶 1500	吉化公司有机合成厂
“赤”牌尿素（农用）	赤水天然气化肥厂（贵州）
微山湖牌钢丝编织液压胶管	山东枣庄橡胶厂
巨化牌发烟硫酸	衢化公司合成氨厂（浙江）

产品	企业
江农牌多菌灵	江阴农药厂
旋风牌 DMJ250 水磨石机	黄河磨具厂（河南）
柳毛牌高碳、中碳鳞片石墨	鸡西市柳毛石墨矿
庐山牌 ZO、Z5 人造石英晶体	江西晶体厂
黑鲤牌中碳鳞片石墨	青岛电子材料厂
双龙牌泵型（E）高强度表面曝气机	安徽第一纺织机械厂
常青牌（外销）中茶牌（内销）	中国土畜产进出口公司
雨茶一级	江西省茶叶分公司上饶茶厂
龙潭牌特级信阳毛尖	河南信阳县龙潭茶叶总场
威字牌、珠江桥牌湛江威化饼干	广东华威饼业公司
喜上喜牌广式一级腊肠	广东深圳喜上喜肉品加工厂
翡翠“岱岳奇观”山子（珍品）	北京玉器厂
翡翠“含香聚瑞”薰（珍品）	北京玉器厂
翡翠“四海腾欢”插屏（珍品）	北京玉器厂
翡翠“群芳揽胜”花篮（珍品）	北京玉器厂
白玉“大千佛国图”（珍品）	扬州玉器厂
寿山石雕“海底世界”（珍品）	福州雕刻工艺品总厂
1.92 米瓷滴水观音（珍品）	福建德化紫砂工艺厂
陶塑“十八罗汉”（珍品）	佛山石湾美术陶瓷厂
“东山宝织”（珍品）	江苏吴县缂丝总厂
机绣品“铁人——王进喜”（珍品）	上海绣品厂
双面绣“竹林马鸡图”（珍品）	成都蜀绣厂
景龙牌青花文具	景德镇青花文具厂
福寿牌古墨彩陈设瓷	景德镇艺术瓷厂
唐三彩陶板装饰画	洛阳市工艺美术厂洛阳市美术陶瓷厂
方园牌紫砂花瓶	江苏宜兴紫砂工艺厂
手织花边大套	山东荣城市绣花厂
漆花牌金漆镶嵌产品	扬州漆器厂
飞天牌金漆镶嵌产品	甘肃天水雕漆工艺厂
金龟牌金漆镶嵌产品	山西平遥推光漆器厂
朱鸟牌刁漆产品	山西新绛工艺美术厂
京华牌绢花	北京绢花厂
彩蝶牌塑料花	锦州塑料花厂
松鹤牌 90 道机抽洗手工羊毛地毯	上海地毯总厂
敦煌牌 120 道手工丝毯	江苏如皋工艺丝毯总厂
银河牌 120 道 手工丝毯	四川阆中地毯工业公司
天使牌天然色手工羊毛地毯	内蒙古赤峰长城地毯总厂
飞马牌手工仿古羊毛地毯	内蒙古准格尔旗纳林地毯厂
海鸥牌 90 道以上高道数机拉洗手工羊毛地毯	威海地毯二厂
海鸥牌 90 道以上高道数机拉洗手工羊毛地毯	青岛即墨工贸联营地毯总厂
春光牌 120 道 以上高道数手工丝毯	北京绒鸟厂
松鹤牌 120 道以上高道数手工丝毯	河南镇平县地毯总厂
鼓车牌 120 道以上高道数手工丝毯（扩杯）	河北涿州市工艺金丝挂毯厂
金龙牌金漆镶嵌产品（扩杯）	北京金漆镶嵌厂
金凤牌金漆镶嵌产品（扩杯）	江苏江都特种工艺厂
金凤凰牌机绣制品（扩杯）	青岛刺绣厂

云龙牌机绣制品（扩杯） 山东文登市绣品厂
宫灯牌（外销），花鹿牌（内销）机绣工艺品（扩杯） 上海绣品厂

金 质 奖 工 程

上海石油化工总厂涤纶二厂工程

获奖单位：中国核工业总公司第五安装工程公司
上海市第一建筑工程公司
上海石油化工总厂涤纶二厂
国家医药管理局上海医药设计院
上海纺织工业设计院
上海石油化工总厂

授予单位：国家质量奖评审委员会

“七五”国家级企业技术进步奖获奖单位

（按地区划分，排名不分先后）

北京市

首都钢铁公司
北京人民机器总厂
北京长城风雨衣公司
北京同仁堂制药厂
北京新华彩印厂
北京首都国际机场
北京燕山石油化工公司
铁道部北京铁路局
中国远洋运输总公司

天津市

天津市电机总厂
天津通信广播公司
天津市复印设备公司
中国海洋石油总公司渤海石油公司

河北省

华北制药厂
河北省宣化工程机械厂
秦皇岛耀华玻璃厂
石家庄第一棉纺织厂
化学工业部第一胶片厂
交通部秦皇岛港务局

山西省

山西杏花村汾酒厂
山西太原钢铁公司
国营经纬纺织机械厂
潞安矿务局
晋城矿务局

辽宁省

鞍山钢铁公司
辽河石油勘探局

沈阳市

沈阳电缆厂

大连市

大连橡胶塑料机械厂
铁道部大连机车车辆工厂
大连造船厂

吉林省

吉林化学工业公司
吉林造纸厂

长春市

第一汽车制造厂
国营第七九三厂

黑龙江省

佳木斯联合收割机厂
佳木斯煤矿机械厂
大庆石油管理局
大庆石油化工总厂

哈尔滨市

哈尔滨锅炉厂

上海市

上海第二十八棉纺织厂
上海第二纺织机械厂
上海第五钢铁厂

上海协昌缝纫机厂
上海电子计算机厂
上海上菱电冰箱总厂
上海四方锅炉厂
上海自行车三厂
上海冰箱压缩机厂
上海宝山钢铁总厂
江南造船厂

江 苏 省

无锡第二棉纺织厂
苏州东吴丝织厂
苏州电扇总厂
江苏省扬州客车制造总厂
中国华晶电子集团公司
地质矿产部无锡钻探工具厂
林业部常州林业机械厂

南 京 市

南京无线电厂
航空航天工业部南京晨光机器厂

浙 江 省

民丰造纸厂
绍兴丝织厂
中国水产总公司舟山海洋渔业公司

安 徽 省

合肥矿山机器厂

福 建 省

福建省南平造纸厂

江 西 省

江西水泥厂

山 东 省

济南第一机床厂
山东新华制约厂
浪潮电子信息产业集团公司
山东省寿光县化肥厂
山东省电力公司
烟台北极星钟表集团公司
山东潍坊第二印染厂

青 岛 市

青岛电冰箱总厂
青岛啤酒厂

河 南 省

平顶山锦纶帘子布厂
洛阳轴承厂
洛阳玻璃厂
第一拖拉机制造厂

湖 北 省

第二汽车制造厂
湖北省沙市市日用化工总厂

武 汉 市

武汉钢铁公司
武汉重型机床厂

湖 南 省

湖南省醴陵国光瓷厂
株洲硬质合金厂

广 东 省

广东省石油气用具发展有限公司

广 州 市

广州卷烟二厂
广东轻工业机械厂
广东水利水电机械厂
铁道部广州铁路局

广西壮族自治区

广西南宁合成纤维厂

四 川 省

国营长虹机器厂
攀枝花钢铁公司

重 庆 市

国营嘉陵机器厂
国营长安机器制造厂
重庆红旗纸箱厂

成 都 市

国营红光电子管厂
邮电部成都电缆厂

贵 州 省

开阳磷矿矿务局

云 南 省

云南天然气化工厂

陕 西 省

国营长岭机器厂
陕西彩色显像管总厂

西 安 市

西安仪表厂
国营二六二厂
西安飞机工业公司

甘 肃 省

兰州石油化工机器厂
兰州电机厂
金川有色金属公司

青 海 省

青海第一机床厂

授予单位：国家级企业技术进步奖评审委员会

1990 年一级计量合格企业名录

国营二一零厂
北京同仁堂制药厂
北京印染厂
天津市电机总厂
天津市天津药业公司
天津市轧钢四厂
天津市第一棉纺织厂
天津市合成洗涤剂厂
天津市汽车制造厂
天津市石油化工公司长丝厂
中国石油化工总公司天津石油化工公司
大港石油管理局总机械厂
国营石家庄第一棉纺织厂
国营石家庄第六棉纺织厂
张家口煤矿机械厂
唐山陶瓷厂
邮电部侯马电缆厂
山西维尼纶厂
山西涤纶厂
国营内蒙第二机械制造总厂
大连电业局
本溪电业局
本溪水泥厂
沈阳线材厂
金城造纸总厂
吉林市制药厂
吉林热电厂
长春电业局
中国石油化工总公司前郭炼油厂
新华发电厂
佳木斯电业局
哈尔滨水泥厂
哈尔滨工程机械制造厂
大庆石油管理局
上海柴油机厂
上海重型机器厂
上海第三制药厂
上海第二耐火材料厂
上海钢管厂
上海新光内衣染织厂
上海飞机制造厂
华东电业管理局望亭发电厂
苏州冶金机械厂
苏州第四制药厂
苏州东吴丝织厂
苏州合成纤维厂
国营常郭印染总厂
无锡市电子管厂
无锡煤矿机械厂
南通柴油机厂
林业部镇江林业机械厂
江阴铁合金厂
江都机床总厂
徐州矿务局庞庄煤矿
杭州卷烟厂
杭州天成丝织厂
中国石油化工总公司第三建设公司
淮北第一棉纺织厂
安庆供电局
福州发电设备厂
福建省永安火电厂
烟台合成革总厂
山东文登曲轴厂
山东省招远金矿
潍坊华丰机器厂
潍坊第二印染厂
潍坊水泥厂
齐鲁石油化工烯烃厂
青岛电冰箱总厂
洛阳玻璃厂
国营郑州第六棉纺织厂
郑州电器厂
中国石油天然气总公司第二石油机械厂
河南省驻马店地区制药厂
平顶山锦纶帘子布厂
国营红阳机械厂
第二汽车制造厂
湖北汽车电器厂
中国人民解放军第三五一零工厂
株州苎麻纺织印染厂
国营华南光学仪器厂
国营南海糖厂

广东轻工业机械厂
广州光华制药厂
广东电缆厂
信宜县松香厂
中国人民解放军第四八零四工厂
广西壮族自治区桂林制药厂
广西南宁市手表厂
梧州市锅炉厂
成都无线电一厂
长征机床厂
国营红江机械厂
云南省玉溪卷烟厂
贵阳钢厂
国营西北第七棉纺厂
国营华山机械制造厂
铁道部宝鸡桥梁工厂
天水长城开关厂
兰州化学工业公司原料动力厂
兰州化学工业公司化肥厂
兰州化学工业公司合成橡胶厂
兰州化学工业公司化工机械厂
兰州化学工业公司石油化工厂
兰州化学工业公司绘维厂
兰州化学工业公司有机厂
宁夏电力工业局银川供电局
青海重机床厂
新江锂盐厂
北京橡胶一厂
北京化工机械厂
天津市卫津化工厂
上海胶带总厂
国营江阴农药厂
枣庄橡胶厂
山东寿光县化肥厂
山东鲁南化肥厂
济南化肥厂
武汉市葛店化工厂
四川省化工设备机械厂
重庆长江橡胶厂
广东省江门市农药厂
中山精细化工实业有限公司
湖南农药厂
牡丹江炼油厂
锦西化工机械厂
大连橡塑机械厂
吉林化学工业公司

授予单位：国家技术监督局

1990年全国十大外商投资出口创汇企业名单

1. 安太堡露天煤矿 (20200.00万美元)
2. 厦门华侨电子企业有限公司 (11688.41万美元)
3. 深圳康佳电子有限公司 (10667.15万美元)
4. 三洋电机（蛇口）有限公司 (10506.00万美元)
5. 深圳中华自行车（集团）有限公司 (10100.00万美元)
6. 华强三洋电子有限公司 (8901.47万美元)
7. 南海油脂工业（赤湾）有限公司 (7500.31万美元)
8. 万宝至马达大连有限公司 (6333.00万美元)
9. 深圳华发电子有限公司 (5106.22万美元)
10. 福建日立电视机有限公司 (4485.00万美元)

授予单位：中国外商投资企业协会

1990年全国十大外商投资高营业额企业名单

1. 上海大众汽车有限公司　（18.23亿元人民币）
2. 北京吉普汽车有限公司　（15.83亿元人民币）
3. 安太堡露天煤矿　（12.41亿元人民币）
4. 深圳康佳电子有限公司　（8.38亿元人民币）
5. 厦门华侨电子企业有限公司　（7.87亿元人民币）
6. 广州钢铁有限公司　（7.04亿元人民币）
7. 南海油脂工业（赤湾）有限公司　（6.88亿元人民币）
8. 上海大江有限公司　（6.60亿元人民币）
9. 北京松下彩色显像管有限公司　（6.5059亿元人民币）
10. 广州标致汽车有限公司　（6.5051亿元人民币）

授予单位：中国外商投资企业协会

1990年全国外商投资“双优”企业名单（383个）

北京市

中国迅达电梯有限公司
北京隆源电子科技有限公司
北京飞利浦有限公司
中国惠普有限公司
北京京澳毛纺有限公司
北京中燕羽绒有限公司
北京松下彩色显像管有限公司
华兴衬衫有限公司
北京吉普汽车有限公司
北京西门子技术开发公司
北京顺美服装有限公司

天津市

天津津英纺纱有限公司
天津万乐毛衫有限公司
天津化纤棉制造厂
天津爱普生有限公司
天津宝袁化纤棉有限公司
中国大塚制药有限公司

河北省

明石染厂有限公司（旭日集团）
保定中大针织有限公司（旭日集团）

山西省

华杰电子有限公司

内蒙古自治区

内蒙古青松制衣有限公司
包头鹿达羊绒衫有限公司

辽宁省

营口中基纺织有限公司
丹东祥隆冷藏加工有限公司
丹东金利冶金有限公司

大连市

万宝至马达大连有限公司
大连经济技术开发区兴华服装有限公司
大连金山水产有限公司
大连广联水产品有限公司
大连海兴散货包装有限公司
大连金源海产有限公司
大连集装箱船务有限公司
中国江本有限公司
大连华港海产有限公司
大连海日水产养殖有限公司
大连日丰养虾合作有限公司
大连大龙鞋业有限公司

沈阳市

永新—沈阳化工厂（有限公司）

黑龙江省

哈尔滨市龙江饲草有限公司

吉林省

林村中药开发有限公司

陕西省

西安杨森制药有限公司

秦联棉织实业股份有限公司

新疆维吾尔自治区

天山毛纺织品有限公司

天山制药有限公司

四川省

四川川村中药材有限公司

四川广艺丝绸有限公司

重庆市

庆铃汽车有限公司

云南省

云华光学有限公司

上海市

上海大众汽车有限公司

上海永新彩色显像管有限公司

上海贝尔电话设备制造有限公司

上海耀华皮尔金顿玻璃有限公司

上海大江有限公司

上海海欣有限公司

上海太平国际货柜有限公司

上海华海集装箱制造有限公司

上海福克斯波罗有限公司

上海神明电机有限公司

上海申光毛绒实业有限公司

上海大顺人造毛皮有限公司

上海华导纺织品有限公司

上海三菱电梯有限公司

中国迅达电梯有限公司南方公司

上海合众开利空调设备有限公司

上海世界时装有限公司

上海五洲针织有限公司

上海新艺毛纺织有限公司

上海庄臣有限公司

上海申美饮料食品有限公司

上海环球玩具有限公司

上海华申丝绸有限公司

上海英华纺织品有限公司

上海爱思旅行用品有限公司

上海闵行联合发展有限公司

上海 ACE 箱包有限公司

上海宁惠皮制品有限公司

上海万翔服装用品有限公司

上海海华时装有限公司

上海荣安针织有限公司

上海亚华印刷机械有限公司

上海维高一格雷近海石油设备公司

上海联川兔毛开发有限公司

上海华高针织有限公司

上海华钟袜子有限公司

上海利达服装有限公司

上海香花桥服装有限公司

上海利华有限公司

上海哈特玩具有限公司

上海跃龙有色金属有限公司

上海大伟力鞋业有限公司

上海尼赛拉传感器有限公司

上海锦乐纺织装饰品有限公司

上海环球塑胶玩具有限公司

上海大河针织有限公司

上海百乐毛纺织有限公司

上海申实纺织有限公司

上海申益纺织印染有限公司

上海寅东服装有限公司

上海建设路桥机械设备有限公司

上海华达电气企业有限公司

上海东方航空食品有限公司

上海联合毛纺织有限公司

上海易初摩托车有限公司

江苏省

南通醋酸纤维有限公司

南通海盟有限公司

南通力王有限公司

南通大东有限公司

南通三友时装有限公司

南通时装有限公司

南通通庆塑料发展有限公司

常州远东服装有限公司

常州华利达服装有限公司

中国苏旺你有限公司

昆山苏旺你有限公司

常熟华港毛皮有限公司

常熟五洋皮件有限公司

无锡新联心纺织有限公司

无锡华新可可食品有限公司

盐城振阳绒毛有限公司

苏州横河电表有限公司

江苏丹宏企业有限公司

南京市

南京弘奕鞋业有限公司

浙江省

杭信丝绸印染有限公司

润昌丝绸有限公司

华凌电器有限公司

舟洋鱼业合营有限公司
旦旦有限公司
华励时装有限公司
华兴企业有限公司
华隆印染服装有限公司
凤凰服装有限公司
富润针织有限公司
杭丰纺织有限公司
杭星电脑有限公司
天孚制衣有限公司

宁波市

宁波荣兴针织服装有限公司
宁波慈兴轴承有限公司
宁波佳乐电子有限公司
宁波甬南针织有限公司
宁波东兴针织有限公司
宁波宏利针织有限公司
宁波南兴纺织有限公司
宁波东兴羽绒有限公司

安徽省

安庆江通纺织有限公司

福建省

福建日立电视机有限公司
福州中国国际钢铁有限公司
福建福辉首饰有限公司
福清冠源轻工有限公司
福州福益电子有限公司
福州闽影磁头有限公司
福建瑞福远洋渔业船用设备有限公司
福州山一鞋业有限公司
福州中国福万玩具有限公司
三明福昌塑胶有限公司
福安华闽化工有限公司
泉州手套厂有限公司
南安县海涛皮革企业有限公司
泉州石材工艺制品有限公司
安溪凤华制衣有限公司
石狮新隆实业有限公司
福建南平闽丰竹业有限公司
仙游兴华塑胶有限公司
莆田兴成牙签有限公司
莆田涵江鞋业有限公司
莆田福洋塑胶有限公司
漳州国际毛纺有限公司
福建协丰鞋业有限公司
福建荔丰鞋业有限公司

厦门市

厦门华侨电子企业有限公司
厦门欧拜克自行车有限公司
厦门华美卷烟有限公司
厦门乐合丝绸有限公司
厦门三德兴工业有限公司
厦门东南铝业有限公司
厦门北安针织有限公司
厦门胜天企业有限公司
厦门宏泰企业有限公司
厦门宏达洋伞有限公司
厦门佳兰化工有限公司
厦门吉立企业有限公司
厦门长力电子有限公司
厦门菱达服装有限公司
厦门鸿佳地毯有限公司
厦门建源企业有限公司
厦门鹭路塑料异型材有限公司

江西省

赣新电视公司
昌成实业有限公司
新华金属制品有限公司

山东省

荣成神马水产有限公司
石岛外海渔业有限公司
文登威力工具（集团）有限公司
山东钳隆五金工具有限公司
济宁港湾电子有限公司
荷泽裕鲁食品工业有限公司
潍坊中基饲料有限公司
鲁丰航运有限公司
鲁兴企业有限公司
山东蒙阴德阳纺织有限公司
临沂联合毛纺有限公司
临沂罗德玛钢有限公司
淄博鲁泰纺织有限公司
山东华光陶瓷有限公司
烟台海兴水产有限公司
烟台海阳爱思箱包有限公司
威海金威制衣有限公司
山东淄博瓷器有限公司

青岛市

青岛港兴包装有限公司
青岛日清国际食品开发有限公司
华和国际租赁有限公司

河南省

郑州洁美医用材料有限公司
嵩山食品有限公司

豫大畜牧饲料有限公司

湖北省

美尔雅服饰有限公司

襄樊星火轴承有限公司

湖北国际航空服务有限公司

鄂州制衣有限公司

武汉市

武汉华美饲料有限公司

湖南省

正大岳阳有限公司

广东省

佛山聚脂切片厂有限公司

顺德觃华电器制造厂

佛山华声音响器材有限公司

佛山大陆制罐有限公司

南海国华精密有限公司

顺德三杰针织厂有限公司

南海明珠影音公司

石湾永利坚铝业有限公司

南海永南玩具制品有限公司

石湾美林塑胶纸品有限公司

顺德金龙油墨实业公司

佛山步步成鞋业有限公司

顺德华美实业公司

南海大明树脂厂

顺德凤华针织有限公司

佛山禅兴果仁制品有限公司

南海功成鞋材有限公司

顺德亨达针织厂

国际玩具有限公司

领进服装有限公司

恒发染织厂有限公司

中港客运联营有限公司

中山丰华印染厂有限公司

中山兴威纺织厂有限公司

龙劲织带有限公司

中山华隆针织厂有限公司

东莞市福安纺织印染有限公司

生益敷铜板有限公司

东莞常大鞋业有限公司

东莞石龙通达制衣有限公司

东莞银鹰鞋厂

东华机械有限公司

TCL 通迅设备有限公司

信华精机有限公司

中欧电子有限公司

奇胜电器（惠州）工业有限公司

威望（珠海）磁迅有限公司

三联企业（集团）有限公司

太阳神（珠海）电子有限公司

大荣纺织染企业有限公司

汕头锦龙织染制衣有限公司

汕头超声印制板公司

澄海东民食品工业有限公司

汕头化纤棉制造厂

罗定兴发染整有限公司

高要（香港）华发轻化有限公司

金田电业有限公司

庆隆工业有限公司

维达斯实业有限公司

广东鹤山玩具厂

潮洲可宏烤鳗制品有限公司

广东省广通电路板厂

广龙锑冶炼厂

阳春春华锦纶纺织有限公司

广州市

广州市华懋制衣实业有限公司

海丰一鞋业有限公司

广州彩星玩具有限公司

广州美特容器有限公司

广州宝洁有限公司

中国雪柜实业有限公司

广州标致汽车公司（有限）

华威鞋业有限公司

广荣鞋业有限公司

番禺环球联美电路板有限公司

番禺冠田玩具厂有限公司

广州花港染织有限公司

广州联和鞋业有限公司

广州伟顺鞋业有限公司

东方胶鞋制品有限公司

广州钢铁有限公司

广州越华线业有限公司

广英纺纱有限公司

穗屏企业有限公司第二饲料厂

美达针织布有限公司

广州高力电池有限公司

番禺健步鞋厂

番禺依力（香港）制衣有限公司

建丰（沙湾）机制鞋厂

深圳市

深圳康佳电子有限公司

三洋电机（蛇口）有限公司

深圳中华自行车（集团）有限公司

华强三洋电子有限公司
南海油脂工业（赤湾）有限公司
深圳华发电子有限公司
华丝企业股份有限公司
蛇口开发科技有限公司
深圳创华合作有限公司
中国国际海运集装箱股份有限公司
陆氏实业（蛇口）有限公司
深圳宝菱同利有限公司
深圳蛇口华都绸缎有限公司
深圳深大电话有限公司
深圳中冠印染有限公司
深圳饮乐汽水厂
深圳富华纺织丝绸有限公司
深圳鸿华实业股份有限公司
正大康地（深圳）有限公司
深圳斯比泰电子有限公司
深圳敦煌服装有限公司
深圳东南丝绸有限公司
蛇口雅德电子有限公司
蛇口开源企业有限公司
深圳资源磁电有限公司
深圳华源磁电有限公司
深圳塑胶股份有限公司
深圳天河服装有限公司
深圳帝业针织有限公司
深圳太平洋绝缘材料有限公司
中国惠普〈深圳〉有限公司
深圳安科高技术有限公司
深圳现代涂料有限公司
深圳中兴企业联合有限公司
深圳外贸集团江南制衣实业有限公司
深圳华兴丝针织服装有限公司
蛇口红牡丹丝绸时装有限公司
深圳南山床上用品有限公司
深沪针织有限公司
深圳爱宝塑料有限公司
深圳华力包装贸易有限公司
蛇口宝耀纸品厂有限公司
深圳万华纺织实业有限公司
大通实业〈深圳〉有限公司
深圳新华电线电缆联合公司
深圳嘉年印刷包装有限公司
深圳华佳电器有限公司
雅达电子有限公司
深圳山星电子有限公司
东锋〈深圳〉有限公司
深圳兴华拉链有限公司
深圳中和音响有限公司
深圳金美纺织有限公司
蛇口华益铝厂有限公司
深圳南油钜建发展有限公司
深圳金世亨企业有限公司
深圳大豪家俱实业有限公司
深圳石化塑料有限公司
深圳科万电子企业有限公司
深圳华富包装材料有限公司
金钱饲料＜中国＞有限公司
蛇口力达机械实业有限公司
深圳锦和兴丝绸有限公司
宝安南太电子有限公司
深圳维富化工有限公司
深圳深蓉工程塑料有限公司
深圳恒兴制衣有限公司
深圳索泰克电子有限公司
深圳飞达表业有限公司
深圳华盛家俱装饰有限公司
深圳海虹化工有限公司
宝安环球鞋业有限公司
添好工艺制品深圳有限公司
深圳华利电子有限公司
深圳深辉技术有限公司
深圳黛丽斯内衣有限公司
深圳兰港铜铝实业有限公司
深圳新力染纱实业有限公司
深圳寇越实业有限公司
深圳金利丝绸时装有限公司
深圳恒兴实业有限公司

广西壮族自治区

桂林万雅珠宝有限公司
玉林联成玩具制衣厂
南宁丰德电子有限公司

海 南 省

海南一香港文星电线电缆厂
海南南殷鞋厂

中央直属单位

安太堡露天煤矿

说明：表彰标准为1990年出口创汇200万（含200万）美元以上和税前利润100万元（含100万元）人民币以上的外商投资企业。

授予单位：中国外商投资企业协会

第四届（1990年）全国十大最佳合资企业名单

深圳中华自行车（集团）有限公司
深圳康佳电子有限公司
上海贝尔电话设备制造有限公司
中国惠普有限公司
广州美特容器有限公司
上海耀华皮尔金顿玻璃有限公司
中国迅达电梯有限公司
上海易初摩托车有限公司
北京吉普汽车有限公司
上海大众汽车有限公司

授予单位：经济日报　中华工商时报

附：第一届、第二届、第三届全国十大最佳合资企业名单

第一届（1987年）全国十大最佳合资企业名单

广州美特容器有限公司
新疆天山毛纺织品有限公司
北京吉普汽车有限公司
上海大众汽车有限公司
中国大冢制药有限公司
上海福克斯波罗有限公司
中国迅达电梯有限公司
中国惠普有限公司
上海申实纺织品有限公司
上海易初摩托车有限公司

授予单位：经济日报

第二届（1988年）全国十大最佳合资企业名单

广州美特容器有限公司
上海大众汽车有限公司
北京吉普汽车有限公司
新疆天山毛纺织品有限公司
广州标致汽车有限公司
上海联合纺织集团有限公司
中国惠普有限公司
上海福克斯波罗有限公司
中国迅达电梯有限公司
上海易初摩托车有限公司

授予单位：经济日报

第三届（1989年）全国十大最佳合资企业名单

新疆天山毛纺织品有限公司
广州美特容器有限公司
北京吉普汽车有限公司
深圳华强三洋电子有限公司
上海大众汽车有限公司
上海耀华皮尔金顿玻璃有限公司
中国迅达电梯有限公司
上海贝尔电话设备制造有限公司
中国惠普有限公司
上海易初摩托车有限公司
厦门华侨电子有限公司

授予单位：经济日报　中华工商时报

第十部分

企业管理研究

有关改革的几个重大问题的研究动态

关于计划经济与市场调节问题的讨论情况

综合有关资料，近年来理论界对“计划经济与市场调节”主要讨论了以下三个方面的问题。

一、改革要不要以市场为取向。

（一）持否定意见的同志认为，市场取向的经济就是市场经济，改革绝不能以此为终极目标。经过几十年的实践，最终历史做出了结论，社会主义经济制度的本质特征之一只能是计划经济，而不是市场经济。社会主义存在市场，但不存在市场经济。市场经济只能是资本主义经济制度的本质特征。中国的国情决定了以宏观分配短缺资源取得经济效益，以确定发展的优先顺序求得整体利益，都要求有统一的社会权威。因此，必须也只能实行计划经济，而不能迷信市场经济。在中国市场先天发育不良的情况下，更不能以市场为改革的取向。有人认为，把社会主义公有制基础上的有计划商品经济，歪曲并等同于私有制基础上的完全自由竞争的市场经济，从而主张全盘私有化和完全市场化的观点，是资产阶级自由化在计划与市场关系问题上的表现。有人认为，前一时期由于改革的取向有问题，出现削弱计划经济和计划调节的倾向，这正是近期突出表现出来的总量失控、经济秩序混乱的一个主要原因。因此，目前在治理整顿过程中，十分有必要强调计划经济，包括采取某些集中统一的计划管理措施。

（二）持肯定意见的同志认为，发展商品经济离不开市场，社会主义商品经济也是通过市场来实现，通过市场来运行。经济体制改革实际上就是从传统的计划经济模式向宏观间接控制下的市场调节模式转换。市场是联接微观主体和宏观主体的枢纽，因此，可以说，改革的目标模式就是建立社会主义的市场经济，或称有宏观管理的市场经济制度。所谓改革以市场为取向，就是要把过去那种高度集中的僵化的计划经济作为改革对象，在计划与市场的有机结合上寻求最佳模式，把计划建立在自觉运用价值规律的基础上，建立一种新型的国家宏观计划控制下的市场协调经济模式，而决不是搞全面市场化，其目的正是要培育发达的有计划的商品经济，增强社会主义经济活力。有人也指出，总量失控、经济秩序混乱、通货膨胀、物价大幅度上涨等等经济现象的出现，与其说是市场造成的，不如说是计划失误、不恰当的行政干预造成的，正反映出市场作为取向的改革的迫切性和必要性。有人还指出，在我国一些地方、部门的实际工作中，既不是有计划按比例办事，也不是按商品经济的客观规律办事，而是“按关系办事”、“按私人感情办事”、按小团体、地区、部门的私利办事，这些只有建立正常的市场运行规则才能最终得到解决。

二、计划和市场的结合问题。

1989年，在回顾和反思改革10年来计划与市场关系方面的理论和实践发展的基础上，对曾经在经济理论界提出的“板块论”、“渗透论”、“胶体论”、“形式内容论”、“有机联系论”、“二次调节论”、“笼鸟论”、“风舵论”、“针摆论”等作了进一步的讨论，认为关键在于寻找出计划和市场如何结合及其最优结合点，从而又提出一些较有新意的不同观点。

（一）重合论。有人认为，搞有计划的商品经济，必须建立一套与之相适应的新的经济范畴，应明确认识到，计划经济不一定注定就是僵化的，以公有制为基础的市场经济也不一定注定就是自发的。既然它们都是以公有制为基础的，理所当然有其共通共融之处，因而按照它们各自的内在要求，可以使它们统一成为一体。这就是“重合论”，计划和市场的重合，正是客观见之于主观和主观作用于客观的合理行为。为了说明“重合论”，有人还提出了“有计划的价值规律”和“有计划的市场”等新概念。

（二）自由必然论。有人认为计划与市场是自由和必然的关系，即此岸与彼岸的关系。科学的计划就是象恩格斯所说的是对必然的认识，是“自由王国”。在商品经济条件下，首先要充分认识市场，真正按市场规律办事，才能获得人们行动的自由。在有计划的商品经济中，市场机制好比商品经济的自动装置，而计划则是模拟市场而对未来进行纵向的全局性的宏观调控装置。因此，计划和市场并非互相排斥、非此即彼的，而是相辅相成、互为表里、共同着力并推动社会主义经济机体的有序发展和运转。

（三）合力论。一些同志不同意上述两种观点，认为计划和市场是社会主义经济的两个调节者，由于它们相互渗透，你中有我，我中有你，相互作用，因而对社会主义经济来讲，只能是"合力"的关系，而不能是"合一"的关系，也不是什么"自由与必然"的关系。有人认为，市场渗透了计划性，制约着市场规律调节的自发性和盲目冲动性；而计划的关键在于其是否具有科学性，是否符合客观经济规律，是否能摆脱"长官意志"。

（四）主辅论。认为在社会主义经济调节体系中，只能以计划调节为主，市场调节为辅。这种主辅关系首先指的是总量平衡要统一计划，关键产业、重要产品要统一计划；其次，计划与市场相矛盾时，市场要服从计划。有人认为，市场和市场规律中主要就是价值规律，价值规律只不过是计划可以利用的一种工具，是为计划服务的，而不能"喧宾夺主"。

（五）时空论。有的同志虽然赞成计划和市场有主有辅的观点，但是又认为这种主辅关系并不象持"主辅论"观点的同志所认为的那样是一成不变的、固定的，而是随着时空的变化而变化的。从时间上看，在国民经济发展中，当社会总供给和总需求大致平衡时，应以市场调节为主，重视市场机制的作用；当社会总供给和总需求不平衡时，产业结构和产品结构不平衡，应以计划为主，重视计划机制特别是指令性计划机制的作用。从空间上看，在同一时间内，如为了达到资源的合理配置，保证国家重点建设工程和对国民经济有重大影响的大中型骨干企业对能源、原材料的需要，要求针对不同物资及不同的供求状况，区别对待，采用不同的调节手段。关于如何确定这种随时空变化的主辅关系，有人提出主辅关系定位标志为：(1)是否有利于坚持和发展社会主义公有制；(2)是否有利于增强企业，特别是国有大中型企业的生机和活力；(3)是否有利于国民经济持续、稳定、协调、高效地发展。

（六）主导基础论。有的同志认为应以市场调节为基础，以计划调节为主导。就对整个国民经济发展起主导作用的宏观经济运行来看，它是受国家计划调节的。就作为整个国民经济发展基础的企业行为而言，它是受市场调节的；所以二者是不同层次的调节手段和方式。"计划调节为主导，市场调节为基础"这种提法，体现了二者的有机结合，它既不同于计划调节为主、市场调节为辅的"主辅论"，也不同于市场调节是基础性调节，计划调节是协调性调节的"二次调节论"。计划调节与市场调节在时间上没有先后主次之分。有人则认为，以提"国家调节为主导"更好，因为国家调节不仅包括计划调节，而且也包括运用行政手段、法律手段及其他方式进行调节。

有人不同意这种提法，认为过分强调计划调节为主导，会造成为计划而生产，以致重走过去所走的已被实践证明走不通的道路。市场调节意味着经济运行的出发点和归宿都是市场，计划调节也要通过市场去实现。因此，如果提市场调节为基础，就不一定要提计划调节为主导。

（七）区分层次论。有的同志认为：从理论上讲，计划和市场都要区分为制度层次和运行层次。制度层次要强调计划经济是特征；而在运行层次上，两者都是有效配置资源的手段，没有主次之分，而是缺一不可。从实践上看，可以根据经济发展的具体情况，或者以计划调节为主，或者以市场调节为主。持这种观点的同志中，有人还运用经济控制论的方法，将计划调节作为前馈调节，即在经济系统的行为发生偏差之前，根据预测采取措施，将经济系统的行为根据经济系统的目标纳入一定的轨道；市场调节则是反馈调节，即根据市场反馈的信息对经济系统的行为进行调节和控制。两种调节方式共同作用，才能使经济系统保持良性运行。

（八）内在统一论。有的同志认为有计划的商品经济是个统一体，有计划的市场调节就是其特有的调节手段，而不存在什么计划调节与市场调节相结合的问题。有计划的市场调节，说明计划与市场任何一方都不能离开对方单独起作用。计划是建立在自觉运用价值规律基础上，是依存于市场机制和市场体系的计划；市场是计划指导下的市场，计划和市场在相互依存中覆盖全社会、调节整个经济运行和资源配置。计划调节受市场制约，市场调节受计划导向。计划和市场由于内在统一而各自改变对方的形态，计划由于引进市场机制并借助于市场机制进行调节，实际上变成有计划的市场调节；市场由于接受计划指导，按计划目标要求来调节经济运行，实际成了包含市场机制的计划手段纳入了计划调节轨道。

三、关于"国家调节市场，市场引导企业"的运行模式。

（一）有的同志认为，从国家与企业的关系来看，这一模式是可行的。这是以企业为本位，实行国家－市场－企业双向调节的新型的计划调节的商品经济运行机制，既体现了现代商品经济发展的要求，也体现了社会主义经济的要求。这一模式的内容和要求是由市场机制直接调节供求结构、调节企业投资规模和消费需求规模；国家借助产业、财政、货币、收入等政策及相应的经济参数分别调节上述市场调节过程，以实现产业结构合理化和宏观总量平衡目标。当然，这一模式也并不排除国家通过行政、立法等方式对企业进行直接干预。

（二）认为这一模式只是一种目标模式，实现它需要具备三个必备的条件：(1)企业成为真正独立的、具有自负盈亏、自我积累、自我发展能力的商品生产者、经营者，成为市场的主体；(2) 市场体系完善，市场组织制度健全，市场有相当高度的发展；(3) 国家具有有效的宏观调控体系与手段。而我国现阶段根本不具备这些条件，难以实现。

(三) 认为这一模式实际上就是市场经济模式。这种模式两头都是市场，而计划根本没有了。所以，这种模式的提出，为市场化的改革取向开了"绿灯"，而市场化的逻辑发展必然是私有化。因此，这种模式在我国是行不通的。

(摘自"社会主义经济改革理论讨论会参考资料")

关于企业改革的若干观点综述

近年来，在不断深化企业改革中，围绕承包制与股份制进行的讨论有以下一些观点。

一、如何评价承包制？

总体看来，有三种观点：

1. 肯定的评价。例如，杨培新认为，"承包制是治疗社会主义大锅饭、铁饭碗、瞎指挥的特效良药，是中国社会主义经济体制改革的必由之路。""承包制从1987年5月在全国推行以来，国民经济发生了重要的转折，这就是防止了全国财政收入连续下降20个月的局面，财政收入开始回升。"他在分析了首钢、二汽等大型国营企业的承包制实践之后认为，承包制"无需改变全民所有制的性质，只需加以完善和充实，把经营权由政府转入企业手中，社会主义全民所有制就会优于资本主义所有制。"他进而认为，"承包制救了社会主义"，因为"承包制可以使社会主义企业创造出更高的劳动生产率"。①

苏小冬等人认为，承包制是改革实践中的现实选择，承包制之所以成为企业改革的主体形式，首先是由于它构造了有效发挥利益机制作用的企业经营形式，"其最突出的特征，是实行以合同为依据的指标管理、综合考核，保证国家财政收入、企业技术改造和职工收入，从而在现实条件下，建立了一种较好地处理国家、企业、职工三者利益关系的企业经营形式"；其次，是由于"承包适用范围广，政策透明度高，易于和现行管理体制、政策环境衔接，操作难度较小"；再次，是由于"承包制比其他形式如'两步利改税'、租赁制、股份制等，又有其优势所在"，因为利改税难以形成公平竞争的"起跑线"，调节税也给利改税的改革加入了不规范的因素，租赁的试点结果又表明在国营大中型企业租赁制难以普遍采用，股份制的试行则涉及到社会主义基本经济制度如何重新构造，产权原则如何确立等深层次问题，因而在现实环境中还不可能广泛采用。②

2. 否定的评价。例如郎毅怀认为，承包制在传统经济体制内已达到了它的顶峰和极限，从建立社会主义商品经济新秩序的微观基础这一角度来看，承包制至少具有以下难以克服的缺陷："第一，承包企业没有真正从国家手里索回自主权，作为商品生产者，它的权利是不完整的"；"第二，承包企业的收益在很大程度上仍然取决于企业领导与国家管理机关之间的人际关系"；"第三，承包企业缺乏开放性和竞争性，难以与市场机制相结合"；"第四，承包制未能给企业综合资产存量的重组提供有利和有效的机制。"因此他认为，"承包制普遍推广的必要性和真正意义在于，在整个经济体制未获得本质的改造以前，在改革仍然处于彼岸世界时，没有什么别的方式能比承包制更有力地刺激企业的活力和经济的增长。在旧的经济秩序仍然是我国经济生活的主流时，我们选择承包制，不仅是正确的，而且是必然的"。"但是，当把改革的设计指向社会主义商品经济新秩序时，我们就会发现承包制并非是具有彻底意义的改革，而是改良。它既不能与国家(作为所有者)参与市场相吻合，也不能为企业本身的改革作出具有根本意义的选择"。③

忻文认为，承包制的根本缺陷在于，它"毕竟是政府搞活企业，而不是市场搞活企业"。"承包制的缺陷还在于它给国民经济的宏观调控增加了难度。首先，经济体制的配套改革必然会影响企业的经济效益，进而影响到国家与企业既定的包干关系，这必然会受到企业和主管部门的反对；国家对产业结构和产品结构的宏观调整会受到企业一包几年不变的制约，如果政府下达指令性的调整计划，同样会使承包合同失去严肃性。因此，我们难以同意'八五'期间承包制的归宿仅仅是操作上不断完善的主张"。④

3. 肯定中有否定的评价。例如中国社会科学院经济学科片形势分析小组认为，"实行承包制是在价格关系没有理顺、市场体系没有完善、竞争机会还不均等的条件下，减少政府对企业行政干预、实行两权适当分离的现实选择，它有利于扩大企业经营自主权，调动厂长和职工增产增收的积极性。但企业承包制还没有完全跳出政府对企业实行行政管理的'框框'，而仅仅是一种委托经营制，因此，难免出现某些弊端，应该总结经

---

① 杨培新："中国的承包制"，《经济研究参考资料》1989年第49期。

② 苏小冬、刘松皓、张宪平、刘轩："承包制现实与选择"，《经济研究》1990年第6期。

③ 郎毅怀："中国国有企业改革模式的评议与择"。《经济科学》1990年第2期。

④ 忻文："全面深化企业体制改革——'八五'期间企业改革的可能性选择"，《经济学动态》1990年第5期。

验，在1992年新的一轮承包制中兴利除弊加以完善。”同时他也认为，“企业承包制由于其固有的缺陷，难以使企业真正自主经营和自负盈亏。”①

二、如何解决承包制中出现的主要问题

总体看来，有三种意见。

1. 在原有基础上完善承包制。例如苏小冬等人认为，可以采取以下具体措施来完善承包制：第一，从现实出发，合理确定企业承包基数。具体应做到两点，一是承包的内容适度规范，原则上不再搞上交税利承包，二是把诸如“差额利润率”承包、“系数法”承包等等这些能够体现企业投入产出效益考核的办法纳入到基数确定中；第二，强化承包制促进企业发展、提高经营管理水平的功能和作用。主要要解决两个问题，一是如何把承包各主要指标的综合效应与企业行为合理化联系起来，二是如何选择指标才能促使企业提高整体发展水平；第三，适度规范承包的管理办法；第四，推进和完善与承包制相应的企业内外配套改革。②

程新根据深圳试点经验认为，改进和完善承包制可以实行一种“两保两挂”的承包法，“即选择承包企业的上缴利润、承包经营者的收入、生产发展基金、职工消费基金四项指标为考核指标，并以企业上缴利润与承包经营者收入挂钩，保国家财政收入；以企业生产基金与职工消费基金挂钩，保企业积累。”这种承包法具有三方面的优点，一是在分配体系上，它是对国民收入初次分配的完整承包；二是在约束体系上，四项承包考核指标之间形成相辅相成、相互制约的关系；三是在调控体系上，做到了外部调控与内部调控的有机结合。③

2. 实行“税利分流、税后承包、税后还贷”。例如袁源认为，在比较利改税和承包制的历史局限、特别是在认清政治权力和财产权力各自独立存在的基础上，国家应首先明确企业法人和国家税收法权的关系，使企业做到依法纳税；其次才是凭借着财产所有者的身份，使财产权力在企业利润中得到实现。④田涌还探讨了不同类型的企业如何税利分流的问题。他的基本设想是，“在财政、税务之间，明确事权，各司其职。在各负其责的基础上，实行双渠分流：一条渠道根据所得税税法，由税务行使国家政治权力，依率计征所得税；另一条渠道由财政代表国家，参与国营企业税后利润的分配。”⑤

何济川在考察重庆试点经验后认为，实行“税利分流、税后承包、税后还贷”，在实践中遇到了不少问题，其中主要的有：一是相当一部分企业税后承包利润不多，或无利可包；二是税后还贷困难；三是在抑制了由税前还贷诱发的投资盲目冲动的企业行为后，又出现投资热情过度衰退的现象。鉴于上述问题，他认为应当确立这样一种指导思想：一是变竭泽而渔为放水养鱼，二是变急功近利为远近兼顾；三是变单兵突击为综合运行。并提出了重新界定企业税负、重新调整上交利税及重新调整税后还贷的建议。⑥

3. 放弃承包制推行股份制。例如中国社会科学院经济学科片形势分析小组认为，“企业承包制由于其固有的缺陷，难以使企业真正自主经营和自负盈亏。为了使企业真正自负盈亏，必须在坚持公有制为主的前提下使企业有一定的产权。一个可以设想的方案是对国家所有权实行分割，使国家保留‘终极所有权’，企业得到‘法人所有权’，并要找到体现这个要求的组织形式。看来股份制可以成为这种形式。”⑦

郎毅怀认为，“社会主义作为一种社会化、商品化的现代经济完全可以采用股份制，使之成为社会主义财产关系的一种组织形式。”他认为，股份制应当成为国有企业制度改革的主航道和主目标。这是因为：“第一，通过明确产权关系，确立独立的企业法人地位，促进政企分开，“弱化行政干预，为企业成为自主经营、自负盈亏的商品生产者和经营者创造了条件”；“第二，通过利税分流，按股分红，界定了国家与企业的分配关系，硬化了财产约束”；“第三，可以积聚和集中资金，形成独立的资金运动，并带动生产要素的流动，促进社会资源的最佳配置、技术进步和规模经济的发展；”“第四，通过红利刺激，可以把一部分消费资金转换为生产资金。这既有利于培养经济发展的后劲，也有利于市场的稳定”。⑧

三、如何推行股份制

大体上有七种意见。

1. 实行劳动共有股份制。蒋一苇认为，在公有制下，应该有三种不同的股份：一种是国有全民共同所有；一种是企业股或叫集体股，一种是职工股，是职工个人合有的财产。这种股份制的特点是，企业的财产既有全民所有部分，此外还吸收职工个人入股，即国有股、企业集体股和职工个人股，三种股权形式合在一起。这三种股权属于三个不同层次的劳动者，因此可以

① 中国社会科学院经济学科片形势分析小组：“以改革促稳定，在稳定中发展——90年代‘稳中求进’的发展和改革的基本思路”，《经济研究》1990年第7期。

② 苏小冬等：“承包制：现实与选择”，《经济研究》1990年第6期。

③ 程新：“‘两保两挂’承包理论与实践的若干思考”，《经济科学》1990年第4期。

④ 袁源：“税利分流理论与实施”，《经济理论与经济管理》1990年第3期。

⑤ 田涌：“不同类型企业如何实行税利分流”，《经济理论与经济管理》1990年第2期。

⑥ 何济川：“对税利分流改革的再认识”，《经济学动态》1990年第7期。

⑦ 中国社会科学院经济学科片形势分析小组：“以改革促稳定，在稳定中发展——90年代‘稳中求进’的发展和改革的基本思路”，《经济研究》1990年第7期。

⑧ 郎毅怀：“中国国有企业改革模式的评议和选择”《经济科学》1990年第23期。

说是“劳动共有制”，是社会主义公有制的一个新发展。①

2. 实行集团股份制。陈必吾认为，除一部分关系到国家和社会命运的银行、信贷、交通运输、邮电通讯、公共工程等企事业单位仍归国家所有和经营外，其他的国有企业都应成为既有资产经营权又有资产所有权、具有法人地位、独立经营、自负盈亏的商品生产者。原来全部归国家（政府）所有的资产分解为三个部分：一般大中型企业，50%的股份仍归国家所有（体现社会利益），30%的股份归企业所有（体现企业职工的集体利益），20%的股份归职工所有。对于资产雄厚、资金有机构成很高的现代化大企业，国家所有的股份可以占70%，企业所有股份可以占20%，职工所有的股份可以占10%。因为现有企业的全部资产当中，本来是有相当一部分（尤其是老企业）是所在企业职工的过去劳动积累，本来就属于职工自己所有。作为工人阶级中的一员，本来就应享有国家的一份资产所有权。从这个意义上讲，企业和职工的一份资产所有权完全应该由国家无偿转让。这种集团股份制的最大特点是，从微观上重新构造了国家所有制的经济细胞，在劳动者对生产资料占有关系、人与人之间的关系以及分配方面，进一步完善了社会主义的生产关系，使企业和职工对国家资产的抽象的所有权变成了看得见、摸得着的具体的所有权，充分有效地体现了职工、企业与国家之间的利益关系。②

3. 实行法人所有制。韩志国认为，法人所有制是一种由法人机关来行使财产所有权和经营权的现代企业制度，它的典型形式是股份有限公司。在股份有限公司中，股东与公司的关系，并不是所有者与经营者的关系，股份有限公司的财产所有权也并不是掌握在股东手中。股东一旦购买了股票，就立即放弃了对这部分资金的所有权，并且同时取得了一种股权。股权可以同时派生出两个方面的权力：一是公益权，即通过股东大会来选举董事会；二是自益权，即凭借股票取得股息收入，并且可以随时在金融市场上把股票转让出去。股份有限公司的财产所有权集中在法人机关——董事会手中。企业的投资者与企业的财产所有者相分离，这正是法人所有制给企业组织制度和财产所有权所带来的革命性变革。如果我们能够积极地、正当地加以利用，这种所有制就可以成为社会主义公有制的新形式。③

4. 实行“集体经营，个人占有”。李旭认为，在社会主义经济成长阶段，经济运行机制的最好选择是“集体经营，个人占有”。如果以个人为主体认购股份并按生产的技术、工艺性质和劳动方式组织以联合劳动为基础的集体经营，既可保证资源的合理配置，又可以使劳动者个人直接受所有权的约束，感觉到占有利益对他的存在意义，最终解决动力和效率问题。④

5. 实行初级股份制。李金果认为，在我国现阶段，还不能实行高级股份制，只能实行初级股份制。所谓高级股份制，一般来说它只有资产股。而初级股份制并不只有资产股，它还可以有一部分非资产股。实行初级股份制，不改变国家已有的对财产的所有权，将国家的财产全部作为国家股加入股份企业。企业股由折产股构成，即将企业规模和发展所需要的资金，再确定企业的股份总数。企业股份总数由三大部分构成，即国家股、企业股（包括企业资产股和企业折产股）、个人股和其他单位股。企业折产股是一种非资产股，实际上是一种权利股。这正是初级股份制与高级股份制演化的过渡形式，随着企业凭折产股获得的红利的增加，企业便可逐渐增加资产股，使折产股在企业拥有的全部股份中所占的比重逐渐缩小，以至完全消失，从而达到高级股份制。⑤

6. 实行积累股份制。积累股份制是保持现有资产的国家所有制性质不变，对企业留利的积累所新增的资产实行股份制。具体是由财政部门、企业主管部门和企业职代会通过公开招标的方式决定经营者，且在招标确定经营者的过程中，对每个企业的国有资产进行一次性评估，以确定固有资产的现有价值。国家对业已评定的国有资产价值采取两种办法：一部分作为国有股份继续留在企业；另一部分作为企业对国家的债务暂时保留在企业，国家根据企业开出的债券暂时保留在企业，国家根据企业开出的债券和当时的市场平均利率水平每年从企业的税后利润中收取债息。从总量上来看，国家在每个企业中的国有资产，小部分以股份形式存在，而大部分以债务形式存在。具体到每个企业来说，中小企业的国有资产基本上都有债务形式存在，大型企业资产中国有股份的额度大小依企业的具体情况而定。在不同时期内，国家需要控制和支持的企业不是固定的，可以通过买卖股票的办法来实现控制对象和支持目标的转换。在积累股份制企业中，企业的税后利润中包含四个部分：一部分是国有资产的债息，它不受企业经营状况的影响，而且先于股息因支付；一部分是股票，其中有国有股份的股息、其他企业持股的股息和私人股息；一部分是企业的积累基金。企业积累基金在用于扩大再生产的同时，将新增资产的所有权以发

① 蒋一苇：“关于股份制的几个问题”，《经济问题》1988年第1期；“股份制问题的讨论”，《经济体制改革》1988年第2期。

② 陈必吾：“略论集团股份制”，《光明日报》1986年11月8日。

③ 韩志国：“关于我国经济体制改革的主线问题”，《光明日报》1987年10月10日；“论法人所有制”，《光明日报》1987年11月16日。

④ 李旭：“股份制的性质、模式与发展”，《财经研究》1986年第2期。

⑤ 李金果：“大中型企业改革宜从初步股份制起步”，《金融时报》1987年12月24日。

股票的形式量化到本企业职工个人；最后一部分是经营者收入，其总额由企业税后利润和经营者收入占利润的比例决定。实行积累股份制的好处在于，它不仅有利于企业的高效运行和商品经济的充分发展，而且还可以保证广大劳动者作为生产资料所有者的身份和劳动收入在个人收入分配中的主体地位。①

7. 实行社会股份制。孔泾源认为，可以按社会股份制的方式变革国营企业组织：(1)在现有条件下尽可能地理顺价格体系以实施对国有资产的社会评估并使之获得虚拟资本形式；(2)建立健全虚拟资本的经营管理机构，将企业股票的上市规则、企业情况的公开制度、经营阶层的督查措施、产业利润的分享办法等等，迅速纳入法制轨道；(3)国家设置专门的持股机构，以虚拟资本增殖、资本化的收入或股息收入的高低为衡量尺度，对虚拟资本进行分解性经营，以促成虚拟资本的流动性社会化；(4)在股东大会或社会选择的基础上形成职业专业化的经理与董事阶层来分别进行企业的经营管理以及监督企业经营或参与企业发展方向的决策过程；(5)企业或公司成为完全独立的经济实体，形成法人财产与实行社会配股制；(6)国家计划的实施与产业政策的倾斜，一般采取虚拟资本的产业更替或授权集股的经营方式及其他指示性计划，主要以调节虚拟资本市场来引导要素与产品市场，以便真正发挥公有制经济或计划机制的主导作用。②

（摘自“社会主义经济改革理论讨论会参考资料”）

企业管理若干专题研讨

关于企业“三角债”问题的研讨

国务院发展研究中心、中国企业管理协会、首都企业家俱乐部于1990年2月15日至16日在京联合召开了解决企业“三角债”问题研讨会。50多位经济学界和企业界人士出席了会议。会议分析了“三角债”问题的原因和近期、中期对策。

一、“三角债”问题的原因及目前的状况

企业间的债务往来以及银行向企业的透支，是正常的。但是在目前情况下企业间的债务负担日渐沉重、债务拖欠、逾期不还，信用松驰，已直接影响到企业的正常营运和企业间经济往来。与会代表一致认为，这次从1988年中期表露出来的“三角债”问题是建国以来最为严重的一场信用危机，原因复杂、涉及面广、时间持久、造成的损失巨大，因此决不可掉以轻心。

与会的工商企业界人士分别介绍了各自行业、部门由于“三角债”问题造成的严重困难局面。一些资产实力雄厚的大型企业也陷入了债务泥潭，物资经销部门更是步履维艰。资金呆滞、物流不畅，造成大量的资源在有形、无形中损耗、浪费。

人民银行及各专业银行在前一阶段清欠中做了大量工作，组织了几次跨行业、跨部门的清欠，注入了几十亿元仍不能启动，“三角债”有增无减，到这次会议为止，总数已达2700亿元。

这次“三角债”的形成，既有体制方面的原因，又有经济政策的影响。(1)前一阵的经济过热。在经济过热中，盲目投资，基本建设拉得过长，加之审批程序不完善，概算不准确等，造成一系列后续问题。特别是在治理整顿中，一些停缓建项目占压资金。(2)调控手段不当，刹车过猛。不少代表认为，国家过猛的调控措施，造成市场购买力的急剧下降，加上紧缩信贷，猛抽资金，是“三角债”形成的主要原因。如果国家政策放宽，市场销售回升，盘根错节的“三角债”问题也就会迎刃而解了。但也有代表指出，在以往没有物品积压时，也出现过“三角债”问题，因此不能将市场疲软作为“三角债”的主因，至多只能说加重了“三角债”的程度和严重性。(3)企业超负荷运行，对风险的承受力削弱。工商企业普遍反映，目前企业负担过于沉重，由于通货膨胀的影响，企业自有资金贬值，大中企业实际上连基本的简单再生产都难以维持。(4)承包制下企业行为的不合理性。企业自有资金的下降，既有企业负担重的问题，也有企业急功近利的体制病问题。比如，在价格上扬的情况下，企业库存物资的增值，按规定应当补充企业的流动资金，但不少企业却将这笔收入转化为利润，作为完成企业承包基数的一部分，实际上导致了企业生存能力的下降。(5)信用观念淡漠。不少企业对于清理拖款的工作无紧迫感，认为可以利用别人的钱盈利，多占一天是一天，更有的企业甚至为自己欠别人的多

① 钟明荣：“论积累股份制”，《湖北社会科学》1988第3期。

② 孔泾源：“资本虚拟化与社会股份制”，《经济研究》1990年第6期。

于别人欠自己的而暗自得意，认为自己没吃亏。还有一些地方从局部利益出发，人为地规定只许向本地付款，不许向外地付款等等。这些都在一定程度上加重了这次大规模的“三角债”，并给清欠工作带来困难。

二、解决“三角债”的近期对策

经过讨论，一致的看法是：综合治理，对症下药。尤其应当克服急于求成的想法。

1. 继续投放启动资金。这种观点认为应当变启动资金单纯投放生产企业为双向启动，即一方面直接投放启动资金到一些能增加有效供给的、必保的大型企业，一方面也投放一定资金到流通领域。他们认为，前一阶段清欠工作所以效果不理想，主要问题在于商业部门无力收购企业产品，单向启动只是增加了一些企业产品的库存。双向启动，将一部分启动资金直接投放商业部门，由其向消费品生产企业择优购货，可以促使企业活起来。

但是不少同志认为，对商业领域投放启动资金并不是一种好的选择。在市场疲软的情况下，这样做会将一些工业库存转化为商业库存。而且在目前利率较高、销售不畅的情况下，商业部门也会很谨慎的，不可能大量进货。

2. 在大中型企业间尝试采用“启动专用券”。此券属有价证券，是一种特殊的信贷，由国家直接贷放给企业，用作企业间连环债解扣、生产启动之用。但工商企业的代表对此并不赞同，而金融界人士认为应当持审慎的态度。“启动专用券”的主要问题有：(1)“空转”。在目前债务关系错综复杂的情况下，不少同志担心这种证券在市场上无休止地流转下去，难以达到清欠的目的。(2)具体操作上的困难。有同志指出，这种专用券具有一般货币的功能，实际上等于国家增发了新型货币，这样做难免导致新一轮通货膨胀。再者，这种专用券由谁发行，谁负责回收，以及鉴别等等，都难以掌握。还有，它的投放和实际走向也很难控制和追踪。(3)作用问题。同投放启动资金一样，这种专用券的投放也有一个寻找启动点的问题。在大环境没有改观的情况下，无论单向还是双向启动，恐怕都不会使问题有实际的改善。由于类似这种代用券的方式确实在60年代初和70年代初的两次清欠中起过作用，人们还是抱着姑且一试的看法。可在小范围试点后，再对其是否适用作出判断。

3. 增加市场的有效需求。持这种观点的主要是工商企业界的代表。他们认为，目前的“三角债”问题决不仅仅是一个纯粹的金融性问题，而是整个宏观经济的反映。这种意见认为，目前“三角债”的关键问题在于消费这个环节，他们主张在国家总的整治方针不变的前提下，一些具体的办法应有所松动。(1)适当放松对集团性消费的控制。在通货膨胀、物品短缺的情况下，政府应当适当限制集团购买力争抢一般消费品的倾向。但是对于本来就属于国家使用，不致转化为个人使用的商品，如汽车、打字机等，政府限制过多，最终束缚的还是自己，与其让其在仓库中沉睡，还不如让机关单位使用，保持正常的供应、更新。(2)适当调整某些消费品的价格。国家多管齐下的治理通货膨胀的措施见到了成效，过热的市场迅速冷却了下来，现在应当反思一下，目前的市场价格哪些是不合理的。人们提出，比如彩电，国家一次性加价900元，这在当时有效地遏止了抢购风，但现在看来这个价格已难以为消费者所接受。是否可以考虑适当降一下价，多卖出一些。(3)利率问题。人们一般都肯定了保值储蓄在稳定我国金融体系中的历史作用，并认为应当维护这一方式在公众心目中的形象。虽然有部分代表主张，适当调低贷款利率以减轻企业的负担，但大多数代表，尤其是金融界人士不主张这样做，因为现时尚为负利率，不能说高了。企业负担重，重在自有流动资金少，如外贸部门仅有3%。这些问题不是靠降低利率所能解决的。

三、解决“三角债”问题的中长期对策

1. 充实企业实力，提高企业对风险和环境变化的承受能力。首先要提高企业的自有资金比率，财政要给予企业这个能力。从1986年以来由银行负责企业的流动资金变成由银行完全包下来的做法是不足取的。对企业自有资金的考核，应当列为企业承包考核的一项内容。

2. 建设项目审批的程序化和完备化。我国经济中始终存在着投资膨胀的冲动，一次次将我国的经济推到濒临危险的边缘。这次拖欠款中就有相当部分属于建设单位对施工单位的拖欠款。为此，有代表提出：(1)压缩基建，应从立项开始，不要单从年终计划上做文章。因为项目一旦立项，资金、设备都同时投入，施工也已开始，而一旦项目中止，前期投资的归还就会出现问题。(2)新建项目应同时安排好流动资金。目前许多项目的流动资金不落实，只能依靠银行解决。(3)投资安排要留有余地，提高概算的准确性。

3. 发挥银行的独立决断作用，加强审计和监督。虽然有的代表对不成熟的“专业银行企业化”所带来的问题提出质疑，但总的说来，银行信用仍然是我国最为规范化的信用类型。为此，银行界呼吁：(1)解决好政治性工程项目的概算平衡问题。现在我国有不少这类项目，社会影响很大，但在资金不足情况下，为了保证工程按时或早日完工，只能采取由银行垫付的办法。这种类型的拖欠款在我国一直大量存在着。(2)在“两保一挂”下，地方和企业为完成上交外汇的承包指标，往往不惜采取“血本换汇”的办法。但对于超过国家核定的换汇成本部分，国家不予负担，却往往挂在银行名下。今后应当让银行从这类负担中解脱出来。

关于横向经济联合发展现状与趋势问题的研讨

中国横向经济研究会于 1990 年 2 月 21 日至 23 日在北京召开了《横向经济联合发展现状与趋势分析座谈会》。会议围绕横向经济联合发展的现状和趋势这个主题进行了座谈。代表们从理论和实践的结合上充分肯定了横向经济联合的地位和作用，探讨了在治理整顿形势下发展横向经济联合的新思路，座谈会达到了预期的目的。现将会议有关情况纪要如下：

一、发展横向经济联合的重要意义

会议认为，党的十一届三中全会以来，横向经济联合适应改革开放和发展有计划商品经济的客观要求，在全国各地迅速发展，显示了巨大的生命力。横向联合已经成为国家经济生活中的积极因素，国民经济的重要组成部分，在经济发展中发挥了越来越重要的作用。各地经协部门在组织和推动横向联合方面做了大量的卓有成效的工作，以企业集团为代表的企业联合有了新的突破；区域合作的领域不断拓宽，正朝着注重实效的方向发展；各种形式的横向经济联合与协作促进了生产要素的合理流动和优化组合。实践证明，横向经济联合有利于促进计划经济与市场调节的有机结合，有利于治理整顿和深化改革深入进行，有利于国民经济持续、稳定、协调发展。与会代表一致认为，横向经济联合的方向必须坚持，不能动摇；横向经济联合的工作必须加强，不能削弱。

二、横向经济联合的发展态势

与会代表从不同角度对横向经济联合发展态势进行了认真分析，认为：横向经济联合，是发展有计划商品经济的必然要求，符合经济发展客观规律，具有强大生命力，随着经济体制改革和外部环境的不断改善，将会把横向联合推向新阶段。特别是中央提出治理整顿方针，为横向经济联合的发展提供了新的机遇和要求，也为发展横向联合明确了工作指导思想；控制投资规模，消除经济过热，为横向经济联合发展指明了走内涵扩大再生产的路子；加强国民经济薄弱环节，为横向经济联合发展明确了方向和重点；进行经济结构调整，增加有效供给，为横向经济联合工作在促进生产要素优化组合方面提出了更高的要求。总之，横向经济联合具有少投入、多产出，优势互补等特点，在治理整顿中，横向经济联合可以大显身手，是大有作为的。横向经济联合将在国家产业政策指导下，围绕农业、能源、原材料、交通等国民经济薄弱环节以及各地经济发展重点有效展开。

——企业联合将由浅层次向深层次发展，由一次性简单协作配套逐步发展为长期、稳定的合作；由单体联合逐步向群体化、集团化方向发展，企业联合将更加注重产品结构调整，提高技术内涵，促进技术进步，加快科研与生产一体化的步伐；注重生产领域与流通领域的联合，拓宽流通渠道：加速资金周转，注重科工贸联营，以国内联合为依托，发展外向型经济，企业联合更加注重提高经济效益，发展规模经济。

——区域联合将朝着务实的方向发展。区域协作正向以中心城市为依托，以行业联合为网络，以项目协作为纽带的方向发展，并将更加注重生产力合理布局，资源的优化配置，兼顾各方利益，有计划、有步骤地进行。区域合作将继续从实际出发，在巩固的基础上逐步提高。

——经协部门宏观调控作用将不断得到加强。作为政府主管横向经济联合的综合职能部门的经协办（委）更加有效地发挥计划指导、政策导向、综合协调作用，把宏观调控和微观服务有机地结合起来，充分运用行政、经济、法律等多种手段，推动横向经济联合的健康发展。

三、促进横向经济联合的建议

会议期间，为了促进横向经济联合的发展，与会代表建议国务院和中央有关部门：

1. 加强对横向经济联合工作的理论研究和舆论宣传工作，明确横向经济联合在国民经济中的地位和作用，针对横向经济联合工作中出现的新情况、新问题，做好舆论导向。

2. 进一步制订和完善支持横向经济联合的有关政策，要保持政策的连续性和稳定性。

3. 加强法规建设，尽快制订保护横向联合各方合法权益等方面的法规。

4. 加强对横向经济联合的领导，明确经协部门的职能，给予必要的工作手段。

与会代表一致表示，要认真贯彻落实十三届五中全会精神，满怀信心地在九十年代第一年，振奋精神，努力开拓，把横向经济联合推向一个新阶段，为完善计划经济与市场调节相结合的新经济运行机制，防止滑坡，振兴经济，不断做出新贡献。

关于质量体系问题的研讨

中国质量管理协会第一次质量体系研讨会，于 1990 年 2 月 23 日至 26 日在北京召开。会议重点探讨了质量体系标准的宣贯工作。刘源张同志介绍了 ISO/TC176 技术委员会召开的历次会议情况；ISO9000 系列标准的制订过程以及美国、日本、欧洲各国对此系列标准的不同态度。张贵华同志宣读了国家技术监督局徐志坚局长关于"推行ISO9000的宣传教育、贯彻、实施由质协系统具体负责"的批示，并介绍了中国质协前一阶段在宣贯标准中所做的工作；如举办宣贯研讨会；组织编写宣贯教材并进行试讲；确定84个宣贯试点企业以及还计划与有关部门一起研究开展实施国标的认证等工作。

研讨会期间，代表们就质量体系的概念和原理、企业如何推行GB/T10300系列标准以及ISO9000、GB/T10300与TQC的关系等进行了热烈的讨论。部分代表还介绍了本地区、本部门在宣贯标准中取得的经验。在讨论中，大家提出的意见和建议主要有以下几点：

1. ISO9000，GB/T10300系列标准是质量工作发展的必然结果。GB/T10300系列标准是促进国际贸易和经济技术合作交流；增强出口竞争能力，协调供、需双方共同遵循的依据的需要，是我国经济发展、对外开放的需要。它体现了世界先进工业国家七十年代末、八十年代初的管理水平。现在的问题不是要不要贯彻实施的问题，而是如何更好地实施的问题，必需坚决实施。

2. 宣贯GB/T10300系列标准，要加强宏观指导，制定战略。明确宣贯范围、对象，贯到什么程度，达到什么目的以及与质量管理创奖、验收要求的关系等。同时，还应把贯标工作纳入政府的物资、财务部门。国家应以立法的形式，提高物资供应的质量保证能力，提高投资效果。

3. 目前不少单位编写了GB/T10300系列标准宣贯材料。一些概念、提法比较混乱，观点不一致，存在着不少问题。必须统一基本概念，建议尽快编写出具有权威性的水平较高的、大家容易理解和接受的名词术语。

4. ISO9000系列标准是商品经济、市场竞争的产物，是各国协商、妥协的产物，它较多地反映了西方国家的要求。而我国商品经济不发达，计划经济仍在我国经济活动中起主导作用。因此宣贯GB/T10300时，必须考虑到标准产生的背景和我国的实际情况。部分代表建议，应逐步建立、健全适应我国质量管理需要的、具有我国特色的质量管理标准。

企业代表们认为系列标准中，大都是原则规定，可操作性较差。职工很难读懂，实施较为困难。建议TC176技术委员会尽快组织对二十几个要素，分别制订出支持性标准。

5. 许多代表忧虑在国标实施中搞形式主义。因此在贯标中必须明确：要坚持以企业为主，根据企业的特点，自己决定选用要素和选用程度。并建议在全面质量管理验收及认证工作中，与企业特点统一起来，讲究实效，避免"一刀切"的做法。

此外，在贯标试点中，要分类别、分层次地进行，取得经验，全面推广。避免过去抓搞得好的大型企业多，抓中、小型企业少的现象。使贯标试点具有普遍性。

6. 军工部门代表介绍了他们参照国际标准，制订的《军工产品质量管理条例》及评定导则、评定要点的情况和开展认证活动的情况。他们的体会是：贯标可以促进质量管理的深化，开展有计划、有步骤的认证工作可以巩固成果。在认证过程中要注意检查的量化，尽可能减少人为因素的影响。

研讨会还认为，贯标工作尽管困难很大，但是要有坚定的信心，在对国家、对人民负责的前提下，坚决贯彻；有关标准中的名词术语的解释，基本是准确的，要看实质，但可以考虑不同意见，研讨工作要抓紧；在贯标中要切忌形式主义，既要企业自主管理，又要行政干预，但不能把企业干预死。

会议还指出宣贯标准中应注意的问题：要充分认识宣贯这套国标的重要意义，正确理解实施国标和推行全面质量管理的关系。质量管理是这套国标的基础和根源，而国标是质量管理的成果和结晶。要在全面质量管理的基础上实施国标，在实施国标中，完善质量体系，推进全面质量管理。在宣贯中既要维护标准的严肃性和权威性，尽量向国标靠扰，又要结合国情，从实际出发，不要生搬硬套；要坚持积极、慎重、稳妥，讲求实效的原则；自主采纳、领导促进，按行业、企业特点，突出有效性、实用性。试点企业可采取一学习、二对照、三剪裁、四完善的办法。防止片面性、"一刀切"及松散倾向；将实施国标与推行TQC融合在一起，切不要搞"两张皮"，搞形式主义。凡是标准中有用的，都要积极采用，凡是标准中没有、但实践证明有效的，都要坚持；在贯标中要不断强调"质量第一"、以质量改进为主、质量管理是企业管理的中心环节，质量管理要有中国特色等思想。

关于中外合资企业管理问题的研讨

由中国企业管理协会研究部和中国一欧共体管理中心联合召开的"中外合资企业管理实践"国际研讨会，于1990年3月21日至22日在北京举行。

一、中外合资企业的管理风格

会议的主报告为"中外合资企业管理实践"，它是中国企业管理协会研究部与中国一欧共体管理中心为期长达一年之久的合作研究成果。报告形成的基础是对京、津、沪地区30家中外合资企业（合资外方来自香港、日本、欧洲和美国等地区或国家）进行调研和数据处理所得到的翔实材料。尽管样本选的还不够充分，但通过抽样调查和敏感性分析，还是能对来自不同国家和地区的合资企业不同的管理风格做出描述，对进一步加强合资企业内部管理和合作双方的适应能力提出参考建议。

1. 所有权与管理机构。我国的合资企业绝大多数实行的是董事会领导下的总经理负责制和双方共同管理。从所有权与管理结构的关系上看，各合伙人所占有的股权份额与其在董事会中的董事成员数基本一致。对比之下，经理层的人员构成则要灵活的多，管理层的控制权与股权并没有十分密切的联系。

2. 决策的集中化程度。合资企业董事会的权力较大，一般来说，企业的人事变动、经营战略、利润再投资等重大问题均需董事会决策。董事会层的决策基本上采用民主协商的方式，未见仅凭股份上的优势和董事长凭个人地位行使否决权的实例。在经理层，集中决策则较普遍，一方面因为不少外方经理对中方经理的能力和经验缺乏信任；另一方面不少中方经理出于种种原因，不愿独立承担责任，从而造成授权困难。

3. 管理的正规化。与国营企业比较，合资企业管理的正规化程度普遍较高，中方经理的感受尤其如此。对外方来自不同国家和地区的合资企业之间的比较，则反映出各自不同的管理风格。其中与美国合资的企业最注重管理的正规化，与欧洲合资的企业次之，然后是与日本和与香港合资企业。

4. 人事政策与培训。合资企业的人事政策比国营企业有了突破性进展，然而中外双方管理人员的评价却不完全一致。不少外方经理对用人方面所受到的限制很不适应。不过，他们也承认，失业在中国是一个特殊问题，比资本主义国家要复杂、困难得多。

对职工的技术培训，在被调查的30家企业中，仅有2家没有从事这项工作，很多企业还对经理人员进行了管理培训。但是，比较而言，管理方面的培训无论在普及程度上，还是在深入程度上，均不及技术培训。在管理培训上还忽略了一个问题—对外方经理人员进行在中国工作的指导性训练。

二、搞好中外合资企业管理的途径

在探讨如何搞好中外合资企业管理，促进企业长期、稳定、协调发展的问题上，与会代表认为以下几个方面是关键。

1. 培育一种因地制宜的、兼容性的合资企业管理文化，与其它类型企业比较，合资企业最大的特点是合作双方或多方来自不同的国别或地区，是一种异质文化的融合。这就要求各方管理人员在合作过程中，不仅要具有长远考虑的诚意，还要具备国际合作的技能和与对方相适应的思想准备。只有对各自合作伙伴的文化背景、社会制度、行为方式和风俗习惯等有全面的了解，长远的投资动机才会导致协调的行动，平等相待、互相尊重、和谐共事才会变为现实。

2. 建立和完善合资企业内部管理机制。从我国目前合资企业的管理状况来看，理想的内部管理机制应具备下列效能：在决策上，要将集中化与民主咨询有机地结合起来，把授权与国内企业的经济责任制结合起来，以保证决策的科学性和民主性；在组织结构和管理制度上，要形成系统的、包括管理的标准化规范化和制度化在内的正规化机制，以保证对组织实施有效的控制，使各项活动有明确的规则和程序；在信息的处理和交流方面，在保证信息纵向传递通畅的同时，还要扩展横向信息交流的范围，使其易于被企业全体员工理解和应用，最终形成一个信息交流一体化体系。

3. 提高管理人员和职工队伍的素质。合资企业中，中方经理和职工还比较缺乏经营管理合资企业的经验，需要不断提高合作技巧和能力；与此同时，对外籍经理人员的指导性培训也很必要。对合资企业员工的培训，应以企业自身为主，行业主管部门和综合经济部门，也可以就一些带普遍性的问题进行集中指导。

4. 搞好产品质量管理和新产品的开发。由于合资企业的很多产品直接返销，进入国际市场，因此，对其产品的质量及品种将会提出更高的要求，这也决定着合资企业的发展前途。合资企业在加强内部管理过程中，应树立牢固的质量意识和创新观念，并适应我国产品结构的调整方向。

三、进一步理顺中外合资企业的管理体制和继续改善经营环境

在探讨合资企业内部管理的同时，代表们就我国的宏观环境也发表了各自的见解。总的来看，自改革开放以来，政府在为合资企业创造了一个宽松的经济环境方面作了很大的努力，并已卓有成效。但是，还有不尽人意之处，较突出的是很多对合资企业的优惠政策和保证在计划内供应的物资不能兑现，造成企业经营上的措手不及，也容易导致外商的误解。从经济体制上讲，存在着两个问题，一是主管单位不明确，似乎有不少部门在管合资企业，但遇到实际问题时，由于没有明确的责任，各领导部门之间协调起来又很困难。二是企业自主权仍不充分，这集中表现为企业在用人制度和工资政策上难以贯彻《中外合资经营企业法》的有关条文，受到过多的行政干预。对于交通、通讯、能源、原材料供应等基础设施的建设，合资企业虽有进一步改善的要求，但也理解需要一个逐步积累和发展的过程；当前迫切的问题还是先在管理体制上理顺关系，提高办事效率，真正使有关政策得以具体落实。

关于工业企业生存环境与发展战略问题的研讨

由中国技术经济研究会企业技术经济研究会和《工厂管理》杂志社主办的全国工业企业生存环境与发展战略研讨会，1990年4月28日至5月3日在成都市召开。

一、关于企业生存与发展的环境

1. 对宏观经济形势的判断。

大多数同志认为，分析当前的经济形势，既要充分肯定成绩，又要客观地认识困难。一年多的治理整顿已取得初步成效，经济过热有所降温，过高的投资需求和消费需求已得到基本控制，通货膨胀势头减弱。但是，治理整顿中也出现了许多新问题。如何看待这些问题，与会同志有以下几种观点：

第一种观点：比较乐观。认为对当前的困难不要估计得过于严重。这些问题是前几年经济过热、总量失衡、通货膨胀加剧等逐步积累起来的。有些则是治理整顿中必然要付出的代价。目前经济形势已向好的方向转化。

第二种观点：谨慎地乐观。认为既不能过高地估计治理整顿的效果，也不能过低地估计当前的困难。治理整顿以来，除物价涨势趋缓外，其他方面未见明显效果，因此，还不能肯定经济形势已向好的方面转化。企业界的代表们寄希望于下半年宏观经济状况好转，工业生产回升，但对企业能否完全摆脱困境，走出低谷，信心不足。

第三种观点：不太乐观。当前宏观经济形势十分严峻。表现在，(1)工业生产自去年9月以来曾连续几个月出现负增长，使经济难以承受；(2)一大批企业，包括许多全民所有制工业企业出现了停产、半停产、停工、待工的局面。(3)我国经济尚未排除"滞胀"隐患。

也有同志指出，治理整顿、深化改革面临的两大难题是产业结构调整和价格改革。影响产业结构调整的因素，一是资金制约。工业企业增量投资每年约800亿元，与上万亿元的固定资产存量相比，只占8%，因此，仅靠增量投资引导产业结构调整是不够的，还必须以增量投资来影响存量变化。二是体制原因。如："诸侯经济"等，这就要求各地区、各部门从全局利益出发，将产业结构调整工作逐步深入下去。至于价格改革，虽然10年来取得了一定成绩，但目前仍然面临严重困难：(1)工农业产品包括各种农副产品之间的比价不合理；(2)基础产业与加工工业产品以及行业内部各产品之间价格扭曲；(3)双轨制价格带来的种种弊病；(4)各种价格补贴有增无减；(5)控制物价与调整产业结构之间存在矛盾。

2. 当前企业面临的困难。

当前企业面临的困难主要表现在以下五个方面：(1)市场疲软，产成品积压严重；(2)资金短缺，"三角债"拖欠严重；(3)经济效益继续滑坡，减利因素增加，原材料和动力价格上涨，税种增加，利率和汇率提高，减少了企业留利，削弱了企业自我积累，自我发展的能力；(4)有些企业除资金、外汇短缺外，还面临能源、原材料和运输能力紧张状况；(5)生产滑坡使停产、半停产企业和停工、半停工职工有增无减，加大了社会不安定因素。

大多数同志认为，当前最突出的矛盾是市场疲软。也有同志指出，应对市场疲软作具体分析。积压严重的主要是高档消费品及与压缩基本建设和集团消费有关的生产资料和某些商品。有些商品，如化肥、农药、农业机械等支农产品增长势头并未减弱，日用消费品销售也有所回升。有些产品积压的原因，并不完全是销售困难，而是由于其他原因，诸如运输紧张、地方保护主义、故意拖欠款不还、商业部门慑于利率过高不愿贷款进货，等等。

与会代表认为，企业是发展国民经济的基础，是国家宏观改革的主要承受者。无论什么改革方案，如果不能搞活企业，或者企业没有承受能力，那么这个方案最终是行不通的。只有坚持为企业发展创造良好的环境和条件，促进企业在"计划经济与市场调节相结合"的运行机制中增强应变能力和竞争能力，鼓励企业不断实现技术进步和提高经济效益，才能引导企业成为国民经济持续、稳定、协调发展的中坚力量。

二、企业走出当前困境的途径

要使大中型工业企业摆脱目前的困境，增强发展后劲，必须从企业外部和内部同时研究对策，采取措施，方能奏效。外部，国家应从宏观上为大、中型企业创造条件，逐步优化企业生存环境。内部，企业要加强自身建设，强化基础工作，改善经营管理，提高企业素质，开展技术改造和技术革新，充分挖掘企业内部潜力，增强自负盈亏、自我约束、自我积累和自我发展的能力。

1. 加强宏观调控，优化企业外部环境。

(1)帮助大中型企业解决资金困难。尽快解决企业间互相拖欠的"三角债"，建立对大中型企业的合理的税制，使之有利于生产发展，有利于提高企业生产积极性，有利于增强企业发展后劲，不能纵任"慢牛"，也不能鞭打"快牛"；运用行政的、法律的手段严格限制对大中型企业的摊派。

(2)适当扩大大中型企业的外贸权，鼓励企业走向国际市场，促使大中型企业尽快成为"内向型"和"外向型"相结合的经济实体。

(3)保证大中型企业的原材料、燃料、动力、资金、运输等供应。对指令性计划部分原材料、燃料等应实行“定点定量”供应，任何单位或个人不得截留。同时还要适当增加计划物资的平价供应量，降低企业成本，提高经济效益。

2. 提高企业素质。

面对困难，企业要眼睛向内，采取措施和对策，把过去靠调整价格、减税让利实现效益增长，转变为靠改革、管理、技术进步来提高经济效益。企业要把主要力量放在企业内部，练好“内功”应外变，以外变促“内功”。

3. 重视产品结构的调整。

当前，一方面是大量产品积压，另一方面社会剩余购买力也在增长。从总量上看，供给仍满足不了需求。企业应当及时捕捉市场信息，根据市场需求动向及时调整产品结构，生产适销对路的产品。产品结构的调整可分为两个层次，一是近期调整，着眼于解决当前困难，可以采取一些应急的调整措施，如生产适销的“短平快”产品，保持工厂的效益不下降，职工收入不下降，使工厂有个稳定的局面。二是进行深层次的调整，从事长期的、具有战略意义的新产品开发。这是产品结构调整的重点。

4. 提高产品质量，增强市场竞争能力。

围绕产品质量开展技术攻关，使质量逐步升级。

5. 建立效率—效益型企业机制。

企业在提高效率上下功夫，以效率求效益，把提高经济效益建立在投入少产出多的基础上。

6. 加强技术改造，促进新产品开发。

(1)进一步完善企业内部技术进步机制，增强企业技术开发能力；(2)要成龙配套地组织企业技术进步工作；(3)以技术进步为导向，调整产品结构和提高已投产项目的投资效益。

7. 坚持和完善承包制。

8. 加强职工队伍建设，提高企业全员素质。

9. 建立导向机制。

有些代表提出，应建立导向机制，即理论指导、政策开导、资金引导和外向辅导。

还有代表设想，建立“企业生存与发展命运共同体”，即由企业以及与企业生存与发展有关的政府机构、部门、企业共同组成命运共同体，共同解决企业遇到的困难，共担风险，共渡难关。

三、“治理整顿、深化改革”时期的企业发展战略

企业要真正走出困境，除了上述各项短期对策和措施以外，还必须制定正确的发展战略，从战略高度重新设计企业的目标和行动，以保持企业与外界环境的动态平衡，使企业主动适应环境的变化。

1. 制定企业发展战略必须注意的问题。

第一，必须创造企业实施战略管理的有利条件。企业战略的特点是具有长期性、相对稳定性、导向性和全面性。企业制定正确的发展战略的前提条件是必须对客观环境作全面了解和正确描述，这就要求政策具有科学性和稳定性。各项政策既不能朝令夕改，也不能有法不依。一项政策在出台前尽可能周到和完善，并能客观地反映实际需要。一旦政策出台后，就应该相对稳定，使企业能根据国家政策法令的要求，设计出自己的战略和有条不紊地实施战略。

第二，企业发展战略必须反映战略期的基本特征。与会代表们指出，现在我们制定的发展战略，是治理整顿、深化改革时期的战略。在制定战略时必须考虑这个时期客观环境的几个基本要求：(1)企业的发展战略必须符合社会稳定的要求；(2)必须正视经济建设不可能高速发展的现实。代表们指出，这个时期的经济建设与正常时期不同，它将呈现低速增长的状况。在此时期，大多数企业不可能获得很大的投资。因此，在这个时期企业的战略设计主要应该眼睛向内，立足于降低生产消耗、减少成本开支，提高经济效益；(3)必须与企业改革的步伐一致，企业的发展战略要考虑深化改革的动态因素；(4)必须正确处理全局利益与局部利益的关系，国家利益与企业利益的关系，计划经济与市场调节的关系。

第三，制定企业发展战略要从外部环境和企业自身特点出发，由企业自主地制定和实施。由于不同行业、不同地区、不同规模的企业情况千差万别，因此，既不可能有统一的战略模式，也不能实施统一的战略措施。各类企业都要经过充分的调查，并对自身状况作客观的评价后制订出各具特色的企业发展战略。

第四，必须体现技术进步和提高经济效益的要求。与会代表们强调，各类企业在制定发展战略时，都应该把技术进步放在突出的战略地位，同时，一切战略设计都要服从提高经济效益这个根本问题。把提高经济效益，作为企业发展战略的出发点和归宿。

2. 企业发展战略的基本内容。

(1) 产品开发战略。

代表们认为调整产品结构是治理整顿时期企业的中心要求，企业根据国家产业政策和市场需求进行产品结构调整，不仅是被动适应客观环境，也体现了对未来发展的战略选择。经过治理整顿和深化改革，市场需求结构和外部经营环境将发生许多新的变化，企业要认真分析战略计划期的形势，及时做出规划，主动开发新产品，就有可能抓住转变的契机，争取战略优势。例如，国家在大幅度压缩一般性建设项目和超前消费品生产的同时，正在逐步增加对农业、能源、交通、原材料等重点建设的投资。如果机电等加工工业企业认真分析这些领域的需求动向，主动开发出有关的新产品，就有可能找到很有前景的发展机会。

(2) 市场开拓战略。

面对当前的市场疲软，企业战略设计时，要着重考虑市场问题，因为企业产品结构的调整，本身就包含着对目标市场的选择和转移，企业产品结构调整能否取得成功，能否尽快收到成效，不仅取决于产品开发战略的正确制订和实施，也取决于与此配套的市场开拓战略的成败。

企业在确定市场开拓战略时，应该注意开拓农村市场，重点产业用户市场、国际市场，并继续发掘现有产品市场。

(3) 筹资和投资战略。

资金的筹集是企业维持正常生产经营活动的基本条件，也是推行战略管理，保证产品结构调整，实现市场转移的重要保证。代表们建议，在设计企业发展战略时，要从实际出发，不能再“等靠要”上级解决，而是立足自身考虑资金筹集问题。

资金筹集的手段和形式多种多样，企业可以选择发行债券、短期融资券、票据贴现、租凭等形式，条件成熟的企业经有关部门同意还可以发行股票。代表们建议国家尽快出台和完善各种筹资的政策法令，以利于企业筹资战略以及整个企业发展战略的实施，同时，企业也要根据战略发展时期形势的要求进行投资策划。

(4) 企业组织结构战略。

在治理整顿时期，企业组织结构的设计，主要有以下三种形式。甲、优化组合。即国内优势企业之间实行联合，成立国内一流的企业集团，这个集团应瞄准国际市场，发展适合外销的产品，跻身于国际市场的竞争，并以此带动国内企业的发展。乙、优劣组合。即优势企业兼并劣势企业，这样既可解决优势企业的场地、人员等矛盾，又可救活一些劣势企业。丙、混合组合。即由若干个不同行业、不同地区的企业，围绕某一优势产品组合成企业集团，生产市场急需的产品，提高生产效率，满足用户需要。

代表们强调，推行上述企业组织结构战略时，必须坚持“自愿互利”的原则，保持“三不变”，即所有制不变、财政上缴渠道不变、隶属关系不变。

此外，会议还讨论了企业实现技术进步与提高经济效益的关系。有的经济学家从理论上阐述了经济效益的概念及提高经济效益的途径；一些企业界的代表则介绍了加快技术进步、提高经济效益的经验与方法。

关于外向型企业管理的研讨

1990年5月，中国企协企业管理现代化研究会和福建省经委，并邀集广东省、浙江省经委和三省的一些试点市、企业的负责同志以及有关院校、科研单位的专家学者共50余人，在福建省漳州市召开了第三次外向型企业管理研讨会。

一、外向型企业的基本标志和运用国际惯例管理外向型企业

1. 改进外向型企业管理是发展外向型经济的迫切需要。

大家认为，办好外向型企业是发展外向型经济的基础，而如何办好外向型企业，关键在于管理。当前，外向型企业管理上存在的问题主要是：不少中外合资企业由于不注意按国际惯例办事，合资双方相互适应能力差，存在摩擦和矛盾，影响企业经济效益，甚至出现亏损；大批全民所有制企业和集体所有制企业(包括一些乡镇企业)在改革开放中，被推向了国际市场，但由于管理上不适应，缺乏竞争能力，难以保持比较稳定的市场占有率；当前面临着外商来华投资的好势头，尤其是台商投资来势猛增。如福建省，到去年年底，已批准兴办的外商投资项目达2700项，总投资为22亿美元。今年以来，台商来福建洽谈投资已从过去的小工商业为主发展到大企业集团，从单项开发发展到成片开发，从主要的加工工业逐步向原材料、基础工业和基础设施发展。在这种形势下，大家更感到研究改进外向型企业管理，运用国际惯例办企业具有十分迫切的现实意义。

会议认为，研究明确外向型企业的概念和标志，有利于促进外向型企业转变机制，改进管理。现在，有种种说法：有的认为，一个企业只要有产品外销到国外，就是外向型企业；有的认为，凡是有涉外经营行为的企业就是外向型企业；也有的认为，凡是“三资”企业都是外向型企业，等等。这些说法，都是不确切、不完整的。参照有关资料和我国实际情况，会议提出，作为外向型企业至少要做到以下几点：(1)以国际市场的需求作为安排生产经营活动的主要目标，把在国外市场获取经济效益放在主导地位；(2)在生产经营活动中，能充分利用国际资源和国际经济的其他积极因素，形成生产要素的最佳组合，及时吸收国际先进技术，形成较高的生产力；(3)具有较稳定的外销渠道和较灵敏的信息网络系统，能及时了解国际经济、贸易、技术等方面的变化，及时地作出反应；(4)主要产品的外销比重或来自国际经济活动的收入，应占本企业主要产品总产量或销售收入的三分之一至一半以上；(5)本企业的出口外销产品，有较高的竞争力，能在国外市场保持一定比例和较为稳定的占有率。以上几条，作为外向型企业的标志可能是不完整的，但可以作为近期努力目标。我国沿海各地区，如能拥有相当数量的这样的企业，发展外向型经济才有了可靠的基础。

外向型企业，其涉外经营方式是多种多样的，目前在我国已大量运用的有：(1)外商投资办企业。包括外商独资、中外合资、中外合作等；(2)“三来一补”。包括来料加工、来样加工、来件装配及补偿贸易等；(3)劳务出口和对外成套承包工程；(4)国外（境外）办企业（如跨国公司)，进行国际化经营，等等。这里要指出的是，“三资”企业的方式，对吸收外资、引进技术、促进“两头在外”、发展外向型经济，是有很大作用的，但是，并不是所有“三资”企业都是外向型企业，因为有的“三资”企业的产品全部或大部销向国内市场，这和外向型企业的概念和标志是有明显区别的。

2. 凡是有涉外经营活动的外向型企业，都应结合我国国情，运用国际惯例管理企业。

在涉外经营活动中，在外向型企业管理中，应按国际惯例办事，这本来是不应当成为问题的。但是，据有些同志反映，现在忌讳运用国际惯例这个提法，怕和资产阶级自由化联系在一起，说不清楚。有的代表还反映，在我国现行经济体制下，运用国际惯例管理企业，阻力太大。会议对此进行了认真的研讨分析。

第一，要明确运用国际惯例管理企业的涵义。国际惯例是在国家与国家交往中，对同一问题采取的相同行为，是经过长期的反复实践逐渐形成的，并为各国所承认和遵守、具有法律约束力的成文或不成文的行为规则。简言之，国际惯例即国际习惯和国际通例的总称。国际惯例涉及的范围很广，当今通行的国际惯例，可分为两类：一类是《国际公法》中所讲的国际惯例，一般称之为国际外交惯例；另一类是《国际商法》中所讲的国际惯例，一般称之为国际贸易惯例。经济方面的国际惯例除了国际贸易方面的以外，还有国际投资、国际金融、国际税收、国际运输、国际仲裁、技术转让等方面的习惯做法，都是以约定俗成的规范反映超越一国范围的商品经济关系。这些与企业涉外经营活动是密切相关的。总之，企业对外经济来往关系中必须遵守这些国际惯例，办事才能顺利，双方关系才能融洽，否则，就会引起摩擦，甚至会由于违反国际惯例而被起诉、仲裁、招致损失。

按国际惯例办事是一个法律概念。我国有关法律已有明确的规定。除了《中外合资企业法》、《外资企业法》、《涉外经济合同法》等，有不少条文是参照国际惯例制定的以外，在我国《民法通则》中还明确规定：“中华人民共和国缔结或者参加的国际条约同中华人民共和国的民法有不同规定的，适用国际惯例的规定，但中华人民共和国声明保留的条款除外。中华人民共和国法律和中华人民共和国缔结或者参加的国际条约没有规定的，可以适用国际惯例”。这表明按国际惯例办事，不仅是工作的实际需要，而且在我国也有一定的法律约束力，并受到法律的保护。

第二，要弄清运用国际惯例管理企业的内容。运用国际惯例管理企业，包含着三个方面的内容，一是企业对外经济往来关系中要按国际惯例办事；二是，政府对外向型企业特别是对经济特区和经济技术开发区的企业，应参照国际惯例进行管理；三是企业参照运用国际惯例进行经营管理。企业对外经济来往关系中必须遵循国际惯例，相对而言，大家都比较理解。政府应参照国际惯例管理外向型企业，让企业自主经营，特别是要为外商来华投资办企业创造外部条件，这一点理解也比较一致，只是由于这一方面的国际惯例与我国现行经济体制有矛盾，扭曲度较大，阻力也较大。对企业经营管理（或者说，企业内部管理）运用国际惯例，则有不同的理解。一种理解认为，经营管理有国际惯例可循，中外双方均必须参照运用，以利于提高双方的相互适应能力；另一种理解认为，经营管理方面没有成文的国际惯例可以遵循，不存在运用国际惯例进行经营管理的问题。经过研讨，大家比较一致的认识是：在企业经营管理方面，虽然不象对外经济来往方面那样，有成文或不成文的国际惯例，但是，确实存在着一些国际通用规则和习惯做法，是多数国家的企业在长期商品经济实践中形成的，是行之有效的，在国际性的合作经营管理中是彼此容易接受的。因此，学习和运用这些国际例行的经营管理方法，是涉外经营的必需，外向型企业尤其应当这样做。大家认为，对运用国际惯例管理企业的正确理解应当是：运用多数国家的企业在长期生产经营活动实践中形成的并得到国际社会普遍采用的、符合商品经济发展规律和平等竞争原则的通用规则和习惯做法来经营管理企业。明确这样一个概念，至少对促进我们的企业去吸收运用国外一些成功的经营管理方式方法，提高我国企业的涉外经营管理水平是有利的。

有的同志分析认为，国际经营管理上的一些通用规则和习惯做法，是适应商品生产经营的规律而形成的，按照马克思主义关于管理具有二重性的理论来分析，它大都是属于组织生产力的范畴，具有管理自然属性的特征，一般不存在与一个国家的社会制度产生必然联系的社会属性。因而，它和坚持四项基本原则是不矛盾的。当然，我们运用国际惯例管理企业，一定要注意适合国情，要从有利于巩固和发展社会主义出发，在企业经营管理方面，凡是涉及到社会生产关系的，如有关企业领导体制、人事劳动工资制度等等，一定要根据中国实际，有鉴别地加以运用。但不能把运用国际惯例管理企业同否定四项基本原则的资产阶级自由化混为一谈。特别要指出的是，外向型经济和外向型企业，与国际市场紧密地联系在一起，是以国际市场为导向来组织生产经营活动的，如果不注意相应地运用国际惯例来管理企业，就不可能达到预期的目的，至少是事倍功半。

3. 结合治理整顿、深化改革，对外向型企业管理进行多种形式的试点探索是有益的。

福建省外向型经济是多层次发展的。据省经委分析，在运用国际惯例管理企业的程度上呈现梯形状态：一是，外商独资企业比合资企业程度高，合资企业又比国营企业高；二是，原材料、产品“两头在外”的企业比部分在外的企业程度高，部分在外的企业又比一般国营企业高；三是，合资企业由外商直接或间接管理的企业又比中方管理的企业高。其所以出现这样不同层次和不同程度，主要是因为受我国经济体制的影响程度、运用国际惯例的自主程度不同；受国际市场的经济规律左右的程度、对国内市场依赖程度不同；也同经营管理者熟悉和运用国际惯例的自觉程度有关。在各类企业中，国营外向型企业由于受国内体制的影响程度最大，运用国际惯例的程度也就最低，对国际市场的适应能力和竞争能力就比较差。但是，在发展外向型经济中却主要靠国营企业发挥作用。因此，福建省着重抓好国营出口创汇企业的试点，从1988年开始，选择福州、厦门、漳州、泉州、南平等几个外向型企业较多的地市，进行运用国际惯例管理企业的试点，相应地制订了一些有利于推动企业运用国际惯例转变经营机制、增强出口创汇能力的灵活政策措施，实施效果很好。例如，漳州市集中抓了10户试点企业，在1989年外部环境严峻、内部困难重重的形势下，除1户因行业性亏损而陷入困境以外，其它9户全面超额完成承包任务，产值持平，税利增长13.56%（而同期全市国营工业企业产值下降3.17%，税利仅增长5.54%），出口产值占总产值60.29%，比试点前增长30.12%。

广东省除了深圳等市在发展外向型经济、办好外向型企业已取得了较显著的成效和积累了较丰富的经验以外，广州市采取把中外合资企业的成功管理经验逐步向国营企业移植推广的做法，也引起了大家的热情关注和高度重视。大家认为，在我国土壤上发展成熟起来的中外合资企业的经营管理，既融合提炼了符合国际惯例的成功经验，也结合了中国国情、反映了我们自己的优势。总结推广中外合资企业的先进管理经验，是学会运用国际惯例管理企业的捷径。广州市经委集中总结了广州标致汽车公司、广州美特容器有限公司、广通食品有限公司（以上3户是中外合资企业），番禺胜美达旧水坑电子厂（来料加工）、广播设备厂五车间（国营、引进日本式管理）等五家企业的生产经营管理经验，可以说是兼容了美国、法国、日本三个国家的管理模式的优点，在一定程度上反映了国际的先进管理水平。广州市确定全市大中型骨干企业把学习运用合资企业的成功经验与当前治理整顿、深化改革和强化管理的工作紧密结合起来，用两三年时间把合资企业的管理经验分批地移植推广，使全市企业管理水平登上一个新的台阶。第一批试点已在广州钢铁公司、广州二棉等10家企业进行，今年年底再扩展到42家国家二级企业。

浙江省运用国际惯例管理企业的试点分三个层次进行，一是，在宁波市（小港）开发区进行全区范围从上到下的试点；二是，选择少数国营老企业结合超前改革进行试点；三是，凡是新建的企业（外向型企业）从建厂开始就运用国际惯例进行管理，不再走老路。一年多的试点实践，也取得了一定进展。如宁波开发区初步探索了一条运用国际惯例管理企业的新路子，逐步建立以“三资企业”为主的新型工业区的外向型企业管理模式，注意优化“合资”企业领导体制，并以劳动用工和工资奖金制度的改革作为运用国际惯例管理企业的突破口。同时，还建立了开发区企业联合会，作为社会团体组织，以各种形式，沟通企业与企业、企业与政府有关部门的联系，并促进企业加强管理，从而有效地实现政府职能的转变，调动了各方面（包括外方管理人员）的积极性。他们还注意从我国国情出发，把学习引进外国管理经验同总结提高我国自己的成功管理经验结合起来，例如，把承包经营责任制引入“三资”企业，发挥了积极的作用。

二、运用国际惯例改进外向型企业管理的初步经验

综合研究三省外向型企业运用国际惯例形成的管理经验，我们认为，目前虽然还不够成熟、完善，特别是其中受现行体制制约较大的全民所有制企业，要真正建立起一套适应外向型经济发展需要、又具有中国特色的企业经营机制和管理方式，还需要有一个努力过程，但目前确实已经有了一个良好的开端。初步经验主要是：

1. 制定能适应国际市场变化的外向型经营战略。经营者要以长远的战略眼光，强烈的超前意识，分析国际市场的需求变化规律和自身的优势和劣势，及时制定和调整经营战略；要大胆开拓销售渠道，勇于打进国际市场、占领市场，及时地调整产品结构，大力开发新产品，提高在国际市场上的竞争能力和应变能力。

2. 要拥有打进并占领国际市场的主导产品。在产品设计、生产、价格、推销方面要力求明显优于竞争对手，做到产品质量优、品种多、档次高、包装装璜美、服务优，从而形成在国际市场上的竞争优势。这是许多合资企业的一条共同经验。

3. 建立健全决策快、指挥灵、效率高的领导体制。在全民所有制工业企业中认真建立和完善厂长（经理）负责制，实现领导集体结构的合理化，建立起科学化、民主化的决策制度和程序。在“三资”企业和股份企业中，实行董事会领导下的总经理负责制。企业的决策归

董事会，生产经营由总经理全面负责。总经理在任期内，除非严重失职，背离经营方向或出现严重亏损，董事会不应干预总经理的工作。领导人员要精干，总经理一般为一正一副或一正两副。正职与副职之间属领导与被领导关系。下属职能部门一般为一人领导，不设副职。企业党组织书记，一般不设专职，由中方高层领导中的党员干部兼任。在政府派往中外合资企业任董事的人员，必须实际履行董事职责，不挂名、不兼任。浙江省宁波经济技术开发区，还对中方委派董事规定了一定程序，并明确任职条件、工作职责、考核方法以及待遇报酬等，从而使董事能实际发挥作用，维护了董事会领导下的总经理负责制这一领导体制。

4. 建立高效、灵活的生产指挥系统。为适应国际商品经济运行规律的要求，外向型企业应以扩大管理幅度，减少管理层次，尽量实行分权和授权的原则，加强综合管理功能，把传统的分工过细的专业管理科室改革为带有综合性的职能部。如有些厂设置生产制造部，兼容生产、工艺、设备管理等多项职能于一体，负责从原材料投入到成品包装入库生产全过程的管理。如广州市的五家合资企业，结合自身的经营特点，都采用职能制，组织机构精简，生产经营指挥系统层次分明，政令畅通，一级对一级，逐级负责。按工作需要确定职务系列，不因人设事。配备干部严格按标准，不讲"关系学"。对干部的要求是，一要称职，能胜任工作；二要服从；三要有创新精神；四按表现及时升降、奖惩分明。由于要求严格，讲求高效，因此，在合资企业工作的干部成长较快，成才率高。

5. 强化市场信息管理和营销策略。外向型企业是按国际市场需求来组织生产经营的，而国际市场变幻难测，有些机遇稍纵即逝。因此，一些合资企业的高层领导视市场如战场，对国内外市场变化情况和用户的要求一般都能及时掌握，并迅速调整营销策略。这是外向型企业成败的关键所在。

在对外经济往来和贸易中，严格按合同（协议）办事，讲究信誉。外向型企业必须注意不断提高营销人员的素质，充实销售队伍，并建立起营销网络，特别要有对国外市场信息及时收集、整理、分析、传递、反馈的能力。有条件的还建立和不断完善电子计算机管理信息系统，为企业制定经营战略、营销策略、价格策略，提供可靠的依据。

6. 采用动态的人事、劳动制度。国际通用的做法是公开招聘，管理人员择优聘用，双向选择，生产工人择优上岗，先培训后上岗。有些合资企业打破干部与工人的界限、固定工和合同工的界限，实行优化组合，把竞争机制引入到了人事、用工制度上。有些全民所有制外向型企业中的多余人员实行厂内待业制度和厂内退休制度。有的经济开发区还建立人才交流中心和劳动保险机构。

7. 建立起一套能调动员工积极性的分配、考核和奖励制度。取消等级工资制，把等级工资作为档案工资，根据企业情况采取计件工资、结构工资或岗位工资加浮动工资等透明度较高的分配形式。干部职工提薪晋级一般由直接主管领导确定，不搞群众评议，以严格的考核标准、具体业绩作为领导依据。在奖励上有公开的，也有不公开的。上级奖励下级，无须评比。合资企业一般都建立了《员工业绩考核表》，详细记录了职工的表现、贡献，有无失职行为等等。并用打分的办法，来决定每个人员应分配的奖金数额。

8. 严格规章制度，强化现场管理。比较通用的做法是，职工上下班严格实行打卡制度；制定职工守则，明确规定职工应该干什么，不应该干什么；各种不同岗位的职工配戴岗位标志，不能互相串岗；推行定置管理，把生产用料、下道工序配件、备用配件、废品等标明存放位置，有秩序地存放整齐，美化作业环境，提高工作热情；推行先进管理方法，。为适应外向型经济的需要，一些企业组建了具有综合功能的科研、生产、营销、金融、信息、服务一体化的企业集团。走"外引内联"的道路，利用地区和行业优势，创造条件，吸引外资，同时大力发展与内地企业的横向联合，创建出口创汇基地。努力创造条件，到外国或香港等地区创办合资企业，作为发展对外经济的桥头堡，作为引进技术、引进先进管理方法的窗口。

10. 强调以人为中心的管理，加强政治思想工作。培育企业精神，塑造企业形象，这是一些成功企业都在努力追求的目标。在以人为中心的管理中，特别重视提高企业职工素质，把思想、道德、教育与培育企业精神相结合，开展多层次的文化、技术和业务培训。同时，注意厂容厂貌的建设，创造良好的工作环境，实现文明生产。

三、进一步改善外向型企业管理的几点建议

1. 应明确有一个统一的协调管理机构。外向型企业承担着出口创汇的任务，它们的生产经营在目前条件下，还离不开政府部门的支持、协调和服务，在这方面反映比较突出的是中外合资（合作）企业，由于没有一个统一的协调服务机构，许多事不好办。福建省已在省经委设置外资企业处。大家建议参照福建省的做法，由各级经委（计经委）统一做好中外合资企业的协调、服务工作，明确设置拥有相应职能权力的机构。

2. 坚持试点，继续探索。现有为发展外向型经济所进行的运用国际惯例管理企业的试点已经取得初步成效，应在巩固成绩的基础上，坚持搞下去，兴利除弊、逐步完善，努力探索发展外向型企业的成功之路。

3. 继续深入进行研讨。外向型企业运用国际惯例改进经营管理的研究，既带有一定的超前性，又具有迫

切的现实意义,特别是现在采取的这种理论性、政策研究与试点的实践相结合的研究方法，大家都认为是很好的，希望结合治理整顿、深化改革，继续搞下去。

关于日本企业适应能力及对中国企业借鉴问题的研讨

1990年6月9日至11日，中国企协研究部同吉林大学日本研究所在大连联合举行了“战后日本宏观环境变化与企业对策研讨会”。会议对于日本企业的适应能力进行了评价，同时对中国企业如何借鉴提出了建议。

第二次世界大战之后，日本经济在战争的废墟上经过10年恢复,至70年代初实现了长达20年的高速增长,一跃成为资本主义世界第二经济大国,这曾被世人称之为“奇迹”。进入70年代初期之后，日本经济在失去以往高速增长有利条件和国内外环境发生剧烈、动荡变化的条件下,人们普遍认为它将从此走向衰退,然而它却出人意料地实现了又一个长达20年的稳步发展,甚至在发达资本主义国家中仍保持着较高(有些年份为最高)的发展速度，这可谓是继60年代之后的又一个“奇迹”。这个奇迹之所以能实现，其中一个特别重要的原因是企业能针对变化了的环境适时地采取一系列行之有效的对策，不断提高经营素质和应变能力。

进入70年代之后,围绕日本企业的宏观环境发生了一系列的急剧变化。由于石油危机的爆发,能源和原材料价格大幅度上涨,加之公害问题日益严重,企业被迫实行减量经营,生产方式也从“少品种大批量”转向“多品种小批量”;由于日元升值的冲击,产品在国际市场上的价格竞争能力被削弱,出口遇到了极大的阻力；由于新技术革命的蓬勃兴起，日本经济面临着新的挑战,产业结构开始由资本密集型转向知识密集型,产品结构开始由“重厚长大”转向“轻薄短小”，企业间也开始由价格、质量竞争转向开发新技术、新产品的竞争；由于收入水平的提高,余暇时间的增多,价值观的变化，消费结构也从扩大“量”的需求为主转向提高“质”的需求为主，追求消费的高级化、多样化、个性化和专业化；由于亚洲新兴工业国家和地区的追赶,企业又遇到了新的国际竞争对手。总之，进入70年代之后的20年，是围绕日本企业的经济、技术、社会、文化等外部环境发生剧烈变化的20年。这些变化，一方面给企业的生存和发展带来了新的机遇，但是一方面更多的是给企业带来了极大的困难。然而在困难面前,日本企业并没有怨天尤人、畏缩不前,相反采取了积极进取的态度，针对变化了的环境因势利导地采取了一系列行之有效的对策，千方百计地提高环境适应能力，结果迅速摆脱了困境，走出了低谷，实现了新的繁荣。

日本企业之所以具有很强适应能力，主要原因有以下几个方面。

一、企业具有良好的环境意识

进入70年代之后，日本在宏观环境发生剧烈、动荡甚至是极为恶劣的变化当中 经济之所以能持续保持稳定增长,关键在于企业有旺盛的活力；企业之所以有旺盛的活力,关键在企业家有一个良好的环境意识；而这种良好的环境意识，又集中地体现为他们能正确认识、把握和利用环境,以及针对变化了的环境采取应变对策，这是日本企业能继续走向成功的本质原因。

日本企业家的良好环境意识首先表现在能正确处理外部宏观环境与企业内部经营二者关系上。外部环境与企业经营二者是一种辨证关系。一方面,企业行为发生的依据是环境，企业的经营思想、经营组织、经营方法和经营手段等经营行为，应随着环境的变化而变化,环境决定行为。另一方面,企业对于环境不只是被动地适应，而有可能驾驭环境，创造市场。例如，70年代日本企业对石油冲击的反应,起初是被动的反应,后来则是以“高技术武器”对“石油武器”的包抄，结果石油市场由坚挺走向疲软，控制了石油对企业的威胁和制约。再如，70年代以后，日本企业开发的新产品不断问世，作为企业的初衷只是想把这些新产品销售出去之后以获得利润,使企业得以继续生存和发展,但宏观效果远不限于此。这些新产品大量涌入市场后就会影响、改变了市场结构、产品结构和消费结构，甚至人们的价值观念、生活方式等也随之得到了改变。

总之,企业行为既依赖于环境又反作用于环境。但同时它又必须与环境融为一体，在不断适应环境变化中求生存,求发展。日本企业家正是基于这样的认识去处理二者关系的。也正是因为他们能正确认识二者关系,才对宏观环境的变化从不怨天尤人和消极抵触,而总是积极采取措施去适应环境变化。因此,不论环境如何变幻莫测,它们仍总能找到相应的对策,从而使企业仍能继续发展。

其次，日本企业家良好的环境意识也表现在能够成功地克服环境变化给企业带来的不利因素上。宏观环境变化对企业来说既有有利的一面，也有不利的一面，而且通常情况下，不利的一面往往大于有利的一面，尤其对那些惯于按部就班地实行传统经营方式和革新意识较差的企业说,不利的一面则更多。但是日本的企业家，在环境剧变给企业生存和发展造成困难的情况下,敢于克服困难,善于化不利因素为有利素,根据存在的实际问题,制定和实施对策。这些对策既有短期的应急性对策，又有长期的战略性对策。例如1973年爆发的石油危机，对日企业来说确实是百害而无一利，打击是十分惨重的。但是企业经过一阵子慌乱而冷静下来之后，立即开始行动，采取了诸如“减量经营”、研制节能技术、开发节能产品、调整经营方向等一系列措施，迅速摆脱了困境，收到了显著效果，同时也为克服其后的第二次石油危机的冲击创造了良好的条件。

最后，日本企业良好的环境意识还表现在能够有效地利用环境变化给企业带来的有利因素上。宏观环境的变化给企业带来的也并不都是困难，有时也给企业带来新的发展机遇和有利因素。企业家的重要任务之一就是尽量减少制约因素对企业的影响、作用，最大限度地利用其所提供的机会。70 年代以后，日本企业在变化了的环境中之所以能继续发展，除了其它原因之外，还在于企业家能够有效地利用外部环境变化所提供的有利因素。例如，日元升值对企业有不利和有利两个方面的影响。从不利方面看，日元升值提高了工资成本，不利于出口，给加工贸易型的日本企业在一定时期内带来了许多困难；从有利方面看，日元升值可以降低进口商品价格，这对原料奇缺的日本企业来说是极为有利的，同时日元升值也提高了日元的国际地位，这对增强日本金融资本的实力和增加日本的收入水平起到了重要作用。日本企业家正是在最大限度地克服日元升值不利影响的同时，又不失时机地利用其有利因素，充分发挥日元优势，一方面扩大进口，促进内需；另一方面走向国际，掀起对外直接投资热潮和购买外国企业、不动产等，结果使企业从日元升值中获得了无法估计的经济实惠。另外，日本企业在利用外部环境有利因素时，尤其把能否得到政府政策的支持摆在重要位置。因此，他们所提出的对策、方针和战略，一般都是顺应政府要求的。例如，70 年代以后日本企业提出的多种经营对策、经营国际化对策、开发新产品对策和加强企业内部革新挖潜对策等，都是与政符的产业结构调整对策、扩大内需政策以及扩大资本输出政策等相合拍的。正因为企业对策与政府政策融为一体，所以才得以顺利实现，并取得了良好的效果。

二、注重企业内部挖潜

在战后日本企业发展的历程中，经历了多次环境变化和各种危机的冲击，但是，日本企业每次都能很快地适应环境变化，顺利地渡过危机，并在危机过后实现新的发展。尽管日本企业在各次环境变化和危机中所采取的具体政策有所不同，但最根本的一条就是充分发挥企业的主动性和创造性，通过企业内部的革新挖潜来适应外部环境的变化，这既是现代日本企业经营管理主要成功经验之一，也是其具有较强的适应能力和旺盛活力的根本原因所在。

日本企业内部革新挖潜的主要方法是利用 IE、价值工程、统计质量管理等现代科学管理方法；主要措施是广泛开展质量管理小组、小集团活动、提案制度等全员性的管理活动；主要目标是实现生产现场的合理化、节约各项经费开支、提高设备及原材料的利用率，以求在大限度内提高产品质量、降低产品成本。日本企业这种企业内的革新挖潜，创造出一流的管理制度，成为世界各国效仿的楷模。它不仅有利于加强企业内部管理，而且在企业适应环境变化、克服各种危机中也发挥着极为重要的作用。其具体表现是：

1. 依靠内部革新挖潜克服各种危机。战后无论是在 60 年代的各次经济萧条之中，还是在 70 年代的石油危机之时，日本企业始终把企业内部挖潜作为克服危机、渡过难关的重要手段。特别是在日本企业管理达到世界一流水平的 80 年代，面对来势凶猛的日元升值冲击，仍有 90%以上的企业把内部经营合理化和降低成本作为克服日元升值的主要对策。这些企业提出“从干毛巾中再拧出水来”的口号，通过提高设备利用率和降低原材料消耗，大力降低生产成本；通过开拓市场，加快消散库存，加快资金周转，降低流动成本，通过提高产品质量和开发新产品，提高市场竞争能力，为企业开拓新领域打下基础；通过日本式的“劳使合作”，最大限度地调动职工的积极性和创造精神，实现更深层次的全面节约。这些措施所取得的效果是十分明显的。如日立公司每年通过经营合理化运动所降低的成本额达 1500 亿日元，相当于年销售额的 6%，劳动生产率年平均增长 11%；丰田汽车公司每年每台车成本降低 1 万日元，使该公司每台车的成本比日产公司的同类产品低 10 万日元；松下公司在克服日元升值冲击中，通过生产现场的改善及其合理化，将一条由 11 人操作的生产线减少到 3 人，工效提高 3 倍多。劳动生产率的提高，一方面使日本企业在企业内部消化掉通货膨胀和物价上涨因素，克服了外部环境变化造成的不利影响；另一方面，由于产品成本的降低，使其拥有强大的市场优势。因此，这种企业内部挖潜直接提高了适应外部环境变化和克服危机的能力。

2. 依仗企业内的革新挖潜，形成企业自我革新和自我改造的内在机制，增强企业素质。日本企业内的革新挖潜是对企业各项管理制度和生产技术的革新，它经常给企业注入新鲜血液，使企业内部机体经常处于不断发展变化之中。这种变化首先来自于生产现场的各种改善活动，它使企业内部经常发生一些细小变化，这些细小变化不断积累的结果，便形成了对整个生产过程的革新，带来了技术进步，产生了局部变化。这种局部变化不断积累，带来了更大范围内的革新，使企业在现有的领域里实现了产品的改良和革新，出现了市场变化，给企业提供了更多的发展机会。进而随着企业的发展和企业内部经营资源的积累，在企业内部形成强烈的革新意识和浓厚的革新风气，构成企业活力的重要源泉，使企业不断地向新事业领域发展，企业经营产生质的飞跃。因此，这种以生产现场为重点，通过日常改善活动来进行革新挖潜，起着促进企业机体新陈代谢的作用，使企业对外部环境变化的冲击具有较强的“消化、吸收”能力。

3. 依仗企业内的革新挖潜，形成良好的企业管理秩序，为企业长远发展奠定坚实基础。日本企业的革新挖潜是对企业各项管理制度的一种革新，这种革新的结果，是在企业内形成良好的管理秩序。其具体表现是：以预算管理为中心建立起完善的成本管理系统，以全面质量管理为中心建立起严密的质量管理系统；以全员合理化运动为核心建立高效的生产加工系统；以提高效率为目标建立起精干的组织指挥系统。这种企业内秩序的完善，对企业适应外部环境变化起着极为重要的作用。

三、坚持推进企业经营的国际化战略

1. 为培育世界一流的企业作长期的认真而又充分的准备。

在商品经济下，由于日本十分缺乏发展工业所需的自然资源，日本国民和企业具有天然的国际竞争意识。然而，这决不等于说战后日本企业一开始就采用了外向战略。从各产业有代表性的企业成长过程看，日本企业的外向战略是从60年代中后期开始，在70年代石油冲击之后得到迅速发展的。在这之前是准备与练兵阶段。主要体现在：

第一，决定日本经济沉浮的重化工业的大型企业采取内向战略。尽管战后日本的出口增长率迅速增长，但直到60年代中后期，其中化学工业部门的出口率仍处在较低的水平上：汽车为10％（1965年）、电视机为20％（1965年）、工作母机为7. 7％（1970年），很早就具较大优势的钢铁也不过24％（1970年）。

第二，积极引进技术，实现进口替代的“一步到位”。停战之后，日本用20年左右的时间吸收了世界近半个世纪开发的先进技术。以工作母机的进口率为例，1955年高达110％，1960年也达到44％。50年代，日本引进的外国技术达2，300件以上，其中甲种技术近1/2；60年代引进17，000件以上，其中甲种技术占1/2以上。特别注重了在钢铁、石油、汽车、电子等主要产业领域内，引进一流技术。

第三，关起门来练兵。日本在1964年加入国际货币基金组织第八条成员国之后，才逐步实现了贸易自由化政策和资本自由化政策。而当日本骨干企业尚不足以同国际竞争对手相抗衡的时候，决不轻易地开放国内市场。例如，1960年日本进口的汽车（包括三轮车）数量仅为4300辆，占该年度日本汽车生产量的0·06％，足见其保护之甚！与此同时，国家通过外汇管制来统一调配外汇，即用中小企业和轻纺工业部门赚来的外汇武装化学工业部门和具有重大影响的大型企业。尽管日本企业是在国家严密的保护之下培育起来的，但由于日本企业在各产业中的垄断程度较低，由于是在拥有一亿多人口的较大的国内市场的土地上成长起来的，由于是在战后民主改革之后由统治经济转向市场经济的环境下成长起来的，所以它们在与国际劲敌充分较量之前就已受到竞争的洗礼，磨炼出一批训练有素的企业群。

由于上述的原因，到60年代中后期，在日本的各个产业就陆续培育出了足与世界之强相抗衡的象征日本竞争实力的“国家队”。如纤维产业的“东丽”、钢铁产业的“新月铁”、造船产业的“石川岛播磨”、汽车产业的“丰田”、“日产”等等。正是这些企业成了把日本经济从滞胀中率先摆脱出来并最终确立日本经济大国的顶梁柱。

2. 以治理滞胀为契机适时实施外向战略。

石油冲击使日本同其它西方发达国家一样，进入了滞胀时期和低速增长时期。但日本是在西方发达国家中最早摆脱滞胀的国家，也是在世界经济处于低谷时期经济发展速度依然保持较高水平的国家。恰恰是在外部环境最困难的70年代，日本成为世界经济强人其原因之一，是日本企业采用了正确的经营战略——外向战略。

石油危机冲击后，由于物价上涨，国内需求下降，使日本在高速增长时期进行的大规模设备投资一下子变成了多余。这种情况下，日本企业不等不靠，在实行“减量经营”的同时，视线转向国际市场。1970年到1975年的5年间，日本的钢铁出口率由24％上升到34％，提高了10个百分点，汽车的出口率由21％上升到34％，提高了13个百分点，电视机由17％上升到35％，提高了18个百分点。到80年代初，日本65％的工业品种面向国际市场，其中轿车产量的56％、微型计算机产量的77％、电子仪器产量的59％、彩电产量的52％、录相机产量的76％（均为1982年数字）都要销到国外。随着时间的推移，日本出口产品越来越集中在少数具有战略意义的品种上面。出口厂家越来越集中在少数骨干企业上面。1976年——1986年间，出口额最大的10个品种和30个品种占出口总额的比重，分别由40％和25％提高到70％和50％。1986年，30家企业的出口额占日本出口总额的60％。

面对石油危机后的日元升值，日本政府没有采取消极的保护主义，而是力主、实施贸易自由化和资本自由化，促使企业打出去，积极参与国际竞争。

综观日本政府的产业政策，可以概括为：时限性保护政策。当新兴产业尚处在幼年期的时候，日本政府则不遗余力地加以保护，当它已经成为成熟产业并由成熟的骨干企业以支撑时，则中止保护，鼓励竞争。

3. 组建综合商社，做企业国际化的尖兵。

战后日本的企业集团是以银行为中心由银行、制造业和综合商社组成的。综合商社不但对本集团而且对日本所有企业走上国际化道路，作出了突出的贡献。

目前日本的综合商社有9家。其年销售额达6，600亿美元，相当于日本年GNP的26%；经营的进出口总额达3，600亿美元，占日本全年进出口总额的1/2（1987年）。因此，可以把综合商社看作是日本流通领域的主渠道和对外贸易的窗口。

日本的综合商社素有人才库和日本产业国际天线之称。那里集聚了大批的经济、贸易、技术的专才和通才；9大综合商社在海外计有1，000余个分支机构，派驻人员2万余人，遍布世界五大洲的所有重要国家和主要商港。较大的综合商社收集和处理的信息量相当于防务省的情报工作量。据估算，1986年以前，日本企业50%以上的海外经济信息是通过综合商社获得的。1955年——1965年，日本制造业企业引进的机械设备53%——63%是依靠综合商社引进的，50年代和60年代，日本引进的技术中70%——80%是依靠综合商社来引进的。

四、始终把新产品开发作为企业经营的重要战略目标

企业经营方式的国际比较研究结果表明，美国企业最关心的指标是投资回收率和股票价格，而日本企业最关心的指标是新产品开发能力和商品的市场占有率。因为不断地开发新产品，是企业应付变化，创造用户的致胜法宝之一。战后日本企业开发新产品开发的基本经验是：

1. 选准战略性产业。

50年代初，日本汽车拥有量为27，426辆，其中外国车为18，637辆，占68%，至于小轿车几乎都是外国的而且很多人认为日本生产汽车没有意义。但一些企业家认为，汽车工业的发展，将推动整个工业的进步并适应未来世界对汽车的需求量。日本以后汽车工业发展历史证明了这一点。不但如此，由于日本车质量好、低油耗，所以在石油危机后更表现出它强劲的竞争力，1982年终于超过美国而成为世界汽车大王。

战后日本其他战略性产业和骨干企业的发展，几乎都经历了上述的过程。

2. 大型企业的多角化经营。

70年代末80年代初，当日本的传统产业已经达到世界一流水平后，面对新贸易保护主义抬头国际竞争日趋激烈，日本企业比以往任何时候都更加注意了新产品开发。

大型企业以经营多角化为基本形式，促进产品更新换代，不断改善企业形象。“重厚长大”型企业向“轻薄短小”型发展，“轻薄短小”企业向超“轻薄短小”型发展。

新日铁是日本最典型的“重厚长大”型企业。1981年武日丰一上任就告诫其职员：不要以为是钢铁就一定是重厚长大。在这位新总经理的记事薄里列出了诸如直径为十万分之一毫米的微粒等新合金产品明细表。更令人瞩目的是该企业的“脱本业”化倾向。1987年2月提出的《第四次合理化》的中长期计划中指出：到1990年该公司粗钢产量减少1千万吨，裁减19，000人；为赶上产业结构调整的步伐，争取到1995年把钢铁生产的产值比重下降到50%以下；使包括钢材在内的新型原材料和化学等综合原材料的产值占60%，电子信息系统产值占20%，发动机和社会开发及生活开发业占10%，其它占10%。1988年1月，新日铁宣布与日本IBM、日立制作所、伊藤忠商事联合设立信息通讯软件公司。这一举动令世人大为震惊，为向“轻薄短小”型企业过渡发出了重要的信号。

3. 中小企业的“融合化”联合道路。

由于中小企业新产品开发力量比较单薄，所以日本企业通过一种崭新的联合途径——“融合化”来致力于新产品开发。

所谓融合化，是指两个以上不同经营领域的企业，通过经营资源（人才、资金、设备、信息）的相互利用和有机结合，开发新技术，研制新产品，提供新服务，占领新市场的一种超越原经营领域的一种创新式的联合。在日本，也称融合化为“融业化”、“脱本业化”，或称其为“新形式的多角化”、“不同领域企业间的合作”等等。总之，融合化就是外部经营资源的内部资源化，也是联合的一种形式。这种形式的最大特点是不同行业的中小企业结合在一起。以各自的优势弥补对方的劣势，在相互融合中抛弃旧领域，开拓新领域。

截止1988年12月，日本全国各行业成立的融合化团体已达1527个，网络了52149家中小企业，平均每个团体拥有34家企业，为了使融合化能得到持续稳定和卓有成效的发展，日本政府还于1988年4月制定了《融合化法》（有效期为10年），在法律上给予了保证，在税收和贷款等方面给予优惠。几年的实践证明，融合化是中小企业寻求新的发展生路的有效途径。

几点建议：

通过以上分析可知，日本企业对应宏观环境的经验是成功的。鉴于我国企业面临的环境，提出如下建议：

第一，要指导企业树立正确的环境（意识）观和主动进取精神。作为企业应当清楚地了解：国家在宏观政策方面采用“时松、时紧”的政策，完全是正常的现象。现在有，将来也会有，目前我国处在治理整顿的时期。治理整顿虽然取得了重大的成效，但远没有达到预期的目的，只要通货膨胀的危险没有解除，紧缩就不可能中止。遇到困难就抱怨环境，可能会无所作为。正确的做法应该是开动脑筋，集思广益，知难而进，不等不靠。日本企业是靠这种主动进取精神，在困难中经受了考验，得到了锻炼，变得更加成熟。我国企业也必须走这样的路子，要树立正确的环境意识和积极的进取精神，立足眼睛向内，挖掘潜力，注意调动企业方面的积极性来提高企业的适应能力。

第二，确定和规划传统产业的赶超目标。除特殊的例外，传统产业在西方发达国家已经成为夕阳产业和成熟产业。但是，西方发达国家决不会轻易地淘汰传统产业。因此，“后发国”必须立足于“争”。从而迫使其早一点、多一点地从传统产业的优势中退下来。事实上，这种过程正在进行之中。然而，在世界产业结构调整的过程中，决不会出现空缺和真空带。不是我去占领，就必然被他人占领。因此，我们必须注意“亚洲四小”及“准小虎”的动向，力争赶在“四小”，至少要赶在“准小虎”们前面，把传统工业的绝对优势拿到我们的手中。

为达到目的，我们必须进行产业的国际比较研究，要一个产业一个产业地进行，一个行业一个行业地进行，对大型骨干企业也要逐个地进行国际比较研究。为达此目的，要有计划地在传统产业中建立一批足以象征中国的“国家队”，使其成为世界水平的企业。

第三，组建综合商社。日本综合商社在战后日本对外经济关系中发挥的特殊作用是举世公认的。继日本之后于70年代开始组建的南朝鲜综合商社也很有建树。在我国，建立综合商社不但非常必要，而且时机绝佳。乘治理整顿的机会，组建综合商社以提高涉外经济水平和整顿外贸秩序，实在是时不我待。

第四，有计划地引进和消化日本企业经营管理方式。日本善于从国外各方面学习、借鉴好的管理和技术，因此进步就快。日本企业独创性经验不多，但它却善于将别人的经验变为自己的财富，根据自己的民族、文化及管理方式的特点，加以消化、融合、吸收，最终形成自己的一套行之有效的管理风格。现在日本式经营方式已为世人所肯定。管理也是科学，是人类的共同财富。同时，由于地理、文化相近、也为我们更好地研究日本经验提供了可能，因为我们学习借鉴国外企业管理经验的重点应该放在研究，借鉴日本企业管理经验上。关于对日本企业经营管理经验的评介，各种各样的学术活动，在我国已经搞得不少，时间也不算短，但真正学到手的不多。不少企业虽然与日本搞了合作，但仍没有真正地把其管理经验吃透，学到手。建议国家在一些地区和企业设立引进消化日本企业经营管理经验的基地，如日本投资比例最高的大连等，选择几个层次的企业，如中日合资企业；技术合作企业；和日本有交流关系的企业以及厂长有引进日本经验的意识和兴趣的企业。通过有效的组织形式、集中各路专家，深入企业帮助研究如何有效地移植日本企业的管理经验。引进的步骤和内容选择，仍应首先从适应性强的方法开始着手，引进的成效要与责任制结合，要同分配挂钩，还可以把请中国专家和请日本专家进行咨询结合起来，坚持不懈、抓出成效。

关于我国企业应用IE管理方法问题的研讨

1990年6月12日，中国企业管理协会研究部在大连召开了“全国部分企业应用IE管理方法座谈会”。

会议认为，近年来，我国先后从国外引进了全面质量管理、价值工程、运筹学等多种现代化管理技术，对提高企业管理水平，发挥了重要作用。但是单个现代化管理技术和方法的应用并不一定意味着企业综合管理水平的提高，局部管理的优化，不能保证整体效益的优化，许多企业一直在努力寻求一种能将多种管理技术和方法综合配套运用，以取得最优综合效益的管理方式，而IE就是这样的一种综合管理技术。它以生产为研究对象，以提高生产率、保证质量和降低成本为目标，综合运用自然科学、社会科学、工程技术与管理知识，设计、建立和改进生产系统，使其达到最优化。

IE的初步应用，在我国一些企业中已产生了明显的效果，主要表现在：(1)改善了生产现场面貌，铁道部大连机车车辆厂、大连显象管厂、大连电机厂等企业通过推广IE，车间现场整洁优美，人与物达到了较好的结合。(2)提高了生产、工作效率。北京机床电器公司运用IE，装配能力翻了一番，可增加产值1000万元。宝钢运用IE，实现减员6500人的目标，劳动生产率每年提高13%。(3)提高了产品质量，降低了废品率，铁道部大连机车车辆厂第三车间，通过IE管理方法，产品合格率由60%上升到99·8%。(4)提高了经济效益，大连机车车辆厂三个试点车间运用IE，每年获直接经济效益近200万元，四川红光电子管厂运用IE，获得效益700万元。据有关专家认为，运用IE技术，在我国投资效益可达1∶20～300。会议认为，IE的应用减轻了工人的劳动强度，改善了劳动环境，得到了广大工人、干部的拥护与支持，调动了他们的积极性，增强了企业的凝聚力，同时还培养了一批管理人才，提高了我国企业的管理水平。

会议认为，我国目前正处于经济调整时期，企业面临困难，正经受严峻的考验，但企业潜力是非常大的，如果能有效地运用IE，生产效率可以大幅度提高，对降低成本、提高产品质量与经济效益也是十分有益的。

会议总结了成功运用IE的经验，主要是：

1. 领导重视。由于IE技术是一门综合技术，涉及到技术、工艺、管理、劳资各部门，没有相互协调、合作是难以成功的。IE 搞得比较好的企业大多是厂长亲自挂帅，成立专门班子，有关部门大力协助。

大连市在推广应用 IE 技术中，把提高领导的管理意识，提高他们对 IE 技术的认识作为一个重要工作来抓，市经委领导进行定期检查指导，组织协调，帮助解决应用中的困难。参加 IE 推广应用的企业，主要领导不仅参加学习 IE，还亲自撰写论文，组织管理改善，保证了 IE 的顺利推广。

2. 加强培训。IE 推广，既需要精通 IE 的骨干，也需要广大职工的配合，因此，大连市通过国际合作，聘请日本专家讲学、辅导，采用不同方式，分层次进行培训工作。举办了“IE 师资培训班”、“生产管理者函授教育”，结合实际，进行企业诊断，写出了大量生产实习报告，培养了一批推广应用 IE 的骨干。

3. 广泛宣传，发动群众。IE 对大部分职工来说还是十分陌生的，有些人对它还有种种误解，而 IE 技术是一门实践性、群众性的工作，需要得到全体职工的理解与配合，通过广泛的宣传与教育，使职工了解推行 IE 的目的和意义，掌握 IE 技术知识后，自觉地参与技术革新，提出合理化建议，提高劳动生产率。

4. 长期坚持。在我国一些企业中，好的方法往往不能坚持，“热一阵，冷一阵”。大连推广 IE，制订了比较完善的规章制度，常抓不懈，并纳入了经济责任制的考核，与奖金分配挂钩，保证了 IE 的效果。

5. 学习 IE 技术，不断创新，形成有特色的管理方法。在推广 IE 的过程中，企业一般采取两种方式：一是直接移植 IE 方法中适用、有效的技术，发现问题，解决问题，达到提高工效的目的；二是吸取 IE 思想和原理，与企业的管理经验相结合，如大连机车车辆厂，吸收 IE 的思想，形成了计划管理的战略管理模式，物资管理的全物资管理模式，产品开发的滚动开发管理模式等，有效地提高了管理水平。大连显象管厂结合 IE 技术，创造了适合自已企业特点的全控管理法。全控管理法从实践中不断探索，逐步完善，通过实施全控管理法，大连显象管厂生产、效益连年增长，成为国家首批一级企业。宝钢借鉴国外先进的作业长制，为推行科学管理与现代化管理提供了体制上的保证，是推广 IE 的重要经验。

实践证明，对于先进管理技术引进、消化，为我所用，并不断发展创新，是所有企业取得成功的必由之路。

会议也讨论了我国一些企业在应用 IE 管理方法中所存在的问题，诸如：有的企业运用 IE 不能坚持，有的企业运用 IE 后，生产能力是提高了，但产品不适销，制约了 IE 的作用发挥。

会议认为，IE 的意义还没有被企业管理人员所普遍认识，实践中也存在浅尝辄止的情况，有的领导对 IE 的理解存在片面倾向，认为 IE 就等于“4S”管理，因此，轰轰烈烈地抓一阵“4S”，便以为 IE 管理大功告成了。实际上，这是对 IE 管理方法的曲解。IE 不是一种单纯的技术与方法，而是一个完整的、系统的、综合的技术和方法体系，是一项内涵丰富，贯通企业管理各个方面的系统工程。“4S”是 IE 管理方法的一项基础管理，但“4S”管理不是 IE 的全部。IE 包括劳务管理、环境管理（即“4S”）、设备管理、工具管理、材料管理、作业管理、质量管理和成本管理等，推行 IE 必须一个台阶、一个台阶地循序渐进。目前我国部分企业涉及到的仅是 IE 的部分内容。如何将 IE 贯穿于整个企业，形成科学的、系统的管理体系，是我们推进管理现代化的一个重要课题，需要我们长期地探索和努力。

会议认为，进一步推广应用 IE，必须注意做好以下工作：

1. 制订总体战略、目标与相应的政策。

IE 的推广要考虑国情条件，十几年前，我国就有人介绍、推广 IE，但没有引起重视，为什么？因为当时工业的管理水平还不具备推广 IE 的基础，近几年来机电行业在管理方面做了大量工作，基础管理有较大提高，为以后推广 IE 创造了条件。因此，必须对我国工业特别是机电工业的现状进行系统、深入的调研，进行推广应用 IE 的可行性分析，提出总体战略、目标，制定宏观的方针政策。

2. 联合科技、政策法规、企管、教育、体改、人劳等各个管理部门共同开展工作。IE 技术推广涉及到管理各个部门，在推广 IE 时一定要采用整体和系统的思想开展工作，不能采用传统的部门分割、各行其是的做法。

3. 用 IE 的原理、思想，分析研究、总结我国企业中已经应用并取得成功的管理经验。

尽管人们普遍对 IE 感到陌生，但是在各项管理中，自觉或不自觉地应用了一些 IE 范畴的技术并取得了成功，把这些经验集中起来，并加以系统化，用来指导其它企业开展工作是很有意义的。

4. 大力宣传、强化培训。

由于 IE 还没有被广大企业领导、职工所认识，因此必须大力进行宣传，通过具体的实例，让人们认识 IE，会议希望，大连市能够利用自己的有利条件，建立一批 IE“基地”，推动全国 IE 的推广应用。

IE 把人的因素放在首位，可见做好人的工作至关重要。为了保证 IE 的顺利推广，必须分层次地搞好全员培训，使 IE 深入人心。鉴于目前我国专门的 IE 人才严重不足，在培训上要以在职为主，综合采用多种方式进行培训，各培训中心、管理干部学院要增设 IE 课程与专业，高校应考虑设置 IE 专业，培养我国的 IE 工程师。

5. 改善现场管理，加强班组建设。

现场管理是企业管理的基础，这项工作要做好难度相当大，关键是要建立完善的规章制度并予以贯彻执行，将IE的应用与现场管理水平的提高结合起来。

生产班组是企业的细胞，以班组为中心、发挥全体人员的积极性是推广IE的重要途径，IE的应用也必须落实到班组。这方面还有很多工作要做。

6. 把应用IE与加强企业管理、企业升级、企业承包结合起来。

IE是企业管理现代化的一个具体表现，IE的运用必须与企业升级、企业承包结合起来，发挥企业升级对企业管理的促进作用，保证IE的长期坚持与发展。因此，需要研究如何将IE与企业升级、承包结合起来，如何建立评价IE效果、水平的标准与方法等。

会议希望，这样的会议能形成制度，每年召开一次，吸收教育与培训部门、研究部门、政府部门的有关人士参加，推动IE工作扎扎实实地搞下去。

关于成本管理的现状与对策的研讨

中国成本研究会第八次学术理论讨论会于1990年6月16日至20日在江苏吴县召开。

一、成本与经济效益的关系

1. 经济效益的涵义有待澄清。

成本属于经济效益的范畴，是以货币来表示的物化劳动和活劳动的消耗，它既反映数量消耗的情况，又反映了价格的水平。但由于长期以来理论界和实际部门对“经济效益”一词的理解含糊不清，解释不同，从而未确立成本在经济效益中应有的地位和作用。近年不少人把利润等同于经济效益，甚至把利润当作经济效益的代名词。在概念上扭曲了经济效益的形象。“工资与经济效益挂钩”就是最明显的例证。在讨论中，代表们提出：要为经济效益正名，经济效益的涵义应该是多方面的，决不仅指利润。

有的代表认为，所谓经济效益，应分为宏观效益和微观效益两个层次。宏观效益的内涵包括：(1)资源的优化配置利用；(2)资源的节约；(3)人口增长的严格控制；(4)向新的领域和空间开发资源；(5)保持生态平衡和保护环境。微观效益就是以尽量少的物化劳动和活劳动消耗生产出更多的符合社会需要的产品。但必须明确，宏观效益是第一位的，微观效益是第二位的，当二者发生抵触时，微观效益必须服从宏观效益。

2. 评价经济效益的指标体系。

部分代表认为，经济效益需要一系列的指标来评价，就宏观效益来说，目前还只能定性，难以定量有待日后深入研究；至于微观效益，可用企业的资金利润率作为主体指标，其计算公式为：

资金利润率＝利润总额/(固定资金平均占用额＋定额流动资金平均占用额）×100％。

此外，还需以质量、成本、物耗、劳动生产率、资金周转、安全、环保等指标加以佐证，才能全面地正确地评价微观经济效益。

对此，代表们的具体意见不尽一致。有的认为，公式中的分子（即利润总额）包含了营业外支出，而营业外支出不是企业自身所能左右的，应改为销售利润较妥。有的认为，分母中的定额流动资金内容不完整，不能全面反映流动资金占用情况，应改为全部流动资金较合理。有的认为，分母中的固定资金（即固定资产净值）不能如实衡量固定资产多寡状况。不少代表则认为，在目前通货膨胀较剧、双轨制价格泛滥的环境下，任何指标均难以正确评价企业的经济效益，只有理顺宏观经济，才能使指标发挥尺度作用。

3. 产品成本是企业经济效益的核心。

大家确认，在正常经济条件下，在没有通货膨胀和双轨制价格的干扰时，决定企业经济效益高低的两大支柱是产品质量和产品成本。对于产品成本同企业经济效益的关系，与会者认为，只有降低成本所取得的效益才是真实的，而靠涨价取得的利润是虚假的。

二、当前成本管理中存在的主要问题

几年来企业成本失控，十年中有九年是上升的，1988年可比产品成本竟比上年升高22.4％，在新中国历史上是前所未有的，而且仍在继续上升。成本失控的原因是多种多样的，然而宏观经济失调和某些宏观决策失误已成了无可否认的主要根源。

第一，通货膨胀的巨大影响。1984年以来，我国货币发行过多，信贷规模过大，导致物价持续上涨，年上涨率达两位数，这对产品成本的不利影响是难以避免的。因为成本是以货币计量的，而且是按历史成本记帐的，即使成本真实水平并无多大变化，而反映在货币量上，肯定是有升无降的。换言之，在通货膨胀状况下，产品成本的反映是不实的，成本的补偿也是不足的，不但眼前如此，日后的隐患尤为严重，对此决不可掉以轻心。

第二，价格双轨制的困扰，使成本内容鱼龙混杂，成本水平大幅度提高。双轨价不符合价值规律，导致成本核算紊乱，由于同一材料同时存在多种价格，而且各种价格相差悬殊，价格总水平又不断上升；于是企业的材料成本核算无所适从，天天变、天天涨，财会人员疲于奔命，结果计算出来的成本还是非驴非马。物耗低的企业，成本不一定低，物耗高的企业，成本未必就高，以致良莠不分，优劣不辨，成为财会工作中的头等难题与弊病。根据各系统各地区粗略统计的资料，材料价格上涨因素占成本超支的比重，高的达90%左右，低的也占50～60%。

第三，承包行为短期化，不利于成本的宏观与微观管理。近年推行的企业承包经营责任制，一般只包利润不包成本，而且不少企业以包代管，不抓成本管理。靠产品涨价取得利润，往往立竿见影、久盛不衰，而抓成本降低却吃力不讨好。收效甚微。久而久之，企业管理人员对成本的意识淡化，成本在企业中实际处于无足轻重的地位。更有甚者，部分企业的领导与财会人员无视国家财经纪律，任意少提或不提折旧费和大修理基金，该摊的费用不摊，该计的费用不计，一些损失性项目长期挂帐不进成本。有的还编造假成本，虚增利润，藉以完成承包指标、达到企业多留职工多分的目的。

第四，财政分灶吃饭对成本弊多利少。在财政分灶体制下，各地区势必首先考虑本地方的利益，“诸侯经济”由此而起。它加剧了产业结构、产品结构的失衡，造成农业和工业之间的比例失调，原材料工业和加工业之间的比例失调。一些小棉纺、小毛纺、小糖厂、小酒厂、小纸厂以及小高炉、小土焦、小炼油遍地开花。这些小企业的一个共同特点是设备陈旧，技术老化、工艺落后、物耗高、效率低，最终表现为成本居高不下。它们在全社会范围内，促使成本总水平只升不降。

第五，能源、运输、资源、水源等对成本的制约日益加重。有的代表指出，我国能源与交通运输的发展滞后，远远跟不上工业的增长速度。缺煤停电问题在较长时期内不会消失，工厂开四停三或开三停四的现象一时也无从扭转；交通运输的紧张状况更令人担忧，至今还未引起有关部门的足够重视。由于缺煤停电，一年影响产值2000亿元，产品成本中的固定费用相对升高；因为运输不畅，水运不走走铁路，铁路不走走公路，运输费用大大增高，使材料采购成本急剧高涨。此外，资源数量递减、矿藏品位下降，对成本影响更大；水源短缺不仅直接威胁工矿企业生产，一年损失产值200亿元，也使成本相对升高。

第六，人口素质不高，对成本管理是潜在障碍。首先，我国教育事业不发达，人民的文化水平普遍不高，不利于掌握新技术、开发新产品、提高质量和效率，降低成本。其次，多数企业领导人缺乏经营管理经验，特别对成本管理抓得不多。再次，财会队伍素质下降，对违纪支出睁一眼、闭一眼，削弱了监督作用。最后，社会上敬业精神滑坡，对脏、苦、累的工种大家不愿干，于是企业长期大量雇用临时工，扩大了开支。

总之，成本管理的问题盘根错节，成本上升的势头迄今未有效控制，只有理顺宏观经济关系，降低成本才有可能实现。

三、研究成本核算成本管理的新模式新路子

针对上述问题，与会代表探讨了改进的建议，这些意见，有的尚存在分歧，有的还很不成熟，归纳起来，可分为下列几点：

1. 探索通货膨胀会计，资产按重置成本计价。通货膨胀会计在西方已经历了数十年的研究与实践，并取得一定的经验，特别在70年代曾风行一时。但进入80年代后，随着通货膨胀率的回落，通货膨胀会计也逐渐销声匿迹了。由于我国通货膨胀短期内难以完全扭转，故有的代表主张，企业资产应按重置成本计价，试行通货膨胀会计，以起初反映财务成本状况。有的代表则主张仍按历史成本计价，而在帐外对财务成果进行调整和注明。

2. 生产资料价格双轨制非取消不可。多数同志认为，生产资料价格双轨制一天不取消，成本核算就一天走不上正轨，产品成本就一天得不到控制，所谓加强成本管理，提高经济效益均将成为纸上谈兵。

3. 完善承包经营责任制，尽快推行税利分流、税后承包、税后还贷等措施。对于税后承包、税后还贷等的试点，近期进展缓慢。这一试点有利于国家却不利于企业，企业不愿试点。看来需要采取果断的强有力的措施，限期推行。否则，对国家财政不利，对扭转短期行为不利，对降低成本也非常不利。

4. 大力调整产业结构与产品结构，加速能源、交通运输、原材料工业的发展。调整产业结构与产品结构，优先发展基础工业，不仅是优化资源配置的关键所在，也是降低宏观成本和微观成本的有效途径，以充分发挥现有生产能力的作用；尽量避免以小挤大、以落后挤先进的现象，为创造正常生产秩序创造条件。

5. 建立专门的成本管理机构。较多代表认为，目前成本管理没有专职机构抓，形同自流，建议由财政部门切实管起来。另一些代表则认为，几十年的实践证明，财政部门抓成本管理，效果甚微，财政部门的重点是抓“钱”无力兼顾。因此建议将国家计委改为国家经济效益委员会，下设成本管理总局把宏观成本微观成本一起抓起来。

6. 加强教育工作，提高人员素质，使职工增强成本意识，认识成本在宏观经济和微观经济中的重要性。

7. 依靠技术进步，引进新技术，改造旧设备，为提高效率、降低成本奠定物质基础。

8. 改进物资管理，发动群众多提合理化建议，为节约产品的原材料能源消耗而不懈努力。

关于科技先导型企业的创建和评估问题的研讨

由中国技术经济研究会、中国管理现代化研究会

和大连市科协主办的《全国科技先导型企业的创建和评估的理论与实践研讨会》，于1990年7月23日至7月27日在大连理工大学召开。

一、关于科技先导型企业的内涵和特点

首先，在表达方式上大体有几种提法：科技先导型企业、科技进步先进企业、科技型企业和科研先导型企业。它们的理论依据是共同的，那就是邓小平同志在十年前提出的："科学技术是第一生产力"。开展"创建"活动的目的也是一致的，那就是通过"创建"活动，促进企业科学技术与生产进一步结合，依靠科学技术振兴企业，加速科学技术转化为现实生产力的进程。

辽宁代表介绍了关于科技先导型企业的内涵和特点。所谓科技先导型企业，就是通过对企业科技进步因素及环节的改善、调节，提高生产技术水平和科学管理水平，取得显著社会经济效益的示范性企业。这里所说的科技进步因素包括技术因素、管理因素和劳动者素质。"科技先导"有双重意义：一方面指企业在发展生产、振兴经济的过程中始终把科学技术水平置于率先地位。另一方面，科技先导型企业对其它企业具有示范和导向作用。解决企业依靠科学技术发展经济，则是"创建"活动的核心内容。他们认为科技先导型企业的特点是：科技意识强；开发能力强；科技投入高；管理水平高；横向联合好和人才开发活。

二汽代表在介绍"创建"活动时讲了他们对科技先导型企业内涵的理解：所谓"先导"，就是引路，以科技进步对企业引路。从观念和意识上企业领导班子首先应认识这一点，然后向职工辐射。我国要崛起，科技与管理是两个轮子；情报信息，标准化和技术经济是支柱；科研与开发是内容。

常州市代表根据他们开展科研型工厂活动的经验，对科技先导型企业提出了以下定义：科技先导型企业，是指那种把现代化科学技术与企业生产结合作为战略方向，把科技成果转化为现实生产力作为战略目标，自觉依靠科技进步以不断提高企业生产的技术密集程度，从而增强企业竞争能力和经济效益的一种企业模式。

黑龙江省代表根据牡丹江市开展科技进步先进企业的试点经验，认为"创建"活动是推进企业科技进步的有效途径，创"科企"关键在于形成依靠科技进步的运行机制。这个认识具有深刻意义。

关于科技先导型企业与国家一、二级企业有何区别方面，各地的认识和做法也不一样，主要有如下二种：

(1) 认为科技先导型企业从创建活动的背景、目的，考核内容、考核标准，均有它的特点。主要表现在：增加企业的后劲，提高企业的开发能力，因此在开展活动中两者各成体系；

(2) 两者虽然有区别，但是区别不太大，因此在开展活动中，有的地区将科技进步先进企业作为评国家一、二级企业的基础，也有地区将二级企业作为评先导型企业的基础。

二、关于科技先导型企业的评估标准问题

什么样的企业才称得上科技先导型企业？它的评估标准和考核指标体系是什么？这是代表们热烈讨论的第二个问题，代表们指出：建立一个科学的考核评估指标体系，对于引导企业"创建"活动的健康发展是至关重要的。会上和论文介绍中有十几种考核指标体系。有代表性的指标体系是：辽宁省科委的六个方面三十一项；黄石市的三套指标体系构成的"金字塔式"分层指标体系。下面简要介绍几种指标体系和评价标准：

黑龙江省代表认为：制订"创建"指标体系的指导思想，应该是围绕"科技兴省"的方案要求，从"大科学"概念出发，以企业发展的动态指标为主要依据，以利于形成企业依靠科技进步的运行机制。制订考核指标的原则，必须符合科技体制和经济体制改革的总政策；必须具有可比性、导向性、可操作性和规范性。黑龙江省的考核指标体系由六个部份组成：科学技术进步水平、综合效益水平、科学决策水平、科学管理水平、科技开发水平和科技教育水平共三十二项。前两项为年终静态指标，后四项为企业科技进步的动态指标，直接反映企业科技进步程度与水平。

无锡市的评价指标体系为四个方面三十九项：投入部分（包括人、财、物），活动部分（包括制度、考试、研究开发和应用），产出部分（包括经济效益，获奖成果），影响部分（包括消耗、环保、安全）。

黄石市的第一套指标体系是综合评价科技进步先进企业的基础性指标，由12个方面的内容组成。第二套指标体系由十个方面的内容组成，考核"科技型企业"的具体内容是：(1) 技术进步因素占新增产值比重的40%以上；(2) 效率、效益、产品、科技成果、消耗等指标达到省内同行业先进水平；(3) 有先进可行的科技进步规划和计划；(4) 建立健全了技术开发机构；(5) 生产工艺及主要生产装备达到省内同行业先进水平；(6) 科技管理机构和制度健全、企业管理水平达到省级先进水平；(7) 技术管理基础工作较好，计量等级三级以上，主要产品和出口产品采用了国际标准，情报管理达到省级先进水平，专利管理工作做到"三落实"；(8) 建立了科技开发基金，并切实用于科技开发；(9) 继续工程教育及职工技术培训工作居于全市先进水平，技术革新和合理化建议活动开展较好；(10) 企业"三废"治理达到国家标准。黄石市第三套指标是为完善企业经营承包责任制专设的，可以纳入承包合同的科技进步量化指标，颇有新意。指标体系简单明确，可操作性强。主要内容是三大部分：(1) 产品指标：包括

新产品率、新产品产值率、优质产品产值率、产品合格率；(2) 消耗指标：包括万元产值综合能耗、能耗降低率物耗降低率；(3) 科技成果指标：包括鉴定验收的科技成果数、科技成果转化率。

辽宁省科技先导型企业的考核评价指标体系是大家熟悉的六大项三十一子项。这个指标体系的特点是比较系统，科学化、定量化，可以应用计算机操作。六个方面是：(1) 科技进步水平；(2) 经济发展指标；(3) 科技开发与新产品开发；(4) 决策与管理水平；(5) 技术更新与技术改造；(6) 智力开发与职工培训。

关于评估理论，在大会发言中，国家科委信息中心的代表分析了技术进步的含义以及在定量测算中存在的困难和问题；中国人民大学的代表介绍了数据包络法，四川社科院经济所的代表介绍了突变级数法，二汽科技处的代表介绍了用生产函数法对企业的测算实例，另外，陕西渭南重工业局和包钢经济所分别向会议提交了用生产函数法和层次分析法的实际测算论文。

会议认为，目前理论研究落后于创建实践，迫切地有待加强，以适应科技先导活动的健康发展。一方面，理论界要面向企业，另一方面企业界要重视理论，理论与实践的紧密结合是推进科技先导型企业创建活动的需要。

三、开展“创建”活动的做法与建议

怎样“创建”科技先导型企业？它对企业内部条件和宏观支持条件有哪些要求？这是代表十分关心的问题，讨论十分热烈。

代表们对各地的不同做法进行了交流，对基本做法有大体一致的看法，概述如下：

1. 首先应明确申报“创建”的基本条件。包括企业领导班子的科技意识、科技开发机构与横向联合、管理水平、新产品开发水平、生产工艺技术水平、科技队伍及职工素质等方面的条件。

2. 制订“创建”规划，狠抓落实，在“创”上下功夫。规划应方向明确、重点突出、目标具体、指标先进可行、措施得力。在创建过程中要建立相应的保证体系，包括“创建”领导小组、工作机构和检查制度。

3. 建立科学的考核评估体系及定量评估方法，大连市在行政考核评估的同时，通过专家组对验收企业进行系统考评的做法引起了代表的兴趣。辽宁的考评分三步：企业自检、市级初审、省级复审。

4. 加强对“创建”工作的领导小组，企业应在厂长的统一领导下，组成“创建”领导小组，并有得力的工作机构。代表们建议：在领导小组的具体领导下，由企业科技部门牵头，企管部门协作，统一计划，联合作战。关于地区组织领导，代表们对黄石市和宜昌市的做法很感兴趣，他们在市政府的统一领导下，科委会同其他有关部门形成全市“大合唱”，对推动“创建”活动起了很好的作用，值得借鉴。

5. 制订政策，实行强有力的政策导向。目前，开展“创建”较好的省市，都制订了地区性的优惠政策。辽宁省政府明文规定：凡被批准命名为省级科技先导型企业，可享受国家二级或省级先进企业的待遇。每个“创建”单位可申报一项省级指导性科技计划项目，鉴定后可享受减免待遇。在科研计划、火炬计划、智力引进、出国考察等方面。在同等条件下“创建”单位优先安排。上述政府已经贯彻执行，对推动“创建”活动具有很大作用。

通过五大的讨论和参观活动，大家基本一致地认为：开展创建科技先导型企业活动是一项贯彻科技发展，实现科技与经济建设密切结合，提高企业的经济效益，增强企业发展后劲，经得起市场波动的影响，把企业的发展真正转移到依靠科技进步的轨道上来的具有战略性的活动。

鉴于“创建”活动目前还处于初创阶段，全国各地和各行业发展还不平衡(例如无形产品的企业；如港务局、发电厂、铁路系统等至今还没有可供导向的考评指标体系)，与会代表希望学会和国家科委在明年组织一次专题研讨会，交流经验，促进“创建”活动健康发展。

关于计划与市场结合理论问题的研讨

1990年8月4日至8日，国家体改委在北京召开了市场管理国际研讨会。参加会议的有国外市场管理专家、官员和教授，也有我国的各级政府官员和经济学家。会议在计划与市场如何结合的问题上提出了以下四方面的重要见解：

一、计划与市场的结合是通过市场实现的

社会主义国家进行改革的一个重要原因是，国民经济已经从最初的那种简单的、规模狭小的经济结构发展成了现在的这种精细的、复杂的、大规模的经济结构，单靠指令性为特征的计划体制已经不能优化资源配置，中央计划机构已经不能面面俱到地解决生产、分配、交换中经常出现的大量问题。因而，把经济活动交给市场、为市场调节腾出更多的空间就势所必然。

一旦绝大多数经济活动通过市场来进行，市场上的交换价格就会成为计划与市场相结合的直接工具。价格体系是否合理，价格杠杆运用是否得当，就成为计划与市场结合好坏以及经济能否繁荣的重要标记。从这个意义上说，价格改革仍然是社会主义国家整个经济体制改革的中心环节。

现在，社会主义国家普遍存在着一种看法，即要保持市场稳定，就必须保持价格稳定。这其实是一种误解。因为在生产和流通中，价格不可能一成不变。如果长期控制乃至冻结价格，就会使商品可供量减少，流通受阻，政府补贴激增。实际上，在经济发展到一定阶段，灵活的价格比僵硬的价格更能发挥调节经济的作用。根据中国的特点，要使指令性计划与指导性计划很好地结 合起来，达到计划调节与市场调节有机结合的目标，就必须而且只有通过市场才能实现。

二、企业享有独立自主的权力是计划与市场结合的保证

长期以来，人们总是把计划与市场如何结合与所有制问题联系在一起，人为地束缚了改革的手脚。实际上，计划与市场作为经济调节工具，所有制形式与结构不同的国家可以运用它们。计划调节也好，市场调节也好，它们都不是那一种所有制的特权。计划与市场结合成功与否，关键是要看企业是否享有独立自主的权力。

迄今为止，改革中的许多国家仍只关心企业的产值和产品数量，没有采取切实有效的措施使企业成为独立自主的生产者。在这些国家，国营企业的市场应变能力很差，特别是在受到价格和结构调整的冲击时，往往会惊慌失措。事实上，价格上涨并不可怕，可怕的是企业没有独立自主的权力。如果企业成为独立自主的生产者，它们必然能够根据市场状况，独立地灵活地作出生产什么，生产多少、为谁生产以及如何生产的决策。

在商品经济条件下，即使是国有企业或国营企业，只要它们具有独立自主的权力并且面向市场，那么无论在计划调节还是在市场调节下，它们在市场上能否与私人企业平等竞争，都只是一个组织问题，而不是所有制问题。国有或国营企业既可以组织得象政府机构，也可以组织成与私人企业无区别的企业。例如联邦德国的大众汽车公司是一个持股公司，但很少有人知道它是国有企业。在联邦德国，国有企业和私人企业在生产和销售上，几乎是无法区别的，只有在找公司财产所有者时，才能发现它是私人的，还是国有的。在50年代初，联邦德国放松了对企业定价权的管制，后来价格全部放开。在这个时期，国有企业和私人企业一样，其产品价格开始有升有降，它们逐渐学会了在市场中求生存求发展，并开始自觉地按市场经济规律运行。显而易见，问题的关键不在于企业的所有制性质，而在于企业是否真正成为独立自主的生产者。

三、计划的调节作用应当体现在宏观间接调控上

作为与市场调节相结合的调节工具，计划的调节作用主要通过宏观间接调控体现出来。计划调节的最终目标，是发展经济，稳定通货，更好地发挥市场机制的调节作用。

在计划调节的具体内容上，它的基本任务是引导企业今后的主要发展方向，而不是资源的直接分配、企业的产品产量规定以及产品的定价；其次，它还体现在政府的政策引导上，让企业从中了解政府的意图和要求；再次，计划调节还体现在政府为公平竞争提供政策保障上，防止和克服垄断和不正当竞争现象；最后，计划调节还体现在政府的市场建设上，这包括市场硬件和市场软件两方面。所谓市场硬件，是指市场充分运转所必需的铁路、公路、超级市场、仓储设备等基础设施；所谓市场软件，是指市场充分运转所必需的完整性、统一性、竞争性和开放性。根据中国的实际情况，市场硬件和市场软件的建设都必须下大气力进行，其中尤以软件为甚。

四、有步骤地培育市场是政府转换经济机制过程中的一项长期职责

随着经济发展和经济改革的同时推进，政府应当有意识、有步骤地转变其管理职能，相应地、系统地培育市场，为经济从主要地由计划调节转向主要地由市场调节创造有利的环境。市场培育决非一朝一夕之功，过去有人认为三、五年内就可以建立健全市场体系，这是过于乐观和过于主观的看法。

实际上，有步骤地培育市场应成为政府转换经济机制过程中的一项长期职责。在这方面，泰国政府的做法尤其值得中国政府借鉴。泰国政府从1961年开始制定市场发展的五年计划。“一五”期间，政府制定了市场价格规则，并注意市场销售系统的基础建设和改善交通运输条件；“二五”期间，完善了仓储设施，着重减少商品的流通成本；“三五”期间，进一步改善市场体系；直到“四五”、“五五”期间，政府才最终结束了对价格的控制，进而完成了市场培育的任务。现在，泰国已有“亚洲第五条小龙”之称，这与它的上述措施关系极大。

关于企业职工思想政治工作的研讨

8月22日至9月1日，全国职工思想政治工作研究会在兰州举办了全国职工思想政治工作研讨班，围绕企业思想政治工作的原则、方法等专题，联系目前企业思想政治工作的现实状况和热点问题开展研讨。

一、关于如何科学地认识企业思想政治工作的地位作用

大家认为，思想政治工作的地位，是不以人的意志为转移的客观存在，是生产力与生产关系、经济基础与上层建筑的矛盾运动和社会存在与社会意识的辩证关系决定的。但是，人们对思想政治工作地位的认识和把它摆到什么位置则是主观的。当人们的主观认识和与客观相一致的时候，就能把思想政治工作摆到应有的位置上，并采取切实措施予以加强；相反，当人们的认识与客观相背离时，思想政治工作就会被人为地抬高或贬低，就会给党的事业带来损失。在党的历史上，对这个问题我们有过深刻的经验教训。李瑞环同志在总结这些经验教训的基础上，从六个方面阐述和论证了思想政治工作的地位和作用，这对进一步统一全党认识，防止左右摇摆，更好地发挥思想政治工作的作用，有着十分重要的意义。

关于地位与作用的关系，有的同志提出，应该先讲作用，其次才有地位；作用发挥了，地位自然而然也就有了，因此主张作用决定地位。还有的同志认为，只有有了地位，才能更好地发挥作用，因此主张地位决定作用。经过研讨，不少同志认为地位与作用是辩证的统一，互相促进，又互相制约。这些年来的实践表明，思想政治工作的客观地位对作用的发挥有巨大影响；反过来作用发挥得切实有效，又可影响地位，使之得到社会和群众的认同。在目前企业思想政治工作的外部环境条件有了改善的情况下，我们要更多地强调发挥思想政治工作的作用，正如有的同志所说的，有作为才能巩固地位，有了地位更要有作为。

如何科学地确立思想政治工作的客观地位？大家认为，"文革"以来，思想政治工作几经折腾，其地位忽高忽低，一个重要原因，就在于对思想政治工作的地位作用缺乏科学的、稳定的认识。究竟如何确立思想政治工作的客观地位，有些同志认为要力求实现四个方面的统一：一是主观与客观的统一，主观认识要如实地反映客观地位。二是理论与实践的的统一，既要在理论上进行探讨、论证，更要在实践中保证、落实。三是个别与一般的统一，即思想政治工作的重要地位和作用不仅在困难的情况下或个别范围内(如政工队伍里)得到重视和保证，而且在任何时候、任何情况下都应该得到体现。四是外在与内在的统一，思想政治工作地位的外在表现，是靠领导指示、权力和有关规定、措施维系的；内在的反映，则是在人们心目中和在处事过程中所居的实际位置。只有实现这二者的统一，思想政治工作的客观地位和作用才能真正确立。

二、关于企业思想政治工作的主要任务

当前企业思想政治工作的主要任务是充分调动广大职工的积极性。对于"积极性"的内涵与本质，大家认为，在社会主义条件下，职工积极性不再是一种单纯的由物质刺激出的简单动机，而是经过净化、升华的动机，体现了工人阶级的主人翁觉悟、政治热情和社会责任感。正如李瑞环同志所讲的："职工的积极性，是职工的理想、道德、纪律、文化诸方面素质的综合的现实的表现，是指劳动者的生产积极性和创造精神，当家作主的评价意识，热爱祖国、热爱社会主义的政治热情。一句话，就是投身社会主义现代化建设的积极性"。大家认为，这个阐述和界定，已经把积极性的内涵与本质，把调动人的积极性与提高人的素质、觉悟之间的关系，把为什么要把调动广大职工的积极性作为当前企业思想政治工作的主要任务的道理，都提纲挈领地讲清楚了。

对如何理解企业思想政治工作的一般任务与当前主要任务及其相互关系问题，大家进行了热烈的讨论。同志们提出，我们一些文件和有关思想政治工作论著中，对企业思想政治工作的任务或根本任务尽管提法不尽相同，但总的是共识大于歧见，其基本精神是一致的。这些提法大体上都包含了四个要点：一是进行马克思主义理论的灌输；二是提高职工认识和改造世界的能力，为培养"四有"职工队伍服务；三是为全面正确地宣传、贯彻党的"一个中心，两个基本点"的基本路线服务；四是调动职工的社会主义积极性，为提高企业经济效益和发展生产力服务。这四个要点是互相连贯的、不可割裂的。一些同志还指出，调动职工积极性是企业思想政治工作一般任务的具体的、外在的、在实践意义上的表现形式。因为职工的理想、觉悟、能力、素质、要通过发挥积极性这一途径表现出来。这一提法强调了实践第一的观点，强调了思想政治工作的实践性，使我们更明确了思想政治工作与改造客观世界、与企业经济工作的结合点，有利于防止"左"右两种倾向。特别是基层企业的同志普遍认为，把调动职工积极性作为当前主要任务的提法，一是群众性强，能为企业党政以及各方面所接受；二是针对性强，反映了企业当前的突出矛盾，避免思想政治工作流于空谈和形式主义；三是实践性强，便于把握、操作；四是科学性强，本质地反映了思想政治工作的特征和客观规律。

在研讨中，大家还分析了职工积极性的基本态势，及影响积极性发挥的各种因素。一些同志列举事实指出，我们必须看到近年来职工积极性有不断提高的趋势，这是主流；同时也要看到，目前职工积极性的发挥同潜在的积极性还有相当大的距离。至于影响积极性发挥的因素，应该从多方面进行综合的分析研究，归结起来，大致有主观和客观两个方面。主观因素，即职工的生理因素、心理因素、文化因素和思想因素，都在一定程度上影响和制约着积极性的发挥。但其中最基本的则是思想因素。如职工的理想、信仰、追求、人生观、世界观、思想觉悟如何，职工的道德、品质、作风、纪律素质如何，直接关系到能不能持久不衰地发挥社会主义积极性。思想政治工作在这方面起着十分重要的教育、引导、启发、激励的作用。客观因素包括社会和企业环境中存在的问题，如分配机制、政策导向、党风和社会风气、民主管理、干群关系和其它一些突发因素等，都会对职工积极性产生影响。

如何充分调动广大职工的积极性？参加研讨的同

志认为，这是一项系统工程，需要全社会从多方面进行努力。思想政治工作不是万能的，但是极为重要的一环。从这一角度谈，当前要注意抓住以下两条：一是把握职工积极性发挥的关键因素，坚持不懈地抓好革命理论的灌输和正确思想方法的引导，提高职工的政治思想觉悟。二是把屋职工积极性产生的动因，紧密围绕并着力解决在企业生产、经营、管理、分配中出现的思想问题，进一步解决干部群众思想认识上存在的深层次问题。做好理顺情绪、协调关系的工作。特别要注意密切党群、干群关系。企业领导干部要高度重视自身的模范作用，人格的力量，，这是调动积极性至关重要的一环。

三、关于企业思想政治工作的原则和方法

大家在讨论中认为，李瑞环同志讲话中提出的“八个坚持”，是对我们党思想政治工作优良传统和改革开放以来新鲜经验的总结，是被实践证明行之有效的成功经验，也是今后加强和改进思想政治工作应当遵循的原则和重要方法。“八个坚持”，每一条都很重要，但限于时间，大家着重讨论了以下四个问题：

1. 关于坚持以经济建设为中心、密切结合经济工作一道去做的问题。

一些同志认为，在当前，李瑞环同志重新提出、并突出地强调企业思想政治工作必须坚持以经济建设为中心，结合生产和经营来进行，而且把它确定为“一个不可动摇的原则”，对于我们牢记自己的根本任务，防止一个倾向掩盖另一个倾向，有着很强的现实针对性。大家在讨论中提出，要坚持这一条，就要做到以下三点：一是坚持政治和经济的统一，思想政治工作只有结合经济工作去做，才能成为经济工作的“生命线”；而经济工作离开了党的思想政治工作这个“生命线”，也会走偏方向。二是要正确认识和处理思想政治工作的两种效果、两种教育内容的关系，即：既要注重直接的、现实的、近期的教育效果，又要重视间接的、潜在的、远期的教育效果；既要做好结合生产经营的日常教育，又要抓好系统的政治思想教育。三是要提高两类干部的素质，政工干部要努力学习经济理论，钻研业务知识，掌握做好思想政治工作和生产业务工作两种本领；行政业务干部要努力学习政治，在做好业务工作的同时做好思想政治工作。

2. 关于正确处理提倡先进道德同执行现行政策的关系问题。

如何做到道德与政策的具体的历史的统一？有的同志认为，先进道德与现行政策应该是互相协调、互相促进的。这些年来，我们对道德为政策服务比较注意，而在政策对道德建设的作用上，从理论研究到实践操作都注意不够，如社会分配不公和企业内部分配政策上的一些问题，都对道德建设起了不好的作用。因此，无论制定和执行政策，都应考虑到对道德建设的影响，这样才有利于两个文明建设的协调发展。有的同志提出，从前几年道德建设“滑坡”、精神“滑坡”的严重教训看，没能很好地实现政策与道德的具体的、历史的统一，除了忽视对先进道德的提倡和鼓励外，很重要的一点在于某些政策的失误和不完善，往往抵消了道德教育和思想政治工作的效果。因此，正确地制定、执行及不断完善政策，避免失误，对于促进道德建设是十分重要的。也有的同志提出，我们不仅要看到某些现行政策对道德建设的消极影响，而且更应看到正确的政策对道德建设具有积极的促进作用，即它能抑制、反对不道德行为，如平均主义、“大锅饭”导致的不劳而获、不劳而得；倡导、鼓励道德行为，如勤劳致富、诚实守信。这种政策对道德的导向作用往往要比思想政治工作对道德的导向作用明显得多。另一方面，一些同志也提出，倡导先进道德反过来也有利于正确执行现行政策，并能抑制政策执行过程中可能产生的那些不道德行为。如在实行按劳分配政策时，必须加强思想教育，包括倡导无私奉献地精神。否则，如果不进行教育，就会出现和滋长“按酬付劳”、斤斤计较的不良倾向，不利于按劳分配政策的正确实行。有的同志提出，社会主义道德和社会主义社会的道德是两个不同概念，后者是一个多层次的体系，前者则是这个体系中的主体部分，因此，社会主义时期道德建设的主旋律应该是大力倡导社会主义道德，当然，对职工中的共产党员和先进分子，要引导他们身体力行共产主义道德；但对广大的职工群众，只要符合社会主义道德规范的，就应加以鼓励，而不能把标准或期望值提得太高。否则，它必然与人们的实际觉悟水平和现行政策的实践要求相碰撞，使人感到高不可攀，甚至使人们对思想政治工作产生“假大空”的感觉。

3. 关于正确外理理论“灌输”与依靠群众进行自我教育的关系问题。

大家认为，“灌输”是马克思主义的一个原则，其含义是：马元思主义作为一种科学的理论体系，不可能从工人运动中自发地产生，而需要从外面灌输进去。工人阶级只有接受马克思主义的理论“灌输”，才能使自发的斗争变为自觉的革命运动。但是，应该明确，“灌输”不是指具体方法，更不等于强制硬灌。我们对工人阶级进行理论“灌输”，也就是马克思主义的教育和宣传，绝不应采取强制硬灌的方法。

大家认为，理论“灌输”与群众自我教育并不是矛盾的，从根本意义上说，人民群众掌握马克思主义理论，也就是人民群众自己教育自己，就是用经过科学概括了的工人阶级自己创造的实践经验，即马克思主义的世界观和方法论来教育自己。一些同志指出，任何教育内容，都要通过教育对象的思考和内部的思想矛盾，

才能变为自己的思想认识。可以说，群众自我教育是实现理论“灌输”的重要条件，理论“灌输”又为群众自我教育提供正确的方向和指导思想。因此，我们不能把理论“灌输”与群众自我教育对立起来，而应该把二者统一起来。

4. 关于坚持言教与身教结合，发扬严于律己、以身作则的优良作风问题。

大家着重讨论了领导干部在这方面的特殊作用。一些同志认为，领导干部能否以身作则，言行一致，是当前贯彻六中全会精神、加强党的自身建设和思想政治工作中的核心问题；是我们党这些年来一直重视并下力解决，但解决得不理想，群众还不满意的问题；也是最直接关系到思想政治工作效果的问题。同志们指出，当前一些企业思想政治工作效果不尽如人意的一个重要原因，是一部分领导干部不能坚持以身作则，甚至言行不一。大家认为，要坚持和贯彻落实言教与身教相结合的原则，必须解决好以下四个问题：一是所有领导干部都必须以身作则，言行一致。要从中央做起，从领导部门做起，从主要领导做起，“一级做给一级看，一级带着一级干”，切实做到一靠真理，二靠人格，带头实践自己提倡的道德标准和价值观念。二是要有稳定的政策和正确的舆论导向。三是认真执行干部政策，强化群众民主监督干部的机制。四是加强对各级领导干部的教育，进一步提高他们的政治思想素质。

关于国际化经营问题的研讨

中国化工进出口总公司于1990年10月9日至13日召开了“国际化经营专题研讨会”。参加研讨会的有国务院发展研究中心、国家体改委、国家计委、对外经贸部、中央党校、中国社会科学院、中国银行、对外经贸大学、经贸大学跨国公司研究中心、中国人民大学、复旦大学、上海财经大学等十几个部、委、校、及首都新闻单位的领导、专家、教授、学者50余人。

一、对中化公司近三年国际化经营实践和“八·五”期间国际化经营承包方案（初稿）的意见

专家们认为，对实行国际化经营的企业，国家应该实行倾斜政策，重点扶持，特别是在投资、用汇、人事等方面给予优惠政策，使中国的国际化经营企业具备与资本主义跨国公司竞争的有利条件。不少同志认为，跨国企业最重要的特征就是向海外直接投资，而投资需要资金和外汇，目前，我国企业用汇需要国家严格审批和控制，上报审批需要很长时间，这种体制很不适应国际化经营。同志们提出，对实施国际化经营试点的企业，应允许其按国际惯例去经营，相应给予这些企业投资、外汇使用、人事等充分的自主权，允许在国外建立跨国银行，增强企业的海外融资能力和自我发展能力。国家与国际化经营企业的关系主要是国家作为财产所有者参与收益和分配，而不干预企业的正常经营。国家给国际化经营试点企业的计划要有弹性，指标略低一些，使公司根据国际市场千变万化的情况下有足够的应变能力。

关于公司的产权关系。同志们认为，在保持其国家所有权主体不变的条件下，可以探索成立股份公司的可能性，跨国公司如能成功地实行股份制将有利于企业间的联合、兼并、集团化，有利于产业结构的调整，有利于协调母公司和子公司的关系，有利于开辟多重资金渠道，扩大公司的发展范围，增强社会主义企业在国际竞争中的地位。

关于国家宏观管理和健全法制等问题。有的专家建议，应由国务院或经贸部成立相应的跨国公司管理局或国际化经营管理局，对全国的海外投资进行统一规划、实施宏观协调发展，其职责主要是制定我国跨国企业的发展战略，协调跨国企业与各有关部门的关系，并对国际化经营的公司进行宏观指导、监督和检查。

二、关于创建符合中国国情的社会主义跨国公司的必要性和可能性

不少同志指出，从国际条件来看，第二次世界大战后，国际分工更加深化，生产社会化程度提高，资本国际化程度加强，世界经济的相互依赖和相互影响地越来越强，资本在国际间流动加速，范围也更加宽广；第二次世界大战后世界经济向区域化、集团化发展的趋势日渐增强，区域和集团内部各国间的贸易和投资条件更加优惠，促进了区域和集团内部国家之间资本的相互流动，另一方面也强烈吸引着区域和集团外部的资本向其内部投资，使国际间资本流动进一步加快；战后40多年的相对和平，给资本的国际流动创造了一个良好的政治环境，使跨国公司得到了空前的发展。目前跨国公司的总产值已经占资本主义世界产值的1/3，控制了50%以上的世界贸易，整个世界市场日益变成统一市场，世界经济日益变成跨国公司经济，世界经济的这种趋势对我国既是挑战，又是机会，我们应该抓住这个机会，毫不犹豫地发展符合中国国情的社会主义跨国公司，利用全球资源，开拓全球市场，开展全球经营，更好地为社会主义现代化建设服务。从国内条件看，我国资金缺乏，资源相对较少，出口产品质量不仅受技术水平的限制，同时也受贸易壁垒的限制，从而使出口增长受到制约：因此有步骤地积极稳妥发展中国式的跨国公司，有利于利用国际资源、国际资金、国际技术，有利于引进外国的先进技术和管理经验，有利于加快我国工业化的发展进程，有利于进一步扩大出口，为国家多创财富。

同志们认为，发展符合中国国情的社会主义跨国公司不仅是必要的，而且也是可能的。与会同志们说，我国工业发展的若干部们已经开始达到和接近发达国家的水平，有的部门高于发展中国家的水平，我们应该及时抓往变化中的优势和机会，才能在世界跨国公司体系中占有自己应有的位置。

在谈到资本主义跨国公司和社会主义跨国公司的区别时，很多与会专家、学者认为，在本质上是有区别的，首先，我国跨国公司是建立在公有制基础上，有计划的商品经济的环境中，具有鲜明的公有制特色和有计划的商品经济的特色，其目的是加速实现社会主义现代化。因此我们应该充分利用国际分工，加强国际竞争，但在经营方法上，却应该充分运用现行的国际惯例，这样才能立于不败之地。

三、对关于制订具有中国特色的社会主义跨国公司的发展战略问题

与会同志认为，发展中国的跨国公司决不能一哄而起，应该高屋建瓴，需要有一个整体的发展战略，有计划、有步骤、分阶段发展。为此，专家学者们提出了一些符合中国国情的社会主义跨国公司发展战略构想。

有的同志指出，应根据世界经济发展的趋势和世界跨国公司的一般规律并结合中国国情制定中国跨国公司发展战略：第一，海外投资的重点区域应放在北美、亚太以及西欧地区，这一投资取向是由于国际经济区域化、集团化的日益增强所决定的；第二，大力发展外向型企业集团，增强国际竞争力；第三，注意企业跨国兼并，提高企业规模经济；第四，加强海外投资事业的规划与管理工作，引进国外先进的科学技术和管理方法，增加外汇收入。

有的同志将中国国际化经营发展战略和策略归纳在一起，提出了分阶段推进的战略和策略思想，即第一阶段，从现在起到本世纪末组建和形成跨国经营的基本框架，前5年的创建具备条件的全国性外贸公司和工贸公司为国际化经营企业，发展海外投资，繁衍海外子公司，后5年，完善跨国经营管理，实行海外联网经营。第二阶段，从21世纪开始，发展并壮大我国社会主义跨国公司，使其成为一支能与世界跨国公司较量和抗衡的新生力量。

四、关于发展国际化经营的若干理论问题

与会专家、学者认为，发展符合中国国情的社会主义跨国公司是符合马克思主义基本原理的。马克思所揭示的商品生产和商品交换的一般规律以及资本输出的一般规律，适用于一切以商品生产为基础的社会。跨国公司是商品生产和商品交换高度发展的必然产物，跨国公司作为生产经营组织形式是任何社会制度都可以利用的，这是对商品经济规律认识的结果，同时也是思想理论禁区的一大突破。

还有的同志指出，由于第二次世界大战后国际经济和政治条件发生了一系列变化，资本的多向流动取代了传统的资本单向输出，跨国投资由过去的垄断资本主义独有特征日益变为世界性的普遍现象，如果还用资本单向输出的概念来解释和研究，显然是不够了，资本的跨国流动比资本输出更能准确地概括出当前世界资本流动的特点。

有的与会专家不赞成“只要输出资本就表明国内资本相对过剩”的观点，认为这种观点早已陈旧过时了。70年代以来，除了少数中东石油输出国和日本有较多的过剩资本，其他多数国家的跨国投资都不具有相对过剩资本投资的特征，跨国投资不仅仅是资本相对过剩国家的行为，更多的资本相对缺乏的国家也在积极向海外投资。

关于跨国公司的作用，专家们指出，当代跨国公司已不是单纯的控制东道国的经济和掠夺原材料，而越来越具有双方的互惠性，跨国公司对东道国和投资国的国民收入增长、经济发展、国际收支和国际经济结构变化都起着积极的作用。

还有同志对国际化经营企业与跨国公司企业进行了区分，认为跨国公司有其独有的特征，即在某一经济领域、产业部门、或某一类具有重要意义的产品上具有国内、多国、洲际乃至全球性的垄断优势。但在对跨国公司的理解上有多种不同的看法。有人认为进行国际化经营的企业就是跨国公司，有人不同意这种看法，认为跨国公司应该在数量上有营业实绩的规定，即利用本国或国外资金，在两个国家以上设立子公司、进行跨国生产和经营活动，国外子公司经营额占公司总营业额25%以上的企业就是跨国公司，另一种表述是：跨国公司是指那些通过各海外数国（六个以上国家或地区）直接投资，从而在其国内外经营过程中，在劳力、技术、资金、资源、市场等方面具有多种选择机会，实际上实行全球一体化经营的大型国际化经营企业。

很多专家、学者根据目前我国的国情认为，全国性外贸企业、工贸企业走跨国经营道路，还是统称国际化经营企业为妥，目前尚不宜提跨国公司。

研讨会上还有一些专家、教授作了题为“正确理解马列关于资本输出的论述，理直气壮地搞好我们的国际化经营”、“九十年代的世界经济发展的趋势对我国石油、化工的国际化经营影响”和“如何创建社会主义跨国公司，我国创建社会主义跨公司的内、外部环境是否已经具备”以及“中国跨国公司理论、现状和趋势”等专题的发言。

关于社会主义经济改革理论的研讨

为了探讨90年代进一步深化改革的一些基本理论问题，综合开发研究院（中国·深圳）与《改革》杂志社，于1990年10月10日至13日联合举办了社会主义经济改革理论讨论会。

一、关于计划与市场

1. 改革取向。

有的学者将经济体制改革的取向问题，归纳为三种思路：即计划取向论，市场取向论，计划与市场结合论，计划取向论者认为：过去几年宏观失控和目前经济生活中诸多弊端，都直接或间接与强调市场作用有关。必须从市场经济回归到计划经济的轨道上来。市场取向论者则认为：经济生活中出现的失控不正常现象都直接或间接与传统计划体制有关，是改革旧的计划体制不彻底所致，搞计划取向是要回到旧体制上去，结合论者认为，上述两种论点都有偏颇之处，都把计划与市场看成是相互对立、不能结合的，或者用“主”、“辅”论来探讨结合方式。因此，应采取计划与市场相结合的改革方向。

但是，相当多的学者赞成市场取向的改革，第一，改革就是要大力扩展商品货币关系，发展市场关系，新旧体制的根本区别就是在于发展还是排斥商品一市场关系。第二，市场机制是商品经济的内在机制，市场调节是商品经济运行的主要形式，要发展商品经济就必须充分发挥市场机制的作用。

2. 计划与市场不是并列的两个范畴。

有的学者认为，计划，是人们对经济运行的一种预测或预期的目标，是属于意识形态的东西。市场，是经济运行的客观存在，而计划只能是对经济运行进行预测和引导的主观意识的行为，因此这两个概念不是并列的关系。商品经济及其派生的市场，作为经济运行方式，应该是覆盖整个国民经济的，市场可以有两种，一是国家直接控制的市场，一是国家间接控制的市场，这两种市场取决于国家政策；但两者的总和，构成整个社会主义统一的市场，计划与市场只能是覆盖式的重合，两者之间不存在对立的关系，只能是控制与被控制的关系。

有的学者认为，我国经济改革的实质，是要建立通过宏观管理和政府行政指导的市场来配置资源的商品经济。从这个意义上说，社会主义的商品经济也可以叫作社会主义的市场经济。所谓市场经济，是与“指令经济”或“行政协调的经济”相对立的概念，至于计划经济，则是同“不按比例发展的经济”或无政府状态的经济”相对立的概念。它们是从经济运行的不同状态来区分的。经济的计划性质和经济的市场性质，是从不同的角度界定经济运转的特征，它们之间并不存在“太极图”式的此长彼消、互为盈缺的关系。

3. 计划与市场结合的形式。

有的同志认为，计划与市场调节相结合的形式，是多样的，(1)通过指令性计划实行计划与市场的结合；(2)通过指导性计划实行计划与市场的结合；(3)通过价格管理实行计划与市场的结合；(4)通过税收和市场管理实行计划与市场的结合等。

也有的同志认为，计划只是国家管理社会主义商品经济的一种手段，而且只是众多手段中的一种，它并非社会主义经济的基本特征，只有从管理角度上讲，计划才是不可缺少的。

二、宏观经济体制改革

1. 国家的两种职能必须分开。

有的学者指出，国家的所有制职能和行政管理职能捆在一起，是旧体制的一个根本性弊端。改革10年，在搞活企业的改革实践中，政企分开难以到位的原因应在于此。其中，问题的关键在于国家的所有者职能分立以后，如何实现它的职能？对此，他提出所有者职能一元化和国有资产经营层次化的设想。所有者职能一元化，包括国有资产所有者职能集中于中央，各级地方政府不再拥有这一职能，实行国有资产所有者职能专业化管理，各经济主管部门不再执行所有者职能，从而使企业从条条块块的分割中解脱出来。

2. 加强金融的宏观调控。

有的学者认为，货币需求过量主要是在宏观上没有处理好三个问题：一是在认识上过分依赖银行来解决资金缺口，二是计划过大，留的缺口过大，或是重基建、轻生产、必然导致财政打赤字，挤银行搞通货膨胀，三是货币政策的操作上，只以现金的投放量作为衡量货币松紧的基本指标，而没有把存款货币纳入货币政策的监视之下。因此，一要在信贷资金的管理体制上，建立政策性贷款管理机构，并建立长期信用和短期信用分别管理的体制。二是坚持财政资金和信贷资金分别使用、分口管理的原则，通过向社会发放债券弥补财政赤字，并发展国债市场。同时要解决财政资金过于分散和分配向个人倾斜的问题。三要将企业的流动资金管理任务交给财政，强化贷款约束，建立风险责任制。

还有的学者提出，要进一步开放金融市场，搞活金融，要增加市场交易工具，交易方式和交易金额。除已有的财政债券、金融债券、企业债券、企业股票外，可增加短期财政债券、短期企业债券。西方国家一些新的融资工具和融资方式，适合我国的都可采用。还要扩大二级资金市场，所有的有价证券均可上市买卖。

3. 改善国家对企业的宏观管理。

与会者认为，目前企业存在的种种问题，关键不在企业内部，而在于国家对企业的管理体制不健全。第一，国家没有颁布统一的会计准则、会计制度和会计报表制度，现行的会计制度是各类企业不能平等竞争的基础。第二，名目繁多的沉重经济负担，超过了企业的承受能力。第三，应建立对企业虚伪利润的制约机制。第四，必须改革国家与企业之间的财务分配关系，如税利分流，税后还贷，提高折旧率，等等。

三、价格改革

1. 价格与价值规律之间的关系。

有的学者指出，过去那种以为社会主义国家只能实行计划价格，把它称之为"自觉运用"价值规律的旧观念必须抛弃。所谓"自觉运用"价值规律，就是不许放开物价，总以为一放就会使市场变得无政府主义，弄得天下大乱。事实上，资本主义国家实行的"管住货币"，放开价格"的政策，其市场秩序并没有乱到两年前我国实行的"放开货币，管住物价"所出现的那种地步。

放开物价，就是让价值规律自发调节，而由国家规定计划价格，名为自觉运用价值规律，实则是抛开价值规律，必然使价格背离价值。因而用计划价格来调节生产，必然导致产品结构和产业结构的畸形。价格的涨落调节各种产品的生产和销售，这是属于微观经济的范围。因此，今后随着治理整顿的目标逐步实现。在理顺被扭曲的价格体系后，宏观控制的关键在于管住货币。在这个前提下，完全可以把大多数商品的价格都放开，让价值规律自发地进行调节。

2. 怎样理顺价格体系。

有的学者认为，最关键的有两条：第一，抑制通货膨胀，控制货币投放，是理顺价格体系的根本条件。在价格改革过程中，不同产品虽然会有升有落，但必须改变某些上游产品比价偏低的现状，所以物价的总水平是上升的。这种上升是可控的。但是，如果与通货膨胀搅在一起，那就会失去控制。

第二，推进价格改革必须与其他改革配套，特别是要企业改革加大步子。过去，在通货膨胀情况下，企业日子好过，因为它可以轻易地把原材料涨价因素通过产品提价转嫁出去；而在物价基本稳定的条件下，转嫁不出去，就会使企业亏损增加，利润下降，进而导致财政困难，因此，企业必须深化改革。

四、深化企业改革

1. 企业改革的核心：创立新的产权制度。

与会的多数同志认为，创立新的企业制度是企业走出困境和深化改革的正确选择，而这种新的企业制度中，最根本的改革是明晰产权关系。

2. 企业的分配制度。

多数学者认为，应弱化国家对企业的直接控制，适当放开，由企业自主决策，以按劳分配原则适当拉开分配档次。

有学者从提高职工积极性和企业凝聚力的角度提出另一种观点。据调查，我国企业职工对分配的满意度下降了，"个人主义"指数比其他国家都高，企业内部攀比意识过强，不利于增强企业的内聚力。因此，从社会心理学的角度来看，他主张，企业内部的利益差别不宜太大，厂际之间的差别可以拉得大一些。但必须具备人才可以自由流动的外部条件。

3. 企业领导制度问题。

对于企业内部的领导制度问题，出席会议的企业界人士反响比较强烈。他们指出，《企业法》虽然颁布了，但目前却有人认为退回到"党委领导下的厂长负责制"更好。目前企业出现"中心"与"核心"的关系问题，说明我们在领导体制上还缺乏理论上的系统说明。有位企业家主张实行党政合一，因为从系统论的原理和生产力组合的原理来看，企业内部党的组织是企业这个大系统的一个子系统，企业只能有一个目标，也只能有一个中心，不应当有两个中心。党的领导是方针路线的领导，企业执行了党的方针路线就体现了党的领导。至于党委的监督作用也要再认识。他认为对企业的大监督系统主要是社会监督，上有政府，横向有行业管理、工商、税务、财政、环保等部门都在监督，下面有广大职工群众监督，这些作用都不是党委所能取代的。另外，企业的性质也是由社会主义商品经济所决定的。至于企业的思想政治工作，更是应当由厂长兼书记来承担，因为职工的各种思想大多是围绕企业生产经营活动发生的，厂长最了解实情。

五、股份制问题

1. 企业实行股份制的必要性和可能性。

股份制是实现财产社会化的一种产权组织形式。它既可以为资本主义服务，也可以为社会主义服务。与会学者从不同角度对实行股份制的必要性和可能性，进行了探讨。

有的学者从企业体制改革的方向考虑，认为，要使企业真正做到自主经营、自负盈亏，就要明确企业的法人身份。全民所有制企业拥有法人财产，所有者就应当分为两个层次：最终所有权归全民，法人所有权归企业。或者说，法律上的所有权归全民，经济上的所有权归企业。实现这种产权组织形式，就是股份制。股份制的一般功能是集资功能，但在我国还有其特殊功能，就是可以利用股份制来实现企业自主经营、自负盈亏的机制。此外，股份制也有利于政企分开。真要实行政企分开，首先要使国家作为全民财产所有者的职能和国家对企业的行政管理职能分离，这样，才能克服政府对企业经营活动的直接干预。

2. 国有大中型企业实行股份制的途径。

有的学者就我国的国有大中型企业如何在公有制基础上实行股份制问题发表意见，认为当前国有资产管理混乱，流失严重，应在公有制基础上实行规范的股份制，以利于维护国有财产。由社会主义国有企业转为股份制企业大致可以有这样 6 个方面的途径：

(1)资产增量为零，资产存量全部折成国家股的股份企业；或者，有资产增量，但增量和存量两者一起都折成国家股的股份企业。(2)资产存量和资产增量由国家股和其他公有性质的股份组成的股份企业。(3)资产存量和资产增量由国家股以外的公有性质的股份组成的股份企业。(4)资产存量全部折成国家股、资产增量由国家股以外的公有性质的股份组成的股份企业。(5)资产存量全部折成国家股，资产增量由个人股组成，但资产增量小于资产存量的股份企业。(6)资产存量中有一部分有偿转让给个人，资产增量中也有一部分有偿转让给个人，但个人股在总资产中所占的比例仍然小于公有股所占比例的股份企业。

3. 对股份制的若干疑虑。

有的学者还针对社会上对股份制的某些疑问作了分析。(1)以为股份制就是私有化，或最终导致私有化。股份制作为一种资产组织形式，可以是公有制的股份制，可以是私有制的股份制，看谁是股东。如果有私人入股，也是可以控制的，比如规定某股份制企业内个人股总和的最高限额。(2)搞股份制并不等于股份化，有些企业就不必搞。例如：印钞票的企业、不能兼营民品的军工企业，以及那些小型企业等。(3)有人担心搞股份制会造成股市投机。如果我们搞的主要是法人持股的股份制，就不会导致股票投机，如果私人股多了，也就需有股票市场，关键在如何加强管理的问题。(4)搞股份制需要一整套管理机构，如国有资产管理局以及下属的一系列资产经营公司会不会成为一种缺乏效率的新的官僚机构呢?这确是一个问题，企业中的国家股代表不大象一个真股东，不会象私人股权和外资股权那么负责任。所以这个问题需要通过实践来解决。

根据上述问题，各个发言中都不主张目前就把股份制全面铺开，但可以在一些商品经济发达的城市扩大试点面，适当增加一些中心城市进行试点，并相应搞一些配套改革。

六、调整对外开放格局

与会的学者主张进一步实行全方位的对外开放。具具体设想是：第一，以亚太地区我国周边国家、地区为重点，着力推动东北亚地区的经济技术合作。我们应加快形成大陆与港、澳、台的中国经济圈，同时加强与日本、南北朝鲜、苏联远东、西伯利亚和蒙古的经济合作关系。可从双边经济贸易活动开始，逐步开展多边的经济技术合作。第二，将沿海地区的发展战略与大陆边境、中西部内地的对外经济发展战略结合起来，加强三者之间的横向联系，形成全国统一的对外发展战略。

与会学者还对我国对外经济贸易中的一些政策性问题和体制问题作了分析，建议：(1)实行出口替代和进口替代相结合的方针。(2)将外贸企业从粗放型转变为效益型。

七、当前经济形势与对策

当前市场仍然疲软，商品出现了胀库，效益普遍下降，成本大幅度上升，财政在上半年就出现了赤字，信贷投放一增再增，产业结构如故，“大厂吃不饱，小厂仍在建”的现象仍有出现，就业与农业劳动力向非农产业转移问题的难度越来越大，等等。综观全局，我国经济尚未真正走出困境。

怎样才能走出经济困境呢？在讨论发言中，针对“市场疲软”如何启动需求这个主题，提出两种观点。

一种观点主张投资启动。认为市场疲软的真正原因不是“过去抢购消费品多了”或“利率提高了”而引向储蓄，而是消费不足。据调查，职工工资收入，因物价上涨或企业不景气，其购买力连年下降（比 1986 年约降 40%），农民的收入也有所下降（约 8.7%）。在职职工有：“支出预期增大，收入预期悲观”的呼声，即需要花钱的新项目增多；而收入预期因最近调了一级半工资，再次调资恐怕不知何年了。所以居民储蓄的目的有了很大变化。消费不足的另一方面是投资下降，最近两年约下降 40%。为了启动市场曾用增加贷款办法作了努力，但收效甚微，企业增加贷款等于增加产成品库存，贷款给商业收购，商业担心付不起利息而拒绝接受。因此，只有走投资启动这一步，尤其是对企业技术改造放松限额，既可吸收重工业产品）（约占投资的 60%），又可部分转入消费。投资的资金问题，不可能依靠国家拨款贷款来解决，但可考虑采用筹建齐鲁钢铁公司（首钢、山东省、深圳市联合投资）和京九（北京至香港九龙）铁路干线工程的投资模式，充分吸收地方、社会、企业的资金进行重大项目的投资。国外（如德国）就有领先开展某一大型的投资项目而启动经济的经验。

再一种观点认为，走出困境还得着眼于积极推进改革，这是治本的办法。近两年在治理整顿过程中，采取了一系列限制市场作用的行政措施，从当时说，为了避免市场中物价盲目波动，有其一定的道理，然而也把正常的经济运行捆住了。因而，要推进改革，就应用经济方法来取代行政方法，继续坚持市场取向的改革，顺应市场运行的规律，积极推进市场的发展和完善，充分发挥市场的作用。

关于“税利分流”问题的研讨

为配合“税利分流”改革的试点，中国企业管理培训中心根据国家体改委培训司的安排，于1990年10月15日至22日举办了“税利分流”专题研讨班。参加研讨的有来自15个省、市的体改委、经委、财政、税务、银行、国有资产管理等部门、试点企业和教学研究单位的55位同志，并提交经验材料和论文25篇。

一、对“税利分流”的基本认识

在处理国家和企业分配关系上，是否有必要从现行的承包制向“税利分流、税后还贷、税后承包”过渡，是研讨首先涉及的一个基本认识问题。对此主要有三种观点：

一种观点是部分同志认为“税利分流”理论根据充足，方向正确，应尽快推开。主要理由是：

1. 目前的企业承包制制约了国家财政收入的增长，分配过份向企业和个人倾斜；实行“税利分流”可以从企业的增量利润中增加财政收入，有利于扭转财政收入占国民收入比重下降的状况。

2.“税利分流”解决了社会主义国家作为社会管理者和国有企业资产所有者的两种职能、两种权力和两种收入被混淆的问题，有利于理顺国家和企业的分配关系。

3. 实行“税利分流”，对所有企业以至各种经济成份实行统一的所得税率，体现了公平税赋，有利于开展平等竞争。

4.“税利分流”扬承包制之长，避承包制之短，是对承包制的完善，而不是对承包制的否定。

第二种观点是多数同志认为“税利分流”是理顺国家和企业分配关系的方向，但目前还不具备全面推行的条件，“八五”期间应当缓行。主要理由是：

1. 目前企业面临的经济环境仍比较严峻，生产经营十分困难。为了调动企业努力挖潜、克服困难的积极性，仍需要充分发挥承包制的激励作用，不宜轻易改变。

2. 目前企业的经济效益很低，约三分之一企业亏损，三分之一企业只有微利。在这种情况下实行税后还贷、税后承包，多数企业缺乏承受能力，改革的复盖面不可能很大。如过多采取变通办法，则“税利分流”将徒具虚名。

3. 现行的“税利分流”试点方案还不够成熟，一些基本问题如所得税税制、税率、企业技术改造贷款，特别是老款的还贷办法、确定税后承包基数的依据等问题，还有待于通过试点进一步总结经验加以完善。

4. 企业改革是一项系统工程，“税利分流”不能单项独进，而需要和整个财政、税收、信贷、投资等体制的改革配套进行。不在这些方面进行相应的改革，“税利分流”也行不通。

还有少数同志所持的观点，是坚决反对实行“税利分流”。主要理由是：

1. 增强企业活力是城市经济体制的中心环节，而企业活力的源泉来自广大职工的积极性。实践证明，承包制最有利于调动企业和职工的积极性，增强企业活力，是企业改革应当坚持的方向。“税利分流”名为分流，实为恢复二步利改税，而利改税已被实践证明不可取。

2.“税利分流”的理论依据即国家对国有企业的两种职能、两种权力和两种收入应当分开，亦值得商榷，因为，在实际上二者很难截然分开。何况国家从企业的纯收入中征收流转税和取得承包上交利润，税和利已经“分流”，不必再分一次。

3. 目前，国家财政困难，企业生产经营也困难。燃眉之急是应考虑如何鼓励企业努力提高经济效益，把“蛋糕”做大，而不是要改变分配办法，使企业少留，挫伤企业的积极性。否则，企业经济效益不能显著提高，国家也不能多收，以致事与愿违。

二、对“税利分流”试点的讨论

由于参加研讨班的同志多数来自“税利分流”试点城市和企业，所以尽管讨论中对是否应当推行“税利分流”改革存在着分歧意见，但大家的主要注意力还是集中在如何完善“税利分流”的试点方案上。讨论的主要问题和意见是：

1. 关于所得税税制问题。有两种意见：

一种意见是实行统一税率的比例税。理由是，它可以体现所有国营企业公平税赋、平等竞争。

另一种意见是实行多种税率的累进税。理由是，企业的规模不一，利润水平悬殊，统一所得税率很难适用于所有国营企业。税率定得低了，影响国家的财政收入；定得高了，大多数中小微利企业又难以承受。实行累进税率，就可以区别对待。

2. 关于所得税税率问题。也有两种意见：

一种意见认为，财政部提出的35%的所得税率是恰当、可行的。理由是，目前国营工业盈利企业平均实际上交水平为32.7%，外资企业所得税率是33%。实行35%所得税税率，对内体现了“不挤不让”的原则，对外反映着一定的优惠政策。

另一种意见认为，35%的所得税税率还是过高。理由是，当前全国国营企业的实际上交水平只有28%。而企业缴纳的所得税、流转税和“两金”（即，能源交通基金和预算调节基金）等税费已占企业实现税利总额的90%以上，税负已经过重，若再提高实际所得税上交水平，企业则难于承受。与其陷入相当多数企业不能执行35%所得税率的僵局，不如从实际出发，降低一些税率，使多数企业都能执行。对少数经济效益水平高的企业，可采用税后承包利润相应高一些的办法加以调节。

3. 关于技术改造贷款归还问题。

(1) 对老贷款的归还办法。有两种意见：

一种意见认为，现行试点执行的按税前税后一定比例归还老贷款的办法不可行，应该全部于税前还贷。理由是，老贷款是在技改项目允许税前归还的政策下形成的，新政策不应该否定老政策。同时，未归还的老贷款余额巨大(约有2800亿元)，即使只规定税后还贷一部分，多数企业也无力承受。还有一些低效或无效益的老贷款，无论是税前或税后归还都很困难，最好先停息挂帐，再逐步明确处理办法。总之，必须帮助企业卸掉老包袱，谋求新发展。

另一种意见认为，老贷款在税前税后各归还一部分，由国家与企业共同分担的办法十分必要。理由是，如此，沉重的老贷款包袱，财政背不起，企业也难以独自消化。对于税前税后的还贷比例，则应依据不同行业和企业的实际效益水平分别核定。

(2) 对新贷款的归还办法。也有两种意见：

一种意见认为，为了控制建设规模，实现投资主体的转移，增强企业使用贷款的责任，提高投资贷款的经济效益，新的技改贷款要坚决执行税后归还的办法。但为了防止企业技术改造萎缩，应适当提高企业固定资产折旧率，或者对新批准的改造项目，实行加速折旧措施，并停止从企业留利和折旧基金中征收“两金”，以增强企业的还贷能力。

另一种意见认为，新贷款实行税后还贷也不能“一刀切”，还需要根据国家产业政策和技改项目的社会效益、经济效益状况区别对待。对一些需要扶持发展的大中型企业或国家重点项目，也可以采取税前税后按一定比例归还贷款的办法。

4. 关于税后承包上交利润的办法问题。有两种意见：

一种意见是，首先要在税率和还贷办法上适当放宽政策，使企业有利可包，以发挥税后承包的激励作用。企业税后承包上交利润的具体办法，则可以在现有的多种形式承包经营责任制基础上改进和完善。

另一种意见是，税后承包仍难免“一对一谈判，争基数”等问题。与其用税后承包上交利润办法，不如直接采用国有资产占用费的形式来体现资产收益。依据企业实际占用的国有资产数量和一定的比率来确定国有资产占用费，较之核定税后承包利润的办法，理论上更加科学，实践中也更为简便易行。

三、对宏观配套改革的建议

与会同志在深入探讨如何完善“税利分流”试点方案的同时，也就需要进行的宏观配套改革提出了一些意见和建议。

1. 改革财政体制，从地方对中央实行财政包干向“分税制”过渡。

企业承包经营，很大程度上是和地方对中央的财政包干相适应的。地方对中央承包了财政上缴任务，当然就要求企业完成对地方财政的承包上交利润任务。“分灶吃饭，财政包干”的体制不改变，而要全面推行“税利分流”的改革是很困难的，难免不出现假分流、真承包的问题。因此，积极创造条件，加快从财政包干到“分税制”的过渡，使财政体制改革紧密配合处理国家与企业分配关系的改革，无疑是十分必要的。

2. 稳步推进价格体制改革，形成行业和企业间大体平衡的资金利润率。

目前，我国的价格体系远没有理顺，由于产品价格扭曲而导至行业和企业之间资金利润率差异过大。在这种情况下，按统一的所得税率向企业征税，是形式上公平掩盖事实上的不公平。所以，只有使行业和企业之间能达到大体平衡的资金利润率，才有可能执行统一的所得税率，体现企业间的公平竞争。

3. 进一步改革税制、降低企业总体税负。

深化税收体制改革，既需要广开税源，强化税收在宏观经济调整中的杠杆作用，也应该进一步调整税收结构，完善税费征收管理制度，合理确定税种、税率和费种、费率，力求使企业总体税负水平有所降低，增强企业发展后劲。同时，还必须严格治理乱收费、乱摊派、乱罚款等对企业实现利润和留利的蚕食。以法制维护税制，建立和建全强有力的依法治税、依法治费的制度，为“税利分流”提供良好的经济秩序。

4. 改革投资体制，逐步形成多种方式共同发挥作用的投资体制。

为了保证企业必要的技术改造投资，就不能仅靠企业税后还贷这一条腿走路，而需要依据产业政策、区别不同项目，分别采取财政拨款、银行贷款、地方集资、吸引外资和企业积累等不同的投资方式。如，国家重点建设和重大技改项目，应以国家财政拨款为主；社会效益高，经济效益差的项目，可由财政拨款、银行贷款、企业自筹资金等形式多方保证；经济效益好的技改项目，一般应由企业积累、集资、吸引外资或贷款来进行。

5. 深化金融体制改革，发挥银行的宏观经济调控作用。

银行在实行企业化经营，提高贷款自主权的同时，还必须充分发挥它应有的宏观经济调控作用，促进企业的技术改造。为此，应根据国家信贷计划，每年划出一定的专项贷款支持企业技术改造；同时要完善贷款差别利率和政策性贷款方法，对符合产业政策、需要支持的技改项目贷款，给予贴息或低息优惠、还必须强化银行的贷款风险责任，促进银行用好、管好技改贷款。

同志们还认为，“税利分流”的试点，需要解决的问题很多，涉及许多部门的工作，而目前有关部门之间的认识又不尽一致，所以大家希望能由国务院统一领导试点工作，组织有关部门深入调查研究，客观地判断利弊，统一认识，统一行动，逐步完善和统一“税利分流”试点方案。

关于企业集团发展战略的研讨

1990年10月11日至14日，由中国技术经济研究会、横向经济研究会、企业技术经济研究会和江苏省技术经济与管理现代化研究会联合举办的全国企业集团发展战略研讨会在南京市召开。全国120个企业集团和67个政府机关、大专院校、科研部门等单位的274名代表出席了会议。

一、企业集团发展现状与特点

在改革的深化和横向联合基础上应运而生的中国企业集团发展势头方兴未艾：据近几年的不完全统计，全国已组建各种类型的企业集团1630家，涌现出一汽、二汽集团、吉林化工集团、熊猫电子、西电公司等一批大型化、多功能、外向型、高收益的集团企业，并已成为国民经济的“排头兵”。

现阶段我国企业的集团化进程呈现五大特点：

1. 规模扩大化。这是集团的共同走向，通常呈现多种扩张态势：一是以联合、承包、承租、兼并等方式，广吸社会资金，壮大集团规模。吉林化学工业公司正是采取这一形式，87年以来先后兼并了辽源、吉林25户化工企业，现已形成拥有联合企业75个，固定资产39.7亿元，能生产石油化工、医药、橡胶、机械等660余种主要产品，年实现利税12亿元，完成销售收入46亿元的我国化工“巨子”。二是“强强结合”，重组集团，扩张规模。由苏州长城电器、春花吸尘器、香雪海冰箱集团、物贸中心四强组成的苏州斯加电器集团，生产的长城风扇、春花吸尘器国内市场覆盖率已超过50%，成为我国轻工业支柱企业之一。

2. 资产股份化。各地众多企业集团，相继引入股份机制，发挥资产功能，形成稳定结构。如沈阳金杯汽车股份有限公司，按需对存量资本实施股份制改造，股权对象设置了国家股、企业股、单位股、个人股和外资股，公司共有注册股本10亿元，并于1988年7月向社会首次发行了记名式可转换的优先股股票。股份公司88年成立以来，汽车产量年均增幅为29.4%，利税年均增幅29.4%，89年实现利税近2亿元，由地方小厂一跃为我国汽车业八大家之一。

3. 趋势外向化。受制于国内市场的有限容量，国内集团的触角纷纷突破国界，延伸海外，拓展国际市场，谋求最佳效益。主要有四种形式：一是“以进养出”、外向开拓。以西北国棉五厂为主体的西北五棉实业有限公司，“七五”期间投资1.38亿元人民币和外汇701万美元，多次技术引进消化日本、德国、意大利具有国际八十年代先进水平的无梭喷气织机420台及相关技术，形成了适应国际市场的多幅宽、多类型的布机系列，再返销到44个国家和地区，89年创汇达3320.6万美元，成为陕西创汇大户。二是工贸结合，外向开拓，东北制药总厂，正是采取这一形式，建立外贸“窗口”，年出口各类原料药、制剂500多种，创汇4000多万美元。三是境外办厂，外向开拓。四是调整结构，外向开拓，无锡太平洋色织集团、常州蝶球纺织印染集团公司等，瞄准国际市场，凭借集团实力调整品种结构，创汇双双突破1000万美元。

4. 科研、生产一体化。主要有几种途径：一是以科研单位为核心，组成科研先导型集团。由化工部沈阳研究院与南通市23家化工企业联合组建的南沈化工联合开发公司，集科研、生产、经营三位一体，该公司凭借其科研、试制、应用整体配套的优势，先后开发了甲霜灵、甲草胺、助壮素、化森锰锌等一批精细化工产品，其中有5个属国家“七五”科技攻关项目，3个属国内第一次投产的新工艺、新技术。其中仅水田除草剂丁草胺一项，年实现社会效益9240万元。二是科研单位加入企业集团。一汽集团按需先后吸收了长春汽车研究所、机械部汽车设计院等为集团成员，建成了强有力的新产品开发基地。其中，仅长汽所进入集团后，即开发出6种基本车型，85种变型车和10个机型，满足了市场和储备需要。

5、结构规范化。着力点是通过壮大核心层，完善紧密层促使集团“发育成型”。主要有四种方式：一是划转资产的企业兼并式，上海凤凰自行车(集团)公司，以资产有偿转让的方式，于89年初出资兼并了无锡市小轮车厂和昆山自行车厂，形成了生产、经营一体化的核心层，进而根本革除了原有松散联营中规划难定、价格难统、凝聚力难强的弊端。吉林化学工业公司87年以来先后以有偿转让形式，跨地区兼并了辽源市所属12户医药化工企业；以承担债务的形式，跨行业兼并了吉林重型机器厂，使核心层趋于规范化。二是股份制式。南通机床厂股份有限公司正是采取这一办法，构成了由5个企业全额资产核资折股投入，拥有投本金5000万元的规范化核心层，三是承包、租赁式。攀西集团通过法人承包形式，取得了对攀枝花市等地一批冶金企业的经营管理权，形成紧密联合层。四是行政划转式，一汽集团即以行政划转方式，把原属中央的哈尔滨齿轮厂划归一汽管理，实现紧密联合。

二、崛起的必要性

作为体制改革与商品经济发展的产物——企业集团，在我国的崛起有其必然性，而在推进外向型经济，深化治理整顿的现阶段，企业集团的加速发展更有其现实的必要性。

其一，发展企业集团是稳定经济、稳定企业的明智之举。在治理整顿期间，国家必将关停并转一批因盲目发展而效益低下，难以为继的企业。但国情又不允许因此波及企业倒闭和工人失业，往往陷入于"两难"境地。而发展企业集团则是防止经济波动，避免社会震荡的明智之举。金陵石化公司实行联合后，公司停开了小分子筛脱蜡、小丙烯等5套消耗高、工艺落后的生产装置，并将因此而下岗的人员全部自行消化，充实到需增补或调整人员的岗位上去，不仅未出现棘手的安置问题，反而促进了人员的合理流动。

其二，发展企业集团是调整经济结构的最佳途径。

经济结构主要指产品结构、产业结构和组织结构。现阶段产业结构失衡的深层原因是资源配置不合理，生产要素难以流动，解决矛盾的关键是调整企业产品结构和组织结构，这是产业结构顺利调整的基础。而企业集团则是产品与组织结构调整的最佳途径。通过组建发展优势产品的企业集团，带动了生产要素重组，推动产业流动，达到合理配置，矫正"畸型"结构。西安电力机械制造公司、扬子电器集团、金狮自行车集团正是凭借集团优化互补的优势，调整品种结构，形成了适应市场竞争、抗拒市场冲击的产品体系和生产组织结构。

其三，发展企业集团是提高经济效益的治本之策。

我们经济效益长期低下的症结是资源配置效益、规模经济效益和经营管理效益差，消除"顽症"的治本之策是发挥企业集团优化资源配置，形成规模经济、产生规模效益，强化基础管理的综合功能。吉林公司组建集团后，利用吉林、辽源等市成员企业的存量资产，没花一分钱，就获得了几个初具规模的化工基地，大大提高了精细化工产品和医药化工品的批量效益。

其四，发展企业集团是中国企业走向世界的希望所在。在国际市场强手如林、竞争激烈的背景下，企业集团可凭借单个企业没有的整体优势，跻身其间，拓展市场，为中国企业走向世界开拓局面。万宝家电集团、熊猫电子集团、南通机床股份有限公司等企业，正上依托集团实力竞争国际市场，使产品畅销欧美、东南亚等国家和地区。

其五，发展企业集团是"科技兴国"的有效选择。

科技兴国的关键之一是，科学技术及时有效的转化为现实生产力。企业集团则是科研与生产相结合的最佳载体，解决科研、生产、市场相脱节，科研单位与生产企业自成一体，"双轨运行"的弊端。陕西康纳电子集团等单位将高科技"软件"，适时嫁接，转化为现实生产力的实践，为科技兴企、兴国探索了一条新路。

三、我国企业集团在今后一个时期内的发展趋势

——在企业集团的规模上，由中、小型企业集团向较大规模的集团发展。它将采取"强强联合"与"强弱联合"两种形式，几个集团联合起来组成一个大型企业集团；

——在集团的联结纽带上，由生产经营向资产经营发展，资产将成为企业集团内的最高联结点。为了实现资产的联合，企业兼并，实行股份制，以及全民所有制企业的资产无偿划拨，将成为企业集团实现资产经营的重要形式；

——在企业集团成员构成上，由追求数量向注重质量方面发展。随着治理整顿的深化和产业结构调整措施的出台，企业集团将从产业结构，产品结构的调整中从优选择新伙伴；

——在企业集团内部的管理体制上，由单元工厂管理方式向公司化的管理体制发展。在管理体制上，它将实现"三个突破"，即突破一杆子插到底，突破"大而全"、"小而全"和突破依靠行政手段而忽视按经济规律办事的格局。新建立的企业集团管理体制将适应公司化、专业化和国际化的需要。建立投资中心、利润中心、成本中心，实现分层管理，处理好集权与分权的关系；

——在企业集团的功能上，由单元功能向多元功能发展，从生产型的集团向科、工、贸、金融四位一体的企业集团发展。今后，企业集团将把自己的触角伸向大专院校、伸向金融部门、伸向流通企业，使自己的功能多元化；

——在企业集团经营战略上，将由国内转向国外，开放的外向型经营，将成为更多企业集团所追求的经营目标。企业集团通过引进技术、资金和管理，兴办中外合资企业和到境外办厂，扩大产品出口等方式，逐步实现国际化，成为在国际竞争中的名符其实的"国家队"，为形成中国式的跨国公司奠定了基础。

任何事物的发展都是从无序到有序的。我国企业集团也要经过自我改造，自我完善形成一个规范化、理想化，适合中国国情的中国式的企业集团。这种理想化的企业集团，与会代表认为应当是规模大，纽带紧，功能全，经营活，效益好，既是国民经济建设的"主力军"，又是参与世界竞争的"国家队"。这种规范化、理想化的企业集团的实现，与会代表认为一靠政府导向，二靠政策支持，三靠法律保证，四靠理论指导，五靠自身的大胆实践，但最根本的一条是改革的不断深入发展。

四、目前企业集团发展的主要问题

1."三不变"仍然是发展企业集团的主要障碍。几年来，各地创造了许多好的经验，如租赁经营、承包经

营、用股份制改造企业集团，最近又提倡行政划拨和国有资产委托经营等等，也取得了一些局部变通和处理办法，但是终究尚未冲破“三不变”的束缚。继续探索和寻求解决“三不变”的办法。仍然是我们面临的主要课题。

2. 国家对企业集团的管理不得力。首先体现在多头管理秩序混乱。从各地情况来看，体改委管、经协委管、计经委管、经济研究中心也管，但是没有一个明确的统一的有权威的归口管理部门，谁都管，谁都又不管。以至出现集团开会无人通知，红头文件发不到，集团的许多具体事情无法落实等等。其次是管理方式不当，该管的没管好，不该管的又管得太多。象产业结构、产品结构调整，基建项目的审批控制等应该由政府管的事情没管好，一百多条彩电生产线、九十多条电冰箱生产线的重复引进就是一例。反过来，对于集团应有的经营自主权却干涉过多。再如在企业集团发展上缺乏统筹规划合理布局。国家各专业部、各省市自治区和计划单列市、各省辖市、甚至各县从本身利益出发争办集团，一哄而上。有的同志担心，现在清理整顿公司，将来说不定那一天国家也会来清理整顿集团。

3. 政策法规不健全。企业集团的出现已有十余年历史，全国至今没有一部关于企业集团的法律，也没有完善的政策。象企业集团由哪一级政府部门来审批的问题也不明确，人为地造成了混乱。另外，“企业集团的法人资格问题”、“核心层紧密层企业的法人资格问题”、“集团法定代表人的确定问题”等等都未见明文规定。政策相互矛盾的情况也屡见不鲜，如对股份制企业的分配问题，国家没有统一规定，各地政策不同，有的先税后分，有的先分后税，作为跨地区的企业集团具体很难执行。

4. 领导体制不顺。目前我国的企业集团多数实行董事会领导下的总经理负责制，集团同时还有行政主管部门，在这双重领导下，集团总经理往往无所适从。有的董事长总经理由一人担任，集所有权经营权于一身，离现代化管理相去甚远。另外，集团普遍有董事会、总经理、党委、工会、职代会，它们之间的责权如何划分莫衷一是。

5. 内部管理方式不适应。企业集团多数有主体企业，主体企业的厂长（经理）往往担任集团的董事长或总经理。他们习惯延用主体企业的职能机构和管理人员，简单地用管工厂的方法管理集团，严重妨碍了集团功能的发挥和整体效益的提高。

与会代表还提出了许多理论上和操作上的具体问题，这些问题的解决迫在眉捷。

五、推动企业集团进一步发展的建议

1. 国家应采取倾斜政策，支持企业集团，特别是大型企业集团的发展。

(1) 在税收、信贷等方面应给予优惠和支持。

(2)为完成国家重点项目，税后利润应全部留给企业，用作生产发展基金，并免交能源基金、预算调节基金以及建筑税（或固定资产投资方向调节税），免交各种债券。

(3)对符合产业倾斜政策的企业，应采取特别折旧政策，加快折旧。

(4)应鼓励企业兼并，进行无偿划转，有关计划指标应随产权转移而转移。

(5) 集团经营所需外汇，应纳入国家外资利用计划。

(6) 允许集团建立财务公司或信托投资公司。

(7) 各级地方政府应确认集团下达成员企业的计划，在能源、运输、信贷等方面予以支持，并维持现有原材料供应渠道。

(8)企业集团有关指标应纳入国家统计指标体系。

2. 赋予企业集团经营自主权。

(1)在目前政策范围内，税后留利的使用及分配比例由企业自主决定。

(2) 对折旧基金的使用，由企业自主决定。

(3)集团应有新产品、新技术开发权，集团的新产品新技术开发项目应列入国家计划。

(4) 集团对指令性计划的产品价格有一定幅度的调整权。

(5) 集团有权决定职工工资、奖金的分配。

(6) 集团应有独立的对外贸易权。

3. 国家明确指定一个有权威的主管部门或建立一个专门的机构领导企业集团工作，并请一名副总理亲自抓企业集团工作。

4. 继续深化经济体制改革，促进企业集团发展。

(1) 积极推行股份制，以利于突破“三不变”。

(2) 逐步弱化，直至最终取消地方财政包干体制，以利于跨地区集团的发展。

(3)积极试行企业集团经营管理国有资产，以利于建设规范化的企业集团。

(4) 中央应采取措施，打击地方保护主义，防止“小而全”重新抬头，以利于集团实施专业化改造规划，加快社会化大生产步伐。

(5)加快政企职能分开，政府不再干预企业。政府要分解现在身兼的三种职能，把资产所有权归国家国有资产管理局，企业经营权还给企业，政府只保留宏观调控权。

5. 加紧有关法规的出台。企业集团的组建发展，应有法可依，比如应该有《集团法》、《公司法》、等法规。

6. 应加强对企业集团董事长、总经理及从事企业集团工作的干部的培训，提高其业务水平，并作为政绩考核的一项重要内容。

7. 应加强企业集团理论与实践的研究，尤其是要加强对理论与实践中的难点的研究，以理论指导实践，从实践总结理论。

关于我国企业由粗放经营转向集约经营的研讨

1990年10月22日，中国工业经济协会等单位就我国企业由粗放经营转向集约经营的问题，在中国人民大学进行了讨论。

一、"集约化经营"与企业转型

许多同志认为，现在提出集约化经营问题是适时的，也是企业经营变革的重要思路，其目标是要提高企业的经济效益。但在对"集约化经营"的理解上，存在着分歧。主要有下列五种观点：

第一种意见认为，集约化经营本质上是指内涵的扩大再生产。由粗放到集约化经营转变，就是指由外延扩大再生产为主转向以内涵扩大再生产为主。

第二种意见认为，集约化经营主要是指提高单位产品的技术含量和企业的管理水平，从而提高经济效益的一种经营方式。而实现粗放经营向集约经营的转变，其实质就是从企业目前的落后技术、低水平管理和低效益向高技术、高水平管理和高效益转变。

第三种意见认为，集约化经营就是要提高企业经营转换效率。即少投入多产出。具体表现在三个方面：一是提高现有资源的利用率；二是要优化企业的产品和技术结构；三是主要依靠内涵扩大再生产。由此，企业转型就是要实现三个方向的转变：(1)企业增长从主要依靠资源的大量收入转向资源利用率的提高；(2)企业发展要从速度推动转向经济结构优化推动；(3)扩大再生产方式以外延为主转向内涵为主。有的同志还在此基础上补充了两条，即生产型向经营型转变，从传统管理向现代化管理转变。

第四种意见认为，集约经营就是指达到企业经营的高效益。由粗放转向集约化经营，实质是从速度型到效益型转变。

第五种意见认为，集约化经营就是指通过降低企业生产成本、开发新产品、提高技术、开拓市场等手段，从而实现企业高效益的一种经营方式。企业转型就是以目前企业经营水平为起点，逐步向上述经营方式转变。

在讨论中，尽管人们对集约经营的概念存在上述不同理解和表述，但在集约经营的基本内容上，大家取得了较为一致的看法。多数同志认为：集约经营从目标上说是要提高经济效益；从手段上说是要提高管理水平和技术水平，提高劳动生产率；从根本目的上讲，是要谋求企业的长期稳定发展。

二、实现企业由粗放经营到集约化经营转变的必要性

大家从宏观经济和企业发展两方面对企业转型的必要性进行了热烈的讨论。

从宏观上讲，由粗放经营转向集约化经营，是我国工业发展的重要战略转变，是我国工业化道路的重要内容，其影响极为广泛，它要求工业发展指导思想、产业结构和工业经济管理体制等全面实现相应的转变。具体地说：(1)是优化产业结构的需要；(2)能够推动科技进步；(3)是实现外向型经济的需要；(4)优化地区经济结构的客观要求。

从企业角度看，它是企业生存和发展的迫切要求。理由是：(1)我国现有的资源条件及其利用水平，决定企业必须走集约化经营的道路。(2)它是我国市场竞争的必然结果。(3)是实现低速高效的需要。许多同志指出，我国今后将处于低速增长时期，这是我国工业化发展过程中的必然现象。把企业发展的希望寄于市场重新出现需大于供和工业高速增长的带动，是不现实的。在工业发展的这样一个低速增长阶段上，只能依靠集约化经营。

三、如何划分改革十年来企业战略转变的阶段性

第一种意见认为，改革十年来，我国企业战略从总体上说有两个转变：一是从生产型向生产经营型的转变。这一转变已经基本完成；二是从粗放经营转向集约经营，这一转变刚刚开始 。

第二种意见认为，我国企业战略转变可分为四个阶段：第一阶段是在企业整顿时期，主要是实现经验管理到科学管理的转变；第二阶段是从生产型管理向经营型管理的转变；第三阶段是从内向型企业向外向型企业转变；第四阶段则是目前刚开始的从粗放经营向集约化经营转变。

第三种意见认为，把改革十年来的企业战略工作转变机械地划分为几个阶段的做法是欠妥的。实际上，每次提出的企业战略转型任务，仅是从某个角度提出问题，并不具有明显的时间阶段性。例如，生产型转向经营型，是从企业改革的角度提出问题，目的在于确立企业作为商品生产者的地位；而粗放经营转向集约化经营则更侧重于从企业现实发展的角度提出问题，目的是要改变我国目前高消耗、低效益的经营方式。从现实来看，企业由生产型向经营型转变的任务远没有完成，粗放经营到集约经营的转变从根本上谈，现实地需要前者的转变。

四、怎样实现企业由粗放经营到集约经营的转变

与会同志认为，实现企业由粗放经营向集约经营的转变，是一项较长时期而又艰巨的任务。它既需要良好的宏观条件，又需要企业自身加强努力。从创造良好的企业外部条件看，主要有以下几点：

1. 从工业经济发展的指导思想上，要真正把提高经济效益放在首位。各地政府和经济管理部门要切实以此为中心开展工作，特别要注意克服目前干部政绩考核中重产值、轻效益的惯性心理和实际倾向，把经济效益工作落到实处。

2. 制定和落实有利于促进企业集约化经营的改革和措施。如加强技术立法和产品立法，淘汰落后技术和产品；实行倾斜性的投资政策、以及优惠的税收政策、信贷政策等，鼓励企业降低物耗，节约能源，提高产品质量和管理水平。

3. 加强工业企业的技术改造工作，要改变我国企业消耗高、质量低、经济效益差的状况，必须对现有企业的物质技术基础进行改造。一些同志列举大量的数据和国内外对比资料，指出了加强技术改造的紧迫性和对企业转型的重要性。

4. 加快经济体制特别是企业体制改革的进程。与会同志认为，这是一个根本性的办法。从目前讲，要利用总需求小于总供给的有利时机，放开价格，充分发挥市场机制的作用；同时要改革现行的财政分级包干体制，从而形成全国统一市场。从企业改革的方向看，多数同志主张实行股份制，从而真正实现企业自主经营、自负盈亏。

5. 优化产业结构。利用治理整顿的有利时机，适应市场结构变化，调整产业结构，从优化结构中要效益，以结构优化求发展。

关于企业劳动管理问题的研讨

中国劳动学会、中国企业管理协会信息交流中心于1990年10月27日至31日在江西省南昌飞机制造公司联合召开了“全国大中型国营企业劳动管理理论与实践研讨会”。

一、大中型国营企业劳动管理与改革的先进经验

近几年来，一些企业在劳动管理上有所放松，存在不少问题，面临着很大困难。然而，有一部分企业十分重视劳动管理，在不利的外部环境中能够在内部挖掘潜力，取得了较好的经济效益。概括起来，他们在劳动管理方面积累了如下经验：

1. 以双定为基础，不断完善三级劳动管理体系，建立健全适用、配套的管理制度。例如铁道部眉山车辆工厂，1982年开始建立起厂、车间、班组三级劳动管理体系。厂一级有组织机构、定员管理、人事管理、劳动工资计划管理等10项制度，车间处室一级有经济责任制、考勤管理等3项制度，班组一级也建立了与之相适应的管理制度。这样逐级分工，逐级监督，既严格又科学，从而在组织上，制度上保证了企业生产经营活动以及劳动管理工作的正常稳定开展。

2. 坚持抓好定员定额等基础工作。如邮电部成都电缆厂经过多年探索创建的“整体目标优化管理法”，将劳资管理列为其中的重要内容。他们在定额管理方面做到：(1)组织落实，职责明确，从厂部到各产品车间均设置定额管理人员，形成自上而下的定额管理网络，使定额管理工作制度化、规范化。(2)坚持科学管理，避免按经验评估，坚持以设备的能力和技术数据为依据进行科学测定，采用“三查一测定”的办法。即一查本厂历史最好水平；二查同行业的国际国内先进水平；三查现有实际达到的平均水平。一测定是根据三查测出平均先进水平确定其定额标准。(3)不断优化劳动定额。以全国同行业先进水平作为制定本厂定额的目标；国外引进的生产线，即以国际先进水平为目标，分期分阶段达到或接近国际先进水平。这样，不仅为强化整个劳动管理奠定了基础，而且为提高劳动效率和经济效益起到了保证作用。

3. 实行倾斜政策，稳定企业一线生产工人队伍。与会的一些企业介绍了稳定一线生产工人队伍的经验，归纳起来，一是在工资分配上对一线生产工人采取倾斜政策。如南昌飞机制造公司从1989年7月1日起，对公司内特别繁重的锻工车间的锻工、热处理工、油炉工等苦脏累工种，试行了车间内部另外浮动半级工资的制度。从1985年起，对全公司一线生产工人中少数生产、工作环境艰苦、劳动条件差、强度大、任务繁重以及常年坚持多班制生产的部分苦脏累24个工种，分别按不同等级享受岗位津贴，上岗享受，下岗取消。二是鼓励一线生产工人学习钻研技术，如二汽集团对一线工人中的技术复杂工种实行考工升级制度，促进职工不断提高技术技能水平。成绩优秀浮升工资。并把考核成绩与评聘助理技师挂钩，实行“培训、考核、使用、晋升、待遇”一条龙管理。三是在政治上关怀，在生活上优待。如在同等条件下，一线生产工人分房优先，浮动升级优先，疗养优先。一般来说，采取以上措施的企业，一线生产工人的比例都有回升。

4. 以建立平等竞争机制为重点，积极慎重推行劳动制度改革。以国营企业实行劳动合同制为主要内容的劳动制度改革，初步动摇了固定工制度包得过多，统得过死，能进不能出的根基，对于逐步建立能够适应社会主义有计划商品经济发展要求的新型劳动制度，起了积极作用。如株洲冶炼厂实行合同制始于1984年，现已有1500多名合同制工人，占全厂职工的1/5，比重虽小，但代表着今后企业的用工方向。从株冶的实践看，这种制度有3个显著特点：(1)工厂能从生产实际出发招收适应生产需要的劳动力；(2)有利于改变积弊很深的“能进不能出”的矛盾；(3)能够促使大多数合同制工人安心本职，奋发图强。眉山车辆厂在招工中实行“四公开”制度，即招工方案公开，招工数量和工种公开，招工考试成绩公开，招工结果公开，对企业外的人员、企业内的干部、工人子女一视同仁，保证了优秀人员的录用，树立起良好的企业形象。实行干部聘用制，能上能下，对特殊工种和岗位实行公开招考，择优录取。这样就建立起机会均等、平等竞争的机制，人才资源得到合理的使用。

5. 搞好企业内部分配，贯彻按劳分配原则。分配反作用于生产，搞好企业内部分配是很重要的工作。主要经验是实行以逐级承包责任制为中心，逐级考核分配的经济责任制度，做到责、权、利统一；同时确定企业各类人员之间公正合理的工资关系，二、三线工人工资要低于一线工人，管理人员工资也不超过一线，从而调动一线职工积极性，提高劳动效率。

6. 坚持做好思想政治工作，加强民主管理，培育企业精神。企业劳动管理的过程，就是处理协调劳动者在劳动过程中人与物及人与人之间关系的过程，归根结底是一个如何管理人的问题。因此必须充分重视人的因素，培植人的主体意识，把劳动者看成是“社会人”，而不仅仅是“经济人”，使职工在劳动心理和行为上由“被动人”转变成“主动人”，从而增强企业活力，推动生产发展。要实现这一目标正是企业思想政治工作的首要任务。如青岛电冰箱总厂始终不渝地坚持做好人的思想政治工作，抓好3个环节：(1)培养技术工人学习掌握现代化生产管理技能，形成企业生产经营的骨干力量；(2)鼓励和组织职工参加企业民主管理，参政议政，体现工人阶级真正当家做主的地位；(3)关心职工，爱护职工，使职工感到企业就是自己的家。

二、大中型企业劳动管理中的突出问题

1. 劳动制度改革的矛盾集中在劳动合同制上。一种意见认为改革是不成功的。劳动合同制改革的初衷是解决职工吃企业大锅饭问题，实行双向选择，提高劳动效率，理论上讲是可行的。但经过几年实践，问题日益暴露出来。合同一般签20或30年，而且在人事、工资、保险等方面给企业带来不少麻烦。合同到期或工人违纪又不能辞退工人。建议恢复固定工制度。一种意见认为劳动合同制改革方向正确，但出台时机不适宜。一种意见认为应该坚持劳动合同制的改革方向，用补充完善的办法继续推行劳动合同制。

2. 工效挂钩存在的主要问题：(1)工资管理政出多门，宏观调控体系不健全。(2)工效挂钩指标不科学，非劳动因素影响企业分配。当前各种经济关系尚未理顺，市场机制不健全，价格严重扭曲，造成企业经济效益失真。尤其采用环比办法很不合理，形成“鞭打快牛”和苦乐不均。(3)企业承包条件下，工效挂钩软约束，企业行为短期化。(4)物价上涨过快，工资补偿政策滞后，部分职工实际工资水平下降。

3. 企业内部分配的主要问题：(1)正在形成新的平均主义，并与社会其它方面的分配不公并存，偏离按劳分配原则。(2)由于缺乏正常的考核升级制度，职工的工资等级与技术水平、技术等级等脱节，降低了职工素质和效率。

4. 社会保险改革。方向是对的，但也存在着不少问题。突出的是管理部门收取统筹基金后，为企业提供服务不够。企业交了钱，许多事仍要由企业自己办。

三、对劳动、工资、保险三大制度十年改革的基本评价和政策建议

改革出现上述问题，并不是偶然的。如何客观公正地评价三大制度的十年改革是一个重要问题。代表们认为，改革的大方向是正确的。“铁饭碗”和“大锅饭”确实是我国前30年体制的弊端，病根找到了，改革的目标是建立平等竞争机制，方向也是对的，已有的改革措施也都是围绕这一目标而进行。但是经济体制改革是一项系统工程，要求各项改革之间要相互配套进行。由于其它内容如价格、财政、住房制度等改革的相对滞后，劳动领域的改革孤军深入，相对超前，导致许多措施推行不力，甚至变形，造成与改革目标不吻合的结果。另外，三大制度改革本身也不配套，往往是两种制度并存，交叉运行，产生许多摩擦和矛盾，增加了改革自身的难度。但是简单否定是不科学的，回到旧体制上也是不可能的。改革中的问题必须通过改革来解决。关于“八五”期间的改革思路，认为在劳动制度改革上应稳住阵地，协调完善，巩固已有的改革成果，为此，代表们提出以下改革措施和政策建议：

1. 用工制度改革。建议全国不要一刀切。在用工制度上应该人人平等，企业新增人员一律实行合同制。应消除在政策宣传和实际执行中的矛盾。如一方面宣传合同制有许多优越性；一方面大中专毕业生、复转军人、华侨子女等实行固定工制度，一般招收的工人又实行合同制。这种双轨制和政策上的自相矛盾造成了用工制度上的混乱，应尽快予以调整、解决。

2. 关于工资分配。(1)工资管理政出多门，企业无所适从，建议归口劳动部统一管理。(2)制定并提高统一的工资标准。(3)制定一线生产工人津贴规定。(4)建立工龄工资制度。(5)完善工效挂钩形式，改环比为等比。(6)完善等级工资制。

3. 应进一步改革和完善退休费用社会统筹制度。

4. 劳动部门会同各行业加强定员定额工作，建议设专业局，制定统一标准，指导企业工作。

5. 劳务输出，劳动部应统一归口管理。

6. 建议劳动部强化劳资队伍的自身建设。

关于我国社会生产力问题的研讨

中国生产力经济学研究会第五届年会于1990年10月31日至11月6日在湖南省长沙市举行。会议围绕生产力经济学与90年代中国的改革和发展这一主题，回顾了生产力经济学十年来不断开拓、持续发展的历程，以及由此而取得的理论成就和实践硕果，分析了90年代中国生产力运行的特点与对策，以及生产力发展与经济体制变革、国际环境变动的相互关系。

一、十年的探索与收获

与会代表一致认为，80年代是中国生产力经济学的振兴时期，它所取得的理论进展和实践成果，在近十几年新崛起的经济学科中，堪称皎皎者。参加年会期间举办的"生产力经济学十年成果展"的专著和教材共有70多本，论文集12本，大型考察报告6份，国家级攻关课题成果4份，重要论文上百篇。其中许多作品荣获"孙冶方经济科学奖"以及省级和系统级的大奖。目前，全国有4000多位理论工作者和实际工作者致力于这一领域的研究，有近百所大专院校和党校、干校已经和即将开设这门课程，有的大学和研究生院招收了生产力经济学专业的硕士研究生，有的部门、系统或城市还同生产力经济学专家学者们合作研究本部门、本系统、本地区的生产力发展战略，从而使这门学科愈来愈受到各级决策机构、经济理论界、大专院校和实际部门的重视。

与会代表认为：生产力经济学近十年的发展和兴盛，是全体拓荒者辛勤耕耘的结晶。它之所以兴盛，有如下几个基本原因：(1)始终坚持正确的研究方向；(2)以学会为中心，组织和推动理论建设和学科发展；(3)以研究国家的迫切问题为理论成长的基本营养源；(4)面向实践。

二、发展中的生产力理论

生产力经济学的诞生，既是人类社会生产力发展到现时代的思维产物，又在一个侧面反映了中国几十年社会主义建设经验教训的理论总结。它是一门研究社会生产力发展运动规律的基础学科。迄今为止，已出版生产力经济学专著、教材、论文集40多本，发表论文、考察报告、课题研究报告等上千篇。尽管目前理论界对生产力经济学尚未形成统一看法，但在许多方面还是取得了共识，因而可以说已经初步构建起了生产力经济学的基本框架。

1. 生产力构成论。

究竟什么是社会生产力，它有哪些要素并怎样构成生产力，它是有机的运动整体还是无机的静态集合等等，是生产力经济学的逻辑起点。这种以使用价值范畴为主线的生产力构成论的研究，在中国开始于50年代，但以往的研究经常局限于二、三要素的争论，并把生产力视为一种静态的集合。新的生产力构成论则以系统科学方法论为前提，以现代生产力为客体，不仅着重生产力构成要素的功能分析，而且更着重这些要素相互联结、相互结合的结构分析，最后还以生产力整体为归宿，因而，这是一种内容丰富、层次清晰、逻辑严谨的"生产力系统论"。

2. 生产力运行论。

如果说生产力构成论是对社会生产力的静态描述，那么，生产力运行论就是一种动态分析；如果说以往的生产力研究徭往囿于历史哲学的范畴，并在某种程度上忽视了生产力运行机制的研究，那么，当代的研究则把生产力运行问题作为生产力经济学的核心内容。因为，不如此就不能对生产力进行纵向演进的历史分析和横向运动的断面分析，同时也不能进行制度结构和资源配置机制的分析，从而就无法揭示生产力发挥和发展的客观规律，就难以构筑起生产力经济学的理论大厦。

3. 生产力优化论。

它既是生产力构成论和生产力运行论的逻辑延续，也是社会福利最大化这一经济学基本命题在生产力经济学中的体现。它的理论价值和现实意义在于：根据生产力构成论和运行论所揭示的运动规律，通过相应的生产力发展战略，指导人们如何更合理地组织、发挥和发展生产力，保证生产力的良性循环和社会财富的不断积累。

与会代表一致认为，生产力经济学作为一门新兴经济学，虽然取得了喜人的成果，但目前还存在若干薄弱环节和理论缺陷。因此，"除却沾沾自喜，换上孜孜以求"，更是我们应取的态度。

三、90年代生产力研究的展望

1. 90年代中国生产力的运行特点和发展对策。

代表们认为，十年改革虽然极大地促进了中国生产力的发展，取得了举世瞩目的成就，但是90年代中国生产力的运行和发展不仅会有一些新的特点，而且仍将异常艰难。十年改革虽然也带来了中国经济发展战略在理论上和观念上的巨大进步，但是，追逐数量而忽视质量、高速度而低效益的发展模式并未得到根本矫正。中国生产力在一个较长时期内仍将在新旧体制的转换状态下运行和发展。这种状态必然掣肘生产力要素的流动和组合，进而影响整个生产力体系的运行和发展。因此，研究生产力的运行特点和发展对策，进而深化经济体制改革，应该是90年代生产力经济学研究的头等课题。

2. 结构问题。

代表们认为，十年改革期间中国的经济结构虽然在某些方面有所调整，但结构失衡的梗阻依然存在并有加剧之势。因此，如何探索结构调整与转换赖以发生和发展的制度结构和资源配置机制，以及相应的调控机制，就不能不成为今后生产力经济学研究的一个基本方向。

3. 生产率问题。

生产率理论既是马克思主义经济学的有机组成部分，也是西方经济学的重要理论范畴。传统的生产率观往往将这一概念局限于劳动生产率，局限于企业或公司的微观层次。不少学者愈来愈深刻地认识到，生产率是生产和再生产过程中投入与产出的相互比较，是效益和效率关系的反映，是现实生产力的数量描述，是制度竞赛的根本标准。因此，从社会生产力的构成要素直到系统整体，一层一层地、系统地研究微观、中观、宏观和宇观的种种生产率范畴，如"部分生产率"和"综合生产率"，必将大大推进生产力经济学的发展。

4. 生产力国际化问题。

许多代表指出，90年代中国生产力的运行和发展将更加趋于开放化和国际化，这是不可逆转的潮流。未来国际经济格局的变动、市场结构的变化、生产要素的流动、科技的发展等，都会直接或间接地影响中国生产力的运行与发展。为此，从国际社会经济环境的宇宙观出发，研究中国未来生产力运行与发展的国际化进程，就成了生产力经济学义不容辞的责任。

此外，还有些学者指出，90年代生产力经济学还应该注意对要素生产力、企业生产力、农村生产力、产业生产力、区域生产力等等课题的研究。

关于承包制理论问题的研讨

首钢研究与开发公司、中国历史唯物主义研究会、佳木斯造纸厂、人民日报经济部、光明日报理论部等十一个单位，1990年11月13日在北京联合举办了"承包制理论研讨会"。

一、关于承包制的理论依据

大多数代表认为：承包制包含了丰富的社会主义内涵，最主要的在于它发挥了社会主义公有制的优越性。

1. 承包制在我国十年改革中发挥了重要作用。代表们认为，承包制的理论来源于我国十年改革的实践。十年改革极大地促进了生产力的发展，人民生活水平得到了很大的提高。改革过程中也确实出现了经济失调和社会不稳定的因素，出现了一些失误和偏差，但总的没有偏离社会主义方向，特别是农村的联产承包制和城市的承包制，使我国的经济建设走上了一条有中国特色的社会主义道路。国务院发展研究中心杨培新说：到目前为止还没有找到比承包制更能发挥社会主义公有制优越性的路子。从这个意义上可以说："只有社会主义才能救中国；只有承包制才能救社会主义。"国家体改委理论宣传司司长宋廷明说：承包制经历了十年风风雨雨，由非法到合法，由否定到肯定，由地下到公开，恰似"野火烧不尽，春风吹又生"，它是搞社会主义商品经济的必然趋势，是我国十年改革在实践上的最大突破。

2. 我国的改革开放要坚持社会主义方向，就必须把是否充分发挥公有制的优越性作为衡量改革成败的重要标准，而承包制则是发挥公有制优越性的有效形式。代表们认为，公有制经济的主体是全民所有制企业，特别是大中型企业，因此，要发挥公有制的优越性，就必须首先使这些企业充满生机和活力。

代表们从不同的理论角度论证了承包制与公有制的内在联系。中国社科院社会学所研究员何建章说：马克思和恩格斯所设想的社会主义公有制有三个重要原则，第一，社会主义社会必须坚持生产资料的所有权，在存在国家的情况下，也就是要坚持国家所有制；第二，国家企业可以采取合作经营的方式，也就是国家所有、合作经营或者叫集体经营；第三，这不是权宜之计，而是整个社会主义阶段的一种基本模式。他认为以首钢为代表的全员承包制，符合并且丰富和发展了马克思和恩格斯的设想，是社会主义企业经营的基本模式，应该成为我国企业改革的基本思路。

广东省政府政研室研究员王琢说：中国改革是从承包制起步，从承包制打开局面的，它为推进改革进程立下了汗马功劳。经过与多种方案的比较，证明承包制最重要的一条是，它符合社会主义方向，能最大限度地发挥公有制的优越性。

《求是》杂志社经济部编审李光远说：在社会主义公有制下每个劳动者既是共同所有者的一分子，又在某个具体的岗位上承担着特殊的职责。承包制这个责权分担体系，使每个劳动者都分担着为实现劳动者共同所有而必需的一份权利和责任，从而充分发挥了当家作主的积极性和创造性。

中国人民大学经济系教授卫兴华说：改革是为了发展生产力，关键是调动广大职工的积极性。承包制做到了职工当家做主，实现了按劳分配，使国家、企业、个人三者利益紧密结合，找到了全民所有制的有效实现形式。

代表们认为，承包制还可以起到社会稳定剂的作用。实行承包制后，企业的发展和职工生活水平的提高都不再依赖国家。干得好与不好，不会怨国家，只能怪自己。今年春夏之交的社会动乱中，凡是承包制搞得好的企业和地区，职工队伍都稳定，就说明了这一点。因此，从社会的安定团结这个大局出发，应当坚持和完善承包制。

3. 承包制有坚实的理论基础，不是权宜之计。这是与会代表普遍的共同的看法。至于这个理论基础、理论依据究竟是什么，回答是有区别的。有的认为是马克思主义的物质利益原则；有的认为是所有权和经营权分离的理论；有的认为是"共主占有"(即所有者整体不直接占有共同所有的生产资料，而将其交给整体的一部分去占有、使用)；有的认为是"劳动者共有、责权分担"；有的认为"两权分离"的提法忽略了职工也是所有者，主张马克思的"重建个人所有制"是承包制的理论依据。与会代表认为，承包制的理论基础需要继续探讨，以便逐步成为一种科学的形态。

二、正确看待企业承包制中存在的问题

会议认为，全国大面积推行承包制后，确实出现一些问题，有的是由于不适当的行政干预而产生的变形承包，有的是由于改革不配套造成的，与承包制没有必然联系，决不能借此而否定承包制。

1. 认为承包制包死了财政收入，苦了国家、肥了企业的观点是不符合实际的。中国企业管理协会会长袁宝华的论文指出：承包制是在利改税造成财政收入连续20个月滑坡的局面下出台的；它显著的作用之一就是有效保证了国家财政收入的稳定增长，承包前的1986年与1978年相比，工业企业上缴财政利、税、费总共增加约197.6亿元，年均递增3.1%。承包后第一年的1987年，就比1986年增加76.8亿元，1988年又比1987年增加106.2亿元，两年平均递增11.03%。1989年1—10月，企业面临经营条件恶化、市场疲软的严峻形势，实现利税仅增长0.3%，而工业企业上缴财政收入仍然增长10%以上。参加会议的江苏省委党校张增芳调查了江浙60多户全民企业，实现利税被各级政府收走的部分，上海市达92%，无锡市达92.3%，南通市达90%。暨南大学一位讲师对广东省160余户全民企业的调查表明，企业实现利税总额中上缴各级政府的也占83%。代表们指出：在当前"双紧"形势下，企业遇到前所未有的困难，许多困难是企业签定承包合同之初难以预料的。尽管在承包制压力作用驱动下企业像挂满档的汽车拼命爬坡，估计仍有四分之一企业因不可抗拒的因素完不成承包合同。有相当一些企业困难太大，不愿再继续承包。如果继续加重企业负担，只能迫使更多企业放弃承包。

2. 认为承包制不利于产业结构调整的观点是没有根据的。这几年由于宏观决策的失误，加工工业发展过快，产业结构严重失衡，如果没有能源、运输、原材料等行业和企业的承包制，结构失衡的矛盾会更突出。正是因为在一些基础工业部门实行了承包制，才促使这些部门尽可能多创，缓解了矛盾。

国家计委生产调度局谢又乔说：承包制不但不会影响产业结构调整，还可以成为推动产业结构调整的重要手段。可以通过调整企业承包基数、递增率、留利比例，对需要加速发展的产业加以扶植，对需要压缩的加以限制。国务院研究中心杨培新说：实行承包制后，企业有了经济实力，有可能成为投资主体，走企业办企业的道路，在国家产业政策指导下，成为加快产业结构调整的重要力量。

3. 承包制与企业短期行为没有必然联系。中国社科院社会学所研究员何建章说："承包制要求企业留利按一定比例用于发展生产、集体福利、工资奖励。用于奖励基金的部分又实行工效挂钩，企业要超收，就要不断追求企业发展，就必须做长期打算。说'承包制助长企业短期行为'是不了解承包制。"吕东同志说："实践证明，承包制越完善的企业，企业行为越长期化。"国家体改委企业体制司田军、郭志山说：有的让企业一年一包；还有的让企业实行上缴税利与工资总额挂钩，结果企业上缴利税越多，职工收入就越高，挤掉了留利中用于技术改造的资金，等等。政府部门的这些短期行为必然导致企业的短期行为，应当通过完善承包制、进行配套改革加以解决。

4. 关于"规范化"问题。有人认为承包制是"一对一谈判"，基数一户一定不规范。广东省政府政策研究室王琢说："在企业内外条件极不规范的条件下，在处理国家与企业关系时很难采用统一的办法，硬要这样做，就如同用统一尺码的帽子套不同的头，只能带来更多的不规范。"国家体改委李忠凡说："一对一谈判"、"基数一户一定"看来似乎不规范，但它是建立在签约双方对各自情况掌握的基础上，具有相对的合理性。代表们普遍认为规范化是相对的，只要坚持承包制，随着生产力不断发展，承包制也必然越来越规范。

三、完善承包制的几点建议

1. 要稳定政策，稳定人心，当前特别要强调承包政策不变。在治理整顿中，要围绕巩固和完善承包制继续进行配套改革，采取有力措施，制止开征新税和向企业乱摊派，减轻企业负担，为企业坚持承包制创造相对稳定的经营环境。当前，对那些由于外部不可抗拒的因素没有完成承包任务的企业，应实事求是地调减承包基数。

2. 按照科学承包内涵完善承包制，纠正各种变形承包。会议代表一致公认的企业承包的科学内涵有：(1) 全员承包而不是个别经营者或"经营集团"承包；(2) 真正做到包死基数，确保上缴，超包全留，欠交自补；(3) 正确处理国家、企业和职工三者利益关系，实行职工收入与企业实现利润(或利税)挂钩；(4) 企业留利有确定的分配比例，保证用于生产发展的基金多于福利和奖励基金；(5)企业内部有明确的责权利分担体系；(6) 承包期限尽可能长。搞好两期承包的对接，改革目前一些地区承包期顺延一年的作法，对进入新一轮承包的企业，承包期最好与企业技术改造投产周期或“八五”改造规化相对应。

3. 实行特殊政策，发展以特大型企业为中心的企业集团。建议从各个行业挑选出100家特大型企业，不是实行计划单列，而是直属国务院领导，给他们以充分的自主权，让他们靠承包制放手发展，在国内搞横向联合，在国际搞跨国公司，形成一个兼有生产、科研、金融、外贸等多种功能的企业集团，凭借他们的经济实力，以他们为中心，组成有众多中小企业参与的、分层次的企业群体。国家通过这批大企业与其他中小企业的经济制约的关系，贯彻落实各项经济政策、产业政策和经济发展战略，建立起生产、流通、分配等各个领域的社会主义商品经济新秩序。

企业管理理论文章选刊

深化企业改革之我见

蒋一苇

关于企业改革的目标问题

企业改革是整个经济体制改革的一个组成部分，又是一个最基本的部分。正如十二届三中全会所讲的：增强企业活力是整个城市经济体制改革的中心环节。根据改革的总目标和经济体制改革的目标，企业改革的目标是使企业真正成为社会主义的商品生产者和经营者。这是顺理成章的，因为经济体制改革的目标是建立有计划的社会主义商品经济体制，那么企业就应该是社会主义的商品生产者和经营者。企业是经济实体，应该自主经营、自负盈亏，并且具有自我改造、自我发展的能力，在法律上是既有权利又有义务的法人。

企业最终的目标是要成为社会主义的商品生产者和经营者，这句话包含着两方面的涵义：一个是“社会主义的”，一个是“商品生产者和经营者”。如何理解这两方面的涵义？这需要在理论上阐明社会主义商品经济与资本主义商品经济两者之间的异和同，即它们之间有什么共性，又各自有什么特征。把这个问题弄清楚很有必要。现在我们一方面要反对资产阶级自由化倾向，另一方面也要反对僵化保守的思想，不然就会犯“左”的或右的错误。“左”的观点根本否定商品经济，把商品经济看成是资本主义的，没有任何共性；右的观点把社会主义商品经济看成和资本主义商品经济完全一样，没有任何区别。究竟如何区分社会主义商品经济和资本主义商品经济呢？我的基本观点是，商品经济是一种运行方式，一种运行机制，它不是资本主义所特有的运行方式或机制。商品生产、商品交换在原始共产主义就出现了。应该说商品经济有奴隶社会的商品经济，有封建社会的商品经济，有资本主义的商品经济，商品经济发展到资本主义社会是高度发达了。现在我们搞社会主义商品经济，应该是商品经济继续向前的发展，它将发展成为商品经济的一个新阶段。

社会主义商品经济究竟如何搞，我们在理论上还在探讨，实践上还在摸索。但是从社会发展规律来看，社会主义商品经济必将是比资本主义商品经济更加完善的商品经济。从历史的实际可以看到，商品经济本身是在不断前进，不断发展的。因此商品经济本身有它始终如一的、客观的规律，这种规律贯穿到各种生产方式中，它与社会制度没有直接的关系，也就是说，这些客观规律构成的商品经济的运行方式、运行机制是共同的，是有共性的，如果硬要把本来带共性的东西，贴上资本主义或社会主义的标签，那就要犯“左”的错误。正因为如此，我们可以引用资本主义商品经济运行的某些方式，不能一引用资本主义的一些方法，就扣上“走资本主义道路”或“资产阶级自由化”的帽子。

商品经济之间有它的共性，同时在不同社会制度里又有它的特性。只讲共性不讲特性，也要犯错误，犯右的错误。我认为，社会主义商品经济与资本主义商品经济的根本区别不在运行机制，而在于它的载体。商品经济是一种运动，马克思主义哲学观点认为世界上没有抽象的运动，都是物质在运动，都是物质的载体在运动。商品经济运行的载体首先是企业，它是商品的生产者和经营者，是个重要的载体。国家管理经济的职能这部分也是载体。它参与了商品经济的运行。企业里每一个劳动者也是载体，他既是消费的载体，又是生产的载体。不同社会之间这些载体必然有区别。如果不作这个区别，我们企业内部的关系也变成雇佣关系，就会走资本主义道路。商品经济的运行机制和社会主义的载体，这两者统一起来就是社会主义的商品经济。

社会主义企业是社会主义商品经济的运行载体，它与资本主义企业的不同不在于企业作为商品生产者和经营者在市场的行为，而在于它内部的生产关系。社会主义企业内部是社会主义的生产关系，资本主义企业内部是资本主义的生产关系。社会主义企业应当是社会主义的商品生产者和经营者。这句话要分为两个部分，一是企业要具有商品生产者和经营者的共性，一是要有社会主义生产关系的特征，我认为企业改革的目标就是把这两者结合起来，使企业真正成为社会主义的商品生产者和经营者。

如何使企业成为独立的商品生产者和经营者

要使我们的企业真正成为独立的商品生产者和经营者，就要从宏观管理体制进行改革，为企业创造必要的外部条件，即调整好国家与企业的关系。我认为，要实现这一点就必须实行四个分开，即政企分开、政资分开、税利分开和投贷分开。这四个分开是企业从政府机构的附属物转变为商品生产者和经营者的必要条件。

四个分开中最根本、最核心的问题是政企分开，即政府机构与企业组织分开。从这十年的经历来看，提出政企分开后，出现了大量的行政性公司。比如，机械局换个牌叫机械总公司，就像改为企业，政企就分开了。实际上是由公司代行政府管理企业的职能，只不过是把“以政代企”改为“以企代政”，还是政企不分。后来决定取消行政性公司，又出现了行业协会、同业工会，由这些会代行政府职能，从“以企代政”变为“以会代政”，也是政企不分。就是行政性公司也没有取消彻底，有好多全国性的、全行业的公司仍然保留甚至新建。到近几年，又流行搞企业集团，把许多行政性公司改为企业集团。企业集团应当是企业自愿横向联合的产物，现在用“装口袋”的办法把一些企业“捏合”成一个集团，而且由企业集团代行政府管理企业的职能，成了“以团代政”，仍然是政企不分。

政企不分固然有传统习惯势力作怪，但其根本原因还要从体制上去找。我认为政企不分的根子在于“政资不分”，即行政管理和资产管理不分。我们的全民所有制企业是由国家代表全民行使所有权，所以全民所有制企业又可以说是国有企业，是国有资产。政府对企业当然要行使行政管理权，但它同时又是所有者，又有资产的所有权。现在是行政管理和资产管理合二而一。每个企业都有主管部或主管局，这个主管部、主管局是个政府机构，它同时又是国有资产的代表。主管部门既是“婆婆”，又是“老板”，你说政企分开，它仍然可以利用它对企业的所有权，用行政手段直接干预企业的生产经营。现在我们搞承包制，向主管部门承包，主管部门既是行政主管又是发包者，这两者合在一起，政企就必然分不开。任何一个企业，它的资产总有所有者，但现代企业的所有者作为股东，享有股东的权益，即使处于控股地位，也不干预企业的日常生产经营活动。我们现在也提出两权分离，好像可以用两权分离来解决政企分开，但由于政资尚未分开，政府机构是婆婆还是股东就混淆不清，两权分离也就无从说起。要真正实行政企分开，首先必须实行政资分开。国家的行政管理和对企业的资产管理不是一回事，行政管理是国家对任何所有制企业都要进行的管理，最典型的是工商行政管理局，是个行政管理机构，它不可能去干顾企业的日常生产经营活动；资产管理则不一样，全民所有制是国家投资的，国有资产由国家来管理。集体所有制的资产是集体所有，国家对它没有投资，国家对它就不可能进行资产管理。所以对集体所有制来说，政资是分开的，集体所有制企业就比国有企业活一点，因为国家不能以资产所有者的身份去干预它的经营。同样，个体的、私营的、中外合资的企业也都比较活一点，只有国有的、全民的企业不容易搞活，原因就在于政资不分带来了政企不分。

因此，我认为，资产管理应从行政管理中划分出来，成为一个独立的系统。现在是财政部管国有资产，国家计委又成立了投资公司，行使投资权。那么，新建企业是投资公司投的资，是不是归投资公司管？整个国有资产，存量归财政部管，增量归计委管，把一个资本分割成两个部分，这就产生矛盾，形不成一个完整的资产管理体系。我主张，国有资产的存量和增量应该划归各种（综合的或专业的）投资公司管。投资公司也是企业，它是经营投资的企业，必须完成一定的资金盈利率指标，它必然要考虑投资效果。投资方向也要符合国家的产业政策。在投资公司上面可以设国有资产管理机构。如果要更彻底地实行政资分开，也可以考虑在各级人民代表大会下设国有资产管理委员会，由它领导和监督各级投资公司，这样政与资就完全分开了。政资分开后，政府机构就只行使行政管理权，包括行业管理的职能，这样政企才能真正分开。

政资分开必然导致税利分开。税是企业对国家的义务，所有的企业，无论是全民、集体还是私有企业，都有纳税的义务，在国税面前应该人人平等。当然，这里面可能有优惠，但优惠不应按所有制不同而定，应按产业或产品倾斜，利是对投资者而言的，没有投资就没有红利。税利是不应混淆的。政资分开后，税利必然分开。税是交给政府的，利是交给资产所有者的。资产所有者收回利润后可以考虑再投资，扩大积累、扩大再生产。

政资分开必然还要求投贷分开，即投资与贷款分开。投资与贷款也是两个完全不同的范畴。现在关于税前还贷、税后还贷的争议，也是由投、贷概念混淆引起的。这些年实行“拨改贷”，说是为了使企业注重资金使用效益，结果并没有达到预期目的，反而把概念混淆了。国有资产是国家投资形成的资产。如果国家认为这个企业应当改造或扩建，就应拨款（投资），如果不投资，而同意企业用贷款进行改造或扩建，新增的资产还是属于投资者，这笔贷款当然应由投资者承担偿还义务。因为税利分开，必然只能实行税后还贷。用税后利润还贷，就必然要抵减应上缴的利润。这样来看，如果在企业破产时，投资者实际上是债务人，贷款者则是债权人，可见投资与贷款是完全对立的两个范畴。

如何使企业具有社会主义特征

社会主义企业是公有制企业，它以劳动者为主体；资本主义企业是私有制企业，以资本为主体，这是社会主义企业与资本主义企业的根本区别。社会主义的优越性主要体现在社会主义生产关系上。企业内部有五方面的制度与生产关系有关：所有制、经营制度、劳动制度、分配制度、领导制度。这五个制度应该体现职工的主体地位，才能发挥社会主义的优越性。

企业的所有制。　社会主义企业是以公有制为主体的企业。前些年，我们主张体制改革也要进行所有制改革，但有人忌讳讲所有制改革，似乎讲所有制改革就是要改掉公有制。其实在体制改革一开始就涉及所有制改革，而且实行了多种所有制并存，在社会主义初级阶段不可能实行清一色的公有制，允许少量私有制作为补充成分的存在并取得一定的发展，这本身就是所有制的重大改革。现在要探讨的问题是在公有制范围内要不要改革？公有制有不同的公有制形式，在宪法中规定了两种：全民所有制和合作性质的集体所有制。集体所有制企业中，职工既是劳动者，又是直接所有者，当然生产资料归他支配。全民所有制企业是国家代表全民行使所有权，企业中的职工只是全民中的一部分，他不能直接作为本企业生产资料的所有者，加上政企不分，国家成了主宰企业生产资料的主人，职工与本企业的生产资料只是间接结合。正因为如此，全民所有制企业中的职工就很少关心本企业的资产，他关心的是生活、消费，不关心积累，积累是国家的事，积累多了会影响职工消费，因而他们甚至反对积累太多。

为了增强职工对资产损益和扩大积累的关心，在国有制企业中也可以增加一些职工直接占有生产资料的部分，我认为，在公有制改革中的一个重要方向，是要增加或扩大职工与生产资料直接结合的部分。具体来讲，可以吸收职工入股，或者在全民所有制企业中建立大集体性质的股份，尽管这些成分的比例不大，比如占 30%左右，那也会起到很好的作用。职工入股是不是私有化？我认为，私人持股不能统称为个人股，如果本厂的职工加入本厂的股，和合作社性质一致，应称为职工合作股，是公有制性质。当然每个职工持的股份要有最高、最低的限额。为什么说合作股是公有制呢？因为职工一方面集资、入股、分红，同时又按劳分配。分红的钱也是集体创造的新增价值，没有占有别人的剩余价值。假如同一个职工去买别的企业的股票，那么他分来的红是占有别人的剩余价值，这种股可以说是私有性质的个人股。至于是否允许这种私有制的存在，那是社会主义初级阶段是否允许少量私有制存在的问题。

社会主义企业增加了职工与生产资料直接占有的部分，就使得产权民主化。企业的民主管理，狭义来讲是企业领导体制的民主管理，指职工代表大会的权力等等，体现了职工主人翁地位。广义的民主管理，应该在五大制度上都体现出民主。在全民所有制企业中增加企业集体股、职工合作股，扩大劳动者与生产资料的直接结合，就是产权民主化的一条途径。我认为，在所有制改革问题上，这点非常重要。

企业经营制度。　现在讲企业作为商品生产者和经营者应该自主经营、自负盈亏、自我改造、自我发展，这些前面都有个自己的“自”字。这个“自”到底指的是谁？并不清楚。企业自主经营，企业是个什么？企业里的机器、厂房不会去经营，得有人来经营。这个自主经营，是一个人？少数人？还是全体职工？现在一般的概念是把厂长、经理称作经营者，其他的职工称作劳动者。这个概念并不确切。经营者可以是个人，也可以是个小集团，也可以是全体职工。厂长、经理是专业的经营者，但不等于说经营权就只能属一两个人，要体现职工为主体，应当向全员经营的方向发展。全员经营，即全体职工承担经营的责任，同时也享有经营的权利，目前要完善承包制，除了合理确定基数等等外，一个很重要的问题是确立谁是承包者。目前大量企业实行的是个人承包，出现了经营者与劳动者的矛盾。有的厂长、经理重视依靠职工群众，情况好些，但体制本身决定了矛盾的必然性，一般是不容易调动职工主人翁责任感，严重的甚至形成对立。我认为，国有大中型企业应以全员承包制为主，小企业可以搞个人承包。经营制度从某方面讲比所有制更重要，职工在所有权上能直接占有一份更好，若没有也行，但必须有经营权。所谓经营权是所有者把资产交给企业，由企业来支配、使用和处置。企业又由谁行使这些权，是个人还是全体职工？如果是授权全体职工行使经营权，职工在重大的经营决策上，就应当有决策权，使决策民主化。

企业劳动制度。　劳动制度是指企业的劳动者是怎么组成的。我认为应当明确社会主义企业是马克思所说的“自由平等的生产联合体”，应当按照这个基本理论来建立我们的劳动制度，可以三种工并存：正式工、合同工、临时工。每个企业都应有一批正式工（不是固定工，他也可以流动），他们是企业的主体。正式工也应有契约，可以民主制定劳动公约，共同遵守，互相监督。新加入的职工可以定合同，是个别职工与劳动集体定合同，合同期满应该转为正式工。合同工是预备工性质，对企业的民主管理有建议权、批评权，但是没有表决权。临时工对企业不负任何责任。企业如果搞得好，临时工都争取当合同工，合同工争取转正，这样就有了向心力、内聚力。正式工如果违反公约，可以解除公约，他如果愿意可以改当合同工，合同期满再转正；

要是合同期间还不好好干，可以解除合同改为临时工。

企业分配制度。 在企业中有生产资料的分配和消费资料的分配两个分配问题。消费资料的分配在社会主义企业是以按劳分配为主。在商品经济条件下，不可能社会直接对劳动者个人实行按劳分配，只能实行“两级按劳分配”。但是现在国家对企业的分配是一杆子插到底，对企业怎么调资等等，都要由劳动部门决定，这不符合职工为主体的原则。应该由国家规定好一级分配的办法，例如消费基金总额和销售净产值之间规定一定比例等等，水涨船高，水落船低，至于企业内部如何分配，应由企业自主决定，这样就是分配民主化。企业的另一个分配是积累的再分配。利税分开后，利润应上交给投资者，这在资本主义企业是天经地义的。我们现在也采取这个形式，但是我们并不承认资本创造价值。国家投资的利润并不一定要全交给国家。在社会主义企业劳动者创造了新增价值，自己消费一部分，剩下的全部交给国家也对，它是交给了全国的总体劳动者；全部留给企业也对，集体企业是这样，留给了局部劳动者；国家拿一部分，自己企业留一部分也对，这是劳动人民内部的协议表现为国家的政策，采取哪种办法，主要看哪个效益好。如果企业实行公有制内部的股份制，既有国有股，又有企业集体股，又有职工合作股，那么企业集体股可以留给企业作为自有资金，变成企业集体所有，使企业有可靠的自我积累来源，对企业的自我发展有利，并不存在化大公为小公的问题。

企业领导制度。 领导一个企业肯定要高度集中、统一指挥，但决策上应该是民主的。我们应该在民主决策的基础上建立高度集中的厂长、经理负责制。厂长、经理既是决策执行者也是决策方案的提出者，他在企业的生产经营管理中处于中心地位。在执行决策中，应有高度的指挥权力。职工在职代会上讨论重大决策时，行使民主权力。决策以后，在执行决策时，厂长经理是全体职工所拥戴的领袖，职工应在劳动岗位上服从命令听指挥。这就是民主与集中的结合。

以上这五个制度如果都能体现出企业以职工为主体，那么社会主义企业与资本主义企业也就从根本上区分开来了，社会主义的优越性就可能得到充分的发挥，社会主义企业也就真正成为具有社会主义特征的商品生产者和经营者，达到企业改革的最终目标。

（选自《改革》杂志1990年第5期）

在治理整顿中提高企业的经济效益

朱　　雍

一、当前企业经济效益现状

多年来，我国经济持续高速增长，1980－1987年，工业总产值年均增长率为12.8%，但是，企业的经济效益却出现了下降趋势。

第一，企业综合经济效益下降。

(1)可比成本，1985－1987年，每年提高7%以上。1987年与1984年相比，全民所有制独立核算工业企业，其可比成本上升率达到22.7%。1989年上半年，预算内工业企业可比成本累计超支18.6%，超支额为391亿元左右。(2)资金利税率，1985－1987年，下跌7%左右。(3)产值利税率，1985－1987年，下跌3%左右。(4)百元产值的流动资金占用率，1985－1987年，增加3%左右。(5)百元销售利税率，1978年为21.1%，1988年下降为18.9%。(6)百元销售利润率，1978年为16.9%，1988年下降到8.7%。据估算，这个指标每下降一个百分点，财政减收80亿元左右。(7)国有企业亏损严重，1986年，国有企业亏损额比1985年提高6.5%；1987年比1986年又提高4.6%；1988年上半年，全民所有制工业企业亏损户达到6300多家，亏损面为17%，亏损额为31.2亿元。1989年上半年，这类企业亏损额达到68.68亿元，比上一年同期增长1.22倍。其中，中央所属的石油、煤炭工业分别增亏2.3倍和1.16倍。

第二，宏观经济效益下降。

社会总产值、国民收入和实际财政收入三者每年平均增长率的比例，1980－1985年为1∶0.86∶0.72，1985－1987年为1∶0.76∶0.39。这表明，在社会资本有机构成变化不大的情况下，国民收入和实际财政收入相对于社会总产值的增长滞后，宏观经济效益逐渐恶化。从财政收入来看，情况也大致相同。1989年上半年，预算内工业企业累计上缴利润比1988年同期减少近43亿元，下降率为41.4%，这是企业亏损大幅度增加的必然结果。

第三，资源配置的效益下降。

从资产存量来看，由于多年来经济结构尤其是产业结构的不合理现象不仅没有改善，反而日趋恶化，交通、能源、原材料等基础工业发展相对滞后，造成我国生产能力不足与生产能力闲置同时并存的矛盾现象。由于基础工业生产能力不足，许多加工工业企业无法得到维持正常生产的必要条件,“开五停二”,“开四停三”或“停工待料”的现象大量存在。仅1987年,全国因缺少电力,便使25%左右的生产设备不能正常运行,损失工业产值为4000亿元左右,国家因此而少得利税500多亿元。从资产增量来看,资源闲置也比比皆是。第一个问题是大部分新投资项目达不到设计能力。据统计,1984—1988年,在耗资554亿元建成投产的235个大中型项目中,达到设计能力的只有61个,占项目总数的26%。改革十年工业投资相当于改革前数十年的总和,但是效益很不理想,据抽样调查,不能正常发挥效益的项目达50%以上,有些进口装配线的生产能力闲置率达到2/3以上。第二个问题是许多新建项目亏损严重。如上述235个大中型项目中,投产以后发生亏损的项目有46个,亏损面为19.6%。根据统计资料,新建项目亏损数还有逐年增多的趋势。

企业经济效益下降严重地阻碍着我国国民经济的发展。它使国家财政收入减少,基础工业的投资无法增加,产业结构的矛盾更为严重;它使企业自我积累能力减弱,有效供给减少,助长通货膨胀,加剧总需求与总供给的不平衡;它使改革和经济发展缺乏必要的经济实力,因此,在治理整顿时期,必须采取更有力、更有效的措施尽快扭转这种局面。

二、企业经济效益下降的综合因素

要采取有力措施扭转我国全民所有制企业尤其是大中型企业经济效益日益下降的局面,首先需要我们认真分析造成经济效益下降的各方面原因,然后才能找到有效的治理对策。

弄清多年来企业经济效益下降的原因,我们可以从三个大的方面入手作一番考察。

(一)政策体系。

纵观建国40年来的历史,我们可以发现我国宏观经济政策的最大特点是不稳定和不配套。由于政策变动过于频繁,经济大幅度波动,社会资源和经济资源无法合理配置,造成生产能力大量闲置,企业的发展受到严重的制约。

1. 投资政策。改革以来,我国的投资政策呈现出三个特点:第一是投资呈周期性一紧一松的循环套。例如1981年全社会固定资产投资比1980年降低10.5%,1982年比1981年增长28.6%,1983年比1982年增长14.5%,1984年比1983年增长33.4%,1985年比1984年增长38.7%,1986年比1985年增长18.7%。这种周期性扩张与压缩的阵发症使企业始终处在不稳定的状态之中。第二是投资过剩的现象经常发生。如1985年,国民收入比上年增长12.3%,但是固定资产投资比上年增长38.8%,其中全民所有制单位固定资产投资增长41.8%。1986年,这三个数字分别是7.4%,18.7%和15.3%。1987年为9.3%、16.5%和14.4%。国民收入增长速度远远赶不上投资增长速度,于是造成财政赤字和货币的过量发行,通货膨胀,出现虚假繁荣。第三是投资效益普遍不好,其主要原因是立项前缺乏周密的调查和充分的可行性论证,决策盲目性太大。此外,中央对地方和企业调控无力,各投资主体缺乏有效的约束,则是体制上的原因。

2. 产业政策。我国产业政策的研究成果不少,但是真正能够形成既定政策并且贯彻落实下去的却不多。从总体上看,我国产业政策缺乏严肃性、计划性和长期性,由此而带来产业结构发展不平衡与产业趋同化并存的不合理现状是必然的。就工业内部而言,一部分行业如能源、交通运输、原材料等发展相对滞后,一部分行业如加工工业等发展相对领先,前者拖住后者,导致后者即使具有足够的生产能力,也不能形成现实的力量。例如,能源工业在全部工业总产值中的比重,1978年为14.1%,1988年下降到9.0%。其他基础工业也是这种情况。各地区为维持高速度、高税收,纷纷发展彩电、冰箱、录相机、汽车、摩托车等高档耐用品生产。许多资源省份阻止原材料流向加工工业地区,自己却纷纷开办小棉纺厂、小毛纺厂、小卷烟厂和小酒厂等效益差、消耗大、产品质量差的加工工业,造成大量的重复建设。

产业结构失衡与产业结构趋同化并存给企业发展带来的危害是极其严重的。

首先是生产能力大量闲置。目前我国加工工业大约有30%以上的生产能力因受到短线部门的制约而不能发挥正常的作用。企业设备利用率下降是一个重要的说明。1987年与1985年相比,全国重点工业企业设备利用率的55个实物指标中,提高利用率的指标为22个,占40%;持平的是2个,占3.6%;下降的是31个,占56.4%。设备利用率下降,表明单位产品固定资产消耗的增加是导致产品总成本上升、经济效益下降的一个重要因素。

其次是企业结构恶化。从1983年到1987年,全国工业总产值增长84.8%,而加工工业增长112.2%。新增长的加工能力,大量来自于地方小企业和乡镇企业,而全民所有制大中型骨干企业却发展缓慢。于是,低效益、高耗能的小企业与大中型企业争夺能源、原材料、资金和市场的现象屡见不鲜。据统计,仅1988年,乡镇企业就消耗原煤1.5亿吨,电671亿度,生铁1046万吨,钢材1800万吨,原木1299万立方米,加剧了本来就已十分紧张的能源、原材料供应不足情况,使许多全民所有制大中型企业难以维持正常生产,当然也影响到其他一般企业。

最后是产品结构不合理,造成大量产品的滞销积压。

3. 价格政策。我们的价格体系至今还没有理顺,许多价格并不能真正反映企业的经营实绩，不能反映市场的供求关系。近年来原材料等投入品价格上涨的幅度已远远超过企业的消化与承受能力。但是，由于受不同价格政策的影响，企业的经营结果是不同的。大中型国有企业的产品出厂价格由于受到严格的限制，调整幅度一般都小于原材料上涨率，因此尽管一再提高经营管理水平，成本仍在上升，许多企业效益下降。例如据太原市 1986 年对 90 家企业的不完全统计，由于原材料提价增加成本 4400 万元，直接影响到经济效益的提高。上海是我国全民所有制企业最集中的大城市之一，受此影响更甚。由于认为上海消费品价格的总水平应保持在较低的限度内，以避免给全国其他地区发出通货膨胀的信号，政府对许多一般消费品都实行价格控制，使得上海的国有企业在同其他地区竞争中软弱无力。与此同时，有的企业、有的地区，却可以在产值没有多大变化的情况下，靠涨价使利润成倍地增长。这样的经济效益其实是虚假的。两类企业，两种结果，经营管理和技术水平较高的企业可能亏损，经营管理和技术水平较低的企业可能盈利，其原因不能不与价格政策联系在一起。

4. 货币政策。我国的货币政策是通过直接控制信贷规模来支配经济发展的。这同许多发达国家依靠控制货币供应量以及市场来影响经济发展是不同的。因此，我国的货币政策对企业的生存和发展具有更加直接的干预作用。改革十年过程中，我们每次改变或调整货币政策都对企业发生了重大影响。例如，1984 年我国货币发放量严重失控，年净投放额为 1978－1983 年的 82.4％。仅该年 12 月份一个月，增加的流动资金贷款就占全年的 56％。货币大量投放的结果，是 1985 年上半年全国工业增长速度高达 23.1％。为了防止局面进一步失控，中央不久就采取了紧缩货币的政策，其效应是企业流动资金短缺，生产受到限制，结果 1985 年年底的工业速度立刻降到 8％。第二年一季度继续下降到 4.4％，有很多大中城市的工业出现负增长。从 1986 年 4 月开始，中央在紧缩政策刚刚收到一点效果的情况下，再次扩大货币发放规模，可是经济又开始过热起来，随之而来的是产业结构日趋恶化，通货膨胀和物价上涨等。1988 年下半年开始的双紧政策可以说是中央在不得已的情况下被迫采取的措施。在货币政策无计划的变动过程中，企业常常感到“朝不保夕”，脆弱不堪，有的根本无法维持正常的生产经营活动。

5. 利税政策。我国多年实行的利税政策存在着种种不合理的现象。畸高畸低、畸轻畸重。对有些先进地区和先进企业没有发挥应有的激励作用。例如有的大城市及其企业上交利税过高，造成国有企业普遍对增加利润不感兴趣。它们用低价“自销”产品为本单位和职工换取便宜的投资货物及消费品，而对于通过提高经济效益来增加企业和职工的收益则非常平淡，这样的企业行为严重地背离了社会主义的竞争原则。因此，它不是在发展生产力，而是在闲置生产力。

6. 引进政策。实行对外开放政策，引进国际先进技术，这是增强我国经济实力的正确方针。但是，十年来，我们在贯彻这一方针中有不少失误的地方。某些产品和技术的引进，不仅没有加速经济的发展，反而冲击了国内的生产。例如，化纤布、化肥、农药的大量进口，冲击了我国的化工业和纺织业，汽车行业更是如此。

（二）经济管理体制。

十余年来，我国的企业管理体制先后经历了三个不同的阶段。第一个阶段是扩大企业自主权。1979 年 4 月，当时的国家经委在北京举行了企业管理改革试点座谈会，提出改革企业管理必须扩大企业经营管理自主权，具体包括企业的生产经营权、财权、物权、外贸权、劳动招工权和职工奖罚权以及机构设置、干部任免等权利。该年 5 月，国家有关部门联合决定：在京津沪三大城市进行个别企业的扩权试点。到 1984 年，全面的扩大企业自主权改革揭开序幕。5 月 19 日，国务院宣布了“扩权十条”，明确规定扩大企业的定价权、物资选购权、产品销售权、自有资金使用权、联合经营权、劳动人事权和工资奖金分配权。第二是改革企业经营机制阶段。1987 年 3 月，六届人大五次会议的《政府工作报告》明确要求将改革的重点放到完善企业经营机制上，根据所有权与经营权可以适当分离的原则，实行承包经营责任制。到 1988 年底，全国已有 90％以上的企业实行了承包制。第三是改革企业产权制度阶段。自发的企业产权制度开始得很早，从 1984－1986 年起，各地就陆续地出现了确认产权归属、资产重组、企业兼并和入股分红等改革试点。从 1988 年开始，以企业兼并为主的产权转让改革已遍及全国，股份制的试点也被正式提上工作日程。回顾改革历史过程，我们发现，各种改革形式都取得了一定的成效，有的甚至取得了很好的成效，但是，由于环境的变化过于频繁，企业管理体制的改革尚未向纵深领域进行突破，许多新鲜事物还远远没有到达完善的地步。因此，其收效的局限性就很大。

就所有制与财产关系而言，现在仍然没有人对公有财产负个人责任，政府各部门均可以对财产的使用发号施令，企业内部的经营者或生产者可以借种种名目侵害财产所有者的利益，全民所有的资产在合理转让上受到很大限制，等等。

就控制机制而言，政府的主管部门只下放了部分经营权，还有一些重要的权力如投资权等却不在企业手里。即便是有限的经营权，如原材料采购、生产、销售、定价、劳动工资、资金等，企业也无法摆脱政府部门的干预，或者半依半赖，或者讨价还价。在试行股份制的企业里，董事会往往徒有虚名，如企业税后利润的分配，它不能决定，而要按照规定的比例使用。连总经理的任命也往往需上报政府部门批准。

就组织结构而言，多数企业就象一个小社会，小政府，有各种社会职能部门，从事各种非生产性活动。另外，企业多设有与政府职能部门对口的组织机构，以应付上级各种文件、会议和种种事务。在这种情况下，企业的非生产性开支增加，给提高经济效益带来各种负担。

要深入地理解经济管理体制改革的局限性，我们就应该进一步考察每一个具体的制度。

1. 承包制。多年来的实践证明，承包制对搞好全民所 有制企业起到了很大作用。得益于承包制而起死回生的企业为数不少。但是，承包制作为一个新生事物尚有许多地方需要进一步完善。在条件成熟的时候，甚至要向更为先进的制度转化或过渡。就目前情况来看，承包制在提高企业经济效益上收效甚微，在某些情况下还对企业追求最大效益起着抑制作用。

承包制的最大弊端之一在于它的短期行为。据某些研究报告反映，在承包制的推行过程中，旧体制下企业忽视效益的一些基本特征仍然存在，而且又出现了新的问题。目前企业普遍实行工资总额与上交利税挂钩，承包基数一年一定或数年一定的办法。由于企业担心效益增长过快会增大承包基数，加大今后完成承包指标和增加利税的难度，因此往往采取保守做法，即将每年的利税增长人为地限制在一个企业认为"适当"的幅度内。这样，不仅限制了有潜力取得高效益的企业的发展，而且还变相保护了低效益企业的存在。由于企业制度改革还没有拿出新的办法，企业仍然严重地依赖国家。各地政府为了维持效益较差的企业的生存，只好修改承包合同，用调低基数、减免税收或财政补贴的手段保护这些企业。结果，国家既难以从优秀企业那里获得更多的收入，又不能摆脱这些不良企业给国家造成的沉重负担。此外，许多企业不顾长远利益，不在设备更新改造上下功夫，而是拚设备，拚人力，使生产能力得不到更新、改造和提高，严重影响着企业的发展。

除了短期行为，承包制还有不利于产业结构和企业组织结构调整等弱点。最大的问题还在于，承包制企业在许多方面尚未获得充分的自主权，不能做到自主经营，自负盈亏。因此，承包徒具形式，实际上还是"婆婆太多，媳妇难当"，而对国家来说，企业只负盈不负亏，预算约束软化的状况没有根本性的变化。

2. 就业制度。现行的就业制度仍然十分僵化；劳动力一旦被安排到某一个具体的行业、企业、工种和岗位，便很难在企业内部或企业外部流动。这样，就出现几种不合理的现状。第一，既然职工没有选择工作岗位的权利，于是，当他们不满意自己的工作岗位时，就拒绝认真地工作和劳动，所谓"拿多少钱干多少活"便成为他们的行为准则；当他们满意于自己的工作岗位时，只要他们认为某些工作岗位的收入不足以补偿其付出的劳动时，便会拒绝承担起服从调配的义务。结果，人力资源无法合理配置，劳动积极性难以提高，生产力受到阻碍。第二，人浮于事的现象比比皆是。例如，北京某无线电厂有职工1200多名，但一线工人只有600多人，后勤及管理部门有500多人，机构臃肿，窝工现象随处可见。这种"浮肿症"使现代化管理难以推行，经济责任制难以落实，生产效率难以提高。近年来虽然试图以"厂内待业"或"劳动优化组合"的办法来消除这种消极现象，且有一定的成效，但在社会上还没有形成完善的劳动力和劳务市场的情况下，"浮肿症"还难以从根本上治除。

3. 分配制度。通过实行浮动工资制、奖金制和工资总额与经济效益挂钩的办法，"大锅饭"的分配制度终于出现了裂痕，劳动者的生产积极性也在一定程度上被调动起来。但是，由于承包制强化了经营者与生产者的共同利益，使得企业职工追求收入分配最大化的动机得到企业经营者的响应和支持。这就带来两个负效应，一是消费挤积累，二是调动工人积极性的"成本"越来越大。之所以出现这种现象，与物价上涨、社会分配不公等不无联系，归根结蒂是按劳分配的原则没有得到贯彻。现在，按劳分配的观念可谓已经深入人心，但具体的科学做法却没有体现在各个企业内，于是，人们的观念就与现实产生了矛盾。据上海有关部门的一项抽样调查显示，具有"干多少活给多少钱"想法的职工，占被调查人数的94%。一旦这个想法实现不了，于是人人便靠攀比渡日。为了调动职工的劳动热情，企业发放的奖金层层加码，负担越来越重。这样的物质激励性改革只能一时收效，从长远来说，反而会因职工收入攀高不成而降低劳动生产率。所以，本来是提高经济效益的措施，最后倒成了妨碍经济效益提高的因素。

在结束经济管理体制的分析之时，我们不能不提到流通体制上的问题。

多年以来，流通领域内中间环节的不断增加，倒卖和中间盘剥的恶性膨胀，给企业的效益带来了莫大的损害。首先，各种倒卖活动大大提高了原材料和消费品的涨价幅度。其次，各种巧立名目的加价盘剥增加了生产成本。

这些情况说明，流通体制改革过程中出现的各种非正常经营行为已严重地侵害企业，成为企业经济效益下降的一个重要原因，亟待加以治理和整顿。

（三）企业行为和企业的社会环境。

微观层次上的企业经营管理是搞活企业、提高经济效益的基础。宏观上的改革主要是为企业经营创造良好的外部环境和条件,但要真正使企业发展起来,最后还是要靠企业自身的管理艺术和水平。企业经济效益低下,旧体制的束缚和宏观经济政策的失误是重要原因,但企业管理方法的落后和陈旧也是主要原因之一。

除了内部管理问题,社会上各种摊派和负担也使企业步履维艰。企业的各级主管部门和各类具有行政职能的公司可以用各种名目给企业设置障碍,向企业索要物资和资金。一些行政机构和行业性协会,他利用企业升级评定、名优产品评选、许可证发放等权力给企业增添负担。每次评奖或评比都要搞三番五次地检查,接着企业还要陪吃陪喝,常常被搞得精疲力尽,穷于应付。另外,企业不但要上交职工退休统筹金、教育基金、能源交通基金,而且还要支付修建或使用水电道路的集资费以及各种协会学会和社会团体的赞助费等。企业的社会负担之重可想而知。

除此之外,许多大中型企业的经营环境也值得重视。改革初期是将搞活大中型企业作为改革重点的,随之而来的计划、投资、物资、财政等方面的扩权措施也是正确的。但是,以后出现的双轨制和不规范的利益分配体制,却又束缚了企业。在逐步缩小指令性计划和扩大市场调节范围的改革过程中,大中型企业的指令性计划占着相当大的比重,国家的计划指标和上缴利税指标都必须兑现,唯独没有小企业和乡镇企业的优惠政策和种种灵活性,当它们试图通过"局部市场"来推销产品或采购原材料时,却往往因制度上的限制而不能同其他类型企业在不规范的竞争中获得成功。这种经营上的劣势加重了企业生产上本来就已十分沉重的负担。

最后,企业组织结构也是一个不可忽视的因素。我国有许多企业过大过笨,也有许多企业是"小而全",厂内生产门类、配套措施过于齐全,专业化协作水平很低,难以符合现代化生产的要求。不少企业人材利用率低,资源浪费严重,既加重了企业的负担,又增加了管理层次,而且发挥不出应有的效益。这个问题由来已久,在改革中必须加以解决。

综上所述,影响企业经济效益的因素是多方面的,要摆脱企业经济效益日益下降的阴影,就应该高度重视宏观政策、经济管理体制和企业科学管理领域内的种种问题,进行综合性的治理和整顿,否则就无助于我们真正地解决这个难点。

三、在治理整顿中提高企业经济效益的方法和措施

目前,治理整顿已开始进入调整经济结构、提高经济效益的关键阶段。调整结构是手段,提高效益才是目的。只有切切实实地提高企业的微观效益和社会宏观效益,国民经济才有可能进入良性循环的轨道。因此,党的十三届五中全会决定继续坚持"双紧"方针,调整结构、提高效益,是非常正确的。

为了落实中央这一决定,真正提高经济效益,我们必须采取以下一些基本措施。

首先,必须继续坚持紧缩方针,控制总需求。要坚持对固定资产投资的总量控制。投资重点应放在交通运输、能源、原材料和农业等短线产业,以增加能源、原材料、农用物资的供给。对于现有企业的更新改造也应予以支持。要严格限制一般加工工业的新建项目,抑制加工工业的膨胀,对于应该削减的项目要毫不手软地坚决削减。除此之外,消费基金的增长也应该控制在适当的幅度内,一般说来,人均实际消费收入的增长率应低于人均国民收入增长率,以使消费基金的增长与国民收入的增长相适应。

其次,要按照产业政策的要求调整信贷结构,使产业结构向合理化方向发展。总的说来有几条大的原则不能违背:(1)应积极推行和完善各种形式的项目决策责任制。(2)严格限制各种不利于结构调整的项目建设,促进短线产业的发展。(3)明确划分中央、地方和企业的投资范围,尽可能引导预算外资金投入基础工业和基础设施建设。(4)用投资补贴、税收和贷款优惠等手段鼓励地方朝优势领域投资,打破地区贸易壁垒,提高区域间专业化协作的水平。(5)支持具有规模效益的企业的新建和发展。具体说来,我们要拿出一笔专项贷款,清理和解决企业间相互拖欠贷款的问题,尤其要解决好大型骨干企业的"三角债"问题。这样做有利于理顺银行与企业的存贷关系,具有"消肿"和盘活资金的双重作用。在信贷结构的调整上,要重点支持短线产业内企业、经济效益好的企业,以及全民所有制大中型企业。改革以来,银行发放工业生产贷款增加额中用于国有工业企业的贷款比重一直在下降,影响着国有企业作为国民经济骨干力量而发挥其作用,因此,在调整贷款结构时,应该把国有大中型企业作为重点加以支持,以增加有效供给,提高国家对市场的调控能力。

第三,要改善工业组织结构和企业组织结构。近年来由于投资主体多元化和地区利益至上化,不讲规模经济、不讲效益、不讲专业化协作的企业大量出现,使资源配置日益恶化,生产力下降。在治理整顿过程中,应该坚决淘汰那些高耗能、高耗原材料、产品销路差、经济效益低、长期亏损的企业。对乡镇企业要实行区别对待、存优汰劣的方针。凡是符合国家产业政策扶持要求的或经济效益好的企业,还是应该予以支持,并鼓励其发展,这对提高有效供给、发展乡镇经济是有利的。

第四,要进一步完善承包制,努力探索企业改革的新途径和新内容。(1)要确定合理的科学的承包基数。(2)应尽可能地实行税后承包、税后还贷、税利分流,在条件尚不完备的时候及地方,可以有计划、有步骤地

进行试点。(3)完善承包形式，可以把单纯的个人承包转变为承包人和职工担保相结合，全员风险抵押承包。(4)增强企业的约束机制，充分发挥党委的保证监督作用和职工民主管理的作用，健全企业的监督和审计制度。(5)坚持用多种形式改革企业的经营机制。除了承包制外，继续实行和推行租赁制、企业经营责任制、资产经营责任制和产权转让制，在已经试点的地区，可以继续探索股份制的完善形式。从目前的经验来看，企业改革出现一些问题是难免的，苛求在一个早晨得到一个完美无缺的企业改革形式也是不可能的。承包制推行了几年，就有诸多不理想的地方。譬如包盈不包亏，承包基数产生的规则不公平，国家利益因让利偏大受到损害，承包同利税挂钩阻碍税制改革，造成产生结构凝固化等等。其他的企业改革形式也有诸如此类的不足之处，因此，在深化企业改革、治理整顿经济环境及经济秩序之时，仍应坚持多种改革形式彼此存在、互相补充的格局，以适应错综复杂的具体情况和多种多样的企业类型。

第五，有计划地发展企业集团。企业集团既可以是服务型的，也可以是联营型的，更可以是跨地区、跨部门的资产经营一体化的实体型集团。实体型企业可以用股份制形式或产权转让形式突破“三不变”的限制，但是在形成过程中必须贯彻自愿、平等和互利的原则。国家如果能够以某种方式较好地控制住一大批企业集团，那将大大提高其调控市场的能力，有利于整个工业体系的现代化。

第六，改变政府职能，取消对企业过多的行政干预，从根本上解决企业独立自主、自负盈亏、自主经营的问题。政府应废除行政性公司、各地区行业主管局和其他公司所具有的政府管理职能，使企业获得真正的自主权。在收益方面，国家应把作为政府的征税收入同作为所有者的资产增殖收入区分开来。改变目前企业既包税又包利的状况。国家可以就此开征国有资产收益费，这样既有利于维护国家所有权的利益，又有利于所有权与经营权的分离。

第七，要积极调动职工的积极性。承包制仅仅调整了国家和企业的关系，在一定程度上克服了企业吃国家“大锅饭”的弊端，然而，要真正把职工积极性调动起来，还必须进行企业内部的改革。这需要深化改革。其一，要打破分配上的“大锅饭”，真正贯彻按劳分配的原则，解决由平均主义带来的分配不公和分配不合理的问题。其二，要实行劳动优化组合，完善劳动就业机制，甚至改革就业制度。应以多种渠道和多种方式消化、吸收和重新配置企业内的富余人员，尽量做到人尽其才，给职工们创造适宜的工作环境和条件。其三，要改善和做好思想政治工作。厂长、经理要把精神文明建设作为一项指标列入承包合同或工作议程中，充分发扬民主，引导职工参与管理。在此基础上，推行企业文化建设，创立富于个性的企业精神。

第八，建立新的商品、物资流通体制，清理整顿不合理的流通环节，组织产销之间的直接协作关系，以收回企业在流通环节上流失的利益。为此，可以采取一些简便有效的措施。(1)对各物资部门和流通企业规定最高的加价幅度。禁止一切不合法的中间盘剥和加费陋规。(2)组织生产资料直接易货市场，争取产需直接见面，减少流通环节。(3)清理非法倒卖公司，没收专门从事倒买倒卖活动的公司之资产。

第九，加强企业管理，提高经济效益，搞活企业，靠国家减税让利决不是根本的办法，根本出路还是要提高经营管理水平。在治理整顿时期，市场疲软、资金短缺，可能会给企业经营带来一定困难，正是在这种时候，提高企业素质才显得愈加重要。因此，企业要设法注重计划管理、劳动管理、质量管理、生产技术管理和财务成本管理，加强经济核算；要生产适销对路、质量优异的产品，开发新产品，以增加有效供给。从当前的经济形势和市场行情来看，企业只有挖掘潜力、提高劳动生产率、增产节约、降低消耗，才能真正提高经济效益，靠涨价收入来代替真实的效益在目前的条件下看来是决无出路的。在这里，我们的企业家要正确处理好改善企业外部条件与挖掘企业内部潜力的关系。国家应该在政策和经济体制改革等方面给企业创造良好的外部环境，这是毫无疑义的。但是，如果企业或其主管部门过份地强调外部条件的重要性而忽视或放松挖掘企业内部潜力，那就将不利于企业的进步及其效益的提高。从历史比较而言，目前有不少企业的效益指标低于历史最好水平，除了某些不可比因素外，主要是由芾砘炻摇' 吐伤沙崧》朔蜓现卦斐傻摹R 虼要ㄉ灰卐颐茄厦芄芾

（选自《管理世界》杂志 1990 年第 2 期）

改革我国企业折旧基金制度的深层思考

熊应明　胡群芳

一、现行体制缺陷

改革 11 年来，我国企业折旧基金制度改革有立有破，但还仅限于折旧率的提高和折旧基金上缴与留用比例的调整，问题的症结尚未触及。现行固定资产折旧基金制度存在的问题突出地表现在：

1. 未考虑通货膨胀因素。通货膨胀使货币资金贬值，实物资产（固定资产、原材料、产成品等）升值。

通货膨胀、物价上涨使重置一个单位的固定资产必须投入比原值更多的资金，延长了固定资产损耗的补偿期。近年来，我国通货膨胀明显加剧，以致不得不采取“紧缩财政、紧缩信贷”的双紧措施来抑制急剧恶化的通货膨胀。而实际经济生活中，通货膨胀对生产资料和生活资料的影响是不一致的。从总的水平来看，生产资料价格上涨明显高于生活资料价格上涨水平，这就使固定资产名义折旧基金与实际折旧的背离越来越大。

2. 折旧率偏低。我国国营企业法定综合折旧率一直偏低，改革以来尽管有所提高但幅度很小。1981年为4.1%，1988年为4.9%，仅提高0.8个百分点，也就是说平均折旧年限在20年以上，与世界上的工业国家相比，折旧补偿周期长得多。同时，企业现行固定资产折旧年限大于固定资产正常经济年限，即存在着高估正常经济年限的倾向。一台机器本来只能使用20年，但折旧年限却定为25年，偏低的固定资产折旧率，一方面直接造成了折旧基金计提不足，另一方面也维护了企业技术结构的落后性。

3. 折旧外延不全面。现行企业折旧基金制度规定。对未使用、不需用和封存的固定资产（房屋、建筑物除外），以及连续停工一个月以上的企业（季节性停工和大修理停工除外），在停工期间未使用的设备，不提折旧，采用综合折旧率的企业，提前报废的固定资产，不再补提折旧。这就使折旧基金计提的范围受到级大的限制。目前，我国国营企业的闲置设备（显现和隐蔽的）高达千亿元，被排除在计提折旧基金的范围之外。这种制度规定，客观上使本已很长的折旧补偿周期拉得更长。

二、体制缺陷背后

根据国家计委经济研究中心的系统分析测算，假定1981年以前各年的固定资产原值与当年重置价格是基本吻合的，依据各年全社会零售物价指数和部分生产资料价格指数计算，1981年—1988年国营企业固定资产当年重要价格相当于固定资产原值的1—1.6倍，且随着投资品价格上涨而呈现出逐年增加的趋势。根据固定资产当年重置价格和历年国营企业提取折旧额计算，1981—1988年国营企业固定资产实际折旧率只有2.55—3.97%，比同期偏低的法定折旧率4.1—4.9%还要低许多，足见我国企业折旧提取之严重不足。按照法定折旧率和固定资产当年重置价格进行计算，得出国营企业1981—1988年应当提取的折旧分别为236.5亿元、264.3亿元、308亿元、368.1亿元、459.7亿元、574亿元、701.1亿元、918.5亿元，与同期实际提取的折旧额相比，逐年分别少提57.3亿元、68.7亿元、89亿元、119.5亿元、166.4亿元、226.3亿元、289.3亿元、440亿元，8年共计少提1456.5亿元，折旧少提额占实际提取额的32—92%。如果以重置价格来考察全社会折旧水平，1981年以来全社会企业固定资产原值为国营企业固定资产原值的大约2倍，那么全社会固定资产折旧少提额为国营企业固定资产折旧少提额的2倍，即1981—1988年每年分别达114.6亿元、136. 4亿元、178亿元、239亿元、332.8亿元、452. 6亿元、578.6亿元、880亿元，共计少提2902亿元，可见折旧提取不足额是惊人的。

折旧补偿周期的长短在很大程度上决定着技术水平的先进性。以我国轻工业技术水平为例，1985年末轻工业专用设备中按原值计算达到国际水平的占18%，达到国内先进水平的占23%，属国内一般水平的占46%，属国内落后水平的占13%。

三、几种严重后果

由于现行企业折旧基金制度存在着折旧率偏低、未考虑通货膨胀因素、折旧范围过窄等缺陷，形成了现实中实际折旧水平下降、技术结构落后等问题。其后果是严重的：

第一，抑制了企业加强管理的积极性、造成虚假繁荣。由于现行折旧制度没有考虑通货膨胀因素，法定折旧率偏低的折旧范围过窄，人为地使价值补偿中折旧基金计提不足，而转化为剩余价值，由此造成我国企业在经营管理落后的情况下也有盈利，而且利润水平并不比国外同类型企业低，这里有相当大的部分是人为的结果，致使一些本为一般盈利企业变为盈利大户，一些本为亏损企业表现为盈利企业，吃掉老本，造成虚假繁荣。现行企业折旧基金制度的缺陷，不能说不是造成企业虚盈实亏的重要原因，客观上也助长了企业行为的短期化，这种折旧基金制度是不利于企业加强经营管理的。

第二，简单再生产难以为继。由于折旧率偏低，没有考虑通货膨胀因素和折旧范围过窄，折旧基金计提不足，使固定资产损耗无法及时完全得到补偿。现有制度的缺陷，使企业现有固定资产折旧期满时将有巨额亏空得不到补偿，从而造成设备老化，更新迟缓，超期服役现象严重。设备老化，不仅造成设备大小维修费用超支，而且使加工的产品质量和生产速度、效率都受到很大影响，设备处于不经济运行状态。简单再生产难以维持，通过更改基金的集中使用来提高企业技术装备水平也就成为一句空话。

第三，造成消费基金膨胀。上述全社会1981—1988年少提的2902亿元折旧基金，在折旧年限内逐年表现为利润。按现行财务制度规定，企业实现的利润约有一半上交国家财政，其余一半作为企业留利。企业留利中应缴纳15%的能源交通重点建设基金，企业实际可留利约1230亿元。在企业留利中，再按生产发展基金、福利基金和奖励基金三项进行分配，至少有430多亿元直接构成消费基金（福利基金中约有一半以上构成消费基金)。这保守的430多亿元无疑本应是生产补偿基金,但却变成了非生产性的消费基金。如果再考虑到作为利润上缴国家财政部分的乘数效应,进行再分配后进入消费基金范畴的数字则更为惊人。而且,随着承包制的广泛推广,企业工效挂勾办法的推行,企业留利的边际消费分配倾向又再次得以提高,所以说,现行折旧制度客观地"包庇"了消费基金增长高于生产率的增长,造成消费基金膨胀。

第四,扩大了银行信贷规模。按照我国现行财政政策,企业提取的折旧基金作为企业自有资金必须缴纳总额15%的能源交通重点建设基金,用于国家能源交通等重点项目的建设。从1989年起,国家为加强宏观调控能力,对折旧基金还征收总额10%的国家预算调节基金,加上有些企业主管部门还集中所属企业一部分折旧基金统一使用,这样使得本来就提取不足的折旧基金,更显得捉襟见肘。出于企业生存和发展的需要,工业企业一方面通过挤占流动资金的途径赤字使用折旧基金;另一方面"企业要生存和发展,必须去贷款",两方面均直接扩大了银行信贷规模。企业更改贷款规模的膨胀,使有限的银行信贷资金更为短缺。更改贷款挤掉了流动资金贷款,使金融调控能力、企业正常生产秩序受到破坏。

第五,造成非生产性固定资产投资膨胀。在企业留利中,福利基金的近一半用于职工宿舍等非生产性设施的建设。即便是生产发展基金,也仍有企业不顾财经纪律,将其中一部分用于职工福利等非生产性设施建设。这样,使本来该用于生产性投资的资金变为非生产性投资,不仅造成了非生产性固定资产投资膨胀,而且使生产性固定资产损耗的价值得不到及时补偿,影响了社会再生产的正常进行。同时,由于企业社会经济中的积累基金虚增,不仅造成国家和企业生产性基本建设摊子铺得过大,而且也造成非生产性基本建设规模膨胀。

此外,还增加了固定资产优化配置的难度。目前,我国有近千亿元固定资产因不需要和未使用而处于闲置状态,而现行企业财务制度中将其排斥在计提折旧的范围之外。由于同企业经济利益的联系紧密度较低,企业对于提高其利用率,调剂优化配置缺乏应有的积极性,这客观上也是我国固定资产低利用的原因之一。

四、几点改革意见

第一,实行重置价格制度。在商品经济日益发展的今天,市场上的生产资料价格经常处于不断变化之中,并呈现出价格上升的趋势,这就使重置价值总是处于大于原始价值的状态。如前所述,这一变化趋势使实际折旧水平下降,简单再生产将难以为继。因此,我国目前折旧制度必须实行固定资产重置价值制度,每年重置固定资产价值,才能克服如上弊端,保证企业的继续生产能力。当然,最根本的措施在于稳定通货、稳定物价,平抑通货膨胀。但由于经济环境等因素的制约,要使物价回落到1981年以前的水平恐难如愿。

第二,适当提高折旧率。我国现行分类折旧制度对于固定资产折旧年限作了明确的规定,但其折旧率显然是偏低的,不能补偿固定资产的损耗,必须适当提高折旧年率。只有同时实行重置价值制度和适当提高折旧率,才能抑制消费基金和非生产性固定资产投资双膨胀,抑制企业虚盈实损和虚假繁荣。适当提高折旧率,应当消除高估固定资产正常经济年限的倾向,同时考虑世界技术进步的加速趋势。对于技术更新快、无形损耗大的固定资产,应全部采用加速折旧法。当然实行重置价值制度和适当提高折旧率均会影响财政收入,有必要作进一步的研究。

第三,完整折旧范围。对未使用、暂不需用和封存的固定资产,以及连续停工一个月以上,并在停工期间未使用的设备、均纳入计提折旧的范围。这样至少有两种积极效应,一是考虑了固定资产的无形损耗和利益调节,有利于企业加强企业管理;再一是有利于固定资产的优化配置。

第四,加强折旧基金的专项管理。目前,各企业一方面设备更改欲望很强,但资金不足;另一方面资金使用分散,集中调控能力很弱。而作为企业资产,不可能平调集中,必须采用有偿借贷方式。金融部门充当此行同样也存在管理软弱的问题,钢性约束不强。因此,需要从企业财务制度上加以约束,先提后用,先存后用,专项管理,专项存储。这样,金融部门既可集中一大笔信贷资金集中使用,提高折旧基金的使用效益;又能在一定程度上缓解当前的资金短缺矛盾。

第五,取消对折旧基金征收国家能源交通重点建设基金和国家预算调节基金的规定。国家对企业预算外资金征收能源交通重点建设基金和预算调节基金,这对加强宏观调控和国家能源交通重点项目建设是非常必要的。折旧基金也虽然也属于预算外资金,但它不同于其它的收入或盈利而形成的预算外资金,而是一种补偿基金,属于简单再生产的范畴,如果从折旧基金中筹集扩大再生产资金,不仅混淆了资金性质,而且使本来就不能正常补偿的简单再生产资金更显得不足,无疑地削弱了企业自我积累、自我改造和自我发展的能力。

(选自《经济体制改革》杂志1990年第5期)

发展企业集团刍论

邢幼青

一、企业集团的概念及其分类

我国的企业集团是我国当今生产力发展水平与社会、经济环境条件下的产物，它具有中国社会主义特色。它与世界上发达国家的企业集团、大公司相比较，既有共性，也有特性。我国企业集团的概念是什么呢？我认为科学的概括宜是：企业集团，特别是大型企业集团，是国民经济的支柱力量，是具有大跨度（跨地区、跨部门、跨所有制）、多层次的经济组织，资产一体化或经营一体化的核心层是它的中坚部分。它具有广泛功能（科研、生产、经营、信息、服务等多种功能），拥有雄厚的经济技术实力，在行业或系列产品生产经营中占有举足轻重的地位。

企业集团与一般的企业联合群体在概念上的区别是：企业集团具有资产一体化或经营一体化的核心层，围绕核心层，它还拥有半紧密层或松散层，它是具有核心层的多层次的企业集体组织。而一般的企业联合群体，往往只是松散联合、半紧密联合，它没有核心层组织，没有资产一体化或经营一体化的组成部分。企业集团一般规模大、实力强，大型企业集团在行业或系列产品生产经营中占有举足轻重的地位。而一般的企业联合群体，相对来说，往往规模小、实力弱。

有些企业集团在其中又组建了集团公司。企业集团与集团公司在概念上既有联系，也有区别。企业集团核心层中资产一体化部分，有时就组建成为集团公司。集团公司是独立的经济法人，是企业集团的重要的核心组成部分，是企业集团的重要代表。但严格说来，只有当集团公司联系着并包括了核心层中经营一体化部分、半紧密层、松散层、或包括了上述的若干部分，它才构成完整的企业集团的概念。

目前企业集团就其核心层的内部关系来看，大体上可分为管理型、协调型两大类型。管理型的企业集团有：一、以主导产品为纽带，以一个大型企业为核心，兼并或联合若干个有关企业、科研单位，组成资产一体化或经营一体化的核心层，在核心层的周围，还联系着一批半紧密层、松散层的有关企业、科研单位。二、由主体大企业向其他企业主要通过股份制方式实行兼并或联合以及由主体大企业合资兴办企业组成的企业集团。其核心层是合资分公司（厂）或控股子公司（厂），其半紧密层是参股公司（厂）。以上管理型企业集团的核心层内部诸企业间，均由主体大企业或集团公司享有对其他企业的主要经营权，也就是说对其他企业的经营业务享有很大程度上的支配管理权。还有两类企业集团，主要不是通过兼并、联合组成的，一是经国家批准，采用行政手段，将基本上是同一隶属关系、同一行业的企业联合起来，组建成企业集团，如石化总公司、有色总公司。这类总公司有不少在兼并、联合方面也迈出了步伐。二是一开始就是按照大型联合企业规模设计建设的先天性企业集团，如鞍钢、大庆油田。这类企业集团一方面按照补充的规划设计，陆续进行了新的项目建设。另一方面，在兼并、联合上也有了不同情况的发展。这两类企业集团也都属于管理型企业集团。协调型的企业集团是，在若干个有关大中型企业、科研单位联合的基础上，实行共同投资，合资组建一个实体性的集团公司，这个集团公司依托着所联合的诸成员单位，为之服务，并按照集团公司章程规定，在重要的有纽带联系的经营业务范围内，有权规划、组织、协调这些单位的力量，积极参与市场竞争。这种集团公司加上所联合的诸成员单位也构成企业集团。这种集团公司就其主要职能来说，目前大体上可分为产品成套型、技术开发型、综合服务型、融资型，或是其中几种类型的综合。协调型企业集团中的集团公司对其所属成员单位只是按照集团公司章程规定享有协调权，它不能象管理型企业集团中的主体大企业或集团公司那样，对其所属核心层成员单位在经营业务上享有相当大程度的支配管理权。总之，以上所有各种类型的企业集团，对有关集团成员单位来说，都是从现实情况出发，选择了目前较为合适的集团组织结构形式，并都已发挥了积极作用。当然，今后各类企业集团的组织结构形式也都需要进一步发展、完善，这也是毋庸置疑的。

二、加强规划指导，推动企业兼并、联合，积极发展企业集团

发展与完善企业集团具有重要的战略意义和现实意义。同时，它还是一项可以不投入、少投入、多产出的有效的深化企业改革的重大措施，在当前经济紧缩的环境下，具有现实可行性。因此，大力发展与完善企业集团实属当务之急。

目前，我国已经组建了相当一批企业集团，它们需伴随着生产力的发展与经营业务扩大的需要，不断地得到巩固、提高，发展、壮大。理顺现有企业集团的内部关系，特别是巩固、发展、完善企业集团的核心层，增强企业集团核心层的功能作用，进一步充分发挥现有企业集团的活力，使之在国民经济发展中起到更大的积极作用，这是当前发展与完善企业集团工作的重点任务。当然，根据国民经济发展的需要，陆续组建一些新的企业集团，或对若干企业集团进行调整改组也是必要的。我国是社会主义国家，为充分利用国有企业公有制与有计划商品经济的优越性，可考虑对上述工作进行统筹规划并制订有关政策，实施规划指导与政

策指导。

鉴于我国生产力发展水平还不高，组建、发展跨行业的综合性生产经营的特大型企业集团，一般说，目前条件还不够成熟。因此，宜由国务院及省、市、自治区两级政府中的行业主管部门联系现有企业集团中的主体企业及有选择地联系若干大型骨干企业，共同商讨研究，分别提出组建、发展、完善企业集团，关键是组建、发展、完善实行资产一体化或经营一体化的企业集团核心层的初步规划方案。为了防止企业按隶属关系受到条块分割，实行强行捏合，或出现行政性公司翻版等弊端，需强调端正制订规划方案的指导思想，并做好规划方案的论证审查工作。正确的指导思想宜是：以经济发展战略与产业政策为指针，遵守企业之间互有内在经济技术联系需要的原则，实现企业优势互补，突破地区、部门、行业、所有制的界限，实行多种形式的兼并、联合；推进专业化分工协作，对企业集团内部产品结构、组织结构进行合理调整改组；创造条件，逐步形成最优化的经济效益规模；防止形成全国性的垄断。在制订初步规划方案后，宜将参与核心层成员单位的各所有者代表方与各经营者方组织起来，共同进行深入调研，进行总体效益与企业效益的充分论证，在此基础上讨论协商，进一步补充修订规划方案。修订后的规划方案，分别经国务院或省、市、自治区两级政府中的有关经济综合部门，各计委、经委、体改委等审查同意后，再付诸实施。一般说，调研论证工作做得越充分、越周密，组建发展企业集团及其核心层的成功率就越高。因此，一定要在调研论证工作上舍得花时间、下功夫。

发展壮大企业集团核心层宜采用多种兼并、联合方式。目前，在兼并、联合中发展起来的企业集团，其核心层的组成属资产一体化部分，通常有以下几种情况：(1) 企业兼并企业；(2) 有的企业集团中的一个主体大企业就是核心层中资产一体化部分；(3)若干企业全部资产折股后新组建一个具有独立法人地位的股份制企业，原企业均放弃原有法人地位；(4) 若干企业共同出资入股，新组建一个具有独立法人地位的集团公司，原企业法人地位依然存在。新成立的集团公司按其章程规定，在相应业务范围内，对有关企业享有规划、组织、协调、服务的职能。这类集团公司也是企业集团的核心层，但它属于协调型企业集团。企业集团核心层组成中属于经营一体化部分通常有以下几种情况：(1) 企业承包企业；(2) 企业租赁企业；(3) 企业对另一企业实行投资控股；(4)采取在生产上实行紧密联合的方式，在主导产品方面，实行科研、生产、经营、技术改造统一规划协调。为了发展壮大企业集团核心层，要根据企业之间的相互需要，选用对有关方都有利而又能为有关方所接受的兼并、联合方式。

要充分利用国有企业公有制的有利条件，在国有企业之间，积极倡导企业兼并企业。企业兼并企业是企业所有者的行为，在企业兼并工作中要体现企业自愿的原则，对国有企业来说，就是要体现所隶属的政府即企业所有者代表方的自愿。改革以来，我们实行了扩大企业经营自主权的政策，效果是好的。为落实扩大企业经营自主权，并利于企业兼并工作的顺利进行，也宜尊重企业经营者与职工的意愿。对于采取主动行为的兼并方企业，可以把兼并其他企业看作是企业实现其经营战略的一个组成部分，充分尊重兼并方企业的意愿，由兼并方企业自主进行。反之，企业不愿兼并另一企业，也宜尊重企业的意愿。对于被兼并方企业，也要力争做到所有者代表方、经营者、职工都自愿。但要明确指出，所有者代表方有转让企业产权的决定权。在国有企业之间实行兼并，有产权有偿转让与无偿转让两种方式。在产权有偿转让中又有承担债务式转让与购买式转让等方式。由于近期内处于经济紧缩的环境条件下，企业资金筹措一般都较困难，为利于推进国有企业间兼并工作的进行，可倡导实行承担债务或转让或产权无偿转让。为推动跨地区、跨部门的企业实行承担债务式转让或产权无偿转让，可在各级政府中强调树立全局观念，多算企业效益与社会效益的大帐，多从长远利益上来考虑。当然，条件许可时，经有关方协商同意，对转让企业产权的所有者代表方的现实利益，也宜给以适当照顾。在推进企业兼并工作过程中，要充分发挥银行、财政、计划等部门的经济杠杆、计划杠杆作用。如有关银行对难以生存和没有发展前途的企业，可采取停止“供氧输血”措施，停止发放新贷款，收回老贷款，对企业逾期未还、超储积压、挤占挪用的贷款实行利率上浮，加收罚息，以迫使这类企业走被兼并的道路。为调动兼并方企业的积极性，当被兼并方企业的债权债务转移到兼并方企业后，有关银行与兼并方企业可重新签订借款合同，酌情减免加收罚息部分，并适当从宽核定还款期限。在同等条件下，有关银行可优先安排兼并方企业的技改贷款、流动资金贷款。有关银行在对企业实行资信程度分类排队时，也可考虑剔除因兼并企业带来的不正常因素，仍按兼并方企业原资信等级对待。为方便兼并方企业的经营运行活动，被兼并方企业的企业法人地位被撤消后，当地有关银行在接受兼并方企业“委托书”的情况下，可允许其开立存款账户。财政部门也可考虑中止对拟被兼并方企业的财政补贴，或将该财政补贴划转给兼并方企业。计划部门也可将计划分配的能源、原材料等指标，依此办法，进行划转。总之，要运行各种杠杆力量，，对拟被兼并的企业施加压力，促其被兼并，而给兼并方企业以支持。在国有企业间，企业兼并中实行购买式有偿转让，或实行股份制式兼并、合并、联合，对资产评估工作均宜粗不宜细，以利兼并、合并、联合工作的进行。

实行企业承包企业、企业租赁企业、宜稳定承包、租赁关系，以利企业集团核心层的巩固、发展。有些企业之间也可实行先包后并、先租后并、先联后并，以利于减少震荡，平滑过渡，逐步加强和充实企业集团核心层。为促进跨地区、跨部门的国有企业之间实行经营一体化，也可考虑采用等量资产价值互相换股的办法，使主体企业对另一企业以实行股份制形式，达到控股程度，从而实质上控制其经营权。即主体企业及其所有者代表方经与被控股企业所有者代表方协商同意，相互以等量资产价值进行换股，主体企业以企业法人资格对被控股企业持有多数份额的企业资产所有权。而被控股企业的所有者代表方又转持有相等份额的主体企业的资产所有权。在利益分配上，双方实行按股分利。

三、进一步理顺企业集团与国家的关系

企业集团在国民经济中占有重要地位，国家加强与改进对企业直接的、间接的管理，就会对加强与改进宏观调控产生重大影响。可考虑在国务院与省、市、自治区两级范围内，在现有企业集团实行计划单列制度的基础上，适当增选一批企业集团扩大实行计划单列。企业集团实行计划单列，系指其资产一体化或经营一体化的核心层部分实行计划单列。其半紧密层系实行资金参股或联合，未达到控股程度，企业集团核心层不能控制其经营决策与计划；其松散层系实行其他的一般性的经济技术联合，企业集团核心层更无权左右其经营决策与计划，因此，上述成员单位均不能包括在实行计划单列之内。除实行计划单列制度外，也可选择若干个重要的但难以实行计划单列的企业集团建立与政府有关经济综合部门直接对话程度，如有权参加有关经济综合部门召开的全国性重要会议，举行定期的，不定期的直接对话等。为使计划单列与直接对话工作做得更有成效，要积极探索，适时总结经验，不断改进这方面的工作。要强调各有关经济综合部门与行业主管部门大力协同，充分发挥行业主管部门在日常沟通有关经济综合部门与企业集团之间关系方面的积极作用。要理顺计委与行业主管部门的分工协作关系，做到既加强对企业集团实行计划指导，又使计委不致于陷入企业集团经营运行的微观活动工作中去。

为促进企业集团的发展，国家宜进一步扩大企业集团经营自主权。一般说来，“八五”期间，国务院与省、市、自治区两级政府宜分别对有关企业集团中的主体企业或集团公司实行承包制，实行投入产出承包或实行既保上交利润又保扩大再生产能力的承包。对需重点扶植的企业集团，在承包合同中宜体现倾斜政策。对有的企业集团宜扩大其投资立项权；有的宜扩大其外贸自主权；有的可准予成立企业集团内部的财务公司。

四、进一步理顺企业集团内部关系，完善企业集团经营运行机制

企业集团是具有大跨度、多层次、功能广泛、实力雄厚的经济组织。如何对各个不同层次的成员单位，依据不同情况，采取不同的规则，将其有效地组织起来，高效率地进行经营运行活动，是关系到企业集团活力状况的极其重要的内在因素。为此，需在进一步理顺企业集团内部关系上积极进行理论上的探讨与实践中的探索，努力促使企业集团经营运行机制日趋完善。在这方面，需做的工作是：

(1) 大力发展经济、技术、人才、信息、服务等领域的纽带联系，是巩固、发展企业集团的根本途径。可根据企业集团成员单位的内在需要，以集团经营发展战略为指导，以重点经营业务为主渠道，在集团成员互利互惠的原则基础上，最大限度地利用各种可能条件，大力发展多方面的纽带联系。一般说，在企业集团核心层宜建立或发展壮大由其直接控制的科研开发中心、培训中心、信息中心、融资中心以及面向全集团的专业化企业，以加强企业集团核心层与各成员单位之间牢不可破的纽带联系。工业集团还宜着重发展科技生产领域里的纽带联系。

(2)强化核心层办好企业集团的关键。凡管理型企业集团中的核心层是采用总公司、集团公司组织形式，而其成员单位又是多层次的，宜努力创造条件，使总公司、集团公司本部与其所属不同层次的成员单位逐步地分别形成投资中心、利润中心、成本中心，使总公司、集团公司本部有条件集中财力，赖以制订与实现总公司、集团公司以及企业集团的发展战略。凡协调型的集团公司，由于需协调其成员单位的不同利益关系，而其成员单位的经营自主权又较大，因此，一般说，履行其职能往往工作难度较大。为使这类集团公司成为该企业集团中的强有力的核心层，需强调要求其领导成员水平要高，机构要精干，要树立全局观点，发扬为成员单位服务的作风，要不断完善协调机制、利益分配机制。从发展看，要创造条件，积极增强这类集团公司的经济技术实力，增强其协调手段与协调能力，使之更好地在企业集团中发挥核心作用。同时，国家在可能范围内，要给予支持，如批准若干协调型集团公司成为计划单列单位、直接对话单位等，促使其增强凝聚力。这里需要指出，目前出现了一些若干企业合资兴办的所谓“集团公司”这种“集团公司”缺乏在重要经营业务方面的规划、组织、协调职能，只有诸如联合销售等的简单服务职能，服务职能也很不充分，这类所谓“集团公司”本身缺乏向心力，它不是协调型的集团公司，不是名符其实的企业集团中的核心层，也不能形成真正意义上的企业集团。

(3) 制定正确的企业集团经营发展战略是企业集团领导层的首要任务。企业集团领导层要认真学习领会党的路线、方针、改革方向、规划，有关的现行法规政策；深入调研预测国内外市场动态、社会购买力的变化趋势；吃透“国情”、“企情”、“市场情”；在此基础上，及时制订或修订科研生产经营发展战略。组织发展战略。企业集团经营发展战略的制度，要努力实现科学化、民主化，注意运用软科学协助决策，注意广泛集中广大职工的智慧。在经营发展战略的指导下，企业集团的领导层，要善于抓住有长远意义的关键环节，抓好实施工作，促使经营发展战略的实现。

(4)优化企业集团的组织结构，完善企业集团的经营运行机制。企业集团在组织结构上，一般说，要强化两翼，即强化科研开发，人才开发和信息机构以及经营销售和售后服务网络；要结构合理、职能分明、分工协作、运行合谐。要建立高效运行的集团公司的领导体制、企业集团的组织管理体制，处理好总公司、集团公司及其所属成员单位之间的集权、分权关系；处理好协调型企业集团内部以及企业集团中核心层成员单位与半紧密层、松散层联合成员单位之间的协商共事关系。要将企业集团内部协作机制与内部竞争机制有机地结合起来。

(5)正确处理企业集团内部的利益分配关系，进一步调动各成员单位团结、互助、协作的积极性。在企业集团成员单位之间要实行互利互惠的原则。要在集团成员单位利益增长的基础上，促进集团整体利益的增长。有时为了照顾企业集团全局的、长远的发展利益，个别集团成员单位需承担眼前的某些利益损失，需做到在充分论证的基础上，使之成为有关集团成员单位的自愿行动。要建立牢不可破的经济技术纽带联系，并实行兼顾各方利益的合理的利益分配办法，使企业集团形成真正的命运共同体。

(6)组成高素质的企业集团领导层，增强集团意识，发扬集团精神，树立企业集团新风。企业集团领导成员的素质状况，包括政治、思想、技术、业务素质，是影响企业集团活力的至关重要的内在因素。要推选或选拔高素质的优秀经营者进入企业集团领导层。要在企业集团内部全体职工中，特别是在集团及其成员单位领导成员中，树立起强烈的“集团意识”，时刻站在“集团”的高度，用“集团”全局的眼光来考虑与处理问题。要努力创立与发扬艰苦奋斗、开拓进取、高标准、严要求的高尚的企业集团精神，使精神力量成为企业集团的一股强大的吸引力、凝聚力与前进的动力，使高尚的精神风貌充分体现企业集团的社会主义特色。

(选自《管理世界》1990年第3期)

论我国企业如何实现国际化

谭力文

企业国际化是企业从国内的经营走向跨国经营的过程。可以说，企业国际化已经成为当今世界企业发展的必然趋势。例如，人们依据美国著名的商业杂志《福布斯》1988年按国外销售额排列美国跨国公司的顺序时就发现，美国所有著名的大公司在国外都拥有极高份额的销售额。石油公司埃克森在国外的销售额为574亿美元，占公司销售额的75.1%；可口可乐公司，海外资产仅为26%，但利润的74%（11亿美元）来自国外。象通用汽车公司、波音飞机制造公司、福特汽车公司、国际商业机器公司等，在海外市场上的销售额都占有公司销售额的极大比例。面对近二十年的发展状况和趋势，研究企业跨国经营的管理学科——国际商务管理也得到迅速的发展。甚至研究这一学科的一些专家还认为：“我们可以认为国内商务活动仅为国际商务活动的一个特例或一部分。”并依据企业经营管理实践和理论的发展轨迹，提出了企业国际化的阶段理论。在这篇文章中，作者试图从企业国际化的阶段性；企业国际化的基本理论；我国企业如何实现国际化三个方面，论述国际商务管理中企业国际化阶段性存在的客观必然性；介绍企业国际化当今的基本理论，并提出在改革开放中我国的企业应怎样实现国际化的个人看法，供大家参考、商榷。

一、企业国际化的阶段性

根据国际商务管理的理论，一个企业走向世界，进入国际市场的基本动机是：扩大销售、获取资源和多元化的经营。（见图1）其目的是为了获取廉价的资源；扩大市场份额，克服贸易壁垒，避免风险，从而使企业获得高额的利润。但企业一旦跨进他国，走进世界市场，面临的主要问题是什么呢？

从企业管理的理论中我们知道，企业经营管理的核心工作——经营决策的根本目的是谋求企业外部环境、企业内部条件、企业经营目标三者之间的动态平衡。这三个综合因素互相促进，互相制约、互为因果，但又是经常独自变化的。其中，企业的外部环境是最为重要的和最为活跃的因素。企业的经营决策归根到底要适应和服从外部环境，要依据外部环境的变化调整企业自身的条件和工作，必要时，还应顺从环境调整公司的经营目标，以达到三者之间的动态平衡。企业经营决策所解决的根本问题就是三者之间的不平衡，而且主要是来自外部环境造成的不平衡。显然，据此理论，在一个企业走出国门之后，在外部环境、内部条件、经营目标三个因素中，变化最大的应是企业的外部环境。与在国内商务活动中仅有一种语言，一种货币，基本相同的文化背景、社会和经济制度、法律环境相比，国际商务活动就遇到复杂得多的情况；语言障碍、文化差异、法律差别、社会和经济制度的不同等，还有就是世界上的一些突发事件也会扰动世界的经济环境，给企业的国际经营带来巨大的困难。在这一方面的例子是很多的，如近来爆发的伊拉克吞并科威特的事件就造成油价暴涨，汇率变化，甚至可能导致新的石油危机，乃至经济衰退就是一例。企业外部环境的不可驾驭性和它对企业经营决策的重大影响，造成国际经营潜在的巨大风险，并要求国际商务管理研究的主要内容是分析企业的外部环境，制定正确的政策和策略。巨大的商务风险也迫使企业在参与国际商务活动时，有一个试探，逐步参与到完全投入的过程，企业的经营形式也有一个从低级，逐步走向高级的阶段。

因此，我们可以简略地讲，国外商务经营环境中存在的巨大风险是企业参与国际商务活动存在阶段性的客观条件，企业为其丰厚利润的获得，避免可能存在的风险，也必然会利用风险不同的商务活动，采取逐步卷入国际商务活动的方式，投石问路，以图在商务的实践中逐步地学习，取得国际商务活动的经验是阶段性存在的客观基础。

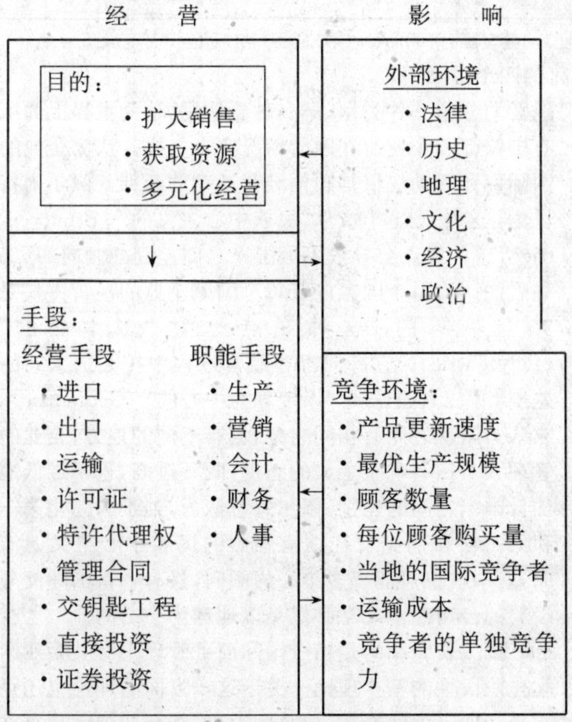

图1　国际商务：经营与影响

资料来源：约翰·D·丹尼斯，李·H·拉德巴福：《国际商务的环境与经营》，英文版，1989年，第6页。

二、企业国际化的基本理论

从图1中，我们可以看到，国际商务经营活动包括进出口、运输、许可证、特许代理权、管理合同、交钥匙工程、证券投资、直接投资等经营形式。根据国际商务管理的理论，依据企业参与国际商务活动风险度的大小和企业人、财、物等方面在活动中卷入程度的深浅，国际商务活动可大致分为三类：第一类是商品的进出口，第二类是劳务的进出口，第三类是投资活动。

第一类的商品进出口是国际商务活动中历史最悠久，而且迄今所占比例最大的商务活动。由于商品进出口的活动只需企业承担较小的风险和义务，化费较小的代价，例如，企业可以只用过剩的生产能力生产出口产品，而不必另外进行投资，公司可以通过其他的进出口商安排进出口业务，不必自己派出人员和建立有关的组织机构，而且即使进出口有所损失，也只是一次性的损失，损失有限。因而，商品的进出口通常是（当然不是总是）企业卷入国际商务活动的第一个台阶。

运输、许可证、特许代理权、管理合同、交钥匙工程属于国际商务活动的另一类商务活动——劳务的进出口。由于劳务的进出口不涉及有形物资的转移，往往也称为“无形的”商务活动。一般认为，企业在开始这类活动之前，往往已在商品进出口的商务活动中取得成功，并占据了一定的海外市场。相对于商品的进出口业务，企业已更深地介入了国际商务活动。这是因为，企业在这些活动中或多或少地已将自己的资产（如商标、专利）、技术（专利、交钥匙工程）和人员（管理合同）卷进了商务活动中，公司面临的风险也较大，例如，若转移的所在国不注意保护知识产权，造成技术、商标的不正当扩散，就可能造成竞争对手增加，甚至有失去市场的可能。

第三种类型的国际商务活动是投资活动。这类活动分为有控制目的直接投资活动和一般的证券投资活动。人们一般认为这是当今国际商务活动的最高形式。在这类活动中，企业已决定在国外通过投资的形式建立独资或合资的企业，进行较大规模的商务活动。由于投资活动不仅牵扯到企业资产、技术、人员的卷入，而且需要企业投入大量的资本，投资的回收期一般较长，收益的前景也随着时间的推移而存在不可度量的因素，商务风险较大。这些都要求企业对投资国政治、经济、文化、历史、法律环境因素有详细的了解；要求企业具有较丰富的国际商务经验；这些工作也就必然要求企业花费较长的时间了解情况，积累经验。

依据以上三类商务活动本身的特点，国际商务管理的专家们认为：按照一个企业在与国外市场的联系、国际性经营决策的地点、企业追求的经营目标、商务活动的种类和企业的管理组织结构各方面的情况，可把一个企业国际化过程分为大致的四个阶段（见图2）。

在国际化的第一个阶段中，企业的商务活动往往局限于间接的(有时甚至是被动的)商品和劳务进出口活动，即企业主要依靠一些专门从事进出口的公司进行商务活动。在劳务进出口方面也可能采用这样的形式。例如，一个银行受另一家大银行的邀请，参与某一项国际性的筹资活动。极其有限、间接的商务活动不需要企业设置专门的机构处理日常的业务，只需用少量的人员，花一定的时间去完成这些工作。

在国际化的第二个阶段中，企业依然是以货物或劳务的进出口业务为主，也还可能利用那些进出口的专业公司。但和第一阶段相比，公司已开始独自地操办国际商务活动，开始主动地、直接地寻求贸易伙伴，积极地扩大商务活动。伴随着国际商务活动的增长，企业派出巡回人员，定期地与有业务往来的企业保持接触，发展关系，了解产品质量，熟悉自己的贸易伙伴和伙伴所在国的状况。由于商务活动的增加，企业开始建立专门的处室来处理国际商务活动的问题。但是，从本质上讲，处于这个阶段中的企业还是以国内的商务活动为主，还是一个内向型的企业。

企业国际化第三阶段最明显的特点是，虽然企业仍然保持着国内商务活动的基本方向，但它已直接地参与到国际性商品的购买、生产、销售环节中去，并有了常驻国外的代表或机构。例如，有出口业务的企业已有常驻国外的销售机构，操办进口业的企业已有在国外的采购人员。从企业的组织形式上看，企业管理国际商务活动的机构已从一般的处室变为专业的部门。

	国际化的第一阶段	国际化的第二阶段	国际化的第三阶段	国际化的第四阶段
与国外市场的接触情况	间接地，被动地	直接地，主动地	直接地、主动地	直接地、主动地
国际性经营的地点	国内	国内	国内与国际	国内与国际
公司经营方针	国内	国内	首先考虑国内	国际
国际性经营活动的种类	商品与劳务的贸易	商品与劳务的贸易	贸易、合同、国外投资	贸易、合同、国外投资
组织结构	传统的国内结构	国际处室	国际部门	全球性结构

资料来源：克里斯托费·M·科斯，《国际商务的环境与管理》，英文版，1985年，第二版，第7页。

图2　企业国际化的四个阶段

在国际化的第四个阶段中，企业已把自己的战略目标从国内移向国外，国内经营活动的重要性也逐渐减弱，企业也不再是面向国内、附带进行一些国际商务活动的企业，它已成为以全球经济活动为出发点，寻求全球最佳经营成果的跨国公司，公司的商务活动也由比较单一的形式发展到了多种形式。组织机构也发生了很大变化，以求适应复杂的经营环境，以便领导和控制遍及世界的子公司。

值得注意的是，理解和划分阶段的关键不在于国际商务活动的量上，而取决于国际商务活动的质中，即理解和划分的标准不是由象国外经营所占销售额和利润的百分比这样的指标所确定；而是由公司实质上所进行的商务活动的种类及企业在商务活动中的中心地位和态度所确定的。例如，一个企业国外的销售额高达15～20%，但销售的方式主要是通过进出口的企业完成，那企业的国际化的程度只能算是处于第一阶段。而另一个企业是国外销售或利润仅为5～10%，但其商务活动是经过企业自己的组织机构完成的，那这一企业国际化的过程已进入第三阶段。

华尔德·佩尔姆特依据怎样看待外国及外国公司经营活动与本国和本企业经营活动的差别，把企业的经营划分为三种类型。第一种看法是，认为世界上的所有国家都和企业所在国的情况完全一样，认为企业的国际商务活动仅仅是国内经营活动的延伸。佩尔姆特认为，这种观点可称为“民族中心主义的”(Ethnocentric)，这种观点会导致不顾国家之间差别的倾向。第二种看法认为每个国家以及每个国家企业的经营方式是完全不同的，这种观点称为“多中心的”(Polycentric)。它趋向于在经营过程中扩大国家间的差别。第三种看法是“以地球为中心的”(Geocentric)，它认为国家之间有相同之处，也有不同的地方，企业的管理人员抱有现实主义的态度，既不过高，也不过低地估计国家之间的差别。佩尔姆特认为，处于国际化第一和第二阶段的企业往往有强烈的民族中心主义的倾向，有一些也可能有多中心的倾向，具有丰富国际商务经验的公司经营观念必然是以地球为中心的。

以上所介绍的是当今国际商务管理中有关企业国际化阶段性的基本理论。关于这一方面的理论也还存在着一些其他的看法，但总的说来，在企业国际化存在阶段性这一问题上不存在本质不同的意见，而仅在各个阶段可以开展的经营活动方式上存在不同的看法。例如，芬兰企业国际化专家雷约·卢奥斯基贝宁教授认为，除了不同经营方式确定的四个基本阶段外，还可能存在不到外国兴办生产性企业，而直接在本国利用生产优势，扩大生产，降低成本，通过销售网络推销产品；和另一种出售产品——出售服务——出售技术这两种形式。

三、我国企业如何实现国际化

经过11年的改革开放，我国的经济格局发生了重大的变化。根据统计资料，我国今年上半年（1～6月），进出口贸易总额达到了373.8亿美元，从1979年到今年6月份，中外合资企业达12，943个，协议金额达129.96亿美元；10年间，我国已对外签订了承包工程和劳务合作10，634份，合同金额达128亿美元，累计派出劳务人员36万人次，遍及133个国家和地区；到1989年底，我国已批准在海外开办企业645家，协议总金额达22.23亿美元，其中我方投资9.51亿美元，企业分布在88个国家和地区。总的看来，在改革开放的11年中，在国际商务，涉外经济活动方面已取得了可喜的成绩，但从微观的角度(即企业的角度)看，我国的企业基本上还是他国企业进行国际化的载体，还是企业国际化的配角。我国企业的绝大多数还没参加到国际商务活动中去，参加了的企业的绝大多数还是通过进出口商(外商及我国各级进出口贸易公司)安排商品的进出口活动。到外国开办的企业，不少是我国政府形式的公司开办的，还不是企业在国外创办的分支机构。因此可以讲，我国企业从整体上看还没有投身于国际商务活动，已经加入国际商务行列的企业，按照企业国际化的理论也仅仅处于第一阶段，企业仍以国内市场的经营为主，还是被动地投入到国际商务的活动中。

中国作为一个发展中的社会主义国家，经济、科技、管理的水平与发达国家相比，目前还处于相对落后的地位，而且我国人多地广，是一个巨大的现实市场和潜在市场，企业有无必要打入国际市场，开展国际性竞争，在国际市场上争得一席之地呢?要很好地回答这一个题目，笔者感到有必要将这个问题放到当今世界国际性商务活动的发展趋势，我国改革开放以来目前存在的一些问题之中来分析和探讨。

从世界上看，世界贸易额的50%已被跨国公司所控制，并有进一步上升的趋势，世界区域性集团化的趋势正在加强。可以预料，今后的贸易壁垒会更加森严。为了克服贸易壁垒，最好的方法之一就是在他国创办企业，更好地接近，投入，服务于商品的市场，应付瞬息万变的商务形势。参照近来发展较快国家和地区的经历，大多都有一个先吸引外来资金和技术，壮大经济实力，然后以企业为主打进国际市场的发展过程，日本如此，台湾、南朝鲜如此，南美的巴西，墨西哥也是如此。若我国在改革开放的格局下不大力发展国际性企业，没有注意让我国的企业走出去，就可能出现《文汇报》的一篇文章尖锐指出的情况：“如果我们没有一大批威震国际市场，能与西方著名的跨国公司相匹敌的国际企业，没有一大批优秀的熟悉世界市场的国际企业家，所谓发展外向型经济就没有微观基础，就会成为一纸空文。”在11年的改革中，我们已经发现企业仅仅满足于“两头在外，大进大出”或“三来一补”的阶段，仅仅依赖出口商（特别是外商）赚取外汇是有问题的。例如，我国为外商生产的箭牌衬衣，用中国料，在我国加工，我出口单价为2.9美元/件，港商给美方报价5美元/件，而在美国市场为12.99美元/件。深圳东风通用电器企业公司生产的“智升”石英钟以4美元在法国销售受到了极大的欢迎，但买给香港客商以2.8美元报价，港商还认为价格太高，不肯签约。公司经理厉茂春感到，产品若能直接在国际市场销售，效益非同小可。显然，这种“两头在外”“三来一补”的生产方式虽适应我国开放不久的经济格局，但长期下去，不利于提高我国商品的附加价值，更不利于我国在国际市场展开竞争，独立自主地发展外向型经济。与上述情况相反，据经济日报报导，广州保温瓶厂过去因产品款式不合国际市场需要，只能出口瓶胆，自从该厂在香港开办了江棉保温瓶公司，按国际市场要求更新款式，商品价值成倍增长，出口量也大幅度上升。相形之下，可以得出这样的结论，企业国际化进入第三、四阶段，即企业直接地参与国际商务活动，在接近市场的国家进行投资，兴办合资、独资企业是企业经营发展的必然，是实行开放的需要，和进一步提高我国企业效益、经营管理水平和竞争能力的必然一步。面对这艰难的一步，我国的企业应如何迈出呢？笔者认为

(一)应遵循国际企业国际化的基本理论，有准备，有步骤地实现企业国际化。目前西方研究得出的企业国际化理论是他们近20多年跨国经营的总结，符合企业经营管理实践发展的基本状况，也是符合基于实践的由浅入深的辩证唯物主义认识论的，因此笔者认为这个理论是科学的，是我国的企业应该研究学习的理论。我国的企业也可按照这个基本的步骤，首先开展进出口贸易，逐渐了解商品出口国政治、经济、文化、历史、法律的特点，熟悉出口国的市场行情、贸易伙伴，然后逐渐地通过较为深化的劳务输出，如专利、商标、技术、特许权的转让，进一步打入他国的市场，积累经验，为最后的进行投资，创办企业打下基础。虽然这样的三大步和前后的四个阶段难以截然地从时间、形式上划分清楚，但从生疏到熟悉，从简单到复杂，从风险小到风险大，从低级到高级的经营过程是应遵循的，企业也应在涉外的经济活动中有意识地沿着这条轨迹推进自己的经营工作。

(二)结合我国经济发展和技术发展的现状，实事

求是地进行企业国际化工作，创建中国式的企业国际化道路。虽然我国开放的时间仅仅只有11年，而且技术、管理水平也还存在着差距，但在某些方面还是占有优势的。如我国已建立了完整的工业体系；在一些技术方面也处于世界的前沿；我国现存的许多技术较为适合发展中国家的经济状况；开放以来引进的技术已形成了向其他国家出口的生产能力；在41年的经济发展，11年的改革开放中，我们也积累了丰富的国际商务经验。因此，不同类型的企业、不同的行业、不同的地区应根据自己的优势、特点，按照企业国际化理论的基本内容和实质，在企业国际化的道路上大胆地探索，积极地开拓。近年来，北京市联想计算机集团公司在国际化方面所取得的巨大成功，是值得我国企业界注意的。联想公司成立于1984年，但他们凭借中科院在计算机方面开发的强大技术优势，又注意存在着不熟悉国际计算机市场的问题，利用香港导远公司熟悉国际市场，但技术力量不足的特点，采用“瞎子”（联想公司）背瘸子（导远公司）的联营策略，与导远公司一起建立了香港联想公司，而后又充分利用我国在微型计算机方面有较强的技术开发能力，劳动力成本较低的特点，采用“田忌赛马（即用生产微机的优势）”和“茅台酒与二锅头（劳动力成本低；优质产品可采用低价推销政策）”的市场经营策略，用己之长，克他所短，一举在国际市场获得成功。1989年香港联想公司营业额达3.2亿港币。到今年6月份，开发的新产品联想286已向海外销售50，000套，成交额超过1，000万美元。联想的道路是一条我国企业走向海外，走向国际可以以参考的道路。这条成功之路的三点依托是可以借鉴的，这就是，1. 充分地利用我国经济、技术上的优势；2. 巧妙地发挥香港这个世界自由港的长处；3，合理地采用国际市场营销的战略战术。从这个实例中，我们可以看到，实事求是地凭借我们的优势、特点，充分地利用港商，侨商和友好外商，创建中国式的企业国际化之路是可行的。

十分有意思的是，联想集团在1988年制定的“海外发展战略三部曲”中，把公司的三个阶段定为第一步在香港成立贸易公司，了解海外市场行情，学习经验，积累资金；第二步以香港为中国和欧美市场的连接点，建立开发、生产、销售的产业集团；第三步成为国内外有名的计算机公司，建成技工贸立体结构的跨国公司。这三步可以说和企业国际化的基本理论趋势于一致，真有异曲同工，珠联璧合之妙处。

（三）应按照国际商务中产品寿命周期理论，依据不同地区，不同国家发展的特点，选择合适的企业国际化的经营形式。国际商务经营中的产品寿命周期理论是用来解释不同国家在技术发展、经济实力以及由收入所决定的市场需求上存在时差，从而导致同一种产品在不同的国家有不同的发展阶段，而不同国家在产量、成本、利润上的不同可能导致进出口贸易、技术转让、投资活动发生的理论。依照这一理论，我们可以选择寿命周期较长，或在发达国家中销售虽然下降，但仍有较大市场潜力的产品，或具有发展潜力的产品，作为在发达国家投资办厂和联合经营的目标，象近来深圳中华自行车有限公司斥资1，500万美元，购买美国自行车制造销售业的第二大公司WSI公司，不能不说是上乘之举。因为除了自行车有很长的生产寿命周期可以在美长期销售自行车以外，还可利用美国公司现存的销售渠道，零配件供应网络迅速地占领和扩大市场和销售，可谓有“一石三鸟”之功。很明显，苏联以及一大批发展中国家，在家用电器、民用品、轻型加工设备等方面与我国有较大的差距，我国的企业可利用技术、散件、投资等方式在这些国家办厂，一方面可以减少运输成本和损失，更为重要的是占领市场。而一些利用我国沿海地带廉价成本（土地，劳动力等）近来开发的象鞋类、成衣、玩具等产品，我国的企业应逐渐地从生产领域扩充到流通领域，逐渐向两头（原材料和成品市场）发展，为创办自己的企业打下基础。当然，按照国际分工，充分地依靠外国的进出口商，大力开拓商品进出口渠道，也是可供选择、不可抛弃的商务方式。

（四）努力培养国际企业经营管理的人材，为企业的国际化进程打下坚实的基础。企业国际化的理论指出了企业由浅入深、逐步卷入国际化的道路，但各项商务活动的开展，企业国际化的逐步实现还有待于精通国际企业经营管理的企业家去把握、去完成。因而，认识到培养国际性企业经营管理人材的紧迫性和必要性，大力培养这方面的人材是十分重要的。国际市场和国际环境十分复杂，瞬息万变。国际企业经营管理所需要的知识和所涉及的工作要比仅在国内经营管理的面广泛得多，要求高得多。一般地讲来，操办国际性商务活动的企业经营人员，除了需要一般管理人员所需的会计、统计、计算机、数字、经济理论、管理理论和方法等知识外，还必须懂得国际企业经营管理、国际金融、国际企业财务管理、国际会计、国际法等方面的知识，还需要良好的外语基础。在理论知识的学习之外，还必须积极地参与各种国际商务活动，在具体的经营管理活动中增加实际的知识和经验。笔者认为，作为想跻身于国际商务活动，走企业国际化道路的企业，应积极培养和储备这方面的人材了。

改革开放11年来我们已取得了伟大的胜利，但为了进一步适应世界经济形势的发展，为了加速我国的改革开放，为了进一步增强我国企业国际性竞争的能力，我们应认真地研究企业国际化的理论和着手企业国际化的工作。

（选自《武汉大学学报》1990年第6期）

第十一部分

大事记

1990年企业管理大事记

1月

1日

国家统计局公布1989年统计资料表明，我国治理整顿取得可喜成果，困扰多年的社会总供求矛盾趋缓，群众关注的物价涨势减弱，过热的经济生活已经降温，整个国民经济持续增长，并正朝着好的方向发展。

3日

《经济日报》报道，国家确定今年全国续建580多项大中型基建工程项目，投资主要用于加强重点建设，突出农业、能源和交通。

4日

《中华人民共和国城市规划法》由第七届全国人民代表大会常务委员会第十一次会议于1989年12月26日通过，共六章四十六条，自1990年4月1日起施行。

5日

国家计委发出通知，强调凡需用自筹资金安排基建的单位，在自筹基建计划审批前，必须将自筹基建资金交存中国人民银行。

《中华人民共和国环境保护法》由第七届全国人民代表大会常务委员会第十一次会议于1989年12月26日通过。该法共六章四十七条，自公布之日起施行。

国务院办公厅最近发出通知，撤销各级政府驻外地办事处和经济协作办公室所办公司。

6日

农业部部长何康1月5日在全国乡镇企业工作会议上发表讲话，要求各地认真贯彻党的十三届五中全会精神，总结交流乡镇企业在治理整顿、深化改革中取得的成绩和经验，分析当前形势，贯彻“调整、整顿、改造、提高”的“八字方针”，统一思想，稳定政策，振奋精神，积极工作，促进乡镇企业持续、协调、健康地发展。

首次全国国有资产管理工作会议在京召开，国务委员王丙乾强调，要把加强国有资产管理作为发展社会主义制度的一项重要工作抓起来。

8日

在全国机械电子厅局长会议闭幕式上，54位厂长、经理获得了机电工业优秀企业家称号。同时表彰的还有北京第一机床厂等45个机电企业管理优秀单位。

邹家华、王丙乾在全国能源工作会议上提出，要深入挖潜，千方百计提高能源行业的劳动生产率和经济效益。

国务院召开的全国经济体制改革工作会议，于1月4日至8日在北京举行。8日下午，李鹏同志在会议结束时作了重要讲话，指出，这次会议的召开，向全国和全世界说明：我们中国将继续坚持改革开放的政策不变。改革开放不仅要继续进行，而且要搞得更好，沿着更健康的轨道前进。这次会议围绕治理整顿继续深化企业改革提出七条主要措施：一、在治理整顿中完善发展承包经营责任制，做到稳定政策，兴利除弊，分类指导，多做贡献。二、继续实行和完善厂长负责制。三、增强大中型企业的活力，充分发挥大中型企业的骨干作用。四、进一步发展企业集团。五、采取措施推进企业兼并。六、强化企业管理，向经营管理要效益。七、有计划地推进各项改革试点工作。

11日

国家统计局1月10日公布的统计材料表明，1989年我国工业生产过高的速度得到控制，并保持了一定的增长，工业内部结构开始向好的方面转化。同时也出现了产品滞销、利润下降、亏损增加、开工不足等新的困难。据初步统计，1989年全国乡及乡以上工业企业共完成总产值12955亿元，比上年增长6.8%。

国家商检局最近颁布进出口商品复验办法和进出口商品免验办法。

12日

国务院企业管理指导委员会宣布，批准哈尔滨锅炉厂等45家企业为国家一级企业。这是从我国近50万个企业中，首批审定的国家一级企业。

13日

中国乡镇企业协会在京正式成立，中共中央顾问委员会副主任薄一波为名誉会长，农业部部长何康为会长，全国人大常委会副委员长费孝通任总顾问。

14日

人民日报发表吕东同志题为《我国工业发展要实行战略性的转变》的文章指出，我国工业面临着由粗放经营向集约经营的转变，由速度型向效益型、科技先导型、资源节约型的转变。这是一个战略性的转变，如果不过好这一“关”，我国国民经济发展的战略目标就很难实现。

国务委员邹家华在全国冶金工作会议上讲话时强调，钢铁行业要牢固地树立全局观念。

16日

经国务院批准，国家统计局日前公布《关于工资总额组成的规定》。今后各单位支付给职工的劳动报酬以及其他根据有关规定支付的工资，均列入工资总额的计算范围。

李鹏、姚依林、田纪云等国务院领导同志，在北京听取了全国银行分行长会议的汇报。李鹏总理要求银行工作更好地发挥调节经济的杠杆作用。他说，今年要继续执行财政和信贷的双紧方针，今年银行的贷款总量和货币发行量都不能突破指标。

我国船舶工业在国际市场站稳了脚跟，到1989年底，共承接出口船280万吨，已完工200万吨。我国已成为第五大船舶出口国。

17日

《人民日报》摘要刊登了中国共产党第十三届中央委员会第五次全体会议于1989年11月9日通过的《中共中央关于进一步治理整顿和深化改革的决定》。会议经过对我国经济问题的认真讨论和分析研究，一致认为：继续坚定不移地贯彻执行治理整顿和深化改革的方针，是克服当前经济困难，实现国民经济持续、稳定、协调发展的根本途径。

19日

农业部决定1990年为农业科技推广年。

25日

国务委员王丙乾在首都新闻单位座谈会上宣布，1989年国家财政收入已超额完成任务，财政赤字数比原来预计的数额要小。

28日

国务院机电产品出口办公室透露，去年我国机电产品出口有较大幅度的增长。据海关统计，1989年机电产品出口831.1亿美元，比上年增长35.1%，占全国出口总额的15.8%。

2月

1日

国家物价局发布《关于商品和收费实行明码标价制度的规定》，自今年3月1日起实行。

2日

国家统计局提供的最新数字表明，到1989年底，我国全民所有制单位的职工首次突破亿人大关，达到1.01亿万人，比1988年增加116万人。

4日

为稳定烤烟生产，国务院批准自1990年新烟上市起，适当提高烤烟收购价格，并对烟叶生产扶持费进行整顿。

国务院清理固定资产投资项目领导小组办公室有关负责人说，清理、压缩固定资产投资项目取得成效，停缓建项目1.8万个，可压缩投资675亿元，投资结构有所改善，重点建设有所加强。

5日

《人民日报》报道，为推动企业技术进步，国家今年将在全国大中型企业中选拔一批企业作为技术进步先进企业，对这些企业国家将给予一定的优惠政策。

国家统计局、国家计委、财政部和中国人民银行联合发布的1989年全国八项重要经济指标显示，去年我国控制投资成效显著，消费基金膨胀势头减弱，银行贷款前紧后松，劳动生产率低速增长，产品成本大幅度上升，销售利税率下降，资金利税率普遍减少，能源消耗略有减少。有关专家认为，要改变工业企业经济效益不断降低的状况，就要彻底摆脱高投入低产出、高速度低效益的困境。

财政部召开经济效益座谈会，邀请首都理论界、学术界的专家教授就如何从理论和实际的结合上研究生产、建设、流通等领域提高经济效益的问题进行座谈。国务委员王丙乾在会上指出，治理整顿的关键是把经济效益搞上去。

6日

国家计委召开第六次全国企业技术进步工作会议。

7日

国家计委副主任盛树仁在第六次全国企业技术进步会议上介绍，80年代，我国大幅度增加了用于企业技术改造的投入。过去的10年中，我国用于工业企业技术改造的资金累计已达4633亿元，为建国头30年的2.6倍。近几年，我国多数省市新增工业产值中有60%是靠技术改造取得的。

8日

国务院秘书长罗干说，至今年1月底，全国已撤并公司6万多个，占清理前29.9万个公司的20.4%。

2月5日到8日，国务院在深圳召开经济特区工作会议。会议的中心议题是：经济特区深入贯彻党的十三届五中全会精神，认真抓好治理整顿和深化改革，进一步发展外向型经济，充分发挥对外开放的窗口和基地作用，更好地为国家的经济发展服务。会议由田纪云副总理主持，李鹏总理在会上作了重要讲话。

9日

由国务院副总理姚依林主持召开的国务院第54次常务会议，审议通过了《盐业管理条例》，决定自发布之日起施行。

11日

经国务院批准，中国汽车工业总公司今天在京成立。

12日

国务院副总理姚依林在接见国务院税收财务物价大检查工作组全体成员时，对1989年大检查工作进行了总结。从去年9月到12月底，工作组共查出应交财政金额88.2亿元，已补交入库66.54亿元。

16日

《人民日报》报道，我国包装工业去年克服种种困难，创工业总产值275亿元，实现利税47.2亿元，分别比上年增长7.5%和5%。中国包装总公司总经理陆江提出，增加有效供给、出口创汇和减少商品损失，是治理整顿时期包装工业发展的主导方向。据介绍，我国目前每年因包装不善所造成的损失仍在140亿元以上。

18日

国务院总理李鹏签署国务院第48号令，发布《法规、规章备案规定》，自发布之日起施行。

21日

《人民日报》发表国家统计局关于1989年国民经济和社会发展的统计公报。公报内容包括：农业、工业、固定资产投资和建筑业、运输邮电、国内商业和物资供销、对外经济贸易和旅游业、科学技术、教育文化、卫生体育、人民生活、人口等十一个方面。

22日

全国审计工作会议透露，全国审计机关组建6年来为国家增加财政收入116亿元。

23日

国务院办公厅日前发出通知，要求各地进一步清查“小金库”。

24日

全国物资工作会议在京举行。会议提出要建立起高效、通畅、可调控的物资流通体系。

27日

国务院副总理田纪云在全国商业厅局长、供销社主任会议上强调，商业部门要努力保持市场稳定和繁荣。

根据国务院指示精神，中国人民银行总行作出决定，增加80亿元信贷资金，用于支持大中型骨干企业流动资金急需，进一步帮助企业清理“三角债”。

3月

2日

国务院发布关于修改《全民所有制工业企业承包经营责任制暂行条例》第二十一条的决定。

李鹏总理令，发布《盐业管理条例》，自发布之日起施行。

3日

《人民日报》发布国务院关于修改《全民所有制小型工业企业租赁经营暂行条例》第二十二条的决定。

4日

由中国企业管理协会、中国企业家协会主办的1989年度全国企业管理优秀奖（金马奖）评选揭晓，山西大同矿务局、东北制药总厂、上海正泰橡胶厂、望亭发电厂、青岛电冰箱总厂、武汉钢铁公司、株洲冶炼厂、铁道部眉山车辆工厂、邮电部成都电缆厂、西北国棉五厂等十家企业获奖。

国务委员王丙乾在工交企业财务工作会议上要求，企业财务当前要抓好五件事：一是要抓好扭亏增盈；二是管好用好各种资金；三是整顿财务会计秩序；四是强化企业经济核算；五是继续深化企业财务改革。

5日

由国务院企业管理指导委员会办公室召开的45家国家一级企业座谈会近日在上海举行。会议提出，当前加强企业管理必须从四个方面着手：一要积极调整产品结构，提高产品质量，降低成本；二要强化企业管理基础工作，搞好现场管理；三要加强思想政治工作，推进民主管理，充分调动广大职工的积极性；四要抓好全员培训，全面提高职工素质。

中共中央顾问委员会副主任薄　波在中华全国手工业合作总社理事会三届二次会议上提出，发展城乡集体经济是长远政策。

8日

国家烟草专卖局发出紧急通知，要求立即停止非法进口和采购烟用滤嘴材料的活动。

9日

全国清理整顿公司领导小组办公室负责人披露4起公司违法违纪案件，其主要责任者均被依法处理。

10日

由中国企业管理协会、中国企业家协会主办的第三届全国优秀企业家（金球奖）评选揭晓，马东、王志武、王锡贵、王瑞章、丘继超、刘金堂、刘铁军、迟建福、曲有义、仲伟先、汪志钧、吴民展、吴沈铎、祝友文、赵忠玉、贺端湜、侯树庭、高春花（女）、褚时健、蔡超群等20名厂长（经理）获得全国优秀企业家荣誉称号。

12日

新近中国工商银行在威海市召开了协助企业搞活产成品、商品积压资金调研会，提出今年流动资金贷款在大力支持工业生产尽快有所回升的同时，要向商业和物资供销部门倾斜，支持国营商业和国家物资供销企业，帮助企业扩大产品销售、增加合理贮备。

13日

中国信息协会今天宣告正式成立，宋平、方毅等领导同志发来题词、贺信表示祝贺。

我国彩色显像管生产设备国产化取得重大突破：两条国产化程度最高的彩管生产线在陕西显像管总厂建成投产，这标志着我国彩管生产设备国产化能力已由过去的零跃升为49%。

14日

中国人民银行、中国工商银行、中国农业银行、中国银行、中国建设银行召开全国银行电话会议，部署上半年金融工作，强调各地银行继续贯彻货币信贷紧缩方针，适当扩大贷款规模调低贷款利率。

《人民日报》报道，南京扬子石化公司年产量居世界首位的45万吨芳烃联合装置投料试车成功。至此，投资66.8亿元的扬子乙烯工程经过5年多的建设已全部按时建成投产。

能源部部长黄毅诚宣布，我国已进入世界能源大国行列，到去年一次能源总产量已达10亿吨标准煤。

15日

国务院决定今日起提高铁路和水运货物运价，同时适当调低国产彩电的消费税。

21日

七届人大三次会议在京开幕，李鹏总理代表国务院向大会作政府工作报告。报告指出，治理整顿、深化改革在7个方面取得成效，国民经济正在向好的方面发展；今后经济体制改革的重点是深化企业改革和健全宏观调控体系，计划经济与市场调节相结合；加强社会主义民主法制建设，有领导有步骤地推进政治体制改革。

国务委员王丙乾在3月21日向七届人大三次会议作的报告中说，去年国家预算执行情况较好，财政收入超额完成国家预算，基本上保证了建设和改革的资金需要。报告提出了今年国家预算安排的主要原则。

22日

关税及贸易总协定发表的一份国际贸易形势报告表明，在过去10年里，中国在出口方面取得了显著成就，在全世界出口国中的地位由第32位跃居第14位，上升速度居全世界之首。

23日

国务委员兼国家计划委员会主任邹家华在七届人大三次会议作报告指出，1989年国民经济和社会发展计划的执行情况比较好，国民经济在治理整顿和深化改革中正朝着好的方向发展。连续几年的经济过热已经降温，过大的固定资产投资规模有了压缩，通货膨胀得到控制，全国零售物价上涨幅度逐月降低，社会生产保持适度增长。但是经济生活中还存在着不少问题和困难。报告中还提出了1990年我国国民经济和社会发展计划的主要目标和任务。

24日

经国务院同意，国务院办公厅转发了国家工商行政管理局《关于加强工商行政管理工作的报告》，并通知各地贯彻执行。

25日

《人民日报》报道，到1989年底，我国批准的外商投资企业已有2.2万多家，外商协议投资金额337亿美元，实际投入154亿美元。

28日

《人民日报》报道，1982年以来，国家先后确定了314项重大工程为国家重点建设项目，其中的重点是能源、原材料和交通运输业。8年间全部或部分建成投产的项目已达180项，其余项目也进入了土建安装或设备安装阶段。

31日

《人民日报》报道，从开始治理整顿公司到今年3月底止，全国已确定撤并公司8万多个，撤并的公司主要是流通领域过多过滥的公司和党政机关开办的公司。在清理整顿公司中，全国查处公司违法违纪案件9.58万多件。

4月

1日

《人民日报》报道，由地方企业自筹资金投资17亿元建设的上海30万吨乙烯吴泾工程已开通全流程。该工程建成投产之后，年产值达10亿元，为国家创汇3500万美元。

2日

中共中央办公厅日前复函民建中央办公厅表示，民建五届二中全会向中共中央提出的《关于解决全民所有制大中型企业当前几个问题的建议》，对进一步搞好治理整顿、深化改革，解决当前大中型骨干企业在发展中所面临的主要问题，具有重要的价值。复函还通报了国务院有关部门对民建《建议》的落实意见。

3日

国务院日前决定在全国范围内开展清理“三角债”工作，成立以邹家华为组长的国务院清理“三角债”领导小组。国务院指出，清欠工作要与启动、促进当前工交生产相结合，与贯彻国家产业政策、调整产业和产品结构相结合，与加强资金管理制度建设相结合，与推动搞活市场相结合。

农业部决定1990年在全国乡镇企业开展“企业管理年”活动。

4日

国务院最近向各省、自治区、直辖市人民政府和国务院各部委、各直属机构发出《关于1989年各地区物价控制情况的通报》，对完成1989年国家下达的物价控制目标的十一个省和直辖市进行了表彰。

第七届全国人民代表大会第三次会议通过了《中华人民共和国香港特别行政区基本法》，共九章一百六十条，自1997年7月1日起实施。还通过了关于修改中外合资经营企业法的决定等。

7日

李鹏总理主持召开国务院第57次常务会议，讨论了关于“八五”计划和十年规划的拟定工作问题；讨论并原则通过了《吸收外商投资成片土地综合开发经营暂行管理办法》。

我国首次成功地用自行研制的运载火箭完成为国外发射商用卫星的服务。国务院电贺“亚洲一号”卫星发射成功。

中国企业管理协会、中国企业家协会在人民大会堂举行颁奖大会，授予1989年度10个全国企业管理优秀企业以“金马奖”，20名全国优秀企业家以“金球奖”。中共中央总书记江泽民、国务院总理李鹏出席颁奖大会，为获奖单位和个人颁奖并发表重要讲话。江泽民指出，坚持“一个中心，两个基本点”，是使企业沿着社会主义道路前进的保证。因此，作为企业的领导者，不仅要抓生产，还要抓思想政治工作，物质文明建设和精神文明建设一起抓。李鹏在讲话中指出，我们讲全心全意依靠工人阶级，就包括了公有制企业的企业家在内。因为企业家本身是企业的管理者，也是工人阶级的一员。社会主义企业家与资本主义企业家的根本不同就在于，社会主义企业家的利益与广大工人的利益是一致的，与国家的利益也是一致的。办好企业要依靠工人阶级，企业的领导者也是一支不可缺少的力量。工人阶级最具有组织纪律性，这种组织纪律性必须建立在自觉遵守的基础上。因此，企业的领导者不但要学会指挥生产技术、经营管理，还要学会做职工的思想政治工作，做群众工作，和广大工人群众心连心，真正成为他们当中的一员。希望企业界的同志们为治理整顿和深化改革，为国民经济逐步恢复而努力工作。要通过加强管理，节约原材料，开发新产品去开拓市场，通过治理整顿这一机遇，把中国的企业管理真正提到一个新水平，党和国家对你们寄予了殷切希望。

8日

全国重点建设工作会议今天在京召开，国务委员兼国家计委主任邹家华在会上强调，要优先保证国家重点建设项目。

14日

由国务院企业管理指导委员会、国务院生产委员会召开的全国企业管理工作座谈会在青岛市举行。国务院企业管理指导委员会主任张彦宁同志作了题为《在治理整顿和深化改革中加强企业管理提高经济效益》的讲话，对企业管理工作现状作了基本评价：企业管理意识不断增强，企业经营机制不断完善，企业管理基础工作不断加强，企业管理现代化取得了新进展，企业管理干部和职工培训工作取得很大成效，开展企业升级促进了企业素质的提高。对1990年加强企业管理工作提出几点意见：提高经营决策能力，搞好经营战略；加强各项专业管理和基础工作；加强生产现场管理；继续推进企业管理现代化；深入开展合理化建议活动；进一步搞好企业升级工作；加强思想政治工作，全心全意依靠工人阶级办好企业。讲话还对“八五”期间加强企业管理作了初步设想。国家计委副主任、国务院生产委员会主任叶青同志出席会议并讲了话。

15日

经国务院批准，中国人民银行决定从今日起适当降低部分存款利率。

为提高经济合同履约率、减少合同纠纷、整顿流通秩序，我国将从今年10月1日起在全国逐步推行经济合同示范文本制度。

第三次全国法制宣传教育工作会议在人民大会堂召开，会议认真总结了过去五年普及法律常识工作的经验，研究制定第二个五年普法规划。

全国总工会11届6次主席团会议在吉林市结束，通过了《关于动员全国职工广泛开展合理化建议和发明创造活动的决议》，号召全国广大职工在各行各业广泛、深入地开展这项活动。

18日

国家商检局局长朱震元4月18日宣布，我国将于5月1日起对汽车等九种进口商品实施质量许可证制度。

19日

《人民日报》报道，最近，上海30万吨乙烯工程建成投产；宝钢二期工程冷轧、连铸建成投产，热轧负荷试车；上海大众汽车有限公司全面建成。国务院总理李鹏4月16日、17日、18日、分别参加了三项重点工程的庆祝大会，并发表了重要讲话。

李鹏总理在上海大众汽车有限公司成立五周年大会上的讲话中宣布：中共中央、国务院同意上海市加快浦东地区的开发，在浦东实行经济技术开发区和某些经济特区的政策。

20 日

全国计算机与应用产品展览交易会在北京展览馆举行，来自全国 21 个省、自治区、直辖市的近 200 家企事业单位参展。

21 日

国务院企业管理指导委员会和国务院生产委员会发出《关于制订〈九十年代企业管理现代化纲要〉和评审全国企业管理现代化创新成果的通知》并发布了《全国企业管理现代化创新成果评审暂行办法》。

1989 年全国十大最佳生产型合资企业评选活动 4 月 24 日揭晓。新疆天山毛纺织品有限公司等十一家企业入选。评选活动由经济日报、中华工商时报、中国市场出版公司主办。

24 日

中华全国总工会发布 1989 年群众生产及群众技术活动成果公报说，去年各地开展的劳动竞赛和合理化建议、技术革新活动创造的经济效益，总计达 256 亿元。

国务院举行第 58 次常务会议，会议在姚依林代总理主持下，讨论并原则通过了《中华人民共和国烟草专卖法（草案）》，决定将这一草案进一步修改后提请全国人大常委会审议。

25 日

中国民主促进会中央 4 月 23 日至 25 日在北京召开乡镇企业整顿与发展研讨会提出，民进中央和各级组织要努力为乡镇企业发展多做咨询培训工作。

我国企业民主管理有新进展，截至去年底，全国已有 37.1 万个企事业单位建立了职工代表大会制度。职代会在审议企业重大决策、监督行政领导和维护职工权益等方面发挥越来越重要的作用。

国务院最近批准，并由国务院办公厅转发了商业部《关于集体商业经营批发和个体商业从事长途贩运、批量销售业务有关问题的意见》。

27 日

中国远洋运输总公司经过 29 年的艰苦奋斗，发展为拥有和经营 600 多艘船舶，1400 多万载重吨，包括集装箱船、滚装船、油轮等门类齐全的混合船队，成为世界上屈指可数的大型航运公司之一。

1990 年全国五一劳动奖章、五一劳动奖状获得者进京代表和全国总工会劳模报告团全体成员向全国职工发出倡议书。

经国务院批准，中国人民银行公布了《境外金融机构管理办法》，这一办法将从发布之日起实施。

30 日

上海市政府召开新闻发布会，宣布开发浦东的十项政策。

5 月

1 日

国务院最近批准同意国家计委、国务院生产委员会《关于对二百三十四户重点骨干企业试行“双保”办法的报告》。报告确定的 234 户“双保”企业，1990 年计划工业总产值为 1926 亿元，占全国大中型企业产值的 46%，上交利税 385 亿元，占预算内工业企业上交利税总额的 35.2%。企业保证完成对国家承担的任务，国家基本保证企业外部生产条件。

5 日

国家计委组织的“第三届全国设备管理优秀单位”评选工作结束。吉林化学工业公司、上海彭浦机器厂等 224 个单位入选。

6 日

人民银行决定采取五项措施支持经济稳定发展：一、加强对信贷资金和贷款规模的调度，强化利率管理；二、适当增加对流通领域的贷款投入，对国营流通企业收购计划商品所形成的超储贷款，银行不加收利息；三、帮助清理部分基本建设拖欠款，适当增加部分基本建设贷款，补充能源、交通、基础原材料行业中今年可以竣工投产的国家计划内基建项目资金不足部分，并紧密结合清理基本建设项目拖欠款；四、适当增加对产品销路好、经营有效益、不与大企业争原料的中小型企业、城镇集体企业、“三资”企业和乡镇企业的贷款支持；五、搞活同业拆借，加强短期资金余缺的调剂。

由中央组织部、国家体改委、人事部共同举办的大型骨干企业领导干部研究班开班。

8 日

深圳市公开出售 4 家国营企业，允许国内外企业和个人购买。

9 日

全国税务工作会议开幕，国务委员王丙乾到会并讲话。指出目前企业和国家财政都面临一些困难，税务系统突出要抓促产增收，但重点要放在帮助企业挖掘内部潜力，改善经营管理，提高经济效益上。

11 日

国务院举行第五十九次常务会议，审议并通过了《乡村集体所有制企业条例（草案）》。

15 日

中国职工思想政治工作研究会第六次年会在广州召开。中共中央总书记江泽民、国务院总理李鹏给大会发了贺信。中国职工思想政治工作研究会会长袁宝华讲了话。

国家国有资产管理局举办的国有资产管理国际研讨会在深圳举行。

17日

《中华人民共和国标准化法实施条例》发布。

19日

中共中央政治局常委李瑞环在中国职工思想政治工作研究会第六次年会上讲话，强调指出要科学认识思想政治工作的地位和作用。

中宣部、国家计委、全国总工会联合表彰了100家1989年度“全国思想政治工作优秀企业”和100名“优秀企业思想政治工作者”。

国务院发布《中华人民共和国城镇国有土地使用权出让和转让暂行条例》，共八章五十四条，自发布之日起施行。

国务院发布《外商投资开发经营成片土地暂行管理办法》，共十八条，自发布之日起施行。

21日

全国建设银行重点项目财务资金管理暨表彰先进工作会议在北京召开。国务委员李贵鲜、国务委员王丙乾到会并作重要讲话。据统计，建行四年来按照国家计划经办重点项目308个，累计经办投资160亿元，为一大批重点项目建成投产、发挥效益提供了必要条件。

22日

国务院发展研究中心国际技术经济研究所和美国东西方中心共同举办的亚太地区技术与经济合作研讨会在北京开幕。

化工部召开全国化工工业科技进步工作会议，国务委员、国家科委主任宋健在会上指出，化工行业要进一步改变高消耗、低效益的粗放型经济，逐步转变为低消耗、高效益的集约型经济。

23日

农业部发出通知，要求坚决制止并纠正随意平调乡镇企业财产、改变乡镇企业所有制性质和隶属关系的做法，切实保护乡镇企业的所有权、经营权。

24日

全国电力技术改造与技术进步工作会议召开，会议要求，要改变重基建、轻技改的现状，把技术改造和技术进步真正摆到重要位置上来。

25日

经国务院批准，由国家保密局局长沈鸿英签发的《中华人民共和国保守国家秘密法实施办法》发布施行，共五章四十一条。

国务委员王丙乾在全国财政科研工作会议上强调，作为国家财政，一定要为我国的政治稳定、经济稳定和社会稳定提供尽可能多的财力支持和强有力的政策调控。当前，一定要正确处理稳定和改革、发展的关系。

30日

国务院发布《中华人民共和国一九九〇年国库券条例》，共十五条，自发布之日起施行。

国务院发布《中华人民共和国一九九〇年特种国债条例》，共十一条，自发布之日起施行。

31日

《人民日报》报道，北京市企业劳动制度改革正在稳步推进，全市13家国营和大集体企业试行全员劳动合同制，包括厂长、经理在内的1.1万名职工全部已由固定工改为合同制职工，端掉了“铁饭碗”。

6月

2日

国务委员李贵鲜在陕西调查研究时指示，今年工业贷款增加较多，但对生产启动并不明显，企业仍感资金紧张，一个很重要的原因就是产成品积压占用资金过多，因此必须继续做好工业品下乡工作、进一步在搞活市场上下功夫。

3日

国务院发布《中华人民共和国乡村集体所有制企业条例》，共八章四十五条，自1990年7月1日起施行。

4日

国务院最近批准了16个大中型电力项目开工建设，总投资为93亿元，全部建成后将增加电力装机容量590万千瓦。

7日

《人民日报》报道，吉林省总结经验，深化改革，不断完善和发展承包经营责任制，大部分企业已签订了新一轮承包合同。在新一轮承包中，进一步完善了企业约束机制，主要实行两包一挂，承包基数更趋合理。

国务院副总理田纪云在中日投资促进委员会成立大会上指出，中国将进一步改善投资环境，积极、放手、稳妥地吸收外商投资，引进先进技术。

全国治理整顿医药市场工作会议开幕，国务委员李铁映在会上指出，对制售假劣药品的不法行为和一切非法经营活动，要予以严厉打击。

国务院发布《国务院关于修改〈征收教育费附加的暂行规定〉的决定》，自1990年8月1日起施行。

8日

我国最大的钾矿采选联合生产企业——青海钾肥厂一期工程竣工正式投产。这项年产20万吨钾肥的工程投产后，将缓解我国钾肥紧缺的状况。

12日

国务院在北京召开部分有色金属矿产管理工作会

议。

13 日

国务院最近批准了国家体改委《关于在治理整顿中深化企业改革强化企业管理意见的通知》。国务院批示指出，各地区要继续坚持和完善企业承包经营责任制，按照《全民所有制工业企业承包经营责任制暂行条例》和国家体改委《在治理整顿中深化企业改革强化企业管理的意见》的要求，认真搞好下一步企业承包的衔接工作。各个企业，特别是大中型企业，要进一步完善内部经济责任制和各项配套改革措施，加强各项管理基础工作，推进管理现代化。国家体改委在《意见》中，针对治理整顿期间继续深化企业改革，强化企业管理，提高经济效益，提出了以下主要意见：1. 继续坚持和完善企业承包经营责任制。2. 强化企业约束机制。3. 千方百计增强大中型企业的活力。4. 深化企业内部配套改革。5. 加强企业管理，提高企业素质。6. 采取有效措施，促进企业组织结构调整。7. 继续进行股份制和税利分流试点。

《人民日报》报道，今后 5 年国家要陆续投资 8 亿元对全国 350 个小化肥厂进行技术改造，重点推广节能新技术。

15 日

由全国 28 个省、市、自治区的 54 家物资贸易中心联合举办的全国生产资料交易大会日前在天津闭幕，这次交易会共投放物资总值近 50 亿元，成交物资价值达 4.02 亿元。

首届中国对苏联、东欧国家经济贸易洽谈会在哈尔滨闭幕。洽谈会共签订易货合同额 18 亿瑞士法郎，签订易货协议额 20 多亿瑞士法郎。

22 日

国务院总理李鹏签署国务院第 61 号令，公布《中华人民共和国防治陆源污染物污染损害海洋环境管理条例》。条例从 8 月 1 日起开始施行。

23 日

山东莱阳化肥厂因虚报数据情节严重，被化工部撤销国家二级企业称号。

25 日

国务委员王丙乾在七届全国人大常委会第十四次会议上作“关于 1989 年国家决算的报告”。报告说，我国财政完成情况与预计执行数比较，总收入增加 28.67 亿元，总支出增加 25.65 亿元，财政赤字减少 3.02 亿元。

27 日

国务院最近就批转国家计委和清理固定资产投资项目领导小组关于继续搞好清理固定资产投资项目工作报告发出通知，要求各地区、各部门主要领导同志认真贯彻党的十三届五中全会提出的“控制总量、调整结构、整顿秩序、提高效益”的方针，对控制固定资产投资规模，调整投资结构，整顿建设秩序的工作，必须予以高度重视，并采取措施抓紧抓好，不能放松。

我国第一辆流线型豪华大客车最近由四川省乐山客车厂研制成功，时速可达 110 公里以上。

国家审计署、人事部和中国财贸工会联合召开全国审计机关劳动模范、先进集体电话表彰大会。李鹏总理代表党中央、国务院致信大会表示热烈祝贺。

28 日

历时九天的七届全国人大常委会第十四次会议在人民大会堂闭幕。会议通过了关于批准一九八九年国家决算的决议和其他多项决定。

7 月

2 日

能源部和中国统配煤矿总公司在山西潞安矿务局召开全国煤炭系统学习石圪节煤矿现场会议。江泽民、李鹏等为石圪节煤矿题了词，号召弘扬石圪节煤矿艰苦奋斗、勤俭办矿的优良矿风。国家计委主任邹家华在会上作了重要讲话。

“海峡两岸贸易投资研讨会”在北京举行。国务院副总理吴学谦代表国务院到会祝贺。江泽民、李鹏等会见了出席会议的全体代表。

3 日

国务院总理李鹏在会见苏联经济改革代表团时，把中国经济体制改革的主要经验归纳为两条：改革与发展相结合；改革不能急于求成。他说，今后要着重调整经济结构，提高经济效益。政府已决定发放专门贷款，促进技术改造。现在要特别注意防止盲目追求生产速度，扩大基建规模的倾向。国家要加强对地方与企业在产业政策方面的导向，使经济真正朝着持续、稳定、协调的方向发展。

4 日

大陆海峡两岸经贸协调会和台湾的海峡两岸商务协调会在北京举行第 2 次会议。会议同意各自设立调解仲裁、商标专利、法律服务、工商咨询 4 个专业委员会，并原则通过了《调解规则》。

国务院环境保护委员会第 18 次会议在北京召开。会议指出，我国政府十分重视环境保护，已将其作为一项基本国策，坚持社会经济和环境保护协调发展的方针。

6 日

国家工商行政管理局发布《关于公司撤并后有关事项的通告》，对撤并公司善后工作作出具体规定。

7 日

李鹏总理签署国务院第62号令，公布《中华人民共和国防治海岸工程建设项目污染损害海洋环境管理条例》。条例总共34条，从8月1日起实施。

中国外商投资企业协会召开“全国外商投资企业出口创汇先进表彰大会”，831家企业受到表彰。李鹏总理写信向参加大会的中外企业家表示祝贺。

10日

经国务院批准，国家物价局等部门联合发出通知，决定今日起适当提高洗衣粉、肥皂价格。

全国国外经济技术合作工作会议透露，10年间，我国已对外签订承包工程和劳务合同10634项，合同金额达128亿美元，累计派出劳务人员36万人次，项目分布在133个国家和地区。

11日

国务院第九次全体会议召开，李鹏总理在会上强调，为了促进当前经济形势进一步向好的方面发展，国务院决定采取以下的措施：第一，在适当的时候，通过微调的办法，适当降低贷款利率，减轻企业负担，为企业创造更为宽松的环境，同时要实行差别利率，以利于贯彻国家的产业政策，合理调整结构；第二，继续保持物价基本稳定；第三，银行适当增加更改贷款，定向用于节约能源和材料、开发新产品以及花钱少、收效快的技术改造项目；第四，进一步清理三角债，着重解决重点建设资金不足，以及由此而引起的一系列相互拖欠的问题；第五，大力支持秋季农业生产，争取全年农业获得一个好收成。

国务院最近发出《关于加强国有资产管理工作的通知》。通知要求各省、自治区、直辖市人民政府和国务院各部门，把国有资产的管理作为治理整顿和深化改革的一项重要工作，采取有效措施，切实抓出成效。

13日

国务院清理“三角债”会议日前闭幕。会议宣告，我国清理“三角债”工作取得了良好效果。到6月底，各省市区内的“三角债”已清理784亿元，对缓解当前企业资金紧张状况和促进上半年经济发展起了重要作用。国家计委主任邹家华要求各地树立全局观念，做好下阶段清欠工作。国务院已决定从8月1日起开始全国清理“三角债”工作。

新华社报道，截至今年上半年，全国28个省、自治区和直辖市1989年第一轮承包到期工业企业中，已有77%的企业进入了第二期承包。新一轮承包的形式主要有两种：一种是实行承包滚动、顺延，承包期限顺延一至二年。另一种是重新实行承包，承包期限一般为三年。此外，还有一些企业试行税利分流或其他办法。

上海的永久、凤凰集团和联合自行车公司结束“三足鼎立”局面，宣布正式成立上海自行车（集团）公司。

经国务院批准，劳动部颁布了《工人考核条例》。这是劳动管理和培训的一项重要行政法规。按此搞好考核工作，客观地确定工人的劳动技能、生产工作成绩和实际贡献，可以为企业合理地进行劳动组合、工资分配、安全生产、人才培养和使用提供准确、科学的依据。

15日

全国财政工作会议在北京闭幕。会议强调，必须坚持财政、信贷的“双紧”方针。

国务院批准今年新开工的16个大中型电力项目之一的郑州热电厂扩建工程正式动工。

18日

国家计委副主任盛树仁日前在烟台闭幕的第三次全国省级计委、经委科技计划工作会议上强调指出，制定“八五”科技计划的基本思路是科技和经济相结合，要抓好两个环节：一是宏观计划，二是企业。

经国务院批准，物资部决定采取切实措施，有效解决外商投资企业所需物资的供应，推动改革开放，促进三资企业发展。

20日

国家统计局发言人说，我国经济运行越过低谷，夏季粮油丰收，工业逐步回升，物价涨幅缩小，但面临困难仍很多。

23日

经贸部新闻发言人说，今年上半年我国进出口贸易继续保持较好的发展势头，1至6月份，进出口贸易总额达373.8亿美元，比去年同期略有增长。其中出口240.5亿美元，比去年同期增长21.7%；进口133.3亿美元，比去年同期下降23.7%。商品结构得到合理调整，国际支付能力增强。

25日

《人民日报》报道，厦门特区目前已有100多家外资企业成立了工会，占应建立工会组织企业的70%。

国内目前规模最大的生产资料交易市场——成都市“生产资料一条街”建成。

26日

中国社会科学研究生院、企业家报和中国企业管理协会联合在北京召开“知名经济学家和优秀企业家深化企业改革座谈会”。

28日

国家计委在北京召开大会，表彰吉林化学工业公司、上海彭浦机器厂等224个第3届全国设备管理优秀单位。

据新华社消息，我国投资18亿元安排的100项重点工业性试验正按计划进行，目前已有35项通过了鉴定验收并转向工业生产，此举对促进我国企业技术进步将起到重要作用。

29日

国务院生产委员会在北京召开全国生产工作会

议。会议主要议题是：启动市场，促进生产；搞活企业，提高经济效益；更好地开展“双增双节”运动；发挥地区协作优势，打破地区封锁。国务委员兼国家计委主任邹家华在会上作了《以提高经济效益为中心，促进工交生产持续、稳定、协调发展》为题的讲话。

30日

中国企业管理协会、中国经济法研究会、首都企业家俱乐部、首都钢铁公司在北京联合举办“纪念《企业法》实施两周年座谈会”。

31日

第三届全国十大最佳合资企业(生产型)评选颁奖大会今天在人民大会堂举行，李鹏总理写信祝贺。

经国务院批准，自今日起提高国内邮政资费。

8月

1日

全国铁路安全生产最高纪录保持者临汾铁路分局，截至7月31日，实现安全生产无责任行车重大、大事故3500天，继续名列全国56个铁路分局之首。

国家统计局、国家计委、财政部和中国人民银行公布全国上半年8项重要经济指标。今年上半年整个社会需求已转向正常增长，但工业经济效益仍未有明显好转。

据海关统计，今年上半年我国外商投资企业出口继续大幅度增长，达到29.9亿美元，比去年同期增长63.4%。

2日

国务院总理李鹏在全国生产工作会议上作重要讲话，强调要把提高经济效益和结构调整放在首位。

4日

国务院办公厅日前就国务院清理“三角债”领导小组《关于在全国范围内清理企业拖欠货款实施方案》发出通知。

由国家体改委主办的“市场管理国际研讨会”在北京首都宾馆开幕。这次研讨会得到了联合国开发计划署的支持。

中国人民保险公司新任总经理李裕民近日在全国保险工作会议上宣布：为了解决企业资金短缺的困难，对保额达到1亿元以上的企业，保险公司可以实行无赔款返还、费率优惠和分期交纳的办法。

8日

国务院新近发出《关于贯彻国家产业政策对若干产品生产能力的建设和改造加强管理的通知》，以控制若干产品盲目扩大生产能力。通知作出了三项规定，还列出了控制建设和改造生产能力的产品目录。

上海市浦东新区内第一家注册的中外合资企业——上海东昌、大和衡器有限公司正式开业。

10日

姚依林副总理主持召开国务院第66次常务会议，讨论并原则通过《中华人民共和国固定资产投资方向调节税暂行条例（草案）》及列有税目税率的附件。

13日

经民政部批准，中国燃料流通协会在北京成立。

国家计委、中国石油化工总公司、国家工商行政管理局近日联合发出通知，加强石油成品油(汽油、煤油、柴油和润滑油）市场的管理和整顿。

16日

国务院发出《关于开展1990年税收财务物价大检查的通知》。

海关总署决定从9月1日起适当调整进出口货样、广告品的免税额。

19日

李鹏总理签署国务院令，发布《国务院关于鼓励华侨和香港澳门同胞投资的规定》，自发布之日起施行。

20日

国务院清理“三角债”领导小组作出决定，对全国500多个重点基建项目拖欠款进行集中清理。

21日

国家统计局根据1989年工业企业实绩，从由1.2万家企业组成的“国家队”中排列固定资产净值和利税总额各前500名。东北电力总公司、首都钢铁公司分别以146.83亿元资产净值和25.27亿元利税名列榜首。

经国务院批准，中国人民银行适当调整存贷款利率。调整幅度是在现行利率的基础上，平均下调1.08个百分点。

25日

国务院发展研究中心《管理世界》中国企业评价中心和国家统计局工业交通统计司联合发布“中国500家最大工业企业及行业50家评价”。结果表明，1989年500家最大工业企业的工业总产值、销售额同1988年的500家相比，分别增长了19.5和17.2个百分点。这说明我国企业的经营规模有所扩大，大型企业在国民经济发展中的作用日益突出。

广东省各界人士在广州聚会，庆祝经济特区创办十周年。

27日

据新华社消息，经国务院同意，国务院办公厅最近转发了国家计委《关于国家产业政策贯彻执行情况和下一步工作意见的报告》要求进一步贯彻执行国家产业政策，努力改善我国产业结构、产品结构的不合理状况。

29日

全国范围清理企业拖欠货款工作已进入企业承付货款阶段。为确保清欠工作的质量，国务院清理“三角债”领导小组日前发出通知，要求各地区、各部门切实加强领导，做好清欠工作。

铁道部决定授予郭志森等109人“全国铁路优秀思想政治工作者”称号。国务委员邹家华代表国务院向全国铁路政工会议和受到表彰的同志表示祝贺。

9月

7日

七届全国人大常委会第十五次会议通过了《中华人民共和国铁路法》以及关于批准两个国际劳工公约的决定。会议任命陈锦华为国家经济体制改革委员会主任，免去李鹏兼任的这一职务。

10日

国务院有关部门和上海市政府向中外记者宣布了开发、开放浦东新区的9项具体政策规定。

12日

国家工商局、经贸部发出通告，宣布“海南华夏国际投资开发集团”为非法经济组织，予以取缔。

经国务院同意，国家计委和机械电子工业部联合作出规定：根据国务院关于经济体制改革的总体要求，决定由机械电子工业部牵头负责组织全国机电工业全行业统筹规划并实行全行业管理的职能。

14日

据新华社消息，蓬勃开展的职工合理化建议活动，使江苏省工业企业每月获得经济效益7000万元。据江苏省总工会统计，今年1至7月份，全省有287万职工参加了合理化建议活动，提出合理化建议81万多件。到7月底为止，已实施17万多件，仅节约煤、电、油的直接经济效益就达4.8亿多元。

17日

新华社报道，各地全力帮助企业顺利进入第二轮承包。广东90%以上厂长（经理）签订承包合同。

北京石景山热电厂全部建成，李鹏总理参加了剪彩仪式，并强调我国电力企业要提高经济效益，节约能源，为社会主义现代化建设做出贡献。

20日

《人民日报》报道：今年是“七五”计划的最后一年。今年已经竣工和预计建成的国家重点建设项目将达30个，相当于“六五”计划期间投产项目的总和，加上“七五”头四年竣工投产的87个项目，共计117个，比“六五”期间增加2.8倍。

国务院近日批转了邮电部《关于加强通信行业管理和认真整顿通信秩序的通知》。

27日

国家统计局公布今年1—8月份六项重要经济指标并指出，随着宏观调控力度松动措施的逐渐见效，前阶段经济发展中需求不足的矛盾逐步有所缓解。投资需求、消费需求均呈现回升的趋势。更新改造投资下滑趋势已扭转，但工业经济效益不理想的局面仍未改观。

经贸部外资司负责人确认，今年1—7月，平均每月批准外商投资企业492家，大连、天津、福建、广东、海南等地，出现了外商成片开发的新势头，上海浦东开发区更是国外投资者瞩目的新热点。

中国企业管理协会会长袁宝华主持召开“提高劳动生产率问题座谈会”。

1990年度国家质量奖评选在京揭晓：31个企业荣获国家质量管理奖，367项产品分别获得金、银奖，27项工程分别获得金、银奖，62件工艺美术品获得百花奖。

28日

我国第一台高速客运电力机车近日在株洲制成。从此我国铁路电力机车形成了客运有高速，货运有重载的完整格局。

10月

1日

“经济合同示范文本制度”今日起在全国推行。

8日

国家体改委等单位组织召开的企业管理应用计算机国际讨论会暨全国第六次企业管理应用计算机讨论会在杭州临平举行。会议的主题是企业管理如何向计算机应用要效益。

国务院副总理田纪云在全国纺织工业质量工作电话会议上，就进一步提高产品质量问题发表讲话，要求各方协作提高产品质量。

10日

由国务院发展研究中心等单位召开的“社会主义经济改革理论讨论会”在北京举行。经济理论工作者和大中型企业负责人近百人到会，国家经济体制改革委员会主任陈锦华在会上讲话强调，改革的深入非常需要理论指导。

据新华社消息，我国物资流通领域中第一家综合商社式企业集团—苏州物资集团公司日前成立。由物资部、国家体改委、国务院发展研究中心和江苏省政府联合在苏州进行的这一物资体制改革试点，将为我国流通领域的改革探索一条新路。

15日

国家经济体制改革委员会主办的《中国经济体制

改革》杂志第十期上，刊登了国家体改委主任陈锦华回答该刊记者的提问。他指出，经济体制改革将向深层次推进，当前工作核心是研究建立计划经济与市场调节相结合的经济运行机制。

中国企业管理培训中心举办的由部分省市经济管理部门、国务院有关部委和企业参加的“税利分流研讨班”开学。

16日

为了坚决制止乱收费、乱罚款、乱摊派，中共中央、国务院作出十条决定：一是统一思想，提高认识，增强制止“三乱”的紧迫感；二是对现有的收费、罚款、集资项目和各种摊派进行全面的清理整顿；三是严格审核收费、罚款、集资项目和标准；四是坚决禁止各种形式的摊派；五是明确部门职责和管理权限，加强项目审批管理；六是建立健全收费、罚款和集资的财务、票证管理制度；七是精简机构，压缩人员，努力减少各种收费；八是切实加强监督检查；九是大力加强执法队伍的建设，努力提高执法人员的素质；十是切实加强对治理“三乱”工作的领导。

17日

国家科委、人事部、劳动部、物资部、国务院引进智力办公室、国家税务局、物价局、技术监督局、中国工商银行等9个部门，近日联合颁发了《国家级重点新产品试制鉴定计划管理规定》，对列入国家级试制计划的新产品实行更为优惠的政策。

20日

国家计委在江西省井冈山市召开的“全国工业品以工代赈计划会议”上宣布，党中央、国务院决定从1990年至1992年拿出价值15亿元的工业品开展以工代赈，扶助老、少、边、穷地区脱贫致富和经济开发。

1990年度国家质量奖暨电工电子产品展览荣誉授奖大会在北京举行。

中国化工进出口总公司召开“国际化经营专题研讨会”。国务院发展研究中心、国家体改委、国家计委、对外经贸部等部门的领导、专家、学者到会。会议主要议题是根据九十年代跨国公司现状和发展趋势、结合中国化工进出口总公司实施国务院批准试行国际化经营综合承包的情况，总结近三年来国际化经营管理的实践，探索具有中国特色的社会主义跨国公司的路子。

据新华社消息，国务委员兼国家计委主任邹家华最近强调，各地在制订“八五”国民经济和社会发展计划时，上建设项目要量力而行。

《人民日报》报道，广州市已在境外办企业101家。

23日

国务院最近批准了国务院联合清理拖欠税款领导小组《关于抓紧清理欠税的几点意见》，国务院办公厅近日向各省、自治区、直辖市人民政府，国务院各部委、各直属机构发出通知，要求认真贯彻执行，确保国家预算完成。

国家计委副主任盛树仁23日在全国技术改造工作会议上提出“八五”技改任务时说，初步设想“八五”技改的任务是围绕调整产品结构、提高经济效益，重点适应3个方面的需要：一是节约能源、降低原材料消耗；二是提高产品质量档次，发展名、优、新产品和短线产品的生产，增加有效供给；三是增加出口创汇，并通过消化吸收，实行进口替代以节约用汇。

国家科委会同国家税务局、国家物价局、中国工商银行、物资部等单位联合编制的1990年度国家级新产品试制鉴定计划，已审定计划项目1766项，其中达到国际先进水平和国际水平的885项，达到国内先进水平的794项。凡列入这一计划的项目，均可享受税收、价格等政策优惠。

全国厂长(经理)质量经营演讲与交流大会在北京召开。参会的84家企业是在报名的235家企业中经认真初评后推选出来的。

24日

国务院总理李鹏在人民大会堂会见了出席第10次企业管理国际讨论会的来自19个国家和地区的外国企业家。此次讨论会是由中国企业管理协会和世界经济论坛联合主办的。

国家统计局新闻发言人向中外记者通报我国前三个季度的经济形势。他宣布，国民经济的运行态势表明，制约生产和流通正常发展的某些矛盾逐渐有所缓解，经济回升加快，一至三季度国民生产总值为11977亿元，比去年同期增长2.7%。经济形势正进一步好转，促进了政治稳定和社会稳定。今年以来我国经济发生了五大变化：农业生产突破了前几年徘徊局面，夺得全面丰收；工业生产越过低谷，呈现稳定回升态势；重点建设加快，投资结构调整取得成效；国际收支状况明显改善，国家外汇储备回升；国内市场由降转升、物价比较平稳。当前我国经济运行中存在的突出问题是产品积压、效益下降、财政困难。

据新华社消息，甘肃省内组成各种形式的经济共同体，160多家大中型企业主动与地方小厂攀姻结亲，形成以大带小、以小促大、协同发展的新格局。

27日

国家计委副主任叶青在今天闭幕的全国技术改造工作会议上说，企业不搞技术改造就是短期行为。

中国企业管理协会信息中心与中国劳动学会在南昌联合召开“国营大中型企业劳动管理理论与实践研讨会”。

11 月

6 日

国务院总理李鹏会见日本企业家时说，中国的治理整顿工作取得了阶段性成果，工业生产保持着回升势头，改革开放今后将搞得更好、更完善。

国务院最近批转了劳动部、国家计委、财政部、国家税务局《关于加强城镇集体所有制企业职工工资收入管理的意见》。国务院指出，做好这项工作，有利于全国消费基金的宏观调控，有利于调动集体企业职工和领导的积极性并促进集体经济健康发展。

8 日

国务院总理李鹏会见参加“中国外商投资企业协会第二届会员代表大会”的全体代表。

国家统计局发布的工业生产快报表明，我国工业生产回升速度继续加快。1 至 10 月累计全国共完成工业总产值 15716 亿元，比去年同期增长 4.1%。10 月份完成工业总产值 1688 亿元，与上月及去年同期相比的增幅是近 10 年中最高的，分别达到 5.2%和 12.7%。

9 日

中国外商投资企业协会第二次会员代表大会闭幕。会议选举现任经贸部副部长沈觉人担任会长，14 名副会长中首次选出 4 名外方人士。来自欧美日等 18 个国家和地区的外籍代表到会。

10 日

国务院发出《关于打破地区间市场封锁进一步搞活商品流通的通知》。

国务院近日发出通知，要求认真抓好增收节支工作，确保完成今年国家预算。通知向各地区、各部门布置了六项工作。

对外经济贸易部近日召开全国经贸系统管理工作会议，表彰了 1990 年晋升为国家二级企业的 40 家企业。至此，全国经贸系统已有国家二级企业 69 个。

12 日

国务院总理李鹏签署国务院令，发布《中华人民共和国邮政法实施细则》，自发布之日起施行。

我国特大型化纤骨干企业仪征化纤公司今日全面建成投产，年产化纤能力 50 万吨，占全国产量的 1/3。国务院致电表示祝贺，国务委员邹家华专程前往剪彩。

21 日

国务院总理李鹏结束了对陕西省为期 6 天的考察。他在考察中指出，治理整顿取得了阶段性成果，下一阶段要把重点放到企业，进一步深化改革，加强管理，抓好技术革新，开发适销对路的品种，提高产品质量，降低生产消耗，集中力量提高企业效益。

《人民日报》报道，自 1987 年开展晋升国家二级企业活动以来，至今全国乡镇企业已有 117 家晋升为国家二级企业。今年有 57 家乡镇企业步入国家二级企业行列。

22 日

国务院总理李鹏签署第 67 号中华人民共和国国务院令，发布《国务院关于修改〈全民所有制矿山企业采矿登记管理暂行办法〉的决定》，对原暂行办法中的第 8、11、12、16 条进行了修改。同时还发布了《劳动就业服务企业管理规定》。两项决定均自发布之日起施行。

24 日

第一部反映我国设备管理与维修工作重大活动和丰硕成果的大型彩色图册——《第三届全国设备管理优秀单位荟萃》在上海举行首发式。江泽民、李鹏、李先念等为这本图册题了词。

国务院办公厅最近转发了《国务院环境保护委员会关于积极发展环境保护产业若干意见的通知》。

26 日

国务院国有资产管理局等 4 个部委局最近就加强承包企业国有资产管理问题作出 8 条规定，强调：在新的一轮企业承包中，要把国有资产保值增值指标纳入承包合同。

中共深圳市委和市政府隆重举行庆祝招待会，热烈庆祝深圳经济特区建立 10 周年。中共中央总书记江泽民出席庆祝招待会，并作重要讲话。彭真、邓颖超等同志致电祝贺。与会人士高度赞扬邓小平倡办经济特区的远见卓识。

上海证券交易所正式成立。这是新中国成立以来大陆第一家证券交易所。

28 日

江泽民、杨尚昆等党和国家领导人到珠海市，参加珠海经济特区建立十周年庆祝活动。

国家计委设立“国家级企业技术进步奖”，奖励在技术现代化、管理现代化、人才现代化方面有突出贡献的单位。

12 月

1 日

由国务院召开的全国计划会议今天闭幕，国务院总理李鹏出席会议并作重要讲话。他讲了十个问题，即：如何看待当前的经济形势；明年经济工作的主要方针；关于固定资产投资规模和加强重点建设；继续加强和发展农业；关于深化企业改革和提高企业经济效益；关于物价水平和价格改革问题；关于财政问题；关于金融问题;关于扩大对外开放和外贸体制改革;进一步加强科技和教育。会议开幕时,国务委员兼国家计委主任邹家华作了《继续推进治理整顿和深化改革,安排好1991年国民经济和社会发展计划》的报告。

根据国务院的决定,经中国人民银行批准,中国人民建设银行已向各地区下达60亿元贷款规模,专项用于国家大中型基本建设项目清理拖欠款。

3日

国务院最近决定,1991年在全国范围内开展"质量、品种、效益年"活动。国务院对开展这项活动提出的基本要求是:各地区、各部门都必须切实把全面提高经济素质和效益放在各项工作的首位,所有企业特别是工业企业都必须千方百计提高产品质量,改进产品性能,开发新产品,增加品种规格,降低单位产品的能源、原材料消耗,加速资金周转,减少资金占用,提高经济效益,使各项主要经济效益指标有比较明显的改善。根据国务院决定的精神,国家计委、国务院生产委员会对开展"质量、品种、效益年"活动作了具体部署:首先,强化企业管理,提高管理水平;其次,立足现有基础,加强技术改造;再次,充分挖掘潜力,切实抓好扭亏增盈工作。

国务院企业管理指导委员会、生产委员会举办"制订《八五企业管理现代化纲要》研究班"。

5日

国务院总理李鹏签署中华人民共和国国务院第68号令,发布《中华人民共和国海上国际集装箱运输管理规定》。《规定》共6章37条,自发布之日起施行。

国务院颁布《关于进一步加强环境保护工作的决定》。

7日

据新华社消息,由国家重点支持的234家"双保"骨干企业今年前三个季度实现利润占预算内工业企业40%左右,上交利税达146亿元。

8日

国务院举行第6次节能办公会议。会议要求把节能放在突出地位。

中国企业管理协会古代管理思想研究会主持召开的"中国古代管理思想讨论会"在济南举行。中共中央政治局常委李瑞环致信表示祝贺。

10日

国务院总理李鹏近日签发国务院第66号令,正式颁布《劳动就业服务企业管理规定》。这是我国第一部关于劳动就业服务企业的行政法规。

全国安全生产委员会第14次会议召开,会议提出,1991年的安全生产工作要继续贯彻治理整顿、深化改革的方针,突出抓调查和消除重大事故隐患,防止特大事故的发生。国务委员邹家华作了讲话。

14日

国务院代总理姚依林主持召开国务院第74次常务会议,讨论并原则通过了《总会计师条例(草案)》。

劳动部部长阮崇武在全国劳动厅局长会上提出,从明年起,在稳定扩大劳动就业的同时,要积极稳妥地推进劳动制度、工资制度、社会保险制度的配套改革。重点完善劳动合同制,推行社会保险。

全国财政工作会议闭幕。国务委员王丙乾在会上强调,明年仍要开源节流过紧日子。

16日

中共中央顾问委员会副主任薄一波同志在《人民日报》发表题为:《提高产品质量是经济生活中的一件大事——为迎接"1991:质量、品种、效益年"而作》的重要文章。

19日

国务院批准了中国人民银行、国家外汇管理局、经贸部、海关总署和中国银行联合制定的《出口收汇核销管理办法》。该《办法》将于明年1月1日起施行。

中国第二汽车制造厂与法国雪铁龙汽车公司合资生产轿车协议在巴黎签订。至此,我国轿车工业"三大三小"的总体布局基本完成。

国务院清理"三角债"领导小组近日决定,明年在全国范围继续清理"三角债"。

首部以反映改革开放以来我国企业管理变化与发展的大型年刊——《中国企业管理年鉴》在北京推出。

22日

《中国企业管理百科全书(增补卷)》在人民大会堂举行首发式。

首届全国优秀施工企业家评选工作近日在京结束,59位在建筑业做出贡献的经理荣获全国优秀施工企业家金星奖。评选由建设部和中国城建建材工会全国委员会组织。

国务院日前发出《关于在清理整顿公司中被撤并公司债权债务清理问题的通知》。

国务院日前发出《关于设立全民所有制公司审批权限的通知》。

24日

国家环保局授予首都钢铁公司钢带厂、天津市石化公司涤纶厂、上海无线电二十厂等97家企业以"全国环境保护先进企业"称号,以表彰他们在工业污染防治和环境保护方面作出的突出贡献。

25日

中共十三届中央委员会第七次全会在北京举行。会议将审议《中共中央关于制定国民经济和社会发展十年规划和"八五"计划的建议》。

29日

由中国企业管理协会、中国企业家协会组织的第四届全国优秀企业家评选今日揭晓，王忠懿等20名厂长（经理）获得这一荣誉称号。

31日

国务院总理李鹏今日签署国务院第72号令，发布《总会计师条例》，条例自发布之日起施行。

第十二部分

附　录

1990年公开出版的企业管理类图书目录

《新编企业管理学》　黄鹏章、刘明主编　（京）科学普及出版社　1990年1月版

《企业管理艺术》　龙新华等编　（长沙）湖南科学技术出版社　1990年1月版

《企业经济师实用教程》　王德中、熊振帮主编　（成都）西南财经大学出版社　1990年1月版

《走向成功》　中国企业管理协会研究部编著　（京）企业管理出版社　1990年1月版

《企业经营战略概论》　顾国祥著　（京）北京出版社　1990年1月版

《企业经营的诀窍：日本企业家谈用兵法经营》　（日）大桥武夫著；肖楠等译　（京）军事科学出版社　1990年1月版

《管理现代化与企业经营》　关柯、王要武主编　（哈黑龙江科技出版社　1990年1月版

《领导科学概论》　李文义、石开贵编著　（成都）成都科技大学出版社　1990年1月版

《工业企业经营管理》　何涛主编　（重庆）重庆大学出版社　1990年1月版

《工业企业技术改造项目评估》　李继臣主编　（长春）长春出版社　1990年1月版

《全面质量管理实用方法》　金广林编著　（京）科学普及出版社　1990年1月版

《工业企业涉外管理》　樊光鼎主编　（西安）陕西人民教育出版社　1990年1月版

《设备管理300问》　秦广洪编写　（合肥）安徽科学技术出版社　1990年1月版

《社会主义市场模式—管理均衡论》　闻潜著　（京）中国财经出版社　1990年1月版

《价格工作实用手册》　上海物价局组 编（沪）上海人民出版社　1990年1月版

《外贸企业管理实务》　方正、易新贤主编（广州）广东科技出版社　1990年1月版

《商品出口实务手册》　朱美华编著　（沪）上海 翻译出版公司　1990年1月版

《商业（供销）运输业全面质量管理》　商业部基建储运司编　（京）中国商业出版社　1990年1月版

《中国管理会计》　王增本、王国会主编　（青岛）青岛海洋大学出版社　1990年1月版

《商业会计》　沈春子主编　（长春）吉林大学出版社　1990年1月版

《银行管理概论》　王宗元编著　（昆明）云南科技出版社　1990年1月版

《银行信贷管理学》　张亦春主编　（厦门）厦门大学出版社　1990年1月版

《现金、工资管理实用手册》　李世英、杨有年主编　（兰州）甘肃人民出版社　1990年1月版

《乡镇企业改革集锦》　湖南省乡镇企业管理局企管处编著　（长沙)湖南科学技术出版社　1990年1月版

《农村企业经营管理》　汤孝林主编　（长沙）湖南教育出版社　1990年1月版

《企业实用经济法》　姚城、王海宽主编　（京）中国财经出版社　1990年1月版

《技术经济分析与评 估》　左立宙主编　（武汉）武汉工业大学出版社　1990年1月版

《现代公共关系学》　胡继春等主编　（武汉）武汉测绘科技大学出版社　1990年1月版

《经济效益学》　裘宗舜、秦荣生编著（京）中国财政经济出版社　1990年2月版

《管理行为学》　杨鸿声主编　（福律）福建人民出版社　1990年2月版

《行政管理学》　林平国等编　（厦门）鹭江出版社　1990年2月版

《组织行为学教程》　孙彤主编　（京）高等教育出版社　1990年2月版

《现代行政管理学》　杨章明、张志学主编　（沪）上海人民出版社　1990年2月版

《管理定量分析》　（美）巴里·伦德尔、拉尔夫·M·斯泰尔著；辛镜敏、孙国成译　（京）煤炭工业出版社　1990年2月版

《经济信息管理概论》　蒋庄南、杨荷君编著　（京）中国商业出版社　1990年2月版

《企业经营管理案例》　易仲开主编　（京)中国商业出版社　1990年2月版

《工业企业生产管理》 蒋俊主编 （津）南开大学出版社 1990年2月版

《工业企业企管办主任岗位职务培训教材》 吴听法主编 （南京）江苏人民出版社 1990年2月版

《质量管理的七种工具》 武钢公司教委办公室编 （京）科学出版社 1990年2月版

《工业企业经济效益实用分析》 周金铎编著 （京）电子工业出版社 1990年2月版

《工业企业管理》 伍爱等编著 （广州）中山大学出版社 1990年2月版

《工业企业经济活动分析》 马英麟琳等编 （京）中国人民大学出版社 1990年2月版

《工业企业计划》 王书洵主编 （京）石油工业出版社 1990年2月版

《集体工业企业管理》 朱翠瑶、张学先编著 （沪）上海科技出版社 1990年2月版

《新产品开发与管理》 刘丕基、程绍奎主编 大连理工大学出版社 1990年2月版

《建筑施工企业质量管理》 张文茂等编著 （石）河北科学技术出版社 1990年2月版

《煤矿企业生产组织与管理》 祝侃编著 （京）煤炭工业出版社 1990年2月版

《工业企业管理原理》 田崇原主编 （京）中国经济出版社 1990年2月版

《供销合作企业经营管理》 易仲开主编 （京）中国商业出版社 1990年2月版

《世界市场与我国营销对策》 尹焕三主编 （京）海洋出版社 1990年2月版

《财政与金融管理》 吴嗣澄主编（西安）陕西人民出版社 1990年2月版

《审计案例》 刘大贤等编 （京）机械工业出版社 1990年2月版

《企业财务管理学》 涂龙力、李孝章主编（大连） 大连理工大学 1990年2月版

《企业融资指南》 柯柏杰主编 （杭州）浙江大学出版社 1990年2月版

《企业内部分配手册》 余惕君、施瑾编著 （沪） 上海翻译出版公司 1990年2月版

《企业咨询与案例》 胡宝珊编著 新疆人民出版社 1990年2月版

《涉外经济法规汇译》（英汉对照） 李德玉、董凌彦主编 （武汉）湖北人民出版社 1990年2月版

《管理心理学》 刘士文主编（济南） 山东教育出版社 1990年2月版

《全面质量管理实用方法》 金广林编著 （京）科学普及出版社 1990年2月版

《满负荷工作法理论与应用》 张云编著 （沪）上海社会科学院出版社 1990年2月版

《企业计量工作指南》 辽宁省计量局干部培训中心、中国计量出版社组编（京） 中国计量出版社 1990年2月版

《资产评估》 屈广全、丛达主编 （在连）大连出版社 1990年2月版

《企业公共关系战略》 张新胜编著 （京）中国人民大学出版社 1990年2月版

《部门经济管理》 李秀玲主编 （西安）陕西人民出版社 1990年3月版

《现代化管理方法指南》（思路·技法·实践） 张福墀等编著 （京）清华大学出版社 1990年3月版

《走向决策科学化》 吴志辉主编 （广州）广东高教出版社 1990年3月版

《组织管理指南》 罗军编著 （京）轻工业出版社 1990年3月版

《简明价值工程》 李俭编著 （成都）四川科学技术出版社 1990年3月版

《中国企业经营方式》 刘永成、朱仁学主编 （京）企业管理出版社 1990年3月版

《企业民主管理通论》 崔生祥编著 （京）企业管理出版社 1990年3月版

《中小型企业质量管理》 朱瑶翠编著 （沪）上海科学技术出版社 1990年3月版

《工业企业技术管理》 陈志远、吴文彩主编 （南昌）江西人民出版社 1990年3月版

《企业车间管理》 刘希宋等编 （京）国防工业出版社 1990年3月版

《如何降低产品成本》 （美）加特曼著；陈法明译 （京）机械工业出版社 1990年3月版

《管理者“圣经”》 （美）卡尔·赫耶著；周勤勤、周勤斌译 中国经济出版社 1990年3月版

《现代工业企业管理纲要》 钱志新、张慰冰主编 （沪）上海人民出版社 1990年3月版

《船舶工业企业生产管理》 周彭寿主编 （京）国防工业出版社 1990年3月版

《生产管理工程学》 武振业等主编 （成都）西南交通大学出版社 1990年3月版

《轻工企业质量管理》 郑自敏等编著 （广州）中山大学出版社 1990年3月版

《商业结构和运行原理》 孙全著 （长春）东北师范大学出版社 1990年3月版

《国际技术转让的理论与实务》 龚维新、蒋德明编著 （沪）上海人民出版社 1990年3月版

《国际金融业务创新》　（瑞士）十国集团中央银行研究小组编著；汪竹松等译　（沪）上海译文出版社 1990年3月版

《实用会计手册》　沈云主编　（京）中国财政经济出版社　1990年3月版

《实用租赁手册》　丁建平编著　（京）中国标准出版社　1990年3月版

《税务管理概论》　林永涛等编著　（成都）西南财经大学出版社　1990年3月版

《怎样与工商银行打交道》　邢德林、郭钢编著　（津）天津人民出版社　1990年3月版

《实用税法全书》　国家税务局等编　（京）法律出版社　1990年3月版

《塑造企业文化》　（美）特伦斯狄尔，艾伦·肯尼迪著；严祥军、丘海雄译　（广州）广东人民出版社　1990年3月版

《微型机在中小型企业管理中的应用》　陆大绚、顾君忠编　（京）国防工业出版社　1990年3月版

《目标管理》　宫本欣等编著　（济南）山东人民出版社 1990年3月版

《技术进出口贸易实务大全》　齐景升著　（沪）三联书店上海分店　1990年3月版

《企业集团的组织与发展》　国家计划委员会地区经济司、中国企业管理培训中心编　（京）科学技术文献出版社　1990年4月版

《经济管理论丛》　王玉夫、姜忠林主编　（哈）黑龙江人民出版社　1990年4月版

《组织理论精萃》　（英）D·S·皮尤编；彭和平、杨小工译　（京）中国人民大学出版社　1990年4月版

《走向跨国公司之路》　李安民著　（沈阳）辽宁人民出版社　1990年4月版

《中国企业改革十年》　国家体改委企业司、国务院企业管理指导委员会办公室编　（京）改革出版社　1990年4月版

《管理新思维丛书》　（六册）李铁锤、陈重主编　（京）中国财政经济出版社　1990年4月版

（《回天有术—企业振兴的奥秘》　（日）立石一真著；齐东平译

《追求变革—迎接管理的挑战》　（英）斯图尔特著；刘建生、笪新亚等译

《成果导向—有效的管理思路和分析方法》（美）彼德·德鲁克著；霍心一译

《瑕瑜互见—日美产业比较》　（日）并木信义著；唱新等译

《独辟蹊径—具有开创精神的企业术》　（美）詹姆斯·麦基弗著；李兆熙、笪新亚、耿铁军译

《再创守美—技术开发与经营革新的较量》（日）石井威望编；李铁锤、宋琳译）

《企业控制管理入门》　（德）鲁道夫·曼等著；王新民译　（京）对外贸易出版社　1990年4月版

《现代企业经营分析》　师萍、傅德良著　（京）中国经济出版社　1990年4月版

《企业承包经营》　汪海波、于文林主编　（京）北京出版社　1990年4月版

《企业常见病诊治》　宋绍华主编　（太原）山西人民出版社　1990年4月版

《怎样提高企业经济效益》　贺天元编著　（重庆）科技文献出版社重庆分社　1990年4月版

《质量管理和质量保证》　任志庆等编　（沈阳）辽宁科技出版社　1990年4月版

《怎样制定企业产品标准》　湖南省标准局编　（长沙）湖南科技出版社　1990年4月版

《工业企业经营管理》　汪茹贤主编　（津）南开大学出版社　1990年4月版

《工业企业管理基础工作手册》　黄焕春主编　（西安）陕西人民出版社　1990年4月版

《企业经营战略》　于秦厚主编　（沈阳）辽宁人民出版社　1990年4月版

《质量管理咨询实用指导手册》　李本兴主编　（京）机械工业出版社　1990年4月版

《工业企业专业管理》　黄德服主编　（京）中国经济出版社　1990年4月版

《煤炭工业企业安全管理》　王茂林主编　（太原）山西人民出版社　1990年4月版

《商业、服务业经营战略：全面质量管理战略篇》（日）山口裕著；王存恩等译　（京）机械工业出版社　1990年4月版

《饮食企业管理学》　张嵩庆编著 上海科学技术出版社　1990年4月版

《工业企业财务管理大型模拟作业》　张志凤主编　（京）机械工业出版社　1990年4月版

《工业会计报表审阅与运用》　康念芳等编著　（南宁）广西人民出版社　1990年4月版

《财务管理及分析》　许庆斌、卢继明主编　（京）高等教育出版社　1990年4月版

《管理会计》　（修订本）余绪缨编著　（京）中国财政经济出版社　1990年4月版

《证券与证券交易》　诸葛霖等编译　（京）中国对外经济贸易出版社　1990年4月版

《价值工程的发展与应用》　沈胜白编著　（沪）知识出版社　1990年4月版

《企业法律管理基础》　赵林余等主编　（沪）上海社会科学出版社　1990年4月版

《实用经济法》　徐金奎、王宏勇主编　（京）新华出版社　1990年4月版

《工资、保险、福利政策规定实用大全》　詹景富主编　（京）轻工业出版社　1990年4月版

《企业文化论》　张文然主编　（徐州）中国矿业大学出版社　1990年4月版

《乡镇企业经营决策与管理》　舒子唐主编　（京）经济科学出版社　1990年4月版

《旅游经营管理》　（英）道格拉斯·福斯特著；余建伟、郭震宇译　（昆明）云南人民出版社　1990年4月版

《企业经营环境学概略》　卢东滨、沈炳熙著　（哈）黑龙江人民出版社　1990年4月版

《企业管理信息系统开发成功之路》　国家体改委经济管理研究所编著　（京）中国经济出版社　1990年5月版

《经营管理大系》许涤新、刘国光主编　（沪）上海人民出版社　1990年5月版

《经营管理大系》（管理组织卷）刘诗白主编　（沪）上海人民出版社　1990年5月版

《经营管理大系》（经营卷）陈炳富主编　（沪）上海人民出版社　1990年5月版

《企业利益共同体的理论与实践》　马德举、赵健杰等主编　（京）科学普及出版社　1990年5月版

《企业管理实务研究》　王君实、潘玉琴主编　（长春）吉林人民出版社　1990年5月版

《最新企业管理原理与实务》　任洪编著　（京）北京工业大学出版社　1990年5月版

《现代管理方法》　袁中立主编　（长春）吉林人民出版社　1990年5月版

《国际经济组织词典》　隋启先主编　（京）中国财政经济出版社　1990年5月版

《外国管理理论简编》　本书编委会编　（京）中国经济出版社　1990年5月版

《管理系统工程概论》　本书编委会编　（京）中国经济出版社　1990年5月版

《比较管理学概论》　李永春等编著　（青岛）海洋大学出版社　1990年5月版

《管理信息系统实用指南》　俞金康、关亚骥编著　（京）机械工业出版社　1990年5月版

《轻工业企业生产经营管理》　邢良嘉、顾有为主编　（京）轻工业出版社　1990年5月版

《工业企业经济活动分析》　郭盛儒等编著　（厦门）厦门大学出版社　1990年5月版

《工业企业经营决策》　张梦思、陶丁文编　（太原）山西科学教育出版社　1990年5月版

《小型工业企业管理》　熊上昉等主编　（南昌）江西人民出版社　1990年5月版

《市场营销学》　洪质彬主编　（福州）福建教育出版社　1990年5月版

《企业经济贸易谈判手册》　郭济兴、陈保全主编　（京）科学出版社　1990年5月版

《推销胜术101》　张雍、见明编译　（京）中国经济出版社　1990年5月版

《涉外经济谈判谋略90法与经商素质自测30题》　（英）盖文·肯尼迪著；崔军龙编译　（京）中国经济出版社　1990年5月版

《现代国际市场》　韩光信编著　（京）对外贸易出版社　1990年5月版

《投资项目评估实务》　姚中民主编　（京）中国财经出版社　1990年5月版

《中外合资经营企业所得税问答》　王洪福等编　（济南）山东人民出版社　1990年5月版

《现代企业财务管理学》　王美涵主编　（沈阳）辽宁人民出版社　1990年5月版

《工业企业财务管理》　吉崇惺主编　（京）中国经济出版社　1990年5月版

《企业管理行为学》　韩兆麟、刘五州主编　（京）石油大学出版社　1990年5月版

《企业文化概论》　徐青民等编著　（长春）吉林大学出版社　1990年5月版

《儒家思想与东方型经营管理》　杨敏著　（武汉）湖北人民出版社　1990年5月版

《企业外交心理学》　程源等编著　（京）中国经济出版社　1990年5月版

《房地产开发与经营管理》　张耀宗主编　（京）中国建筑工业出版社　1990年5月版

《企业思想政治工作新论》　郭正秉、郭文卿主编　（昆明）云南人民出版社　1990年5月版

《乡镇企业经营管理》　李景惠，吴慧君主编　（长春）吉林大学出版社　1990年5月版

《日本公司人才培训百法》　刘茂俭主编　（京）中国和平出版社　1990年5月版

《商业公共关系学》　王洪宝、张格元著　（京）中国财政经济出版社　1990年5月版

《企业关系剖析》　斯晓夫编著　（沪）上海科学技术文献出版社　1990年5月版

《中国企业管理百科全书》（增补卷）本书编委会编著　（京）企业管理出版社　1990年6月版

《领导协调论》　孙占奎等著　（京）煤炭工业出版社　1990年6月版

《经营管理中的决策方法》　高鸿桢著　(沪)上海人民出版社　1990年6月版

《应用管理学》　敬源峻编著　(重庆)重庆大学出版社　1990年6月版

《管理哲学》　赵秀臣、刘新立著　(京)中国经济出版社　1990年6月版

《企业管理公式辞典》　易国庆等编　(武汉)湖北人民出版社　1990年6月版

《企业管理基础工作讲座》　河北省企业管理协会编　(京)企业管理出版社 1990年6月版

《企业管理现代化应和应会简明教材》　河北省企业管理协会秘书处编　(京)企业管理出版社 1990年6月版

《承包计划制与公营企业经营成绩》　(美)约翰·R·内里斯著;杨光辉译　(京)中国财经出版社　1990年6月版

《海外成功企业管理实例精编》　方劲戎主编　(沪)上海科学普及出版社　1990年6月版

《吉化经验问答》　化工部学吉化领导小组办公室编　(京)化学工业出版社　1990年6月版

《工业企业生产经营活动分析》　郭映庭编著　(济南)山东人民出版社　1990年6月版

《企业管理自动化的组织与方法》　施礼明等编著　(京)中国人民大学出版社　1990年6月版

《企业劳动人事管理》　赵黎明编著　(津)天津科学技术出版社　1990年6月版

《企业技术创新的理论与方法》　李廉水、杨浩余编著　(无锡)东南大学出版社　1990年6月版

《涉外经营知识》　上海市一商局教育处等主编　(沪)上海科教出版社　1990年6月版

《经济业务谈判理论与实践》　文前方,马旭瞳主编　(长春)吉林大学出版社　1990年6月版

《国际商务谈判业务与技巧》　邹建华编著　(广州)中山大学出版社　1990年6月版

《开放型的市场营销》　李克华著　(广州)中山大学出版社　1990年6月版

《世界市场预测与管理》　张立波、李汉川编著　(太原)山西经济出版社　1990年6月版

《企业与银行交往实用手册》　鲁先胡主编　(京)新华出版社　1990年6月版

《计量投资学》　刘慧勇著　(京)中国财经出版社　1990年6月版

《企业法律概论》　李德华主编　(武汉)湖北人民出版社　1990年6月版

《企业涉外经济活动法律咨询》　曹建明编著　(沪)上海辞书出版社　1990年6月版

《信息管理与办公自动化》　邓良弟主编　(京)兵器工业出版社　1990年6月版

《现代管理学》　马郑刚著　(昆明)云南大学出版社　1990年7月版

《协商管理》　陈世红、许晨编　(沪)上海科技文献出版社　1990年7月版

《经营活动分析》　陈一青主编　(京)机械工业出版社　1990年7月版

《现代领导实用知识与技巧问答》　苏新民主编　青岛出版社　1990年7月版

《管理革命手册》　(美)汤姆·彼得斯著;周瑶明等译　(沪)上海人民出版社　1990年7月版

《解决管理难题135问答》　刘茂俭主编　(京)科技文献出版社　1990年7月版

《企业领导学概论》　唐永文等主编　(南宁)广西教育出版社　1990年7月版

《企业科技进步的探索与实践》　杨建章等主编　沈阳东北工学院出版社　1990年7月版

《企业成功要诀——赢得信任》　(美)J·詹姆斯·格雷著;夏忠华等译　(京)中国经济出版社　1990年7月版

《生产要素流动与优化组合》　张浩主编　(哈)黑龙江人民出版社　1990年7月版

《企业经营战略方针策略决策》　杜彪编著　(西安)陕西人民出版社　1990年7月版

《企业诊断技术》　(法)ESSEC集团部迈特著　(京)学术书刊出版社　1990年7月版

《企业的战略管理—概要与案例》　李天和著　(合肥)中国科技大学出版社　1990年7月版

《怎样当好车间主任》　郭锡廉等编著　(京)职工教育出版社　1990年7月版

《班组长质量管理必备》　(日)尾关和夫等著;李燕、李津涛译　(京)企业管理出版社　1990年7月版

《工业企业技术管理》　姚育新主编　(京)机械工业出版社　1990年7月版

《商业企业规范化管理》　毛冬声主编　(武汉)湖北人民出版社　1990年7月版

《企业实用营销学》　韩庆祥编　(京)中国工人出版社　1990年7月版

《经济管理决策》　李同明编著　(京)中国人民大学出版社　1990年8月版

《管理学概论》　吴贤忠主编　(沪)上海科学普及出版社　1990年8月版

《管理经济学》　唐守山编著　(沈阳)辽宁科学技术出版社　1990年8月版

《搞活大中型企业的目标与对策》　余惕君著　(沪)上海翻译出版公司　1990年8月版

《改善你的经营》　(瑞典)D·E·N·迪克森著；中国企业管理协会咨询部译　(京)中国财政经济出版社　1990年8月版

《企业升级必读》　涂济民、姚建友主编　(昆明)云南人民出版社　1990年8月版

《企业承包经营责任制概论》　郭元晞等著　(京)中国财经出版社　1990年8月版

《车间管理》　陈平江，张忠斌主编　(西安)西北大学出版社　1990年8月版

《企业民主管理学》　高维义主编　(济南)山东人民出版社　1990年8月版

《现代企业管理学》　朱天悦主编　(京)湖南科技出版社　1990年8月版

《质量管理知识手册》　中国石化总公司质量管理协会编　(京)烃加工出版社　1990年8月版

《冶金工业经济管理学》　刘惠文、杨文普主编　东北工学院出版社　1990年8月版

《集体建筑企业经营管理》　刘振汉主编　(京)中国建筑工业出版社　1990年8月版

《企业市场营销学》　李怀宜、贾成主编　(京)中国经济出版社　1990年8月版

《现代商业经营科学与艺术》　连廷广主编　(京)中国展望出版社　1990年8月版

《国际经营学》　孔伟成，陈水芬著　(杭州)浙江教育出版社　1990年8月版

《厂长经理财务管理知识》　王绍武主编　山西经济出版社　1990年9月版

《本—量—利分析》　俞冈主编　(沈阳)辽宁人民出版社　1990年8月版

《会计学原理》　俞机先主编　(沈阳)东北工学院出版社　1990年8月版

《实用管理会计》　胡书杰编　(哈)哈尔滨工业大学出版社　1990年8月版

《证券业务手册》　曹建国主编　(青岛)青岛海洋大学出版社　1990年8月版

《现代公共关系的技巧》　林汉川主编　(京)机械工业出版社　1990年8月版

《涉外经济法案例解析》　张慧龙等编著　(京)中国青年出版社　1990年8月版

《经济法咨询》　唐国栋等编著　(杭州)浙江人民出版社　1990年8月版

《企业公共关系》　朱永红编著　(京)中国经济出版社　1990年8月版

《经济预测与决策方法》　张平、郑中天编著　(长春)吉林大学出版社　1990年9月版

《质量工程学》　陆首群著　(京)机械工业出版社　1990年9月版

《现代管理科学基础新编》　王国岷等主编　(沈阳)白山出版社　1990年9月版

《管理运筹学》　滕传琳主编　(京)中国铁道出版社　1990年9月版

《坚持承包制搞活大企业》　首钢研究与开发公司编　(京)民主与法制出版社　1990年9月版

《外向型企业经营战略》　林光、袁守启编著　(济南)山东人民出版社　1990年9月版

《物流学概论》　史世鹏编著　(济南)山东、人民出版社　1990年9月版

《商业企业管理学》　刘林熙主编　(京)中国财政经济出版社　1990年9月版

《我国国有企业股份制探讨》　李国杰主编　(银川)宁夏人民出版社　1990年9月版

《经理手册》　(英)亚瑟·扬著；崔久明、张明君译　(京)中国工人出版社　1990年9月版

《企业标准化知识》　陈树兰主编　(济南)山东人民出版社　1990年9月版

《现代企业经营论》　吕有晨主编　(长春)吉林大学出版社　1990年10月版

《运筹学—管理科学基础》　李向东等编著　(京)北京理工大学出版社　1990年10月版

《中国企业监督》　潘菊圭主编　(京)中国城市出版社　1990年10月版

《国营企业怎样走出困境》　许德范等编著　(京)国际广播出版社　1990年10月版

《企业管理·效益·活力》　刘树人主编　(京)中国经济出版社　1990年10月版

《经营决策与企业管理研究》　宋福成主编　(津)天津人民出版社　1990年10月版

《企业目标管理新论》　王振泉、吕有晨、原树鸾主编　(长春)吉林大学出版社　1990年10月版

《古今经商谋略与诀窍》　马华珩编　(京)中国财政经济出版社　1990年10月版

《技术进出口实务》　赵春华等编　(济南)山东人民出版社　1990年10月版

《现代实用企业财务管理技术》　严京威等编著　(南京)江苏人民出版社　1990年10月版

《资立评估理论与方法》　徐兴恩编著　北京出版社　1990年10月版

《工资理论与管理》　赵延主编　(京)北京经济学院出版社　1990年10月版

《日本企业巨子精言百句》　杨达民编译　(京)北京航空航天大学出版社　1990年10月版

《中国企业社会责任初探》　中国企业管理协会研究部编　（京）经济管理出版社　1990年10月版

《企业集团概论》　朱耀明、牛根颖编著（京）中国经济出版社　1990年11月版

《企业巨子》　（美）詹姆斯·艾伯哲伦·乔治·斯陶克著；张延爱译　（京）北京经济学院出版社　1990年11月版

《企业内涵发展的理论与实践》　张明刚主编（京）企业管理出版社　1990年11月版

《坚持战略经营推进整体优化》　黄炳钧、罗德光主编　（成都）成都科技大学出版社　1990年11月版

《中外合营企业财务管理》　李金秀，彭兆瑞编著　（哈）黑龙江人民出版社 1990年11月版

《企业财务管理》　田震生、胡振方主编 上海人民出版社　1990年11月版

《企业成本控制理论与实践》　贾树森、訾云生主编　（京）企业管理出版社 1990年11月版

《中国企业管理年鉴》（1990）本书编委会编（京）企业管理出版社　1990年12月版

《企业目标模式与企业行为合理化》　顾宗桢、高宏德著　（京）中国城市出版社　1990年12月版

《现代工业企业管理》　詹启智主编　（京）世界图书出版公司　1990年12月版

《工业企业管理工作手册》　（1990）国家计委企业管理司编　（京）改革出版社　1990年12月版

《“三资”企业经营管理》　（上、下册）李德亮主编　（广州）广东人民出版社　1990年12月版

《外向型经济的国际比较》　季崇威主编　山东人民出版社　1990年12月版

《资金论》　曾康霖编著　（京）中国金融出版社　1990年12月版

《质量管理丛书》　中国质量管理协会编著（京）机械工业出版社　1990年12月版

《市场经济信息管理》　张卫星著　（京）广播电视出版社　1990年12月版

《现代国际商务大辞典》　陈琦伟主编（京）知识出版社　1990年12月版

《新编工业会计》　刘同倜主编　（石）河北人民出版社　1990年12月版

《企业文化概论》　管益忻，郭廷建著（京）人民出版社　1990年12月版

《中国优秀企业家》　本书编委会编　（京）企业管理出版社　1990年12月版

（选编：曹建华）

第十三部分

先进企业彩色图片

上海市第一建筑工程公司

1. 上海市第一建筑工程公司经理姚建平。

2. 上海金山石油化工总厂涤纶二厂工程荣获国家金质奖。

3. 上海最高（167 米）、最大（18.5 万平方米）的外资公共设施上海商城。

4. 上海金山石油总厂芳烃联合装置工程荣获国家银质奖。

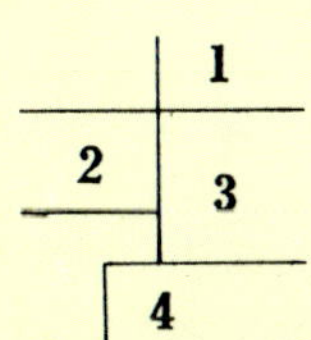

天津铁路分局

天津铁路分局获 1990 年度全国企业管理优秀奖，分局长王润生代表 75000 名职工接过“金马”。

李鹏总理在天津市领导同志陪同下视察天津站

在天津铁路分局实现安全生产 1500 天时，李瑞环同志把安全生产奖杯授给分局局长王润生。

天津铁路分局领导班子团结协力，开拓进取。这是领导班子在检查《目标导向管理法》实施情况。

天津铁路分局

天津新客站自 1989 年开站以来，实施「一流管理，一流服务」，先后被评为全国铁路客运站小组第一名，被天津市人民政府命名为〈一流服务、文明窗口〉单位。

南仓站是全国铁路大编组站之一，日均办理中转、改编作业 17000 辆车，在确保天津铁路枢纽畅通中做出了贡献。

天津客运段的天津——上海 123/124 次列车连续九年被评为进沪列车第一名，这是该列车乘务人员为进一步改进工作征求旅客意见。

天津铁路分局努力建设社会主义精神文明。分局足球队晋升为全国甲级队，这是与德国「神鹰」足球队比赛的入场式。

潞安矿务局

尚海涛局长工作照

潞安矿务局综合办公大楼

潞安矿务局

1990年3月20日，在北京国际会议中心召开的全国优秀企业、优秀企业家颁奖大会上，潞安矿务局以其优秀的现代化管理和杰出的成绩而夺得中国企业管理的最高荣誉“金马奖”，这是全局第三次荣获这一殊荣。图为尚海涛局长（左一）、赵维新书记（右一）与中国企业管理协会会长袁宝华同志（中）在一起。

1991年3月22日，鉴于山西潞安矿务局依靠科技进步建设现代化矿区的高效率，中国科学技术委员会在人民大会堂专门召开了“中国企业科技进步案例潞安矿务局试点成果发布会”。图为大会主席台。前排右一为潞安矿务局局长尚海涛、中为国家科委主任宋健同志。

上海远洋运输公司

上海远洋运输公司拥有各类船舶150多艘，航线遍及世界150多个国家和地区的600多个港口。图为滚装船正在靠港作业。

上海远洋运输公司引进了先进的2700箱位全集装箱船，努力开展集装箱班轮运输，建成了我国第一个环太平洋集装箱班轮运输干支线网络。

上海远洋运输公司

上海远洋运输公司备有14万只国际海运标准集装箱，并与公路、铁路、内河组成国际集装箱联运网，为用户提供了「门——门」的优质服务。

上海远洋运输公司引进了先进的电子计算机辅助企业管理，建成了较大规模的信息网络，大大提高了企业管理水平和工作效率。

上海远洋运输公司还与日本日中轮渡株式会社联合经营了中日国际轮渡有限公司，开辟了中——日客运航线，方便了两国经济文化交流。

平顶山锦纶帘子布厂

平顶山锦纶帘子布厂厂长郭书道

平顶山锦纶帘子布厂 捻织车间

平顶山锦纶帘子布厂外景

山东博山水泥厂

“全国企业管理优秀奖”获得企业——山东博山水泥厂。

全国优秀企业家、全国劳动模范、山东博山水泥厂厂长傅庆馥。

该厂首创并推行「规范化工作法」。图为厂长傅庆馥检查岗位规范执行情况。

泰国正大集团来厂考察、洽谈。

茂名石油工业公司

七届人大代表、全国优秀企业家、茂名石油工业公司经理柯居涯同志。

我国第一套从日本引进的，具有80年代国际先进水平的加氢裂化装置。

中图：茂名石油工业公司炼油厂，原油一次加工能力850万吨/年，居全国之首。

下右图：具有年运输能力1000万吨的输油管道和5万吨级泊位的湛江港油码头。

下左图：茂油建设公司能独立承建国内外大型石油化工装置。图为正在吊装69米高的烷基化主分馏塔。

茂名石油工业公司

积极推进管理现代化。公司生产电力调度采用电子计算机管理。

重视环境保护。炼油厂生物滤化塔，每小时可净化处理污水800吨。

发挥自身优势，开展横向经济联合。图为与美国太阳油公司在深圳联合兴建的润滑油调合厂。

公司「小油花」幼儿艺术团，1989年应邀代表我国赴法国、比利时参加国际艺术节演出，受到热情欢迎。

国营长虹机器厂

厂长倪润锋同志

西南地区生产规模最大的注塑大楼及传输线

彩电生产大楼外景

国营长虹机器厂

工厂新研制的 CK49A 平面直角遥控彩电性能优良、外形美观，投放市场后深受消费者喜爱。

工厂新研制的 CK53A 平面直角遥控彩电。

该厂自行设计、制造的彩电流水生产线，使工厂彩电年生产能力达 100 万台。

广西贵港甘蔗化工厂

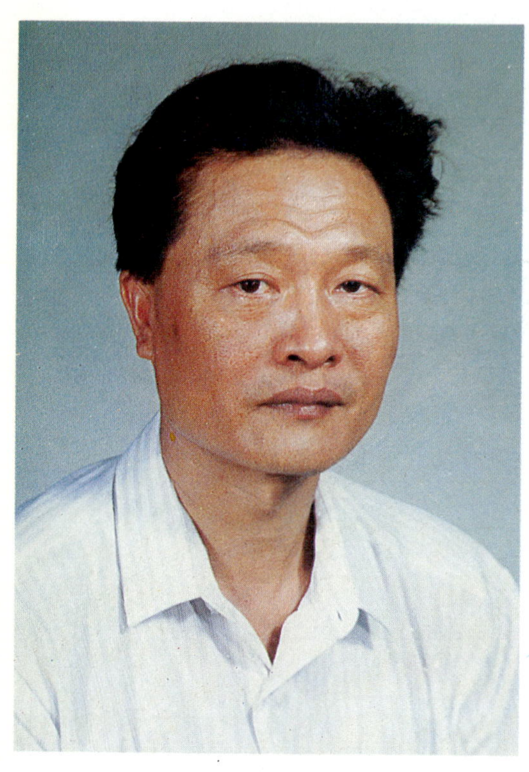

△厂长、高级工程师詹伟祺

△主导产品白砂糖获部优产品称号，并分别获首届全国轻工业博览会、第二届北京国际博览会金奖，在国内外享有一定声誉。

▷具有80年代国际水平的无级调速恒比式压榨机列。

厂区一角

南京化学工业(集团)公司

南京化学工业(集团)公司是一个具有57年历史,拥有22个二级单位近4万名员工的特大型化工联合企业。生产经营化肥、化工原料、催化剂、化工机械、化工建材等6大类百余种产品;具有化工科研、设计、制造和承包大型工程建设的技术优势和实力。是目前国内最大的催化剂、矿制硫酸、复合肥料、化工机械的生产基地,也是全国硫酸、磷肥设计中心和硫酸、催化剂科研中心。具有国家甲级化工设计单位和国家一级施工安装企业资格,获得美国机械工程师学会(ASME)颁发的U、U2产品设计制造授权证书及规范标志钢印,“红三角”商标产品曾获国优金奖7枚,银奖14枚,在市场上享有较高声誉并远销20多个国家和地区。近年来,曾先后荣获企业管理优秀奖(金马奖)、改革创新奖(风帆奖)等多项国家级荣誉,1988年被命名为国家二级企业。

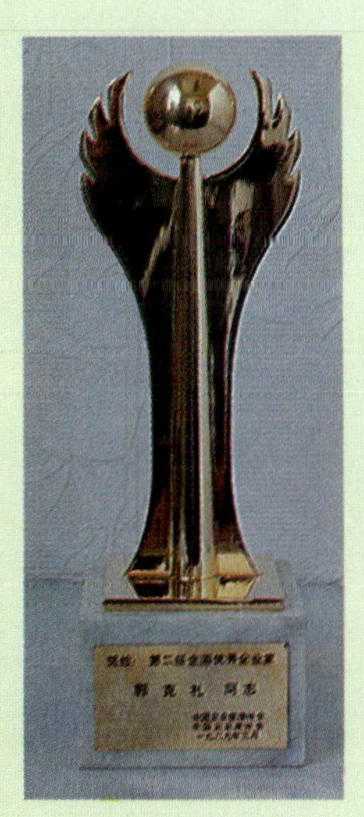

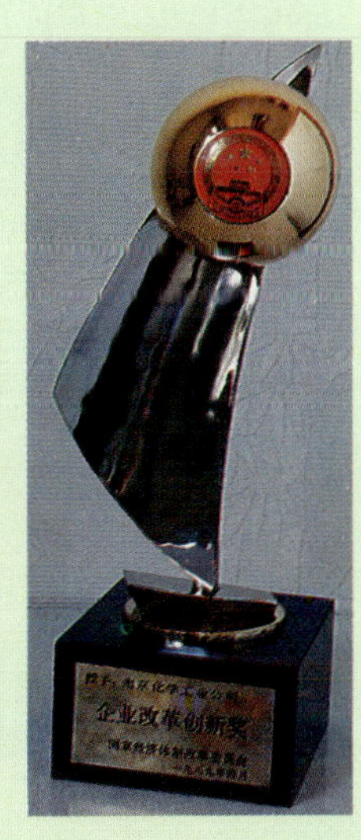

南京化学工业公司

地址: 江苏省南京市大厂区 **邮编:**210048

电话: (025)792455,791848 **电挂:**6265

传真: (025)792812 **电传:** 34020NCICCN

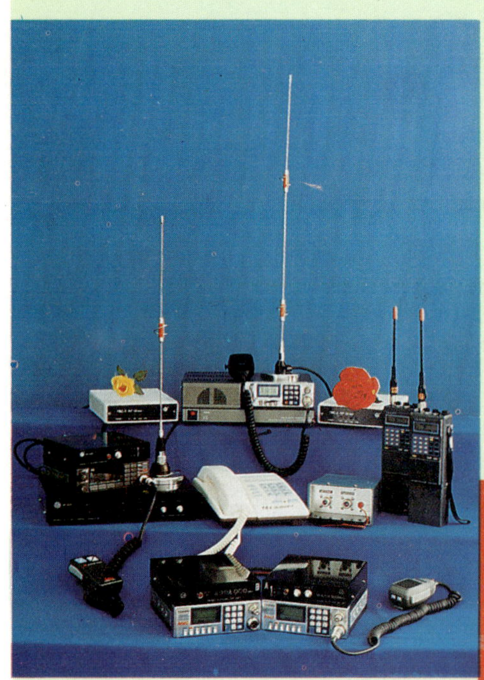

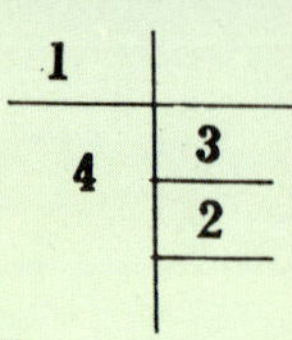
1
3
4
2

▲ 广州酒家经理、全国优秀企业家温祈福。

广 州 酒 家

鞍山化纤毛纺织总厂

▷国营鞍山化纤毛纺织总厂厂长王忠懿同志。

◁该厂建厂七年来不断深化企业内部配套改革，两个文明建设取得了丰硕的成果。十年间共完成工业总产值13.1亿元、实现利税2.26亿元，相当于建厂投资的四倍多。工厂先后被评为全国思想政治优秀企业、全国企业管理优秀企业。全国“五一”劳动奖状和纺织部双文明建设先进单位等。图为纺织工业部部长吴文英在视察该厂生产车间。

该厂不断进行技术引进和技▷术改造，使生产工艺技术水平居于国内领先地位。图为王忠懿厂长在介绍无梭织机性能。

◁该厂不断开拓国际市场，中长化纤布出口量占该厂总产量的三分之一，年出口创汇600万美元。图为王忠懿厂长在与外商洽谈业务。

鞍山化纤毛纺织总厂

◁该厂不断强化企业管理，产品质量连续多年稳定提高。目前中长化纤纱和化纤布的一等一级品率分别为100%和98.9%，达到国内先进水平。18.5#涤粘中长化纤纱和中长将校呢先后被评为全国中长织物中唯一的纱、布国家质量银牌。图为该厂生产车间。

▷该厂不断优化主体经济的同时，还积极发展两翼经济。12年来先后通过外引内联和购买专利，新上了化纤绒线，静电植绒、服装、溢流染整等生产线，扩大了经营领域，形成了深加工、精加工成龙配套的大纺织发展格局。图为该厂引进的服装生产线。

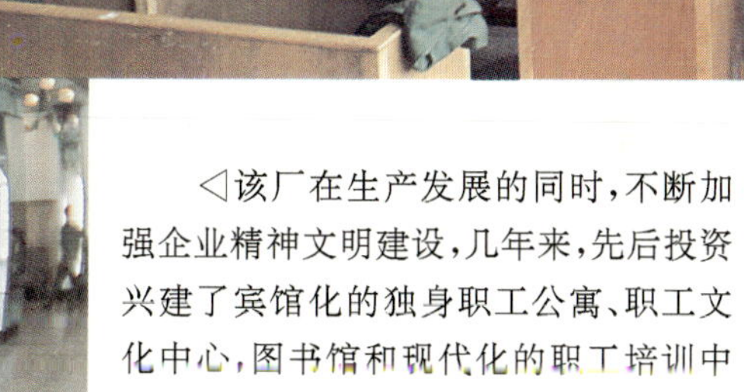

◁该厂在生产发展的同时，不断加强企业精神文明建设，几年来，先后投资兴建了宾馆化的独身职工公寓、职工文化中心，图书馆和现代化的职工培训中心。图为职工文化中心舞厅。

▷该厂积极美化厂区环境，被评为花园式工厂。图为职工在厂内花园小憩。

山西太原钢铁公司

全国第四届优秀企业家、山西太原钢铁公司总经理兼总工程师李成▷

◁太钢厂貌

三钢厂 AOD 炉出钢浇注▷

1. 锻钢

2. 五轧厂生产线

3. 七轧厂不锈钢卷

1
2
3

山西太原钢铁公司

我国及亚洲最大的稀土综合生产厂家、国家一级企业甘肃稀土公司生产厂区一角。

甘肃稀土公司

▲第四届全国优秀企业家、“五一”劳动奖章获得者、甘肃稀土公司经理李寿田。

▲甘肃稀土公司经理李寿田陪同澳大利亚客商参观公司展厅

1990年，国务院企业管理指导委员会和生产委员会命名甘肃稀土公司为国家一级企业。

甘肃稀土公司熊猫牌稀土系列产品，有 18 种 41 次荣获国、部、省优质产品奖，其中国家金质奖 1 项、银质奖 4 项。

▼甘肃稀土公司全国最大的 6000 吨氯化稀土生产线烙烧车间一角。

▲甘肃稀土公司采用国际 80 年代先进分析设备对产品进行跟踪检测，产品质量稳定可靠，达到国内外先进水平。

◀甘肃稀土公司拥有 24 条现代化稀土分组、分离、加工生产线，萃取箱达 1400 多级。图为萃取岗位工人在操作。

大连冷冻机厂

新大制冷集团成立大会现场

国务院副总理田纪云同志视察大连冷冻机厂。

自行研制的补气节能螺杆制冷机填补了国内空白。

▲采用计算机编程控制的机体加工中心

▼全部采用大冷设备建成的香港最大冻房——兴伟冰厂一角

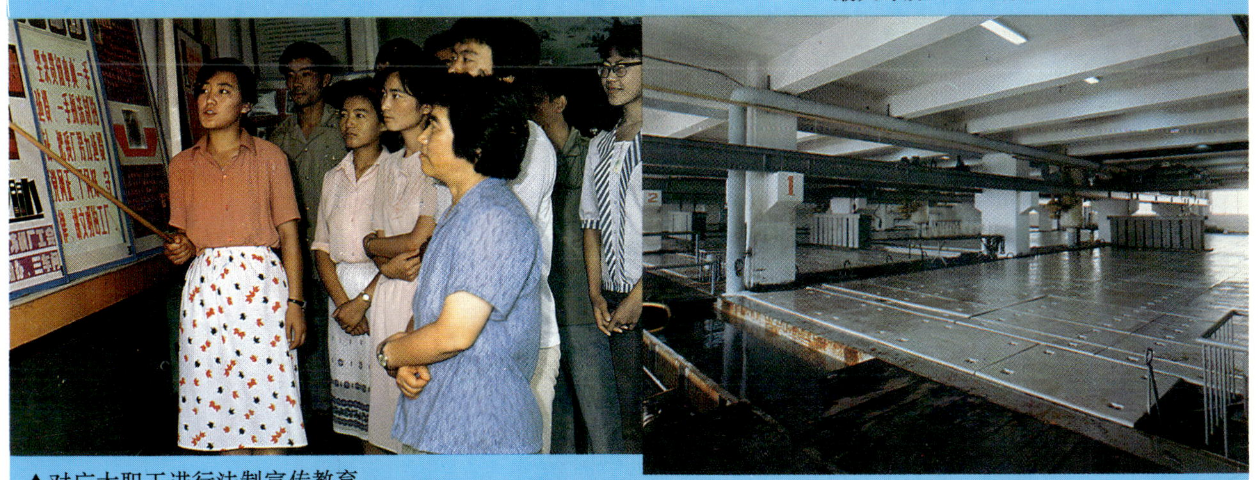

▲对广大职工进行法制宣传教育

▼该厂生产的SASJ17型制冷压缩机荣获国家金质奖

国营红光电子管厂

▲年设计 315 万套彩色显像管玻壳生产线，在试生产中质量、产量均超过合同规定标准，它的建成填补了西南地区空白。图为研磨工序。

▲全国劳动模范、全国优秀企业家、红光电子管厂厂长李铁锤。

◀在改革中，工厂兼并和并入了两个大厂，图为 8 分厂 节能灯生产一工序。

▶近几年来，工厂通过技术改造先后建成彩色玻壳、黑白玻壳、电子枪、电视机、环型灯等 5 条大生产线。图为电子枪装配工序。

◀国家一级企业红光电子管厂厂长李铁锤，前不久在北京参加优秀企业、优秀企业家颁奖大会后同中国企业管理协会会长袁宝华合影。

▼工厂推行现代化管理，促进了生产经营

▲工厂推行现代化管理，创造了“红光系统管理法”，促进了企业发展，创出多种名牌产品。图为部份优质电子束管。

▶在年设计300万黑白显像管玻壳生产线被评为国家优质工程后，最近建成了315万套彩管玻壳生产线。

贵州茅台酒厂

厂址：贵州省仁杯县茅台镇
邮编：564501
电挂：6794
厂长：邹开良

茅台酒香飘四海

▲1915年巴拿馬萬國博覽會國際金獎

▼1985年國際美食及旅遊委員會金桂葉獎

▼1986年第十二屆國際食品博覽會金牌獎

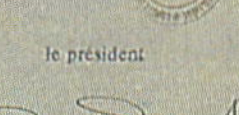

获奖产品

生产车间一角

唐山陶瓷厂

唐山陶瓷厂门口

引进的卫生瓷立式浇注生产线

消化吸收的国内第一条洗涤槽立浇生产线

厂长余同昌同志

江汉钻头厂

◀该厂于1990年10月通过了国家一级企业预评

▲汪启麟厂长向中顾委常委康世恩同志汇报金刚石钻头生产情况。

该厂创建于1973年，是生产石油勘探开发钻头的专业工厂。1982年，采取许可证贸易和技贸结合的方式，先后引进美国休斯工具公司牙轮钻头和金刚石钻头制造技术，对原厂进行了全面技术改造。1985年，引进工程竣工投产，建成年产2万只牙轮钻头和1千只金刚石钻头的生产能力，可生产9个系列12种规格，160个品种的牙轮钻头和金刚石钻头，成为国家机械制造骨干企业和石油钻头生产基地，投产五年取得了良好的社会效益。该厂先后荣获国家"六五"技术进步全优奖；国家一级计量合格证书，国家一级节能企业，国家安全级企业，1990年10月通过了国家一级企业预评。

▼该厂坚持以科技为先导，注重开发新产品，采用计算机进行新型钻头的辅助设计、辅助制造及现代化管理，实现了计算机设计、工艺、制造一体化。

▼该厂以齐全的品种、及时的供货、优良的服务启动市场。

第一拖拉机制造厂

◀产品外运各地

◀第一拖拉机制造厂是我国“一五”期间兴建的156个重点建设项目之一，建成投产32年来，工厂面貌发生了深刻的变化，已从生产单一产品发展到能够生产五大系族30余种产品的特大型企业，1991年晋升为国家一级企业并荣获全国“五一劳动奖状”。

一拖始终坚持“质量第一、用户至上”的宗旨，努力为用户提供质优、价廉的产品。一拖3.7万员工决心为振兴中国农机工业，为早日实现农业现代化而奋斗。

▼优秀企业家、党委书记何泽民同志。

▼厂长俞家骅

東方紅-802 履帶拖拉機
DFH-802 Crewler Tractor

東方紅-70 推土機
DFH-70 Bolldozer

東方紅-180 輪式拖拉機
DFH-180 Wheel-Type Tractor

東方紅-LR100 系列柴油機
DFH-LR100 Series Diesel Engines

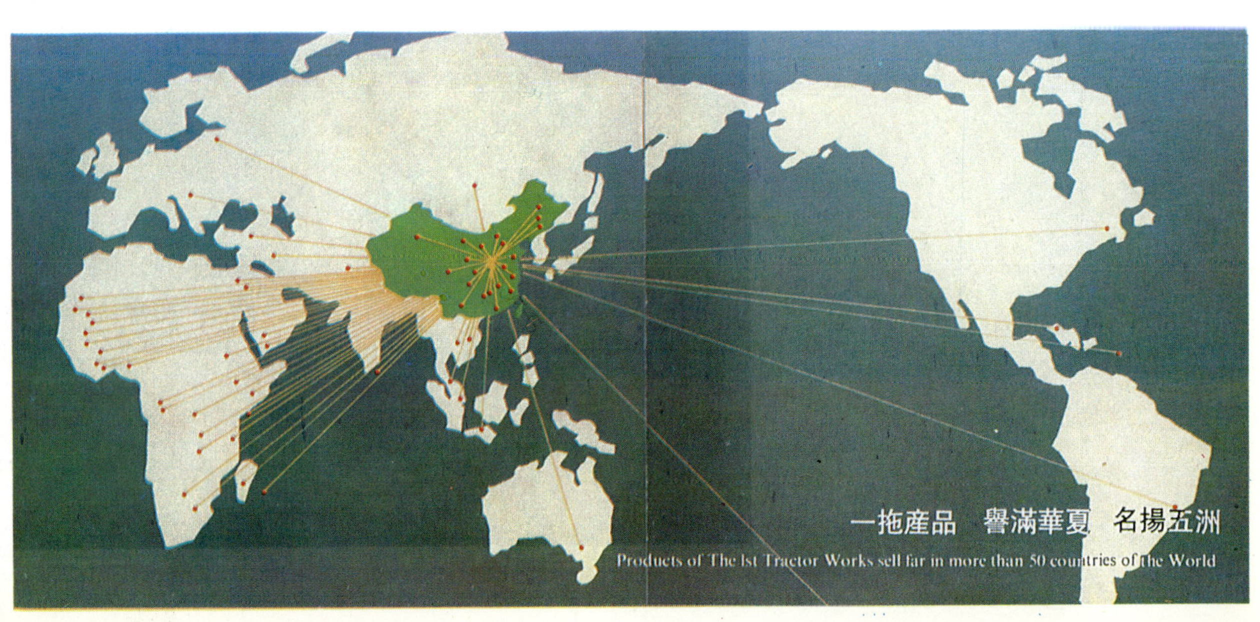

一拖產品　譽滿華夏　名揚五洲
Products of The lst Tractor Works sell far in more than 50 countries of the World

▲年产30万吨合成氨装置

▶云南天然气化工厂荣获国家一级企业称号

▲年产48万吨尿素装置

▶全国第四届优秀企业家、云南天然气化工厂厂长——郑春敏同志。

◀合成氨生产车间的主要设备——高压压缩机组

◀主要产品“金沙牌”尿素1985年评为国优金质奖，1990年蝉连国优金奖。

▲年产11万吨硝酸铵装置系统

▼云南天然气化工厂生产区外景

厂区全景

北京东方化工厂

花园式工厂一角

厂区一角

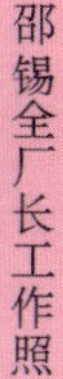

邵锡全厂长工作照

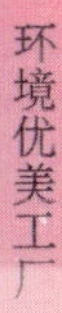

环境优美工厂

铁道部戚墅堰机车车辆厂

厂部领导在研究企业发展战略

创下我国铁路第一速的东风 9 型大功率客运内燃机车

东风 8 型大功率内燃机车落车

全国优秀企业家——厂长杨维书

国营金城机械厂

厂长陈立群

航空航天部国营金城机械厂，1949 年建厂。工厂技术先进、管理严细。生产航空与民用液压气动涡轮动力系列产品、70/100cc 金城牌系列摩托车。图为工厂大门。

AX—100 摩托车

1989 年新建的摩托车整车装配线，年产摩托车及发动机各 5 万辆、台能力。“八五”期间，工厂将进行第二期技术改造，年产达摩托车及发动机各 15 万辆台能力。

金城机械厂在江苏省南京市
邮政编码　210002
电　　话　646161
电　　挂　4500

晋城矿务局

国家有突出贡献的中青年专家、晋城矿务局局长贾中秀同志

贾中秀被评为第四届全国优秀企业家

晋城矿务局荣获1988年度全国企业管理优秀奖——"金马奖"

我国重要的无烟煤生产基地——晋城矿务局一角

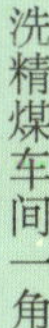

洗精煤车间一角

井下综合采煤机械化工作现场

▼局长贾中秀(右二)、党委书记何绍基(左二)等陪同能源部副部长、中国统配煤矿总公司总经理胡富国在井下与矿工亲切交谈。

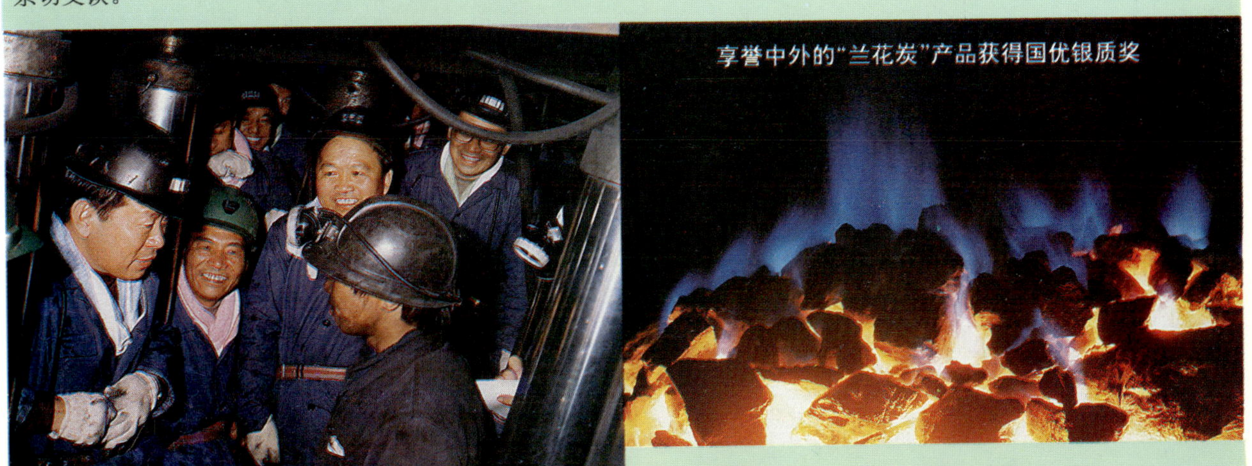

享誉中外的"兰花炭"产品获得国优银质奖

吉林铁合金厂

吉林铁合金厂首批晋升国家一级企业，是全国铁合金行业的排头兵，工厂的目标是跻身世界，把工厂办成中国的"埃肯"。

全国劳动模范、第四届全国优秀企业家、厂长徐世彬同志

主要生产车间

吉林铁合金厂二分厂主要生产钨铁、钼铁、通过强化管理，不仅产品获得"国优"，而且环境也实现了绿化、美化、园林化。

冶金部长戚元靖同志 视查工厂

通过技术改造，工厂装备水平不断提高。主要生产设备，均达到八十年代的水平，为提高产品质量，奠定了坚实的基础。

工厂坚守“以优质求生存、以优质争优势、以优质促发展”的办厂方针，主要产品获“国优”、“部优”称号。

优质的铁合金为工厂架起了友谊之桥。国内外客户纷纷来厂订货。

企业素质稳步提高，精神文明和物质文明建设取得了丰硕成果。

天津达仁堂制药厂

▲第四届全国优秀企业家，金球奖获得者，天津达仁堂制药厂厂长曹慧民同志。

▲饮誉国内外，素有“蜜丸王”美称的中成药生产厂家——天津达仁堂制药厂。

◀ 改革 10 年， 达仁堂制药厂跃上一个又一个荣誉的峰巅，图为带领全厂职工奋进的领导班子全体成员。

▼天津达仁堂制药厂科研人员自己研制、荣获国家金质奖的产品——牛黄降压丸。

◀达仁堂制药厂共生产 11 个规格中成药，192 个品种，其中 9 个主要产品均为市优以上产品。图为荣获国家金质奖、银质奖及部优、市优的部分优质产品。

▲具有国际先进水平检测仪器的中药界第一流现代化检测中心。

▲制造一流产品，增强企业竞争力，开拓新产品领域，科研工作是保证。图为厂科研人员在对药品的微量元素进行定量分析。

▶天津达仁堂制药厂大胆提出“让中药GMP在达仁堂诞生”，率先在全国中药企业中推行GMP管理，并按工艺流向要求，在全厂开展大规模车间改造工程。图为按GMP要求改造后的包装车间现场。

▶新技术、新设备的引进，促使中成药生产的机械化水平不断提高。图为综合车间小蜜丸班的工人在由日本引进的LBT60型小蜜丸机前工作。

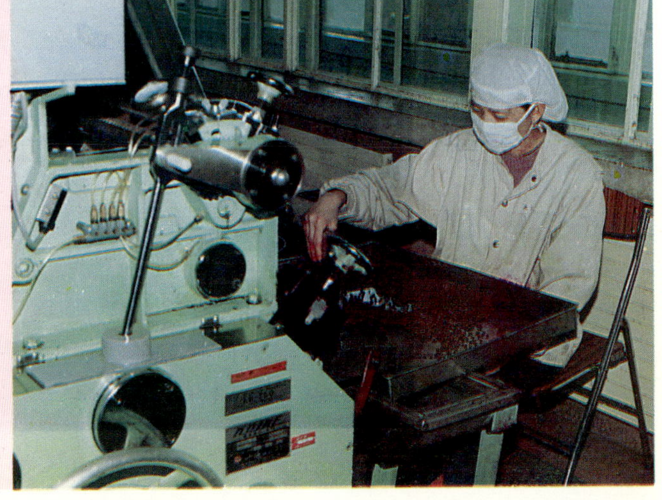

上 海 卷 烟

全国优秀企业家、上海卷烟厂厂长董浩林同志

上海卷烟厂厂景

厂

上海卷烟厂产品一览。其中“中华牌”卷烟荣获国家质量金质奖、低焦油高乐牌卷烟荣获国家质量银质奖。

工人同志正在精心地操作，优质卷烟源源不断地生产出来。

通过国家“七·五”技改验收后的上海卷烟厂，设备得到了更新，技术不断进步。

国营温州玻璃钢建材厂

全国优秀企业家、高级经济师、厂长滕增寿同志。

测试楼

玻璃钢组装式盒子卫生间。该产品具有质量轻、强度高；整体性、可渗漏；干作业、施工快；规格多，式样美等特点。曾荣获国家建材局卫生间创新奖，浙江省优秀新产品奖，浙江省优秀产品奖，温州市优秀科技成果奖，畅销全国二十八个省、市、自治区。

《东方－528》型玻璃钢快艇

《东方 528》型艇由中国船研中心东方高速艇发展公司和温州玻璃钢建材厂船艇公司联合开发生产，采用了优质材料和精细的生产工艺，进行加工，是目前国内质量最佳的快艇产品。艇体总长 5.28 米，型宽 2.21米，型深 0.92 米，排水量 1.36 吨，乘员 6 人，配置 88 马力的美国庄生（海马）艇尾机，时速 55 公里。艇上配备前驾驶、电启动和自动升降系统，驾驶方便灵活。艇体结构牢固，表面光滑，色彩鲜明，线条流畅。艇内装饰豪华、优雅，有立体声收放机，活动可躺式座椅，备有可装卸防雨篷，前甲板下有居住舱，从而为您工作及生活提供了十分舒适的条件。

本艇适用于沿海、内河、湖泊等水域，是公安、缉私、旅游、交通及体育运动等系统最理想的现代化高速船艇装备。

武汉重型机床厂

①全国优秀企业家、武汉重型机床厂厂长张连祥。

②武汉重型机床厂是我国最大的重型和超重型机床生产厂家，现有职工近万名，各种设备2600多台，可供产品达10大类25个系列140多个品种。

③武汉重型机床厂自行开发研制成功的我国第一台CK53160十六米数控单柱立车，被誉为“共和国的当家产品”。当今世界上只有少数发达国家能制造。

④武汉重型机床厂企业管理取得了显著成绩。1991年初，经国务院企业管理指导委员会和生产委员会审定，确认为国家一级企业。

中国化学工程总公司
第三建设公司

全国劳动模范、公司经理陈桂久在施工现场。

公司承建的球罐群。

公司承建的总重 1258 吨的南京扬子乙稀 DA－801 分离塔。

公司承建的盘锦聚丙稀装置。

宝 山 钢 铁 公 司

②

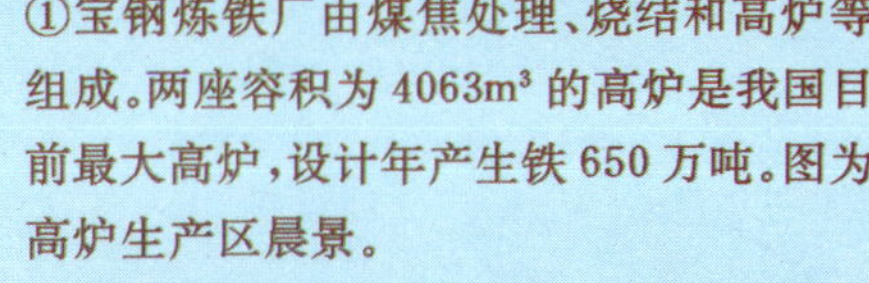

①宝钢炼铁厂由煤焦处理、烧结和高炉等组成。两座容积为4063m³的高炉是我国目前最大高炉，设计年产生铁650万吨。图为高炉生产区晨景。

②宝钢炼钢厂连铸车间拥有大型板坯连铸机2台四流，每台设计能力为年产板坯200万吨。图为连铸机正在浇铸板坯。

③宝钢冷轧厂由16条主要生产线组成，采用全连续无头轧制，最大速度达1900m/分，设计年产量为210万吨。图为五机架轧机在生产冷轧板卷。

④宝钢热轧机主体设备由3座带步进式加热炉和3/4热连轧机组及5条精整机等组成。设计年产量400万吨。图为七机架精轧机组在工作。

①

国营四八二厂

① 国营 482 厂(保定蓄电池厂)直属于中国船舶工业总公司,是国家二级企业,国内最大的起动用铅酸蓄电池专业生产厂之一和国家军用起动蓄电池定点生产厂。图为工厂厂区一角

② 工厂 1980 年以来,先后从日本、美国、德国、意大利引进了先进的蓄电池专用生产设备和测试仪器,以军工企业的技术优势组织民品生产,百分之九十以上产品分别荣获国家、部、省优质奖。图为引进的蓄电池装配线。

③ 厂检测中心拥有国际八十年代先进检测设备 50 余台,能按国际标准及 IEC、JIS、DIN、SAE、BCI、TOCT 标准对铅酸蓄电池进行检测,是目前国内最先进的蓄电池检验站。图为蓄电池检测中心一角。

④ 风帆牌 SAIL 牌汽车、船舶、航空用九大系列 110 多种规格蓄电池采用国际先进标准,具有优良的干荷电、免维护和冷起动性能,耐震动、耐高温、容量大,寿命长。适用于各种型号的汽车、拖拉机。图为按美国 SAE 标准设计制造的 58—475 免维护蓄电池。

中國船舶工業總公司

廣州造船廠

厂长：任福炜
电话：891712

①船舶建造
②高压容器
③钢质集装箱
④液压剪压床

中国船舶工业总公司广州造船厂是大型的现代化造船综合企业。

广州造船厂经营生产已形成十个行业：

设计、建造六万吨级以下各类船舶；修理和改装万吨级以下的各类船舶；制造和修理各种国际标准集装箱和非标集装箱；制造各种大型、复合钢板、不锈钢、内壁喷铝、特厚壁压力容器；生产各种规格的液压剪板机及折弯机；设计、制造各类家电轻工机械生产设备；设计制造各种风动工具；制造、安装各种港口装卸及起重机械；经营水上运输起吊业务。

广州造船厂产品生产已形成十条批量生产线：

波音水翼加工；玻璃钢救生艇；集装箱箱角；管子弯头；防火门和水密门；膨胀螺栓；毛衣；成衣；大理石磨头；复塑铝合金家具。

沈阳市邮政局

沈阳邮政枢纽，是「七五」期间国家大中型建设项目。占地面积 4.6 万平方米，建筑面积 2.1 万平方米，总投资 6307 万元，内部业务处理和传输实现了机械化和自动化。目前已安装了 Y36SH 环型包裹分拣机、刷件分拣机、邮件斗式提升机、斜带式邮袋分拣机及宽带计算机网络系统等。

沈阳市邮政局局长董兰元。

机械化包刷流水线，将职工从繁重的体力劳动中解放出来，既提高了劳动效率，又保证了通信质量。

函件作业场地是东北最大的邮件处理中心，可同时处理平信、挂号信、印刷品、汇票和特快专递邮件，日均作业量为 75.8 万件份。

本溪市邮电局

本溪市邮电局坚持党的基本路线，转变观念，深化改革，推行现代化管理，企业质量、效益、整体素质逐年提高。83年获邮电部质量管理奖，86年获辽宁省质量管理奖，87年被评为省级先进企业。图为本溪市邮电局局长李玉典。

本溪市邮电事业飞速发展，通信能力不断增强。90年固定资产达到7533万元，是80年的5.79倍。图为投入使用的本溪邮电大厦。

坚持技术进步。该局是省内最早引进程控交换机的局之一。87年7月第一万线开通以来，90年市内程控总容量达到3.4万线，电信通信质量大为提高。图为程控交换中心控制室。

为用户提供多功能、多手段、全方位、综合性的邮电服务。90年该局邮电业务总量达1836万元，是80年的6.66倍。多次获得省市文明单位等称号。图为邮电大厦营业厅。

长春市电信局

1. 1988年从日本引进的具有世界先进水平的市话程控交换机。

2. 该电信局是吉林省通信枢纽，拥有先进的设备和技术，现有市话交换机容量七万二千多门，长途电路2300多条，256路自动转报系统。

3. 自1980年以来荣获吉林省邮电系统“先进企业”，吉林省“先进企业”、“思想政治工作先进企业”、部省“质量管理奖”省“安全生产特别嘉奖”单位。

4. 长话科以“麻烦我一个，方便千万人”为服务宗旨，被邮电部授予“先进集体”称号，荣获全国总工会颁发的“五一劳动奖状”。

河北沧州化肥厂

河北省沧州化肥厂为全民所有制大型氮肥生产企业，1977 年初建成投产，其生产装置是当时国家引进的 13 套之一。经过十几年的艰苦奋斗和改革创新，企业生产蒸蒸日上，管理水平日益提高。1988 年进入“国家二级企业”先进行列，1990 年顺利通过“国家一级企业”预考核。

1. 沧化装置雄伟壮观。图为引进美荷型年产 30 万吨合成氨、48 万吨尿素的生产装置区一角。

2. 沧化班子团结有力。党政领导坚持思想上同心，工作上同步。图为党委书记郑灿金（左）与厂长洪天敏一道在生产现场检查设备。

3. 沧化设备管理出色。1988—1989 年被国家计委授予“全国设备管理优秀单位”称号，1990 年被化工部命名为“化工设备管理一级单位”。图为整洁的合成压缩机一角。

4. 沧化产品质量优良。主导产品尿素至今保持 11 年部优称号，曾 4 次被评为全国同行业质量第一名。1990 年荣获“化工部质量管理奖”和“振兴河北经济奖”。图为成品包装流水线。

浙江制丝一厂

厂容厂貌

浙江制丝一厂是我国丝绸行业的大型骨干企业，创建于 1921 年，现有职工 2600 余人，1990 年工业总产值达 2461 万元、实现利税 1243 万元，企业已通过了国家一级企业预考评。

产品（获奖）

浙丝一厂生产的 2/17 梅花牌白厂丝自 1983 年以来一直保持国优银质称号，产品质量稳定、深爱国内外用户好评，远销西欧、日本等国际市场。

生产现场

这是从日本引进的自动缫丝先进设备。企业年产白厂丝 500 吨，名列缫丝行业之首位。目前该厂形成制丝——针织——梭织——服装一条龙生产线。

浙江二轻轧钢厂

浙江二轻轧钢厂创建于1958年，是浙江省最早的轧钢企业，现有职工一千余人。他们依靠“一体两轮”(全厂职工为主体，技术与管理为两轮)，深化改革，强化管理，“七五”时期每年创利一千万元以上，先后进入省级先进企业与国家二级企业行列。1988年引进日本关键设备，开发伞用金属制品新产品，1990年与宝山钢铁联合(集团)公司、上海宝山钢铁总厂、浙江省二轻企业集团共同投资组建宝钢集团浙江伞用金属制品公司，工贸结合，立足国内，面向国际市场，逐步向深加工外向型转轨。

该厂主要产品：25～60×60mm 钢坯、∅6.5～8mm 盘条、伞用U形钢骨、伞用薄壁高频焊管、扁带、带钢。

全国劳动模范、浙江省优秀企业家、厂长方梓松。

浙江二轻轧钢厂正门。

宝钢集团浙江伞用金属制品公司联营合同签字仪式在浙江二轻轧钢厂举行，冶金部副部长黎明(前排左六)等领导同志出席。

浙江省副省长柴松岳(右)与省二轻工业总公司副总经理沈仲卿(左)到厂视察工作。

锦州石油化工公司

锦州石油化工公司经理杨学庄

锦州石油化工公司是中国石油化工总公司领导下的大型石油化工联合企业，1988 年公司整体晋升国家二级企业，主体厂锦州炼油厂 1991 年 1 月被命名为国家一级企业。

锦州石油化工公司坚持走综合利用、深度加工的道路，从石油液化气中提炼出 12 种产品，每加工一吨原油创税 130 元，在全国同行业中名列前茅，被称为朝阳企业。

具有严格的企业管理手段及一整套整体优化模式

国营青岛泡花碱厂

青岛泡花碱厂厂长，青岛市优秀企业家孙信正

青岛泡花碱厂是全国最大的硅酸盐生产厂，主要产品有硅酸钠、硅酸钾钠、偏硅酸钠、白炭黑、金属清洗剂、超浓缩洗衣粉。

青岛泡花碱厂在全国同行业中率先进入国家二级企业行列，同时获得能源管理国家一级企业、计量和档案管理国家二级企业、全国环境优美工厂称号。

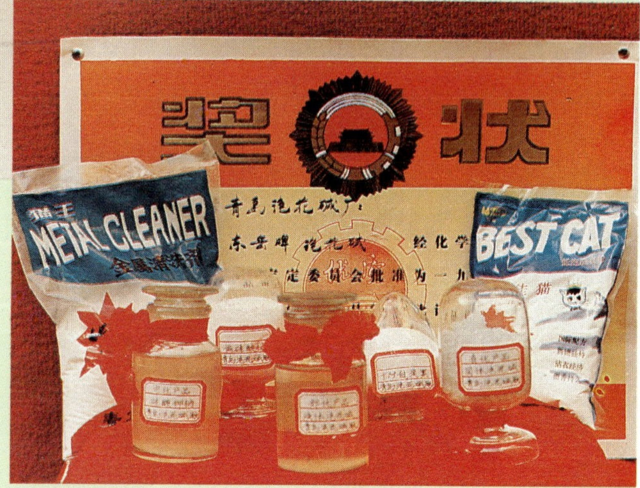

硅酸钠产品 1988 年获部优质产品称号，硅酸钾钠获市优质产品称号。

东方锅炉厂

东方锅炉厂是我国机械工业大型骨干企业，是我国大型火电锅炉制造厂之一。工厂座落在四川省自贡市。

东方锅炉厂是我国大型发电设备重点骨干企业，拥有固定资产原值 2.1 亿元，主要设备 1381 台，职工八千余人。主要产品包括：大型电站锅炉、工业锅炉、汽轮机辅机、锅炉辅机、高中压阀门、石化容器等。

高级工程师、厂长李宗文。

东方锅炉厂设计、制造的配 300MW 机组亚临界自然循环汽包锅炉荣获我国大机组产品第一块质量金牌。

东方锅炉厂已荣获“国家一级企业”称号。

邮电部重庆通信设备厂

该厂引进的意大利意达太尔公司 PCM 生产线。

厂长、高级工程师牟大海。

该厂的主导产品 PCM TDIC—em 设备荣获'90 国家银质奖。

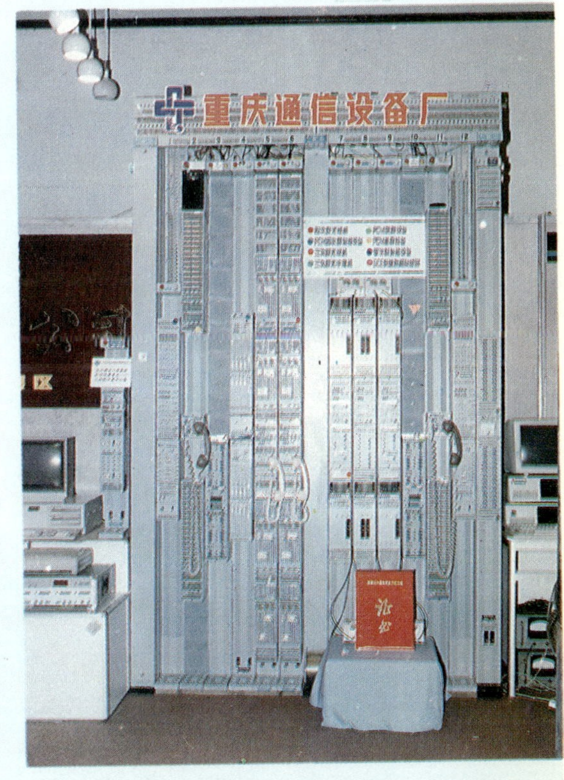

该厂的主导产品：一至四次群 PCM 复用设备，三至四次群光端机，零次群和 DCE 设备。

文明单位

中共四川省委
四川省人民政府

该厂荣获四川省文明单位和国家二级企业的光荣称号。

安阳齿轮厂

河南省首届优秀企业家
中国机械工业优秀企业家
安阳齿轮厂厂长李万春

安阳齿轮厂是机械电子部定点企业。专业生产齿轮、花键轴，至今已有27年历史，年生产能力100万件。拥有万能齿轮测量机等高精度测量仪器，检测手段齐全，管理先进，效益显著。荣获首届全国企业管理现代化创新成果奖。厂长李万春获河南省首届优秀企业家、第二届中国机械工业优秀企业家称号。

主要产品为：东方红－150型小拖拉机变速箱齿轮（省优）、红旗－12型小拖拉机全套齿轮和花键轴，X195柴油机齿轮和ZH1105W型柴油机齿轮。注册商标"殷都牌"。

2. 工厂正门

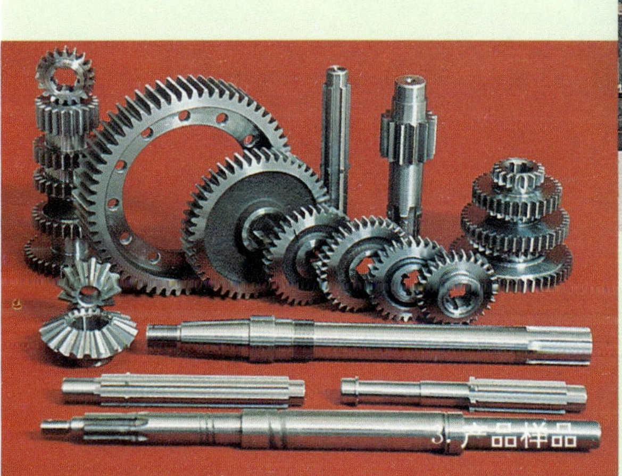
3. 产品样品

5. 优质产品证书

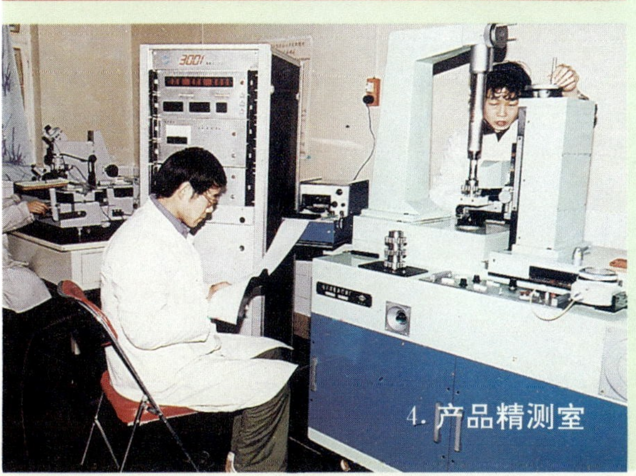
4. 产品精测室

地址：河南省安阳市东郊大营
电话：423478　422615
电挂：3810
邮编：455000

张家口煤矿机械厂

厂　　址：河北省张家口市工业路6号
电　　话：3291　电　　报：4920
邮　　编：075025　联络部门：计划管理处

中国煤炭工业、中国机电工业优秀企业家张家口煤矿机械厂厂长薛际贵。

1990年8月16日，国家体改委副主任、国务院企指委主任张彦宁同志来厂视察，图为张彦宁同志(右二)正在听取车间领导介绍产品。

1990年开始，该厂从教育入手，以现场管理十一法、四十条内容为标准，综合治理生产作业环境，从而使该厂生产现场管理呈现出新面貌。图为治理后的一加工车间生产现场一角。

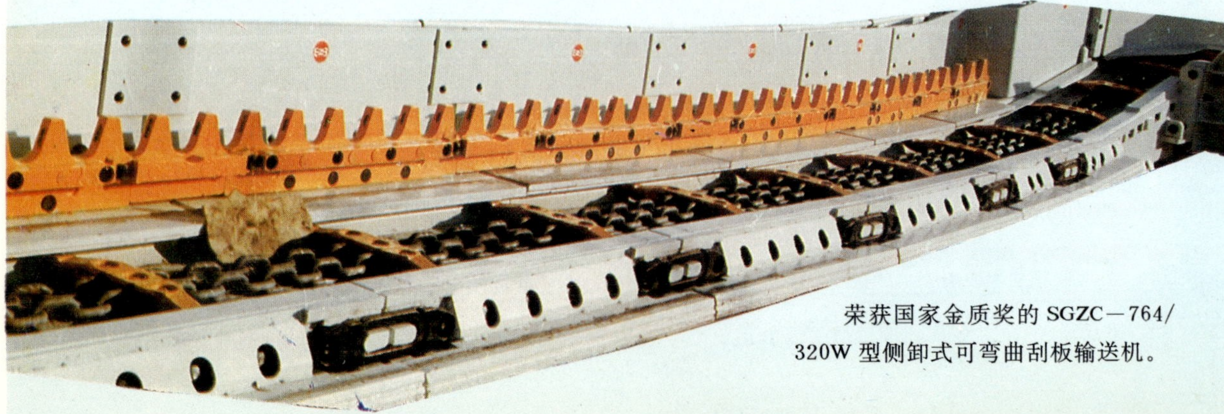

荣获国家金质奖的SGZC—764/320W型侧卸式可弯曲刮板输送机。

瓦房店轴承厂

厂址：辽宁省瓦房店市
邮编：116300
电话：3496
电传：86486 LNZWZ CN

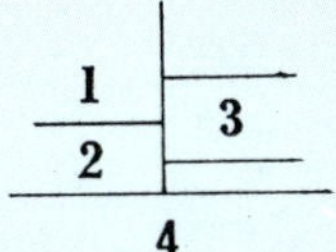

1. 瓦房店轴承厂厂长王华彬

2.3. 瓦房店轴承厂777/650和7779两种产品获国家金质奖

4. 瓦房店轴承厂厂区鸟瞰

漳州市糖酒副食品采购供应站

福建省漳州市糖酒副食品采购供应站企业领导成员。

该站地处市区繁华地带，属设食糖、酒类、副食品、兴龙、福糖（漳州）储运六个经营部。

该站资金雄厚，拥有四座大中型仓库群，面积 26882m²，其中两库群备有铁路专用线。

抚顺化工石油公司石油二厂

辽宁省优秀企业家、抚顺石油化工公司石油二厂厂长罗运爵。在他任职以来，石油二厂首批进入省级和国家二级企业。

抚顺石油化工公司石油二厂生产的40余种产品中，有6种获国优产品称号、20种分别获部、省级优质产品称号。产品远销美国、日本、欧洲、非洲、东南亚等国家和地区，年出口创汇1亿美元以上。

△抚顺石油化工公司石油二厂是具有25套炼油化工装置，年加工原油能力500万吨的现代化的石油化工企业。为全国利税总额最高的50家大企业之一。▷

中国企业管理协会
深圳企业服务中心

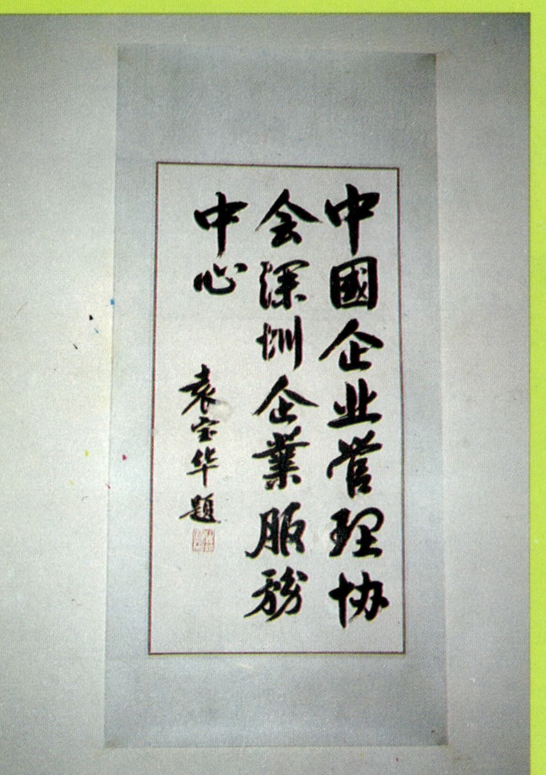

▲袁宝华同志为深圳企业服务中心的题名。

中国企业管理协会深圳企业服务中心于1990年12月6日成立，并进行了社会团体法人登记。

中国企业管理协会深圳企业服务中心是中国企业管理协会直属事业单位，在深圳市经济发展局的指导下开展工作。其宗旨是“面向企业，为企业服务”；业务范围：面向全国企业，有重点地为企业培训不同层次的经营管理人才，提供经营管理咨询，为深圳与内地企业、海内外企业的合作提供经济技术信息，牵线搭桥。按照国家和深圳市政府有关政策规定，实行有偿服务，自负盈亏。

中国企业管理协会深圳企业服务中心法定代表人朱正光（中国企业管理协会、中国企业家协会副理事长），办公地点：深圳市文锦路外贸大厦C座1805室，邮政编码518001，电话237000—31805，传真223234—31805。

中国企业管理协会深圳企业服务中心将竭诚为企业服务，希望各地区、各行业企业管理协会、企业家协会和企业给予大力支持与合作。

▶举办有全国各地企业厂长（经理）参加的培训班。